LEGv8 Reference Data Card ("Green Card") 1. Pull along perforation to separate card 2. Fold bottom side (columns 3 and 4) together

①

LEGv8 Reference Data

CORE INSTRUCTION SET in Alphabetical Order by Mnemonic

NAME, MNEMONIC		FOR-MAT	OPCODE (9) (Hex)	OPERATION (in Verilog)	Notes
ADD	ADD	R	458	R[Rd] = R[Rn] + R[Rm]	
ADD Immediate	ADDI	I	488-489	R[Rd] = R[Rn] + ALUImm	(2,9)
ADD Immediate & Set flags	ADDIS	I	588-589	R[Rd] , FLAGS = R[Rn] + ALUImm	(1,2,9)
ADD & Set flags	ADDS	R	558	R[Rd] , FLAGS = R[Rn] + R[Rm]	(1)
AND	AND	R	450	R[Rd] = R[Rn] & R[Rm]	
AND Immediate	ANDI	I	490-491	R[Rd] = R[Rn] & ALUImm	(2,9)
AND Immediate & Set flags	ANDIS	I	790-791	R[Rd] , FLAGS = R[Rn] & ALUImm	(1,2,9)
AND & Set flags	ANDS	R	750	R[Rd] , FLAGS = R[Rn] & R[Rm]	(1)
Branch	B	B	0A0-0BF	PC = PC + BranchAddr	(3,9)
Branch conditionally	B.cond	CB	2A0-2A7	if(FLAGS==cond) PC = PC + CondBranchAddr	(4,9)
Branch with Link	BL	B	4A0-4BF	R[30] = PC + 4; PC = PC + BranchAddr	(3,9)
Branch to Register	BR	R	6B0	PC = R[Rt]	
Compare & Branch if Not Zero	CBNZ	CB	5A8-5AF	if(R[Rt]!=0) PC = PC + CondBranchAddr	(4,9)
Compare & Branch if Zero	CBZ	CB	5A0-5A7	if(R[Rt]==0) PC = PC + CondBranchAddr	(4,9)
Exclusive OR	EOR	R	650	R[Rd] = R[Rn] ^ R[Rm]	
Exclusive OR Immediate	EORI	I	690-691	R[Rd] = R[Rn] ^ ALUImm	(2,9)
LoaD Register Unscaled offset	LDUR	D	7C2	R[Rt] = M[R[Rn] + DTAddr]	(5)
LoaD Byte Unscaled offset	LDURB	D	1C2	R[Rt]={56'b0, M[R[Rn] + DTAddr](7:0)}	(5)
LoaD Half Unscaled offset	LDURH	D	3C2	R[Rt]={48'b0, M[R[Rn] + DTAddr] (15:0)}	(5)
LoaD Signed Word Unscaled offset	LDURSW	D	5C4	R[Rt] ={ 32{ M[R[Rn] + DTAddr] [31]}, M[R[Rn] + DTAddr] (31:0)}	(5)
LoaD eXclusive Register	LDXR	D	642	R[Rd] = M[R[Rn] + DTAddr]	(5,7)
Logical Shift Left	LSL	R	69B	R[Rd] = R[Rn] << shamt	
Logical Shift Right	LSR	R	69A	R[Rd] = R[Rn] >>> shamt	
MOVe wide with Keep	MOVK	IM	794-797	R[Rd] (Instruction[22:21]*16: Instruction[22:21]*16-15) = MOVImm	(6,9)
MOVe wide with Zero	MOVZ	IM	694-697	R[Rd] = { MOVImm << (Instruction[22:21]*16) }	(6,9)
Inclusive OR	ORR	R	550	R[Rd] = R[Rn] | R[Rm]	
Inclusive OR Immediate	ORRI	I	590-591	R[Rd] = R[Rn] | ALUImm	(2,9)
STore Register Unscaled offset	STUR	D	7C0	M[R[Rn] + DTAddr] = R[Rt]	(5)
STore Byte Unscaled offset	STURB	D	1C0	M[R[Rn] + DTAddr](7:0) = R[Rt](7:0)	(5)
STore Half Unscaled offset	STURH	D	3C0	M[R[Rn] + DTAddr](15:0) = R[Rt](15:0)	(5)
STore Word Unscaled offset	STURW	D	5C0	M[R[Rn] + DTAddr](31:0) = R[Rt](31:0)	(5)
STore eXclusive Register	STXR	D	640	M[R[Rn] + DTAddr] = R[Rt]; R[Rm] = (*atomic*) ? 0 : 1	(5,7)
SUBtract	SUB	R	658	R[Rd] = R[Rn] - R[Rm]	
SUBtract Immediate	SUBI	I	688-689	R[Rd] = R[Rn] - ALUImm	(2,9)
SUBtract Immediate & Set flags	SUBIS	I	788-789	R[Rd] , FLAGS = R[Rn] - ALUImm	(1,2,9)
SUBtract & Set flags	SUBS	R	758	R[Rd] , FLAGS = R[Rn] - R[Rm]	(1)

(1) FLAGS are 4 condition codes set by the ALU operation: Negative, Zero, oVerflow, Carry
(2) ALUImm = { 52'b0, ALU_immediate }
(3) BranchAddr = { 36{BR_address [25]}, BR_address, 2'b0 }
(4) CondBranchAddr = { 43{COND_BR_address [25]}, COND_BR_address, 2'b0 }
(5) DTAddr = { 55{DT_address [8]}, DT_address }
(6) MOVImm = { 48'b0, MOV_immediate }
(7) Atomic test&set pair; R[Rm] = 0 if pair atomic, 1 if not atomic
(8) Operands considered unsigned numbers (vs. 2's complement)
(9) Since I, B, and CB instruction formats have opcodes narrower than 11 bits, they occupy a range of 11-bit opcodes
(10) If neither is operand a NaN and Value1 == Value2, FLAGS = 4'b0110;
If neither is operand a NaN and Value1 < Value2, FLAGS = 4'b1000;
If neither is operand a NaN and Value1 > Value2, FLAGS = 4'b0010;
If an operand is a Nan, operands are unordered

②

ARITHMETIC CORE INSTRUCTION SET

NAME, MNEMONIC		FOR-MAT	OPCODE/ SHAMT (Hex)	OPERATION (in Verilog)	Notes
Floating-point ADD Single	FADDS	R	0F1 / 0A	S[Rd] = S[Rn] + S[Rm]	
Floating-point ADD Double	FADDD	R	0F3 / 0A	D[Rd] = D[Rn] + D[Rm]	
Floating-point CoMPare Single	FCMPS	R	0F1 / 08	FLAGS = (S[Rn] vs S[Rm])	(1,10)
Floating-point CoMPare Double	FCMPD	R	0F3 / 08	FLAGS = (D[Rn] vs D[Rm])	(1,10)
Floating-point DIVide Single	FDIVS	R	0F1 / 06	S[Rd] = S[Rn] / S[Rm]	
Floating-point DIVide Double	FDIVD	R	0F3 / 06	D[Rd] = D[Rn] / D[Rm]	
Floating-point MULtiply Single	FMULS	R	0F1 / 02	S[Rd] = S[Rn] * S[Rm]	
Floating-point MULtiply Double	FMULD	R	0F3 / 02	D[Rd] = D[Rn] * D[Rm]	
Floating-point SUBtract Single	FSUBS	R	0F1 / 0E	S[Rd] = S[Rn] - S[Rm]	
Floating-point SUBtract Double	FSUBD	R	0F3 / 0E	D[Rd] = D[Rn] - D[Rm]	
LoaD Single floating-point	LDURS	R	7C2	S[Rt] = M[R[Rn] + DTAddr]	(5)
LoaD Double floating-point	LDURD	R	7C0	D[Rt] = M[R[Rn] + DTAddr]	(5)
MULtiply	MUL	R	4D8 / 1F	R[Rd] = (R[Rn] * R[Rm]) (63:0)	
Signed DIVide	SDIV	R	4D6 / 02	R[Rd] = R[Rn] / R[Rm]	
Signed MULtiply High	SMULH	R	4DA	R[Rd] = (R[Rn] * R[Rm]) (127:64)	
STore Single floating-point	STURS	R	7E2	M[R[Rn] + DTAddr] = S[Rt]	(5)
STore Double floating-point	STURD	R	7E0	M[R[Rn] + DTAddr] = D[Rt]	(5)
Unsigned DIVide	UDIV	R	4D6 / 03	R[Rd] = R[Rn] / R[Rm]	(8)
Unsigned MULtiply High	UMULH	R	4DE	R[Rd] = (R[Rn] * R[Rm]) (127:64)	(8)

CORE INSTRUCTION FORMATS

Format	Fields (bit positions)
R	opcode (31–21) | Rm (20–16) | shamt (15–10) | Rn (9–5) | Rd (4–0)
I	opcode (31–22) | ALU_immediate (21–10) | Rn (9–5) | Rd (4–0)
D	opcode (31–21) | DT_address (20–12) | op (11–10) | Rn (9–5) | Rt (4–0)
B	opcode (31–26) | BR_address (25–0)
CB	Opcode (31–24) | COND_BR_address (23–5) | Rt (4–0)
IW	opcode (31–21) | MOV_immediate (20–5) | Rd (4–0)

PSEUDOINSTRUCTION SET

NAME	MNEMONIC	OPERATION
CoMPare	CMP	FLAGS = R[Rn] - R[Rm]
CoMPare Immediate	CMPI	FLAGS = R[Rn] - ALUImm
LoaD Address	LDA	R[Rd] = R[Rn] + DTAddr
MOVe	MOV	R[Rd] = R[Rn]

REGISTER NAME, NUMBER, USE, CALL CONVENTION

NAME	NUMBER	USE	PRESERVED ACROSS A CALL?
X0 – X7	0-7	Arguments / Results	No
X8	8	Indirect result location register	No
X9 – X15	9-15	Temporaries	No
X16 (IP0)	16	May be used by linker as a scratch register; other times used as temporary register	No
X17 (IP1)	17	May be used by linker as a scratch register; other times used as temporary register	No
X18	18	Platform register for platform independent code; otherwise a temporary register	No
X19-X27	19-27	Saved	Yes
X28 (SP)	28	Stack Pointer	Yes
X29 (FP)	29	Frame Pointer	Yes
X30 (LR)	30	Return Address	Yes
XZR	31	The Constant Value 0	N.A.

OPCODES IN NUMERICAL ORDER BY OPCODE ③

Instruction Mnemonic	Format	Opcode Width (bits)	Opcode Binary	Shamt Binary	11-bit Opcode Range (1) Start (Hex)	End (Hex)
B	B	6	000101		0A0	0BF
FMULS	R	11	00011110001	000010	0F1	
FDIVS	R	11	00011110001	000110	0F1	
FCMPS	R	11	00011110001	001000	0F1	
FADDS	R	11	00011110001	001010	0F1	
FSUBS	R	11	00011110001	001110	0F1	
FMULD	R	11	00011110011	000010	0F3	
FDIVD	R	11	00011110011	000110	0F3	
FCMPD	R	11	00011110011	001000	0F3	
FADDD	R	11	00011110011	001010	0F3	
FSUBD	R	11	00011110011	001110	0F3	
STURB	D	11	00111000000		1C0	
LDURB	D	11	00111000010		1C2	
B.cond	CB	8	01010100		2A0	2A7
STURH	D	11	01111000000		3C0	
LDURH	D	11	01111000010		3C2	
AND	R	11	10001010000		450	
ADD	R	11	10001011000		458	
ADDI	I	10	1001000100		488	489
ANDI	I	10	1001001000		490	491
BL	B	6	100101		4A0	4BF
SDIV	R	11	10011010110	000010	4D6	
UDIV	R	11	10011010110	000011	4D6	
MUL	R	11	10011011000	011111	4D8	
SMULH	R	11	10011011010		4DA	
UMULH	R	11	10011011110		4DE	
ORR	R	11	10101010000		550	
ADDS	R	11	10101011000		558	
ADDIS	I	10	1011000100		588	589
ORRI	I	10	1011001000		590	591
CBZ	CB	8	10110100		5A0	5A7
CBNZ	CB	8	10110101		5A8	5AF
STURW	D	11	10111000000		5C0	
LDURSW	D	11	10111000100		5C4	
STURS	R	11	10111100000		5E0	
LDURS	R	11	10111100010		5E2	
STXR	D	11	11001000000		640	
LDXR	D	11	11001000010		642	
EOR	R	11	11001010000		650	
SUB	R	11	11001011000		658	
SUBI	I	10	1101000100		688	689
EORI	I	10	1101001000		690	691
MOVZ	IM	9	110100101		694	697
LSR	R	11	11010011010		69A	
LSL	R	11	11010011011		69B	
BR	R	11	11010110000		6B0	
ANDS	R	11	11101010000		750	
SUBS	R	11	11101011000		758	
SUBIS	I	10	1111000100		788	789
ANDIS	I	10	1111001000		790	791
MOVK	IM	9	111100101		794	797
STUR	D	11	11111000000		7C0	
LDUR	D	11	11111000010		7C2	
STURD	R	11	11111100000		7E0	
LDURD	R	11	11111100010		7E2	

(1) Since I, B, and CB instruction formats have opcodes narrower than 11 bits, they occupy a range of 11-bit opcodes, e.g., the 6-bit B format occupies 32 (2^5) 11-bit opcodes.

IEEE 754 FLOATING-POINT STANDARD ④

$(-1)^S \times (1 + \text{Fraction}) \times 2^{(\text{Exponent} - \text{Bias})}$

where Single Precision Bias = 127, Double Precision Bias = 1023

IEEE 754 Symbols

Exponent	Fraction	Object
0	0	± 0
0	≠ 0	± Denorm
1 to MAX - 1	anything	± Fl. Pt. Num.
MAX	0	± ∞
MAX	≠ 0	NaN

S.P. MAX = 255, D.P. MAX = 2047

IEEE Single Precision and Double Precision Formats:

S	Exponent	Fraction
31	30 … 23	22 … 0

S	Exponent	Fraction
63	62 … 52	51 … 0

MEMORY ALLOCATION

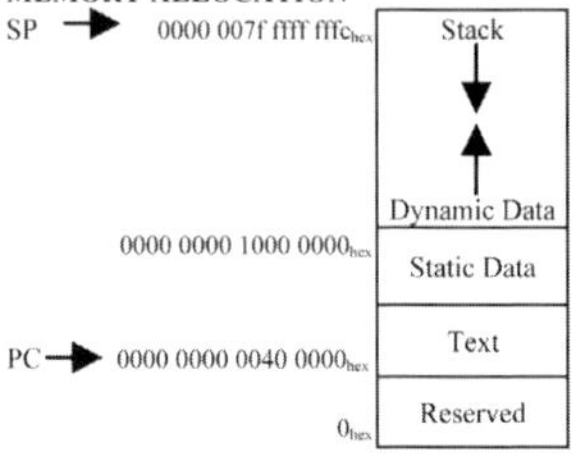

STACK FRAME

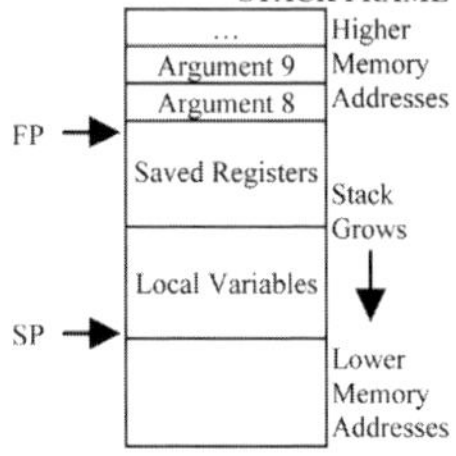

DATA ALIGNMENT

Double Word							
Word				Word			
Halfword		Halfword		Halfword		Halfword	
Byte	Byte	Byte	Byte	Byte	Byte	Byte	Byte
0	1	2	3	4	5	6	7

Value of three least significant bits of byte address (Big Endian)

EXCEPTION SYNDROME REGISTER (ESR)

Exception Class (EC)	Instruction Length (IL)	Instruction Specific Syndrome field (ISS)
31 … 26	25	24 … 0

EXCEPTION CLASS

EC	Class	Cause of Exception	Number	Name	Cause of Exception
0	Unknown	Unknown	34	PC	Misaligned PC exception
7	SIMD	SIMD/FP registers disabled	36	Data	Data Abort
14	FPE	Illegal Execution State	40	FPE	Floating-point exception
17	Sys	Supervisor Call Exception	52	WPT	Data Breakpoint exception
32	Instr	Instruction Abort	56	BKPT	SW Breakpoint Exception

SIZE PREFIXES AND SYMBOLS

SIZE	PREFIX	SYMBOL	SIZE	PREFIX	SYMBOL
10^3	Kilo-	K	2^{10}	Kibi-	Ki
10^6	Mega-	M	2^{20}	Mebi-	Mi
10^9	Giga-	G	2^{30}	Gibi-	Gi
10^{12}	Tera-	T	2^{40}	Tebi-	Ti
10^{15}	Peta-	P	2^{50}	Pebi-	Pi
10^{18}	Exa-	E	2^{60}	Exbi-	Ei
10^{21}	Zetta-	Z	2^{70}	Zebi-	Zi
10^{24}	Yotta-	Y	2^{80}	Yobi-	Yi
10^{-3}	milli-	m	10^{-15}	femto-	f
10^{-6}	micro-	μ	10^{-18}	atto-	a
10^{-9}	nano-	n	10^{-21}	zepto-	z
10^{-12}	pico-	p	10^{-24}	yocto-	y

LEGv8 Reference Data Card ("Green Card") 1. Pull along perforation to separate card 2. Fold bottom side (columns 3 and 4) together

ARM® EDITION

COMPUTER ORGANIZATION AND DESIGN

The Hardware/Software Interface

David A. Patterson
University of California, Berkeley

John L. Hennessy
Stanford University

ELSEVIER

AMSTERDAM • BOSTON • HEIDELBERG • LONDON
NEW YORK • OXFORD • PARIS • SAN DIEGO
SAN FRANCISCO • SINGAPORE • SYDNEY • TOKYO
Morgan Kaufmann is an imprint of Elsevier

Computer Organization and Design ARM® Edition
by David A. Patterson and John L. Hennessy

ISBN: 9780128017333

ARM Edition

컴퓨터 구조 및 설계 | 하드웨어 / 소프트웨어 인터페이스 |

Computer Organization and Design

The Hardware / Software Interface

발행일 2018년 08월 10일 1쇄
2024년 07월 22일 3쇄
지은이 David A. Patterson · John L. Hennessy
옮긴이 박명순 김병기 하순회 장훈
펴낸이 김준호
펴낸곳 한티미디어 | **주 소** 경기도 고양시 덕양구 청초로 66, 덕은리버워크 B동 1707호
등 록 제 15-571호 2006년 5월 15일
전 화 02)332-7993~4 | **팩 스** 02)332-7995
ISBN 978-89-6421-345-2 (93000)
정 가 35,000원

마케팅 노호근 김택균
관 리 김지영
디자인 디자인드림

이 책에 대한 의견이나 잘못된 내용에 대한 수정정보는 한티미디어 홈페이지나 이메일로 알려주십시오.
독자님의 의견을 충분히 반영하도록 늘 노력하겠습니다.

홈페이지 www.hanteemedia.co.kr | **이메일** hantee@hanteemedia.co.kr

ARM® EDITION

컴퓨터 구조 및 설계

하드웨어 / 소프트웨어 인터페이스

Computer Organization and Design

The Hardware/Software Interface

DAVID A. PATTERSON • JOHN L. HENNESSY

박명순 김병기 하순회 장 훈 옮김

한티미디어

| 역자소개 |

박명순 교수 myongsp@korea.ac.kr

1975.2	서울대학교 전자공학과 학사
1975.3~1980.9	국방과학연구소 연구원
1980.9~1982.6	Univ. of Utah 전자공학과 석사
1982.8~1985.8	Univ. of Iowa 컴퓨터공학과 박사
1985.8~1987.1	Marquette Univ. 전기공학 및 컴퓨터공학과 조교수
1987.2~1988.2	포항공대 전자전기공학과 조교수
1988.3~현재	고려대학교 정보대학 컴퓨터학과 교수, 명예교수

김병기 교수 bgkim@ssu.ac.kr

1977.2	서울대학교 전자공학과 학사
1979.2	한국과학기술원 전산학과 석사
1997.2	한국과학기술원 전산학과 박사
1979.3~1982.2	경북대학교 전자공학과 전임강사
1982.3~현재	숭실대학교 IT대학 컴퓨터학부 교수, 명예교수

하순회 교수 sha@snu.ac.kr

1985.2	서울대학교 전자공학과 학사
1987.2	서울대학교 전자공학과 석사
1992.2	U.C. Berkeley EECS 전기공학과 박사
1992.6~1993.5	U.C. Berkeley EECS post-doc
1993.7~1994.2	현대전자산업주식회사 산업전자연구소 선임연구원
1994.3~현재	서울대학교 컴퓨터공학과 교수

장훈 교수 hoon@ssu.ac.kr

1987.2	서울대학교 전자공학과 학사
1989.2	서울대학교 전자공학과 석사
1993.8	Univ. of Texas at Austin 컴퓨터공학 박사
1993.6~1993.12	AMCU Design Center, Motorola, Inc.
1994.3~현재	숭실대학교 IT대학 컴퓨터학부 교수

머리말

The most beautiful thing we can experience is the mysterious.
It is the source of all true art and science.
Albert Einstein, What I Believe, 1930

이 책에 대하여

컴퓨터 과학과 컴퓨터 공학에서의 지식 습득은 컴퓨팅을 발전시키는 원리뿐만 아니라 그 분야의 최신 기술도 반영해야 된다고 믿는다. 또한 컴퓨팅의 독자가 어느 컴퓨팅 분야의 전문가라도 컴퓨터 시스템의 능력, 성능, 에너지뿐만 아니라 궁극적으로는 성공 여부를 결정짓는 구조적 패러다임을 잘 이해할 필요가 있다고 믿는다.

현대의 컴퓨터 기술은 컴퓨팅 전 분야의 전문가로 하여금 하드웨어와 소프트웨어 둘 다 이해할 것을 요구한다. 여러 수준에서의 하드웨어와 소프트웨어 사이의 상호작용은 컴퓨팅의 기본 원리를 이해하는 근간을 제공한다. 여러분의 일차 관심 분야가 하드웨어이든 소프트웨어이든 간에, 컴퓨터 과학이든 전기 공학이든 간에 컴퓨터 구성과 설계에서의 중심 아이디어는 같다. 따라서 이 책에서는 하드웨어와 소프트웨어 사이의 관련성을 보여 주고 현대 컴퓨터의 기본이 되는 개념들에 대해 관심을 집중시키려 한다.

최근의 단일프로세서에서 멀티코어 마이크로프로세서로의 변천은 우리가 초판 이래 견지해 온 이러한 관점이 옳았다는 것을 확인시켜 주었다. 프로그래머들이 이러한 충고를 귀담아 듣지 않아도 컴퓨터 설계자, 컴파일러 작성자, 반도체 기술자들 덕택에 프로그램을 고칠 필요도 없이 더 빠르고 더 에너지 효율적으로 실행시킬 수 있는 시절도 있었지만 이제 그런 시대는 끝났다. 더 빠르게 실행되기 위해서는 프로그램이 병렬적이어야 한다. 프로그래머들이 자기가 프로그래밍하고 있는 하드웨어의 기저에 있는 병렬 특성을 몰라도 되게 하는 것이 많은 연구자들의 목표이지만 이것이 실현되려면 긴 기간이 걸릴 것이다. 우리의 생각으로는 최소 다음 10년 동안은 병렬 컴퓨터에서 프로그램을 효율적으로 실행하기 위해서는 프로그래머들이 하드웨어/소프트웨어 인터페이스를 이해해야 할 것으로 보인다.

어셈블리 언어와 논리 설계에 지식이 있으면서 컴퓨터를 어떻게 설계하는지, 시스템이 어떻게 동작하는지, 왜 그 정도의 성능을 내는지를 알고 싶어 하는 사람은 물론이고, 기본적인 컴퓨터 구조에 대한 이해가 필요하지만 어셈블리 언어나 논리 설계의 경험이 거의 없는 사람도 이 책의 독자가 될 수 있다.

다른 책에 대하여

이미 *Computer Architecture: A Quantitative Approach*를 잘 알고 있는 독자들도 있을 것이다. 그 책을 쓴 동기는 튼튼한 엔지니어링 기초 원리와 정량적인 성능 대 가격 사이의 장단점을 사용하여 컴퓨터 구조 원리를 설명하는 것이었다. 상업용 시스템에 기반을 둔 예제와 측정을 혼합하는 접근 방법을 사용하여 실제적인 설계 경험을 제공하였다. 우리의 목표는 컴퓨터 구조를 서술식 방법 대신에 정량적인 방법론을 사용하여 배울 수 있다는 것을 보여 주는 것이었다. 그 책은 컴퓨터에 대한 구체적인 이해를 원하는 진지한 컴퓨팅 전문가들을 위한 것이었다.

이 책의 대다수 독자들이 컴퓨터 설계자가 될 계획을 갖고 있지는 않을 것이다. 그러나 미래의 소프트웨어 시스템의 성능 및 에너지 효율성은 소프트웨어 설계자들이 시스템에서 작동하는 기본 하드웨어 기술을 얼마나 잘 이해하느냐에 많은 영향을 받을 것이다. 따라서 컴파일러 작성자, 운영체제 설계자, 데이터베이스 프로그래머 및 대부분의 다른 소프트웨어 엔지니어들은 이 책에서 제공하는 원리들을 잘 이해할 필요가 있다. 마찬가지로 하드웨어 설계자들은 그들의 일이 소프트웨어 응용에 어떤 영향을 미치는지를 분명히 이해해야 한다.

따라서 이 책이 *Computer Architecture* 책에 있는 내용의 부분집합이 아닌 훨씬 커다란 무엇인가가 되어야 한다고 생각했고, 두 책의 독자가 서로 다르다는 점을 고려하여 상당히 많은 부분을 개정하였다. *Computer Architecture*의 개정판에서는 기초적인 내용을 대부분 제거하였고 그 결과에 우리는 매우 만족하였다. 따라서 두 책의 초판에서보다는 중복되는 부분이 많이 줄어들게 되었다.

왜 ARMv8 개정판인가?

어떤 명령어 집합 구조를 선택하느냐의 문제는 컴퓨터 구조 교재의 교수법에 결정적인 영향을 미친다. 아무리 많이 사용되는 명령어 집합이라도 불필요하게 화려한 특성들을 서술해야 하는 명령어 집합은 제외하였다. 대부분의 독자에게는 이것이 처음 접하는 명령어 집합일 것이기 때문이다. 이상적인 첫 번째 명령어 집합은 모범적이어야 한다. 첫사랑처럼 말이다. 놀랍게도 사람들은 위 두 가지에 애착을 느낀다.

*Computer Architecture: A Quantitative Approach*의 초판을 쓸 당시에는 너무 선택의 여지가 많았기 때문에, 차라리 새로운 RISC 타입 명령어 집합을 만들어서 사용하였다. 그런데 MIPS 명령어 집합의 높은 인기와 또 단순하면서도 우아함 때문에 이 책의 초판과 위에 언급한 책의 개정판에서는 MIPS 명령어 집합을 택하게 되었다. MIPS는 우리들에게도 또 우리 독자들에게도 큰 도움이 되었다.

ARM 명령어 집합의 놀랄 정도의 인기(2015년에 140억 개의 칩이 팔렸다)는 강의를 하시는 분들이 ARM 기반 개정판을 요청하기에 이르렀다. 이미 우리는 아시아판 개정판의 일부 장에서 ARM 버전을 시도하였다. 그러나 우리가 우려했던 바와 같이 ARMv7(32비트 주소) 명령어 집합의 다양한 특성은 우리가 감당하기에 벅찼기 때문에 이 개정 내용을 영구히 가져가기로 하지는 않았다.

ARM에서 64비트 명령어 집합을 발표했는데 너무 많은 중대 변화가 있었다. 놀랍게도 우리가 보기에는 ARMv7보다 MIPS와 더 많은 유사성을 가지고 있었다. 큰 변화는 다음과 같다.

- 레지스터는 16개에서 32개로 확장되었다.
- PC가 더 이상 범용 레지스터 중 하나가 아니다.
- 매 명령어에 허용했던 조건부 실행 선택 사항이 없어졌다.
- 다중 적재 명령어와 다중 저장 명령어가 없어졌다.
- 긴 주소 필드를 갖는 PC-상대 분기 명령어가 추가되었다.
- 모든 데이터 전송 명령어에서 주소지정 모드가 일관성을 갖게 되었다.
- 명령어 집합 컨디션 코드가 줄어들었다.

ARMv8은 MIPS보다 엄청 더 커서 ARMv8 구조 참조 매뉴얼이 5,400쪽이나 되지만, 우리는 크기나 특성이 이전 판에서 사용했던 MIPS 코어와 비슷한 ARMv8의 부분집합을 찾아내서 이것을 LEGv8로 명명하였다. 그렇게 이 ARMv8 개정판을 쓰게 된 것이다.

ARMv8은 기본적으로 같은 명령어 집합 내에서 32비트 주소 명령어와 64비트 주소 명령어 둘 다 지원하기 때문에, 주소 크기는 32비트 그대로 두고 명령어 집합만 바꿀 수도 있었다. 하지만 출판사에서 이 책을 사용했던 교수들에게 의견을 물었더니 더 큰 주소가 좋거나 둘 다 좋다는 사람이 75퍼센트나 되었다. 이에 우리는 주소공간을 64비트로 증가시켰는데, 오늘날의 관점에서는 32비트보다 더 타당한 것으로 보인다.

MIPS에서 ARMv8로 바뀌면서 달라지는 것은 명령어 집합의 변경과 관련된 부분뿐이다. 2장, 3장, 5장의 가상 메모리 부분 및 6장의 짧은 VMIPS 예제가 영향을 받았다. 4장에서는 ARMv8 명령어로 바꾸고 그림 서너 장을 교체하였으며 "고난도" 몇 개를 추가하였다. 그러나 우리가 염려했던 것보다는 바뀐 부분이 많지 않았다. 1장과 나머지 부록 부분은 실제로 거의 바뀐 부분이 없다. ARMv8의 방대한 온라인 문서와 거대한 크기는 MIPS 버전의 부록 A(MIPS 5판에서 "어셈블러, 링커 및 SPIM 시뮬레이터")를 대체하기 어렵게 만들었다. 대신에 이 책에서 자세히 다루는 코어 ARMv8 명령어에 포함되지 않는 수백 개의 ARMv8 명령어를 2장, 3장, 5장에서 짧게 개괄적으로 다루고 있다. 우린 이 개정판의 독자들이 수천 쪽의 온라인 자료를 애써 읽지 않아도

ARMv8을 잘 이해할 수 있을 것이라고 믿는다. 모험심이 강한 독자들이 ARMv8의 복잡한 특성에 도전하기 전에 이 개괄을 먼저 읽고 뼈대를 이해하는 것이 현명할 것이다.

우리가 ARMv8로 완전히 넘어간다고 말하지는 않는다는 것에 유의하라. 예를 들어 지금은 ARMv8 5판과 MIPS 5판이 모두 판매 중이다. 앞으로 ARMv8과 MIPS 버전의 새로운 개정판에 대한 요구가 있을 수도 있고, 아직 다루지 않은 명령어 집합에 대한 새 버전에 대한 요구가 있을 수도 있다. 요청이 있으면 우리는 새로운 개정판을 만들 것이다. 현재로서는 이 같은 노력에 대한 독자들의 반응과 피드백을 기대할 뿐이다.

5차 개정판에서의 변화

이 책의 5차 개정판을 내는 데 있어서 다음과 같은 여섯 가지 목표를 정했다. 1) 실제 예를 통해 하드웨어를 이해하는 것이 중요하다는 것을 보여 주자. 2) 여백에 나타내는 아이콘을 통해 여러 주제에 걸친 요지를 강조하자. 3) PC 시대에서 Post-PC 시대로 넘어가는 것을 반영할 수 있게 최신 예제를 사용하자. 4) 입출력에 관한 내용을 특정 장에 몰아넣지 말고 책 전반에서 언급하자. 5) 2009년의 4차 개정판 이후 생긴 산업계의 변화를 반영하는 최신 기술을 소개하자. 6) 책의 가격을 낮추고 이 5판이 전자책으로 나아갈 수 있도록 부록과 선택 절들을 CD에 담는 대신 온라인으로 돌리자.

이 목표들에 대해 좀 더 구체적으로 논의하기 전에 뒤 페이지에 있는 표를 보자. 여기에서는 이 책 전체의 하드웨어 및 소프트웨어 중심의 경로를 보여 주고 있다. 1장, 4장, 5장, 6장은 경험이나 초점에 상관없이 양쪽 경로에 다 포함된다. 1장은 에너지의 중요성에 대한 논의를 포함하고 있으며, 에너지 문제가 어떻게 단일코어에서 멀티코어 프로세서로 전환하는 동기가 되었는지를 설명한다. 또한 컴퓨터 구조의 여덟 가지 중요한 아이디어를 소개한다. 2장은 하드웨어 관련자들을 위해 자료를 훑고 있는 것처럼 보이지만 소프트웨어 관련자들 특히 컴파일러나 객체지향 언어에 대해 좀 더 배우고 싶어 하는 독자에게는 반드시 읽어야 되는 장이다. 3장은 데이터패스를 구성하는 것에 관심 있거나 부동소수점 연산에 관심 있는 독자를 위한 장이다. 어떤 이들은 3장 일부를 건너뛸 텐데 3장 내용이 필요 없거나 단지 복습이기 때문일 것이다. 그러나 이 장에서 행렬 곱셈의 실제 예를 소개할 것이다. 서브워드 병렬성이 어떻게 4배의 성능 향상을 이루는지 보여 주므로 3.6절부터 3.8절까지는 반드시 읽기 바란다. 4장에서는 파이프라인 프로세서를 설명하고 있다. 소프트웨어 관심자들에게는 4.1절, 4.5절, 4.10절은 개략적인 내용을 알게 해 줄 것이며, 4.12절은 행렬 곱셈의 성능을 다시 크게 향상시키는 방법을 보일 것이다. 하드웨어 중심의 독자들에게는 4장에서 제공하는 내용이 핵심적이다. 배경 지식에 따라 논리회로 설계에 관한 부록 A를 먼저 읽기를 원하는 독자도 있을 수 있다. 멀티코어, 멀티프로세서, 클러스터를 다루고 있는 마지막

Chapter or Appendix	*Sections*	*Software focus*	*Hardware focus*
1. Computer Abstractions and Technology	1.1 to 1.11	Read carefully	Read carefully
	1.12 (History)	Read for culture	Read for culture
2. Instructions: Language of the Computer	2.1 to 2.14	Read carefully	Review or read
	2.15 (Compilers & Java)	Read if have time	
	2.16 to 2.21	Read carefully	Review or read
	2.22 (History)	Read for culture	Read for culture
D. RISC Instruction-Set Architectures	D.1 to D.17	Read if have time	
3. Arithmetic for Computers	3.1 to 3.5	Review or read	Review or read
	3.6 to 3.9 (Subword Parallelism)	Read carefully	Read carefully
	3.10 to 3.11 (Fallacies)	Review or read	Review or read
	3.12 (History)	Read for culture	Read for culture
A. The Basics of Logic Design	A.1 to A.13		Review or read
4. The Processor	4.1 (Overview)	Read carefully	Read carefully
	4.2 (Logic Conventions)		Read carefully
	4.3 to 4.4 (Simple Implementation)	Review or read	Read carefully
	4.5 (Pipelining Overview)	Read carefully	Read carefully
	4.6 (Pipelined Datapath)	Review or read	Read carefully
	4.7 to 4.9 (Hazards, Exceptions)		Read carefully
	4.10 to 4.12 (Parallel, Real Stuff)	Read carefully	Read carefully
	4.13 (Verilog Pipeline Control)		Read if have time
	4.14 to 4.15 (Fallacies)	Read carefully	Read carefully
	4.16 (History)	Read for culture	Read for culture
C. Mapping Control to Hardware	C.1 to C.6		Read if have time
5. Large and Fast: Exploiting Memory Hierarchy	5.1 to 5.10	Read carefully	Read carefully
	5.11 (Redundant Arrays of Inexpensive Disks)	Read if have time	Read if have time
	5.12 (Verilog Cache Controller)		Read if have time
	5.13 to 5.16	Read carefully	Read carefully
	5.17 (History)	Read for culture	Read for culture
6. Parallel Process from Client to Cloud	6.1 to 6.8	Read carefully	Read carefully
	6.9 (Networks)	Read if have time	Read if have time
	6.10 to 6.14	Read carefully	Read carefully
	6.15 (History)	Read for culture	Read for culture
B. Graphics Processor Units	B.1 to B.13	Reference	Reference

Read carefully · Read if have time · Reference · Review or read · Read for culture

장은 거의 모두 새로운 내용이며 모든 이가 읽어야 된다. 이 개정판에서는 아이디어의 흐름을 좀 더 자연스럽게 하고 GPU와 창고규모 컴퓨터, 클러스터의 핵심인 네트워크 인터페이스 카드의 하드웨어-소프트웨어 인터페이스에 대한 심층 분석을 포함시키기 위하여 많은 부분이 재구성되었다.

5차 개정판의 첫 번째 목표는 좋은 성능과 에너지 효율성을 얻기 위해 최신 하드웨어를 이해하는 것이 중요하다는 것을 구체적인 예로 보여 주는 것이었다. 앞에서 언급한 바와 같이 3장에서 서브워드 병렬성을 이용하여 행렬 곱셈의 성능을 4배 향상시키고, 4장에서는 순환문 펼치기를 하여 명령어 수준 병렬성의 값어치를 보여 줌으로써 성능을 2배 향상시켰다. 5장에서는 블로킹을 이용하여 캐시를 최적화함으로써 성능을 배가시켰으며, 6장에서는 스레드 수준 병렬성을 사용하여 16개 프로세서로 14배의 성능 향상을 이루었다. 네 가지 최적화를 수행하기 위하여 최초의 행렬 곱셈 예제 C코드에 추가된 라인의 총수는 겨우 24라인에 불과하다.

두 번째 목표는 컴퓨터 구조의 여덟 가지 위대한 아이디어를 일찌감치 찾아내고 이 책의 나머지 어디에서 이 아이디어들이 실제로 사용되는지 찾아내게 하여 독자들이 나무와 숲을 분리해 내는 것을 도와주는 것이다. 여백에 아이콘들을 사용하고 문장에서 해당 단어를 강조함으로써 독자들이 이 여덟 가지 주제를 상기하도록 한다. 이 책에는 거의 100개의 인용이 있다. 모든 장이 7개 이상의 위대한 아이디어 예를 제시하고 있으며 각 아이디어는 5번 이상 언급되고 있다. 병렬성과 파이프라이닝, 예측을 이용한 성능 개선이 가장 많이 나오는 3대 아이디어이고 그 다음이 Moore의 법칙이다. 4장에 예가 가장 많은데 컴퓨터 설계자들로부터 가장 많은 관심을 받는 것이 프로세서라는 점을 감안하면 놀랄 일이 아니다. 모든 장에서 발견되는 위대한 아이디어는 병렬성을 통한 성능 개선인데, 최근에 이 분야에서 또 이 책에서 병렬성이 강조되기 때문에 즐겁게 관찰할 수 있다.

세 번째 목표는 이 책의 예제와 자료를 통해 PC 시대에서 Post-PC 시대로의 컴퓨팅 세대 변화를 인식하는 것이다. 그래서 1장에서는 PC가 아닌 태블릿 컴퓨터의 내부를 들여다보고, 6장에서는 클라우드 컴퓨팅의 인프라에 대해 설명하고 있다. 또 PC 시대를 지배했고 아직도 클라우드 컴퓨팅을 지배하고 있는 x86 명령어 집합뿐 아니라 Post-PC 시대 개인용 모바일 장비의 명령어 집합으로 선택받은 ARM에 대해 살펴본다.

네 번째 목표는 입출력에 관한 내용을 특정한 장에 모아 놓는 대신 책 전반에 걸쳐 산개시켜 놓는 것이다. 이는 마치 우리가 4판에서 병렬성을 모든 장에 산개해 놓았던 것과 비슷하다. 따라서 이 5차 개정판에서는 입출력 자료가 1.4절, 4.9절, 5.2절, 5.5절, 5.11절, 6.9절에서 발견된다. 입출력을 특정 장으로 분리시켜 놓지 않았기 때문에 독자나 교수가 입출력을 다룰 기회가 좀 더 많아질 거라고 생각하였다.

이 분야는 발전 속도가 빠르기 때문에 매번 개정판을 낼 때마다 최신의 기술적 내용을 반영하는 것이 중요한 목표가 되었다. Post-PC 시대를 반영하여 ARM Cortex A53과 Intel Core i7을 실제 예로 사용하였다. 이 외에도 GPU의 고유한 용어를 설명하는 GPU 튜토리얼, 클라우드를 이루고 있는 창고규모 컴퓨터에 대한 심층 분석, 10기가바이트 이더넷 카드에 대한 심층 분석들이 강조되었다.

이 책을 얇게 만들고 전자책과 호환을 유지하기 위하여 선택 사항들을 CD에 담지 않고 온라인 부록으로 만들었다.

마지막으로 모든 연습문제를 갱신하였다.

많은 요소가 바뀌긴 하였지만 지난 판본들에서 유용한 것들은 그대로 유지하려고 하였다. 이 책이 용어의 기준을 제시하는 역할도 할 수 있도록 새로운 용어가 나올 때마다 왼쪽 또는 오른쪽의 여백에 그 정의를 제시하고 있다. "프로그램 성능의 이해"라는 부분은 독자로 하여금 그들의 프로그램 성능을 이해하고 성능을 높이는 것을 도와주고 있다. "하드웨어/소프트웨어 인터페이스"에서는 독자들이 이 같은 인터페이스에서 어떻게 절충하는지 이해하도록 돕고 있다. 또한 "요점정리"도 그대로 유지하여 독자들이 자세한 것을 알지 못해도 전반적인 것을 이해하도록 돕고 있다. "스스로 점검하기"에서는 내용의 이해도를 그때그때 확인할 수 있으며 각 장의 맨 끝에 답이 제공되고 있다. 이 개정판에도 IBM System/360의 "Green Card"에서 영감을 받은 녹색 ARMv8 Reference Data Card를 포함시켰다. 이 카드는 최신 버전으로 갱신되었으며 ARMv8 어셈블리 언어 프로그램을 작성할 때 손쉽게 참조할 수 있다.

교수님들을 위한 지원

우리는 수많은 자료를 수집하여 교수님들이 이 책을 사용하여 강의할 때 도움을 주려 하였다. 연습문제에 대한 해답집, 이 책의 그림들, 강의 슬라이드, 기타 자료가 이 책을 교재로 선택한 교수님들께 출판사로부터 제공된다. 아래의 웹 사이트는 Community Edition of ARM DS-5 전문가 소프트웨어 모음(무료임)에 대한 링크를 제공하는데 이 소프트웨어 모음은 ARMv8-A(64비트) 구조 시뮬레이터를 포함하고 있다. 뿐만 아니라 이 사이트는 심층 학습을 위한 추가적인 고급 내용과 부록, 용어사전, 참고문헌 및 추천도서 목록을 제공하고 있다. 더 많은 정보를 위해서는 다음 출판사 웹 사이트를 참조하라.

textbooks.elsevier.com/9780128017333

마지막 언급

독자들은 우리가 에러를 정정하기 위해 많은 노력을 기울여 왔다는 것을 알 수 있을 것이다. 책이 여러 번 인쇄되기 때문에 정정할 기회는 많다. 아직도 남아 있는 에러나 버그를 찾게 되면 이메일(주소는 *codARMbugs@mkp.com*)로 혹은 저작권 페이지에 나와 있는 주소로 직접 편지를 보냄으로써 출판사에 알려 주기 바란다.

이 개정판은 1989년에 시작하여 오랫동안 유지해 온 Hennessy와 Patterson 사이의 협력 관계가 세 번째로 깨어짐을 기록하게 되었다. Hennessy 총장이 세계에서 가장 큰 대학 중 하나를 운영하게 됨에 따라 일이 많아져서 더 이상 새로운 개정판을 만드는 데 큰 기여를 할 수 없게 되었다. Patterson은 또 다시 안전망 없이 줄타기하는 사람 같은 기분을 느꼈다. 따라서 다른 많은 분들과 U.C. Berkeley의 동료 교수들이 이 책의 내용을 가다듬는 데 큰 역할을 하였다. 그럼에도 불구하고 이 책에 대한 비판은 혼자서 감당하려고 한다.

역자 머리말

이번에 Patterson과 Hennessy 교수의 책 *Computer Organization and Design: The Hardware/Software Interface, ARM Edition*의 번역서를 출간하게 되었다. 이 책은 RISC 구조 연구의 양대 산맥을 이루고 있는 두 사람이 힘을 합쳐 저술했다는 사실만으로도 큰 의미가 있는 책이다. 그뿐만 아니라 오랫동안의 연구와 교육 경험에서 우러나온 해박한 지식으로 컴퓨터 구조를 이해하기 쉽게 설명하고 있다. 특히, 컴퓨터 설계와 관련된 새로운 기술을 충실하게 소개하고 있으며, 이러한 기술들이 실제로 어떻게 사용되는가를 최신 제품을 예로 들어 설명하고 있다. 이것은 독자들의 이해를 도울 뿐만 아니라 흥미 유발에도 큰 기여를 할 것이다. 역자들은 원서의 이러한 장점을 최대한 살리고자 노력하였다.

지난번 4판에서는 아시아판으로 ARM판이 나왔었다. 이는 ARM 프로세서가 임베디드 디바이스에서 가장 인기 있는 명령어 집합이며 아시아에서 휴대폰 등 임베디드 디바이스에 대한 개발이 활발한 점을 고려하여 이러한 결정을 내렸었다고 보였지만 이 책 전체가 ARM 프로세서 위주로 설명이 되어 있지는 않고 명령어 집합과 산술연산 등을 위해서는 ARM이 사용되었지만 기타 하드웨어 기술, 파이프라이닝, 메모리 계층 등에서 기존의 MIPS가 그대로 사용되었다는 점이 어쩌면 학생들로 하여금 혼란을 초래할 수도 있다고 생각하면서 번역하였었다.

이번 ARM 개정판에서는 모든 설명과 예제가 ARMv8 프로세서를 사용하여 이루어졌다. 따라서 4판 아시아판에서 겪었던 혼란은 겪지 않아도 되게 되었다. 서문에서 저자가 이야기한 것과 같이 ARMv8 프로세서는 MIPS 프로세서와 유사한 점이 많아 전형적인 RISC형 프로세서의 64비트 프로세서로 보인다. 다만 완전한 ARMv8 프로세서는 수천 개의 명령어를 갖고 있는 커다란 프로세서이기 때문에 이를 수업 시간에 다루는 것은 불가능할 것이다. 이에 저자는 그 중 극히 일부의 명령어만을 선정한 명령어 집합을 만들었고 이를 LEGv8 프로세서라 명명하였다. 이 LEGv8 명령어 집합을 가지고 설명하고 있고 데이터패스를 설명할 때는 이 중에서도 10개 미만의 명령어만을 대상으로 설계하고 설명하고 있다. 이는 기존 판들에서 MIPS 명령어 집합의 일부만을 대상으로 데이터패스를 설계하고 설명하였던 것과 동일하다.

역자들은 이 책의 개정판이 나올 때마다 계속적으로 번역에 참여해 왔다. 번역 후 매년 이 책을 사용하면서 느꼈던 점들을 반영하여 개정판이 나올 때마다 새롭게 번역하려고 노력하였다. 즉, 어떤 경우는 너무 풀어쓰다 보니 용어가 너무 길고, 또 어떤 경우는 우리말에서는 마땅한 말이 없는 것을 짧게 번역하여 뜻이 제대로 통하지 않는 경우도 있었다. 또 어떤 경우는 우리말로 표현하는 게 뜻도 통하면서 훨씬 부드러운데도 영어의 표현 방식을 그대로 따르다 보니 문맥이 매끄럽지 못했었다. 따라서 이러한 우리의 경험을 살리기 위해 2판과 3판, 4판, 5판 번역 때 참여하였던 그 번역자들만으로 팀을 구성하였고, 2판에서 너무 과감하게 우리말화하려 했던 경험과 3판에서 그 일부는 다시 좀 더 부드러운 용어로 바꾸었던 경험을 모두 살려 이번에는 좀 더 표준화되고 보편화된 용어들을 사용하려고 노력하였으며, 5판 이후 새로 등장한 용어들에 대해서는 역자들이 논의하여 용어를 선택하였다. 또한 직역보다는 되도록이면 우리말 표현 방식을 따르려고 노력하였다. 그리고 각 절에 들어 있던 격언 등은 번역하면 문화의 차이 때문에 의미 전달이 잘 되지 않는다고 판단하여 번역하지 않고 그냥 실었다. 또한 편집을 하면서 많은 오류를 일으킨 부분이 그림을 그리면서 발생하였기에 이번에는 그림 내부의 텍스트도 번역 없이 그대로 실었다. 우리 역자들은 독자들이 이 정도는 충분히 이해할 수 있을 거라는 판단 하에, 또 오류 없이 출판하고 싶다는 판단 하에 이러한 결정을 내렸다.

읽기에 부담스럽지 않도록 직역은 피하고 자연스런 문장으로 만들기 위해 많은 노력을 하였으나 역자들의 능력 부족으로 아직도 남아 있는 매끄럽지 않은 표현에 대해서는 독자 여러분의 너그러운 이해를 바란다. 그 외에도 부족함이 많은 이 책을 완성시키는 것은 오로지 독자 제현의 질책과 관심에 의해서만 가능할 것이다. 거의 8개월에 걸친 작업 끝에 나온 이 책이 컴퓨터 설계 기술을 이해하는 데 조금이나마 도움이 된다면 역자들에게는 더 없는 보람일 것이다.

끝으로, 이 책이 나올 수 있도록 애써 주신 한티미디어의 김준호 사장님과 편집부 여러분의 노고에 깊은 감사를 보낸다.

2018년 8월 1일
역자 일동

차례

APPENDIX

A The Basics of Logic Design A–2

ONLINE CONTENT

B Graphics and Computing GPUs B–2

부록 A는 한티미디어 홈페이지 자료실을 통해 다운로드할 수 있습니다.
http://www.hanteemedia.co.kr

Mapping Control to Hardware C-2

A Survey of RISC Architectures for Desktop, Server, and Embedded Computers D-2

부록 B, C, D와 이 있는 절은 Instructor Materials의 사이트를 통해 다운로드할 수 있습니다.
http://booksite.elsevier.com/9780128017333/content_appendices.php

1

컴퓨터 추상화 및 관련 기술

Civilization advances by extending the number of important operations which we can perform without thinking about them.

Alfred North Whitehead,
An Introduction to Mathematics, 1911

1.1 서론

짜릿한 즐거움으로 충만한 컴퓨터 시스템의 세계를 소개하게 된 것을 매우 기쁘게 생각하며, 이 책의 독자가 된 여러분을 진심으로 환영하는 바이다. 컴퓨터 세계는 발전 속도가 더디고 참신한 아이디어는 무시되는 그런 삭막하고 무미건조한 곳이 절대 아니다. 컴퓨터는 믿을 수 없을 정도로 활기찬 정보기술 산업의 산물로서, 오늘날 미국 전체 GNP의 거의 10%를 관련 산업이 책임지고 있으며, 국가의 경제는 Moore의 법칙에 따라 빠르게 발전하고 있는 정보기술에 상당 부분 의존하고 있다. 이 비범한 산업은 숨 가쁜 속도로 기술 혁신을 거듭하고 있다. 지난 30년간 컴퓨터 산업에 일대 혁명을 일으키며 등장했던 기종이 여러 가지 있었지만, 그들이 얼마 견디지 못하고 사라진 이유는 곧 누군가가 이를 뛰어넘는 더 우수한 컴퓨터를 만들어 냈기 때문이다.

1940년대 후반에 전자식 컴퓨터가 처음 등장한 이래 계속되고 있는 기술 혁신 경쟁은 다른 분야에서는 전례가 없는 빠른 진보를 이루어 내고 있다. 만일 운수 산업이 컴퓨터 산업과 같은 속도로 발전했다면, 오늘날 뉴욕에서 런던까지 여행하는 데 1초밖에 걸리지 않을 것이며 그 요금은 겨우 몇 센트에 불과할 것이다. 이러한 발전이 세상을 어떻게 바꿀 수 있는가를 생각해 본다면—예를 들면 타히티에 살면서 샌프란시스코로 출퇴근하고 저녁때는 모스크바에서 볼쇼이 발레를 즐기는 생활이 가능할 것이다—이 변화가 의미하는 바를 이해할 수 있을 것이다.

컴퓨터는 농업혁명과 산업혁명에 이은 정보혁명을 일으킴으로써 인류 문명에 제3의 혁명을 가져왔다. 그 결과 인류의 지적 능력이 그 깊이와 너비에서 크게 확장되면서 우리의 일상생활에 근본적인 영향을 미침은 물론, 새로운 지식을 탐구하는 방법도 변화시키고 있다. 기존의 이론 및 실험 과학자에 새로이 계산 과학자가 합류하여 천문학, 생물학, 화학, 물리학 등의 첨단 영역에서 같이 연구함으로써, 과학 연구의 새로운 영역을 개척해 가고 있는 것이다.

컴퓨터혁명은 아직도 계속되고 있는 중이다. 계산 비용이 10배 낮아지면 컴퓨터를 사용할 수 있는 기회도 그만큼 늘어나서, 과거에는 경제적인 이유로 불가능해 보이던 일들이 현실이 되어 나타난다. 다음과 같은 응용 분야는 얼마 전까지만 해도 공상 과학 소설에서나 가능했던 일들이다.

- 자동차를 제어하는 컴퓨터: 1980년대 초 마이크로프로세서가 가격과 성능에서 놀라운 발전을 이루기 전까지는 컴퓨터가 자동차를 제어한다는 것은 터무니없는 이야기같이 들렸다. 그러나 오늘날에는 컴퓨터가 엔진을 제어해서 공해를 줄이고 연료 효율을 높이고 있으며, 시야 사각 지대의 위험을 감지하고 차선 이탈을 경고하며 움직이는 물체를 인식하고 충돌 사고를 감지하여 에어백을 터뜨림으로써 자동차의 안전성을 높이고 있다.
- 휴대전화: 세상 거의 모든 곳에서 개인 간의 통신을 가능하게 하는 휴대전화를 지구 인구의 절반이 사용할 수 있을 정도로 컴퓨터 시스템이 발달하리라고 누가 상상이나 하였겠는가?
- 인간 게놈 프로젝트: 지금은 수억 달러만 있으면 인간의 DNA 순서를 분석하고 그 지도를 작성하는 데 필요한 컴퓨터 장비를 갖출 수 있다. 15~25년 전처럼 컴퓨터 가격이 10배 내지 100배 비싸다면 아직도 연구할 엄두조차 내지 못했을 것이다. 게다가 비용이 계속 떨어지고 있으므로 언젠가는 여러분 스스로의 게놈을 확인해서 맞춤형 치료를 받을 수 있는 날이 올 것이다.
- WWW(World Wide Web): 이 책의 초판이 출간될 당시만 해도 존재하지 않았던 웹이 지금은 세상을 바꾸고 있다. 많은 사람들에게 웹은 도서관과 신문을 대신하고 있다.
- 검색 엔진: 웹 콘텐츠의 양과 가치가 증가하면서 적절한 정보를 찾는 일이 더욱 중요해지고 있다. 오늘날 많은 사람들이 삶의 여러 부분에서 검색엔진을 사용하고 있어서, 이제는 검색 엔진이 없다면 많은 어려움이 있을 것이다.

이러한 기술의 발전은 우리 사회의 거의 모든 분야에 영향을 미치고 있다. 하드웨어의 발전으로 프로그래머는 매우 유용한 소프트웨어를 만들 수 있게 되었으며, 그 덕택에 도처에서 컴퓨터를 사용할 수 있게 되었다. 오늘날의 공상 과학은 미래의 경이적인 응용이 무엇이 될지 암시하고 있다. 증강 현실 안경, 현금이 필요 없는 사회, 자율 주행 자동차 등은 이미 가시화되고 있다.

컴퓨터 응용 분야의 종류와 그 특성

스마트 가전제품이나 휴대전화에 내장되는 컴퓨터에서부터 초대형 수퍼컴퓨터에 이르기까지 기본이 되는 하드웨어 기술(1.4절과 1.5절에서 설명)은 같지만, 응용 분야에 따라서 설계 요구사항과 핵심적인 하드웨어 기술을 사용하는 방법은 각기 다르다. 개괄적으로 말해서 컴퓨터는 크게 세 가지 응용 분야에서 사용된다.

개인용 컴퓨터(personal computer, PC)는 아마도 가장 잘 알려진 컴퓨터 종류로 독자 여러분들도 많이 사용하고 있을 것이다. 개인용 컴퓨터는 낮은 가격으로 단일 사용자에게 좋은 성능을 제공하는 것을 중요시하며 제3자(third-party) 소프트웨어를 실행하기 위해 주로 사용된다. 이 분야가 여러 가지 컴퓨팅 기술의 발전을 주도했다는 것은 35년밖에 안 된 역사를 생각해 볼 때 놀라운 일이 아닐 수 없다.

서버(server)는 과거 대형 컴퓨터로 불리던 것의 현대적 형태로서 보통 네트워크를 통해서만 접근된다. 서버는 대개 대형 작업 수행에 이용된다. 대형 작업은 과학이나 공학 분야의 복잡한 응용 프로그램 한 개일 수도 있고, 대규모 웹 서버에서처럼 작은 작업 여러 개로 구성될 수도 있다. 이러한 응용 프로그램은 다른 회사가 개발한 소프트웨어(데이터베이스나 시뮬레이션 시스템 같은)를 이용하기는 하나, 특정한 기능을 수행하도록 변형되거나 맞추어지는(customized) 경우가 많다. 서버는 개인용 컴퓨터와 같은 기술로 제작되지만, 연산과 입출력 용량의 확장성이 훨씬 더 크다. 서버가 고장 나면 단일 사용자 PC와는 비교할 수 없이 큰 손해가 발생되므로, 일반적으로 서버는 신용도(dependability)를 매우 강조한다.

서버는 가격과 성능의 폭이 매우 넓다. 저사양 서버는 화면과 키보드가 없는 개인용 컴퓨터와 다를 바가 없으며, 가격은 천 달러 정도에 불과하다. 이런 저사양 서버는 파일 저장이나 중소기업 업무 또는 간단한 웹 서비스용으로 사용된다. 이와 반대쪽 극단에는 수퍼컴퓨터가 있다. 오늘날의 수퍼컴퓨터는 가격이 수천만 내지 수억 달러로, 수만 개의 프로세서와 수 TB(terabyte)의 메모리를 가지고 있다. 수퍼컴퓨터는 일기예보, 석유 탐사, 단백질 구조 결정 등 대형 과학 및 공학 계산에 주로 사용된다. 이러한 수퍼컴퓨터가 처리 능력에서는 최정상의 자리에 있지만, 양적으로는 서버의 작은 부분을 차지할 뿐이며 컴퓨터 시장 전체 판매 금액도 이와 비례해서 미미한 부분을 차지할 뿐이다.

가장 많이 사용되고 있는 것은 임베디드 컴퓨터(embedded computer)이다. 그만큼 응용 분야와 성능도 매우 다양하다. 자동차에 들어 있는 마이크로프로세서와 디지털 텔레비전 등에서 사용되는 컴퓨터, 현대식 비행기나 화물선을 제어하는 프로세서 네트워크 등이 여기에 포함된다. 임베디드 컴퓨팅 시스템은 한 가지 응용을 수행하거나 서로 연관된 일련의 프로그램을 실행하도록 설계되어 있다. 보통 임베디드 컴퓨터는 다

개인용 컴퓨터(PC) 개인적인 이용을 위해 설계된 컴퓨터. 보통 그래픽 디스플레이, 키보드, 마우스 등을 포함한다.

서버 여러 사용자를 위해서 대형 프로그램 여러 개를 동시에 실행하는 데 사용하며, 주로 네트워크를 통해서 접근된다.

수퍼컴퓨터 성능과 가격이 가장 높은 컴퓨터 종류. 서버로 구성되는 것이 보통이며 가격은 수천만 달러에서 수억 달러 정도이다.

TB 통신이나 보조 기억장치 분야에서 1,000,000,000,000(10^{12}) 바이트로 정의하기도 하지만, 원래는 1,099,511,627,776(2^{40}) 바이트이다. 혼란을 방지하기 위해서 2^{40} 바이트는 TiB(tebibyte)로 표시하여 10^{12} 바이트를 의미하는 TB(terabyte)와 구분하도록 한다. 그림 1.1에 십진수와 이진수의 단위에 대한 명칭과 값을 정리하였다.

임베디드 컴퓨터 다른 장치에 포함되어 있어서 미리 정해진 한 가지 일이나 몇 가지 소프트웨어만 실행하는 컴퓨터.

Decimal term	Abbreviation	Value	Binary term	Abbreviation	Value	% Larger
kilobyte	KB	10^3	kibibyte	KiB	2^{10}	2%
megabyte	MB	10^6	mebibyte	MiB	2^{20}	5%
gigabyte	GB	10^9	gibibyte	GiB	2^{30}	7%
terabyte	TB	10^{12}	tebibyte	TiB	2^{40}	10%
petabyte	PB	10^{15}	pebibyte	PiB	2^{50}	13%
exabyte	EB	10^{18}	exbibyte	EiB	2^{60}	15%
zettabyte	ZB	10^{21}	zebibyte	ZiB	2^{70}	18%
yottabyte	YB	10^{24}	yobibyte	YiB	2^{80}	21%

그림 1.1 2^X와 10^Y 바이트의 모호함을 해결하기 위해서 동일한 용어의 이진수 표기법을 덧붙였다. 표의 마지막 열에는 이진수 용어가 십진수 용어에 비해 얼마나 큰지를 나타냈다. 아래로 내려갈수록 두 값의 차이가 더 커지는 것을 알 수 있다. 바이트뿐 아니라 비트도 접두사를 이용하여 구분을 하는데 예를 들어 Gb(gigabit)는 10^9을 나타내고 Gib(gibibits)는 2^{30}을 나타낸다.

른 하드웨어와 한 덩어리로 묶인 단일 시스템으로 공급되기 때문에 도처에 깔려 있어도 대부분의 사용자는 자기가 컴퓨터를 사용하고 있다는 사실조차 인식하지 못한다.

임베디드 응용은 최소한의 성능만 유지하면서 가격과 소모 전력은 엄격히 제한해야 하는 독특한 요구사항을 갖는 경우가 많다. mp3 플레이어를 예로 들어 보자. 프로세서는 제한된 기능을 처리할 수 있을 정도만 빠르면 되지만, 정작 더 중요한 문제는 가격과 전력 소모를 최소화하는 것이다. 임베디드 컴퓨터는 가격이 싸더라도 약간의 고장 감내 기능을 갖추고 있는 경우도 있다. 고장이 나면 단순히 사람을 당황하게 하는 정도에 그치는 수도 있지만(새로 산 텔레비전이 동작을 안 할 때) 큰 재난을 일으키는 경우도 있기 때문이다(비행기나 화물선에 있는 컴퓨터가 고장 났을 때). 디지털 가전제품 같은 소비자 지향형 임베디드 응용에서는 주로 단순함으로 신용도를 확보한다. 여기서 단순함이란 단 한 가지 기능만을 최대한 완벽하게 수행하는 것에 초점을 맞추는 것이다. 대형 임베디드 시스템은 서버급에서 자주 사용되는 여유분(redundancy) 기술로 고장 감내 기능을 구현하는 경우가 많이 있다. 이 책은 주로 범용 컴퓨터에 초점을 맞추어 설명하고 있지만, 소개하는 대부분의 개념이 있는 그대로 또는 약간만 수정하면 임베디드 컴퓨터에도 적용 가능하다.

고난도: **"고난도"**는 관심의 대상이 될 수 있는 특정 주제를 좀 더 자세히 다루는 짧은 학습란이다. 이후의 내용과는 연관이 없기 때문에 관심 없는 사람은 생략해도 상관없는 부분이다.

임베디드 프로세서 설계에는 **프로세서 코어**(processor core)가 많이 이용된다. 프로세서 코어란 Verilog나 VHDL 같은(4장 참조) 하드웨어 기술 언어(hardware description language) 형태로 제작된 프로세서 버전이다. 코어를 사용하면 특수한 응용에 특화된(application-specific) 하드웨어와 CPU를 합쳐서 한 칩으로 만드는 일이 쉬워진다.

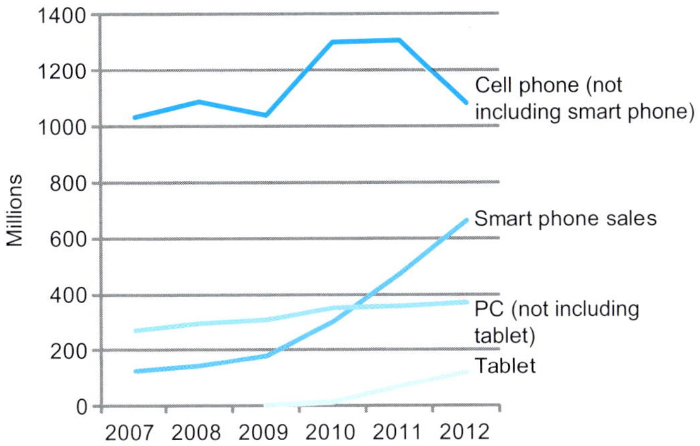

그림 1.2 Post-PC 시대를 대표하는 태블릿과 스마트폰의 연간 생산량과 개인용 컴퓨터와 전통적인 휴대전화의 비교. 스마트폰은 휴대전화 업체의 최근 성장 동향을 대표하는 것으로, 2011년에 이미 개인용 컴퓨터를 앞질렀다. 태블릿은 가장 빠르게 성장하는 품목으로 2011년과 2012년 사이에 두 배로 성장하였다. PC와 전통적인 휴대전화는 최근에 정체 상태에 있거나 오히려 감소하고 있다.

Post-PC 시대

기술의 끊임없는 발전은 IT 산업을 통째로 뒤흔드는 컴퓨터 하드웨어의 세대적인 변화를 일으키고 있다. 4판이 출간된 이후 우리는 이러한 변화를 또 겪고 있는데, 이것은 30년 전에 개인용 컴퓨터로 무게 중심이 옮겨진 것만큼이나 중요한 변화이다. 개인용 컴퓨터가 개인 휴대용 기기(personal mobile device, PMD)로 대치되고 있다. PMD는 배터리로 동작을 하며, 무선으로 인터넷에 연결되고, 보통 수백 달러로 구매가 가능하다. 또 PC와 같이 소프트웨어("앱")를 다운로드해서 수행할 수 있다. 그러나 PC와 달리 키보드와 마우스가 없고, 터치스크린을 사용하는 것이 보통이며, 음성 인식을 사용하기도 한다. 오늘날 PMD라고 하면 스마트폰이나 태블릿을 떠올리지만, 향후 전자 안경이 이에 포함될 수 있을 것이다. 그림 1.2는 PC와 휴대용 전화기와 비교해서 태블릿과 스마트폰이 얼마나 가파르게 성장을 하고 있는지를 보여 준다.

전통적인 서버도 **창고규모 컴퓨팅**(warehouse-scale computing, WSC)으로 알려진 거대 규모의 데이터 센터를 이용하는 클라우드 컴퓨팅(cloud computing)으로 전환되고 있다. 아마존이나 구글과 같은 회사들은 100,000개 이상의 서버들을 가진 WSC를 구축하고 회사들로 하여금 서버들을 임대하도록 한다. 그러면 회사들은 자체적으로 WSC를 구축할 필요 없이 PMD에 필요한 서비스를 제공할 수 있다. 실제로 PMD와 WSC가 하드웨어 산업에 혁명을 일으키고 있듯이 클라우드를 통해 제공되는 서비스로서의 소프트웨어(software as a service, SaaS)가 소프트웨어 산업에 혁명을 일으키고 있다. 오늘날 소프트웨어 개발자들은 응용의 일부는 PMD에서 일부는 클라우드에서 수행되도록 만드는 경우가 종종 있다.

개인 휴대용 기기(PMD) 무선으로 인터넷에 연결되는 소형 기기로 배터리로 작동되며 앱을 다운로드해서 소프트웨어를 설치한다. 스마트폰과 태블릿이 잘 알려진 예이다.

클라우드 컴퓨팅 인터넷을 통해 서비스를 제공하는 서버들의 집합. 일부 공급자들은 서버의 수를 필요한 만큼 임대해 주기도 한다.

서비스로서의 소프트웨어(SaaS) 소프트웨어와 데이터를 서비스의 일환으로 인터넷을 통해 제공한다. 설치 과정이 필요하고 모든 실행이 설치한 기기에서 이루어지는 이진 코드 대신에, 브라우저처럼 로컬 클라이언트 기기에서 실행되는 가벼운 프로그램을 사용한다. 웹 검색과 소셜 네트워킹이 좋은 예이다.

이 책에서는 어떤 것을 배울 수 있는가

우수한 프로그래머들은 항상 자기가 작성한 프로그램의 성능에 신경을 써 왔다. 널리 사용되는 소프트웨어 작성에서 중요한 문제는 사용자가 원하는 결과를 빨리 얻을 수 있게 하는 것이기 때문이다. 1960년대와 70년대에 컴퓨터 성능을 제약하던 가장 큰 요소는 컴퓨터 메모리의 용량이었다. 그러므로 프로그래머들은 '프로그램을 빠르게 하려면 메모리 사용을 최소화하라'라는 단순한 경구를 금과옥조로 삼았다. 그러나 지난 10년간 컴퓨터 설계와 메모리 분야의 기술이 눈부시게 발전하면서 임베디드 시스템을 제외한 대부분의 응용에서 메모리 사용을 최소화해야 할 필요성은 크게 줄어들었다.

오늘날 성능에 관심이 있는 프로그래머라면 1960년대의 단순한 메모리 모델을 사라지게 만든 두 가지 이슈, 메모리의 계층성과 프로세서의 병렬성을 이해해야 한다. 3장에서 6장에 걸쳐 한 C 프로그램의 성능을 200배 개선하는 방법을 제시하면서 이 문제의 중요성을 보일 것이다. 게다가 1.7절에서 설명하는 바와 같이 오늘날의 프로그래머는 PMD나 클라우드에서 수행되는 프로그램의 에너지 효율성을 신경 써야 한다. 이를 위해서는 코드의 밑에서 무슨 일이 일어나고 있는지를 제대로 이해해야 한다. 그러므로 경쟁력 있는 소프트웨어를 개발하고자 하는 프로그래머라면 컴퓨터 구조에 대한 지식을 늘려 나갈 필요가 있다.

우리는 프로그램 밑에서 작동되고 있는 소프트웨어와 컴퓨터 케이스 안에 들어 있는 하드웨어를 하나씩 들추어 가면서 이 혁신적인 기계의 내부에는 과연 무엇이 있는가를 설명하는 기회를 갖게 된 것을 영광으로 여긴다. 이 책을 다 읽고 나면 다음 문제에 답할 수 있는 능력을 갖추게 될 것으로 믿는다.

- C나 자바(Java) 같은 상위 수준 언어로 작성된 프로그램이 어떻게 하드웨어 언어로 번역되며, 하드웨어는 번역된 프로그램을 어떻게 실행하는가? 이 개념들을 잘 파악하면 프로그램 성능에 영향을 미치는 하드웨어와 소프트웨어 양쪽의 특성을 이해할 수 있을 것이다.
- 소프트웨어와 하드웨어 사이의 인터페이스는 무엇이며, 소프트웨어는 어떻게 필요한 일을 하드웨어에게 지시하는가? 이 개념은 여러 종류의 소프트웨어 작성 방법을 이해하는 데 중요하다.
- 프로그램의 성능을 결정하는 요소는 무엇이며, 프로그래머는 어떻게 성능을 개선할 수 있는가? 이 문제는 소스 프로그램, 프로그램 번역 소프트웨어, 프로그램을 실행하는 하드웨어 효율성 모두와 관련이 있다.
- 성능 개선을 위해 하드웨어 설계자는 어떤 기술을 사용할 수 있는가? 이 책은 현대 컴퓨터 설계와 관련된 기본 개념만을 소개하고 있다. 이 책의 상급판인 *A Computer Architecture: A Quantitative Approach*에서는 더 많은 기술을 심도

있게 다루고 있으니 참고하기 바란다.

- 에너지 효율성을 개선하기 위해 하드웨어 설계자는 어떤 기술을 사용할 수 있는가? 프로그래머가 에너지 효율을 높이는 것을 어떻게 돕거나 방해할 수 있는가?
- 최근 순차적인 처리에서 병렬 처리로 넘어가는 이유는 무엇이며 그 결과는 어떠한가? 이 책은 이에 대한 동기와 병렬성을 지원하는 하드웨어 기법들을 설명하고 있으며 신형 "멀티코어" 마이크로프로세서에 대한 개관을 담고 있다(6장 참조).
- 1951년에 최초로 컴퓨터가 시판된 이후 컴퓨터 구조 분야의 어떤 위대한 아이디어들이 현대 컴퓨팅의 기초를 닦았는가?

멀티코어 마이크로프로세서 한 칩에 다수의 프로세서("코어")를 집적한 마이크로프로세서.

위 문제에 대한 해답을 가지고 있지 못하면 최신 컴퓨터에서 수행되는 프로그램의 성능을 개선하거나 컴퓨터 간의 상대적 성능 차이의 원인을 밝혀내는 작업이 통찰과 분석에 기초한 과학적 절차에 따라 이루어지지 못하고 시행착오를 반복하면서 어렵게 이루어질 수밖에 없다.

1장은 이 책의 나머지 부분을 위한 기초에 해당한다. 이 장에서는 기본적 개념과 정의를 소개하고, 소프트웨어와 하드웨어의 주요 구성 요소를 설명하며, 성능과 전력을 평가하는 방법과 컴퓨터혁명의 추진력에 해당하는 집적회로 기술, 그리고 멀티코어로의 변천을 소개한다.

처음 보는 단어 또는 어디서 듣기는 들은 것 같은데 확실히 그 뜻을 모르는 단어들을 앞으로 이 책 도처에서 만나게 될 것이다. 하지만 걱정할 필요는 없다. 실제로 현대 컴퓨터를 설명하는 데 사용되는 전문용어가 굉장히 많기는 하지만, 그 용어들은 설명하고자 하는 기능이나 특성을 정확히 나타낼 수 있기 때문에 큰 도움이 된다. 컴퓨터 설계자는(저자들을 포함해서) 전문용어 외에도 약자(acronym)를 즐겨 쓰는 버릇이 있다. 처음에는 약자의 의미를 알기 어렵지만 일단 한 번만 알고 나면 그 다음부터는 이해가 매우 쉽다. 용어의 이해와 찾기를 돕기 위해서 용어가 처음 나올 때마다 강조를 하고 각주에 그 정의를 표기하였다. 전문용어가 처음에는 어색하겠지만 조금만 지나면 곧 익숙해질 것이다. BIOS, CPU, DIMM, DRAM, PCIe, SATA 등의 용어를 능란하게 구사하는 것을 친구들이 본다면 당신의 박식함에 깜짝 놀라게 될 것이다.

약자 각 단어의 첫 글자만 따서 만든 단어. 예를 들면 RAM은 Random Access Memory, CPU는 Central Processing Unit의 약자이다.

프로그램 실행에 사용되는 하드웨어와 소프트웨어가 성능에 미치는 영향을 강조하기 위하여 "**프로그램 성능의 이해**"라는 특별한 학습란을 포함시켰는데, 여기서는 프로그램 성능에 대한 중요한 내용을 요약하고 있다. 그 첫 번째가 바로 다음에 있다.

프로그램 성능의 이해

프로그램의 성능은 사용된 알고리즘의 효율성과 프로그램을 생성하고 기계어로 번역하는 데 사용된 소프트웨어 시스템, 입출력(I/O) 작업을 포함하여 번역된 명령어를 실행하는 컴퓨터의 효율성에 의해 결정된다. 다음 표는 하드웨어와 소프트웨어가 어떻게 성능에 영향을 미치는가를 요약한 것이다.

하드웨어 또는 소프트웨어 구성 요소	성능에 미치는 영향	관련 부분
알고리즘	소스 프로그램 문장 수와 입출력 작업 수를 결정	다른 책
프로그래밍 언어, 컴파일러, 컴퓨터 구조	각 소스 프로그램 문장에 해당하는 기계어 명령어 수 결정	2, 3장
프로세서와 메모리 시스템	명령어의 실행 속도 결정	4, 5, 6장
입출력 시스템(하드웨어 및 운영체제)	입출력 작업의 실행 속도 결정	4, 5, 6장

이 책의 여러 아이디어가 성능에 미치는 영향을 보여 주기 위하여, 앞에서 언급한 바와 같이 행렬과 벡터를 곱하는 C 프로그램의 성능을 여러 장에 걸쳐서 개선하게 될 것이다. 각 단계는 오늘날의 마이크로프로세서에서 사용되는 하드웨어가 어떻게 200배의 성능 개선을 가져오는지 잘 이해할 수 있게 해 줄 것이다.

- 데이터 수준 병렬성 관련해서는, C intrinsic을 통해 서브워드(subword) 병렬성을 사용하면 3.8배 성능이 개선됨을 3장에서 보인다.
- 명령어 수준 병렬성 관련해서는, 다중 명령어 내보내기와 비순차실행 하드웨어를 활용하기 위해서 순환문 펼치기를 사용하면 추가로 2.3배 성능이 개선됨을 4장에서 보인다.
- 메모리 계층 최적화 관련해서는, 캐시 블로킹(cache blocking)을 이용하면 큰 행렬의 경우 2배에서 2.5배까지 추가로 성능이 개선됨을 5장에서 보인다.
- 스레드 수준 병렬성 관련해서는, OpenMP의 parallel for 순환문을 써서 멀티코어 하드웨어를 활용하면 성능이 다시 4배에서 14배까지 개선됨을 6장에서 보인다.

스스로 점검하기

"스스로 점검하기"는 매 장에서 소개한 주요 개념을 잘 파악하고 있는지, 그리고 이 개념이 함축하고 있는 바를 이해하고 있는지를 독자 스스로 평가할 수 있도록 도와주기 위하여 만든 학습란이다. "스스로 점검하기"의 문항 중에는 답이 간단히 구해지는 것도 있고, 집단적 토론이 필요한 것도 있다. 일부 문제의 답은 각 장의 마지막에 있다. "스스로 점검하기" 문제는 각 절의 끝 부분에만 있으므로, 내용을 잘 이해하고 있다고 확신하는 사람은 어렵지 않게 생략할 수 있다.

1. 매년 판매되는 임베디드 프로세서의 수는 PC와 Post-PC 프로세서의 수보다 훨씬 많다. 당신의 경험상 이를 확증하거나 부인할 수 있는가? 당신 집에 있는 임베디드 프로세서를 세어 보라. 집 안에 있는 전통적인 컴퓨터의 수와 비교하면 어떠한가?

2. 앞에서 언급한 바와 같이 소프트웨어와 하드웨어 모두 프로그램 성능에 영향을 미친다. 다음 각각이 성능의 병목이 되는 경우의 예를 제시하라.
   - 선택된 알고리즘
   - 프로그래밍 언어 또는 컴파일러
   - 운영체제
   - 프로세서
   - 입출력 시스템 및 입출력 장치

1.2 컴퓨터 구조 분야의 8가지 위대한 아이디어

이제 우리는 지난 60년의 컴퓨터 역사 가운데 컴퓨터 구조 분야에서 발명된 8개의 위대한 아이디어를 소개하고자 한다. 이 아이디어를 채용한 컴퓨터가 처음 나온 지 매우 오래된 지금까지도 이를 모방한 기종이 계속 만들어지는 것을 보면 이 아이디어들이 얼마나 위대한가를 알 수 있다. 이 위대한 아이디어들은 예와 함께 본서의 내용을 엮어 나갈 주제가 될 것이다. 아이디어의 영향력을 보이기 위해 이 절에서 각 아이디어의 아이콘과 강조 문구를 도입하고, 이 아이디어를 사용하는 100곳 가까운 부분에 아이콘과 강조 문구를 붙여서 식별이 가능하도록 하겠다.

Moore의 법칙을 고려한 설계

컴퓨터 설계자에게 한 가지 변하지 않는 상수가 있다면 **Moore의 법칙**을 따르는 빠른 변화 속도이다. 매 18~24개월마다 칩에 집적되는 소자의 수가 2배가 된다는 Moore의 법칙은 Intel 창립자 중 한 명인 Gordon Moore의 1965년 예측에서 유래한다. 컴퓨터를 설계하는 데에는 수년이 소요되기 때문에 프로젝트를 시작해서 끝날 때까지의 기간 동안 칩에 집적되는 소자가 2배 내지 4배 증가할 것이다. 스키트 사격 선수와 같이 컴퓨터 설계자는 프로젝트의 시작 시점보다 종료 시점의 기술을 예상해야 한다. 우리는 "우상향"으로 증가하는 Moore 법칙 그래프를 빠른 변화를 고려한 설계를 나타내는 데 사용할 것이다.

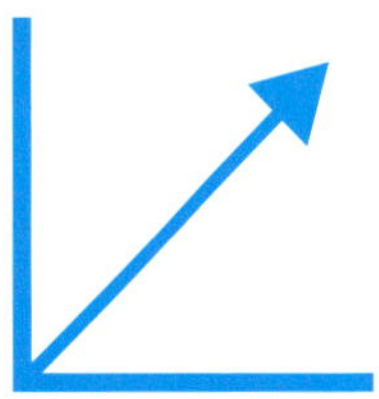
MOORE'S LAW

설계를 단순화하는 추상화

ABSTRACTION

컴퓨터 설계자와 프로그래머는 Moore의 법칙에 따라 자원의 수가 급격히 증가함에 따라 설계시간이 길어지는 것을 방지하기 위해서 생산성을 높이기 위한 기술을 개발해야 했다. 하드웨어와 소프트웨어의 생산성을 높이는 핵심 기술 중 하나는 여러 가지 계층에서 설계를 특징짓는 **추상화**를 사용하는 것이다. 하위 수준의 상세한 사항을 안 보이게 함으로써 상위 수준 모델을 단순화한다. 두 번째 위대한 아이디어를 상징하는 아이콘으로는 추상화 그림을 사용할 것이다.

자주 생기는 일을 빠르게

COMMON CASE FAST

자주 생기는 일을 빠르게 만드는 것이 드물게 생기는 일을 최적화하는 것보다 성능 개선에 도움이 된다. 아이러니하게도 자주 생기는 일은 드물게 생기는 일보다 단순하여 성능을 개선시키기 쉬운 경우가 많다. 이 말은 자주 생기는 일이 무엇인지 미리 알고 있다는 것을 가정하고 있지만, 실제로는 세심한 실험과 측정을 거쳐야만 알 수 있는 법이다(1.6절 참조). 차를 운행할 때 대부분 한 명이나 두 명만 타고 다니며, 빠른 미니밴을 만드는 것보다는 빠른 스포츠카를 만드는 것이 훨씬 쉬우므로, 자주 생기는 일을 빠르게 하라는 아이콘으로 스포츠카를 사용할 것이다.

병렬성을 통한 성능 개선

PARALLELISM

컴퓨팅의 여명기부터 컴퓨터 설계자들은 연산을 병렬적으로 수행하여 성능을 높이는 설계를 해 왔다. 앞으로 이 책에서 병렬성의 예를 여러 가지 보게 될 것이다. 우리는 여러 개의 제트 엔진을 장착한 비행기를 **병렬성**의 아이콘으로 사용할 것이다.

파이프라이닝을 통한 성능 개선

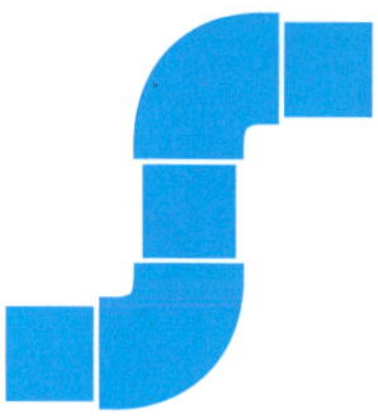

PIPELINING

파이프라이닝은 컴퓨터 구조에서 많이 볼 수 있는 병렬성의 특별한 형태이다. 예를 들어 소방차가 없는 시대의 카우보이 영화를 보면 악당이 불을 질렀을 때 사람들이 길게 늘어서서 양동이로 물을 나르는 것과 같다. 사람들이 인간 사슬을 구성하면 각자 양동이를 들고 왔다 갔다 하는 것보다 훨씬 빨리 물을 나를 수 있다. 파이프라인 아이콘은 짧은 파이프들을 연결한 그림을 사용할 것이다. 파이프들은 파이프라인의 각 단계에 해당된다.

예측을 통한 성능 개선

PREDICTION

허락을 구하는 것보다 용서를 구하는 것이 낫다는 말이 있듯이, 닥쳐서 절차를 밟는 것보다 미리 **예측**해서 일을 처리하면 성능을 높일 수 있다. 예측을 잘못해서 이를 복구하는 비용이 비싸지 않고 예측 성공 확률이 비교적 높은 경우, 예측을 해서 미리 일을 수행하는 것이 평균적으로 빠른 경우가 종종 있다. 예측 아이콘으로 마법사의 수정 구슬을 사용한다.

메모리 계층구조

HIERARCHY

프로그래머는 빠르고 크고 값싼 메모리를 원한다. 왜냐하면 메모리의 속도가 성능을 좌우하고, 메모리의 크기가 풀 수 있는 문제의 크기를 제한하며, 메모리 가격이 오늘날 컴퓨터 가격에서 차지하는 비중이 높기 때문이다. 컴퓨터 설계자들은 이렇게 상충되는 요구를 **메모리 계층구조**로 해결하고 있다. 최상위 계층에는 비트당 가격이 제일 비싸지만 작고 빠른 메모리를 사용하고, 최하위 계층에는 느리지만 크고 비트당 가격이 제일 싼 메모리를 사용한다. 자세한 것은 5장에서 설명하겠지만, 캐시를 사용하면 프로그래머에게 최상위 계층만큼 빠르고 최하위 계층만큼 크면서 싼 메인 메모리가 있는 것처럼 보이게 할 수 있다. 계층화된 삼각형이 메모리 계층구조의 아이콘으로 사용된다. 삼각형 모양이 속도와 가격과 크기를 나타낸다. 위로 갈수록 빠르고 비싸며, 아래로 갈수록 크다.

여유분을 이용한 신용도 개선

DEPENDABILITY

컴퓨터는 빠르기만 해서는 안 되고, 신뢰할 수 있어야 한다. 모든 물리 소자는 장애가 발생할 수 있으므로, 장애를 감지하고 장애가 난 소자를 대치할 수 있도록 여유분을 준비하면 컴퓨터의 **신용도**를 개선시킬 수 있다. 뒤 차축 양쪽에 타이어를 두 개씩 장착하여 타이어 하나에 펑크가 나도 운전을 지속할 수 있도록 만든 화물 트럭을 이에 대한 아이콘으로 사용한다(타이어 펑크가 발생하면 아마도 운전자는 즉시 수리 센터로 차를 몰고 가서 펑크가 난 타이어를 수리하여, 여유분을 원래 상태로 복원할 것이다).

In Paris they simply stared when I spoke to them in French; I never did succeed in making those idiots understand their own language.

Mark Twain, *The Innocents Abroad*, 1869

1.3 프로그램 밑의 세계

ABSTRACTION

워드 프로세서나 대형 데이터베이스 시스템 같은 전형적인 응용은 수백만 줄의 코드로 구성될 뿐만 아니라, 응용 프로그램이 필요로 하는 여러 가지 기능을 구현하는 복잡한 소프트웨어 라이브러리를 사용하게 된다. 하지만 컴퓨터 하드웨어는 아주 단순한 저수준의 명령어를 실행할 수 있을 뿐이다. 복잡한 응용에서 출발해서 단순한 명령어까지 내려가려면 높은 수준의 작업을 단순한 컴퓨터 명령어로 번역 또는 해독하는 여러 겹의 소프트웨어가 필요하다. 이것이 **추상화**라고 하는 위대한 아이디어의 한 예이다.

이러한 소프트웨어들은 계층적으로 구성된다. 그림 1.3과 같이 응용 프로그램이 가장 바깥쪽에 위치하며, 여러 가지 **시스템 소프트웨어**가 하드웨어와 응용 소프트웨어 사이에 존재한다.

시스템 소프트웨어 공통적으로 필요한 서비스를 제공하는 소프트웨어. 운영체제, 컴파일러, 로더, 어셈블러가 이에 속한다.

시스템 소프트웨어에는 여러 가지가 있으나, 오늘날 모든 컴퓨터 시스템에서 핵심

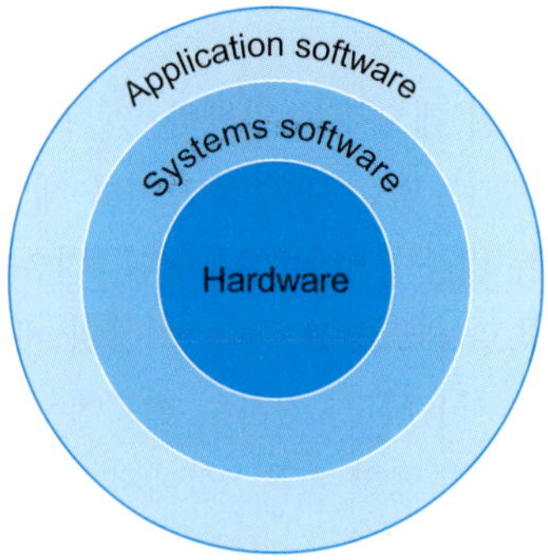

그림 1.3 **하드웨어와 소프트웨어를 계층으로 단순화한 그림. 각 계층을 동심원으로 나타냈는데, 하드웨어(hardware)가 중심에 있고 응용 소프트웨어(application software)는 가장 바깥쪽에 있다.** 복잡한 응용의 경우는 응용 소프트웨어 자체가 여러 층으로 구성될 수 있다. 예를 들어, 응용을 지원하는 데이터베이스 시스템이 시스템 소프트웨어(systems software) 위에서 실행되고, 응용 소프트웨어는 다시 데이터베이스 위에서 실행된다.

운영체제 실행 프로그램을 위해서 컴퓨터 내의 자원을 관리하는 감독 프로그램.

이 되는 두 가지는 운영체제와 컴파일러이다. **운영체제**는 사용자 프로그램과 하드웨어 간의 인터페이스 역할을 하면서 각종 서비스와 감독 기능을 제공한다. 다음과 같은 것들이 가장 중요한 기능에 속한다.

- 기본적 입출력 작업의 처리
- 보조기억장치 및 메모리 할당
- 컴퓨터를 동시에 사용하는 여러 응용들 간의 컴퓨터 공유 방법 제공

오늘날 사용되고 있는 운영체제의 예로는 윈도우즈(Windows), 리눅스(Linux), 아이오에스(iOS) 등이 있다.

컴파일러 상위 수준 언어 문장을 어셈블리 언어 문장으로 번역하는 프로그램.

컴파일러는 C, C++, 자바나 Visual Basic 같은 상위 수준 언어로 작성된 프로그램을 하드웨어가 실행할 수 있는 명령어로 번역하는 중요한 일을 한다. 현대 프로그래밍 언어의 복잡성과 하드웨어가 실행하는 명령어의 단순함을 고려해 볼 때, 상위 수준 언어 프로그램을 하드웨어 명령어로 번역하는 일은 지난한 작업임을 알 수 있을 것이다. 아래에서 이 과정을 간략히 설명하고 2장과 부록 A에서 이 문제를 더 심도 있게 논의할 예정이다.

상위 수준 언어에서 기계어까지

전자장비와 직접 대화하기 위해서는 전기 신호를 보내야 한다. 기계가 이해할 수 있는 가장 쉬운 신호는 온(on)과 오프(off)이다. 따라서 기계 언어는 단지 두 종류의 문자로 되어 있다. 영문자 26개로 쓸 수 있는 단어가 무한히 많은 것과 마찬가지로 두 종류의

문자로 표현할 수 있는 가짓수도 무한히 많다. 이 두 종류의 문자를 나타내는 기호는 0과 1이다. 그러므로 보통 기계어는 기수(base 또는 radix) 2인 숫자, 즉 이진수라고 생각한다. 각 문자를 **이진 자릿수**(binary digit) 또는 **비트**(bit)라고 한다. 컴퓨터는 우리의 지시에 따라서 일하는 종이라 볼 수 있는데, 이 지시를 **명령어**(instruction)라고 한다. 명령어는 컴퓨터가 이해할 수 있는 비트들의 집합에 불과하므로, 이것도 역시 숫자로 생각할 수 있다. 예를 들어 다음 비트들

이진 자릿수 **비트**라고도 부른다. 1과 0으로만 구성된다.

명령어 컴퓨터 하드웨어가 이해하고 수행하는 명령.

```
1000110010100000
```

이 어떤 컴퓨터에게는 두 숫자를 더하라는 명령이 된다. 2장에서 왜 명령어와 데이터를 숫자로 표시하는지 그 이유를 설명할 것이다. 2장에 가면 자세히 설명하겠지만, 우선 명령어와 데이터를 숫자로 표현하는 것이 컴퓨터의 기초라는 점만을 지적해 둔다.

초창기 프로그래머들은 컴퓨터와 이진수로 대화하였으나, 이것은 매우 지겨운 작업이었기 때문에 곧 사람이 생각하는 것과 비슷한 새로운 표시 방법을 고안했다. 처음에는 이 표시 방법으로 표현된 프로그램을 사람이 일일이 이진수로 번역했으나 이것 또한 지루한 작업이었다. 이런 기호식 표현을 이진수로 바꾸는 프로그램을 발명한 선구자들이 나타나서, 컴퓨터에 프로그램하는 것을 컴퓨터 자신이 도와주도록 만들었다. 이런 프로그램을 **어셈블러**(assembler)라 불렀다. 이 프로그램은 기호로 된 명령어를 이진수로 바꾸어 준다. 예를 들어 프로그래머가

어셈블러 기호로 된 명령어(어셈블리 언어)를 이진수 프로그램으로 번역하는 프로그램.

```
ADD A,B
```

라고 쓰면, 어셈블러가 이것을

```
1000110010100000
```

으로 바꾼다. 이 명령어는 컴퓨터에게 두 숫자 A와 B를 더하라고 지시하는 것이다. 이러한 기호 형태의 언어에 붙여진 이름이 **어셈블리 언어**이고 이 용어는 오늘날에도 계속 사용되고 있다. 이에 비해서 기계가 이해하는 언어를 **기계어**라고 한다.

어셈블리 언어 기계 명령어를 기호 형태로 표현한 것.

기계어 기계 명령어의 이진 표현.

어셈블리 언어가 많이 개선되기는 했지만 아직도 불편한 점이 많다. 예를 들어 과학자가 유체의 흐름을 표현하는 데 사용하는 표기법이나 회계사가 대차대조표를 정리하는 데 사용하는 표기법과는 거리가 멀다. 어셈블리 언어는 컴퓨터가 수행할 명령어를 한 줄에 하나씩 써야 하기 때문에 프로그래머에게 기계식 사고방식을 강요한다.

상위 수준 언어 C, C++, 자바, Visual Basic과 같이 단어와 수식으로 구성되는 이식성 있는 언어. 컴파일러가 어셈블리 언어로 번역할 수 있다.

프로그램은 고성능 언어로 작성하고 나중에 이것을 컴퓨터 명령어로 번역할 수 있다는 사실을 깨달은 것은 컴퓨터 역사 초창기에 있었던 획기적 진전 중의 하나이다. 오늘날 프로그래머가 정신 건강을 잃지 않으면서도 높은 생산성을 유지할 수 있는 것은 **상위 수준 언어**와 이것을 기계어로 번역하는 컴파일러가 있기 때문이다. 그림 1.4

ABSTRACTION

는 프로그램과 언어 간의 이러한 관계를 보여주는데 이것이 **추상화**의 위력을 보여 주는 또 다른 예이다.

컴파일러 덕택에 프로그래머는 다음과 같은 상위 수준 언어 수식을 작성할 수 있는 것이다.

```
A + B
```

컴파일러는 이것을 번역해서 다음과 같은 어셈블리 언어 문장으로 바꾼다.

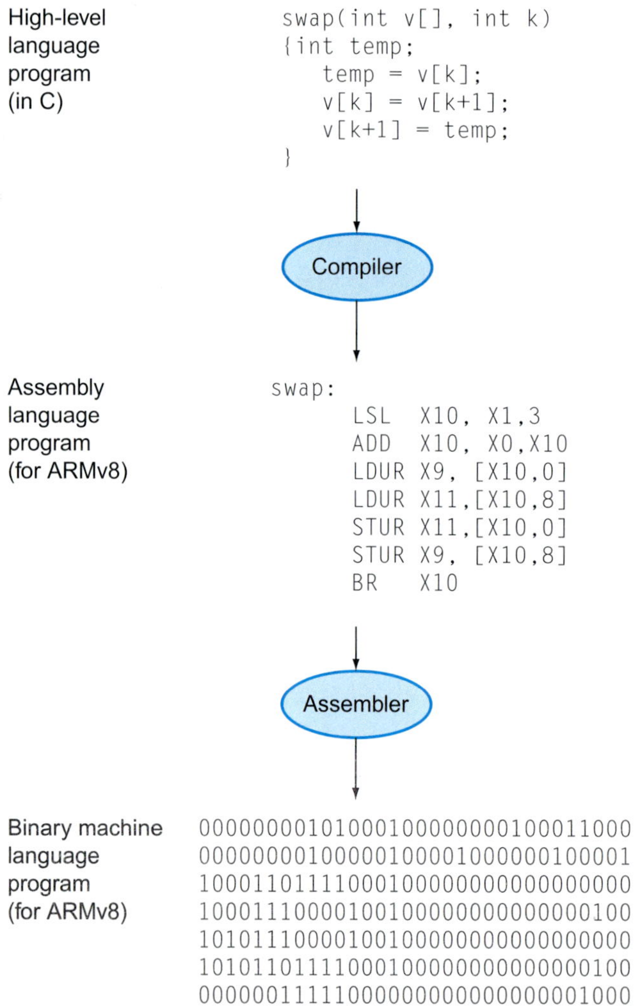

그림 1.4 C 프로그램과 이를 어셈블리 언어로 컴파일한 프로그램 및 이를 다시 이진 기계어로 어셈블한 프로그램. 번역 과정을 두 단계로 보였지만, 중간 부분을 없애고 컴파일러가 직접 이진 기계어 프로그램을 생성하기도 한다. 이러한 언어와 프로그램에 대해서는 2장에서 더 자세히 설명한다.

```
ADD A,B
```

앞에서 보인 바와 같이 어셈블러는 이 문장을 두 숫자 A와 B를 더하라는 이진 명령어로 바꾼다.

상위 수준 언어에는 몇 가지 중요한 장점이 있다. 첫째로, 프로그래머가 영어 단어와 수학 기호를 사용해서 자연스러운 언어로 생각할 수 있게 하며, 작성된 프로그램도 이상한 부호로 된 표 형태(그림 1.4 참조)보다 일반 문장과 훨씬 비슷한 읽기 좋은 모양이 된다. 게다가 사용 목적에 적합한 언어가 다양하게 설계될 수 있다. 예를 들어 포트란(Fortran)은 과학 계산용으로, 코볼(Cobol)은 업무 자료 처리용으로, 리스프(Lisp)는 기호 조작용으로 설계된 언어이다. 또한 소수의 사용자 그룹에 의하여 사용되는, 전문 분야에 특화된 언어들도 존재하는데, 예를 들면 유체 시뮬레이션 전문가들이 사용하는 언어가 있다.

상위 수준 언어의 두 번째 장점은 프로그래머의 생산성을 높여 준다는 점이다. 소프트웨어 개발에 관하여 대부분의 사람이 수긍하는 점 중 하나는 어떤 아이디어를 표현하기 위해 필요한 문장 수가 적으면 적을수록 개발 기간이 단축된다는 것이다. 간결성이야말로 상위 수준 언어가 어셈블리 언어에 비해 명백히 좋은 점 중의 하나이다.

마지막 장점은 프로그램을 개발한 기종과 상관없이 어느 컴퓨터에서든 실행이 가능하다는 점이다. 그 이유는 컴파일러나 어셈블러가 상위 수준 언어 프로그램을 어떤 컴퓨터의 기계어로도 번역할 수 있기 때문이다. 위의 세 가지 장점들 때문에 이제는 어셈블리 언어로 프로그램하는 사람은 거의 볼 수 없다.

1.4 케이스를 열고

이제까지 당신이 작성한 프로그램 밑에서 동작하는 소프트웨어를 살펴보았으니, 이제는 컴퓨터 케이스를 열고 그 아래에 있는 하드웨어에 대해 알아보자. 모든 컴퓨터의 하드웨어는 데이터 입력, 데이터 출력, 데이터 처리, 데이터 저장의 네 가지 기본 기능을 수행한다. 이 기능을 수행하는 방법에 대한 내용이 이 책의 가장 중요한 주제이다. 다음 장부터는 이 네 가지 기능의 각 부분을 다루게 된다.

독자들이 결코 잊어서는 안 될 만큼 중요한 사항이 있을 때, "요점정리"라는 항목으로 그 내용을 정리하여 강조하였다. 이 책에는 대략 열두 개 정도의 요점정리가 있는데, 그 첫 번째는 데이터의 입력, 출력, 처리, 저장 기능을 소개하는 컴퓨터의 5대 구성 요소에 관한 것이다.

요점정리

컴퓨터의 고전적 구성 요소 다섯 개는 입력, 출력, 메모리, 데이터패스(datapath), 제어 유닛이다. 이 중 마지막 두개는 합쳐서 프로세서라고 부르기도 한다. 그림 1.5는 컴퓨터의 표준 구조를 보여 주는 그림이다. 이 구성은 하드웨어 기술과는 독립적이다. 이제까지 존재한 어느 컴퓨터의 어떤 부분이라도 이 다섯 가지 요소 중 하나에 대응시킬 수 있다. 독자들이 이러한 관점에서 본서의 내용을 이해할 수 있도록, 다음 장부터는 매 장의 첫 페이지에 다섯 가지 구성 요소를 그림으로 보이고 그 장의 내용과 관련이 있는 부분은 강조하여 표시한다.

입력장치 키보드나 마우스 같이 컴퓨터에 정보를 공급하는 장치.

출력장치 연산 결과를 사용자나 다른 컴퓨터에 보내 주는 장치.

컴퓨터의 주요 구성 요소 중에는 마이크 같은 **입력장치**와 스피커 같은 **출력장치**가 있다. 이름이 의미하는 것처럼 입력장치는 컴퓨터에 데이터를 공급하고, 출력장치는 사용자에게 계산 결과를 보여 주는 역할을 한다. 그 외에 무선 네트워크와 같이 입력과 출력을 겸하는 장비도 있다.

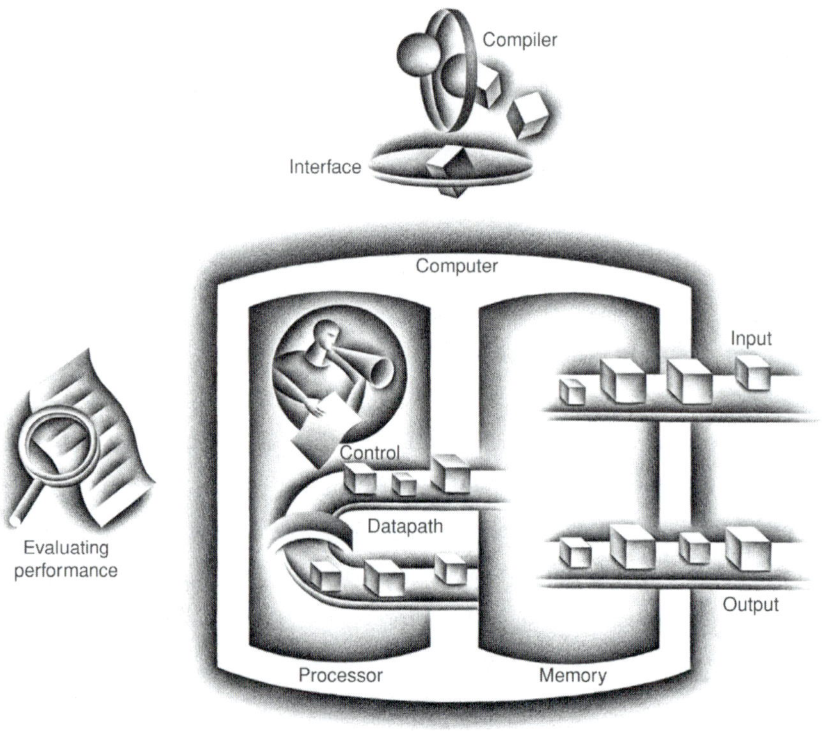

그림 1.5 **컴퓨터의 구조. 고전적인 다섯 가지 구성 요소를 보여 준다. 프로세서(processor)는 메모리(memory)에서 명령어와 데이터를 읽는다.** 입력장치(input)는 메모리에 데이터를 쓰고, 출력장치(output)는 메모리에서 데이터를 읽는다. 제어(control) 유닛은 데이터패스(datapath), 메모리(memory), 입력장치(input), 출력장치(output)의 동작을 결정하는 신호를 내보낸다.

입출력장치를 자세히 다루는 것은 5장과 6장에서 하기로 하고, 여기서는 입출력장치를 비롯한 컴퓨터 하드웨어를 간략히 둘러보기로 하자.

디스플레이

입출력장치 중에서 가장 매혹적인 것은 아마도 그래픽 디스플레이일 것이다. 대부분의 개인 휴대용 기기들은 얇고 전력 소모가 적은 **LCD**(liquid crystal display)를 사용한다. LCD는 스스로 빛을 내는 대신 통과하는 빛을 제어한다. 전형적인 LCD에는 액체 상태의 막대 모양 분자가 있어서 디스플레이에 들어오는 빛을 굴절시킨다. 빛은 보통 디스플레이 뒤쪽의 광원에서 보내지며, 이보다 흔하지는 않지만 반사광을 이용하는 경우도 있다. 이 막대들이 보통때는 꼬인 나선형 모양으로 배열되어서 빛을 굴절시키다 전류를 흘리면 똑바로 펴져서 빛을 통과시킨다. 90°로 편광된 두 스크린 사이에 액정 물질을 넣기 때문에 빛이 꺾이지 않는 한 통과할 수 없다. 오늘날 대부분의 LCD 디스플레이는 매 화소 위치마다 작은 트랜지스터를 배치하여 전류를 정밀하게 제어하는 **능동 행렬**(active matrix)을 사용하므로 더욱 선명한 이미지를 제공한다. 매 화소마다 빨강–초록–파랑 마스크가 있어서 각 원색의 강도를 결정한다. 따라서 컬러 능동 행렬 LCD에는 화소마다 세 개의 트랜지스터 스위치가 있다.

LCD 액상 중합체를 얇은 층으로 만들어서 빛을 통과시키거나 차단하는 디스플레이 기술. 빛의 통과 여부는 전기로 제어된다.

능동 행렬 트랜지스터를 이용해서 각 화소의 빛 통과 여부를 제어하는 액정 디스플레이.

화소 영상을 구성하는 제일 작은 원소. 화면은 수십만에서 수백만 개의 화소가 행렬 모양으로 배열된 것이다.

각 화상은 **화소**(pixel)의 행렬로 구성되며, 이것은 비트맵(bit map)이라 부르는 비트들의 행렬로 표현된다. 디스플레이 행렬은 스크린의 크기와 해상도에 따라 1024×768에서 2048×1536개의 화소로 구성된다. 컬러 디스플레이는 빛의 3원색(빨강, 파랑, 초록) 각각마다 8비트씩, 모두 24비트를 사용하여 수백만 가지의 색을 표시할 수 있다.

그래픽을 지원하는 하드웨어의 중심이 되는 것은 비트맵을 기억하는 프레임 버퍼(frame buffer 또는 raster refresh buffer)라고 하는 부분이다. 그래픽 하드웨어는 스크린에 표시될 화상을 프레임 버퍼에 저장하였다가, 기억된 각 화소의 비트 패턴을 재생 속도에 맞추어 그래픽 디스플레이로 보낸다. 그림 1.6은 화소당 4비트를 사용하도록 설계된 간단한 프레임 버퍼의 구조이다.

Through computer displays I have landed an airplane on the deck of a moving carrier, observed a nuclear particle hit a potential well, flown in a rocket at nearly the speed of light and watched a computer reveal its innermost workings.

Ivan Sutherland, the "father" of computer graphics, quoted in "Computer Software for Graphics," Scientific American, 1984

비트맵의 목적은 스크린에 있는 화상을 충실히 나타내는 것이다. 그래픽 시스템의 난제들은 모두 인간의 눈이 예민하기 때문에 생기는 것들이다. 사람의 눈은 화면상의 미세한 변화도 아주 잘 감지하기 때문이다.

터치스크린

PC가 LCD 디스플레이를 사용하는 반면, Post-PC 시대의 태블릿과 스마트폰은 키보드와 마우스 대신 터치를 감지하는 디스플레이를 사용하고 있다. 이 놀라운 사용자 인터페이스는 자신이 원하는 부분을 마우스를 이용해서 간접적으로 가리키는 것과 달리 사용자가 직접 가리키도록 한다.

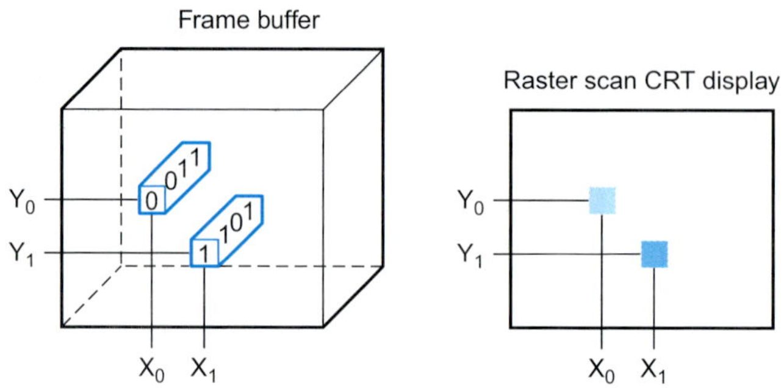

그림 1.6 왼쪽 그림에서 프레임 버퍼(frame buffer) 각 좌표의 값은 오른쪽 래스터 스캔(raster scan) CRT 디스플레이에서 해당 좌표의 밝기를 결정한다. 화소(X_0, Y_0)의 값은 0011이고 (X_1, Y_1)의 값은 1101이므로 화면에 (X_1, Y_1)이 더 진하게 표시된다.

터치스크린(touchscreen)을 구현하는 다양한 방법이 있는데 오늘날의 많은 태블릿은 정전용량 감지 기법을 사용한다. 유리 같은 절연체 위에 투명한 도체를 코팅하면, 사람이 손을 댔을 때 전기가 통하여 스크린의 정전기장이 찌그러지면서 정전용량이 변하게 된다. 이 기술은 여러 군데 동시에 손을 대는 것도 허용하며, 손의 동작까지 감지해서 멋진 사용자 인터페이스를 만들 수 있게도 한다.

상자를 열고

그림 1.7은 Apple iPad 2 태블릿 컴퓨터의 내용물을 보여 주고 있다. 이 읽기 중심의 장치에서 컴퓨터의 고전적인 5개 구성 요소 중 입출력장치가 차지하는 비중이 큰 것은 놀랄 만한 일이 아니다. 입출력장치로는 정전용량식 멀티터치 LCD 디스플레이, 전면 카메라, 후면 카메라, 마이크, 헤드폰 잭, 스피커, 가속도계, 자이로스코프, Wi-Fi 네트워크와 블루투스 네트워크가 있다. 데이터패스, 제어 유닛, 메모리는 구성 요소 중의 작은 부분을 차지하고 있다.

집적회로 **칩**이라고도 부른다. 수천만 개의 트랜지스터가 결합된 부품.

CPU 프로세서라고도 부른다. 데이터패스와 제어 유닛으로 구성된 컴퓨터의 핵심 부분으로, 숫자를 더하거나 검사하고, 입출력장치에게 신호를 보내 활성화하는 일을 한다.

데이터패스 산술연산을 수행하는 프로세서 구성 요소.

제어 유닛 프로그램의 명령어에 따라 데이터패스, 메모리, 입출력장치에 지시를 하는 프로세서 구성 요소.

그림 1.8의 작은 사각형 안에는 **집적회로**(integrated circuit, IC) 또는 **칩**(chip)이라 불리는 장치들이 있는데, 이것들이 진보하는 기술을 이끄는 원동력이다. 그림 1.8의 중앙부에 있는 A5 패키지에는 1GHz의 클럭으로 구동되는 2개의 ARM 프로세서가 있다. 프로세서는 프로그램의 지시대로 일을 하는 부분으로 보드 내에서 가장 역동적인 부분이다. 숫자를 더하고, 검사하고, 입출력장치에 신호를 보내 작동을 지시하는 것 등이 프로세서가 하는 일이다. 프로세서를 **CPU**(central processor unit)라는 더 관료적 느낌의 용어로 부르기도 한다.

그림 1.9는 하드웨어 계층을 한 단계 더 내려가서 마이크로프로세서를 자세하게 보여 준다. 프로세서는 논리적으로 데이터패스와 제어 유닛의 두 부분으로 구성된다. 각각은 프로세서의 근육과 두뇌에 해당한다. **데이터패스**는 연산을 수행하고, **제어 유닛**

그림 1.7 Apple iPad 2 A1395의 구성 요소. iPad의 철제 뒤판(뒤집힌 Apple 로고가 있는)이 가운데 보인다. 위쪽에는 정전용량식 멀티터치 스크린과 LCD 디스플레이가 있다. 맨 오른쪽에는 3.8V, 25watt-hour 용량의 폴리머 전지가 있는데 Li-ion 셀 케이스 3개로 구성되어 있고, 배터리 수명은 10시간이다. 맨 왼쪽에 있는 것은 LCD를 iPad 뒤판에 부착하는 철제 프레임이다. 철제 뒤판을 둘러싸고 있는 작은 구성 요소들이 우리가 생각하는 컴퓨터에 해당한다. 케이스 안쪽으로 전지 바로 옆에 빽빽하게 들어차도록 L자 모양으로 되어 있는 경우가 많다. 그림 1.8은 철제 케이스의 왼쪽에 보이는 L자 모양의 보드를 확대한 것인데, 이것이 프로세서와 메모리를 탑재한 인쇄회로 기판이다. 이 논리 보드 아래에 있는 작은 사각형은 Wi-Fi와 Bluetooth, 그리고 FM 튜너 등의 무선 통신을 제공하는 칩이다. 이 칩은 논리 보드의 왼쪽 아래편 코너에 있는 작은 슬롯에 딱 맞게 되어 있다. 케이스의 왼쪽 위편에도 L자 모양의 구성 요소가 있는데 그것은 전방 카메라 어셈블리로 카메라와 헤드폰 잭, 마이크를 포함하고 있다. 케이스의 오른쪽 위편 코너 부근에 음량 조절 버튼과 묵음 및 스크린 회전 방지용 측면 스위치, 자이로스코프, 가속도계가 포함된 보드가 있다. 자이로스코프와 가속도계 두 칩은 iPad가 6축 운동을 인지하는 데 사용된다. 이 옆에 있는 작은 사각형은 후방 카메라이다. 케이스의 아래 오른쪽에는 L자 모양의 스피커 어셈블리가 있다. 아래에 있는 케이블은 논리 보드와 카메라/음량 조절 보드를 연결한다. 케이블과 스피커 어셈블리 사이에 있는 보드는 정전용량식 터치스크린을 위한 제어기이다(iFixit 제공, www.ifixit.com).

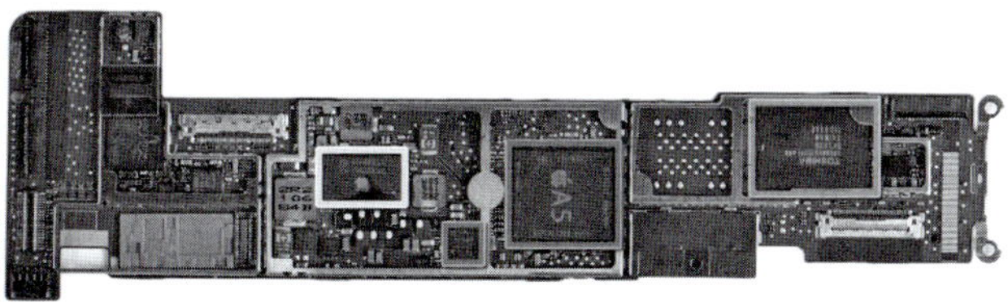

그림 1.8 그림 1.7에 보인 Apple iPad 2의 논리 보드. 이 사진은 5개의 집적회로를 강조하고 있다. 가운데 있는 가장 큰 집적회로는 Apple A5 칩으로, 1GHz ARM 프로세서 코어 2개와 512MB 메인 메모리를 포함하고 있다. 그림 1.9는 A5 패키지에 포함되어 있는 프로세서 칩의 사진이다. A5 칩 오른쪽에 있는 거의 같은 크기의 칩은 비휘발성 저장 장치인 32GB 플래시 메모리 칩이다. 이 두 칩 사이에 빈 공간이 있는데 이는 iPad의 저장 용량을 2배로 늘리기 위해 플래시 칩을 하나 더 장착할 수 있도록 만든 공간이다. A5 왼쪽에는 전력 제어기 칩과 I/O 제어기 칩이 있다(iFixit 제공, www.ifixit.com).

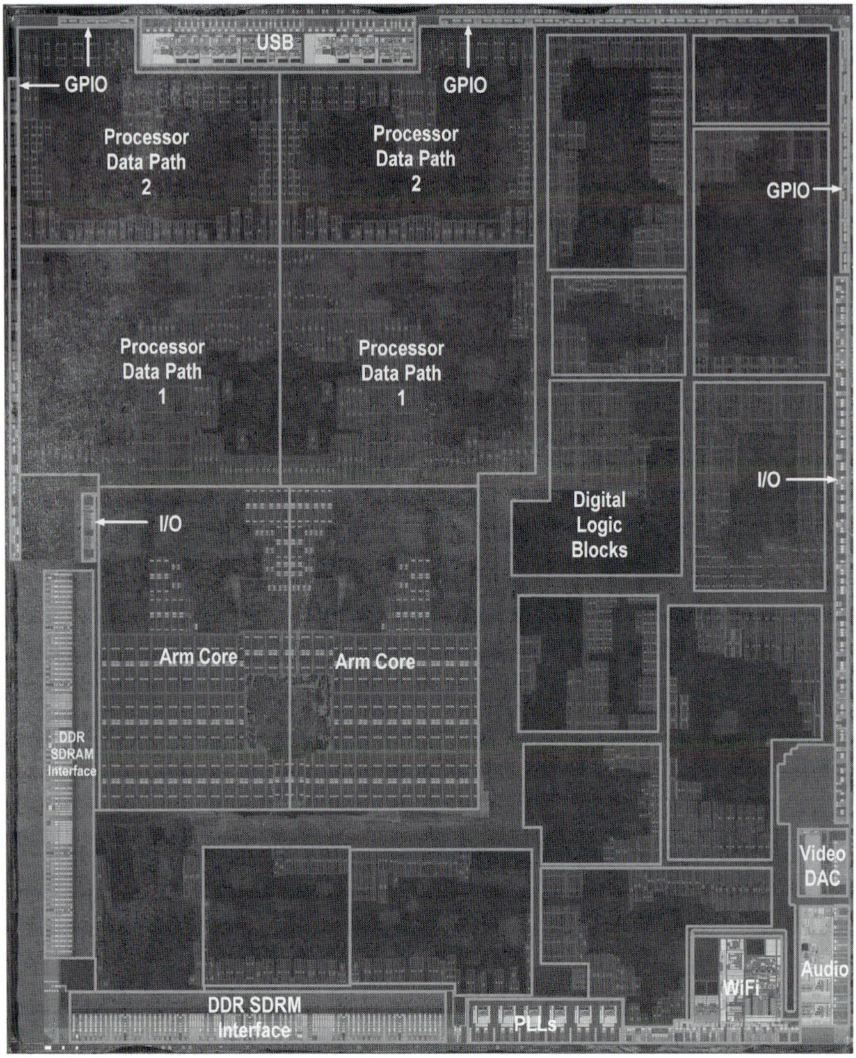

그림 1.9 A5 패키지 안에 있는 프로세서 집적회로. 이 칩의 크기는 12.1×10.1mm이고 처음에는 45nm 공정으로 제작되었다(1.5절 참조). 이 프로세서에는 똑같은 ARM 프로세서가 2개 있다. 왼쪽 위에는 4개의 데이터패스를 가진 PowerVR 그래픽 프로세서 유닛(graphical processor unit, GPU)이 있다. ARM 코어의 왼쪽 아랫부분에는 DRAM 메인 메모리와의 인터페이스가 있다(Chipworks 제공, www.chipworks.com).

메모리 실행 중인 프로그램과 프로그램 실행에 필요한 데이터의 저장소.

DRAM 집적회로로 만든 메모리의 일종. 어떤 위치든지 임의로 접근할 수 있다. 접근시간은 50ns 정도이고, 2012년 현재 GB당 가격은 5~10달러.

은 명령어가 뜻하는 바에 따라 데이터패스, 메모리, 입출력장치가 할 일을 지시한다. 4장에서 고성능 설계의 데이터패스와 제어 유닛에 대하여 설명할 것이다.

그림 1.8의 A5 패키지에는 2Gibit 메모리 칩 두 개가 있어서, 512MiB 메모리를 제공한다. **메모리**는 실행 중인 프로그램과 프로그램이 필요로 하는 데이터를 기억한다. 그림 1.8에서 메모리는 작은 기판 두 개로 되어 있다. 메모리는 DRAM 칩으로 구성되어 있는데, **DRAM**은 **dynamic random access memory**의 약자이다. DRAM 여러

개를 한데 묶어서 프로그램의 명령어와 데이터를 기억하는 데 사용한다. DRAM에서 RAM이란 말은 자기 테이프 같은 순차 접근 메모리와는 반대로 메모리의 어떤 부분을 읽든지 같은 시간이 걸린다는 것을 의미한다.

하드웨어 구성 요소를 하나라도 깊숙이 살펴보면 컴퓨터를 보는 통찰력을 얻을 수 있다. 프로세서 내부에는 또 다른 종류의 메모리가 있는데 이것을 캐시 메모리라 한다. **캐시 메모리**는 DRAM의 버퍼 역할을 하는 작고 빠른 메모리이다(비전문적인 용어로 cache는 물건을 숨겨 두기에 안전한 장소라는 뜻이다). 캐시는 **SRAM**(static random access memory)이라는 다른 메모리 기술을 이용한다. SRAM은 DRAM보다 빠르지만 집적도가 낮아서 가격이 비싸다(5장 참조). SRAM과 DRAM은 **메모리 계층구조**의 두 계층을 구성한다.

앞서 말한 바와 같이 추상화는 설계를 개선하는 위대한 아이디어의 하나이다. 제일 중요한 **추상화** 중 하나는 하드웨어와 최하위 소프트웨어 간의 인터페이스이다. 이것은 매우 중요한 것이므로 컴퓨터의 **명령어 집합 구조**(instruction set architecture) 또는 단순히 **구조**(architecture)라는 별도의 이름이 붙어 있다. 명령어 집합 구조에는 제대로 작동하는 이진 기계어 프로그램 작성을 위해 프로그래머가 알아야 하는 것—예를 들면 명령어, 입출력장치 등—이 모두 포함된다. 입출력 작업, 메모리 할당 및 기타 저수준 시스템 기능의 세부 사항은 운영체제가 감추어서 응용 프로그래머가 이러한 세세한 부분을 걱정하지 않아도 되도록 해 주는 것이 일반적이다. 응용 프로그래머에게 제공되는 기본 명령어 집합과 운영체제 인터페이스를 합쳐서 **ABI**(application binary interface)라 한다.

명령어 집합 구조는 컴퓨터 설계자로 하여금 실행 하드웨어와 독립적으로 컴퓨터의 기능을 생각할 수 있게 해 준다. 예를 들면 디지털시계의 기능(항상 현재 시각을 유지하며, 시각을 표시하고, 알람을 설정하는)을 클럭 하드웨어(수정 발진자, LED 디스플레이, 플라스틱 버튼 등)와 분리해서 생각할 수 있다. 이와 같은 선상에서 컴퓨터 설계자는 구조와 구조의 **구현**(implementation)을 분리해서 생각한다. 구현이란 구조 추상화를 준수하는 하드웨어를 의미한다. 이 개념을 또 다른 요점정리로 정리하면 다음과 같다.

> 하드웨어와 소프트웨어는 모두 추상화를 이용하여 계층적으로 구성되며, 각 하위 계층의 세세한 부분이 상위 계층에서는 보이지 않도록 한다. 여러 계층의 추상화 중에서 가장 중요한 것은 하드웨어와 하위 계층 소프트웨어 간의 인터페이스인 **명령어 집합 구조**이다. 이렇게 인터페이스를 추상화함으로써 같은 소프트웨어를 실행하지만 가격과 성능이 다른 여러 가지 컴퓨터를 **구현**할 수 있다.

캐시 메모리 느리고 큰 메모리의 버퍼로 동작하는 작고 속도 빠른 메모리.

SRAM 집적회로로 만들어지는 것은 같지만, DRAM보다 빠르면서 집적도가 낮은 메모리.

명령어 집합 구조 구조라고도 부른다. 하드웨어와 최하위 계층 소프트웨어 사이의 인터페이스. 명령어, 레지스터, 메모리 접근, 입출력 등을 포함해서 정확히 작동하는 기계어 프로그램을 작성하기 위해서 알아야 하는 모든 정보.

ABI 명령어 집합 중 사용자 부분과 응용 프로그래머가 사용하는 운영체제 인터페이스를 합친 것. 컴퓨터 간 이진 이식성의 표준을 정의한다.

구현 구조 추상화를 준수하는 하드웨어.

요점정리

데이터의 안전한 저장소

이제까지 데이터를 입력하고 계산하여 그 결과를 표시하는 방법에 대해 알아보았다. 그러나 컴퓨터 안에 기억된 내용은 전원이 끊어지면 다 없어진다. 왜냐하면 컴퓨터 내부의 메모리는 **휘발성(volatile) 메모리**이기 때문이다. 즉 전원이 끊기면 모든 기억이 지워진다. 반면에 DVD에 기록된 영화는 DVD 플레이어의 전원을 꺼도 지워지지 않는다. DVD는 **비휘발성(nonvolatile) 메모리** 기술의 일종이기 때문이다.

실행되는 동안 데이터와 프로그램을 기억하는 휘발성 메모리와 다음번 실행때까지 데이터와 프로그램을 저장하는 비휘발성 메모리를 구분하기 위해, 전자를 **메인 메모리**(main memory) 또는 **1차 메모리**(primary memory)라고 하고 후자를 **보조기억장치**(secondary memory)라고 한다. 보조기억장치는 **메모리 계층구조**에서 메인 메모리보다 한 단계 아래 계층에 해당한다. 1975년 이래 DRAM이 메인 메모리의 주종을 이루고 있으며, **자기 디스크**는 그 이전부터 널리 쓰이는 보조기억장치이다. 개인 휴대용 기기는 크기와 모양의 제약 때문에 자기 디스크 대신 비휘발성 반도체 메모리인 **플래시 메모리**를 사용한다. 그림 1.8에서 iPad 2에서 사용하는 플래시 메모리 칩을 볼 수 있다. 플래시 메모리는 DRAM보다 느리지만 훨씬 싸고 비휘발성이라는 장점이 있다. 디스크보다 비트당 단가는 비싸지만, 작고 튼튼하고 전력 소모가 작으며 훨씬 소용량으로 생산이 가능하다. 그래서 플래시 메모리는 PMD의 표준 보조기억장치로 사용된다. 하지만 DRAM이나 자기 디스크와 달리 플래시 메모리는 100,000번에서 1,000,000번 쓰기를 한 후에는 못 쓰게 된다. 그러므로 파일 시스템은 쓰기 횟수를 파악하여 저장 기능이 상실되는 것을 피하도록 많이 사용되는 데이터를 이동시키는 등의 정책을 사용하여야 한다. 5장에서 디스크와 플래시 메모리를 자세히 다룬다.

휘발성 메모리 DRAM과 같이 전원이 공급되는 동안만 데이터를 기억하는 기억장치.

비휘발성 메모리 전원공급이 끊어져도 데이터를 계속 기억하는 기억장치로, 다음 실행때까지 프로그램을 저장하는 데 사용된다. DVD 디스크는 비휘발성 메모리의 예이다.

HIERARCHY

메인 메모리 **1차 메모리**라고도 한다. 실행 중인 프로그램을 저장하는 휘발성 메모리. 오늘날의 컴퓨터는 대개 DRAM을 사용한다.

보조기억장치 실행 중이 아닌 프로그램과 데이터를 저장하는 비휘발성 메모리. 오늘날의 컴퓨터는 대개 자기 디스크를 쓴다.

자기 디스크 **하드 디스크**라고도 한다. 자성 기록 매체가 코팅된 회전 원반으로 구성된 비휘발성 메모리.

플래시 메모리 비휘발성 반도체 메모리. DRAM보다 싸지만 느리고, 자기 디스크보다는 비싸고 빠르다. 접근 시간은 5~50μs 정도이고, 2012년 현재 GB당 가격은 0.75~1달러.

컴퓨터 간의 통신

지금까지 데이터의 입력, 계산, 출력, 저장 방법을 설명했는데 아직도 설명에서 빠진 부분이 하나 있다. 그것은 컴퓨터 네트워크이다. 그림 1.5에서 프로세서가 메모리와 입출력장치에 연결되듯이, 컴퓨터 네트워크를 통해서 컴퓨터 전체가 서로 연결되어 사용자의 계산 능력을 확장시켜 준다. 네트워크는 현대 컴퓨터 시스템의 중추가 될 만큼 널리 보급되었다. 새로 발표되는 개인 휴대용 기기나 서버에 네트워크 인터페이스가 없다면 웃음거리가 될 것이다. 네트워크로 컴퓨터들을 연결하면 다음과 같은 장점이 있다.

- 통신: 컴퓨터끼리 고속으로 정보를 주고받을 수 있다.
- 자원 공유: 컴퓨터마다 입출력장치를 따로따로 갖출 필요 없이 네트워크상의 모든 컴퓨터가 입출력장치를 공유할 수 있다.

- **원격 접근**: 컴퓨터들을 연결하면 멀리 떨어져 있는 컴퓨터도 쉽게 이용할 수 있다.

네트워크의 연결 거리와 성능은 여러 가지이나, 통신 속도가 빨라지거나 전송 거리가 멀어질 때 통신비용이 상승하는 것은 어느 경우에도 공통이다. 아마도 네트워크 중에서 가장 널리 알려진 것은 이더넷(Ethernet)일 것이다. 이더넷으로 연결할 수 있는 거리는 대략 1km 정도이고, 초당 40기가비트를 전송할 수 있다. 이런 정도의 길이와 속도는 한 건물의 같은 층에 있는 컴퓨터들을 연결하는 데 유용하다. 그러므로 이더넷은 **근거리 네트워크**(local area network, LAN)의 일종이다. 라우팅 서비스와 보안을 제공하는 스위치를 사용하면 LAN들을 서로 연결할 수 있다. **원거리 네트워크**(wide area network, WAN)는 여러 대륙들을 연결하여 웹(World Wide Web)을 지원하고 있는 인터넷(Internet)의 근간을 이룬다. 이런 네트워크는 보통 광섬유(optical fiber)로 구성하며 통신회사에서 임대해 준다.

근거리 네트워크(LAN) 지리적으로 제한된 지역—예를 들면 한 건물 내—에서 데이터를 주고받도록 설계된 네트워크.

원거리 네트워(WAN) 대륙 전체를 연결할 수 있는 수백km 이상의 네트워크.

네트워크는 지난 30년 동안 더 유비쿼터스화되고 성능이 크게 개선되어 컴퓨팅의 면모를 일신하는 데 기여하였다. 1970년대만 해도 전자우편을 쓸 수 있는 사람은 극히 한정되어 있었고, 인터넷이나 웹도 없어서 서로 떨어진 두 장소 사이에 대량의 데이터를 주고받는 주된 방법은 자기테이프를 소포로 보내는 것이었다. LAN은 거의 없었으며 그나마 몇 개 안 되는 원거리 네트워크는 용량이 작고 접근이 아주 제한적이었다.

네트워킹 기술이 발달되면서 가격이 매우 싸지고 용량도 크게 증대되었다. 예를 들어 30년 전에 등장한 최초의 표준 LAN은 최대 용량(대역폭이라고도 부른다)이 10Mbps(megabits per second) 정도에 불과한데, 이것을 백 대까지는 아니더라도 수십 대의 컴퓨터가 나누어서 사용하였다. 오늘날의 LAN은 1Gbps에서 40Gbps의 용량을 제공하고, 이것을 컴퓨터 단 몇 대가 공유해서 사용한다. 광통신 기술로 원거리 네트워크도 같은 속도로 발전하여 용량이 수백 Kbps에서 Gbps 수준으로 증가하였고 불과 수백 대의 컴퓨터만 연결하던 것이 이제는 수백만 대의 컴퓨터를 연결하는 전 세계적 네트워크가 되었다. 네트워크 보급이 급속히 확산되고 용량이 커지면서 네트워크 기술은 지난 30년 동안 있었던 정보 혁명의 중심이 되었다.

지난 10년간 네트워킹에 또 다른 신기술이 등장하여 컴퓨터 통신이 새로운 국면을 맞이하게 되었다. 그것은 무선 기술로서 이 기술이 널리 보급되면서 Post-PC 시대가 가능하게 되었다. 메모리나 마이크로프로세서와 똑같이 값싼 반도체 기술(CMOS)을 사용해서 무선 장비를 만들 수 있게 되면서 가격이 급속히 하락하고 무선망 보급이 폭발적으로 늘어났다. 현재 쓰이고 있는 무선 기술인 IEEE 802.11 표준은 1~100Mbps의 속도로 데이터를 전송할 수 있다. 인접한 장소에 있는 사용자는 모두 같은 방송 전파를 이용하므로 무선 기술은 유선과는 많이 다르다.

스스로 점검하기 반도체 DRAM과 플래시 메모리, 디스크 저장장치는 크게 다르다. 이들을 휘발성, 접근시간, 가격의 측면에서 DRAM과 비교하라.

1.5 프로세서와 메모리 생산 기술

컴퓨터 설계자들이 경쟁에서 이기기 위해 최신 전자 기술을 최대한 많이 사용하려고 노력한 결과, 프로세서와 메모리는 믿기 어려울 정도로 빨리 개선되어 왔다. 그림 1.10은 그 동안 사용된 기술과 각 기술의 상대적인 가격 대 성능비를 보여 준다. 이러한 기술은 컴퓨터가 어떤 일을 할 수 있으며 얼마나 빨리 발전할 것인가를 결정짓는 요소이기 때문에, 컴퓨터 전문가라면 집적회로에 대한 기초적인 내용을 알고 있어야 한다고 생각한다.

트랜지스터 전기 신호로 제어되는 on/off 스위치.

초대규모집적회로(VLSI) 수십만 내지 수백만 개의 트랜지스터를 포함하고 있는 장치.

트랜지스터는 한 마디로 말해 전기로 제어되는 온/오프 스위치이다. **집적회로**는 수십, 수백 개의 트랜지스터를 칩 하나에 집적시킨 것이다. Gordon Moore가 자원의 수가 계속 두 배가 될 것이라고 예측했을 때, 그가 의미한 바는 칩 안에 집적되는 트랜지스터의 수가 그렇게 증가할 것이라는 예상이었다. 트랜지스터 숫자가 수백 개에서 수백만 개까지 늘어난 경이적인 증가를 표현하기 위하여 **초대규모**(very large scale)라는 형용사를 덧붙여 **초대규모집적회로**(very large scale integrated circuit, VLSI)라는 용어를 만들었다.

집적회로의 집적도는 매우 일정한 속도로 증가하고 있다. 그림 1.11은 1977년 이래 DRAM의 용량 증가 추세를 나타낸다. 3년에 4배씩 꾸준히 용량이 증가하여, 35년 만에 무려 16,000배로 늘어났다.

실리콘 반도체 천연 원소.

반도체 전기를 썩 잘 통하지 않는 물질.

어떻게 집적회로를 만드는지를 이해하기 위해서 맨 처음부터 시작하도록 하자. 집적회로 칩의 생산은 모래의 구성 성분인 실리콘에서부터 출발한다. **실리콘**은 전기가 통하기는 하는데 썩 잘 통하는 편은 아니어서 **반도체**(semiconductor)라고 부른다. 특

Year	Technology used in computers	Relative performance/unit cost
1951	Vacuum tube	1
1965	Transistor	35
1975	Integrated circuit	900
1995	Very large-scale integrated circuit	2,400,000
2013	Ultra large-scale integrated circuit	250,000,000,000

그림 1.10 시간이 흐름에 따라 컴퓨터에 사용된 기술의 단위 비용당 상대적인 성능. 출처: Computer Museum, Boston, 2013년의 데이터는 저자가 추론한 것임. 1.12절을 참조.

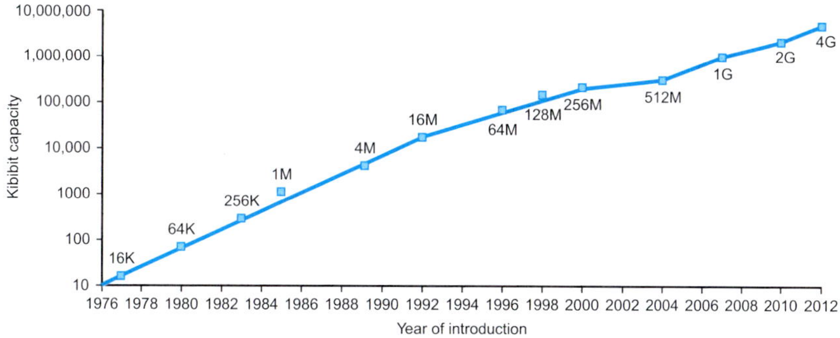

그림 1.11 DRAM 칩 용량의 변화. y축의 단위는 kibibits(2^{10}bits)이다. DRAM의 용량은 3년에 4배, 즉 매년 60%의 증가를 20년 동안 지속해 왔다. 최근에는 성장 속도가 다소 둔화되어 2~3년에 2배 증가에 접근하고 있다.

수한 화학적 처리를 거쳐 불순물을 첨가하면 실리콘의 작은 부분을 다음 세 가지 중 하나로 바꿀 수 있다.

- 전기의 양도체(초소형 구리나 알루미늄 전선)
- 전기 절연체(플라스틱 피복이나 유리 같은)
- 조건에 따라 도체가 되기도 하고 절연체가 되기도 하는 물질(스위치)

트랜지스터는 마지막 종류에 속한다. VLSI 회로는 수십억 개의 도체, 절연체, 스위치를 작은 패키지 하나에 만들어 넣은 것이다.

집적회로 제조 공정은 칩 가격에 심각한 영향을 미치기 때문에 컴퓨터 설계자에게도 중요한 문제이다. 그림 1.12는 집적회로 제조 과정을 보여 준다. 공정은 큰 소시지 같이 생긴 **실리콘 결정 괴**에서부터 시작된다. 오늘날 주로 사용되는 실리콘 괴의 직경은 8~12인치, 길이는 12~24인치 정도이다. 이 덩어리를 0.1인치 이하의 두께로 얇게 잘라 **웨이퍼**(wafer)를 만든다. 이렇게 잘라진 웨이퍼는 화학 물질을 첨가하여 부분 부분을 트랜지스터, 도체, 절연체로 바꾸는 일련의 공정을 거치게 된다. 오늘날의 집적회로에서 트랜지스터는 한 층으로 배치되지만, 금속 도체는 2~8 계층을 구성할 수 있다. 각 계층의 도체는 절연체 층으로 분리된다.

웨이퍼 자체에 미세한 흠집이 있었거나 여러 공정 중에 어느 한 부분에서라도 흠집이 생기면 웨이퍼의 그 부분은 못 쓰게 된다. 이러한 **결함**(defect) 때문에 완벽한 웨이퍼를 만든다는 것은 거의 불가능하다. 불완전성에 대처하기 위해서 여러 가지 방법이 사용되지만, 그 중 가장 간단한 방법은 한 웨이퍼에 독립적인 컴포넌트를 여러 개 만드는 것이다. 그런 다음 웨이퍼를 컴포넌트별로 자르는데 이것을 **다이**(die) 또는 **칩**이라 한다. 그림 1.13은 마이크로프로세서를 포함하는 웨이퍼를 자르기 전의 모습이다. 앞의 그림 1.9에서 마이크로프로세서 다이 하나를 보인 바 있다.

실리콘 결정 괴 직경이 8~12인치, 길이가 12~24인치 정도인 막대 모양의 실리콘 결정.

웨이퍼 실리콘 괴를 두께 0.1인치 이내로 얇게 자른 것. 칩을 만드는 데 사용.

결함 처리 전에 웨이퍼에 있던 미세한 흠집이나 패턴 작업 중에 생긴 흠집. 결함이 포함된 다이는 사용할 수 없다.

다이 웨이퍼에서 잘라낸 개개의 사각형. **칩**이라고도 부른다.

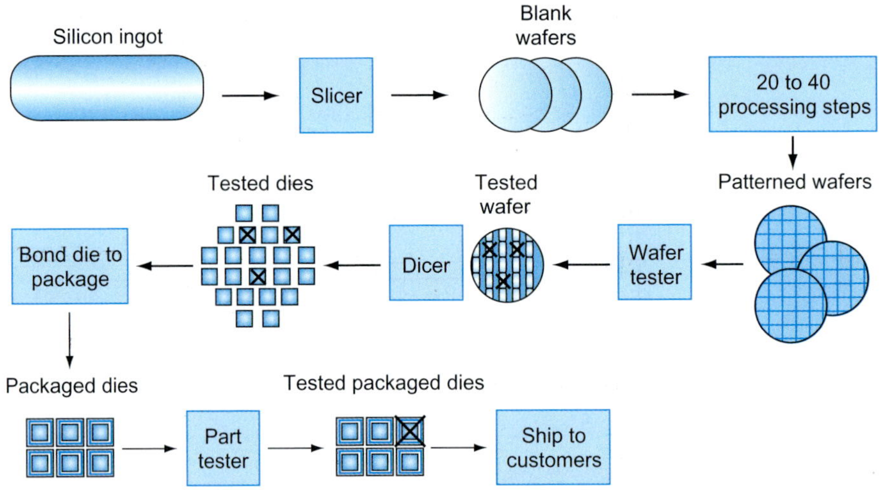

그림 1.12 칩 생산 공정. 실리콘 괴를 자른 후 20 내지 40 단계의 공정을 거쳐 빈 웨이퍼에 패턴이 새겨진다(그림 1.13 참조). 패턴이 새겨진 웨이퍼를 웨이퍼 검사기로 검사해서 불량 부분에 표시를 한다. 이 웨이퍼를 잘라서 다이를 만든다(그림 1.9 참조). 이 그림에서는 한 웨이퍼에서 20개의 다이가 만들어지고 그 중 17개만이 검사를 통과하였다(× 표시가 된 것은 불량 다이이다). 이 경우 다이의 수율은 17/20 즉 85%이다. 검사를 통과한 다이는 패키지에 붙이고, 납품하기 전에 다시 한 번 검사를 거친다. 이 그림에서는 최종 검사에서 1개가 더 불량 판정을 받았다.

수율 웨이퍼상의 전체 다이 중 양호한 다이의 비율.

이렇게 여러 조각으로 나누면 웨이퍼에 결함이 생겼을 때 웨이퍼 전체를 버리는 대신 해당 다이만 버리면 된다. 이 개념은 **수율**(yield)로 계량화할 수 있다. 수율은 웨이퍼 상의 전체 다이 중 정상 다이의 비율로 정의된다.

다이 크기가 커지면 웨이퍼에 넣을 수 있는 다이의 개수가 적어지고 수율이 떨어지므로 집적회로 가격이 급속히 증가한다. 원가 절감을 위해 차세대 프로세스를 이용해서 큰 다이를 축소시키기도 한다. 이것은 트랜지스터와 연결선의 크기를 줄임으로써 가능해진다. 이렇게 하면 수율과 웨이퍼당 다이 개수가 개선된다. 2012년에는 32nm 공정이 일반적이었는데 이것은 다이에서 구현할 수 있는 최소 배선폭이 32nm라는 것을 의미한다.

결함이 없는 다이는 패키지의 입출력 핀과 연결하는데 이 과정을 본딩(bonding)이라 한다. 패키징 과정에서 잘못되는 경우도 있으므로 패키지가 끝난 것들에 대해 최종 검사를 시행해서 통과된 것들만 고객에게 납품된다.

고난도: 집적회로의 가격은 다음 세 가지 간단한 식으로 표현할 수 있다.

$$\text{다이 원가} = \frac{\text{웨이퍼당 가격}}{\text{웨이퍼당 다이의 수} \times \text{수율}}$$

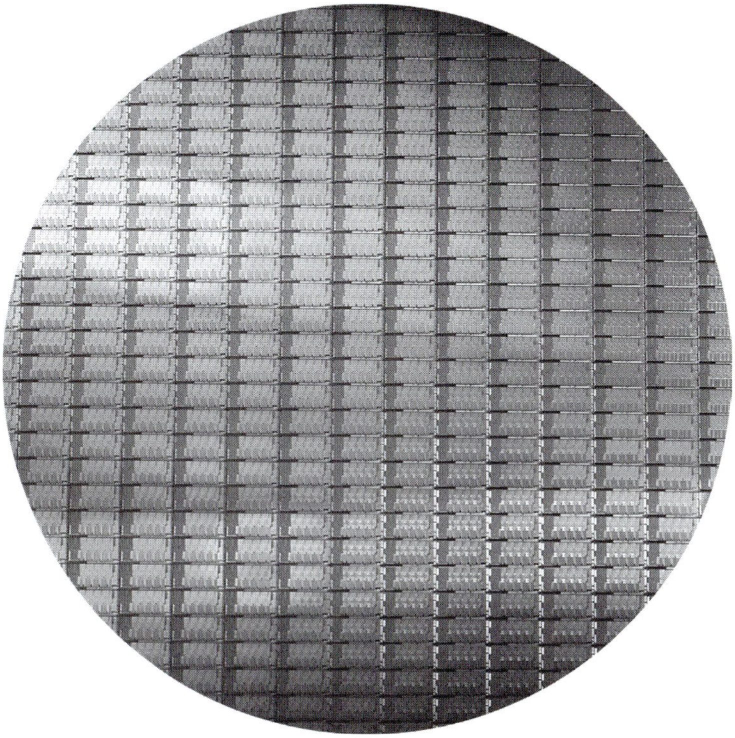

그림 1.13 **Intel Core i7의 직경 12인치(300mm)짜리 웨이퍼(Intel 제공).** 수율 100%일 때 한 웨이퍼에서 280개의 다이가 만들어지는데 각 다이의 크기는 20.7×10.5mm이다. 웨이퍼 경계 부분에 걸쳐 있는 수십 개의 곡선면을 가진 다이는 못 쓰는 것이다. 사용할 수 없음에도 불구하고 포함시키는 이유는 그렇게 하면 패턴을 새길 마스크 만들기가 더 쉬워지기 때문이다. 이 다이는 32nm 공정을 사용하고 있다. 이 말은 가장 작은 트랜지스터의 크기가 32nm라는 뜻이다. 하지만 트랜지스터는 실제 최소 선폭(feature size)보다 더 작은 것이 보통이다. 최소 선폭이란 최종 생산된 트랜지스터의 크기가 아니라 마스크에 그려진 크기를 뜻하는 것이다.

$$\text{웨이퍼당 다이의 수} \approx \frac{\text{웨이퍼의 면적}}{\text{다이의 면적}}$$

$$\text{수율} = \frac{\text{웨이퍼당 가격}}{(1 + (\text{면적당 결함의 수} \times \text{다이 면적}/2))^2}$$

첫 번째 식은 바로 유도할 수 있다. 두 번째는 근사식인데 둥근 웨이퍼에서 사각형의 다이를 만들 수 없는 경계 부분의 면적을 빼지 않았기 때문이다(그림 1.13 참조). 마지막 식은 집적회로 공장에서의 수율에 대한 실험적인 관찰치에 근거한 것인데 지수항은 핵심적인 처리 단계의 수와 관련이 있다.

이와 같이 원가는 결함의 비율이나 다이와 웨이퍼의 크기에 따라 달라지기 때문에, 일반적으로 다이 크기에 선형으로 비례하지는 않는다.

스스로 점검하기 집적회로 원가를 결정하는 중요한 인자 중 하나는 수량이다. 다음 중 대량 생산하면 칩 원가가 싸지는 이유에 해당하는 것들은 무엇인가?

1. 대량으로 생산하면 생산 공정을 특정 설계에 맞추어 조정할 수 있으므로 수율이 높아진다.
2. 소량 부품보다는 대량 부품을 설계할 때 작업량이 줄어든다.
3. 칩 제작에 사용되는 마스크가 비싸기 때문에, 대량 생산하면 칩당 단가가 낮아진다.
4. 기술 개발 비용은 매우 크면서 수량과는 무관한 특성이 있다. 그러므로 대량 생산하면 다이당 개발 비용이 낮아진다.
5. 대량 생산 부품은 보통 소량 부품보다 다이 크기가 작으므로, 웨이퍼당 수율이 높아진다.

1.6 성능

시스템의 성능을 측정하는 것은 간단한 일이 아니다. 현대의 소프트웨어는 규모가 크고 복잡하며, 하드웨어는 성능 개선을 위한 여러 가지 기법을 사용하고 있기 때문에 성능 평가가 더욱 어렵다.

기종을 선택하고자 할 때 성능은 항상 중요한 고려 사항이다. 각 기종의 성능을 정확히 측정하고 평가하는 것이 구매자에게는 매우 중요한 문제이며 따라서 설계자에게도 중요한 문제이다. 컴퓨터를 파는 사람들은 이 점을 잘 알고 있다. 그래서 영업 사원들은 종종 자기가 파는 컴퓨터에 가장 유리한 방법으로 성능을 비교한다. 그런데 이 방법은 구매자의 요구를 전혀 반영하지 못하는 경우가 대부분이다. 따라서 어떻게 성능을 측정하는 것이 가장 좋은 방법이며 성능 측정 방법의 한계는 무엇인지를 확실히 이해하는 것이 기종 선정에 매우 중요하다.

이 절의 나머지 부분에서는 성능을 결정하는 여러 가지 방법을 설명한다. 성능 측정에 사용되는 척도를 컴퓨터 사용자와 설계자 양측의 관점에서 살펴본다. 또한 이러한 성능 척도들이 어떤 상호 연관성을 갖고 있는지를 살펴보고, 고전적인 프로세서 성능식을 제시한다. 이 성능식은 본 교재에서 계속 사용하게 될 것이다.

성능의 정의

어떤 컴퓨터가 다른 컴퓨터보다 성능이 좋다는 것은 과연 무엇을 뜻하는 것일까? 매우 단순한 문제인 것처럼 보일지 모르지만 다음 여객기 비유를 보면 성능에 관한 문제

Airplane	Passenger capacity	Cruising range (miles)	Cruising speed (m.p.h.)	Passenger throughput (passengers × m.p.h.)
Boeing 777	375	4630	610	228,750
Boeing 747	470	4150	610	286,700
BAC/Sud Concorde	132	4000	1350	178,200
Douglas DC-8-50	146	8720	544	79,424

그림 1.14 여러 여객기의 탑승 인원, 비행 거리, 속도. 마지막 열에는 단위시간당 수송 가능한 승객의 수, 즉 탑승 인원×비행속도(단, 비행거리 및 이 · 착륙 시간은 무시한다)를 보였다.

가 얼마나 미묘한 것인지를 느낄 수 있을 것이다. 그림 1.14는 대표적인 여객기의 항속, 비행 거리, 탑승 인원을 보여 준다. 이 중에서 어떤 비행기의 성능이 가장 좋은지를 알아내려면 먼저 성능을 정의해야 한다. 예를 들어 속도 면에서는 (2003년도에 단종이 된) Concorde가 가장 좋고, 비행 거리 면에서는 DC-8이 가장 좋으며, 수송 능력 면에서는 747이 가장 좋다.

속도의 관점에서 성능을 정의한다고 가정하자. 그래도 두 가지 정의가 있을 수 있다. 가장 빠른 비행기는 최고 항속의 비행기, 즉 승객 한 명을 한 장소에서 다른 장소로 가장 신속히 이동시킬 수 있는 비행기라고 정의할 수 있을 것이다. 그러나 만약 승객 450명을 한 장소로부터 다른 장소로 수송하는 경우라면 그림의 마지막 열에 보이는 바와 같이 승객 처리량이 가장 큰 747이 가장 빠르다고 해야 할 것이다. 컴퓨터의 성능도 이렇게 여러 가지 방법으로 정의할 수 있다.

두 데스크톱 컴퓨터에서 같은 프로그램을 실행시키는 경우에는 먼저 끝나는 쪽이 더 빠른 컴퓨터라고 할 수 있을 것이다. 그러나 여러 대의 서버를 가지고 여러 사용자의 작업을 처리하는 데이터 센터를 운영할 때에는 하루 동안 더 많은 작업을 처리하는 컴퓨터가 더 빠른 컴퓨터일 것이다. 컴퓨터 사용자 개인의 입장에서는 **응답시간**(response time)—작업 개시에서 종료까지의 시간—즉 **실행시간**(execution time)이 중요할 것이다. 그러나 데이터 센터 관리자에게는 **처리량**(throughput), 혹은 **대역폭**(bandwidth)—일정한 시간 동안 처리하는 작업의 양—이 더 중요하다. 그러므로 응답시간이 더 중요한 개인 휴대용 기기와 처리량이 더 중요한 서버의 성능을 평가할 때는 대부분 다른 응용 프로그램과 다른 성능 척도를 사용한다.

응답시간 **실행시간**이라고도 한다. 컴퓨터가 태스크를 완료하기까지의 총소요시간으로 디스크 접근, 메모리 접근, 입출력 작업, 운영체제 오버헤드 및 CPU 시간을 다 포함한다.

처리량 **대역폭**이라고도 한다. 단위시간당 완료하는 태스크의 수를 나타내는 또 다른 성능 측도.

예제

처리량과 응답시간

다음과 같이 변경을 하면 컴퓨터 시스템의 처리량을 증대시키는가, 응답시간을 단축시키는가? 아니면 양쪽 모두인가?

1. 컴퓨터의 프로세서를 더 빠른 버전으로 바꾼다.
2. 여러 개의 프로세서가 각기 다른 태스크를 담당하는 시스템—예를 들면 웹 탐색 같은—에 프로세서를 하나 추가한다.

답

응답시간을 단축시키면 거의 대부분 처리량은 좋아진다. 그러므로 1번의 경우는 응답시간과 처리량이 모두 개선된다. 2번의 경우 특정 태스크의 실행시간이 단축되는 것은 아니므로 처리량만이 개선된다.

그러나 2번의 경우에 처리에 대한 요구가 처리량보다 커지면 일부는 큐에 넣어 기다리게 해야 할 것이다. 이 경우 처리량이 커지면 큐에서 기다리는 시간이 짧아지므로 응답시간도 개선된다. 이와 같이 대부분의 실제 컴퓨터에서 실행시간이나 처리량 중 하나가 변하면 다른 쪽에도 영향을 미치게 된다.

본서의 전반부에서 컴퓨터의 성능을 논할 때 우리는 주로 응답시간에 초점을 맞출 것이다. 성능을 최대화하기 위해서는 어떤 태스크의 응답시간 또는 실행시간을 최소화해야 한다. 따라서 어떤 컴퓨터 X의 성능과 실행시간의 관계를 다음과 같이 표시할 수 있다.

$$\text{성능}_X = \frac{1}{\text{실행시간}_X}$$

그러므로 두 컴퓨터 X와 Y에 대해 X의 성능이 Y의 성능보다 좋다면,

$$\text{성능}_X > \text{성능}_Y$$

$$\frac{1}{\text{실행시간}_X} > \frac{1}{\text{실행시간}_Y}$$

$$\text{실행시간}_Y > \text{실행시간}_X$$

가 된다. 즉 X가 Y보다 빠르다면 Y에서의 실행시간이 X에서의 실행시간보다 길다.

컴퓨터 설계에 관해 설명할 때는 두 컴퓨터의 성능을 정량적으로 비교해야 하는 경우가 생긴다. 다음과 같은 경우를 정량적으로 표현하면 "X가 Y보다 n배 빠르다"고 말한다.

$$\frac{\text{성능}_X}{\text{성능}_Y} = n$$

X가 Y보다 n배 빠르다면 Y에서의 실행시간이 n배 길 것이다.

$$\frac{\text{성능}_X}{\text{성능}_Y} = \frac{\text{실행시간}_Y}{\text{실행시간}_X} = n$$

상대 성능

예제

같은 프로그램이 컴퓨터 A에서 10초, B에서는 15초 걸린다면 A는 B보다 얼마나 빠른가?

답

A가 B보다 n배 빠르다면

$$\frac{성능_A}{성능_B} = \frac{실행시간_B}{실행시간_A} = n$$

이므로, 성능 비는

$$\frac{15}{10} = 1.5$$

이다. 즉 A가 B보다 1.5배 빠르다.

위의 예에서

$$\frac{성능_A}{성능_B} = 1.5, \text{ 즉 } 성능_B = \frac{성능_A}{1.5}$$

이므로, B는 A보다 1.5배 **느리다고도** 말할 수 있다.

혼동을 피하기 위하여 컴퓨터 성능을 정량적으로 비교할 때는 "~**보다 빠르다**"라는 용어만 사용하기로 한다. 성능과 실행시간은 역관계이므로, 성능을 증가시키면 실행시간은 감소한다. **증가**와 **감소** 사이에서 야기될지 모르는 혼동을 피하기 위해 "성능이 증가한다", "실행시간이 감소한다" 대신 "성능이 개선된다", "실행시간이 개선된다"라고 표현하기로 한다.

성능의 측정

시간은 컴퓨터 성능의 가장 기본적인 측도이다. 같은 작업을 최단시간에 실행하는 컴퓨터가 가장 빠른 컴퓨터이다. 여기서 프로그램 **실행시간**은 프로그램을 처리하는 데 걸린 시간을 초 단위로 표시한 것이다. 그러나 시간은 우리가 재는 방법에 따라 여러 가지로 정의할 수가 있다. 제일 쉽게 생각할 수 있는 것은 **벽시계 시간**(wall-clock time), **응답시간**, 또는 **경과시간**(elapsed time)이라 부르는 것이다. 이것은 한 작업을 끝내는 데 필요한 전체 시간을 뜻하는 것으로 디스크 접근, 메모리 접근, **입출력** 작업, 운영체제 오버헤드 등 모든 시간을 다 더한 것이다.

그러나 컴퓨터를 공유하는 경우, 프로세서 하나가 여러 프로그램을 동시에 실행하는 경우가 많이 있다. 이런 환경에서는 특정 프로그램의 경과시간을 최소화하는 것보다는 처리량을 최적화하는 것이 중요할 수 있다. 그러므로 경과시간과 구분해서 프로세서가 순수하게 이 프로그램을 실행하기 위해 소비한 시간을 계산할 필요가 있다. 이 시간을 **CPU 실행시간** 또는 단순히 **CPU 시간**(CPU time)이라고 하는데, 입출력에 걸린 시간이나 다른 프로그램을 실행하는 데 걸린 시간은 여기 포함되지 않는다(그러나 사용자가 느끼는 응답시간은 CPU 시간이 아니라 경과시간임에 유의하라). CPU 시간은 실제로 사용자 프로그램 실행에 소요된 **사용자 CPU 시간**(user CPU time)과 운영체제가 이 프로그램을 위한 작업을 수행하기 위해 소비한 **시스템 CPU 시간**(system CPU time)으로 다시 나눌 수 있다. 그러나 운영체제의 각 작업이 어떤 프로그램을 위해서 수행되고 있는가를 명확히 가려내는 것이 어렵고 운영체제 간의 기능 차이도 있기 때문에 시스템 CPU 시간과 사용자 CPU 시간을 정확히 구하는 것은 쉽지 않다.

CPU 실행시간 CPU 시간이라고도 한다. 특정 작업의 실행을 위해 CPU가 소비한 실제 시간.

사용자 CPU 시간 프로그램 자체에 소비된 CPU 시간.

시스템 CPU 시간 프로그램의 수행을 위해서 운영체제가 소비한 CPU 시간.

논의의 일관성을 위하여 경과시간을 기준으로 한 성능과 CPU 시간을 기준으로 한 성능을 구분하는 것이 좋겠다. 다른 부하가 없는 시스템에서의 경과시간으로 계산한 것을 **시스템 성능**, 사용자 CPU 시간으로 계산한 것을 **CPU 성능**이라고 부르기로 한다. 본 장에서는 CPU 성능에 초점을 맞춘다. 그러나 뒤에 나올 성능 종합 방법에 대한 설명은 CPU 시간뿐 아니라 경과시간에도 동일하게 적용할 수 있다.

프로그램 성능의 이해

응용에 따라서 컴퓨터 시스템의 성능 중 민감하게 영향을 받는 부분이 서로 다르다. 많은 응용들, 특히 서버에서 수행되는 것들은 입출력 성능의 영향을 많이 받는데, 입출력 성능은 다시 하드웨어와 소프트웨어 모두의 영향을 받는다. 이 경우 시계로 잰 전체 경과시간이 중요하다. 응용에 따라서 사용자의 관심사는 처리량이 될 수도 있고, 응답시간이 될 수도 있으며, 이 둘의 복잡한 조합(예를 들면 최악 응답시간 이내의 최대 처리량)이 될 수도 있다. 프로그램의 성능을 개선하기 위해서는 어떤 성능 척도들이 중요한지를 먼저 명확히 정의한 다음, 프로그램을 수행시키면서 성능을 측정함으로써 병목이 될 가능성이 있는 부분을 조사하여 정확한 성능 병목 지점을 찾아야 한다. 후속되는 장들에서 병목을 찾아내는 방법과 시스템 각 부분의 성능을 개선하는 방법에 대하여 설명할 것이다.

사용자의 입장에서는 주로 시간에 관심을 갖게 되지만, 컴퓨터의 세세한 부분을 평가할 때는 다른 성능 척도를 사용하는 것이 편리할 때가 있다. 특히 컴퓨터 설계자는 하드웨어가 기본 함수를 얼마나 빨리 처리할 수 있는지와 관련된 성능 측도를 필요로 한다. 거의 모든 컴퓨터는 하드웨어 이벤트가 발생하는 시점을 결정하는 클럭을 이용하여 만들어진다. 이 클럭의 시간 간격을 **클럭 사이클**(또는 **틱**, **클럭 틱**, **클럭 주기**, **클**

클럭 사이클 **틱**, **클럭 틱**, **클럭 주기**, **클럭**, **사이클**이라고도 부른다. 일정한 속도를 가지고 동작하는 프로세서 클럭 한 주기 동안의 시간.

럭, 사이클)이라 한다. 클럭 주기는 한 클럭 사이클에 걸리는 시간(예를 들면 250picoseconds, 혹은 250ps)이나 클럭 속도(예를 들면 4gigahertz 혹은 4GHz)로 표시한다. 클럭 속도는 클럭 주기의 역수이다. 다음 절에서는 하드웨어 설계자가 비교 기준으로 사용하는 클럭 주기와 컴퓨터 사용자가 사용하는 성능 척도인 실행시간 간의 관계를 공식화한다.

클럭 주기 각 클럭 사이클의 길이.

스스로 점검하기

1. 개인 휴대용 기기와 클라우드를 사용하는 응용 프로그램은 네트워크의 성능에 좌우된다고 하자. 다음과 같이 변경하였을 때, 처리량만 개선되는지, 응답시간과 처리량이 모두 개선되는지, 아니면 두 척도에 아무런 개선이 없는지를 말하라.
   a. PMD와 클라우드 사이에 네트워크 채널을 하나 추가하여, 전체 네트워크의 처리량을 증대시키고 (두 개의 채널을 사용함으로써) 네트워크 접근시간을 단축시켰다.
   b. 네트워크 소프트웨어를 개선하였다. 그 결과 네트워크 통신 지연시간은 단축되었지만 네트워크 처리량은 증대되지 않았다.
   c. 컴퓨터에 메모리를 추가하였다.
2. 컴퓨터 C의 성능이 컴퓨터 B의 성능보다 4배가 좋다. B가 주어진 응용을 28초에 수행하였다면 C는 얼마나 빨리 수행할 수 있겠는가?

CPU 성능과 성능 인자

컴퓨터의 성능을 표시하는 데 사용자가 사용하는 척도와 설계자가 사용하는 척도가 서로 다른 경우가 많이 있다. 이때 서로 다른 척도 간의 상관관계를 구할 수 있다면, 설계상의 변화가 사용자가 느끼는 성능에 얼마나 영향을 미치는지 평가할 수 있을 것이다. 당분간은 CPU 성능에만 관심을 갖기로 했으므로 궁극적인 성능 측도는 CPU 시간이다. 가장 기본적인 척도인 클럭 사이클 수와 클럭 사이클 시간으로 CPU 시간을 표시하면 다음과 같다.

$$\text{프로그램의 CPU 실행시간} = \text{프로그램의 CPU 클럭 사이클 수} \times \text{클럭 사이클 시간}$$

클럭 속도와 클럭 사이클 시간은 역수 관계이므로

$$\text{프로그램의 CPU 실행시간} = \frac{\text{프로그램의 CPU 클럭 사이클 수}}{\text{클럭 속도}}$$

가 된다. 이 공식을 보면 클럭 사이클의 길이를 줄이거나 프로그램 실행에 필요한 클럭 사이클 수를 줄이면 성능을 개선할 수 있음을 알 수 있다. 후속 장들에서 설명이 되겠지만, 이 둘 중 하나를 감소시키면 다른 하나가 증가하는 경우가 자주 발생한다. 예를 들어 클럭 사이클 수를 줄이는 기법 중에는 클럭 사이클 시간을 증가시키는 것들이 많이 있다.

예제

성능 개선

2GHz 클럭의 컴퓨터 A에서 10초에 수행되는 프로그램이 있다. 이 프로그램을 6초 동안에 실행할 컴퓨터 B를 설계하고자 한다. 클럭 속도는 얼마든지 빠르게 만들 수 있는데, 이렇게 하면 CPU 다른 부분의 설계에 영향을 미쳐 같은 프로그램에 대해 A보다 1.2배 많은 클럭 사이클이 필요하게 된다고 한다. 컴퓨터 B의 클럭 속도는 얼마로 해야 하겠는가?

답

우선 A에서 프로그램을 수행하는 데 필요한 클럭 사이클 수를 구해 보자.

$$\text{CPU 시간}_A = \frac{\text{CPU 클럭 사이클 수}_A}{\text{클럭 속도}_A}$$

$$10\text{초} = \frac{\text{CPU 클럭 사이클 수}_A}{2 \times 10^9 \frac{\text{사이클}}{\text{초}}}$$

$$\text{CPU 클럭 사이클 수}_A = 10\text{초} \times 2 \times 10^9 \frac{\text{사이클}}{\text{초}} = 20 \times 10^9 \text{사이클}$$

이 값을 이용하면 B에 대한 CPU 시간을 구할 수 있다.

$$\text{CPU 시간}_B = \frac{1.2 \times \text{CPU 클럭 사이클 수}_A}{\text{클럭 속도}_B}$$

$$6\text{초} = \frac{1.2 \times 20 \times 10^9 \text{사이클}}{\text{클럭 속도}_B}$$

$$\text{클럭 속도}_B = \frac{1.2 \times 20 \times 10^9 \text{사이클}}{6\text{초}} = \frac{0.2 \times 20 \times 10^9 \text{사이클}}{\text{초}}$$

$$= \frac{4 \times 10^9 \text{사이클}}{\text{초}} = 4\text{GHz}$$

결국 컴퓨터 B의 클럭은 A보다 두 배 빨라야 한다.

명령어 성능

앞의 예에서 사용한 수식에는 프로그램 수행에 필요한 명령어 개수에 관한 사항이 포함되어 있지 않다. 그러나 컴파일러가 실행할 명령어를 생성하고 컴퓨터는 이 명령어를 실행해야 하기 때문에, 실행시간은 프로그램의 명령어 수와 관련이 있다. 이런 관점에서 실행시간을 실행 명령어 수에 명령어의 평균 실행시간을 곱한 값으로 계산할 수도 있다. 그러므로 프로그램 실행에 필요한 클럭 사이클 수는 다음과 같다.

$$\text{CPU 클럭 사이클 수} = \text{명령어 수} \times \text{명령어당 평균 클럭 사이클 수}$$

명령어당 클럭 사이클 수(clock cycles per instruction)는 **CPI**로 줄여 쓰기도 한다. 명령어마다 실행시간이 다르므로 CPI는 프로그램이 실행한 모든 명령어에 대해 평균한 값을 사용한다. 명령어 집합 구조가 같으면 프로그램에 필요한 명령어 수가 같으므로, CPI는 서로 다른 구현을 비교하는 한 가지 기준이 될 수 있다.

명령어당 클럭 사이클 수 (CPI) 프로그램 전체 혹은 일부에서 명령어 하나 실행에 필요한 평균 클럭 사이클 수.

성능식의 이용

예제

같은 명령어 집합 구조를 구현한 컴퓨터 두 종류가 있다. 컴퓨터 A의 클럭 사이클 시간은 250ps이고 어떤 프로그램에 대한 CPI는 2.0이며, 컴퓨터 B의 클럭 사이클 시간은 500ps, CPI는 1.2이다. 이 프로그램에 관해서는 어떤 컴퓨터가 얼마나 더 빠른가?

답

두 컴퓨터가 실행해야 하는 명령어의 개수는 서로 같을 것이다. 이것을 I라 하자. 먼저 각 컴퓨터에서 소요되는 프로세서 클럭 사이클 수를 계산하자.

$$\text{CPU 클럭 사이클 수}_A = I \times 2.0$$
$$\text{CPU 클럭 사이클 수}_B = I \times 1.2$$

다음으로 각 컴퓨터의 CPU 시간을 계산하자.

$$\text{CPU 시간}_A = \text{CPU 클럭 사이클 수}_A \times \text{클럭 사이클 시간}_A$$
$$= I \times 2.0 \times 250\ \text{ps} = 500 \times I\ \text{ps}$$
$$\text{CPU 시간}_B = I \times 1.2 \times 500\ \text{ps} = 600 \times I\ \text{ps}$$

A가 빠른 것은 자명하다. 그러면 얼마나 빠른지를 계산해 보자.

$$\frac{\text{CPU 성능}_A}{\text{CPU 성능}_B} = \frac{\text{실행시간}_B}{\text{실행시간}_A} = \frac{600 \times I\ \text{ps}}{500 \times I\ \text{ps}} = 1.2$$

그러므로 A가 B보다 1.2배 빠르다고 결론지을 수 있다.

고전적인 CPU 성능식

명령어 개수 프로그램이 실행한 명령어의 수.

이제 성능식을 명령어 개수(프로그램이 실행한 명령어의 개수), CPI, 클럭 사이클 시간으로 표현하자.

$$\text{CPU 시간} = \text{명령어 개수} \times \text{CPI} \times \text{클럭 사이클 시간}$$

클럭 속도는 클럭 사이클 시간의 역수이므로,

$$\text{CPU 시간} = \frac{\text{명령어 개수} \times \text{CPI}}{\text{클럭 속도}}$$

이 식은 CPU 시간을 성능에 영향을 미치는 세 가지 핵심 인자로 표현하였기 때문에 매우 유용하다. 이 공식을 이용하여 두 가지 서로 다른 구현을 비교할 수 있다. 또한 어떤 설계 대안이 이 세 인자에 미치는 영향을 알 수 있다면 이 설계 대안을 평가하는 것도 가능하다.

예제

코드의 비교

어떤 컴파일러 설계자가 같은 상위 수준 언어 문장에 대해 생성된 두 가지 코드 1과 2 중 하나를 선택하려 한다. 하드웨어 설계자가 제공한 사실은 다음과 같다.

	명령어 유형별 CPI		
	A	B	C
CPI	1	2	3

컴파일러 작성자가 어떤 상위 수준 언어 문장을 다음과 같은 두 가지 코드로 변환하는 방법을 고려하고 있다.

코드	실행 명령어 개수		
	A	B	C
1	2	1	2
2	4	1	1

어떤 코드가 더 많은 명령어를 실행하는가? 어느 것이 더 빠른가? 각 코드의 CPI는 얼마인가?

답

코드 1은 2 + 1 + 2 = 5 명령어를 실행한다. 코드 2는 4 + 1 + 1 = 6 명령어를 실행한다. 그러므로 코드 1이 더 적은 명령어를 실행한다.

명령어의 개수와 CPI를 사용하여 CPU 클럭 사이클 수를 계산하는 다음 공식을 이용하면 각각의 코드에 대하여 클럭 사이클 수를 계산할 수 있다.

$$\text{CPU 클럭 사이클 수} = \sum_{i=1}^{n}(\text{CPI}_i \times \text{C}_i)$$

$$\text{CPU 클럭 사이클 수}_1 = (2 \times 1) + (1 \times 2) + (2 \times 3) = 2 + 2 + 6 = 10\text{사이클}$$
$$\text{CPU 클럭 사이클 수}_2 = (4 \times 1) + (1 \times 2) + (1 \times 3) = 4 + 2 + 3 = 9\text{사이클}$$

그러므로 코드 2가 비록 명령어는 하나 더 실행하지만 실행 속도는 더 빠르다. 코드 2의 경우 필요한 클럭 사이클 수는 적으면서 명령어는 더 많이 실행하므로 CPI가 낮다. CPI는 다음과 같이 구할 수 있다.

$$\text{CPI} = \frac{\text{CPU 클럭 사이클 수}}{\text{명령어 개수}}$$

$$\text{CPI}_1 = \frac{\text{CPU 클럭 사이클 수}_1}{\text{명령어 개수}_1} = \frac{10}{5} = 2.0$$

$$\text{CPI}_2 = \frac{\text{CPU 클럭 사이클 수}_2}{\text{명령어 개수}_2} = \frac{9}{6} = 1.5$$

요점정리

그림 1.15는 컴퓨터의 성능을 결정하는 기본 구성 요소와 각각의 측정에서 얻어지는 값을 보여 준다. 이 인자들로부터 프로그램의 실행시간을 구할 수 있다.

$$\text{시간} = \frac{\text{초}}{\text{프로그램}} = \frac{\text{명령어 수}}{\text{프로그램}} \times \frac{\text{클럭 사이클 수}}{\text{명령어}} \times \frac{\text{초}}{\text{클럭 사이클}}$$

컴퓨터 성능에 대한 완벽하고 믿을 만한 척도는 실행시간밖에 없음을 잊지 말자. 예를 들어 명령어 개수를 줄이기 위해 명령어 집합을 바꾸었을 때 클럭 속도가 느려지거나 CPI가 커져서 오히려 성능이 더 나빠질 수도 있다. 마찬가지로 CPI는 실행되는 명령어 종류에 따라 달라지므로 실행 명령어 수가 적은 코드가 항상 가장 빠른 것은 아니다.

Components of performance	Units of measure
CPU execution time for a program	Seconds for the program
Instruction count	Instructions executed for the program
Clock cycles per instruction (CPI)	Average number of clock cycles per instruction
Clock cycle time	Seconds per clock cycle

그림 1.15 성능을 결정하는 기본 구성 요소 및 각 요소의 측정치.

그러면 성능식의 세 가지 인자값은 어떻게 구할까? CPU 실행시간은 실제 프로그램을 실행시켜서 얻을 수 있고, 클럭 사이클 시간은 보통 컴퓨터의 하드웨어 매뉴얼에 기록되어 있다. 그러나 명령어 개수와 CPI는 구하기가 조금 어렵다. 물론 클럭 속도와 CPU 실행시간을 알 때 명령어 개수나 CPI 중 하나를 알면 다른 하나는 계산으로 구할 수 있다.

명령어 개수는 실행 과정을 추적하는 소프트웨어 도구나 컴퓨터 구조의 시뮬레이터를 이용해서 측정할 수 있다. 그 외에 하드웨어 카운터—이제는 대부분의 프로세서에 장착되어 있다—를 사용하면 실행 명령어 수나 평균 CPI, 심지어는 성능 저하의 원인까지 찾아낼 수 있다. 명령어 개수는 구조에 따라서 결정될 뿐 구현 방법과는 상관이 없으므로 자세한 구현 내용은 몰라도 구할 수 있다. 그러나 CPI는 프로그램 실행에 사용되는 명령어 배합(instruction mix)뿐 아니라 메모리 시스템과 프로세서 구조(4, 5장에서 설명)를 포함하는 여러 가지 컴퓨터 세부 설계에 따라 달라진다. 따라서 CPI는 명령어 집합이 같더라도 구현 방식에 따라서 달라질 뿐 아니라 응용 프로그램에 따라서도 달라진다.

명령어 배합 하나 또는 여러 개의 프로그램에서 수행된 명령어들의 동적 빈도수에 대한 측도.

위의 예는 한 가지 인자(명령어 개수)만으로 성능을 평가하는 일이 얼마나 위험한가를 보여 준다. 두 컴퓨터를 비교할 때는 실행시간에 영향을 미치는 세 가지 인자를 모두 고려해야 한다. 어떤 인자가 같으면(위 예의 경우 클럭 속도) 다른 인자들을 비교해서 성능을 평가해야 한다. CPI는 **명령어 배합**에 따라 달라지므로 클럭 속도가 같더라도 명령어 개수와 CPI는 반드시 비교해야 한다. 본 장의 끝부분에 있는 연습문제에는 클럭 속도, CPI, 명령어 개수에 영향을 미치는 컴파일러와 컴퓨터 개선 방법 여러 가지를 평가하는 문항이 포함되어 있다. **1.10절**에서는 많이 쓰이는 성능 측정 방법 중에서 여러 요소를 모두 포함시키지 못하여 사람들을 오도할 수 있는 것들에 대해 알아본다.

프로그램 성능의 이해

프로그램의 성능은 알고리즘, 언어, 컴파일러, 컴퓨터 구조, 그리고 실제 하드웨어의 영향을 받는다. 다음 표에 이러한 요소들이 CPU의 성능식의 인자에 어떤 영향을 미치는지를 요약하였다.

하드웨어 또는 소프트웨어 구성 요소	영향을 끼치는 인자	어떻게?
알고리즘	명령어 개수, CPI	알고리즘은 소스 프로그램이 수행할 명령어의 수, 결국 프로세서가 수행할 명령어의 수를 결정한다. 알고리즘이 빠른 명령어를 선호하느냐 느린 명령어를 선호하느냐에 따라 CPI에 영향을 미칠 수도 있다. 예를 들어 나눗셈을 많이 하는 알고리즘은 높은 CPI를 갖게 될 것이다.

프로그래밍 언어	명령어 개수, CPI	프로그래밍 언어로 표현된 문장은 프로세서 명령어로 변환되기 때문에 확실히 명령어 개수에 영향을 미치게 된다. 또 언어의 어떤 특성 때문에 언어가 CPI에도 영향을 미칠 수 있다. 예를 들어 자바같이 데이터 추상화를 많이 사용하는 언어는 함수의 간접 호출(indirect call)을 필요로 하는데, 이는 CPI가 높은 명령어를 사용하게 된다.
컴파일러	명령어 개수, CPI	컴파일러는 소스 언어를 컴퓨터 명령어로 변환하는 역할을 하므로 얼마나 효율적인가에 따라 명령어 개수와 CPI가 영향을 받는다. 컴파일러의 기능이 매우 복잡한 만큼 CPI에 복잡한 방법으로 영향을 끼친다.
명령어 집합 구조	명령어 개수, 클럭 속도, CPI	명령어 집합 구조는 어떤 기능을 수행하기 위해 필요한 명령어의 수, 각 명령어당 사이클의 수, 그리고 프로세서의 클럭 속도에 영향을 미치므로 CPU 성능의 세 인자에 모두 영향을 미친다.

고난도: CPI의 최솟값이 1.0일 것이라고 추측하겠지만, 4장에서 알 수 있는 바와 같이 어떤 프로세서는 매 클럭 사이클마다 여러 개의 명령어를 인출하고 수행한다. 이런 방식을 반영하기 위하여 어떤 설계자는 CPI의 역수인 **IPC**(instructions per clock cycle, **클럭 사이클당 명령어 수**)를 이야기한다. 어떤 프로세서가 클럭 사이클당 평균 2개의 명령어를 수행한다면 IPC는 2가 되고, CPI는 0.5가 되는 것이다.

고난도: 전통적으로 클럭 사이클 시간은 고정값을 사용해 왔지만, 오늘날의 프로세서는 에너지를 절약하거나 일시적으로 성능을 높이기 위해서 클럭 속도를 변경시키기도 하므로 프로그램에 대한 **평균** 클럭 속도를 사용할 필요가 있다. 예를 들어 Intel Core i7은 칩이 너무 뜨거워지기 전까지 한시적으로 클럭 속도를 10% 정도 올린다. Intel은 이것을 **터보 모드**(Turbo mode)라고 부른다.

스스로 점검하기

자바로 작성된 어떤 응용 프로그램이 데스크톱 프로세서에서 15초 걸려 수행되었다. 새로운 자바 컴파일러가 발표가 되었는데 이전 컴파일러에 비하여 명령어 개수의 비율을 0.6으로 줄였다. 하지만 CPI는 1.1배 커졌다. 새로운 컴파일러를 사용하면 이 응용 프로그램을 얼마나 빨리 수행할 수 있겠는가? 다음 셋 중에서 하나를 선택하라.

a. $\frac{15 \times 0.6}{1.1} = 8.2$초

b. $15 \times 0.6 \times 1.1 = 9.9$초

c. $\frac{15 \times 1.1}{0.6} = 27.5$초

1.7 전력 장벽

그림 1.16은 Intel 프로세서가 8세대를 진화한 지난 30년간 클럭 속도와 소비 전력이 어떻게 증가했는지를 보여 준다. 클럭 속도와 소비 전력은 수십년간 빠르게 증가하다 최근에 주춤해졌다. 속도와 전력이 같이 증가하는 이유는 둘이 서로 연관되어 있기 때문이고, 최근에 성장이 정체된 이유는 상용 마이크로프로세서의 냉각 문제 때문에 실제로 사용할 수 있는 전력이 한계에 도달하였기 때문이다.

전력이 냉각의 한계를 정하기는 하지만, Post-PC 시대에 실제 더 중요한 자원은 에너지이다. 개인 휴대용 기기에서는 배터리 수명이 성능보다 더 중요할 수 있으며, 창고규모 컴퓨터를 설계하는 사람에게는 100,000개의 서버에 전력을 공급하고 냉각하는 비용을 줄이는 것이 중요한 문제일 것이다. MIPS(1.10절 참조)같이 처리 속도를 나타내는 수치보다 실행시간을 초 단위로 측정하는 것이 더 좋은 성능 측정 방법인 것처럼, 에너지 척도인 joule이 단위시간당 에너지(joule/sec)에 해당하는 전력(watt)보다 더 나은 측도이다.

집적회로의 주된 기술인 CMOS(complementary metal oxide semiconductor)가 에너지를 소비하는 주원인은 동적 에너지(dynamic energy)이다. 동적 에너지란 트랜지스터가 0에서 1로 혹은 그 반대로 스위칭하는 동안에 소비되는 에너지를 말한다. 동적 에너지는 각 트랜지스터의 용량성 부하와 인가되는 전압에 의해 결정된다.

$$\text{에너지} \propto \text{용량성 부하} \times \text{전압}^2$$

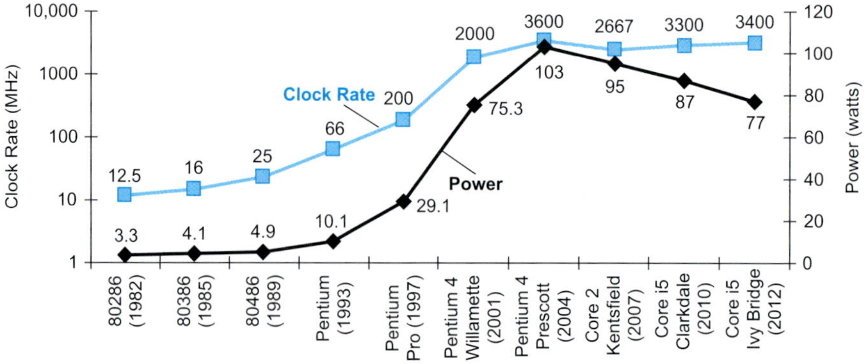

그림 1.16 지난 30년간 Intel x86 마이크로프로세서의 8세대가 겪은 클럭 속도와 소비 전력의 변화. Pentium 4는 클럭 속도와 소비 전력에 있어서 획기적인 증가를 가져왔으나 성능은 그렇지 못하였다. Prescott 칩의 열문제로 인해 Pentium 4 생산은 중단되었다. Core 2는 클럭 속도를 낮추고 파이프라인을 단순화시킨 구조로 회귀하는 대신 칩에 복수의 프로세서를 장착하였다. Core i5 파이프라인은 이 추세를 따르고 있다.

이 식은 0 → 1 → 0 혹은 1 → 0 → 1으로 논리값이 두 번 바뀔 때 소모하는 에너지이다. 한 번 바뀔 때 소모되는 에너지는 다음과 같다.

$$\text{에너지} \propto 1/2 \times \text{용량성 부하} \times \text{전압}^2$$

트랜지스터 하나가 소비하는 전력은 한 번 바뀔 때 소모되는 에너지와 시간당 논리값이 바뀌는 빈도수의 곱이다.

$$\text{전력} \propto 1/2 \times \text{용량성 부하} \times \text{전압}^2 \times \text{스위칭 빈도}$$

스위칭 빈도는 클럭 속도의 함수이다. 트랜지스터의 용량성 부하는 출력 단자에 연결된 트랜지스터의 개수[팬아웃(fanout)이라고 한다]와 공정기술의 함수이다. 공정기술은 도선과 트랜지스터의 용량(capacitance)을 결정한다.

그림 1.16에서, 전력이 고작 30배 증가하는 동안 클럭 속도는 어떻게 1,000배가 빨라질 수 있었는가? 새로운 공정기술이 나올 때마다 전압은 낮아졌고, 전력은 전압의 제곱에 비례하기 때문에 소비 전력이 낮아질 수 있었다. 공정기술 세대가 바뀔 때마다 대략 15%씩 전압이 줄어들었다. 20년 동안 전압은 5V에서 1V로 줄어들었는데, 이것이 전력이 고작 30배밖에 증가하지 않은 이유이다.

상대 전력

예제

복잡한 구형 프로세서와 비교하여 용량성 부하가 85%밖에 되지 않는 간단한 신형 프로세서를 개발하였다고 가정하자. 또한 신형 프로세서는 전압을 가변시킬 수 있어서, 구형에 비하여 전압을 15% 줄일 수 있고 따라서 주파수도 15% 낮추었다면, 동전력에는 어떤 영향을 미쳤겠는가?

답

$$\frac{\text{전력}_{new}}{\text{전력}_{old}} = \frac{(\text{용량성 부하} \times 0.85) \times (\text{전압} \times 0.85)^2 \times (\text{스위칭 빈도} \times 0.85)}{\text{용량성 부하} \times \text{전압}^2 \times \text{스위칭 빈도}}$$

그러므로 전력비는

$$0.85^4 = 0.52$$

이다. 따라서 신형 프로세서는 소비 전력이 구형의 절반 정도이다.

오늘날의 문제는 더 이상 전압을 낮추면 트랜지스터 누설 전류가 너무 커진다는 것인데, 이는 꽉 잠기지 않는 수도꼭지의 문제와 같다. 서버 칩에서 현재 이미 40%의 전력이 누설에 의해 소모되고 있다. 트랜지스터의 누설이 더 증가한다면 공정 전체가 통제

하기 어려워질 것이다.

전력 문제 해결을 위해 설계자들은 이미 냉각이 잘 되도록 큰 장치를 부착시키고 있으며, 클럭 사이클 단위로 사용하지 않는 부분을 꺼 버리는 방법을 쓰고 있다. 칩을 냉각시키기 위해 더 비싼 방법을 사용한다면 전력을 300와트까지 증가시킬 수도 있지만 개인 휴대용 기기는 말할 것도 없고 개인용 컴퓨터나 서버 컴퓨터에서조차 사용하기에 너무 비싸다.

컴퓨터 설계자들이 전력 장벽에 부딪쳤기 때문에 앞으로 나아가기 위해서는 새로운 방법이 필요하였다. 그래서 초창기 30년 동안 마이크로프로세서를 설계하였던 것과는 다른 방식을 선택하였다.

고난도: 동적 에너지가 CMOS 에너지 소모의 주요인이기는 하지만 트랜지스터가 꺼져 있을 때도 흐르는 누설 전류 때문에 정적 에너지 소모가 존재한다. 서버에서 전체 에너지 소모의 40%는 누설 전류에 의한 것이다. 이와 같이 트랜지스터가 많아지면 비록 그것이 항상 꺼져 있더라도 전력 소모가 늘어나게 된다. 누설 전류 제어를 위해 다양한 설계 기법과 기술 혁신이 실제로 적용되고 있으나 전압을 더 낮추는 것은 어려운 일이다.

고난도: 전력은 다음 두 가지 이유로 집적회로의 골치 아픈 문제이다. 첫째, 전력이 칩 전체로 전달되어야 한다. 현대의 마이크로프로세서는 전력과 접지를 위해 수백 개의 핀을 사용하고 있다. 마찬가지로 칩 연결망 중 여러 층이 전력과 접지만을 위해 사용된다. 둘째, 전력이 열로 낭비되는데 열을 제거해야 한다. 서버 칩은 100W 이상의 전력을 소모하므로, 창고규모 컴퓨터에서는 칩과 주변 시스템의 냉각 비용이 전체 비용의 상당한 부분을 차지한다(6장 참조).

1.8 현저한 변화: 단일프로세서에서 멀티프로세서로의 변화

Up to now, most software has been like music written for a solo performer; with the current generation of chips we're getting a little experience with duets and quartets and other small ensembles; but scoring a work for large orchestra and chorus is a different kind of challenge.

Brian Hayes, *Computing in a Parallel Universe*, 2007.

전력 한계 문제는 마이크로프로세서 설계에 극적인 변화를 가져왔다. 그림 1.17은 데스크톱 마이크로프로세서의 프로그램 응답시간 개선 추세를 보여 준다. 2002년부터는 개선 속도가 둔화되어 매년 1.5배에서 1.2배로 줄어든 것을 알 수 있다.

단일프로세서에서 한 프로그램의 응답시간을 계속 줄여 나가는 대신, 모든 데스크톱과 서버 회사는 2006년에 칩에 여러 개의 프로세서를 집적한 마이크로프로세서를 생산하였는데, 이는 응답시간보다는 처리량 개선에 더 효과가 있다. 프로세서와 마이크로프로세서 두 용어 사이의 혼란을 줄이기 위하여 회사들은 프로세서를 "코어"라고 부르고 그러한 마이크로프로세서를 멀티코어 마이크로프로세서라고 불렀다. 그러므

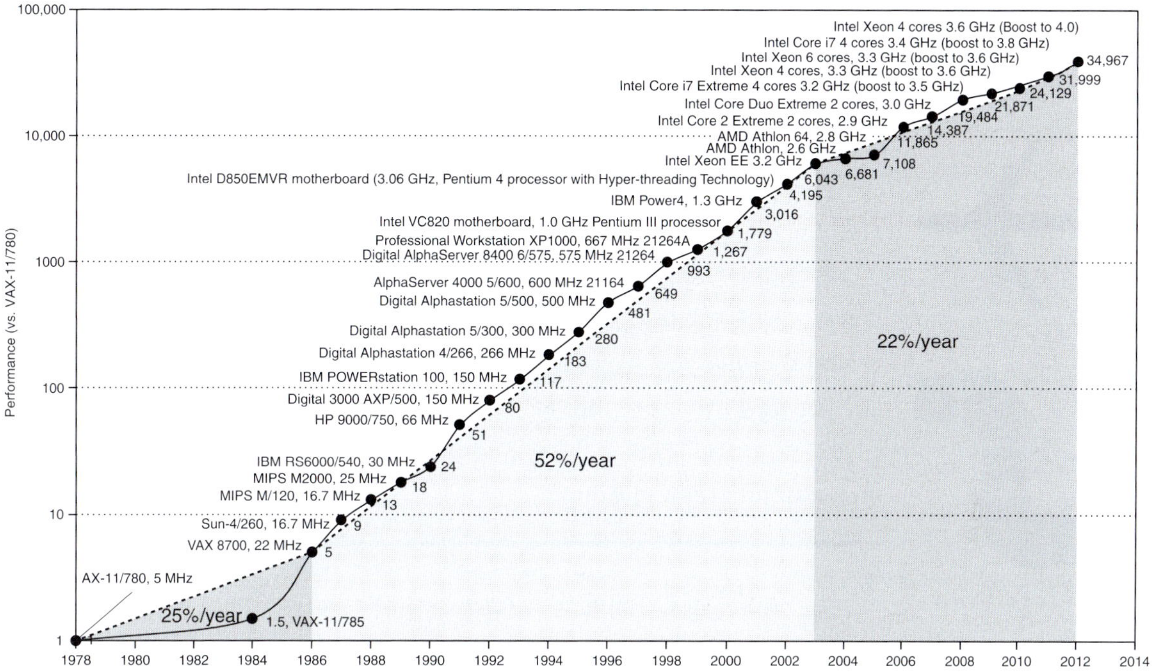

그림 1.17 **1980년대 중반 이래 프로세서 성능의 향상.** 이 그래프는 SPECint 벤치마크(1.10절 참조)로 측정된 값을 VAX 11/780 기준의 상대 성능으로 나타낸 것이다. 1980년대 중반 이전의 프로세서 성능 증가는 주로 공정기술의 발전에 말미암은 것으로 평균적으로 연간 25% 정도였다. 그 이후 컴퓨터 구조와 조직에 관한 발전된 아이디어에 기인하여 약 52%의 증가를 보이게 된다. 25%의 성장 속도를 유지하는 경우를 가정하였을 때와 비교하면 52%의 성장 속도는 2002년 기준으로 7배나 빠른 것이다. 2002년 이후 전력의 제약, 가용한 명령어 수준 병렬성의 제약, 긴 메모리 지연시간 등의 이유로 단일프로세서의 성능 개선은 둔화되어 최근에는 연간 22% 정도에 머물고 있다.

로 "쿼드코어" 마이크로프로세서는 4개의 프로세서 즉 4개의 코어를 포함한 칩이다.

과거에 프로그래머는 코드를 한 줄도 안 바꾸고 하드웨어와 컴퓨터 구조, 그리고 컴파일러의 혁신에만 의존하여도 매 18개월마다 2배씩의 성능 개선을 누릴 수 있었다. 하지만 오늘날 응답시간을 현저히 개선하려면 다중 프로세서의 장점을 살리도록 프로그램을 재작성해야 한다. 나아가 새로운 마이크로프로세서에서 더 빠르게 실행되는 이득을 누리기 위해서는 코어의 수가 증가될 때마다 코드의 성능을 지속적으로 개선해 나가야 할 것이다.

소프트웨어와 하드웨어 시스템이 어떻게 협조하는가에 대한 추가 설명을 위해서 이 책에 "하드웨어/소프트웨어 인터페이스"라고 하는 특별한 학습란을 포함시켰다. 이 학습란은 인터페이스에 대한 주요 사항에 대하여 통찰력을 갖도록 핵심을 간략히 정리해 놓은 것이다. 그 첫 번째가 다음에 있다.

하드웨어/소프트웨어 인터페이스

PARALLELISM

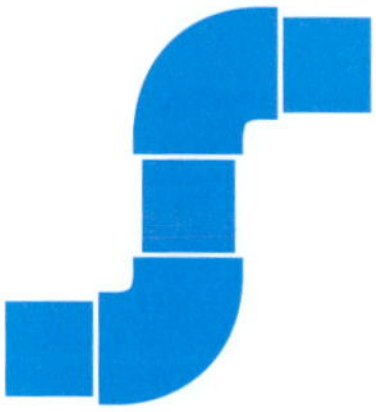

PIPELINING

병렬성은 컴퓨팅의 성능에 늘 중대한 역할을 하였으나 대개 드러나지 않고 숨어 있었다. 4장에서 설명할 **파이프라이닝**은 명령어의 실행을 중첩시켜서 프로그램을 빠르게 실행시키는 훌륭한 기술로, **명령어 수준 병렬성**의 한 예이다. 파이프라이닝에서는 하드웨어의 병렬적인 특성이 드러나지 않아서 프로그래머와 컴파일러는 하드웨어가 명령어를 순차적으로 실행시키는 것으로 여길 수 있다.

프로그래머로 하여금 병렬 하드웨어를 인지하고 그에 따라 명시적으로 병렬 프로그램을 작성하도록 요구하는 것은 컴퓨터 구조에서 늘 "제3의 선택"이었었다. 왜냐하면 과거에 이렇게 프로그래머의 행태를 바꾸도록 요구한 회사는 실패해 왔기 때문이다(CD의 6.15절 참조). 이러한 역사적인 관점에서 보면, IT 산업계 모두가 미래에는 결국 프로그래머들이 명시적으로 병렬 프로그래밍을 하게 될 것이라고 예측하고 있다는 사실이 놀라울 따름이다.

프로그래머가 명시적 병렬 프로그램을 작성하는 것이 왜 이렇게 어려운 일인가? 첫 번째 이유는 병렬 프로그래밍은 정의상 성능을 중시하는 프로그래밍이고 이것이 프로그래밍의 어려움을 가중시킨다는 점이다. 프로그램이 정확하고, 중요한 문제를 해결하며, 그 프로그램을 사용하는 사용자나 다른 프로그램에 편리한 인터페이스를 제공하는 것만으로는 충분하지 않고, 그 위에 실행시간이 빨라야 하기 때문이다. 고성능이 필요하지 않다면 그냥 순차 프로그램을 작성하면 되지 굳이 병렬 프로그램을 작성할 이유가 없는 것이다.

둘째 이유는 병렬 하드웨어에서 빠르게 수행된다는 것은 각 프로세서가 대략 비슷한 양의 일을 동시에 수행하도록 응용을 분할해야 하고 병렬성으로부터 얻을 수 있는 잠재적인 성능의 이득을 침해하지 않도록 분할된 일을 스케줄링하고 조정하는 오버헤드가 작아야 함을 의미하기 때문이다.

비유컨대, 신문기사를 작성하는 일을 생각해 보자. 한 뉴스에 8명의 기자를 투입해서 동시에 일하게 한다면 8배 빨리 끝낼 수 있는 잠재성이 있다. 그러나 이렇게 개선된 속도를 얻기 위해서는 누군가가 태스크를 잘 분할하여 모든 기자가 동시에 유용한 일을 하도록 해야 한다. 그리고 나누어진 서브태스크들을 **스케줄링**해야 한다. 만약 무언가 잘못되어 기자 한 명이 다른 7명보다 시간을 많이 소비한다면 8명을 투입한 이점이 줄어들 것이다. 이와 같이 원하는 속도 개선을 얻기 위해서는 **부하를 공평하게 분배**하여야 한다. 또 하나의 위험은 기자들이 자신들이 맡은 부분을 작성하기 위해 다른 사람들과 이야기를 나누느라 너무 오랜 시간을 소비해야 할지도 모른다는 것이다. 결론 부처럼 다른 모든 부분들이 끝나기 전에는 쓸 수 없는 부분이 있다면 이 또한 성능 미

진의 이유가 될 수 있다. 그러므로 통신 및 동기화 오버헤드를 줄이기 위한 각별한 주의가 요구된다. 이 비유나 병렬 프로그래밍이나 모두 스케줄링, 부하 균형, 동기화 시간, 참여자들 간의 통신 오버헤드를 줄이는 것이 어려운 문제이다. 기사 하나에 더 많은 기자가 참여하거나 병렬 프로그래밍에 더 많은 프로세서가 사용된다면 어려움이 가중되리라는 것은 짐작할 수 있는 바이다.

최근 산업계에서 일어나고 있는 현저한 변화를 반영하여 이 책에서는 매 장마다 병렬 혁명과 연관된 내용에 대한 절을 포함시켰다.

- 2장 2.11절: 병렬성과 명령어: 동기화. 독립적인 병렬 태스크들도 조정이 필요한 경우가 있다. 예를 들면 언제 작업을 끝냈는지를 알려 주어야 할 때가 있다. 이 장에서는 멀티코어 프로세서들이 태스크를 동기화시키는 데 사용하는 명령어들을 설명한다.
- 3장 3.6절: 병렬성과 컴퓨터 연산: 서브워드 병렬성. 아마 가장 간단한 형태의 병렬성은 두 개의 벡터를 곱하는 연산처럼, 원소들에 대한 연산을 병렬로 수행하는 과정에서 나타날 것이다. **Moore의 법칙**에 따라 더 많은 자원을 사용할 수 있으므로, 연산 장치가 처리하는 데이터의 폭을 넓히면 서브워드 병렬성을 활용할 수 있다.

MOORE'S LAW

- 4장 4.10절: 병렬성과 명령어. 명시적인 병렬 프로그래밍이 어렵기 때문에 1990년대에는 하드웨어와 컴파일러로 **파이프라이닝**과 같은 기법을 사용하여 암시적인 병렬성을 얻고자 하는 노력이 많이 있었다. 이 장에서는 이러한 의욕적인 기술 중의 일부를 설명한다. 여러 명령어들을 동시에 인출하여 실행하고, 분기의 결과를 **예측**하여 실행 여부가 확실치 않은 명령어를 미리 실행하는 등의 기술이 포함된다.

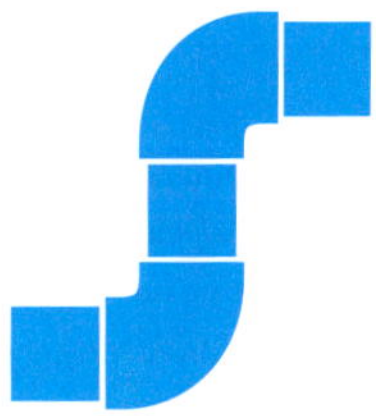
PIPELINING

- 5장 5.10절: 병렬성과 **메모리 계층구조**: 캐시 일관성. 통신비용을 줄이는 한 가지 방법은 모든 프로세서가 같은 주소공간을 사용하게 하여, 어느 프로세서라도 아무 데이터나 읽고 쓸 수 있도록 만드는 것이다. 오늘날 모든 프로세서에 캐시가 있어서 프로세서 가까이에 있는 빠른 메모리에 데이터의 복사본을 갖도록 하고 있다. 만약 각 프로세서에 딸린 캐시들의 공유 데이터값이 모두 같지 않다면 병렬 프로그래밍이 훨씬 어려워질 것임은 쉽게 상상할 수 있다. 이 장에서는 모든 캐시에 있는 데이터가 일관성을 갖도록 하는 기법을 설명한다.

PREDICTION

- 5장 5.11절: 병렬성과 메모리 계층구조: RAID(Redundant Arrays of Inexpensive Disks). 이 절에서는 많은 수의 디스크를 사용하여 저장장치의 처리량을 크게 개선시키는 기술인 *RAID*를 설명한다. 성능을 개선하는 것이 RAID의 원래 목적이었지만, RAID가 널리 사용된 진짜 이유는 여유분의 디스크를 적절한 수만큼

HIERARCHY

PARALLELISM

가지고 있음으로 해서 신뢰성이 크게 개선된다는 점이었다. 이 절에서는 여러 수준의 RAID 간에 성능과 가격, 그리고 신뢰성의 측면에서 어떤 차이가 있는지 설명한다.

이러한 절들에 덧붙여서 병렬 처리에 대한 별도의 장으로 6장이 있다. 여기서는 병렬 프로그래밍의 어려움에 대하여 더 자세히 설명한다. 대비되는 두 가지 방식—공유 주소를 사용하여 통신하는 방식과 명시적인 메시지 전달 방식—을 설명하고, 프로그램을 용이하게 하기 위한 병렬성의 제한된 모델을 설명한다. 또한 병렬 프로세서를 벤치마킹하기 어려운 이유를 설명하고, 멀티코어 마이크로프로세서를 위한 새로우면서도 간단한 성능 모델을 소개하며, 이 성능 모델을 이용하여 4개의 멀티코어 마이크로프로세서를 평가한다.

앞서 언급한 바와 같이 3장부터 6장까지 행렬-벡터 곱셈의 예를 사용하여 각 종류의 병렬성이 성능을 얼마나 개선시키는지 살펴볼 것이다.

부록 B에서는 데스크톱 컴퓨터에 포함되어 있는 하드웨어 구성 요소 중에서 점점 널리 사용되는 **그래픽 처리 유닛**(graphic processing unit, GPU)을 설명한다. 그래픽 처리를 빠르게 하기 위해 발명된 GPU는 자체적인 프로그래밍 플랫폼이 되고 있다. 예측할 수 있는 바대로 GPU는 **병렬성**에 의존한다.

부록 B에서 NVIDIA GPU를 설명하고 이를 위한 병렬 프로그래밍 환경의 일부를 집중적으로 살펴본다.

I thought [computers] would be a universally applicable idea, like a book is. But I didn't think it would develop as fast as it did, because I didn't envision we'd be able to get as many parts on a chip as we finally got. The transistor came along unexpectedly. It all happened much faster than we expected.

J. Presper Eckert, coinventor of ENIAC, speaking in 1991

1.9 실례: Intel Core i7 벤치마킹

본서에는 매 장마다 "실례(Real Stuff)"라는 절이 있는데, 이 절은 본문에서 소개한 개념이 실제 컴퓨터에서 어떻게 적용되고 있는지를 설명한다. 이 절들은 최신 컴퓨터에 적용되고 있는 기술들에 대하여 다룬다. 첫 번째 "실례"는 Intel Core i7을 예로 들어서 성능 및 전력의 측정 방법을 설명한다.

작업부하 사용자가 실제로 실행하는 응용 프로그램들의 모음 또는 그러한 모음과 유사한 특성을 갖도록 실제 프로그램에서 발췌하여 구성한 프로그램들의 집합. 전형적인 작업부하는 프로그램 목록과 각 프로그램의 상대적인 실행 빈도를 같이 표시한다.

SPEC CPU 벤치마크

같은 프로그램들을 매일 반복해서 실행시키는 사용자가 있다면 이 사람이야말로 컴퓨터의 성능을 평가하기 위한 완벽한 조건을 갖춘 사람일 것이다. 실행시키는 프로그램들의 집합이 바로 작업부하(workload)가 될 수 있다. 따라서 두 컴퓨터 시스템을 평가하려면 두 컴퓨터에서 같은 작업부하의 실행시간만 비교하면 된다. 그러나 대부분의 사용자는 이런 상황에 있지 않다. 그러므로 새로운 성능 평가 방법을 만들어 이 방법이 자기 작업부하에 대한 컴퓨터의 성능을 잘 반영하기를 기대하면서 쓸 수밖에 없다. 보통은 성능을 측정하기 위해 선택된 프로그램의 집합, 즉 **벤치마크**(benchmark)를 사용해서 성능을 평가한다. 벤치마크는 사용자의 실제 작업부하에 대한 성능을 잘 반영할 것으로 생각되는 프로그램들로 구성된 작업부하이다. 앞서 지적한 바와 같이 **자주 생기는 일을 빠르게** 하기 위해서는 어떤 일이 자주 생기는지를 정확하게 예측할 필요가 있으며, 따라서 벤치마크는 컴퓨터 구조에서 매우 중요한 역할을 한다.

COMMON CASE FAST

벤치마크 컴퓨터의 성능을 비교하기 위해 선택된 프로그램.

SPEC(System Performance Evaluation Cooperative)은 최신의 컴퓨터 시스템을 위한 표준 벤치마크를 만들기 위하여 여러 컴퓨터 회사가 자금을 대고 지원한 결과 만들어졌다. 1989년에 프로세서 성능에 초점을 맞춘 벤치마크(오늘날 SPEC89라고 부른다)를 처음 만들었는데, 이것이 다섯 세대를 거치며 진화해 왔다. 가장 최근에 발표된 것은 SPEC CPU2006으로, 정수 벤치마크 12개(CINT2006)와 부동소수점 벤치마크 17개(CFP2006)로 구성되어 있다. 정수형 벤치마크는 C 컴파일러의 일부분에서부터 체스 프로그램이나 양자 컴퓨터 시뮬레이션에 이르기까지 다양하다. 부동소수점 벤치마크는 유한요소 모델링을 위한 정렬격자계(structured grid) 코드, 분자 역학을 위한 입자기법(particle method) 코드, 그리고 유체 역학을 위한 희소 선형 대수 코드 등을 포함한다.

그림 1.18은 SPEC 정수형 벤치마크 프로그램과 Intel Core i7에서의 수행시간이다. 아울러 수행시간을 결정하는 요소인 명령어 개수, CPI와 클럭 사이클 시간을 함께 보여 준다. 프로그램에 따라 CPI가 5배나 차이가 남에 주목하라.

컴퓨터 마케팅을 간단하게 하기 위해서 SPEC은 12개 정수형 벤치마크의 결과를 숫자 하나로 요약하기로 결정하였다. 기준 프로세서의 실행시간을 측정하려는 컴퓨터의 실행시간으로 나누어 실행시간을 정규화한다. 이렇게 정규화한 결과를 *SPECratio*라고 한다. SPECratio가 클수록 성능이 더 좋은 컴퓨터이다. 즉, SPECratio는 실행시간의 역수이다. 마지막으로 SPECratio를 기하평균해서 CINT2006과 CFP2006의 종합된 측도를 구한다.

고난도: SPECratio를 이용하여 2개의 컴퓨터를 비교할 때, 기하평균을 적용하라. 그러면 정규화에 사용한 컴퓨터가 무엇인지에 관계없이 동일한 상대적인 답을 제공한다. 만약 정규화된 실행시간의 산술평균을 구한다면, 그 값은 어떤 컴퓨터를 기준으로 선정하느냐에 따라 달라진다. 기하평균 공식은 다음과 같다.

$$\sqrt[n]{\prod_{i=1}^{n} (\text{실행시간의 비})_i}$$

여기서 (실행시간의 비)$_i$는 작업부하의 n개 프로그램 중 i번째 프로그램의 실행시간을 기준 컴퓨터로 정규화한 값이다. 그리고

Description	Name	Instruction Count x 10^9	CPI	Clock cycle time (seconds x 10^{-9})	Execution Time (seconds)	Reference Time (seconds)	SPECratio
Interpreted string processing	perl	2252	0.60	0.376	508	9770	19.2
Block-sorting compression	bzip2	2390	0.70	0.376	629	9650	15.4
GNU C compiler	gcc	794	1.20	0.376	358	8050	22.5
Combinatorial optimization	mcf	221	2.66	0.376	221	9120	41.2
Go game (AI)	go	1274	1.10	0.376	527	10490	19.9
Search gene sequence	hmmer	2616	0.60	0.376	590	9330	15.8
Chess game (AI)	sjeng	1948	0.80	0.376	586	12100	20.7
Quantum computer simulation	libquantum	659	0.44	0.376	109	20720	190.0
Video compression	h264avc	3793	0.50	0.376	713	22130	31.0
Discrete event simulation library	omnetpp	367	2.10	0.376	290	6250	21.5
Games/path finding	astar	1250	1.00	0.376	470	7020	14.9
XML parsing	xalancbmk	1045	0.70	0.376	275	6900	25.1
Geometric mean	–	–	–	–	–	–	25.7

그림 1.18 2.66GHz Intel Core i7 920에서 실행된 SPECINTC2006 벤치마크. 1.6절의 식에서 설명한 바와 같이 실행시간은 표의 세 가지 인자—명령어 개수, 명령어당 클럭 수(CPI), 그리고 클럭 사이클 시간—의 곱이다. SPECratio는 SPEC이 제공하는 기준시간을 측정된 실행시간으로 나눈 값이다. SPECratio들의 기하평균을 SPECINTC2006이라고 부른다.

$\prod_{i=1}^{n} a_i$는 곱 $a_1 \times a_2 \times \ldots \times a_n$을 의미한다.

SPEC 전력 벤치마크

에너지와 전력의 중요성이 증대함에 따라 SPEC은 전력을 측정하기 위한 벤치마크를 추가하였다. 이것은 일정 시간 동안 작업부하를 10%씩 증가시키면서 서버의 전력 소모를 측정한다. 그림 1.19는 Intel Nehalem을 사용한 서버에서 측정한 결과를 보여준다.

SPECpower는 자바 비즈니스 응용을 위한 SPEC 벤치마크(SPECJBB2005)로부터 시작하였는데, 이 벤치마크는 프로세서와 캐시, 메인 메모리뿐 아니라 자바 가상기계, 컴파일러, 가비지 컬렉터(garbage collector), 운영체제의 일부를 작동시킨다. 이 벤치마크에서 성능은 처리량으로 측정되고 단위는 초당 수행하는 비즈니스 연산이다. CPU 벤치마크에서와 같이 컴퓨터 마케팅을 간단히 하기 위하여 SPEC은 이 값들을 "전체 ssj_ops/watt"라는 숫자 하나로 요약한다. 이렇게 요약되는 척도에 대한 식은 다음과 같다.

$$\text{전체 ssj\_ops per watt} = \left(\sum_{i=0}^{10} \text{ssj\_ops}_i\right) \Bigg/ \left(\sum_{i=0}^{10} \text{power}_i\right)$$

Target Load %	Performance (ssj_ops)	Average Power (watts)
100%	865,618	258
90%	786,688	242
80%	698,051	224
70%	607,826	204
60%	521,391	185
50%	436,757	170
40%	345,919	157
30%	262,071	146
20%	176,061	135
10%	86,784	121
0%	0	80
Overall Sum	4,787,166	1922
$\sum$ssj_ops / $\sum$power =		2490

그림 1.19 16GB의 DRAM과 100GB SSD 디스크를 장착한 듀얼 소켓 2.66GHz Intel Xeon X5650에서 SPECpower_ssj2008을 실행한 결과.

여기서 ssj_ops_i는 10%씩 증가될 때마다의 성능이고 $power_i$는 각 성능 수준에서 소비되는 전력이다.

1.10 오류 및 함정

Science must begin with myths, and the criticism of myths.

Sir Karl Popper, *The Philosophy of Science*, 1957

본서에서는 매 장마다 "오류 및 함정"이라는 절이 있는데, 이 절에서는 많은 사람들이 공통적으로 잘못 알고 있는 부분을 설명한다. 이런 오해를 "오류"라고 부르기로 한다. 오류를 설명할 때는 가능한 한 반례를 제시할 계획이다. 또 흔히 저지르기 쉬운 실수는 "함정"이라는 이름으로 설명하려 한다. 함정 중에는 특정 조건하에서만 성립하는 원리를 성급하게 일반화시킨 것들이 많이 있다. 본 절의 목적은 독자들이 컴퓨터를 설계하거나 사용할 때 이런 실수를 피할 수 있도록 도와주기 위함이다. 가격 대 성능비에 관련된 오류와 함정은 우리들을 포함하여 수많은 컴퓨터 구조 기술자들을 괴롭혀 왔다. 따라서 본 절에서 소개할 수 있는 실례는 수없이 많지만, 그중 여러 설계자의 발목을 잡았던 함정이면서 동시에 컴퓨터 설계에 있어 중요한 상호 관계를 보여 주는 예 하나를 먼저 소개한다.

함정: 컴퓨터의 한 부분만 개선하고 그 개선된 양에 비례해서 전체 성능이 좋아지리라고 기대하는 것.

COMMON CASE FAST

자주 생기는 일을 빠르게 하라는 위대한 아이디어에 필연적으로 따라오는 사실 하나가 하드웨어 설계자와 소프트웨어 설계자 모두를 괴롭혀 왔다. 성능을 개선하는 노력이 얼마나 효과가 있는지는 그 사건이 얼마나 많이 발생하는지와 관련이 있다는 것이다.

간단한 설계 문제로 이 문제를 설명해 보자. 어떤 컴퓨터에서 100초 걸리는 프로그램이 있는데, 그중 80초는 곱하기 계산에 소요된다고 가정하자. 이 프로그램이 다섯 배 빠르게 실행되게 하려면 곱셈 속도를 얼마나 개선해야 할까?

Amdahl의 법칙 어떤 개선책으로부터 얻을 수 있는 성능의 증가는 개선된 부분이 얼마나 많이 사용되느냐에 따라 제한된다는 법칙. 수확체감의 법칙의 정량적 버전으로 볼 수 있다.

개선 후의 프로그램 실행시간은 **Amdahl의 법칙**으로 알려진 다음 식으로 표현할 수 있다.

$$\text{개선 후 실행시간} = \frac{\text{개선에 의해 영향을 받는 실행시간}}{\text{개선의 크기}} + \text{영향을 받지 않는 실행시간}$$

이 문제의 경우

$$\text{개선 후 실행시간} = \frac{80\text{초}}{n} + (100 - 80\text{초})$$

이다. 다섯 배의 성능 개선을 원하므로 개선 후 실행시간은 20초가 되어야 한다.

$$20\text{초} = \frac{80\text{초}}{n} + 20\text{초}$$

$$0 = \frac{80\text{초}}{n}$$

그러므로 곱셈이 전체 부하의 80%인 경우, 곱셈을 아무리 빠르게 하더라도 전체 성능을 다섯 배로 증가시킬 수는 없다. 일부분의 성능 개선으로 얻을 수 있는 전체 시스템 성능 증가는 개선된 부분이 얼마나 많이 사용되느냐에 달려 있다. 우리가 일상생활에서 수확체감의 법칙이라고 부르는 것도 이 개념에서 나온 것이다.

어떤 함수에 소비되는 시간을 알고 이의 잠재적인 속도 개선을 안다면, Amdahl의 법칙으로 전체 성능 개선을 예측할 수 있다. Amdahl의 법칙은 CPU 성능식과 함께 얼마나 성능을 개선할 수 있는지를 평가하는 편리한 도구이다. 연습문제에서 Amdahl의 법칙을 더 자세히 다루게 될 것이다.

Amdahl의 법칙은 병렬 프로세서 개수의 실용적 한계에 관한 문제에도 적용될 수 있다. 이 문제는 6장의 "오류 및 함정" 절에서 검토될 것이다.

오류: 이용률이 낮은 컴퓨터는 전력 소모가 작다.

서버는 작업부하가 가변적이기 때문에 이용률이 낮을 때의 전력 효율이 중요하다. 예를 들어 Google WSC에서의 서버는 CPU 이용률이 대부분 10%에서 50% 사이이고 이용률 100%인 경우는 전체 시간의 1%도 되지 않는다. SPECpower 벤치마크를 효율적으로 실행하는 방법을 연구할 시간이 5년이나 있었음에도 불구하고, 2012년에 가장 좋은 결과가 나오도록 특별히 제작된 컴퓨터도 작업부하가 겨우 10%일 때 최대 전력의 33%나 소비하고 있다. SPECpower에 최적화되지 않은 일반 컴퓨터의 경우 상황은 훨씬 나쁠 것이 자명하다.

서버의 부하가 작을 때에도 최대 전력의 상당 부분을 사용하고 있기 때문에 Luiz Barroso와 Urs Hölzle[2007]은 "에너지에 비례하는 컴퓨팅"을 달성하기 위해 하드웨어를 재설계하여야 한다고 주장한다. 예를 들어 서버가 10% 부하일 때 최대 전력의 10%만 사용할 수 있다면, 데이터 센터의 전기요금이 절약될 것이고 CO_2 배출량을 줄이는 데도 도움이 될 것이다.

오류: 성능에 초점을 둔 설계와 에너지 효율에 초점을 둔 설계는 서로 무관하다.

에너지는 전력을 시간에 대해 적분한 것이므로, 어떤 하드웨어나 소프트웨어 최적화 기술이 에너지를 더 소비하더라도 실행시간을 줄여서 전체 에너지를 절약하기도 한다. 그 이유 중 하나는 프로그램이 수행되는 동안 최적화와 관련 없는 다른 부분이 에너지를 소모하기 때문에 실행시간이 짧아지면 시스템의 전체 에너지가 절약된다.

함정: 성능식의 일부분을 성능의 척도로 사용하는 것.

이미 앞에서 우리는 클럭 속도나 명령어 개수, 또는 CPI 하나만 가지고 성능을 예측하는 방법의 위험에 대하여 경고한 바 있다. 빈번하게 발생하는 또 하나의 오류는 세 가지 인자들 중에서 두 개만을 사용하여 성능을 비교하는 것이다. 제한된 상황에서는 세 인자 중에 두 개를 사용하는 것이 타당한 경우도 있지만, 이 방법은 오용 가능성이 너무 크다. 실제로 실행시간 대신 성능 척도로 사용하자고 제안된 거의 모든 대안이 결국은 왜곡된 결과나 엉뚱한 주장 또는 틀린 해석을 유발하였다.

실행시간 대신에 쓸 수 있는 척도 중 하나로 **MIPS(million instructions per second)**가 있다. 특정 프로그램에 대한 MIPS 값은 다음과 같이 간단히 정의된다.

MIPS 프로그램의 실행 속도를 백만 개의 명령어 단위로 나타내는 척도. MIPS는 실행한 명령어 개수를 실행시간$\times 10^6$으로 나누어 계산된다.

$$\text{MIPS} = \frac{\text{명령어 개수}}{\text{실행시간} \times 10^6}$$

MIPS는 명령어 실행 속도이므로 실행시간의 역수로 성능을 표시한다. 따라서 빠른 컴퓨터일수록 높은 MIPS 값을 갖는다. MIPS의 좋은 점은 이해하기 쉽다는 것이다. 빠를수록 MIPS 값이 크므로 우리의 직관과도 잘 들어맞는다.

그러나 컴퓨터의 성능을 비교하는 기준으로 MIPS를 사용하는 데는 세 가지 문제가 있다. 첫째로 MIPS는 단순히 명령어를 실행하는 속도를 나타낼 뿐이지, 그 명령어 하나가 얼마나 많은 일을 수행하는지는 반영하지 못한다. 명령어 집합이 다르면 명령어 개수가 달라지기 때문에 단순히 MIPS 값으로만 성능을 비교할 수는 없다. 둘째로 같은 컴퓨터에서도 어떤 프로그램을 실행하느냐에 따라 MIPS 값은 달라진다. 그러므로 컴퓨터의 MIPS 값은 하나가 아니다. 실행시간에 성능식을 대입하여 MIPS와 클럭 속도, CPI 간의 관계를 살펴보자.

$$\text{MIPS} = \frac{\text{명령어 개수}}{\dfrac{\text{명령어 개수} \times \text{CPI}}{\text{클럭 속도}} \times 10^6} = \frac{\text{클럭 속도}}{\text{CPI} \times 10^6}$$

그림 1.18에서 보인 것처럼 Intel Core i7에서 SPEC2006을 실행할 때 CPI가 5배나 차이가 났던 것을 생각하면, MIPS도 그렇다는 것을 알 수 있다. 마지막이자 가장 중요한 점은 많은 명령어를 실행하지만 빠른 명령어를 사용하는 프로그램으로 바꾸는 경우, 컴퓨터 성능과는 반대로 MIPS 값이 작아진다는 점이다.

스스로 점검하기 어느 프로그램에 대한 다음 예제를 살펴보자.

측정값	컴퓨터 A	컴퓨터 B
명령어 개수	100억	80억
클럭 속도	4GHz	4GHz
CPI	1.0	1.1

a. 어느 컴퓨터가 더 높은 MIPS 값을 갖는가?

b. 어느 컴퓨터가 실제로 더 빠른가?

Where … the ENIAC is equipped with 18,000 vacuum tubes and weighs 30 tons, computers in the future may have 1,000 vacuum tubes and perhaps weigh just 1½ tons.

Popular Mechanics, March 1949

1.11 결론

미래의 컴퓨터가 어느 정도의 가격 대 성능비를 가질지 정확히 예측하기는 어렵지만, 현재보다 훨씬 좋아질 것만은 틀림없다. 컴퓨터 설계자나 프로그래머가 이러한 발전에 동참하기 위해서는 다양한 주제를 이해하고 있어야 한다.

하드웨어 설계자나 소프트웨어 설계자 모두 계층적으로 컴퓨터 시스템을 만들고 있다. 이 방법은 하위 계층의 세부 사항이 상위 계층에서는 보이지 않도록 한다. 이 **추상화**의 위대한 아이디어는 오늘날의 컴퓨터 시스템을 이해하는 데 필수적이다. 하지만 이것이 설계자는 한 가지 계층만 알면 된다는 뜻은 아니다. 아마 가장 중요한 추상화의 예는 하드웨어와 하위 소프트웨어 간의 인터페이스일 것이다. 이것을 **명령어 집합 구조**라 부른다. 명령어 집합 구조를 고정시키면 동일한 소프트웨어를 실행시키면서도 가격과 성능이 서로 다른 여러 가지 구현이 가능하다. 반면에 이 인터페이스의 변경이 필요한 신기술은 받아들이기 어렵게 만드는 역효과도 있다.

실제 프로그램의 실행시간을 척도로 사용하면 믿을 만한 성능 판정 및 보고가 가능하다. 실행시간은 다음과 같이 다른 중요한 측도들과 연관되어 있다.

$$\frac{\text{초}}{\text{프로그램}} = \frac{\text{명령어 수}}{\text{프로그램}} \times \frac{\text{클럭 사이클 수}}{\text{명령어}} \times \frac{\text{초}}{\text{클럭 사이클}}$$

이 식과 이 식의 구성 요소들은 앞으로 여러 번 사용될 것이다. 하지만 어떤 요소 하나가 개별적으로 성능을 결정하는 것이 아님을 잊지 말라. 전체의 곱인 실행시간만이 유일하게 믿을 수 있는 성능 측도이다.

요점정리

실행시간만이 흠잡을 데 없이 유효한 성능 측도이다. 다른 많은 척도들이 제안되었지만 모두 허점이 있었다. 이 중에는 실행시간을 제대로 반영하지 못하기 때문에 애초부터 틀린 것도 있었고, 특정 조건하에서만 유효한 측도를 조건이 맞지 않는 환경에 억지로 확대 적용하거나 필요한 조건을 확실히 하지 않고 남용한 경우도 있었다.

현대의 프로세서 관련 핵심 하드웨어 기술은 실리콘이다. 집적회로 기술 자체에 대한 지식만큼이나 중요한 것이 **Moore의 법칙**으로 예견할 수 있는 기술의 발전 속도에 대한 이해이다. 실리콘 반도체가 급속한 하드웨어 발전의 원동력이 되는 한편, 컴퓨터 구조상의 새로운 아이디어는 가격 대 성능비를 개선시키는 역할을 한다. 그중 중요한 것 두 가지는 프로그램이 가지고 있는 병렬성을 이용하는 것(요즈음은 보통 멀티프로세서로 병렬성을 활용한다)과 **메모리 계층구조**에 대한 접근 지역성(locality)을 이용하는 것(캐시 메모리가 전형적인 예이다)이다.

MOORE'S LAW

HIERARCHY

마이크로프로세서 설계에서 가장 중요한 자원이 전에는 다이 면적이었는데 이제는 에너지 효율로 바뀌었다. 전력 소모를 늘리지 않고 성능을 증가시키기 위해서 하드웨어 업체들은 멀티코어 마이크로프로세서로 방향을 전환하였다. 이에 따라서 소프트웨어 업체들도 병렬 하드웨어를 프로그램하는 쪽으로 방향을 전환하고 있다. 이제 이를 수행하기 위해 **병렬성**이 요구된다.

PARALLELISM

컴퓨터 설계의 우수성은 에너지, 신용도, 소유 비용, 확장성 등의 다른 중요한 요소와 아울러 가격과 성능으로 평가된다. 이 장에서는 가격, 성능, 에너지에만 초점을 맞추었지만, 최선의 설계는 모든 요소들 간의 균형을 가장 잘 맞춘 것이 될 것이다.

이 책의 구성

컴퓨터 추상화의 최하위 단계는 데이터패스, 제어 유닛, 메모리, 입력, 출력의 다섯 가지 고전적 요소로 구성되어 있다(그림 1.5 참조). 이 책은 아래와 같이 이 다섯 요소를 중심으로 구성되어 있다.

- 데이터패스: 3, 4, 6장과 부록 B
- 제어 유닛: 4, 6장과 부록 B
- 메모리: 5장
- 입력: 5, 6장
- 출력: 5, 6장

앞에서 언급한 바와 같이 4장은 프로세서가 어떻게 암시적인 병렬성을 이용하는가를 설명하고, 6장은 병렬 혁명의 핵심을 이루고 있는 명시적 병렬 멀티코어 프로세서를 설명하며, 부록 B는 고단위 병렬 그래픽 프로세서 칩을 설명한다. 5장에서는 메모리 계층구조가 지역성을 어떻게 이용하는가를 설명한다. 2장에서는 컴파일러와 컴퓨터 사이의 인터페이스인 명령어 집합을 설명하고 특히 명령어 집합의 기능을 효율적으로 이용하기 위한 컴파일러와 프로그래밍 언어의 역할을 강조한다. 3장에서는 컴퓨터가 어떻게 산술 데이터를 다루는지를 설명한다. 부록 A에서는 논리 설계를 소개한다.

1.12 역사적 고찰 및 참고문헌

An active field of science is like an immense anthill; the individual almost vanishes into the mass of minds tumbling over each other, carrying information from place to place, passing it around at the speed of light.

Lewis Thomas, "Natural Science," in *The Lives of a Cell*, 1974

매 장마다 역사적 측면을 고찰하는 절이 있는데 이 부분은 이 책에 딸린 온라인 사이트에서 찾을 수 있다. 어떤 아이디어가 발달해 온 과정을 일련의 컴퓨터를 통해 추적하기도 하고, 역사적으로 중요한 의미를 갖는 프로젝트를 소개하기도 하며, 더 깊이 알고 싶은 사람을 위해 참고문헌을 제시하기도 한다.

이 절에서는 1장에서 소개한 주요 개념들에 대한 역사적 배경을 설명한다. 그 목적은 기술적 발전 뒤에 숨어 있는 인간의 이야기를 소개하고, 역사적 맥락에서 그 성과를 평가하기 위함이다. 과거를 공부하면 미래의 컴퓨터 형태에 영향을 미칠 원동력을 더 잘 이해할 수 있을 것이다. 역사적 고찰 부분 다음에는 "Further Reading"이 있어서 참고문헌 목록을 제공한다. 1.12절의 나머지 부분은 온라인 사이트에서 찾을 수 있다.

1.13 연습문제

각 연습문제를 푸는 데 걸릴 것으로 예상되는 시간을 [ ] 안에 상대적인 값으로 표현했다. [10]으로 표시된 문제는 [5]로 표시된 문제보다 두 배 정도 시간이 더 걸릴 것이다. 각 문제를 풀기 위해 미리 읽어야 할 부분이 있는 경우에는 〈 〉 속에 표시했다. 예를 들어 〈§1.4〉는 이 문제를 풀기 위해서는 "1.4절 케이스를 열고" 부분을 읽는 것이 도움이 될 것이라는 뜻이다.

1.1 [2] 〈§1.1〉 수십억의 인구가 사용하는 스마트폰 외에 4가지 다른 종류의 컴퓨터가 무엇인지 설명하라.

1.2 [5] 〈§1.2〉 컴퓨터 구조에서의 위대한 아이디어 8개는 다른 분야에서도 비슷하다. 다른 분야에서 제시되는 각각의 아이디어는 다음에 제시되는 컴퓨터 분야의 위대한 아이디어 8개 중 어느 것에 해당되는가? (Moore의 법칙을 고려한 설계, 추상화를 이용한 설계의 단순화, 자주 생기는 일을 빠르게, 병렬성을 통한 성능 개선, 파이프라이닝을 통한 성능 개선, 예측을 통한 성능 개선, 메모리 계층구조, 여유분을 이용한 신뢰성 개선)

a. 자동차 생산 공장의 조립 라인

b. 현수교의 케이블

c. 풍향 정보를 이용하는 비행기와 잠수함의 내비게이션 시스템

d. 빌딩의 고속 엘리베이터

e. 도서관의 예약석

f. CMOS 트랜지스터의 스위칭 시간을 줄이기 위해서 게이트 면적을 크게 함

g. 새로운 원자로 기술을 이용하면 전력 생산량이 증가하는데, 이를 이용하여 현재 증기력을 이용하는 항공모함의 비행기 발사기에 전력을 이용한 전자기식 발사기를 추가함

h. 이미 장착된 차선 이탈 감지 시스템이나 지능적인 크루즈 제어 시스템과 같은 센서 시스템을 부분적으로 이용하는 자동 주행 자동차를 만듦

1.3 [2] 〈§1.3〉 C와 같은 상위 수준 언어로 작성된 프로그램을 컴퓨터 프로세서가 바로 수행할 수 있는 표현으로 바꾸는 과정을 설명하여라.

1.4 [2] 〈§1.4〉 빛의 삼원색(빨강, 녹색, 파랑) 각각에 대하여 화소당 8비트가 필요한 컬러 디스플레이가 있다고 가정하자. 프레임의 크기는 1280×1024이다.

a. 한 프레임을 저장하기 위해 필요한 프레임 버퍼의 최소 크기는 몇 바이트인가?

b. 100Mbit/s 네트워크를 이용하여 한 프레임을 전송하는 데 걸리는 최소 시간은 얼마인가?

1.5 [4] 〈§1.6〉 동일한 명령어 집합을 가지고 있는 3개의 다른 프로세서 P1, P2, P3의 클럭 속도와 CPI가 다음과 같다.

프로세서	클럭 속도	CPI
P1	3GHz	1.5
P2	2.5GHz	1.0
P3	4GHz	2.2

a. 어느 프로세서의 성능이 가장 좋은가? 초당 명령어 수로 표현하여라.

b. 각 프로세서가 어느 프로그램을 수행하는 데 10초가 걸렸다고 할 때, 사이클 수와 명령어 개수를 구하라.

c. 실행시간을 30% 단축시키려고 했더니 CPI가 20% 증가하게 되었다. 이만큼의 시간 단축을 위해서는 클럭 속도를 얼마로 해야 하는가?

1.6 [20] 〈§1.6〉 동일한 명령어 집합 구조의 두 가지 구현이 있다고 하자. A, B, C, D 네 가지 종류의 명령어가 있으며, 각 구현의 클럭 속도와 CPI는 아래 표와 같다.

	클럭 속도	A의 CPI	B의 CPI	C의 CPI	D의 CPI
P1	2.5GHz	1	2	3	3
P2	3GHz	2	2	2	2

1.0E6개의 명령어를 실행하는 프로그램이 있다. 그중 10%가 유형 A, 20%가 B, 50%가 C, 20%가 D라고 하면, P1과 P2 중 어느 것이 더 빠른가?

a. 각 구현의 전체적인 CPI는 얼마인가?

b. 각 경우 실행에 필요한 클럭 사이클 수는 얼마인가?

1.7 [15] 〈§1.6〉 컴파일러는 주어진 프로세서에서의 응용 프로그램 성능에 지대한 영향을 끼친다. 어느 프로그램에 대하여 컴파일러 A는 동적으로 실행하는 명령어의 수가 1.0E9개이고 실행시간이 1.1초 걸리도록 하고, 컴파일러 B는 동적으로 실행하는 명령어의 수가 1.2E9개이고 실행시간이 1.5초 걸리도록 한다.

a. 클럭 사이클 시간이 1ns인 프로세서에서 각 프로그램의 평균 CPI를 구하라.

b. 두 개의 다른 프로세서에서 프로그램을 수행하는데 실행시간이 같다고 한다. 컴파일러 A가 생성한 코드를 수행하는 프로세서의 클럭은 컴파일러 B가 생성한 코드를 수행하는 프로세서의 클럭보다 얼마나 빨라야 하나?

c. 명령어를 6.0E8개만 실행하고 평균 CPI는 1.1인 새 컴파일러를 개발하였다. 원래의 프로세서에서 컴파일러 A와 B를 사용하는 것보다 새로운 컴파일러를 사용하면 얼마나 속도가 개선되는가?

1.8 2004년도에 출하된 Pentium 4 Prescott 프로세서는 3.6GHz의 클럭 속도에 전압이 1.25V이다. 이 프로세서는 평균적으로 10W의 정전력과 50W의 동전력을 소모한다고 가정한다.

2012년도에 출하된 Core i5 Ivy Bridge는 3.4GHz의 클럭 속도에 전압이 0.9V이며 평균적으로 30W의 정전력과 40W의 동전력을 소모한다고 가정한다.

1.8.1 [5]〈§1.7〉 각 프로세서에 대하여 평균 용량성 부하를 구하라.

1.8.2 [5]〈§1.7〉 전체 소모 전력에서 정전력이 차지하는 비율을 구하고 정전력과 동전력의 비를 각각에 대하여 구하라.

1.8.3 [15] 〈§1.7〉 전체 소모 전력이 10% 감소한다면 동일한 누설 전류를 가지도록 하려면 전압은 얼마나 감소해야 하는가? (전력은 전압과 전류의 곱이다.)

1.9 어떤 프로세서에서 산술, 적재/저장, 분기 명령어에 대한 CPI가 각각 1, 12, 5라고 가정한다. 그리고 단일프로세서가 수행하는 명령어의 개수는 산술 명령어가 2.56E9, 적재/저장 명령어가 1.28E9, 분기 명령어가 2.56E8이라고 가정한다. 각 프로세서는 2GHz의 클럭 주파수로 동작한다.

이 프로그램이 p개의 코어를 갖는 멀티코어 프로세서에서 수행되도록 병렬화되었을 때, 산술 명령어와 적재/저장 명령어는 $0.7 \times p$로 나눈 것만큼 줄어들지만 분기 명령어의 개수는 변함이 없다.

1.9.1 [5] 〈§1.7〉 1개, 2개, 4개, 8개의 코어를 사용하는 경우 프로그램의 실행시간은 얼마인가? 단일프로세서를 사용하는 경우와 비교해서 2개, 4개, 8개의 코어를 사용하는 경우 상대적인 성능 개선은 얼마인가?

1.9.2 [10] 〈§§1.6, 1.8〉 산술연산의 CPI가 2배가 되었다면 1개, 2개, 4개, 8개의 프로세서에서 프로그램의 실행시간은 어떻게 변화하는가?

1.9.3 [10] 〈§§1.6, 1.8〉 원래 CPI를 가지고 4개의 프로세서에서 얻은 성능과 같은

성능을 단일프로세서에서 얻으려고 한다면 적재/저장 명령어의 CPI는 얼마가 되어야 하는가?

1.10 지름이 15cm인 웨이퍼의 단가가 12이고 84개의 다이를 가지며 단위면적당 결함은 0.02개/cm^2이다. 지름이 20cm인 웨이퍼의 단가가 15이고 100개의 다이를 가지며 단위면적당 결함은 0.031개/cm^2이다.

1.10.1 [10] 〈§1.5〉 두 웨이퍼의 수율을 구하라.

1.10.2 [5] 〈§1.5〉 두 웨이퍼에 대하여 다이당 단가를 구하라.

1.10.3 [5] 〈§1.5〉 웨이퍼당 다이의 수가 10% 증가하고 단위면적당 결함이 15% 증가한다고 할 때, 다이 면적과 수율을 구하라.

1.10.4 [5] 〈§1.5〉 전자소자의 공정기술이 발전해서 수율이 0.92에서 0.95로 증가하였다. 다이 면적이 200mm^2인 경우 각 공정기술에서 단위면적당 결함을 구하라.

1.11 AMD Barcelona에서 SPEC2006 벤치마크 프로그램 중의 하나인 bzip2를 실행하였더니 명령어의 개수는 2.389E12였고 실행시간은 750초였는데 기준이 되는 컴퓨터의 실행시간은 9650초였다.

1.11.1 [5] 〈§§1.6, 1.9〉 클럭 사이클 시간이 0.333ns일 때 CPI를 구하라.

1.11.2 [5] 〈§1.9〉 SPECratio를 구하라.

1.11.3 [5] 〈§§1.6, 1.9〉 CPI 변화는 없이 벤치마크의 명령어 수가 10% 늘었다면 CPU 시간은 얼마나 증가하는가?

1.11.4 [5] 〈§§1.6, 1.9〉 CPI도 5% 커지고 벤치마크의 명령어 수도 10% 늘었다면 CPU 시간은 얼마나 증가하는가?

1.11.5 [5] 〈§§1.6, 1.9〉 연습문제 1.11.4와 같은 상황에서 SPECratio는 어떻게 변화되는가?

1.11.6 [10] 〈§1.6〉 4GHz 클럭 속도를 갖는 AMD Barcelona 프로세서의 새로운 버전을 개발하려고 한다. 새로운 명령어를 추가했더니 명령어 개수가 15% 감소하였다. 실행시간은 700초로 감소하였고 새롭게 얻은 SPECratio는 13.7이다. 새로운 CPI를 구하라.

1.11.7 [10] 〈§1.6〉 클럭 속도가 3GHz에서 4GHz로 빨라졌기 때문에 연습문제 1.11.1의 경우보다 CPI 값이 더 커진다. CPI의 증가가 클럭 속도의 증가와 같은가? 만약 그렇지 않다면 그 이유는 무엇인가?

1.11.8 [5] 〈§1.6〉 CPU 시간은 얼마나 단축되었는가?

1.11.9 [10] 〈§1.6〉 또 다른 벤치마크 libquantum에 대하여 실행시간이 960초, CPI는 1.61, 클럭 속도는 3GHz라고 하자. 4GHz 클럭 속도에서, CPI의 변화 없이 실행시간이 추가로 10% 단축되었다면 명령어 개수는 얼마인가?

1.11.10 [10] 〈§1.6〉 명령어 개수와 CPI는 변하지 않고 CPU 시간만 10% 단축시키기 위해서는 클럭 속도가 얼마가 되어야 하는가?

1.11.11 [10] 〈§1.6〉 명령어 개수는 변하지 않고 CPU 시간이 20%, CPI가 15% 줄었다면 클럭 속도는 얼마인가?

1.12 성능식의 부분집합을 성능의 척도로 사용하는 함정에 대하여 1.10절에서 살펴보았다. 이를 확인하기 위해 다음 두 프로세서를 고려해 보자. P1 프로세서는 4GHz의 클럭에 평균 CPI가 0.9이고 5.0E9개의 명령어를 수행한다. P2 프로세서는 3GHz의 클럭에 평균 CPI가 0.75이고 1.0E9개의 명령어를 수행한다.

1.12.1 [5] 〈§§1.6, 1.10〉 흔히 범하는 오류 하나는 클럭 속도가 더 빠른 컴퓨터가 더 성능이 좋다고 생각하는 것이다. P1과 P2에 대하여 이것이 옳은지 확인하라.

1.12.2 [10] 〈§§1.6, 1.10〉 또 하나의 오류는 더 많은 명령어를 실행하는 프로세서의 CPU 시간이 더 길다고 생각하는 것이다. P1과 P2의 CPI는 변화가 없을 때, P1이 1.0E9개의 명령어를 실행하는 동안 P2는 명령어 몇 개를 실행할 수 있는가?

1.12.3 [10] 〈§§1.6, 1.10〉 흔한 오류는 2개의 서로 다른 프로세서의 성능을 비교하기 위하여 MIPS(1초당 실행되는 명령어 수, 백만 개 단위)를 사용하는 것이고 MIPS가 큰 프로세서가 더 성능이 높다고 생각하는 것이다. P1과 P2의 경우 이것이 사실인지 확인하라.

1.12.4 [10] 〈§§1.10〉 또 하나의 흔한 성능 지표는 MFLOPS(1초당 실행되는 부동소수점 연산의 수, 백만 개 단위)로, 다음과 같이 정의된다.

MFLOPS = FP 연산의 수 / (실행시간 × 1E6)

그러나 이 지표도 MIPS와 같은 문제를 갖는다. P1, P2에서 수행되는 명령어의 40%가 부동소수점 연산이라고 하자. 이때의 MFLOPS를 구하여라.

1.13 1.10절에서 언급한 또 하나의 함정은 컴퓨터의 한 부분만 개선하고 그 개선된 양에 비례해서 전체 성능이 좋아지리라고 기대하는 것이었다. 250초가 걸리는 프로그램에서 FP 명령어가 70초를 차지하고 적재/저장 명령어가 85초, 분기 명령이 40초를 차지한다고 하자. (나머지는 INT 명령어가 차지한다.)

1.13.1 [5] 〈§1.10〉 FP 명령의 수행시간이 20% 줄면 전체 수행시간은 얼마나 주는가?

1.13.2 [5] 〈§1.10〉 전체 수행시간이 20% 줄려면 INT 명령어 실행시간은 얼마나 줄어야 하는가?

1.13.3 [5] 〈§1.10〉 분기 명령어 실행시간을 줄이는 것만으로 전체 수행시간을 20% 줄일 수 있는가?

1.14 어떤 프로그램이 56×10^6개의 FP 명령어, 110×10^6개의 INT 명령어, 80×10^6개의 적재/저장 명령어, 16×10^6개의 분기 명령어를 사용한다고 가정하자. 각 명령어 종류별 CPI는 1, 1, 4, 2이고 프로세서가 2GHz 클럭을 갖는다고 가정한다.

1.14.1 [10] 〈§1.10〉 프로그램을 2배 빠르게 하고 싶으면 FP 명령어의 CPI를 얼마나 개선하여야 하는가?

1.14.2 [10] 〈§1.10〉 프로그램을 2배 빠르게 하고 싶으면 적재/저장 명령어의 CPI를 얼마나 개선하여야 하는가?

1.14.3 [5] 〈§1.10〉 INT, FP 명령어의 CPI가 40% 줄고, 적재/저장 명령어와 분기 명령어의 CPI가 30% 줄면 프로그램의 실행시간은 얼마나 개선되는가?

1.15 [5] 〈§1.8〉 어떤 프로그램을 멀티프로세서 시스템에 있는 여러 프로세서를 사용하여 수행하도록 변경할 때, 각 프로세서에서의 실행시간에는 계산시간 외에 임계영역에 접근하기 위한 오버헤드와 프로세서 간 데이터를 전송하기 위한 오버헤드가 더해진다.

단일프로세서에서의 실행시간이 100초인 프로그램이 있다고 가정하자. p개의 프로세서를 사용하는 경우 프로세서 숫자와 관계없이 각 프로세서는 $1/p$만큼의 계산시간 외에 4초의 오버헤드를 갖는다. 2, 4, 8, 16, 32, 64, 128개의 프로세서를 사용하는 각 경우에 대하여 각 프로세서별 실행시간을 구하라. 또 각 경우에 대하여 단일프로세서와 비교한 성능 개선을 구하고, 오버헤드가 전혀 없는 이상적인 경우와 실제 성능 개선과의 비를 구하여라.

스스로 점검하기 해답

§1.1(10쪽): 토론문제: 여러 가지 답이 가능하다.

§1.4(26쪽): DRAM 메모리: 휘발성, 50~70ns의 짧은 접근시간, 5~10달러/GB의 가격. 플래시 메모리: 비휘발성, DRAM보다 100~1,000배 긴 접근시간, DRAM보다 7~10배 저렴한 가격. 디스크 저장장치: 비휘발성, DRAM보다 100,000~4,000,000배 긴 접근시간, DRAM보다 100배 이상 저렴한 가격.

§1.5(30쪽): 1, 3, 4가 타당한 이유이다. 대량 생산을 하는 경우 다이 크기를 10% 정도 줄이는 것은 경제적으로 타당한 이유이므로 추가 투자를 할 수 있다. 따라서 5번도 일

반적으로 옳다고 볼 수 있지만 꼭 그런 것은 아니다.

§1.6(35쪽): 1. a: 둘 다, b. 지연시간, c: 둘 다 아님. 2. 7초.

§1.6(41쪽): b.

§1.10(54쪽): a. 컴퓨터 A가 더 큰 MIPS를 갖는다. b. 컴퓨터 B가 더 빠르다.

2

명령어: 컴퓨터 언어

I speak Spanish to God, Italian to women, French to men, and German to my horse.

Charles V, Holy Roman Emperor
(1500–1558)

컴퓨터의 고전적인 다섯 가지 구성 요소

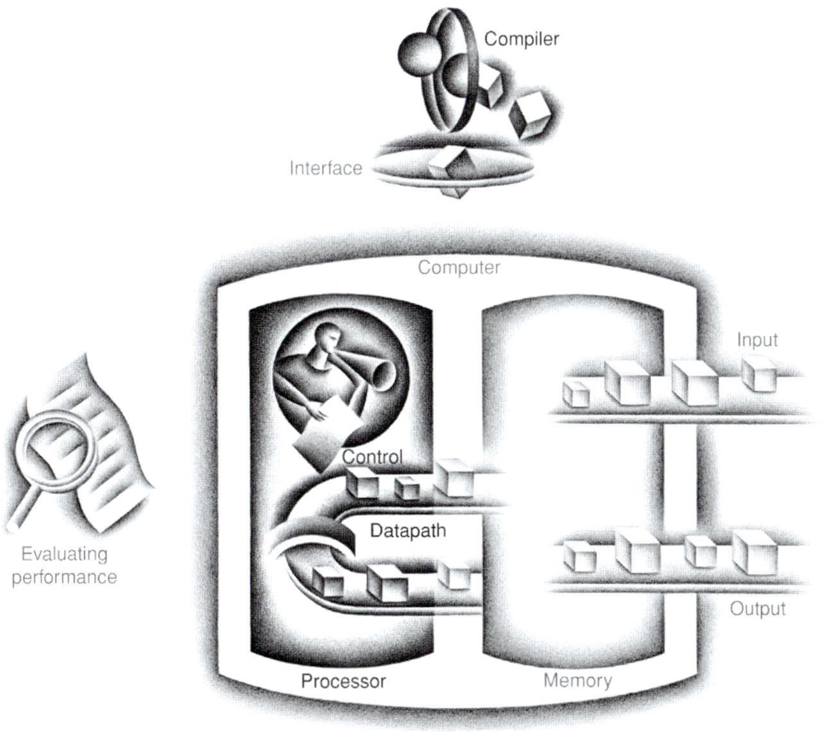

2.1 서론

명령어 집합 특정한 구조가 이해할 수 있는 명령들의 집합.

컴퓨터 하드웨어에게 일을 시키려면 하드웨어가 알아들을 수 있는 언어로 말을 해야 한다. 컴퓨터 언어에서 단어를 명령어(instruction)라 하고 그 어휘를 **명령어 집합**(instruction set)이라고 한다. 이 장에서는 실제 컴퓨터의 명령어 집합을 살펴본다. 명령어는 사람이 프로그램을 작성할 때 사용하는 형태와 컴퓨터가 직접 읽을 수 있는 형태 두 가지로 표현된다. 이 장의 명령어 설명은 하향식(top-down)으로 진행한다. 제한된 형태의 프로그래밍 언어 비슷한 모양에서 시작해서, 실제 컴퓨터 언어가 될 때까지 조금씩 바꾸어 나갈 것이다. 이 하향식 접근 방식은 3장에서 연산 하드웨어와 부동소수점 표현을 설명할 때도 계속 사용한다.

기계어도 인간이 사용하는 언어처럼 다양해 보이지만, 실제로는 모두 유사하기 때문에 서로 다른 언어라기보다는 같은 언어의 사투리 정도로 보는 것이 타당할 것이다. 그러므로 일단 하나만 배우면 다른 언어들도 쉽게 익숙해질 수 있다.

사용할 명령어 집합은 ARMv8으로 2011년도에 ARM Holdings plc가 발표한 것이다. 이해하기 쉽도록 ARMv8 명령어 전체가 아니라 일부만을 사용한다. 앞으로 원래의 전체 명령어 집합을 말할 때는 ARMv8이라는 용어를 사용하며, 이 책에서 설명할 부분 집합을 이야기할 때는 LEGv8이라는 용어를 사용하겠다(LEGv8이 ARMv8에 대한 말장난으로 시작한 것이지만 "Lessen Extrinsic Garrulity"의 약어이기도 하다). 이 두 가지의 차이는 "고난도"에서 설명하겠다. 이 장과 나머지 몇몇 장에는 LEGv8에는 없지만 ARMv8에는 있는 특징들을 살펴보는 절이 있다(2.19, 3.8, 5.14절).

ARMv8 말고 다른 명령어 집합을 선택하는 것도 어려운 일이 아니라는 것을 보이기 위해, 널리 쓰이는 다른 명령어 집합 세 가지를 간략하게 살펴보면 다음과 같다.

1. MIPS는 1980년대 이후에 설계된 명령어 집합 중에서 아주 훌륭한 것 중 하나이다.
2. ARMv7은 ARM Holdings plc사의 구 버전 명령어 집합으로, ARMv8이 64비트 주소를 사용하는 데 반해 ARMv7은 32비트 주소를 사용한다. 140억 개가 넘는 ARM 프로세서 칩이 2015년도에 제조되어 세계에서 가장 많이 쓰이는 명령어 집합이 되었다. 아이러니하게도 ARMv8이 ARMv7보다 더 MIPS와 비슷하다.
3. 마지막 예는 Intel x86으로 PC와 Post-PC 시대의 클라우드를 견인하고 있다.

이러한 유사성은 모든 컴퓨터가 같은 기본 원리 위에 구축된 하드웨어 기술로 만들어지며, 모든 컴퓨터가 제공해야 하는 기본적인 기능은 몇 가지 안 된다는 사실에 기인한다. 더구나 모든 컴퓨터 설계자는 하드웨어와 컴파일러 제작이 쉬우면서도 최소

비용에 최대 성능을 구현할 수 있는 언어를 찾아내고자 하는 공통의 목표를 지향하고 있다. 이것은 아주 오랫동안 존중되어 온 목표로서, 아래의 글을 보면 1947년 당시에나 오늘날에나 달라진 것이 거의 없음을 알 수 있다.

> 어떤 일이든 다 실행할 수 있으면서 동시에 제어하기도 적절한 [명령어 집합]이 존재한다는 사실을 형식 논리로 보이기는 쉽다. … 현재의 관점에서 [명령어 집합]을 선택하는 데 있어 정말로 고려해야 할 점은 다분히 실용적 성격의 문제이다. 그것은 [명령어 집합]이 요구하는 하드웨어의 간결성과 더불어, 실제 중요한 문제에 이 [명령어 집합]을 적용할 수 있느냐, 또 그 때의 처리 속도는 어떠하냐 하는 것 등이다.
>
> Burks, Goldstine, and von Neumann, 1947

"하드웨어의 간결성"은 1950년대나 지금이나 똑같이 중요한 고려사항이다. 이 장의 목표는 이러한 기준에 맞는 명령어를 가르치면서 동시에 명령어 집합의 하드웨어 표현 방식 및 상위 수준 언어와의 관계를 보여 주는 것이다. 예제는 C 언어로 작성할 것이다. 자바(Java) 같은 객체지향언어에서는 어떻게 달라지는지를 2.15절에서 설명한다.

이 장에서는 명령어의 표현 방식을 배운다. 표현 방식을 배우면 컴퓨터의 가장 큰 비밀인 **내장 프로그램 개념**(stored-program concept)을 이해할 수 있다. 그 후에 컴퓨터 언어로 프로그램을 작성하고 이 책에서 제공하는 시뮬레이터로 실행시킴으로써 이 "외국어"의 구사능력을 연마한다. 그리고 프로그래밍 언어와 컴파일러 최적화가 성능에 미치는 영향을 배운 후, 명령어 집합의 발달 과정과 다른 컴퓨터의 언어를 간략히 살펴보는 것으로 이 장을 마치게 된다.

내장 프로그램 개념 여러 종류의 데이터와 명령어를 메모리에 숫자로 저장할 수 있다는 개념. 수정하기 쉽다는 장점이 있고 궁극적으로는 내장 프로그램 컴퓨터가 된다.

앞으로 LEGv8 명령어 집합을 한 부분씩 살펴보면서 컴퓨터 구조와 연관 지어 그 원리를 설명할 것이다. 이러한 하향식, 단계적 진행으로 각 요소와 그 설명을 짜 맞추어 나감으로써 컴퓨터 언어를 더 쉽게 이해할 수 있게 한다. 그림 2.1은 이 장에서 설명할 명령어 집합을 아주 개략적으로 보여 주고 있다.

2.2 하드웨어 연산

기본적으로 모든 컴퓨터는 산술연산을 할 수 있어야 한다. 다음 LEGv8 어셈블리 언어는 두 변수 b와 c를 더해서 그 합을 a에 넣으라고 컴퓨터에 지시하는 것이다.

There must certainly be instructions for performing the fundamental arithmetic operations.

Burks, Goldstine, and von Neumann, 1947

```
ADD a, b, c
```

LEGv8 산술 명령어는 반드시 한 종류의 연산만 지시하며 항상 변수 세 개를 갖는

LEGv8 operands

Name	Example	Comments
32 registers	X0–X30, XZR	Fast locations for data. In LEGv8, data must be in registers to perform arithmetic, register XZR always equals 0.
2^{62} memory words	Memory[0], Memory[4], . . . , Memory[4,611,686,018,427,387, 904]	Accessed only by data transfer instructions. LEGv8 uses byte addresses, so sequential doubleword addresses differ by 8. Memory holds data structures, arrays, and spilled registers.

LEGv8 assembly language

Category	InstructionExample		Meaning	Comments
Arithmetic	add	ADD X1, X2, X3	X1 = X2 + X3	Three register operands
	subtract	SUB X1, X2, X3	X1 = X2 – X3	Three register operands
	add immediate	ADDI X1, X2, 20	X1 = X2 + 20	Used to add constants
	subtract immediate	SUBI X1, X2, 20	X1 = X2 – 20	Used to subtract constants
	add and set flags	ADDS X1, X2, X3	X1 = X2 + X3	Add, set condition codes
	subtract and set flags	SUBS X1, X2, X3	X1 = X2 – X3	Subtract, set condition codes
	add immediate and set flags	ADDIS X1, X2, 20	X1 = X2 + 20	Add constant, set condition codes
	subtract immediate and set flags	SUBIS X1, X2, 20	X1 = X2 – 20	Subtract constant, set condition codes
Data transfer	load register	LDUR X1, [X2,40]	X1 = Memory[X2 + 40]	Doubleword from memory to register
	store register	STUR X1, [X2,40]	Memory[X2 + 40] = X1	Doubleword from register to memory
	load signed word	LDURSW X1,[X2,40]	X1 = Memory[X2 + 40]	Word from memory to register
	store word	STURW X1, [X2,40]	Memory[X2 + 40] = X1	Word from register to memory
	load half	LDURH X1, [X2,40]	X1 = Memory[X2 + 40]	Halfword memory to register
	store half	STURH X1, [X2,40]	Memory[X2 + 40] = X1	Halfword register to memory
	load byte	LDURB X1, [X2,40]	X1 = Memory[X2 + 40]	Byte from memory to register
	store byte	STURB X1, [X2,40]	Memory[X2 + 40] = X1	Byte from register to memory
	load exclusive register	LDXR X1, [X2,0]	X1 = Memory[X2]	Load; 1st half of atomic swap
	store exclusive register	STXR X1, X3 [X2]	Memory[X2]=X1;X3=0 or 1	Store; 2nd half of atomic swap
	move wide with zero	MOVZ X1,20, LSL 0	X1 = 20 or 20 * 2^{16} or 20 * 2^{32} or 20 * 2^{48}	Loads 16-bit constant, rest zeros
	move wide with keep	MOVK X1,20, LSL 0	X1 = 20 or 20 * 2^{16} or 20 * 2^{32} or 20 * 2^{48}	Loads 16-bit constant, rest unchanged

그림 2.1 이 장에서 소개할 LEGv8 어셈블리 언어. 이와 관련된 정보는 이 책의 첫 번째 페이지에 있는 LEGv8 Reference Data Card의 ①열에서도 찾아볼 수 있다.

형식을 엄격히 지킨다. 네 변수 b, c, d, e의 합을 a에 넣는 예를 생각해 보자.(이 절에서는 "변수"가 무엇인지를 설명하지 않고 일부러 애매하게 넘어가고 있다. 변수에 대해서는 다음 절에서 자세히 설명할 것이다.)

Logical	and	AND X1, X2, X3	X1 = X2 & X3	Three reg. operands; bit-by-bit AND
	inclusive or	ORR X1, X2, X3	X1 = X2 | X3	Three reg. operands; bit-by-bit OR
	exclusive or	EOR X1, X2, X3	X1 = X2 ^ X3	Three reg. operands; bit-by-bit XOR
	and immediate	ANDI X1, X2, 20	X1 = X2 & 20	Bit-by-bit AND reg. with constant
	inclusive or immediate	ORRI X1, X2, 20	X1 = X2 | 20	Bit-by-bit OR reg. with constant
	exclusive or immediate	EORI X1, X2, 20	X1 = X2 ^ 20	Bit-by-bit XOR reg. with constant
	logical shift left	LSL X1, X2, 10	X1 = X2 << 10	Shift left by constant
	logical shift right	LSR X1, X2, 10	X1 = X2 >> 10	Shift right by constant
Conditional branch	compare and branch on equal 0	CBZ X1, 25	if (X1 == 0) go to PC + 100	Equal 0 test; PC-relative branch
	compare and branch on not equal 0	CBNZ X1, 25	if (X1 != 0) go to PC + 100	Not equal 0 test; PC-relative branch
	branch conditionally	B.cond 25	if (condition true) go to PC + 100	Test condition codes; if true, branch
Unconditional branch	branch	B 2500	go to PC + 10000	Branch to target address; PC-relative
	branch to register	BR X30	go to X30	For switch, procedure return
	branch with link	BL 2500	X30 = PC + 4; PC + 10000	For procedure call PC-relative

그림 2.1 (계속)

다음은 네 변수의 합을 구하는 명령어들이다.

```
ADD a, b, c    // The sum of b and c is placed in a.
ADD a, a, d    // The sum of b, c, and d is now in a.
ADD a, a, e    // The sum of b, c, d, and e is now in a.
```

따라서 네 변수의 합을 구하려면 명령어 세 개가 필요하다.

//의 오른쪽은 주석(comment)으로, 컴퓨터는 이것을 무시한다. 고급 프로그래밍 언어와는 달리 한 줄에 명령어 하나만을 쓸 수 있으며, 줄이 끝나면 주석도 끝난다는 점이 C와 다른 점이다.

덧셈 같은 연산의 피연산자(operand)는 더해질 숫자 두 개와 합을 기억할 장소 하나, 모두 세 개인 것이 자연스럽다. 이렇게 모든 명령어가 피연산자를 반드시 세 개씩 갖도록 제한하는 것은 하드웨어를 단순하게 하자는 원칙과 부합한다. 피연산자의 개수가 가변적이면 하드웨어가 복잡해진다. 이런 관점에서 하드웨어 설계의 3대 원칙 중 첫 번째를 도출할 수 있다.

설계 원칙 1: 간단하기 위해서는 규칙적인 것이 좋다.

다음 두 가지 예에서 상위 수준 언어로 쓴 프로그램과 어셈블리 명령어 사이의 관계를 볼 수 있다.

예제

C 치환문 두 개의 번역

다음 C 프로그램은 a, b, c, d, e 다섯 개의 변수를 사용한다. 자바 언어는 C에서 파생된 것이므로, 이 예제와 다음 몇 가지는 자바로도 실행 가능하다.

```
a = b + c;
d = a - e;
```

C 프로그램을 LEGv8 어셈블리 언어 명령어로 바꾸는 것은 **컴파일러**가 한다. C 컴파일러가 생성한 LEGv8 코드를 보여라.

답

LEGv8 명령어는 근원지 피연산자 두 개를 연산하여 그 결과를 목적지 피연산자에 넣는다. 그러므로 위의 C 문장 두 개는 LEGv8 명령어 두 개로 컴파일된다.

```
ADD  a, b, c
SUB  d, a, e
```

예제

복잡한 C 치환문의 번역

조금 더 복잡한 다음 C 문장에 대한 컴파일러 출력은 무엇인가?

```
f = (g + h) - (i + j);
```

답

LEGv8 명령어는 한 번에 하나의 연산만을 하기 때문에 컴파일러는 이 문장을 여러 개의 어셈블리 명령어로 나누어야 한다. 첫 LEGv8 명령어는 g와 h의 합을 구하고 결과치를 어딘가에 저장해야 한다. 이를 위해 컴파일러는 t0라는 임시 변수를 생성한다.

```
ADD t0, g, h // temporary variable t0 contains g + h
```

다음 연산은 뺄셈이지만 뺄셈을 하기 전에 i와 j의 합을 구할 필요가 있다. 따라서 두 번째 명령어는 i와 j의 합을 t1이라는 또 다른 임시변수에 저장한다.

```
ADD t1, i, j // temporary variable t1 contains i + j
```

마지막으로 뺄셈 명령어가 첫 번째 합에서 두 번째 합을 빼고 결과치를 변수 f에 저장한다.

```
SUB f, t0, t1 // f gets t0 - t1, which is (g + h) - (i + j)
```

스스로 점검하기

같은 함수를 프로그램할 때 코드의 줄 수가 가장 많은 것은 어느 프로그래밍 언어인가? 아래 세 가지를 줄 수가 많은 순서대로 정렬하라.

1. 자바
2. C
3. LEGv8 어셈블리 언어

고난도: 원래 자바는 이식성(portability)을 높이기 위해 소프트웨어 인터프리터(interpreter)를 사용하도록 설계되었다. 이 인터프리터의 명령어 집합을 **자바 바이트코드**(bytecode)(2.15절 참조)라 부르는데, LEGv8 명령어 집합과는 다른 점이 많다. C 프로그램과 비슷한 성능을 얻기 위해서 오늘날의 자바 시스템은 자바 바이트코드를 기계어로 컴파일한다. C 프로그램보다 컴파일이 훨씬 나중에 일어나므로, 이러한 자바 컴파일러를 **JIT**(Just In Time) 컴파일러라고 부르기도 한다. 첫 실행 과정에서 어떻게 JIT가 C 컴파일러보다 늦게 사용되는지를 2.12절에서 보일 것이다. 또한 2.13절에서는 자바 프로그램을 컴파일했을 때와 인터프리트했을 때의 성능에 대하여 고찰할 것이다.

2.3 피연산자

상위 수준 언어 프로그램과는 달리 산술 명령어의 피연산자에는 제약이 있다. 레지스터(register)라고 하는 하드웨어로 직접 구현된 특수 위치 몇 곳에 있는 것만을 사용할 수 있다. 레지스터는 하드웨어 설계의 기본 요소인 동시에 프로그래머에게도 보이는 부분이므로, 컴퓨터를 구성하는 벽돌과 같다고 할 수 있다. LEGv8 구조에서 레지스터의 크기는 64비트이다. LEGv8에서는 64비트가 한 덩어리로 처리되는 일이 매우 빈번하므로 이것을 더블워드(doubleword)라고 부른다[또 32비트 그룹도 자주 사용되는데 LEGv8에서는 워드(word)라 부른다].

프로그래밍 언어에서 사용하는 변수와 하드웨어 레지스터의 큰 차이점 하나는 레지스터는 개수가 한정되어 있다는 점이다. 현대 컴퓨터는 LEGv8처럼 보통 32개의 레지스터가 있다(레지스터 개수의 변천사에 대해서는 2.22절을 참고하라). 그러므로 기호 형태로 표현된 LEGv8 언어를 하향식으로 단계적 구체화할 때, 산술 명령어의 모든 피연산자는 32개의 64비트 레지스터 중 하나이어야 한다는 제약이 추가된다.

더블워드 컴퓨터에서 자연스러운 접근 단위 중 하나. 보통 64비트이다. LEGv8 구조에서 레지스터 크기에 해당한다.

워드 컴퓨터에서 자연스러운 접근 단위. 보통 32비트이다.

레지스터 개수를 32개로 제한하는 이유는 하드웨어 기술의 바탕이 되는 세 가지 설계 원칙 중 두 번째 원칙에서 찾을 수 있다.

설계 원칙 2: 작은 것이 더 빠르다.

레지스터가 아주 많아지면 전기 신호가 더 멀리까지 전달되어야 하므로 클럭 사이클 시간이 길어진다.

그렇지만 "작은 것이 더 빠르다"가 절대적인 것은 아니다. 예를 들면 레지스터를 31개로 한다고 해서 32개보다 빨라지지는 않는다. 그렇다 하더라도 이 문제는 컴퓨터 설계자가 진지하게 고려해야 한다. 컴퓨터 설계자는 더 많은 레지스터를 원하는 프로그램의 갈망과 클럭 사이클을 빠르게 하고 싶은 본인의 바람 사이에서 적절한 타협점을 찾아야 할 것이다. 32개 이상의 레지스터를 사용하지 않는 또 다른 이유는 2.5절에서 보이는 바와 같이 명령어 형식에서 레지스터 지정에 사용되는 비트 수와 관련이 있다.

하드웨어 구성에서 레지스터가 어떤 역할을 하는지를 4장에서 설명할 예정이다. 이 장에서 설명하는 바와 같이 레지스터를 효율적으로 이용하는 것은 프로그램 성능에 매우 중요하다.

명령어에서 단순히 숫자 0부터 31까지를 써서 레지스터를 표시할 수도 있지만, LEGv8의 관례는 X 뒤에 레지스터 번호를 붙이는 것이다. 단 나중에 설명할 일부 레지스터들은 예외이다.

레지스터를 사용하여 C 치환문을 번역

예제

프로그램 변수를 레지스터와 연관시키는 것은 컴파일러의 임무이다. 앞의 예제의 C 프로그램

```
f = (g + h) – (i + j);
```

에서 컴파일러가 변수 `f`, `g`, `h`, `i`, `j`를 레지스터 `X19`, `X20`, `X21`, `X22`, `X23`에 각각 할당했다고 하자. 컴파일된 LEGv8 코드를 보여라.

답

컴파일된 프로그램은 앞의 예제와 매우 유사하다. 변수 대신에 위에서 말한 레지스터 이름을 사용하고, 임시 변수 대신 임시 레지스터 `X9`와 `X10`을 사용하는 것이 다를 뿐이다.

```
ADD X9, X20, X21  // register X9 contains g + h
ADD X10, X22, X23 // register X10 contains i + j
SUB X19, X9, X10  // f gets X9 – X10, which is (g + h) – (i + j)
```

메모리 피연산자

프로그래밍 언어에는 위 예제와 같이 값 하나만 기억하는 단순 변수 외에도 배열(array)이나 구조체(structure) 같은 복잡한 자료구조가 있다. 이런 복잡한 자료구조 하나에는 레지스터 개수보다 훨씬 많은 데이터 원소가 있을 수 있다. 그렇다면 이런 큰 구조는 컴퓨터 내에서 어떻게 표현되고 또 사용되는가?

1장에서 소개했고 2장 맨 앞의 그림에서 다시 보여 준 컴퓨터의 5대 구성 요소를 생각해 보자. 프로세서는 소량의 데이터만을 레지스터에 저장할 수 있지만, 컴퓨터 메모리는 수십억 개의 데이터를 저장할 수 있다. 그러므로 배열이나 구조체 같은 자료구조는 메모리에 보관한다.

위에서 설명한 바와 같이 LEGv8의 산술연산은 레지스터에서만 실행되므로 메모리와 레지스터 간에 데이터를 주고받는 명령어가 있어야 한다. 이런 명령어를 **데이터 전송 명령어**(data transfer instruction)라 한다. 메모리에 기억된 데이터에 접근하려면 명령어가 메모리 **주소**를 지정해야 한다. 메모리는 주소가 인덱스 역할을 하는 큰 일차원 배열이다. 주소는 0부터 시작한다. 예를 들어 그림 2.2에서 세 번째 데이터 원소의 주소는 2이고, Memory [2]의 값은 10이다.

데이터 전송 명령어 메모리와 레지스터 사이에 데이터를 이동하는 명령어.

주소 메모리 배열 내에서 특정 데이터 요소의 위치를 표시하는 데 사용하는 값.

메모리에서 레지스터로 데이터를 복사해 오는 데이터 전송 명령을 **적재**(load)라 한다. 적재 명령은 연산자 이름과 메모리에서 읽어 온 값을 저장할 레지스터, 메모리 접근에 사용할 상수와 레지스터로 구성된다. 메모리 주소는 명령어의 상수 부분과 두 번째 레지스터값의 합으로 구해진다. LEGv8에서 이 명령어의 실제 이름은 LDUR(load register)이다.

고난도: LDUR의 U는 **unscaled** immediate를 의미하는데 2.19절에서 설명할 **scaled** immediate와 반대되는 개념이다.

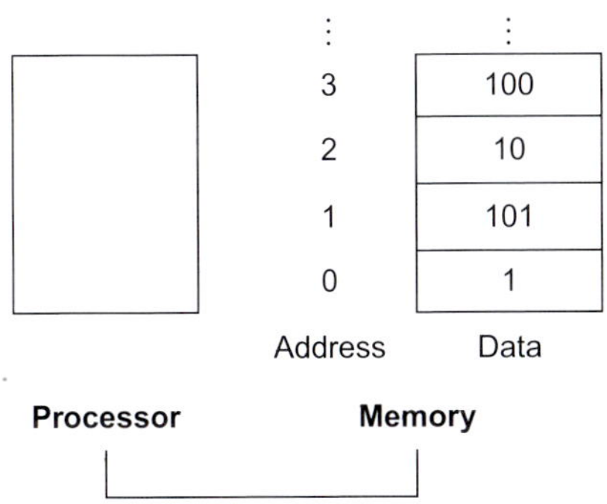

그림 2.2 메모리 주소와 메모리 내용. 이 원소들이 더블워드라면 이 주소들은 올바른 값이 아니다. 왜냐하면 LEGv8은 바이트 주소 방식을 사용하고 각 더블워드는 8바이트이기 때문이다. 그림 2.3은 같은 내용을 더블워드의 주소로 제대로 나타낸 것이다.

메모리 피연산자를 사용하는 치환문의 번역

예제

A는 100 더블워드 배열이고, 변수 g, h는 레지스터 X20, X21에 할당되었다고 가정한다. 또 배열 A의 시작 주소(base address)가 X22에 기억되어 있다고 할 때 다음 C 문장을 컴파일하라.

```
g = h + A[8];
```

답

이 치환문에 연산은 하나밖에 없지만, 피연산자 중 하나가 메모리에 있으므로 먼저 A[8]을 레지스터로 옮긴 후 연산을 시작해야 한다. 이 배열 원소의 주소는 X22에 있는 배열의 시작 주소에 인덱스 8을 더한 값이다. 이 데이터는 다음 명령어가 사용할 수 있도록 임시 레지스터에 넣어야 한다. 그림 2.2를 참고하면 첫 명령어는 다음과 같다.

```
LDUR X9, [X22, #8] // Temporary reg X9 gets A[8]
```

(이 명령어 그대로는 약간의 문제가 있어 곧 수정될 것이다. 하지만 당장은 이대로 사용한다.) 이제 필요한 값(즉 A[8])을 레지스터 X9에 넣었으므로 덧셈을 수행할 수 있다. 아래의 덧셈 명령어는 h(X21에 있음)를 A[8](X9에 있음)에 더해서 g(레지스터 X20에 해당)에 넣는다.

```
ADD X20, X21, X9 // g = h + A[8]
```

데이터 전송 명령어의 상수 부분(8)을 **변위**(offset)라 하고, 주소 계산을 위해 여기에 더해지는 레지스터(X22)를 **베이스 레지스터**(base register)라고 한다.

하드웨어/소프트웨어 인터페이스

변수를 레지스터와 연관 짓는 일뿐 아니라 배열이나 구조체 같은 자료구조를 메모리에 할당하는 것도 컴파일러의 임무이다. 그런 다음 컴파일러는 자료구조의 시작 주소를 데이터 전송 명령에 넣을 수가 있다.

프로그램에서 8비트로 구성된 **바이트**를 많이 사용하므로 대부분의 컴퓨터는 바이트 단위로 주소를 지정한다. 더블워드 주소는 더블워드를 구성하는 8바이트 주소 중 하나를 사용한다. 그러므로 연속된 더블워드의 주소는 8씩 차이가 난다. 그림 2.3은 그림 2.2의 실제 LEGv8 주소를 보여 주는 것이다. 예를 들어 세 번째 더블워드의 바이트 주소는 16이다.

제일 왼쪽, 즉 최상위(big end) 바이트 주소를 더블워드 주소로 사용하는 컴퓨터와 제일 오른쪽, 즉 최하위(little end) 바이트 주소를 더블워드 주소로 사용하는 컴퓨

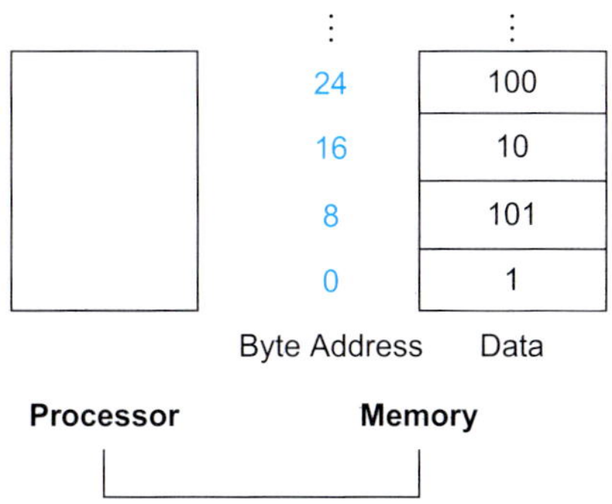

그림 2.3 LEGv8의 실제 메모리 주소와 메모리 내용. 그림 2.2와 대비하면 주소가 달라졌다. 이를 파란색으로 표시하였다. LEGv8은 바이트 주소를 사용하므로 더블워드 주소는 8의 배수이다. 한 더블워드는 8바이트로 구성된다.

터 두 종류가 있다. LEGv8은 **빅엔디안**(big-endian)도 될 수 있고 **리틀엔디안**(little-endian)도 될 수 있다. 같은 데이터를 더블워드 한 개로 접근했다가 바이트 8개로 접근했다가 할 때만 순서가 문제가 되기 때문에, 엔디안(endianess)에 대해 알 필요가 있는 경우는 거의 없다.

바이트 주소의 사용은 배열의 인덱스에도 영향을 미친다. 앞의 코드에서 바이트 주소를 제대로 구하려면 **베이스 레지스터** X22**에 8 × 8 즉 64를 더해야 한다**. 그래야 A[8/8]이 아닌 A[8]의 주소가 구해진다(이와 관련되는 "함정" 하나를 2.20절에서 소개한다).

적재와 반대로 레지스터 내용을 메모리로 복사하는 명령을 **저장**(store)이라 한다. 저장 명령의 생김새는 적재와 같다. 즉 연산자 이름, 저장할 데이터를 갖고 있는 레지스터, 베이스 레지스터, 배열 원소 선택에 사용할 변위로 구성된다. 앞에서와 마찬가지로 주소의 일부는 상수 형태로 명령어에 포함되어 있고 일부는 레지스터에 기억되어 있다. LEGv8에서 이 명령어의 실제 이름은 STUR(store register)이다.

고난도: 많은 구조에서 워드는 4의 배수 주소에서, 더블워드는 8의 배수 주소에서 시작해야 한다. 이러한 요구사항을 **정렬제약**(alignment restriction)이라 한다(왜 정렬제약이 데이터 전송을 더 빠르게 하는지는 4장에서 알게 된다). ARMv8과 Intel x86에는 정렬제약이 없지만, ARMv7과 MIPS에는 정렬제약이 있다.

정렬제약 메모리 내에서 데이터는 자연스런 경계를 지켜서 정렬되어야 한다는 요구사항.

고난도: ARMv8에 정렬제약이 없다는 말이 정확한 말은 아니다. 대부분의 데이터 전송 명령어는 일반 메모리에 대한 비정렬 접근이 가능하지만, 스택 접근이나 명령어 인출은 정렬제약을 지켜야 한다.

하드웨어/소프트웨어 인터페이스

적재, 저장 명령어에서 사용하는 주소는 이진수이다. 메인 메모리로 사용하는 DRAM의 크기를 십진수가 아니고 이진수로 표시하는 것도 같은 이유이다. 메모리 크기는 기가바이트(10^9)나 테라바이트(10^{12})가 아니고 기비바이트(2^{30})나 테비바이트(2^{40})로 표시한다. 그림 1.1을 참조하라.

적재와 저장을 사용한 번역

예제

변수 h가 레지스터 X21에 할당되어 있으며 배열 A의 시작 주소는 X22에 들어 있다고 가정하자. 다음 C 문장을 LEGv8 어셈블리 프로그램으로 바꾸어라.

```
A[12] = h + A[8];
```

답

위 C 문장에 연산자는 하나지만 피연산자 두 개가 메모리에 있기 때문에 LEGv8 명령어가 더 필요하다. 처음 두 명령어는 앞의 예제와 같으나, 적재 명령어가 바이트 주소에 맞는 적절한 변위를 사용한 것과 ADD 명령어가 합을 X9에 넣는 것이 다르다.

```
LDUR  X9, [X22, #64] // Temporary reg X9 gets A[8]
ADD   X9, X21, X9    // Temporary reg X9 gets h + A[8]
```

마지막 명령어는 96(8×12)을 변위로, X22를 베이스 레지스터로 사용하여 합을 A[12]에 저장한다.

```
STUR  X9, [X22, #96] // Stores h + A[8] back into A[12]
```

ARMv8에서 메모리와 레지스터 사이에 더블워드를 복사하는 명령어들이 load register와 store register인데, 다른 컴퓨터에서는 데이터 전송을 위해 적재 명령어와 저장 명령어 외에 다른 명령어들을 함께 사용하기도 한다. Intel x86이 이러한 구조인데 2.18절에서 설명한다.

하드웨어/소프트웨어 인터페이스

컴퓨터가 갖고 있는 레지스터보다 프로그램에서 사용하는 변수가 더 많은 경우가 많이 있다. 그러므로 컴파일러는 자주 사용되는 변수를 가능한 한 많이 레지스터에 넣고 나머지 변수는 메모리에 저장했다가 필요할 때 꺼내서 레지스터에 넣는다. 자주 사용하지 않는(또는 한참 후에 사용할) 변수를 메모리에 넣는 것을 레지스터를 스필링(spilling)한다고 말한다.

"작을수록 빠르다"는 원칙에 의하면 레지스터가 더 작으므로 메모리는 레지스터보다 속도가 느려야 한다. 이것은 사실이며 데이터가 레지스터에 있으면 더 빨리 접근할 수 있다.

레지스터에 저장된 데이터는 메모리 데이터보다 사용하기도 편리하다. LEGv8의 산술연산 명령은 레지스터 두 개를 읽어서 연산한 다음 결과를 레지스터에 쓴다. 하지만 데이터 전송 명령은 피연산자 하나를 읽거나 쓰는 일만 할 뿐 데이터에 대한 연산은 하지 못한다.

레지스터는 메모리보다 접근시간이 짧고 처리량도 크므로, 레지스터에 저장된 데이터를 사용하면 시간이 절약되고 사용하기도 간편하다. 뿐만 아니라 레지스터 접근은 메모리 접근보다 에너지도 적게 든다. 그러므로 좋은 성능을 얻고 에너지를 절약하기 위해서는 명령어 집합 구조가 충분한 레지스터를 제공하고 컴파일러가 레지스터를 효율적으로 사용하여야 한다.

고난도: 레지스터와 메모리 간의 에너지와 성능에 대해 관점을 돌려 보자. 64비트 데이터라면 레지스터가 약 200배 빠르며(2015년 기준으로 0.25 대 50 나노초) 에너지 측면에서는 만 배 정도 더 효과적이다(2015년 기준으로 0.1 대 1,000 피코줄). 이런 큰 차이 때문에 캐시를 사용해서 메모리의 에너지와 성능 문제를 완화한다(5장 참조).

상수 또는 수치 피연산자

프로그램의 연산에서 상수를 사용하는 경우는 많이 있다. 배열의 다음 원소를 가리키도록 인덱스를 증가시키는 경우가 한 예가 될 것이다. SPEC CPU2006 벤치마크를 실행해 보면 LEGv8 산술 명령의 절반 이상이 상수를 피연산자로 사용함을 알 수 있다.

이제까지 배운 명령어만으로 상수를 사용하려면 메모리에서 상수를 읽어 와야 한다(상수는 프로그램이 적재될 때 메모리에 넣어진다). 예를 들어 레지스터 X22에 상수 4를 더하는 코드는 아래와 같다.

```
LDUR X9, [X20, AddrConstant4] // X9 = constant 4
ADD  X22, X22, X9             // X22 = X22 + X9 (X9 == 4)
```

여기서 X20 + AddrConstant4는 상수 4가 저장되어 있는 메모리 주소라고 가정한다.

적재 명령을 사용하지 않는 방법은 피연산자 중 하나가 상수인 산술연산 명령어를 제공하는 것이다. 이 상수를 수치(immediate) 피연산자라고 한다. 수치 피연산자를 갖는 덧셈 명령어는 ADDI(add immediate)라 하는데 레지스터 X22에 4를 더하려면 다음과 같이 쓰면 된다.

```
ADDI  X22, X22, #4          // X22 = X22 + 4
```

상수 피연산자는 자주 사용되므로, 상수 필드를 갖는 산술 명령어를 사용하면 매번 메모리에서 상수를 가져오는 것보다 연산이 훨씬 빨라지고 에너지를 덜 소모하게 된다.

상수 중에서도 0은 여러 가지 유용한 변형을 제공함으로써 명령어 집합을 단순하게 하는 역할도 한다. 예를 들면 복사(move) 연산은 피연산자 중 하나가 0인 덧셈 명령어로 대신할 수 있다. 따라서 LEGv8에서는 레지스터 XZR의 값이 0으로 고정되도록 회로를 구현하였다(31번 레지스터에 해당한다). 상수를 명령어에 포함시킨 근거로 높은 사용 빈도를 든 것은 **자주 생기는 것을 빠르게** 하라는 위대한 아이디어(1장)의 또 다른 예가 된다.

COMMON CASE FAST

스스로 점검하기 레지스터의 중요성에 대해서는 이미 설명한 바가 있다. 칩 내의 레지스터 개수가 증가하는 속도에 대해 옳게 설명한 것은?

MOORE'S LAW

1. 매우 빠르다: **Moore의 법칙**에 따라 증가한다. 즉 18개월에 두 배씩 증가한다.
2. 매우 느리다: 프로그램은 보통 컴퓨터 언어의 형태로 배포되므로 명령어 집합 구조에는 일종의 관성이 있다. 따라서 레지스터 개수는 새로운 명령어 집합이 경쟁력을 갖추는 속도만큼이나 느리게 증가한다.

고난도: 이 책에서는 LEGv8 레지스터들이 64비트 크기이지만, ARMv8에는 레지스터가 32비트 크기인 **AArch32**와 레지스터가 64비트인 **AArch64** 두 가지 실행 모드가 존재한다. AArch32는 A32와 T32 명령어 집합을 지원하며 AArch64는 A64 명령어 집합을 지원한다. 이 장에서는 LEGv8의 경우 A64의 부분 집합을 사용한다.

고난도: 변위와 베이스 레지스터를 사용하는 LEGv8 주소 지정 방식은 베이스 레지스터가 시작 위치를 가리키고 변위로 원하는 원소를 선택할 수 있으므로 배열뿐 아니라 구조체 접근에도 딱 들어맞는다. 2.13절에서 이런 예를 볼 것이다.

고난도: 원래 데이터 전송 명령은 레지스터가 변위를 배열의 인덱스로 저장하여 배열의 시작 주소를 갖도록 설계되었다. 따라서 베이스 레지스터를 **인덱스 레지스터**(index register)라고 부르기도 한다. 하지만 오늘날에는 메모리가 매우 크고 데이터 할당을 위한 소프트웨어 모델이 훨씬 복잡하여 배열의 시작 주소가 변위 부분에 다 들어가지 않으므로 레지스터에 넣는 것이 일반적이다.

고난도: 32비트 컴퓨터에서 64비트 컴퓨터로 넘어가면서 컴파일러 작성자들은 C 언어 데이터 타입의 크기를 선택해야 했다. 포인터가 64비트여야 하는 것은 확실한데 정수형은 어떠한가? C 언어에는 `int`, `long int`, `long long int` 데이터 타입이 있다. 문제는 한 데이터 타입을 다른 데이터 타입으로 변환할 때 100% 표준에 부합하는 C 코드가 아닐 경우 예기치 못한 오버플로가 발생한다는 것이다. 불행하게도 이런 코드가 드물지 않다. 아래 표는 많이 쓰이는 경우 두 가지를 보여 준다.

Operating System	pointers	int	long int	long long int
Microsoft Windows	64 bits	32 bits	32 bits	64 bits
Linux, Most UNIX	64 bits	32 bits	64 bits	64 bits

컴파일러마다 다른 선택을 할 수도 있지만 보통은 같은 운영체제에서 사용되는 컴파일러들은 같은 선택을 한다. 예제를 단순하게 만들기 위해서 이 책의 포인터는 모두 64비트이며 모든 C 정수는 `long long int`로 선언되어 크기가 같다고 가정한다. 또한 C99 표준을 따르고 배열의 인덱스로 사용되는 변수는 `size_t`로 선언하여 배열이 아무리 커도 적절한 크기의 인덱스를 보장한다고 가정한다. 보통 `long int`와 같이 선언된다.

고난도: 완전한 ARMv8 명령어 집합에서 레지스터 31은 대부분의 명령어에서 XZR이지만 어떤 명령어에서는 SP(stack point)가 된다. 이 방식은 혼동을 야기하기 때문에 LEGv8에서 레지스터 31은 항상 XZR이고 SP는 레지스터 28이다. 레지스터 31이 어떤 명령어에서는 0이고 다른 명령어에서는 SP라면 사용자가 헷갈릴 뿐만 아니라 데이터패스 설계(4장)도 복잡하게 된다.

고난도: 완전한 ARMv8 명령어 집합에서는 피연산자 하나가 상수일 때 ADDI를 사용하지 않는다. 대신 ADD를 사용하고 어셈블러가 알맞은 opcode를 선택하도록 한다. 하지만 두 가지 opcode에 같은 기호를 사용하는 것이 혼동을 가져올 수 있으므로 LEGv8은 교육 목적상 두 가지 경우에 각기 다른 기호를 사용한다.

2.4 부호있는 수와 부호없는 수

먼저 컴퓨터가 숫자를 어떻게 표현하는지 잠시 살펴보기로 하자. 사람들은 보통 기수 10을 사용하지만 숫자는 어떤 수를 기수로 사용해서도 나타낼 수 있다. 예를 들어 123(기수 10) = 1111011(기수 2)이다.

컴퓨터 내에서는 일련의 높고 낮은 전기 신호의 형태로 숫자를 저장하므로 결국 기수 2인 수로 볼 수 있다(기수가 10인 수를 십진수라고 하듯이 기수가 2인 수를 **이진수**라고 한다).

이진 자릿수 이진 비트라고도 부른다. 이진수의 두 숫자 0과 1 중 하나. 정보의 기본적 구성요소이다.

모든 정보는 **이진 자릿수**(binary digit), 즉 비트(bit)로 구성되므로 비트가 계산의 기본 단위가 된다. 이 기본 단위는 높음/낮음, on/off, 참/거짓, 1/0 등 두 값 중 한 값을 갖게 된다.

어떤 기수의 숫자에서 i번째 숫자 d의 값은 다음과 같다.

$$d \times \text{Base}^i$$

여기서 i는 0에서 시작해서 왼쪽으로 갈수록 증가한다. 이 방식으로 더블워드 내의 비트에 번호를 붙일 수 있다. 그 비트에 해당하는 기수의 멱수(power)를 번호로 사용하는 것이다. 앞으로 혼란을 피하기 위해 십진수에는 아래 첨자 ten을, 이진수에는 아래 첨자 two를 붙이기로 한다. 예를 들어

1011_{two}

은 다음 값을 나타낸다.

$$\begin{aligned} & (1 \times 2^3) + (0 \times 2^2) + (1 \times 2^1) + (1 \times 2^0)_{ten} \\ = & (1 \times 8) + (0 \times 4) + (1 \times 2) + (1 \times 1)_{ten} \\ = & \quad 8 \quad + \quad 0 \quad + \quad 2 \quad + \quad 1_{ten} \\ = & 11_{ten} \end{aligned}$$

더블워드 내의 각 비트에 오른쪽에서 왼쪽으로 0, 1, 2, 3, ...과 같이 번호를 붙인다. 아래 그림은 LEGv8의 더블워드 내의 비트에 번호를 붙이는 방식과 숫자 1011_{two}의 표현을 보여 주고 있다. 편의상 이 책의 크기에 맞춰 반으로 나눠 보여 준다.

63	62	61	60	59	58	57	56	55	54	53	52	51	50	49	48	47	46	45	44	43	42	41	40	39	38	37	36	35	34	33	32
0	0	0	0	0	0	0	0	0	0	0	0	0	0	0	0	0	0	0	0	0	0	0	0	0	0	0	0	1	0	1	1

31	30	29	28	27	26	25	24	23	22	21	20	19	18	17	16	15	14	13	12	11	10	9	8	7	6	5	4	3	2	1	0
0	0	0	0	0	0	0	0	0	0	0	0	0	0	0	0	0	0	0	0	0	0	0	0	0	0	0	0	1	0	1	1

(64 bits wide, split into two 32-bit rows)

LSB LEGv8 워드에서 가장 오른쪽 비트.

MSB LEGv8 워드에서 가장 왼쪽 비트.

더블워드는 수평으로뿐만 아니라 수직으로도 그릴 수 있기 때문에, 가장 오른쪽 혹은 가장 왼쪽 비트라고 말하면 애매할 수가 있다. 대신 **LSB**(least significant bit)라는 용어를 써서 가장 오른쪽의 비트 0을 나타내고, **MSB**(most significant bit)라는 용어를 써서 가장 왼쪽의 비트 63을 나타내기로 한다.

LEGv8 더블워드의 길이는 64비트이므로 2^{64}가지의 서로 다른 64비트 패턴을 표현할 수 있다. 이 조합이 0부터 $2^{64}-1(18,446,774,073,709,551,615_{ten})$까지의 숫자를 표시하게 하는 것은 자연스러운 일이다.

$00000000\ 00000000\ 00000000\ 00000000\ 00000000\ 00000000\ 00000000\ 00000000_{two} = 0_{ten}$
$00000000\ 00000000\ 00000000\ 00000000\ 00000000\ 00000000\ 00000000\ 00000001_{two} = 1_{ten}$

$00000000\ 00000000\ 00000000\ 00000000\ 00000000\ 00000000\ 00000000\ 00000010_{two} = 2_{ten}$

. . .   . . .

$1111111\ 1111111\ 1111111\ 1111111\ 1111111\ 1111111\ 1111111\ 1111101_{two} = 18{,}446{,}774{,}073{,}709{,}551{,}613_{ten}$

$1111111\ 1111111\ 1111111\ 1111111\ 1111111\ 1111111\ 1111111\ 1111110_{two} = 18{,}446{,}744{,}073{,}709{,}551{,}614_{ten}$

$1111111\ 1111111\ 1111111\ 1111111\ 1111111\ 1111111\ 1111111\ 1111111_{two} = 18{,}446{,}744{,}073{,}709{,}551{,}615_{ten}$

64비트 이진수는 비트값과 2의 멱수를 곱한 값으로 표현할 수 있다(여기서 x_i는 x의 i번째 비트를 의미한다).

$$(x_{63} \times 2^{63}) + (x_{62} \times 2^{62}) + (x_{61} \times 2^{61}) + \cdots + (x_1 \times 2^1) + (x_0 \times 2^0)$$

앞으로 보게 될 여러 가지 이유로 이러한 양수를 부호없는 수라 한다.

하드웨어/소프트웨어 인터페이스

기수 2는 인간에게는 자연스럽지 않다. 인간은 열 개의 손가락을 사용하기 때문에 기수 10이 자연스럽다. 그렇다면 왜 컴퓨터는 십진수를 사용하지 않는 것일까? 사실은 첫 상업용 컴퓨터에서 십진수 연산을 **제공**하였다. 문제는 컴퓨터는 실제 켜짐 꺼짐 신호만 사용하였기에 십진수는 여러 개의 이진 자릿수로 나타내야 했다. 결국 십진수는 비효율적이라는 게 증명되어 그 뒤의 컴퓨터들은 이진수로 되돌아갔으며, 가끔씩 있는 입출력을 위해서만 십진수로 변환하였다.

앞의 이진 비트 패턴은 단순히 수의 **표기방법**일 뿐이라는 것을 명심하라. 실제 수는 무한히 많은 자릿수를 갖고 있다. 그 중 오른쪽 몇 자리만 제외하고는 거의 대부분이 0이다. 보통 앞의 0들은 표시하지 않는다.

이러한 이진 비트 패턴을 더하고 빼고 곱하고 나누는 하드웨어를 설계할 수 있다. 만약 이러한 연산 결과가 하드웨어에 구현된 오른쪽 비트들만으로는 표현이 불가능하면, **오버플로**(overflow)가 발생했다고 말한다. 오버플로가 발생했을 때 어떻게 대처해야 할지는 프로그래밍 언어와 운영체제 및 프로그램의 몫이다.

컴퓨터 프로그램은 양수와 음수를 모두 계산한다. 따라서 양수와 음수를 구별하는 표현방법이 필요하다. 가장 확실한 방법은 별도의 부호를 덧붙이는 것인데, 부호는 한 비트면 표현할 수 있다. 이 표현방법의 이름은 **부호와 크기**(sign and magnitude) 표현법이다.

그러나 부호와 크기 표현법에는 몇 가지 단점이 있다. 첫째로 어디에 부호 비트를 붙여야 하는지가 명확하지 않다. 오른쪽에? 왼쪽에? 초기 컴퓨터들은 두 가지를 다 시도해 보았다. 둘째로 부호와 크기 표현법의 덧셈기는 부호를 결정하기 위해 한 단계가 더 필요하다. 왜냐하면 최종 부호가 무엇이 될지를 미리 알 수 없기 때문이다. 마지막으로 부호 비트가 따로 붙기 때문에 양의 0과 음의 0을 갖는다는 점이다. 이것이 부주의한 프로그래머에게는 문제를 야기할 수 있다. 이런 단점 때문에 부호와 크기 표현법은 곧 쓰지 않게 되었다.

더 좋은 대안을 찾는 가운데, 작은 수에서 큰 수를 뺄 때 부호없는 수의 경우에 결과가 어떻게 될까라는 의문이 대두되었다. 그 답은 0들로 시작되는 수에서 빌림을 수행하게 되어 그 결과는 1들로 시작하는 수가 된다는 것이다.

확실한 대안이 없는 상황에서 최종 결론은 하드웨어를 간략하게 하는 표현방식을 택하는 것이었다. 그 결과 0들이 앞에 나오면 양수이고 1들이 앞에 나오면 음수가 되었다. 부호있는 이진수를 표현하는 이러한 방식은 2의 **보수**(two's complement) 표현법이라고 불린다.

$$
\begin{array}{l}
00000000\ 00000000\ 00000000\ 00000000\ 00000000\ 00000000\ 00000000_{two} = 0_{ten} \\
00000000\ 00000000\ 00000000\ 00000000\ 00000000\ 00000000\ 00000001_{two} = 1_{ten} \\
00000000\ 00000000\ 00000000\ 00000000\ 00000000\ 00000000\ 00000010_{two} = 2_{ten} \\
\ldots \qquad \ldots \\
01111111\ 11111111\ 11111111\ 11111111\ 11111111\ 11111111\ 11111111\ 11111101_{two} = 9{,}223{,}372{,}036{,}854{,}775{,}805_{ten} \\
01111111\ 11111111\ 11111111\ 11111111\ 11111111\ 11111111\ 11111111\ 11111110_{two} = 9{,}223{,}372{,}036{,}854{,}775{,}806_{ten} \\
01111111\ 11111111\ 11111111\ 11111111\ 11111111\ 11111111\ 11111111\ 11111111_{two} = 9{,}223{,}372{,}036{,}854{,}775{,}807_{ten} \\
10000000\ 00000000\ 00000000\ 00000000\ 00000000\ 00000000\ 00000000\ 00000000_{two} = -\ 9{,}223{,}372{,}036{,}854{,}775{,}808_{ten} \\
10000000\ 00000000\ 00000000\ 00000000\ 00000000\ 00000000\ 00000000\ 00000001_{two} = -\ 9{,}223{,}372{,}036{,}854{,}775{,}807_{ten} \\
10000000\ 00000000\ 00000000\ 00000000\ 00000000\ 00000000\ 00000000\ 00000010_{two} = -\ 9{,}223{,}372{,}036{,}854{,}775{,}806_{ten} \\
\ldots \qquad \ldots \\
11111111\ 11111111\ 11111111\ 11111111\ 11111111\ 11111111\ 11111111\ 11111101_{two} = -\ 3_{ten} \\
11111111\ 11111111\ 11111111\ 11111111\ 11111111\ 11111111\ 11111111\ 11111110_{two} = -\ 2_{ten} \\
11111111\ 11111111\ 11111111\ 11111111\ 11111111\ 11111111\ 11111111\ 11111111_{two} = -\ 1_{ten}
\end{array}
$$

전체의 절반인 양수 0부터 $9{,}223{,}372{,}036{,}854{,}775{,}807_{ten}(2^{63}-1)$까지는 앞서와 같은 표현법을 사용한다. 그 다음 비트 패턴($1000\ldots0000_{two}$)은 가장 큰 음수 $-9{,}223{,}372{,}036{,}854{,}775{,}808_{ten}(-2^{63})$을 나타내고, 계속 작은 음수가 이어져서 $-9{,}223{,}372{,}036{,}854{,}775{,}807_{ten}(1000\ldots0001_{two})$부터 $-1_{ten}(1111\ldots1111_{two})$까지 감소한다.

2의 보수에는 대응되는 양수가 없는 음수 $-9{,}223{,}372{,}036{,}854{,}775{,}808_{ten}$이 존재한다. 이러한 불균형이 부주의한 프로그래머에게는 역시 골칫거리지만, 기존의 부호와 크기 표현법은 프로그래머와 하드웨어 설계자 모두에게 문제였었다. 결과적으로 오늘날의 모든 컴퓨터는 부호있는 수를 2의 보수로 표현하고 있다.

2의 보수 표현에서 모든 음수는 MSB가 1이라는 장점이 있다. 따라서 하드웨어가 양수인지 음수인지 알아보려면 MSB만 검사하면 된다(0은 양수로 취급). 그러므로 MSB를 **부호 비트**(sign bit)라고 부른다. 부호 비트의 역할을 이해하면, 비트값에 2의 멱수를 곱한 값으로 64비트의 양수와 음수를 모두 표현할 수 있다.

$$(x_{63} \times -2^{63}) + (x_{62} \times 2^{62}) + (x_{61} \times 2^{61}) + \cdots + (x_1 \times 2^1) + (x_0 \times 2^0)$$

부호 비트에는 -2^{63}을 곱하고, 나머지 비트들은 각각의 위치에 해당하는 양의 기수 값을 곱한다.

이진수를 십진수로 변환

예제

64비트의 2의 보수로 표현된 다음 수의 십진수값은 무엇인가?

$11111111\ 11111111\ 11111111\ 11111111\ 11111111\ 11111111\ 11111111\ 11111100_{two}$

답

위의 공식에 비트값을 대입시키면 다음과 같다.

$$(1 \times -2^{63}) + (1 \times 2^{62}) + (1 \times 2^{61}) + \cdots + (1 \times 2^1) + (0 \times 2^1) + (0 \times 2^0)$$
$$= -2^{63} + 2^{62} + 2^{61} + \cdots + 2^2 + 0 + 0$$
$$= -9,223,372,036,854,775,808_{ten} + 9,223,372,036,854,775,804_{ten}$$
$$= -4_{ten}$$

더 쉽게 음수를 양수로 변환하는 방법을 곧 보게 될 것이다.

부호없는 수의 연산 결과가 오버플로를 발생시킬 수 있는 것처럼 2의 보수 연산에서도 오버플로가 발생한다. 무한히 많은 비트 수로 표현한다면 왼쪽에 무수히 나타날 비트와 실제 이진 비트 패턴의 제일 왼쪽 비트가 서로 다를 때(즉 부호 비트가 틀렸을 때) 오버플로가 발생한 것이다. 결과가 음수인데 MSB가 0이 되거나 양수인데 1이 되는 경우이다.

하드웨어/소프트웨어 인터페이스

부호있는 수와 부호없는 수는 산술연산뿐만 아니라 적재 명령어와도 상관이 있다. 부호있는 적재의 경우 레지스터의 남는 곳을 채우기 위해 부호를 반복하여 복사—부호확장(sign extension)이라고 불린다—하게 된다. 이것의 목적은 레지스터 내부에 정확한 값을 적재하기 위함이다. 부호없는 적재의 경우에는 단순히 데이터의 왼쪽을 0으로 채운다.

64비트 레지스터에 64비트 더블워드를 적재할 경우에는 논의할 여지 없이 부호있는 적재와 부호없는 적재가 동일하다. ARMv8은 바이트 적재를 위해 두 개의 명령어를 제공한다. `LDURB`(load byte) 명령어는 바이트를 부호없는 수로 간주하고 남은 56

비트를 0으로 채운다. 반면에 LDURSB(load byte signed) 명령어는 바이트를 부호있는 정수로 간주하여 부호확장한 후 레지스터를 채운다. C 프로그램의 바이트는 매우 짧은 부호있는 정수보다는 문자를 표시하는 데 더 많이 사용되므로, 바이트 적재에 실제로는 LDURB 명령어만 사용된다.

하드웨어/소프트웨어 인터페이스

앞에서 논의한 부호있는 숫자와는 달리, 메모리 번지는 자연스럽게 0에서부터 시작해서 가장 큰 주소까지 이어진다. 음수 주소는 의미가 없다. 따라서 프로그램이 양수도 될 수 있고 음수도 될 수 있는 수를 다루기를 원할 때도 있고, 양수값만 갖는 수를 다루고자 할 때도 있다. 어떤 프로그래밍 언어에는 이러한 구별이 잘 반영되어 있다. 예를 들어 C 언어에서는 전자를 **정수**(integer: 프로그램에서는 `long long int`로 선언)라고 부르며, 후자를 **부호없는 정수**(unsigned integer: `unsigned long long int`)라고 부른다. 이 구별을 명확히 하기 위해 전자를 `signed long long int`로 선언할 것을 권고하는 C 스타일 지침도 있다.

2의 보수 연산에서 사용할 수 있는 두 가지 빠른 계산법을 알아보자. 첫 번째는 2의 보수 이진수의 부호를 바꾸는 빠른 방법이다. 모든 0을 1로, 1은 0으로 바꾸고 거기에 1을 더한다. 이 방식은 원래 수와 모든 비트를 역전시킨 수의 합은 $111\ldots111_{two}$, 즉 -1이라는 데 기초하고 있다. $x + \bar{x} = -1$이므로, $x + \bar{x} + 1 = 0$ 또는 $\bar{x} + 1 = -x$이다($\bar{x}$는 x에서 각 비트를 역전, 즉 0은 1로, 1은 0으로 바꾼 것을 의미한다).

빠른 부호 바꾸기

예제

2_{ten}의 부호를 바꾸고, -2_{ten}의 부호를 다시 바꿔서 결과를 확인하라.

답

2_{ten} = 00000000 00000000 00000000 00000000 00000000 00000000 00000000 00000010_{two}

0은 1로, 1은 0으로 바꾸고 1을 더하여 부호를 바꾼다.

```
  11111111 11111111 11111111 11111111 11111111 11111111 11111111 11111101two
+                                                                       1two
-----------------------------------------------------------------------------
= 11111111 11111111 11111111 11111111 11111111 11111111 11111111 11111110two
= -2ten
```

반대로 해 보자.

$11111111\ 11111111\ 11111111\ 11111111\ 11111111\ 11111111\ 11111111\ 11111110_{two}$

을 먼저 0은 1로, 1은 0으로 바꾸고 1을 더한다.

$$
\begin{array}{rl}
 & 00000000\ 00000000\ 00000000\ 00000000\ 00000000\ 00000000\ 00000000\ 00000001_{two} \\
+ & 1_{two} \\
\hline
= & 00000000\ 00000000\ 00000000\ 00000000\ 00000000\ 00000000\ 00000000\ 00000010_{two} \\
= & 2_{ten}
\end{array}
$$

두 번째 빠른 계산법은 n비트로 표현된 이진수를 n비트보다 긴 수로 바꾸는 방법이다. 빠른 방법은 짧은 이진수의 최상위 비트(부호 비트)를 취해서 비어 있는 왼쪽 부분에 채우고, 원래의 n비트 값은 긴 수의 오른쪽 부분에 그대로 복사하는 것이다. 이러한 방법을 보통 **부호확장**(sign extension)이라고 부른다.

빠른 부호확장

예제

16비트 이진수 2_{ten}과 -2_{ten}을 64비트 이진수로 변환하라.

답

2의 16비트 표현은 다음과 같다.

$$0000\ 0000\ 0000\ 0010_{two} = 2_{ten}$$

최상위 비트(0)를 취해서 워드의 왼쪽 부분에 48번 복사하고, 워드의 오른쪽 부분에는 원래의 값을 그대로 복사해서 64비트 이진수로 만들 수 있다.

$$00000000\ 00000000\ 00000000\ 00000000\ 00000000\ 00000000\ 00000000\ 00000010_{two} = 2_{ten}$$

16비트 이진수 2를 앞의 빠른 계산방법으로 부호를 바꿔 −2를 만들자.

$$0000\ 0000\ 0000\ 0010_{two}$$

는 다음과 같이 된다.

$$
\begin{array}{rl}
 & 1111\ 1111\ 1111\ 1101_{two} \\
+ & 1_{two} \\
\hline
= & 1111\ 1111\ 1111\ 1110_{two}
\end{array}
$$

음수를 32비트로 변환하려면 부호 비트 1을 48번 복사하여 왼쪽에 넣는다.

$$11111111\ 11111111\ 11111111\ 11111111\ 11111111\ 11111111\ 11111111\ 11111110_{two} = -2_{ten}$$

2의 보수법으로 표현된 양수가 실제로는 왼쪽에 끝없이 많은 0을 가지고 있고, 음수는 끝없이 많은 1을 가지고 있기 때문에 이 방식이 가능한 것이다. 수를 나타내는 이진 비트 패턴은 하드웨어 폭에 맞추기 위해 왼쪽의 비트들을 숨기고 있는데, 부호확장은 단순히 이들 중 약간만을 복원하는 것이라고 생각할 수 있다.

요약

이 절의 주안점은 컴퓨터 워드에 양수와 음수를 모두 나타낼 필요가 있다는 것이고, 이를 위해 여러 가지 방식이 제안되어 왔지만 1965년 이후에는 2의 보수 표현법으로 통일되었다는 점이다.

고난도: 십진수는 크기에 대한 제한 사항이 없기 때문에 음수를 표현하기 위해 "–"를 사용하였다. 하지만 이진수와 16진수 비트열(그림 2.4 참조)은 고정된 워드 크기 내에서 부호를 표시할 수 있으므로 일반적으로 "+" 나 "–"를 사용하지 않는다.

스스로 점검하기 다음 64비트 2의 보수법으로 표현된 수에 해당하는 십진수는?

$11111111\ 11111111\ 11111111\ 11111111\ 11111111\ 11111111\ 11111111\ 11111000_{two}$

1. -4_{ten}
2. -8_{ten}
3. -16_{ten}
4. $18,446,744,073,709,551,609_{ten}$

1의 보수 절댓값이 가장 큰 음수를 $10...000_{two}$로 나타내고 가장 큰 양수를 $01...11_{two}$로 나타내며, 같은 개수의 양수와 음수를 나타내는 표현방법. 양의 0($00...00_{two}$)과 음의 0($11...11_{two}$) 두 개의 0이 있다. 이 용어는 비트 패턴 내의 모든 0은 1로, 1은 0으로 바꾸는 작업을 지칭하는 데도 사용된다.

바이어스된 표현법 절댓값이 가장 큰 음수를 $00...000_{two}$로 나타내고 가장 큰 양수를 $11...11_{two}$로 나타내며, 0은 $10...00_{two}$로 나타내는 표현방법. 원 숫자에 일정한 바이어스값을 더해서 항상 0보다 크거나 같은 값이 되도록 만든다.

고난도: 2의 보수법이란 이름은 n비트의 수와 그 음수의 합을 부호없는 수로 나타내면 2^n이 된다는 법칙에서 비롯되었다. 따라서 2의 보수법 숫자 x의 보수 즉 음수는 2^n-x이다.

세 번째 숫자 표현법은 **1의 보수**(one's complement)이다. 1의 보수법에서는 모든 비트의 0과 1을 맞바꿔서 음수를 만들 수 있으며, x의 보수는 2^n-x-1이다. 이 방식 또한 부호와 크기 표현방법보다 더 좋은 방법을 찾기 위한 노력의 결과였으며 초창기의 과학계산용 컴퓨터 몇 기종이 이 방법을 채택했었다. 0이 두 가지로 표현되는 것을 제외하면 2의 보수법과 비슷하다. $00...00_{two}$는 양의 0이고 $11...11_{two}$는 음의 0이다. 가장 작은 음수 $10...000_{two}$는 $-2,147,483,647_{ten}$을 나타내며, 따라서 양수와 음수의 개수는 같다. 1의 보수 덧셈기는 맨 끝의 올림수를 처리하기 위해 한 단계를 더 필요로 한다. 따라서 오늘날 2의 보수법이 가장 널리 사용되고 있다.

마지막 표현법은 절댓값이 가장 큰 음수를 $00...000_{two}$로 표현하고 가장 큰 양수는 $11...11_{two}$로 표현하며, 0은 $10...00_{two}$로 표현하는 방식이다. 이 표현은 3장에서 부동소수점을 다룰 때 보게 될 것이다. 숫자에 바이어스값을 더하여 항상 양수로 표현하기 때문에 이 방식을 **바이어스된 표현법**(biased notation)이라고 한다.

2.5 명령어의 컴퓨터 내부 표현

이제 사람이 컴퓨터에 명령을 내리는 방법과 컴퓨터가 명령어를 해석하는 방법 사이의 차이에 대해 설명할 차례이다.

명령어도 컴퓨터 내부에서는 높고 낮은 전기 신호의 연속으로 저장되므로 숫자로 표현할 수 있다. 실제로 명령어의 각 부분을 숫자로 볼 수 있으며, 이 숫자들을 나란히 늘어놓으면 명령어가 된다. LEGv8의 32개 레지스터들도 0부터 31 사이의 숫자로 표시된다.

LEGv8 어셈블리 언어를 기계어로 변환

예제

LEGv8 언어를 예제에서 좀 더 자세히 들여다보도록 하자. 다음 어셈블리 명령어의 실제 LEGv8 언어 버전을 십진수와 이진수 형태로 표현하라.

```
ADD  X9, X20, X21
```

답

십진수 표현은 다음과 같다.

1112	21	0	20	9

명령어의 각 부분을 필드(field)라 부른다. 첫 번째 필드(이 경우에는 1112 부분)는 LEGv8 컴퓨터에게 이 명령어는 덧셈을 수행한다고 알려주는 부분이다. 두 번째 필드는 덧셈에 사용할 두 번째 피연산자 레지스터의 번호(21 = X21), 네 번째 필드는 다른 피연산자 레지스터 번호(20 = X20)를 나타낸다. 다섯 번째 필드는 계산 결과가 들어갈 레지스터의 번호(9 = X9)이다. 이 명령어에서 세 번째 필드는 사용되지 않으므로 0으로 표시했다. 종합하면 이 명령어는 레지스터 X20을 레지스터 X21에 더해서 그 합을 레지스터 X9에 넣으라는 뜻이다.

이 명령어의 각 필드값을 이진수로 표시하면 다음과 같이 된다.

10001011000	10101	000000	10100	01001
11 bits	5 bits	6 bits	5 bits	5 bits

위 예제에서 보인 레이아웃을 명령어 형식(instruction format)이라고 한다. LEGv8 명령어의 길이는 워드 길이인 32비트이다. "간단하기 위해서는 규칙적인 것이 좋다"는 설계 원칙에 따라 모든 LEGv8 명령어는 예외 없이 32비트이다.

명령어 형식 이진수의 필드로 구성된 명령어의 표현 형식.

Hexadecimal	Binary	Hexadecimal	Binary	Hexadecimal	Binary	Hexadecimal	Binary
0_{hex}	0000_{two}	4_{hex}	0100_{two}	8_{hex}	1000_{two}	c_{hex}	1100_{two}
1_{hex}	0001_{two}	5_{hex}	0101_{two}	9_{hex}	1001_{two}	d_{hex}	1101_{two}
2_{hex}	0010_{two}	6_{hex}	0110_{two}	a_{hex}	1010_{two}	e_{hex}	1110_{two}
3_{hex}	0011_{two}	7_{hex}	0111_{two}	b_{hex}	1011_{two}	f_{hex}	1111_{two}

그림 2.4 16진수–2진수 변환표. 이진수를 4비트씩 묶어서 16진수 한 자리로 바꾼다. 16진수를 이진수로 바꾸는 것도 마찬가지이다. 이진수의 길이가 4의 배수가 아닐 때는 오른쪽에서부터 4비트씩 변환해 나간다.

기계어 컴퓨터 시스템 내에서 사용하는 명령어의 이진수 표현.

16진수 16을 기수로 하여 나타낸 숫자.

어셈블리 언어와 구별하기 위하여 명령어를 숫자로 표현한 것을 **기계어**라고 하고, 이런 명령어들의 시퀀스를 기계 코드(machine code)라 한다.

당분간 긴 이진수를 읽고 쓰는 지루한 작업이 불가피할 것으로 보인다. 하지만 쉽게 이진수로 바꿀 수 있는 다른 진법 체계를 사용해서 이 문제를 해결할 수 있다. 거의 모든 컴퓨터의 데이터 길이는 4의 배수이므로 **16진수**(hexadecimal)가 많이 사용된다. 기수 16은 2의 멱승이므로 이진수 4비트를 16진수 숫자 하나로 쉽게 바꿀 수 있다. 16진수를 이진수로 바꾸는 것도 마찬가지이다. 그림 2.4는 16진수와 이진수 간의 변환을 보여 준다.

여러 기수가 뒤섞여서 사용되므로 혼란을 피하기 위해 십진수 뒤에는 ten, 이진수 뒤에는 two, 16진수 뒤에는 hex라는 아래 첨자를 붙인다(첨자가 없는 경우는 십진수로 생각한다). C와 자바에서는 16진수를 0x*nnnn*으로 표시한다.

예제

이진수와 16진수 간의 변환

다음 8자리 16진수를 이진수로 바꾸고, 32비트 이진수는 16진수로 바꾸어라.

$\texttt{eca8 6420}_{hex}$

$\texttt{0001 0011 0101 0111 1001 1011 1101 1111}_{two}$

답

그림 2.4를 이용하면 단순한 변환표 찾기가 된다.

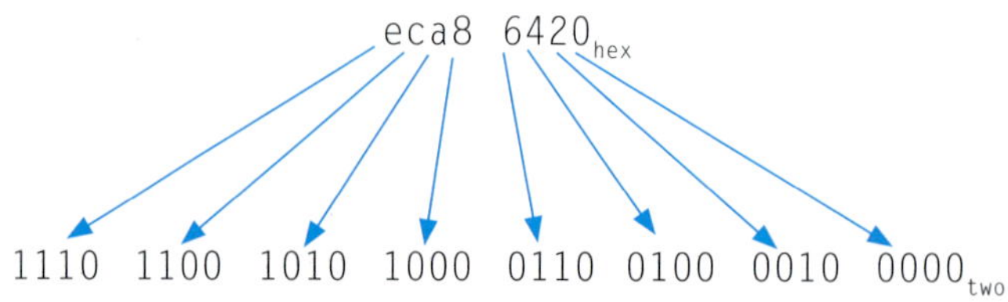

변환표를 반대 방향으로 사용하면 다음과 같다.

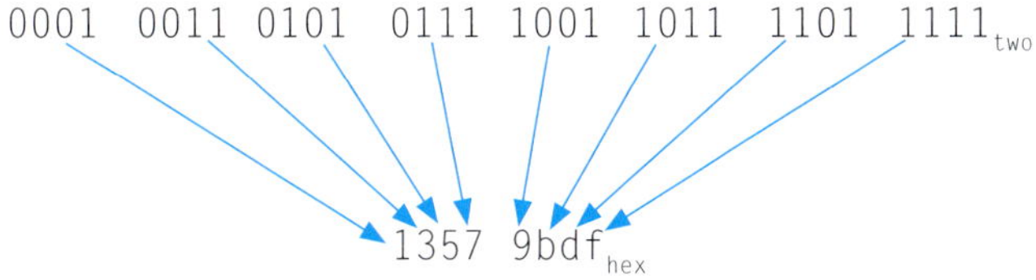

LEGv8 명령어의 필드

표시하기 쉽게 LEGv8 명령어의 각 필드에는 다음과 같은 이름이 붙어 있다.

opcode	Rm	shamt	Rn	Rd
11 bits	5 bits	6 bits	5 bits	5 bits

각 이름의 의미는 다음과 같다.

- opcode: 명령어가 실행할 연산의 종류로서 **연산자**(opcode)라고 부른다.
- Rm: 두 번째 근원지(source) 피연산자 레지스터.
- shamt: 자리이동(shift) 양. (2.6절에서 shift 명령과 이 용어를 설명한다. 그 전까지 이 필드는 사용하지 않고 0으로 채워 둔다.)
- Rn: 첫 번째 근원지 피연산자 레지스터.
- Rd: 목적지(destination) 레지스터. 연산 결과가 기억된다.

연산자 명령어가 수행할 연산과 형식을 나타내는 필드.

이것보다 필드 길이가 더 길어야 하는 경우에는 문제가 생길 수 있다. 예를 들어 load register 명령어는 레지스터 필드 두 개와 상수 필드 하나가 필요하다. 만일 위의 5비트 필드 중 하나를 주소로 쓴다면 2^5=32보다 작은 값만을 사용할 수 있다. 이 필드는 큰 배열이나 자료구조에서 한 원소를 선택하는 데 사용된다. 따라서 31보다 큰 값이 필요한 경우가 많으므로 5비트 필드로는 부족하다.

이런 문제 때문에 모든 명령어의 길이를 같게 하고 싶은 생각과 명령어 형식을 한 가지로 통일하고 싶은 생각 사이에서 충돌이 생긴다. 여기서 마지막 하드웨어 설계 원칙이 도출된다.

설계 원칙 3: 좋은 설계에는 적당한 절충이 필요하다.

LEGv8 설계자들이 택한 절충안은 모든 명령어의 길이를 같게 하되, 명령어 종류에 따라 형식은 다르게 하는 것이었다. 예를 들어 위의 명령어 형식은 R-타입 또는 R-형식(여기서 R은 register를 뜻한다)이라 하는데, 이것만으로는 불충분하기 때문에 D-타입 또는 D-형식이라는 두 번째 명령어 형식을 만들었다. D-타입은 데이터 전송 명령어에서 사용되며 그 모양은 다음과 같다.

opcode	address	op2	Rn	Rt
11 bits	9 bits	2 bits	5 bits	5 bits

9비트 주소를 사용하므로 load register 명령은 베이스 레지스터 Rn에 저장된 주소를 기준으로 $\pm 2^8 = \pm 256$바이트($\pm 2^5 = \pm 32$더블워드) 안에 있는 더블워드를 지정할 수 있다. 이 명령어 형식에서는 레지스터를 32개 이상 사용하기가 어렵다. 그렇게 되면 Rn와 Rt 필드가 더 커져서 한 워드에 모든 정보를 담을 수 없게 된다. (D-타입 명령어의 마지막 필드는 Rd가 아니고 Rt이다. 그 이유는 저장 명령어의 경우 해당 필드는 목적지 레지스터가 아니고 데이터 근원지 레지스터이기 때문이다.)

2.3절의 적재(load register) 명령을 보자.

```
LDUR X9, [X22, #64]  // Temporary reg X9 gets A[8]
```

여기서 Rn 필드에는 22(X22의 번호), Rt 필드에는 9(X9의 번호), 주소 필드에는 64가 들어간다. 이 명령어에서는 Rt 필드의 의미가 적재 결과가 들어갈 **목적지** 레지스터 번호를 표시하는 것으로 바뀐다.

ADDI와 SUBI 같은 수치 명령어와 뒤에 소개할 다른 수치 명령어를 위한 형식도 필요하다. D-형식 명령어가 상수를 넣을 수 있는 9비트 필드를 갖고 있기 때문에 수치 명령어에 D-형식을 사용할 수도 있었지만, ARMv8 설계자는 좀 더 큰 수치 필드가 필요하다고 생각하여 opcode 필드에서 1비트를 가져와 12비트 수치 필드를 만들었다. 수치 즉 **I-형식** 또는 **I-타입**의 필드는 다음과 같다.

opcode	immediate	Rn	Rd
10 bits	12 bits	5 bits	5 bits

명령어 형식이 여러 가지가 되면 하드웨어가 복잡해지지만 모든 형식을 유사하게 함으로써 복잡도를 낮출 수 있었다. 예를 들어 세 가지 형식의 마지막 두 개의 필드는 같은 크기이고 이름도 비슷하며, opcode 필드는 세 형식 중 두 형식에서 같은 크기이다.

명령어 형식을 어떻게 구분하는지 궁금해하는 사람이 많을 텐데, 첫 번째 필드의 값을 보면 형식을 알 수 있다. 형식별로 첫 번째 필드인 opcode가 가질 수 있는 값들이 다르므로, 하드웨어는 opcode를 보고 명령어의 나머지 부분을 어떻게 다룰지 알 수 있다. 그림 2.5는 이제까지 설명한 LEGv8 명령어의 각 필드 내용을 보여 준다.

Instruction	Format	opcode	Rm	shamt	address	op2	Rn	Rd
ADD (add)	R	1112_{ten}	reg	0	n.a.	n.a.	reg	reg
SUB (subtract)	R	1624_{ten}	reg	0	n.a.	n.a.	reg	reg
ADDI (add immediate)	I	580_{ten}	reg	n.a.	constant	n.a.	reg	n.a.
SUBI (sub immediate)	I	836_{ten}	reg	n.a.	constant	n.a.	reg	n.a.
LDUR (load word)	D	1986_{ten}	reg	n.a.	address	0	reg	n.a.
STUR (store word)	D	1984_{ten}	reg	n.a.	address	0	reg	n.a.

그림 2.5 LEGv8 명령어 인코딩. 이 표에서 reg는 0부터 31 사이의 레지스터 번호, address는 9비트 주소 또는 12비트 상수를 나타내고, n.a.(not applicable)로 표시된 것은 이 형식에서는 사용되지 않는 필드이다. op2 필드는 opcode 필드의 확장이다.

LEGv8 어셈블리 언어를 기계어로 번역

예제

X10에 배열 A의 시작 주소가 기억되어 있고 X21은 변수 h에 대응된다고 할 때 다음 C 문장

```
A[30] = h + A[30] + 1;
```

은 아래와 같이 컴파일된다.

```
LDUR X9, [X10, #240]  // Temporary reg X9 gets A[30]
ADD  X9, X21, X9      // Temporary reg X9 gets h + A[30]
ADD  X9, X9, #1       // Temporary reg X9 gets h + A[30] + 1
STUR X9, [X10, #240]  // Stores h + A[30] + 1 back into A[30]
```

이 네 명령어에 해당하는 LEGv8 기계어를 보여라.

답

편의를 위해서 기계어 명령어를 우선 십진수로 표현하기로 한다. 그림 2.5에서 다음과 같은 기계어 표현을 구할 수 있다.

opcode	Rm/address	shamt/op2	Rn	Rd/Rt
1986	240	0	10	9
1112	9	0	21	9
580	1		9	9
1984	240	0	10	9

LDUR 명령어의 opcode값은 1986이다(그림 2.5 참조). Rn 필드에는 베이스 레지스터 번호 10이, Rt 필드에는 목적지 레지스터 번호 9가 들어간다. A[30]을 선택하기 위한 변위값(240 = 30 × 8)은 두 번째 필드인 address 필드에 있다.

두 번째 명령어인 ADD 명령어는 opcode값이 1112, shamt 필드값이 0이다. 레지스터 피연산자 세 개(9, 21, 9)가 각각 두 번째, 네 번째, 다섯 번째 필드에 있다.

ADDI 명령어의 opcode값은 580이며, 두 번째 필드에 수치값 1이 들어가고, 마지막 두 필드에 레지스터 피연산자 두 개(이 경우는 둘 다 9)가 들어간다.

STUR 명령어의 opcode값은 1984이며, 나머지 부분은 LDUR과 같다.

위 명령어를 이진수로 표현하면 다음과 같이 된다(십진수 240을 이진수로 표시하면 0 1111 0000이다).

11111000010	011110000	00	01010	01001
10001011000	01001	000000	10101	01001
1001000100	000000000001		01001	01001
11111000000	011110000	00	01010	01001

첫 번째와 마지막 명령어의 이진수 표현이 매우 유사함에 주목하라. 유일한 차이점은 왼쪽에서 열 번째 비트의 값이다.

고난도: ARMv8 어셈블리 언어 프로그래머들이 상수를 사용할 때 꼭 ADDI를 사용해야 하는 것은 아니다. 그냥 ADD를 사용하면 피연산자들이 모두 레지스터인지(R-형식) 아니면 하나는 상수인지(I-형식)를 보고 어셈블러가 알아서 알맞은 opcode와 알맞은 명령어 형식을 만든다. 이 책에서는 opcode와 명령어 형식이 다르면 LEGv8은 다른 이름을 사용한다. 그렇게 하는 것이 어셈블리 언어와 기계어를 대비해서 소개할 때 혼동할 가능성이 적다고 생각하기 때문이다.

고난도: MIPS와는 달리 LEGv8의 I-형식 수치 필드는 부호확장이 아니고 0이 확장된다. 따라서 MIPS는 ADDI 명령어만 가지고 음과 양의 수치값을 모두 쓰지만, LEGv8은 ADDI와 SUBI 명령어를 따로 가지고 있다.

하드웨어/소프트웨어 인터페이스

모든 명령어의 길이를 같게 하려는 욕망과 더 많은 레지스터를 갖으려는 욕망이 충돌을 일으킨다. 레지스터 개수를 늘리게 되면 명령어 형식에서 각각의 레지스터 필드는 적어도 1비트가 더 필요하게 된다. 이 같은 제한 조건과 작은 것이 더 빠르다라고 하는 설계 원칙 때문에 오늘날 대부분의 명령어 집합은 16개 또는 32개의 범용 레지스터를 갖고 있다.

그림 2.6에 이 절에서 설명한 LEGv8 기계어를 요약하였다. 서로 관련이 있는 명령어의 이진수 표현을 유사하게 하면 하드웨어 설계가 간단해짐을 4장에서 보게 될 것이다. 이것은 LEGv8 구조가 갖는 규칙성의 또 다른 예이다.

요점정리

오늘날의 컴퓨터는 두 가지 중요한 원리에 바탕을 두고 있다.

1. 명령어는 숫자로 표현된다.
2. 프로그램은 메모리에 기억되어 있어서 데이터처럼 읽고 쓸 수 있다.

이것이 **내장 프로그램**의 개념이다. 이 개념을 발명한 덕택에 컴퓨터가 눈부시게 발전할 수 있었다. 그림 2.7은 내장 프로그램의 장점을 보여 준다. 메모리에는 편집기가 편집 중인 소스 코드, 컴파일된 기계어 프로그램, 실행 프로그램이 사용하는 텍스트 데이터, 심지어는 기계어를 생성하는 컴파일러까지도 기억될 수 있다.

LEGv8

Name	Format	Example						Comments
ADD	R	1112	3	0		2	1	ADD X1, X2, X3
SUB	R	1624	3	0		2	1	SUB X1, X2, X3
ADDI	I	580	100			2	1	ADDI X1, X2, #100
SUBI	I	836	100			2	1	SUBI X1, X2, #100
LDUR	D	1986	100		0	2	1	LDUR X1, [X2, #100]
STUR	D	1984	100		0	2	1	STUR X1, [X2, #100]
Field size		11 or 10 bits	5 bits	5 or 4 bits	2 bits	5 bits	5 bits	All ARM instructions are 32 bits long
R-format	R	opcode	Rm	shamt		Rn	Rd	Arithmetic instruction format
I-format	I	opcode	immediate			Rn	Rd	Immediate format
D-format	D	opcode	address		op2	Rn	Rt	Data transfer format

그림 2.6 **2.5절까지 소개된 LEGv8 구조.** 이제까지 소개된 LEGv8 명령어 형식은 R과 I 및 D 형식이다. 마지막 10비트는 Rn 필드(근원지 중 하나)와 Rd 또는 Rt 필드(목적지 레지스터를 지정한다. 단 저장 명령어인 경우에는 저장할 값을 표시한다)를 포함하고 있다. R-형식은 나머지 22비트를 11비트 opcode, 5비트 Rm 필드, 6비트 shamt 필드(2.6절에서 설명)로 나누어 사용하는데 Rm 필드는 근원지 피연산자를 나타낸다. I-형식 명령어는 12비트를 하나의 수치 필드로 사용하며 따라서 opcode 필드는 10비트가 된다. D-형식 명령어는 R-형식 명령어처럼 11비트 opcode를 사용하며 9비트 주소 필드, 2비트 op2 필드를 사용한다. op2 필드는 논리적으로는 opcode 필드의 확장이다.

명령어를 숫자처럼 취급하게 된 결과, 프로그램이 이진수 파일 형태로 판매되게 되었다. 이것이 상업적으로는 만약 기존 명령어 집합과 호환성이 있다면 다른 컴퓨터의 소프트웨어를 물려받을 수 있다는 의미를 갖는다. 이러한 "이진 호환성(binary compatibility)" 문제 때문에 상업적으로 살아남는 명령어 집합 구조는 극히 소수로 집약된다.

스스로 점검하기

다음은 어떤 LEGv8 명령어를 표현하는가? 다음 중 하나를 선택하라.

opcode	Rm	shamt	Rn	Rd
1624	9	0	10	11

1. SUB X9, X10, X11
2. ADD X11, X9, X10
3. SUB X11, X10, X9
4. SUB X11, X9, X10

고난도: 그림 2.1의 LEGv8 명령어는 개수가 별로 많지 않은데 opcode 필드가 왜 그리 큰지 이상해 보였을 것이다. 주된 요인은 ARMv8의 전체 명령어 집합이 매우 크다는 사실이다. 어떻게 세느냐에 따라 다르겠지만 천 개가 넘는다. 이 장의 후반부 절들과 3장, 5장에서 ARMv8의 전체 명령어 집합을 간략히 살펴볼 생각이다.

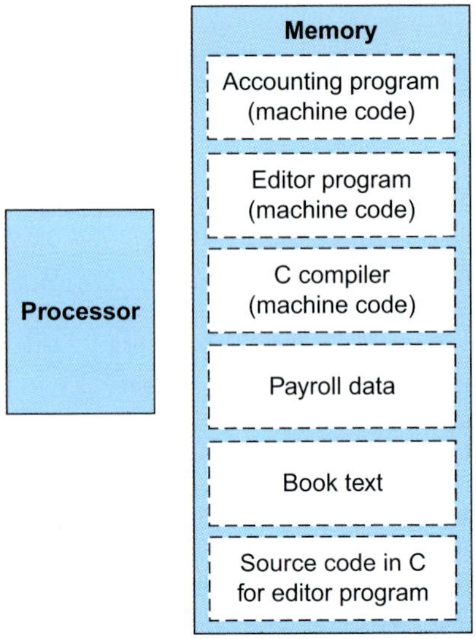

그림 2.7 내장 프로그램의 개념. 내장 프로그램 개념은 회계 처리를 하던 컴퓨터가 눈 깜짝할 사이에 작가의 원고 집필을 도와주는 컴퓨터로 변할 수 있게 한다. 프로그램과 데이터를 메모리에 적재하고 컴퓨터한테 어떤 위치에서 실행을 시작할지만 알려주면 이런 전환이 일어난다. 명령어를 데이터와 똑같이 취급함으로써 컴퓨터 시스템의 메모리 하드웨어와 소프트웨어가 모두 간단해진다. 특히 데이터 저장을 위해 개발된 메모리 기술이 프로그램 저장에도 그대로 사용될 수 있으며, 컴파일러 같은 프로그램이 인간에게 편리한 형태로 작성된 코드를 컴퓨터가 이해할 수 있는 코드로 바꿀 수 있는 것도 이 특성 덕분이다.

2.6 논리연산 명령어

"Contrariwise," continued Tweedledee, "if it was so, it might be; and if it were so, it would be; but as it isn't, it ain't. That's logic."

Lewis Carroll, *Alice's Adventures in Wonderland*, 1865

초기의 컴퓨터는 워드 전체에 대한 처리에만 관심을 가졌으나, 워드 내 일부 비트들에 대한 연산, 심지어는 개개 비트에 대한 연산도 필요하다는 것이 곧 명백해졌다. 워드 내에 8비트로 저장된 문자를 검사하는 작업이 이러한 연산의 한 예이다(2.9절 참조). 뒤를 이어, 비트들을 워드로 묶는(packing) 작업과 워드를 비트 단위로 나누는(unpacking) 작업을 간단하게 하는 연산들이 프로그래밍 언어와 명령어 집합 구조에 추가되었다. 이러한 명령어들을 **논리연산** 명령어라 부른다. 그림 2.8은 C, 자바와 LEGv8의 논리연산을 보여 준다.

이러한 연산 중 첫 번째로 **자리이동**(shifts)을 소개한다. 이 명령어는 더블워드 내의 모든 비트를 왼쪽 또는 오른쪽으로 이동시키고, 이동 후 빈 자리는 0으로 채운다. 예를 들어서 X19 레지스터에 다음과 같은 값이 있을 때,

$$00000000\ 00000000\ 00000000\ 00000000\ 00000000\ 00000000\ 00000000\ 00001001_{two} = 9_{ten}$$

Logical operations	C operators	Java operators	LEGv8 instructions
Shift left	<<	<<	LSL
Shift right	>>	>>>	LSR
Bit-by-bit AND	&	&	AND, ANDI
Bit-by-bit OR	|	|	OR, ORI
Bit-by-bit NOT	~	~	EOR, EORI

그림 2.8 C와 자바의 논리연산자와 이에 해당하는 LEGv8 명령어. NOT을 구현하는 한 가지 방법은 FFFF FFFF FFFF $FFFF_{hex}$와 EOR 연산하는 것이다.

왼쪽으로 4번 자리이동을 시키는 명령어를 실행시키면, 다음과 같이 된다.

$00000000\ 00000000\ 00000000\ 00000000\ 00000000\ 00000000\ 00000000\ 10010000_{two} = 144_{ten}$

왼쪽 자리이동과 대칭되는 것이 오른쪽 자리이동이다. LEGv8 자리이동 명령어의 실제 이름은 LSL(logical shift left)과 LSR(logical shift right)이다. 다음은 위의 연산을 수행하는 LEGv8 명령어이다. 단 원래 값은 X19에 있고 결과는 X11 레지스터에 저장된다고 가정한다.

```
LSL X11, X19, #4 // reg X11 = reg X19 << 4 bits
```

R-형식 명령어의 shamt 필드에 대한 설명을 미루어 왔는데 이제 설명할 시기가 되었다. 이것은 자리이동량(shift amount)을 나타내는 것으로 자리이동 명령어에서 사용된다. 따라서 위 명령어의 기계어 형식은 다음과 같다.

opcode	Rm	shamt	Rn	Rd
1691	0	4	19	11

LSL은 opcode가 1691, Rd는 11, Rn은 19, shamt는 4를 갖도록 인코딩되었다. Rm 필드는 사용하지 않으므로 0이 된다.

LSL 명령은 또 다른 용도로 사용될 수 있다. 왼쪽으로 *i*비트 자리이동하면 2^i을 곱한 것과 같은 결과가 된다. 십진수 숫자를 *i*자리만큼 자리이동하면 10^i를 곱한 것처럼 되는 것과 똑같다. 예를 들어 위의 LSL로 4자리가 이동되었으므로 2^4 즉 16을 곱한 것과 같다. 첫 비트열의 값이 9이고, 자리이동 후 비트열의 값은 $9 \times 16 = 144$이다.

또 다른 유용한 연산은 AND이다(영어의 접속사와 구별하기 위해 대문자로 표기하였다). AND는 비트 대 비트 연산자로서 두 비트값이 모두 1일 경우에만 결과가 1이 된다. 예를 들어, X11 레지스터에 다음 값이 있고,

AND 비트별 연산으로 두 피연산자의 해당 비트가 모두 1일 경우에만 결과치가 1이 된다.

$00000000\ 00000000\ 00000000\ 00000000\ 00000000\ 00000000\ 00001101\ 11000000_{two}$

X10 레지스터에는 다음과 같은 값이 있을 때,

$$00000000\ 00000000\ 00000000\ 00000000\ 00000000\ 00000000\ 00111100\ 00000000_{two}$$

다음과 같은 LEGv8 명령어를 실행하고 나면

```
AND X9, X10, X11 // reg X9 = reg X10 & reg X11
```

X9 레지스터의 값은 다음과 같이 될 것이다.

$$00000000\ 00000000\ 00000000\ 00000000\ 00000000\ 00000000\ 00001100\ 00000000_{two}$$

보는 바와 같이 AND는 어떤 비트 패턴에서 0의 위치에 해당하는 비트들을 강제로 0으로 만드는 데 사용할 수 있다. AND와 함께 쓰이는 이러한 비트 패턴은 일부 비트를 감추는 역할을 하기 때문에 **마스크**(mask)라고 부른다.

OR 비트별 연산으로 두 개의 피연산자 중 하나의 해당 비트가 1이면 결과치가 1이 되는 비트별 논리연산.

AND와 대칭되는 연산으로 OR가 있다. 이 또한 비트 대 비트 연산자로 두 비트 중 하나만 1이면 결과가 1이 되는 것이다. 앞의 예에서 사용한 X10, X11 레지스터의 값이 변하지 않았다고 하면, 다음 LEGv8 명령어 수행 결과

```
ORR X9, X10, X11 // reg X9 = reg X10 | reg X11
```

X9 레지스터의 값은 다음과 같이 될 것이다.

$$00000000\ 00000000\ 00000000\ 00000000\ 00000000\ 00000000\ 00111101\ 11000000_{two}$$

NOT 피연산자는 한 개. 각 비트의 값을 반대로 바꾸는 비트 대 비트 논리연산. 즉, 모든 1은 0으로, 0은 1로 바꾼다.

EOR 두 피연산자를 비트별로 exclusive OR를 한다. 두 피연산자가 다를 때에만 1이 된다.

마지막 논리연산은 NOT이다. 피연산자 하나를 받아서 피연산자의 비트가 1이면 결과를 0으로, 0이면 결과를 1로 만든다. 앞선 표현법을 사용하면 NOT은 $\bar{x}$를 계산한다.

ARMv8 설계자들은 3-피연산자 형식을 유지하기 위해 NOT 대신 EOR(exclusive OR) 명령어를 포함시켰다. exclusive OR는 두 비트가 같을 때 0, 다를 때 1이 되므로, NOT은 EOR 111...111과 같다.

앞에서 사용한 레지스터 X10이 바뀌지 않았고, 레지스터 X12에 0이 있다면, 다음 LEGv8 명령어의

```
EOR X9, X10, X12 // reg X9 = reg X10 | reg X12
```

실행 결과 X9에는 다음 값이 기억된다.

$$00000000\ 00000000\ 00000000\ 00000000\ 00000000\ 00000000\ 00110001\ 11000000_{two}$$

그림 2.8은 C와 자바의 논리연산자와 이에 대응하는 LEGv8 명령어를 보여 준다. 상수는 산술연산에서뿐만 아니라 논리연산에서도 유용하다. 그래서 LEGv8은 ANDI(and immediate)와 ORRI(or immediate) 및 EORI(exclusive or immediate) 명령어도 제공한다.

고난도: C에서는 더블워드 안에서 **비트 필드**(bit field) 또는 **필드**라는 것을 정의할 수 있다. 이를 이용하면 하나의 더블워드 안에 여러 값을 넣을 수도 있고 입출력 장치같이 외부의 융통성 없는 인터페이스에 맞출 수도 있다. 모든 필드는 하나의 더블워드에 들어갈 수 있는 크기이어야 하며 최소 길이 1비트의 부호없는 정수이다. C 컴파일러는 LEGv8의 논리연산 `AND`, `ORR`, `LSL`, `LSR` 등을 사용하여 필드를 삽입하거나 추출한다.

고난도: ARMv8의 완전한 명령어 집합에서 `ANDI`, `ORRI`, `EORI`의 수치 필드는 단순한 12비트 수치가 아니다. ARMv8도 ARMv7처럼 복잡한 알고리즘을 사용하여 수치값을 인코딩하는 흔치 않은 특징을 가지고 있다. ARMv8은 이 작업에 반복적 패턴을 사용한다. 이것은 어떤 작은 상수들(예를 들면 1, 2, 3, 4, 6 등)은 유효하지만 다른 상수들(예를 들면 −1, 0, 5 등)은 유효하지 않다는 것을 의미한다. 하지만 LEGv8은 `ADDI`에서 보는 바와 같이 일반적인 12비트 수치값을 사용한다. 이러한 차이 때문에 `EORI X1, X1, #5`가 LEGv8에서는 합법적이지만 ARMv8에서는 합법적이지 않다. 이런 이상한 수치값 인코딩은 다른 명령어 집합에서는 거의 사용되지 않을 뿐 아니라 4장의 데이터패스를 너무나 복잡하게 만들기 때문에 본서에서는 제외하였다.

스스로 점검하기

다음 어떤 연산이 더블워드 내의 필드 하나를 분리할 수 있는가?

1. AND
2. 왼쪽 자리이동 후 오른쪽 자리이동

고난도: 다른 컴퓨터 구조와는 달리 ARMv8과 ARMv7은 산술 및 논리 연산 명령어의 일부로 레지스터 자리이동을 할 수 있다. 덧셈을 하면서 자리이동을 함께 하거나, 뺄셈이나 AND 연산을 하면서 자리이동을 함께 하는 식이다. 이런 조합을 사용하는 컴퓨터 구조는 거의 없으며 컴파일러가 이런 조합을 자주 만들어 내지도 않는다. 게다가 이것을 지원하려면 4장의 데이터패스가 아주 복잡해져서 다른 컴퓨터들의 데이터패스와 매우 달라진다. 이런 이유로 본서는 다른 컴퓨터 구조처럼 자리이동을 독립적인 명령어로 취급하기로 하였다. `XZR`을 이용하는 `ADD`나 `XZR`을 이용하는 `OR`를 사용하여 자리이동을 합성할 수도 있지만, 자리이동이 `ADD`나 `OR`와 같은 opcode를 사용하는 것이 좀 혼란스러울 수 있기 때문에, ARMv8의 권고에 따라 `UBFM`(unsigned bitfield move) 명령어와 opcode를 사용하겠다(LSL과 LSR 대신에). `LSL`과 `LSR` 사용 시에는 Rm 필드와 shamt 필드에는 간단히 0과 실제 자리이동량을 넣게 하였는데, 이것이 ARMv8 어셈블리 언어에서 실제 보여지는 것이다. `UBFM` 명령어 사용 시 `UBFM`의 Rm과 shamt 필드에 들어가야 하는 값은 `LSL`의 경우 (−자리이동량 MOD 64)와 (63−자리이동량)이고, `LSR`의 경우는 자리이동량과 63이다. ARMv8에서 opcode 필드는 수치필드의 일부 정보를 포함하기 때문에 두 경우를 구분하기 위하여 `LSL`과 `LSR`의 opcode로 1691과 1690을 사용한다.

The utility of an automatic computer lies in the possibility of using a given sequence of instructions repeatedly, the number of times it is iterated being dependent upon the results of the computation.... This choice can be made to depend upon the sign of a number (zero being reckoned as plus for machine purposes). Consequently, we introduce an [instruction] (the conditional transfer [instruction]) which will, depending on the sign of a given number, cause the proper one of two routines to be executed.

Burks, Goldstine, and von Neumann, 1947

2.7 판단을 위한 명령어

컴퓨터가 단순한 계산기와 다른 점은 판단 기능이 있다는 것이다. 입력 데이터나 연산 결과에 따라 다른 명령어를 실행할 수 있다. 프로그래밍 언어에서는 보통 *if* 문장으로 (때에 따라서는 *go to* 문과 레이블을 함께 써서) 판단 기능을 표현한다. LEGv8 어셈블리 언어는 *go to*가 있는 *if* 문과 비슷한 두 개의 판단 명령어를 갖고 있다. 처음 볼 명령어는

```
CBZ  register, L1
```

인데 `register`의 값이 0이면 `L1`에 해당하는 문장으로 가라는 뜻이다. `CBZ`는 compare and branch if zero를 의미한다. 또 다른 명령어는

```
CBNZ  register, L1
```

로, `register`값이 0이 아니면 `L1`로 가라는 뜻이다. `CBNZ`는 compare and branch if not zero를 의미한다. 이런 명령어들을 전통적으로 **조건부 분기**(conditional branch)라 부른다.

조건부 분기 값을 검사하고 검사 결과에 따라 프로그램 내의 새로운 주소로 제어를 넘기는 명령어.

예제

*if-then-else*를 조건부 분기로 번역

다음 코드에서 `f`, `g`, `h`, `i`, `j`는 변수이고, 각각은 레지스터 `X19`부터 `X23`에 해당한다. 아래의 C 언어 *if* 문장을 컴파일한 코드는?

```
if (i == j) f = g + h;  else f = g - h;
```

답

그림 2.9는 LEGv8 코드가 해야 할 일을 보여 주는 순서도이다. 첫 번째 부분은 레지스터 내의 두 변숫값이 같은지 비교하는 것이다. 앞의 명령어들은 레지스터값이 0인지 아닌지 비교하는 일만 할 수 있기 때문에, 첫 단계는 `i`에서 `j`를 빼서 그 차이가 0인지 아닌지 보는 것이다. 그 차이가 0이라면 분기(`CBZ`)를 할 수 있다. 그러나 실제로는 조건을 반대로 검사해서 차이가 0이 아닐 경우에 분기(`CBNZ`)하는 것이 더 효율적이다. `i`에서 `j`를 뺀 결과를 갖는 레지스터로 `X9`를 사용한다면 다음과 같다.

```
SUB   X9, X22, X23    // X9 = i - j
CBNZ  X9, Else        // go to Else if  i ≠ j  (X9 ≠ 0)
```

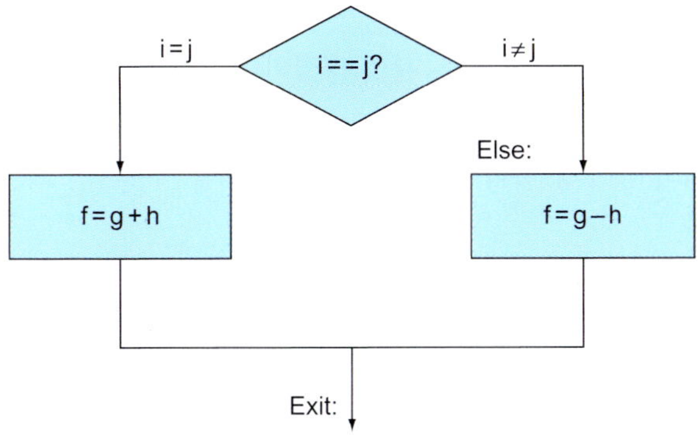

그림 2.9 예제 *if* 문장의 선택사항 도시. 왼쪽 사각형은 *if* 문의 *then* 부분, 오른쪽 사각형은 *else* 부분에 해당한다.

다음 치환문은 연산 하나를 실행하는 것이므로 피연산자가 모두 레지스터에 있다면 명령어 하나로 번역된다.

```
ADD X19, X20, X21    // f = g + h (skipped if i ≠ j)
```

이 명령을 실행한 후에는 *if* 문장의 끝부분으로 가야 한다. 이것은 무조건 분기(unconditional branch)라는 새로운 종류의 분기 명령으로 해결한다. 이 명령어는 프로세서에게 항상 분기하라고 말한다. 조건부 분기와 무조건 분기를 구분하기 위하여, LEGv8에서는 이런 종류의 명령어에 branch라는 이름을 붙이고 간략하게 B로 사용한다(레이블 Exit는 나중에 정의한다).

```
B Exit       // go to Exit
```

else 부분의 치환문도 역시 명령어 하나로 번역된다. 단 이 명령어에는 Else라는 레이블을 붙여야 한다. 그리고 이 명령어 뒤에는 *if-then-else* 문장의 끝을 표시하는 Exit라는 레이블을 둔다.

```
Else: SUB X19, X20, X21  // f = g – h (skipped if i = j)
Exit:
```

어셈블러가 컴파일러나 어셈블리 언어 프로그래머가 지겨운 분기 주소 계산을 하지 않도록 해 준다는 것을 기억하라. 이는 마치 적재와 저장 명령어를 위해 데이터 주소를 계산해 주는 것과 똑같다(2.12절 참조).

하드웨어/소프트웨어 인터페이스

컴파일러가 소스 프로그램에는 없는 분기 명령이나 레이블을 만들어 내는 경우가 많이 있다. 필요한 레이블과 분기 명령을 일일이 표시하지 않아도 되는 것이 상위 수준 프로그래밍 언어의 장점 중 하나이며, 상위 수준 언어를 사용하면 코딩이 더 빨라지는 이유이기도 하다.

순환문

판단 기능은 둘 중의 하나를 선택하는 데도(*if* 문장 사용) 중요하지만 계산의 반복에도(순환문 사용이) 중요하다. 두 경우에 모두 같은 어셈블리 명령어가 사용된다.

while 순환문의 번역

예제

아래에 전형적인 C 순환문이 있다.

```
while (save[i] == k)
       i += 1;
```

i와 k가 레지스터 X22와 X24에 할당되었고 배열 save의 시작 주소가 X25에 저장되어 있다고 할 때 위 C 문장에 해당하는 LEGv8 어셈블리 코드를 보여라.

답

첫 번째 할 일은 save[i]를 임시 레지스터로 가져오는 일이다. save[i]를 임시 레지스터에 적재하려면 먼저 그 주소를 구해야 한다. 바이트 주소 문제 때문에 인덱스 i에 8을 곱해서 save의 시작 주소에 더해야 주소가 만들어진다. 3비트씩 좌측 자리 이동을 하면 8을 곱한 것과 같으므로(2.6절 참조) LSL 연산을 사용할 수 있다. 순환의 끝에서 처음 명령어로 되돌아갈 수 있도록 Loop라는 레이블을 추가한다.

```
Loop: LSL X10, X22, #3    // Temp reg X10 = i * 8
```

X10 값에다 X25에 있는 save의 베이스 주소 값을 더하여 save[i]의 주소를 계산한다.

```
ADD X10, X10, X25    // X10 = address of save[i]
```

이제 이 주소를 이용해서 save[i]를 임시 레지스터에 넣을 수 있다.

```
LDUR X9, [X10, #0]  // Temp reg X9 = save[i]
```

다음 명령어는 save[i]에서 k를 빼서 그 차이를 X11에 넣는다. 이는 반복 검사를 위한 준비 과정으로, X11이 0이 아니면 둘은 다른 값이다(save[i] ≠ k).

```
SUB  X11, X9, X24   //  X11 = save[i] - k
```

다음 명령어는 반복 검사를 수행해서 save[i] ≠ k이면 빠져나간다.

```
CBNZ X11,  Exit    // go to Exit if save[i] ≠ k (X11 ≠ 0)
```

다음은 i에 1을 더하는 명령어이다.

```
ADDI X22, X22, #1   // i = i + 1
```

순환문의 끝에서는 맨 앞의 *while* 조건 검사로 되돌아가야 한다. 그리고 이 명령의 다음에 Exit 레이블을 넣으면 번역이 끝난다.

```
B     Loop          // go to Loop

Exit:
```

(이 프로그램을 최적화하는 방법은 연습문제를 참조하라.)

하드웨어/소프트웨어 인터페이스

이렇게 분기 명령어로 끝나는 명령어 시퀀스는 컴파일러에게 특히 중요한 의미가 있기 때문에 기본 블록(basic block)이라는 별칭이 붙어 있다. 기본 블록이란 분기 명령을 포함하지 않으며(맨 끝에는 있을 수 있다) 분기 목적지나 분기 레이블도 없는(맨 앞에 있는 것은 허용된다) 시퀀스이다. 컴파일의 초기 단계 작업 중 하나는 프로그램을 기본 블록으로 나누는 일이다.

기본 블록 분기 명령을 포함하지 않으며(맨 끝에는 있을 수 있다) 분기 목적지나 분기 레이블도 없는(맨 앞에 있는 것은 허용된다) 명령어 시퀀스.

같은지 다른지 비교하는 것이 아마도 가장 흔한 검사이겠지만, 경우에 따라서는 두 변수 간의 대소 비교가 필요할 때도 있다. 예를 들어 *for* 순환문에서 인덱스 변숫값이 0보다 작은지를 검사할 때가 있다. 필요한 비교를 모두 나열하면 less than(<), less than or equal(≤), greater than(>), greater than or equal(≥), equal(=), not equal(≠) 등이 있다.

비교 명령은 부호있는 수와 부호없는 수 사이의 이분법도 다루어야 한다. 어떤 때는 MSB가 1인 수가 음수를 나타내는데, 이때는 당연히 MSB가 0인 어떤 양수보다도 작다. 하지만 부호없는 정수의 경우에는 MSB가 1인 수가 MSB가 0인 어떤 수보다도 더 크다(MSB의 이러한 이중적 의미를 이용하여 배열 경계 검사 비용을 줄이는 방법을 곧 보게 될 것이다).

컴퓨터 설계자들은 명령어 실행 중에 일어났던 일을 기록하는 비트 네 개만 추가로 사용하면 이런 문제를 처리할 수 있다는 것을 이미 오래 전에 알아냈다. 추가된 네 비트를 컨디션 코드(condition code) 또는 flag라 부른다.

- 음수(N) – 연산 결과의 MSB 비트가 1이면 1이 된다.
- 제로(Z) – 연산 결과가 0이면 1이 된다.
- 오버플로(V) – 연산 결과에 오버플로가 발생하면 1이 된다.
- 올림수(C) – 연산 결과의 MSB에서 발생한 캐리가 1이거나 MSB로 버로우(borrow)가 발생하면 1이 된다.

조건부 분기는 원하는 조건을 검사하기 위하여 컨디션 코드들의 조합을 사용한다. LEGv8의 조건부 분기 명령어는 `B.cond`인데 `cond`는 부호있는 비교 `EQ`(=또는 Equal), `NE`(≠ 또는 Not Equal), `LT`(< 또는 Less Than), `LE`(≤ 또는 Less Than or Equal), `GT`(> 또는 Greater Than), `GE`(≥ 또는 Greater than or Equal)나 부호없는 비교 `LO`(< 또는 Lower), `LS`(≤ 또는 Lower or Same), `HI`(> 또는 Higher), `HS`(≥ 또는 Higher or Same) 중의 하나가 될 수 있다. 컨디션 코드를 설정하는 명령어가 빼셈(A–B) 명령어인 경우, 그림 2.10은 부호있는 수와 부호없는 수에 대한 모든 비교를 보여 준다.

LEGv8은 그림 2.10에 보이는 10개의 조건부 분기 명령어 외에도 각 컨디션 코드를 테스트하는 네 개의 분기 명령어를 포함하고 있다.

- 음수일 때 분기 (`B.MI`): N=1
- 양수일 때 분기 (`B.PL`): N=0
- 오버플로가 발생할 때 분기 (`B.VS`): V=1
- 오버플로가 없을 때 분기 (`B.VC`): V=0

컨디션 코드를 대체할 수 있는 방법은 두 개의 레지스터를 비교하여 결과에 따라 분기하는 명령어를 갖는 것이다. 또 다른 방법은 두 레지스터를 비교하여 비교의 성공 여부를 세 번째 레지스터에 표시하는 것이다. 이 비교 명령어를 뒤따라 나오는 조건부 분기 명령어가 그 레지스터가 0이 아닌지(사실) 또는 0인지(거짓) 테스트하는 것이다. MIPS의 조건부 분기는 두 번째 방법을 쓴다(2.16절 참조).

컨디션 코드의 단점 중 하나는 항상 컨디션 코드를 설정하는 명령어가 많다면 종속성을 생성하여 파이프라인 실행을 힘들게 할 것이라는 점이다(4장 참조). 따라서 LEGv8은 컨디션 코드를 설정할 수 있는 명령어를 `ADD`, `ADDI`, `AND`, `ANDI`, `SUB`, `SUBI`로 제한하며, 이들 명령어조차도 컨디션 코드를 설정할 것인지 아닌지를 선택하게 하였다. LEGv8 어셈블리 언어에서는 컨디션 코드 설정을 원할 때 이 명령어들의 끝에다 S만 붙이면 된다. 즉 `ADDS`, `ADDIS`, `ANDS`, `ANDIS`, `SUBS`, `SUBIS`가 된다. 이 명령어 이름에는 실제로 플래그라는 용어를 사용한다. 따라서 `ADDS`의 옳은 이름은

	Signed numbers		Unsigned numbers	
Comparison	Instruction	CC Test	Instruction	CC Test
=	B.EQ	Z=1	B.EQ	Z=1
≠	B.NE	Z=0	B.NE	Z=0
<	B.LT	N!=V	B.LO	C=0
≤	B.LE	~(Z=0 & N=V)	B.LS	~(Z=0 & C=1)
>	B.GT	(Z=0 & N=V)	B.HI	(Z=0 & C=1)
≥	B.GE	N=V	B.HS	C=1

그림 2.10 컨디션 코드를 설정하는 명령어가 뺄셈일 때 할 수 있는 모든 비교. 명령어가 ADD나 AND라면 단순히 연산 결과를 0과 비교하는 검사만 할 수 있다. AND의 경우 C와 V는 항상 0이 된다.

"add and set flags(덧셈하고 플래그를 설정하라)"가 된다.

빠른 경계 검사 방법

부호있는 정수를 부호없는 정수처럼 다루면 $0 \le x < y$ 검사 비용을 낮출 수 있는데, 이 검사는 인덱스가 배열의 한계를 벗어났는지 확인하는 검사에 딱 맞는다. 핵심은 2의 보수로 표현된 음수가 부호없는 정수에서의 큰 수처럼 보인다는 것이다. 즉 2의 보수 표현에서는 MSB가 부호 비트이지만 부호없는 정수에서는 큰 값을 의미한다. 따라서 부호없는 비교 $x < y$를 하면, x가 y보다 작은지뿐만 아니라 x가 음수인지도 검사할 수 있다.

LEGv8 어셈블리 언어를 기계어로 변환

예제

위의 방법을 이용하여 다음에서 인덱스가 경계를 넘는지 검사하는 데 필요한 명령어 수를 줄여라. X20 ≥ X11이거나 X20이 음수이면 IndexOutOfBounds로 분기하라.

답

크거나 같은지의 부호없는 비교 즉 B.HS를 이용하면 두 가지 검사를 단번에 할 수 있다.

```
SUBS  XZR, X20, X11   // Test if X20 >= length or X20 < 0
B.HS  IndexOutOfBounds  //if bad, goto Error
```

Case/Switch 문장

대부분의 프로그래밍 언어는 특정 변수의 값에 따라 여러 가지 중 하나를 선택하는

*case*나 *switch* 문장을 갖고 있다. *switch*를 구현하는 가장 간단한 방법은 계속적인 조건 검사를 통해 *switch*를 *if-then-else*의 연속으로 바꾸는 것이다.

분기 주소 테이블 분기 테이블이라고도 한다. 여러 명령어 시퀀스의 주소를 가지고 있는 표.

그러나 여러 코드의 시작 주소를 표로 만들면 더 효율적으로 구현할 수 있다. 이때 프로그램은 **분기 주소 테이블**(branch address table) 또는 **분기 테이블**(branch table)의 인덱스만 계산해서 해당 루틴으로 분기할 수 있다. 분기 테이블은 프로그램상의 레이블에 해당하는 주소를 저장하고 있는 배열이다. 프로그램은 분기 테이블의 적당한 주소를 레지스터에 적재한 후 레지스터의 주소를 사용하여 분기한다. LEGv8에는 이런 상황을 다루기 위해 BR(branch register)이라고 하는 명령어를 갖고 있는데 이 명령어는 레지스터에 명시된 주소로 무조건 분기한다. 다음 절에서 BR이 얼마나 자주 사용되는지를 보게 될 것이다.

하드웨어/소프트웨어 인터페이스

C나 자바 같은 프로그래밍 언어에는 많은 판단과 순환문이 있지만, 그 명령어 집합 계층에서 이것을 구현하는 기반은 조건부 분기이다.

스스로 점검하기

I. C에는 판단과 순환문의 종류가 매우 많은데 LEGv8에는 몇 가지 없다. 다음 각각은 이러한 불균형을 잘 설명하고 있는가? 그 이유는 무엇인가?

1. 판단문의 종류가 많으면 코드가 읽기 쉽고 이해하기 쉬워진다.
2. 판단문의 종류가 적으면 명령어 실행을 책임지는 하위 계층의 일이 간단해진다.
3. 판단문의 종류가 많으면 코드의 줄 수가 줄어들고, 따라서 코딩에 걸리는 시간도 단축된다.
4. 판단문의 종류가 많으면 코드의 줄 수가 줄어들고, 따라서 실행할 연산의 개수도 줄어든다.

II. LEGv8은 그렇지 않은데 왜 C에는 AND 연산자가 &와 && 두 가지이고, OR 연산자도 | 와 | | 두 가지인가?

1. &와 | 는 논리연산 AND와 ORR로 구현하고, &&와 | | 는 조건부 분기로 구현하기 때문이다.
2. 1번과 반대. &&와 | | 는 논리연산에 해당하고 &와 | 는 조건부 분기에 해당하기 때문이다.
3. 둘 다 같은 의미라 한 가지만 있으면 된다. &&와 | | 는 단순히 C보다 앞에 있었던 언어 B에 있었기 때문에 그냥 이어받은 것뿐이다.

2.8 하드웨어의 프로시저 지원

프로시저 제공되는 인수에 따라서 특정 작업을 수행하는 서브루틴.

프로시저(procedure)나 함수는 이해하기 쉽고 재사용이 가능하도록 프로그램을 구조화하는 방법 중의 하나이다. 프로시저는 프로그래머가 한 번에 한 부분씩 집중해서 처리할 수 있게 해 준다. 인수(parameter)는 프로시저에 값을 보내고 결과를 받아오는 일을 하므로, 프로그램의 다른 부분 및 데이터와 프로시저 사이의 인터페이스 역할을 한다. C의 프로시저에 해당하는 자바 구조는 2.15절에서 설명할 텐데, 일단 C 프로시저에서 필요한 것은 자바에서도 모두 필요하다. 프로시저는 소프트웨어에서 **추상화**를 구현하는 방법이다.

프로시저는 스파이에 비유할 수 있다. 스파이는 비밀 계획을 가지고 출발해서 필요한 자원을 획득하여 임무를 완수하고, 흔적을 없앤 후 원하는 결과를 가지고 출발 장소로 되돌아온다. 지정된 임무를 수행하는 것 외에 다른 것은 아무것도 건드리지 말아야 한다. 또 스파이는 알 필요가 있는 일만 알기 때문에 자기의 상관에 대해서는 어떠한 가정도 할 수 없다.

마찬가지로 프로그램이 프로시저를 실행할 때도 다음과 같이 여섯 단계를 거친다.

1. 프로시저가 접근할 수 있는 곳에 인수를 넣는다.
2. 프로시저로 제어를 넘긴다.
3. 프로시저가 필요로 하는 메모리 자원을 획득한다.
4. 필요한 작업을 수행한다.
5. 호출한 프로그램이 접근할 수 있는 장소에 결과값을 넣는다.
6. 프로시저는 프로그램 내의 여러 곳에서 호출될 수 있으므로 원래 위치로 제어를 돌려준다.

앞서 언급한 바와 같이 레지스터는 데이터를 저장하는 가장 속도 빠른 장소이므로 가능한 한 많이 사용하는 것이 바람직하다. 그러므로 LEGv8 소프트웨어는 프로시저를 호출할 때 다음의 레지스터 할당 관례를 따른다.

- `X0-X7`: 전달할 인수와 결과값을 가지고 있는 인수 레지스터 8개
- `LR (X30)`: 호출한 곳으로 되돌아가기 위한 복귀 주소를 가지고 있는 레지스터 1개

LEGv8 어셈블리 언어는 레지스터 할당뿐 아니라 프로시저를 위한 명령어도 포함한다. 이 명령어는 지정된 주소로 분기하면서 동시에 다음 명령어의 주소를 `LR (X30)`

BL 지정된 주소로 점프하면서 동시에 다음 명령어의 주소를 레지스터[LEGv8에서는 LR (X30)]에 저장하는 명령어.

복귀 주소 프로시저 종료 후 제자리로 돌아갈 수 있게 하는 호출 위치에 대한 링크. LEGv8에서는 LR (X30)에 저장된다.

레지스터에 저장하는 것으로 BL(branch-and-link) 명령어라 부른다.

```
BL   ProcedureAddress
```

이름에서 link는 프로시저 종료 후 올바른 주소로 되돌아올 수 있도록 호출한 곳과 프로시저 사이에 링크를 형성한다는 뜻이다. 레지스터 LR(레지스터 30)에 기억되는 이 링크를 **복귀 주소**(return address)라고 부른다. 한 프로시저가 여러 곳에서 호출될 수 있으므로 복귀 주소는 꼭 필요하다.

프로시저에서의 복귀를 지원하기 위하여 LEGv8은 case 문 구현에 사용했던 BR (branch register) 명령을 이용한다. 이 명령은 레지스터에 저장된 주소로 무조건 분기하라는 뜻이다.

```
BR   LR
```

호출 프로그램 프로시저 실행을 시작시키고 필요한 인수값을 제공하는 프로그램.

피호출 프로그램 호출 프로그램이 제공하는 인수값을 이용해서 일련의 명령어를 실행한 후 호출 프로그램으로 제어를 넘기는 프로시저.

프로그램 카운터 실행 중인 명령어의 주소를 가지고 있는 레지스터.

스택 스필된 레지스터 저장을 위해 후입선출(last-in-first-out) 큐로 구성된 자료 구조.

스택 포인터 가장 최근에 스택에 할당된 주소를 가리키는 값. 레지스터가 스필될 장소 또는 레지스터의 옛날 값을 찾을 수 있는 장소를 표시한다. LEGv8에서는 SP이다.

위 명령어는 레지스터 LR에 저장되어 있는 주소로 분기하라는 뜻이다. 이것이 바로 우리가 원하는 것이다. **호출 프로그램**(caller)은 X0–X7에 전달할 인수값을 넣은 후 BL X 명령을 이용해서 프로시저 X[**피호출 프로그램**(callee)이라 부른다]로 분기한다. 피호출 프로그램은 계산을 끝낸 후 계산 결과를 같은 인수 레지스터에 넣은 후 BR LR 명령을 실행하여 복귀한다.

내장 프로그램 개념은 현재 수행 중인 명령어의 주소를 기억하는 레지스터를 필요로 한다. 이 레지스터의 이름은 명령어 주소 레지스터(instruction address register)라고 하는 것이 타당하겠지만, 역사적인 이유로 보통 **프로그램 카운터**(program counter)라고 부른다. LEGv8에서는 약어를 사용하여 PC라고 부른다. BL 명령은 프로시저에서 복귀할 때 다음 명령어부터 실행하도록 PC + 4를 레지스터 LR에 저장한다.

더 많은 레지스터의 사용

컴파일러가 프로시저를 번역하는데 인수 레지스터 8개만으로는 부족한 경우가 있다. 프로시저 호출이 다른 부분에 영향을 미쳐서는 안 되므로, 호출 프로그램이 사용하는 모든 레지스터는 복귀하기 전에 프로시저 호출 전의 상태로 되돌려 놓아야 한다. 이 상황은 2.3절의 마지막 "하드웨어/소프트웨어 인터페이스"에서 설명한 레지스터 스필링이 필요한 경우의 한 예가 된다.

레지스터 스필링에 이상적인 자료구조는 **스택**(stack)이다. 스택은 나중에 들어간 것이 먼저 나오는 큐이다. 스택에는 다음 프로시저가 스필할 레지스터를 저장할 장소나 레지스터의 옛날 값이 저장된 장소를 표시하기 위해 최근에 할당된 주소를 가리키는 포인터가 필요하다. 이 **스택 포인터**(stack pointer)는 레지스터값 하나가 스택에 저장되거나 스택에서 복구될 때마다 더블워드씩 조정된다. 스택에 데이터를 넣는 작업을 푸시(push), 스택에서 데이터를 꺼내는 작업을 팝(pop)이라고 한다.

역사적 선례에 따라 스택은 높은 주소에서 낮은 주소 쪽으로 성장하는 것으로 한다. 따라서 스택에 푸쉬할 때는 스택 포인터 값을 감소시켜야 하고, 스택에서 데이터를 꺼낼 때는 스택 포인터 값을 증가시켜야 한다.

푸시 스택에 원소를 추가하기.

팝 스택에서 원소를 제거하기.

고난도: 앞서 언급한 바와 같이 완전한 ARMv8 명령어 집합에서는 스택 포인터가 레지스터 31이다. 데이터 전송 명령어와 플래그를 설정하지 않는 산술 수치 명령어의 목적지 레지스터나 첫 번째 근원지 레지스터가 레지스터 31이면 SP를 뜻한다. 반면에 산술 레지스터 명령어나 플래그 설정 명령어 같은 그 외 명령어에서 레지스터 31은 XZR(zero register)를 나타낸다. 이렇게 해서 얻을 수 있는 이득은 고작 레지스터 하나 절약하는 것뿐인데, 이는 4장의 데이터패스를 복잡하게 만들 뿐만 아니라 다소 혼란스럽다. 그래서 LEGv8에서는 SP를 그냥 범용 레지스터 31개 중 하나로 취급하여, X28을 SP로 사용하였다.

다른 프로시저를 호출하지 않는 C 프로시저의 컴파일

예제

2.2절의 두 번째 예제를 C 프로시저로 바꾸면 다음과 같다.

```
long long int leaf_example (long long int g, long long int
h, long long int i, long long int j)
{
      long long int f;
      f = (g + h) - (i + j);
      return f;
}
```

위 프로그램을 번역한 LEGv8 어셈블리 코드를 보여라.

답

인수 g, h, i, j는 인수 레지스터 X0, X1, X2, X3에 해당하고 f는 X19에 해당한다. 컴파일된 프로그램은 다음과 같은 프로시저 레이블로부터 시작된다.

```
leaf_example:
```

다음 단계는 프로시저가 사용할 레지스터값을 저장하는 것이다. 프로시저 본문의 C 치환문은 2.3절 예제와 같으므로 임시 레지스터 두 개(X9, X10)를 사용한다. 따라서 저장해야 할 레지스터는 X19, X9, X10 세 개이다. 스택에 세 개의 더블워드를 저장할 자리를 만든 후 값을 저장한다.

```
SUBI  SP, SP, #24     //adjust stack to make room for 3 items
STUR  X10, [SP, #16] //save register X10 for use afterwards
STUR  X9, [SP, #8]    //save register X9 for use afterwards
STUR  X19, [SP, #0]   //save register X19 for use afterwards
```

그림 2.11은 프로시저 호출 전후와 프로시저 실행 중의 스택 상태를 보여 준다. 프로시저 본문은 2.3절 예제에서와 같이 명령어 세 개로 번역된다.

```
ADD   X9, X0, X1    // register X9 contains g + h
ADD   X10, X2, X3   // register X10 contains i + j
SUB   X19, X9, X10 // f = X9 – X10, which is (g + h) – (i + j)
```

계산 결과 f를 보내 주기 위해 f를 인수 레지스터에 복사한다.

```
ADD   X0, X19, XZR // returns f (X0 = X19 + 0)
```

호출 프로그램으로 되돌아가기 전에 저장해 두었던 값을 스택에서 꺼내 레지스터를 원상 복구한다.

```
LDUR  X19, [SP, #0]   // restore register X19 for caller
LDUR  X9,  [SP, #8]   // restore register X9 for caller
LDUR  X10, [SP, #16]  // restore register X10 for caller
ADDI  SP, SP, #24     // adjust stack to delete 3 items
```

이 프로시저는 복귀 주소를 사용하는 BR 명령으로 끝난다.

```
BR    LR     // branch back to calling routine
```

위의 예제에서 임시 레지스터를 사용했는데, 임시 레지스터 값도 저장했다가 원상 복구해야 한다고 가정하였다. 그러나 사용하지도 않는 레지스터값을 쓸데없이 저장했다 복구하는 일이 생길 수 있다. 특히 임시 레지스터에 대해 이런 일이 발생할 가능성이 크다. 이를 예방하기 위해 LEGv8 소프트웨어는 레지스터 19개를 두 종류로 나눈다.

- X9–X17: 프로시저 호출 시, 피호출 프로그램이 값을 보존해 주지 않는 임시 레지스터.
- X19–X28: 프로시저 호출 전과 후의 값이 같게 유지되어야 하는 변수 레지스터 10개(피호출 프로그램이 이 레지스터를 사용하려면 원래 값을 저장했다가 원상 복구해야 한다).

이런 간단한 관례를 정함으로써 레지스터 스필링을 많이 줄일 수 있다. 위 예에서 X9와 X10 값이 호출 전후에 같은 값을 유지할 필요가 없기 때문에 저장 명령어 두 개와 적재 명령어 두 개를 없앨 수 있다. 그러나 X19는 호출 프로그램이 필요로 하는 값을 가

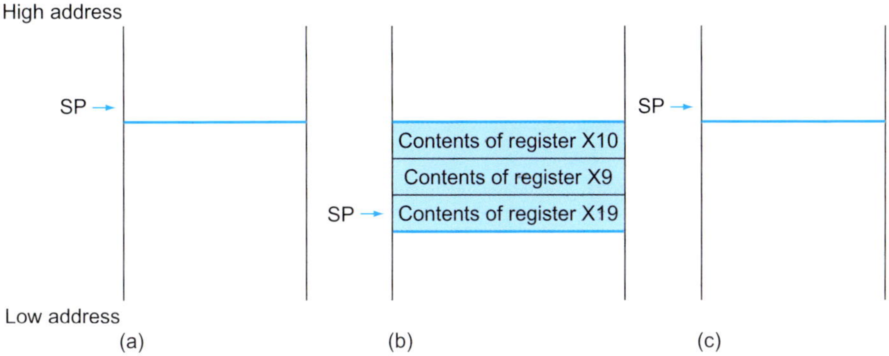

그림 2.11 프로시저 호출 (a)전, (b)중, (c)후의 스택 포인터 값과 스택 내용. 스택 포인터는 항상 스택의 맨 위, 즉 마지막 워드를 가리킨다.

지고 있다고 생각되기 때문에, 피호출 프로그램이 저장했다가 원상 복구해야 한다.

중첩된 프로시저

다른 프로시저를 호출하지 않는 프로시저를 말단(leaf) 프로시저라 한다. 말단 프로시저만 있다면 일이 쉽겠지만 실제는 그렇지 못하다. 스파이가 다른 스파이를 고용해서 일의 일부를 맡기고, 그 스파이는 또 다른 스파이를 고용할 수도 있는 것처럼, 프로시저도 다른 프로시저를 호출할 수 있다. 심지어는 자기 자신을 호출하는 재귀(recursive) 프로시저도 있다. 프로시저에서 레지스터를 사용할 때 조심해야 하는 것처럼, 말단 프로시저가 아닌 프로시저를 호출할 때는 더욱 조심해야 한다.

예를 들어 주 프로그램이 인수값 3을 가지고 프로시저 A를 호출했다고 가정하자. 이때 레지스터 X0에 3을 넣고 BL A 명령을 실행할 것이다. 프로시저 A가 다시 인수 7(이것도 역시 X0에 들어간다)을 가지고 BL B를 통해 프로시저 B를 호출했다고 하자. 아직 A가 다 끝난 것이 아니기 때문에 레지스터 X0 사용에서 충돌이 발생한다. 마찬가지로 레지스터 LR에 지금은 B의 복귀 주소가 있으므로 LR의 복귀 주소에 대해서도 충돌이 생긴다. 이러한 문제를 예방하기 위한 조치를 취하지 않는다면, 충돌로 인하여 프로시저 A가 호출 프로그램으로 돌아가지 못하게 된다.

한 가지 방법은 값이 보존되어야 할 모든 레지스터를 스택에 넣는 것이다. 호출 프로그램은 인수 레지스터(X0–X7)와 임시 레지스터(X9–X17) 중 프로시저 호출 후에도 계속 사용해야 하는 것은 모두 스택에 넣는다. 피호출 프로그램은 복귀 주소 레지스터 LR과 저장 레지스터(X19–X25) 중에서 피호출 프로그램이 사용하는 레지스터 모두 저장한다. 스택 포인터 SP는 스택에 저장되는 레지스터 개수에 맞추어 조정된다. 복귀한 후에는 메모리에서 값을 꺼내 레지스터를 원상 복구하고 이에 맞추어 스택 포인터를 다시 조정한다.

재귀 프로시저의 컴파일

예제

n 계승을 계산하는 다음 재귀 프로시저에 해당하는 LEGv8 어셈블리 코드를 보여라.

```
long long int fact (long long int n)
{
     if (n < 1) return (1);
             else return (n * fact(n - 1));
}
```

답

인수 n은 인수 레지스터 X0에 해당한다. 번역된 프로그램은 프로시저 레이블로 시작하며, 뒤이어 복귀 주소와 X0을 스택에 저장하는 명령어가 나온다.

```
fact:
     SUBI   SP, SP, #16    // adjust stack for 2 items
     STUR   LR, [SP, #8]   // save the return address
     STUR   X0, [SP, #0]   // save the argument n
```

fact가 처음 호출되었을 때 STUR은 fact를 호출한 프로그램의 주소를 저장한다. 다음은 n이 1보다 작은지 검사해서 n ≥ 1이면 L1로 가게 하는 명령어들이다.

```
SUBIS  ZXR, X0, #1 // test for n < 1
B.GE   L1          // if n >= 1, go to L1
```

n이 1보다 작으면 1을 결과값 레지스터에 넣는다. 이때 0에다 1을 더해서 X1에 넣는다. 복귀하기 전에 스택에 저장된 값 두 개를 버리고 복귀 주소로 분기한다.

```
ADDI   X1, XZR, #1 // return 1
ADDI   SP, SP, #16 // pop 2 items off stack
BR     LR          // return to caller
```

스택에서 값 두 개를 꺼내서 X0과 LR에 넣을 수도 있으나, n이 1보다 작을 때 X0과 LR은 변하지 않으므로 그럴 필요가 없다.

n이 1보다 작지 않으면, 인수 n을 감소시키고 이 감소된 값으로 다시 fact를 호출한다.

```
L1: SUBI   X0, X0, #1      // n >= 1: argument gets (n − 1)
    BL fact                // call fact with (n − 1)
```

다음은 호출한 프로그램으로 되돌아가는 부분이다. 먼저 스택 포인터를 사용해서 이전의 복귀 주소와 인수값을 복구한다.

```
LDUR   X0, [SP, #0] // return from BL: restore argument n
LDUR   LR, [SP, #8] // restore the return address
ADDI   SP, SP, #16  // adjust stack pointer to pop 2 items
```

다음으로 인수 X0과 결과값 레지스터 X1의 현재값을 곱해서 X1에 넣는다. 곱셈 명령어는 3장에서 소개되지만 우선 설명 없이 사용하기로 하자.

```
MUL   X1, X0, X1     // return n * fact (n − 1)
```

마지막으로 복귀 주소를 이용해 되돌아간다.

```
BR    LR             // return to the caller
```

하드웨어/소프트웨어 인터페이스

C 변수는 기억 장치의 한 장소에 해당한다. 여기에 기억된 내용을 어떻게 해석하는가는 **데이터형**(type)과 **저장유형**(storage class)에 따라 달라진다. 예를 들면 정수형, 문자형 등이 있다(2.9절 참조). C에는 **자동**(automatic)과 **정적**(static) 두 가지 저장 유형이 있다. 자동 변수는 프로시저 내에서만 정의되는 것으로 프로시저가 종료되면 없어진다. 정적 변수는 프로시저로 들어간 후나 프로시저에서 빠져나온 후에도 계속 존재한다. 모든 프로시저의 외부에서 선언된 C 변수는 정적 변수로 간주되며, static이라는 키워드를 사용해서 선언된 변수도 마찬가지이다. 그 나머지는 모두 자동 변수이다. 정적 데이터를 쉽게 접근할 수 있도록 어떤 LEGv8 컴파일러는 **전역 포인터**(global pointer, GP)라 불리는 레지스터를 지정해 두기도 한다. 예를 들면 X27을 GP로 사용할 수 있다.

전역 포인터 정적 영역을 가리키도록 예약된 레지스터.

그림 2.12는 프로시저 호출 전후의 값 보존 관계를 보여 준다. 여러 가지 방법으로 스택을 보존하여 호출 프로그램이 스택에 저장한 값과 같은 값을 꺼낼 수 있게 보장하고 있음에 주목하라. 피호출 프로그램이 SP보다 위쪽에는 값을 쓰지 못하게 함으로써, SP 윗부분의 스택을 원상태로 유지한다. 호출 프로그램이 SP에서 뺀 값만큼을 피호출 프로그램이 도로 더해서 SP가 변하지 않게 한다. 다른 레지스터는 (만일 프로시저 내에서 사용되면) 스택에 저장했다가 다시 꺼내서 원래 값을 유지한다.

Preserved	Not preserved
Saved registers: X19-X27	Temporary registers: X9-X15
Stack pointer register: X28(SP)	Argument/Result registers: X0-X7
Frame pointer register: X29(FP)	
Link Register (return address): X30(LR)	
Stack above the stack pointer	Stack below the stack pointer

그림 2.12 프로시저 호출 후에도 보존되는 것과 보존되지 않는 것. 소프트웨어가 전역 포인터를 사용하는 경우에는 전역 포인터도 보존된다. 다음 절들을 참조하라.

새 데이터를 위한 스택 공간의 할당

프로시저 프레임 액티베이션 레코드라고도 한다. 프로시저의 저장된 레지스터들과 지역 변수를 가지고 있는 스택 부분.

프레임 포인터 프로시저의 저장된 레지스터와 지역 변수의 위치를 표시하는 값.

레지스터에 들어가지 못할 만큼 큰 배열이나 구조체 같은 지역 변수를 저장하는 데도 스택이 사용되기 때문에 문제가 복잡해진다. 프로시저의 저장된 레지스터와 지역 변수를 가지고 있는 스택 영역을 **프로시저 프레임**(procedure frame) 또는 **액티베이션 레코드**(activation record)라고 부른다. 그림 2.13은 프로시저 호출 전, 중, 후의 스택 상태를 보여 준다.

어떤 ARMv8 컴파일러는 **프레임 포인터**(frame pointer, FP)가 프로시저 프레임의

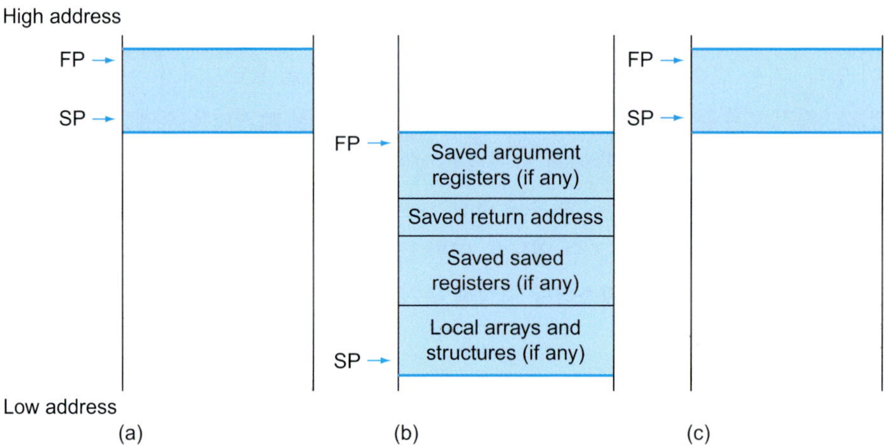

그림 2.13 프로시저 호출 (a)전, (b)중, (c)후의 스택 할당. 프레임 포인터(FP 또는 X29)는 프레임의 첫 번째 더블워드(인수 레지스터값이 저장된 것일 때가 많다)를 가리키며, 스택 포인터(SP)는 스택의 맨 위를 가리킨다. 프로시저를 호출하면 저장해야 하는 모든 레지스터와 메모리 내의 지역 변수를 넣기 위한 공간을 스택에 만든다. 약간의 주소 계산을 추가하면 SP로 변수를 참조할 수도 있지만, SP는 프로그램이 실행되면서 변할 수 있으므로 변수 참조는 변하지 않는 FP를 사용하는 것이 좋다. 스택에 지역 변수를 저장하지 않는 프로시저의 경우는 FP값을 바꾸고 나중에 원상 복구하는 일을 생략함으로써 시간을 절약할 수 있다. FP를 사용하는 경우는 호출할 때의 SP값으로 FP를 초기화하고 나중에 FP를 이용하여 SP를 원상 복구한다. 이와 관련된 정보는 이 책의 첫 번째 페이지에 있는 LEGv8 Reference Data Card의 ④열에서도 찾아볼 수 있다.

첫 번째 더블워드를 가리키도록 한다. 스택 포인터 값이 프로시저 내에서 바뀔 수도 있으므로 메모리 내 지역 변수에 대한 변위는 변수가 프로시저 어느 부분에서 사용되느냐에 따라 달라질 수 있다. 이런 이유로 프로시저가 더 이해하기 어려워지는데, 프레임 포인터는 변하지 않는 베이스 레지스터 역할을 하므로 이를 이용하면 지역 변수 참조가 간단해진다. 별도의 프레임 포인터 사용 여부와 상관없이 액티베이션 레코드는 항상 스택에 존재함에 유의하라. 이제까지는 프로시저 내에서 SP가 변하지 않게 했기 때문에 FP를 사용하지 않아도 되었다. 예를 들면 앞의 예제들은 프로시저에 들어갈 때와 나올 때만 스택을 변화시킨다.

새 데이터를 위한 힙 공간의 할당

C 프로그래머는 프로시저 안에서만 사용되는 자동 변수 외에도 정적 변수와 동적 자료구조를 위한 메모리 공간이 필요하다. 그림 2.14는 Linux 운영체제를 사용할 때의 LEGv8의 메모리 할당 방식이다. 스택은 최상위 주소에서부터 시작해서 아래쪽으로 자란다. 최하위 주소 부분은 사용이 유보되어 있고, 그 다음은 LEGv8 기계어 코드가 들어가는 부분이다. 이 부분은 전통적으로 **텍스트 세그먼트**(text segment)라 부른다. 코드 위쪽에는 **정적 데이터 세그먼트**(static data segment)라는 부분이 있는데, 상수와 기타 정적 변수들이 여기에 들어간다. 배열은 그 크기가 고정되어 있어서 정적 데이터 세그먼트에 잘 맞는다. 그러나 링크 리스트(linked list) 같은 데이터 구조는 늘어났다

텍스트 세그먼트 UNIX 목적 파일에서 소스 파일 루틴의 기계어가 저장하는 메모리 영역.

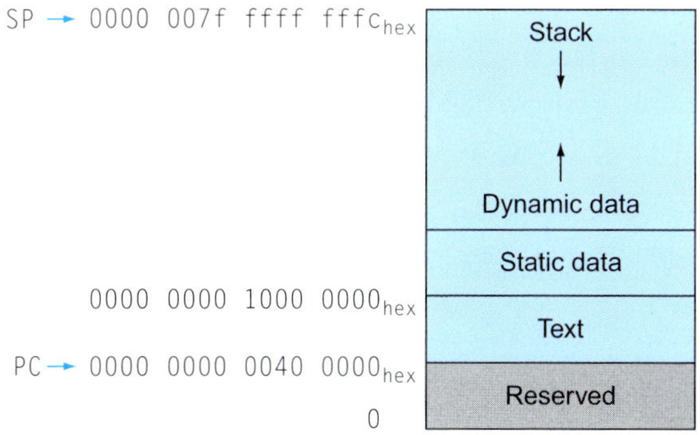

그림 2.14 프로그램과 데이터를 위한 LEGv8 메모리 할당. 여기서 사용된 주소는 LEGv8 구조의 일부가 아니라 소프트웨어 관례일 뿐이다. 사용자 주소 공간은 64비트 구조에서 가능한 2^{64} 전체 주소 공간 중 2^{39}로 설정되어 있다(5장 참조). 스택 포인터는 0000 007f ffff fffc$_{hex}$로 초기화된 후에 데이터 세그먼트 쪽을 향하여 자란다. 반대쪽에서는 프로그램 코드("텍스트")가 0000 0000 0040 0000$_{hex}$번지부터 시작되고, 정적 데이터는 텍스트 세그먼트가 끝나는 부분에서 시작한다. 이 예에서는 0000 0000 1000 0000$_{hex}$번지부터라고 가정한다. 동적 데이터(C에서는 malloc, 자바에서는 new를 통해서 할당된다)가 그 다음에 들어간다. 이 영역을 힙이라고 하며 스택을 향해 자란다. 이와 관련된 정보는 이 책의 첫 번째 페이지에 있는 LEGv8 Reference Data Card의 ④열에서도 찾아볼 수 있다.

줄어들었다 한다. 이러한 자료구조를 위한 세그먼트를 전통적으로 **힙(heap)**이라고 불러 왔다. 힙은 정적 데이터 세그먼트 다음에 들어간다. 이 방식은 스택과 힙이 서로 마주보면서 자라도록 할당하기 때문에 메모리를 효율적으로 사용한다.

C는 함수를 사용해서 힙의 공간을 할당받기도 하고 사용하지 않는 공간은 되돌려주기도 한다. `malloc( )`는 힙에 공간을 할당한 후 이 공간을 가리키는 포인터를 결과값으로 보내 준다. `free( )`는 포인터가 가리키는 힙 공간을 반납한다. C에서는 메모리 할당을 프로그램이 통제하는데, 이 부분이 흔하고도 까다로운 여러 버그의 근원이다. 사용이 끝난 공간을 반납하는 것을 잊어버리면 "메모리 누출(memory leak)"이 발생하여 결국은 메모리 부족으로 운영체제가 붕괴될 수 있다. 반면에 공간을 너무 일찍 반납하면 프로그램 의도와 상관없이 엉뚱한 것을 가리키는 "매달린 포인터(dangling pointer)"가 발생한다. 자바에서는 이러한 버그를 피하기 위해서 자동 메모리 할당과 가비지 컬렉션(garbage collection)을 사용한다.

COMMON CASE FAST

그림 2.15는 LEGv8 어셈블리 언어의 레지스터 사용 관례를 보여 준다. 이 같은 관례는 **자주 생기는 일을 빠르게 하라**는 원칙의 또 다른 예가 된다. 대부분의 프로시저는 최대 8개 인자 레지스터, 9개의 보존 레지스터 및 7개의 임시 레지스터로 충분하기 때문에 굳이 메모리에 갈 필요가 없다.

고난도: 인수가 8개보다 많을 때는 어떻게 해야 하는가? LEGv8의 관례로는 나머지 인수를 프레임 포인터 바로 위 스택에 넣는다. 프로시저는 처음 8개 인수가 X0–X7에 있고 나머지는 프레임 포인터를 통해 접근할 수 있는 메모리에 있다고 생각한다.

그림 2.13의 설명에서 언급한 바와 같이, 프레임 포인터를 사용하여 스택 내의 변수에 접근하면 프로시저 내의 어느 위치에서 접근하든지 항상 같은 변위를 사용하므로 매우 편리하다. 그러나 프레임 포인터가 반드시 필요한 것은 아니다. ARMv8 C 컴파일러는 프레임 포인터를 사용하지만, 어떤 C 컴파일러는 프레임 포인터를 사용하지 않는다. 이런 컴파일러는 29번 레지스터를 또 다른 저장 레지스터로 사용한다.

고난도: 재귀 프로시저 중에는 재귀 호출을 사용하지 않고 반복 기법으로 구현할 수 있는 것도 있다. 반복 기법은 프로시저 호출과 관련된 오버헤드를 제거하여 성능을 상당히 향상시킬 수 있다. 다음 예는 합을 누적시키는 프로시저이다.

```
long long int sum(long long int n, long long int acc) {
    if (n > 0)
        return sum(n - 1, acc + n);
    else
        return acc;
}
```

Name	Register number	Usage	Preserved on call?
X0–X7	0–7	Arguments/Results	no
X8	8	Indirect result location register	no
X9–X15	9–15	Temporaries	no
X16 (IP0)	16	May be used by linker as a scratch register; other times used as temporary register	no
X17 (IP1)	17	May be used by linker as a scratch register; other times used as temporary register	no
X18	18	Platform register for platform independent code; otherwise a temporary register	no
X19–X27	19–27	Saved	yes
X28 (SP)	28	Stack Pointer	yes
X29 (FP)	29	Frame Pointer	yes
X30 (LR)	30	Link Register (return address)	yes
XZR	31	The constant value 0	n.a.

그림 2.15 LEGv8 레지스터 사용 관례. 이와 관련된 정보는 이 책의 첫 번째 페이지에 있는 LEGv8 Reference Data Card의 ④열에서도 찾아볼 수 있다. X8은 포인터를 사용하여 결과값을 전달하는 프로시저가 사용한다. ARM은 X16, X17, X18의 사용을 추천하지 않는데 그 이유는 X16과 X17은 링커가 사용할 수 있고(2.12절 참조) X18은 플랫폼 독립적인 코드를 생성하는 데 사용될 수 있기 때문이다. 자세한 내용은 플랫폼 Application Binary Interface에 서술되어 있다.

프로시저 호출 sum(3, 0)을 생각해 보자. 이 경우 sum(2, 3), sum(1, 5), sum(0, 6)의 재귀적 호출이 일어나서 결과 6이 네 번 반환될 것이다. 이 같은 재귀적 호출을 꼬리 호출(tail call)이라고 하는데, 이러한 꼬리 재귀(tail recursion)는 매우 효율적으로 구현될 수 있다(X0 = n, X1 = acc, 결과는 X2에 들어간다고 가정).

```
sum: SUBS XZR, X0, XZR     // compare n to 0
     B.LE sum_exit         // go to sum_exit if n <= 0
     ADD X1, X1, X0        // add n to acc
     SUBI X0, X0, #1       // subtract 1 from n
     B sum                 // go to sum
sum_exit:
     ADD X2, X1, XZR       // return value acc
     BR  LR                // return to caller
```

스스로 점검하기 C와 자바에 대한 설명 중 일반적으로 사실인 것들은?

1. 자바에서는 데이터 관리가 자동적으로 되지만 C 프로그래머는 직접 해야 한다.
2. C는 자바보다 포인터 버그와 메모리 누출 버그가 많이 발생한다.

!(@ | = > (wow open tab at bar is great)

Fourth line of the keyboard poem "Hatless Atlas," 1991 (some give names to ASCII characters: "!" is "wow," "(" is open, "|" is bar, and so on).

2.9 문자와 문자열

컴퓨터는 원래 숫자를 빨리 처리하기 위해 발명된 것이지만, 상용화되자마자 텍스트 처리에 이용되기 시작하였다. 오늘날 대부분의 컴퓨터는 8비트 바이트로 문자를 표현하며, 거의 모든 컴퓨터가 ASCII(American Standard Code for Information Interchange)를 사용한다. 그림 2.16은 ASCII를 요약한 표이다.

ASCII와 이진수

예제

숫자를 정수 표현 대신 ASCII 문자열로 표현할 수 있다. 숫자 10억이 ASCII 문자열로 표현된다면 32비트 정수로 표현하는 것에 비해 메모리가 얼마나 더 많이 필요한가?

답

10억은 1,000,000,000이기 때문에 10개의 ASCII 자릿수가 필요하다. 각각이 8비트 길이이므로 메모리는 $(10 \times 8)/32$ 즉 2.5배 더 많이 필요하다. 메모리가 더 필요할 뿐만 아니라 십진수를 더하고, 빼고, 곱하고, 나누는 하드웨어는 더 만들기가 어렵다. 이 같은 어려움 때문에 컴퓨터 전문가들은 이진수가 자연스럽고, 십진수 컴퓨터가 오히려 엽기적이라고 믿게 되었다.

명령어 몇 개를 사용하면 더블워드 내의 특정 바이트를 추출할 수 있다. 그러므로 레지스터 적재와 레지스터 저장은 워드뿐 아니라 바이트 전송에도 충분히 사용할 수 있다. 하지만 텍스트 데이터를 다루는 프로그램이 많기 때문에 효율성을 위해서 LEGv8에는 바이트 전송 명령어가 따로 있다. LDURB(load byte)는 메모리에서 한 바이트를 읽어서 레지스터의 오른쪽 8비트에 채우는 명령이고, STURB(store byte)는 레지스터의 오른쪽 8비트를 메모리로 보내는 명령이다. 그러므로 한 바이트를 복사할 때는 다음과 같이 할 수 있다.

```
LDURB X9,[X0,#0]     // Read byte from source
STURB X9,[X1,#0]     // Write byte to destination
```

ASCII value	Char-acter	ASCII value	Char-acter	ASCII value	Char-acter	ASCII value	Char-acter	ASCII value	Char-acter	ASCII value	Char-acter
32	space	48	0	64	@	80	P	96	`	112	p
33	!	49	1	65	A	81	Q	97	a	113	q
34	"	50	2	66	B	82	R	98	b	114	r
35	#	51	3	67	C	83	S	99	c	115	s
36	$	52	4	68	D	84	T	100	d	116	t
37	%	53	5	69	E	85	U	101	e	117	u
38	&	54	6	70	F	86	V	102	f	118	v
39	'	55	7	71	G	87	W	103	g	119	w
40	(	56	8	72	H	88	X	104	h	120	x
41	)	57	9	73	I	89	Y	105	i	121	y
42	*	58	:	74	J	90	Z	106	j	122	z
43	+	59	;	75	K	91	[	107	k	123	{
44	,	60	<	76	L	92	\	108	l	124	|
45	-	61	=	77	M	93	]	109	m	125	}
46	.	62	>	78	N	94	^	110	n	126	~
47	/	63	?	79	O	95	_	111	o	127	DEL

그림 2.16 **문자의 ASCII 표현.** 같은 글자의 대문자와 소문자는 정확히 32만큼 차이가 남에 주목하라. 이 성질을 이용하여 대문자, 소문자 검사 및 상호 변환을 쉽게 할 수 있다. 표에서 포맷팅 문자는 제외하였다. 예를 들어 8은 백스페이스(backspace), 9는 탭(tab), 13은 캐리지 리턴(carriage return)을 나타낸다. 그밖에 0은 널(null)을 가리킨다. 널은 C 언어에서 문자열의 끝을 표시하는 데 사용된다.

문자 데이터는 보통 여러 개가 모여서 문자열(string)을 이루는데, 문자열의 길이는 가변적이다. 가변 길이의 문자열을 표현하는 방법은 세 가지가 있다. (1) 문자열의 맨 앞에 길이를 표시하는 방법, (2) 같이 사용되는 변수에 그 길이를 표시하는 방법(구조체에서처럼), (3) 마지막에 문자열의 끝을 표시하는 특수 문자를 두는 방법. C 언어는 문자열의 끝에 0값(ASCII의 null)을 두는 세 번째 방법을 사용한다. 그러므로 문자열 "Cal"은 67, 97, 108, 0의 네 바이트로 표현된다(나중에 보겠지만 자바는 첫 번째 방법을 사용한다).

예제

문자열 복사 프로시저의 번역

프로시저 `strcpy`는 문자열 `y`를 문자열 `x`에 복사하는 것으로, 문자열 표현은 C 언어의 관례에 따라 null 바이트로 끝나는 방식을 사용한다.

```
void strcpy (char x[], char y[])
{
    int i;
    i = 0;
```

```
      while ((x[i] = y[i] != '\0') /* copy and test byte */
      i += 1;
  }
```

이 프로시저의 LEGv8 어셈블리 코드를 보여라.

답

아래에 기본적인 LEGv8 어셈블리 코드가 있다. 배열 x와 y의 시작 주소는 X0과 X1에 있고, i는 X19에 있다고 가정한다. strcpy는 먼저 스택 포인터를 조정하고 X19를 스택에 넣는다.

```
strcpy:
    SUBI   SP, SP, #8   // adjust stack for 1 more item
    STUR   X19, [SP,#0] // save X19
```

다음은 i를 0으로 초기화하기 위해 0에다 0을 더한 후 결과 0을 X19에 저장한다.

```
ADD  X19, XZR, XZR  // i = 0 + 0
```

다음은 순환문의 시작이다. 먼저 i에 y[ ]를 더해서 y[i]의 주소를 계산한다.

```
L1:  ADD  X10, X19, X1  // address of y[i] in X10
```

y는 더블워드 배열이 아니고 **바이트** 배열이므로 i에 8을 곱할 필요는 없음에 유의하라.

y[i]에 있는 문자를 적재하기 위하여 LDURB(load byte unsigned) 명령을 사용한다. 읽어 온 문자는 X11에 넣는다.

```
LDURB  X11, [X10, #0]  // X11 = y[i]
```

같은 방식으로 주소를 계산하여 x[i]의 주소를 X12에 넣은 후, X11에 있는 글자를 이 주소에 저장한다.

```
ADD    X12,X19,X0    // address of x[i] in x12
STURB  X11, [X12, #0] // x[i] = y[i]
```

복사한 문자가 0이면, 즉 문자열의 마지막 문자이면 순환문에서 빠져나온다.

```
CBZ   X11, L2   // if y[i] == 0, go to L2
```

아니면 i를 증가시키고 순환문을 반복한다.

```
ADDI   X19, X19, #1  // i = i + 1
B      L1            // go to L1
```

순환문의 처음으로 가지 않았다면 문자열의 마지막 문자를 만난 것이다. X19와 스택 포인터를 원상 복구하고 되돌아간다.

```
L2:  LDUR X19, [SP, #0]    // y[i] == 0: end of string.
                           // Restore old X19
     ADDI SP, SP, #8       // pop 1 doubleword off stack
     BR   LR               // return
```

C의 문자열 복사는 보통 i에 대한 연산을 피하기 위해 배열 대신 포인터를 사용한다. 2.14절에 배열과 포인터를 비교한 설명이 있다.

프로시저 strcpy는 말단 프로시저이므로 컴파일러가 i를 임시 레지스터에 할당했으면 X19를 저장하고 복구하는 일을 피할 수도 있었다. 그러므로 임시 레지스터들을 단순히 임시용으로만 생각하지 말고, 피호출 프로그램이 편리할 때 사용하는 레지스터로 생각하는 것이 좋다. 실제로 컴파일러가 말단 프로시저를 만나면 우선 이런 임시 레지스터들을 쓰고 부족하면 그 때 저장해야 하는 레지스터를 사용한다.

자바의 문자와 문자열

유니코드(Unicode)는 인간이 사용하는 거의 모든 언어의 자모를 수용할 수 있는 범용 인코딩이다. 그림 2.17은 유니코드 문자 목록이다. 유니코드에는 ASCII의 기호만큼이나 많은 자모(alphabet)가 있다. 자바는 포괄성을 위해 문자를 유니코드로 표현한다. 그러므로 문자 표현에 16비트를 사용하는 것이 기본이다.

LEGv8 명령어 집합에는 하프워드(halfword)라 불리는 16비트 데이터에 대한 적재와 저장 명령어가 포함되어 있다. LDURH(load half) 명령은 메모리에서 16비트를 읽어와서 레지스터의 우측 16 자리에 넣는다. LDURB처럼 LDURH도 하프워드를 부호있는 수로 취급하므로, 레지스터의 상위 48비트를 부호확장하여 채운다. STURH(store half)는 레지스터의 우측 16비트를 메모리에 쓴다. 다음과 같이 하면 하프워드를 복사할 수 있다.

```
LDURH X19, [X0, #0]  // Read halfword (16 bits) from source
STURH X9, [X1, #0]   // Write halfword (16 bits) to dest.
```

문자열은 자바의 표준 클래스로서 특별 내장 지원과 연접, 비교, 변환을 위하여 미리 정의된 메소드를 가지고 있다. C와는 달리 자바는 문자열의 길이를 나타내는 워드를 포함하고 있다. 이는 자바 배열과 유사하다.

Latin	Malayalam	Tagbanwa	General Punctuation
Greek	Sinhala	Khmer	Spacing Modifier Letters
Cyrillic	Thai	Mongolian	Currency Symbols
Armenian	Lao	Limbu	Combining Diacritical Marks
Hebrew	Tibetan	Tai Le	Combining Marks for Symbols
Arabic	Myanmar	Kangxi Radicals	Superscripts and Subscripts
Syriac	Georgian	Hiragana	Number Forms
Thaana	Hangul Jamo	Katakana	Mathematical Operators
Devanagari	Ethiopic	Bopomofo	Mathematical Alphanumeric Symbols
Bengali	Cherokee	Kanbun	Braille Patterns
Gurmukhi	Unified Canadian Aboriginal Syllabic	Shavian	Optical Character Recognition
Gujarati	Ogham	Osmanya	Byzantine Musical Symbols
Oriya	Runic	Cypriot Syllabary	Musical Symbols
Tamil	Tagalog	Tai Xuan Jing Symbols	Arrows
Telugu	Hanunoo	Yijing Hexagram Symbols	Box Drawing
Kannada	Buhid	Aegean Numbers	Geometric Shapes

그림 2.17 유니코드 문자의 예. 유니코드 버전 4.0은 160개 이상의 "블록"을 가지고 있다. 블록은 기호들의 집합에 대한 명칭이다. 각 블록은 16의 배수이다. 예를 들어 그리스 자모(Greek)는 0370_{hex}부터, 키릴 자모(Cyrillic)는 0400_{hex}부터 시작된다. 표의 처음 세 열은 인류 언어에 해당하는 48블록을 대체로 유니코드 숫자 순서대로 표시한 것이다. 마지막 열은 여러 언어를 위한 블록 16개를 순서 없이 열거한 것이다. 디폴트는 UTF-16이라 불리는 16비트 인코딩이다. 가변길이 인코딩 UTF-8은 ASCII는 8비트로 나타내고 다른 문자들은 16~32비트로 나타낸다. UTF-32는 글자 하나를 32비트로 나타낸다. 자세한 것은 www.unicode.org를 참조하라.

고난도: ARMv8 소프트웨어는 가능한 한 스택을 쿼드워드(16바이트) 주소로 정렬되게 유지하여 더 좋은 성능을 얻도록 하려고 한다. 다시 말해서 1바이트면 충분한 `char` 변수도 스택에 저장할 때는 16바이트를 할당한다. 그러나 C 문자열 변수나 바이트 배열은 하나의 쿼드워드에 16바이트씩 묶어서 넣는다. 자바의 문자열 변수나 short 배열은 한 쿼드워드에 8개의 하프워드씩 넣는다.

고난도: 웹은 국제적이라는 특성이 있기 때문에 이를 반영하여 대부분의 웹 페이지들은 ASCII 대신에 Unicode를 사용한다. 따라서 오늘날에는 ASCII보다 Unicode가 더 인기가 있다.

고난도: LEGv8은 모든 것을 64비트로 처리하는 반면에 ARMv8처럼 32비트와 64비트 두 가지 주소를 지원한다. 그래서 LEGv8에는 ARMv8에 없는 `STURW`(store word) 명령어가 필요하다. ARMv8에서는 그냥 `STUR`를 사용하되 64비트 레지스터 이름 X 대신에 32비트 레지스터 이름 W를 사용한다.

스스로 점검하기

I. C와 자바의 문자 및 문자열에 대한 다음 진술 중 사실인 것들은?

1. C의 문자열은 자바 문자열보다 메모리를 절반만 차지한다.
2. C와 자바에서 문자열이란 용어는 일차원 문자 배열에 대해 비공식적으로 사용되는 명칭이다.
3. C와 자바 문자열 모두 null(0)로 문자열의 끝을 표시한다.
4. 문자열에 대한 연산(예를 들면 길이 계산)은 자바보다 C가 빠르다.

II. 값 $1,000,000,000_{ten}$을 기억하려면 어느 변수형이 가장 많은 메모리를 사용하겠는가?

1. C의 `long long int`
2. C의 `string`
3. 자바의 `string`

2.10 긴 수치와 주소를 위한 LEGv8의 주소지정 방식

LEGv8 명령어의 길이를 32비트로 고정한 덕택에 하드웨어가 간단해지기는 했지만, 32비트 이상의 상수나 주소를 사용하게 되면 편리한 경우도 있다. 이 절에서는 큰 상수를 지원하는 방법과 분기 명령어에서 사용되는 명령어 주소의 최적화 방법을 알아본다.

큰 수치 피연산자

프로그램에서 사용하는 상수는 대체로 크기가 작다. 그러므로 대부분 작은 12비트 필드면 충분하지만 때에 따라서는 더 큰 상수값이 필요한 경우도 있다. 이럴 때를 위해 LEGv8은 레지스터에 16비트 상수값을 넣는 `MOVZ`(move wide with zeros)와 `MOVK`(move wide with keep) 명령어를 제공한다. 첫 명령어는 레지스터의 나머지 부분을 0으로 채우는 명령어이며, 두 번째 명령어는 나머지 비트들은 전혀 영향을 받지 않는 명령어이다. 16비트 값이 들어갈 필드의 위치는 `LSL`과 상수로 지정한다. 64비트 워드의 어느 부분에 넣을지에 따라 0, 16, 32, 48 중 하나를 `LSL` 뒤에 쓴다. 이런 32비트 명령어 두 개를 사용하면 32비트 상수를 만들 수 있다. 그림 2.18은 `MOVZ`와 `MOVK`의 동작을 보여 준다.

The machine language version of MOVZ X9, 255, LSL 16:

110100101	01	0000 0000 1111 1111	01001

Contents of register X9 after executing MOVZ X9, 255, LSL 16:

0000 0000 0000 0000	0000 0000 0000 0000	0000 0000 1111 1111	0000 0000 0000 0000

The machine language version of MOVK X9, 255, LSL 0:

111100101	00	0000 0000 1111 1111	01001

Given value of X9 above, new contents of X9 after executing MOVK X9, 255, LSL 0:

0000 0000 0000 0000	0000 0000 0000 0000	0000 0000 1111 1111	0000 0000 1111 1111

그림 2.18 **MOVZ와 MOVK 명령어의 효과.** MOVZ 명령어는 16비트 수치 상수 필드의 값을 64비트 레지스터의 4등분 중 하나에 넣고 나머지 48비트는 0으로 채운다. MOVK는 레지스터의 16비트만을 바꿀 뿐 나머지 비트들은 그대로 둔다.

32비트 상수의 적재

예제

레지스터 X19에 다음 64비트 상수를 채우는 LEGv8 어셈블리 코드를 작성하라.

```
00000000 00000000 00000000 00000000 00000000 00111101 00001001 00000000
```

답

먼저 십진수 61에 해당하는 위 비트 패턴 비트 16에서 31까지를 X19에 넣는다. 이때 MOVZ를 사용한다.

```
MOVZ   X19, 61, LSL 16   // 61 decimal = 0000 0000 0011 1101 binary
```

이 명령어 실행 후 X19의 값은

```
00000000 00000000 00000000 00000000 00000000 00111101 00000000 00000000
```

이 된다. 그 다음은 하위 16비트에 원하는 값 십진수 2304를 넣어야 한다.

```
MOVK   X19, 2304, LSL 0  // 2304 decimal = 00001001 00000000
```

X19의 최종값이 원하는 값이다.

```
00000000 00000000 00000000 00000000 00000000 00111101 00001001 00000000
```

하드웨어/소프트웨어 인터페이스

컴파일러나 어셈블러는 큰 숫자를 직접 다룰 수 없기 때문에 몇 조각으로 나눈 후 레지스터에서 재조립해야 한다. 수치 명령어의 상수값은 물론 적재나 저장의 메모리 주소도 상수 필드 크기의 제약이 문제가 된다.

그러므로 LEGv8 기계어의 기호 표현은 하드웨어에 의해 제한되기보다는 어셈블러를 만든 사람이 어떤 것을 포함시키기로 했느냐에 달려 있다(2.12절 참조). 본서는 컴퓨터 구조를 설명하기 위한 책이므로 하드웨어를 더 따르되, 프로세서에는 없지만 어셈블러가 제공하는 확장된 언어를 사용할 때는 별도로 표시하고 쓰기로 한다.

분기 명령에서의 주소지정

LEGv8에서 가장 간단한 주소지정 방식은 분기 명령에서 사용하는 것이다. 분기 명령은 6비트의 operation 필드와 26비트의 주소 필드로 구성되는 B-타입 명령어 형식을 사용한다. 그러므로

```
B    10000          //go to location 10000ten
```

을 어셈블하면 다음과 같아진다. (사실은 조금 더 복잡하다. 자세한 것은 곧 다시 설명한다.)

5	10000_{ten}
6비트	26비트

조건부 분기 명령에는 분기 주소 외에 한 개의 피연산자가 더 있다. 그러므로

```
CBNZ  X19, Exit     //go to Exit if X19 ≠ 0
```

은 다음과 같이 어셈블되어 분기 주소로 19비트만 쓸 수 있다.

181	Exit	19
8비트	19비트	5비트

이 형식은 조건부 분기(conditional branch)를 의미하는 CB-타입이라 부른다(컨디션 코드를 검사하는 조건부 분기 명령어도 CB-타입 형식을 사용하지만 마지막 필드는 분기 조건을 선택하는 데 사용한다).

만일 프로그램에서 사용하는 모든 주소가 이 19비트 필드에 들어가야 한다면, 어떤 프로그램도 2^{19}보다 더 커질 수는 없다. 그러나 이것은 현실적으로 너무 작은 크기이다. 이 문제를 해결할 수 있는 대안은 어떤 레지스터를 지정해서 그 값을 분기 변위와 더하도록 하는 것이다. 이렇게 했을 때 분기 주소는 다음과 같이 구해진다.

$$PC = 레지스터 + 분기주소$$

이 방식은 프로그램 크기가 2^{64}까지 커지는 것을 허용하면서 조건부 분기도 지원함으로써 분기 주소의 크기 제한을 극복한다. 그러면 이제 남은 문제는 어떤 레지스터를 사용하느냐 하는 것이다.

조건부 분기가 어떻게 사용되는지를 살펴보면 이 문제의 답을 구할 수 있다. 조건부 분기는 주로 순환문이나 *if* 문에서 사용되므로 가까이 있는 명령어로 분기하는 경향이 있다. 예를 들면 SPEC 벤치마크에서 사용된 조건부 분기의 절반가량이 16개 명령어 이상 떨어지지 않은 위치로 분기한다. PC는 현 명령어의 주소를 가지고 있으므로 분기 주소를 더할 레지스터로 PC(program counter)를 선택하면 현 위치에서 $\pm 2^{18}$워드 이내 떨어진 곳은 어디든지 분기할 수 있다. 거의 모든 순환문과 *if* 문의 분기 범위가 2^{18}워드 이내이므로 PC는 이상적인 선택이다. 이런 분기 주소지정 방식을 **PC-상대 주소지정 방식**(PC-relative addressing)이라 한다.

PC-상대 주소지정 방식 PC와 명령어 내 상수의 합이 실제 주소가 되는 주소지정 방식.

최근의 모든 컴퓨터가 다 그렇듯이 LEGv8도 모든 조건부 분기 명령에 PC-상대 주소를 사용한다. 조건부 분기의 목적지는 대체로 가까운 곳에 있기 때문이다. 반면에 프로시저들은 가까이 붙어 있어야 할 이유가 없으므로 BL 명령은 다른 주소지정 방식을 사용한다. LEGv8 구조는 B나 BL 명령어가 긴 주소를 사용할 수 있도록 B-타입 형식을 사용한다.

LEGv8 명령어의 길이는 항상 4바이트이므로, LEGv8의 PC-상대 주소지정 방식에서는 분기할 거리를 바이트 수가 아니라 **워드** 수로 나타내면 더 먼 거리까지 분기할 수 있다. 바이트 주소 대신 워드 주소를 사용함으로써 분기 거리를 4배로 늘릴 수 있는 것이다. 따라서 이 19비트 필드는 상대적 바이트 주소가 아니라 상대적 워드 주소로 해석함으로써 네 배만큼 더 멀리 분기할 수 있다. 즉 현재 PC값에서 ±1MB까지이다. 마찬가지로 분기 명령어의 26비트 필드도 워드 주소이다. 바이트 주소로는 28비트에 해당한다.

무조건 분기 명령어 또한 PC-상대 주소를 사용하여 현재 PC에서 ±128MB까지 분기할 수 있다.

예제

기계어에서 분기 변위

2.7절 두 번째 예제의 while 순환문을 컴파일하면 다음과 같은 LEGv8 어셈블리 코드가 생성된다.

```
Loop: LSL  X10, X22, #3   // Temp reg X10 = 8 * i
      ADD  X10, X10, X25  // X10 = address of save[i]
      LDUR X9, [X10, #0]  // Temp reg X9 = save[i]
      SUB  X11, X9, X24   // X11 = save[i] - k
      CBNZ X11, Exit      // go to Exit if save[i] ≠ k(X11≠0)
      ADDI X22, X22, #1   // i = i + 1
      B    Loop           // go to Loop
Exit:
```

Loop의 주소가 80000번지라고 할 때 위 프로그램에 해당하는 LEGv8 기계어 코드는?

답

어셈블된 명령어와 그 주소는 다음과 같다.

80000	1691	0	3	22	10
80004	1112	25	0	10	10
80008	1896	0	0	10	9
80012	1624	24	0	9	11
80016	181	3			11
80020	580	1		22	22
80024	5	−6			
80028	. . .				

LEGv8 명령어는 바이트 주소를 사용하므로 이웃한 워드의 주소는 4씩 차이가 남을 기억하라. 분기 명령어들은 주소 필드 값에 4를 곱한다. 다섯 번째 줄의 CBNZ 명령은 다음 명령어 주소(80016)에 3워드 즉 12바이트를 더해서 분기 목적지를 분기 명령어에 대한 상대적 주소로(12 + 80016) 구한다. 64비트 목적지 주소 80028을 사용하는 대신에 위와 같이 구한다. 마지막 줄의 분기 명령어는 역방향 분기 즉 Loop에 해당하는 주소를 비슷한 방법(−24 + 80024)으로 구한다.

하드웨어/소프트웨어 인터페이스

거의 모든 조건부 분기의 목적지는 가까운 곳이지만, 가끔은 19비트로 나타낼 수 없는 먼 곳으로 분기하는 경우도 있다. 이런 경우 어셈블러는 큰 주소나 상수를 처리할 때와 같은 방법으로 해결한다. 분기 목적지로 가는 무조건 점프를 삽입한 후, 분기 조건을 반대로 만들어서 이 점프를 건너뛸 것인지 말 것인지를 결정하게 한다.

예제

아주 먼 거리로의 분기

레지스터 X19가 레지스터 zero와 같으면 분기하는 코드

```
CBZ  X19,  L1
```

을 L1이 아주 멀어도 분기가 가능하도록 바꾸되 명령어 두 개를 사용하라.

답

다음과 같이 바꿀 수 있다.

```
      CBNZ  X19, L2
      B     L1
L2:
```

LEGv8 주소지정 방식 요약

주소지정 방식 피연산자와 주소를 다양하게 사용하여 실제 주소를 나타내는 여러 방식.

여러 형태의 주소 표현을 일반적으로 주소지정 방식(addressing mode)이라 한다. 그림 2.19에서 보면 각각의 주소지정 방식에서 피연산자가 어떻게 식별되는지 알 수 있다. LEGv8에서 사용되는 주소지정 방식은 다음과 같다.

1. 수치(immediate) 주소지정: 피연산자는 명령어 내에 있는 상수이다.
2. 레지스터 주소지정: 피연산자는 레지스터이다.
3. 베이스(base) 또는 변위(displacement) 주소지정: 메모리 내용이 피연산자이다. 메모리 주소는 레지스터와 명령어 내의 상수값을 더해서 구한다.
4. PC-상대 주소지정: PC값과 명령어 내 상수의 합을 더해서 주소를 구한다.

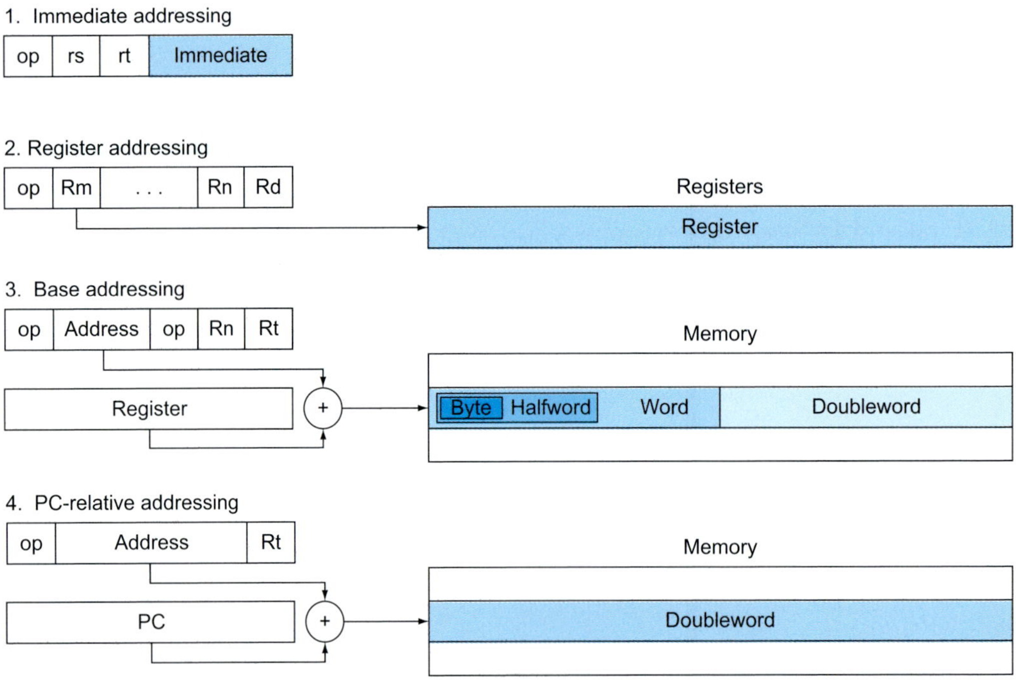

그림 2.19 네 가지 LEGv8 주소지정 방식. 파란색 부분이 피연산자이다. 3번 모드의 피연산자는 메모리에 있고, 2번 모드의 피연산자는 레지스터에 있다. 바이트, 하프워드, 워드, 더블워드를 전송하는 적재와 저장 명령이 각각 따로 있음에 유의하라. 1번 모드에서 피연산자는 명령어 자체의 16비트이다. 4번 모드는 메모리에 있는 명령어를 접근하기 위한 것이다. 4번 모드는 긴 주소를 2비트 좌측 자리이동한 후 PC에 더한다. 같은 연산이 둘 이상의 주소지정 방식을 사용할 수 있다. 예를 들면 덧셈 연산은 수치 주소지정 방식(ADDI)과 레지스터 주소지정 방식(ADD) 두 가지를 사용한다.

기계어의 해독

때로는 기계어를 역공학해서 원래의 어셈블리 언어를 추출하는 작업을 해야 할 때가 있다. 그런 예 중 하나가 "코어 덤프(core dump)"를 읽을 때이다. 이를 위하여 LEGv8 기계어 필드의 값을 그림 2.20에 정리하였다. 이 표는 어셈블리 언어와 기계어를 손으로 변환할 때 유용하다.

Instruction	Opcode	Opcode Size	11-bit opcode range		Instruction Format
			Start	End	
B	000101	6	160	191	B - format
STURB	00111000000	11	448		D - format
LDURB	00111000010	11	450		D - format
B.cond	01010100	8	672	679	CB - format
ORRI	1011001000	10	712	713	I - format
EORI	1101001000	10	840	841	I - format
STURH	01111000000	11	960		D - format
LDURH	01111000010	11	962		D - format
AND	10001010000	11	1104		R - format
ADD	10001011000	11	1112		R - format
ADDI	1001000100	10	1160	1161	I - format
ANDI	1001001000	10	1168	1169	I - format
BL	100101	6	1184	1215	B - format
ORR	10101010000	11	1360		R - format
ADDS	10101011000	11	1368		R - format
ADDIS	1011000100	10	1416	1417	I - format
CBZ	10110100	8	1440	1447	CB - format
CBNZ	10110101	8	1448	1455	CB - format
STURW	10111000000	11	1472		D - format
LDURSW	10111000100	11	1476		D - format
STXR	11001000000	11	1600		D - format
LDXR	11001000010	11	1602		D - format
EOR	11101010000	11	1616		R - format
SUB	11001011000	11	1624		R - format
SUBI	1101000100	10	1672	1673	I - format
MOVZ	110100101	9	1684	1687	IM - format
LSR	11010011010	11	1690		R - format
LSL	11010011011	11	1691		R - format
BR	11010110000	11	1712		R - format
ANDS	11101010000	11	1872		R - format
SUBS	11101011000	11	1880		R - format
SUBIS	1111000100	10	1928	1929	I - format
ANDIS	1111001000	10	1936	1937	I - format
MOVK	111100101	9	1940	1943	IM - format
STUR	11111000000	11	1984		D - format
LDUR	11111000010	11	1986		D - format

그림 2.20 **LEGv8 명령어 인코딩.** 가변 길이 opcode는 가장 긴 opcode가 차지하는 공간에 사상될 수 있다. 그러므로 명령어의 첫 11비트를 보면 어떤 명령어인지 알 수 있다.

기계어 코드의 해독

예제

다음 기계어에 해당하는 어셈블리 명령어는 무엇인가?

$8b0f0013_{hex}$

답

첫 단계는 16진수를 이진수로 바꾸는 일이다.

```
1000 1011 0000 1111 0000 0000 0001 0011
```

이 이진수를 해석하기 위해서는 명령어 형식을 결정해야 하는데, 그러려면 먼저 opcode 필드를 찾아야 한다. 문제는 형식에 따라 opcode 필드가 6비트에서 11비트까지 변한다는 것이다. opcode는 똑같은 것이 없기 때문에 opcode를 알아내는 방법 중 하나는 11비트 opcode 몇 개가 짧은 opcode 하나에 해당하는지를 알아내는 것이다.

예를 들어 분기 명령어 B는 6비트 opcode

```
00 0101
```

을 사용한다. 11비트 opcode로 본다면

```
00 0101 00000
```

부터

```
00 0101 11111
```

까지의 모든 opcode값이 이에 해당한다. 따라서 만약 11비트 opcode가 이 범위 안의 값을 갖는다면, 예를 들어

```
00 0101 00100
```

이라면 6비트 분기 명령어와 충돌이 일어난다.

그림 2.20은 LEGv8의 모든 명령어를 opcode값의 크기(11비트 opcode 크기로 보았을 때) 순으로 열거하고 있다. 예를 들면 분기 명령어는 160부터 191에 해당되는 비트 패턴을 갖고 있다. opcode를 정하기 위해서는 명령어의 첫 11비트를 취해서 이를 십진수로 변환한 다음 테이블과 비교하여 해당 명령어와 형식을 찾으면 된다.

이 예제에서 잠정적 opcode 필드는 10001011000_{two} 즉 1112_{ten}이다. 그림 2.20을 찾아보면 이 opcode에 해당하는 명령어는 ADD 명령어이며 R-형식이다. 따라서 이 이진수를 그림 2.21과 같은 필드로 구분할 수 있다.

opcode	Rm	shamt	Rn	Rd
10001011000	00101	000000	01111	10000

각 필드의 값을 보고 명령어의 나머지 부분을 해석할 수 있는데, Rm 필드는 5, Rn은 15, Rd는 16이고 shamt는 사용되지 않고 있다. 이 숫자들은 레지스터 `X5`, `X15`, `X16`을 나타내므로, 해당 명령어는

```
ADD   X16, X15, X5
```

이다.

그림 2.21은 LEGv8 명령어 형식 전체를 보여 준다. 2.2절의 그림 2.1은 2장에서 설명한 LEGv8 어셈블리 언어를 정리한 표이다. 다음 장에서는 곱셈, 나눗셈 및 실수 연산 명령어를 소개할 것이다.

Name	Fields							Comments
Field size		6 to 11 bits	5 to 10 bits	5 or 4 bits	2 bits	5 bits	5 bits	All LEGv8 instructions are 32 bits long
R-format	R	opcode	Rm	shamt		Rn	Rd	Arithmetic instruction format
I-format	I	opcode	immediate			Rn	Rd	Immediate format
D-format	D	opcode	address		op2	Rn	Rt	Data transfer format
B-format	B	opcode	address					Unconditional Branch format
CB-format	CB	opcode	address				Rt	Conditional Branch format
IW-format	IW	opcode	immediate				Rd	Wide Immediate format

그림 2.21 LEGv8 명령어 형식.

스스로 점검하기

I. LEGv8에서 조건부 분기를 할 수 있는 주소의 범위는? (K = 1024)

1. 주소 0~512K − 1
2. 주소 0~2048K − 1
3. 분기 명령어 전 256K~후 256K까지
4. 분기 명령어 전 1024K~후 1024K까지

II. LEGv8에서 branch와 branch-and-link를 할 수 있는 주소의 범위는? (M = 1024K)

1. 주소 0~64M − 1
2. 주소 0~256M − 1
3. 점프 전 32M~후 32M
4. 점프 전 128M~후 128M

고난도: 하드웨어가 명령어 형식을 알아내는 방법을 알기 쉽게 설명하려면 하드웨어에 ROM이 들어 있다고 생각하면 된다. 이 ROM의 주소 크기는 가장 큰 opcode 길이와 같고, 특정 명령어 처리를 위해 하드웨어가 해야 할 일이 저장되어 있다. ADD 같은 11비트 opcode 명령어들은 주소가 하나이지만, B같이 opcode가 6비트인 명령어는 여러 주소에 해당하므로 같은 내용이 여러 벌 저장되어 있다. 실제로 B는 $2^{11}/2^6 = 2^5$ 즉 32벌의 복사본을 갖고 있다. ROM과 같은 역할을 하면서 더 효율적인 하드웨어 구성 요소로 **PLA**(programmable logic array)가 있다. PLA는 주소 디코더가 ROM과 달라서 opcode 크기와 상관없이 opcode별로 한 벌씩만 저장하면 된다(부록 B 참조).

PARALLELISM

2.11 병렬성과 명령어: 동기화

태스크가 서로 독립적일 때에는 **병렬처리**가 쉽지만 그래도 서로 협력해야 할 때가 많다. 협력은 보통 다른 태스크들이 읽어야 하는 새로운 값을 어떤 태스크들이 쓰는 것을 의미한다. 다른 태스크들이 안전하게 읽을 수 있기 위해서는 한 태스크가 쓰기를 마칠 때가 언제인지 알아야 하는데 이를 위해서는 태스크들이 동기화되어야 한다. 이들이 동기화 되지 않으면 **데이터 경쟁관계**(data race)의 위험이 있다. 이벤트가 일어나는 순서에 따라 프로그램의 결과가 달라질 수 있는 상황을 데이터 경쟁관계라 한다.

데이터 경쟁관계 다른 스레드에서 나온 두 메모리 접근이 같은 위치를 향하고, 그 중 적어도 하나가 쓰기이며 이들이 잇따라서 일어날 때 데이터 경쟁관계를 형성한다.

1.8절의 기자 8명이 기사 하나를 작성하는 비유를 다시 생각해 보자. 기자 한 명은 결론을 쓰기 전에 앞부분을 모두 읽어야 된다고 가정하자. 그러려면 이 기자는 다른 기자들이 언제 자기가 맡은 부분을 끝냈는지 알아야 한다. 그래야만 자신이 결론을 작성한 후 다른 부분이 수정될 것을 염려할 필요가 없게 된다. 이렇게 각 부분의 읽기와 쓰기가 잘 동기화가 되면 결론이 앞부분의 내용과 일치하게 될 것이다.

컴퓨팅에 있어서도 동기화 메커니즘은 일반적으로는 사용자 수준 소프트웨어 루틴에서 제공되는데 이 소프트웨어 루틴들은 하드웨어가 제공하는 동기화 명령을 사용하고 있다. 이 절에서는 lock과 unlock 동기화 연산의 구현에 집중하려 한다. lock과 unlock을 그대로 이용하여 단 하나의 프로세서만이 작업할 수 있는 영역을 생성할 수 있으며[상호배제(mutual exclusion)라 불림], 더 복잡한 동기화 메커니즘을 구현하는 데도 사용할 수 있다.

멀티프로세서에서 동기화를 구현하기 위해서는 메모리 주소에서 읽고 수정하는 것을 원자적으로(atomically) 처리할 능력을 가진 하드웨어 프리미티브가 있어야 한다. 즉 메모리에서 읽고 쓰는 중간에 아무것도 끼어들 수 없어야 한다. 그러한 능력이 없으면 기본 동기화 프리미티브 구현 비용이 너무 비쌀 것이며 그 비용은 프로세서 수가 증가함에 따라 더욱 증가할 것이다.

기본 하드웨어 프리미티브를 대신하는 많은 방법이 있는데, 모두가 메모리 주소에서 읽고 수정하는 것을 원자적으로 처리하는 방법을 제공하고 있으며 읽고 쓰는 것이 원자적으로 처리되었는지 알려 주는 방법도 함께 가지고 있다. 일반적으로 설계자는 기본 하드웨어 프리미티브를 사용자가 쓸 것이라고는 생각하지 않는다. 시스템 프로그래머가 동기화 라이브러리를 구축하는 데 사용할 것이라고 생각한다. 이 과정은 상당히 복잡하고 까다로운 경우가 많다.

먼저 하드웨어 프리미티브 하나를 살펴보고 이것이 기본 동기화 프리미티브 구축에 어떻게 사용되는지 알아보자. 동기화 연산 구축을 위한 전형적인 연산은 **원자적 교환**(atomic exchange 또는 atomic swap)인데, 이 연산은 레지스터의 값을 메모리 값과 교환하는 것이다.

이것을 기본 동기화 프리미티브 구축에 어떻게 사용하는지 보기 위해 간단한 lock을 만들어 보자. 이 lock은 0이면 사용 가능하고 1이면 사용할 수 없음을 표시한다고 가정한다. 프로세서는 레지스터에 있는 값 1과 메모리에 있는 lock을 맞바꿈으로써 lock을 1로 만들고자 할 것이다. 만약 다른 프로세서가 이미 접근을 주장하였다면 교환 명령어가 가져온 값은 1일 것이며 그렇지 않은 경우에는 0일 것이다. 후자의 경우에는 그 값이 1로 바뀌어서 다른 프로세서에 있는 경쟁관계의 교환 명령이 0을 읽어 가지 못하게 한다.

예를 들어서 동시에 교환을 하려고 하는 두 프로세서를 생각해 보자. 이 경쟁은 금방 끝나게 되는데 한 프로세서만이 교환을 먼저 수행해서 0을 가져올 것이다. 두 번째 프로세서는 1을 읽어 올 것이다. 동기화를 구현하기 위해 교환 프리미티브를 사용할 때의 핵심은 연산이 원자적이라는 것이다. 즉 교환은 나뉠 수 없는(indivisible) 것이라서 두 개의 동시 교환은 하드웨어에 의해 순서가 결정된다. 두 프로세서가 이런 방법으로 동기화 변수를 설정하여 두 프로세서 모두 그들이 변수를 설정했다고 생각하는 경우는 나올 수 없다.

단일 원자적 메모리 연산을 구현하려면 프로세서 설계 시 몇 가지 문제를 극복해야 하는데, 이 연산은 메모리 읽기와 쓰기를 인터럽트가 불가능한 단일 명령어에서 처리해야 하기 때문이다.

또 다른 방법은 명령어 두 개를 사용하는 것이다. 여기서 두 번째 명령어는 이 두 명령어가 원자적으로 실행되었는지 여부를 표시한다. 다른 프로세서에서 실행된 모든 연산이 이 두 명령어보다 먼저 시작되어 먼저 끝나든지 이 명령어보다 나중에 시작되어 나중에 끝난 것처럼 보인다면 이 한 쌍의 명령어는 실질적으로는 원자적이다. 두 명령어가 실질적으로 원자적이라면 다른 어느 프로세서도 이 두 명령어 사이에서 값을 바꿀 수는 없다.

LEGv8에는 이러한 명령어 쌍으로 LDXR(load exclusive register)이라 불리는 특수 적재 명령어와 STXR(store exclusive register)이라 불리는 특수 저장 명령어가 있다. 이 명령어 쌍은 순차적으로 사용되는데, 만약 LDXR 명령어가 사용하는 메모리 주소의 내용이 같은 주소에 대한 STXR 명령어가 실행되기 전에 바뀐다면 STXR 명령은 실패하게 되어 메모리에 값을 쓰지 못하게 된다. STXR은 레지스터값을 메모리에 저장하고, 동시에 성공하면 또 다른 레지스터를 0으로, 실패하면 1로 만드는 명령어이다. 따라서 STXR은 레지스터 세 개를 사용한다. 메모리 주소를 갖는 레지스터, 원자적 연산의 성공 여부를 나타내는 레지스터, 그리고 성공 시 메모리에 저장할 값을 갖고 있는 레지스터 이렇게 세 개이다. LDXR 명령어는 초깃값을 설정하고 STXR은 성공할 때만 레지스터를 0으로 만들기 때문에, 다음 명령어 시퀀스는 X20이 가리키는 메모리 내용에 대한 원자적 교환을 구현한다.

```
again: LDXR  X10, [X20, #0]      // load exclusive
       STXR  X23, X9, [X20]      // store exclusive
       CBNZ  X9, again           // branch if store fails
       ADD   X23, XZR, X10       // put loaded value in X23
```

LDXR 명령어와 STXR 명령어 사이에 프로세서가 끼어들어서 메모리값을 바꾸면 STXR은 X9에 1을 넣기 때문에 again부터 다시 실행하게 된다. 결국 이 시퀀스가 끝나면 X23과 X20이 가리키는 메모리 사이에 원자적 교환이 이루어진다.

고난도: 원자적 교환은 다중프로세서 동기화를 위해 제시된 것이지만 운영체제가 단일프로세서에서 다중프로세스를 다루는 데도 유용하다. 단일프로세서에서 아무것도 끼어들지 않았다는 것을 확실하게 하기 위해서, 두 명령어 사이에서 문맥 교환이 일어나도 STXR은 실패하게 된다(5장 참조).

고난도: load exclusive/store exclusive 메커니즘의 또 다른 장점은 다른 동기화 프리미티브들 가령 **atomic compare and swap** 또는 **atomic fetch-and-increment** 같은 것들을 만드는데 사용할 수 있다는 점이다. 이 프리미티브들은 여러 가지 병렬 프로그래밍 모델에서 사용된다. 이 경우 LDXR과 STXR 사이에 명령어가 들어갈 수는 있지만 너무 많이 들어가면 안 된다.

load exclusive 주소에 또 다른 저장이 시도되거나 예외가 일어나면 store exclusive는 실패하기 때문에 두 명령어 사이에 들어갈 명령어를 고를 때는 신중해야 한다. 레지스터-레지스터 명령어만이 안심하고 넣을 수 있는 명령어이다. 다른 명령어들은 계속 페이지 부재를 일으켜 프로세서가 STXR을 완료할 수 없는 교착상태(deadlock)를 만들 가능성이 있다. load exclusive와 store exclusive 사이에는 명령어를 많이 넣지 말아야 한다. 그래야 관련 없는 이벤트나 경쟁 프로세서가 store exclusive를 자꾸 실패하게 만들 확률이 최소화된다.

고난도: 위 코드는 원자적 교환을 구현한 것이고, 아래 코드는 X20이 가리키는 주소의 lock을 효과적으로 획득하는 것이다. lock의 값이 0이면 사용 가능한 상태이고, 1이면 다른 누군가가 사용 중이라는 뜻이다.

```
        ADDI X11, XZR, #1         // copy locked value
again:  LDXR X10, [X20, #0]       // load exclusive to read lock
        CBNZ  X10, again          // check if it is 0 yet
        STXR  X11, X9, [X20]      // attempt to store new value
        BNEZ  X9, again           // branch if store fails
```

보통의 store 명령어를 사용하여 그 주소에 0을 쓰면 lock을 해제할 수 있다.

```
        STUR  XZR, [X20, #0]      // free lock by writing 0
```

스스로 점검하기

언제 load exclusive와 store exclusive 같은 프리미티브를 사용하는가?

1. 병렬 프로그램에서 협력 관계에 있는 스레드들이 공유 데이터에 대한 읽고 쓰기를 적절하게 하기 위해 동기화가 필요할 때
2. 단일프로세서에서 협력 관계에 있는 프로세스들이 공유 데이터를 읽고 쓰기 위해 동기화가 필요할 때

2.12 프로그램 번역과 실행

이 절에서는 디스크나 플래시 메모리의 파일에 저장되어 있는 C 프로그램을 컴퓨터가 실행할 수 있는 프로그램으로 변환하기 위한 4단계를 설명한다. 그림 2.22는 이러한 번역 단계를 계층적으로 보여 준다. 어떤 시스템은 번역 시간을 줄이기 위해 이 중 몇 단계를 하나로 합치기도 하지만, 논리적으로는 이 네 단계를 거쳐야 한다. 이 절에서는 번역 계층에 따라 설명을 진행한다.

컴파일러

컴파일러는 C 프로그램을 어셈블리 언어 프로그램으로 바꾼다. 어셈블리 언어 프로그램은 컴퓨터가 이해할 수 있는 심벌 형태이다. 상위 수준 언어 프로그램은 어셈블리 언어보다 문장 수가 훨씬 적으므로 프로그래머의 생산성이 높아진다.

1975년 당시에는 메모리가 부족하고 컴파일러가 비효율적이었기 때문에, 운영체제와 어셈블러는 **어셈블리 언어**(assembly language)로 작성하였다. 그러나 오늘날에

어셈블리 언어 이진 기계어로 번역할 수 있는 기호화된 언어.

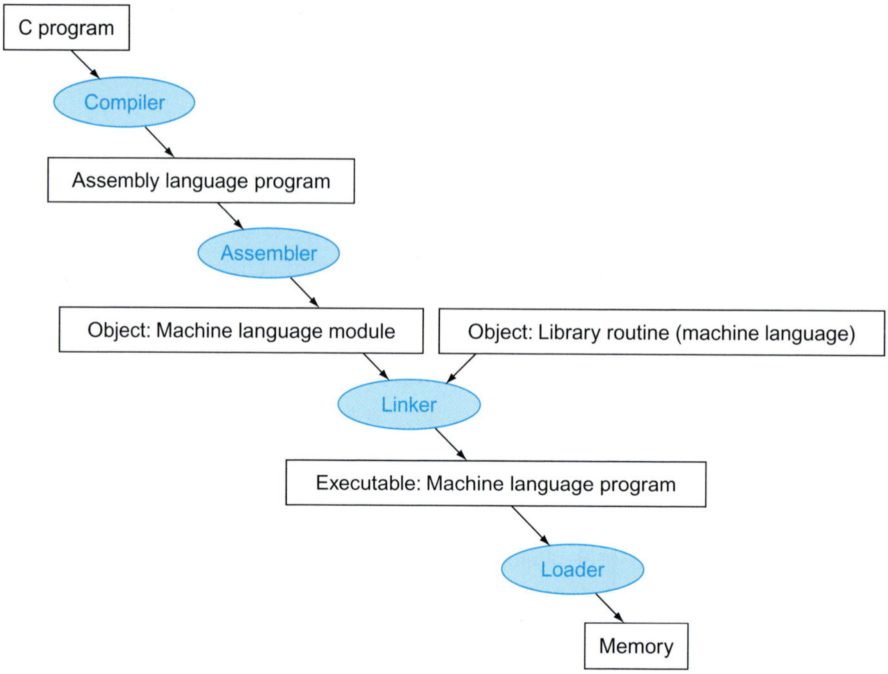

그림 2.22 C 언어의 번역 계층. 상위 수준 언어 프로그램은 어셈블리 언어 프로그램으로 컴파일되고 다시 기계어 형태의 목적 모듈로 어셈블된다. 링커는 여러 모듈과 라이브러리 루틴을 사용하여 모든 외부 참조를 해결한다. 다음에는 프로세서가 실행할 수 있도록 로더가 기계어 코드를 적절한 메모리 위치에 넣는다. 번역 속도를 빠르게 하기 위해 어떤 과정은 생략되기도 하고 몇 단계를 합쳐서 하나로 만들기도 한다. 목적 모듈을 직접 생성하는 컴파일러도 있고, 링킹 로더를 써서 마지막 두 단계를 한꺼번에 처리하는 시스템도 있다. UNIX는 파일 이름에 접미사를 붙여 파일 종류를 구별한다. C 원시 코드는 `x.c`, 어셈블리 파일은 `x.s`, 목적 파일은 `x.o`, 정적 링크 라이브러리 루틴은 `x.a`, 동적 링크 라이브러리 루틴은 `x.so`, 실행 파일은 `a.out`으로 표시한다. MS-DOS는 접미사 `.C`, `.ASM`, `.OBJ`, `.LIB`, `.DLL`, `.EXE`를 각각 같은 용도로 사용한다.

는 DRAM 칩의 용량이 수백만 배나 커져서 프로그램 크기 문제도 완화되었고, 최적화 컴파일러가 어셈블리 프로그램 전문가에 필적하거나 오히려 더 우수한(특히 큰 프로그램에 대해서) 어셈블리 언어 프로그램을 생성하고 있다.

어셈블러

어셈블리 언어는 상위 수준 소프트웨어와의 인터페이스이므로 원래는 없는 명령어를 어셈블러가 독자적으로 제공할 수도 있다. 이 명령어들은 하드웨어로 구현이 되어 있지 않더라도, 어셈블러가 알아서 처리하여 번역과 프로그래밍을 간편하게 해 준다. 이런 명령어들을 **의사명령어**(pseudoinstruction)라 한다.

의사명령어 하드웨어가 지원하지 않는 어셈블리 언어 명령어를 마치 실제 있는 것처럼 어셈블러가 처리하는 명령어.

LEGv8 하드웨어는 레지스터 `XZR(X31)`의 값이 항상 0이 되도록 한다. 즉 `XZR`을 사용하면 그 값은 항상 0이며, `XZR`의 값은 바꿀 수 없다. 그러므로 `XZR`은 한 레지스터의 내용을 다른 레지스터로 복사하는 move 명령어를 구현하는데 사용할 수 있다. LEGv8 기계어에는 move 명령어가 없지만 LEGv8 어셈블러는 이 명령을 받아들인다.

```
MOV X9, X10         // register X9 gets register X10
```

어셈블러는 이 명령어를 다음 명령에 해당하는 기계어로 바꾼다.

```
ORR X9, XZR, X10   // register X9 gets 0 OR register X10
```

LEGv8 어셈블러는 CMP(compare) 명령어를 뺄셈 명령어로 바꾸는데 이 뺄셈 명령어는 컨디션 코드를 설정하고 XZR을 목적지로 갖는다. 따라서

```
CMP X9, X10         // compare X9 to X10 and set condition codes
```

는

```
SUBS  XZR, X9, X10 // use X9 - X10 to set condition codes
```

가 된다.

또한 먼 거리로 분기하는 명령어는 두 개의 분기 명령어로 바꾸기도 한다. LEGv8에서는 명령어의 수치 필드는 제한된 크기를 갖지만 LEGv8 어셈블러는 레지스터에 큰 상수를 넣는 일도 해 줄 수 있다. 이렇게 어셈블러는 LDA(load address)를 받아들여 필요한 명령어 시퀀스로 바꿔 준다. 마지막으로 어셈블러는 프로그래머가 원하는 명령어 변형을 처리하여 명령어 집합을 좀 더 간단하게 해 준다. 예를 들어 LEGv8 어셈블러는 산술 논리 연산 명령어에서 수치값을 사용할 때 프로그래머가 굳이 수치 명령어를 사용하지 않아도 되게 해 준다. 대신 어셈블러가 알맞은 opcode를 생성해 준다. 예를 들어

```
AND X9, X10, #15   // register X9 gets X10 AND 15
```

는

```
ANDI  X9, X10, #15 // register X9 gets X10 AND 15
```

가 된다.

명령어에 "I"를 붙인 이유는 이 명령어는 수치 피연산자를 사용하지 않는 AND 명령어와는 명령어 형식도 다르고 opcode도 다르다는 것을 상기시키기 위함이다.

결과적으로 의사명령어는 실제의 하드웨어 구현보다 훨씬 더 풍부한 어셈블리 언어 명령어 집합을 제공한다. 어셈블리 프로그램을 작성할 때 의사명령어를 적절히 사용하면 일이 쉬워진다. 그러나 LEGv8 구조를 제대로 이해하고 주어진 성능을 최대한 활용하기 위해서는 그림 2.1과 2.20에 보인 실제 LEGv8 명령어를 공부하는 것이 바람직하다.

어셈블러는 여러 진수의 숫자를 받아들인다. 이진수와 십진수뿐만 아니라 이진수보다 간결하면서 이진수로 쉽게 바꿀 수 있는 그 외의 진수도 사용할 수 있다. LEGv8 어셈블러는 16진수를 사용한다.

어셈블러가 이런 편리한 기능을 제공하기는 하지만 주된 임무는 어셈블리 프로그램을 기계어로 번역하는 일이다. 어셈블러는 어셈블리 언어 프로그램을 **목적 파일**(object file)로 바꾼다. 목적 파일에는 기계어 명령어, 데이터, 명령어를 메모리에 적절히 배치하기 위해 필요한 각종 정보들이 혼합되어 있다.

어셈블리 언어 프로그램을 구성하는 각 명령어를 이진수로 바꾸기 위해서는 레이블에 해당하는 주소를 모두 알아야 한다. 어셈블러는 분기나 데이터 전송 명령에서 사용된 모든 레이블을 **심벌 테이블**(symbol table)에 저장한다. 이 테이블은 심벌과 그 주소를 저장한다.

심벌 테이블 레이블 이름을 명령어가 기억된 메모리 워드의 주소와 짝지어 주는 테이블.

UNIX 시스템의 목적 파일은 보통 다음과 같은 여섯 부분으로 구성된다.

- **목적 파일 헤더**: 목적 파일을 구성하는 각 부분의 크기와 위치를 서술한다.
- **텍스트 세그먼트**: 기계어 코드가 들어 있다.
- **정적 데이터 세그먼트**: 프로그램 수명 동안 할당되는 데이터가 들어 있다. (UNIX는 프로그램 실행이 끝날 때까지 계속 할당되는 **정적 데이터**와 프로그램의 요구에 따라 커졌다 작아졌다 하는 **동적 데이터** 두 가지를 프로그램이 사용할 수 있게 한다. 그림 2.14 참조.)
- **재배치(relocation) 정보**: 프로그램이 메모리에 적재될 때 절대 주소에 의존하는 명령어와 데이터 워드를 표시한다.
- **심벌 테이블**: 외부 참조같이 아직 정의되지 않고 남아 있는 레이블들을 저장한다.
- **디버깅 정보**: 각 모듈이 어떻게 번역되었는지에 대한 간단한 설명이 들어 있다. 디버거는 이 정보를 이용해서 기계어와 C 소스 파일을 연관 짓고 자료구조를 판독한다.

다음은 라이브러리 루틴같이 이미 어셈블된 루틴을 덧붙이는 방법에 대한 설명이다.

고난도: 완전한 ARMv8 명령어 집합에서는 앞에서 언급한 AND와 ANDI의 경우처럼 피연산자 중 하나가 수치일 때도 ADDI를 사용하지 않는다. 그냥 ADD를 사용하고 어셈블러가 적당한 opcode를 선택하게 한다. LEGv8에서는 교육목적상 이 둘에 서로 다른 기호를 사용하여 구분한다.

링커

이제까지 설명한 대로라면 어떤 프로시저를 한 줄이라도 고치면 전체 프로그램을 다시 컴파일하고 어셈블해야 한다. 이렇게 처음부터 다시 한다면 컴퓨터의 자원이 심각하게 낭비된다. 특히 표준 라이브러리 루틴의 경우는 이런 낭비가 심각한데, 그것은 전혀 바뀌지 않는 루틴들을 매번 컴파일하고 어셈블해야 하기 때문이다. 이것을 피하는 방법은 각 프로시저를 따로따로 컴파일, 어셈블하는 것이다. 어떤 프로시저가 바뀌면 바뀐 프로시저만 다시 번역하면 된다. 이렇게 하려면 **링크 에디터**(link editor) 또는 **링커**(linker)라고 부르는 시스템 프로그램이 추가로 필요하다. 이 프로그램은 따로따로 어셈블된 기계어 프로그램을 하나로 연결해 주는 일을 한다. 링커가 유용한 이유는 코드를 수정할 때 재컴파일하고 재어셈블하는 것보다 더 빠르기 때문이다.

링커 링크 에디터라고도 한다. 따로따로 어셈블된 기계어 프로그램을 결합하고 정의 안 된 레이블의 주소를 찾아내어 실행 파일을 만드는 시스템 프로그램.

링커의 동작은 3단계로 이루어진다.

1. 코드와 데이터 모듈을 메모리에 심벌 형태로 올려놓는다.
2. 데이터와 명령어 레이블의 주소를 결정한다.
3. 외부 및 내부 참조를 해결한다.

링커는 각 목적 모듈의 재배치 정보와 심벌 테이블을 이용해서 미정의 레이블의 주소를 결정한다. 분기 명령어, 데이터 주소 등에 나타나는 구주소를 신주소로 바꾸는 일을 하므로 에디터와 유사한 점이 있다. 이런 이유로 이 프로그램을 "링크 에디터"라고 부르며, 줄여서 링커라고도 한다.

링커가 외부 참조를 모두 해결하고 나면 각 모듈의 메모리 주소를 결정한다. 그림 2.14는 LEGv8의 프로그램과 데이터 메모리의 할당 관례를 보여 준다. 각 파일을 독립적으로 어셈블하기 때문에 어셈블러는 어떤 모듈의 명령어와 데이터가 다른 모듈과 비교해서 어떤 위치에 있게 될는지 알 수 없다. 링커가 모듈을 메모리에 적재할 때 절대 참조—레지스터에 더해지는 것이 아닌 실제 메모리 주소—는 모두 실제 위치에 해당하는 값으로 재설정되어야 한다.

링커는 컴퓨터에서 실행될 수 있는 **실행 파일**(executable file)을 생성한다. 보통 이 파일은 목적 파일과 같은 형식을 갖는데, 미해결된 참조가 없다는 점이 다르다. 라이브러리 루틴같이 일부만 링크된 파일이 있을 수도 있다. 이런 파일은 아직도 미해결 주소를 갖고 있으므로 목적 파일에 속한다.

실행 파일 목적 파일 형식의 기능 프로그램으로 미해결 참조를 가지고 있지 않다. 심벌 테이블과 디버깅 정보를 가지고 있을 수 있다. "stripped executable"은 이런 정보를 가지고 있지 않다. 로더를 위해서 재배치 정보를 가지고 있을 수도 있다.

목적 파일의 링크

예제

다음 두 목적 파일을 링크시켜라. 완성된 실행 파일의 처음 몇 명령어에 대해서는 바뀐 주소를 보여라. 이 예제에서는 이해하기 쉽도록 명령어를 어셈블리 언어 형태로 나타냈지만 실제로는 이진 기계어 형태이다.

링크 과정에서 값이 바뀌어야 할 주소와 심벌은 파란색으로 표시하였다. 프로시저 A와 B의 주소를 사용하는 명령어와 데이터 더블워드 X, Y의 주소를 사용하는 명령어가 여기 해당한다.

Object file header			
	Name	Procedure A	
	Text size	100_{hex}	
	Data size	20_{hex}	
Text segment	Address	Instruction	
	0	LDUR X0, [X27,#0]	
	4	BL 0	
	...	...	
Data segment	0	(X)	
	...	...	
Relocation information	Address	Instruction type	Dependency
	0	LDUR	X
	4	BL	B
Symbol table	Label	Address	
	X	–	
	B	–	
	Name	Procedure B	
	Text size	200_{hex}	
	Data size	30_{hex}	
Text segment	Address	Instruction	
	0	STUR X1, [X27,#0]	
	4	BL 0	
	...	...	
Data segment	0	(Y)	
	...	...	
Relocation information	Address	Instruction type	Dependency
	0	STUR	Y
	4	BL	A
Symbol table	Label	Address	
	Y	–	
	A	–	

답

프로시저 A는 변수 X와 프로시저 B의 주소를 찾아서 각각 LDUR과 BL 명령을 처리해야 하고, 프로시저 B는 변수 Y와 프로시저 A의 주소를 찾아내어 각각 STUR 명령과 BL 명령을 처리해야 한다.

그림 2.14를 보면 텍스트 세그먼트는 0000 0000 0040 0000_{hex}번지에서 시작되고, 데이터 세그먼트는 0000 0000 1000 0000_{hex}번지에서 시작된다. 따라서 40 0000_{hex}번지에 프로시저 A의 텍스트가 들어가고, 1000 0000_{hex}번지에 그 데이터가 들어간다. 프로시저 A의 목적 파일 헤더에 의하면 텍스트는 100_{hex}바이트이고 데이터는 20_{hex}바이트이므로, 프로시저 B의 텍스트 시작 주소는 40 0100_{hex}이고 데이터 시작 주소는 1000 0020_{hex}이다.

이제는 링커가 명령어의 주소부를 고칠 차례이다. 수정할 주소의 형식을 알기 위해 먼저 명령어 형식 필드를 사용한다. 이 예제에는 두 종류의 명령어가 있다.

Executable file header		
	Text size	300_{hex}
	Data size	50_{hex}
Text segment	Address	Instruction
	$0000\ 0000\ 0040\ 0000_{hex}$	LDUR X0, [X27,#0_{hex}]
	$0000\ 0000\ 0040\ 0004_{hex}$	BL $000\ 00FC_{hex}$
	...	...
	$0000\ 0000\ 0040\ 0100_{hex}$	STUR X1, [X27,#20_{hex}]
	$0000\ 0000\ 0040\ 0104_{hex}$	BL $3FF\ FEFC_{hex}$
	...	...
Data segment	Address	
	$0000\ 0000\ 1000\ 0000_{hex}$	(X)
	...	...
	$0000\ 0000\ 1000\ 0020_{hex}$	(Y)
	...	...

1. 첫째는 BL 명령어들인데 PC-상대 주소지정 방식을 사용한다. $40\ 0004_{hex}$번지에 있는 BL 명령은 $40\ 0100_{hex}$번지(프로시저 B의 주소)로 가야 하기 때문에 ($40\ 0100_{hex}$ − $40\ 0004_{hex}$), 즉 $000\ 00FC_{hex}$를 주소 필드에 넣어야 한다. 마찬가지로 프로시저 A의 주소가 $40\ 0000_{hex}$이기 때문에 $40\ 0104_{hex}$ 번지의 BL 주소 필드에는 음수 $3FFFEFC_{hex}$ ($40\ 0000_{hex}$ − $40\ 0104_{hex}$)를 넣어야 한다.
2. 두 번째는 LDUR과 STUR인데 이것들은 베이스 레지스터를 사용하므로 더 어렵다. 이 예제에서는 X27을 베이스 레지스터로 사용한다(초깃값은 $0000\ 0000\ 1000\ 0000_{hex}$라 가정). 주소 $0000\ 0000\ 1000\ 0000_{hex}$(더블워드 X의 주소)를 구하기 위하여 $40\ 0000_{hex}$에 있는 LDUR의 주소 필드에 0_{hex}를 넣는다. 마찬가지로 주소 $0000\ 0000\ 1000\ 0020_{hex}$(더블워드 Y의 주소)를 구하기 위해 $40\ 0100_{hex}$에 있는 STUR의 주소 필드에는 20_{hex}를 넣는다.

고난도: LEGv8 명령어는 워드 단위로 정렬되기 때문에, BL 명령어는 명령어의 주소 범위를 넓히기 위해 오른쪽 두 비트를 사용하지 않는다는 것을 상기하라. 즉 28비트의 바이트 주소를 생성하기 위하여 26비트를 사용한다. 따라서 이 예제에서 BL 명령어의 하위 26비트에 있는 실제 주소는 $000\ 00FC_{hex}$가 아니고 $000\ 003F_{hex}$이다.

로더

실행 파일은 디스크에 있으므로 운영체제가 이를 읽어서 메모리에 넣고 시작시킨다.

로더 목적 프로그램을 메인 메모리에 적재해서 실행할 수 있게 하는 시스템 프로그램.

UNIX 시스템에서 로더(loader)는 이 일을 다음 순서로 진행한다.

1. 실행 파일 헤더를 읽어서 텍스트와 데이터 세그먼트의 크기를 알아낸다.
2. 텍스트와 데이터가 들어갈 만한 주소 공간을 확보한다.
3. 실행 파일의 명령어와 데이터를 메모리에 복사한다.
4. 주 프로그램에 전달해야 할 인수가 있으면 이를 스택에 복사한다.
5. 레지스터를 초기화하고 스택 포인터는 사용 가능한 첫 주소를 가리키게 한다.
6. 기동 루틴(start-up routine)으로 분기한다. 이 기동 루틴에서는 인수를 인수 레지스터에 넣고 프로그램의 주 루틴을 호출한다. 주 프로그램에서 기동 루틴으로 복귀하면 `exit` 시스템 호출을 사용하여 프로그램을 종료시킨다.

동적 링크 라이브러리

Virtually every problem in computer science can be solved by another level of indirection.

David Wheeler

이 절의 첫 부분에서 프로그램 실행 전에 라이브러리를 링크하는 전통적 방법을 설명하였다. 이 정적 접근 방법은 라이브러리 루틴을 호출하는 가장 빠른 방법이지만, 몇 가지 단점이 있다.

- 라이브러리 루틴이 실행 코드의 일부가 된다. 버그가 제거되었거나 새로운 하드웨어 장치를 지원하는 신판 라이브러리가 나오더라도 정적으로 링크된 프로그램은 옛날 라이브러리를 사용해야 한다.
- 실행 파일에서 호출되는 라이브러리 루틴들은 이 호출의 실행 여부와 상관없이 전부 적재해야 한다. 따라서 프로그램에 비해 라이브러리가 클 수 있다. 예를 들어 표준 C 라이브러리는 2.5MB이다.

동적 링크 라이브러리(DLL) 실행 시에 프로그램과 링크되는 라이브러리 루틴.

이러한 단점 때문에 동적 링크 라이브러리(dynamically linked library, DLL)가 등장하였다. 이 방식에서 프로그램 실행 전에는 라이브러리가 링크되지도 않고 적재되지도 않는다. 대신 프로그램과 라이브러리 루틴은 전역적 프로시저의 위치와 이름에 대한 정보를 추가로 가지고 있다. 초기의 DLL에서는 로더가 동적 링커를 실행시켰다. 동적 링커는 파일에 저장된 추가 정보를 이용해서 적절한 라이브러리를 찾고 모든 외부 참조를 갱신한다.

이 초기 DLL의 단점은 호출될 가능성이 있는 모든 라이브러리 루틴을 링크시킨다는 것이다. 실제로 호출되는 것만 링크시킨다면 더 좋을 것이다. 이런 관점에서 지연(lazy) 프로시저 링키지형의 DLL이 개발되었다. 여기서는 모든 루틴을 실제 호출된 후에 링크시킨다.

다른 많은 기술 혁신처럼 이 기술도 간접접근(indirection) 기법을 사용한다. 그림 2.23에 이 기술을 표시하였다. 이 과정은 프로그램 끝에 있는 더미 루틴(dummy routine)들을 호출하는 전역 루틴에서부터 시작된다. 전역 루틴 하나당 더미 엔트리 하나씩인데, 이 더미 엔트리들은 간접 분기를 가지고 있다.

라이브러리 루틴을 처음 호출할 때는 프로그램이 더미 엔트리를 호출하고 간접 분기를 따라간다. 더미 엔트리는 원하는 라이브러리 루틴을 표시하기 위해 레지스터에 숫자를 넣고 동적 링커/로더로 분기하는 코드를 가리킨다. 링커/로더는 원하는 루틴을 찾아서 재사상하고, 이 루틴을 가리키도록 간접 분기 위치에 있는 주소를 바꾼다. 그리고 나서는 그 주소로 분기한다. 이 루틴이 끝나면 원래 호출한 위치로 돌아온다. 그러므로 다시 라이브러리 루틴을 호출하면 이런 일을 다시 할 필요 없이 해당 루틴으로 바로 간접 분기한다.

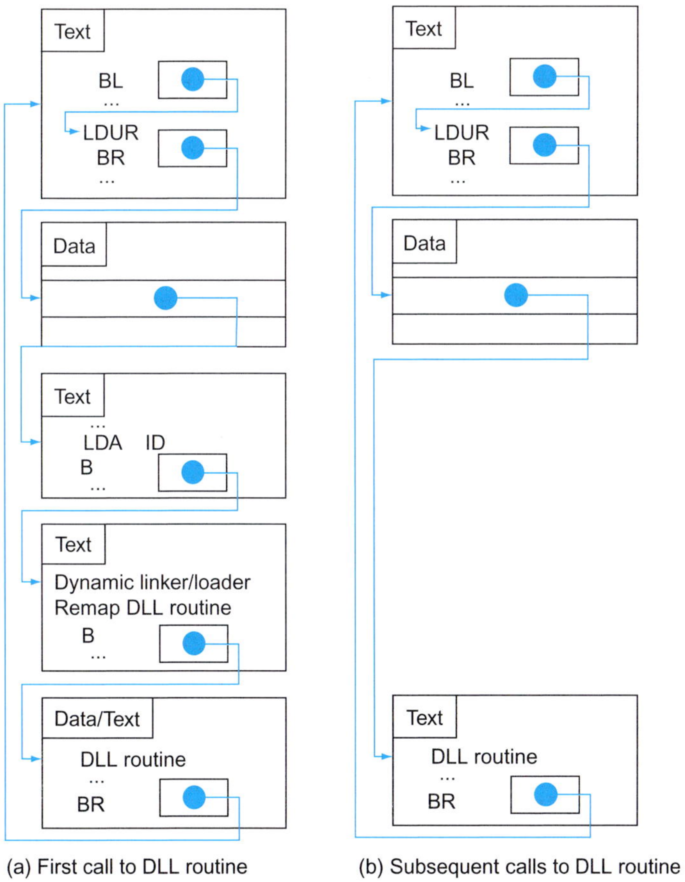

그림 2.23 지연 프로시저 링키지를 통한 동적 링크 라이브러리. (a) DLL 루틴을 처음 호출했을 때의 단계. (b) 그 다음 호출부터는 루틴 찾기, 재사상, 링크 등의 과정이 생략된다. 운영체제는 가상 메모리 관리를 이용해서 재사상함으로써 필요한 루틴의 복사를 피할 수 있다(5장 참조).

요약하면, DLL은 동적 링킹에 필요한 정보를 위한 추가 공간을 필요로 하지만 전체 라이브러리를 복사하거나 링크할 필요는 없다. 어떤 루틴을 처음 호출할 때는 오버헤드가 매우 크지만, 그 다음부터는 간접 분기 하나만 하면 된다. 라이브러리에서 되돌아올 때는 추가 오버헤드가 없음에 주목하라. Microsoft Windows는 동적 링크 라이브러리에 크게 의존하고 있으며, 오늘날 UNIX 시스템에서 프로그램을 실행할 때도 동적 링킹이 디폴트이다.

자바 프로그램 시작하기

앞의 논의는 프로그램 실행의 전통적 모델에 대한 개관을 보여 주는데, 이러한 전통적 모델은 어떤 명령어 집합 구조나 그 구조의 특정 구현을 겨냥한 프로그램의 빠른 실행에 초점을 맞추고 있다. 실제 C처럼 자바 프로그램을 실행하는 것도 가능하지만, 자바는 다른 목표를 가지고 만들어졌다. 실행 속도가 조금 느리더라도 어느 컴퓨터에서나 안전하게 실행되는 것이 목표였다.

자바 바이트코드 Java 프로그램을 인터프리트하기 위해 설계된 명령어 집합의 명령어.

그림 2.24는 자바의 전형적인 번역과 실행 단계를 보여 준다. 자바는 목표 컴퓨터의 어셈블리 언어로 컴파일되는 것이 아니고, 일단 **자바 바이트코드** 명령어(2.15절 참조)라는 인터프리트하기 쉬운 명령어로 컴파일된다. 이 명령어 집합은 자바 언어와 비슷하게 설계되어 있기 때문에 컴파일 단계는 간단하다. 실질적으로는 최적화가 필요 없다. C 컴파일러처럼 자바 컴파일러도 데이터 종류를 체크하고 각 종류에 알맞은 연산을 생성한다. 자바 프로그램들은 이진수 형태의 바이트코드로 공급된다.

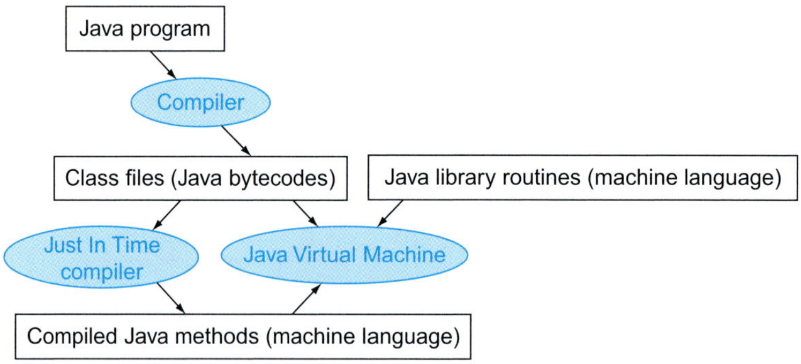

그림 2.24 자바의 번역 계층. 자바 프로그램은 처음에 자바 바이트코드의 이진수 버전으로 컴파일되는데 이 경우 모든 주소는 컴파일러가 알아서 정의한다. 이 자바 프로그램은 이제 자바 가상머신(JVM)이라 불리는 인터프리터에서 실행될 수 있다. JVM은 프로그램이 실행될 때 필요한 자바 라이브러리의 메소드를 링크한다. 더 좋은 성능을 위해서 JVM은 JIT 컴파일러를 호출하기도 하는데, JIT 컴파일러는 선택적으로 메소드들을 실행 컴퓨터의 고유 기계어로 컴파일한다.

자바 가상머신(Java virtual machine, JVM)이라 불리는 소프트웨어 인터프리터가 자바 바이트코드를 실행한다. 인터프리터는 명령어 집합 구조를 시뮬레이션하는 프로그램이다. 예를 들면 본서와 함께 사용되는 ARMv8 시뮬레이터가 일종의 인터프리터이다. 별도의 어셈블 단계가 필요가 없는데, 그 이유는 번역이 너무 간단하여 컴파일러가 주소를 채워 넣을 수 있거나 실행 시에 JVM이 주소들을 알아낼 수 있기 때문이다.

자바 가상머신(JVM) 자바 바이트코드를 인터프리트하는 프로그램.

인터프리트의 장점은 이식성이다. 소프트웨어 자바 가상머신을 사용할 수 있었기 때문에 자바가 발표되자마자 대부분의 사람들이 자바 프로그램을 작성하고 실행할 수 있었다. 오늘날 자바 가상머신은 휴대폰에서부터 인터넷 브라우저에 이르기까지 수십억 개의 디바이스에서 발견할 수 있다.

인터프리트의 단점은 느린 속도이다. 1980~1990년대에 이루어진 비약적인 성능 발전은 인터프리팅이 많은 중요한 응용에서 사용될 수 있도록 만들었지만, 전통적인 방법으로 컴파일된 C 프로그램에 비해서 속도가 10배나 느리기 때문에 어떤 응용에서는 자바가 매력이 없다.

자바의 이식성을 유지하고 실행 속도를 높이기 위하여, 개발의 다음 단계로 프로그램이 실행되는 동안 번역하는 컴파일러를 만들었다. 이러한 JIT(just in time) 컴파일러는 실행되는 프로그램들의 특성을 분석하여 자주 사용되는 메소드가 어디 있는지 찾아낸 후 이들을 가상머신이 실행되고 있는 고유 명령어 집합으로 컴파일해 준다. 컴파일된 부분들은 프로그램의 다음번 실행에 대비하여 저장해 두었다가 다시 실행될 때는 좀 더 빨리 실행되도록 해 준다. 이 같은 인터프리팅과 컴파일 사이의 균형은 시간이 지날수록 진화하여 자주 실행되는 자바 프로그램은 인터프리팅의 단점을 거의 보이지 않는다.

JIT 실행 시에 작동하는 컴파일러를 일반적으로 일컫는 말. 인터프리트된 코드를 컴퓨터 고유의 명령어로 번역한다.

컴퓨터가 더욱더 빨라져서 컴파일러가 더 많은 일들을 할 수 있게 된 데다 연구자들이 자바를 그때그때 더 나은 방법으로 컴파일하는 기술을 개발함에 따라 자바와 C 또는 C++ 사이의 성능 차이는 거의 없어지게 되었다. 2.15절은 자바, 자바 바이트코드, JVM, JIT 컴파일러의 구현에 대해 좀 더 깊게 들여다본다.

스스로 점검하기

번역기에 비해 인터프리터의 어떤 장점이 자바 설계자들에게 가장 중요하였는가?

1. 인터프리터의 용이한 작성
2. 더 나은 에러 메시지
3. 더 작은 오브젝트 코드
4. 기계 독립성

2.13 종합: C 정렬 프로그램

이제까지 어셈블리 프로그램을 단편적으로만 보아 왔는데, 여기서 그친다면 완전한 어셈블리 프로그램의 형태를 파악하지 못할 위험이 있다. 이 절에서는 두 가지 C 프로시저의 LEGv8 코드를 만드는 연습을 한다. 하나는 배열 원소 두 개를 맞바꾸는 것이고, 다른 하나는 배열 원소를 정렬하는 것이다.

프로시저 swap

그림 2.25의 프로시저 swap을 보자. 이 프로시저는 메모리 내의 두 값을 단순히 맞바꾸는 것이다. C 프로그램을 어셈블리 프로그램으로 바꿀 때는 다음 절차에 따라 번역한다.

1. 프로그램 변수에 레지스터를 할당한다.
2. 프로시저 본체에 해당하는 코드를 생성한다.
3. 프로시저 호출 후의 레지스터 내용을 호출 전과 같도록 만든다.

이 절에서는 swap 프로시저를 이렇게 세 부분으로 나누어 설명한 후 합쳐서 완성한다.

프로시저 swap의 레지스터 할당

2.8절에서 설명했듯이 LEGv8에서는 인수를 전달하는 데 레지스터 X0부터 X7까지를 사용한다. swap의 인수는 v, k 두 개뿐이므로 레지스터 X0과 X1에 할당된다. 그 외의 변수는 temp 하나뿐인데 swap은 말단 프로시저이므로 레지스터 X9에 할당된다. 이러한 레지스터 할당 과정은 그림 2.25 프로시저의 변수 선언부에 해당한다.

```
void swap(long long int v[], size_t k)
 {
   long long int temp;
   temp = v[k];
   v[k] = v[k+1];
   v[k+1] = temp;
 }
```

그림 2.25 두 메모리 내용을 서로 맞바꾸는 C 프로시저. 이 프로시저는 다음에 소개될 정렬 프로그램에서 사용된다.

프로시저 swap의 본체 프로그램

swap의 나머지 C 코드는 다음과 같다.

```
temp = v[k];
v[k] = v[k+1];
v[k+1] = temp;
```

LEGv8은 바이트 주소를 사용하므로 각 더블워드는 실제로 8바이트씩 떨어져 있음을 상기하라. 그러므로 인덱스 k를 주소에 더하기 전에 8을 곱해야 한다. 순차적인 더블워드 주소가 1이 아니고 8씩 차이가 나는 것을 잊어버리는 것은 어셈블리 프로그래머가 흔히 저지르는 실수이다. 따라서 처음 해야 할 일은 k에 8을 곱해서 v[k]의 주소를 구하는 일이다.

```
LSL    X10, X1, #3     // reg X10 = k * 8
ADD    X10, X0, X10    // reg X10 = v + (k * 8)
                       // reg X10 has the address of v[k]
```

이제 X10을 이용해서 v[k]를 적재하고, X10에 8을 더해 v[k+1]을 적재할 수 있다.

```
LDUR   X9, [X10, #0]   // reg X9 (temp) = v[k]
LDUR   X11, [X10, #8]  // reg X11 = v[k + 1]
                       // refers to next element of v
```

다음은 X9와 X11을 서로 반대 주소에 저장할 차례다.

```
STUR   X11, [X10, #0]  // v[k] = reg X11
STUR   X9,  [X10, #8]  // v[k + 1] = reg X9 (temp)
```

Procedure body

```
swap: LSL   X10, X1,#3        // reg X10 = k * 8
      ADD   X10, X0,X10       // reg X10 = v + (k * 8)
                              // reg X10 has the address of v[k]
      LDUR  X9, [X10,#0]      // reg X9 (temp) = v[k]
      LDUR  X11,[X10,#8]      // reg X11 = v[k + 1]
                              // refers to next element of v
      STUR  X11,[X10,#0]      // v[k] = reg X11
      STUR  X9, [X10,#8]      // v[k+1] = reg X9 (temp)
```

Procedure return

```
      BR    LR                // return to calling routine
```

그림 2.26 그림 2.25 swap 프로시저의 LEGv8 어셈블리 코드.

레지스터 할당과 본체 프로그램 작성을 마쳤으므로, 이제 swap을 호출하기 전과 후의 레지스터값을 같게 유지하는 일만 남았다. 하지만 이 말단 프로시저는 저장 레지스터들을 사용하지 않기 때문에 이를 위해 별도로 해야 할 일은 없다.

완성된 swap 프로시저

프로시저 레이블과 복귀를 위한 분기만 추가하면 전체 루틴이 완성된다. 프로그램을 읽기 쉽게 각 부분을 구분해 표시한 것이 그림 2.26이다.

프로시저 sort

독자의 이해를 돕기 위해 조금 긴 예를 하나 더 들기로 한다. 이 예의 루틴은 앞에서 작성한 swap 프로시저를 호출한다. 이번 예는 정수 배열을 정렬하는 프로그램이다. 그림 2.27에 C로 작성한 프로그램이 있다. 이번에도 이 프로시저를 몇 단계로 나누어 번역한 후 모두 합쳐서 완성시키는 방법을 사용한다.

프로시저 sort의 레지스터 할당

프로시저 sort의 두 인수 v와 n은 인수 레지스터 X0, X1에 넣고, 변수 i와 j에는 각각 레지스터 X19와 X20을 할당한다.

프로시저 sort의 본체 프로그램

프로시저 본체는 중첩된 *for* 순환문 두 개와 프로시저 swap을 호출하는 부분으로 구성된다. 바깥쪽부터 프로그램을 작성해 보자.

먼저

```
for (i = 0; i < n; i += 1) {
```

을 번역하자. C 언어의 *for* 문장은 초기화, 반복조건 검사, 순환제어 변수 증가의 세 단계로 되어 있다. i값을 0으로 초기화하는 것이 *for* 문장의 가장 앞부분에 해당하는데 이것은 명령어 하나면 된다.

```
void sort (long long int v[], size_t int n)
{
   size_t, j;
   for (i = 0; i < n; i += 1) {
        for (j = i - 1; j >= 0 && v[j] > v[j + 1]; j -=1) {
             swap(v,j);
        }
   }
}
```

그림 2.27 배열 v를 정렬하는 프로시저.

```
MOV   X19, XZR   // i = 0
```

(MOV는 어셈블러가 제공하는 의사명령어이다.) i값을 증가시키는 부분은 *for* 문장의 가장 마지막 부분으로 다음 명령어 하나로 번역된다.

```
ADDI   X19, X19, #1      // i += 1
```

i < n이 아니면 순환에서 빠져나온다. 즉 i ≥ n이면 순환이 종료된다. 이 일에는 두 명령어가 필요하다.

```
for1tst: CMP  X19, X22    // compare X19 to X22(i to n)
         B.GE  exit1      // go to exit1 if X19 ≥ X1(i ≥ n)
```

순환문의 맨 끝은 처음의 반복조건 검사로 되돌아가는 명령이다.

```
         B   for1tst       // branch to test of outer loop
exit1:
```

첫 번째 *for* 순환문의 형태는 다음과 같다.

```
         MOV  X19, XZR           // i = 0
for1tst: CMP  X19, X22     // compare X19 to X22 (i to n)
         B.GE exit1    //go to exit1 if X19 ≥ X1 (i ≥ n)
         ...
         (첫 번째 for 순환문의 본체)
         ...
         ADDI X19, X19, #1       // i += 1
         B    for1tst     // branch to test of outer loop
exit1:
```

(연습문제에 이 순환문의 실행 속도를 개선하는 방법이 있다.)

다음은 두 번째 순환문의 번역이다.

```
for (j = i – 1; j >= 0 && v[j] > v[j + 1]; j –= 1) {
```

이 순환문의 초기화 부분도 역시 명령어 하나로 해결된다.

```
SUBI      X20, X19, #1  // j = i – 1
```

j값을 감소시키는 것도 명령어 하나로 번역된다.

```
SUBI      X20, X20, #1  // j –= 1
```

반복조건 검사는 두 부분이다. 두 조건 중 하나라도 거짓이 되면 순환문에서 빠져나와야 하므로, 첫 번째 검사에서 실패하면(즉 $j < 0$) 순환문에서 나온다.

```
for2tst:  CMP  X20, XZR    // compare X20 to 0  (j to 0)
          B.LT  exit2      // go to exit2 if X20 < 0  (j < 0)
```

이 분기 명령이 시행되면 두 번째 검사가 생략된다. j ≥ 0이면 두 번째 조건을 검사한다.

두 번째 조건 검사에서 v[j] ≤ v[j + 1]이면 순환문에서 빠져나온다. 먼저 j에 8을 곱해서 v의 시작 주소에 더한다.

```
LSL  X10, X20, #3          //reg X10 = j * 8
ADD  X11, X21, X10         //reg X11 = v + (j * 8)
```

이 주소를 이용해서 v[j]를 읽는다.

```
LDUR    X12, [X11, #0]            //reg X12 = v[j]
```

다음 원소의 주소는 8만큼 더 크므로, 레지스터 X11에 8을 더해서 v[j+1]을 읽는다.

```
LDUR        X13, [X11, #8]        // reg X13 = v[j + 1]
```

v[j] ≤ v[j + 1]의 검사는 반복조건을 검사하므로 다음 두 명령어로 바꿀 수 있다.

```
CMP         X12, X13       // compare X12 to X13
B.LE        exit2          // go to exit2 if X13 ≥ X12
```

마지막 명령은 내부 순환문의 조건 검사로 분기하는 것이다.

```
B    for2tst // branch to test of inner loop
```

이상을 종합하면 두 번째 *for* 순환문은 다음과 같이 된다.

```
          SUBI X20, X19, #1     // j = i − 1
for2tst:  CMP  X20, XZR         // compare X20 to 0 (j to 0)
          B.LT exit2            // go to exit2 if X20 < 0 (j < 0)
          LSL X10, X20, #3      // reg X10 = j * 8
          ADD X11, X21, X10     // reg X11 = v + (j * 8)
          LDUR X12, [X11, #0]   // reg X12 = v[j]
          LDUR X13, [X11, #8]   // reg X13 = v[j + 1]
          CMP  X12, X13         // compare X12 to X13
          B.LE    exit2         // go to exit2 if X13 ≥ X12
                . . .
               (두 번째 for 순환문의 본체)
                . . .
          SUBI X20, X20, #1     // j −= 1
          B      for2tst        // branch to test of inner loop
exit2:
```

프로시저 호출

다음은 두 번째 *for* 순환문의 본체 부분인

```
swap(v,j);
```

이다. swap 호출은 다음과 같이 간단하다.

```
BL   swap
```

인수 전달

sort 프로시저도 레지스터 X0과 X1을 사용하고, swap 프로시저도 인수 전달을 위해 똑같은 레지스터를 사용해야 하므로 인수 전달 방법이 문제가 된다. 한 가지 방법은 프로시저 앞부분에서 sort의 인수를 다른 레지스터에 복사해서 swap을 호출할 때 레지스터 X0과 X1을 사용할 수 있게 하는 것이다(이렇게 복사하는 것이 스택에 저장했다 복구하는 것보다 빠르다). 먼저 레지스터 X0과 X1을 각각 X21과 X22에 복사한다.

```
MOV    X21, X0        // copy parameter X0 into X21
MOV    X22, X1        // copy parameter X1 into X22
```

다음은 swap에 인수를 전달하는 일이다.

```
MOV    X0, X21        // first swap parameter is v
MOV    X1, X20        // second swap parameter is j
```

프로시저 호출 전과 후의 레지스터 내용을 같게 유지하기

이제 남은 것은 레지스터 내용을 저장했다 복구하는 프로그램이다. sort 자신도 프로시저로서 호출된 입장이므로 레지스터 LR에 복귀 주소를 저장해야 한다. 그 외에 저장해야 하는 레지스터는 X19, X20, X21, X22 등이다. 그러므로 sort 프로시저의 앞부분은 다음과 같다.

```
SUBI        SP, SP, #40   // make room on stack for 5 regs
STUR        LR, [SP, #32] // save LR on stack
STUR        X22,[SP, #24] // save X22 on stack
STUR        X21,[SP, #16] // save X21 on stack
STUR        X20, [SP, #8] // save X20 on stack
STUR        X19, [SP, #0] // save X19 on stack
```

프로시저의 끝부분은 위 명령어들의 역순에다 복귀를 위한 BR 명령만 추가하면 된다.

완성된 프로시저 sort

이제까지 작성한 프로그램을 종합하면 그림 2.28과 같이 된다. *for* 순환문 내의 레지스터 X0과 X1에 대한 참조가 X21과 X22로 바뀐 것에 유의하라. 이 예에서는 C 프로그램 9줄이 LEGv8 어셈블리 언어로는 34줄이 되었다.

Saving registers				
	sort:	SUBI	SP,SP,#40	// make room on stack for 5 registers
		STUR	X30,[SP,#32]	// save LR on stack
		STUR	X22,[SP,#24]	// save X22 on stack
		STUR	X21,[SP,#16]	// save X21 on stack
		STUR	X20, [SP,#8]	// save X20 on stack
		STUR	X19, [SP,#0]	// save X19 on stack
Procedure body				
Move parameters		MOV	X21, X0	// copy parameter X0 into X21
		MOV	X22, X1	// copy parameter X1 into X22
Outer loop		MOV	X19, XZR	// i = 0
	for1tst:	CMP	X19, X22	// compare X19 to X22(i to n)
		B.GE	exit1	// go to exit1 if X19 ≥ X1 (i≥n)
Inner loop		SUBI	X20, X19, #1	// j = i - 1
	for2tst:	CMP	X20,XZR	// compare X20 to 0 (j to 0)
		B.LT	exit2	// go to exit2 if X20 < 0 (j < 0)
		LSL	X10, X20, #3	// reg X10 = j * 8
		ADD	X11, X21, X10	// reg X11 = v + (j * 8)
		LDUR	X12, [X11,#0]	// reg X12 = v[j]
		LDUR	X13, [X11,#8]	// reg X13 = v[j + 1]
		CMP	X12, X13	// compare X12 to X13
		B.LE	exit2	// go to exit2 if X12 ≤ X13
Pass parameters and call		MOV	X0, X21	// first swap parameter is v
		MOV	X1, X20	// second swap parameter is j
		BL	swap	
Inner loop		SUBI	X20, X20, #1	// j -= 1
		B	for2tst	// branch to test of inner loop
Outer loop	exit2:	ADDI	X19, X19, #1	// i += 1
		B	for1tst	// branch to test of outer loop
Restoring registers				
	exit1:	LDUR	X19, [SP,#0]	// restore X19 from stack
		LDUR	X20, [SP,#8]	// restore X20 from stack
		LDUR	X21,[SP,#16]	// restore X21 from stack
		LDUR	X22,[SP,#24]	// restore X22 from stack
		LDUR	X30,[SP,#32]	// restore LR from stack
		ADDI	SP,SP,#40	// restore stack pointer
Procedure return				
		BR	LR	// return to calling routine

그림 2.28 그림 2.27의 sort 프로시저의 LEGv8 어셈블리 코드.

고난도: 이 예에 적용해서 효과를 볼 수 있는 최적화 기법 중 하나가 **프로시저 확장**(procedure inlining)이다. 인수를 전달하고 BL 명령으로 호출하는 대신 컴파일러가 swap을 호출하는 부분에 프로시저 본체의 코드를 복사하는 것이다. 이 예에 확장 기법을 적용하면 명령어 네 개를 줄일 수 있다. 프로시저 확장의 단점은 프로시저가 여러 번 호출될 때 코드 크기가 커진다는 점이다. 코드가 커져서 캐시 미스율(cache miss rate)이 증가한다면 성능이 **나빠질** 수도 있다(5장 참조).

프로그램 성능의 이해

그림 2.29는 최적화 컴파일러가 sort 프로그램의 성능, 컴파일 시간, 클럭 사이클, 명령어 개수, CPI 등에 미치는 영향을 보여 준다. CPI는 최적화하지 않은 코드가 가장 좋고, 명령어 개수는 O1이 가장 적다. 하지만 가장 빠른 것은 O3이다. 이것은 프로그램 성능에 대한 정확한 척도는 오로지 실행시간뿐임을 상기시켜 준다.

그림 2.30에서 프로그램 언어의 효과, 컴파일 대 인터프리팅, 알고리즘별로 정렬 작업 성능을 비교하였다. 네 번째 열에서 보면 버블 정렬에서 최적화되지 않은 C 프로그램이 인터프리트된 자바 코드보다 8.3배 빠르다는 것을 알 수 있다. JIT 컴파일러를 사용하면 자바 프로그램이 최적화되지 않은 C 프로그램보다 2.1배 빠르고, 최고로 최적화된 C 코드보다는 겨우 1.13배 정도만 느리다는 것을 알 수 있다. 2.15절에서는 자바 인터프리팅과 컴파일링, 또 버블 정렬에 대한 자바 코드와 LEGv8 코드의 비교를 자세히 다룬다. 다섯 번째 열을 보면 퀵정렬의 성능 비율이 버블 정렬과는 다른데, 실행 시 컴파일에 걸리는 추가시간을 상쇄하기에는 실행시간이 너무 짧아서 그런 것처럼 보인다. 마지막 열은 알고리즘의 영향을 보여 준다. 데이터 100,000개를 정렬할 때 알고리즘에 따라 천 배 이상 성능 차이가 나는 것을 알 수 있다. 인터프리팅 자바로 구현한 퀵정렬(다섯 번째 열)과 최고로 최적화하여 컴파일한 C 코드 버블 정렬(네 번째 열)을 비교해도 퀵정렬이 50배 정도(역자 주: $0.05 \times 2468/2.41=51.2$) 빠르다. (인터프리팅 자바로 구현한 퀵정렬을 최적화하지 않은 C 코드 버블 정렬과 비교하면 $0.05 \times 2468=123$배나 빠르다. 하지만 C 코드 버블 정렬은 최고로 최적화해도 겨우 2.41배 빨라질 뿐이다.)

고난도: 인수 저장이 필요할 때 사용하도록 ARMv8 컴파일러는 항상 스택에 여유 공간을 확보해 두고 있다. 그러므로 실제로는 인수 레지스터 8개(64바이트)를 모두 저장할 공간을 만들기 위해 항상 SP를 64만큼 감소시킨다. 이렇게 하는 이유 중 하나는 C 언어가 가변인수(vararg) 옵션을 제공하기 때문이다. 이 옵션은 포인터를 사용해서 임의의 인수값을 가져올 수 있게 해 준다. 컴파일러가 가변인수를 만나면 미리 확보해 둔 스택의 여유 공간에 인수 레지스터 8개를 모두 복사한다.

gcc optimization	Relative performance	Clock cycles (millions)	Instruction count (millions)	CPI
None	1.00	158,615	114,938	1.38
O1 (medium)	2.37	66,990	37,470	1.79
O2 (full)	2.38	66,521	39,993	1.66
O3 (procedure integration)	2.41	65,747	44,993	1.46

그림 2.29 버블 정렬에 컴파일러 최적화를 적용했을 때의 성능, 명령어 개수, CPI의 비교. 임의의 숫자로 초기화된 32비트 워드 배열 100,000개를 정렬하는 프로그램을 3.06GHz 클럭의 Pentium 4, 533MHz 시스템 버스, PC2100 DDR SDRAM 메모리 2GB를 장착한 시스템에서 실행하였다. 운영체제는 Linux version 2.4.20이다.

Language	Execution method	Optimization	Bubble Sort relative performance	Quicksort relative performance	Speedup Quicksort vs. Bubble Sort
C	Compiler	None	1.00	1.00	2468
	Compiler	O1	2.37	1.50	1562
	Compiler	O2	2.38	1.50	1555
	Compiler	O3	2.41	1.91	1955
Java	Interpreter	–	0.12	0.05	1050
	JIT compiler	–	2.13	0.29	338

그림 2.30 C와 자바로 작성된 두 가지 정렬 알고리즘의 성능. 최적화하지 않은 C를 기준으로 인터프리터를 이용한 자바와 최적화 컴파일러를 이용한 C의 성능을 비교하였다. 마지막 열은 Bubble Sort를 기준으로 한 Quicksort 알고리즘의 성능을 언어별, 선택사항별로 보여 준다. 이 프로그램들은 그림 2.29와 같은 시스템에서 실행되었다. JVM은 Sun version 1.3.1이고, JIT는 Sun Hotspot version 1.3.1이다.

2.14 배열과 포인터

초보 C 프로그래머에게 가장 어려운 문제 중 하나가 포인터를 이해하는 일이다. 배열과 인덱스를 이용한 프로그램과 포인터를 이용한 프로그램의 어셈블리 코드를 비교해 보면 포인터의 이해에 도움이 될 것이다. 이 절에서는 메모리에 연속적으로 기억된 워드를 모두 0으로 만드는 두 프로시저의 C 버전과 LEGv8 어셈블리 버전을 보여 준다. 한 프로시저는 배열 인덱스를 이용하고 다른 프로시저는 포인터를 이용한다. 그림 2.31에 C로 작성한 두 프로시저가 있다.

이 절의 목적은 포인터가 어떻게 LEGv8 명령어로 변환되는가를 알아보기 위한 것이지 포인터가 좋다는 것을 증명하고자 하는 것은 아니다. 이 절의 끝에서는 현대 컴파일러의 최적화가 두 프로시저에 미치는 영향을 살펴볼 것이다.

```
clear1(long long int array[], size_t int size)
{
   size_t i;
   for (i = 0; i < size; i += 1)
        array[i] = 0;
}
clear2(long long int *array, size_t int size)
{
   long long int *p;
   for (p = &array[0]; p < &array[size]; p = p + 1)
        *p = 0;
}
```

그림 2.31 배열의 값을 모두 0으로 만드는 두 가지 C 프로시저. clear1은 인덱스를 이용했고, clear2는 포인터를 이용하였다. 두 번째 프로시저는 C에 익숙하지 않은 사람에게는 약간 설명이 필요하다. 변수의 주소는 &로 표시하고, 포인터가 가리키는 객체는 *로 표시한다. 선언부에서 array와 p가 정수를 가리키는 포인터임을 선언했다. clear2 내 *for* 순환문의 첫 부분은 array의 첫 원소 주소를 포인터 p에 할당한다. *for* 순환문의 두 번째 부분은 포인터가 array의 마지막 원소를 넘어갔는지 검사하는 부분이다. 마지막 부분에서 포인터 p를 하나 증가시키는 것은 선언된 크기의 다음 데이터 객체로 포인터를 이동시킨다는 뜻이다. p는 정수에 대한 포인터이므로 컴파일러는 p를 정수 크기인 8만큼 증가시키는 LEGv8 명령어를 생성한다. 8은 LEGv8 정수형의 바이트 수이다. 순환문 내의 치환문은 p가 가리키는 객체에 0을 저장한다.

배열을 사용한 clear

배열을 사용한 프로시저 clear1을 먼저 살펴보자. 프로시저 연결 코드는 일단 무시하고 순환문 본체에만 초점을 맞추기로 한다. 인수 array와 size는 레지스터 X0과 X1에서 찾을 수 있고, 변수 i는 X9에 할당되었다고 가정하자.

for 순환문의 첫 부분은 i의 초기화로서 다음과 같다.

```
MOV       X9, XZR        // i = 0 (register X9 = 0)
```

array[i]를 0으로 하기 위해서는 먼저 주소를 구해야 한다. i에 8을 곱해서 바이트 주소를 구한다.

```
loop1: LSL    X10, X9, #3       // X10 = i * 8
```

배열의 시작 주소는 레지스터에 있기 때문에 이 값을 인덱스에 더해 array[i]의 주소를 구한다.

```
ADD   X11, X0, X10       // X11 = address of array[i]
```

마지막으로 이 주소에 0을 저장한다.

```
STUR   XZR, [X11, #0]   // array[i] = 0
```

이 명령어가 순환문 본체의 끝이므로 다음은 i를 증가시키는 것이다.

```
ADDI   X9, X9, #1        // i = i + 1
```

반복 검사는 i가 size보다 작은지 비교하는 것이다.

```
CMP     X9, X1          // compare i to size
B.LT    loop1           // if (i < size) go to loop1
```

이제 프로시저가 완성되었다. 배열 인덱스를 이용해서 배열을 0으로 만드는 LEGv8 코드는 다음과 같다.

```
        MOV   X9, XZR          // i = 0
loop1:  LSL   X10, X9, #3      // X10 = i * 8
        ADD   X11, X0, X10     // X11 = address of array[i]
        STUR  XZR, [X11, #0]   // array[i] = 0
        ADDI  X9, X9, #1       // i = i + 1
        CMP   X9, X1           // compare i to size
        B.LT  loop1            // if (i < size) go to loop1
```

(이 코드는 size가 0보다 크기만 하면 제대로 작동한다. ANSI C는 순환문을 시작하기 전에 size를 검사할 것을 요구하지만 여기서는 그런 문제는 건너뛰겠다.)

포인터를 사용한 clear

포인터를 사용하는 두 번째 프로시저에서는 두 인수 array와 size를 레지스터 X0과 X1에, 변수 p는 레지스터 X9에 할당한다. 두 번째 프로시저는 포인터 p에 배열의 첫 번째 원소의 주소를 넣는 것으로 시작한다.

```
MOV    X9, X0    // p = address of array[0]
```

다음 코드는 *for* 순환문의 본체로서 p가 가리키는 메모리에 0을 넣는 단순한 일이다.

```
loop2:  STUR    XZR, [X9, #0]    // Memory[p] = 0
```

이 명령어가 순환문의 본체를 구현하므로 다음 코드는 반복 증가인데 p값을 변화시켜 다음 더블워드를 가리키도록 한다.

```
ADDI   X9, X9, #8     // p = p + 8
```

C에서 포인터를 하나 증가시키는 것은 포인터를 다음 원소로 옮긴다는 뜻이다. p는 long long int로 선언된 정수(각각 8바이트)의 포인터이므로 컴파일러는 p를 8 증가시킨다.

다음은 반복 검사이다. 첫 단계는 array의 마지막 원소의 주소를 계산하는 것이다. 바이트 주소를 구하기 위해 size에 8을 곱하고,

```
LSL    X10, X1, #3    // X10 = size * 8
```

이 값을 array의 시작 주소에 더해서 array 다음 더블워드의 주소를 구한다.

```
ADD    X11, X0, X10  // X11 = address of array[size]
```

반복 검사는 p가 array의 마지막 원소 주소보다 작은가를 검사하면 된다.

```
CMP    X9, X11      // compare p to &array[size]
B.LT   loop2        // if (p < &array[size]) go to loop2
```

이상의 부분을 합치면 포인터를 이용하여 배열값을 0으로 하는 프로그램이 완성된다.

```
        MOV  X9, X0          // p = address of array[0]
loop2:  STUR XZR, [X9, #0]  // Memory[p] = 0
        ADDI  X9, X9, #8     // p = p + 8
        LSL  X10, X1, #3     // X10 = size * 8
        ADD  X11, X0, X10    // X11 =  address of array[size]
        CMP  X9, X11         // compare  p to < &array[size]
        B.LT loop2           // if (p < &array[size]) go to loop2
```

첫 번째 프로그램과 마찬가지로 size는 0보다 커야 한다.

array의 마지막 원소 주소는 변하지 않는 값인데도 이 프로그램은 반복할 때마다 매번 새로 계산하고 있다. 이 계산을 순환문 밖으로 꺼내면 실행 속도가 빨라진다.

```
        MOV  X9, X0          // p = address of array[0]
        LSL  X10, X1, #3     // X10 = size * 8
        ADD  X11, X0, X10    // X11 = address of array[size]
loop2:  STUR XZR, [X9, #0]  // Memory[p] = 0
        ADDI X9, X9, #8      // p = p + 8
        CMP  X9, X11         // compare  p to < &array[size]
        B.LT loop2           // if (p < &array[size]) go to loop2
```

두 프로그램의 비교

두 프로그램을 나란히 놓고 비교해 보면 배열 인덱스와 포인터의 차이점을 알 수 있다 (포인터 때문에 바뀐 부분은 파란색으로 표시하였다).

```
       MOV   X9,XZR          // i = 0                      MOV   X9,X0          // p = & array[0]
loop1: LSL   X10,X9,#3       // X10 = i * 8                LSL   X10,X1,#3      // X10 = size * 8
       ADD   X11,X0,X10      // X11 = &array[i]            ADD   X11,X0,X10     // X11 = &array[size]
       STUR  XZR,[X11,#0]    // array[i] = 0        loop2: STUR  XZR,[X9,#0]    // Memory[p] = 0
       ADDI  X9,X9,#1        // i = i + 1                  ADDI  X9,X9,#8       // p = p + 8
       CMP   X9,X1           // compare i to size          CMP   X9,X11         // compare p to &array[size]
       B.LT  loop1           // if () go to loop1          B.LT loop2  // if (p < &array[size]) go to loop2
```

왼쪽 프로그램은 매번 i를 증가시킨 후 새 인덱스값으로 주소를 새로 계산하므로 순환문 내에서 "곱셈"과 덧셈을 해야 한다. 오른쪽의 메모리 포인터 버전은 p를 직접 증가시킨다. 포인터 버전에서는 3비트 자리이동과 배열의 마지막 원소 주소 계산을 순환문 바깥으로 빼냄으로써 매 반복마다 실행되는 명령어를 6개에서 4개로 줄였다. 이렇게 손으로 최적화한 것은 컴파일러 최적화 중에서 강도 감소 최적화(곱셈 대신 자리이동)와 유도 변수 제거(배열 주소 계산을 순환문에서 제거)에 해당한다. 2.15절에서 이 두 가지를 포함하여 여러 가지 최적화 기법을 설명한다.

고난도: 앞서 언급한 바와 같이 실제 C 컴파일러라면 size가 0보다 크다는 것을 확인하는 검사를 추가했을 것이다. 이를 위한 한 가지 방법은 순환문의 첫 명령어 직전에 CMP 명령어로 가는 분기를 삽입하는 것이다.

프로그램 성능의 이해

C에서 포인터를 이용하면 배열을 이용하는 것보다 더 효율적이니 포인터를 이용하라고 배운 적이 있을 것이다. "포인터를 사용하라. 코드를 이해하지 못하더라도." 그러나 오늘날의 최적화 컴파일러는 배열을 사용한 코드에 대해서도 똑같이 좋은 코드를 생성할 수 있다. 대부분의 프로그래머는 이런 골치 아픈 일을 자기가 직접 처리하기보다는 컴파일러에게 맡기는 것을 더 좋아한다.

2.15 고급 자료: C 컴파일과 자바 인터프리팅

이 절에서는 C 컴파일러가 어떻게 동작하는지, 자바가 어떻게 실행되는지 간단히 살펴본다. 컴파일러는 컴퓨터의 성능에 지대한 영향을 미치기 때문에 오늘날의 컴파일러 기술을 이해하는 것은 성능을 이해하는 데 필수적이다. 컴파일러 구성에 대한 것은 보통 한 학기 내지 두 학기 과정으로 배우기 때문에 여기서는 기본적인 것만 다룰 예정이다.

객체지향 언어 행위보다는 객체, 또는 논리보다는 데이터를 지향하는 프로그래밍 언어.

이 절의 두 번째 부분은 자바 같은 객체지향 언어(object-oriented language)가 LEGv8 구조에서 어떻게 실행되는지 알고 싶어 하는 독자를 위한 것이다. 앞선 절에서 보여 주었던 C 코드 몇 개에 대한 인터프리트용 자바 바이트코드와 자바 버전의 LEGv8 코드를 보여 준다. 자바 가상머신과 JIT 컴파일러도 다루고 있다.

2.15절의 나머지 부분은 온라인 사이트에서 찾을 수 있다.

2.16 실례: MIPS 명령어

ARMv8과 가장 비슷한 명령어 집합은 다른 회사에서 개발한 MIPS이다. MIPS는 ARMv8과 같은 설계 철학을 가진 우수한 명령어 집합의 프로세서로 ARMv8보다 25년 앞서 나왔다. 다행스럽게도 ARMv8에 대해 안다면 MIPS를 이해하는 것은 아주 쉽다. 그림 2.32는 ARMv8(실제로는 우리가 이제까지 보았던 LEGv8), MIPS, ARMv7 간의 명령어 형식을 비교하고 있다.

MIPS ISA는 32비트 주소 버전과 64비트 주소 버전 두 가지가 있어 MIPS-32, MIPS-64로 불린다. 이들 명령어 집합은 실질적으로는 거의 같다. 다만 좀 더 큰 주소 크기 때문에 32비트 레지스터 대신에 64비트 레지스터들이 필요하다는 점이 다르다. 다음은 ARMv8과 MIPS의 공통적인 특징이다.

- 모든 명령어는 32비트 크기이다.
- 둘 다 32개의 범용 레지스터를 갖고 있으며 이 중 하나는 0으로 고정되어 있다.
- 메모리에 접근하는 방법은 적재와 저장 명령어를 통하는 길뿐이다.
- 다른 구조들과는 달리 이 두 구조에서는 한 번에 여러 레지스터를 적재하거나 저장하는 명령어가 없다.
- 레지스터값이 0이면 분기하는 명령어와 0이 아니면 분기하는 명령어를 갖고 있다.
- 32개의 실수 레지스터를 갖고 있다(3장 참조).
- 주소 지정 모드들은 모두 모든 워드 크기에 작동한다.

ARMv8과 MIPS의 큰 차이점 중 하나는 같거나 같지 않을 때 분기하는 명령어 외에 다른 조건 명령어가 있느냐이다. ARMv8과 많은 다른 구조들은 컨디션 코드를 사용한다. 반면에 MIPS는 비교가 참이냐 아니냐에 따라 레지스터값을 0 또는 1로 설정하는 비교 명령어를 사용한다. 프로그래머들은 먼저 비교 명령어를 사용하고 그 뒤에 비교 결과 레지스터값이 0인지 아닌지를 조건 분기 명령어로 검사해야 한다. 최소주의 철학에 따라 MIPS 하드웨어는 작은지 여부를 비교하는 명령어만을 지원하며, 원하는 결과를 얻기 위해 피연산자의 순서를 바꾸거나 분기 명령어의 테스트 조건을 바꾸는 일은 프로그래머에게 맡긴다. MIPS에는 set on less than(비교 결과 작으면 레지스터값을 1로 설정) 명령어의 부호있는 버전(SLT)과 부호없는 버전(SLTU) 두 가지가 있다.

자주 사용되는 코어 명령어들 외에 큰 차이점은 ARMv8의 전체 명령어 집합이 MIPS 전체 명령어 집합보다 월등히 크다는 것이다(2.19절 참조). 명령어 집합이 크다는 것은 명령어 형식이 더 많고, 주소지정 방식이 더 다양하며, 연산 종류도 더 많다는 것을 의미한다.

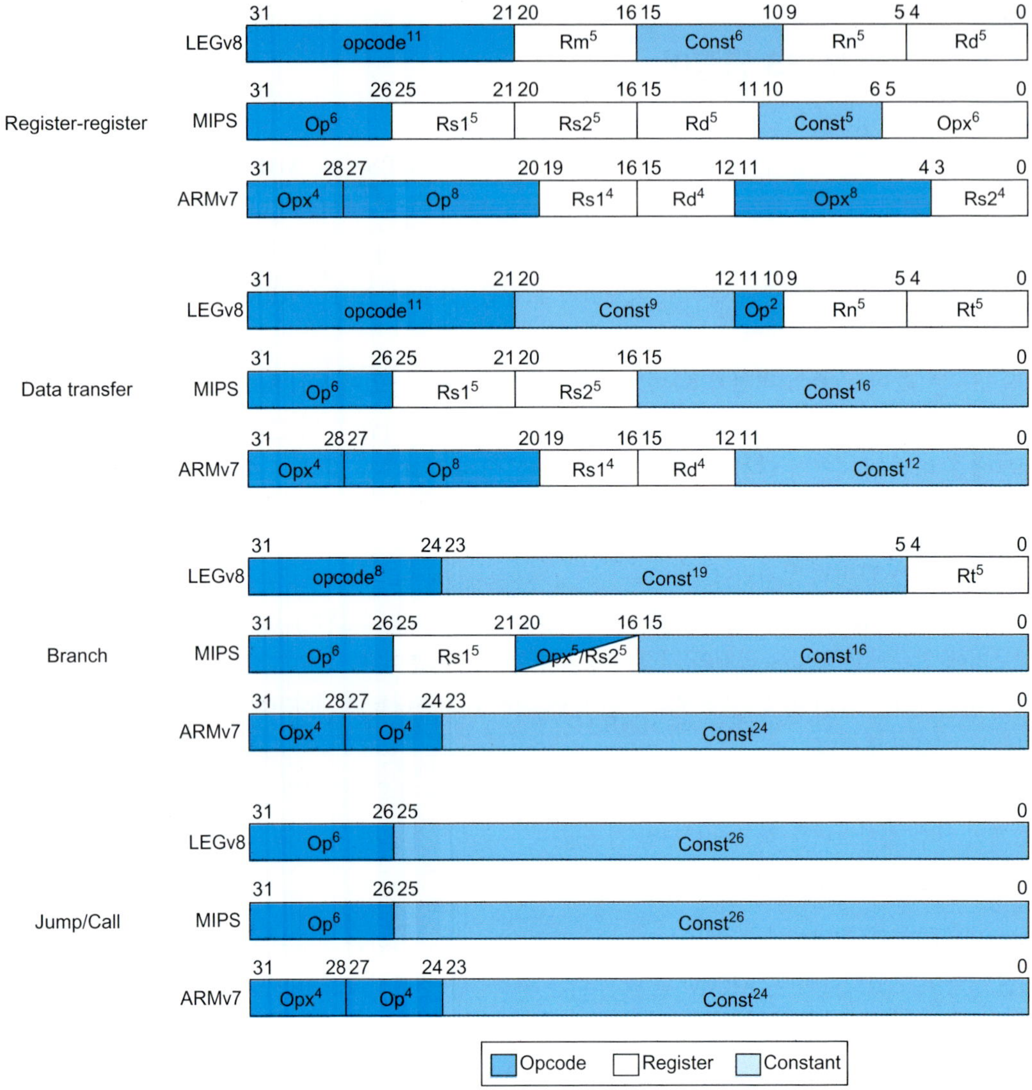

그림 2.32 LEGv8, MIPS, ARMv7의 명령어 형식. 서로 다른 이유 중 하나는 레지스터가 16개이냐(ARMv7) 32개이냐(ARMv8, MIPS)이다.

2.17 실례: ARMv7(32비트) 명령어

ARM은 처음에는 Acorn RISC Machine의 약자였는데 후에 Advanced RISC Machine으로 바뀌었다. ARMv1은 MIPS와 같은 해에 나왔다. 두 구조 모두 32비트 주소를 사용하고 있고, 그것이 1985년 당시로서는 괜찮은 선택이었다. 그 후에 32비트 주소 ARM 명령어 집합의 여러 가지 버전이 나왔으며 2005년도에 ARMv7이 나왔다.

ARM 설계자들은 32비트 주소 컴퓨터의 한계를 보기 시작하였고 2007년도에 64비트 버전을 설계하였다. 명령어 집합의 많은 잠재적 문제들 중 거의 극복할 수 없는 문제가 메모리 주소가 너무 작다는 것이다. 예를 들어 16비트 MOStek 6502는 Apple II에 장착되었는데, 상업적으로 성공한 첫 번째 개인용 컴퓨터임에도 불구하고 주소 비트가 작은 것이 문제가 되어 역사의 쓰레기통에 들어가게 되었다.

ARMv8은 2011년에 64비트 주소를 갖는 것으로 발표되었으며, 실물이 공개된 것은 2013년이다. MIPS가 MIPS-64를 만들 때는 레지스터 크기를 64비트로 바꾸는 정도의 작은 성형수술을 했지만, ARM은 대대적인 수술을 감행하였다. 놀랍게도 저자에게는 ARMv8 명령어의 철학이 ARMv7보다는 MIPS에 훨씬 가까워 보인다.

ARMv7과 ARMv8 사이의 유사성은 다음과 같다.

- 모든 명령어는 32비트 크기이다.
- 메모리 접근은 적재, 저장 명령어를 통해서만 이루어진다.

차이점 몇 가지는 다음과 같다.

- ARMv7과 ARM 초기 버전 명령어 집합은 15개의 범용 레지스터를 갖고 있다. 이것은 컴파일러 작성자들을 괴롭게 했다.
- ARMv7에는 0으로 고정된 레지스터가 존재하지 않는다. 따라서 ARMv7과 초기 버전들은 ARMv8이 XZR을 사용하여 할 수 있는 연산들을 하기 위해서는 더 많은 명령어를 필요로 하였다.
- ARMv7과 초기 버전에서는 16번째 레지스터가 PC(program counter) 역할을 하였다. 그래서 산술이나 논리 명령어 실행 결과 이 레지스터값이 바뀌면 엉뚱한 분기가 발생하였다. ARMv8에서는 PC가 32개 범용 레지스터 중 하나가 아니다.
- ARMv7 주소지정 방식은 모든 데이터 크기에 적용되지 않지만, ARMv8 주소지정 방식은 어떤 데이터 크기에도 적용 가능하다.
- ARMv7은 다중 적재 명령어(load multiple)와 다중 저장 명령어(store multiple) 명령어를 갖고 있어서 명령어 하나로 레지스터 여러 개를 메모리와 주고받을 수 있다. 그러나 ARMv8은 그렇지 않다.
- 실질적으로는 ARMv5나 그 이전 버전의 모든 명령어는 4비트 조건 실행 필드를 갖고 있어서, 조건이 거짓이면 이 명령어는 NOP(non-operating) 명령어가 된다. 실제로 조건 분기 명령어는 일반 분기 명령어의 특수한 경우인데, 조건 실행 필드가 ARMv7의 많은 명령어에서 없어져서 새로운 명령어를 만들 공간을 제공한다. 반면에 ARMv8에는 그런 필드가 존재하지 않는다.
- 수치 필드는 단순한 상수가 아니라 상수를 만들어 내는 함수의 입력값이다.

ARMv7에는 12비트 수치 필드가 있는데, 이 12비트 중 하위 8비트의 왼쪽에 0을 붙여 32비트로 확장한 다음 이 필드의 상위 4비트 값에 2를 곱해 그만큼 오른쪽 회전이동(rotate)한다. 이렇게 하는 목적은 적은 비트를 사용하여 유용한 상수를 만들기 위한 것이다. 완전한 ARMv8은 논리연산 명령어의 수치 필드에 복잡한 인코딩 방법을 사용한다. 실제로 이런 기술이 MIPS처럼 단순한 수치 필드를 사용하는 것보다 더 많은 수치값들을 지정할 수 있는지에 대한 연구는 흥미로운 주제가 될 것이다.

- ARMv8과는 달리 초기 ARM 명령어 집합에는 나눗셈 명령어가 없었다(3장 참조). ARMv7에는 이 명령어가 들어가 있지만 ARMv7 호환 코어에서는 선택사항이다.

2.18 실례: x86 명령어

Beauty is altogether in the eye of the beholder.

Margaret Wolfe Hungerford, *Molly Bawn*, 1877

ARMv8이나 MIPS보다 강력한 연산을 제공하는 명령어 집합도 있다. 대체로 그 목적은 프로그램이 실행하는 명령어의 개수를 줄이자는 것이다. 그러나 이것은 간결성을 희생한 대가로 얻어지는 것이므로, 명령어 처리시간이 길어져서 프로그램 실행시간은 오히려 늘어날 위험이 있다. 이렇게 느려지는 이유는 클럭 사이클 시간이 길어지거나 필요한 클럭 사이클 개수가 더 많아지기 때문이다.

복잡한 명령어를 지향하는 것은 이러한 위험성을 내포하고 있다. 2.20절에 복잡함에 기인하는 함정이 설명되어 있다.

Intel x86의 진화

ARMv8이나 MIPS는 각각 단일 연구팀이 같이 일하면서 만들어 낸 성과이므로, 이 프로세서들의 각 부분은 서로 잘 조화를 이루고 있다. 그러나 x86은 경우가 다르다. x86은 여러 독립적인 그룹이 35년 이상 꾸준히 발전시켜 온 결과이다. Intel은 마치 짐가방에 옷을 더 욱여넣듯이 원래의 명령어 집합에 새로운 기능을 집어넣었다. x86 발달 과정에 있었던 중요한 사건을 정리하면 다음과 같다.

- **1978**: 일세를 풍미했던 8비트 마이크로프로세서 Intel 8080과 어셈블리 언어 수준의 호환성을 유지하면서 이를 확장한 Intel 8086을 발표하였다. 8086은 16비트 구조로서 모든 레지스터의 크기는 16비트이다. ARMv8과는 달리 레지스터의 용도가 제한적이므로 8086은 범용 레지스터(general-purpose register, GPR) 구조로 분류되지 않는다.

범용 레지스터(GPR) 주소와 데이터 저장 양쪽 용도로 사용할 수 있고 어떤 명령어도 사용할 수 있는 레지스터.

- **1980**: Intel 8087 부동소수점 코프로세서(coprocessor)를 발표하였다. 이것은 8086에 60개의 부동소수점 명령어를 추가한다. 8087은 레지스터 대신 스택을 사용한다(2.22절 및 3.7절 참조).
- **1982**: 80286을 발표하였다. 주소 공간이 24비트로 확장되었고, 정교한 메모리 사상 메커니즘과 보호 모델(5장 참조)이 구현되었다. 명령어가 몇 개 추가되어 명령어 집합이 더 풍부해졌다. 그 중에는 보호 모델의 구현을 위해 추가된 명령어도 포함되어 있다.
- **1985**: 80286을 32비트 구조로 확장한 80386을 발표하였다. 32비트 주소 공간과 32비트 레지스터를 갖춘 32비트 프로세서로 확장되었을 뿐만 아니라, 새로운 주소지정 방식과 명령어가 추가되었다. 추가된 명령어들은 80386을 범용 레지스터 구조같이 보이게 만들었다. 또 80386은 기존의 세그먼트 주소 방식 외에 페이징 지원 기능을 갖고 있으며(5장 참조), 80286처럼 8086 프로그램을 변환 없이 그대로 실행할 수 있는 주소지정 방식도 갖고 있다.
- **1989-95**: 1989년에 80486, 1992년에 Pentium, 1995년에 Pentium Pro를 연이어 발표하였다. 이것들은 새로운 기능을 제공하는 것보다는 성능 개선에 역점을 둔 것이기 때문에, 일반 사용자가 사용할 수 있는 명령어는 네 개밖에 증가되지 않았다. 그 중 세 개는 멀티프로세싱(6장 참조)을 지원하기 위한 것이며, 나머지 하나는 조건부 move 명령이다.
- **1997**: Intel은 Pentium과 Pentium Pro를 출하하고 나서, 여기에 MMX(Multi Media Extensions) 기능을 추가할 계획이라고 발표하였다. 추가된 57개의 명령어는 부동소수점 스택을 사용하여 멀티미디어와 통신의 처리 속도를 향상시킨다. MMX 명령어는 대개 여러 개의 작은 데이터를 동시에 처리하는 SIMD(single instruction, multiple data) 방식(6장 참조)으로 작동한다. Pentium II에는 추가된 명령어가 전혀 없다.
- **1999**: Pentium III의 일부로 SSE(Streaming SIMD Extensions)라고 이름 붙인 명령어 70개를 추가하였다. 가장 큰 변화는 128비트로 크기가 두 배 확장된 별도의 레지스터 8개를 추가한 것과 단일 정밀도(single precision) 부동소수점 데이터형을 추가한 것이다. 그러므로 32비트 부동소수점 연산 네 개를 동시에 수행할 수 있다. 메모리 성능을 개선하기 위해서 SSE에는 캐시 선인출(cache prefetch) 명령어와 스트리밍 저장 명령어가 포함되었다. 스트리밍 저장 명령어는 캐시를 거치지 않고 직접 메모리에 쓰는 명령어이다.
- **2001**: Intel은 또 다른 명령어 144개를 추가하고 이를 SSE2라고 명명했다. 2배 정밀도(double precision) 연산이 새로운 데이터형으로 추가되었다. 2배 정밀도 연산은 64비트 부동소수점 연산 두 개를 동시에 수행할 수 있다. 이 새로운 명령

어는 거의 다 기존의 MMX 및 SSE 명령어의 다른 버전으로 64비트 데이터를 병렬로 처리한다. 이러한 변화는 더 많은 멀티미디어 연산을 가능하게 했을 뿐 아니라, 컴파일러가 부동소수점 연산을 처리할 때 Intel의 독특한 스택 구조 외에 또 다른 대안을 가질 수 있게 하였다. 8개의 SSE 레지스터를 다른 컴퓨터의 부동소수점 레지스터와 같은 방식으로 사용할 수 있기 때문이다. 이 덕택에 SSE2 명령어를 처음으로 포함시킨 Pentium 4는 부동소수점 성능이 크게 개선되었다.

- **2003**: 이 해에는 Intel이 아닌 다른 회사가 IA-32 구조 향상을 주도하였다. AMD가 32비트 주소 공간을 64비트로 증가시키기 위한 몇 가지 구조적 확장을 발표하였다. 1985년에 80386이 16비트 주소 공간을 32비트로 확장했을 때와 똑같이, AMD64는 모든 레지스터를 64비트로 확장하였다. 레지스터를 16개로 늘렸고, 128비트 SSE 레지스터도 16개로 증가시켰다. ISA상의 가장 큰 변화는 long mode라는 새로운 모드가 추가된 것이다. 이 모드는 64비트 주소와 데이터를 사용해서 모든 x86 명령어의 실행을 다시 정의한다. 더 많은 레지스터를 지정하기 위하여 명령어에 새로운 접두사(prefix)를 추가하였다. 분류 방식에 따라 차이가 나지만 새 모드는 대략 4~10개의 새 명령어를 추가하고 27개의 옛날 명령어를 버렸다. PC-상대 데이터 주소지정은 또 다른 확장의 하나이다. AMD64에는 아직도 x86과 똑같은 모드(legacy mode)와 사용자 프로그램은 x86만 사용할 수 있고 운영체제는 AMD64를 사용할 수 있는 모드(compatibility mode)가 남아 있다. 이러한 모드들은 HP/Intel IA-64 구조보다 더 부드럽게 64비트 주소 체계로 넘어갈 수 있게 해 주었다.
- **2004**: Intel이 AMD64에 항복하고 이를 받아들여 EM64T(Extended Memory 64 Technology)라는 이름을 붙였다. 가장 큰 차이는 Intel이 원자적 128비트 비교 및 교환(atomic compare and swap) 명령어를 추가했다는 것이다. 이것은 AMD64에도 포함시켰어야 했던 명령어이다. Intel은 이와 동시에 새 세대의 미디어 확장을 발표하였다. SSE3는 복잡한 산술연산, 구조체의 배열에 대한 그래픽 연산, 비디오 인코딩, 부동소수점 변환, 스레드 동기화(2.11절 참조) 등을 지원하기 위한 명령어 13개를 추가하였다. AMD도 다음 세대 칩에서는 SSE3를 제공하였으며, Intel과의 이진 호환성을 유지하기 위해서 원자적 교환 명령을 AMD64에 추가하였다.
- **2006**: Intel은 SSE4 명령어 집합 확장의 일환으로 54개의 새로운 명령어를 발표하였다. 이 확장으로 절댓값 차이의 합, 구조체 배열의 내적, 부호확장이나 0확장으로 데이터 길이 늘리기, 개체수 세기 등과 같은 미세한 변경이 생겼다. 가상기계에 대한 지원도 추가하였다(5장 참조).

- 2007: AMD는 SSE5의 일환으로 170개의 명령어를 발표하였다. 이 중 기본 명령어 집합의 명령어가 46개이고 거기에는 ARMv8처럼 피연산자가 세 개인 명령어도 포함되었다.
- 2011: Intel은 SSE 레지스터를 128비트에서 256비트로 확장하고 이에 따라 약 250개의 명령어를 다시 정의하고 128개의 명령어를 새로 추가한 고급 벡터 확장(Advanced Vector Extension)을 발표하였다.

이 변천 과정은 호환성이라는 "황금수갑"이 끼치는 해악을 잘 보여 주고 있다. x86에게는 기존의 확고한 소프트웨어 기반이 오히려 족쇄가 되어 혁신적인 구조 개혁을 감행할 수가 없었다.

x86이 어떤 기술적 결함을 갖고 있건 간에 이것이 전 세계적으로 가장 많은 데스크톱에서 사용되었고, Post-PC 시대의 클라우드 부분에서 아직도 가장 많이 사용되고 있다. x86 칩은 1년에 3억 5천만 개가 생산되는데, ARM 칩의 140억 개에 비하면 작아 보일지 모르나 이 시장은 아직도 많은 회사들이 노리고 있는 노른자위이다. 그런데도 이 파란만장한 과거를 가진 원조는 설명하기 힘들고 좋아하기는 애초에 불가능한 이상한 구조를 가지고 버티고 있다.

앞으로 무엇을 보게 될지 대비는 하되, x86 프로그램을 작성할 필요가 있지 않을까 하는 생각으로 이 절을 읽을 필요는 없다. 이 절의 목적은 전 세계적으로 가장 많이 쓰이고 있는 데스크톱 컴퓨터 구조의 강점과 약점을 이해시키고자 하는 것이다.

16비트, 32비트, 64비트 명령어 집합을 모두 설명할 수는 없으므로, 80386에서 시작된 32비트 구조 중 일부에 초점을 맞추어 설명하기로 한다. 먼저 레지스터와 주소지정 방식을 설명한 후, 정수 연산을 설명하고, 마지막으로 명령어 인코딩 방법을 살펴본다.

x86 레지스터와 데이터 주소지정 방식

80386 레지스터(그림 2.33)를 보면 명령어 집합의 발달 과정을 알 수 있다. 80386은 모든 16비트 레지스터(세그먼트 레지스터 제외)를 32비트로 확장하고 레지스터 이름 앞에 E를 붙였다. 이 레지스터들을 범용 레지스터(general-purpose register, GPR)라 한다. 80386에는 GPR이 8개밖에 없지만, ARMv8과 MIPS는 이보다 네 배나 더 많고, ARMv7은 두 배가 많다.

그림 2.34에서 산술, 논리, 데이터 전송 명령은 피연산자를 두 개씩 갖는 것을 알 수 있다. 여기에 중요한 차이점이 두 가지 있다. x86에서는 피연산자 하나는 근원지이면서 동시에 목적지가 된다. 반면에 ARMv7, ARMv8, MIPS의 산술 및 논리 명령은 근원지와 목적지 레지스터를 독립적으로 지정할 수 있다. 이 같은 제약은 레지스터

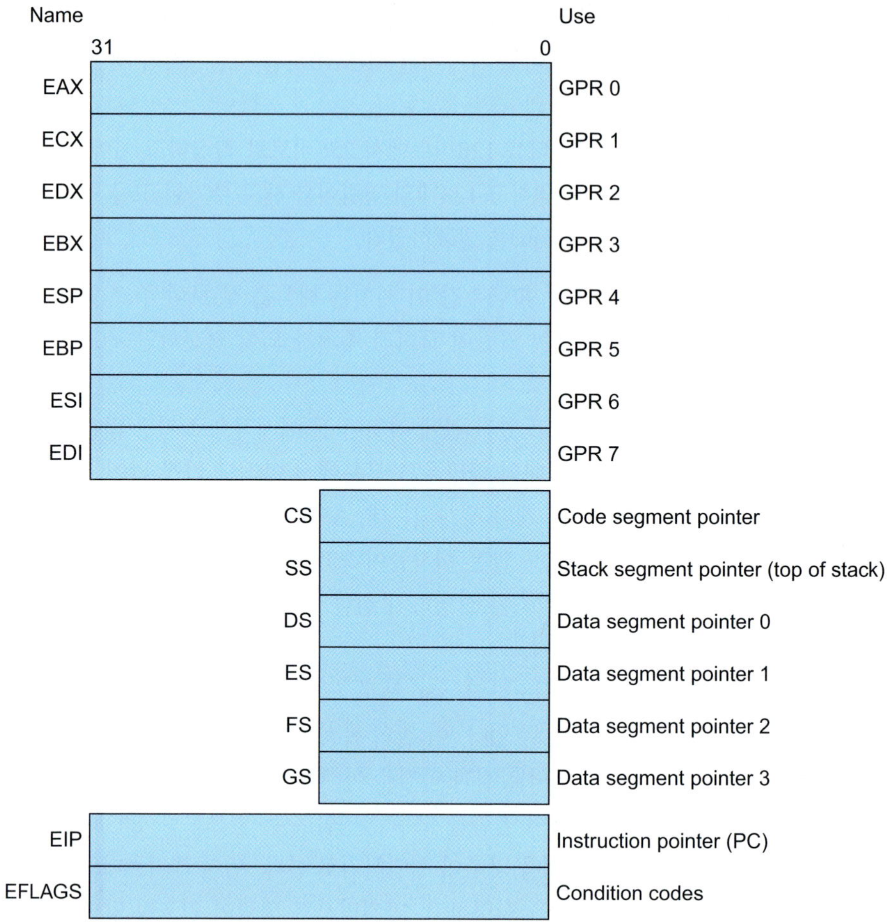

그림 2.33 80386의 레지스터 집합. 80386부터 그림 윗부분의 레지스터 8개가 32비트로 확장되고 범용 레지스터로 사용될 수 있게 되었다.

개수도 충분하지 못한 데다가 두 근원지 레지스터 중 하나는 값이 변해야 하므로 매우 불편하다. 두 번째 차이점은 피연산자 중 하나가 메모리에 있을 수 있다는 것이다. MIPS나 ARMv7, ARMv8과는 달리 거의 모든 명령어가 메모리 피연산자를 사용할 수 있다.

아래 설명할 일곱 가지 데이터 메모리 주소지정 방식은 명령어 내에 두 가지 크기의 주소를 사용한다. 이 주소는 변위(displacement)라고 부르는데 8비트와 32비트 두 가지가 있다.

메모리 피연산자는 모든 주소지정 방식을 사용할 수 있지만, 특정 주소지정 방식에서 사용할 수 있는 레지스터에는 제한이 있다. 그림 2.35는 x86의 주소지정 방식과 각

Source/destination operand type	Second source operand
Register	Register
Register	Immediate
Register	Memory
Memory	Register
Memory	Immediate

그림 2.34 산술, 논리, 데이터 전송 명령어의 피연산자 종류. x86은 위의 조합을 허용한다. 유일한 제한은 메모리–메모리 연산을 허용하지 않는다는 것이다. 수치값은 8, 16, 또는 32비트이다. 레지스터는 그림 2.33의 14개 주요 레지스터 중 하나가 될 수 있다(단 EIP나 EFLAGS는 제외).

주소지정 방식에서 사용할 수 없는 레지스터를 보여 준다. 아울러 같은 효과를 얻으려면 어떤 ARMv8 명령어를 사용해야 하는지 설명하고 있다.

x86의 정수 연산

8086은 8비트(바이트)와 16비트(워드) 데이터형을 지원하며, 80386은 여기에 32비트 주소와 32비트 데이터(더블워드)를 추가하였다(AMD64에서는 64비트 주소와 64비트 데이터(쿼드워드)를 추가했지만 이 절에서는 80386에 국한해서 설명한다). 이 데이터형 구분은 메모리에 접근할 때뿐만 아니라 레지스터 연산을 할 때도 적용된다.

거의 모든 연산이 두 데이터 모두 8비트인 경우와 한 데이터가 8비트보다 더 긴 데이터의 두 가지 형을 지원한다. 긴 데이터의 크기는 주소지정 방식에 따라 16비트와

Mode	Description	Register restrictions	ARMv8 equivalent
Register indirect	Address is in a register.	Not ESP or EBP	`LDUR X1, [X2,#40]`
Based mode with 8- or 32-bit displacement	Address is contents of base register plus displacement.	Not ESP	`LDUR X1, [X2,#40]` `# <= 9-bit displacement`

Base plus scaled index	The address is
	Base + (2^{Scale} x Index)
	where Scale has the value 0, 1, 2, or 3.
		Base: any GPR
		Index: not ESP
			`MUL X0, X2, #8`
			`ADD X0, X0, X1`
			`LDUR X1, [X0,0]`

Base plus scaled index with 8- or 32-bit displacement	The address is
	Base + (2^{Scale} x Index) + displacement
	where Scale has the value 0, 1, 2, or 3.
		Base: any GPR
		Index: not ESP
			`MUL X0, X2, #8`
			`ADD X0, X0, X1`
			`LDUR X1, [X0,#40] // <= 9-bit displacement`

그림 2.35 x86의 32비트 주소지정 방식과 레지스터 제한 및 동등한 ARMv8 코드. LEGv8이나 MIPS에는 없는 베이스+스케일된 인덱스 주소지정 방식을 포함시킨 이유는 바이트 주소로 바꾸기 위해 레지스터에 저장된 인덱스에 8(scale factor=3)을 곱하는 일을 피하기 위해서이다(그림 2.26 및 2.28 참조). 16비트 데이터의 경우는 scale factor=1, 32비트 데이터의 경우는 scale factor=2를 사용한다. scale factor가 0이면 주소가 스케일되지 않았다는 뜻이다. 두 번째 및 네 번째 모드에서 변위가 9비트보다 길다면 같은 일을 하기 위해 ARMv8은 더 많은 명령어를 사용해야 된다. MOVZ를 써서 16비트 변위값을 적재한 후 ADD로 베이스 레지스터 X2와 더하든지, MOVZ와 MOVK를 사용하여 32비트 주소를 만들고 ADD로 이 주소를 베이스 레지스터에 더해야 한다(일반적으로 베이스 주소지정이라고 부르는 방식을 Intel은 베이스 주소지정 방식과 인덱스 주소지정 방식 두 가지로 부르는데 기본적으로 같은 것이기 때문에 여기서는 하나로 합쳤다).

32비트 중 하나로 정해진다.

세 가지 크기의 데이터를 모두 다루어야 하는 프로그램도 있기 때문에, 80386 설계자들은 코드 길이를 많이 늘리지 않으면서 데이터 크기를 간편하게 지정할 수 있는 방법을 고안하였다. 대부분의 프로그램이 16비트나 32비트 데이터 중 한 가지를 주로 사용하는 경향이 있다는 데 착안하여 디폴트 데이터 크기를 선언하는 방법을 사용하였다. 디폴트 데이터 크기는 코드 세그먼트 레지스터의 비트 하나를 이용하여 설정된다. 디폴트 크기가 아닌 데이터를 사용할 때는 명령어에 8비트짜리 **접두사**를 붙여 다른 크기의 데이터를 사용한다는 것을 알린다.

이러한 접두사 사용법은 8086에서 차용한 것으로, 8086은 몇 가지 접두사를 써서 명령어 동작에 변형을 가할 수 있게 되어 있다. 원래의 세 가지 접두사는 (1) 디폴트가 아닌 다른 세그먼트 레지스터의 사용, (2) 동기화 지원을 위한 버스 잠금(2.11절 참조), (3) ECX 레지스터가 0이 될 때까지 명령어의 반복 실행 등을 지시하는 것이다. 이 중 마지막 것은 바이트 복사 명령어에 붙여서 가변 개수의 바이트 데이터를 복사하는 데 사용하기 위한 것이다. 80386은 이 세 가지에 디폴트 크기가 아닌 주소를 사용하기 위한 접두사 하나를 추가하였다.

x86의 정수 명령은 크게 네 종류로 나눌 수 있다.

1. move, push, pop을 포함하는 데이터 전송 명령
2. 검사와 정수 및 십진수 연산을 포함하는 산술 및 논리 명령
3. 조건부 분기, 무조건 점프, call, return 등을 포함하는 제어 흐름 명령
4. 문자열 이동 및 문자열 비교 등을 포함하는 문자열 명령

산술 및 논리 명령의 목적지가 레지스터, 메모리 어느 쪽도 가능하다는 점을 제외하면 처음 두 종류는 특별한 것이 없다. 그림 2.36에 전형적인 x86 명령어와 그 기능을 보였다.

x86의 조건부 분기는 ARMv7처럼 **컨디션 코드**(또는 **플래그**)에 의해 결정된다. 컨디션 코드는 연산 결과에 따라 자동적으로 값이 결정되는데, 가장 많이 쓰이는 것은 연산 결과가 0인지 아닌지 비교하는 것이다. 분기 명령어는 컨디션 코드를 검사한다. ARMv7, ARMv8이나 MIPS와는 달리 80386 명령어는 길이가 일정하지 않으므로 PC-상대 주소지정 방식에서 워드 주소를 사용하지 못하고 바이트 주소를 사용해야 한다.

문자열 명령어는 8080에서부터 있었는데 많이 사용되지는 않는다. 그 이유는 소프트웨어 루틴으로 처리하는 것보다 오히려 더 느린 경우가 많았기 때문이다(2.20절 "오류" 참조).

그림 2.37에 x86의 정수 명령어를 일부 보였다. 그 중 많은 명령어가 바이트와 워드 데이터 양쪽을 다 지원한다.

Instruction	Function
je name	if equal(condition code) {EIP=name}; EIP-128 <= name < EIP+128
jmp name	EIP=name
call name	SP=SP-4; M[SP]=EIP+5; EIP=name;
movw EBX,[EDI+45]	EBX=M[EDI+45]
push ESI	SP=SP-4; M[SP]=ESI
pop EDI	EDI=M[SP]; SP=SP+4
add EAX,#6765	EAX= EAX+6765
test EDX,#42	Set condition code (flags) with EDX and 42
movsl	M[EDI]=M[ESI]; EDI=EDI+4; ESI=ESI+4

그림 2.36 전형적인 x86 명령어와 그 기능. 자주 사용되는 명령어들은 그림 2.37에서 볼 수 있다. call 명령어는 다음 명령어의 EIP를 스택에 저장한다(EIP는 Intel의 PC).

Instruction	Meaning
Control	**Conditional and unconditional branches**
jnz, jz	Jump if condition to EIP + 8-bit offset; JNE (for JNZ), JE (for JZ) are alternative names
jmp	Unconditional jump—8-bit or 16-bit offset
call	Subroutine call—16-bit offset; return address pushed onto stack
ret	Pops return address from stack and jumps to it
loop	Loop branch—decrement ECX; jump to EIP + 8-bit displacement if ECX≠0
Data transfer	**Move data between registers or between register and memory**
move	Move between two registers or between register and memory
push, pop	Push source operand on stack; pop operand from stack top to a register
les	Load ES and one of the GPRs from memory
Arithmetic, logical	**Arithmetic and logical operations using the data registers and memory**
add, sub	Add source to destination; subtract source from destination; register-memory format
cmp	Compare source and destination; register-memory format
shl, shr, rcr	Shift left; shift logical right; rotate right with carry condition code as fill
cbw	Convert byte in eight rightmost bits of EAX to 16-bit word in right of EAX
test	Logical AND of source and destination sets condition codes
inc, dec	Increment destination, decrement destination
or, xor	Logical OR; exclusive OR; register-memory format
String	**Move between string operands; length given by a repeat prefix**
movs	Copies from string source to destination by incrementing ESI and EDI; may be repeated
lods	Loads a byte, word, or doubleword of a string into the EAX register

그림 2.37 전형적인 x86 명령어. 많은 명령어가 레지스터-메모리 형식을 사용하는데 소스나 목적지 중 하나가 메모리가 될 수 있으며 다른 하나는 레지스터나 수치 피연산자가 될 수 있다.

x86의 명령어 인코딩

80386은 여러 가지 명령어 형식을 사용하여 명령어를 아주 복잡하게 인코딩하고 있다. 80386의 명령어 길이는 1바이트(피연산자가 없는 명령어)부터 15바이트까지 매우 다양하다.

그림 2.36의 명령어 중 몇 개를 골라 그 명령어 형식을 그림 2.38에 보였다. opcode 바이트에는 피연산자의 크기가 8비트인지 32비트인지를 표시하는 비트가 포함되어

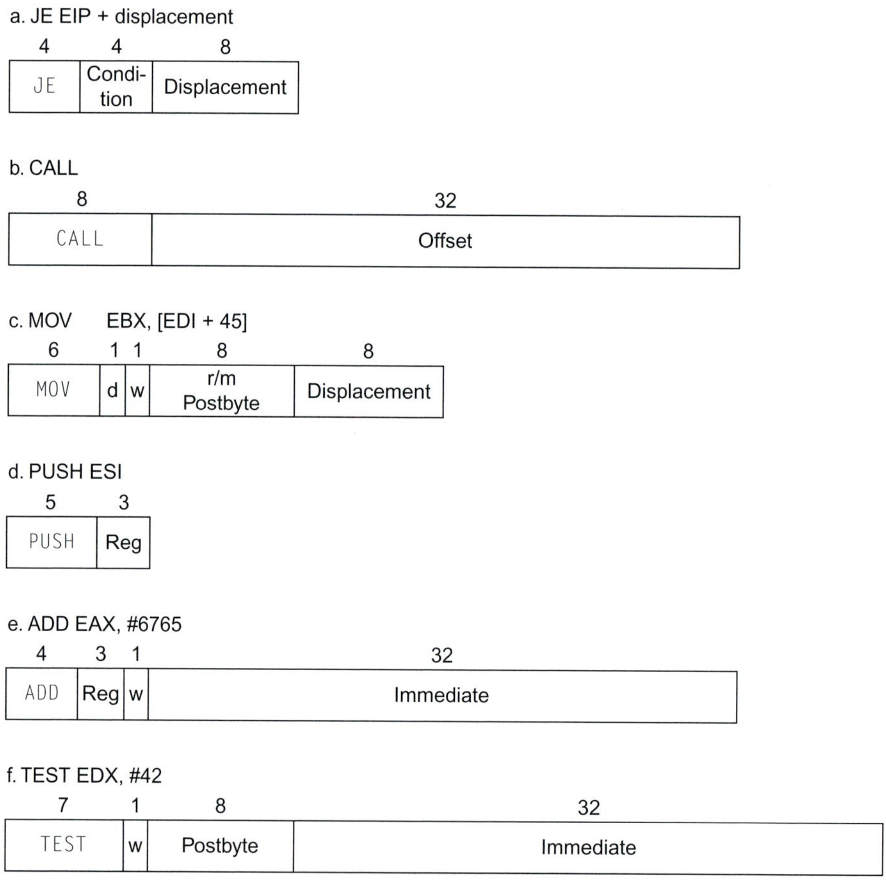

그림 2.38 전형적인 x86 명령어 형식. postbyte의 인코딩은 그림 2.39에 보였다. 1비트 필드인 *w*를 포함하고 있는 명령어가 많은데, 이것은 바이트 연산인지 더블워드 연산인지를 표시한다. MOV 명령의 *d* 필드는 데이터 이동 방향을 표시하는 것으로, 메모리로 가는 방향인지 메모리에서 나오는 방향인지를 표시한다. 32비트 모드에서 수치값은 8비트와 32비트 중 하나인데, ADD 명령의 수치 필드 길이는 32비트이다. 32비트 모드에서 테스트용으로는 8비트 수치값을 사용하지 않기 때문에 TEST의 수치 필드는 32비트이다. 명령어의 길이는 1바이트부터 15바이트까지 가변적이다. 길이가 긴 명령어는 4바이트 수치 필드, 4바이트 변위 주소, 2바이트 opcode, 스케일된 인덱스 주소지정 방식 지정자 1바이트에 1바이트짜리 접두사를 포함한다.

reg	w = 0	w = 1		r/m	mod = 0		mod = 1		mod = 2		mod = 3
		16b	32b		16b	32b	16b	32b	16b	32b	
0	AL	AX	EAX	0	addr=BX+SI	=EAX	*same*	*same*	*same*	*same*	*same*
1	CL	CX	ECX	1	addr=BX+DI	=ECX	*addr as*	*addr as*	*addr as*	*addr as*	*as*
2	DL	DX	EDX	2	addr=BP+SI	=EDX	*mod=0*	*mod=0*	*mod=0*	*mod=0*	*reg*
3	BL	BX	EBX	3	addr=BP+SI	=EBX	*+ disp8*	*+ disp8*	*+ disp16*	*+ disp32*	*field*
4	AH	SP	ESP	4	addr=SI	=*(sib)*	SI+disp8	*(sib)*+disp8	SI+disp8	*(sib)*+disp32	“
5	CH	BP	EBP	5	addr=DI	=disp32	DI+disp8	EBP+disp8	DI+disp16	EBP+disp32	“
6	DH	SI	ESI	6	addr=disp16	=ESI	BP+disp8	ESI+disp8	BP+disp16	ESI+disp32	“
7	BH	DI	EDI	7	addr=BX	=EDI	BX+disp8	EDI+disp8	BX+disp16	EDI+disp32	“

그림 2.39 x86의 첫 번째 주소 지정자 “*mod*, reg, *r/m*”의 인코딩. 처음 네 열은 3비트 reg 필드의 인코딩을 보여 준다. 이 인코딩은 opcode의 *w* 비트값에 따라, 또 16비트 모드(8086)인가 32비트 모드(80386)인가에 따라 달라진다. 나머지 열은 *mod*와 *r/m* 필드를 설명한다. 3비트 *r/m* 필드의 의미는 2비트 *mod* 필드와 주소 크기에 따라 달라진다. 기본적으로 *mod* = 0일 때 주소 계산에 사용되는 레지스터를 6열과 7열에 보였다. *mod* = 1이면 8비트 변위가 더해지며, *mod* = 2이면 주소 모드에 따라 16비트 또는 32비트 변위가 더해진다. 단, 다음 세 가지 예외가 있다. 1) 16비트 모드에서 *r/m* = 6이고 *mod* = 1이거나 *mod* = 2일 때는 예외적으로 BP + 변위가 된다. 2) 32비트 모드에서 *r/m* = 5이고 *mod* = 1이거나 *mod* = 2일 때는 EBP + 변위가 된다. 3) 32비트 모드에서 *r/m* = 4이고 *mod* ≠ 3일 때 (sib)는 그림 2.35의 스케일된 인덱스 주소지정 방식을 사용한다는 뜻이다. *mod* = 3일 때 *r/m* 필드는 레지스터를 지정하며, 그 인코딩은 *w* 비트와 reg 필드를 같이 사용할 때와 동일하다.

있는 것이 보통이다. 어떤 명령어에서는 주소지정 방식과 레지스터 필드가 opcode에 포함된다. “레지스터=레지스터 op 상수값” 형태의 명령어는 대개가 다 그렇다. 다른 명령어들은 “mod, reg, r/m”이라는 추가 opcode 바이트(postbyte)를 사용한다. 여기에는 주소지정 방식에 관한 정보가 들어 있다. postbyte는 메모리를 접근하는 명령어에서 많이 사용된다. 베이스+스케일된 인덱스 주소지정 방식은 “sc, index, base”라는 두 번째 postbyte를 사용한다.

그림 2.39는 16비트와 32비트 주소지정 방식에서 두 postbyte 주소지정자의 인코딩을 보여 준다. 어떤 레지스터와 어떤 주소지정 방식을 사용할 수 있는지를 완전히 이해하려면 모든 주소지정 방식의 인코딩 방법을 알아야 하며, 경우에 따라서는 명령어의 인코딩 방법까지 알아야 한다.

x86 결론

Intel의 경쟁자 중에는 Motorola 68000같이 더 우아한 구조를 갖고 있는 회사들이 있었다. 그러나 Intel은 이들보다 2년 먼저 16비트 마이크로프로세서 8086을 발표하였고, 그 덕에 IBM PC의 CPU로 선택되는 행운을 맞았다. Intel 기술자들은 x86이 ARMv7이나 MIPS 같은 컴퓨터보다 만들기 어렵다는 것을 인정하지만, PC 시대의 시장이 매우 컸기 때문에 AMD나 Intel이 이러한 복잡성을 극복하기 위한 투자를 할 수 있었다. 이렇게 x86은 스타일의 약점을 시장의 규모로 덮어서 바른 관점에서 볼 때 괜찮아 보이도록 만들었다.

다행스럽게도 가장 많이 쓰이는 x86 구성 요소들은 생각만큼 구현하기 어렵지 않았다. AMD와 Intel이 1978년 이래 빠른 속도로 정수 프로그램의 성능을 개선해 오고 있는 것이 그 증거이다. 좋은 성능을 얻기 위해서는 컴파일러의 역할도 중요한데, 컴파일러는 속도가 느린 부분의 사용을 가능한 한 피해야 한다.

그러나 Post-PC 시대에는 수많은 구조 전문가와 제조 전문가가 있음에도 불구하고 x86은 개인 모바일 장치에서는 그리 경쟁력을 보여 주지 못하고 있다.

2.19 실례: ARMv8(64비트) 명령어 집합의 나머지 부분

그림 2.40은 명령어 형식의 종류에 따라 어셈블리 언어 명령어의 개수, 기계어 명령어의 개수를 나열함으로써 ARMv8 전체 구조의 크기를 짐작케 한다. 3장에서 실수, 곱셈-나눗셈, SIMD에 대해 설명하며, 5장에서는 시스템 명령어에 대해 설명한다. 따라서 이 절에서는 정수 연산과 분기 명령어를 집중 설명한다.

어셈블리 명령어보다 기계어 명령어의 숫자가 훨씬 많은 이유는 ARMv8이 같은 구조 안에서 32비트 명령어와 64비트 명령어를 지원하기 때문이다. 어셈블리 언어에서 프로그래머가 32비트 연산임을 명시하려면 `X0, X1, ...` 레지스터 대신에 `W0, W1, ...` 레지스터를 사용하면 된다. 따라서 다음 64비트 연산

```
ADD   X9, X21, X9
```

을 다음과 같이 쓰면 32비트 연산이 된다.

Class	Loads/Stores		Operations		Branches		Total	
	AL	ML	AL	ML	AL	ML	AL	ML
Integer	49	145	74	105	–	–	123	250
Floating Point & Int Mul/Div	0	18	63	156	–	–	63	174
SIMD/Vector	16	166	229	371	–	–	245	537
System/Special	11	55	52	40	–	–	63	95
–	–	–	–	–	23	14	23	14
Total	76	384	418	672	23	14	517	1070

그림 2.40 어셈블리 언어 명령어(AL)와 기계어 명령어(ML)를 종류별, 기능별로 따로 세었을 때의 명령어 개수. 이 계산은 "*ARM Architecture Reference Manual: ARMv8, for ARMv8-A architecture profile*(beta edition 2014)"에 기반을 두고 있다. 이 책의 어셈블리 언어 명령어 버전과 같게 하기 위하여 약간의 조정이 가해졌다. 예를 들어 이 책은 단일 정밀도 실수 연산과 2배 정밀도 실수 연산용으로 다른 어셈블리 언어 명령어를 보여 주고 있는데(`FADDS, FADDD, ...`) 실제 ARMv8은 한 가지 명령어(`FADD`)만 사용하고 레지스터 이름에 따라 opcode를 선택한다.

```
ADD  W9, W21, W9
```

그림 2.40에서는 이것을 하나의 어셈블리 언어 명령어로 취급하지만, opcode가 다르기 때문에 기계어 명령어로는 두 개로 취급한다.

이 절 나머지 부분의 목표는 ARMv8의 나머지 명령어들을 설명하는 것이다. 그림 2.1의 LEGv8 명령어 36개가 어떻게 완전한 ARMv8 명령어 집합에서는 146개로 늘어났는지를 알 수 있게 하는 것도 부수적인 목표이다. 그림 2.40 첫 번째 행의 어셈블리 언어 명령어 123개와 두 번째부터 마지막 행까지의 분기 명령어 23개를 더해서 146개이다.

완전한 ARMv8의 정수 산술 및 논리 명령어

ARMv8 명령어 집합에만 있는 독특한 특징 하나는 모든 산술과 논리 연산에서 두 번째 레지스터를 연산하기 전에 자리이동을 할 수 있다는 것이다. 자리이동은 왼쪽 논리이동(shift left logical), 오른쪽 논리이동(shift right logical), 오른쪽 산술이동(shift right arithmetic), 오른쪽 회전(rotate right) 중 하나를 선택할 수 있다(12비트 수치 명령어는 12비트만큼 왼쪽 논리이동(logical left shift)만을 선택할 수 있다). 어셈블러는 `LSL`, `LSR`, `SRA`, `ROR`과 같은 이름의 명령어를 사용하지만 사실 이들은 의사명령어로서, 연산은 하지 않고 자리이동만 하는 정규 명령어로 변환된다. 우리는 LEGv8에서 자리이동량 필드에 0을 넣음으로써 두 번째 피연산자를 변하지 않게 하는 명령어 버전을 택했지만, 전체 명령어 집합에서는 자리이동을 산술논리연산 명령어의 일부로 허용한다.

그림 2.41에는 ARMv8의 전체 명령어 집합 중 정수형 연산을 위한 어셈블리 언어 명령어 74개가 다 나열되어 있지만, 그림 2.1의 LEGv8 정수 연산 20개부터 시작한다. 첫째로 어셈블리 언어 명령어의 전체 개수는 `CMP`, `CMPI`, `MOV` 같은 의사명령어도 포함하기에 총 23개가 된다. 또한 LEGv8 명령에 기반한 의사명령어가 5개(negate, negate and set flags, compare negative, compare negative immediate, test immediate) 더 있어 총 28개가 된다.

길이가 짧은 데이터형에 대한 산술연산을 지원하기 위한 명령어가 6개 더 있다. 이 명령어들은 작은 데이터를 부호확장이나 0확장을 해서 제대로 된 크기로 만들기 때문에 두 번째 피연산자에 여러 가지 크기의 데이터를 사용할 수 있게 만들어 준다. 이 확장 레지스터(extended-register) 명령어는 바이트, 하프워드, 워드 데이터에 동작하여 명령어 개수가 총 34개가 된다.

더블워드보다 큰 피연산자들에 대한 덧셈, 뺄셈을 지원하기 위하여 ARM은 직전 연산에서 발생한 올림수를 고려한 덧셈, 뺄셈을 하는 6개의 명령어를 지원한다. 첫 번

Type	Mnemonic	Instruction
Arithmetic Register	**ADD**	Add
	ADDS	Add and set flags
	SUB	Subtract
	SUBS	Subtract and set flags
	CMP	Compare
	CMN	Compare negative
	NEG	Negate
	NEGS	Negate and set flags
Arithmetic Immediate	**ADDI**	Add Immediate
	ADDIS	Add and set flags Immediate
	SUBI	Subtract Immediate
	SUBIS	Subtract and set flags Immediate
	CMPI	Compare Immediate
	CMNI	Compare negative Immediate
Arithmetic Extended	ADD	Add Extended Register
	ADDS	Add and set flags Extended
	SUB	Subtract Extended Register
	SUBS	Subtract and set flags Extended
	CMP	Compare Extended Register
	CMN	Compare negative Extended
Arithmetic with Carry	ADC	Add with carry
	ADCS	Add with carry and set flags
	SBC	Subtract with carry
	SBCS	Subtract with carry and set flags
	NGC	Negate with carry
	NGCS	Negate with carry and set flags
Logical Register	**AND**	Bitwise AND
	ANDS	Bitwise AND and set flags
	ORR	Bitwise inclusive OR
	EOR	Bitwise exclusive OR
	BIC	Bitwise bit clear
	BICS	Bitwise bit clear and set flags
	ORN	Bitwise inclusive OR NOT
	EON	Bitwise exclusive OR NOT
	MVN	Bitwise NOT
	TST	Test bits

Type	Mnemonic	Instruction
Logical Immediate	**ANDI**	Bitwise AND Immediate
	ANDIS	Bitwise AND and set flags Immediate
	ORRI	Bitwise inclusive OR Immediate
	EORI	Bitwise exclusive OR Immediate
	TSTI	Test bits Immediate
Shift Register Shift Immed	**LSL**	Logical shift left Immediate
	LSR	Logical shift right Immediate
	ASR	Arithmetic shift right Immediate
	ROR	Rotate right Immediate
	LSRV	Logical shift right register
	LSLV	Logical shift left register
	ASRV	Arithmetic shift right register
	RORV	Rotate right register
Move Wide Immed iate	**MOVZ**	Move wide with zero
	MOVK	Move wide with keep
	MOVN	Move wide with NOT
	MOV	Move register
Bit Field Insert & Extract	BFM	Bitfield move
	SBFM	Signed bitfield move
	UBFM	Unsigned bitfield move (32-bit)
	BFI	Bitfield insert
	BFXIL	Bitfield extract and insert low
	SBFIZ	Signed bitfield insert in zero
	SBFX	Signed bitfield extract
	UBFIZ	Unsigned bitfield insert in zero
	UBFX	Unsigned bitfield extract
	EXTR	Extract register from pair
Sign Extend	*SXTB*	Sign-extend byte
	SXTH	Sign-extend halfword
	SXTW	Sign-extend word
	UXTB	Unsigned extend byte
	UXTH	Unsigned extend halfword
Bit Operation	CLS	Count leading sign bits
	CLZ	Count leading zero bits
	RBIT	Reverse bit order
	REV	Reverse bytes in register
	REV16	Reverse bytes in halfwords
	REV32	Reverses bytes in words

그림 2.41 ARMv8의 전체 명령어 집합에서 정수 연산을 위한 어셈블리 언어 명령어. 굵은 명령어는 LEGv8에도 있는 것이며, 이탤릭체는 의사명령어, 굵은 이탤릭체는 LEGv8에도 있는 의사명령어이다.

째 명령어는 피연산자의 오른쪽 반에 대해 일반적인 레지스터 덧셈을 하고 컨디션 코드를 설정한다(ADDS). 그리고 두 번째 명령어는 피연산자 왼쪽 반을 더할 때 전번 연산에서 발생한 올림수를 같이 더한다(ADC). 이 명령어들을 합치면 총 40개가 된다.

논리연산 명령어들(AND, ANDS, ORR, EOR)은 두 번째 피연산자를 반전(complement)시킬 수 있는 버전이 있다. 즉 모든 0비트는 1이 되고 1인 비트는 0이 되는 반전을 지원한다. 새로운 의사명령어를 포함하여 이런 변형 명령어가 6개가 되기에 총 46개가 된다.

왼쪽 논리이동, 오른쪽 논리이동 명령어에 추가하여 ARMv8에는 위에서 언급한 바와 같이 자리이동 명령어가 두 개 더 있다. ASR은 오른쪽 산술이동 명령어로서 자리이동 시 부호를 복사하여 왼쪽 빈자리를 채운다. ROR은 오른쪽 회전 명령어인데 오른쪽으로 밀려 나간 비트들로 왼쪽을 채운다. 명령어의 수치 필드에 있는 값으로 자리이동량을 정하는 명령어 말고 다른 레지스터의 값으로 자리이동량을 정하는 자리이동 명령어들도 있는데 LEGv8에는 포함시키지 않았다. 이 명령어들이 6개가 되어 총 52개가 된다.

MOVN은 16비트 상수로 만든 64비트 전체를 반전시켜 전송하는 명령어이다. 16비트의 앞 48비트를 0이 아니라 1로 채운 다음 16비트 상수를 반전시켜 64비트를 만든 후 전송한다. 이 명령어를 포함하면 모두 53개가 된다.

비트 필드들을 조작하기 위하여 ARMv8은 10개의 명령어를 지원하는데 이 명령어들은 레지스터에서 일부 비트 필드들을 추출해서 다른 레지스터에 넣어 준다. 길이가 짧은 피연산자를 부호확장이나 0확장을 해서 제대로 된 크기로 만드는 의사명령어 5개를 구현하는 데 이 명령어가 사용된다. 마지막으로 비트들을 조작하는 명령어가 6개 있다. 이 명령어들은 레지스터의 앞부분에 연속적으로 나오는 0이나 1의 개수를 세거나 아니면 비트 혹은 바이트의 순서를 바꾼다. 이렇게 하여 ARMv8에는 총 74개의 정수 명령어가 있다.

완전한 ARMv8의 정수 데이터 전송 명령어

앞에서 LEGv8의 정수 데이터 전송 명령어 10개가 사용할 수 있는 주소지정 방식을 다 보이지는 않았다. 지금까지 보인 주소지정 방식을 ARMv8 용어로는 스케일되지 않은 부호있는 수치 변위(unscaled signed immediate offset)라 한다. 그 외에 다섯 가지가 더 있다.

1. 베이스+스케일된 12비트 부호없는 수치 변위.
2. 베이스+64비트 레지스터 변위. 스케일될 수도 있음.
3. 베이스+32비트 확장 레지스터 변위. 스케일될 수도 있음.

4. 스케일되지 않은 9비트 부호있는 수치 변위에 의한 사전 인덱스.
5. 스케일되지 않은 9비트 부호있는 수치 변위에 의한 사후 인덱스.

첫 세 가지 주소지정 방식에서 스케일이란 수치 필드나 레지스터에 있는 주소값을 데이터 크기(바이트 단위로)로 곱하는 것을 말한다. 주소가 데이터 크기의 정수배가 되기를 바라는 경우가 많은데, 이런 주소지정 방식들이 하드웨어로 구현되어 있으면 프로그래머가 레지스터에 있는 인덱스를 바이트 주소로 바꿀 필요가 없다. 이 방식은 명령어 내의 수치 필드가 나타낼 수 있는 범위를 늘려 주는 역할도 한다. 가령 X11이 $100{,}000_{ten}$을 가지고 있다면

```
LDR   X10, [X11, #16]  // scaled addressing mode
```

는 주소 $100{,}128_{ten}$(100,000 + 8*16)에 있는 더블워드(8바이트)를 X10에 적재하게 된다.

두 번째 주소지정 방식에서는 두 레지스터의 합이 주소가 되는데, 두 번째 피연산자를 1이나 2, 3비트만큼 자리이동할 수 있는 선택사항이 있다. 이 경우 레지스터값에다 2, 4, 8을 곱하는 것과 같다. 따라서 X11이 $100{,}000_{ten}$을, X12가 $1{,}000_{ten}$을 갖고 있다면

```
LDR   X10, [X11, X12 LSL #3]  // base + register, scaled
```

는 주소 $108{,}000_{ten}$($100{,}000_{ten}$ + 2^3*1000)에 있는 더블워드를 X10에 적재하게 된다. 세 번째 주소지정 방식도 스케일 선택사항을 갖고 있지만, 64비트 레지스터(가령 X12) 대신에 32비트 레지스터(가령 W12)를 사용하는 것이 다르다.

마지막 두 가지 주소지정 방식은 주소 계산의 일환으로 **베이스 레지스터값을 변경**한다. 배열을 순차적으로 접근할 때 별도의 덧셈이나 뺄셈 명령어 없이 주소지정 방식의 일환으로 주소를 증가시킬 수 있다. 예를 들어 X11이 $100{,}000_{ten}$을 갖고 있다면

```
LDR   X10, [X11, #16]!  // pre-indexed addressing mode
```

는 주소 $100{,}0\underline{16}_{ten}$에 있는 더블워드를 X10에 적재하고 X11은 $100{,}016_{ten}$이 된다. 반대로

```
LDR  X10, [X11], #16  // post-indexed addressing mode
```

는 주소 $100{,}0\underline{00}_{ten}$에 있는 더블워드를 X10에 적재하고 나서 X11은 $100{,}016_{ten}$으로 바뀐다. 사전, 사후라는 용어는 주소 연산이 피연산자 접근 전에 일어나는가 후에 일어나는가를 표시한다.

어셈블리 언어의 정수 데이터 전송 명령어(49개)보다 기계어 데이터 전송 명령어(125개)가 월등히 많은 이유는 기계어에서는 주소지정 방식이 다르면 별도의 opcode

를 갖는 데 반해, 어셈블리 언어에서는 같은 명령어 약어를 사용하기 때문이다.

그림 2.42는 ARMv8의 정수 데이터 전송 명령어 전체를 나열하고 있다. 그림 2.1의 데이터 전송 명령어는 10개(MOVZ와 MOVK는 연산 명령어로 취급)뿐인데 ARMv8의 데이터 전송 명령어는 49개이다. 그림 2.1의 10개에 의사명령어 LDA를 추가하면 11개가 된다. 그 다음 바이트 적재와 하프워드 적재의 부호있는 전송 명령어 버전(LDURSB와 LDURSH)이 추가되면 13개이다. 또 LDXR과 STXR 외에 바이트, 하프워드, 더블워드 쌍의 배타적 전송 명령어 6개가 추가되어 총 19개가 된다.

다른 주소지정 방식을 사용하는 데이터 전송 명령어는 다른 약어(LDR, STR, ...)를 사용하는데 여러 가지 크기의 데이터에 대한 부호있는 전송 명령어와 부호없는 전송 명령어 9개가 추가된다. 빠른 데이터 전송을 위해 ARMv8에는 더블워드 두 개를 한꺼번에 전송하는 쌍적재(load pair)와 쌍저장(store pair) 명령어 3개가 있다. 인수로 전달될 수 있는 PC-상대 주소를 생성하기 위하여 ARMv8은 현재 명령어의 21비트 수치값과 PC의 현재값을 더해 레지스터에 적재하는 명령어와 이 값을 12비트 왼쪽

Type	Mnemonic	Instruction
Unscaled	**LDUR**	Load register (unscaled offset)
	LDURB	Load byte (unscaled offset)
	LDURSB	Load signed byte (unscaled offset)
	LDURH	Load halfword (unscaled offset)
	LDURSH	Load signed halfword (unscaled offset)
	LDURSW	Load signed word (unscaled offset)
	STUR	Store register (unscaled offset)
	STURB	Store byte (unscaled offset)
	STURH	Store halfword (unscaled offset)
	STURW	Store word (unscaled offset)
	LDA	Load address
Scaled, Extended, Pre-& Post-Indexed	LDR	Load register
	LDRB	Load byte
	LDRSB	Load signed byte
	LDRH	Load halfword
	LDRSH	Load signed halfword
	LDRSW	Load signed word
	STR	Store register
	STRB	Store byte
	STRH	Store halfword

Type	Mnemonic	Instruction
Exclusive	**LDXR**	Load Exclusive register
	LDXRB	Load Exclusive byte
	LDXRH	Load Exclusive halfword
	LDXP	Load Exclusive Pair
	STXR	Store Exclusive register
	STXRB	Store Exclusive byte
	STXRH	Store Exclusive halfword
	STXP	Store Exclusive Pair
Exclusive Aquire/Release	LDAXR	Load-aquire Exclusive register
	LDAXRB	Load-aquire Exclusive byte
	LDAXRH	Load-aquire Exclusive halfword
	LDAXP	Load-aquire Exclusive Pair
	STLXR	Store-release Exclusive register
	STLXRB	Store-release Exclusive byte
	STLXRH	Store-release Exclusive halfword
	STLXP	Store-release Exclusive Pair
Pair	LDP	Load Pair
	LDPSW	Load Pair signed words
	STP	Store Pair
PC	ADRP	Compute address of 4KB page at a PC-relative offset
	ADR	Compute address of label at a PC-relative offset

그림 2.42 ARMv8의 전체 명령어 집합에서 정수 데이터 전송 명령을 위한 어셈블리 언어 명령어. 굵은 명령어는 LEGv8에도 있는 것이며, 이탤릭체는 의사명령어, 굵은 이탤릭체는 LEGv8에도 있는 의사명령어이다.

으로 자리이동한 값을 레지스터에 적재하는 명령어를 가지고 있다. 이렇게 14개가 추가되면 모두 33개이다.

마지막 정수 데이터 전송 명령어 그룹은 멀티프로세서 환경에서 배타적 메모리 접근을 수행하는 명령어들이다. 더블워드에 대한 배타적 접근을 제공하는 명령어(LDXR, STXR)들은 이미 소개한 바 있고, 이 외에도 바이트, 하프워드, 레지스터 쌍을 위한 명령어들이 있다. ARMv8에는 load acquire와 store release 명령어들도 있는데, 공유 메모리 시맨틱을 위한 프로그래밍 언어 표준을 지원하는 release-consistency 메모리 모델을 구현하는 데 사용된다. 그림 2.42의 두 번째 열에 있는 배타적 데이터 전송 명령어 16개를 추가하면 모두 49개가 된다.

완전한 ARMv8의 분기 명령어

그림 2.43은 ARMv8의 분기 명령어 전체를 나열하고 있다. LEGv8의 분기 명령어는 6개인데 ARMv8의 분기 명령어는 모두 23개이다. 우선 레지스터의 특정 비트가 0인지 1인지 테스트하는 조건부 분기 명령어 2개를 추가한다. 여기에 무조건 분기 명령어 2개를 추가한다. 하나는 BL 명령의 변형인데 레지스터를 분기 주소로 사용한다(BLR). 두 번째는 서브루틴으로부터 복귀(RET)인데 이것은 branch register(BR)와 많이 비슷하다. 비슷해 보이는 이유는 같은 의미를 갖고 있기 때문이다. ARMv8이 같은 동작에 다른 opcode를 사용하는 이유는 하드웨어 분기 예측기(4장 참조)가 서브루틴으로부터 복귀(RET)(이 경우는 예측이 쉽다)와 분기 테이블에서 사용되는 분기(BR)(이 경우는 예측이 지극히 어렵기 때문에 별도의 방법을 사용해야 한다)를 구분할 수 있게 하기 위해서이다. 이렇게 해서 모두 10개가 된다.

Type	Mnemonic	Instruction
Conditional Branch	**B.cond**	Branch conditionally
	CBNZ	Compare and branch if nonzero
	CBZ	Compare and branch if zero
	TBNZ	Test bit and branch if nonzero
	TBZ	Test bit and branch if zero
Unconditional Branch	**B**	Branch unconditionally
	BL	Branch with link
	BLR	Branch with link to register
	BR	Branch to register
	RET	Return from subroutine

Type	Mnemonic	Instruction
Conditional Select	CSEL	Conditional select
	CSINC	Conditional select increment
	CSINV	Conditional select inversion
	CSNEG	Conditional select negation
	CSET	Conditional set
	CSETM	Conditional set mask
	CINC	Conditional increment
	CINV	Conditional invert
	CNEG	Conditional negate
Conditional Compare	CCMP	Conditional compare register
	CCMPI	Conditional compare immediate
	CCMN	Conditional compare negative register
	CCMNI	Conditional compare negative immediate

그림 2.43 ARMv8 전체 명령어 집합에서 분기 명령을 위한 어셈블리 언어 명령어. 굵은 명령어는 LEGv8에도 있는 것이며, 이탤릭체는 의사명령어, 굵은 이탤릭체는 LEGv8에도 있는 의사명령어이다.

다음 명령어 9개는 컨디션 코드에 따라 레지스터에 다른 값을 저장하는 명령어이다. 조건이 참이면 목적지 레지스터에 첫 번째 레지스터를 넣고, 조건이 거짓이면 두 번째 레지스터를 넣는다. 조건 선택 명령어를 사용하는 이유는 조건부 분기 명령어를 대신하려는 것이다. 조건부 분기 명령어는 예측이 실패하면 파이프라인 실행에서 문제를 일으킬 수 있기 때문이다(4장 참조). 이 9개의 조건 선택 명령어를 더하면 총 19개의 명령어가 된다.

마지막 명령어 4개는 조건 선택 명령어와 비슷한데 목적지가 레지스터가 아니라 컨디션 코드라는 점이 다르다. 즉 이 명령어들은 현재 컨디션 코드 값에 따라 조건부로 컨디션 코드를 설정한다. 다소 혼동스러울 수도 있는데, 선택한 조건이 참이면 컨디션 코드는 두 피연산자의 산술 비교 결과에 따라서 설정되지만, 조건이 거짓이면 컨디션 코드에 수치 필드 값을 넣는다. 조건부 비교 명령어 중에는 두 레지스터를 비교하는 것도 있고, 레지스터와 5비트 부호없는 값을 비교하는 것도 있다. 이 명령어 4개를 더하면 ARMv8에는 총 23개의 분기 명령어가 있다.

2.20 오류 및 함정

오류: 강력한 명령어를 사용하면 성능이 좋아진다.

Intel x86 명령어가 강력한 이유 중 하나는 명령어 실행 방식을 변경하는 접두사를 가지고 있기 때문이다. 그 중 한 접두사는 카운터값이 0이 될 때까지 명령어를 반복 실행시킬 수 있다. 메모리 내의 데이터 블록을 복사할 때 32비트 `MOV` 명령에 이 반복 접두사를 붙이면 편리하다.

접두사를 사용하지 않고 표준 명령어만 사용해서 데이터를 레지스터에 적재했다가 다시 메모리에 저장하는 방식을 사용할 수도 있다. 공평한 비교를 위해 순환문 오버헤드가 없도록 순환문으로 만들지 말고 명령어를 반복적으로 늘어놓는 방법을 쓰면 접두사를 쓴 것보다 1.5배 빠르다. x86의 정수 레지스터 대신 이보다 더 큰 부동소수점 레지스터를 사용하면 복잡한 `MOV` 명령어보다 2배 빨라진다.

오류: 최고 성능을 얻기 위해 어셈블리 언어로 프로그램 작성하기.

과거에는 컴파일러가 출력하는 코드의 성능이 좋지 않았으나, 컴파일러 기술이 발달하면서 컴파일한 코드와 손으로 작성한 코드 간의 차이가 급격히 줄어들고 있다. 실제로 어셈블리 프로그래머가 오늘날의 컴파일러와 경쟁하려면 4장과 5장에서 설명하는 프로세서 파이프라이닝과 메모리 계층의 개념을 완전히 이해하고 있어야 한다.

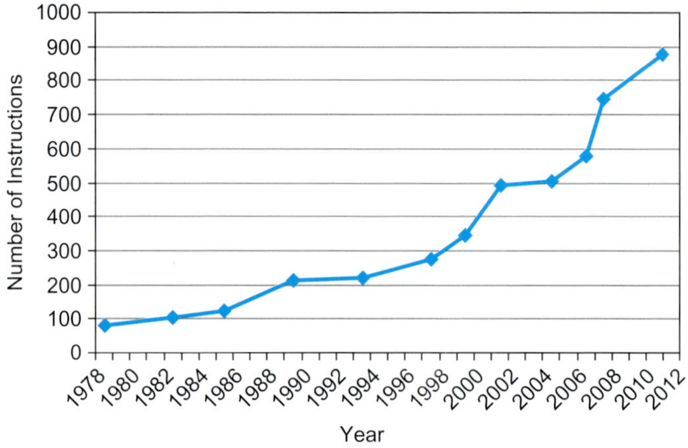

그림 2.44 x86 명령어 집합의 성장. 이 확장 중에는 기술적 가치가 명확한 것도 있지만, 급격한 변화는 호환 프로세서를 만들고자 하는 다른 회사들에 더 큰 어려움을 안겨 주는 측면이 있다.

컴파일러와 어셈블리 프로그래머 간의 이런 전쟁은 사람이 점차 기계에게 밀려나는 여러 현상 중 하나로 볼 수 있다. C 언어에는 어떤 변수를 메모리에 넣는 것이 좋을지 레지스터에 넣는 것이 좋을지를 프로그래머가 컴파일러에게 알려 주는 방법이 있다. 컴파일러의 레지스터 할당 기술이 미숙했을 때 이 힌트는 상당한 도움이 되었다. 실제로 어떤 C 언어 책은 레지스터 힌트를 효과적으로 사용하는 방법에 상당한 부분을 할애하고 있기도 하다. 그러나 오늘날의 컴파일러는 프로그래머보다 오히려 레지스터 할당을 더 잘하기 때문에 이런 힌트를 완전히 무시하는 것이 보통이다.

설사 손으로 작성해서 더 빠른 코드를 만들었다 해도, 어셈블리 프로그램은 코딩과 디버깅에 더 많은 시간이 걸리고, 이식성이 없으며, 유지보수가 어렵다는 문제가 있다. 소프트웨어 공학에서 공인된 몇 안 되는 공리 중 하나가 프로그램의 줄 수가 많을수록 코딩에 더 오랜 시간이 걸린다는 것이다. 그리고 C나 자바보다 어셈블리 언어의 프로그램 줄 수가 많을 것은 자명한 일이다. 또 일단 프로그램이 작성된 다음에는 이것이 생각보다 오래 사용된다는 데 다른 위험성이 있다. 오래 사용된다는 것은 누군가가 계속 고쳐서 새 운영체제와 새 기종에서 실행될 수 있도록 해야 한다는 것을 뜻한다. 어셈블리 언어 대신 상위 수준 언어를 사용하면 장래 새 기종이 개발되더라도 새 컴파일러에 맞게 수정하여 사용할 수 있을 뿐만 아니라 유지보수도 쉽고 여러 종류의 컴퓨터에서 사용할 수도 있다.

오류: 상업용 프로그램의 이진 호환성이 중요하다는 것은 성공적인 명령어 집합은 변하지 않는다는 것을 의미한다.

후방(backwards) 이진 호환성이 신성불가침임에도 불구하고, x86 구조는 매우 극적으로 성장해 왔다(그림 2.44). 지난 35년 동안 평균적으로 한 달에 하나 이상의 명령어가 추가된 셈이다.

> 함정: 바이트 주소를 사용하는 컴퓨터에서 인접 워드 혹은 인접 더블워드 간의 주소 차이가 1이 아니라는 사실을 잊는 것.

많은 어셈블리 프로그래머들이 주소를 하나 증가시키면 다음 워드 혹은 더블워드를 찾을 수 있다고 생각했다가, 이로 인해 생긴 오류로 심한 고생을 겪었다. 유비무환임을 명심하라.

> 함정: 자동 변수가 정의된 프로시저 외부에서 자동 변수에 대한 포인터를 사용하는 것.

포인터를 사용할 때 저지르기 쉬운 실수는 프로시저의 결과를 전달할 때 프로시저 내에서 지역 변수로 선언된 배열을 가리키는 포인터를 포함시키는 것이다. 그림 2.13의 스택 동작에 따르면 지역 배열이 저장된 메모리 영역은 프로시저가 종료되자마자 다른 용도로 재사용된다. 따라서 이미 없어진 자동 변수에 대한 포인터를 사용하면 예기치 못한 일이 발생할 수 있다.

2.21 결론

Less is more.

Robert Browning, *Andrea del Sarto*, 1855

내장 프로그램 컴퓨터의 두 가지 기본 원리는 숫자와 같은 형태의 명령어를 사용한다는 것과 변경 가능한 메모리에 프로그램을 저장한다는 것이다. 이 두 원리 때문에 컴퓨터 하나로 과학자는 과학자대로, 금융가는 금융가대로, 소설가는 소설가대로 자기가 필요한 일을 처리할 수 있는 것이다. 명령어 집합의 선택은 프로그램 실행에 필요한 명령어 개수와 명령어 하나 실행에 필요한 클럭 사이클 수, 그리고 클럭 속도 간의 미묘한 균형을 요하는 문제이다. 명령어 집합 설계자가 이런 미묘한 결정을 내릴 때 지침이 될 수 있는 설계 원칙이 세 가지 있다.

1. 간단하기 위해서는 규칙적인 것이 좋다. ARMv8 명령어 집합의 특성 중 많은 부분이 규칙성을 염두에 두고 결정된 것이다. 예를 들면 모든 명령어의 길이를 똑같게 한 것, 산술 명령어는 항상 레지스터 피연산자 세 개를 갖도록 한 것, 어떤 명령어 형식에서나 레지스터 필드의 위치가 일정하게 만든 것 등이다.
2. 작은 것이 더 빠르다. ARMv8의 레지스터 개수를 32개로 제한한 이유는 속도를 빠르게 하기 위해서이다.
3. 좋은 설계에는 적당한 절충이 필요하다. ARMv8은 명령어 내의 주소나 상수부는

클수록 좋다는 것과 모든 명령어의 길이는 같은 것이 좋다는 두 요구사항을 적당히 절충하여 수용하고 있다.

자주 생기는 일을 빠르게 하라는 위대한 아이디어가 명령어 집합뿐 아니라 컴퓨터 구조에도 적용된 것을 볼 수 있다. ARMv8에서 자주 발생하는 일을 빠르게 한 예로는 조건부 분기에 PC-상대 주소를 사용한 것과 큰 상수 피연산자를 위해 수치 주소지정 방식을 도입한 것 등을 들 수 있다.

이 기계어 수준 위에는 어셈블리 언어가 있다. 어셈블러는 이것을 기계가 이해할 수 있는 이진수로 번역하고, 때로는 하드웨어에 없는 명령을 추가하여 명령어 집합을 확장하기도 한다. 예를 들어 너무 큰 상수나 주소는 적당한 크기로 나누어 처리하고, 자주 쓰이는 명령어 시퀀스에 별도의 이름을 붙여 의사명령어를 만들기도 한다. 이제까지 우리가 살펴본 LEGv8의 명령어를 그림 2.45에 열거했다. 상위 수준에 구체적인 사항이 보이지 않게 하는 것은 **추상화**의 또 다른 예가 된다.

ARMv8의 각 명령어 종류는 다음과 같이 상위 수준 언어의 구조나 문장과 연관 지을 수 있다.

- 산술 명령어는 치환문에 나타나는 연산에 해당한다.
- 데이터 전송 명령어는 배열이나 구조체 같은 자료구조를 다룰 때 자주 쓰인다.
- 조건부 분기는 *if* 문과 순환문에서 사용된다.
- 무조건 분기는 프로시저 호출과 복귀 및 *case/switch* 문에서 사용된다.

명령어들의 사용 빈도는 서로 다른데, 몇몇 명령어는 아주 자주 사용된다. 그림 2.46은 SPEC CPU2006에서 각 명령어 종류가 얼마나 자주 쓰이는지를 나타내고 있다. 이러한 명령어 사용 빈도의 차이는 데이터패스, 제어, 파이프라인의 설계와 밀접한 관련이 있다.

3장에서는 컴퓨터 산술에 대해 설명하고, 그 다음에는 ARMv8 명령어 집합 구조의 나머지 부분을 살펴볼 것이다.

2.22 역사적 고찰 및 참고문헌

이 절에서는 명령어 집합 구조(instruction set architecture, ISA)의 역사를 살펴보고, 프로그래밍 언어와 컴파일러의 간략한 역사를 알아볼 것이다. 살펴볼 명령어 집합 구조에는 누산기(accumulator) 구조, 범용 레지스터 구조, 스택 구조들이 포함되며, ARMv7과 x86의 간략한 역사도 함께 살펴본다. 또한 상위 수준 언어 컴퓨터 구조와

LEGv8 instructions	Name	Format
add	ADD	R
subtract	SUB	R
add immediate	ADDI	I
subtract immediate	SUBI	I
add and set flags	ADDS	R
subtract and set flags	SUBS	R
add immediate and set flags	ADDIS	I
subtract immediate and set flags	SUBIS	I
load register	LDUR	D
store register	STUR	D
load signed word	LDURSW	D
store word	STURW	D
load half	LDURH	D
store half	STURH	D
load byte	LDURB	D
store byte	STURB	D
load exclusive register	LDXR	D
store exclusive register	STXR	D
move wide with zero	MOVZ	IM
move wide with keep	MOVK	IM
and	AND	R
inclusive or	ORR	R
exclusive or	EOR	R
and immediate	ANDI	I
inclusive or immediate	ORRI	I
exclusive or immediate	EORI	I
logical shift left	LSL	R
logical shift right	LSR	R
compare and branch on equal 0	CBZ	CB
compare and branch on not equal 0	CBNZ	CB
branch conditionally	B.cond	CB
branch	B	B
branch to register	BR	R
branch with link	BL	B

Pseudo LEGv8	Name	Format
move	MOV	R
compare	CMP	R
compare immediate	CMPI	I
load address	LDA	M

그림 2.45 이제까지 설명한 LEGv8 명령어. 왼쪽은 실제 명령어, 오른쪽은 의사명령어이다. 2.19절은 전체 LEGv8 구조를 설명하고 있다. 그림 2.1은 이 장에서 설명한 LEGv8 구조를 좀 더 자세히 나타내고 있다. 이와 관련된 정보는 이 책의 첫 번째 페이지에 있는 LEGv8 Reference Data Card의 ①열과 ②열에서도 찾아볼 수 있다.

RISC 컴퓨터 구조 사이의 논쟁 관점에 대해서도 살펴본다. 프로그래밍 언어의 역사에는 Fortran, Lisp, Algol, C, Cobol, Pascal, Simula, Smalltalk, C++, 자바 등이 포함된다. 컴파일러의 역사에는 역사상 중요한 사건과 이러한 성취를 이루어 낸 선구자들이 포함된다. 2.22절의 나머지 부분은 온라인 사이트에서 찾을 수 있다.

Instruction class	LEGv8 examples	HLL correspondence	Frequency	
			Integer	Ft. pt.
Arithmetic	ADD, SUB, ADDI, SUBI	Operations in assignment statements	16%	48%
Data transfer	LDUR, STUR, LDURSW, STURW, LDURH, STURH, LDURB, STURB, MOVZ, MOVK	References to data structures, such as arrays	35%	36%
Logical	AND, ORR, EOR, ANDI, ORRI, EORI, LSL, LSR	Operations in assignment statements	12%	4%
Conditional branch	CBZ, CBNZ, B.cond, CMP, CMPI	*If* statements and loops	34%	8%
Jump	B, BR, BL	Procedure calls, returns, and *case/switch* statements	2%	0%

그림 2.46 LEGv8 명령어의 종류, 예, 해당 상위 수준 언어 구조 및 정수형 SPEC CPU2006과 실수형 SPEC CPU2006에서 명령어의 평균 실행 빈도. LEGv8의 각 명령어별 실행 빈도는 3장의 그림 3.27에 나와 있다.

2.23 연습문제

(연습문제를 풀기 전에 ARMv8-A(64비트) 구조 시뮬레이터를 포함하고 있는 ARM DS-5 Professional Software Suite의 무료판을 다운로드하여 설치하면 도움이 될 것이다. 더 자세한 것은 이 책의 웹 사이트를 참조하라.)

LEGv8과 ARMv8의 가장 큰 차이는 LEGv8이 ARMv8의 부분 집합이라는 것이다. 따라서 컴파일러가 LEGv8에 없는 ARMv8 명령어들을 생성할 수도 있다. 그래서 2.19절, 3.8절, 5.14절에 나머지 ARMv8 명령어들을 열거하였다. 컴파일러 출력에서 보면 LEGv8의 스케일되지 않은 적재 및 저장 명령어(LDUR, STUR) 대신에 스케일된 적재 및 저장 명령어(LDR, STR)가 많이 사용되는 것을 알 수 있을 것이다. 이것이 가장 확실한 차이점이다.

LEGv8은 교육상의 이유로 ARMv8에 몇 가지 수정을 가했는데 본 교재의 "고난도"에서 언급한 바와 같이 이것들은 ARMv8 어셈블러와 시뮬레이터에서 동작하지 않는다. 그 차이는 다음 네 가지이다.

- ARMv8에서는 수치 명령어 버전이 별도의 어셈블리 언어 명령어가 아니다. LEGv8에는 ADDI, SUBI, ADDIS, SUBIS, ANDI, ORRI, EORI 등이 있지만 ARMv8에는 이런 명령어가 없다. 그냥 비수치 명령을 쓰고 피연산자만 수치값을 사용하면 된다. 예를 들어 ARMv8 어셈블러는

  ```
  ADD   X0, X1, #4
  ```

  를 받아들여 ADD의 수치 버전 opcode를 생성한다. 하지만 LEGv8에서는 ADDI를 사용해야 한다.

- 단일 정밀도 실수 명령어와 2배 정밀도 실수 명령어 역시 별도의 어셈블리 언어 명령어를 갖고 있지 않다. LEGv8에는 FADDS, FADDD, FSUBS, FSUBD, FMULS, FMULD, FDIVS, FDIVD, FCMPS, FCMPD, LDURS, LDURD, STURS, STURD 등의 명령어가 있지만 ARMv8에는 없다. 따라서 ARMv8 어셈블리 프로그램에서는 그냥 일반적인 실수 연산 명령어를 사용하면 된다. 그러면 어셈블러가 사용한 레지스터 이름에 따라서 알맞은 opcode를 생성해 준다. 단일 정밀도에는 S, 2배 정밀도에는 D 레지스터를 사용하면 된다. 예를 들어 ARMv8 어셈블러는

  ```
  FADD   D0, D1, D2
  ```

  를 받아들여 FADD의 2배 정밀도 버전 opcode를 생성한다. 하지만 LEGv8에서는 FADDD를 사용해야 한다.

- 완전한 ARMv8 명령어 집합에서는 레지스터 31이 대부분의 명령어에서는 XZR이지만 다른 명령어에서는 SP(stack pointer)이다. 이것이 혼동을 야기한다고 생각하여 LEGv8에서는 레지스터 31을 항상 XZR로 하고, SP는 레지스터 28로 하였다. 어셈블러와 시뮬레이터를 사용할 때 레지스터 이름으로 XZR과 SP를 고수해도 문제가 되지는 않는다. 다만 프로세서 상태의 시각화같이 어떤 경우에는 이 미묘한 차이가 드러날 수 있다.

- 완전한 ARMv8 명령어 집합에서는 ANDI, ORRI, EORI의 수치 필드가 단순히 12비트 수치값이 아니지만 LEGv8에서는 그렇게 가정하였다. ARMv8은 수치값을 반복 패턴으로 인코딩하는 알고리즘을 갖고 있다. 그래서 어떤 작은 상수값(예를 들면 1, 2, 3, 4, 6)은 사용할 수 있지만 다른 상수값(예를 들면 0, 5)은 사용할 수 없다. 따라서 단순한 상수를 생성하는 데 어셈블러가 독자의 예상보다 더 많은 명령어를 삽입할 수도 있고, 아주 큰 상수를 생성해도 운이 좋으면 적은 수의 명령어로 가능한 경우도 있다. 이 비트 패턴의 공식적인 정의는 "사이즈가 e = 2, 4, 8, 16, 32, 64비트인 동일한 원소의 벡터이다. 각 원소는 같은 서브패턴을 갖고 있다. 비트 0부터 시작해서 (e − 1)개 비트에 1, 나머지는 0으로 채운 후 0에서 (e − 1)비트만큼 회전시킨다."로 볼 수 있다. 이렇게 하면 무엇이 되는지 알아보려고 하지 말고, 그저 어셈블러에게 맡겨라.

2.1 [5] 〈§2.2〉 다음 C 문장을 위한 LEGv8 어셈블리 코드를 작성하라. C 변수 f, g, h는 레지스터 X0, X1, X2에 있다고 가정한다. 최소 개수의 어셈블리 명령어를 사용하라.

```
f = g + (h – 5);
```

2.2 [5] 〈§2.2〉 다음 두 어셈블리 명령어에 해당하는 C 문장 하나는?

```
ADD  f, g, h
ADD  f, i, f
```

2.3 [5] 〈§§2.2, 2.3〉 다음 C 문장에 해당하는 LEGv8 어셈블리 코드는? C변수 f, g, h, i, j는 레지스터 X0, X1, X2, X3, X4에 있다고 가정한다. 배열 A와 B의 시작 주소는 레지스터 X6과 X7에 들어 있다고 가정한다.

```
B[8] = A[i - j];
```

2.4 [10] 〈§§2.2, 2.3〉 아래 LEGv8 어셈블리 명령어 시퀀스에 대응하는 C 문장은? 변수 f, g, h, i, j는 레지스터 X0, X1, X2, X3, X4에 있다고 가정한다. 배열 A와 B의 시작 주소는 레지스터 X6과 X7에 있다고 가정한다.

```
LSL    X9, X0, #3         // X9 = f * 8
ADD    X9, X6, X9         // X9 = &A[f]
LSL    X10, X1, #3        // X10 = g * 8
ADD    X10, X7, X10       // X10 = &B[g]
LDUR   X0, [X9, #0]       // f = A[f]

ADDI   X11, X9, #8
LDUR   X9, [X11, #0]
ADD    X9, X9, X0
STUR   X9, [X10, #0]
```

2.5 [5] 〈§§2.2, 2.3, 2.6〉 연습문제 2.4의 LEGv8 어셈블리 명령어들과 같은 기능을 수행하면서도 최소의 LEGv8 명령어를 사용하는 어셈블리 코드를 작성하라.

2.6 [5] 〈§2.3〉 0xabcdef12 값이 리틀엔디안 컴퓨터와 빅엔디안 컴퓨터에서 메모리에 어떻게 저장되는지 보여라. 데이터는 주소 0번지부터 저장되고 워드 크기는 4바이트라고 가정한다.

2.7 [5] 〈§2.4〉 0xabcdef12를 십진수로 변환하라.

2.8 [5] 〈§§2.2, 2.3〉 다음 C 코드를 LEGv8 코드로 변환하라. 변수 f, g, h, i, j는 레지스터 X0, X1, X2, X3, X4에 있다고 가정하고, 배열 A와 B의 시작 주소는 레지스터 X6과 X7에 있다고 가정한다. 배열 A와 B의 각 원소는 8바이트 워드라고 가정한다.

```
B[8] = A[i] + A[j];
```

2.9 [10] 〈§§2.2, 2.3〉 아래 LEGv8 어셈블리 명령어 시퀀스를 C로 변환하라. 변수 f, g, h, i, j는 레지스터 X0, X1, X2, X3, X4에 있고, 배열 A와 B의 시작 주소는 레지스터 X6과 X7에 있다고 가정한다.

```
ADDI  X9,   X6, #8
ADD   X10,  X6, XZR
STUR  X10, [X9,#0]
LDUR  X9,  [X9,#0]
ADD   X0,   X9, X10
```

2.10 [20] 〈§§2.2, 2.5〉 연습문제 2.9 각각의 LEGv8 명령어에 대해 opcode(Op) 값, 근원지 레지스터(Rn) 필드, 목적지 레지스터(Rd 또는 Rt) 필드값을 보여라. I-형식 명령어에 대해서는 수치 필드값을 보이고, R-형식 명령어에 대해서는 두 번째 근원지 레지스터(Rm) 값을 보여라.

2.11 레지스터 X0과 X1이 값 0×8000000000000000과 0×D000000000000000을 갖고 있다고 가정한다.

2.11.1 [5] 〈§2.4〉 다음 명령어를 수행한 후의 X9값은?

```
ADD  X9, X0, X1
```

2.11.2 [5] 〈§2.4〉 X9값이 원하던 값인가, 아니면 오버플로가 일어났는가?

2.11.3 [5] 〈§2.4〉 레지스터 X0과 X1 값이 위와 같을 때 다음 명령어를 수행한 후의 X9값은?

```
SUB  X9, X0, X1
```

2.11.4 [5] 〈§2.4〉 X9값이 원하던 값인가, 아니면 오버플로가 일어났는가?

2.11.5 [5] 〈§2.4〉 레지스터 X0와 X1 값이 위와 같을 때 다음 명령어를 수행한 후의 X9값은?

```
ADD  X9, X0, X1
ADD  X9, X9, X0
```

2.11.6 [5] 〈§2.4〉 X9값이 원하던 값인가, 아니면 오버플로가 일어났는가?

2.12 X0의 값이 128_{ten}이라고 가정한다.

2.12.1 [5] 〈§2.4〉 명령어 ADD X9, X0, X1이 실행될 때 오버플로가 일어나려면 X1이 어떤 범위의 값을 가져야 되는가?

2.12.2 [5] 〈§2.4〉 명령어 SUB X9, X0, X1이 실행될 때 오버플로가 일어나려면 X1이 어떤 범위의 값을 가져야 되는가?

2.12.3 [5] 〈§2.4〉 명령어 SUB X9, X1, X0이 실행될 때 오버플로가 일어나려면 X1이 어떤 범위의 값을 가져야 되는가?

2.13 [5] 〈§§2.2, 2.5〉 다음 이진수에 해당하는 어셈블리 명령어 종류와 명령어는? (힌트: 그림 2.20을 참조하라.)

$1000\ 1011\ 0000\ 0000\ 0000\ 0000\ 0000\ 0000_{two}$

2.14 [5] 〈§§2.2, 2.5〉 다음 명령어의 명령어 종류와 16진수 표현은?

```
STUR  X9, [X10, #32]
```

2.15 [5] 〈§2.5〉 다음 LEGv8 필드가 나타내는 명령어의 종류, 어셈블리 명령어, 명령어의 이진 표현은?

```
op = 0x658, Rm = 13, Rn = 15, Rd = 17, shamt = 0
```

2.16 [5] 〈§2.5〉 다음 LEGv8 필드가 나타내는 명령어의 종류, 어셈블리 명령어, 명령어의 이진 표현은?

```
op = 0x7c2, Rn = 12, Rt = 3, const = 0x4
```

2.17 LEGv8 레지스터를 128개로 늘리고, 명령어는 현재보다 4배 많게 확장하려 한다.

2.17.1 [5] 〈§2.5〉 이렇게 확장한다면 R-형식 명령어의 각각의 비트 필드 크기에 어떤 영향을 미치게 되는가?

2.17.2 [5] 〈§2.5〉 이렇게 확장한다면 I-형식 명령어의 각각의 비트 필드 크기에 어떤 영향을 미치게 되는가?

2.17.3 [5] 〈§§2.5, 2.8, 2.10〉 제안한 두 가지 확장 각각은 LEGv8 어셈블리 프로그램 크기를 어떻게 감소시킬 수 있는가? 반면에 제안한 두 가지 확장은 LEGv8 어셈블리 프로그램 크기를 어떻게 증가시킬 수 있나?

2.18 레지스터값이 다음과 같다고 가정한다.

```
X10 = 0x00000000AAAAAAAA, X11 = 0x1234567812345678
```

2.18.1 [5] 〈§2.6〉 레지스터값이 위와 같을 때 다음 명령어 시퀀스 실행 후 X12값은 얼마인가?

```
LSL  X12, X10, #4
ORR  X12, X12, X11
```

2.18.2 [5] 〈§2.6〉 레지스터값이 위와 같을 때 다음 명령어 실행 후 X12값은 얼마인가?

```
LSL   X12, X11, #4
```

2.18.3 [5] 〈§2.6〉 레지스터값이 위와 같을 때 다음 명령어 시퀀스 실행 후 X12값은 얼마인가?

```
LSR   X12, X10, #3
ANDI  X12, X12, 0xFEF
```

2.19 [10] 〈§2.6〉 레지스터 X10의 비트 16−11을 추출해서 이 값을 레지스터 X11의 비트 31−26에 넣으려고 한다. 단 X10과 X11의 다른 비트들은 변하지 않아야 한다. 이를 수행하는 최소 길이의 LEGv8 명령어 시퀀스를 구하라. (X10 = 0과 X11 = 0xffffffffffffffff를 사용하여 만든 코드를 테스트하라. 이 테스트로 흔히 간과하는 점들이 걸러질 수도 있다.)

2.20 [5] 〈§2.6〉 다음 의사명령어를 구현하는 데 사용할 수 있는 최소 길이의 LEGv8 명령어 시퀀스를 구하라.

```
NOT   X10, X11   // bit-wise invert
```

2.21 [5] 〈§2.6〉 다음 C 문장과 같은 연산을 하는 최소 크기의 LEGv8 명령어 시퀀스를 작성하라. 단 X11은 A, X13은 C의 시작 주소라 가정한다.

```
A = C[0] << 4;
```

2.22 [5] 〈§2.7〉 X0이 0×0000000000101000 값을 갖고 있다고 가정했을 때 다음 명령어 시퀀스를 수행한 후의 X1값은?

```
         CMP  X0, #0
         B.GE  ELSE
         B  DONE
ELSE:    ORRI  X1, XZR, #2
DONE:
```

2.23 프로그램 카운터(PC) 값이 0×2000 0000이라고 가정하자.

2.23.1 [5] 〈§2.10〉 LEGv8 B(branch) 명령어를 사용하여 도달할 수 있는 주소 범위는? (다시 말하면 분기 명령어 실행 후 PC가 가질 수 있는 값의 집합은 무엇인가?)

2.23.2 [5] 〈§2.10〉 LEGv8 CBZ 명령어를 사용하여 도달할 수 있는 주소 범위는? (다시 말하면 분기 명령어 실행 후 PC가 가질 수 있는 값의 집합은 무엇인가?)

2.24 새로운 명령어 RPT가 제안되었다. 이 명령어는 순환문의 조건 체크와 카운터 감소를 하나의 명령어로 만들었다. 예를 들면 RPT X12, loop 명령어는 다음과 같은 일을 한다.

```
if (X12 > 0) {
        X12 = X12 - 1;
        goto loop
    }
```

2.24.1 [5] 〈§§2.7, 2.10〉 이 명령어가 ARMv8 명령어 집합에 추가되어야 한다면 어떤 명령어 형식이 가장 적당할까?

2.24.2 [5] 〈§2.7〉 같은 일을 수행하는 가장 짧은 LEGv8 명령어 시퀀스는?

2.25 다음 LEGv8 순환문을 생각해 보자.

```
LOOP:     SUBIS X1, X1, #0
          B.LE DONE
          SUBI X1, X1, #1
          ADDI X0, X0, #2
          B LOOP
DONE:
```

2.25.1 [5] 〈§2.7〉 레지스터 X1은 값 10으로 초기화되어 있다고 가정한다. X0의 초깃값이 0이라면 X0의 최종값은?

2.25.2 [5] 〈§2.7〉 위 순환문과 같은 일을 하는 C 코드를 작성하라. 레지스터 X0과 X1은 정수 acc와 i라고 가정한다.

2.25.3 [5] 〈§2.7〉 위의 LEGv8 어셈블리 순환문에서 레지스터 X1의 초깃값이 N이라면, LEGv8 명령어가 몇 개 실행되는가?

2.25.4 [5] 〈§2.7〉 위의 LEGv8 어셈블리 순환문에서 명령어 "B.LE DONE"을 "B.MI DONE"으로 바꾸어라. X0의 초깃값이 0이라면 X0의 최종값은?

2.25.5 [5] 〈§2.7〉 위의 LEGv8 어셈블리 순환문에서 명령어 "B.LE DONE"을 "B.MI DONE"으로 바꾸어라. 같은 일을 하는 C 코드를 작성하라.

2.25.6 [5] 〈§2.7〉 위 어셈블리 코드에서 SUBIS 명령어의 목적은?

2.25.7 [5] 〈§2.7〉 SUBIS 명령어와 SUBI 명령어를 합함으로써 어떻게 명령어 숫자를 줄일 수 있는지를 보여라(힌트: 순환문 바깥에 명령어 한 개를 더하라).

2.26 [10] 〈§2.7〉 다음 C 코드를 LEGv8 코드로 변환하되 최소 개수의 명령어를 사용하라. 변수 a, b, i, j는 레지스터 X0, X1, X10, X11에 있다고 가정한다. 배열 D의 시작 주소는 레지스터 X2에 있다고 가정한다.

```
for (i = 0; i < a; i++)
  for (j = 0; j < b; j++)
      D[4*j] = i + j;
```

2.27 [5] 〈§2.7〉 연습문제 2.26의 C 코드를 구현하려면 LEGv8 명령어 몇 개가 필요한가? 변수 a와 b가 10과 1로 초기화되고 배열 D의 모든 원소가 0으로 초기화된다면, 순환문 실행을 완료하려면 LEGv8 명령어 몇 개를 실행해야 하는가?

2.28 [5] 〈§2.7〉 다음 순환문을 C 코드로 변환하라. C 정수 i는 레지스터 X10에, C 정수 result는 X0에 있다고 가정한다. 정수형 배열 MemArray의 시작 주소는 레지스터 X1에 있다고 가정한다.

```
      ORR  X10, XZR, XZR
LOOP: LDUR X11, [X1, #0]
      ADD  X0, X0, X11
      ADDI X1, X1, #8
      ADDI X10. X10, #1
      CMPI X10, 100
      B.LT LOOP
```

2.29 [10] 〈§2.7〉 연습문제 2.28의 순환문을 다시 작성하되 실행되는 LEGv8 명령어의 개수를 최소로 하라(힌트: 변수 i는 순환문 제어용으로만 사용된다는 것을 기억하라).

2.30 [30] 〈§2.8〉 다음 C 코드를 LEGv8 어셈블리로 구현하라(힌트: 스택 포인터는 16의 배수 번지에 정렬되어 있어야 함을 기억하라).

```
int  fib(int n){
    if  (n==0)
        return 0;
    else   if (n==1)
        return  1;
    else
        return fib(n-1) + fib(n-2);
}
```

2.31 [20] 〈§2.8〉 함수가 호출될 때마다 함수 호출 후의 스택 내용을 보이라. 스택 포인터는 처음에 0×7ffffffc라고 가정하고, 그림 2.12의 레지스터 관례를 따른다고 가정한다.

2.32 [20] 〈§2.8〉 함수 f를 LEGv8 어셈블리 언어로 번역하라. 레지스터 X10부터 X27까지를 사용할 필요가 있다면 작은 번호의 레지스터 먼저 사용하라. 함수 g는 "int g(int a, int b)"로 선언되었다고 가정한다. 함수 f의 코드는 다음과 같다.

```
int f(int a, int b, int c, int d) {
   return  g(g(a, b), c+d);
}
```

2.33 [5] 〈§2.8〉 이 함수에서 꼬리호출 최적화(tail-call optimization)를 사용할 수 있는가? 아니라면 아닌 이유를 설명하라. 또 사용할 수 있다면 최적화했을 때와 최적화하지 않았을 때 f에서 실행되는 명령어 개수는 얼마나 차이가 나는가?

2.34 [5] 〈§2.8〉 연습문제 2.32의 함수 f에서 복귀하기 직전의 레지스터 X5, X29, X30, SP 값에 대해서 무엇을 알 수 있는가? 함수 f는 전체를 다 알지만 함수 g는 선언부만 안다는 것을 명심하라.

2.35 [30] 〈§2.9〉 양 또는 음의 십진수 정수 열을 갖고 있는 ASCII 문자열을 정수로 변환하는 LEGv8 어셈블리 프로그램을 작성하라. 레지스터 X0에 문자열의 주소가 있다고 가정한다. 이 문자열은 "+" 또는 "−"가 맨 앞에 나올 수도 있고, 부호가 없을 수도 있으며, 그 뒤에는 0부터 9 사이의 숫자들이 나온다. 문자열은 null로 끝난다. 작성된 프로그램은 이 숫자열에 해당하는 정수값을 계산하여 레지스터 X0에 넣는다. 만약 숫자열 중간에 숫자가 아닌 문자가 나올 경우에는 프로그램이 중지하면서 X0에 −1을 넣는다. 예를 들어 X0이 3바이트 시퀀스 50_{ten}, 52_{ten}, 0_{ten}(null로 끝나는 문자열 "24")을 가리키고 있다면, X0에는 값 24_{ten}이 들어가야 한다. ARMv8 MUL 명령어의 입력은 레지스터만 될 수 있다. MULI 명령어는 없으므로 레지스터에 상수 10을 넣는 수밖에 없다.

2.36 다음 코드를 생각해 보자.

```
LDURB X10, [X11, #0]
STUR  X10, [X11, #8]
```

레지스터 X11은 주소 0×10000000을 갖고 있으며 이 주소에 있는 데이터는 0×1122334455667788이다.

2.36.1 [5] 〈§§2.3, 2.9〉 빅엔디안 컴퓨터라면 0×10000008에 저장되어 있는 값은?

2.36.2 [5] 〈§§2.3, 2.9〉 리틀엔디안 컴퓨터라면 0×10000008에 저장되어 있는 값은?

2.37 [5] 〈§2.10〉 64비트 상수 $0\times1122334455667788_{two}$를 만들어서 레지스터 X0에 저장하는 LEGv8 어셈블리 코드를 작성하라.

2.38 [10] 〈§2.11〉 다음 C 코드를 구현하는 LEGv8 어셈블리 코드를 작성하라.

```
lock(lk);
shvar=max(shvar, x);
unlock(lk);
```

변수 lk의 주소는 X0에 있고 변수 shvar의 주소는 X1에, 변수 x의 값은 X2에 있다고 가정한다. 임계 영역에는 함수 호출이 없다. LDXR/STXR 명령어를 사용하여 lock( )을 구현하라. unlock( )은 보통 저장 명령어만으로 충분하다.

2.39 [10] 〈§2.11〉 연습문제 2.38을 다시 하되 이번에는 lock( )과 unlock( )을 사용하지 말고 LDXR/STXR로 직접 변수 shvar을 원자적으로 업데이트하라. 이 문제는 변수 lk를 사용하지 않는다.

2.40 [5] 〈§2.11〉 연습문제 2.38에서 작성한 코드를 예로 사용하여 두 프로세서가 임계 영역을 동시에 실행하려 할 때 어떤 일이 일어나는지를 설명하라. 각 프로세서는 한 사이클에 명령어 하나씩을 실행한다고 가정한다.

2.41 주어진 프로세서의 산술 명령어 CPI가 1이고 적재/저장 명령어의 CPI는 10, 분기 명령어의 CPI는 3이다. 어떤 프로그램이 500×10^6 산술 명령어, 300×10^6 적재/저장 명령어, 100×10^6 분기 명령어를 실행한다고 하자.

2.41.1 [5] 〈§§1.6, 2.13〉 더 강력한 산술 명령어들이 이 명령어 집합에 추가된다고 하자. 이 강력한 산술 명령어들은 프로그램을 실행하는 데 필요한 산술 명령어의 개수를 평균 25% 줄일 수 있지만, 클럭 사이클 시간은 10% 증가한다. 이 명령어의 추가는 좋은 설계 대안이 될 수 있는가? 이유는 무엇인가?

2.41.2 [5] 〈§§1.6, 2.13〉 산술 명령어의 성능을 2배로 증가시키는 방법을 발견한다면, 컴퓨터의 전체 성능은 얼마나 향상되는가? 만약 산술 명령어의 성능이 10배 증가한다면 전체 성능은 얼마나 향상되는가?

2.42 어떤 프로그램에서 실행되는 명령어의 70%가 산술 명령어, 10%가 적재/저장 명령어, 20%가 분기 명령어라고 가정하자.

2.42.1 [5] 〈§§1.6, 2.13〉 명령어 사용 빈도가 위와 같고 산술 명령어는 2사이클, 적재/저장 명령어는 6사이클, 분기 명령어는 3사이클 걸린다면 평균 CPI는?

2.42.2 [5] 〈§§1.6, 2.13〉 적재/저장 명령어와 분기 명령어는 전혀 개선하지 않고, 전체 성능을 25% 높이려면 산술 명령어는 평균 몇 사이클이 걸려야 할까?

2.42.3 [5] 〈§§1.6, 2.13〉 적재/저장 명령어와 분기 명령어는 전혀 개선하지 않고, 전체 성능을 50% 높이려면 산술 명령어는 평균 몇 사이클이 걸려야 할까?

2.43 [10] 〈§2.19〉 완전한 ARMv8 명령어 집합을 사용해서 연습문제 2.4의 함수에 필요한 어셈블리 명령어의 수를 줄여라(특히 데이터를 적재할 때 레지스터 변위를 스케일하는 능력을 사용하라).

2.44 [10] 〈§2.19〉 완전한 ARMv8 명령어 집합을 사용해서 연습문제 2.8의 함수에 필요한 어셈블리 명령어의 수를 줄여라(특히 데이터를 적재할 때 레지스터 변위를 스케일하는 능력을 사용하라).

2.45 [10] 〈§2.19〉 완전한 ARMv8 명령어 집합을 사용해서 연습문제 2.19 수행에 필요한 명령어의 수를 줄여라.

2.46 [10] 〈§2.19〉 다음 의사명령어 구현에 필요한 ARMv8 명령어의 최소 집합을 구하라.

```
NOT   X10, X11   // bit-wise invert
```

(연습문제 2.20의 답으로 제시된 LEGv8 프로그램 중에는 ARMv8에서 사용할 수 없는 것도 있음에 유의하라.)

2.47 [10] 〈§2.19〉 사전 인덱스 주소지정 방식을 이용하여 연습문제 2.28 코드를 구현하는 데 필요한 ARMv8 어셈블리 명령어 개수를 최소화하라.

2.48 [5] 〈§2.19〉 사후 인덱스 주소지정 방식을 이용하여 연습문제 2.28 코드를 구현하는 데 필요한 ARMv8 어셈블리 명령어 개수를 최소화하라.

2.49 [5] 〈§2.19〉 정수 배열에서 최댓값을 찾는 ARMv8 어셈블리 함수를 구현하라. 가능한 한 적은 개수의 명령어를 사용하도록 최적화하라(힌트: `CSEL` 명령어를 사용하면 순환문의 본체 부분을 명령어 5개로 줄일 수 있다).

스스로 점검하기 해답

§2.2(71쪽): LEGv8 어셈블리 언어, C, 자바

§2.3(78쪽): 2. 매우 느리다.

§2.4(86쪽): 2. -8_{ten}

§2.5(93쪽): 3. `SUB X11, X10, X9`

§2.6(97쪽): 둘 다. 마스크 패턴 1들과 AND 연산을 하면 원하는 필드를 제외한 다른 곳은 전부 0이 된다. 적당한 비트 수만큼 왼쪽 자리이동을 해서 해당 필드의 왼쪽 비트들을 모두 없애 버린 후, 적당한 비트 수만큼 오른쪽 자리이동을 하면 해당 필드를 더블워드의 맨 오른쪽에 넣고 나머지 비트들은 전부 0으로 만들 수 있다. AND는 해당 필드를 원래 자리에 그대로 남기지만, 자리이동 명령 2개를 사용하면 해당 필드가 더블워드의 맨 오른쪽에 있게 된다.

§2.7(104쪽): I. 모두 맞다. II. 1.

§2.8(116쪽): 둘 다 맞다.

§2.9(121쪽): I. 1과 2. II. 3.

§2.10(129쪽): I. 4. ±1024K II. 4. ±128M

§2.11(133쪽): 둘 다.

§2.12(143쪽): 4. 기계 독립성

3

컴퓨터 연산

Numerical precision is the very soul of science.

Sir D'arcy Wentworth Thompson,
On Growth and Form, 1917

컴퓨터의 고전적인 다섯 가지 구성 요소

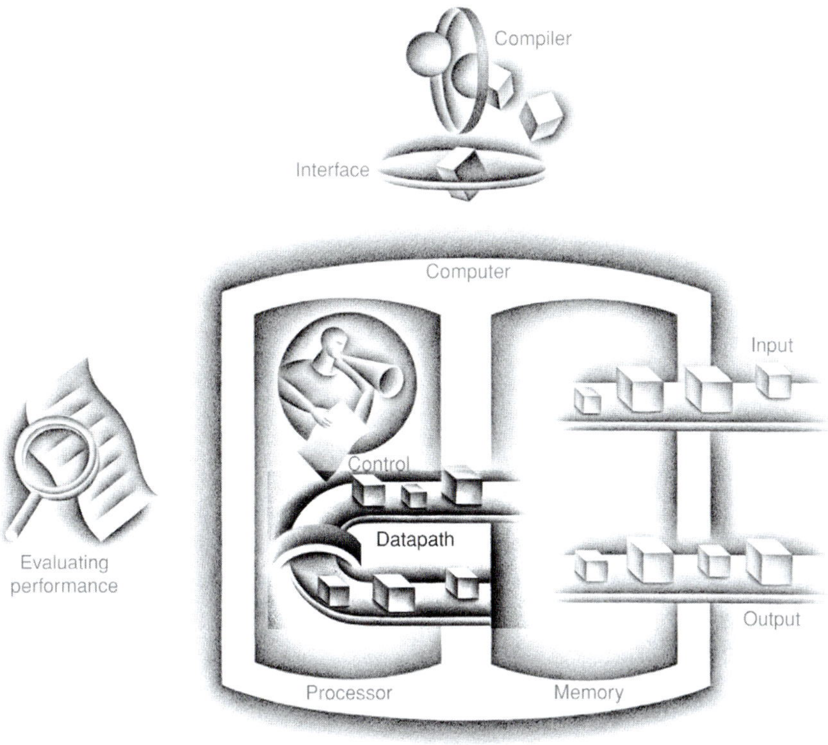

3.1 서론

컴퓨터 워드는 비트로 구성되어 있으므로 이진수로 표시할 수 있다. 2장에서 정수가 십진수나 이진수로 표현될 수 있음을 보였는데, 흔히 볼 수 있는 다른 수들은 어떨까?

예를 들면

- 소수나 실수는 어떻게 표현할까?
- 컴퓨터로 표현할 수 있는 것보다 더 큰 수가 계산의 결과로 나오면 어떻게 될까?
- 이런 문제들의 바탕에 깔려 있는 미스터리가 하나 있는데, 그것은 하드웨어가 실제로 어떻게 곱셈, 나눗셈을 수행하는가 하는 것이다.

이 장의 목표는 실수의 표현과 연산 알고리즘, 이러한 알고리즘을 수행하는 하드웨어, 명령어 집합과의 관련 등을 포함하여, 이러한 문제들을 풀어 나가는 것이다. 이를 통하여, 여러분들이 컴퓨터 사용 시 접했던 여러 문제들을 이해할 수 있을 것이다. 또한 이러한 지식을 기반으로 산술연산이 많이 사용되는 프로그램을 더욱 빠르게 수행할 수 있는 방법을 익히게 될 것이다.

3.2 덧셈과 뺄셈

Subtraction: Addition's Tricky Pal

No. 10, Top Ten Courses for Athletes at a Football Factory, David Letterman et al., *Book of Top Ten Lists*, 1990

컴퓨터는 사람들이 생각하는 그대로 덧셈을 수행한다. 손으로 계산할 때처럼 오른쪽에서 왼쪽으로 한 비트씩 더하고, 이때 생기는 올림수는 바로 왼쪽 자리로 보낸다. 손으로 덧셈을 할 때와 같이 바로 왼쪽 자리에 올림수를 보내 준다. 뺄셈은 덧셈을 이용한다. 뺄 값의 부호만 바꾸어 더하면 된다.

이진 덧셈과 뺄셈

예제

7_{ten}에 6_{ten}을 이진법으로 더하고, 7_{ten}에서 6_{ten}을 이진법으로 빼라.

```
  00000000 00000000 00000000 00000000 00000000 00000000 00000000 00000111two = 7ten
+ 00000000 00000000 00000000 00000000 00000000 00000000 00000000 00000110two = 6ten
----------------------------------------------------------------------------------
= 00000000 00000000 00000000 00000000 00000000 00000000 00000000 00001101two = 13ten
```

오른쪽의 4비트만이 계산에 이용되었다. 그림 3.1은 합과 올림수를 보여 준다. 올림수는 괄호 안에 있고 화살표는 진행 방향을 표시한다.

답

7_{ten}에서 6_{ten}을 빼는 것은 직접 할 수 있다.

```
  00000000 00000000 00000000 00000000 00000000 00000000 00000000 00000111two = 7ten
- 00000000 00000000 00000000 00000000 00000000 00000000 00000000 00000110two = 6ten
----------------------------------------------------------------------------------
= 00000000 00000000 00000000 00000000 00000000 00000000 00000000 00000001two = 1ten
```

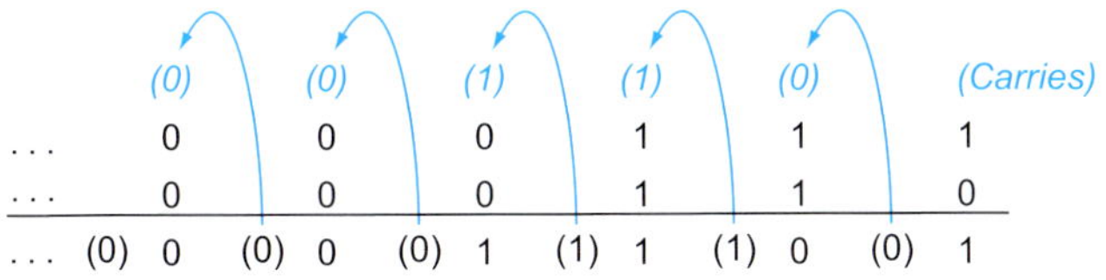

그림 3.1 이진수 덧셈, 올림수는 오른쪽에서 왼쪽으로 이동. 가장 오른쪽 비트는 0에 1을 더한다. 합은 1이고 올림수는 0이다. 바로 두 번째 자리는 0 + 1 + 1이 된다. 계산 결과 합은 0이고 올림수는 1이다. 세 번째 자리는 1 + 1 + 1이므로 합은 1이고 올림수도 1이다. 네 번째 자리는 1 + 0 + 0이며 합은 1이고 올림수는 없다.

또는 2의 보수법을 이용하여 −6을 더하는 방식을 사용할 수도 있다.

$$
\begin{array}{rl}
 & 00000000\ 00000000\ 00000000\ 00000000\ 00000000\ 00000000\ 00000000\ 00000111_{two} = 7_{ten} \\
+ & 11111111\ 11111111\ 11111111\ 11111111\ 11111111\ 11111111\ 11111111\ 11111010_{two} = -6_{ten} \\
\hline
= & 00000000\ 00000000\ 00000000\ 00000000\ 00000000\ 00000000\ 00000000\ 00000001_{two} = 1_{ten}
\end{array}
$$

연산 결과를 사용 가능한 하드웨어(이 경우 64비트 워드)로 표현할 수 없을 때 오버플로가 발생함을 상기하라. 덧셈에서는 언제 오버플로가 발생할 수 있는가? 부호가 다른 피연산자를 더할 경우에는 오버플로가 발생하지 않는다. 이유는 계산 결과가 두 피연산자 중 어느 하나보다는 커질 수 없기 때문이다. 예를 들면 –10 + 4 = −6이다. 피연산자는 64비트로 표현이 가능하고, 합은 어느 피연산자보다 크지 않으므로 합 또한 64비트로 표현이 가능하다. 따라서 양수와 음수를 더할 때에는 오버플로가 발생할 수 없다.

뺄셈에서도 똑같이 오버플로가 발생하지 않는 경우가 있다. 단 뺄셈이므로 반대가 된다. 즉 피연산자의 부호가 같을 경우에는 오버플로가 발생할 수 없다. 두 번째 피연산자의 부호를 바꾸어 더하는 방식으로 뺄셈을 처리하므로, $c - a = c + (-a)$를 생각하면 이해가 될 것이다. 그러므로 같은 부호의 수를 빼는 것은 부호가 다른 수를 더하는 것과 같다. 앞 문단에서 설명한 것처럼 이 경우에도 오버플로가 발생하지 않음을 쉽게 알 수 있다.

덧셈이나 뺄셈에서 오버플로가 발생할 수 없는 경우에는 걱정할 것이 없지만, 실제로 오버플로가 발생했을 때 어떻게 탐지할 수 있을까? 64비트수 두 개를 더하거나 뺀 결과를 완벽하게 표현하기 위해서는 65비트가 필요할 경우가 있다.

워드 크기가 64비트이므로 65번째 비트는 표시할 수 없는데, 이렇게 되면 부호 비트가 결과의 부호가 아니라 크기를 나타내는 비트 중 최상위 비트값으로 결정된다. 딱 한 비트가 부족하므로 틀릴 수 있는 것은 부호 비트뿐이다. 따라서 두 양수를 더한 값이 음수가 되면 오버플로가 발생한다. 이것은 부호 비트로 올림수가 올라갔음을 의미한다. 이와 반대로 두 음수를 더했는데 합이 양수가 되는 경우에도 오버플로가 발생한다.

Operation	Operand A	Operand B	Result indicating overflow
$A + B$	≥ 0	≥ 0	< 0
$A + B$	< 0	< 0	≥ 0
$A - B$	≥ 0	< 0	< 0
$A - B$	< 0	≥ 0	≥ 0

그림 3.2 덧셈과 뺄셈에서의 오버플로 발생 조건.

오버플로는 양수에서 음수를 뺀 결과가 음수가 되거나, 음수에서 양수를 뺀 결과가 양수가 되는 경우에도 발생할 수 있다. 이것은 부호 비트에서 빌림수(borrow)가 발생했음을 의미한다. 그림 3.2는 오버플로가 발생한 경우의 연산의 종류, 피연산자 및 그 결과를 보여 준다.

지금까지 컴퓨터에서 2의 보수법 사용 시 발생하는 오버플로의 탐지 방법을 살펴보았다. 그러면 부호없는 정수에서는 어떠한가? 부호없는 정수는 오버플로가 무시되는 메모리 주소 등에서 사용된다.

네 가지 컨디션 코드 중에 오버플로가 있으므로, 필요하다면 컴파일러가 덧셈과 뺄셈 명령어의 오버플로를 검사하는 것은 쉽다. C 언어는 오버플로를 무시하지만 Fortran 언어는 오버플로를 검사한다.

ALU(Arithmetic Logic Unit) 덧셈과 뺄셈을 수행하는 하드웨어로 AND와 OR 같은 논리연산을 수행한다.

부록 A에서 덧셈과 뺄셈을 수행하는 하드웨어 ALU(Arithmetic Logic Unit)에 대해 설명하였다.

하드웨어/소프트웨어 인터페이스

컴퓨터 설계자는 연산 오버플로를 어떻게 처리할지 결정해야 한다. C나 자바 같은 언어들은 정수 오버플로를 무시하지만, Ada나 Fortran 같은 언어는 오버플로를 프로그램에 알려야 한다. 이러한 경우 프로그래머나 프로그래밍 환경은 오버플로 발생 시 어떻게 처리할 것인지를 결정하여야만 한다.

요약

수의 표현방식과는 무관하게 산술연산 실행 결과 고정된 크기의 컴퓨터 워드로는 표현할 수 없는 큰 결과가 발생할 수 있다는 점이 이 절의 요점이다. 부호없는 수를 사용하는 경우에 오버플로를 탐지하는 것은 쉽다. 그러나 주소 연산 과정에서 발생하는 오버플로는 검출하기를 원하지 않기 때문에 일반적으로 무시된다. 하지만 2의 보수에서는 문제가 더 복잡하다. 어떤 소프트웨어 시스템은 오버플로 탐지를 요구하므로, 오늘날 모든 컴퓨터는 오버플로 탐지 방법을 가지고 있다.

스스로 점검하기

어떤 프로그래밍 언어는 바이트나 하프워드로 선언된 변수에 대하여도 2의 보수법 정수 연산을 허용한다. 그러나 LEGv8 코어는 풀워드(full word)에 대해서만 정수 연산을 허용한다. 2장에서 보았듯이, LEGv8 코어에는 바이트와 하프워드 데이터 전송 명령이 있다. 그렇다면 바이트나 하프워드 산술연산을 위해서는 어떤 LEGv8 명령어를 만들어야 할까?

1. LDURB, LDURH를 이용한 적재; ADD, SUB, MUL, DIV를 이용한 연산, 그리고 연산 후 결과를 8비트, 16비트로 맞추기 위하여 AND를 이용한 마스크 작업; 그리고 STURB, STURH를 이용하는 저장.
2. LDURB, LDURH를 이용한 적재; ADD, SUB, MUL, DIV를 이용한 연산; 그리고 STURB, STURH를 이용하는 저장.

고난도: 범용 마이크로프로세서에서 잘 사용하지 않는 기능은 **포화**(saturating) 연산이다. 오버플로가 발생했을 때, 2의 보수 산술이 모듈로(mod) 연산을 하는 것과는 달리 포화는 가장 큰 양수나 음수를 결과값으로 한다. 포화 연산은 미디어 연산에서 주로 사용된다. 예를 들어 라디오의 볼륨 손잡이를 계속 돌릴 때 한동안 소리가 커지다가 갑자기 조용해지면 이상할 것이다. 포화 기능을 사용하면 손잡이를 아무리 돌려도 가장 큰 음량에서 더 이상 변하지 않을 것이다. 표준 명령어 집합의 멀티미디어 확장은 포화 산술 연산을 제공하는 경우가 많다.

고난도: 덧셈의 속도는 상위 비트에 사용되는 올림수를 빨리 결정함으로써 향상된다. 올림수를 예측하는 다양한 방식들이 제안되어 있다. 이렇게 함으로써 최악의 경우 덧셈에 사용되는 비트 수의 $\log_2$ 함수로 올림수를 계산할 수 있게 되었다. 이러한 예측 방식은 더 적은 수의 게이트를 통과하기 때문에 올림수는 빨리 계산할 수 있지만 더 많은 게이트를 필요로 한다. 가장 널리 사용되는 방식은 **올림수 예견**(carry lookahead) 기법으로, 부록 A의 A.6절에서 설명하였다.

3.3 곱셈

Multiplication is vexation, Division is as bad; The rule of three doth puzzle me, And practice drives me mad.

Anonymous, Elizabethan manuscript, 1570

덧셈과 뺄셈을 살펴보았으니, 이제는 좀 더 복잡한 곱셈 연산을 살펴보도록 하자.

먼저 곱셈 연산의 순서와 피연산자의 명칭을 확실히 하기 위해 연필로 하는 두 십진수 곱셈을 검토해 보자. 0과 1로만 구성된 십진수의 곱셈을 살펴보자. 왜 그런지는 곧 알게 될 것이다. 1000_{ten} 곱하기 1001_{ten}은 다음과 같다.

$$
\begin{array}{lcr}
\text{피승수} & & 1000_{ten} \\
\text{승수} & \times & 1001_{ten} \\
\hline
 & & 1000 \\
 & & 0000 \\
 & & 0000 \\
 & & 1000 \\
\hline
\text{곱} & & 1001000_{ten}
\end{array}
$$

첫 번째 피연산자는 **피승수**(multiplicand)라고 부르고, 두 번째 피연산자는 **승수**(multiplier)라고 부른다. 최종 결과는 **곱**(product)이라고 부른다. 초등학교에서 배운 알고리즘에서는 승수의 자릿수를 오른쪽에서 왼쪽으로 가면서 한 번에 하나씩 택해서, 이것을 피승수와 곱한 뒤 그 곱셈의 결과를 직전의 곱보다 한 자리 왼쪽에 놓는다.

주목할 점은 최종 곱셈 결과의 자릿수가 피승수나 승수와 비교해서 상당히 크다는 것이다. 사실 부호 비트를 무시한다면 n비트의 피승수에 대한 m비트 승수의 곱셈 결과는 $n + m$비트의 길이를 갖는다. 결국 모든 가능한 곱을 표현하기 위해서는 $n + m$비트가 필요하다. 따라서 덧셈과 마찬가지로 곱셈에도 오버플로 문제가 있다. 왜냐하면 두 64비트수의 곱셈 결과가 64비트가 되기를 바라는 경우가 많기 때문이다.

위 예에서 십진수 자릿수로 0과 1만 사용하였다. 이렇게 하면 단 두 가지 선택만 있기 때문에 곱셈의 각 단계가 간단해진다.

1. 승수의 자릿수가 1이면 피승수(1 × 피승수)를 해당 위치에 복사한다.
2. 승수의 자릿수가 0이면 0(0 × 피승수)을 해당 위치에 복사한다.

위의 십진수 예제는 설명의 편의를 위해 0과 1만을 사용했지만, 이진수의 곱셈은 실제로 0과 1만을 사용한다. 따라서 언제나 위의 두 가지 경우만 존재한다.

이제까지 곱셈의 기본을 검토했으니, 다음 단계는 고도로 최적화된 곱셈 하드웨어를 제시하는 것이겠지만, 먼저 이해를 돕기 위하여 곱셈 하드웨어와 알고리즘이 지난 수 세대 동안 어떻게 진화해 왔는지를 단계적으로 살펴보겠다. 당분간은 양수만을 곱한다고 가정하자.

곱셈 알고리즘과 하드웨어의 순차적 버전

첫 번째 설계는 우리가 학교에서 배운 알고리즘과 유사하다. 그림 3.3에 필요한 하드웨어를 보였다. 이 하드웨어는 종이와 연필로 푸는 방법과 유사하게 하기 위해 데이터가 위에서 아래로 흐르도록 하였다.

승수는 64비트 승수(Multiplier) 레지스터에 있고, 128비트 곱(Product) 레지스터는 0으로 초기화되어 있다고 가정하자. 위의 종이와 연필을 사용한 계산 방법대로라

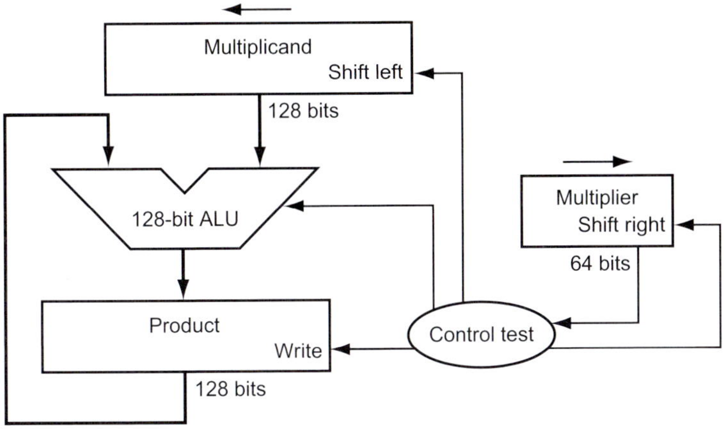

그림 3.3 곱셈 하드웨어의 첫 번째 버전. 피승수(Multiplicand) 레지스터, ALU, 곱(Product) 레지스터는 모두 128비트이고, 승수(Multiplier) 레지스터만 64비트이다(ALU는 부록 A에서 설명한다). 64비트 피승수가 피승수 레지스터의 오른쪽 절반에 있다가 매 단계마다 왼쪽으로 1비트씩 자리이동된다. 승수는 매 단계마다 반대 방향으로 자리이동된다. 알고리즘은 곱 레지스터를 0으로 초기화하고 시작된다. 제어는 피승수 레지스터와 승수 레지스터를 언제 자리이동할지, 또 새로운 값을 언제 곱 레지스터에 쓸지를 결정한다.

면, 매 단계마다 피승수(Multiplicand)를 왼쪽으로 한 자리씩 이동시키고 필요하면 중간 결과에 더해 주는 식으로 계산되어야 함을 알 수 있다. 이렇게 64단계를 거치면, 64비트 피승수가 왼쪽으로 64번 이동하게 된다. 그러므로 128비트 피승수 레지스터가 필요하다. 이 레지스터의 오른쪽 절반에는 64비트 피승수가 위치하게 되고, 왼쪽 절반은 0으로 초기화된다. 이 레지스터는 128비트 곱 레지스터에 축적되는 합과 피승수의 위치를 맞추기 위해 매 단계마다 1비트 왼쪽으로 자리이동된다.

그림 3.4는 각 비트 연산에 필요한 기본 3단계를 보여 준다. 승수의 최하위 비트(Multiplier0)는 피승수를 곱 레지스터에 더해야 할지를 결정한다. 단계 2에서 왼쪽으로 자리이동하는 것은 종이에 연필로 계산했을 때와 같이 피연산자를 왼쪽으로 이동시키는 역할을 한다. 단계 3에서의 오른쪽 자리이동 이유는 다음번 반복에서 검사할 승수의 다음 비트를 준비하기 위해서이다. 최종적인 결과를 얻기 위해서는 이러한 세 단계를 64번 반복해야 한다. 각 단계에 한 클럭 사이클씩이 필요하다면, 이 알고리즘은 64비트 숫자 두 개를 곱하는 데 거의 200 클럭 사이클이 걸린다. 곱셈과 같은 산술 연산의 상대적 중요도는 프로그램에 따라 다르다. 그러나 덧셈과 뺄셈의 사용 빈도는 곱셈의 5배와 100배 사이의 어느 값이 될 것이다. 따라서 곱셈은 여러 클럭이 걸려도 많은 응용 프로그램에서 성능에 별다른 영향을 끼치지 않는다. 그러나 Amdahl의 법칙(1.10절 참조)은 느린 연산이 많이 사용되지 않는다 하더라도 성능을 제한할 수 있다는 것을 상기시켜 준다.

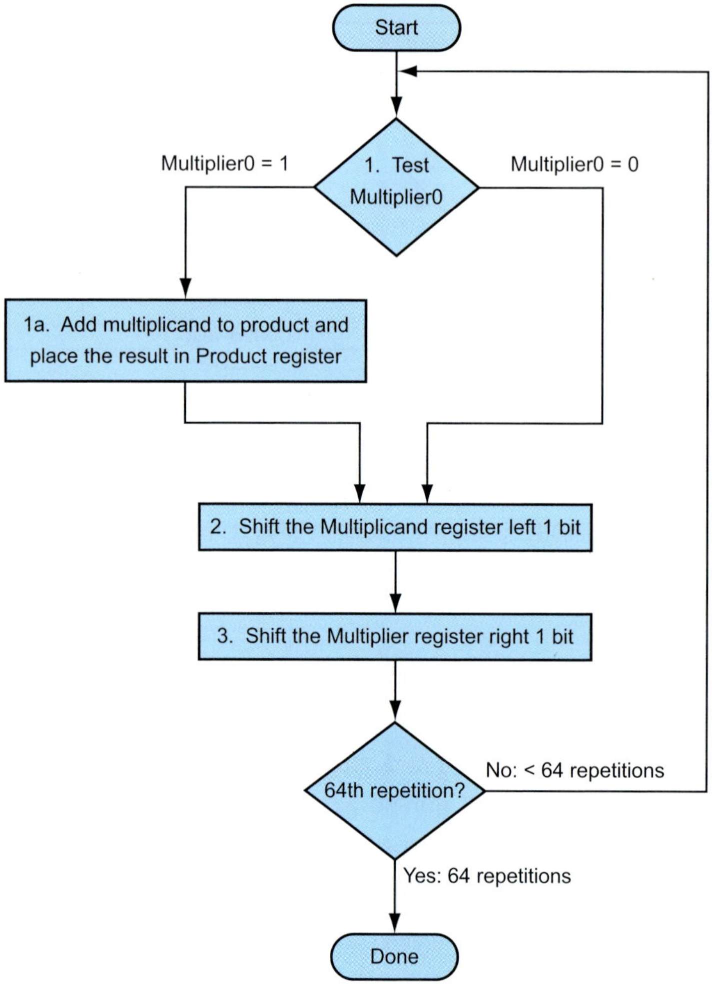

그림 3.4 그림 3.3에 있는 하드웨어를 이용한 첫 번째 곱셈 알고리즘. 승수의 최하위 비트가 1이면 피승수를 곱에 더한다. 그렇지 않으면, 다음 단계로 간다. 다음 두 단계에서 피승수를 왼쪽으로 자리이동시키고 승수를 오른쪽으로 자리이동시킨다. 이러한 3단계를 64번 반복한다.

이 알고리즘과 하드웨어는 매 반복이 한 클럭 사이클만 걸리도록 쉽게 바꿀 수 있다. 연산을 병렬로 수행함으로써 이러한 속도 향상이 가능해진다. 승수 비트가 1일 때 피승수를 곱에 더하는 동안 승수와 피승수를 자리이동한다. 이때 하드웨어가 검사하는 승수의 맨 오른쪽 비트가 자리이동하기 전의 값이고 덧셈에 사용하는 값이 전 반복에서 자리이동된 피승수인 것만 확실하게 하면 문제는 없다. 덧셈기와 레지스터에서 사용되지 않는 부분이 있으므로 덧셈기와 레지스터의 폭을 절반으로 줄여 더욱 최적화할 수 있다. 그림 3.5는 이렇게 개선된 하드웨어를 보여 준다.

하드웨어/소프트웨어 인터페이스

산술연산을 자리이동으로 대치시키는 것은 상수를 곱할 때에도 적용할 수 있다. 몇몇 컴파일러는 작은 상수와의 곱셈을 일련의 자리이동과 덧셈으로 대치시킨다. 이진수에서 한 비트 좌측 이동은 두 배 큰 수를 나타내기 때문에, 왼쪽으로 자리이동하는 것은 2의 지수승을 곱해 주는 것과 같다. 그래서 2장에서 설명한 바와 같이, 거의 모든 컴파일러가 2의 지수승으로 곱하는 것을 왼쪽 자리이동으로 대치하는 강도 감소 최적화(strength reduction optimization)를 수행한다.

곱셈 알고리즘

예제

$2_{ten} \times 3_{ten}$을 계산하되, 공간을 절약하기 위해 4비트수를 이용하여 $0010_{two} \times 0011_{two}$로 하라.

답

그림 3.6은 그림 3.4에 표시된 각 단계에서 각각의 레지스터값을 보여 준다. 최종 결과는 $0000\ 0110_{two}$ 즉 6_{ten}이다. 각 단계에서 바뀌는 레지스터값은 파란색으로 표시하였고, 파란색 원으로 표시된 비트는 다음 단계의 연산을 결정하기 위해 검사되는 비트를 나타낸다.

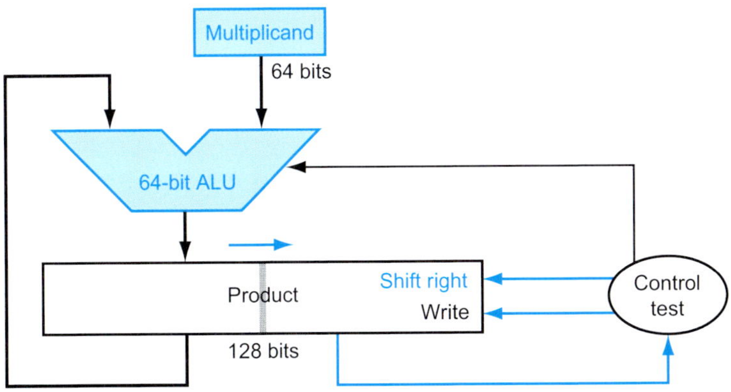

그림 3.5 곱셈 하드웨어의 수정된 버전. 그림 3.3의 첫 번째 버전과 비교해 보면, 피승수 레지스터, ALU, 승수 레지스터는 전부 64비트이고, 곱 레지스터만이 128비트이다. 여기에서는 곱이 오른쪽으로 자리이동된다. 별도의 승수 레지스터는 없어지고 대신에 승수를 곱 레지스터의 오른쪽 절반에 넣는다. 이 변화된 부분을 파란색으로 표시하였다(승수 레지스터는 덧셈기의 올림수를 저장할 수 있도록 129비트가 되어야 하지만, 그림 3.3에서 개선된 부분을 강조하기 위해 128비트로 표시하였다).

Iteration	Step	Multiplier	Multiplicand	Product
0	Initial values	0011	0000 0010	0000 0000
1	1a: 1 ⇒ Prod = Prod + Mcand	0011	0000 0010	0000 0010
	2: Shift left Multiplicand	0011	0000 0100	0000 0010
	3: Shift right Multiplier	0001	0000 0100	0000 0010
2	1a: 1 ⇒ Prod = Prod + Mcand	0001	0000 0100	0000 0110
	2: Shift left Multiplicand	0001	0000 1000	0000 0110
	3: Shift right Multiplier	0000	0000 1000	0000 0110
3	1: 0 ⇒ No operation	0000	0000 1000	0000 0110
	2: Shift left Multiplicand	0000	0001 0000	0000 0110
	3: Shift right Multiplier	0000	0001 0000	0000 0110
4	1: 0 ⇒ No operation	0000	0001 0000	0000 0110
	2: Shift left Multiplicand	0000	0010 0000	0000 0110
	3: Shift right Multiplier	0000	0010 0000	0000 0110

그림 3.6 그림 3.4의 알고리즘을 사용한 곱셈의 예. 다음 단계를 결정하는 데 사용되는 비트를 파란색 원으로 표시하였다.

부호있는 수의 곱셈

지금까지는 양수만을 다루었다. 부호있는 수의 곱셈을 가장 쉽게 이해할 수 있는 방법은 먼저 승수와 피승수를 양수로 변환하고 원래의 부호를 기억하는 것이다. 이 알고리즘은 부호를 계산에서 제외시키고 63번 반복한 후, 초등학생 때 배운 대로 피연산자들의 부호가 서로 다를 때 곱을 음수로 바꾼다.

수는 무한히 많은 자릿수를 가질 수 있지만 우리가 64비트로 나타내는 것뿐이라는 것을 기억한다면, 마지막 알고리즘을 부호있는 수의 곱셈에도 사용할 수 있다. 부호있는 수의 경우는 자리이동할 때 곱의 부호를 확장해야 한다. 알고리즘이 끝나면 아래쪽 더블워드에 64비트 곱이 남게 된다.

더 빠른 곱셈

MOORE'S LAW

Moore의 법칙은 하드웨어 설계자들이 훨씬 빠른 곱셈기를 만들 수 있도록 더 많은 자원을 제공해 왔다. 승수의 64개 비트 각각을 조사하면, 곱셈을 시작하는 초기에 이미 피승수가 더해져야 하는지 아닌지를 알 수 있다. 승수의 매 비트마다 64비트 덧셈기를 하나씩 할당하면 더 빠른 곱셈이 가능하다. 덧셈기의 한 입력은 피승수를 해당 승수 비트와 AND한 것이고 다른 입력은 앞 덧셈기의 출력이다.

보다 더 간단한 방법은 오른쪽 덧셈기의 출력을 왼쪽 덧셈기의 입력에 연결하여 64층의 덧셈기 스택을 만드는 것이다. 또 다른 방법은 이 64번의 덧셈을 그림 3.7과 같이 병렬 트리 구조로 만드는 것이다. 이렇게 하면 64번의 덧셈 시간을 기다리는 대신에 $\log_2(64) = 6$번의 덧셈 시간만 기다리면 된다.

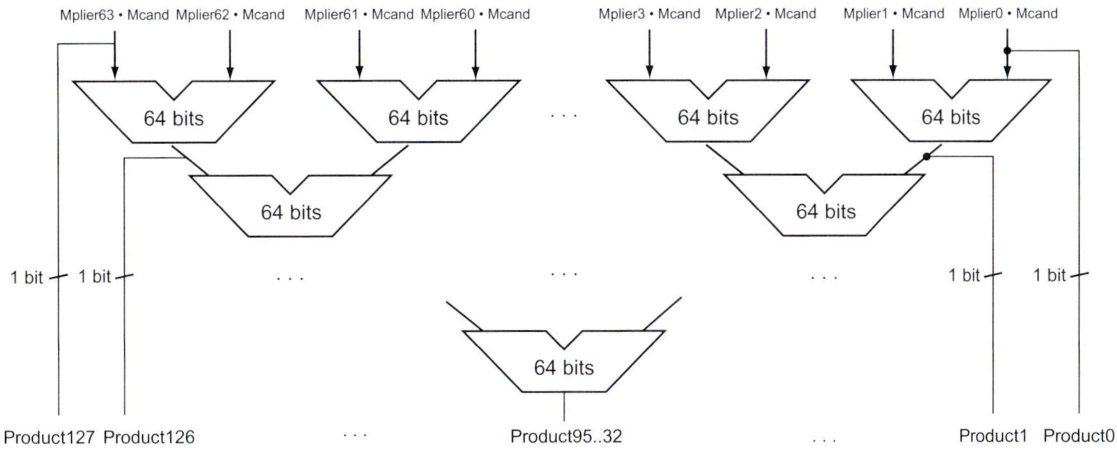

그림 3.7 빠른 곱셈 하드웨어. 이 곱셈 하드웨어는 64비트 덧셈기 하나를 63번 사용하는 대신에 "순환문을 펼쳐서(unroll the loops)" 63개의 덧셈기를 사용하고 이를 지연이 최소화되도록 구성하였다.

올림수 저장 덧셈기(carry save adder)를 사용할 수도 있고 이러한 설계를 **파이프라이닝**해서 다수의 곱셈을 동시에 수행할 수 있게 하는 것도 쉽기 때문에, 실제로는 곱셈이 여섯 번의 덧셈 시간보다 더 빨라질 수 있다(4장 참조).

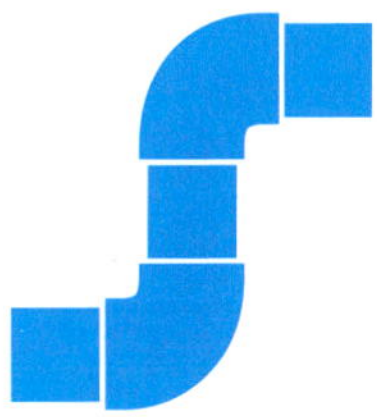

PIPELINING

LEGv8에서의 곱셈

부호있는 또는 부호없는 128비트 곱을 계산하기 위해 LEGv8에는 MUL(multiply), SMULH(signed multiply high), UMULH(unsigned multiply high) 세 가지 명령어가 있다. MUL은 64비트 정수 곱을 구할 때 사용한다. 128비트 곱의 상위 64비트를 구하고자 할 때는 승수와 피승수의 타입에 따라 SMULH 또는 UMULH 등을 사용한다.

요약

초등학생 때 배운 종이와 연필로 하는 계산처럼, 곱셈 하드웨어도 단순히 자리이동과 덧셈을 수행한다. 컴파일러는 2의 멱수 곱하기를 자리이동 명령어로 대치하기도 한다. 더 많은 하드웨어를 사용하면 덧셈을 **병렬**로 더 빠르게 수행할 수도 있다.

PARALLELISM

하드웨어/소프트웨어 인터페이스

LEGv8 곱셈 명령어는 오버플로 컨디션 코드 값을 바꾸지 않는다. 따라서 곱셈 결과가 64비트에 들어갈 수 있을지 없을지를 검사하는 것은 소프트웨어의 몫이다. UMULH 수행 결과 상위 64비트가 0이거나, SMULH 수행 결과 상위 64비트가 하위 64비트의 부호 64개로 채워져 있다면 오버플로가 아니다.

3.4 나눗셈

Divide et impera.

Latin for "Divide and rule," ancient political maxim cited by Machiavelli, 1532

곱셈의 역연산인 나눗셈은 사용 빈도는 낮은 반면 훨씬 까다롭다. 심지어 0으로 나누기 같은 수학적으로 유효하지 않은 연산이 발생하기도 하므로 조심해야 한다.

피연산자의 이름과 초등학교에서 배운 나눗셈 알고리즘을 떠올리기 위해 십진수를 이용한 긴 나눗셈을 예로 들자. 앞 절에서와 같은 이유로 십진수의 자릿수는 0과 1로만 제한한다. 사용할 예는 $1{,}001{,}010_{ten}$ 나누기 1000_{ten}이다.

```
                    1001ten      몫
제수  1000ten  |1001010ten      피제수
               -1000
                  10
                  101
                  1010
                 -1000
                    10ten      나머지
```

피제수 나누어지는 수.

제수 피제수를 나누는 수.

몫 나눗셈의 가장 주된 결과. 제수에 곱하고 나머지를 더해서 피제수를 만드는 수.

나머지 나눗셈의 결과. 몫과 제수의 곱에 더해질 때 피제수를 만드는 수.

나눗셈에서 피연산자는 **피제수**(dividend)와 **제수**(devisor) 두 개이고, **몫**(quotient)이라 불리는 결과와 **나머지**(remainder)라고 불리는 두 번째 결과가 있다. 이 구성 요소 간의 관계는 다음과 같다.

$$\text{피제수} = \text{몫} \times \text{제수} + \text{나머지}$$

여기서 나머지는 제수보다 작다. 자주 볼 수 있는 것은 아니지만 몫은 무시하고 나머지만을 구하기 위해 나눗셈 명령어를 사용하는 프로그램도 가끔 있다.

초등학교에서 배운 나눗셈 방법은 얼마나 큰 수를 뺄 수 있는지를 검사해서 몫의 자릿수를 하나하나 구한다. 위의 십진수 예는 0과 1만을 사용하도록 매우 조심해서 선택하였으므로 제수가 피제수에 얼마나 많이 들어갈 수 있는지를 쉽게 알 수 있다. 0번 아니면 1번이다. 이진수에는 0과 1만 있으므로, 이진수 나눗셈은 이 두 가지 중 한 가지 선택만으로 제한되므로 계산이 간단하다.

피제수와 제수가 둘 다 양수이고 따라서 몫과 나머지도 음수가 아니라고 가정하자. 나눗셈의 피연산자와 두 결과는 64비트값을 갖는다고 하고 부호는 당분간 무시하기로 하자.

나눗셈 알고리즘과 하드웨어

그림 3.8은 초등학교에서 배운 알고리즘 그대로를 하드웨어로 구현한 것이다. 몫

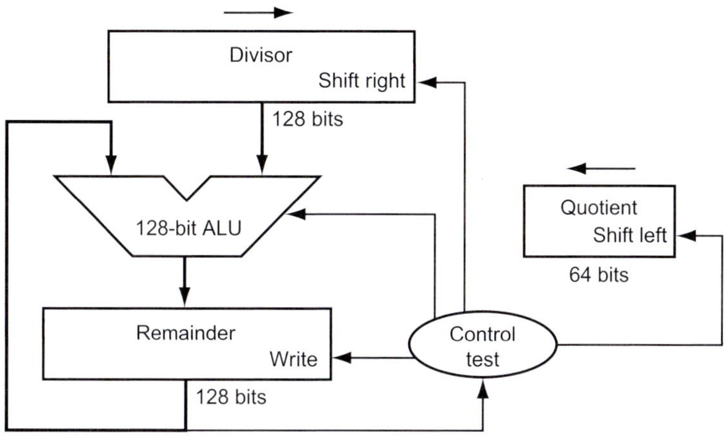

그림 3.8 나눗셈 하드웨어의 첫 번째 버전. 제수(Divisor) 레지스터, ALU, 나머지(Remainder) 레지스터는 모두 128비트이고, 몫(Quotient) 레지스터만이 64비트이다. 64비트 제수는 제수 레지스터의 왼쪽 절반에서 시작해서 반복할 때마다 오른쪽으로 한 비트씩 자리이동한다. 나머지 레지스터는 피제수로 초기화된다. 제어(Control)는 언제 제수와 몫 레지스터를 이동시킬지, 그리고 언제 나머지 레지스터에 새로운 값을 저장할지를 결정한다.

(Quotient) 레지스터 64비트를 0으로 초기화하고 시작한다. 이 알고리즘은 매번 반복할 때마다 제수를 오른쪽으로 한 비트씩 자리이동시켜야 하므로 제수를 128비트 제수(Divisor) 레지스터의 왼쪽 절반에 넣고 시작한다. 그리고 피제수와 자리를 맞추기 위해 반복할 때마다 오른쪽으로 한 비트씩 자리이동시킨다. 나머지(Remainder) 레지스터는 피제수로 초기화된다.

그림 3.9는 첫 번째 나눗셈 알고리즘의 세 단계를 보여 준다. 사람과 달리 컴퓨터는 제수가 피제수보다 작다는 것을 먼저 알 만큼 똑똑하지 못하다. 따라서 먼저 단계 1에서 제수를 빼야만 한다. 사람이 제수와 피제수를 비교하는 것에 해당하는 일이다. 만약 결과가 양수이면 제수는 피제수와 같거나 더 작다. 따라서 몫에 1을 넣는다(단계 2a). 만약 결과가 음수이면 제수를 나머지 레지스터에 다시 더함으로써 원래의 값을 회복하고(단계 2b) 몫에는 0을 넣는다. 제수는 오른쪽으로 자리이동되고 다시 이 과정을 반복한다. 계산이 완료되면 나머지와 몫은 각각 해당 레지스터에 남게 된다.

나눗셈 알고리즘

예제

7_{ten} 나누기 2_{ten}를 계산하되, 공간을 절약하기 위해 4비트 알고리즘을 이용하여 $0000\ 0111_{two}$ 나누기 0010_{two}으로 하라.

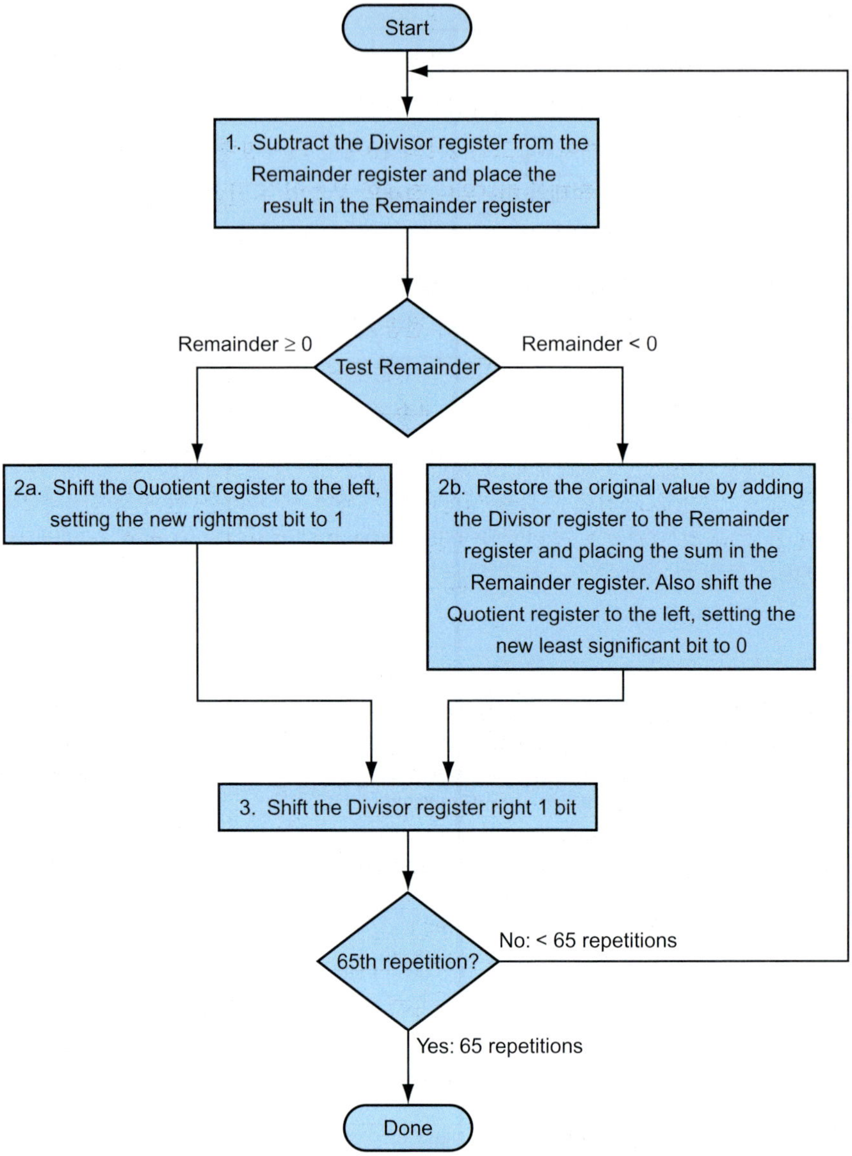

그림 3.9 그림 3.8의 하드웨어를 이용한 나눗셈 알고리즘. 만약 나머지가 양수이면, 제수는 피제수에 들어갈 수 있는 것이므로 단계 2a에서 몫에 1을 저장한다. 만약 단계 1에서 나머지가 음수이면, 제수는 피제수에 들어갈 수 없다는 것을 의미한다. 따라서 단계 2b는 몫에 0을 저장하고, 제수를 나머지에 더하여 단계 1의 뺄셈 이전 상태로 회복시킨다. 단계 3의 마지막 자리이동은 다음 반복의 계산을 위해 피제수에 맞추어 제수를 정렬시키는 것이다. 이러한 과정이 65번 반복된다.

Iteration	Step	Quotient	Divisor	Remainder
0	Initial values	0000	0010 0000	0000 0111
1	1: Rem = Rem – Div	0000	0010 0000	1110 0111
	2b: Rem < 0 ⟹ +Div, LSL Q, Q0 = 0	0000	0010 0000	0000 0111
	3: Shift Div right	0000	0001 0000	0000 0111
2	1: Rem = Rem – Div	0000	0001 0000	1111 0111
	2b: Rem < 0 ⟹ +Div, LSL Q, Q0 = 0	0000	0001 0000	0000 0111
	3: Shift Div right	0000	0000 1000	0000 0111
3	1: Rem = Rem – Div	0000	0000 1000	1111 1111
	2b: Rem < 0 ⟹ +Div, LSL Q, Q0 = 0	0000	0000 1000	0000 0111
	3: Shift Div right	0000	0000 0100	0000 0111
4	1: Rem = Rem – Div	0000	0000 0100	0000 0011
	2a: Rem ≥ 0 ⟹ LSL Q, Q0 = 1	0001	0000 0100	0000 0011
	3: Shift Div right	0001	0000 0010	0000 0011
5	1: Rem = Rem – Div	0001	0000 0010	0000 0001
	2a: Rem ≥ 0 ⟹ LSL Q, Q0 = 1	0011	0000 0010	0000 0001
	3: Shift Div right	0011	0000 0001	0000 0001

그림 3.10 그림 3.9의 알고리즘을 이용한 나눗셈의 예. 다음 단계를 결정하기 위해 검사되는 비트를 파란색 원으로 표시하였다.

답

그림 3.10은 각 단계에서의 각 레지스터값을 보여 준다. 몫은 3_{ten}이 되고 나머지는 1_{ten}이 된다. 나머지가 양수인지 음수인지 알아보는 단계 2의 테스트는 단순히 나머지 레지스터의 부호 비트가 0인지 1인지를 검사하는 것임에 주목하라. 이 알고리즘이 정확한 몫과 나머지를 얻기 위해서는 $n + 1$번의 단계를 거쳐야 한다는 것은 의외이다.

이 알고리즘과 하드웨어는 훨씬 더 빠르고 싸게 개선될 수 있다. 뺄셈과 동시에 피연산자와 몫을 자리이동시키면 성능 향상이 가능하다. 레지스터와 덧셈기에 사용되지 않는 부분이 있음을 활용하여 덧셈기와 레지스터의 크기를 절반으로 줄일 수 있다. 그림 3.11은 개선된 하드웨어를 보여 준다.

부호있는 수의 나눗셈

지금까지 부호있는 정수 나눗셈은 고려하지 않았다. 부호있는 정수를 나누는 간단한 방법은 제수와 피제수의 부호가 다른 경우에는 몫을 음수로 바꾸는 것이다.

고난도: 부호있는 나눗셈의 귀찮은 문제 하나는 나머지의 부호도 결정해야 한다는 것이다. 다음 식은 언제나 성립해야만 함을 명심하라.

$$\text{피제수} = \text{몫} \times \text{제수} + \text{나머지}$$

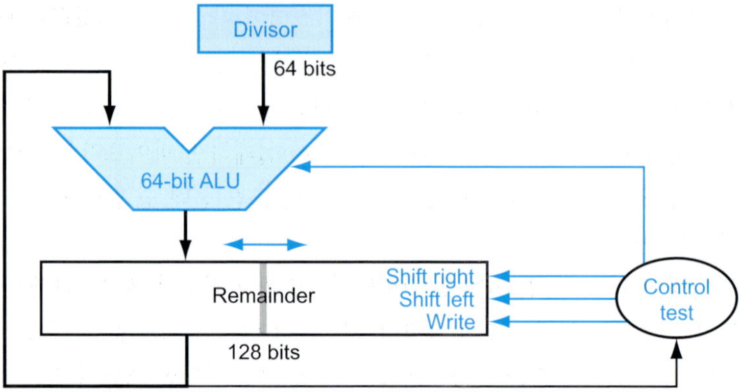

그림 3.11 나눗셈 하드웨어의 개선된 버전. 제수 레지스터, ALU, 몫 레지스터가 모두 64비트이다. 단지 나머지 레지스터만이 128비트로 남아 있다. 그림 3.8과 비교해서 ALU와 제수 레지스터의 크기가 반으로 줄었고, 나머지가 왼쪽으로 자리이동된다. 이 버전은 또한 몫 레지스터를 나머지 레지스터의 오른쪽 절반에 결합시켰다(그림 3.5와 같이 나머지 레지스터는 덧셈기에서 나오는 올림수를 잃지 않기 위해 실제로는 129비트이어야 한다).

나머지의 부호를 어떻게 결정하는가를 이해하기 위해서 $\pm 7_{ten}$ 나누기 $\pm 2_{ten}$의 모든 조합에 대한 나눗셈의 예를 살펴보자. 첫 번째 경우는 쉽다.

$$+7 \div +2: \text{몫} = +3, \text{나머지} = +1$$

결과를 확인하면 다음과 같다.

$$+7 = 3 \times 2 + (+1) = 6 + 1$$

피제수의 부호를 바꾸면 몫도 바뀐다.

$$-7 \div +2: \text{몫} = -3$$

나머지를 계산하기 위한 기본 공식을 다시 한 번 써 보자.

$$\begin{aligned}\text{나머지} &= (\text{피제수} - \text{몫} \times \text{제수}) = -7 - (-3x + 2)\\ &= -7 - (-6) = -1\end{aligned}$$

따라서

$$-7 \div +2: \text{몫} = -3, \text{나머지} = -1$$

결과를 다시 한 번 확인하자.

$$-7 = -3 \times 2 + (-1) = -6 - 1$$

이 식에는 맞지만 결과의 몫이 −4, 나머지가 +1인 조합은 쓰이지 않는다. 이렇게 하면 피제수와 제수의 절댓값이 같더라도 부호에 따라 몫의 크기가 달라질 수 있기 때문이다! 만약,

$$-(x \div y) \neq (-x) \div y$$

가 성립한다면, 프로그래밍이 훨씬 어려워질 것이다. 제수와 몫의 부호와 상관없이 피제수와 나머지의 부호는 항상 같아야 한다는 규칙을 따르면 이러한 비정상적인 상황을 피할 수 있다.

다른 조합들도 같은 규칙으로 계산할 수 있다.

$$+7 \div -2 : \text{몫} = -3,\ \text{나머지} = +1$$
$$-7 \div -2 : \text{몫} = +3,\ \text{나머지} = -1$$

따라서 두 피연산자의 부호가 다를 경우에는 몫의 부호를 음수로 하고, 나머지가 0이 아니면 그 부호는 피제수의 부호를 따르게 한다.

더 빠른 나눗셈

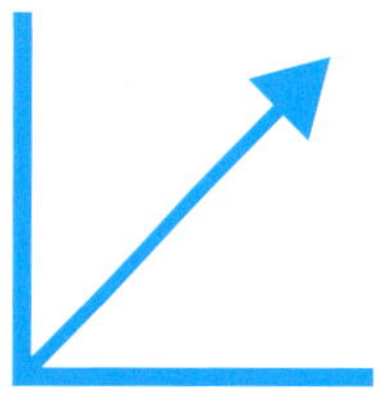

곱셈과 같이 나눗셈에도 **Moore의 법칙**이 적용될 수 있으므로 하드웨어를 추가해서 나눗셈 성능을 향상시킬 수 있다. 곱셈의 속도를 빠르게 하기 위해 많은 수의 덧셈기를 사용하였지만 같은 방법을 나눗셈에는 적용할 수 없다. 알고리즘의 다음 단계를 수행하기 전에 뺄셈한 결과의 부호를 알아야 하기 때문이다. 반면에 곱셈의 경우 64개의 부분 곱을 바로 계산할 수 있다.

한 단계에 몫을 두 비트 이상 만들 수 있는 기술이 있다. SRT 나눗셈은 각 단계에서 여러 개의 몫 비트를 **예측**하는 기법을 사용한다. 피제수와 나머지의 상위 비트들을 이용하여 표를 찾아서 몫을 추측하고, 틀린 추측은 그 후의 단계에서 바로잡는다. 가장 널리 사용되는 방식은 한 번에 4비트를 추측하는 법이다. 핵심은 뺄 값을 추측하는 것인데, 이진 나눗셈에서는 한 가지 선택밖에 없다. 이 알고리즘은 각 단계별 추측에 필요한 표를 참조하기 위해 나머지의 6비트와 제수의 4비트를 인덱스로 이용한다.

이 빠른 방법의 정확도는 참조표가 얼마나 적합한 값들을 갖고 있는지에 의존한다. 3.9절의 "**오류**"는 표가 부정확할 때 어떤 문제가 생길 수 있는가를 보여 준다.

LEGv8에서의 나눗셈

그림 3.5와 그림 3.11에서 똑같은 순차 하드웨어가 곱셈과 나눗셈 모두에 사용될 수 있음을 보았을 것이다. 왼쪽이나 오른쪽으로 자리이동될 수 있는 128비트 레지스터와 덧셈과 뺄셈을 할 수 있는 64비트 ALU만 있으면 된다. 부호있는 정수와 부호없는 정수의 나눗셈을 처리하기 위하여 LEGv8은 `SDIV`(signed divide)와 `UDIV`(divide unsigned) 두 가지 명령어를 가지고 있다.

요약

LEGv8은 같은 하드웨어로 곱셈과 나눗셈을 지원하므로, 64비트 레지스터 한 쌍을 두고 곱셈과 나눗셈 양쪽에 모두 사용하고 있다. 여러 몫 비트를 동시에 예측하고 예측이 틀렸으면 나중에 바로잡는 방식으로 나눗셈을 빠르게 할 수 있다. 그림 3.12는 이전 두 절에서 LEGv8 구조에 추가된 내용을 보여 주고 있다.

하드웨어/소프트웨어 인터페이스

LEGv8 나눗셈 명령은 오버플로를 무시하므로, 몫이 너무 커서 오버플로가 발생하는가는 소프트웨어로 검사해야 한다. 나눗셈은 오버플로를 발생시킬 뿐만 아니라, 0으로 나누기 같은 부적절한 연산을 초래하기도 한다. 이런 두 가지 비정상 상황을 구별하는 컴퓨터들도 있다. 하지만 LEGv8은 그렇지 않으므로 LEGv8 소프트웨어는 오버플로뿐만 아니라 0으로 나누기를 파악하기 위해서 제수를 검사해야 한다.

고난도: 나머지 레지스터에서 제수를 뺀 값이 음수인 경우 제수를 바로 더해서 원상 복구하는 대신, 음수 그대로 두고 다음 단계에서 자리이동된 나머지에 피제수를 더하는 더 빠른 나누기 알고리즘이 있다. $(r + d) \times 2 - d = r \times 2 + d \times 2 - d = r \times 2 + d$이기 때문에 가능하다. 이 **비복원**(nonrestoring) 나눗셈 알고리즘은 각 단계마다 1사이클씩 소요되는데, 더 자세한 것은 연습문제에서 알아보기로 한다. 앞에서 소개된 알고리즘은 **복원**(restoring) 나눗셈 알고리즘이라고 부른다. 뺄셈의 결과가 음수이면 이를 저장하지 않는 세 번째 알고리즘은 **조건부실행**(nonperforming) 나눗셈 알고리즘이라 불린다. 이 알고리즘은 평균적으로 1/3배만큼 적은 수의 산술연산을 한다.

3.5 부동소수점

Speed gets you nowhere if you're headed the wrong way.

American proverb

프로그래밍 언어는 부호있는 정수 및 부호없는 정수뿐만 아니라 소수 부분을 갖는 수도 다룰 수 있어야 한다. 수학에서는 이러한 수를 실수(reals)라고 부른다. 실수의 몇 가지를 예를 들어 보자.

$3.14159265\ldots_{ten}$ (pi)

$2.71828\ldots_{ten}$ (e)

0.000000001_{ten} 또는 $1.0_{ten} \times 10^{-9}$ (나노초)

$3,155,760,000_{ten}$ 또는 $3.15576_{ten} \times 10^{9}$(1세기를 초로 표시한 값)

1세기를 초로 표시한 것은 작은 소수값이 아니고 32비트 부호있는 정수로는 표현할

LEGv8 assembly language

Category	Instruction	Example	Meaning	Comments
Arithmetic	add	ADD X1, X2, X3	X1 = X2 + X3	Three register operands
	subtract	SUB X1, X2, X3	X1 = X2 - X3	Three register operands
	add immediate	ADDI X1, X2, 20	X1 = X2 + 20	Used to add constants
	subtract immediate	SUBI X1, X2, 20	X1 = X2 - 20	Used to subtract constants
	add and set flags	ADDS X1, X2, X3	X1 = X2 + X3	Add, set condition codes
	subtract and set flags	SUBS X1, X2, X3	X1 = X2 - X3	Subtract, set condition codes
	add immediate and set flags	ADDIS X1, X2, 20	X1 = X2 + 20	Add constant, set condition codes
	subtract immediate and set flags	SUBIS X1, X2, 20	X1 = X2 - 20	Subtract constant, set condition codes
	multiply	MUL X1, X2, X3	X1 = X2 × X3	Lower 64-bits of 128-bit product
	signed multiply high	SMULH X1, X2, X3	X1 = X2 × X3	Upper 64-bits of 128-bit signed product
	unsigned multiply high	UMULH X1, X2, X3	X1 = X2 × X3	Upper 64-bits of 128-bit unsigned product
	signed divide	SDIV X1, X2, X3	X1 = X2 / X3	Divide, treating operands as signed
	unsigned divide	UDIV X1, X2, X3	X1 = X2 / X3	Divide, treating operands as unsigned
Data transfer	load register	LDUR X1, [X2,40]	X1 = Memory[X2 + 40]	Doubleword from memory to register
	store register	STUR X1, [X2,40]	Memory[X2 + 40] = X1	Doubleword from register to memory
	load signed word	LDURSW X1, [X2,40]	X1 = Memory[X2 + 40]	Word from memory to register
	store word	STURW X1, [X2,40]	Memory[X2 + 40] = X1	Word from register to memory
	load half	LDURH X1, [X2,40]	X1 = Memory[X2 + 40]	Halfword memory to register
	store half	STURH X1, [X2,40]	Memory[X2 + 40] = X1	Halfword register to memory
	load byte	LDURB X1, [X2,40]	X1 = Memory[X2 + 40]	Byte from memory to register
	store byte	STURB X1, [X2,40]	Memory[X2 + 40] = X1	Byte from register to memory
	load exclusive register	LDXR X1, [X2,0]	X1 = Memory[X2]	Load; 1st half of atomic swap
	store exclusive register	STXR X1, X3, [X2]	Memory[X2]=X1;X3=0 or 1	Store; 2nd half of atomic swap
	move wide with zero	MOVZ X1,20	X1 = 20 or 20 * 2^{16} or 20 * 2^{32} or 20 * 2^{48}	Loads 16-bit constant, rest zeros
	move wide with keep	MOVK X1,20	X1 = 20 or 20 * 2^{16} or 20 * 2^{32} or 20 * 2^{48}	Loads 16-bit constant, rest unchanged
Logical	and	AND X1, X2, X3	X1 = X2 & X3	Three reg. operands; bit-by-bit AND
	inclusive or	ORR X1, X2, X3	X1 = X2 | X3	Three reg. operands; bit-by-bit OR
	exclusive or	EOR X1, X2, X3	X1 = X2 ^ X3	Three reg. operands; bit-by-bit XOR
	and immediate	ANDI X1, X2, 20	X1 = X2 & 20	Bit-by-bit AND reg with constant
	inclusive or immediate	ORRI X1, X2, 20	X1 = X2 | 20	Bit-by-bit OR reg with constant
	exclusive or immediate	EORI X1, X2, 20	X1 = X2 ^ 20	Bit-by-bit XOR reg with constant
	logical shift left	LSL X1, X2, 10	X1 = X2 << 10	Shift left by constant
	logical shift right	LSR X1, X2, 10	X1 = X2 >> 10	Shift right by constant
Conditional branch	compare and branch on equal 0	CBZ X1, 25	if (X1 == 0) go to PC + 4 + 100	Equal 0 test; PC-relative branch
	compare and branch on not equal 0	CBNZ X1, 25	if (X1!= 0) go to PC + 4 + 100	Not equal 0 test; PC-relative
	branch conditionally	B.cond 25	if (condition true) go to PC + 4 + 100	Test condition codes; if true, branch
Unconditional jump	branch	B 2500	go to PC + 4 + 10000	Branch to target address; PC-relative
	branch to register	BR X30	go to X30	For switch, procedure return
	branch with link	BL 2500	X30 = PC + 4; PC + 4 + 10000	For procedure call PC-relative

그림 3.12 LEGv8 구조의 핵심. 이 책의 첫 번째 페이지에 있는 LEGv8 Reference Data Card에 LEGv8 기계어가 정리되어 있다.

수 없는 너무 큰 값임에 주목하라. 마지막 두 수의 표현방식은 **과학적 표기법**(scientific notation)이라고 불린다. 이 방식에서 소수점의 왼쪽에는 한 자릿수만 있다. 과학적 표기법으로 표현된 숫자 중에서 맨 앞에 0이 나오지 않는 것을 **정규화된 수**(normalized number)라고 부른다. 그리고 이것이 일반적으로 사용되는 방법이다. 예를 들어 $1.0_{\text{ten}} \times 10^{-9}$는 정규화된 과학적 표기법이지만, $0.1_{\text{ten}} \times 10^{-8}$과 $10.0_{\text{ten}} \times 10^{-10}$은 정규화된 과학적 표기법이 아니다.

과학적 표기법 소수점의 왼쪽에 단지 한 자릿수만을 갖도록 한 표기법.

정규화된 수 선행하는 0이 없는 표기법.

십진수를 과학적 표기법으로 표시하듯이, 이진수도 과학적 표기법으로 표시할 수 있다.

$$1.0_{\text{two}} \times 2^{-1}$$

이진수를 정규화된 형태로 표현하기 위해서는 소수점 왼쪽에 0 아닌 숫자가 한 자리만 나타나게 숫자를 자리이동한 후 자리이동 횟수만큼 증가시키거나 감소시킬 수 있는 기수(base)가 필요하다. 이 조건을 만족시킬 수 있는 기수는 2밖에 없다. 이제부터는 기수가 10이 아니므로 십진 소수점(decimal point)을 대신할 새로운 이름이 필요하다. 앞으로는 **이진 소수점**(binary point)이라는 용어를 사용하기로 한다.

부동소수점 이진 소수점의 위치가 고정되어 있지 않은 수로 표현하는 컴퓨터 연산.

이런 수를 지원하는 컴퓨터 연산은 **부동소수점**(floating point) 연산이라고 불린다. 왜냐하면 이러한 수에서는 정수와 다르게 소수점이 고정되어 있지 않기 때문이다. C 언어는 이러한 수를 나타내기 위해서 float라는 변수형을 사용한다. 과학적 표기법에서와 같이 이진 소수점 왼쪽에 한 자리 숫자만 나오는 형태로 표현한다. 이진수로 나타내면 다음과 같다.

$$1.xxxxxxxxx_{\text{two}} \times 2^{yyyy}$$

(컴퓨터는 지수도 나머지 부분처럼 이진법을 사용하여 나타낸다. 그러나 표현의 단순화를 위해서 지수는 십진수로 표현하겠다.)

실수를 정규화된 형태의 표준 과학적 표기법으로 나타내면 세 가지 좋은 점이 있다. 첫째, 부동소수점 숫자를 포함한 자료의 교환을 간단하게 한다. 둘째, 숫자가 항상 이런 형태로 표현된다는 것을 알고 있으므로 부동소수점 산술 알고리즘이 간단해진다. 셋째, 불필요하게 선행되는 0을 소수점 오른쪽에 있는 실제의 숫자로 바꾸기 때문에 한 워드 내에 저장할 수 있는 수의 정밀도를 증가시킨다.

소수부분 소수부분 필드에 있는 값으로 일반적으로 0과 1 사이의 값. 맨티사(mantissa)라고도 부른다.

지수 부동소수점 산술의 숫자 표현에서 지수 필드에 있는 값.

부동소수점 표현

부동소수점 표현방식을 설계하는 사람은 **소수부분**(fraction)의 크기와 **지수**(exponent)의 크기 사이에서 타협점을 찾아야 한다. 왜냐하면 고정된 워드 크기를 사용하므로 하나를 증가시키면 다른 하나를 감소시켜야 하기 때문이다. 이 문제는 정밀도와 표현 범위 사이의 선택이다. 소수부분의 크기를 증가시키는 것은 소수부분으로 표현할 수 있는 수의 정밀도가 높아지고, 지수의 크기를 증가시키면 표현할 수 있는 수의 범위가 늘어난다. 2장의 설계 지침에서 살펴보았듯이, 좋은 설계에는 적당한 절충이 필요한 것이다.

부동소수점 수의 크기는 일반적으로 워드 크기의 배수이다. LEGv8의 부동소수점 표현은 아래의 그림과 같다. 여기에서 s는 부동소수점 수의 부호이고(1이면 음수), 지수는 8비트 지수 필드의 값이고(지수의 부호를 포함), 소수는 23비트 수이다. 이와 같은 표현방식은 **부호와 크기**(sign and magnitude) 표현방식이라고 불린다. 왜냐하면 부호가 수의 나머지 부분과 떨어져 독립된 한 비트로 표현되기 때문이다.

31	30	29	28	27	26	25	24	23	22	21	20	19	18	17	16	15	14	13	12	11	10	9	8	7	6	5	4	3	2	1	0
s	exponent								fraction																						
1 bit	8 bits								23 bits																						

일반적으로, 부동소수점 수는 다음과 같은 형태를 갖는다.

$$(-1)^S \times F \times 2^E$$

F는 소수의 값을 나타내고, E는 지수 부분의 값을 나타낸다. 이러한 부분들의 정확한 관계는 곧 설명될 것이다(LEGv8이 이보다 더 정교하게 처리한다는 것을 곧 알게 될 것이다).

이렇게 선택된 지수와 소수부분의 크기는 LEGv8 컴퓨터의 산술이 매우 큰 표현 범위를 갖게 한다. $2.0_{ten} \times 10^{-38}$만큼 작은 소수로부터, $2.0_{ten} \times 10^{38}$만큼 큰 수가 컴퓨터에서 표현될 수 있다. 그러나 불행하게도 이것은 무한대는 아니기 때문에, 이보다 더 큰 계산 결과가 나올 수도 있다. 그러므로 오버플로 인터럽트는 정수 연산에서뿐만 아니라 부동소수점 연산에서도 발생할 수 있다. 여기서 **오버플로**(overflow)라는 것은 계산된 지수가 너무 커서 지수 필드에 표현될 수 없을 만큼 클 때라는 것을 주목하라.

오버플로 양수 값을 갖는 지수가 지수 부분에 들어갈 수 없을 만큼 큰 상황.

부동소수점은 새로운 종류의 비정상적인 상황을 초래한다. 너무 커서 표현할 수 없는 계산 결과가 나왔을 때 프로그래머가 이 사실을 알고 싶어 하듯이, 계산 결과가 너무 작아서 표현할 수 없는 경우에도 알고 싶어 할 것이다. 어떤 경우라도 프로그램은 잘못된 결과를 가져오게 된다. 오버플로와 구별하기 위해 이것을 **언더플로**(underflow)라고 부른다. 이런 상황은 음의 값을 갖는 지수의 절댓값이 너무 커서 지수 부분에 표현될 수 없는 경우에 발생한다.

언더플로 음수 값을 갖는 지수가 지수 부분에 들어갈 수 없을 만큼 큰 상황.

언더플로와 오버플로의 발생을 줄이는 방법으로 지수 부분이 더 큰 다른 표현형식을 사용할 수 있다. C 언어에서는 이것을 double이라고 부른다. 그리고 double 형식을 갖는 수의 연산을 **2배 정밀도**(double precision) 부동소수점 연산이라고 부른다. 앞서 설명한 표현방식은 **단일 정밀도**(single precision) 부동소수점이라고 한다.

2배 정밀도 64비트 더블워드로 표현된 부동소수점 값.

단일 정밀도 32비트 워드로 표현된 부동소수점 값.

2배 정밀도 부동소수점 수를 표현하려면 아래와 같이 LEGv8 더블워드 한 개가 필요하다. 여기에서 s는 여전히 수의 부호를 나타내고, 지수는 11비트의 지수 필드값을 나타낸다. 소수부분의 크기는 52비트이다.

63	62	61	60	59	58	57	56	55	54	53	52	51	50	49	48	47	46	45	44	43	42	41	40	39	38	37	36	35	34	33	32
s	exponent												fraction																		
1 bit	11 bits												20 bits																		

31	30	29	28	27	26	25	24	23	22	21	20	19	18	17	16	15	14	13	12	11	10	9	8	7	6	5	4	3	2	1	0
fraction																															
32 bits																															

LEGv8 2배 정밀도 표현법은 $2.0_{ten} \times 10^{-308}$만큼 작고, $2.0_{ten} \times 10^{308}$만큼 큰 수를 표현할 수 있다. 이와 같은 2배 정밀도 연산은 지수의 범위를 크게 해 주기도 하지만, 주된 장점은 훨씬 더 큰 유효자리를 제공하여 정밀도를 높인다는 것이다.

예외와 인터럽트

예외 인터럽트라고도 한다. 프로그램의 실행을 방해하는 예정되지 않은 사건을 말한다. 오버플로 탐지에 사용된다.

인터럽트 프로세서 외부에서 발생한 예외(일부 컴퓨터 구조는 모든 예외를 인터럽트라고 부르기도 한다).

사용자가 오버플로와 언더플로가 발생한 것을 알도록 하기 위해 어떻게 처리할까? LEGv8은 **예외**(exception)를 발생시킨다. 다른 컴퓨터에서는 **인터럽트**(interrupt)라고도 한다. 예외와 인터럽트는 예정되지 않은 프로시저 호출이다. 오버플로가 발생된 명령어의 주소는 레지스터에 저장되고, 컴퓨터는 그 예외에 적합한 루틴을 수행하기 위해 미리 정해진 주소로 점프한다. 인터럽트된 주소를 저장해서 경우에 따라서는 문제를 바로잡는 코드를 실행한 후 프로그램 실행이 계속 될 수 있게 한다. (4.9절에서 예외를 더 자세히 다루기로 한다. 5장은 예외와 인터럽트가 발생하는 다른 상황에 대해 기술한다.)

IEEE 754 부동소수점 표준

이런 형식은 LEGv8만의 것이 아니다. 이것들은 IEEE 754 부동소수점 표준으로서, 1980년 이후에 만들어진 거의 모든 컴퓨터에서 찾아볼 수 있다. 이 표준은 부동소수점 프로그램의 이식을 매우 쉽게 하였고 컴퓨터 연산의 질을 크게 향상시켰다.

유효자리 부분에 더 많은 수를 담기 위해서 IEEE 754 표준은 정규화된 이진수의 가장 앞쪽 1비트를 생략하고 표현하지 않는다. 따라서 실제적으로 유효자리는 단일 정밀도 표현에서는 24비트의 길이를 갖고(숨겨진 1과 23비트 소수부분), 2배 정밀도에서는 53비트(1 + 52)의 길이를 가진다. 정확하게 표현하기 위해서 유효자리(significand)라는 용어는 숨겨진 1을 포함하는 24 또는 53비트를 나타내는 데 사용하고, 23 또는 52비트를 나타낼 때는 소수부분이라는 용어를 사용한다. 숫자 0.0은 선행하는 1

이 없기 때문에, 미리 예약된 지수값 0을 가지며 이 경우에 하드웨어는 선행하는 1을 붙이지 않는다.

따라서 $00...00_{two}$은 0을 나타낸다. 0을 제외한 나머지 수는 앞서 설명한 형식을 사용하므로 숨겨진 1을 덧붙이면 아래와 같은 값이 된다.

$$(-1)^s \times (1 + \text{소수부분}) \times 2^E$$

여기서 소수부분의 비트들은 0과 1 사이의 수를 나타내고, E는 곧 자세히 설명하겠지만 지수 부분의 값을 명시한다. 유효자리의 비트를 왼쪽에서 오른쪽으로 s1, s2, s3, ...과 같이 번호를 매기면 다음과 같은 값이 된다.

$$(-1)^s \times (1 + (s1 \times 2^{-1}) + (s2 \times 2^{-2}) + (s3 \times 2^{-3}) + (s4 \times 2^{-4}) + ...) \times 2^E$$

그림 3.13은 IEEE 754 부동소수점 수의 인코딩 방법을 보여 준다. IEEE 754의 또 다른 특징은 비정상적인 사건을 표현하는 특수 심벌이 있다는 점이다. 예를 들어, 0으로 나누기에 대해 인터럽트를 거는 대신에 소프트웨어가 +∞나 −∞를 표시하는 비트열을 결과값으로 정할 수 있다. 표현 가능한 가장 큰 지수값을 이런 특수 심벌용으로 예약해 놓았다. 프로그래머가 이 결과를 프린트하면, 프로그램은 무한대 심벌을 프린트할 것이다(수학적으로 훈련된 사람들을 위해 설명을 추가하자면, 무한대의 목적은 실수의 위상적 닫힘(topological closure)을 형성하기 위함이다).

IEEE 754는 0 나누기 0이나 무한대 빼기 무한대와 같은 유효하지 않은 연산의 결과를 위한 심벌을 가지고 있다. 이 심벌은 **숫자가 아님**(Not a Number)을 표현하는 **NaN**이다. NaN을 사용하면 프로그래머가 테스트나 결정을 나중의 편할 때로 미룰 수 있다.

IEEE 754 설계자들은 정수 비교에 의해 쉽게 정렬(sorting)될 수 있는 부동소수점 표현을 원했다. 이런 이유로 less than, greater than, 또는 equal to 0 테스트를 빠르

Single precision		Double precision		Object represented
Exponent	Fraction	Exponent	Fraction	
0	0	0	0	0
0	Nonzero	0	Nonzero	± denormalized number
1–254	Anything	1–2046	Anything	± floating-point number
255	0	2047	0	± infinity
255	Nonzero	2047	Nonzero	NaN (Not a Number)

그림 3.13 부동소수점의 IEEE 754 인코딩. 부호 비트가 숫자 전체의 부호를 결정한다. 비정규화된 수는 3.5절의 마지막 "고난도"에서 소개한다. 이와 관련된 정보는 이 책의 첫 번째 페이지에 있는 LEGv8 Reference Data Card의 ④열에서도 찾아볼 수 있다.

게 할 수 있도록 부호 비트가 최상위 비트에 놓이게 되었다(이 표현방식은 기본적으로 2의 보수법 표현방식이 아닌 부호와 크기 표현방식이므로 단순한 정수 정렬보다는 조금 더 복잡하다).

지수를 유효자리 앞에 두면 부호가 같은 수를 비교할 때 지수가 큰 수가 지수가 작은 수보다 더 큰 정수처럼 보인다. 이것 또한 부동소수점 수를 정수 비교 명령어로 정렬하는 일을 쉽게 해 준다.

하지만 음수 지수는 숫자 정렬을 어렵게 만든다. 만약 음수를 나타내기 위해 2의 보수법이나 지수의 최상위 비트를 1로 만드는 다른 표현법을 사용한다면, 지수가 음수일 때 매우 큰 수처럼 보일 수 있다. 예를 들어 $1.0_{two} \times 2^{-1}$은 다음과 같이 표현될 것이다.

31	30	29	28	27	26	25	24	23	22	21	20	19	18	17	16	15	14	13	12	11	10	9	8	7	6	5	4	3	2	1	0
●	1	1	1	1	1	1	1	1	0	0	0	0	0	0	0	0	0	0	0	0	0	0	0	0	0	0	0	0	0	0	0

(선행하는 1은 소수부분에 나타나지 않고 숨겨져 있다는 사실을 기억하라.) $1.0_{two} \times 2^{+1}$은 이 숫자보다 작은 이진수처럼 보일 것이다.

31	30	29	28	27	26	25	24	23	22	21	20	19	18	17	16	15	14	13	12	11	10	9	8	7	6	5	4	3	2	1	0
0	0	0	0	0	0	0	0	1	0	0	0	0	0	0	0	0	0	0	0	0	0	0	0	0	0	0	0	0	0	0	0

이상적인 표기법은 가장 음수인 지수를 $00\ldots00_{two}$으로, 가장 양수인 지수를 $11\ldots11_{two}$로 표현하는 것이다. 이와 같은 방식을 **바이어스된 표현법**(biased notation)이라고 부른다. 바이어스는 실제값을 구하기 위해 부호없이 표현된 수에서 빼야 하는 상수를 말한다.

IEEE 754는 단일 정밀도 표현방식에서는 바이어스값 127을 사용한다. 따라서 −1은 $-1 + 127_{ten}$ 또는 $126_{ten} = 0111\ 1110_{two}$이라는 비트 패턴으로 표현된다. 그리고 +1은 $1 + 127_{ten}$ 또는 $128_{ten} = 1000\ 0000_{two}$으로 표현된다. 2배 정밀도를 위한 지수의 바이어스는 1023이다. 이것은 부동소수점으로 표현된 값이 실제로는 다음과 같음을 의미한다.

$$(-1)^S \times (1 + \text{소수}) \times 2^{(\text{지수}-\text{바이어스})}$$

단일 정밀도에서 표현할 수 있는 가장 작은 수는

$$\pm 1.00000000000000000000000_{two} \times 2^{-126}$$

이고, 가장 큰 수는

$$\pm 1.11111111111111111111111_{two} \times 2^{+127}$$

이다. 예제를 보자.

부동소수점 표현방식

예제

-0.75_{ten}를 IEEE 754 이진 표현법에 따라 단일 정밀도 및 2배 정밀도 표현방식으로 나타내라.

답

-0.75_{ten}는

$$-3/4_{ten} \text{ 또는 } -3/2^2_{ten}$$

이다. 이것은

$$-11_{two}/2^2_{ten} \text{ 또는 } -0.11_{two}$$

로 표현될 수 있다. 과학적 표기법에서 값은

$$-0.11_{two} \times 2^0$$

이고, 정규화된 과학적 표기법에서는

$$-1.1_{two} \times 2^{-1}$$

이다. 단일 정밀도 수의 일반적인 표현방식은 다음과 같다.

$$(-1)^S \times (1 + \text{소수}) \times 2^{(\text{지수}-127)}$$

따라서 $-1.1_{two} \times 2^{-1}$의 지수에 바이어스 127을 빼면, 결과는

$$(-1)^1 \times (1 + .1000\ 0000\ 0000\ 0000\ 0000\ 000_{two}) \times 2^{(126-127)}$$

이다. 단일 정밀도 표현에 따른 -0.75_{ten}의 표현은 다음과 같다.

31	30	29	28	27	26	25	24	23	22	21	20	19	18	17	16	15	14	13	12	11	10	9	8	7	6	5	4	3	2	1	0
1	0	1	1	1	1	1	1	0	1	0	0	0	0	0	0	0	0	0	0	0	0	0	0	0	0	0	0	0	0	0	0

1 bit 8 bits 23 bits

2배 정밀도 표현은 다음과 같다.

$$(-1)^1 \times (1 + .1000\ 0000\ 0000\ 0000\ 0000\ 0000\ 0000\ 0000\ 0000\ 0000\ 0000\ 0000\ 0000_{two}) \times 2^{(1022-1023)}$$

31	30	29	28	27	26	25	24	23	22	21	20	19	18	17	16	15	14	13	12	11	10	9	8	7	6	5	4	3	2	1	0
1	0	1	1	1	1	1	1	1	1	1	0	1	0	0	0	0	0	0	0	0	0	0	0	0	0	0	0	0	0	0	0

1 bit 11 bits 20 bits

0	0	0	0	0	0	0	0	0	0	0	0	0	0	0	0	0	0	0	0	0	0	0	0	0	0	0	0	0	0	0	0

32 bits

이제 반대로 이진수를 십진수로 변환해 보자.

예제

이진 부동소수점 수를 십진 부동소수점 수로 변환하기

아래의 단일 정밀도 부동소수점 수가 나타내는 값을 십진수로 표기하라.

31	30	29	28	27	26	25	24	23	22	21	20	19	18	17	16	15	14	13	12	11	10	9	8	7	6	5	4	3	2	1	0
1	1	0	0	0	0	0	0	1	0	1	0	0	0	0	0	0	0	0	0	0	0	0	0	0	0	0	0	0	0	0	0

답

부호 비트는 1, 지수 부분은 129, 소수부분은 $1 \times 2^{-2} = 1/4$ 또는 0.25이다. 기본 공식을 이용하면 다음과 같다.

$$
\begin{aligned}
(-1)^S \times (1 + \text{소수}) \times 2^{(\text{지수} - \text{바이어스})} &= (-1)^1 \times (1 + 0.25) \times 2^{(129-127)} \\
&= -1 \times 1.25 \times 2^2 \\
&= -1.25 \times 4 \\
&= -5.0
\end{aligned}
$$

다음 절에서는 부동소수점 덧셈과 곱셈을 위한 알고리즘을 다룰 것이다. 기본적으로 유효자리에 대해서는 대응되는 정수 연산을 사용할 것이다. 그러나 지수를 다루고 결과를 정규화하기 위해 추가 작업들이 필요하다. 먼저 십진수를 사용하여 알고리즘의 직관적인 유도 과정을 보이고, 좀 더 자세한 이진수 알고리즘을 제시할 것이다.

고난도: IEEE의 지침에 따라 표준이 완성된 후 20년 뒤에 IEEE 754 위원회를 재구성하여 표준의 변경이 필요한지, 필요하다면 어떤 변경이 필요한지를 살펴보았다. 개정된 표준 IEEE 754-2008은 거의 모든 IEEE 754-1985를 포함하며, 여기에 새롭게 16비트 형식(반 정밀도)과 128비트 형식(4배 정밀도)을 추가하였다. 아직까지 4배 정밀도를 지원하는 하드웨어는 없으나 곧 등장하게 될 것이다. 개정 표준에는 십진 부동소수점 연산도 추가되었는데, 이것은 IBM 메인프레임에 구현되었다.

고난도: 유효자리 수를 줄이지 않고 수의 표현 범위를 증가시키기 위해, IEEE 754 표준 이전에 개발된 컴퓨터 중에는 이진수가 아닌 다른 진수를 사용하는 것들이 있었다. 예를 들어 IBM 360, 370 메인프레임 컴퓨터는 16진수를 사용하였다. 이런 컴퓨터에서는 지수가 1 변하는 것이 유효자리를 4비트 자리이동시키는 것을 의미하기 때문에, 정규화된 16진수 수는 선행하는 0을 3비트까지 가질 수 있었다! 따라서 16진수 수는 유효자리에서 최대 3비트까지 버려야 한다는 것을 의미하며, 이것은 부동소수점 산술연산의 정밀도에 심각한 문제를 야기하였다. 최근의 IBM 메인프레임은 16진수 형식뿐만 아니라 IEEE 754도 지원하고 있다.

부동소수점 덧셈

부동소수점으로 표현된 수들의 덧셈을 이해하기 위해 먼저 과학적 표기법으로 표시된 두 수 $9.999_{ten} \times 10^1 + 1.610_{ten} \times 10^{-1}$을 손으로 더해 보자. 유효자리에 네 자리, 그리고 지수에 두 자리 십진수를 저장할 수 있다고 가정하자.

단계 1. 이러한 수를 더하기 위해서는 먼저 작은 지수를 갖는 수의 소수점을 정렬시켜야만 한다. 따라서 작은 수 $1.610_{ten} \times 10^{-1}$을 큰 지수와 일치하는 형태로 바꾸어야 한다. 과학적 표기법에서 정규화되지 않은 부동소수점 수는 다양한 표현이 존재하기 때문에 이러한 변환이 가능하다.

$$1.610_{ten} \times 10^{-1} = 0.1610_{ten} \times 10^{0} = 0.01610_{ten} \times 10^{1}$$

오른쪽의 수가 우리가 원하는 형태이다. 지수가 큰 수 $9.999_{ten} \times 10^1$의 지수와 일치하기 때문이다. 따라서 첫 번째 단계는 작은 수의 유효자리를 지수가 큰 수의 것과 일치할 때까지 오른쪽으로 자리이동시키는 것이다. 그러나 십진수 네 자리만을 표시할 수 있기 때문에 자리이동한 후의 수는 다음과 같다.

$$0.016_{ten} \times 10^{1}$$

단계 2. 유효자리를 서로 더한다.

$$\begin{array}{r} 9.999_{ten} \\ +\quad 0.016_{ten} \\ \hline 10.015_{ten} \end{array}$$

합은 $10.015_{ten} \times 10^1$이 된다.

단계 3. 이 합은 정규화된 과학적 표기법이 아니므로 정돈할 필요가 있다.

$$10.015_{ten} \times 10^{1} = 1.0015_{ten} \times 10^{2}$$

따라서 덧셈을 한 후에 이것을 정규화된 형태로 만들기 위해 지수를 적절하게 조정하고 합을 자리이동시켜야 한다. 이 예는 오른쪽 자리이동을 보여주지만, 한 수가 양수이고 다른 수가 음수이면 결과가 선행하는 0을 가질 수 있고, 이 때는 왼쪽 자리이동이 필요하다. 지수가 증가하거나 감소할 때마다 오버플로와 언더플로를 검사하여야 한다. 다시 말해서 지수가 지수 필드에 맞는지를 확인하여야만 한다.

단계 4. 유효자리가 네 자리라고 가정했기 때문에(부호는 제외하고) 수를 자리맞춤(rounding)을 하여야 한다. 초등학교에서 배운 것과 같이, 원하는 자리 오

른쪽에 있는 수가 0과 4 사이의 값이면 버리고, 5와 9 사이의 값이면 1을 더 해 준다. 따라서

$$1.0015_{ten} \times 10^2$$

을 네 자리로 반올림하면 다음과 같다.

$$1.002_{ten} \times 10^2$$

왜냐하면 소수점 오른쪽 네 번째 자리의 수가 5와 9 사이이기 때문이다. 반올림을 수행하는 데 있어서 연속된 9로 이루어진 수에 1을 더해 주는 것과 같은 불행한 경우에는 결과가 정규화될 수 없으므로 경우에 따라서는 단계 3을 다시 수행해야 된다는 점을 주목하라.

그림 3.14는 위 십진수 예와 같이 동작하는 이진수 부동소수점 덧셈 알고리즘을 보여 준다. 단계 1, 2는 앞의 예제와 같다. 작은 지수를 갖는 수의 유효자리를 조정한 후 두 유효자리 수를 더한다. 단계 3은 오버플로와 언더플로를 검사하면서 결과를 정규화한다. 단계 3의 오버플로와 언더플로 검사는 피연산자가 단일 정밀도인지 2배 정밀도인지에 따라 달라진다. 지수 필드가 모두 0인 패턴은 예약되어 있으며 0의 부동소수점 표현을 위해 사용됨을 기억하자. 또한 지수 필드가 모두 1인 패턴은 일반적인 부동소수점 수의 표현을 벗어나는 값들과 상황을 표현하기 위해 예약되어 있다(3.5절의 마지막 "고난도" 참조). 따라서 단일 정밀도 표현방식의 최대 지수는 127이고, 최소 지수는 −126이다.

이진 부동소수점 수의 덧셈

예제

그림 3.14의 이진 알고리즘을 이용하여 0.5_{ten}와 -0.4375_{ten}를 더하라.

답

먼저 정규화된 과학적 표기법에 따른 두 수의 이진 표현방법을 알아보자. 4비트의 정밀도를 사용한다고 가정하면 다음과 같다.

$$\begin{aligned}
0.5_{ten} &= 1/2_{ten} &&= 1/2^1_{ten} \\
&= 0.1_{two} &&= 0.1_{two} \times 2^0 &&= 1.000_{two} \times 2^{-1} \\
-0.4375_{ten} &= -7/16_{ten} &&= -7/2^4_{ten} \\
&= -0.0111_{two} &&= -0.0111_{two} \times 2^0 &&= -1.110_{two} \times 2^{-2}
\end{aligned}$$

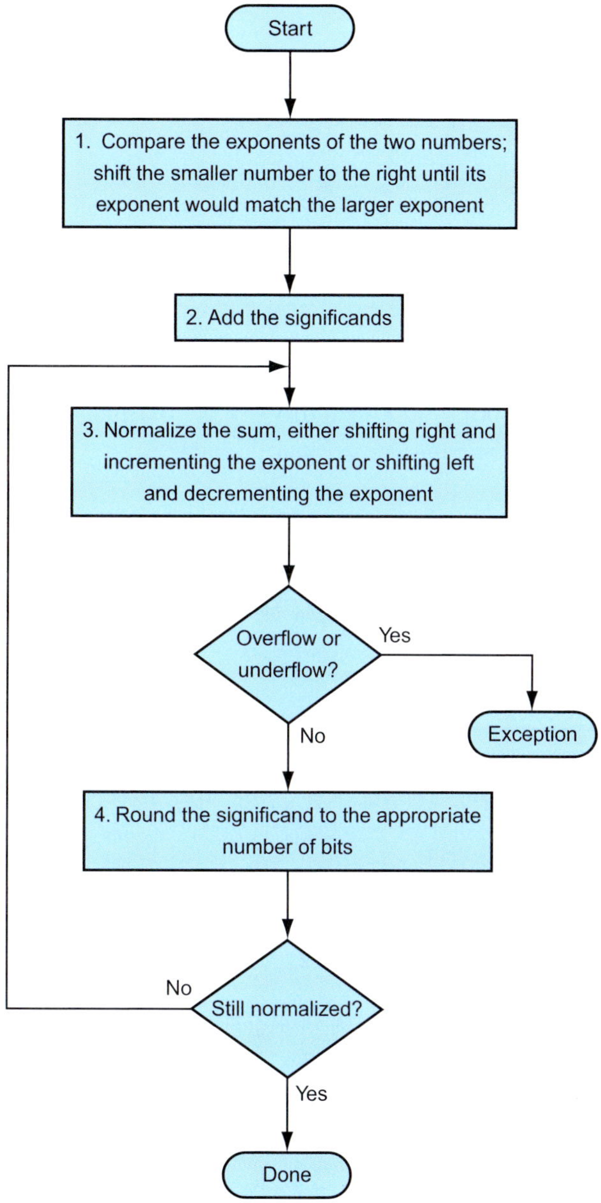

그림 3.14 부동소수점 덧셈. 일반적인 경우 단계 3과 4는 한 번만 수행된다. 그러나 자리맞춤이 합을 비정규화하는 경우에는 단계 3을 반복해야 한다.

이제 알고리즘을 적용해 보자.

단계 1. 작은 지수를 갖는 수($-1.11_{two} \times 2^{-2}$)의 유효자리를 지수가 큰 수와 일치할 때까지 오른쪽으로 자리이동시킨다.

$$-1.110_{two} \times 2^{-2} = -0.111_{two} \times 2^{-1}$$

단계 2. 유효자리를 더한다.

$$1.000_{two} \times 2^{-1} + (-0.111_{two} \times 2^{-1}) = 0.001_{two} \times 2^{-1}$$

단계 3. 오버플로와 언더플로를 검사하면서 합을 정규화한다.

$$\begin{aligned} 0.001_{two} \times 2^{-1} &= 0.010_{two} \times 2^{-2} = 0.100_{two} \times 2^{-3} \\ &= 1.000_{two} \times 2^{-4} \end{aligned}$$

$127 \geq -4 \geq -126$이므로, 언더플로와 오버플로는 발생하지 않는다(바이어스된 지수는 $-4 + 127$, 즉 123이 되고, 이 값은 예약되지 않은 지수 중 가장 작은 값 1과 가장 큰 값 254 사이에 존재한다).

단계 4. 결과를 자리맞춤한다.

$$1.000_{two} \times 2^{-4}$$

결과는 이미 4비트 정밀도와 일치한다. 따라서 자리맞춤할 필요가 없다.

결과는 다음과 같다.

$$\begin{aligned} 1.000_{two} \times 2^{-4} &= 0.0001000_{two} &&= 0.0001_{two} \\ &= 1/2^4_{ten} &&= 1/16_{ten} &&= 0.0625_{ten} \end{aligned}$$

결과는 0.5_{ten}를 -0.4375_{ten}에 더한 값과 같다.

부동소수점 계산을 최대한 빨리 하기 위해 전용 하드웨어를 갖춘 컴퓨터들이 많이 있다. 그림 3.15는 부동소수점 덧셈 하드웨어의 기본 구조를 보여 준다.

부동소수점 곱셈

지금까지 부동소수점 덧셈에 대해 알아보았다. 이제 부동소수점 곱셈을 알아보자. 우선 과학적 표기법으로 표현된 십진수 곱셈 $(1.110_{ten} \times 10^{10}) \times (9.200_{ten} \times 10^{-5})$을 직접 손으로 해 보자. 유효자리에는 네 자리, 지수에는 두 자리까지 저장할 수 있다고 가정하자.

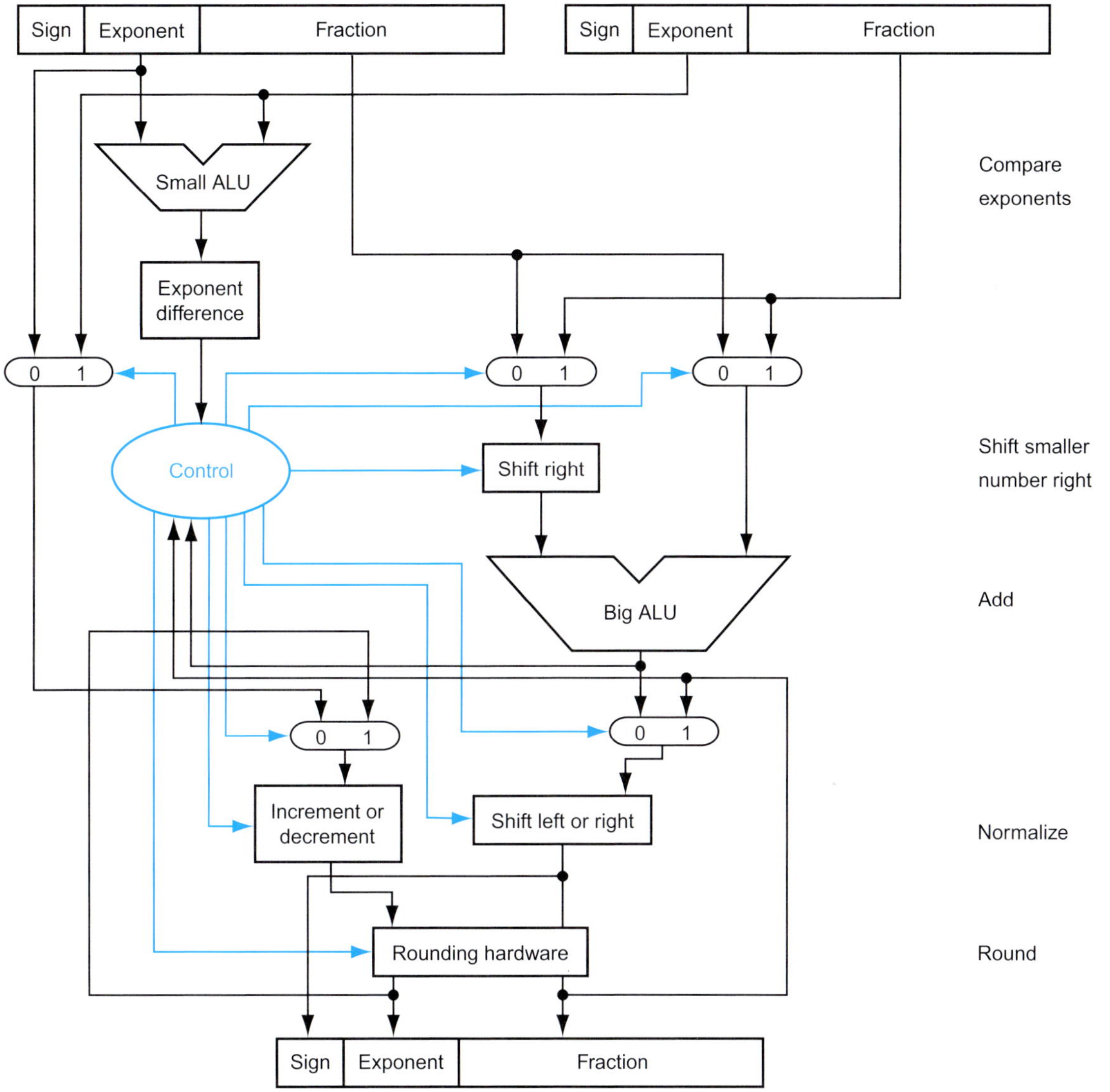

그림 3.15 부동소수점 덧셈 전용 산술 유닛의 블록 다이어그램. 그림 3.14의 각 단계는 위에서 아래로 각각의 블록에 대응된다. 먼저 어느 지수가 얼마나 큰가를 알아보기 위해 작은 ALU로 두 지수를 뺀다. 이렇게 계산된 차이는 세 개의 멀티플렉서를 제어한다. 가장 왼쪽 멀티플렉서는 큰 지수를 선택하고, 가운데 것은 작은 수의 유효자리, 가장 오른쪽 멀티플렉서는 큰 수의 유효자리를 선택한다. 작은 유효자리는 오른쪽으로 자리이동된 후 큰 ALU에서 큰 수의 유효자리와 더해진다. 정규화 단계는 합을 왼쪽이나 오른쪽으로 자리이동시키면서 지수를 증가시키거나 감소시킨다. 자리맞춤 단계에서 최종 결과가 생성된다. 이 단계에서 다시 정규화가 필요한 경우도 있다.

단계 1. 덧셈과는 달리, 피연산자들의 지수를 더하기만 하면 곱의 지수를 구할 수 있다.

$$\text{새로운 지수} = 10 + (-5) = 5$$

똑같은 결과를 얻을 것이라는 확신을 가지고 바이어스된 지수에 대해 계산해 보자. 10 + 127 = 137이고, −5 + 127 = 122. 따라서

$$\text{새로운 지수} = 137 + 122 = 259$$

이다. 결과는 8비트 지수 부분에 들어가기에 너무 크다. 무엇이 잘못 되었을까? 문제는 바이어스이다. 왜냐하면 지수뿐만 아니라 바이어스도 더했기 때문이다.

$$\text{새로운 지수} = (10 + 127) + (-5 + 127) = (5 + 2 \times 127) = 259$$

따라서 바이어스된 수를 더할 때 정확히 바이어스된 결과를 얻기 위해서는 결과에서 바이어스값을 빼야 된다.

$$\text{새로운 지수} = 137 + 122 - 127 = 259 - 127 = 132 = (5 + 127)$$

5가 원래 우리가 처음에 구했던 지수이다.

단계 2. 다음 단계는 유효자리의 곱셈이다.

$$\begin{array}{rr}
 & 1.110_{\text{ten}} \\
\times & 9.200_{\text{ten}} \\
\hline
 & 0000 \\
 & 0000 \\
 & 2220 \\
 & 9990 \\
\hline
 & 1110000_{\text{ten}}
\end{array}$$

각 피연산자의 소수점 오른쪽에는 세 자리가 있으므로 결과의 오른쪽으로부터 여섯 번째 자리에 소수점을 찍는다.

$$10.212000_{\text{ten}}$$

그리고 소수점 오른쪽에 세 개의 수만을 갖는다고 가정하면 곱은 10.212×10^5이 된다.

단계 3. 이 곱은 정규화되어 있지 않으므로 알맞게 고칠 필요가 있다.

$$10.212_{\text{ten}} \times 10^5 = 1.0212_{\text{ten}} \times 10^6$$

따라서 정규화된 형태로 맞추기 위해 곱셈 후의 결과를 오른쪽으로 한 자리 자리이동하고, 지수에는 1을 더한다. 이 시점에서 오버플로와 언더플로를 검사할 수 있다. 언더플로는 두 피연산자가 작을 때 발생할 수 있다. 즉 두 수가 매우 큰 음의 지수를 갖는 경우이다.

단계 4. 부호 부분을 제외하고 유효자리가 네 자리뿐이라고 가정했기 때문에, 계산된 결과를 자리맞춤하여야 한다. 계산 결과인

$$1.0212_{\text{ten}} \times 10^6$$

은 유효자리에 네 자리만으로 자리맞춤된다.

$$1.021_{\text{ten}} \times 10^6$$

단계 5. 결과의 부호는 원래 피연산자의 부호에 의존한다. 부호가 같으면 결과의 부호는 양수이고 그렇지 않으면 결과는 음수이다. 따라서 최종 결과는 다음과 같다.

$$+1.021_{\text{ten}} \times 10^6$$

덧셈 알고리즘에서는 결과의 부호가 유효자리 덧셈에 의해 결정되었었다. 그러나 곱셈에서 결과의 부호는 피연산자들의 부호에 의해 결정된다.

그림 3.16에서와 같이, 이진수 부동소수점 수의 곱셈은 방금 살펴본 십진 부동소수점 수의 곱셈과 매우 유사하다. 먼저 바이어스된 지수를 서로 더한 후 바이어스 하나를 빼서 곱의 새 지수를 구한다. 다음 단계는 유효자리들끼리의 곱셈이고, 이어서 필요에 따라 정규화 과정이 수행된다. 계산된 지수의 크기에 대하여 오버플로나 언더플로가 발생했는지 검사한다. 그리고 결과는 자리맞춤된다. 만약 자리맞춤 과정이 추가 정규화를 필요로 하면, 다시 한 번 지수의 크기를 검사한다. 마지막으로 피연산자들의 부호가 다르면(곱이 음수인 경우) 부호 비트를 1로 결정하고, 피연산자의 부호가 같으면(곱이 양수인 경우) 0으로 결정한다.

이진 부동소수점 수의 곱셈

예제

그림 3.16의 순서를 이용하여 0.5_{ten}와 -0.4375_{ten}를 곱하라.

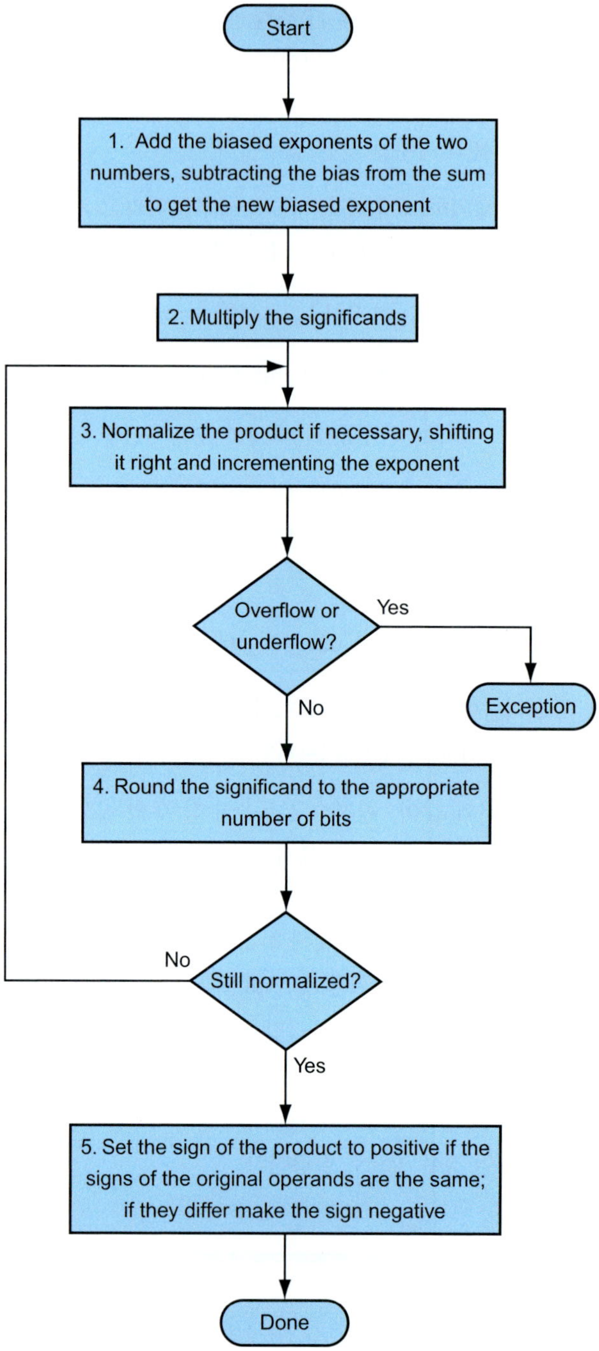

그림 3.16 부동소수점 곱셈. 일반적인 경우 단계 3과 4는 한 번만 수행된다. 그러나 자리맞춤이 곱을 비정규화하게 되면, 단계 3을 반복해야 한다.

답

이진수로 표현하면, $1.000_{two} \times 2^{-1}$을 $-1.110_{two} \times 2^{-2}$에 곱하는 것이다.

단계 1. 바이어스 없이 지수를 더하라.

$$-1 + (-2) = -3$$

또는 바이어스된 표현을 이용하면 다음과 같다.

$$(-1 + 127) + (-2 + 127) - 127 = (-1 - 2) + (127 + 127 - 127)$$
$$= -3 + 127 = 124$$

단계 2. 유효자리를 곱하라.

$$\begin{array}{r} 1.000_{two} \\ \times \quad 1.110_{two} \\ \hline 0000 \\ 1000 \\ 1000 \\ 1000 \\ \hline 1110000_{two} \end{array}$$

곱은 $1.110000_{two} \times 2^{-3}$이다. 그러나 4비트로 맞추어야 하므로 $1.110_{two} \times 2^{-3}$이 된다.

단계 3. 정규화하기 위해 곱을 검사하고, 오버플로와 언더플로 검사를 위해 지수를 검사한다. 곱은 이미 정규화되어 있고, $127 \geq -3 \geq -126$이기 때문에 오버플로나 언더플로는 발생하지 않는다(바이어스된 표현을 이용하면, $254 \geq 124 \geq 1$이므로 문제가 없다).

단계 4. 자리맞춤하여도 변화는 없다.

$$1.110_{two} \times 2^{-3}$$

단계 5. 원래의 피연산자들의 부호가 다르므로 곱의 부호를 음수로 만든다. 따라서 최종 결과는 다음과 같다.

$$-1.110_{two} \times 2^{-3}$$

결과를 확인하기 위해 십진수로 변환한다.

$$\begin{aligned} -1.110_{two} \times 2^{-3} &= -0.001110_{two} = -0.00111_{two} \\ &= -7/2^{5}_{ten} = -7/32_{ten} = -0.21875_{ten} \end{aligned}$$

$0.5_{ten} \times -0.4375_{ten}$의 결과는 -0.21875_{ten}가 된다.

LEGv8의 부동소수점 명령어

LEGv8은 다음과 같은 명령어로 IEEE 754 단일 정밀도 및 2배 정밀도 형식을 지원한다.

- 부동소수점 단일 정밀도 덧셈(FADDS)과 2배 정밀도 덧셈(FADDD)
- 부동소수점 단일 정밀도 뺄셈(FSUBS)과 2배 정밀도 뺄셈(FSUBD)
- 부동소수점 단일 정밀도 곱셈(FMULS)과 2배 정밀도 곱셈(FMULD)
- 부동소수점 단일 정밀도 나눗셈(FDIVS)과 2배 정밀도 나눗셈(FDIVD)
- 부동소수점 단일 정밀도 비교(FCMPS)와 2배 정밀도 비교(FCMPD), 단, 컨디션 코드는 약간 다른 의미를 갖는다.

프로그래머는 B.cond를 이용하여 비교 결과에 따른 분기를 할 수 있다.

LEGv8 설계자들은 단일 정밀도에서는 S0, S1, S2, ..., 2배 정밀도에서는 D0, D1, D2, ...라고 불리는 별도의 부동소수점 레지스터를 사용하기로 결정하였다. 이에 따라 부동소수점 레지스터를 위한 적재 및 저장 명령어 LDURS와 STURS를 두었다. 부동소수점 데이터 전송 명령어의 주소 계산에 사용되는 베이스 레지스터로는 정수 레지스터가 사용된다. 두 개의 단일 정밀도 수를 메모리에서 읽어 와서, 더한 다음에 합을 다시 저장하는 LEGv8 코드는 다음과 같다.

```
LDURS   S4, [X28,c]   // Load 32-bit F.P. number into S4
LDURS   S6, [X28,a]   // Load 32-bit F.P. number into S6
FADDS   S2, S4,  S6   // S2 = S4 + S6 single precision
STURS   S2, [X28,b]   // Store 32-bit F.P. number from S2
```

단일 정밀도 레지스터는 2배 정밀도 레지스터의 아래쪽 절반이다.

그림 3.17은 이 장에서 살펴본 부동소수점 관련 LEGv8 구조를 나타낸 것이다. 새롭게 추가된 부분을 파란색으로 표시하였다.

고난도: 원래 ARMv8 명령어 집합에서는 FADDS나 FADDD를 사용하지 않고, 그냥 FADD만 쓴다. 그러면 S 레지스터를 사용하느냐 D 레지스터를 사용하느냐에 따라 어셈블러가 적절한 opcode를 선택한다. 하지만 배우는 과정에서는 같은 opcode 사용이 혼동을 일으킬 수 있으므로, LEGv8에서는 서로 다른 명령어 이름을 사용하기로 하였다. 다른 부동소수점 연산과 데이터 전송 명령어들도 마찬가지이다.

하드웨어/소프트웨어 인터페이스

컴퓨터 설계자가 부동소수점 연산 지원과 관련하여 부딪히는 문제 중 하나는 정수 명령어가 사용하는 레지스터를 같이 사용할 것인지 아니면 부동소수점 전용의 특별 레지스터를 추가할 것인지 하는 것이다. 프로그램이 정수 연산을 할 때와 부동소수점 연

LEGv8 floating-point operands

Name	Example	Comments
32 floating-point registers	S0, S1, ..., S31 or D0, D1, ..., D31	LEGv8 floating-point single precession registers (S0, S1, ..., S31) are just the lower half of the double precision registers (D0, D1, ..., D31)
2^{61} memory doublewords	Memory[0], Memory[8], . . . , Memory[4,611,686,018,427,387,900]	Accessed only by data transfer instructions. LEGv8 uses byte addresses, so sequential doubleword addresses differ by 8. Memory holds data structures, such as arrays, and spilled registers, such as those saved on procedure calls.

LEGv8 floating-point assembly language

Category	Instruction	Example	Meaning	Comments
Arithmetic	FP add single	FADDS S2, S4, S6	S2 = S4 + S6	FP add (single precision)
	FP subtract single	FSUBS S2, S4, S6	S2 = S4 - S6	FP sub (single precision)
	FP multiply single	FMULS S2, S4, S6	S2 = S4 × S6	FP multiply (single precision)
	FP divide single	FDIVS S2, S4, S6	S2 = S4 / S6	FP divide (single precision)
	FP add double	FADDD D2, D4, D6	D2 = D4 + D6	FP add (double precision)
	FP subtract double	FSUBD D2, D4, D6	D2 = D4 - D6	FP sub (double precision)
	FP multiply double	FMULD D2, D4, D6	D2 = D4 × D6	FP multiply (double precision)
	FP divide double	FDIVD D2, D4, D6	D2 = D4 / D6	FP divide (double precision)
Conditional branch	FP compare single	FCMPS S4, S6	Test S4 vs. S6	FP compare single precision
	FP compare double	FCMPD D4, D6	Test D4 vs. D6	FP compare double precision
Data transfer	Load single FP	LDURS S1, [X23,100]	S1 = Memory[X23 + 100]	32-bit data to FP register
	Load double FP	LDURD D1, [X23,100]	D1 = Memory[X23 + 100]	64-bit data to FP register
	Store single FP	STURS S1, [X23,100]	Memory[X23 + 100] = S1	32-bit data to memory
	Store double FP	STURD D1, [X23,100]	Memory[X23 + 100] = D1	64-bit data to memory

LEGv8 floating-point machine language

Name	Format	Example					Comments
FADDS	R	241	6	10	4	2	FADDS S2, S4, S6
FSUBS	R	241	6	14	4	2	FSUBS S2, S4, S6
FMULS	R	241	6	2	4	2	FMULS S2, S4, S6
FDIVS	R	241	6	6	4	2	FDIVS S2, S4, S6
FADDD	R	243	6	10	4	2	FADDD D2, D4, D6
FSUBD	R	243	6	14	4	2	FSUBD D2, D4, D6
FMULD	R	243	6	2	4	2	FMULD D2, D4, D6
FDIVD	R	243	6	6	4	2	FDIVD D2, D4, D6
FCMPS	R	241	6	8	4	0	FCMPS S4, S6
FCMPD	R	243	6	8	4	0	FCMPD D4, D6
LDURS	D	1506	100	0	4	2	LDURS S2, [X23,100]
LDURD	D	2018	100	0	4	2	LDURD S2, [X23,100]
STURS	D	1504	100	0	4	2	STURS D2, [X23,100]
STURD	D	2016	100	0	4	2	STURD D2, [X23,100]
Field size		11 bits	5 or 9 bits	6 or 2 bits	5 bits	5 bits	All LEGv8 instructions 32 bits

그림 3.17 **지금까지 나온 LEGv8의 부동소수점 구조.** 이와 관련된 정보는 이 책의 첫 번째 페이지에 있는 LEGv8 Reference Data Card의 ② 열에서도 찾아볼 수 있다.

산을 할 때는 보통 다른 데이터를 사용하므로, 레지스터를 분리하면 프로그램 수행에 필요한 명령어의 수가 약간 증가할 뿐이다. 정작 크게 영향을 받는 부분은 부동소수점 레지스터와 메모리 사이의 데이터 이동에 사용할 별도의 데이터 전송 명령어들을 만들어야 한다는 것이다.

별도의 부동소수점 레지스터를 사용하는 것의 장점은 다음과 같다. 첫째, 명령어 형식의 비트수를 늘리지 않고도 두 배나 많은 레지스터를 사용할 수 있으며, 둘째, 정수 레지스터와 부동소수점 레지스터가 따로 있으니 레지스터 대역폭이 두 배로 늘어난다. 셋째, 부동소수점에 맞게 레지스터를 특화시킬 수 있다는 것이다. 예를 들어 어떤 컴퓨터는 다양한 크기의 피연산자들이 부동소수점 레지스터에 들어갈 때는 모두 한 가지 내부 형식으로 변환되도록 레지스터를 특화하고 있다.

부동소수점 C 프로그램의 LEGv8 어셈블리 코드로의 컴파일

예제

화씨(Fahrenheit) 온도를 섭씨(Celsius)로 변환하자.

```
float f2c (float fahr)
    {
            return ((5.0/9.0) * (fahr - 32.0));
    }
```

부동소수점 변수 fahr은 S12로 전달되고 결과는 S0에 저장된다고 가정하자. LEGv8 어셈블리 코드를 작성하라.

답

컴파일러가 X27로 쉽게 접근할 수 있는 메모리에 부동소수점 상수 세 개를 넣는다고 가정하자. 처음 두 명령어는 상수 5.0과 9.0을 부동소수점 레지스터에 적재한다.

```
f2c:
    LDURS  S16,  [X27, const5]  //  S16 = 5.0 (5.0 in memory)
    LDURS  S18,  [X27, const9]  //  S18 = 9.0 (9.0 in memory)
```

5.0/9.0을 구하기 위해 이 둘을 나눈다.

```
FDIVS  S16,  S16,  S18  //  S16 = 5.0 / 9.0
```

(많은 컴파일러들은 컴파일 시간에 5.0을 9.0으로 나누고, 상수 5.0/9.0 하나만을 메모리에 저장한다. 이렇게 함으로써 실행 시 나눗셈을 피할 수 있다.) 다음은 상수 32.0을 적재하고 이것을 fahr (S12)에서 뺀다.

```
LDURS  S18,  [X27, const32]  //  S18 = 32.0
FSUBS  S18,  S12,  S18       //  S18 = fahr - 32.0
```

마지막으로 두 개의 중간 결과를 곱해서 S0에 넣고, 그 값을 복귀값으로 해서 복귀한다.

```
FMULS  S0,  S16,  S18      // S0 = (5/9) * (fahr - 32.0)
BR  LR                     // return
```

이제 행렬에 대한 부동소수점 연산을 수행해 보자. 이 코드는 과학 계산 프로그램에서 널리 사용되는 것이다.

이차원 배열을 갖는 부동소수점 C 프로시저를 LEGv8으로 컴파일하기

예제

대부분의 부동소수점 계산은 2배 정밀도 연산을 사용한다. 행렬 곱 C = C + A * B를 계산해 보자. 이 연산은 일반적으로 DGEMM(Double precision GEneral Matrix Multiply)이라고 불린다. DGEMM의 여러 버전을 3.9절과 4, 5, 6장에서 보게 될 것이다. A, B, C는 모두 32차 정방 행렬(32×32)이라고 가정하자.

```
void mm  (double c[][], double a[][], double b[][])
{
         size_t i, j, k;
         for (i = 0; i < 32; i = i + 1)
         for (j = 0; j < 32; j = i + 1)
         for (k = 0; k < 32; k = k + 1)
           c[i][j] = c[i][j] + a[i][k] * b[k][j];
}
```

배열의 시작 주소는 매개변수이고, X0, X1, X2에 위치한다. 정수 변수는 X19, X20, X21에 각각 위치한다고 가정하라. 이 프로시저에 대한 LEGv8 어셈블리 코드는 무엇인가?

답

c[i][j]는 가장 안쪽의 순환문에서 사용됨을 주목하라. 이 순환문에서 인덱스는 k이므로 c[i][j]에 영향을 주지 않는다. 따라서 각 순환마다 c[i][j]를 적재하거나 저장할 필요가 없다. 대신에 컴파일러는 c[i][j]를 순환문 외부에서 레지스터에 적재하고, 같은 레지스터에 a[i][k]×b[k][j]의 합을 축적시킨다. 그리고 가장 안쪽의 순환문이 끝날 때 그 합을 c[i][j]에 저장한다. 코드를 간단하게 하기 위해 상수를 레지스터에 적재시키는 의사명령어 LDI를 사용한다.

프로시저 본체는 순환 종료 값인 32를 임시 레지스터에 저장하고 *for* 순환 변수 세 개를 초기화한다.

```
  mm:...
     LDI   X10, #32    // X10 = 32 (row size/loop end)
     LDI   X19, #0     // i = 0; initialize 1st for loop
L1:  LDI   X20, #0     // j = 0; restart 2nd for loop
L2:  LDI   X21, #0     // k = 0; restart 3rd for loop
```

c[i][j]의 주소를 계산하면 32×32 이차원 배열이 메모리에 어떻게 저장되는지를 알아야 한다. 이 배열은 32개의 원소를 갖는 일차원 배열 32개와 똑같이 생각할 수 있다. 따라서 첫 번째 단계는 원하는 원소를 찾기 위해 i개의 일차원 배열, 즉 열들을 건너뛰는 것이다. 이를 위해 행렬의 첫 번째 인덱스를 행의 크기인 32로 곱한다. 32는 2의 지수승이므로 곱셈 대신 자리이동을 사용한다.

```
LSL  X11, X19, #5          // X11 = i * 2^5 (size of row of c)
```

이제는 원하는 행의 j번째 원소를 선택하기 위하여 두 번째 인덱스를 더한다.

```
ADD  X11, X11, X20         // X11 = i * size (row) + j
```

이 합을 바이트 인덱스로 바꾸기 위해, 행렬 원소의 바이트 크기를 곱한다. 2배 정밀도 원소 하나는 8바이트씩 차지하므로 8을 곱해야 하는데, 대신 왼쪽으로 3만큼 자리이동한다.

```
LSL  X11, X11, #3          // X11 = byte offset of [i][j]
```

다음은 이 합을 c의 시작 주소에 더하여 c[j][j]의 주소를 구하고, 2배 정밀도 수 c[i][j]를 D4에 넣는다.

```
ADD    X11, X0, X11        // X11 = byte address of c[i][j]
LDURD  D4, [X11,#0]        // D4 = 8 bytes of c[i][j]
```

주소를 계산하고 2배 정밀도 수 b[k][j]를 레지스터에 넣는 다음 명령어 다섯 개는 앞의 다섯 명령어와 실질적으로 같다.

```
L3:  LSL    X9, X21, #5    // X9 = k * 2^5 (size of row of b)
     ADD    X9, X9, X20    // X9 = k * size (row) + j
     LSL    X9, X9, #3     // X9 = byte offset of [k][j]
     ADD    X9, X2, X9     // X9 = byte address of b[k][j]
     LDURD  D16, [X9,#0]   // D16 = 8 bytes of b[k][j]
```

마찬가지로 아래 다섯 개의 명령어는 앞의 다섯 명령어와 그 기능이 같아서 주소를 계산하고 2배 정밀도 수인 a[i][k]를 레지스터에 넣는다.

```
LSL    X9, X19, #5     // X9 = i * 2^5 (size of row of a)
ADD    X9, X9, X21     // X9 = i * size (row) + k
LSL    X9, X9, #3      // X9 = byte offset of [i][k]
ADD    X9, X1, X9      // X9 = byte address of a[i][k]
LDURD  D18, [X9,#0]    // D18 = 8 bytes of a[i][k]
```

이제 모든 데이터를 적재하였으므로 부동소수점 연산을 할 수 있다. 레지스터 D18과 D16에 있는 a와 b의 원소를 곱하고 그 합을 D4에 축적시킨다.

```
FMULD  D16, D18, D16  // D16 = a[i][k] * b[k][j]
FADDD  D4, D4, D16    // D4 = c[i][j] + a[i][k] * b[k][j]
```

마지막 블록은 인덱스 k를 증가시키고 인덱스가 32가 아니면 순환문으로 다시 돌아간다. 만약 32이면, 즉 가장 안쪽 순환문의 끝이면, D4에 축적된 합을 c[i][j]에 저장한다.

```
ADDI   X21, X21, #1    // k = k + 1
CMP    X21, X10        // test k vs. 32
B.LT   L3              // if (k < 32) go to L3
STURD  D4, [X11, #0]   // = D4
```

마찬가지로 마지막 명령어 여섯 개는 중간과 가장 바깥쪽 순환문의 인덱스 변수를 증가시킨다. 인덱스가 32가 아니면 순환문으로 되돌아가고 32이면 빠져나온다.

```
ADDI  X20, X20, #1    // j = j + 1
CMP   X20, X10        // test j vs. 32
B.LT  L2              // if (j < 32) go to L2
ADDI  X19, X19, #1    // i = i + 1
CMP   X19, X10        // test i vs. 32
B.LT  L1              // if (i < 32) go to L1
. . .
```

3.9절의 그림 3.23은 그림 3.22에 있는 약간 다른 버전 DGEMM의 x86 어셈블리 코드이다.

고난도: 이 예제에서 살펴본 배열의 형식은 **행-우선 순서**(row-major order)라고 불리며 C를 비롯한 많은 프로그래밍 언어에서 사용된다. Fortran은 배열이 한 열씩 순서대로 저장되는 **열-우선 순서**(column-major order)를 사용한다.

고난도: 정수 레지스터와 부동소수점 레지스터를 따로 두는 또 다른 이유가 있다. 1980년대의 마이크로프로세서는 한 칩에 부동소수점 유닛과 정수 유닛을 함께 넣을 수 있을 만큼 트랜지스터가 많지 않았다. 따라서 부동소수점 레지스터를 포함하는 부동소수점 유닛은 독립적인 2차

칩 형태의 선택 사양이었다. 이러한 선택 사양의 가속 칩을 **코프로세서**(coprocessor)라고 부른다. 1990년대 초 이후에는 마이크로프로세서의 부동소수점 유닛이 같은 칩에 집적되게 된다. 따라서 **코프로세서**는 **누산기**(accumulator), **코어 메모리**(core memory) 등과 같이 역사 속의 용어로 남게 되었다.

고난도: 3.4절에서 언급했듯이, 나눗셈 속도 개선은 곱셈보다 더 어려운 문제이다. SRT 말고 나눗셈 시간을 단축하는 또 다른 방법이 있는데 이것은 곱셈기의 속도가 빨라진 것을 이용한다. **Newton의 반복법**(Newton's iteration)은 함수가 0이 되는 값을 찾는 것인데, 이를 이용하여 $1/c$을 계산하고 이 값을 다른 피연산자와 곱하는 것이다. 반복법은 여분의 비트를 많이 계산하지 않고는 적절한 자리맞춤을 **할 수 없다**는 단점이 있다. 어떤 TI 칩은 초정밀 역수를 계산하여 이 문제를 해결하였다.

고난도: 자바는 자바 부동소수점 데이터형과 연산의 정의에 IEEE 754를 이름 그대로 포함시켰다. 그러므로 첫 번째 예제 프로그램은 그대로 화씨를 섭씨로 바꾸는 클래스 메소드가 될 수 있다.

그러나 다차원 배열을 사용하는 두 번째 예제는 자바에서 바로 지원되지 않는다. 자바는 배열의 배열을 허용한다. 그러나 각 배열은 C의 다차원 배열과는 달리 각각 자신의 길이를 가 질 수 있다. 두 번째 예제의 자바 버전을 만든다면 2장의 예제들처럼 배열의 경계를 검사하는 코드가 상당히 많이 들어가야 한다. 한 행의 접근이 끝나면 새로운 길이를 계산하는 것도 포함되어야 한다. 또 객체 참조가 널(null)이 아닌 것도 확인하여야 한다.

정확한 산술

가장 작은 수와 가장 큰 수 사이의 모든 수를 정확하게 나타낼 수 있는 정수와는 달리, 부동소수점 숫자는 실제로 나타낼 수 없는 수의 근삿값인 것이 보통이다. 그 이유는 0과 1 사이에만도 무수히 많은 실수들이 존재하지만, 2배 정밀도 부동소수점 표현방법을 사용하더라도 나타낼 수 있는 값은 2^{53}개에 불과하기 때문이다. 우리가 할 수 있는 최선의 방법은 실제의 수에 가장 근접한 부동소수점 표현을 구하는 것이다. 이를 위해 IEEE 754는 프로그래머가 원하는 근사 방법을 선택할 수 있도록 여러 가지 자리맞춤 방법을 제공한다.

보호 비트 부동소수점 계산 도중에 오른쪽에 유지되는 두 추가 비트 중 첫 번째 비트. 자리맞춤의 정확도를 높이기 위해 필요하다.

자리맞춤 비트 부동소수점 계산의 중간 결과가 부동소수점 형식에 일치하도록 하는 방법. 부동소수점 형식으로 나타낼 수 있는 가장 가까운 수를 찾아내는 것이 목적이다. 부동소수점 계산 도중에 오른쪽에 유지되는 두 추가 비트 중 두 번째 비트의 이름이기도 하다. 이 비트는 자리맞춤의 정확도를 높이는 역할을 한다.

자리맞춤(rounding)은 매우 쉬워 보인다. 그러나 정확하게 자리맞춤하기 위해서는 계산할 때 하드웨어가 추가 비트를 포함하여야 한다. 앞의 예제들에서는 중간 결과가 몇 비트까지 저장할 수 있는지를 명확하게 정하지 않았다. 만약 모든 중간 결과가 원래 데이터 비트수만큼만 보존되고 나머지는 다 잘려 나간다면 자리맞춤할 기회는 아예 오지 않을 것이다. 그러므로 IEEE 754는 계산하는 동안 오른편에 항상 두 개의 추가 비트를 유지한다. 이를 각각 **보호 비트**(guard bit)와 **자리맞춤 비트**(round bit)라고 부른다. 이 비트들의 가치를 확인하기 위해 십진수 예를 들어 보자.

보호 자릿수를 이용한 자리맞춤

예제

유효자리가 십진수 세 자리라고 가정하고 $2.34_{ten} \times 10^2$에 $2.56_{ten} \times 10^0$을 더하라. 유효자리 숫자 세 자리를 사용하여 가장 가까운 십진수로 자리맞춤하라. 처음에는 보호 자리와 자리맞춤 자리를 사용하여 계산하고, 다음에는 이를 사용하지 말고 계산하라.

답

먼저 지수를 맞추기 위해 작은 수를 오른쪽으로 자리이동해야 한다. 따라서 $2.56_{ten} \times 10^0$은 $0.0256_{ten} \times 10^2$이 된다. 보호 자리 및 자리맞춤 자리가 존재하기 때문에 지수를 정렬할 때 두 개의 최하위 자리를 표현할 수 있다. 보호 자리는 5가 되고, 자리맞춤 자리는 6이 된다. 합은 다음과 같다.

$$\begin{array}{r} 2.3400_{ten} \\ +0.0256_{ten} \\ \hline 2.3656_{ten} \end{array}$$

따라서 결과는 $2.3656_{ten} \times 10^2$이 된다. 자리맞춤할 두 자리를 갖고 있기 때문에 0부터 49는 버리고 51부터 99까지는 반올림한다. 50은 타이브레이커(tiebreaker)로 한다. 세 자리 유효숫자로 자리맞춤하면 결과는 $2.37_{ten} \times 10^2$이 된다.

보호 자리와 자리맞춤 자리가 없으면 두 자리를 버리고 덧셈을 해야 한다. 새로운 계산 결과는 다음과 같다.

$$\begin{array}{r} 2.34_{ten} \\ +0.02_{ten} \\ \hline 2.36_{ten} \end{array}$$

따라서 합은 $2.36_{ten} \times 10^2$이 된다. 앞서 계산한 결과에 비해 가장 오른쪽 자리의 수가 1 작게 된다.

자리맞춤 시 최악의 경우는 실제 값이 두 부동소수점 표현의 중간이 될 때이다. 부동소수점에서 정확도는 유효자리의 최하위 비트 중 오류가 발생한 것이 몇 비트인가에 따라 결정된다. 이 척도를 **ulp(units in the last place)**라고 부른다. 만약 어떤 수가 최하위 유효자리 비트 중 두 개에 오류가 있으면, 2ulp라고 한다. 오버플로, 언더플로 또는 유효하지 않은 연산의 예외가 없는 한, IEEE 754는 컴퓨터가 1/2ulp 이내의 수를 사용함을 보장한다.

ulp(units in the last place) 실제 수와 표현 가능한 수의 최하위 유효자리 비트 중에 서로 다른 비트의 개수.

고난도: 앞의 예제에서는 추가 자릿수가 하나만 있으면 되었지만 곱셈할 때는 두 개가 필요하다. 이진 곱셈 결과는 선행하는 0비트를 하나 가질 수 있다. 이때 정규화 과정에서 곱을 한 비트 왼쪽으로 자리이동해야 한다. 이 자리이동 시에 보호 비트가 곱의 최하위 비트로 들어가고, 자리맞춤 비트는 곱을 정확히 자리맞춤할 수 있게 도와준다.

IEEE 754에는 네 가지 자리맞춤 모드가 있다. 그 네 가지 모드란 항상 자리올림(+∞ 방향), 항상 자리내림(−∞ 방향), 잘라내기(truncate), 그리고 가장 가까운 짝수로의 자리맞춤(round to nearest even)이다. 마지막 모드는 결과값이 정확히 두 값의 가운데에 위치할 때 어떻게 할 것인가를 결정한다. 미 국세청 **IRS**(Internal Revenue Service)는 항상 0.5달러를 자리올림한다. 따라서 IRS에 이익이 돌아간다. 더 공평한 방법은 절반을 자리올림하고, 나머지 절반은 자리내림하는 것이다. IEEE 754 표준은 계산된 결과값이 두 값의 가운데에 위치할 때, 최하위 비트가 홀수이면 더하기 1을 하고 짝수이면 잘라내라고 규정한다. 정가운데일 때 이 방법은 항상 최하위 비트를 0으로 만들어 준다. 이 방식이 가장 가까운 짝수로의 자리맞춤이다. 이 방식이 가장 널리 사용되며 자바가 지원하는 유일한 자리맞춤이다.

자리맞춤 비트들을 추가로 사용하는 목적은 무한한 정밀도로 중간 계산 결과를 구한 후 자리맞춤한 것과 같은 최종 결과를 갖게 하기 위해서이다. 이 목적을 달성하고 가장 가까운 짝수로의 자리맞춤을 하기 위해서는 보호 비트와 자리맞춤 비트 외에 세 번째 비트가 필요하다. 이 비트는 자리맞춤 비트 오른쪽에 0이 아닌 비트들이 존재하는 경우에 1이 된다. 이 비트는 **점착 비트**(sticky bit)라고 불리며 자리맞춤 시 $0.50...00_{ten}$과 $0.50...01_{ten}$을 구별할 수 있게 해 준다.

점착 비트 보호 비트와 자리맞춤 비트와 함께 자리맞춤에 사용되는 비트로서 자리맞춤 비트의 오른쪽에 0이 아닌 비트가 존재할 때 1이 된다.

예를 들면, 점착 비트는 덧셈 시 작은 수가 오른쪽으로 자리이동될 때 1이 될 수 있다. 위 예에서 $5.01_{ten} \times 10^{-1}$에 $2.34_{ten} \times 10^{2}$을 더한다고 가정하자. 보호 비트와 자리맞춤 비트를 사용하는 경우에도 실제로는 0.0050에 2.34를 더하게 되고 결과값은 2.3450이 된다. 오른쪽에 0이 아닌 비트들이 있었기 때문에 점착 비트는 1이 된다. 점착 비트 없이는 결과값이 2.345000...00이 되어 가장 가까운 짝수로 자리맞춤하면 2.34가 된다. 점착 비트를 사용하면 2.345000...00보다 크다는 것을 알 수 있으므로 결과값이 2.35가 된다.

고난도: MIPS-64, PowerPC, SPARC64, AMD SSE5와 Intel AVX 구조는 세 개의 레지스터에 대한 곱셈 후 덧셈(multiply and add) $a = a + (b \times c)$를 수행하는 명령어를 제공한다. 이 연산이 자주 사용되는 경우 이 명령어를 사용하여 부동소수점 성능을 높일 수 있다. 또 중요한 점은 별도의 명령어로 곱하고 더하면 자리맞춤을 두 번 해야 하는데, 이 명령어는 덧셈 뒤에 한 번만 자리맞춤을 수행한다는 것이다. 자리맞춤을 한 번만 하면 정밀도가 높아진다. 이와 같이 자리맞춤을 한 번만 하는 연산을 **융합된 곱셈 덧셈**(fused multiply add)이라 부른다. IEEE 754-2008 표준에 이것이 추가되었고(3.12절 참조), 완전한 ARMv8 명령어도 융합된 곱셈 덧셈 연산을 제공한다(3.8절 참조).

융합된 곱셈 덧셈 곱셈과 덧셈을 수행하는 부동소수점 명령이지만 자리맞춤은 덧셈 수행 후 한 번만 한다.

요약

아래의 "요점정리"는 2장의 내장형 프로그램 개념을 더 보강하여 준다. 정보의 의미는 단지 비트를 보는 것만으로는 확인될 수 없다. 왜냐하면 같은 비트 패턴이 다양한 의미를 나타낼 수 있기 때문이다. 이 절은 컴퓨터 연산은 유한하고 따라서 실제 연산과 일치하지 않을 수 있다는 것을 보여 준다. 예를 들어, IEEE 754 표준 부동소수점 표현

$$(-1)^5 \times (1 + \text{Fraction}) \times 2^{(\text{Exponent} - \text{Bias})}$$

은 언제나 실제 값의 근사값이다. 컴퓨터 시스템은 컴퓨터 연산과 실제 연산 사이의 이러한 차이를 최소화시키는 데 주의하여야 하며, 프로그래머도 이러한 근사에 대한 개념을 알고 있어야 한다.

요점정리

비트 패턴은 그 자체만으로는 의미를 갖고 있지 않아서, 부호있는 정수, 부호없는 정수, 부동소수점 수, 명령어 등 여러 가지를 나타낼 수 있다. 무엇을 표현하는가는 워드 내의 비트를 처리하는 명령어에 의해 결정된다.

컴퓨터가 표현할 수 있는 수와 실제 수의 주요한 차이는 컴퓨터 숫자는 크기가 제한되어 있고 따라서 제한된 정밀도를 갖고 있다는 것이다. 워드로 표현하기에 너무 큰 수나 너무 작은 수를 계산하게 될 수도 있다. 프로그래머는 이런 제약 조건을 잘 기억하고 여기에 맞추어 프로그램을 적절히 작성하여야 한다.

C type	Java type	Data transfers	Operations
long long int	int	LDUR, STUR, MOVZ, MOVK	ADD, SUB, ADDI, SUBI, ADDS, SUBS, ADDIS, SUBIS, MUL, SMULH, SDIV, AND, ANDI, ORR, ORRI, EOR, EORI
unsigned long long int	—	LDUR, STUR, MOVZ, MOVK	ADD, SUB, ADDI, SUBI, ADDS, SUBS, ADDIS, SUBIS, MUL, UMULH, UDIV, AND, ANDI, ORR, ORRI, EOR, EORI
char	—	LDURB, STURB, MOVZ, MOVK	ADD, SUB, ADDI, SUBI, ADDS, SUBS, ADDIS, SUBIS, MUL, SMULH, SDIV, AND, ANDI, ORR, ORRI, EOR, EORI
—	char	LDURH, STURH, MOVZ, MOVK	ADD, SUB, ADDI, SUBI, ADDS, SUBS, ADDIS, SUBIS, MUL, UMULH, UDIV, AND, ANDI, ORR, ORRI, EOR, EORI
float	float	LDURS, STURS	FADDS, FSUBS, FMULS, FDIVS, FCMPS
double	double	LDURD, STURD	FADDD, FDUBD, FMULD, FDIVD, FCMPD

하드웨어/소프트웨어 인터페이스

2장에서 C 언어의 저장 유형들에 대해 설명하였다(2.7절의 "하드웨어/소프트웨어 인터페이스" 참조). 위의 표는 C와 자바의 데이터형 몇 가지와 함께 데이터 전송 명령어와 이 데이터형에 행해지는 연산 명령어 중 2장과 3장에서 소개한 명령어들을 보여 준다. 자바에는 부호없는 정수가 없음에 주목하라.

스스로 점검하기

개정된 IEEE 754-2008 표준에는 지수가 5비트인 16비트 부동소수점 형식이 추가되었다. 표현할 수 있는 수의 범위는 얼마인가?

1. $1.0000\ 00 \times 2^{0} \sim 1.1111\ 1111\ 11 \times 2^{31}$, 0
2. $\pm 1.0000\ 0000\ 0 \times 2^{-14} \sim \pm 1.1111\ 1111\ 1 \times 2^{15}$, ± 0, $\pm\infty$, NaN
3. $\pm 1.0000\ 0000\ 00 \times 2^{-14} \sim \pm 1.1111\ 1111\ 11 \times 2^{15}$, ± 0, $\pm\infty$, NaN
4. $\pm 1.0000\ 0000\ 00 \times 2^{-15} \sim \pm 1.1111\ 1111\ 11 \times 2^{14}$, ± 0, $\pm\infty$, NaN

고난도: NaN을 포함하는 비교를 수용하기 위해서 IEEE 754 표준은 비교에 **순서화**와 **비순서화** 선택안을 포함시켰다. 그러므로 전체 ARMv8 명령어 집합은 NaN을 지원하는 다양한 비교 명령어를 포함하고 있다(Java는 비순서화 비교를 지원하지 않는다).

부동소수점 연산의 정밀도를 극대화하기 위한 노력의 일환으로 어떤 숫자들은 비정규화된 형태로 표현되는 것을 허용한다. 0과 가장 작은 정규화 수 사이에 존재하는 수를 표현하기 위해 IEEE는 **비정규화 수**(denormalized number)를 허용한다(denorm 또는 subnormal이라고도 함). 이들은 지수가 0이지만, 유효자리는 0이 아니다. 이 방식은 숫자가 작아지면서 유효자리가 점점 줄어들어 궁극적으로는 0이 되는 것을 허용하는데, 이를 **점진적 언더플로**(gradual underflow)라고 한다. 예를 들어 정규화된 양수 단일 정밀도 수 중 가장 작은 값은 다음과 같다.

$$1.0000\ 0000\ 0000\ 0000\ 0000\ 000_{two} \times 2^{-126}$$

그러나 정규화되지 않은 가장 작은 수는 다음과 같다.

$$0.0000\ 0000\ 0000\ 0000\ 0000\ 001_{two} \times 2^{-126}, \text{ 또는 } 1.0_{two} \times 2^{-149}$$

2배 정밀도에서 가장 작은 정규화 수는 1.0×2^{-1022}이고, 가장 작은 비정규화 수는 1.0×2^{-1074}이다.

가끔 나타나는 정규화되지 않은 피연산자는 빠른 부동소수점 유닛을 만들려는 설계자들에게는 골칫거리였다. 따라서 피연산자가 정규화되지 않은 경우에는 예외를 발생시켜서 소프트웨어로 처리하도록 하는 컴퓨터가 많다. 소프트웨어를 사용한 구현이 완벽하기는 하지만 시간이 너무 많이 소요되므로 이식 가능한 부동소수점 소프트웨어에서는 비정규화 수를 잘 사용하지 않게 되었다. 게다가 프로그래머가 비정규화 수에 대비하지 않는 경우에는 프로그램이 문제를 발생시킬 수 있다.

3.6 병렬성과 산술연산: 서브워드 병렬성

그래픽 디스플레이 없는 전화기나 태블릿, 노트북은 없으므로, 칩당 트랜지스터가 점점 많아지면서 그래픽 지원 기능이 추가되는 것은 당연한 일이다.

원래 많은 그래픽 시스템이 화소 하나당 32비트(빛의 3원색 각각에 8비트 + 추가 8비트)를 사용하였다. 원격 회의나 비디오 게임을 위해 스피커와 마이크가 추가되면서 소리에 대한 지원도 필요하게 되었다. 소리 샘플은 8비트 이상의 정밀도가 필요한데, 16비트 정도면 충분하다.

모든 마이크로프로세서는 바이트나 하프워드가 메모리에 저장될 때 공간을 덜 차지하도록 지원한다(2.9절 참조). 그러나 일반적인 정수 프로그램에서 이런 크기의 데이터에 대한 산술연산이 많이 쓰이지 않기 때문에, 데이터 전송 이상의 지원은 거의 없었다. 그러다가 많은 그래픽과 오디오 응용 프로그램이 이런 데이터의 벡터에 같은 연산을 반복 수행한다는 것을 컴퓨터 설계자들이 알게 되었다. 128비트 덧셈기 내부의 올림수 체인을 분할하면 프로세서가 **병렬성**을 활용해서, 8비트 피연산자 16개나 16비트 피연산자 8개, 32비트 피연산자 4개, 또는 64비트 피연산자 2개를 동시에 연산할 수 있다.

PARALLELISM

이렇게 덧셈기를 분할하는 데 드는 비용은 크지 않지만 성능 개선 효과는 크다.

큰 워드 내부에 병렬성이 있는데 이것을 서브워드 병렬성이라고 한다. 더 일반적인 이름인 데이터 수준 병렬성으로 분류되기도 하고, 벡터 또는 SIMD(single instruction, multiple data)라고 불리기도 한다(6.6절 참조). 멀티미디어 응용이 많아지면서 작은 데이터에 대한 병렬 연산을 지원하는 산술 명령어가 등장하게 되었다.

예를 들어, ARMv8은 서브워드 병렬성 지원을 위해 128비트 레지스터 32개(`V0, V1, ..., V31`)과 500개 이상의 기계어 명령어를 추가하였다. 그 결과 ARMv8은 생각할 수 있는 모든 서브워드 데이터형을 지원한다.

- 8비트, 16비트, 32비트, 64비트, 128비트의 부호있는 정수와 부호없는 정수
- 32비트와 64비트 부동소수점 수

그림 3.18은 기본적인 ARMv8 SIMD 명령어를 요약한 것이다. 3.8절에서 모든 SIMD 구조를 설명한다.

데이터 폭마다 다른 명령어를 사용하는 대신에 ARMv8 어셈블러는 SIMD 레지스터에 접미사를 붙여서 데이터 폭을 구별한다. 어셈블러는 접미사를 보고 적합한 기계어를 선택한다. 8비트 피연산자에는 B(byte), 16비트 피연산자에는 H(half), 32비

Type	Description	Name	Size (bits)					FP Precision	
			8	16	32	64	128	SP	DP
Add/ Subtract	Integer add	ADD	✓	✓	✓	✓	✓		
	FP add	FADD						✓	✓
	Integer subtract	SUB	✓	✓	✓	✓	✓		
	FP subtract	FSUB						✓	✓
Multiply	Unsigned integer multiply	UMUL	✓	✓	✓	✓	✓		
	Signed integer multiply	SMUL	✓	✓	✓	✓	✓		
	FP multiply	FMUL						✓	✓
Compare	Integer compare equal	CMEQ	✓	✓	✓	✓	✓		
	FP compare equal	FCMEQ						✓	✓
Min/Max	Unsigned integer minmum	UMIN	✓	✓	✓	✓	✓		
	Signed integer minmum	SMIN	✓	✓	✓	✓	✓		
	FP minmum	FMIN						✓	✓
	Unsigned integer maximum	UMAX	✓	✓	✓	✓	✓		
	Signed integer maximum	SMAX	✓	✓	✓	✓	✓		
	FP maximum	FMAX						✓	✓
Shift	Integer shift left	SHL	✓	✓	✓	✓	✓		
	Unsigned integer shift right	USHR	✓	✓	✓	✓	✓		
	Signed integer shift right	SSHR	✓	✓	✓	✓	✓		
Logical	Bitwise AND	AND	✓	✓	✓	✓	✓		
	Bitwise OR	ORR	✓	✓	✓	✓	✓		
	Bitwise exclusive OR	EOR	✓	✓	✓	✓	✓		
Data Transfer	Load register	LDR	✓	✓	✓	✓	✓	✓	✓
	Store register	STR	✓	✓	✓	✓	✓	✓	✓

그림 3.18 서브워드 병렬성을 위한 ARMv8 SIMD 명령어의 예. 그림 3.21에서 전체 SIMD 명령어를 볼 수 있다.

트 피연산자에는 S(single), 64비트 피연산자에는 D(double), 128비트 피연산자에는 Q(quad)를 접미사로 사용한다. 그리고 접미사 앞에 숫자를 붙여서 실행할 서브워드 연산 개수를 표시한다. 따라서 V2와 V3 레지스터에 있는 8비트 수 16쌍을 병렬로 더해서 8비트 합 16개를 V1에 저장하는 코드는 다음과 같다.

```
ADD   V1.16B, V2.16B, V3.16B  // 16 8-bit integer adds
```

32비트 부동소수점 덧셈 4개를 병렬로 실행하려면 다음과 같이 한다.

```
FADD  V1.4S, V2.4S, V3.4S     // 4 32-bit floating-point adds
```

3.7 실례: x86의 SSE와 AVX

x86의 원래 MMX(MultiMedia eXtension)와 SSE(Streaming SIMD Extension) 명령어는 ARMv8과 같은 연산들을 포함하고 있었다. 2장에서 살펴본 바와 같이 2001년 Intel은 SSE2의 일부로 2배 정밀도 부동소수점 레지스터와 연산을 포함해서 144개의 명령어를 추가하였다. 부동소수점 피연산자를 저장하는 8개의 64비트 레지스터를 두었다. AMD는 AMD64의 한 부분으로 레지스터 개수를 16개로 늘리고 이를 XMM이라고 하였다. Intel은 이를 사용하면서 EM64T라고 이름을 바꾸었다. 그림 3.19는 SSE와 SSE2 명령어의 요약이다.

단일 정밀도나 2배 정밀도 수를 레지스터에 저장하는 외에 Intel은 여러 개의 부동소수점 수—단일 정밀도 수 2개 또는 2배 정밀도 수 2개—를 128비트 SSE2 레지스터 하나에 채워 넣을 수 있도록 하였다. 그러므로 SSE2를 위한 부동소수점 레지스터 16개의 실제 크기는 128비트이다. 만약 피연산자를 128비트의 정렬된(aligned) 데이터 형태로 메모리에 넣을 수 있으면, 128비트 데이터 전송 명령어 하나로 여러 개의 피연

Data transfer	Arithmetic	Compare
MOV[AU]{SS|PS|SD|PD} xmm, {mem|xmm}	ADD{SS|PS|SD|PD} xmm,{mem|xmm}	CMP{SS|PS|SD|PD}
	SUB{SS|PS|SD|PD} xmm,{mem|xmm}	
MOV[HL]{PS|PD} xmm, {mem|xmm}	MUL{SS|PS|SD|PD} xmm,{mem|xmm}	
	DIV{SS|PS|SD|PD} xmm,{mem|xmm}	
	SQRT{SS|PS|SD|PD} {mem|xmm}	
	MAX{SS|PS|SD|PD} {mem|xmm}	
	MIN{SS|PS|SD|PD} {mem|xmm}	

그림 3.19 x86의 SSE/SSE2 부동소수점 명령어. xmm은 한 피연산자가 128비트 SSE2 레지스터임을 의미한다. 그리고 {mem|xmm}은 다른 피연산자가 메모리나 SSE2 레지스터에 있음을 의미한다. 이 표는 명령어의 여러 가지 변형을 보여 주기 위해 정규식(regular expression)을 사용한다. MOV[AU]{SS|PS|SD|PD}는 MOVASS, MOVAPS, MOVASD, MOVAPD, MOVUSS, MOVUPS, MOVUSD, MOVUPD와 같은 명령어 8개를 나타낸다. 대괄호 [ ]는 한 글자를 선택할 수 있다는 표시이다. A는 128비트 피연산자가 메모리에 정렬되어 있음을 의미하고, U는 128비트 피연산자가 메모리에 정렬되어 있지 않음을 의미한다. H는 128비트 피연산자의 상위 절반을 이동하라는 뜻이고, L은 128비트 피연산자의 하위 절반을 이동하라는 뜻이다. 중괄호 { }와 수직 분리 표현 |을 사용하여 기본 연산의 여러 글자 선택사항들을 표시하였다. SS는 Scalar Single 정밀도 부동소수점 수, 즉 128비트 레지스터에 있는 32비트 피연산자 하나를 의미한다. PS는 Packed Single 정밀도 부동소수점 수, 즉 128비트 레지스터에 있는 32비트 피연산자 4개를 의미한다. SD는 Scalar Double 정밀도 부동소수점 수, 즉 128비트 레지스터에 있는 64비트 피연산자 하나를 의미한다. PD는 Packed Double 정밀도 부동소수점 수, 즉 128비트 레지스터에 있는 64비트 피연산자 2개를 의미한다.

산자를 적재 또는 저장할 수 있다. 이렇게 묶여진(packed) 부동소수점 형식은 동시에 단일 정밀도 수 4개(PS) 또는 2배 정밀도 수 2개(PD)를 연산하는 명령어로 처리한다.

2011년 Intel은 레지스터의 폭을 다시 두 배로 키웠다. 이는 고급 벡터 확장(Advanced Vector Extensions, AVX)과 함께 YMM이라고 불린다. 따라서 단일 연산으로 8개의 32비트 부동소수점 연산 또는 4개의 64비트 부동소수점 연산을 명시할 수 있다. 기존의 SSE와 SSE2 명령어는 YMM 레지스터의 하위 128비트에 연산을 수행한다. 128비트 연산에서 256비트 연산으로 가려면 SSE2 어셈블리어 명령 앞에 접두사 "v"(vector)를 붙이고 XMM 레지스터 이름 대신에 YMM 레지스터 이름을 사용해야 한다. 예를 들어 64비트 부동소수점 덧셈 2개를 수행하는 SSE2 명령어는 다음과 같은데

```
addpd %xmm0, %xmm4
```

지금은

```
vaddpd %ymm0, %ymm4
```

가 되어서, 64비트 부동소수점 덧셈 4개를 한 번에 한다. Intel은 AVX 레지스터를 일단 512비트 크기로 확장하고 추후 x86 구조에서 1024비트로 확장할 계획이라고 발표하였다.

고난도: AVX는 x86에 주소 세 개를 사용하는 3-주소 명령어를 추가하였다. 예를 들어, 이전의 2-주소 표준 명령어

```
addpd %xmm0, %xmm4 // %xmm4 = %xmm4 + %xmm0
```

대신 이제는

```
vaddpd %ymm0, %ymm1, %ymm4 // %ymm4 = %ymm0 + %ymm1
```

을 사용할 수 있다(LEGv8과는 달리 x86에서는 목적지가 오른쪽에 있다). 3-주소는 계산에 필요한 레지스터와 명령어의 수를 줄여 준다.

3.8 실례: 나머지 ARMv8 산술 명령어

그림 2.40에서는 전체 ARMv8 명령어 집합에는 정수 곱셈, 정수 나눗셈, 부동소수점 연산을 위한 어셈블리 언어 명령어가 63개, SIMD 어셈블리 언어 명령어가 245개, 어셈블리 언어에는 없고 기계어만 있는 부동소수점 데이터 전송 명령어가 18개 있음을 보였다.

하지만 그림 3.17에는 부동소수점 데이터 전송 명령어가 네 개뿐이다. ARMv8 어셈블러는 포괄적 데이터 전송 명령어를 사용하고 레지스터 이름으로 명령어를 구분하여 적합한 opcode를 생성하기 때문에 이런 명백한 모순이 발생한다. 예를 들면, ARMv8 어셈블러는 다음 세 개의 명령어

```
LDUR S1, [X23,#100]
LDUR D1, [X23,#100]
LDUR X1, [X23,#100]
```

를 아래와 같은 LEGv8 명령어의 기계어 버전으로 변환한다.

```
LDURS S1, [X23,#100]
LDURD D1, [X23,#100]
LDUR  X1, [X23,#100]
```

이전 "고난도"에서 언급하였듯이, 이 책에서는 다른 부동소수점 기계어 명령어에는 각각 다른 어셈블리 명령어를 할당한다. 이렇게 기계어와 어셈블리 언어 두 계층 간의 관계를 1:1로 유지하는 것이 하드웨어의 동작을 이해하는 데 도움이 되리라고 생각하기 때문이다. 하지만 어셈블러가 제대로 일하게 하는 데는 레지스터 이름만으로도 충분하다.

전체 ARMv8 정수와 부동소수점 산술 명령어

그림 3.20은 전체 ARMv8 명령어 집합의 어셈블리 언어 정수 산술 및 부동소수점 연산 명령 63개 모두를 보여 준다. ARMv8 산술 코어 명령어 15개는 굵은 글씨로 표시하였고, 의사명령어는 이탤릭체로 표시하였다.

다른 ARMv8 명령어 종류들과 마찬가지로 결과의 음수값을 주는 정수 곱셈 명령어(MNEG)가 있는가 하면, 64비트(long long) 대신 32비트(long) 피연산자를 사용하는 곱셈 명령어도 4개 있다. 32비트(long) 피연산자 3개나 64비트(long long) 피연산자 3개에 대한 정수 곱셈-덧셈과 정수 곱셈-뺄셈 명령어가 6개 있다. 정수 곱셈 명령어 중 6개는 의사명령어로 실제로는 세 번째 피연산자가 0 레지스터(XZR)인 곱셈-덧셈 명령어이다. 이 새로운 정수 명령어 11개에 ARMv8 산술 코어의 곱하기와 나누기 명령어 5개를 더해서 16개가 된다.

정수 곱셈과 같이, 곱의 음수를 결과로 하는 부동소수점 곱셈 명령어(FNMUL)가 있다. 정수 조건 비교 명령어(CCMP)와 같이 초기 조건이 참일 때만 비교하는 비교 명령어(FCCMP)가 있다. 프로그래머가 피연산자가 NaN(Not-A-Number)인지를 검사할 수 있도록 두 가지 비교 명령어가 있다. 하나는 피연산자가 NaN이어도 예외를 발생시키지 않는 명령어(quiet compare)이고, 다른 하나는 프로그래머가 원하는 경우 NaN이

Type	Mnemonic	Instruction
Integer Multiply & Divide	***MUL***	Multiply
	SMULH	Signed multiply high
	UMULH	Unsigned multiply high
	SDIV	Signed divide
	UDIV	Unsigned divide
	SMULL	Signed multiply long
	UMULL	Unsigned multiply long
	MNEG	Multiply-negate
	UMNEGL	Unsigned multiply-negate long
	SMNEGL	Signed multiply-negate long
FP two source operands	**FADDS**	Floating-point add single
	FSUBS	Floating-point subtract single
	FMULS	Floating-point multiply single
	FDIVS	Floating-point divide single
	FADDD	Floating-point add double
	FSUBD	Floating-point subtract double
	FNMUL	Floating-point scalar multiply-negate
	FMULD	Floating-point multiply double
	FDIVD	Floating-point divide double
	FCMPS	Floating-point compare single (quiet)
	FCMPD	Floating-point compare double (quiet)
	FCMPE	Floating-point signaling compare
	FCCMP	Floating-point conditional quiet compare
	FCCMPE	Floating-point conditional signaling compare
FP one operand	FABS	Floating-point scalar absolute value
	FNEG	Floating-point scalar negate
	FSQRT	Floating-point scalar square root
FP Min/Max	FMAX	Floating-point scalar maximum
	FMIN	Floating-point scalar minimum
	FMAXNM	Floating-point scalar maximum number (NaN = –Inf)
	FMINNM	Floating-point scalar minimum number (NaN = +Inf)

Type	Mnemonic	Instruction
Integer Mul-Add	MADD	Multiply-add
	MSUB	Multiply-subtract
	SMADDL	Signed multiply-add long
	SMSUBL	Signed multiply-subtract long
	UMADDL	Unsigned multiply-add long
	UMSUBL	Unsigned multiply-subtract long
FP Mul-Add	FMADD	Floating-point fused multiply-add
	FMSUB	Floating-point fused multiply-subtract
	FNMADD	Floating-point negated fused multiply-add
	FNMSUB	Floating-point negated fused multiply-subtract
FP move	FMOV	Floating-point move to/from integer or FP register
	FMOVI	Floating-point move immediate
FP sel	FCSEL	Floating-point conditional select
FP round	FRINTA	Floating-point round to nearest with ties to odd
	FRINTI	Floating-point round using current rounding mode
	FRINTM	Floating-point round toward -infinity
	FRINTN	Floating-point round to nearest with ties to even
	FRINTP	Floating-point round toward +infinity
	FRINTX	Floating-pointl exact using current rounding mode
	FRINTZ	Floating-point round toward 0
FP convert	FCVTAS	FP convert to signed integer, rounding to nearest odd
	FCVTAU	FP convert to unsigned integer, rounding to nearest odd
	FCVTMS	FP convert to signed integer, rounding toward -infinity
	FCVTMU	FP convert to unsigned integer, rounding toward -infinity
	FCVTNS	FP convert to signed integer, rounding to nearest even
	FCVTNU	FP convert to unsigned integer, rounding to nearest even
	FCVTPS	FP convert to signed integer, rounding toward +infinity
	FCVTPU	FP convert to unsigned integer, rounding toward +infinity
	FCVTZS	FP convert to signed integer, rounding toward 0
	FCVTZU	FP convert to unsigned integer, rounding toward 0
	SCVTF	Signed integer convert to FP, current rounding mode
	UCVTF	Unsigned integer convert to FP, current rounding mode

그림 3.20 정수와 부동소수점 산술연산을 위한 전체 ARMv8 어셈블리 언어 명령어. LEGv8 코어의 명령어는 굵은 글씨체로 표시하였다. 이탤릭체로 표시된 명령어는 의사명령어이다.

면 예외를 발생시키는 명령어(signaling compare)이다. 정수 곱셈과 같이 곱셈한 후 덧셈 또는 뺄셈을 수행하는 부동소수점 명령어가 4개 있다. ARMv8에는 피연산자가 한 개인 부동소수점 명령어 3개가 있는데, 절댓값, 음수화, 제곱근이 그것이다. 이 11개의 명령어와 ARMv8 산술 코어의 다른 명령어 10개를 합쳐 37개가 된다.

최댓값, 최솟값 관련 부동소수점 연산은 NaN값 때문에 약간 더 복잡하다. 피연산자가 NaN인 경우 예외를 발생시키는 명령어가 두 개 있고, NaN을 극한치로 취급하는 명령어가 두 개 있다. 후자는 최댓값을 구할 때는 NaN을 $-\infty$, 최솟값을 구할 때는 NaN을 $+\infty$로 취급한다. ARMv8에는 부동소수점 레지스터 사이에서 값을 복사하거나, 정수 레지스터와 부동소수점 레지스터 사이에서 값을 복사하는 부동소수점 move 명령어가 하나 있고, 부동소수점 상수를 레지스터에 적재하는 명령어도 하나 있다. 정수 조건 선택 명령어(CSEL)와 같이 부동소수점 조건 선택 명령어(FCSEL)도 있다. 이 7개의 명령어를 더하면 산술 어셈블리 언어 명령어가 44개가 된다.

나머지 두 가지 종류는 부동소수점 수의 자리맞춤 명령어와 정수와 부동소수점 사이의 변환 명령어이다. IEEE 754의 여러 가지 자리맞춤 모드를 사용할 수 있도록 ARMv8은 7가지 명령어를 제공한다. 실수를 부호있는 정수나 부호없는 정수로 변환하면서 여러 가지 자리맞춤 모드를 사용할 수 있도록 명령어 12개가 더 제공된다. 이 마지막 두 가지 종류의 명령어들이 추가되면 어셈블리 산술 명령어가 모두 63개가 되어서 그림 2.40과 일치한다.

전체 ARMv8 SIMD 명령어

그림 3.21은 전체 ARMv8 명령어 집합의 어셈블리 언어 SIMD 명령어 245개를 모두 보여 주고 있다. 245개 명령어를 한 표에 넣기 위하여 표 엔트리 하나가 여러 명령어를 나타낼 수 있도록 정규식을 사용하였다. 그림 설명에 정규식 연산자 세 개에 대한 설명이 있다.

많은 SIMD 명령어는 다음 세 가지 버전이 있다.

- Wide는 목적지 레지스터와 첫 번째 근원지 레지스터의 데이터 폭이 두 번째 근원지 레지스터 폭의 2배임을 의미한다.
- Long은 목적지 레지스터의 데이터 폭이 모든 근원지 레지스터 데이터 폭의 2배임을 의미한다.
- Narrow는 목적지 레지스터의 데이터 폭이 모든 근원지 레지스터 데이터 폭의 절반임을 의미한다.

이 세 종류는 3개의 접미사 W, L, N을 사용하여 구별할 수 있다. 비 SIMD 명령어와 같이 쌍(pair)은 한 쌍의 SIMD 레지스터에 대해 연산함을 의미한다. 이 명령어들은 접미사 P를 사용한다.

narrow 연산을 할 경우 명령어는 128비트 SIMD 레지스터의 아래 절반 또는 위 절반 데이터에 대하여 연산을 수행할 수 있다. 별 말이 없으면 아래쪽 절반을 사용하는 것을 기본으로 하며 접미사 2는 SIMD 레지스터의 상위 절반을 사용함을 표시한다.

접두사 U, S, F는 각각 부호없는 정수, 부호있는 정수, 부동소수점 수를 의미한다. 원소들이 그냥 평범한 이진수이면 접두사를 붙이지 않는다. 다항식 데이터형을 사용하는 명령어가 세 개 있는데, 이 명령어들은 접두사 P를 사용한다.

Type	Description	Name
Add / Subtract	Vector add	F?ADD
	Integer vector add returning high, narrow	ADDHN2?
	Integer vector add long	[US]ADDL2?
	Integer vector add wide	[US]ADDW2?
	Vector add pair	FADDP
	Integer vector add long pair	[US]ADDLP
	Integer vector add and accumulate long pair	[US]ADALP
	Vector subtract	F?SUB
	Integer vector subtract returning high, narrow	SUBHN2?
	Integer vector subtract long	[US]SUBL2?
	Integer vector subtract wide	[US]SUBW2?
	Vector negate	F?NEG
Multiply / Divide / Square Root	Vector multiply	[FP]MUL
	FP vector multiply extended (0xINF→2)	FMULX
	Vector multiply long	[USP]MULL2?
	Vector FP divide	FDIV
	FP vector square root	FSQRT
	FP reciprocal square root	FRSQRTS
	Vector reciprocal square root estimate	[UF]RSQRTE
	Vector reciprocal estimate	[UF]RECPE
	FP vector reciprocal step	FRECPS
	FP vector reciprocal exponent	FRECPX
Compare	FP vector absolute compare greater than or equal	FACGE
	FP vector absolute compare greater than	FACGT
	FP vector absolute compare less than or equal	FACLE
	FP vector absolute compare less than	FACLT
	Vector compare equal	F?CMEQ
	Vector compare greater than or equal	{CMHS|F?CMGE}
	Vector compare greater than	{CMHI|F?CMGT}
	Vector compare less than or equal	{CMLS|F?CMLE}
	Vector compare less than	{CMLO|F?CMLT}
	Vector test bits	CMTST
Logical	Bitwise vector AND	AND
	Bitwise vector bit clear	BIC
	Bitwise vector OR	ORR
	Bitwise vector OR NOT	ORN
	Bitwise vector exclusive OR	EOR
	Bitwise vector NOT	MVN
Shifts	Integer vector shift left	SHL
	Integer vector shift left long	[US]SHLL
	Integer vector shift right	[US]SHR
	Integer vector shift right narrow	SHRN2?
	Integer vector shift left and insert	SLI
	Integer vector shift right and accumulate	[US]SRA
	Integer vector shift right and insert	SRI
	Integer rounding vector shift left	[US]RSHL
	Integer rounding vector shift right	[US]RSHR
	Integer rounding vector shift right narrow	RSHRN2?
Absolute value / difference	Integer vector absolute difference and accumulate	[US]ABA
	Integer vector absolute difference and accumulate long	[US]ABAL2?
	Vector absolute difference	[USF]ABD
	Integer vector absolute difference long	[USF]ABDL2?
	Vector absolute value	F?ABS
Data Transfer	Vector load {pair | register}	LD[PR]
	Vector store {pair | register}	ST[PR]
	Vector move	[USF]MOV
	Vector structure/element load	LD[1234]
	Vector replicated element load	LD[1234]R
	Vector structure store	ST[1234]
Count Bits	Integer vector count leading {sign | zero} bits	CL[SZ]
	Vector count non-zero bits	CNT
Table Lookup	Vector table lookup	TBL
	Vector table extension	TBX

Type	Description	Name
Saturating Arithmetic	Integer saturating vector add	[US]QADD
	Integer saturating vector subtract	[US]QSUB
	Signed integer saturating vector accumulate of unsigned value	SUQADD
	Unsigned integer saturating vector accumulate of unsigned value	USQADD
	Signed integer saturating vector absolute	SQABS
	Signed integer saturating vector doubling multiply-add long	SQDMLAL2?
	Signed integer saturating vector doubling multiply-subtract long	SQDMLSL2?
	Signed integer saturating vector doubling multiply high half	SQDMULH
	Signed integer saturating vector doubling multiply long	SQDMULL2?
	Integer saturating vector narrow	[US]QXTN2?
	Signed integer saturating vector and unsigned narrow	SQXTUN2?
	Signed integer saturating vector negate	SQNEG
	Signed integer vector saturating rounding doubling multiply high half	SQRDMULH
Multiply-Add	Vector chained multiply-add	MLA
	Vector fused multiply-add	FMLA
	Integer vector multiply-add long	[US]MLAL2?
	Vector chained multiply-subtract	MLS
	Vector fused multiply-subtract	FMLS
	Integer vector multiply-subtract long	[US]MLSL2?
Reduction	Integer sum elements in vector	ADDV
	Integer sum elements in vector long	[US]ADDLV
	Maximum element in vector	[USF]MAXV
	FP maxNum element in vector	FMAXNMV
	Minimum element in vector	[USF]FMINV
	FP minNum element in vector	FMINNMV
Saturating Shifts	Integer saturating vector rounding shift left	[US]QRSHL
	Integer saturating vector shift right rounded narrow	[US]QRSHRN
	Signed integer saturating vector shift right rounded unsigned narrow	SQRSHRUN
	Integer saturating vector shift left	[US]QSHL
	Signed integer saturating vector shift left unsigned	SQSHLU
	Integer saturating vector shift right narrow	[US]QSHRN
	Signed integer saturating vector shift right unsigned narrow	SQSHRUN
Min / Max	Vector maximum	[USF]MAX
	FP vector maxNum	FMAXNM
	Vector minimum	[USF]MIN
	FP vector minNum	FMINNM
	Vector max pair	[USF]MAXP
	FP vector maxNum pair	FMAXNMP
	Vector min pair	[USF]MINP
	FP vector minNum pair	FMINNMP
Convert	Vector FP convert to {signed | unsigned} integer (round to {0|x})	FCVT[Zx][SU]
	Vector integer convert to FP	[US]CVTF
	Vector convert FP precision	FCVT[NL]
	Vector convert double to single-precision (rounding to odd)	FCVTXN
Round	Vector FP round to integral FP value (towards x)	FRINTx
	Integer rounding vector shift right and accumulate	[US]RSRA
	Integer rounding vector subtract returning high, narrow	RSUBHN2
	Integer rounding vector halving add	[US]RHADD
	Integer vector rounding add returning high, narrow	RADDHN
Insert / Extract / Reverse / Duplicate	Bitwise vector select	BSL
	Bitwise vector extract	EXT
	Bitwise vector insert if {true | false}	BI[TF]
	Vector reverse bits in bytes	RBIT
	Vector reverse elements	REV{16|32|64}
	Duplicate single vector element to all elements	DUP
	Insert single element in another element	INS
	Vector element transpose	TRN[12]
	Vector element zip	ZIP2?
	Vector element unzip	UZP[12]
Vector Length	Integer vector lengthen	[US]XTL2?
	Integer vector narrow	XTN
	Integer vector halving add	[US]HADD
	Integer vector halving subtract	[US]HSUB

그림 3.21 전체 ARMv8 어셈블리 언어의 SIMD 명령어. 단일 피연산자(scalar)와 구별하기 위해 벡터라는 용어를 사용한다. 작은 공간에 245개 어셈블리 명령어를 다 담기 위해서 정규식을 사용하여 유효한 조합을 보였다. 물음표는 직전의 글자가 하나 나올 수도 있고 안 나올 수도 있음을 나타낸다. 따라서 F?ADD는 ADD와 FADD 두 명령어를 표현하는 것이다. 대괄호 [ ]는 그 안의 글자 중 하나를 선택할 수 있음을 표시한다. 그러므로 [US]QADD는 UQADD와 SQADD 두 명령어를 나타낸다. 마지막으로 중괄호 { }와 선택사항을 구분 짓는 수직선 |은 여러 글자로 된 선택사항 중 하나를 택할 수 있음을 표시한다. REV{16|32|64}는 REV16, REV32, REV64 세 명령어를 나타낸다.

대부분의 SIMD 명령어들은 이름만 보면 쉽게 알 수 있으므로, 금방 보아서 알 수 없는 명령어만을 설명하기로 한다. SIMD 비교 벡터는 비교 결과에 따라 컨디션 코드 값을 설정하는 대신에 조건이 참이면 목적지 벡터 원소를 모두 1로 하고 거짓이면 0으로 한다. ARMv8은 네 가지 비교(HS, GE, HI, GT)만 지원하지만, 피연산자의 순서를 바꾸고 보수 연산을 사용하면 나머지 네 가지 비교(LS, LE, LO, LT)도 할 수 있다. 예를 들면 A < B는 B ≥ A로 바꿀 수 있다. 축소(reduction) 연산은 여타 SIMD 명령어들과는 달리 다른 SIMD 레지스터의 원소들 간의 연산이 아니라 같은 SIMD 레지스터 내의 원소들에 대한 연산을 수행한다. 이름에서 알 수 있듯이 이 명령어들은 합, 최솟값, 최댓값의 고전적 축소 연산을 수행한다. 마지막으로 테이블 참조 명령어는 1~4개의 SIMD 레지스터를 하나의 테이블처럼 사용한다. 테이블로 사용되지 않는 근원지 레지스터는 테이블 인덱스를 갖고 있다. 병렬 테이블 검색 결과는 목적지 레지스터의 원소에 저장된다.

wide, long, narrow, pair 등의 용어 관련 부분을 비롯한 앞의 설명을 참조하면 그림 3.21의 명령어 서술을 쉽게 이해할 수 있을 것이다. 단 몇 가지는 추가 설명이 필요할 것 같아서 아래에 보충한다.

- 3.5절의 "고난도"에서 융합된 곱셈 덧셈 연산이 연산은 두 번 하는데 어떻게 자리맞춤은 한 번만 하는지를 설명하였다. ARMv8은 자리맞춤을 한 번만 하는 **융합된**(fused) 곱셈 덧셈 외에 자리맞춤을 두 번 하는 **연쇄**(chained) 곱셈 덧셈 명령어도 제공한다.
- 정수 벡터 왼쪽 자리이동 및 삽입(`SLI`) 명령어는 두 벡터의 비트들을 결합하는 방법을 제공한다.
- 정수 벡터 오른쪽 자리이동 및 축적(`SSRA`, `USRA`) 명령어는 높은 정밀도로 계산된 중간 계산 결과를 낮은 정밀도 누산기에 더할 때 유용하다.
- 벡터 구조/원소 적재(`LD1`, `LD2`, `LD3`, `LD4`) 명령어는 원소가 한 개, 두 개, 세 개, 네 개인 데이터 구조를 SIMD 레지스터에 적재한다.

3.9 더 빠르게: 서브워드 병렬성과 행렬 곱셈

서브워드 병렬처리의 성능을 보이기 위해, Intel Core i7에서 같은 프로그램을 AVX 없이 수행하고 다시 AVX를 사용하여 수행한다. 그림 3.22는 C 언어로 쓰여진 행렬 곱셈의 최적화되지 않은 버전을 보여 준다. 3.5절에서 살펴본 바와 같이 이 프로그램은 DGEMM(Double precision GEneral Matrix Multiply)이라고 불린다. 본 교재에

```
void dgemm (size_t n, double* A, double* B, double* C)
{
  for (size_t i = 0; i < n; ++i)
    for (size_t j = 0; j < n; ++j)
    {
      double cij = C[i+j*n]; /* cij = C[i][j] */
      for(size_t k = 0; k < n; k++ )
        cij += A[i+k*n] * B[k+j*n]; /*cij+=A[i][k]*B[k][j]*/
      C[i+j*n] = cij; /* C[i][j] = cij */
     }
}
```

그림 3.22 DGEMM으로 널리 알려진 2배 정밀도 행렬 곱셈의 최적화되지 않은 C 버전. 행렬의 차원을 파라미터 n으로 전달하므로, 이 버전의 DGEMM은 일차원으로 표현된 행렬 C, A, B와 주소 연산을 사용한다. 3.5절에서 살펴본, 직관적인 이차원 행렬 C, A와 B를 사용하는 것보다 더 좋은 성능을 얻을 수 있기 때문이다. 주석은 직관적인 표현을 쉽게 설명해 준다.

는 하드웨어상에서 돌아가는 소프트웨어의 개선을 통하여 얻어지는 성능 향상을 보여 주기 위해 "더 빠르게"라는 절을 두었다. 사용된 마이크로프로세서는 Intel Core i7의 Sandy Bridge 버전이다. 이 새로운 절은 3, 4, 5, 6장에서 제시되며, 각 장에 소개하는 아이디어를 사용하여 DGEMM의 점진적인 성능 향상을 보여 준다.

그림 3.23은 그림 3.22의 내부 순환문에 대한 x86 어셈블리어 출력을 보여 준다. 5개의 부동소수점 명령어는 AVX 명령어와 같이 v로 시작하지만, YMM 대신에 XMM 레지스터를 사용하고, 스칼라 2배 정밀도를 나타내는 sd를 포함하고 있다. 조금 후에 서브워드 병렬 명령어를 소개할 것이다.

컴파일러 작성자는 결국에는 x86의 AVX 명령어를 사용하여 일관되게 양질의 코드를 생성할 수 있을 것이다. 현재는 우리가 직접 C 서브루틴(intrinsic)을 사용하여 컴파일러가 좋은 코드를 생성할 수 있도록 도와주어야 한다. 그림 3.24는 그림 3.22의 개선된 버전이고 Gnu C 컴파일러가 AVX 코드를 생성한다. 그림 3.25는 gcc에 -O3 수준의 최적화를 사용한 컴파일러의 출력을 주석과 함께 보여 준다.

그림 3.24의 6번째 줄의 선언은 _m256d 데이터형을 사용한다. 이는 컴파일러에게 변수가 4개의 2배 정밀도 부동소수점 수를 갖고 있음을 알려 준다. 또한 6번째 줄의 _mm256_load_pd( )는 4개의 2배 정밀도 부동소수점 수를 행렬 C에서 c0으로 병렬(_pd)로 적재하기 위해 AVX 명령어를 사용한다. 6번째 줄의 주소 계산 C+i+j*n은

```
vmovsd (%r10),%xmm0                // Load 1 element of C into %xmm0
mov    %rsi,%rcx                   // register %rcx = %rsi
xor    %eax,%eax                   // register %eax = 0
vmovsd (%rcx),%xmm1                // Load 1 element of B into %xmm1
add    %r9,%rcx                    // register %rcx = %rcx + %r9
vmulsd (%r8,%rax,8),%xmm1,%xmm1    // Multiply %xmm1,element of A
add    $0x1,%rax                   // register %rax = %rax + 1
cmp    %eax,%edi                   // compare %eax to %edi
vaddsd %xmm1,%xmm0,%xmm0           // Add %xmm1, %xmm0
jg     30 <dgemm+0x30>             // jump if %eax > %edi
add    $0x1,%r11                   // register %r11 = %r11 + 1
vmovsd %xmm0,(%r10)                // Store %xmm0 into C element
```

그림 3.23 그림 3.22의 최적화하지 않은 C 프로그램을 컴파일하여 생성된 내부 순환문의 x86 어셈블리 언어. 64비트 데이터를 다루고 있지만, 컴파일러는 SSE2 대신 AVX 버전의 명령어를 사용한다. 따라서 명령어당 2개 대신 3개의 주소를 사용한다(3.7절의 "**고난도**" 참조).

```
//include <x86intrin.h>
void dgemm (size_t n, double* A, double* B, double* C)
{
  for ( size_t i = 0; i < n; i+=4 )
    for ( size_t j = 0; j < n; j++ ) {
      __m256d c0 = _mm256_load_pd(C+i+j*n); /* c0 = C[i][j] */
      for( size_t k = 0; k < n; k++ )
        c0 = _mm256_add_pd(c0, /* c0 += A[i][k]*B[k][j] */
                 _mm256_mul_pd(_mm256_load_pd(A+i+k*n),
                 _mm256_broadcast_sd(B+k+j*n)));
      _mm256_store_pd(C+i+j*n, c0); /* C[i][j] = c0 */
    }
}
```

그림 3.24 x86에서 AVX 서브워드 병렬 명령어를 생성하기 위해 C 내장 함수를 사용한 DGEMM의 최적화된 C 버전. 그림 3.25는 내부 순환문에 대해 컴파일러가 생성한 어셈블리 언어를 보여 준다.

```
1.  vmovapd (%r11),%ymm0               // Load 4 elements of C into %ymm0
2.  mov     %rbx,%rcx                  // register %rcx = %rbx
3.  xor     %eax,%eax                  // register %eax = 0
4.  vbroadcastsd (%rax,%r8,1),%ymm1    // Make 4 copies of B element
5.  add     $0x8,%rax                  // register %rax = %rax + 8
6.  vmulpd (%rcx),%ymm1,%ymm1          // Parallel mul %ymm1,4 A elements
7.  add     %r9,%rcx                   // register %rcx = %rcx + %r9
8.  cmp     %r10,%rax                  // compare %r10 to %rax
9.  vaddpd %ymm1,%ymm0,%ymm0           // Parallel add %ymm1, %ymm0
10. jne     50 <dgemm+0x50>            // jump if not %r10 != %rax
11. add     $0x1,%esi                  // register % esi = % esi + 1
12. vmovapd %ymm0,(%r11)               // Store %ymm0 into 4 C elements
```

그림 3.25 그림 3.24의 최적화된 C 프로그램을 컴파일하여 생성된 내부 순환문에 상응하는 x86 어셈블리 언어. 그림 3.23과의 유사성에 주목하라. 주된 차이는 5개의 부동소수점 연산이 YMM 레지스터를 사용하고 스칼라 2배 정밀도 sd 버전 대신에 병렬 2배 정밀도 pd 버전의 명령어가 사용되는 점이다.

C[i+j*n]을 나타낸다. 대칭적으로 11번째 줄의 마지막 단계는 c0부터 행렬 C로 4개의 2배 정밀도 부동소수점 수를 저장하기 위해 서브루틴 _mm256_store_pd( )를 사용한다. 각 반복에서 4개의 원소를 처리하기 때문에 4번째 줄의 외부 *for* 순환문은 i를 그림 3.22의 3번째 줄과 같이 1을 증가시키는 대신에 4만큼 증가시킨다.

순환문 내부에서는 9번째 줄에서 먼저 A의 4개의 원소를 _mm256_load_pd( )를 사용하여 적재한다. B의 하나의 원소와 이 원소들을 곱하기 위하여 10번째 줄에서 _mm256_broadcast_sd( )를 사용한다. 이것은 스칼라 2배 정밀도 수(이 경우 B의 원소)의 4개의 같은 복사본을 하나의 YMM 레지스터에 만든다. 그리고 9번째 줄에서 _mm256_mul_pd( )를 이용하여 4개의 2배 정밀도 곱셈을 병렬로 처리한다. 마지막으로, 8번째 줄의 _mm256_add_pd( )는 4개의 곱을 c0의 4개의 합에 더한다.

그림 3.25는 컴파일러가 생성한 내부 순환문에 대한 x86 코드를 보여 준다. 5개의 AVX 명령어가 사용되었음을 알 수 있다. 이들은 모두 v로 시작되고 5개 중 4개는 병렬 2배 정밀도를 위해 pd를 사용하며 이는 위의 C 코드의 서브루틴에 상응된다. 이 코드는 위의 그림 3.23과 매우 유사하다. 둘 다 12개의 명령어를 사용하고 정수 명령어는 거의 동일하다(그러나 다른 레지스터를 사용한다). 부동소수점 명령어의 차이는 XMM 레지스터를 사용하는 스칼라 2배 정밀도(sd) 대신에 YMM 레지스터를 사용하는 병렬 2배 정밀도(pd)를 사용하는 것이다. 한 가지 예외는 그림 3.25의 4번째 줄이다.

A의 모든 원소는 B의 1개의 원소와 곱해져야만 된다. 한 가지 해결책은 256비트의 YMM 레지스터에 4개의 동일한 복사본인 64비트 B 원소를 채우는 것이다. 이것은 명령어 `vbroadcastsd`가 수행한다.

32×32 행렬에 대해 그림 3.22의 최적화되지 않은 DGEMM은 2.6GHz Intel Core i7(Sandy Bridge)의 하나의 코어에서 1.7GigaFlops(FLoating point Operations Per Second)로 수행되었다. AVX 버전은 3.85배 빠르게 수행된다. 이는 **서브워드 병렬성**을 사용하여 4배의 연산을 수행하게 되어 기대할 수 있는 4.0배의 성능 향상과 거의 같다.

PARALLELISM

고난도: 1.6절의 **"고난도"**에서 언급한 것과 같이, Intel은 칩이 뜨거워지기 전까지 일시적으로 더 높은 클럭을 사용할 수 있는 터보 모드를 제공한다. Intel Core i7(Sandy Bridge)은 터보 모드에서 2.6GHz에서 3.3GHz로 높일 수 있다. 위 예제는 터보 모드를 사용하지 않은 것이다. 터보 모드를 사용하면 클럭 속도만큼, 즉 3.3/2.6=1.27배 성능을 향상시킬 수 있다. 이때 최적화되지 않은 DGEMM은 2.1GFlops가 되고 AVX 버전은 8.1GFlops가 된다. 터보 모드는 이 경우와 같이 8코어 칩에서 코어 한 개만 사용할 때 특히 효과가 있다. 다른 코어들이 휴지 상태이므로 전력을 골고루 나누어 쓸 때보다 훨씬 더 많이 사용할 수 있기 때문이다.

3.10 오류 및 함정

Thus mathematics may be defined as the subject in which we never know what we are talking about, nor whether what we are saying is true.

Bertrand Russell, *Recent Words on the Principles of Mathematics*, 1901

연산의 오류와 함정은 일반적으로 컴퓨터 연산의 제한된 정밀도와 실제 연산의 무제한적인 정밀도의 차이에서 유래한다.

오류: 한 비트 왼쪽 자리이동 명령어가 2를 곱해 준 것과 같은 결과를 갖듯이 오른쪽 자리이동 명령어는 2로 나누어 준 것과 같은 결과를 갖는다.

이진수 x에서 xi는 x의 i번째 비트를 나타낸다는 사실을 상기하라.

$$\ldots + (x^3 \times 2^3) + (x^2 \times 2^2) + (x^1 \times 2^1) + (x^0 \times 2^0)$$

x의 비트를 오른쪽으로 n비트 자리이동한 것은 $2n$으로 나누어 준 것과 같게 되는 것처럼 보인다. 이것은 부호없는 정수(unsigned integer)에서 그러하다. 문제는 부호있는 정수(signed integer)를 사용하는 경우이다. 예를 들어, -5_{ten}를 4_{ten}로 나눈다고 가정하자. 몫은 -1_{ten}이어야 한다. -5_{ten}의 2의 보수법 표현은 다음과 같다.

$11111111\ 11111111\ 11111111\ 11111111\ 11111111\ 11111111\ 11111111\ 11111011_{two}$

이러한 오류에 따르면 2비트 오른쪽으로 자리이동한 것은 $4_{ten}(2^2)$로 나눈 것과 같아야 한다.

$00111111\ 11111111\ 11111111\ 11111111\ 11111111\ 11111111\ 11111111\ 11111110_{two}$

부호 비트가 0이 되므로 이 결과는 확실히 잘못되었음을 알 수 있다. 오른쪽 자리이동에 의해서 만들어지는 수는 실제로 -1_{ten} 대신에 $4{,}611{,}686{,}018{,}427{,}387{,}902_{ten}$이 되었다.

아마도 해결책은 0을 채우는 대신에 부호 비트를 채우는 산술적(arithmetic) 우측 이동일 것이다. 실제로 -5_{ten}의 2비트 산술적 우측이동은 다음 값을 갖는다.

$11111111\ 11111111\ 11111111\ 11111111\ 11111111\ 11111111\ 11111111\ 11111110_{two}$

그러나 결과는 -1_{ten} 대신에 -2_{ten}가 되었다. 근접하지만 맞는 값이 아니다.

함정: 부동소수점의 덧셈은 결합법칙이 성립하지 않는다.

2의 보수 정수 덧셈을 연속적으로 할 때 그 과정에서 오버플로가 발생하더라도 결합법칙은 성립한다. 그러나 부동소수점 수는 실수의 근사치이고 컴퓨터 연산도 제한된 정밀도를 갖기 때문에 부동소수점 수에서는 성립하지 않는다. 부동소수점으로 표시될 수 있는 수 범위가 매우 크다고 가정하자. 문제는 부호가 다른 두 개의 매우 큰 수의 덧셈에 어떤 작은 수를 더할 때 발생한다. 예를 들어 $c + (a + b) = (c + a) + b$를 살펴보자. $c = -1.5_{ten} \times 10^{38}$, $a = 1.5_{ten} \times 10^{38}$, $b = 1.0$이고 모두 단일 정밀도를 갖는 실수라고 가정하자. 결과는 다음과 같다.

$$\begin{aligned} c + (a + b) &= -1.5_{ten} \times 10^{38} + (1.5_{ten} \times 10^{38} + 1.0) \\ &= -1.5_{ten} \times 10^{38} + (1.5_{ten} \times 10^{38}) \\ &= 0.0 \\ c + (a + b) &= (-1.5_{ten} \times 10^{38} + 1.5_{ten} \times 10^{38}) + 1.0 \\ &= (0.0_{ten}) + 1.0 \\ &= 1.0 \end{aligned}$$

부동소수점 수는 정밀도에 있어서 한계가 있고, 실제 결과의 근사값을 결과로 취한다. 따라서 $1.5_{ten} \times 10^{38}$은 1.0_{ten}보다 매우 커서 $1.5_{ten} \times 10^{38} + 1.0$은 여전히 $1.5_{ten} \times 10^{38}$이 된다. 이것이 부동소수점 덧셈의 순서에 따라서 a, b, c의 합이 0.0 또는 1.0이 나오는 이유이다. 따라서 $c + (a + b) \neq (c + a) + b$이다. 부동소수점 덧셈은 결합법칙이 성립하지 않는다.

오류: 정수 데이터 형에서 사용되는 병렬 수행 방식은 부동소수점 데이터 형에도 똑같이 적용된다.

프로그램은 일반적으로 병렬로 수행되는 것을 작성하기 전에 순차적 수행 버전이 작성된다. 따라서 두 버전이 같은 결과를 얻는가가 중요하다. 만약 같지 않으면, 병렬 버전이 문제가 있다고 생각할 수 있다.

이 방식은 컴퓨터 연산이 순차적 수행에서 병렬 수행으로 바뀌어도 결과에 영향을 미치지 않음을 가정한다. 즉 100만 개의 수를 더한다면 한 개의 프로세서를 사용한 것과 1000개의 프로세서를 사용한 것은 같은 결과를 얻게 될 것이다. 2의 보수법을 사용하는 정수이면 정수 덧셈은 결합법칙이 유효하므로 이 가정은 항상 옳다. 그러나 부동소수점 덧셈은 결합법칙이 성립하지 않으므로 이 가정은 옳지 않게 된다.

어떤 프로그램들이 같이 실행되느냐에 따라 병렬 컴퓨터의 운영체제 스케줄러가 프로세서 수를 다르게 할당하면 더 심각한 문제가 발생한다. 실행할 때마다 프로세서 수가 달라지면 매번 부동소수점 합 계산 순서가 달라져서, 같은 입력에 같은 프로그램이 수행되더라도 약간씩 다른 결과가 나오므로 이를 잘 모르는 병렬 프로그래머는 당황스러울 것이다.

이런 문제가 있으므로 부동소수점 수를 다루는 병렬 코드를 작성하는 프로그래머는 병렬 프로그램의 결과가 순차 프로그램과 똑같지 않을 때 이 값이 과연 믿을 만한 것인지 검증할 필요가 있다. 이러한 문제를 다루는 분야를 수치해석이라고 한다. LAPACK이나 SCALAPAK같이 순차형과 병렬형이 모두 검증된 수치 라이브러리가 널리 쓰이는 이유 중 하나가 이것 때문이다.

오류: 이론 수학자만이 부동소수점 연산의 정확성에 신경을 쓴다.

1994년도 11월 신문의 헤드라인(그림 3.26)들이 이 주장이 오류임을 보여 준다. 다음은 이 헤드라인의 실제 뒷이야기들이다.

Pentium은 매 단계마다 몫 비트 여러 개를 찾아내는 표준 부동소수점 나눗셈 알고리즘을 사용한다. 제수와 피제수의 최상위 비트들을 사용하여 몫의 다음 두 비트를 추측하는데, 이 추측은 −2, −1, 0, +1, +2를 갖고 있는 참조(lookup) 테이블에서 구한다. 이 추측값에 제수를 곱하고 이 값을 나머지에서 빼면 새 나머지가 구해진다. 비복원 나눗셈과 같이 이전의 추측이 너무 큰 나머지를 생성하면, 다음 단계에서 부분 나머지(partial remainder)를 조정한다.

Intel 엔지니어들은 80486의 참조 테이블에서 절대 사용되지 않을 것으로 생각한 항목이 다섯 개라고 생각하였다. Intel이 Pentium을 만들면서 이것을 2 대신 0이 되게 PLA를 최적화하였다. Intel이 오류를 범한 것이다. 결과 중 앞부분 11비트는 항상 맞지만, 12번째부터 52번째 비트 사이(십진수로 따지면 4번째부터 15번째 자리)에서 가끔씩 에러가 발생하였다.

버지니아 주 Lynchburg College의 수학교수 Thomas Nicely가 1994년 9월에 버그

그림 3.26 1994년 11월 *New York Times, San Jose Mercury News, San Francisco Chronicles, Infoworld*에 게재된 기사 모음. Pentium의 부동소수점 나눗셈 버그가 미국의 유명한 코미디 토크쇼인 *David Letterman Late Show*의 "Top 10 List"에 선정되었다. Intel은 버그가 있는 칩을 교체하기 위해 결국 3억 달러를 허비하였다.

를 발견하였다. Intel의 기술지원부에 전화를 했으나 공식적인 답변을 듣지 못하게 되자 그는 이 사실을 인터넷에 올렸다. 이 게시물이 전문잡지에서 큰 반향을 일으키자, Intel은 드디어 공식 발표를 하였다. Intel은 이 버그를 이론 수학자에게만 영향을 미칠 사소한 결함이라고 불렀다. 일반 스프레드시트 사용자는 27,000년에 한 번꼴로 에러가 발생할 것이라고 하였다. IBM 연구자들은 곧 일반 스프레드시트 사용자가 24일마다 한 번씩 이 에러를 보게 될 것이라고 주장하였다. Intel은 12월 21일 다음과 같은 발표를 하고 항복하였다.

> 우리 Intel은 최근 문제가 된 Pentium 프로세서의 하자 처리 과정을 깊이 사과합니다. Intel Inside 심벌은 당신의 컴퓨터가 성능과 가격 면에서 최고의 마이크로프로세서를 갖고 있음을 의미합니다. 수천 명의 Intel 엔지니어들은 이를 증명하기 위해 매우 열심히 일하고 있습니다. 그러나 그 어떤 마이크로프로세서도 완벽하지 않습니다. Intel은 기술적으로 매우 사소한 문제가 발생했다고 믿고 있습니다. Intel은 현재 출시 중인 Pentium 프로세서의 품질을 견고하게 유지하고 있지만, 많은 사용자들이 우려하고 있음을 알고 있습니

다. 우리는 이러한 우려를 해결하고자 합니다. Intel은 현재의 Pentium 프로세서를 오류가 없는 개선된 것으로 바꾸어 줄 것입니다. 요구하는 어느 누구에게나 컴퓨터의 수명이 다할 때까지 언제나 무료로 바꾸어 줄 것입니다.

증권가 애널리스트들은 이 리콜이 Intel에 5억 달러의 부담을 안겨 줄 것으로 예측하였고, Intel 직원들은 그해 크리스마스 보너스를 받지 못하였다.

이 이야기는 사람들에게 몇 가지를 생각하게 한다. Intel이 1994년도 7월에 버그를 수정하였다면 얼마나 더 절약할 수 있었겠는가? 손상된 Intel의 명예를 회복하려면 얼마가 들어야 할까? 마이크로프로세서처럼 널리 사용되고 많은 사람들이 의지하는 상품에 존재하는 버그를 공개하는 데 있어서 기업의 책임은 무엇인가?

3.11 결론

수 세기 동안 컴퓨터 연산은 표준화가 많이 진행되었으며 프로그램의 이식성 향상에 크게 기여하였다. 2의 보수법 이진 정수 연산은 오늘날 팔리는 모든 컴퓨터에서 사용되고 있다. 부동소수점 연산을 지원하는 컴퓨터에서는 IEEE 754 이진 부동소수점 연산이 사용된다.

컴퓨터 연산은 제한된 정밀도 때문에 종이와 연필을 사용하는 연산과는 다르다. 이 제한은 미리 정의된 수의 한계보다 더 큰 수나 더 작은 수가 발생할 경우에 잘못된 연산 결과를 갖게 된다. 오버플로나 언더플로라고 불리는 이 문제는 계획되지 않은 서브루틴 호출과 같이 위험한 상황에 해당되므로 예외나 인터럽트를 발생시키게 된다. 4장과 5장에서 예외를 더 자세히 살펴보기로 한다.

부동소수점 연산은 실제 값에 근사치를 사용하게 되므로, 선택된 값이 실제 값에 가장 가까운 표현임을 보장하기 위해 주의가 필요하다. 부동소수점 수의 부정확하고 제한된 표현 때문에 수치해석 분야가 생기게 되었다. 최근 **병렬처리**가 널리 사용됨에 따라 변화가 수치해석 분야를 새롭게 주목받게 하였다. 순차 컴퓨터에서 안전하다고 오랜 기간 동안 여겨진 해답이 병렬 컴퓨터에서 수행되는 빠른 알고리즘에서도 정확한 결과를 제공해야 하기 때문이다.

PARALLELISM

데이터 수준의 병렬성, 특히 서브워드 병렬성은 정수 또는 부동소수점 데이터에 산술연산이 집중적으로 사용되는 프로그램에서 더 높은 성능을 얻을 수 있도록 해 준다. 행렬 곱셈을 수행함에 있어 한 번에 4개의 부동소수점 연산을 수행하는 명령어를 사용하여 거의 4배의 성능 향상이 생기는 것을 보여 주었다.

LEGv8 core instructions	Name	Format	LEGv8 arithmetic core	Name	Format
add	ADD	R	multiply	MUL	R
subtract	SUB	R	signed multiply high	SMULH	R
add immediate	ADDI	I	unsigned multiply high	UMULH	R
subtract immediate	SUBI	I	signed divide	SDIV	R
add and set flags	ADDS	R	unsigned divide	UDIV	R
subtract and set flags	SUBS	R	floating-point add single	FADDS	R
add immediate and set flags	ADDIS	I	floating-point subtract single	FSUBS	R
subtract immediate and set flags	SUBIS	I	floating-point multiply single	FMULS	R
load register	LDUR	D	floating-point divide single	FDIVS	R
store register	STUR	D	floating-point add double	FADDD	R
load signed word	LDURSW	D	floating-point subtract double	FSUBD	R
store word	STURW	D	floating-point multiply double	FMULD	R
load half	LDURH	D	floating-point divide double	FDIVD	R
store half	STURH	D	floating-point compare single	FCMPS	R
load byte	LDURB	D	floating-point compare double	FCMPD	R
store byte	STURB	D	load single floating-point	LDURS	D
load exclusive register	LDXR	D	load double floating-point	LDURD	D
store exclusive register	STXR	D	store single floating-point	STURS	D
move wide with zero	MOVZ	IM	store double floating-point	STURD	D
move wide with keep	MOVK	IM			
and	AND	R			
inclusive or	ORR	R			
exclusive or	EOR	R			
and immediate	ANDI	I			
inclusive or immediate	ORRI	I			
exclusive or immediate	EORI	I			
logical shift left	LSL	R			
logical shift right	LSR	R			
compare and branch on equal 0	CBZ	CB			
compare and branch on not equal 0	CBNZ	CB			
branch conditionally	B.cond	CB			
branch	B	B			
branch to register	BR	R			
branch with link	BL	B			

그림 3.27 LEGv8 명령어 집합. 이 책은 좌측 열의 명령어에 집중한다. 이와 관련된 정보는 이 책의 첫 번째 페이지에 있는 LEGv8 Reference Data Card의 ①열과 ②열에서도 찾아볼 수 있다.

이 장에서 컴퓨터 연산에 대한 설명과 함께 많은 LEGv8 명령어 집합에 대한 설명도 추가하였다. 한 가지 혼란스러운 점은 이 장에서 사용된 명령어와 LEGv8 칩에서 수행되는 명령어 그리고 LEGv8 어셈블러가 받아들이는 명령어의 차이점이다. 두 개의 그림이 이를 명확하게 할 것이다.

그림 3.27은 2장과 3장에서 사용된 LEGv8 명령어들을 보여 주고 있다. 좌측의 명령어 집합은 LEGv8 코어(LEGv8 core)라고 칭하는 명령어이고, 우측의 명령어는

Core ARMv8	Name	Integer	Fl. pt.	Arithmetic core + ARMv8	Name	Integer	Fl. pt.
add	ADD	5.2%	3.5%	FP add double	FADDD	0.0%	10.6%
subtract	SUB	2.2%	0.6%	FP subtract double	FSUBD	0.0%	4.9%
add immediate	ADDI	6.0%	4.8%	FP multiply double	FMULD	0.0%	15.0%
subtract immediate	SUBI	3.0%	2.4%	FP divide double	FDIVD	0.0%	0.2%
add and set flags	ADDS	1.3%	0.3%	FP add single	FADDS	0.0%	1.5%
subtract and set flags	SUBS	12.0%	2.8%	FP subtract single	FSUBS	0.0%	1.8%
add immediate and set flags	ADDIS	0.4%	0.0%	FP multiply single	FMULS	0.0%	2.4%
subtract immediate and set flags	SUBIS	3.8%	0.4%	FP divide single	FDIVS	0.0%	0.2%
load register	LDUR	18.6%	5.8%	load word to FP double	LDURD	0.0%	17.5%
store register	STUR	7.6%	2.0%	store word to FP double	STURD	0.0%	4.9%
load half	LDURH	1.3%	0.0%	load word to FP single	LDURS	0.0%	4.2%
store half	STURH	0.1%	0.0%	store word to FP single	STURS	0.0%	1.1%
load byte	LDURB	3.7%	0.1%	floating-point compare double	FCMPD	0.0%	0.6%
store byte	STURB	0.6%	0.0%	multiply	MUL	0.0%	0.2%
move wide with zero	MOVZ	3.0%	0.5%	shift right arithmetic	ASR	0.5%	0.3%
move wide with keep	MOVK	0.3%	0.1%				
and	AND	0.2%	0.1%				
inclusive or	ORR	4.0%	1.2%				
exclusive or	EOR	0.4%	0.2%				
and immediate	ANDI	0.7%	0.2%				
inclusive or immediate	ORRI	1.0%	0.2%				
logical shift left	LSL	4.4%	1.9%				
logical shift right	LSR	1.1%	0.5%				
compare and branch on equal 0	CBZ	0.9%	2.1%				
compare and branch on not equal 0	CBNZ	0.9%	1.3%				
branch conditionally	B.cond	15.3%	0.6%				
branch to register	BR	1.1%	0.2%				
branch with link	BL	0.7%	0.2%				

그림 3.28 **SPEC CPU2006 정수와 부동소수점 벤치마크에 사용된 LEGv8 명령어의 빈도수.** 최소 0.2% 이상 사용된 모든 명령어를 표시하였다. 의사명령어는 수행 전에 LEGv8으로 바뀌어서 여기에는 보이지 않는다.

LEGv8 산술 코어(LEGv8 arithmetic core) 명령어이다.

그림 3.28은 SPEC CPU2006 정수와 부동소수점 벤치마크 프로그램에 사용된 LEGv8 명령어의 사용 빈도를 보여 준다. 수행된 명령어의 최소 0.2%를 넘는 모든 명령어가 표시되어 있다.

프로그래머와 컴파일러는 ARMv8의 더 다양한 선택사항을 사용할 수 있음에도 불구하고 LEGv8 코어 명령어가 정수 SPEC CPU2006 수행에서 주로 사용되었고, SPEC CPU2006 부동소수점 벤치마크에서도 정수 코어 및 산술 코어 명령어가 주로 사용되었음을 아래의 표에서 알 수 있다.

Instruction subset	Integer	Fl. pt.
LEGv8 core	98%	31%
LEGv8 arithmetic core	2%	66%
Remaining ARMv8	0%	3%

이 책의 나머지 부분에서는 컴퓨터 설계를 더 쉽게 설명하기 위해 곱셈과 나눗셈을 제외하고 정수 명령어 집합만을 고려하는 LEGv8 코어 명령어에만 집중하기로 한다. 보는 바와 같이 LEGv8 코어는 대부분의 자주 사용되는 LEGv8 명령어를 포함하고 있다. LEGv8 코어를 수행하는 컴퓨터를 이해하는 것만으로도 훨씬 더 복잡한 컴퓨터를 이해하는 데 충분한 기본을 제공해 줄 것이다. ARMv8, ARMv7, MIPS 등 어떤 명령어 집합과 명령어 크기를 사용한다고 하더라도 비트 패턴만으로는 어떤 의미가 없음을 주목하라. 같은 비트 패턴이 부호있는 정수, 부호없는 정수, 부동소수점 수, 문자열, 명령어 등등을 나타낼 수 있다. 내장 프로그램 컴퓨터에서는 비트 패턴에 의미를 부여하는 것은 연산이다.

3.12 역사적 고찰 및 참고문헌

Gresham's Law ("Bad money drives out Good") for computers would say, "The Fast drives out the Slow even if the Fast is wrong."

W. Kahan, *1992*

이 절에서는 von Neumann 시절로 돌아가 부동소수점 수의 역사를 살펴보고, 논쟁의 대상이 되었던 IEEE 표준화와 x86의 부동소수점을 위한 80비트 스택 구조의 원리를 살펴본다. 3.12절의 나머지 부분은 온라인 사이트에서 찾을 수 있다.

3.13 연습문제

Never give in, never give in, never, never, never—in nothing, great or small, large or petty—never give in.

Winston Churchill, address at Harrow School, 1941

3.1 [5] 〈§3.2〉 5ED4 − 07A4의 결과는 무엇인가? 이 두 수는 부호없는 16비트 16진수이다. 결과를 16진수로 구하고 계산 과정을 보여라.

3.2 [5] 〈§3.2〉 5ED4 − 07A4의 결과는 무엇인가? 이 두 수는 부호있는 16비트 16진수로 부호와 크기 표현방식으로 저장되어 있다. 결과를 16진수로 구하고 계산 과정을 보여라.

3.3 [10] 〈§3.2〉 5ED4를 이진수로 바꾸어라. 컴퓨터에서 값을 표현하기 위해 16진수가 매력적인 이유는 무엇인가?

3.4 [5] 〈§3.2〉 4365 − 3412의 결과는 무엇인가? 이 두 수는 부호없는 12비트 8진수이다. 결과를 8진수로 구하고 계산 과정을 보여라.

3.5 [5] 〈§3.2〉 4365 − 3412의 결과는 무엇인가? 이 두 수는 부호있는 12비트 8진수로 부호와 크기 표현방식으로 저장되어 있다. 결과를 8진수로 구하고 계산 과정을 보여라.

3.6 [5] 〈§3.2〉 185와 122가 부호없는 8비트 십진 정수라고 가정하라. 185 − 122를 계산하라. 오버플로 또는 언더플로인가? 아니면 둘 다 아닌가?

3.7 [5] 〈§3.2〉 185와 122가 각각 부호와 크기 표현방식으로 저장된 부호있는 8비트 십진 정수라고 가정하라. 185 + 122를 계산하라. 오버플로 또는 언더플로인가? 아니면 둘 다 아닌가?

3.8 [5] 〈§3.2〉 185와 122가 각각 부호와 크기 표현방식으로 저장된 부호있는 8비트 십진 정수라고 가정하라. 185 − 122를 계산하라. 오버플로 또는 언더플로인가? 아니면 둘 다 아닌가?

3.9 [10] 〈§3.2〉 151과 214를 각각 2의 보수 표현방식으로 저장된 부호있는 8비트 십진 정수라고 가정하라. 151 + 214를 포화 산술을 이용하여 계산하라. 결과는 십진수로 나타내야 한다. 계산 과정을 보여라.

3.10 [10] 〈§3.2〉 151과 214를 각각 2의 보수 표현방식으로 저장된 부호있는 8비트 십진 정수라고 가정하라. 151 − 214를 포화 산술을 이용하여 계산하라. 결과는 십진수로 나타내야 한다. 계산 과정을 보여라.

3.11 [10] 〈§3.2〉 151과 214를 부호없는 8비트 정수라고 가정하라. 151 + 214를 포화 산술을 이용하여 계산하라. 결과는 십진수로 나타내야 한다. 계산 과정을 보여라.

3.12 [20] 〈§3.3〉 그림 3.6에서 보인 것과 같은 표를 이용하고, 그림 3.3에서 설명한 하드웨어를 사용하여 8진수 부호없는 6비트 정수인 62와 12의 곱을 계산하라. 각 단계에서 각 레지스터의 내용들을 보여야 한다.

3.13 [20] 〈§3.3〉 그림 3.6에서 보인 것과 같은 표를 이용하고, 그림 3.5에서 설명한 하드웨어를 사용하여 16진수 부호없는 8비트 정수인 62와 12의 곱을 계산하라. 각 단계에서 각 레지스터의 내용들을 보여야 한다.

3.14 [10] ⟨§3.3⟩ 정수가 8비트 폭을 갖고 연산의 각 단계가 4단위시간이 걸릴 때 그림 3.3과 3.4에서 주어진 방식을 사용하여 곱셈을 수행하는 데 필요한 시간을 계산하라. 단계 1a에서 덧셈은 항상 수행되어 피승수가 더해지거나 또는 0이 더해진다고 가정하라. 또한 레지스터들은 이미 초기화(오직 곱셈 순환문을 수행하는 자체를 하는 데 얼마나 걸리는가를 세기만 한다)되었다고 가정하라. 만약 이것이 하드웨어에서 수행된다면, 피승수와 승수의 자리이동은 동시에 이루어질 수 있다. 만약 이것이 소프트웨어에서 진행되고 있다면, 그것들은 차례로 진행되어야 할 것이다. 각각의 경우에 대해 계산하라.

3.15 [10] ⟨§3.3⟩ 정수가 8비트 폭을 갖고 덧셈기가 4단위시간을 사용할 때, 본문에서 설명한 방식(31개의 덧셈기가 수직으로 쌓여 있는 구조)을 사용하여 곱셈을 수행하는 데 필요한 시간을 계산하라.

3.16 [20] ⟨§3.3⟩ 정수가 8비트 폭을 갖고 덧셈기가 4단위시간을 사용할 때, 그림 3.7에 주어진 방식을 이용하여 곱셈을 수행하는 데 필요한 시간을 계산하라.

3.17 [20] ⟨§3.3⟩ 본문에서 논의된 것처럼, 한 가지 가능한 성능 향상 방안은 실제 곱셈 대신에 자리이동과 덧셈을 하는 것이다. 예를 들면, 9 × 6은 (2 × 2 × 2 + 1) × 6으로 쓰일 수 있기 때문에 9 × 6을 6을 왼쪽으로 세 번 옮기고 나서 그 결과에 6을 더함으로써 계산할 수 있다. 자리이동과 덧셈/뺄셈을 이용하여 0 × 33 × 0 × 55를 계산하기 위한 최선의 방법을 보여라. 입력은 모두 8비트 부호없는 정수라고 가정하라.

3.18 [20] ⟨§3.4⟩ 그림 3.10에서 보인 것과 유사한 표를 이용하고, 그림 3.8에서 설명된 하드웨어를 사용하여 74 나누기 21을 계산하라. 각 단계에서 각 레지스터의 내용을 보여라. 두 입력은 부호없는 6비트 정수라고 가정하라.

3.19 [30] ⟨§3.4⟩ 그림 3.10에서 보인 것과 유사한 표를 이용하고, 그림 3.11에서 설명된 하드웨어를 사용하여 74 나누기 21을 계산하라. 각 단계에서 각 레지스터의 내용을 보여라. A와 B는 모두 부호없는 6비트 정수라고 가정하라. 이 알고리즘은 그림 3.9에서 보인 것과 약간 다른 방식을 요구한다. 이 방식이 어떻게 작동되는가를 이해하기 위하여 여러 방식을 고려하거나 또는 웹을 참조하라. (힌트: 한 가지 가능한 방법은 그림 3.11의 나머지 레지스터가 좌우 어느 방향으로도 이동될 수 있음을 이용하는 것이다.)

3.20 [5] ⟨§3.5⟩ 만약 2의 보수 표현방식의 정수라면 비트 패턴 `0 × 0C000000`은 어떤 십진수를 나타내는가? 만약 부호없는 정수라면?

3.21 [10] ⟨§3.5⟩ 만약 비트 패턴 0 × 0C000000이 명령어 레지스터에 있다면, 어떤 MIPS 명령어가 실행될 것인가?

3.22 [10] ⟨§3.5⟩ 만약 비트 패턴 0 × 0C000000이 부동소수점 수라면 어떤 십진수를 나타내는가? IEEE 754 표준을 이용하라.

3.23 [10] ⟨§3.5⟩ IEEE 754 표준의 단일 정밀도라고 가정하고 십진수 63.25의 이진 표현을 보여라.

3.24 [10] ⟨§3.5⟩ IEEE 754 표준의 2배 정밀도라고 가정하고 십진수 63.25의 이진 표현을 보여라.

3.25 [10] ⟨§3.5⟩ 단일 정밀도 IBM 형식을 사용하여 저장되었다고 가정하고 십진수 63.25의 이진 표현을 보여라. (기수 2 대신에 기수 16을 사용하고 7비트 지수를 사용한다.)

3.26 [20] ⟨§3.5⟩ DEC PDP-8(가장 왼쪽의 12비트가 2의 보수 표현방식으로 저장된 지수이고, 가장 오른쪽 24비트가 2의 보수 표현방식으로 저장된 유효자리)에 사용되는 것과 유사한 형식이라고 가정하고 -1.5625×10^{-1}을 표현하기 위한 이진 비트 패턴을 작성하라. 숨겨진 1은 사용되지 않는다. 이 36비트 패턴의 범위와 정확성이 IEEE 754 표준의 단일 정밀도 및 2배 정밀도와 어떻게 비교되는지 설명하라.

3.27 [20] ⟨§3.5⟩ IEEE 754-2008은 16비트 폭인 절반(half) 정밀도 형식을 포함한다. 가장 왼쪽 비트는 여전히 부호 비트이고, 지수는 5비트 폭을 가지고 바이어스는 15이며 유효자리는 10비트 길이를 갖는다. 숨겨진 1이 사용된다. 이 형식을 가정하여 비트 패턴 -1.5625×10^{-1}을 적어라. 이 16비트 부동소수점 형식의 범위와 정확성을 IEEE 754 표준의 단일 정밀도와 비교하라.

3.28 [20] ⟨§3.5⟩ Hewlett-Packard 2114, 2115, 2116은 가장 왼쪽 16비트가 2의 보수 표현방식으로 저장된 유효자리이고, 뒤에 16비트가 위치한다. 그중 왼쪽 8비트가 유효자리의 확장이고(유효자리를 24비트 길이로 만듦), 오른쪽 8비트가 지수를 나타낸다. 그러나 흥미로운 점은, 지수는 부호와 크기 표현방식으로 저장되며 부호 비트가 가장 오른쪽 비트에 위치한다는 점이다. 이 형식을 가정하고 -1.5625×10^{-1}의 비트 패턴을 구하라. 숨겨진 1은 사용되지 않는다. 이 32비트 패턴의 범위와 정확성을 IEEE 754 표준의 단일 정밀도와 어떻게 비교되는지 설명하라.

3.29 [20] 〈§3.5〉 다음의 두 수가 연습문제 3.27에서 설명된 16비트 절반(half) 정밀도 형식으로 저장되었다고 가정하고 2.65125×10^1과 $4.150390625 \times 10^{-1}$의 합을 손으로 계산하라. 1개의 보호 비트, 1개의 자리맞춤 비트, 1개의 점착 비트, 그리고 가장 가까운 짝수로의 자리맞춤을 사용하라. 각 단계에서 모든 내용을 보여라.

3.30 [30] 〈§3.5〉 다음의 두 수가 연습문제 3.27에서 설명된 16비트 절반(half) 정밀도 형식으로 저장되었다고 가정하고, -8.0546875×10^0과 $-1.79931640625 \times 10^{-1}$의 곱을 계산하라. 1개의 보호 비트, 1개의 자리맞춤 비트와 1개의 점착 비트 그리고 가장 가까운 짝수로의 자리맞춤을 사용하라. 모든 단계를 보여라. 그러나 연습문제 3.12에서 3.14까지 설명된 기술들을 이용하는 대신에 본문의 예제에서처럼 사람이 읽을 수 있는 형식으로 곱셈을 할 수 있다. 오버플로 또는 언더플로가 발생하는지 확인하여라. 연습문제 3.27에서 설명된 16비트 부동소수점 형식과 십진수 형식으로 답을 구하라. 당신의 결과는 얼마나 정확한가? 만약 계산기로 곱셈을 한다면 그것은 당신이 얻은 결과와 어떻게 비교되는가?

3.31 [30] 〈§3.5〉 8.625×10^1 나누기 -4.875×10^0을 손으로 계산하라. 답을 구하기 위해 필요한 모든 과정을 보여라. 1개의 보호 비트, 1개의 자리맞춤 비트와 1개의 점착 비트가 있음을 가정하고 필요하다면 그것들을 사용하라. 연습문제 3.27에서 설명된 16비트 부동소수점 형식과 십진수 형식으로 최종 답을 적고 만약 계산기를 사용한다면 십진수 결과를 계산기를 이용한 답과 비교하라.

3.32 [20] 〈§3.10〉 각 값들이 연습문제 3.27에서(그리고 본문에서도) 설명된 16비트 절반(half) 정밀도 형식으로 저장되었다고 가정하고 $(3.984375 \times 10^{-1} + 3.4375 \times 10^{-1}) + 1.771 \times 10^3$을 손으로 계산하라. 1개의 보호 비트, 1개의 자리맞춤 비트와 1개의 점착 비트를 사용하고 가까운 짝수로의 자리맞춤 방식을 가정하라. 모든 단계를 보이고, 답을 16비트 부동소수점 형식과 십진수로 적어라.

3.33 [20] 〈§3.10〉 각 값들이 연습문제 3.27에서(그리고 본문에서도) 설명된 16비트 절반(half) 정밀도 형식으로 저장되었다고 가정하고 $3.984375 \times 10^{-1} + (3.4375 \times 10^{-1} + 1.771 \times 10^3)$을 손으로 계산하라. 1개의 보호 비트, 1개의 자리맞춤 비트와 1개의 점착 비트를 사용하고 가까운 짝수로의 자리맞춤 방식을 가정하라. 모든 단계를 보이고, 답을 16비트 부동소수점 형식과 십진수로 적어라.

3.34 [10] 〈§3.10〉 연습문제 3.32와 3.33의 답에 근거하여 $(3.984375 \times 10^{-1} + 3.4375 \times 10^{-1}) + 1.771 \times 10^3 = 3.984375 \times 10^{-1} + (3.4375 \times 10^{-1} + 1.771 \times 10^3)$인가?

3.35 [30] 〈§3.10〉 각 값들이 연습문제 3.27에서(그리고 본문에서도) 설명된 16비트 절반(half) 정밀도 형식으로 저장되었다고 가정하고 $(3.41796875 \times 10^{-3} \times 6.34765625 \times 10^{-3}) \times 1.05625 \times 10^{2}$을 손으로 계산하라. 1개의 보호 비트, 1개의 자리맞춤 비트와 1개의 점착 비트를 사용하고 가까운 짝수로의 자리맞춤 방식을 가정하라. 모든 단계를 보이고, 답을 16비트 부동소수점 형식과 십진수로 적어라.

3.36 [30] 〈§3.10〉 각 값들이 연습문제 3.27에서(그리고 본문에서도) 설명된 16비트 절반(half) 정밀도 형식으로 저장되었다고 가정하고 $3.41796875 \times 10^{-3} \times (6.34765625 \times 10^{-3} \times 1.05625 \times 10^{2})$을 손으로 계산하라. 1개의 보호 비트, 1개의 자리맞춤 비트와 1개의 점착 비트를 사용하고 가까운 짝수로의 자리맞춤 방식을 가정하라. 모든 단계를 보이고, 답을 16비트 부동소수점 형식과 십진수로 적어라.

3.37 [10] 〈§3.10〉 연습문제 3.35와 3.36의 답에 근거하여 $(3.41796875 \times 10^{-3} \times 6.34765625 \times 10^{-3}) \times 1.05625 \times 10^{2} = 3.41796875 \times 10^{-3} \times (6.34765625 \times 10^{-3} \times 1.05625 \times 10^{2})$인가?

3.38 [30] 〈§3.10〉 각 값들이 연습문제 3.27에서(그리고 본문에서도) 설명된 16비트 절반(half) 정밀도 형식으로 저장되었다고 가정하고 $1.666015625 \times 10^{0} \times (1.9760 \times 10^{4} + -1.9744 \times 10^{4})$을 손으로 계산하라. 1개의 보호 비트, 1개의 자리맞춤 비트와 1개의 점착 비트를 사용하고 가까운 짝수로의 자리맞춤 방식을 가정하라. 모든 단계를 보이고, 답을 16비트 부동소수점 형식과 십진수로 적어라.

3.39 [30] 〈§3.10〉 각 값들이 연습문제 3.27에서(그리고 본문에서도) 설명된 16비트 절반(half) 정밀도 형식으로 저장되었다고 가정하고 $(1.666015625 \times 10^{0} \times 1.9760 \times 10^{4}) + (1.666015625 \times 10^{0} \times -1.9744 \times 10^{4})$을 손으로 계산하라. 1개의 보호 비트, 1개의 자리맞춤 비트와 1개의 점착 비트를 사용하고 가까운 짝수로의 자리맞춤 방식을 가정하라. 모든 단계를 보이고, 답을 16비트 부동소수점 형식과 십진수로 적어라.

3.40 [10] 〈§3.10〉 연습문제 3.38과 3.39의 답에 근거하여 $1.666015625 \times 10^{0} \times (1.9760 \times 10^{4} + -1.9744 \times 10^{4}) = (1.666015625 \times 10^{0} \times 1.9760 \times 10^{4}) + (1.666015625 \times 10^{0} \times -1.9744 \times 10^{4})$인가?

3.41 [10] 〈§3.5〉 IEEE 754 부동소수점 형식을 이용하여 –1/4을 나타내는 비트 패턴을 적어라. –1/4을 정확하게 나타낼 수 있는가?

3.42 [10] 〈§3.5〉 만약 −1/4을 4번 더하면 무엇을 얻는가? −1/4 × 4는 무엇인가? 그들은 같은 값을 갖는가? 그들은 어떤 값이 되어야 하는가?

3.43 [10] 〈§3.5〉 유효자리에 이진수를 사용하는 부동소수점 형식으로 1/3을 나타냈을 때, 유효자리 부분의 비트 패턴은? 이 부동소수점 형식은 24비트이고, 정규화는 하지 않는다고 가정하라. 이 표현은 정확한가?

3.44 [10] 〈§3.5〉 유효자리에 이진수 대신 이진화 십진 코드(Binary Coded Decimal, BCD)를 사용하는 부동소수점 형식으로 1/3을 나타냈을 때, 유효자리 부분의 비트 패턴은? 이 부동소수점 형식은 24비트이고, 정규화는 하지 않는다고 가정하라. 이 표현은 정확한가?

3.45 [10] 〈§3.5〉 유효자리에 2진수 대신에 15진수를 사용하는 부동소수점 형식으로 1/3을 나타냈을 때, 유효자리 부분의 비트 패턴은? (16진수는 기호 0–9, A–F를 사용한다. 15진수는 0–9와 A–E를 사용한다.) 부동소수점 형식은 24비트이고, 정규화는 하지 않는다고 가정하라. 이 표현은 정확한가?

3.46 [20] 〈§3.5〉 유효자리에 2진수 대신에 30진수를 사용하는 부동소수점 형식으로 1/3을 나타냈을 때, 유효자리 부분의 비트 패턴은? (16진수는 기호 0–9, A–F를 사용한다. 30진수는 0–9와 A–T를 사용한다.) 부동소수점 형식은 20비트이고, 정규화는 하지 않는다고 가정하라. 이 표현은 정확한가?

3.47 [45] 〈§§3.6, 3.7〉 아래의 C 코드는 입력 배열 `sig_in`에 대한 4개의 탭을 갖는 FIR 필터를 구현한 것이다. 모든 배열은 16비트 고정소수점 수이다.

```
for (i =3;i< 128; i+ +)
sig_out[i] = sig_in[i - 3] * f[0] + sig_in[i - 2] * f[1]
  + sig_in[i - 1] * f[2] + sig_in[i] * f[3];
```

SIMD 명령어와 128비트 레지스터를 갖는 프로세서에서 어셈블리어로 최적화된 코드를 작성한다고 가정하라. 자세한 명령어 집합을 모른다는 가정하에 서브워드 연산을 최대화하고 레지스터와 메모리 사이에 전송되는 데이터 양을 최소화하기 위해 이 코드를 어떻게 구현할지 간략하게 설명하라. 사용하는 모든 명령어에 대한 모든 가정을 기술하라.

스스로 점검하기 해답 §3.2(199쪽): 2.
§3.5(240쪽): 3.

4

프로세서

In a major matter, no details are small.

French Proverb

컴퓨터의 고전적인 다섯 가지 구성 요소

4.1 서론

1장에서 컴퓨터 성능은 세 가지 주요 요인 즉 명령어 개수, 클럭 사이클 시간, **명령어당 클럭 사이클 수**(CPI)에 의해 결정된다는 것을 알았다. 2장에서 살펴본 바와 같이 컴파일러와 명령어 집합 구조가 프로그램에 필요한 명령어 개수를 결정한다. 그러나 클럭 사이클 시간과 명령어당 클럭 사이클 수는 프로세서의 구현방법에 따라 결정된다. 이 장에서는 LEGv8 명령어 집합을 두 가지 다른 방법으로 구현하여 데이터패스와 제어 유닛을 완성시키려 한다.

이 장은 프로세서를 구현하는 데 사용되는 원리와 기법들에 대한 설명을 포함하고 있다. 이 절에서는 매우 추상적이고 단순한 개괄을 서술하며, 다음 절에서는 데이터패스를 만들고 LEGv8 같은 명령어 집합 구현에 충분한 프로세서의 간단한 버전을 구성한다. 이 장은 많은 부분을 조금 더 현실적인 **파이프라인** LEGv8 구현에 할애하고, 마지막으로 x86과 같이 좀 더 복잡한 명령어 집합을 구현하는 데 필요한 개념들을 발전시켜 나간다.

명령어에 대한 상위 수준 해독과 프로그램 성능에 대한 명령어의 영향을 이해하는 데 관심이 있는 독자들에게는 이 절과 4.5절이 파이프라이닝의 기본 개념을 제공하여 줄 것이다. 최근의 동향에 대해서는 4.10절에서 다루어지며, 4.11절은 Intel Core i7과 ARM Cortex-A53 마이크로프로세서를 다룬다. 4.12절에서는 명령어 수준 병렬성을 이용하여 3.9절의 행렬 곱셈의 성능을 어떻게 두 배 이상 증가시킬 수 있는지에 대해 다룬다. 이 같은 절들은 파이프라인 개념을 상위 수준에서 이해하는 데 충분한 지식을 제공한다.

프로세서와 그 성능을 좀 더 깊이 이해하는 데 관심이 있는 독자들은 4.3, 4.4, 4.6절이 유용할 것이다. 프로세서를 어떻게 만드는지에 관심 있는 독자들은 4.2, 4.7, 4.8, 4.9절 또한 공부해야 한다. 최신 하드웨어 설계에 관심 있는 독자들을 위해서 4.13절은 하드웨어 설계 언어와 CAD 도구가 하드웨어를 구현하는 데 어떻게 사용되는지, 또 파이프라인 구현을 서술하는 데 하드웨어 설계 언어가 어떻게 사용되는지에 대해 설명한다. 뿐만 아니라 파이프라인 하드웨어가 어떻게 실행되는지를 다수의 그림을 통해 보여 준다(이 장에서 사용하는 하드웨어 모델들은 저자가 만든 것으로 ARM이 승인한 구조를 의미하지는 않는다).

기본적인 LEGv8 구현

우리는 LEGv8 명령어 집합의 핵심 부분의 구현을 설계하려 하는데, 이 핵심 부분은 다음과 같다.

- 메모리 참조 명령어인 LDUR(load register unscaled)과 STUR(store register unscaled)
- 산술/논리 명령어인 ADD, SUB, AND, ORR
- CBZ(compare and branch on zero)와 마지막에 추가하는 B(branch) 명령어

이 부분집합은 정수형 명령어를 모두 포함하지는 않으며(예를 들면 자리이동, 곱하기, 나누기가 빠져 있음) 부동소수점 명령어는 하나도 포함하지 않는다. 그렇지만 데이터패스와 제어 유닛을 설계하는 데 사용되는 핵심 원리는 설명될 것이다. 나머지 명령어에 대한 구현 또한 거의 비슷하다.

구현을 살펴보면서 명령어 집합 구조가 구현의 많은 부분을 어떻게 결정하는지, 또 여러 가지 구현 전략이 클럭 속도와 CPI에 어떻게 영향을 미치는지 살펴볼 기회를 갖게 될 것이다. 1장에서 소개된 많은 주요 설계 원리들이 어떻게 적용되는지 구현을 통해서 알아볼 수 있다. 여기에는 "**간단하기 위해서는 규칙적인 것이 좋다**"와 같은 지침들이 포함된다. 이 장에서 LEGv8 명령어의 일부를 구현하는 데 사용되는 대부분의 개념은 고성능 컴퓨터에서부터 범용 마이크로프로세서 및 임베디드 프로세서에 이르기까지 다양한 종류의 컴퓨터를 만드는 데 쓰인다.

구현에 대한 개요

2장에서 정수형 산술/논리 명령어, 메모리 참조 명령어, 분기 명령어를 포함하는 핵심적인 LEGv8 명령어를 살펴보았다. 이러한 명령어를 구현하는 데 필요한 것의 대부분은 명령어가 어떤 명령어인지와 상관없이 동일하다. 모든 명령어의 첫 두 단계는 다음과 같이 동일하다.

1. **프로그램 카운터**(PC)를 프로그램이 저장되어 있는 메모리에 보내어 메모리로부터 명령어를 가져온다.
2. 읽을 레지스터를 선택하는 명령어 필드를 사용하여 하나 또는 두 개의 레지스터를 읽는다. LDUR과 CBZ 명령어는 레지스터 하나만 읽으면 되지만 대부분의 다른 명령어는 레지스터 두 개를 읽는다.

이 두 단계 이후에 명령어 실행을 끝내기 위해 필요한 행동들은 명령어 종류에 따라 달라진다. 다행히도 세 가지 명령어 종류(메모리 참조 명령어, 산술/논리 명령어, 분기 명령어)의 각 종류 내에서는 명령어가 무엇인지에 상관없이 필요한 행동들이 대부분 같다. LEGv8 명령어 집합의 단순함과 규칙적인 특성이 많은 종류의 명령어 실행을 비슷하게 만들어 줌으로써 구현을 단순화한다.

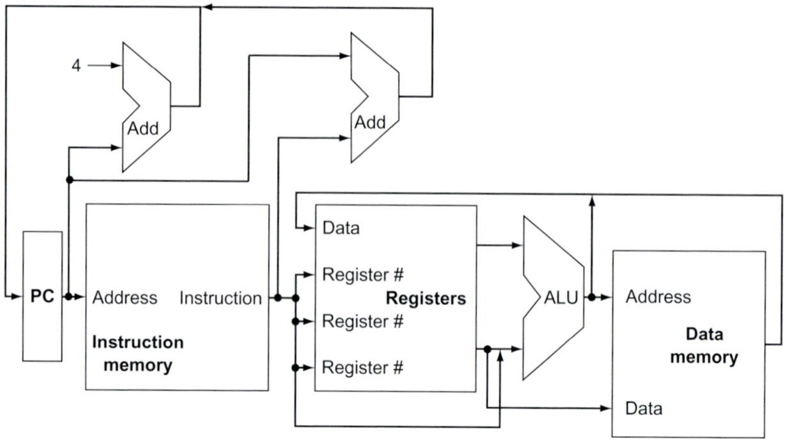

그림 4.1 LEGv8 부분집합 구현의 추상적 개관. 주요 기능 유닛과 그들 사이의 연결을 보여 주고 있다. 모든 명령어의 실행은 PC를 사용하여 명령어 메모리에 명령어 주소를 보내는 것으로 시작된다. 명령어를 가져온 후에는 명령어의 필드를 보면 명령어가 사용하는 레지스터 피연산자를 알 수 있다. 레지스터 피연산자를 읽어 오면, 메모리 주소를 계산하기 위하여(적재나 저장 명령어의 경우), 산술연산 결과를 구하기 위하여(정수 산술/논리 명령어의 경우), 또는 0인지 비교하기 위하여(분기 명령어의 경우) 피연산자들을 연산할 수 있다. 산술/논리 명령어이면 ALU 결과를 레지스터에 쓴다. 적재나 저장 명령어이면 ALU 결과를 메모리 주소로 사용하여 레지스터값을 저장하거나 레지스터에 적재할 값을 읽어 온다. ALU나 메모리에서 나온 결과는 레지스터 파일에 넣는다. 분기 명령어의 경우는 ALU 출력을 사용하여 다음 명령어 주소를 결정하게 되는데, 이 주소는 오른쪽 덧셈기에서(PC와 분기 변위가 더해진 값) 나오거나 왼쪽 덧셈기에서(현 PC에 4를 더한 값) 나온다. 그림에서 기능 유닛들을 연결하는 굵은 선은 버스를 표시하는데, 버스는 여러 개의 신호로 이루어진다. 화살표는 정보가 흐르는 방향을 독자가 알 수 있도록 하기 위해서 사용하였다. 신호선들이 교차할 수 있기 때문에 교차하는 신호선들이 연결되는 경우에는 점으로 표시하였다.

예를 들면 무조건 분기 명령어를 제외한 모든 명령어 종류가 레지스터를 읽은 후에는 ALU를 사용한다. 메모리 참조 명령어는 주소 계산을 위해 ALU를 사용하고, 산술/논리 명령어는 연산을 수행하기 위해서 ALU를 사용하고, 분기 명령어는 비교하기 위하여 사용한다. ALU를 사용한 후 명령어 실행을 끝내기 위해 필요한 동작은 명령어 종류에 따라 서로 다르다. 메모리 참조 명령어는 메모리를 접근할 것이다. 저장 명령어는 데이터를 기록하기 위하여 접근하고, 적재 명령어는 데이터를 읽기 위하여 접근한다. 산술/논리 명령어와 적재 명령어는 ALU나 메모리에서 온 데이터를 레지스터에 써야 한다. 마지막으로 분기 명령어의 경우에는 비교 결과에 따라서 다음 명령어의 주소를 바꿀 수도 있고, PC값을 4만큼 증가시켜 다음 명령어의 주소를 갖게 할 수도 있다.

그림 4.1은 LEGv8 구현을 상위 수준에서 본 그림으로서, 여러 기능 유닛과 그들 사이의 연결에 초점을 맞추고 있다. 프로세서 내의 데이터 흐름을 거의 다 보여 주고 있지만 명령어 실행에 중요한 두 가지 측면이 빠져 있다.

첫째로 그림 4.1에는 서로 다른 근원지에서 나온 데이터가 같은 유닛으로 가는 곳이 몇 군데 있다. 예를 들면 PC에 들어갈 값은 두 덧셈기 중 하나에서 나오고, 레지스터 파일에 쓰일 데이터는 ALU나 데이터 메모리에서 나오며, ALU의 두 번째 입력은 레지스터나 명령어의 수치 필드에서 나온다. 실제로는 이들 데이터 선을 단순히 그냥 연결할 수가 없다. 그러므로 다수의 근원지 중에서 하나를 선택하여 그것만을 목적지로 보내는 구성 요소를 추가하여야 한다. 이 같은 선택은 일반적으로 멀티플렉서(multiplexor)라 불리는 소자를 사용하여 이루어진다. 사실 이 구성 요소는 데이터 선택기(data selector)라는 것이 더 적절한 이름이다. 멀티플렉서는 제어선의 값에 따라 여러 개 입력 중에서 하나를 선택하는데 부록 A에서 멀티플렉서에 대해 설명한다. 제어선은 주로 실행 중인 명령어에서 나오는 정보에 따라서 설정된다.

둘째로 어떤 유닛들은 명령어 종류에 따라 다르게 제어되어야 하는데 이 부분이 빠져 있다. 예를 들어 데이터 메모리는 적재 명령어일 때는 읽기, 저장 명령어일 때는 쓰기를 해야 한다. 레지스터 파일은 적재 명령어나 산술/논리 연산 명령어일 때만 쓰기를 한다. 물론 ALU는 여러 가지 연산 중 하나를 수행해야 한다(부록 A에서 ALU의 상세 설계에 대해 설명한다). 이 동작들도 멀티플렉서처럼 명령어의 여러 필드값에 따라 정해지는 제어선에 의해 통제된다.

그림 4.2는 그림 4.1의 데이터패스에 주요 기능 유닛을 위한 제어선과 필요한 멀티플렉서 세 개를 추가한 그림이다. 제어 유닛은 기능 유닛들과 두 멀티플렉서의 제어선 값을 결정하는 데 사용하는 것으로, 명령어를 입력으로 한다. 맨 위쪽 멀티플렉서는 PC+4와 분기 목적지 주소 중 어느 것을 PC에 써야 할지 결정하는 것인데, ALU의 Zero 출력으로 제어된다. 이 출력은 `CBZ` 명령어에서 비교할 때에 사용된다. LEGv8 명령어 집합의 규칙성과 단순성은 간단한 디코딩 과정만으로 제어선의 값을 결정할 수 있게 하였다.

이 장의 나머지 부분에서는 이 그림의 세부 사항을 채워서 다듬으려고 한다. 그러려면 더 많은 기능 유닛을 추가하고 유닛 간의 연결을 늘려야 하며, 각 명령어 종류에 대해 어떤 행동을 취해야 할지 제어할 수 있도록 제어 유닛을 개선해야 한다. 4.3절과 4.4절에서는 모든 명령어에 대해 약간 긴 클럭 사이클 하나를 사용하고 그림 4.1과 4.2의 일반적인 모습을 따르는 단순한 구현에 대해 설명하겠다. 이 첫 번째 설계에서는 모든 명령어가 한 클럭 에지에서 실행을 시작해서 다음 클럭 에지에서 마치게 된다.

이 접근방법은 이해하기는 쉽지만 실용적이지는 못하다. 왜냐하면 클럭 사이클이 가장 느린 명령어를 수용할 수 있을 만큼 길어져야 하기 때문이다. 일단 이 단순한 컴퓨터의 제어를 설계한 후, 모든 복잡한 것(예외를 포함하여)을 다 갖춘 파이프라인 구현에 대해 알아볼 예정이다.

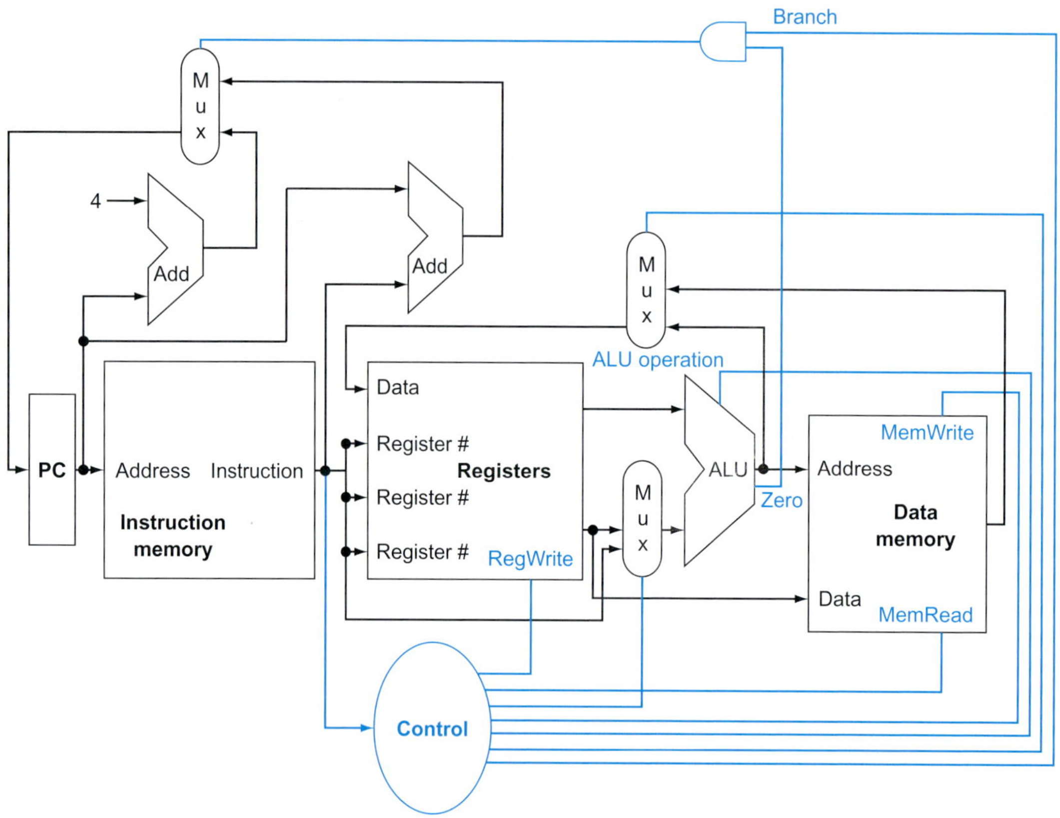

그림 4.2 **LEGv8 부분집합의 기본적 구현. 필요한 멀티플렉서와 제어선을 포함하고 있다.** 맨 위의 멀티플렉서(Mux)는 어떤 값(PC+4 또는 분기 목적지 주소)이 새 PC값이 될지를 결정한다. 멀티플렉서 자체는 ALU의 Zero 출력과 현재 명령어가 분기라는 것을 나타내는 제어선을 AND하는 게이트에 의해 제어된다. 가운데 멀티플렉서는 ALU 출력(산술/논리 명령어의 경우)과 데이터 메모리 출력(적재 명령어의 경우) 중에서 어느 것을 레지스터 파일에 쓸 것인가를 결정하는 것으로, 그 출력이 레지스터 파일로 연결된다. 아래쪽의 멀티플렉서는 ALU의 두 번째 입력을 레지스터에서(산술/논리 또는 분기 명령어의 경우) 받을 것인지 아니면 명령어의 변위 필드(적재 또는 저장 명령어)에서 받을 것이지를 결정하는 데 사용된다. 제어선들의 동작은 그림을 보면 쉽게 알 수 있다. ALU가 수행할 연산을 결정하고, 데이터 메모리가 읽기를 할지 쓰기를 할지, 레지스터에 쓰기를 할 것인지 말 것인지를 결정한다. 제어선들은 좀 더 알아보기 쉽게 파란색으로 표시하였다.

스스로 점검하기 그림 4.1과 4.2는 컴퓨터의 다섯 가지 구성 요소 중에서 몇 가지를 가지고 있는가?

4.2 논리 설계 관례

컴퓨터의 설계에 대하여 논의하기 위해서는 컴퓨터를 구현하고 있는 논리회로가 어떻게 동작하고 또 컴퓨터가 어떻게 클럭킹되는지를 결정해야 한다. 이 절에서는 이 장에서 많이 사용하게 될 디지털 논리의 핵심 아이디어 몇 가지를 되새겨 볼 것이다. 만약 디지털 논리회로에 대해 잘 알지 못하면 먼저 부록 A를 읽는 게 도움이 될 것이다.

LEGv8 구현에 쓰이는 데이터패스 요소는 두 가지 종류의 논리 소자들로 구성된다. 데이터값에만 동작하는 소자와 상태를 포함하는 소자가 그것이다. 데이터값에만 동작하는 소자는 모두 **조합소자**(combinational element)인데 그 의미는 그들의 출력이 현재의 입력에만 의존한다는 것이다. 조합소자는 같은 입력이 주어지면 항상 같은 출력을 낸다. 4.1절에서 보았던 ALU(부록 A에서 설명)가 조합소자이다. ALU는 내부 기억소자가 없기 때문에 주어진 입력에 대하여 항상 같은 출력을 낸다.

조합소자 AND 게이트나 ALU 같은 연산형 소자.

설계에 쓰이는 또 다른 종류의 소자들은 조합소자가 아니고 대신 **상태**(state)를 갖는다. 소자에 내부 기억장소가 있으면 상태를 갖게 된다. 이러한 소자들을 **상태소자**(state element)라고 부른다. 그 이유는 컴퓨터의 플러그를 뺐다 해도 플러그를 빼기 전에 소자가 가지고 있던 값들로 상태소자를 적재하면 다시 시작시킬 수 있기 때문이다. 더구나 상태소자들을 저장했다가 다시 복원한다면 컴퓨터가 꺼지지 않았던 것과 마찬가지다. 따라서 상태소자들은 컴퓨터를 완전히 특징짓는다. 그림 4.1의 명령어 메모리, 데이터 메모리 및 레지스터가 상태소자의 예이다.

상태소자 레지스터나 메모리 같은 메모리 소자.

상태소자는 적어도 두 개의 입력과 한 개의 출력을 갖는다. 꼭 있어야 되는 입력은 기록할 데이터와 클럭이다. 클럭 입력은 데이터값이 소자에 기록되는 시점을 결정한다. 상태소자의 출력은 이전 클럭 사이클에 기록된 값이다. 논리적으로 가장 간단한 상태소자 중 하나는 D형 플립플롭인데 이 D형 플립플롭(부록 A 참조)에는 두 개의 입력(데이터값과 클럭)과 하나의 출력이 있다. LEGv8 구현에는 플립플롭 말고도 두 가지 상태소자가 더 사용된다. 메모리와 레지스터가 그것으로 그림 4.1에서도 볼 수 있다. 상태소자에 언제 쓸 것인가는 클럭이 결정하지만, 상태소자의 값을 읽는 것은 언제라도 가능하다.

상태를 포함하는 논리소자들을 **순차회로**(sequential circuit)라 부르는데 이는 이들의 출력이 입력뿐만 아니라 내부 상태에도 의존하기 때문이다. 예를 들면 레지스터 파일의 출력은 입력되는 레지스터 번호와 전에 레지스터에 기록된 값 모두에 영향을 받는다. 부록 A에서는 조합소자와 상태소자의 동작과 구현에 대해 좀 더 상세하게 설명한다.

클럭킹 방법론

클럭킹 방법론(clocking methodology)은 신호를 언제 읽을 수 있고 언제 쓸 수 있는지를 정의한다. 읽기와 쓰기의 타이밍을 명시하는 것은 중요하다. 신호를 읽고 있는데 동시에 누군가가 새로운 값을 쓴다면, 읽은 값이 옛 값일 수도 있고 새로 쓴 값일 수도 있고 심지어는 두 값이 뒤섞인 것이 될 수도 있기 때문이다. 컴퓨터 설계는 이런 예측

클럭킹 방법론 데이터가 언제 올바른 값을 가지고 있고 안정된 값을 갖는지 클럭으로 결정하는 데 사용하는 방법.

불가능성을 용납하지 못한다. 클럭킹 방법론은 예측 가능성을 보장하기 위해 고안되었다.

에지 구동 클럭킹 모든 상태 변화가 클럭 에지에서 일어나는 클럭킹 방법.

단순화를 위해 **에지 구동 클럭킹**(edge-triggered clocking) 방법론을 가정한다. 에지 구동 클럭킹 방법론은 순차논리소자에 저장된 값은 클럭 에지에서만 바꿀 수 있다는 것을 의미한다. 클럭 에지란 그림 4.3에서 보듯이 낮은 값에서 높은 값 혹은 그 반대로의 빠른 변이를 말한다. 상태소자들만이 데이터값을 저장할 수 있기 때문에 모든 조합회로는 상태소자에서 입력을 받고 상태소자로 출력을 내보낸다. 입력은 이전 클럭 사이클에서 쓴 값이고 출력은 다음 클럭 사이클에서 사용할 수 있는 값이다.

그림 4.3은 일단의 조합회로를 둘러싸고 있는 두 개의 상태소자를 보여 주고 있다. 이 회로는 하나의 클럭 사이클에 동작한다. 즉 모든 신호가 상태소자 1에서 나와서 조합회로를 거쳐 상태소자 2까지 전달되는 데 하나의 클럭 사이클이 걸린다. 신호들이 상태소자 2에 도착하는 데 필요한 시간이 클럭 사이클의 길이를 정의하게 된다.

제어신호 멀티플렉서의 입력을 선택하거나 기능 유닛의 연산을 지시하기 위해 사용되는 신호. 기능 유닛에 의해 연산되는 정보를 가지고 있는 데이터 신호하고 대비된다.

인가된 신호가 논리적으로 높은 값(다른 말로는 참).

비인가된 신호가 논리적으로 낮은 값(다른 말로는 거짓).

매 클럭 에지마다 상태소자에 쓰기가 행해지는 경우는 앞으로 쓰기 **제어신호**(control signal)를 표시하지 않겠다. 반대로 상태소자가 매 클럭마다 갱신되는 것이 아니라면 쓰기 제어신호가 분명하게 표시되어야 한다. 클럭 신호와 쓰기 제어신호는 상태소자의 입력이며, 쓰기 제어신호가 인가되고 활성화 클럭 에지일 때만 상태소자가 변하게 된다.

'**인가된**(asserted)'이라는 용어는 논리적으로 높은 신호를 표시하며 '인가(assert)'라는 용어는 신호를 높은 값으로 만든다는 뜻이다. 논리적으로 낮은 값을 표시하기 위해서는 '비인가(deassert)' 또는 '**비인가된**(deasserted)'이라는 용어를 사용한다. 인가 혹은 비인가라는 용어를 사용하는 이유는 하드웨어를 구현할 때 때때로 1이 논리적으로 높은 값을 나타내기도 하고 때때로 1이 논리적으로 낮은 값을 나타내기도 하기 때문이다.

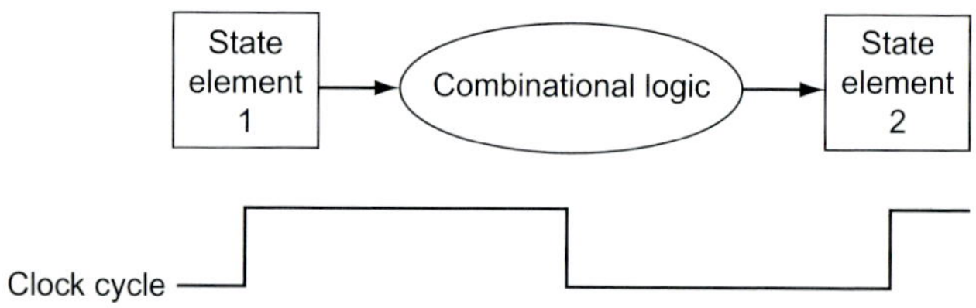

그림 4.3 조합논리회로, 상태소자, 클럭은 밀접하게 연관되어 있다. 동기식 디지털 시스템에서는 상태소자가 내부 저장장치에 언제 값을 쓸 것인지를 클럭이 결정하게 된다. 상태소자의 모든 입력은 활성화된 클럭 에지가 상태를 바꾸기 전에 안정된 값(즉 클럭 에지 후까지 변하지 않을 값에 도달하였음을 뜻한다)에 도달해야 한다. 이 장의 모든 상태소자(메모리도 포함)는 상향 에지 구동이라고 가정한다. 즉 모든 상태소자는 상향 클럭 에지에서 값이 바뀐다.

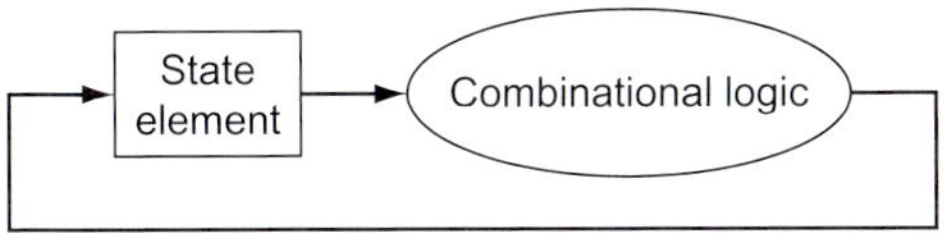

그림 4.4 에지 구동 방법론은 경쟁관계(race)를 발생시키지 않으면서 같은 클럭 사이클에 상태소자를 읽고 쓸 수 있게 해 준다. 경쟁관계가 발생하면 이상한 데이터값이 된다. 물론 활성화 클럭 에지에서는 입력값이 안정되도록 클럭 사이클이 충분히 길어야 한다. 상태소자가 에지 구동 방식이므로 1 클럭 사이클 내에서 피드백은 일어날 수 없다. 만약 피드백이 가능하다면 이 설계는 제대로 작동하지 못할 것이다. 이 장과 다음 장에서의 설계는 에지 구동 타이밍 방법론과 이 그림과 같은 구조를 사용한다.

그림 4.4에서 보는 바와 같이 에지 구동 방법론은 레지스터 내용을 읽고 그 값을 조합회로로 보내고 같은 레지스터에 쓰는 작업 모두가 한 클럭 사이클에 일어나는 것을 허용한다. 쓰기가 상향 클럭 에지에서 일어난다고 가정하든지 하향 클럭 에지에서 일어난다고 가정하든지 상관없다. 왜냐하면 조합회로에 대한 입력은 선택된 클럭 에지에서만 변하기 때문이다. 이 책에서는 상향 클럭 에지를 사용한다. 에지 구동 타이밍 방법론에서는 한 클럭 사이클 내에는 피드백(feedback)이 되지 않는다. 그러므로 그림 4.4의 회로는 제대로 동작한다. 부록 A에서는 다른 타이밍 방법론뿐만 아니라 추가적인 타이밍 제한조건(셋업시간과 홀드시간 같은)에 대해 간단하게 설명한다.

64비트 LEGv8이 취급하는 거의 모든 데이터가 64비트 폭을 갖기 때문에, 이 프로세서의 상태소자와 논리소자의 입력과 출력 폭은 거의 다 64비트이다. 어떤 입력이나 출력의 폭이 64비트가 아니면 반드시 이를 명시할 것이다. 그림에서 버스(bus)는 굵은 선으로 표시할 것이다. 버스는 폭이 2비트 이상인 신호들이다. 어떤 때는 여러 버스들을 합쳐서 더 넓은 버스를 만들기도 한다. 예를 들면 32비트 버스 두 개를 합하여 64비트 버스로 만들 수 있다. 이럴 경우에는 버스선에 레이블을 붙여서 더 넓은 버스를 만들기 위해 버스들을 합쳤다는 것을 명확하게 나타낸다. 소자 간의 데이터 흐름 방향을 명확히 하기 위하여 화살표를 붙이기도 한다. 끝으로 데이터를 운반하는 신호와 구별하기 위해 제어신호는 파란색으로 나타낸다. 이 같은 구분은 이 장을 진행해 나가면서 좀 더 명확해질 것이다 .

스스로 점검하기

참 또는 거짓: 레지스터 파일은 같은 클럭 사이클에 읽기와 쓰기가 모두 행해지기 때문에, 에지 구동 쓰기를 사용하는 모든 LEGv8 데이터패스는 레지스터 파일을 두 벌 이상 가지고 있어야 한다.

고난도: ARMv8 구조에 32비트 버전이 있는데, 당연히 대부분의 경로가 32비트 폭을 가지고 있다.

4.3 데이터패스 만들기

ABSTRACTION

데이터패스 구성 요소 프로세서 안에서 데이터를 가지고 연산하거나 데이터를 저장하는 기능 유닛. LEGv8 구현에서는 데이터패스 구성 요소에 명령어 메모리, 데이터 메모리, 레지스터 파일, ALU, 덧셈기 등이 포함된다.

프로그램 카운터(PC) 프로그램에서 실행 중인 명령어의 주소를 가지고 있는 레지스터.

데이터패스 설계를 시작하는 적당한 방법은 LEGv8 명령어 종류 각각을 실행하는 데 필요한 주요 구성 요소들을 살펴보는 것이다. 각 명령어들이 어떤 데이터패스 구성 요소들을 필요로 하는지 살펴보는 것으로 시작하자. 그 뒤 **추상화** 단계를 거쳐 깊이 들어가도록 하겠다. 데이터패스 구성 요소를 나타낼 때는 제어신호도 함께 나타내 보이겠다. 추상화를 사용하여 기초부터 설명을 시작하도록 한다.

그림 4.5a는 우리가 필요로 하는 첫 번째 구성 요소를 보여 주고 있다. 프로그램의 명령어를 저장하고 주소가 주어지면 해당 명령어를 보내 주는 메모리 유닛이다. 그림 4.5b는 프로그램 카운터(program counter, PC)를 보여 준다. 2장에서 본 바에 의하면 PC는 현재 명령어의 주소를 가지고 있는 레지스터이다. 끝으로 PC를 다음 명령어 주소로 증가시키는 덧셈기가 필요하다. 이 덧셈기는 조합회로이고 ALU(부록 A에서 상세히 설명한다)를 가지고 쉽게 만들 수 있다. ALU가 항상 덧셈을 하도록 제어선을 연결하기만 하면 된다. 이런 ALU는 영구히 덧셈기로 만들어져서 다른 ALU 기능은 수행할 수 없으므로 그림 4.5에서처럼 Add라는 레이블을 붙이도록 한다.

어느 명령어든지 실행하기 위해서는 메모리에서 명령어를 가져오는 것으로 시작해야 한다. 다음 명령어 실행을 준비하기 위해서 프로그램 카운터가 다음 명령어를 가리키도록 4만큼 증가시켜야 한다. 그림 4.5의 세 가지 구성 요소를 어떻게 합쳐서 명령어를 인출하고 PC를 증가시켜 다음 명령어의 주소를 구하는 데이터패스를 만드는지

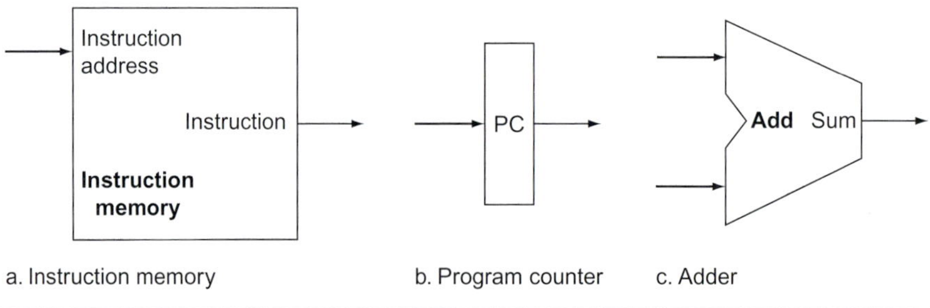

그림 4.5 명령어를 저장하고 접근하는 데 두 개의 상태소자가 필요하며, 다음 명령어의 주소를 계산하기 위해 덧셈기가 하나 필요하다. 상태소자는 명령어 메모리와 프로그램 카운터이다. 이 데이터패스는 명령어를 쓸 필요가 없기 때문에 명령어 메모리는 읽기 접근만 제공하면 된다. 명령어 메모리는 읽기 전용이므로 조합회로로 취급한다. 출력은 항상 입력 주소가 지정하는 위치의 내용을 나타내며 읽기 제어신호가 필요치 않다. (프로그램을 적재할 때 명령어 메모리에 쓰기를 할 필요가 있겠지만, 이 정도는 추가하기가 그리 어렵지 않으므로 단순화를 위해 무시한다.) 프로그램 카운터는 매 클럭 사이클 끝에 쓰기가 행해지는 64비트 레지스터이다. 따라서 쓰기 제어신호는 필요하지 않다. 덧셈기는 두 64비트 입력을 더해서 합을 출력으로 내보내는 일만 하도록 결선되어 있는 ALU이다.

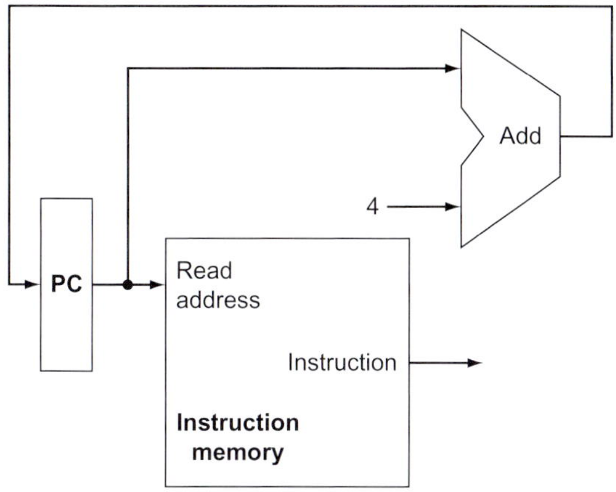

그림 4.6 명령어를 인출하고 프로그램 카운터를 증가시키는 데 사용하는 데이터패스의 일부분. 인출된 명령어는 데이터패스의 다른 부분에서도 쓰인다.

를 그림 4.6에 보였다.

이제 R-형식 명령어들을 생각해 보자(2.10절의 그림 2.21 참조). 모든 R-형식 명령어들은 두 개의 레지스터를 읽고 레지스터 내용에 ALU 연산을 수행하며 그 결과를 레지스터에 쓴다. 이러한 명령어들을 **R-형식 명령어** 또는 **산술/논리 명령어**라 부른다. 왜냐하면 이 명령어들은 산술연산이나 논리연산을 행하기 때문이다. 이 명령어 종류는 2장에서 소개된 `ADD`, `SUB`, `AND`, `ORR` 명령어를 포함하고 있다. 이러한 명령어의 전형적인 예는 `ADD X1, X2, X3`와 같다는 것을 상기하라. 이 명령어는 `X2`와 `X3`를 읽고 `X1`에 쓴다.

프로세서의 범용 레지스터 32개는 **레지스터 파일**(register file)이라고 하는 구조 속에 들어 있다. 레지스터 파일은 레지스터들을 모아 놓은 것인데, 파일 내의 레지스터의 번호를 지정하면 어느 레지스터라도 읽고 쓸 수가 있다. 레지스터 파일은 컴퓨터의 레지스터 상태를 갖고 있다. 레지스터에서 읽어 들인 값들을 연산하려면 ALU가 필요하다.

레지스터 파일 접근할 레지스터 번호를 지정함으로써 읽고 쓸 수 있는 레지스터들의 집합으로 구성된 상태 소자.

R-형식 명령어들은 레지스터 피연산자 세 개를 가지고 있기 때문에, 매 명령어마다 레지스터 파일에서 두 데이터 워드를 읽고 데이터 워드 하나를 써야 한다. 레지스터에서 데이터 워드를 읽기 위해서는 레지스터의 입력과 출력이 하나씩 필요하다. 읽을 레지스터 번호를 지정하는 입력과 레지스터에서 읽은 값을 내보내는 출력이다. 데이터 워드를 쓰기 위해서는 입력이 두 개 필요하다. 한 입력은 쓸 **레지스터 번호**를 지정하고 다른 입력은 레지스터에 쓸 **데이터값**을 제공한다. 레지스터 파일은 Read register 입력에 실리는 번호에 해당하는 레지스터의 내용을 항상 출력한다. 그러나 쓰기는 쓰기 제어신호에 의해 제어되므로 클럭 에지에서 쓰기가 일어나려면 이 제어신호가 인

가되어야 한다. 따라서 전체적으로 4개의 입력(레지스터 번호용 3개, 데이터용 1개)과 2개의 출력(모두 데이터용)이 필요하다. 그림 4.7a에 이를 보였다. 레지스터 번호 입력은 32개의 레지스터 중 하나를 지정해야 하므로 5비트 크기인 반면($32 = 2^5$), 데이터 입력과 데이터 출력 버스는 모두 64비트 폭을 가진다.

그림4.7b는 ALU를 보여 주고 있다. ALU는 64비트 입력 두 개를 받아서 64비트 결과와 결과가 0인지 아닌지를 나타내는 1비트 신호를 만든다. 4비트의 ALU 제어신호에 대해서는 부록 A에서 상세히 설명하겠다. ALU 제어신호가 어떻게 정해져야 하는지 알 필요가 있을 경우에 ALU 제어 유닛을 간략히 알아보도록 하겠다.

다음에는 LEGv8의 레지스터 적재(load register) 명령어와 레지스터 저장(store register) 명령어를 생각해 보자. 이 두 가지 명령어는 일반적으로 `LDUR X1, [X2, offset_value]` 또는 `STUR X1, [X2, offset_value]`와 같은 형식을 갖는다. 이 명령어들은 베이스 레지스터(여기서는 `X2`)와 명령어에 포함되어 있는 9비트 부호있는 변위 필드를 더하여 메모리 주소를 계산한다. 저장 명령어이면 저장할 값을 레지스터 파일에서 읽어 와야 하는데 이 값은 `X1`에 있다. 적재 명령어이면 메모리로부터 읽어 들인 값을 지정된 레지스터(`X1`)에 써야 한다. 따라서 그림4.7의 레지스터 파일과 ALU가 둘 다 필요하다.

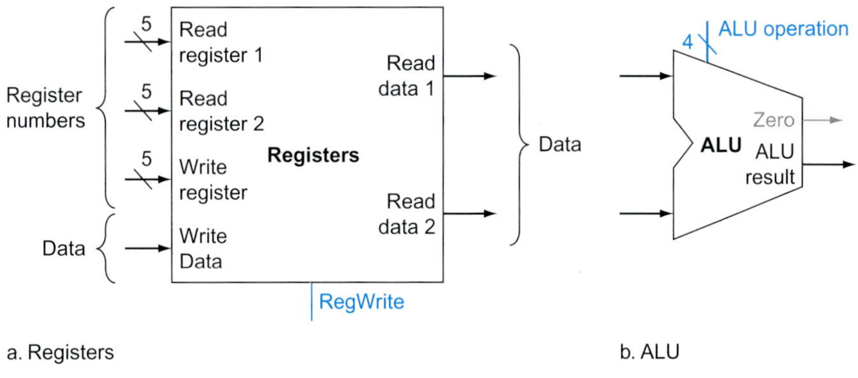

그림 4.7 R-형식 ALU 연산을 구현하는 데 필요한 두 개의 구성 요소는 레지스터 파일과 ALU이다. 레지스터 파일은 모든 레지스터를 포함하고 있으며 읽기 포트 두 개와 쓰기 포트 하나가 있다. 다중포트 레지스터 파일의 설계는 부록 A의 A.8절에서 다룬다. 레지스터 파일은 항상 Read register 입력이 지정하는 레지스터의 내용을 출력하므로 다른 제어 입력이 필요 없다. 반면에 레지스터 쓰기는 쓰기 제어신호를 인가하여 쓴다는 것을 명확히 표시하여야 한다. 쓰기는 에지 구동이기 때문에 모든 쓰기 입력(쓸 값, 레지스터 번호, 쓰기 제어신호)이 클럭 에지에서 유효해야 한다는 것을 잊지 말아야 한다. 레지스터 파일 쓰기는 에지 구동이므로 우리 설계에서는 한 클럭 사이클에 같은 레지스터를 읽고 쓸 수 있다. 읽기는 전 클럭 사이클에서 쓴 값을 가져오며 새로 써진 값은 다음 클럭 사이클에서 읽을 수 있다. 레지스터 번호 입력은 5비트이며, 데이터 선들은 64비트이다. ALU가 수행할 연산은 ALU operation 신호로 제어되는데 4비트이다. ALU는 부록 A에서 설계한 것을 사용한다. 조건부 분기를 구현할 때 ALU의 Zero 검출 출력을 사용하게 될 것이다.

그 외에도 명령어의 9비트 변위 필드 값을 64비트 부호있는 값으로 **부호확장**(sign extension)하기 위한 유닛이 필요하며 또 읽고 쓸 데이터 메모리가 필요하다. 데이터 메모리는 저장 명령어일 때만 쓰기를 해야 한다. 따라서 데이터 메모리는 읽기와 쓰기 제어신호, 주소 입력, 메모리에 쓸 데이터 입력이 필요하다. 그림4.8은 부호확장 유닛과 데이터 메모리를 보여 주고 있다.

부호확장 데이터의 크기를 증가시키기 위해 원래 데이터 값의 최상위 부호 비트를 폭이 더 큰 목적지 데이터 값의 상위 비트들에 복사하는 것.

`CBZ` 명령어는 0인지 아닌지 테스트할 레지스터 한 개와 19비트 변위의 두 피연산자를 갖는다. 변위는 분기 명령어 주소에 대한 상대적인 **분기 목적지 주소**(branch target address)를 계산하는 데 사용된다. 명령어 형태는 `CBZ X1, offset`이다. 이 명령어를 구현하기 위해서는 PC 값에다 명령어 변위 필드의 부호확장 값을 더해서 분기 목적지 주소를 계산해야 한다. 분기 명령어의 정의(2장 참조)에는 우리가 주의를 기울여야 하는 두 가지 점이 있다.

분기 목적지 주소 분기 명령어에 의해 지정되는 주소로서 분기가 일어난다면 새로운 PC값이 된다. LEGv8 구조에서 분기 목적지는 명령어의 변위 필드 값에 분기 명령어의 주소를 더한 값이 된다.

- 명령어 집합 구조는 분기 주소 계산의 베이스 주소가 분기 명령어의 주소라고 서술하고 있다.
- 구조는 또한 변위 필드는 2비트만큼 왼쪽 자리이동하여 워드 변위가 된다고 서술한다. 이렇게 함으로써 변위 필드의 유효 범위를 4배만큼 증가시킨다.

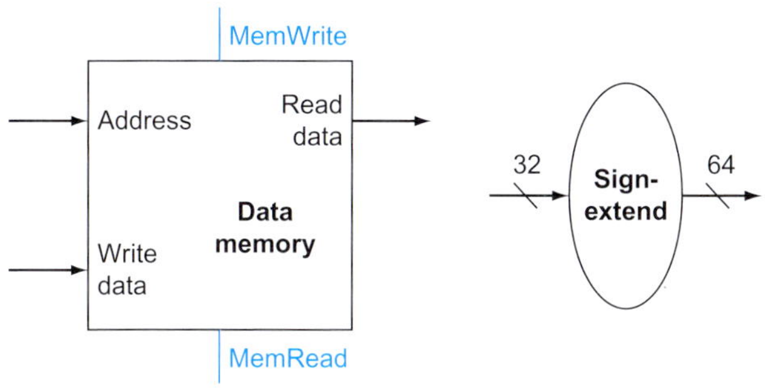

그림 4.8 그림 4.7의 레지스터 파일과 ALU 외에 적재와 저장 구현에 추가로 필요한 두 유닛은 데이터 메모리 유닛과 부호확장 유닛이다. 메모리 유닛은 입력 두 개(Address와 Write data)와 출력 한 개(Read data)를 갖는 상태소자이다. 읽기와 쓰기 제어신호가 따로 있지만 한 클럭에는 이들 중 하나만 인가될 수 있다. 레지스터 파일과는 달리 메모리 유닛은 읽기 신호가 필요하다. 5장에서 보게 되겠지만 올바르지 않은 주소의 값을 읽으면 문제를 일으킨다. 부호확장 유닛은 32비트 명령어를 입력으로 갖고 있는데 적재 명령어와 저장 명령어인 경우는 9비트 필드를, `CBZ` 명령어의 경우에는 19비트 필드를 선택하며 이는 64비트 부호있는 값으로 확장되어 출력에 나타난다(2장 참조). 데이터 메모리는 에지 구동 쓰기를 한다고 가정한다. 실제 표준 메모리 칩은 쓰기에 사용되는 쓰기 허가 신호(write enable signal)를 가지고 있다. 쓰기 허가 신호는 에지 구동이 아니지만, 본서의 에지 구동 설계를 실제 메모리 칩에서 동작하도록 조정하는 것은 쉽다. 실제 메모리 칩이 어떻게 동작하는지에 대한 더 많은 설명을 위해서는 부록 A의 A.8절을 참조하라.

두 번째 문제를 다루기 위해서는 변위 필드를 2비트 자리이동시켜야 한다.

분기가 일어났다 분기 조건이 만족되어서 분기 목적지 주소가 PC값이 된다. 무조건 분기 명령어는 모두 이 범주에 넣는다.

분기가 일어나지 않았다 분기 조건이 거짓이어서 분기 명령어 다음에 나오는 명령어의 주소가 PC값이 된다.

분기 목적지 주소를 계산하는 것 외에 실행할 다음 명령어가 뒤에 있는 명령어가 될지 아니면 분기 목적지 주소에 있는 명령어가 될지를 판단해야 한다. 조건이 사실일 때(즉 피연산자 값이 0일 때) 분기 목적지 주소가 새로운 PC값이 되며 **분기가 일어났다**(taken)라고 말한다. 피연산자 값이 0이 아니면 증가된 PC값이 새 PC값이 된다(다른 보통 명령어와 같이). 이 경우에는 **분기가 일어나지 않았다**(not taken)고 말한다.

따라서 분기 데이터패스는 분기 목적지 주소를 계산하고 레지스터 내용을 비교하는 두 가지 일을 해야 한다(분기는 데이터패스의 명령어 인출 부분에도 영향을 미치는데, 이 문제는 조금 뒤에 설명하겠다). 분기를 다루는 데이터패스 부분을 그림 4.9에 보였다. 분기 목적지 주소를 계산하기 위해서 분기 데이터패스는 부호확장 유닛(그림 4.8 참조)과 덧셈기를 포함한다. 비교를 수행하기 위해서는 레지스터 피연산자를 제공하기 위해서 그림4.7a와 같은 레지스터 파일이 필요하다(레지스터 파일에 쓸 필요

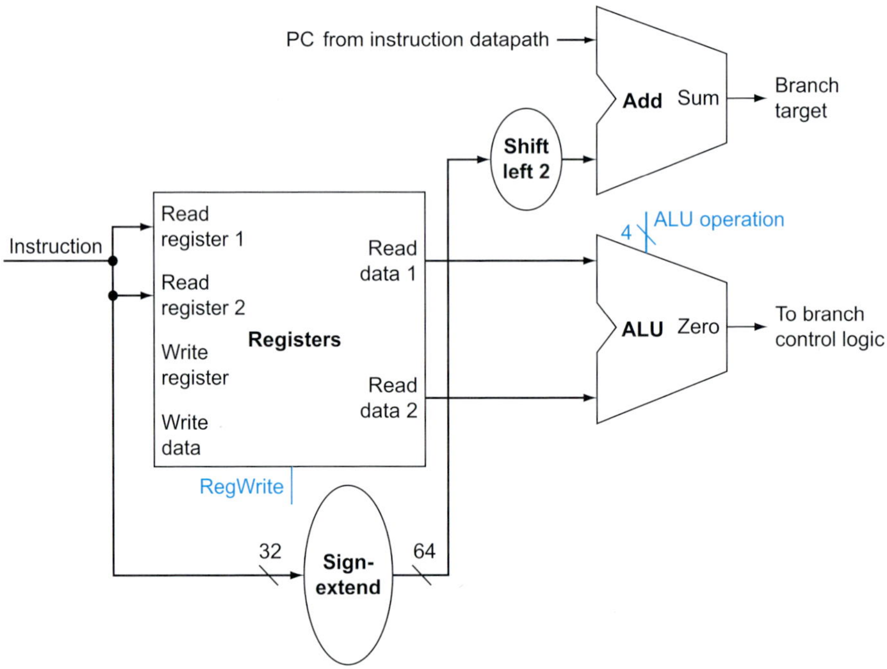

그림 4.9 분기 명령어를 위한 데이터패스는 ALU를 사용하여 분기 조건을 계산하고 별도의 덧셈기를 사용하여 분기 목적지 주소를 계산한다. 분기 목적지 주소는 PC값과 명령어의 19비트(분기 변위)를 부호확장하고 왼쪽으로 2비트 자리이동한 값의 합이다. Shift left 2라고 표시된 유닛은 부호확장된 변위 필드의 하위에 00_{two}를 덧붙이는 단순한 신호의 통로이다. 자리이동 값이 2비트로 고정되어 있기 때문에 실제적인 자리이동 하드웨어는 필요치 않다. 변위가 19비트를 부호확장한 것이므로 이 같은 자리이동은 복제된 부호 비트만 두 개 없애 버리게 된다. 제어 논리회로는 ALU의 Zero 출력을 보고 증가된 PC값과 분기 목적지 주소 중 어느 쪽이 PC에 들어가야 하는지를 결정한다.

는 없지만). 이 외에도 비교 연산은 ALU(부록 A에서 설계함)를 사용한다. ALU는 결과가 0인지를 나타내는 출력신호를 제공하기 때문에, 레지스터 피연산자를 제어신호와 함께 ALU에 보내게 된다. ALU의 Zero 신호가 인가되면 레지스터값이 0이라는 것을 알 수 있다. Zero 출력은 연산 결과가 0인지를 항상 표시하지만, 우리는 조건부 분기 명령어의 비교 테스트를 구현하기 위해서만 사용하도록 한다. 데이터패스에서 사용하려면 ALU 제어신호를 정확히 어떻게 연결해야 하는지는 나중에 보여 주겠다.

분기(branch) 명령어는 명령어의 하위 26비트를 2비트만큼 왼쪽으로 자리이동한 값을 PC에다 더하게 된다. 2장에서 설명한 바와 같이 이 자리이동은 분기 변위 뒤에 00만 덧붙이면 된다.

단일 데이터패스 만들기

이제까지 각각의 명령어 종류에 필요한 데이터패스 구성 요소에 대하여 알아보았다. 이제 이 데이터패스 구성 요소들을 하나로 묶고 여기에 제어를 첨가함으로써 구현을 완성하고자 한다. 가장 간단한 데이터패스는 모든 명령어를 한 클럭 사이클에 실행하도록 시도하는 것이다. 이것은 어느 데이터패스 자원도 명령어당 두 번 이상 사용될 수 없음을 의미한다. 따라서 두 번 이상 사용할 필요가 있는 구성 요소는 필요한 만큼 여러 개를 두어야 한다. 그러므로 데이터 메모리와는 별도로 명령어 메모리가 필요한 것이다. 몇몇 기능 유닛은 복제할 필요가 있지만, 많은 구성 요소들은 서로 다른 명령어 흐름들이 공유하여 사용할 수 있다.

두 개의 다른 명령어 종류들이 데이터패스 구성 요소를 공유하기 위해서는 그 구성 요소의 입력에 여러 개의 연결을 허용해야 하며, 멀티플렉서와 제어신호를 사용해서 그 입력들 중 하나를 선택해야 한다.

데이터패스 구축

예제

산술/논리(R-형식) 명령어 데이터패스와 메모리 명령어 데이터패스는 매우 비슷하나 다음과 같은 점이 다르다.

- 산술/논리 연산 명령어는 ALU를 사용하는데, 입력은 두 레지스터에서부터 온다. 메모리 명령어 역시 주소를 계산하기 위하여 ALU를 사용하지만, ALU의 두 번째 입력은 명령어의 9비트 변위 필드를 부호확장한 값이다.
- 목적지 레지스터에 저장되는 값은 ALU에서(R-형식 명령어인 경우) 오거나 메모리에서(적재 명령어의 경우) 온다.

메모리 참조 명령어와 산술/논리 연산 명령어를 실행하는 데이터패스를 만들되 레지스터 파일 하나와 ALU 하나를 사용하여 두 종류의 명령어를 처리하도록 하라. 단 멀티플렉서는 필요한 경우 얼마든지 사용해도 괜찮다.

답

레지스터 파일 하나와 ALU 하나만을 사용하는 데이터패스를 만들기 위해서는 두 번째 ALU 입력에 두 종류의 다른 근원지를, 그리고 레지스터에 저장할 데이터 입력에도 두 개의 다른 근원지를 연결할 수 있어야 한다. 따라서 ALU 입력에 멀티플렉서 하나, 그리고 레지스터 파일의 데이터 입력에 멀티플렉서 하나를 설치해야 한다. 그림 4.10에 합쳐진 데이터패스를 보였다.

이제 명령어 인출을 위한 데이터패스(그림 4.6)와 R-형식 명령어와 메모리 명령어를 위한 데이터패스(그림 4.10), 분기 명령어를 위한 데이터패스(그림 4.9)를 하나로 합쳐서 LEGv8 구조를 위한 단순화된 데이터패스를 만들 수 있다. 그림 4.11은 이렇게 분리된 조각들을 합쳐서 만든 데이터패스를 보여 주고 있다. 분기 명령어는 주 ALU를 레지스터 피연산자 테스트에 사용하므로 분기 목적지 주소 계산을 위해서는 그림 4.9의 덧셈기가 있어야 한다. 또한 PC에 들어갈 값으로 순차적인 다음 명령어 주소(PC + 4)와 분기 목적지 주소 중 하나를 선택하기 위해 또 다른 멀티플렉서가 필요하다.

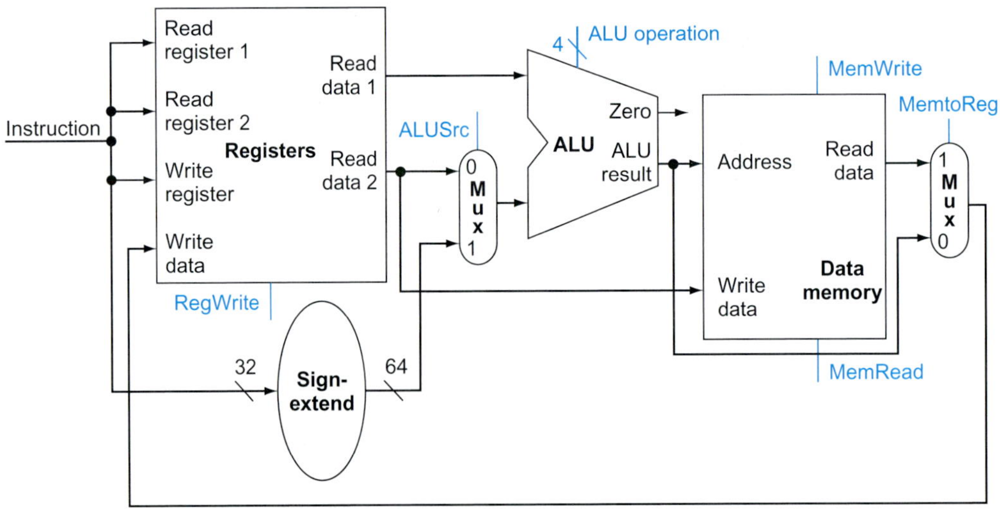

그림 4.10 메모리 명령어와 R-형식 명령어를 위한 데이터패스. 이 예는 그림 4.7과 4.8의 데이터패스에 멀티플렉서를 추가하여 어떻게 단일 데이터패스를 만드는지 보여 주고 있다. 예제에서 설명한 바와 같이 두 개의 멀티플렉서가 필요하다.

스스로 점검하기

I. 다음 중 어느 것이 적재 명령어에 맞는 말인가? 그림 4.10을 참조하라.

a. 메모리에서 읽은 데이터를 레지스터 파일로 보내기 위해서는 MemtoReg가 1이 되어야 한다.

b. 올바른 레지스터 목적지를 레지스터 파일로 보내기 위해서는 MemtoReg가 1이 되어야 한다.

c. 적재 명령일 때는 MemtoReg 값이 어떻게 되든지 상관없다.

II. 이 절에서 개념적으로 설명한 단일 사이클 데이터패스는 명령어 메모리와 데이터 메모리를 따로따로 가져야 한다. 왜냐하면

a. LEGv8에서는 데이터와 명령어의 형식이 다르기 때문에 다른 메모리가 필요하다.

b. 메모리를 따로따로 갖는 것이 싸게 먹힌다.

c. 프로세서가 명령어를 한 사이클에 실행하는데, 단일 포트의 메모리로는 한 사이클에 두 개의 서로 다른 접근을 할 수 없다.

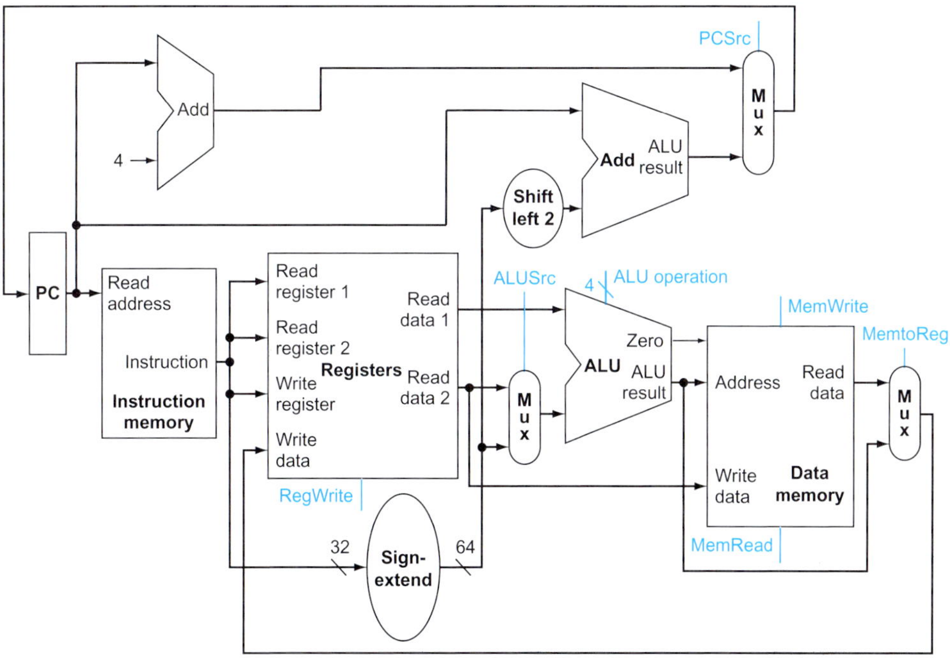

그림 4.11 LEGv8 구조를 위한 단순한 데이터패스는 서로 다른 명령어 종류가 사용하는 구성 요소들을 합친 것이다. 구성 요소는 그림 4.6, 4.9, 4.10에서 볼 수 있다. 이 데이터패스는 기본 명령어들(레지스터 적재/저장, ALU 연산, 분기)을 한 클럭 사이클에 실행할 수 있다. 분기 명령어를 포함하기 위해서는 추가의 멀티플렉서가 필요하다. 무조건 분기 명령어를 지원하는 부분은 나중에 추가하겠다.

이와 같은 단순화한 데이터패스를 완성하였으니 이제는 제어 유닛을 덧붙여야 할 때다. 제어 유닛은 필요한 입력들을 받아들여 각 상태소자의 쓰기 신호, 각 멀티플렉서의 선택 신호, 그리고 ALU 제어신호를 만들어 내야 한다. ALU 제어 유닛은 여러 가지 면에서 다르기 때문에, 이것을 먼저 설계하고 나머지는 그 다음에 하는 것이 바람직하다.

고난도: 부호확장 유닛은 데이터 전송 명령어인 경우 명령어의 비트 20:12의 9비트 필드를 부호확장하여야 하며 조건부 분기 명령어의 경우에는 명령어 비트 23:5의 19비트 필드를 부호확장하여야 한다. 입력은 32비트 명령어 전체이기 때문에 명령어의 opcode 비트를 보고 알맞은 필드를 선택할 수 있다. LEGv8의 경우 opcode 비트 26이 데이터 전송 명령어의 경우에는 0이고 조건부 분기 명령어의 경우에는 1이다. 따라서 비트 26이 부호확장 유닛 안에 있는 2:1 멀티플렉서를 제어하여 비트 26이 0이면 9비트 필드를, 1이면 19비트 필드를 선택하도록 할 수 있다.

4.4 단순한 구현

이 절에서는 앞의 LEGv8 부분집합을 가장 간단히 구현한다면 어떤 형태가 될지 알아본다. 4.3절의 데이터패스에 단순한 제어 기능을 추가하여 단순한 구현을 만들고자 한다. 이 단순한 구현은 LDUR(load register), STUR(store register), CBZ(compare and branch zero), 및 산술/논리연산 명령어인 ADD, SUB, AND, ORR 명령어를 포함한다. 차후에 무조건 분기 명령어(B)를 포함하도록 설계를 확장할 예정이다.

ALU 제어

LEGv8 ALU(부록 A 참조)는 제어 입력 4개를 사용하는 다음 6개 조합을 정의하고 있다.

ALU 제어선	기능
0000	AND
0001	OR
0010	add
0110	subtract
0111	pass input b
1100	NOR

ALU는 명령어 종류에 따라 첫 5가지 기능 중 하나를 수행하게 된다(NOR는 우

리가 구현하는 명령어에는 포함되지 않는 다른 LEGv8 명령어에서 사용될 수 있다). LDUR, STUR 명령어인 경우에는 메모리 주소를 계산하기 위한 덧셈용으로 ALU를 사용한다. R-형식 명령어의 경우에는 명령어 11비트 opcode 필드값에 따라서 4가지 연산(AND, OR, subtract, add) 중 하나를 수행하게 된다(2장 참조). CBZ 명령어의 경우 ALU는 레지스터 입력값을 그냥 통과시킨다.

명령어의 opcode 필드와 ALUOp라 불리는 2비트 제어 필드를 입력으로 하는 조그만 제어 유닛을 만들어서 4비트 ALU 제어 입력을 발생시킬 수 있다. ALUOp는 ALU가 수행해야 할 연산을 표시한다. 적재나 저장 명령어의 경우에는 덧셈(00), CBZ의 경우에는 입력 b 전달(01), R-형식 명령어의 경우에는 opcode 필드에서 지정하는 연산(10)이 된다. ALU 제어 유닛의 출력은 4비트 신호인데 이 4비트 신호는 앞서 말한 4비트 조합 중 하나를 만들어 냄으로써 ALU를 직접 제어한다.

그림 4.12는 2비트 ALUOp 제어와 11비트 opcode를 사용하여 어떻게 ALU 제어 입력을 만드는지 보여 준다. 주 제어 유닛이 어떻게 ALUOp 신호를 만드는지는 이 장 뒷부분에서 설명하겠다.

주 제어 유닛이 ALUOp 비트를 생성하고 ALU 제어 유닛은 이것을 입력으로 받아서 ALU를 제어하는 실제 신호를 만들어 내는 이런 다단계 디코딩은 많이 쓰이는 구현 기법이다. 다단계 제어를 사용하면 주 제어 유닛의 크기를 줄일 수 있다. 또한 여러 개의 작은 제어 유닛을 사용하면 제어 유닛의 속도를 증가시킬 수도 있다. 제어 유닛의 속도가 클럭 사이클 시간에 큰 영향을 미치는 경우가 많으므로 이러한 최적화는 중요하다.

2비트 ALUOp 필드와 11비트 opcode 필드를 4비트의 ALU 연산 제어 비트로 사

Instruction	ALUOp	Instruction operation	Opcode field	Desired ALU action	ALU control input
LDUR	00	load register	XXXXXXXXXXX	add	0010
STUR	00	store register	XXXXXXXXXXX	add	0010
CBZ	01	compare and branch on zero	XXXXXXXXXXX	pass input b	0111
R-type	10	ADD	10001011000	add	0010
R-type	10	SUB	11001011000	subtract	0110
R-type	10	AND	10001010000	AND	0000
R-type	10	ORR	10101010000	OR	0001

그림 4.12 ALU 제어 비트들은 ALUOp 제어 비트와 R-형식 명령어의 opcode값에 의해 결정된다. 첫 번째 열에 표시된 명령어가 ALUOp 비트값을 결정한다. 모든 인코딩은 이진수로 표시하였다. ALUOp 값이 00이나 01일 때 해당 ALU 동작은 opcode 필드에 영향을 받지 않는다는 것을 기억하라. 이 경우에 opcode값에 대해 "don't care"라고 말하며 opcode 필드는 XXXXXXXXXXX로 표시된다. ALUOp가 10일 때는 opcode 값이 ALU 제어 입력을 결정하는 데 쓰인다. 부록 A 참조.

상시키는 방법에는 여러 가지가 있다. opcode 필드가 가질 수 있는 값 2048개 중에서 극소수만이 사용되고 그것도 opcode 필드는 ALUOp 비트가 10_{two}일 때만 사용되기 때문에, 가능한 값들 중에서 일부만을 인식하고 적당한 ALU 제어 신호를 만들어 내는 조그만 논리회로를 사용할 수 있다.

진리표 입력이 가질 수 있는 모든 값을 나열하고 각 경우의 출력값을 보이는 논리 연산 표현방법.

이 논리회로를 설계하는 단계로서 opcode 필드와 ALUOp 비트의 관심 있는 조합에 대한 진리표를 만드는 것이 도움이 된다. 이것을 그림 4.13에 보였다. 이 진리표(truth table)는 이 같은 두 가지 입력 필드값에 따라 4비트 ALU 제어값이 어떻게 설정되는지를 보여 주고 있다. 완전한 진리표는 매우 클 뿐만 아니라(2^{13} = 8192개) 많은 입력값에 대해 ALU 제어값이 전혀 상관없기(don't care) 때문에, ALU 제어가 반드시 특정한 값을 가져야 하는 경우만을 표시하였다. 출력이 모두 0이나 don't care인 엔트리는 빼고 출력이 1이 되어야 하는 엔트리만을 진리표에 나타내는 이 방법을 이 장 끝날 때까지 계속 사용할 것이다(이 방법은 단점이 있는데, 부록 C의 C.2절에서 설명한다).

don't care 항 출력이 모든 입력값에 의존하지는 않는 논리 함수의 요소. don't care 항은 여러 가지 방법으로 표시될 수 있다.

일부 입력값에 대해서는 관심이 없는 경우가 많으며 표는 작게 유지하는 것이 좋으므로 don't care 항을 사용한다. 이 진리표의 don't care 항(입력 열에 X로 표시)은 출력이 이 열에 해당하는 입력과는 상관없다는 것을 의미한다. 예를 들면 그림 4.13의 첫 번째 행처럼 ALUOp 비트값이 00이면 opcode값에 상관없이 ALU 제어신호가 0010이 된다. 이 경우 이 행의 opcode 입력은 don't care가 된다. 나중에 다른 종류의 don't care 항의 예를 보게 될 것이다. 만약 don't care 항 개념에 익숙하지 않으면 부록 A를 참조하라.

일단 진리표가 만들어지면, 이를 최적화하고 그 다음에 게이트로 바꾼다. 이 절차는 완전히 기계적이다. 따라서 마지막 단계는 여기서 설명하지 않고 부록 C의 C.2절에서 그 과정과 결과를 설명한다.

ALUOp		Opcode field											Operation
ALUOp1	ALUOp0	I[31]	I[30]	I[29]	I[28]	I[27]	I[26]	I[25]	I[24]	I[23]	I[22]	I[21]	
0	0	X	X	X	X	X	X	X	X	X	X	X	0010
X	1	X	X	X	X	X	X	X	X	X	X	X	0111
1	X	1	0	0	0	1	0	1	1	0	0	0	0010
1	X	1	1	0	0	1	0	1	1	0	0	0	0110
1	X	1	0	0	0	1	0	1	0	0	0	0	0000
1	X	1	0	1	0	1	0	1	0	0	0	0	0001

그림 4.13 4비트 ALU 제어신호(Operation이라 불림)를 위한 진리표. 입력은 ALUOp와 opcode 필드이다. ALU 제어가 인가되어야 하는 엔트리만을 보였다. don't care 항들이 몇 개 늘어났다. 예를 들어 ALUOp는 입력값 11을 사용하지 않는다. 따라서 진리표에서 10과 01 대신 1X와 X1을 사용할 수 있다. opcode 11비트를 모두 보여 주고 있는데, R-형식 명령어의 경우에 서로 다른 값을 갖는 비트들은 비트 30, 29, 24이다. 따라서 ALU 제어 입력으로 11비트 모두 필요한 게 아니고 이 세 개의 opcode 비트들만 필요하다.

Field	opcode		Rm	shamt	Rn	Rd
Bit positions	31:21		20:16	15:10	9:5	4:0

a. R-type instruction

Field	1986 or 1984	address	0	Rn	Rt
Bit positions	31:21	20:12	11:10	9:5	4:0

b. Load or store instruction

Field	180	address	Rt
Bit positions	31:24	23:5	4:0

c. Conditional branch instruction

그림 4.14 세 종류의 명령어(R-형식, 적재와 저장, 조건부 분기 명령어)는 세 가지 명령어 형식을 사용한다. 무조건 분기 명령어는 다른 형식을 사용하는데 이에 대해서는 곧 설명할 것이다. (a) R-형식 명령어의 명령어 형식. 이 명령어들은 세 개의 레지스터 피연산자 Rn, Rm, Rd를 가진다. Rn, Rm 필드는 근원지 레지스터들을 나타내고 Rd는 목적지 레지스터를 나타낸다. ALU 기능은 opcode 필드에서 표시되며, 앞에서 설명한 ALU 제어 유닛에 의해 해독된다. 우리가 구현하는 R-형식 명령어는 `ADD`, `SUB`, `AND`, `ORR`이다. `Shamt` 필드는 자리이동을 위해서만 사용되므로 이 장에서는 무시한다. (b) 적재(opcode = 1986_{ten})와 저장(opcode = 1984_{ten}) 명령어를 위한 명령어 형식. 레지스터 Rn은 베이스 레지스터로서 9비트 주소 필드와 더해져서 메모리 주소를 만든다. 적재 명령어의 경우 Rt는 값을 적재할 목적지 레지스터이다. 저장 명령어의 경우 Rt는 근원지 레지스터이며 그 레지스터의 값은 메모리에 저장된다. (c) `CBZ`(opcode = 180_{ten}) 명령어를 위한 명령어 형식. 레지스터 Rt는 0인지 아닌지 검사할 근원지 레지스터이다. 19비트 주소 필드는 부호확장되고, 자리이동된 후 PC에 더해져서 분기 목적지 주소를 만든다.

주 제어 유닛의 설계

이제까지 opcode와 2비트 신호를 제어 입력으로 사용하는 ALU를 어떻게 설계하는가를 설명해 왔는데 이제는 나머지 제어 유닛을 살펴보도록 하자. 그림 4.11의 데이터패스에 필요한 명령어 필드와 제어선들을 알아내는 것으로 이 과정을 시작하자. 명령어 필드들을 데이터패스에 연결하는 방법을 이해하기 위해서는 세 가지 명령어 종류, 즉 R-형식 명령어, 분기 명령어, 적재/저장 명령어 종류의 형식을 다시 살펴보는 것이 효과적일 것이다. 이들 명령어 형식은 그림 4.14에 나타나 있다.

우리가 앞으로 사용할 명령어 형식에 대해 몇 가지 눈여겨볼 점이 있다.

opcode 명령어의 연산과 형식을 나타내는 필드.

- **opcode** 필드는 폭이 6비트 또는 11비트로서 비트 31:26 혹은 비트 31:21에서 찾을 수 있다.
- 첫 번째 레지스터 피연산자는 비트 9:5(Rn)에 있는데, R-형식 명령어에서는 근원지 레지스터, 적재/저장 명령어에서는 베이스 레지스터로 사용된다.
- 다른 레지스터 피연산자는 두 곳 중 하나에 있다. R-형식 명령어에서는 비트 20:16(Rm)에 있고 적재 명령어에서는 비트 4:0(Rt)에 있다. 적재 명령어는 이 레지스터에 값을 써넣는다. `CBZ` 명령어의 경우는 0인지 테스트할 레지스터 번

호가 Rt 필드에 들어간다. 따라서 명령어의 어느 필드를 읽을 레지스터 번호로 사용할지 선택하기 위하여 멀티플렉서를 추가해야 한다.

- 다른 피연산자 하나는 CBZ 명령어의 19비트 변위나 적재/저장 명령어의 9비트 변위이다.
- R-형식 명령어의 목적지 레지스터(Rd)와 적재 명령어의 목적지 레지스터(Rt)는 비트 4:0에 있다.

2장의 첫 번째 설계 원칙인 "간단하기 위해서는 규칙적인 것이 좋다"는 여기에서 제어를 명시하는 데도 잘 들어맞는다.

위의 정보를 이용하여 단순한 데이터패스에 명령어 레이블과 또 다른 멀티플렉서(레지스터 파일의 Read register 2 번호 입력을 위하여)를 추가한다. 그림 4.15는 이 같은 추가 이외에도 ALU 제어 블록, 상태소자용 쓰기 신호, 데이터 메모리용 읽기 신호, 멀티플렉서용 제어신호를 보여 주고 있다. 모든 멀티플렉서는 두 개의 입력을 가지고 있기 때문에 멀티플렉서는 하나의 제어선을 필요로 한다.

그림 4.15에는 1비트 제어선 7개와 2비트 ALUOp 제어신호 하나가 있다. ALUOp

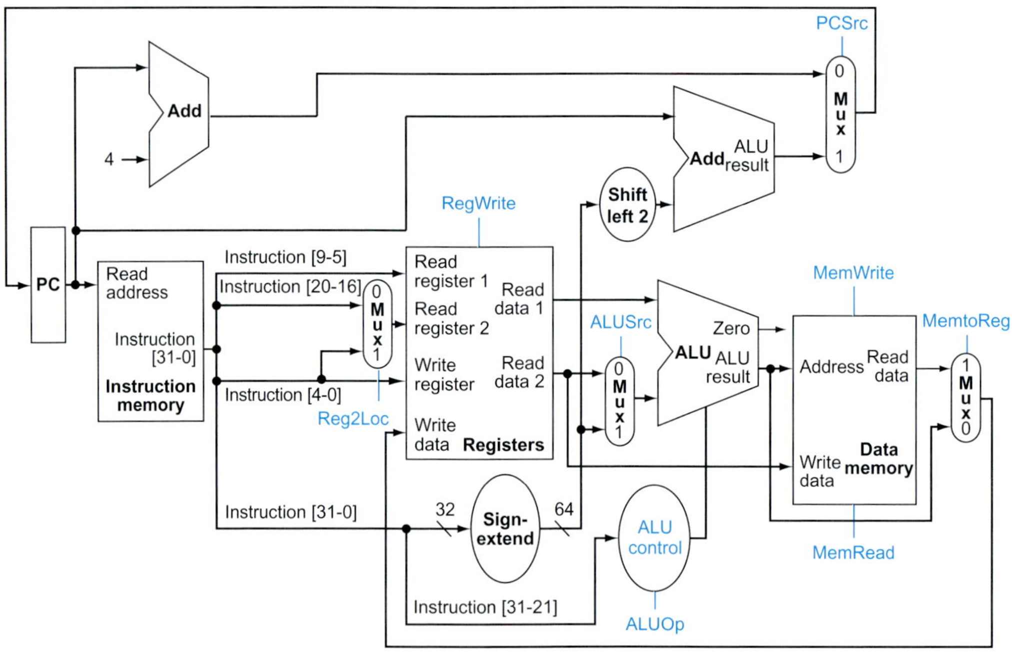

그림 4.15 그림 4.11의 데이터패스에 모든 필요한 멀티플렉서와 제어선을 표시하였다. 제어선들은 파란색으로 표시되었고 ALU 제어 블록이 추가되었다. PC는 매 클럭 사이클 끝에서 한 번씩 쓰기가 행해지므로 쓰기 제어신호가 필요하지 않다. 분기 제어회로는 PC에 증가된 PC값을 쓸 것인지 분기 목적지 주소를 쓸 것인지 결정한다.

신호이름	인가되지 않은 경우(0)	인가된 경우(1)
Reg2Loc	Read register 2를 위한 레지스터 번호가 Rm 필드(비트 20:16)로부터 온다.	Read register 2를 위한 레지스터 번호가 Rt 필드(비트 4:0)로부터 온다.
RegWrite	아무 일도 생기지 않는다.	Write register 입력이 지정하는 레지스터에 Write data 입력값을 쓴다.
ALUSrc	레지스터 파일의 두 번째 출력(Read data 2)이 ALU의 두 번째 피연산자가 된다.	부호확장된 명령어의 하위 16비트가 ALU의 두 번째 피연산자가 된다.
PCSrc	PC+4가 새로운 PC값이 된다.	분기 목적지 주소가 새로운 PC값이 된다.
MemRead	아무 일도 생기지 않는다.	Address 입력이 지정하는 데이터 메모리 내용을 Read data 출력으로 내보낸다.
MemWrite	아무 일도 생기지 않는다.	Address 입력이 지정하는 데이터 메모리 내용을 Write data 입력값으로 바꾼다.
MemtoReg	ALU 출력이 레지스터의 Write data 입력이 된다.	데이터 메모리 출력이 레지스터의 Write data 입력이 된다.

그림 4.16 7개 제어신호의 기능. 입력이 두 개인 멀티플렉서의 1비트 제어신호가 인가되면 멀티플렉서는 1번 입력을 선택한다. 그렇지 않고 제어가 인가되지 않으면 멀티플렉서는 0번 입력을 선택한다. 상태소자는 모두 클럭을 입력으로 가지고 있으며 클럭은 쓰기를 제어하는 데 사용된다는 것을 기억하라. 상태소자 외부에서 클럭을 연결하면 타이밍 문제를 일으킬 수 있다(이 문제에 대한 깊이 있는 논의는 부록 A를 참조하라).

제어신호의 동작은 이미 정의하였으므로, 명령어를 실행할 때 나머지 7개 제어신호들의 값을 어떻게 설정할지 결정하기 전에 이 제어신호들이 무슨 일을 하는지 정의하는 것이 좋을 것 같다. 그림 4.16은 이 7개 제어선의 기능을 설명하고 있다.

제어선 각각의 기능에 대하여 살펴보았으니 이제는 제어선들의 값을 어떻게 할지 알아보자. 제어 유닛은 제어신호 중 하나를 제외한 나머지 모두를 명령어의 opcode 필드만 보고 결정할 수 있다. PCSrc 제어선만은 예외이다. 실행 중인 명령어가 `CBZ`이며(제어 유닛이 판단할 수 있음) 동시에 ALU의 Zero 출력이 참일 경우에만 PCSrc가 인가되어야 한다. PCSrc 신호를 만들려면 제어 유닛에서 나오는 Branch 신호와 ALU의 Zero 신호를 AND해야 한다.

이들 9개 제어신호들은(그림 4.16의 7개와 ALUOp 두 비트) 제어 유닛의 입력 신호(opcode 비트 31:21)에 따라서 결정된다. 제어 유닛과 제어신호가 나와 있는 데이터패스는 그림 4.17에 있다.

제어 유닛에 대한 수식이나 진리표를 작성하기 전에 제어 기능을 간략하게 정의하는 것이 유익하다. 제어신호의 값은 opcode에만 의존하기 때문에, 각각의 opcode값에 대해 각 제어신호가 0, 1, don't care(X) 중 어느 값이 되어야 하는지를 정의한다. 그림 4.18은 제어신호들이 각각의 opcode에 대해 어떤 값이 되어야 하는지를 나타낸다. 이 같은 정보는 그림 4.12, 4.16, 4.17로부터 곧바로 얻을 수 있다.

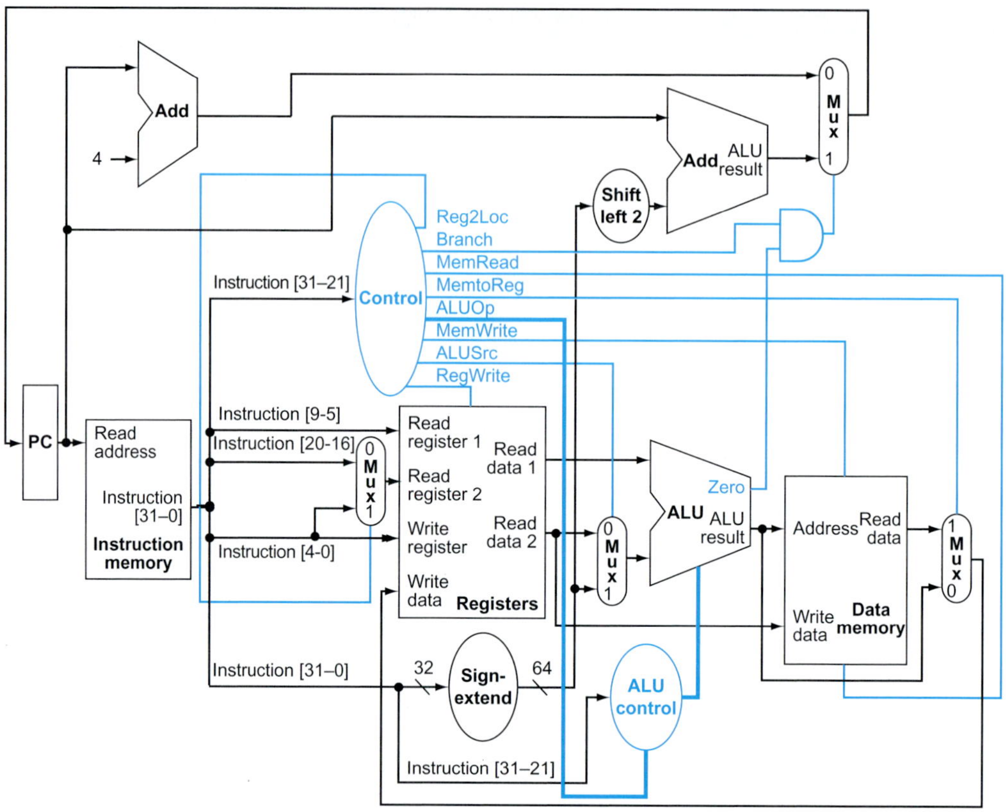

그림 4.17 제어 유닛이 있는 간단한 데이터패스. 제어 유닛의 입력은 명령어의 11비트 opcode 필드이다. 제어 유닛의 출력은 멀티플렉서를 제어하는 데 쓰이는 세 개의 1비트 신호(Reg2Loc, ALUSrc, MemtoReg), 레지스터 파일 읽기와 데이터 메모리에서 읽고 쓰는 것을 제어하기 위한 3개의 신호(RegWrite, MemRead, MemWrite), 분기할지 말지를 판단하는 데 쓰이는 1비트 신호(Branch), ALU를 위한 2비트 제어신호(ALUOp)이다. 분기 제어신호와 ALU의 Zero 출력을 결합하는 데 AND 게이트를 사용한다. 이 AND 게이트 출력은 다음 PC값을 선택하는 데 쓰인다. PCSrc는 제어 유닛으로부터 직접 나오는 값이 아니고 만들어야 되는 신호이다. 따라서 다음 그림부터는 이 신호 이름을 빼 버린다.

데이터패스의 동작

그림 4.16과 4.18에 포함된 정보를 가지고 제어 유닛의 논리회로를 설계할 수 있다. 그러나 설계에 들어가기 전에 각각의 명령어가 데이터패스를 어떻게 사용하는지를 살펴보자. 다음 몇 개의 그림에서 세 가지 명령어 종류들이 데이터패스를 통과하는 흐름을 보인다. 각각의 그림에서 인가된 제어신호와 활성화된 데이터패스 구성 요소는 진하게 표시하였다. 제어가 0인 멀티플렉서는 비록 제어선이 진하게 표시되지 않더라도 분명한 동작을 취한다는 점에 유의하라. 여러 비트로 된 제어신호들은 그 중 어느 하나라도 인가되면 진하게 표시하였다.

Instruction	Reg2Loc	ALUSrc	MemtoReg	RegWrite	MemRead	MemWrite	Branch	ALUOp1	ALUOp0
R-format	0	0	0	1	0	0	0	1	0
LDUR	X	1	1	1	1	0	0	0	0
STUR	1	1	X	0	0	1	0	0	0
CBZ	1	0	X	0	0	0	1	0	1

그림 4.18 제어신호들의 값은 명령어의 opcode 필드에 의해 완전히 결정된다. 표의 첫 행은 R-형식 명령어(ADD, SUB, AND, ORR)의 경우이다. 이들 모든 명령어의 근원지 레지스터 필드는 Rn, Rm이고 목적지 레지스터 필드는 Rd이다. 이 사실에서 ALUSrc와 Reg2Loc 값이 결정된다. 또 R-형식 명령어는 레지스터에 쓰기를 하지만(RegWrite = 1), 데이터 메모리를 읽거나 쓰지는 않는다. Branch 제어신호가 0일 때 PC는 무조건 PC + 4로 바뀐다. Branch가 1이고 ALU의 Zero 출력이 1이면 PC에 분기 목적지 주소가 들어간다. R-형식 명령어의 경우 ALUOp 필드가 10_{two}이 되어서 opcode 필드를 보고 ALU 제어신호를 만들어야 한다는 것을 나타낸다. 이 표의 두 번째 행과 세 번째 행은 LDUR와 STUR를 위한 제어신호 값을 보여 준다. ALUsrc와 ALUOp 값은 주소 계산에 적합하게 정해진다. MemRead와 MemWrite는 메모리 접근을 할 수 있도록 설정된다. 끝으로 Reg2Loc와 RegWrite는 적재 명령어가 결과를 Rt 레지스터에 저장할 수 있게 정해진다. 분기의 경우 ALUOp 필드는 0인지 검사하기 위해 입력 b 전달(ALUOp = 01)이 되도록 설정된다. RegWrite 신호가 0일 때는 MemtoReg 값이 무엇이 되든 상관없음에 주목하라. 레지스터에 쓰지를 않으므로 Write data 입력값은 사용되지 않기 때문이다. 따라서 표의 마지막 두 행의 MemtoReg 항은 don't care를 표시하는 X가 된다. LDUR 때는 두 번째 레지스터를 사용하지 않기 때문에 Reg2Loc도 don't care가 된다. 이런 종류의 don't care는 설계자가 추가해야 한다. 왜냐하면 이것은 데이터패스가 어떻게 동작하는지를 알아야만 할 수 있는 일이기 때문이다.

그림 4.19는 ADD X1, X2, X3와 같은 R-형식 명령어의 데이터패스 동작을 보여 주고 있다. 모든 일이 한 클럭 사이클 동안에 일어나지만, 명령어 실행을 네 단계로 생각할 수 있다. 이들 단계는 정보의 흐름에 따라 순서가 결정된다.

1. 명령어를 명령어 메모리에서 가져오고 PC값을 증가시킨다.
2. 두 레지스터 X2와 X3를 레지스터 파일로부터 읽는다. 이 단계에서 주 제어 유닛이 제어선의 값들을 계산한다.
3. ALU는 레지스터 파일에서 읽어 들인 값들에 대해 연산을 하는데 opcode 부분을 사용하여 ALU 제어신호를 만든다.
4. ALU의 결과값이 레지스터 파일의 목적지 레지스터(X1)에 써진다.

다음과 같은 레지스터 적재 명령어의 실행을 그림 4.19와 같은 방법으로 나타낼 수 있다.

```
LDUR   X1, [X2, offset]
```

그림 4.20은 적재 명령어를 위하여 활성화된 기능 유닛과 인가된 제어선들을 보여 주고 있다. 적재 명령어는 5단계로 동작하는 것으로 생각할 수 있다(R-형식 명령어는 네 단계로 실행된다).

1. 명령어를 명령어 메모리에서 가져오고 PC값을 증가시킨다.
2. 레지스터(X2)값을 레지스터 파일로부터 읽는다.
3. ALU는 레지스터 파일에서 읽어 들인 값과 명령어의 9비트(offset)를 부호확장

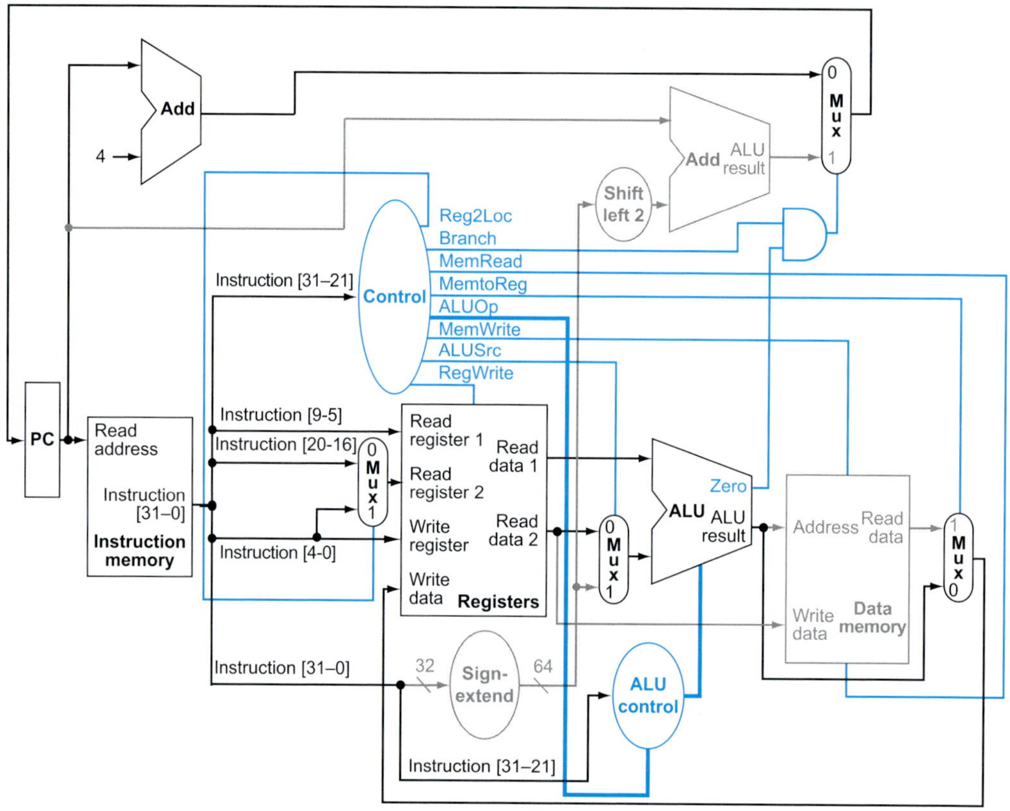

그림 4.19 `ADD X1, X2, X3`**와 같은 R-형식 명령어를 위한 데이터패스의 동작.** 활성화된 제어선, 데이터패스 유닛, 연결선들은 진하게 표시하였다.

한 값의 합을 구한다.

4. 이 합을 데이터 메모리 접근을 위한 주소로 사용한다.
5. 메모리 유닛에서 가져온 데이터를 레지스터 파일(`X1`)에 기록한다.

마지막으로 `CBZ X1, offset`와 같은 조건부 분기 명령어의 동작을 같은 방법으로 보일 수 있다. 이 명령어는 R-형식 명령어와 상당히 비슷하게 동작한다. 그러나 ALU 출력이 PC값을 PC + 4로 바꿀 것인가 아니면 분기 목적지 주소로 바꿀 것인가를 결정하는 데 사용된다는 점이 다르다. 그림 4.21은 실행의 네 단계를 보여주고 있다.

1. 명령어를 명령어 메모리에서 가져오고 PC값을 증가시킨다.
2. 레지스터 `X1`을 명령어의 비트 4:0(Rt)를 사용하여 레지스터 파일로부터 읽는다.
3. ALU는 레지스터 파일에서 읽어 들인 값들을 전달한다. 명령어의 19비트(`offset`)를 부호확장한 후 2비트 왼쪽 자리이동한 값에다 PC값을 더한다. 결과값이

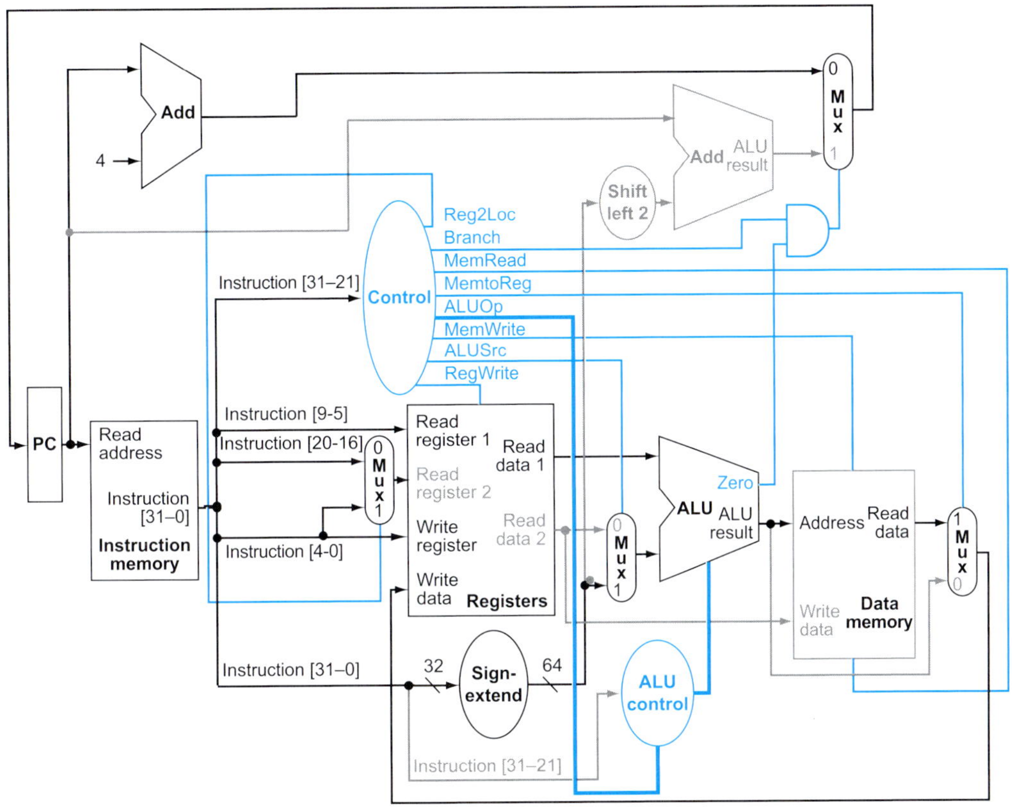

그림 4.20 적재 명령어를 위한 데이터패스의 동작. 활성화된 제어선, 데이터패스 유닛, 연결선들은 진하게 표시하였다. 저장 명령어도 비슷하게 동작하는데, 큰 차이점은 메모리 읽기가 아닌 쓰기가 일어나며, 읽어 들인 두 번째 레지스터의 값이 데이터를 저장하는 데 사용되고, 데이터 메모리 값을 레지스터 파일에 쓰는 동작은 일어나지 않는다는 점이다.

분기 목적지 주소이다.

4. 어떤 덧셈기의 결과를 PC에 저장할지 ALU의 Zero 출력을 이용하여 판단한다.

제어 유닛의 완성

이제까지 명령어들이 단계별로 어떻게 동작하는지를 알아보았으니 이제는 제어 유닛의 구현에 대하여 알아보자. 제어 기능은 그림 4.18의 내용을 이용하여 명확히 정의될 수 있다. 제어 유닛의 출력은 제어선들이며 입력은 opcode 필드이다. 따라서 opcode의 이진수 인코딩을 이용하여 각 출력의 진리표를 만들 수 있다.

제어 유닛의 논리를 커다란 진리표 하나로 만든 것이 그림 4.22이다. 이 표는 모든 출력을 망라하고 있으며 opcode 비트들을 입력으로 사용하고 있다. 이것은 제어 기능을 완벽하게 명시하며 자동화된 방법을 이용하여 게이트로 곧바로 구현할 수 있다. 게

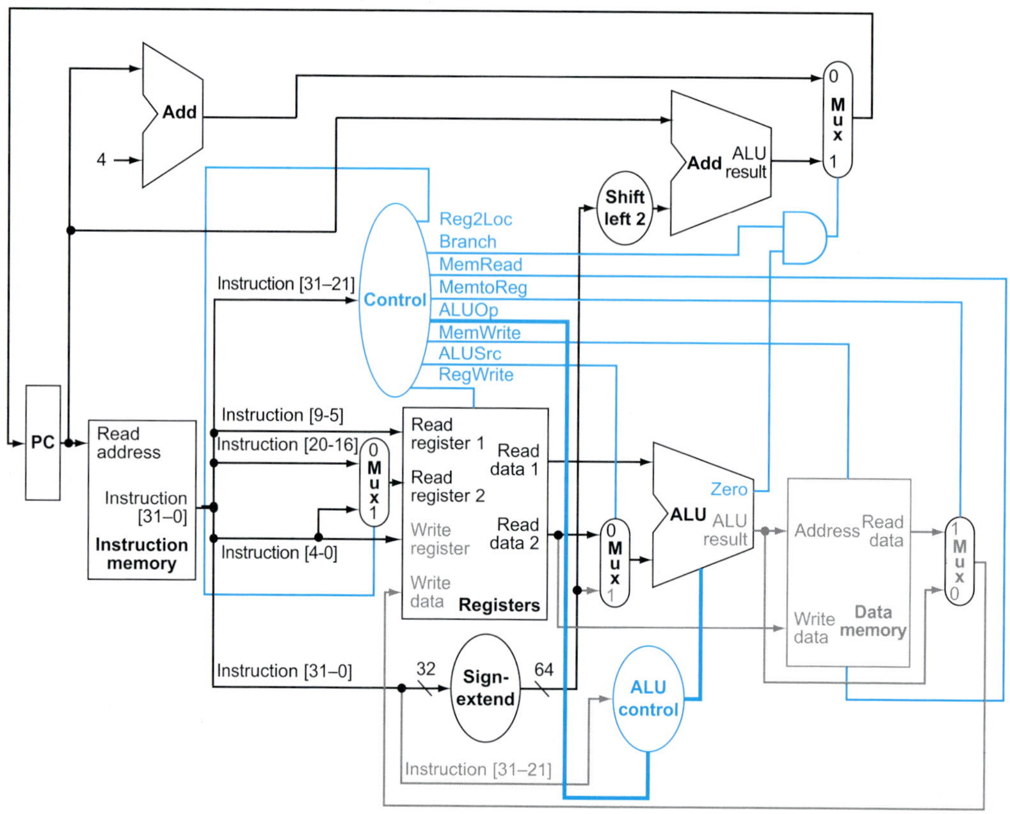

그림 4.21 CBZ 명령어를 위한 데이터패스의 동작. 활성화된 제어선, 데이터패스 유닛, 연결선들은 진하게 표시하였다. 레지스터 파일과 ALU를 사용하여 비교를 수행한 후, Zero 출력을 이용하여 다음 프로그램 카운터 값의 두 후보 중 하나를 선택한다.

이트로 구현하는 마지막 단계는 부록 C의 C.2절에 있다.

단일 사이클 구현 단일 클럭 사이클 구현이라고도 한다. 명령어 하나를 한 클럭 사이클에 실행하는 구현. 이해하기는 쉬우나 실제 사용하기에는 너무 느리다.

이제 LEGv8 코어 명령어 집합에 대한 단일 사이클 구현(single-cycle implementation)을 완성하였으니, 명령어 집합의 다른 명령어를 처리하기 위해 어떻게 기본 데이터패스와 제어가 확장될 수 있는지를 보여 주기 위해 무조건 분기 명령어를 추가하자.

예제

무조건 분기 명령어의 구현

그림 4.17은 2장에서 보았던 명령어 중 많은 명령어에 대한 구현을 보여 준다. 여기에 빠져 있는 명령어 종류가 무조건 분기 명령어이다. 무조건 분기 명령어를 포함하도록 그림 4.17의 데이터패스와 제어를 확장하라. 새로운 제어선들의 값은 어떻게 결정되는지 설명하라.

Input or output	Signal name	R-format	LDUR	STUR	CBZ
Inputs	I[31]	1	1	1	1
	I[30]	X	1	1	0
	I[29]	X	1	1	1
	I[28]	0	1	1	1
	I[27]	1	1	1	0
	I[26]	0	0	0	1
	I[25]	1	0	0	0
	I[24]	X	0	0	0
	I[23]	0	0	0	X
	I[22]	0	1	0	X
	I[21]	0	0	0	X
Outputs	Reg2Loc	0	X	1	1
	ALUSrc	0	1	1	0
	MemtoReg	0	1	X	X
	RegWrite	1	1	0	0
	MemRead	0	1	0	0
	MemWrite	0	0	1	0
	Branch	0	0	0	1
	ALUOp1	1	0	0	0
	ALUOp0	0	0	0	1

그림 4.22 간단한 단일 사이클 구현에 필요한 제어함수를 이 진리표가 완전하게 명시하고 있다. 표의 위쪽 반은 제어신호 출력을 결정하는 4개의 명령어 클래스 각각에 대한 입력 신호의 조합을 보여 주고 있다. 표의 아래쪽 반은 4개의 opcode 각각에 대한 제어신호 출력을 나타낸다. 따라서 출력 RegWrite는 입력의 두 가지 조합의 경우에 인가된다. 입력 부분에 don't care를 사용해서 R-형식 명령어 4개를 묶어 한 열에 넣음으로써 진리표를 간단하게 만들었다. 그렇지 않았다면 R-형식 한 열이 아니라 명령어 ADD, SUB, AND, ORR 각각 한 열씩 모두 네 열이 되었을 것이다. 출력은 R-형식 명령어 네 개 모두에 대해 다 같다.

답

무조건 분기 명령어는 어떤 면에서는 분기 명령어와 비슷하지만 변위가 좀 더 길고 또한 조건 분기가 아니라는 점이 다르다. 분기 명령어처럼 분기 주소의 하위 2비트는 항상 00_{two}이다. 64비트 주소 중 그 다음의 하위 26비트를 채울 정보는 명령어의 26비트 수치 필드에서 꺼내서 부호확장한 값을 사용하여 만든다. 그러므로 하위 26비트 변위를 자리이동하고 부호확장한 값과 PC를 더한 주소를 PC에 넣음으로써 무조건 분기 명령어를 구현할 수 있다. 그림 4.23은 그림 4.17에 무조건 분기 명령어를 위한 제어가 추가된 것이다. 항상 분기 목적지 PC를 선택하는 제어신호 하나와 OR 게이트 하나가 추가되었다. 이 제어신호(UncondBranch라 불림)는 명령어가 무조건 분기일 때만 인가된다.

고난도: 이 명령어의 26비트 주소를 포함하도록 부호 확장 유닛을 수정해야 한다. 이 문제를 해결하기 위해 앞의 **"고난도"**에서 언급한 2:1 멀티플렉서를 확장한다. 이 멀티플렉서는 opcode 비트 26으로 제어했었는데, opcode 비트 31과 26으로 제어하도록 바꾼다. 이 제어값이 01이면 B를 위한 주소, 10이면 LDUR이나 STUR을 위한 주소, 11이면 CBZ를 위한 주소를 선택한다.

단일 사이클 구현은 오늘날 왜 사용되지 않는가?

비록 단일 사이클 설계가 올바르게 작동한다 하더라도 비효율성 때문에 현대적 설계에서는 쓰이지 않는다. 왜 그러한지는 너무 분명한데, 이 같은 단일 사이클 설계에서는 클럭 사이클이 모든 명령어에 대해 같은 길이를 가져야 하기 때문이다. 물론 클럭 사이클은 컴퓨터에서 가능한 경로 중 가장 긴 경로에 의해 결정된다. 이 최장 경로는 적재 명령어라는 것이 거의 확실한데, 적재 명령어는 명령어 메모리, 레지스터 파일, ALU, 데이터 메모리, 레지스터 파일의 다섯 개 기능 유닛을 차례로 사용한다. CPI값은 1이지만(1장 참조) 단일 사이클 구현은 클럭 사이클이 너무 길기 때문에 전체 성능은 좋지 않다.

고정된 클럭 사이클을 갖는 단일 사이클 설계를 사용할 때 지불해야 될 대가는 엄청나지만 앞의 작은 명령어 집합에서는 받아들일 수 있을 만한 것으로 생각된다. 이같이 매우 간단한 명령어 집합을 가졌던 초창기의 컴퓨터는 이러한 구현방법을 사용하

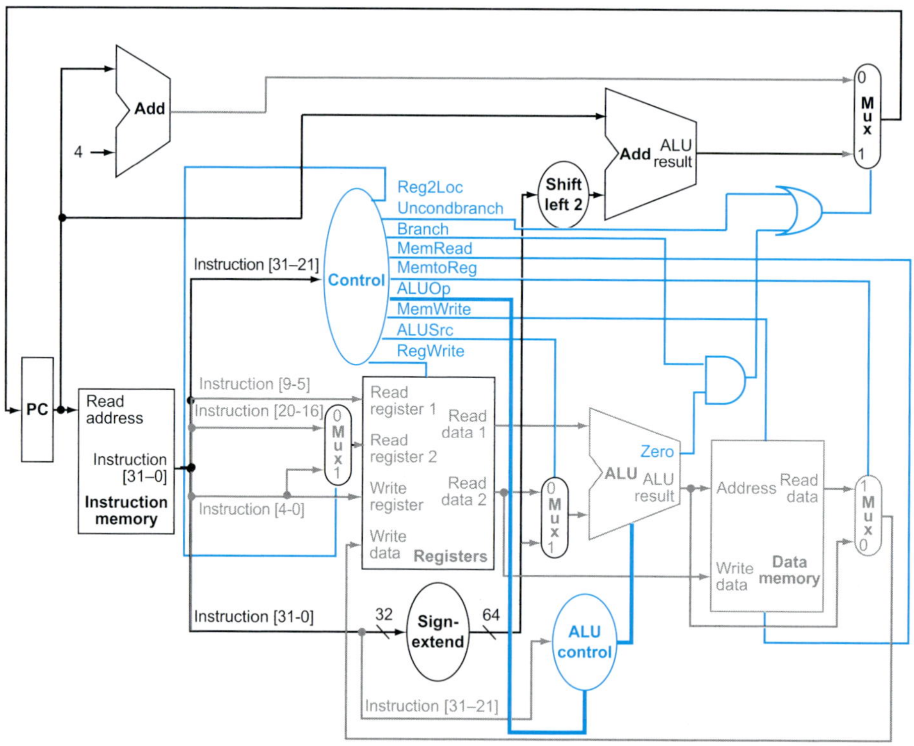

그림 4.23 단순한 제어 유닛과 데이터패스가 무조건 분기 명령어를 처리할 수 있도록 확장되었다. 추가된 OR 게이트(오른쪽 상단)는 멀티플렉서가 분기 목적지와 다음 명령어 중 하나를 선택하도록 제어한다. OR 게이트의 입력 중 하나는 무조건 분기 제어 신호이다. 여기서는 보이지 않지만 부호확장 유닛은 무조건 분기 opcode를 인식하여 분기 명령어의 하위 26비트를 부호확장하여 64비트를 만든 후 PC에 더한다.

였다. 그러나 부동소수점 유닛을 구현하려 하거나 좀 더 복잡한 명령어를 갖는 명령어 집합인 경우에는 단일 사이클 구현은 잘 작동하지 않을 것이다.

클럭 사이클은 모든 명령어에 대한 최악의 지연과 같다고 가정해야 하기 때문에, 흔한 경우의 지연은 줄여 주지만 최악의 경우 사이클 시간은 개선하지 못하는 구현은 소용이 없다. 따라서 단일 사이클 구현은 **자주 생기는 일을 빠르게** 하라는 1장의 핵심 설계 원칙을 위반하고 있다.

COMMON CASE FAST

다음 절에서는 파이프라이닝이라는 또 다른 구현 기술을 살펴볼 것이다. 단일 사이클 데이터패스와 매우 유사한 데이터패스를 사용하지만, 처리율이 훨씬 크기 때문에 매우 효율적이다. 파이프라이닝은 여러 개의 명령어를 동시에 실행하여 효율을 높인다.

스스로 점검하기

그림 4.22에 있는 제어신호 중에서 서로 합칠 수 있는 것이 있는가? 다른 신호의 보수로 대신할 수 있는 제어신호가 있는가? (힌트: don't care를 고려하라.) 만약 그렇다면 인버터를 추가하지 않고 어떤 신호를 다른 신호 대신 사용할 수 있는가?

4.5 파이프라이닝에 대한 개관

Never waste time.
American proverb

파이프라이닝(pipelining)은 여러 명령어가 중첩되어 실행되는 구현 기술이다. 오늘날 **파이프라이닝**은 아주 보편적인 기술이다.

이 절에서는 파이프라이닝 용어와 문제점에 대해 개괄적인 설명을 하기 위해 비유를 많이 사용한다. 만약 큰 그림에만 관심이 있다면 이 절에 관심을 집중시키고 다음에는 4.10절과 4.11절로 건너뛰어 Intel Core i7과 ARM Cortex-A53 같은 최신 프로세서들이 사용하는 고급 파이프라이닝 기법에 대한 소개를 보는 것이 좋다. 파이프라인 컴퓨터의 해부에 관심이 있는 사람에게는 이 절이 4.6절부터 4.9절까지에 대한 좋은 서론이 될 것이다.

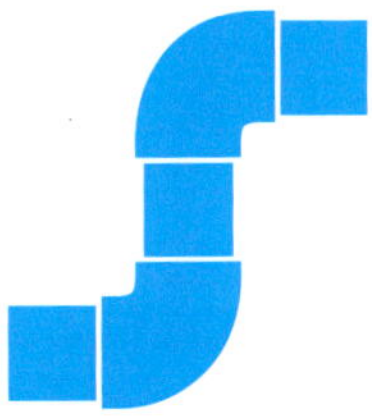

PIPELINING

파이프라이닝 조립 라인처럼 여러 명령어의 실행이 중첩되는 구현 기술.

세탁을 많이 하는 사람은 본능적으로 파이프라이닝을 사용해 왔다. 파이프라인되지 않은(nonpipelined) 세탁방법은

1. 세탁기에 한 묶음의 더러운 옷을 넣는다.
2. 세탁기가 끝나면 젖은 옷을 건조기에 넣는다.
3. 건조기가 끝나면 건조된 옷을 탁자 위에 놓고 갠다.
4. 개는 일이 끝나면 같은 방 친구에게 옷을 넣어 달라고 부탁한다.

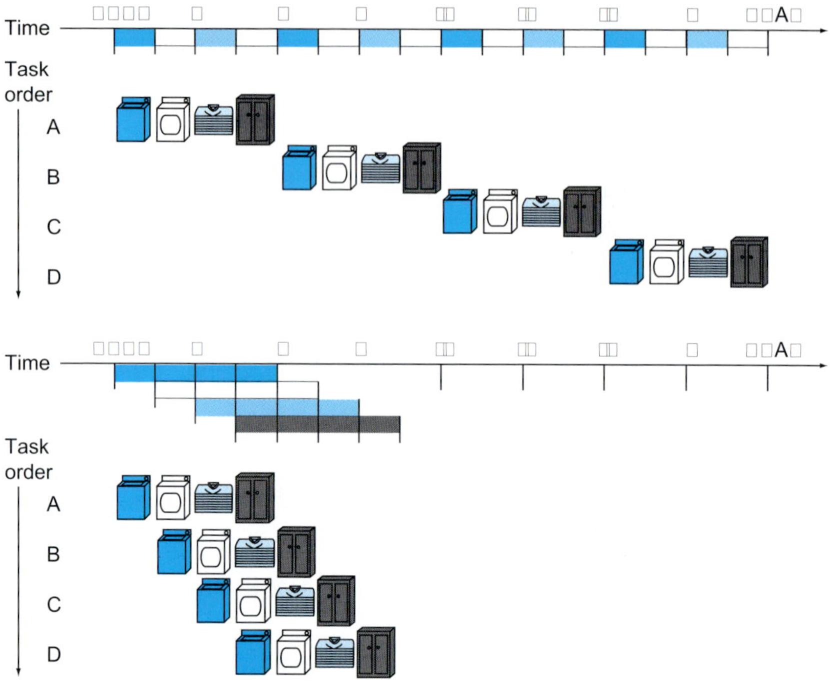

그림 4.24 파이프라이닝을 위한 세탁소 비유. 앤, 브라이언, 캐시, 돈은 각자 세탁하고 건조하고 접어서 넣어야 할 더러운 옷들이 있다. 세탁기, 건조기, '개는 사람'과 '넣는 사람'이 각각 일하는 데 30분씩 걸린다. 순차 세탁소는 이 네 묶음의 빨래를 하는 데 8시간이 걸리지만 파이프라인 세탁소는 단지 3.5시간이 걸린다. 이차원 시간표시대에 각 자원을 여러 개 보여 줌으로써 시간이 흐르면서 각 빨랫감이 머무는 파이프라인 단계를 보여 주고 있다. 하지만 실제로는 각 자원이 하나씩 있을 뿐이다.

방 친구가 일을 끝내면 그 다음의 더러운 옷 한 묶음에 대해 다시 시작한다.

그림 4.24에서 보는 바와 같이 **파이프라인** 방법은 훨씬 시간이 덜 걸린다. 첫 번째 빨랫감 묶음의 세탁이 끝나서 건조기에 넣은 후에, 두 번째 빨랫감 묶음을 세탁기에 넣는다. 첫 번째 묶음이 건조되면 탁자 위에 놓고 개기 시작하고, 젖은 옷 묶음은 건조기에, 또 다음의 더러운 옷 묶음은 세탁기에 넣는다. 다음은 친구에게 첫 번째 묶음을 넣어 줄 것을 부탁하고 당신은 두 번째 묶음을 개기 시작하며 세 번째 묶음을 건조기에, 네 번째 묶음은 세탁기에 넣는다. 이 시점에서는 모든 과정[파이프라이닝에서는 단계(stage)라고 한다]이 동시에 작동하고 있다. 각 단계를 위한 별도의 자원이 있는 한 작업들을 파이프라인화 할 수 있다.

파이프라이닝의 역설적인 점은 더러운 양말 하나를 세탁기에 넣고 건조한 후 개서 옷장에 넣을 때까지의 시간은 파이프라이닝을 한다고 더 짧아지는 것이 아니라는 것이다. 묶음이 많을 때 파이프라이닝이 더 빠른 이유는 모든 것이 병렬로 동작하며 따라서 같은 시간에 더 많은 묶음이 끝날 수 있기 때문이다. 파이프라이닝은 세탁 시스템의 **처리량**을 증가시킨다. 그러므로 파이프라이닝이 단일 묶음을 끝내는 데 걸리는 시간을 단축하지는 못하지만, 해야 할 빨래가 많을 경우에는 처리량이 증가하므로 일을 끝내는 데 걸리는 전체 시간을 단축시킨다.

만약 모든 단계가 거의 같은 시간이 걸리며 할 일이 충분히 많다면 파이프라이닝에 의한 속도 향상은 파이프라인의 단계수와 같다. 세탁, 건조, 개기 그리고 넣기의 네 단계가 있으므로 이 경우는 4이다. 파이프라인 세탁소는 파이프라인되지 않은 경우에 비해 4배 빠를 수 있다. 20묶음인 경우 한 묶음이 걸리는 시간의 5배가 걸린다. 반면에 20묶음을 순차적인 세탁소에서 하면 한 묶음이 걸리는 시간의 20배가 걸린다. 그림 4.24에서는 겨우 2.3배 빠른데 이 경우는 묶음이 4개밖에 없기 때문이다. 그림 4.24의 파이프라인 버전에서 작업의 시작과 끝 부분에서는 파이프라인이 완전히 차 있지 않다. 할 일의 수가 파이프라인 단계수에 비해 많지 않을 경우에는 이 같은 시작 시간과 마무리 시간이 성능에 영향을 미친다. 일감의 수가 4보다 훨씬 크다면 대부분의 시간에 단계들이 다 차 있을 것이고 따라서 처리량의 증가는 4배에 가깝게 될 것이다.

명령어 실행을 파이프라인화한 프로세서에도 같은 원리가 적용된다. LEGv8 명령어는 전통적으로 5단계가 걸린다.

1. 메모리에서 명령어를 가져온다.
2. 명령어를 해독하는 동시에 레지스터를 읽는다.
3. 연산을 수행하거나 주소를 계산한다.
4. (필요하면) 데이터 메모리에 있는 피연산자에 접근한다.
5. (필요하면) 결과값을 레지스터에 쓴다.

따라서 이 장에서 살펴보는 LEGv8 파이프라인은 5단계를 가진다. 다음 예제는 파이프라이닝이 세탁소에서 속도 증가를 보였듯이 명령어 실행에서도 속도를 증가시키는 것을 보여 준다.

단일 사이클 대 파이프라인의 성능

예제

이 논의를 구체적으로 하기 위해 파이프라인을 만든다. 이 예제와 이 장의 나머지에서는 load register(LDUR), store register(STUR), add(ADD), subtract(SUB), AND(AND), OR(ORR), compare and branch on zero(CBZ) 등 7개의 명령어에만 관심을 갖도록 한다.

단일 사이클 구현에서 명령어 사이의 평균 시간을 파이프라인 구현의 경우와 비교하라. 단일 사이클 구현에서는 모든 명령어가 1 클럭 사이클 걸린다. 이 예제에서 주요 기능 유닛의 동작 시간은 명령어 또는 데이터를 위한 메모리 접근에 200 ps, ALU 연산 200 ps, 레지스터 파일 읽기나 쓰기 100 ps이다. 단일 사이클 모델에서는 모든 명령어가 1 클럭 사이클이 걸리므로 가장 느린 명령어를 수용할 수 있을 만큼 클럭 사이클이 길어져야 한다.

답

7개의 명령어 각각에 필요한 시간은 그림 4.25에 나와 있다. 단일 사이클 설계는 가장 느린 명령어를 수용해야 한다. 그림 4.25에서 알 수 있듯이 가장 느린 명령어는 LDUR이다. 따라서 모든 명령어에 필요한 시간은 800 ps이다. 그림 4.24처럼 그림 4.26은 레지스터 적재 명령어 세 개의 파이프라인되지 않은 실행과 파이프라인 실행을 비교한다. 따라서 파이프라인되지 않은 설계에서 첫 번째 명령어와 네 번째 명령어 사이의 시간은 3 × 800 ps, 즉 2400 ps이다.

모든 파이프라인 단계는 한 클럭 사이클이 걸린다. 따라서 클럭 사이클은 가장 느린 동작을 수용할 만큼 충분히 길어야 한다. 단일 사이클 설계에서 어떤 명령어들은 500 ps에 실행될 수 있지만 최악의 경우인 800 ps의 클럭 사이클을 가져야 되었듯이, 파이프라인 실행 클럭 사이클도 어떤 단계는 100 ps가 걸리지만 최악의 경우인 200 ps가 되어야 한다. 파이프라이닝은 아직도 4배의 성능 향상을 제공한다. 첫 번째 명령어와 네 번째 명령어 사이의 시간은 3 × 200 ps, 즉 600 ps이다.

위에 설명한 속도 향상에 관한 논의를 식으로 바꿀 수 있다. 단계들이 완벽히 균형이 맞추어져 있으면 파이프라인 프로세서에서 명령어 사이의 시간은 다음과 같다(이상적인 조건을 가정한다면).

$$\text{명령어 사이의 시간}_{\text{파이프라인}} = \frac{\text{명령어 사이의 시간}_{\text{파이프라인되지 않음}}}{\text{파이프 단계수}}$$

Instruction class	Instruction fetch	Register read	ALU operation	Data access	Register write	Total time
Load register (LDUR)	200 ps	100 ps	200 ps	200 ps	100 ps	800 ps
Store register (STUR)	200 ps	100 ps	200 ps	200 ps		700 ps
R-format (ADD, SUB, AND, ORR)	200 ps	100 ps	200 ps		100 ps	600 ps
Branch (CBZ)	200 ps	100 ps	200 ps			500 ps

그림 4.25 각 구성 요소의 필요 시간으로부터 전체 필요 시간 구하기. 이 계산에서 멀티플렉서, 제어 유닛, PC 접근, 부호확장 유닛들은 지연시간이 없다고 가정하였다.

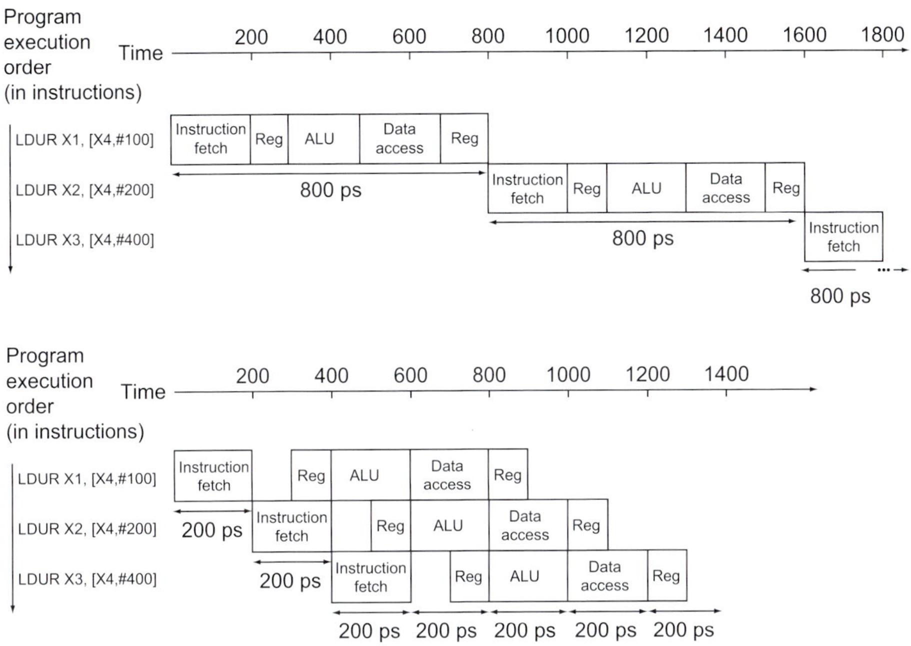

그림 4.26 파이프라인되지 않은 단일 사이클 실행(상단) 대 파이프라인 실행(하단). 둘 다 같은 하드웨어 요소를 사용하며 필요 시간은 그림 4.25에서 볼 수 있다. 이 경우에는 명령어 간의 평균 시간이 800 ps에서 200 ps로 낮아지면서 4배의 속도 향상을 볼 수 있다. 그림 4.24와 비교하라. 세탁소에서는 모든 단계가 같은 시간이 걸린다고 가정하였다. 만약 건조기가 가장 느리다고 한다면 건조 단계가 단계 시간을 결정한다. 컴퓨터 파이프라인의 단계 시간은 가장 느린 자원에 의해 제한받는데 ALU 연산이나 메모리 접근이 된다. 레지스터 파일에의 쓰기는 클럭 사이클의 전반부에 일어나고 레지스터 파일로부터의 읽기는 후반부에 일어난다고 가정한다. 이 가정을 이 장 끝까지 사용하겠다.

이상적인 조건하에서는 많은 명령어가 있을 경우에는 파이프라이닝에 의한 속도 향상은 파이프 단계수와 거의 같다. 5단계 파이프라인은 거의 다섯 배 더 빠르다.

위 식에 따르면 5단계 파이프라인은 800 ps의 파이프라인되지 않은 시스템보다 5배 향상된 성능을 제공해야 한다. 즉 클럭 사이클이 160 ps가 되어야 한다. 그러나 이 예제의 단계는 완벽하게 균형 잡혀 있지 않다. 더구나 파이프라이닝은 어느 정도의 오버헤드를 포함하고 있다. 이 오버헤드의 원인이 어디 있는지는 금방 알게 될 것이다. 이런 이유로 파이프라인 프로세서에서의 명령어당 시간이 가능한 최솟값보다 커져서 속도 향상은 파이프라인 단계수보다 작아진다.

더구나 성능이 4배 향상된다는 주장은 예제의 명령어 3개 실행시간에는 반영되지도 않는다. 실행시간은 1400 ps 대 2400 ps이다. 물론 이것은 전체 명령어 숫자가 크지 않기 때문이다. 명령어의 수를 증가시키면 무슨 일이 일어날까? 앞에서 본 그림을 1,000,003개의 명령어로 확장시키자. 파이프라인 예제에 1,000,000개의 명령어를 추가한다. 명령어 하나당 200 ps가 전체 실행시간에 추가된다. 전체 실행시간은 1,000,000 × 200 ps + 1400 ps, 즉 200,001,400 ps이다. 파이프라인되지 않은 예제에서 1,000,000개의 명령어를 추가하며 각 명령어는 800 ps씩이 걸린다. 따라서 전체 실행시간은 1,000,000 × 800 ps + 2400 ps, 즉 800,002,400 ps이다. 이 같은 이상적인 조건하에서는 파이프라인되지 않은 컴퓨터와 파이프라인 컴퓨터에서의 실제 프로그램의 전체 실행시간의 비율은 명령어 사이의 시간 비율에 가깝다.

$$\frac{800{,}002{,}400 \text{ ps}}{200{,}001{,}400 \text{ ps}} \simeq \frac{800 \text{ ps}}{200 \text{ ps}} \simeq 4.00$$

파이프라이닝은 개별 명령어의 실행시간을 줄이지는 못하지만 대신 명령어 처리량을 증대시킴으로써 성능을 향상시킨다. 실제 프로그램들은 수십억 개의 명령어를 실행하기 때문에 명령어 처리량이 중요한 척도이다.

파이프라이닝을 위한 명령어 집합 설계

파이프라이닝에 대한 이런 간단한 설명만으로도 LEGv8 명령어 집합 설계의 핵심을 파악할 수 있다. LEGv8 명령어 집합은 원래 파이프라인 실행을 위해 설계된 것이다.

첫째, 모든 LEGv8 명령어는 같은 길이를 갖는다. 이 같은 제한조건은 첫 번째 파이프라인 단계에서 명령어를 가져오고 그 명령어들을 두 번째 단계에서 해독하는 것을 훨씬 쉽게 해 준다. x86 같은 명령어 집합에서는 명령어 길이가 1바이트에서부터 15바이트까지 변하기 때문에 파이프라이닝이 생각보다 매우 힘들다. 최근의 x86 구조는 x86 명령어를 LEGv8 명령어처럼 생긴 단순한 연산들로 변환하여 원래의 x86 명령어 대신 이 단순한 연산을 파이프라인하는 방식으로 구현된다. 이에 대해서는 4.10절에서 설명한다.

둘째, LEGv8은 명령어 형식이 몇 가지 안 되며, 첫 번째 근원지 레지스터와 목적지 레지스터 필드는 항상 같은 위치에 있다.

셋째, LEGv8에서는 메모리 피연산자가 적재와 저장 명령어에서만 나타난다. 이런 제약이 있기 때문에 실행 단계에서 메모리 주소를 계산하고 다음 단계에서 메모리에 접근할 수 있다. x86처럼 메모리에 있는 피연산자에 연산을 할 수 있었다면 단계 3과 4가 주소 단계, 메모리 단계, 실행 단계로 확장되어야 했을 것이다. 파이프라인이 길어지면 문제가 생기는데 이에 대해서는 곧 설명하겠다.

파이프라인 해저드

다음 명령어가 다음 클럭 사이클에 실행될 수 없는 상황이 있다. 이러한 사건을 해저드(hazard)라 부르는데 세 가지 종류가 있다.

구조적 해저드

첫 번째 해저드는 구조적 해저드(structural hazard)라고 한다. 이는 같은 클럭 사이클에 실행하기를 원하는 명령어의 조합을 하드웨어가 지원할 수 없다는 것을 의미한다. 세탁소에서는 독립된 세탁기와 건조기를 사용하지 않고 세탁기와 건조기가 같이 붙어 있는 기계를 사용하든지 또는 친구가 다른 일을 하느라고 바빠서 빨래를 옷장에 넣지 못하면 구조적 해저드가 발생한다. 그러면 조심스럽게 스케줄된 파이프라인 계획이 틀어진다.

구조적 해저드 주어진 클럭 사이클에 실행되도록 되어 있는 명령어 조합을 하드웨어가 지원하지 못해서 계획된 명령어가 적절한 클럭 사이클에 실행될 수 없는 사건.

위에서 이야기한 것처럼 LEGv8 명령어 집합은 파이프라이닝하도록 설계되었기 때문에 설계자가 파이프라인을 설계할 때 구조적 해저드를 피하는 것이 비교적 용이하다. 그러나 메모리가 두 개가 아니고 하나라고 생각해 보자. 그림 4.26의 파이프라인에 네 번째 명령어가 추가된다면 같은 클럭 사이클에 첫 번째 명령어는 메모리에서 데이터를 접근하고, 네 번째 명령어는 같은 메모리에서 명령어를 가져오게 된다. 앞의 파이프라인에 메모리가 하나라면 구조적 해저드를 피할 수 없을 것이다.

데이터 해저드

데이터 해저드(data hazard)는 어떤 단계가 다른 단계가 끝나기를 기다려야 하기 때문에 파이프라인이 지연되어야 하는 경우 일어난다. 옷을 개다가 한 짝이 없는 양말을 발견했다고 생각하자. 한 가지 방법은 방으로 달려가서 옷장을 뒤져 나머지 짝을 찾아보는 것이다. 옷장을 뒤지고 있는 동안은 건조 과정을 끝내고 개는 과정을 기다리는 옷들과 세탁 과정을 끝내고 건조 과정을 기다리는 옷들은 기다려야만 한다는 것이 분명하다.

데이터 해저드 파이프라인 데이터 해저드라고도 한다. 명령어를 실행하는 데 필요한 데이터가 아직 준비되지 않아서 계획된 명령어가 적절한 클럭 사이클에 실행될 수 없는 사건.

컴퓨터 파이프라인에서는 어떤 명령어가 아직 파이프라인에 있는 앞선 명령어에 종속성을 가질 때 데이터 해저드가 일어난다(세탁에서는 이 같은 관계가 실제로 존재하지는 않는다). 예를 들어 ADD 명령어 바로 다음에 ADD의 합(X19)을 사용하는 SUB 명령어가 뒤따르는 경우를 가정하자.

```
ADD   X19, X0, X1
SUB   X2, X19, X3
```

별다른 조치가 없다면 데이터 해저드가 파이프라인을 심각하게 지연시킬 수 있다. ADD 명령어는 다섯 번째 단계까지는 결과값을 쓰지 않을 텐데 이는 파이프라인이 세 개의 클럭 사이클을 낭비해야 한다는 것을 의미한다.

컴파일러를 이용해서 이런 데이터 해저드를 모두 제거하려고 할 수도 있지만 결과는 그리 만족스럽지 못할 것이다. 이 같은 의존성은 너무 자주 일어나고 지연은 너무 길어서 컴파일러가 우리를 이러한 딜레마로부터 구출할 것이라고 기대하기가 어렵다.

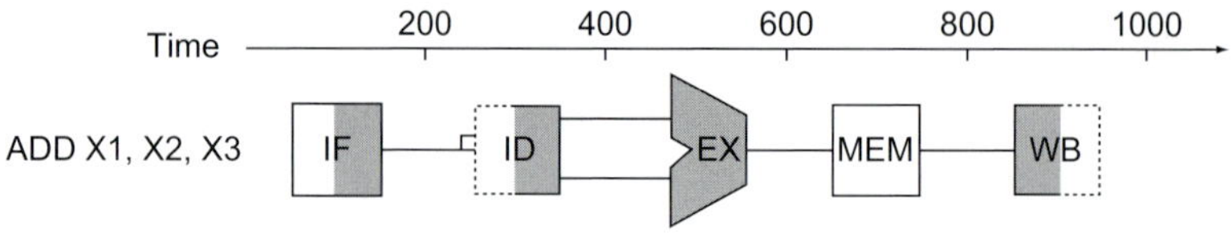

그림 4.27 그림 4.24의 세탁소 파이프라인과 같은 방법으로 나타낸 명령어 파이프라인의 그림. 물리적 자원을 의미하는 기호와 단계 이름의 약자로 파이프라인 단계를 표시한다. 각 단계를 표시하는 약자는 다음과 같다. 명령어 인출 단계는 IF로 나타내는데, 명령어 메모리를 뜻하는 상자와 함께 표시한다. 명령어 해독/레지스터 파일 읽기 단계는 ID로 나타내는데, 읽혀지고 있는 레지스터 파일을 나타내는 상자와 함께 표시한다. 실행 단계는 EX로 나타내는데, ALU를 나타내는 그림과 함께 표시한다. 메모리 접근 단계는 MEM으로 나타내는데, 데이터 메모리를 표시하는 상자와 함께 표시한다. 쓰기 단계는 WB로 나타내는데, 쓰기가 행해지고 있는 레지스터 파일을 나타내는 상자와 함께 표시한다. 어둡게 그려져 있는 것은 그 구성 요소가 명령어에 의해 사용되고 있다는 것을 나타낸다. ADD 명령어의 경우에는 데이터 메모리를 접근하지 않기 때문에 MEM 상자가 흰색 배경을 가지고 있다. 레지스터 파일의 오른쪽 반 또는 메모리의 오른쪽 반이 어두운 것은 그 구성 요소가 그 단계에서 읽혀지고 있다는 것을 의미하며, 왼쪽 반이 어두운 경우는 그 단계에서 쓰기가 행해지고 있다는 걸 뜻한다. 따라서 두 번째 단계에서 ID의 오른쪽 반이 어둡게 그려진 것은 레지스터 파일이 읽혀지고 있기 때문이며, 다섯 번째 단계에서 WB의 왼쪽 반이 어둡게 그려진 것은 레지스터 파일에 쓰기가 행해지고 있기 때문이다.

전방전달 **우회전달**이라고도 한다. 프로그래머가 볼 수 있는 레지스터나 메모리에 아직 나타나지 않은 데이터를 기다리기보다는 내부 버퍼로부터 가져옴으로써 데이터 해저드를 해결하는 방법.

첫 번째 해결책은 데이터 해저드를 해결하려고 노력하기 전에 명령어가 끝날 때까지 기다릴 필요가 없다는 관찰에 기반을 두고 있다. 위와 같은 코드인 경우 ALU가 ADD 명령어의 합을 만들어 내자마자 이것을 SUB의 입력으로 사용할 수 있다. 별도의 하드웨어를 추가하여 정상적으로는 얻을 수 없는 값을 내부 자원으로부터 일찍 받아오는 것을 **전방전달**(forwarding) 또는 **우회전달**(bypassing)이라고 한다.

두 명령어 사이의 전방전달

예제

앞의 두 명령어에서 어느 파이프라인 단계가 전방전달에 의해 연결되어야 하는지를 보여라. 파이프라인 5단계 동안의 데이터패스를 나타내기 위해 그림 4.27의 그림을 사용하라. 각 명령어에 데이터패스를 한 벌씩 할당해 정렬하라. 그림 4.24의 세탁소 파이프라인과 비슷하게 정렬하면 된다.

답

그림 4.28은 ADD 명령어의 실행 단계 후의 X1값을 SUB 명령어의 실행 단계 입력으로 전방전달하기 위한 연결을 보여 주고 있다.

그림 표현에서 목적지 단계가 근원지 단계보다 시간적으로 늦을 경우에만 전방전달 통로가 유효하다. 예를 들면 첫 번째 명령어의 메모리 접근 단계의 출력으로부터

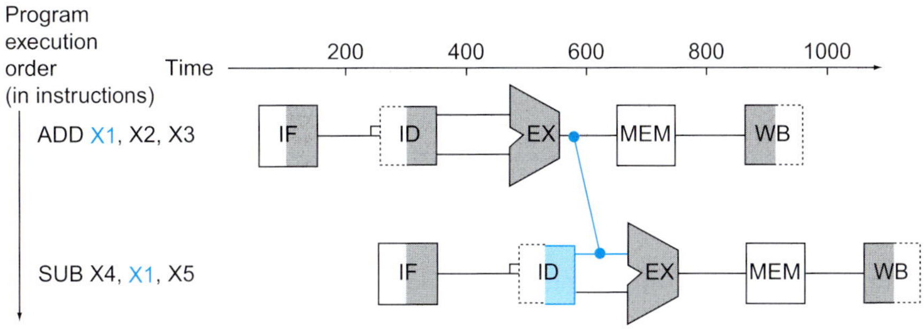

그림 4.28 전방전달의 그림 표현. 그림의 파란색 연결은 ADD의 EX 단계 출력을 SUB의 EX 단계 입력으로 전방전달하는 경로를 표시한다. 전방전달은 SUB의 두 번째 단계에서 읽은 레지스터 X1의 값을 대치한다.

다음 명령어의 실행 단계 입력으로의 전방전달 통로는 유효한 통로가 될 수 없다. 왜냐하면 그 통로는 시간이 뒤로 돌아가는 것을 의미하기 때문이다.

전방전달은 매우 잘 동작하는데 자세한 것은 4.7절에서 설명한다. 그러나 전방전달이 모든 파이프라인 지연을 방지할 수는 없다. 예를 들면 첫 번째 명령어가 ADD 명령어가 아니고 X1에 적재하는 명령어라고 가정하자. 그림 4.28을 보고 상상할 수 있는 것처럼 원하는 데이터는 종속 관계에 있는 첫 번째 명령어의 4단계 후에만 사용할 수 있다. 이는 SUB 명령어의 세 번째 단계 입력으로는 너무 늦다. 따라서 그림 4.29에서 보는 바와 같이 **적재-사용 데이터 해저드**(load-use data hazard)의 경우에는 전방전달을 해도 한 단계가 지연되어야 한다. 이 그림은 **파이프라인 지연**(pipeline stall)이라는 중요한 파이프라인 개념을 보여 주고 있다. 지연은 **거품**(bubble)이라는 별명으로

적재-사용 데이터 해저드 적재 명령어에 의해 적재된 데이터를 다른 명령어가 필요로 하는데, 필요한 시점까지 이 데이터가 도착하지 않아서 생기는 특별한 형태의 데이터 해저드.

파이프라인 지연 **거품**이라고도 부른다. 해저드를 해결하기 위해 생기는 지연.

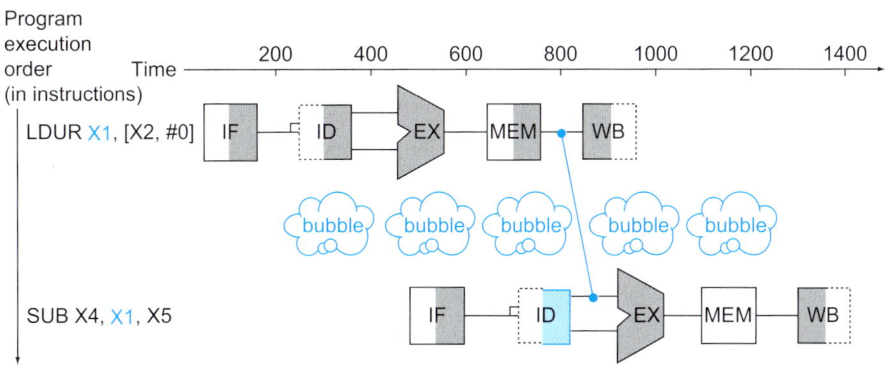

그림 4.29 적재 명령어 다음에 나오는 R-형식 명령어가 그 데이터를 사용하려 시도할 때는 전방전달을 해도 지연이 필요하다. 지연이 없다면 메모리 접근 단계 출력에서 실행 단계 입력으로 가는 경로는 시간적으로 뒤로 가는 것이기 때문에 불가능하다. 실제로는 이 그림은 단순화한 것이다. 왜냐하면 SUB 명령어가 인출되고 해독될 때까지는 지연이 필요한지 아닌지를 알 수 없기 때문이다. 해저드가 발생할 때 정말로 무슨 일이 일어나는지는 4.7절에서 보인다.

불리는 경우도 많다. 지연은 파이프라인의 다른 곳에서도 나타난다. 4.7절은 이런 어려운 경우의 처리방법을 설명하는데, 하드웨어 검출과 지연을 사용하거나 적재-사용 데이터 해저드를 피할 수 있게 명령어의 순서를 바꾸는 소프트웨어를 사용한다.

파이프라인 지연을 피하기 위한 코드의 재정렬

예제

C로 작성된 다음 코드를 생각해 보자.

```
a = b + e;
c = b + f;
```

다음은 이 코드에 대한 LEGv8 코드이다. 모든 변수는 메모리에 있고 X0를 베이스로 사용해서 접근할 수 있는 위치에 있다고 가정한다.

```
LDUR    X1, [X0, #0]     // Load b
LDUR    X2, [X0, #8]     // Load e
ADD     X3, X1, X2       // b + e
STUR    X3, [X0, #24]    // Store a
LDUR    X4, [X0, #16]    // Load f
ADD     X5, X1, X4       // b + f
STUR    X5, [X0, #32]    // Store c
```

위 코드에서 해저드를 찾아내고 파이프라인 지연을 피할 수 있도록 명령어들을 재정렬하라.

답

두 ADD 명령어가 모두 해저드를 가지고 있는데 이는 바로 앞의 명령어인 LDUR 명령어와 각각 종속성이 있기 때문이다. 전방전달을 하면 첫 번째 LDUR 명령어에 대한 첫 번째 ADD 명령어의 종속성과 저장 명령어 관련 모든 해저드를 비롯한 몇 가지 다른 해저드가 제거됨에 주목하라. 위의 ADD 관련 두 해저드는 세 번째 LDUR 명령어를 위로 올리면 모두 없어진다.

```
LDUR    X1, [X0, #0]     // Load b
LDUR    X2, [X0, #8]     // Load e
LDUR    X4, [X0, #16]    // Load f
ADD     X3, X1, X2       // b + e
STUR    X3, [X0, #24]    // Store a
ADD     X5, X1, X4       // b + f
STUR    X5, [X0, #32]    // Store c
```

전방전달 유닛이 있는 파이프라인 프로세서에서, 재정렬된 코드는 원래 코드보다 2사이클 먼저 완료된다.

전방전달은 304쪽에서 언급한 세 가지 핵심 외에 LEGv8 구조에 대한 또 다른 점을 확인하게 한다. 각각의 LEGv8 명령어는 기껏해야 하나의 결과쓰기를 할 뿐이며 그것도 파이프라인 끝에서 한다. 명령어 하나에 전방전달해야 하는 결과가 여러 개 있거나 명령어 실행의 초기에 결과쓰기를 한다면 전방전달은 더 어려워졌을 것이다.

고난도: "전방전달(forwarding)"이라는 말은 앞의 명령어가 뒤의 명령어에게 결과값을 전방(앞쪽)으로 전달한다는 생각에서 나왔다. "우회전달(bypassing)"이라는 말은 결과값이 레지스터 파일을 거치지 않고 우회하여 원하는 유닛으로 전달(pass)된다는 뜻에서 나왔다.

제어 해저드

세 번째 해저드는 제어 해저드(control hazard)라 불리는데 다른 명령어들이 실행 중에 하나의 명령어의 결과값에 기반을 둔 결정을 할 필요가 있을 때 일어난다.

제어 해저드 분기 해저드(branch hazard)라고도 한다. 인출한 명령어가 필요한 명령어가 아니기 때문에 적절한 명령어가 적절한 클럭 사이클에 실행될 수 없는 사건. 명령어 주소의 흐름이 파이프라인이 기대한 것과 다르기 때문에 발생한다.

어떤 세탁소 점원에게 축구팀의 유니폼을 세탁하는 즐거운 임무가 주어졌다고 생각하자. 세탁물이 얼마나 더러운지를 보고 세제와 물 온도를 선택해야 한다. 이때 유니폼을 깨끗하게 할 수 있을 정도로는 강해야 하지만 너무 강해 유니폼이 곧 해질 정도는 안 되도록 결정해야 한다. 앞의 세탁소 파이프라인에서 세탁기 설정을 바꿀 필요가 있는지 아닌지를 결정하려면 두 번째 단계까지 기다려서 마른 유니폼을 조사해야 한다. 어떻게 할 것인가?

세탁소나 컴퓨터의 제어 해저드에 대한 두 가지 해결책이 있는데, 그 중 첫 번째는 지연이다.

지연(stall): 첫 번째 세탁물을 세탁하고 건조한 후, 건조가 끝난 세탁물을 보고 배합이 적절하지 않으면 다시 세탁한다. 적합한 배합이 찾아질 때까지 이 일을 반복한다. 따라서 다음 세탁물의 투입은 지연된다.

이렇게 보수적인 방법으로 하면 되기는 확실히 되지만 시간이 오래 걸린다.

컴퓨터에서 이러한 결정 작업에 해당하는 것이 바로 조건부 분기 명령어이다. 바로 다음 클럭 사이클에서 분기 명령어를 이을 명령어를 가져오기 시작해야 한다. 그러나 파이프라인은 다음 명령어가 어느 것이 되어야 할지 알 수가 없다. 왜냐하면 이제 방금 메모리에서 분기 명령어를 꺼냈을 뿐이기 때문이다. 세탁소에서처럼 한다면 한 가지 가능한 해결책은 분기 명령어를 인출한 직후 파이프라인을 정지시켜서, 파이프라인이 분기 결과를 판단하고 다음 명령어를 가져올 주소를 결정할 때까지 기다리게 하

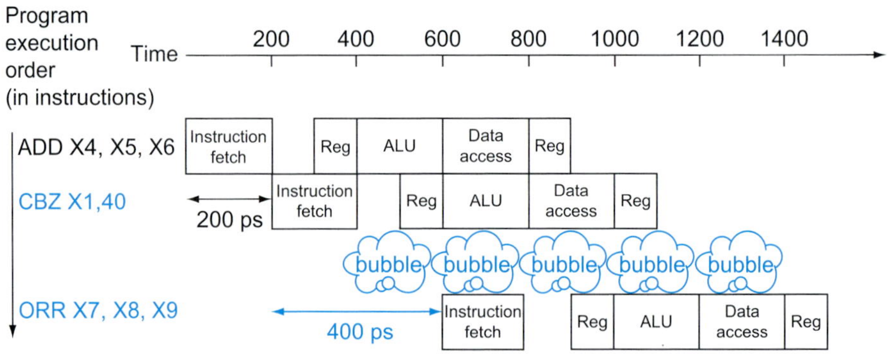

그림 4.30 제어 해저드에 대한 해결책으로 매 조건부 분기 명령어마다 지연시키는 파이프라인. 이 예는 분기가 일어난 것을 가정하고 있다. 분기 명령어의 목적지에 있는 명령어는 ORR 명령어이다. 분기 명령어 후에는 한 단계가 지연된다(또는 거품이 하나 삽입된다). 4.8절에서 보겠지만 지연을 만드는 과정이 실제로는 약간 더 복잡하다. 그러나 성능에 미치는 영향은 거품을 삽입하는 경우와 같다.

는 것이다.

파이프라인의 두 번째 단계에서 레지스터를 테스트하고 분기 주소를 계산하고 PC 값을 바꿀 수 있을 정도로 하드웨어를 충분히 추가했다고 가정하자(세부 사항은 4.8절을 참조하라). 이렇게 충분한 하드웨어를 추가해도 조건부 분기를 실행하는 파이프라인은 그림 4.30처럼 될 것이다. 분기가 실패하면 실행되는 명령어는 시작하기 전에 별도의 200 ps 클럭 사이클 동안 지연된다.

"분기 시 지연(Stall on Branch)"의 성능

예제

분기 명령어가 나올 때마다 지연시키는 방법이 CPI(clock cycles per instruction)에 미치는 영향을 계산하라. 다른 모든 명령어의 CPI는 1이라고 가정한다.

답

3장의 그림 3.28에서 본 바와 같이 분기 명령어가 SPECint2006에서 실행되는 명령어의 17%이다. 다른 명령어들은 CPI가 1이고, 분기 명령어는 지연 때문에 1 클럭 사이클이 더 필요하다. 따라서 CPI값은 1.17이 되고 이상적인 경우와 비교하면 1.17배 속도 저하가 생긴다.

파이프라인이 긴 경우에는 흔히 그렇듯이 분기를 두 번째 단계에서 다 해결하지 못한다면, 분기 명령어마다 지연시키는 것은 훨씬 더 큰 속도 저하를 초래할 것이다. 이 방법은 지불해야 할 대가가 너무 커서 대부분의 컴퓨터에서 사용하기 힘들기 때문에

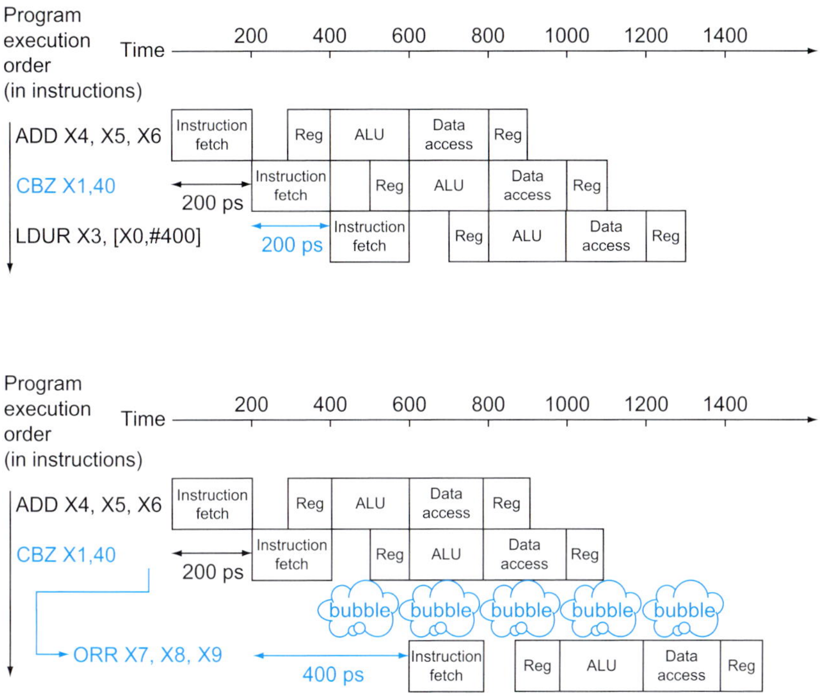

그림 4.31 제어 해저드에 대한 해결책으로 분기가 일어나지 않는다고 예측하기. 위 그림은 분기가 일어나지 않았을 때의 파이프라인을 보여 주고 있고, 아래 그림은 분기가 일어났을 때를 보여 주고 있다. 그림 4.30에서 본 바와 같이 이 같은 방식으로 거품을 삽입하는 것은 실제 일어나는 일을 단순화해서 보여 주는 것이다. 적어도 분기 명령어 바로 다음 첫 클럭 사이클의 상황을 잘 보여 준다. 4.8절에서 자세히 설명한다.

제어 해저드에 대한 두 번째 해결책이 나오게 되었다.

> 예측(predict): 유니폼 세탁에 적절한 배합을 잘 알고 있다면, 첫 번째 묶음이 건조될 때까지 기다리는 동안 배합을 예측해서 두 번째 묶음을 세탁한다.

이 방법은 예측이 맞으면 파이프라인의 성능을 떨어뜨리지 않는다. 그러나 예측이 틀렸으면 다시 세탁해야 한다.

대부분의 컴퓨터가 조건부 분기 명령어를 다루기 위해서 **예측**을 사용한다. 간단한 방법은 조건부 분기가 항상 실패한다고 예측하는 것이다. 예측이 옳으면 파이프라인은 최고 속도로 진행된다. 실제로 조건부 분기가 일어날 때만 파이프라인이 지연된다. 그림 4.31은 이러한 예를 보여 준다.

PREDICTION

분기 예측 실제 분기 결과가 확인될 때까지 기다리는 대신, 분기 결과를 가정하고 그 가정하에 파이프라인을 진행해 나가는 분기 해저드 해결방법.

분기 예측(branch prediction)에 대한 좀 더 정교한 버전은 어떤 경우는 분기한다(taken)고 예측하고 어떤 경우는 분기하지 않는다(untaken)고 예측하는 것이다. 우리 비유에서는 짙은 색 유니폼(즉 축구의 홈경기 유니폼)을 한 가지 배합으로 빨고, 밝은

색 유니폼(즉 축구의 원정경기 유니폼)을 또 다른 배합으로 빠는 것이다. 프로그래밍의 경우 순환문의 끝에는 순환문의 꼭대기로 분기하라는 조건부 분기 명령어가 있다. 이 명령어들은 분기가 일어날 가능성이 높고 분기 방향이 후방이므로, 이에 착안하여 현재 위치보다 작은 주소로 점프하는 조건부 분기 명령어는 분기가 항상 일어난다고 예측할 수 있다.

이러한 분기 예측 방법들은 보편적 행동에 의존하며 특정 분기 명령어의 개별성은 고려하지 않는다. **동적 하드웨어 예측기**(dynamic hardware predictor)는 이와는 정반대로 개별 조건부 분기 명령어의 행동에 의존하는 예측을 하며 프로그램이 진행되는 도중에 예측을 바꿀 수 있다. 앞의 비유에 동적 예측을 적용하면 유니폼이 과거에 얼마나 더러웠었는지 찾아봐서 적절한 배합을 추측하고, 최근 예측의 성공 여부에 따라 다음 **예측**을 조정한다.

PREDICTION

조건부 분기의 동적 예측에 대한 보편적 방법 중 하나는 각 분기가 일어났는지 안 일어났는지 이력을 기록하고, 최근의 과거 이력을 사용하여 미래를 예측하는 것이다. 좀 뒤에 보겠지만 유지되는 이력의 양이나 정보의 종류가 많아져서 그 결과 동적 분기 예측기가 90% 이상의 정확도를 가지게 되었다(4.8절 참조). 예측이 어긋났을 때는 잘못 예측한 조건부 분기 명령어 뒤에 나오는 명령어들을 무효화시키고 올바른 분기 주소로부터 파이프라인을 다시 시작해야 한다. 세탁물 비유에서는 잘못 예측한 세탁물을 다시 빨 수 있도록 새로운 세탁물을 받아들이는 것을 중지해야 한다.

제어 해저드에 대한 다른 모든 해결책에서와 마찬가지로 분기 예측에서도 긴 파이프라인은 문제를 악화시키기 때문에 틀린 예측의 비용을 증대시킨다. 제어 해저드에 대한 해결책들은 4.8절에서 자세히 다룬다.

고난도: 제어 해저드에 대한 세 번째 해결방법은 **지연결정**(delayed decision)이라고 불린다. 우리 비유에서는 세탁물에 대해 그런 결정을 하려 할 때마다 축구 유니폼이 건조되기를 기다리는 동안 축구와 관련 없는 옷 묶음을 세탁기에다 넣는 것이다. 테스트에 의해 영향 받지 않는 더러운 옷을 충분히 가지고 있는 한 이 같은 해결책은 제대로 작동한다.

컴퓨터에서는 **지연분기**(delayed branch)라 불리는 이 같은 해결책이 ARM 구조에서 실제로 사용되고 있다. 지연분기는 다음 순서의 명령어를 항상 실행하고, 실제 분기는 그 명령어를 파이프라인에 넣고 나서 한 사이클 늦게 일어난다. 프로그래머가 원하는 분기 동작을 얻을 수 있도록 어셈블러가 명령어들을 자동적으로 정렬할 수 있기 때문에 ARM 어셈블리 언어 프로그래머한테는 이 특성이 보이지 않는다. ARM 소프트웨어는 분기 명령어에 의해 영향 받지 않는 명령어를 지연분기 명령어 바로 다음에 옮겨 놓으며, 분기가 일어나면 이 안전한 명령어 뒤의 명령어 주소가 들어 있는 PC를 분기 목적지 주소로 변경하게 된다. 그림 4.30에서 분기 명령어 직전의 ADD 명령어는 분기 명령어에 영향을 주지 않으므로 분기 지연을 완전히 감추기 위해 분기 명령어 뒤로 옮길 수 있다. 지연분기는 분기 지연이 작을 때만 쓸모가 있기 때문에 1사이클보다 큰 지연분기를 사용하는 프로세서는 없다. 더 긴 분기 지연에는 하드웨어 기반의 분기 예측이 사용된다.

파이프라이닝 개관에 대한 요약

파이프라이닝은 순차적인 명령어 스트림에 있는 명령어 간 **병렬성**을 추구하는 기술이다. 이는 멀티프로세서(6장 참조) 프로그래밍과는 달리 기본적으로 프로그래머에게 보이지 않는다는 상당한 이점을 가지고 있다.

PARALLELISM

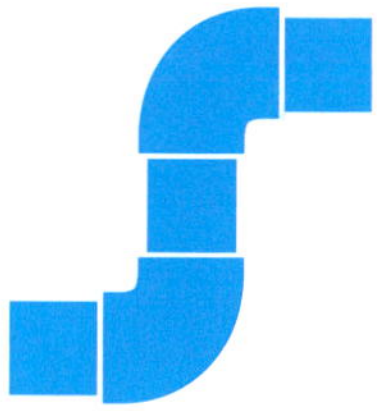

PIPELINING

이 장의 다음 절들에서 4.4절의 단일 사이클 구현에서 사용한 LEGv8 명령어 집합의 일부를 사용하여 파이프라이닝의 개념을 설명하고 파이프라인의 단순화된 버전을 보인다. 또 **파이프라이닝**이 갖는 문제점과 전형적 상황에서 얻을 수 있는 성능에 대하여 알아본다.

파이프라이닝의 소프트웨어와 성능에 대해 좀 더 집중하기를 원한다면 이제 충분한 배경 지식을 갖추었으니 4.10절로 건너뛰어도 좋다. 4.10절에서는 수퍼스칼라, 동적 스케줄링과 같은 고급 파이프라이닝 개념을 소개하며, 4.11절에서는 최신 마이크로프로세서의 파이프라인에 대해 알아본다.

그 반대로 파이프라이닝이 어떻게 구현되고 해저드를 다루는 데 어떤 문제가 있는지를 이해하는 데 관심이 많다면 4.6절에서 설명하는 파이프라인 데이터패스의 설계와 기본적인 제어에 대해 공부하라. 그 후에 이 같은 이해를 바탕으로 4.7절에서 설명하는 전방전달 및 지연의 구현에 대해 알아볼 수 있다. 그 다음 4.8절에서 분기 해저드에 대한 해결책들에 대해 좀 더 많은 것을 배우고 예외가 어떻게 처리되는지를 4.9절에서 배울 수 있다.

스스로 점검하기

다음 각 코드 시퀀스는 지연이 필요한지, 전방전달만을 사용하여 지연을 피할 수 있는지, 아니면 지연이나 전방전달 없이도 실행될 수 있는지 설명하라.

코드 시퀀스 1	코드 시퀀스 2	코드 시퀀스 3
LDUR X0, [X0, #0]	ADD X1, X0, X0	ADDI X1, X0, #1
ADD X1, X0, X0	ADDI X2, X0, #5	ADDI X2, X0, #2
	ADDI X4, X1, #5	ADDI X3, X0, #3
		ADDI X4, X0, #4
		ADDI X5, X0, #5

프로그램 성능의 이해

메모리 시스템을 제외하고는 파이프라인의 효과적 동작이 프로세서의 CPI 즉 프로세서의 성능을 결정하는 데 있어 가장 중요한 요인이다. 4.10절에서 보겠지만 최신 다중 내보내기(multiple issue) 파이프라인 프로세서의 성능을 이해하는 것은 복잡하여 단순 파이프라인 프로세서에서 일어나는 문제점들보다 더 많은 걸 알아야 한다. 그러나 구조적 해저드, 데이터 해저드, 제어 해저드는 단순 파이프라인 프로세서뿐만 아니라 좀 더 정교한 프로세서에서도 중요하다.

오늘날의 파이프라인에서 구조적 해저드는 보통 부동소수점 유닛 주변에서 일어나는데, 부동소수점 유닛은 완전히 파이프라인되어 있지 않을 수도 있다. 제어 해저드는 정수형 프로그램에서 주로 일어나는데, 이는 조건부 분기 명령어가 자주 나타나는 반면 예측 가능한 분기는 오히려 적기 때문이다. 데이터 해저드는 정수형 프로그램이나 부동소수점 프로그램 양쪽에서 성능상 병목으로 작용할 수 있다. 많은 경우에 부동소수점 프로그램에서 데이터 해저드를 다루는 게 더 쉽다. 왜냐하면 부동소수점 프로그램에서는 분기 명령어가 자주 나오지 않고 좀 더 규칙적인 메모리 접근 패턴을 가지고 있어 컴파일러가 해저드를 피하기 위해 명령어를 재정렬하기 쉽기 때문이다. 규칙적인 메모리 접근 패턴이 적고 포인터를 많이 사용하는 정수형 프로그램에서는 그러한 최적화를 하는 것이 좀 더 어렵다. 재정렬을 통해 데이터 종속성을 줄이려는 야심찬 컴파일러와 하드웨어 기법들을 4.10절에서 소개한다.

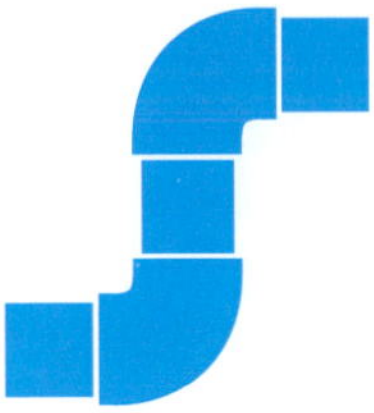

PIPELINING

지연시간 파이프라인의 단계수 또는 실행 중인 두 명령어 사이의 단계수.

요점정리

PREDICTION

파이프라이닝은 동시에 실행되는 명령어의 수를 증가시키며 명령어들이 시작하고 끝나는 속도를 증가시킨다. 파이프라이닝은 한 명령어의 실행을 끝내는 데 걸리는 시간을 단축시키지는 않는데 이 시간을 **지연시간**(latency)이라고 부른다. 예를 들어 5단계 파이프라인은 한 명령어가 끝나는 데 5 클럭 사이클이 걸린다. 1장에서 사용했던 용어를 사용하면 파이프라이닝은 개개 명령어 **지연시간**(execution time 또는 latency)보다는 **처리율**을 향상시킨다.

명령어 집합은 파이프라인 설계를 쉽게도 하고 어렵게도 한다. 파이프라인 설계자들은 이미 구조적 해저드, 제어 해저드, 데이터 해저드 등과 맞닥뜨려 이를 해결해 왔다. 분기 **예측**, 전방전달은 올바른 결과를 얻으면서도 컴퓨터를 빠르게 하는 데 도움을 준다.

4.6 파이프라인 데이터패스 및 제어

There is less in this than meets the eye.

Tallulah Bankhead, remark to Alexander Woollcott, 1922

그림 4.32는 4.4절의 단일 사이클 데이터패스에 파이프라인 단계를 같이 보여 주고 있다. 명령어를 5단계로 나눈 것은 5단계 파이프라인을 의미하며 이는 한 클럭 사이클에 최대 5개의 명령어가 실행 중에 있을 수 있다는 것을 의미한다. 따라서 데이터패스를 5개 부분으로 나누어야 하며 각 부분은 명령어 실행 단계에 따라 다음과 같이 이름이 붙여진다.

1. IF: 명령어 인출
2. ID: 명령어 해독 및 레지스터 파일 읽기
3. EX: 실행 또는 주소 계산
4. MEM: 데이터 메모리 접근
5. WB: 쓰기(write back)

그림 4.32를 보면 이 5개 요소가 데이터패스를 그리는 방법에 대충 맞아 들어간다. 명령어와 데이터는 실행되면서 5단계를 왼쪽에서 오른쪽으로 움직여 간다. 다시 세탁소 비유로 돌아가면, 옷들은 선을 따라 움직여 감에 따라 더 깨끗해지고 건조되고 정돈되어 가지 결코 뒤쪽으로 움직여 가지는 않는다.

그러나 명령어에서는 이같이 왼쪽에서 오른쪽으로 흐르는 것에 두 가지 예외가 있다.

- 쓰기 단계: 이 단계에서는 결과를 데이터패스의 중앙에 있는 레지스터 파일에다 쓴다.
- PC의 다음 값 선정: 증가된 PC값과 MEM 단계의 분기 주소 중에서 고른다.

오른쪽에서 왼쪽으로 거꾸로 흐르는 데이터가 현재 명령어에는 영향을 주지 않고, 파이프라인의 뒤쪽에 있는 명령어들에만 영향을 미친다. 오른쪽에서 왼쪽으로 가는 첫 번째 연결선은 데이터 해저드로 이어질 수 있으며, 두 번째 연결선은 제어 해저드로 이어질 수 있다.

파이프라인 실행에서 일어나는 일을 보여 주는 한 가지 방법은 각 명령어가 자신의 데이터패스를 가지고 있는 것처럼 하고, 이들을 시간 축에 배치하여 그들 사이의 관계를 보여 주는 것이다. 그림 4.33은 공통 시간 축에 명령어들 자신의 데이터패스를 보여 줌으로써 그림 4.26의 명령어 실행을 보여 준다. 그림 4.33에서는 명령어 간의 관계를 보여 주기 위하여 그림 4.32의 데이터패스를 양식화해서 사용하고 있다.

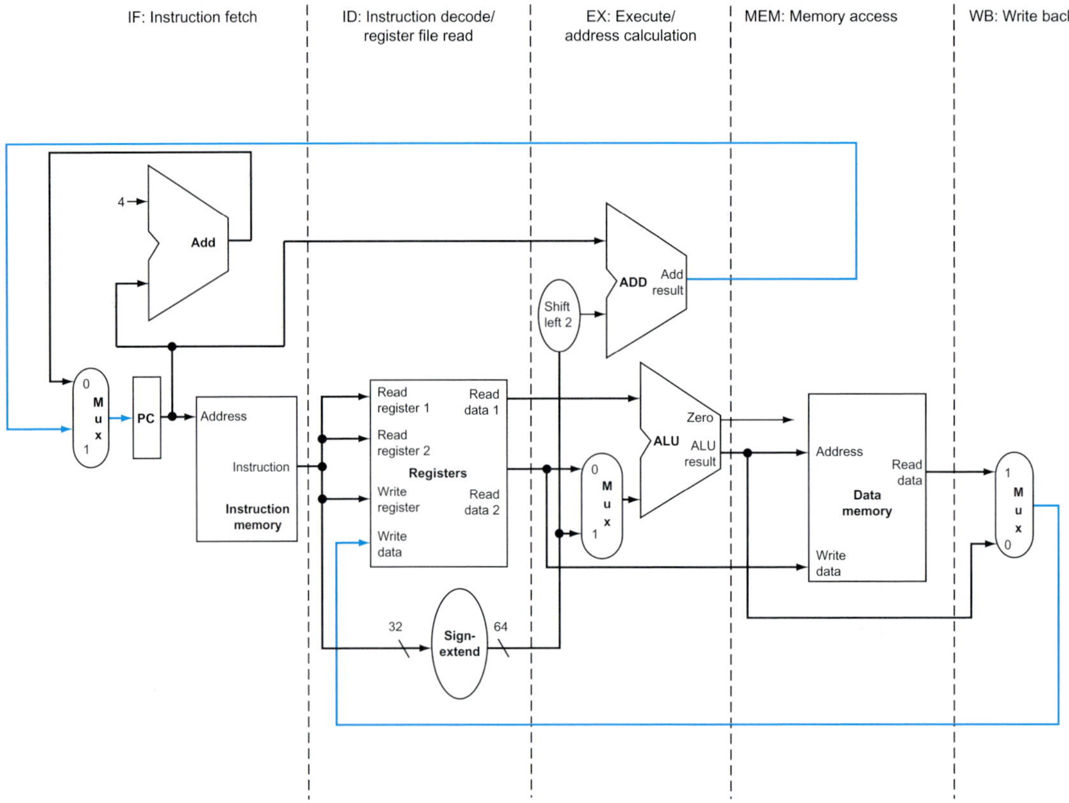

그림 4.32 4.4절의 단일 사이클 데이터패스(그림 4.17과 유사). 명령어 실행의 각 단계는 데이터패스의 왼쪽부터 차례로 사상될 수 있다. 유일한 예외는 PC 갱신과 쓰기 단계인데(파란색으로 나타냄), 쓰기 단계는 ALU 결과나 메모리에서 읽은 데이터를 왼쪽으로 보내 레지스터 파일에 쓴다(보통은 제어선을 파란색 선으로 표시했는데 여기에서는 파란 선도 데이터 선이다).

그림 4.33은 마치 세 개 명령어가 세 개의 데이터패스를 필요로 한다고 말하는 것처럼 보인다. 그 대신 여기서는 데이터를 유지하는 레지스터를 추가하여 한 데이터패스의 부분 부분을 명령어들이 나누어 사용할 수 있게 하였다.

예를 들면 그림 4.33에서 보는 바와 같이 명령어 메모리는 명령어의 다섯 단계 중 한 단계에서만 사용된다. 그러므로 이 명령어가 다른 네 단계에 있는 동안에 명령어 메모리는 다른 명령어가 사용할 수 있다. 다른 네 단계 동안에도 각 명령어의 값을 유지하기 위해 명령어 메모리에서 읽어 들인 값을 레지스터에 저장하여야 한다. 비슷한 논지가 모든 파이프라인 단계에 적용된다. 따라서 그림 4.32에서 단계 사이를 나누는 선이 있는 곳마다 레지스터를 두어야 한다. 다시 세탁소 비유로 돌아가면, 다음 단계로 갈 옷을 보관하기 위해 각 단계 사이에 바구니를 비치해야 한다.

그림 4.34는 파이프라인 데이터패스를 보여 주는데 파이프라인 레지스터가 강조되

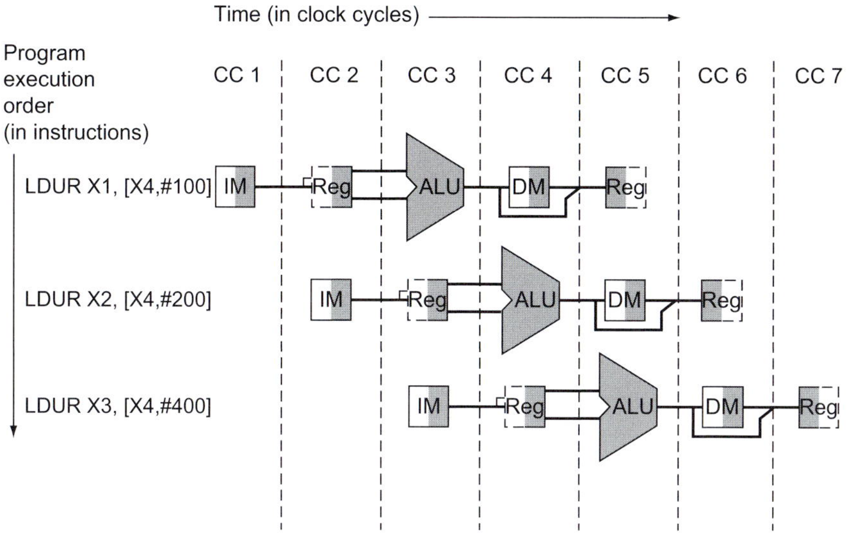

그림 4.33 그림 4.32의 단일 사이클 데이터패스에서 실행되고 있는 명령어들. 파이프라인 실행을 가정. 그림 4.27~4.29처럼 모든 명령어가 각자 자신의 데이터패스를 가지고 있는 것처럼 그려졌다. 어두운 부분은 사용되는 부분을 표시한다. 그림 4.27~4.29와는 달리 각 단계는 그 단계에서 사용되는 물리적 자원의 약자로 레이블을 붙였다. 이는 그림 4.32의 데이터패스 각 부분에 대응된다. IM은 명령어 인출 단계의 명령어 메모리와 PC를 나타내며, Reg는 명령어 해독/레지스터 읽기(ID) 단계의 레지스터 파일과 부호확장기를 의미한다. 올바른 시간 순서를 유지하기 위하여 이 데이터패스는 레지스터 파일을 두 개의 논리적 반쪽으로 나누고 있다. 레지스터 읽기(ID) 동안 읽혀지는 레지스터와 쓰기(WB) 동안에 써지는 레지스터가 그것이다. 레지스터에 쓰기가 행해지지 않는 ID 단계에서는 점선을 사용하여 레지스터 왼쪽 반쪽을 흰색으로, 레지스터에 읽기가 행해지지 않는 WB 단계에서는 오른쪽 반을 점선으로 둘러싸인 흰색으로 표시하여 이 이중 사용을 표시하였다. 전과 같이 클럭 사이클 전반부에서 레지스터 파일 쓰기가 행해지고 읽기는 후반부에서 행해진다고 가정한다.

어 있다. 모든 명령어는 매 클럭 사이클마다 한 파이프라인 레지스터에서 다음 레지스터로 전진한다. 파이프라인 레지스터의 이름은 이 레지스터가 분리하고 있는 두 단계 이름을 따서 붙여진다. 예를 들면 IF 단계와 ID 단계 사이의 파이프라인 레지스터는 IF/ID라 부른다.

쓰기(WB) 단계 뒤에는 파이프라인 레지스터가 없다는 것에 주목하라. 모든 명령어는 프로세서의 상태—레지스터 파일, 메모리, PC—를 갱신해야 한다. 이렇게 갱신되는 상태는 별도의 파이프라인 레지스터가 필요 없다. 예를 들면 적재 명령어는 32개 레지스터 중 하나에다 결과값을 쓰는데, 뒤에 있는 명령어 중에서 이 데이터를 필요로 하는 것이 있으면 그냥 그 레지스터를 읽으면 된다. 따라서 파이프라인 레지스터에 저장할 필요가 없다.

모든 명령어는 PC값을 증가시키든 분기 목적지 주소로 바꾸든 아무튼 PC값을 바

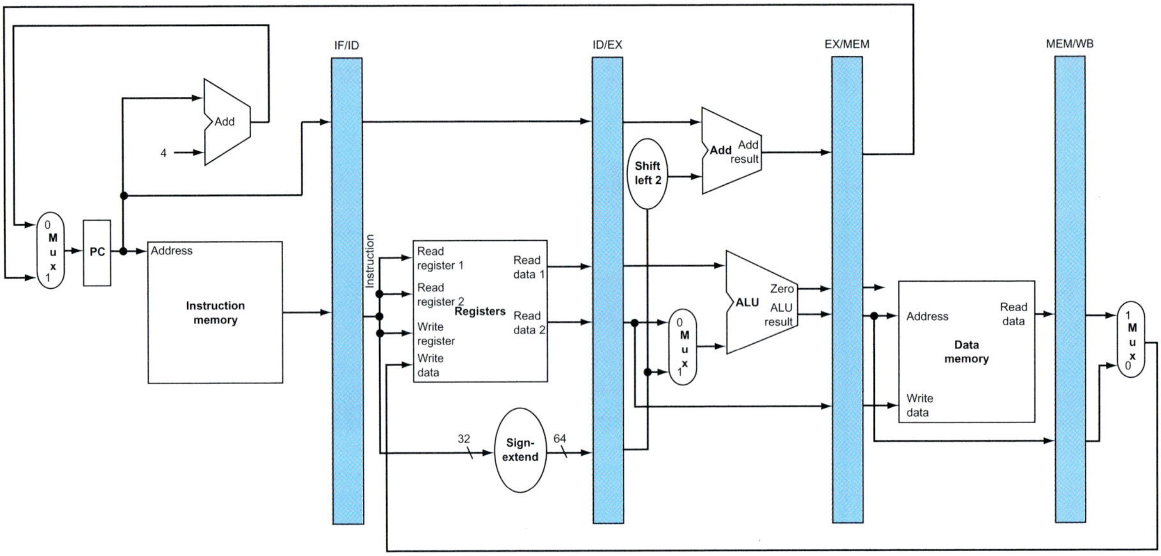

그림 4.34 그림 4.32 데이터패스의 파이프라인 버전. 파란색의 파이프라인 레지스터는 각 파이프라인 단계를 분리한다. 레지스터들은 그들이 분리하는 단계에 따라 이름이 붙여진다. 예를 들면 첫 번째 레지스터는 "IF/ID"라고 이름이 붙여져 있는데 이는 명령어 인출 단계와 명령어 해독 단계를 분리하기 때문이다. 레지스터들은 레지스터를 통과하는 선들에 해당하는 모든 데이터를 저장할 수 있을 만큼 충분히 넓어야 한다. 예를 들면 IF/ID 레지스터는 메모리에서 가져온 64비트 명령어와 증가된 64비트 PC 주소를 간직해야 되기 때문에 128비트가 되어야 한다. 이 장을 진행하면서 이들 레지스터가 커지겠지만 현재로서 다른 세 개의 파이프라인 레지스터는 256, 193, 128비트이다.

꾼다. PC는 파이프라인 레지스터로 생각할 수 있다. 즉 파이프라인의 IF 단계에 데이터를 제공하는 파이프라인 레지스터로 생각할 수 있다는 말이다. 그러나 그림 4.34에서 파란색으로 표시된 파이프라인 레지스터와는 달리 PC는 사용자가 볼 수 있는 구조적 상태이다. 예외가 일어나면 구조적 상태의 내용은 저장되어야 하지만 파이프라인 레지스터 내용은 버려도 되는 것이 다르다. 세탁소 비유에서는 PC를 세탁 단계 전의 더러운 옷 묶음을 가지고 있는 바구니로 볼 수 있다.

이 장에서는 파이프라이닝이 어떻게 동작하는지를 보여 주기 위해 시간에 따라 변하는 연속된 그림을 보여 준다. 이처럼 그림이 많아지면 이해하는 데 훨씬 더 많은 시간이 필요할 것처럼 보이지만 걱정할 것은 없다. 이 그림들을 이해하는 데는 생각보다 시간이 훨씬 덜 걸리는데, 이는 각 클럭 사이클에서 어떤 변화가 일어나는지 비교해서 보면 되기 때문이다. 4.7절은 파이프라인 명령어 사이에 데이터 해저드가 있을 때 어떤 일이 일어나는지를 설명하고 있는데 지금은 무시해도 좋다.

그림 4.35에서 4.37은 적재 명령어가 파이프라인의 다섯 단계를 통과해 감에 따라 활성화되는 데이터패스 부분을 파란색으로 보여 주고 있다. 적재 명령어는 다섯 단계 모두에서 활성화되므로 적재 명령어를 제일 먼저 보인다. 그림 4.27~4.29처럼 레지스터나 메모리가 읽혀질 때에는 레지스터나 메모리의 오른쪽 반을 강조하고, 쓰기가 행

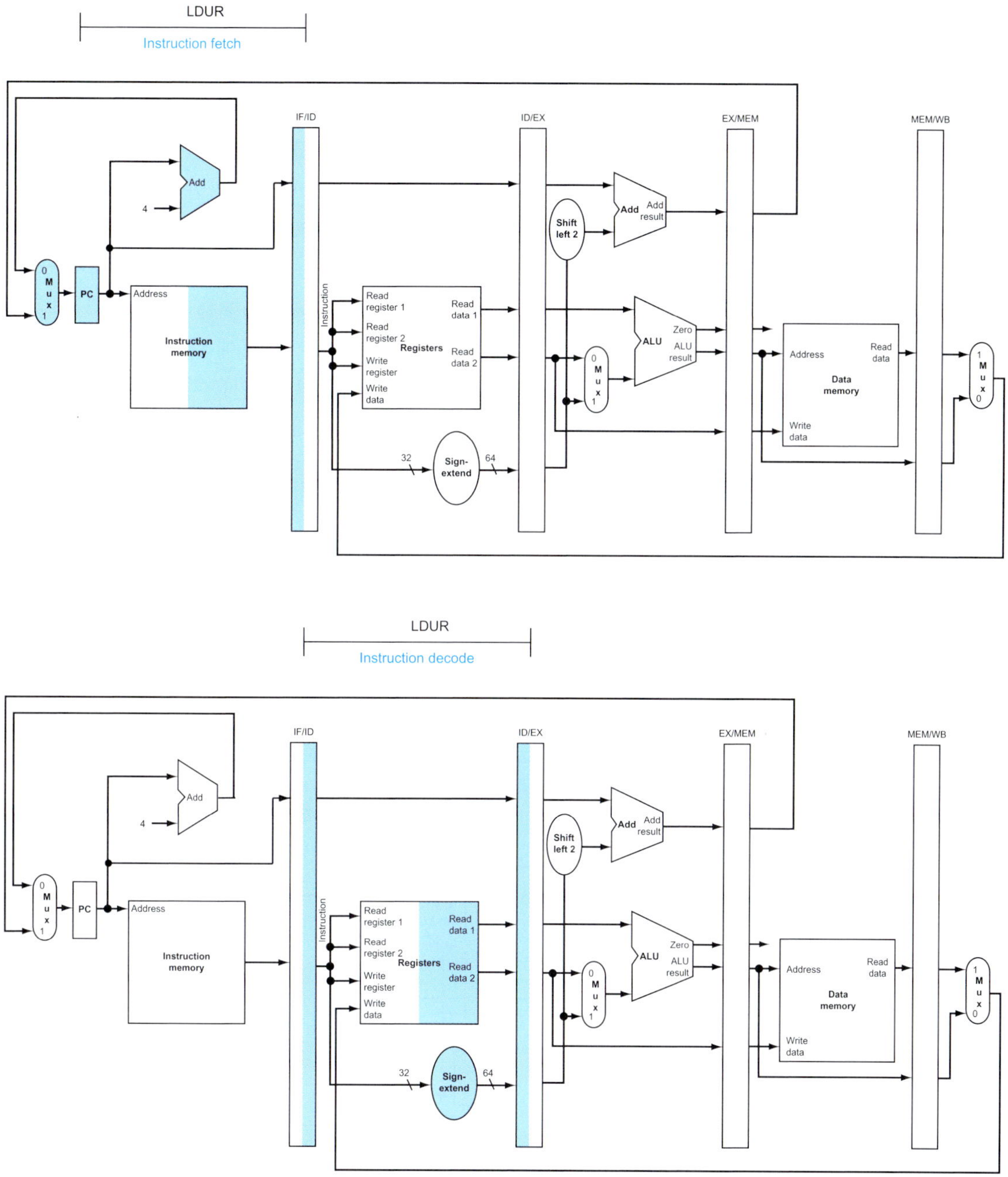

그림 4.35 **IF와 ID: 명령어의 첫 번째와 두 번째 단계이며 그림 4.34의 데이터패스에서 활성화된 부분이 파란색으로 강조되어 있다.** 강조하는 관례는 그림 4.27에서 사용한 것과 같다. 4.2절에서와 같이 내용 변화가 클럭 에지에서만 일어나기 때문에, 레지스터를 읽을 때와 레지스터에 쓰기를 할 때 사이에 혼란이 전혀 없다. 적재 명령어는 단계 2에서 레지스터 1만을 필요로 하지만, 과외로 다른 일을 한다 해서 해가 되지는 않는다. 따라서 프로세서는 상수를 부호확장하고 두 레지스터 모두 읽어서 ID/EX 파이프라인 레지스터에 넣는다. 세 피연산자 모두가 필요하지는 않지만 세 개 모두를 유지하는 것이 제어를 간단히 한다.

해질 때에는 왼쪽 반을 강조한다.

각 그림에서 명령어 약어인 LDUR과 그 때 활성화되는 파이프 단계의 이름을 보여 준다. 다섯 단계는 다음과 같다.

1. 명령어 인출(instruction fetch): 그림 4.35의 상단 그림은 PC에 있는 주소를 사용하여 메모리에서 명령어를 읽어 와서 IF/ID 파이프라인 레지스터에 저장하는 것을 보여 준다. PC 주소는 4만큼 증가되어 PC에 다시 저장됨으로써 다음 클럭 사이클에 사용될 수 있다. 증가하기 전 주소는 IF/ID 파이프라인 레지스터에도 써지는데 이것은 CBZ 명령어처럼 나중에 필요한 경우를 위해서이다. 컴퓨터는 어떤 종류의 명령어를 가져오고 있는지 모르기 때문에 어떤 명령어에 대해서도 대비해야 하며 잠재적으로 필요한 정보를 파이프라인을 따라 전달해야 한다.
2. 명령어 해독 및 레지스터 파일 읽기(instruction decode and register file read): 그림 4.35의 아래 그림은 IF/ID 파이프라인 레지스터의 명령어 부분이 수치 필드(64비트로 부호확장됨)값과 레지스터 번호 두 개를 제공하는 것을 보여 준다. 세 값 모두 증가한 PC 주소값과 더불어 ID/EX 파이프라인 레지스터에 저장된다. 차후의 클럭 사이클에 어느 명령어에 의해 필요할지 모르는 것은 모두 전달한다.

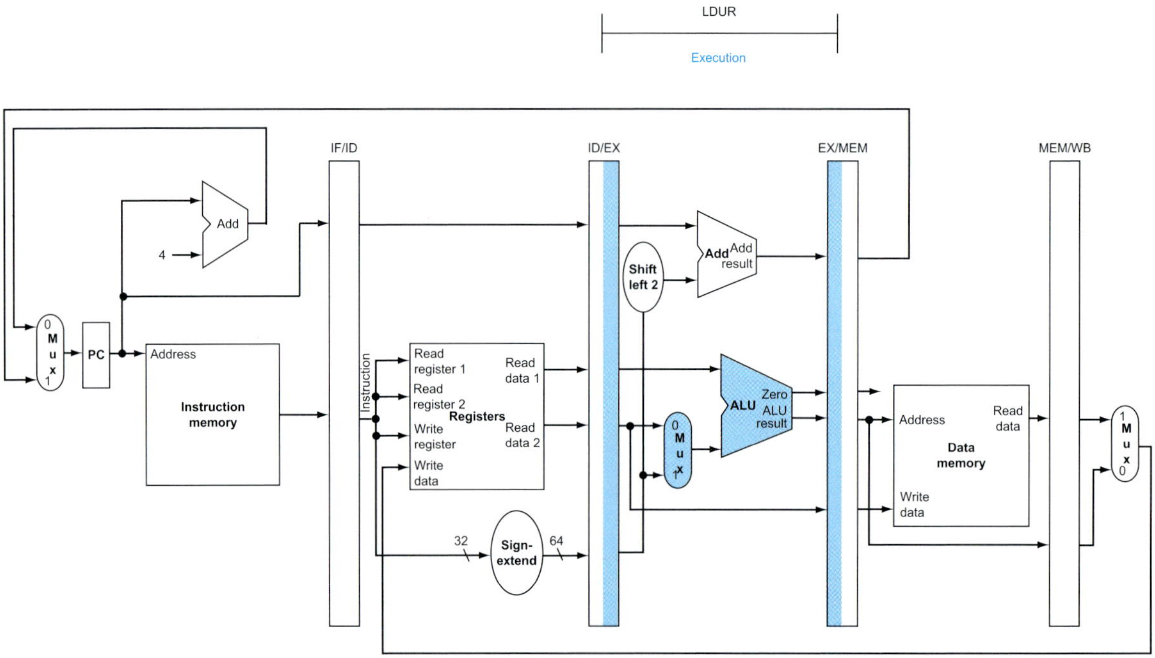

그림 4.36 EX: 적재 명령어의 세 번째 파이프 단계. 그림 4.34의 데이터패스 중에서 이 단계에서 쓰이는 부분은 강조되어 있다. 레지스터를 부호확장된 수치값에 더해서 그 합을 EX/MEM 파이프라인 레지스터에 저장한다.

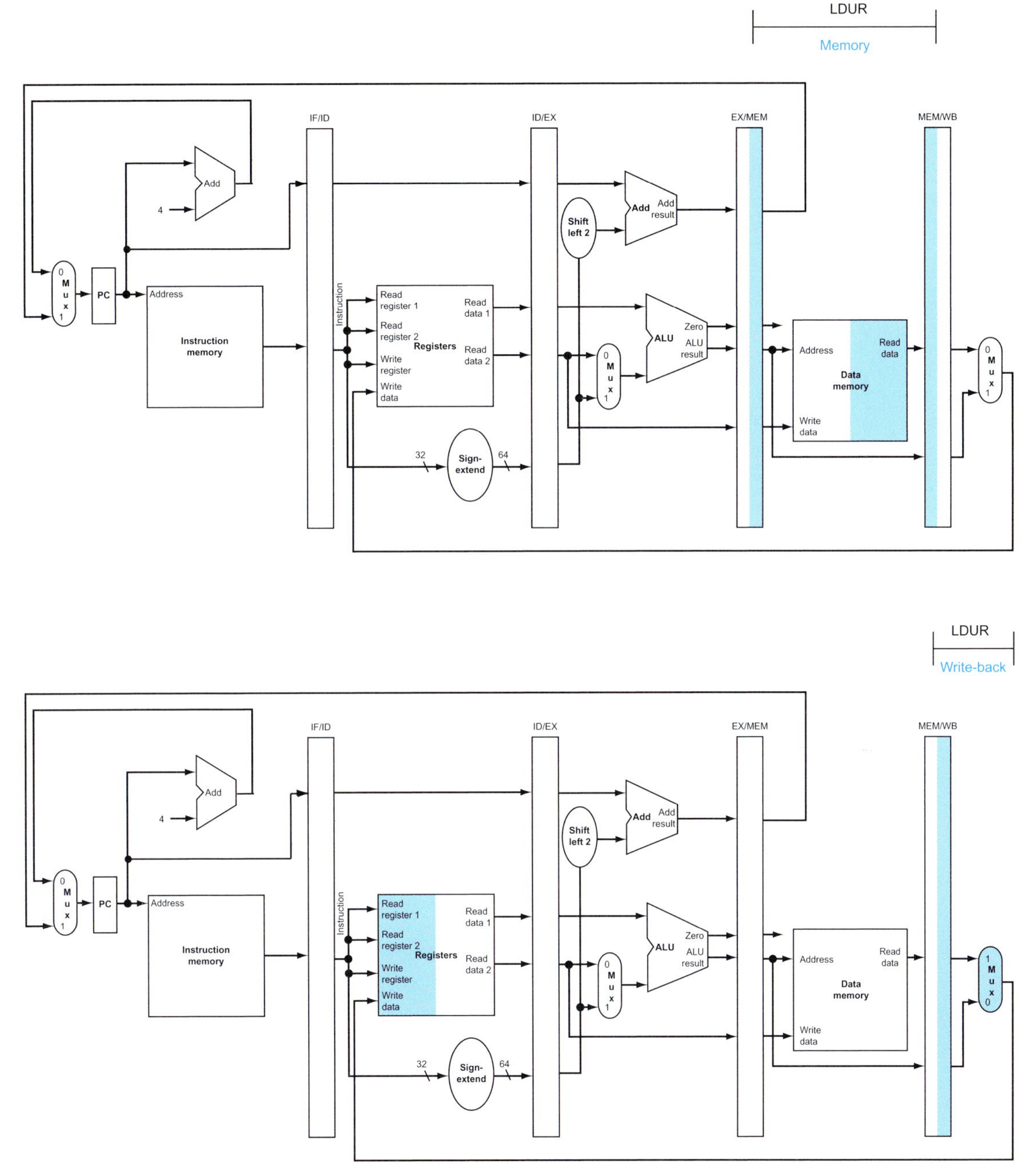

그림 4.37 MEM과 WB: 적재 명령어의 네 번째와 다섯 번째 파이프 단계. 그림 4.34의 데이터패스 중에서 이 단계에서 쓰이는 부분은 강조되어 있다. 데이터 메모리는 EX/MEM 파이프라인 레지스터의 주소를 사용하여 데이터 메모리를 읽고, 그 데이터는 MEM/WB 파이프라인 레지스터에 저장된다. 그 뒤 MEM/WB 파이프라인 레지스터에서 데이터를 읽어서 데이터패스의 중간에 있는 레지스터 파일에 쓴다. 사실 이 설계에는 버그가 있는데 그림 4.40에서 수정할 것이다.

3. 실행 또는 주소 계산(execute or address calculation): 그림 4.36은 적재 명령어가 ID/EX 파이프라인 레지스터로부터 한 레지스터의 내용과 부호확장된 수치값을 읽고, ALU를 사용하여 이들을 더하는 것을 보여 준다. 합은 EX/MEM 파이프라인 레지스터에 저장된다.
4. 메모리 접근(memory access): 그림 4.37의 상단 그림은 적재 명령어가 EX/MEM 파이프라인 레지스터에서 주소를 받아서 데이터 메모리를 읽고 이 데이터를 MEM/WB 파이프라인 레지스터에 저장하는 것을 보여 준다.
5. 쓰기(write-back): 그림 4.37의 아래 그림은 마지막 단계를 보여 준다. MEM/WB 파이프라인 레지스터에서 데이터를 읽어서 그 데이터를 그림 중앙에 있는 레지스터 파일에 쓴다.

이같이 적재 명령어를 따라가 보면 후속 파이프 단계에서 필요한 정보는 모두 파이프라인 레지스터를 통해 그 필요 단계까지 전달되어야 한다는 것을 알 수 있다. 저장 명령어를 따라가 보면 후속 파이프 단계를 위해 정보를 전달하는 것뿐만 아니라 명령어 실행 과정도 유사하다는 것을 알 수 있다. 다음은 저장 명령어의 다섯 단계이다.

1. 명령어 인출: PC에 있는 주소를 사용하여 메모리에서 명령어를 읽어서 IF/ID 파이프라인 레지스터에 저장한다. 명령어가 판별되기 전에 이 단계가 실행되기 때문에 그림 4.35의 상단 그림은 적재 명령어뿐만 아니라 저장 명령어도 해당된다.
2. 명령어 해독 및 레지스터 파일 읽기: IF/ID 파이프라인 레지스터에 있는 명령어에서 레지스터 번호를 받아서 두 레지스터를 읽고 동시에 수치 피연산자의 부호를 확장한다. 이 64비트 값들 세 개가 모두 ID/EX 파이프라인 레지스터에 저장된다. 적재 명령어를 위한 그림 4.35의 아래 그림은 저장 명령어를 위한 두 번째 단계 동작이기도 하다. 이 처음 두 단계는 모든 명령어가 다 똑같은데, 왜냐하면 아직은 명령어 종류를 알 수 없기 때문이다(저장 명령어는 이 파이프라인 단계에서 두 번째 레지스터를 읽기 위해 Rt 필드를 사용하지만 이 파이프라인 다이어그램에서 자세한 것은 보이지 않기 때문에 두 경우에 다 같은 그림을 사용할 수 있다).
3. 실행 및 주소 계산: 그림 4.38은 세 번째 단계를 보여 주는데 유효주소(effective address)는 EX/MEM 파이프라인 레지스터에 저장된다.
4. 메모리 접근: 그림 4.39의 상단 그림은 데이터가 메모리에 써지는 것을 보여 준다. 저장할 데이터를 가지고 있는 레지스터는 이미 ID 단계에서 읽혀서 ID/EX에 저장되었었다는 것을 기억하라. MEM 단계에서 이 데이터를 사용할 수 있게 하는 유일한 방법은 EX 단계에서 이 값을 EX/MEM 파이프라인 레지스터에 저장하는 것이다. 방금 전 유효주소를 EX/MEM에 저장했던 것과 마찬가지이다.
5. 쓰기: 그림 4.39의 아래 그림은 저장 명령어의 마지막 단계를 보여 주고 있다. 이

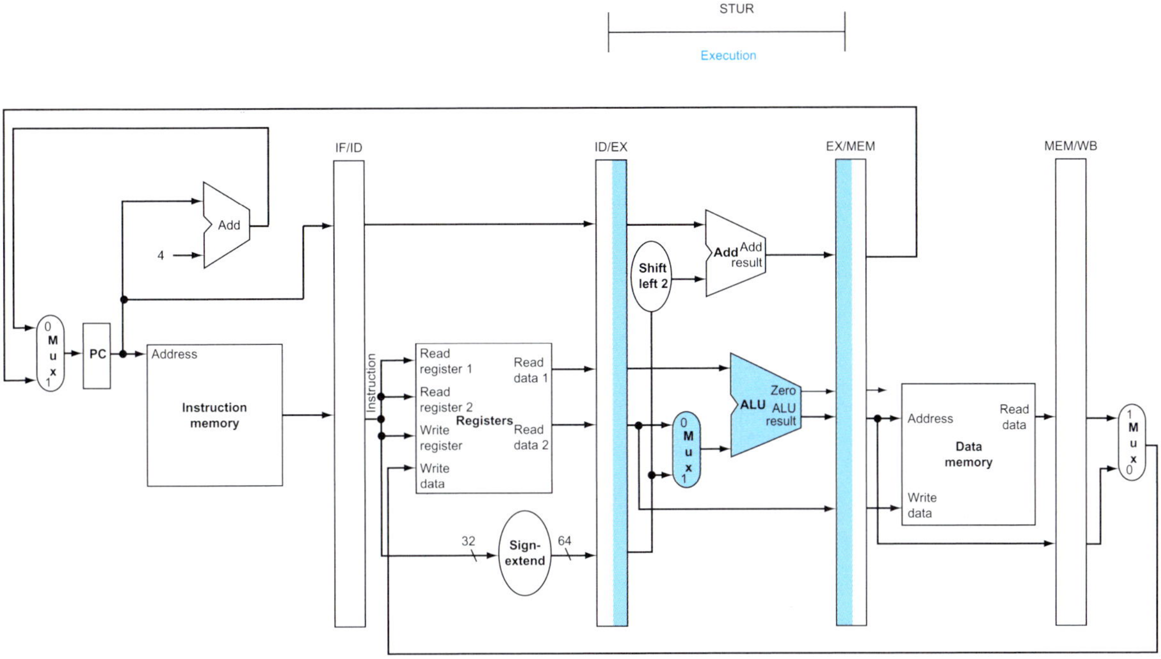

그림 4.38 **EX: 저장 명령어의 세 번째 파이프 단계.** 그림 4.36의 적재 명령어에 대한 세 번째 단계와는 달리 두 번째 레지스터값이 EX/MEM 파이프라인 레지스터에 적재되는데 이 값은 다음 단계에서 사용된다. 이 두 번째 레지스터를 EX/MEM 파이프라인 레지스터에 항상 써넣는 것이 해를 끼치지는 않지만, 파이프라인을 이해하기 쉽게 하기 위하여 저장 명령어일 때만 두 번째 레지스터를 쓰기로 한다.

명령어에 관해서는 쓰기 단계에서는 아무 일도 일어나지 않는다. 저장 명령어를 뒤따르는 명령어들이 이미 진행 중이기 때문에 이 명령어들을 더 빨리 수행할 수 있는 방법은 없다. 따라서 어떤 명령어가 특정 단계에서 아무 일을 하지 않아도 그 단계를 거쳐 가야 한다. 왜냐하면 뒤따르는 명령어들이 이미 최고 속도로 진행 중이기 때문이다.

앞선 파이프 단계에서 뒤의 파이프 단계로 무엇인가를 보내기 위해서는 그 정보가 파이프라인 레지스터에 저장되어야 한다는 것을 저장 명령어는 다시 한 번 보여 주고 있다. 그렇지 않으면 다음 명령어가 그 파이프라인 단계에 들어올 때 그 정보는 잃어버리게 된다. 저장 명령어의 경우에 ID 단계에서 읽었던 레지스터 중 하나를 MEM 단계로 전달할 필요가 있는데, 그 값이 MEM 단계에서 메모리에 저장되기 때문이다. 이 데이터가 처음에는 ID/EX 파이프라인 레지스터에 저장되고 나중에 EX/MEM 파이프라인 레지스터에 전달된다.

적재 명령어와 저장 명령어는 두 번째 중요한 점을 보여 주고 있다. 데이터패스의 각 구성 요소, 즉 명령어 메모리, 레지스터 읽기 포트, ALU, 데이터 메모리, 레지스터

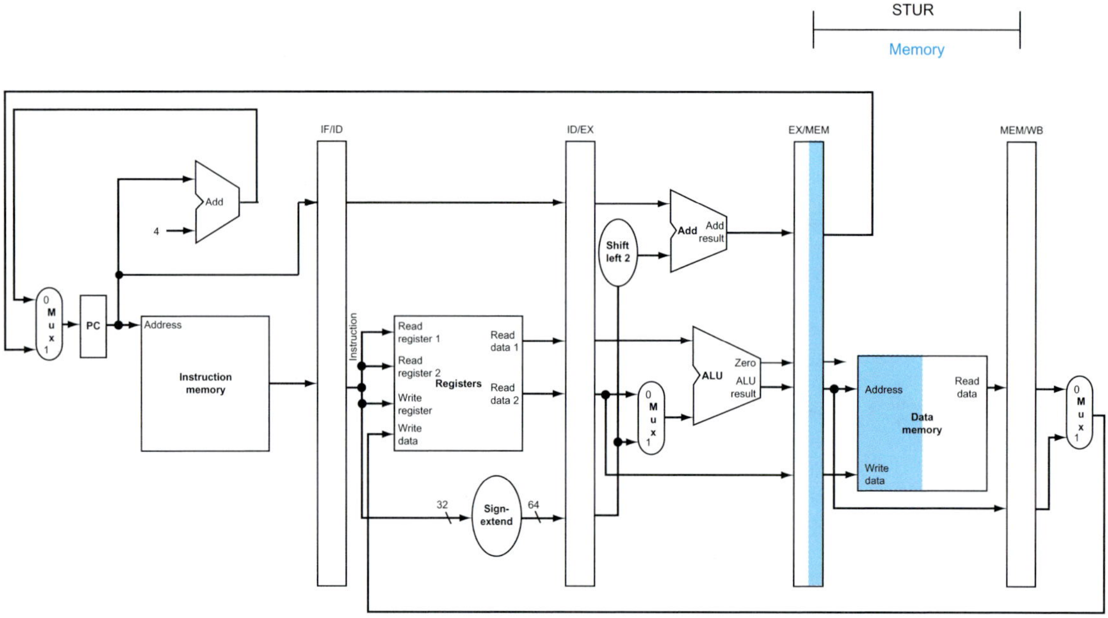

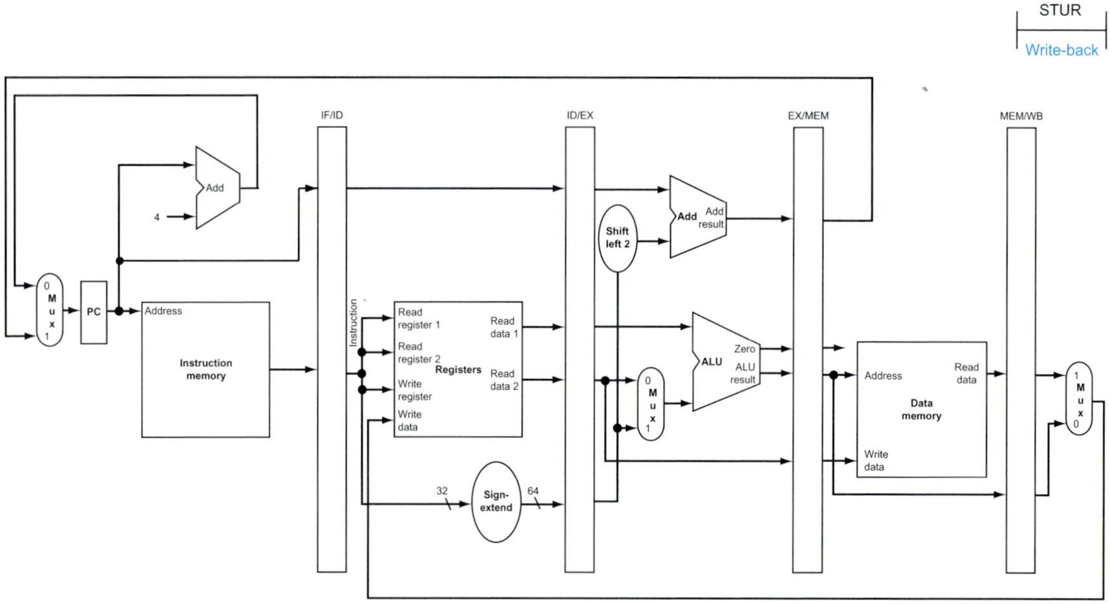

그림 4.39 MEM과 WB: 저장 명령어의 네 번째 및 다섯 번째 파이프 단계. 네 번째 단계에서 데이터가 저장을 위해 데이터 메모리에 써진다. 데이터는 EX/MEM 파이프라인 레지스터에서 나온다. MEM/WB 파이프라인 레지스터는 아무것도 바뀌지 않는다. 데이터가 일단 메모리에 써지면 저장 명령어는 할 일이 없기 때문에 다섯 번째 단계에서는 아무 일도 일어나지 않는다.

쓰기 포트 등은 한 파이프라인 단계에서만 사용될 수 있다는 것이다. 그렇지 않으면 구조적 해저드(structural hazard)를 일으키게 된다. 따라서 이들 구성 요소와 그 요소들의 제어는 한 파이프라인 단계와 연관 지을 수 있다.

이제 적재 명령어 설계의 버그를 들여다볼 때가 되었다. 적재 명령어의 최종 단계에서 어느 레지스터가 변하는가? 좀 더 구체적으로 말하면 어느 명령어가 쓰기 레지스터 번호를 제공하는가? IF/ID 파이프라인 레지스터에 있는 명령어가 쓰기 레지스터 번호를 제공하는데, 사실 이 명령어는 적재 명령어보다 상당히 나중에 나오는 명령어이다.

따라서 적재 명령어에 있는 목적지 레지스터 번호를 간직할 필요가 있다. 저장 명령어가 MEM 단계에서 사용하기 위해 ID/EX의 레지스터 내용을 EX/MEM 파이프라인 레지스터로 전달했듯이, 적재 명령어도 레지스터 번호를 ID/EX에서 EX/MEM을 거쳐 MEM/WB 파이프라인 레지스터로 보내야 WB 단계에서 사용할 수 있다. 레지스터 번호를 전달하는 것을 다른 관점에서 생각할 수도 있다. 파이프라인 데이터패스를 공유하기 위해서는 IF 단계에서 읽은 명령어를 간직해야 한다. 그러므로 각 파이프라인 레지스터는 명령어 중에서 현 단계나 뒷 단계에서 필요한 부분을 가지고 있다.

그림 4.40은 올바른 데이터패스를 보여 주고 있는데, 쓰기 레지스터 번호를 먼저 ID/EX 레지스터로, 그 뒤에는 EX/MEM 레지스터로, MEM/WB 레지스터로 전달

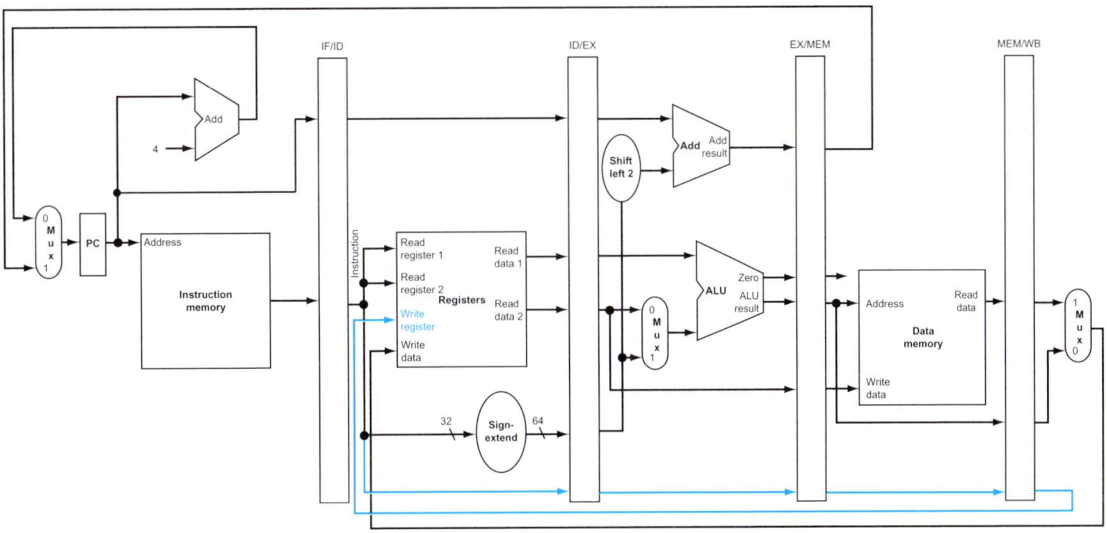

그림 4.40 적재 명령어를 제대로 처리하기 위해서 수정된 파이프라인 데이터패스. 쓰기 레지스터 번호는 데이터와 함께 MEM/WB 파이프라인 레지스터에서 가져온다. 레지스터 번호는 ID 파이프 단계에서부터 MEM/WB 파이프라인 레지스터까지 전달되므로 이 마지막 세 개의 파이프라인 레지스터에 5비트가 추가된다. 이 새로운 경로는 파란색으로 표시되었다.

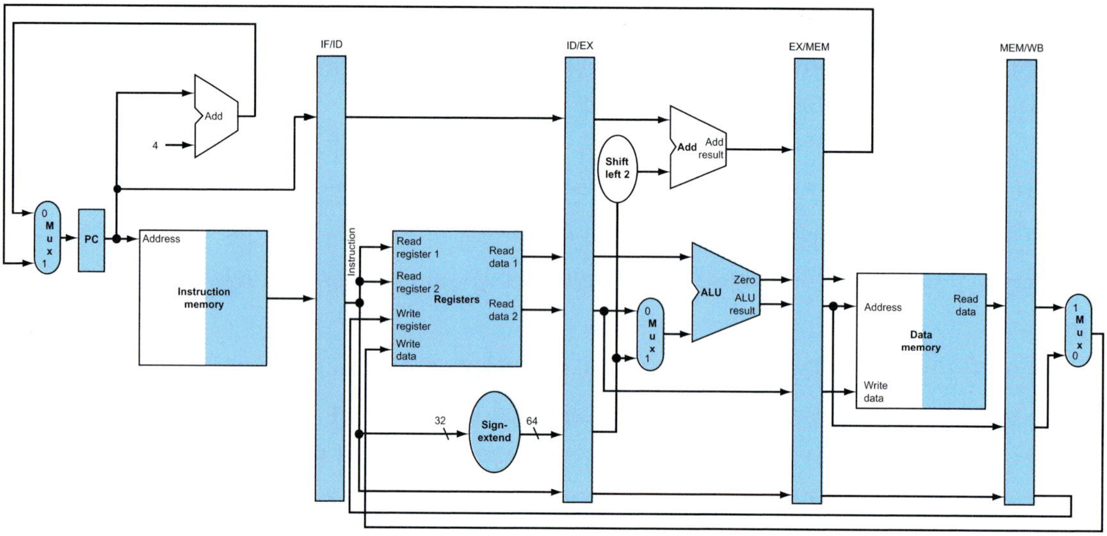

그림 4.41 그림 4.40의 데이터패스 중 적재 명령어가 사용하는 부분.

한다. 이 레지스터 번호는 WB 단계에서 쓰기를 행할 레지스터 번호로 사용된다. 그림 4.41은 레지스터 적재 명령어의 올바른 데이터패스를 하나로 그린 그림인데 그림 4.35부터 그림 4.37에 이르면서 5단계 전체에서 사용되는 하드웨어를 강조하여 보여 주고 있다. 분기 명령어가 예상대로 동작하도록 어떻게 만들 것인가에 대한 설명은 4.8절을 보라.

그림으로 표현하는 파이프라인

파이프라이닝은 이해하기 힘들다. 왜냐하면 많은 명령어들이 매 클럭 사이클에 하나의 데이터패스에서 동시에 실행되기 때문이다. 이해를 돕기 위한 파이프라인 그림에는 두 가지 기본적 유형이 있다. 그림 4.33과 같은 **다중 클럭 사이클 파이프라인 다이어그램**(multiple clock cycle pipeline diagram)과 그림 4.35에서 그림 4.39까지와 같은 **단일 클럭 사이클 파이프라인 다이어그램**(single clock cycle pipeline diagram)이 그것이다. 다음 다섯 개의 명령어로 된 코드를 가지고 두 가지 파이프라인 다이어그램 유형을 사용하여 명령어 실행 과정을 보이겠다.

```
LDUR  X10, [X1, #40]
SUB   X11, X2, X3
ADD   X12, X3, X4
LDUR  X13, [X1, #48]
ADD   X14, X5, X6
```

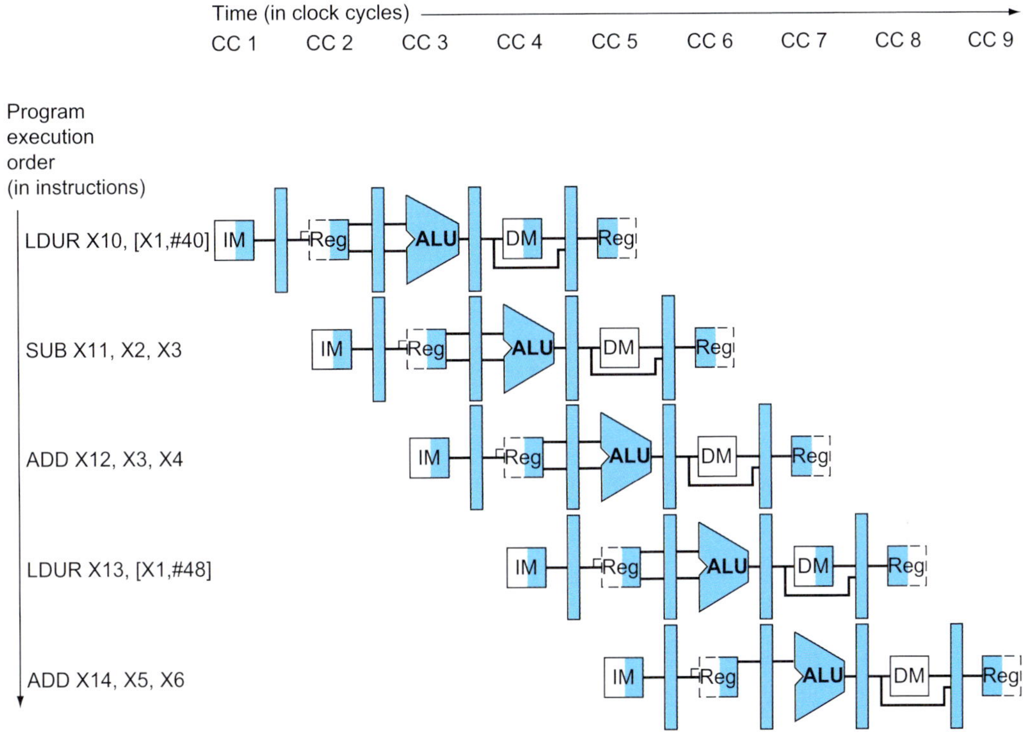

그림 4.42 다섯 명령어의 다중 클럭 사이클 파이프라인 다이어그램. 이 같은 스타일의 파이프라인 표현은 그림 하나에 명령어들의 전체적인 실행 상태를 보여 준다. 명령어들은 명령어 실행 순서대로 위에서 아래로 나열되어 있고 클럭 사이클은 왼쪽에서 오른쪽으로 진행한다. 그림 4.27에서와는 달리 여기서는 각 단계 사이의 파이프라인 레지스터를 보여 주고 있다. 그림 4.43은 이 다이어그램을 그리는 전통적인 방법을 보여 준다.

그림 4.42는 이 명령어들에 대한 다중 클럭 사이클 파이프라인 다이어그램을 보여 준다. 시간은 이 다이어그램이 나와 있는 페이지를 왼쪽에서 오른쪽으로 가로질러 진행하며 명령어는 페이지 위쪽에서 아래쪽으로 진행한다. 이는 그림 4.24에 있는 세탁소 파이프라인과 비슷하다. 파이프라인 단계 표시는 명령어 축을 따라 배치되며 해당 클럭 사이클의 열에 들어간다. 양식화된 이 데이터패스는 파이프라인의 다섯 단계를 그림으로 나타내고 있지만, 각 파이프 단계의 이름을 쓴 사각형을 사용하여도 아무 문제 없다. 그림 4.43은 다중 클럭 사이클 파이프라인 다이어그램의 전통적인 버전을 보여 주고 있다. 그림 4.42는 각 단계에서 사용되는 물리적 자원을 보여 주고 있는 반면 그림 4.43은 각 단계의 이름을 사용한다.

단일 클럭 사이클 파이프라인 다이어그램은 한 클럭 사이클 동안의 전체 데이터패스 상태를 나타낸다. 보통 각 파이프라인 단계 위에 이 단계에 있는 명령어 이름을 레이블로 표시하여 파이프라인에 있는 다섯 명령어를 모두 나타낸다. 각 클럭 사이클 동

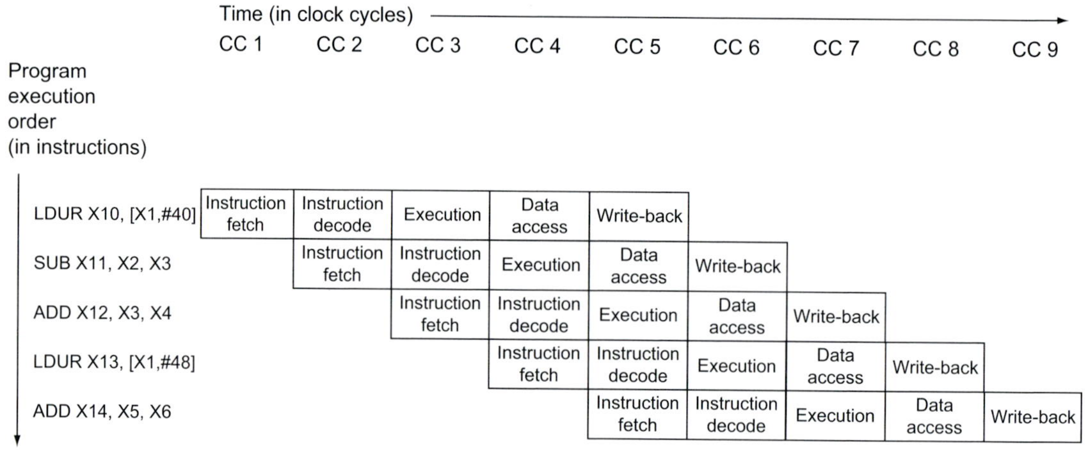

그림 4.43 그림 4.42의 다섯 명령어에 대한 전통적인 다중 클럭 사이클 파이프라인 다이어그램.

안 파이프라인 안에서 무슨 일이 일어나는지를 구체적으로 보여 주기 위해 이 그림을 사용한다. 특히 연속된 클럭 사이클 동안의 파이프라인 동작을 보여 주기 위해 그룹으로 사용한다. 개략적인 파이프라인 상황을 보여 주기 위해서는 다중 클럭 사이클 다이어그램을 사용한다(그림 4.42에 대해 좀 더 구체적으로 알고 싶다면 4.13절의 단일 클럭 다이어그램을 참고하라). 단일 클럭 사이클 다이어그램은 다중 클럭 사이클 다이어그램을 수직으로 자른 단면을 보여 주는 셈이므로, 주어진 클럭 사이클에 파이프라인상에 있는 명령어 각각에 의해 사용되는 데이터패스를 보여 주게 된다. 예를 들어 그림 4.44는 그림 4.42와 그림 4.43의 클럭 사이클 5에 해당하는 단일 클럭 사이클 다이어그램을 보여 준다. 분명한 것은 단일 클럭 사이클 다이어그램이 더 자세한 것을 보여 주며 같은 숫자의 클럭 사이클을 보여 주기 위해서는 더 많은 지면을 차지하게 된다. 연습문제에서 다른 코드들에 대한 단일 클럭 사이클 다이어그램을 만들게 될 것이다.

스스로 점검하기 한 그룹의 학생들이 5단계 파이프라인의 효율성에 대해 토의하고 있었는데, 한 학생이 모든 명령어가 파이프라인 각 단계 모두에서 활성화되는 것은 아니라는 점을 지적하였다. 해저드의 효과를 무시하기로 결정한 후 이들 학생들은 다음과 같은 네 개의 문장을 만들었다. 어떤 문장들이 올바른 것인가?

1. 점프 명령어, 분기 명령어, ALU 명령어 들이 적재 명령어가 필요한 5단계보다 더 적은 단계를 거치도록 하면 어떤 환경에서도 파이프라인의 성능은 좋아진다.
2. 몇몇 명령어가 더 적은 단계를 거치도록 하는 것은 도움이 되지 않는다. 왜냐하면 처리량은 클럭 사이클에 의해 결정되기 때문이다. 명령어당 파이프 단계의

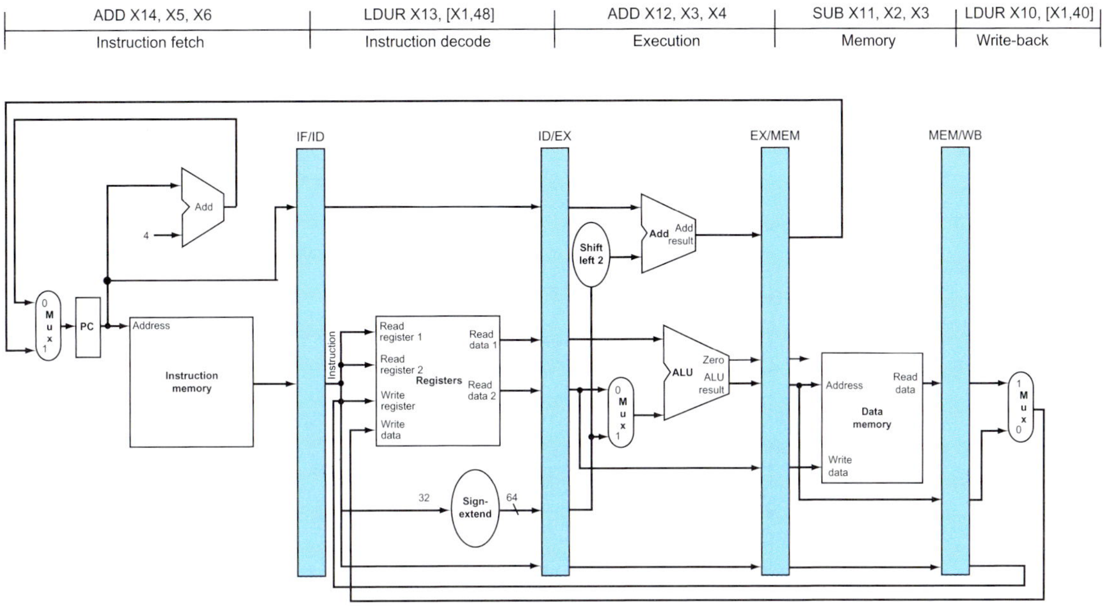

그림 4.44 **그림 4.42와 그림 4.43 파이프라인의 클럭 사이클 5에 해당하는 단일 클럭 사이클 다이어그램.** 보는 바와 같이 단일 클럭 사이클 그림은 다중 사이클 다이어그램을 수직으로 자른 단면과 같다.

수는 지연시간에 영향을 미치지 처리량에는 영향을 미치지 않기 때문이다.

3. ALU 명령어는 결과를 쓰기 때문에 더 적은 사이클이 걸리도록 만들 수 없다. 그러나 분기 명령어나 점프 명령어는 더 적은 사이클이 걸리도록 할 수 있기 때문에 성능 향상에 약간의 기회가 있다.
4. 명령어들이 더 적은 사이클이 걸리도록 노력하는 대신에 파이프라인을 길게 만들려고 해야 한다. 이렇게 하면 명령어들은 더 많은 사이클이 걸리지만 사이클은 더 짧아진다. 이것이 성능을 높일 수 있을 것이다.

파이프라인 제어

In the 6600 Computer, perhaps even more than in any previous computer, the control system is the difference.

James Thornton, *Design of a Computer: The Control Data 6600*, 1970

4.3절에서 단일 사이클 데이터패스에 제어를 추가했던 것처럼 파이프라인 데이터패스에 제어를 추가한다. 처음에는 문제를 장밋빛 안경을 통해 보는 것처럼 단순한 설계로 시작한다.

첫 번째 단계는 기존 데이터패스에 제어선 레이블을 붙이는 것이다. 그림 4.45는 이러한 제어선을 보여 준다. 그림 4.17의 간단한 데이터패스용 제어로부터 가능한 한 많은 것을 빌려 온다. 특히 똑같은 ALU 제어회로, 분기회로, read-register2 번호 멀티플렉서, 제어선을 사용한다. 이 같은 기능들은 그림 4.12, 그림 4.16, 그림 4.18에서

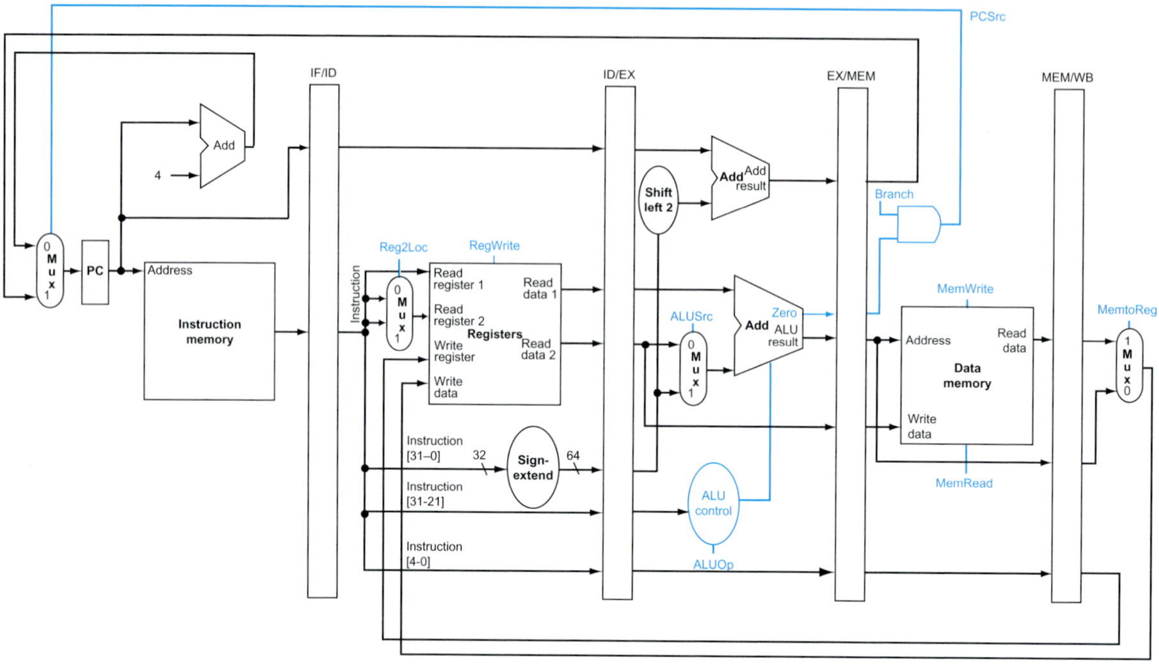

그림 4.45 제어신호가 명시된 그림 4.40의 파이프라인 데이터패스. 이 데이터패스는 PC 근원지, 레지스터 목적지 주소 및 ALU 제어를 위한 제어회로를 4.4절에서 빌려 왔다. ALU 제어 입력으로 EX 단계에 있는 명령어의 opcode 필드가 필요하다. 따라서 이 비트들은 ID/EX 파이프라인 레지스터에 꼭 포함되어야 한다.

정의된다. 다음 설명을 더 쉽게 따라갈 수 있게 하기 위하여 핵심 정보를 그림 4.46부터 그림 4.48에 다시 보였다.

단일 사이클 구현에서와 같이 매 클럭 사이클마다 PC에 쓰기가 행해지며 따라서 PC를 위한 쓰기 신호는 따로 없다고 가정한다. 같은 논리로 파이프라인 레지스터들(IF/ID, ID/EX, EX/MEM, MEM/WB)을 위한 쓰기 신호가 따로 없다. 왜냐하면 파이프라인 레지스터 역시 매 클럭 사이클마다 쓰기가 행해지기 때문이다.

파이프라인을 위한 제어를 명시하기 위해서는 각 파이프라인 단계 동안의 제어값들을 정하기만 하면 된다. 각 제어선은 한 파이프라인 단계에서만 활성화되는 구성 요소들과 관련 있기 때문에 제어선을 파이프라인 단계에 따라 다섯 그룹으로 나눌 수 있다.

1. 명령어 인출: 명령어 메모리를 읽고 PC값을 쓰기 위한 제어신호들은 항상 인가되므로 이 파이프라인 단계에는 제어할 것이 없다.
2. 명령어 해독 및 레지스터 파일 읽기: read register 2를 위한 올바른 레지스터 번호를 선택할 필요가 있는데 그래야 Reg2Loc 신호가 설정되기 때문이다. 이 신호는 명령어 비트 20:16(Rm)과 4:0(Rt) 중 하나를 선택한다.

Instruction	ALUOp	Instruction operation	Opcode	Desired ALU action	ALU control input
LDUR	00	load register	XXXXXXXXXXX	add	0010
STUR	00	store register	XXXXXXXXXXX	add	0010
CBZ	01	compare and branch on zero	XXXXXXXXXXX	pass input b	0111
R-type	10	ADD	10001011000	add	0010
R-type	10	SUB	11001011000	subtract	0110
R-type	10	AND	10001010000	AND	0000
R-type	10	ORR	10101010000	OR	0001

그림 4.46 그림 4.12를 다시 보여 줌. 이 그림은 ALU 제어 비트들이 ALUOp 제어 비트와 R-형식 명령어의 opcode에 따라 어떻게 달라지는가를 보여 준다.

신호이름	인가되지 않은 경우(0)	인가된 경우(1)
Reg2Loc	Read register 2를 위한 레지스터 번호가 Rm 필드(비트 20:16)로부터 온다.	Read register 2를 위한 레지스터 번호가 Rt 필드(비트 4:0)로부터 온다.
RegWrite	아무 일도 생기지 않는다.	Write register 입력이 지정하는 레지스터에 Write data 입력값을 쓴다.
ALUSrc	레지스터 파일의 두 번째 출력(Read data 2)이 ALU의 두 번째 피연산자가 된다.	부호확장된 명령어의 하위 16비트가 ALU의 두 번째 피연산자가 된다.
PCSrc	PC+4가 새로운 PC값이 된다.	분기 목적지 주소가 새로운 PC값이 된다.
MemRead	아무 일도 생기지 않는다.	Address 입력이 지정하는 데이터 메모리 내용을 Read data 출력으로 내보낸다.
MemWrite	아무 일도 생기지 않는다.	Address 입력이 지정하는 데이터 메모리 내용을 Write data 입력값으로 바꾼다.
MemtoReg	ALU 출력이 레지스터의 Write data 입력이 된다.	데이터 메모리 출력이 레지스터의 Write data 입력이 된다.

그림 4.47 그림 4.16을 다시 보여 줌. 7개의 제어신호 각각에 대한 기능이 정의되어 있다. ALU 제어선(ALUOp)은 그림 4.46의 두 번째 열에서 정의되었다. 2 입력 멀티플렉서에 대한 1 비트 제어가 "인가되면(1)"이면 멀티플렉서는 1번 입력을 선택한다. 그렇지 않으면, 즉 제어가 "인가되지 않으면(0)"이면 멀티플렉서는 0번 입력을 선택한다. PCSrc는 그림 4.45의 AND 게이트에 의해 제어된다. 만약 Branch 신호와 ALU Zero 신호가 모두 1이면 PCSrc는 1이고 그 외에는 0이다. 제어 유닛은 CBZ 명령어일 때만 Branch 신호를 인가한다. 다른 경우에는 PCSrc가 0이 된다.

Instruction	Instruction decode stage control lines	Execution/address calculation stage control lines			Memory access stage control lines			Write-back stage control lines	
	Reg2Loc	ALUOp1	ALUOp0	ALUSrc	Branch	MemRead	MemWrite	RegWrite	MemtoReg
R-format	0	1	0	0	0	0	0	1	0
LDUR	X	0	0	1	0	1	0	1	1
STUR	1	0	0	1	0	0	1	0	X
CBZ	1	0	1	0	1	0	0	0	X

그림 4.48 제어선의 값들은 그림 4.18과 같지만, 마지막 네 개의 파이프라인 단계에 맞추어 네 그룹으로 재편성하였다.

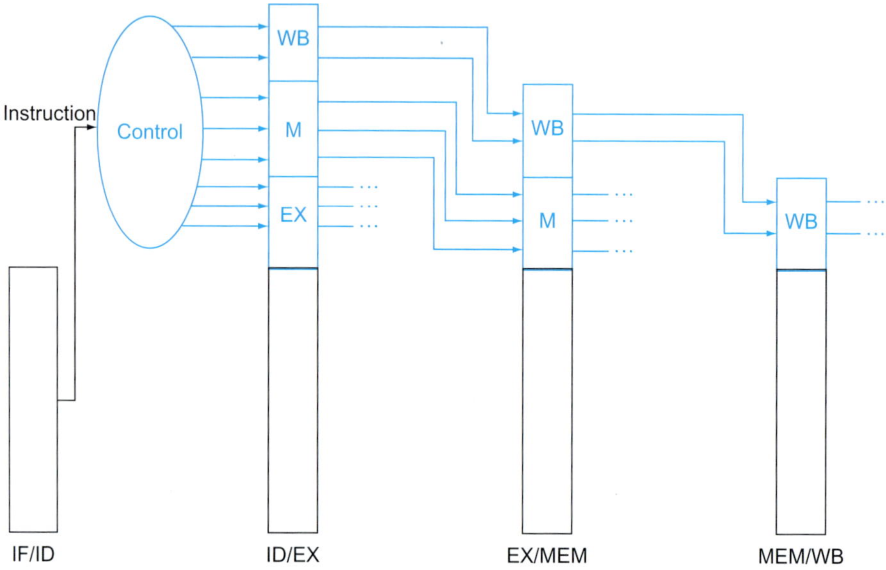

그림 4.49 마지막 세 단계를 위한 8개 제어선들. 8개 제어선 중 3개가 EX 단계에서 사용되고, 나머지 5개 제어선은 제어신호를 저장하도록 확장된 EX/MEM 파이프라인 레지스터로 전달된다. 이 중 3개는 MEM 단계에서 사용되고 나머지 2개는 WB 단계에서 사용되기 위해 MEM/WB로 전달된다.

3. 실행 및 주소 계산: 설정할 신호들은 ALUOp와 ALUSrc(그림 4.46과 4.47 참조)이다. 이 신호들은 ALU 연산을 선택하고 Read data 2와 부호확장된 수치값 중 하나를 ALU의 입력으로 선택한다.
4. 메모리 접근: 이 단계에서 설정되는 제어선은 Branch, MemRead, MemWrite이다. 이 신호들은 각각 `CBZ`, 적재, 저장 명령어일 때 인가된다. 제어가 Branch를 인가하고 ALU 결과가 0이 아닌 한 그림 4.47의 PCSrc는 순차적인 다음 주소를 선택한다는 것을 기억하라.
5. 쓰기: 두 제어선은 MemtoReg와 RegWrite인데, MemtoReg는 레지스터 파일에 ALU 결과를 보낼 것인지 메모리값을 보낼 것인지를 결정하고, RegWrite는 선택된 값을 레지스터에 쓰게 하는 신호이다.

데이터패스를 파이프라이닝하는 것이 제어선의 의미를 바꾸지는 않기 때문에 전과 같은 제어값을 사용할 수 있다. 그림 4.48은 4.4절에서와 같은 값을 갖지만 9개의 제어선이 파이프라인 단계에 따라 그룹화되어 있다.

제어를 구현하는 것은 각 단계에서 9개 제어신호의 값을 그 명령어의 각 단계에 해당하는 값으로 설정하는 것을 의미한다. ID 파이프라인 단계에서 명령어를 해독하는 동안 올바른 레지스터를 읽도록 Reg2Loc 값을 결정해야 한다. 앞의 "고난도"에서 설명한 부호확장에서 했듯이 opcode 비트들을 사용하여 이 멀티플렉서를 제어한다. 그림 4.22에서 opcode를 주의 깊게 살펴보면 명령어의 비트 28이 R-형식 명령어의 경우에는 0이고 다른 명령어의 경우에는 1이라는 것을 알 수 있다. 레지스터 주소 멀티플렉서 제어에 이것을 사용하면 되므로, 명령어 비트 28을 reg2Loc에 연결하기만 하면 된다.

나머지 제어선들은 EX 단계에서 시작하기 때문에 이후 단계의 제어 정보를 명령어 해독 단계 동안에 생성할 수 있다. 이 같은 제어신호를 전달하는 가장 간단한 방법은 파이프라인 레지스터를 확장하여 제어 정보를 포함하도록 하는 것이다. 그림 4.49는 명령어가 파이프라인을 흘러 내려가면서 제어신호들이 적당한 파이프라인 단계에서 사용되는 것을 보여 준다. 마치 그림 4.40에서 적재 명령어를 위한 목적지 레지스터 번호가 파이프라인을 따라 흘러 내려가는 것과 같다. 그림 4.50은 명령어 비트 28이 Reg2Loc 레지스터 주소 멀티플렉서를 제어하는 것 외에도, 확장된 파이프라인 레지

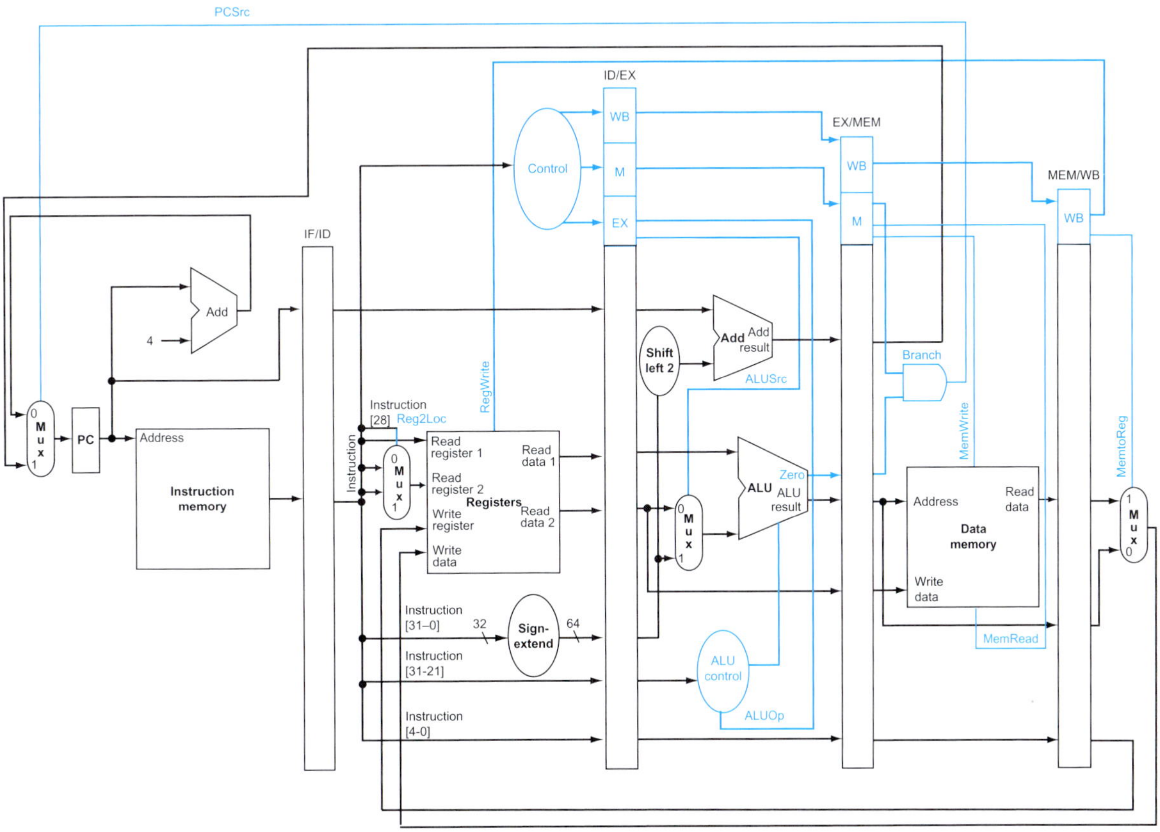

그림 4.50 **제어신호들이 파이프라인 레지스터의 제어 부분에 연결된 그림 4.45의 파이프라인 데이터패스.** 마지막 세 단계를 위한 제어값이 명령어 해독 단계에서 생성되어 ID/EX 파이프라인 레지스터에 저장된다. 각 단계에서 필요한 제어선은 사용되고 나머지 제어선은 다음 파이프라인 단계로 전달된다.

스터와 해당 단계에 연결된 제어선을 포함하는 전체 데이터패스를 보여 준다. (좀 더 구체적으로 보고 싶다면 4.13절을 참조하라. 거기서는 파이프라인 하드웨어에서 실행되는 LEGv8 코드의 예제를 단일 클럭 다이어그램을 사용하여 보여 주고 있다.)

고난도: LEGv8의 경우 명령어에 따라 근원지 레지스터 하나의 위치가 달라지기 때문에 LEGv8 컴퓨터 설계자들은 MIPS 컴퓨터 설계자들보다 훨씬 힘들었다. MIPS는 명령어 종류와 상관없이 두 근원지 레지스터가 항상 같은 위치에 있다. 따라서 MIPS는 해독 단계에서 다른 해독 필요 없이 두 개의 레지스터를 읽을 수 있다. LEGv8의 ID 단계에서는 가능한 세 개의 레지스터를 읽기 위해 3-포트 레지스터 파일을 두거나 아니면 이 장에서처럼 부분적인 해독을 해야 한다.

4.7 데이터 해저드: 전방전달 대 지연

What do you mean, why's it got to be built? It's a bypass. You've got to build bypasses.

Douglas Adams, *The Hitchhiker's Guide to the Galaxy*, 1979

이전 절에서 사용한 예제들은 파이프라인 실행의 위력과 하드웨어가 어떻게 그 임무를 수행하는가를 보여 주었다. 이제 장밋빛 안경을 벗고 실제 프로그램에서는 어떤 일이 일어나는지를 살펴볼 시간이다. 그림 4.42에서 4.44에 나와 있는 LEGv8 명령어들은 독립적인 관계였었다. 즉 어느 명령어도 다른 명령어가 계산한 결과를 사용하지 않았다. 그러나 4.5절에서 데이터 해저드가 파이프라인 실행에서 장애물이라는 것을 보았다.

많은 종속성을 가지고 있는 프로그램을 살펴보자. 종속성은 파란색으로 표시되어 있다.

```
SUB   X2, X1, X3          // Register X2 written by SUB
AND   X12, X2, X5         // 1st operand(X2) depends on SUB
OR    X13, X6, X2         // 2nd operand(X2) depends on SUB
ADD   X14, X2, X2         // 1st(X2) & 2nd(X2) depend on SUB
STUR  X15, [X2, #100]     // Base(X2) depends on SUB
```

마지막 네 명령어 모두 첫 번째 명령어의 레지스터 X2의 결과에 종속적이다. 만약 레지스터 X2가 빼셈 명령어 이전에는 값 10을 가지고 있었고 빼셈 명령어 이후에는 −20을 가진다면, 프로그래머는 레지스터 X2를 참조하는 그 다음 명령어들이 −20을 사용하는 것을 의도했을 것이다.

이 프로그램이 우리 파이프라인에서 어떻게 수행될까? 그림 4.51은 다중 클럭 사이클 파이프라인 표현을 사용하여 이 명령어들의 실행을 보여 주고 있다. 현재의 파이프

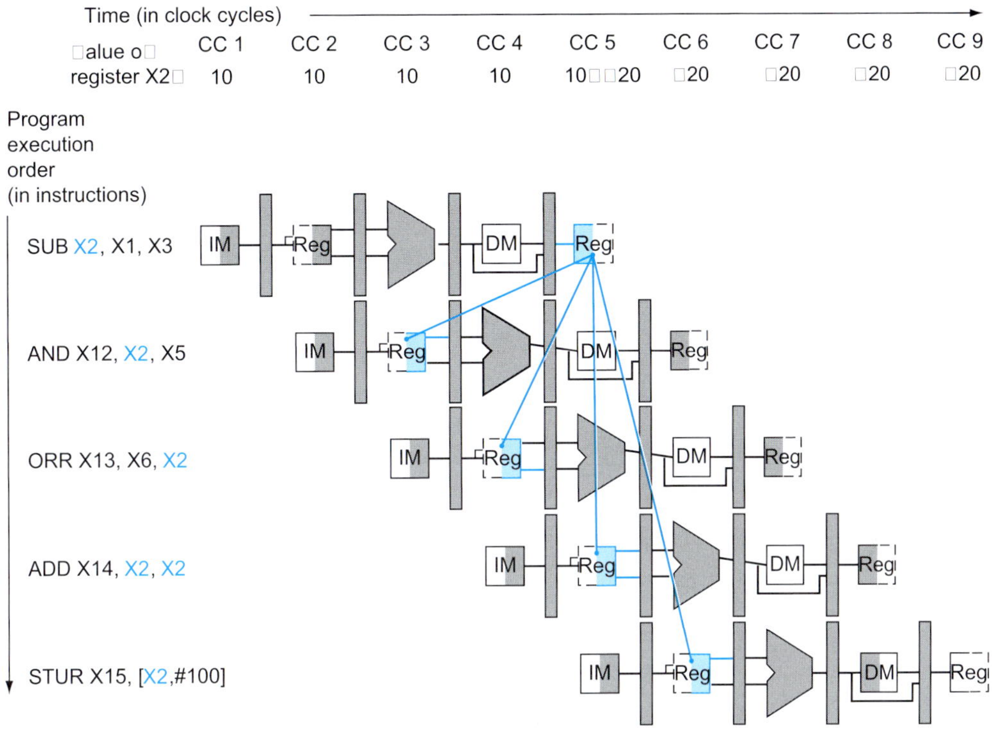

그림 4.51 5개 명령어 시퀀스의 파이프라인 종속성. 종속성을 보이기 위해 단순한 데이터패스를 사용하였다. 모든 종속적 행위는 파란색으로 표시되어 있고, 그림 상단의 "CC 1"은 클럭 사이클 1을 의미한다. 첫 번째 명령어는 X2에 쓰기를 하고, 뒤에 나오는 모든 명령어는 X2를 읽는다. 이 레지스터에는 클럭 사이클 5에 쓰기가 행해지기 때문에 클럭 사이클 5 이전에는 올바른 값을 사용할 수 없다(특정 클럭 사이클에서 레지스터를 읽으면 그 사이클의 전반부 끝에서 쓴 값을 읽게 된다). 위쪽에서 아래쪽으로 내려오는 파란 선은 종속성을 나타낸다. 시간적으로 봐서 후방으로 가야 하는 것들이 **파이프라인 데이터 해저드**이다.

라인에서 이 프로그램의 실행을 보여 주기 위해 그림 4.51의 상단에 레지스터 X2의 값을 보여 주고 있다. 이 값은 SUB 명령어가 결과값 쓰기를 행하는 클럭 사이클 5의 중간에 바뀐다.

SUB과 ADD 간의 해저드는 레지스터 파일 하드웨어의 설계에 의해 해결될 수 있다. 한 클럭 사이클에 같은 레지스터에 대한 읽기와 쓰기가 행해진다면 무슨 일이 일어날까? 쓰기는 클럭 사이클의 앞부분에서 일어나고 읽기는 뒷부분에서 일어난다고 가정한다. 그러면 읽기는 새로 써진 값을 읽게 된다. 따라서 실제 레지스터 파일의 많은 구현이 그렇듯이 이 예에서도 이런 데이터 해저드는 발생하지 않는다.

그림 4.51은 읽기가 클럭 사이클 5(CC 5)나 그 이후에 일어나지 않는 한 레지스터 X2를 읽은 값은 SUB 명령어의 결과값이 아니라는 것을 보여 주고 있다. −20이라는 올바른 값을 갖게 되는 명령어는 ADD와 STUR뿐이다. AND와 ORR 명령어는 틀린 값 10을

읽게 된다. 이런 그림을 사용하면 종속성 선이 시간 축에서 거꾸로 갈 때 그러한 문제가 있다는 것이 자명해진다.

4.5절에서 언급한 것처럼 원하는 결과는 SUB 명령어의 EX 단계의 끝, 즉 클럭 사이클 3의 끝에서 만들어진다. AND와 ORR 명령어가 언제 데이터를 필요로 하는가? EX 단계의 시작인 클럭 사이클 4와 5에서 각각 필요하다. 데이터가 레지스터 파일에서 읽을 수 있게 되기 전이라도 데이터가 계산되어 나오자마자 이를 필요로 하는 유닛으로 **전방전달**하기만 하면 이 코드들을 지연 없이 실행할 수 있다.

그러면 전방전달은 어떻게 동작하는가? 이 절의 나머지에서는 단순화를 위해 EX 단계의 연산으로 전방전달하는 문제만을 생각하자. ALU 연산이나 유효주소 계산이 그러한 경우이다. 앞선 명령어가 WB 단계에서 쓰기를 하려는 레지스터를 다른 명령어가 EX 단계에서 사용하려고 시도할 때, 실제는 ALU의 입력으로 그 값이 필요하다는 것을 알 수 있다.

파이프라인 레지스터의 필드에 이름을 붙이면 종속성을 좀 더 자세히 표시할 수 있다. 예를 들면 "ID/EX.RegisterRn1"은 파이프라인 레지스터 ID/EX에 있는 한 레지스터의 번호, 즉 레지스터 파일의 첫 번째 읽기 포트에 실린 레지스터 번호를 나타낸다. 이름의 첫 번째 부분("."의 왼쪽 부분)은 파이프라인 레지스터 이름이고, 두 번째 부분은 그 레지스터의 필드 이름이다. 이 같은 표기법을 이용하여 두 쌍의 해저드 조건을 표시하면 다음과 같다.

1a. EX/MEM.RegisterRd = ID/EX.RegisterRn1
1b. EX/MEM.RegisterRd = ID/EX.RegisterRm2
2a. MEM/WB.RegisterRd = ID/EX.RegisterRn1
2b. MEM/WB.RegisterRd = ID/EX.RegisterRm2

앞의 코드에서 첫 번째 해저드는 레지스터 X2에 관한 것으로 SUB X2, X1, X3의 결과와 AND X12, X2, X5의 첫 번째 읽기 피연산자 사이에서 발생한다. 이 같은 해저드는 AND 명령어가 EX 단계에 있고 앞선 명령어(SUB)가 MEM 단계에 있을 때 검출될 수 있다. 즉 해저드 조건 1a를 만족한다.

EX/MEM.RegisterRd = ID/EX.RegisterRn1 = X2

예제

종속성 검출

앞의 코드에서 종속성을 구분하라.

```
SUB   X2, X1, X3           // Register X2 set by SUB
```

```
AND   X12, X2, X5          // 1st operand(X2) set by SUB
ORR   X13, X6, X2          // 2nd operand(X2) set by SUB
ADD   X14, X2, X2          // 1st(X2) & 2nd(X2) set by SUB
STUR  X15, [X2, #100]      // Index(X2) set by SUB
```

답

위에서 언급한 바와 같이 SUB-AND 관계는 종류 1a 해저드이다. 나머지 해저드는 다음과 같다.

- SUB-ORR는 종류 2b 해저드이다.

  MEM/WB.RegisterRd = ID/EX.RegisterRm2 = X2
- SUB-ADD의 두 개의 종속성은 해저드가 아니다. 왜냐하면 레지스터 파일이 ADD가 ID 단계에 있을 때 올바른 데이터를 제공하기 때문이다.
- SUB와 STUR 사이에는 데이터 해저드가 없다. 왜냐하면 SUB가 X2에 쓴 다음 클럭 사이클에서 STUR가 X2를 읽기 때문이다.

어떤 명령어들은 레지스터에 쓰기를 하지 않기 때문에 이 같은 방침은 정확하지 않다. 필요 없을 때에도 전방전달을 하는 경우가 있기 때문이다. 한 가지 해결책은 RegWrite 신호가 활성화되어 있는지 확인하는 것이다. EX 단계와 MEM 단계 동안에 파이프라인 레지스터의 WB 제어 필드를 조사하면 RegWrite 신호가 인가되었는지를 알 수 있다. LEGv8에서 XZR(X31)을 피연산자로 사용하면 피연산자값은 항상 0이다. 파이프라인에 있는 명령어의 목적지가 XZR이라면(예를 들어 SUBS XZR, X1, 2) 결과값을 굳이 전방전달할 필요가 없다. 레지스터 XZR로 가는 값은 전방전달하지 않는다면 어셈블리 프로그래머나 컴파일러에게 XZR을 목적지 레지스터로 사용하지 말라고 할 필요가 없다. 첫 번째 해저드 조건에 EX/MEM.RegisterRd ≠ 31을 추가하고 두 번째 조건에 MEM/WB.RegisterRd ≠ 31을 추가하면 위의 조건들은 제대로 작동할 것이다.

마지막으로 STUR과 CBZ 두 명령어는 두 번째 레지스터 피연산자로 Rm 필드(비트 20:16) 대신 Rt 필드(비트 4:0)를 사용한다는 점을 상기하라. 파이프라인에서는 2:1 멀티플렉서와 Reg2Loc 제어신호를 이용하여 ID 단계에서 이것을 결정한다. 실제 Rm 필드 대신에 이 멀티플렉서 출력을 사용하여 제어 유닛이 항상 적합한 두 번째 레지스터를 선택할 수 있게 함으로써 파이프라인 제어를 단순화할 수 있다. 그 번호는 여전히 RegisterRm이라 불리지만 STUR과 CBZ 명령어도 올바르게 처리한다는 것을 기억하라.

이제 해저드를 검출할 수 있으므로 문제의 반은 풀린 것이다. 그러나 아직은 올바른 데이터를 전방전달해야 한다는 문제가 남아 있다.

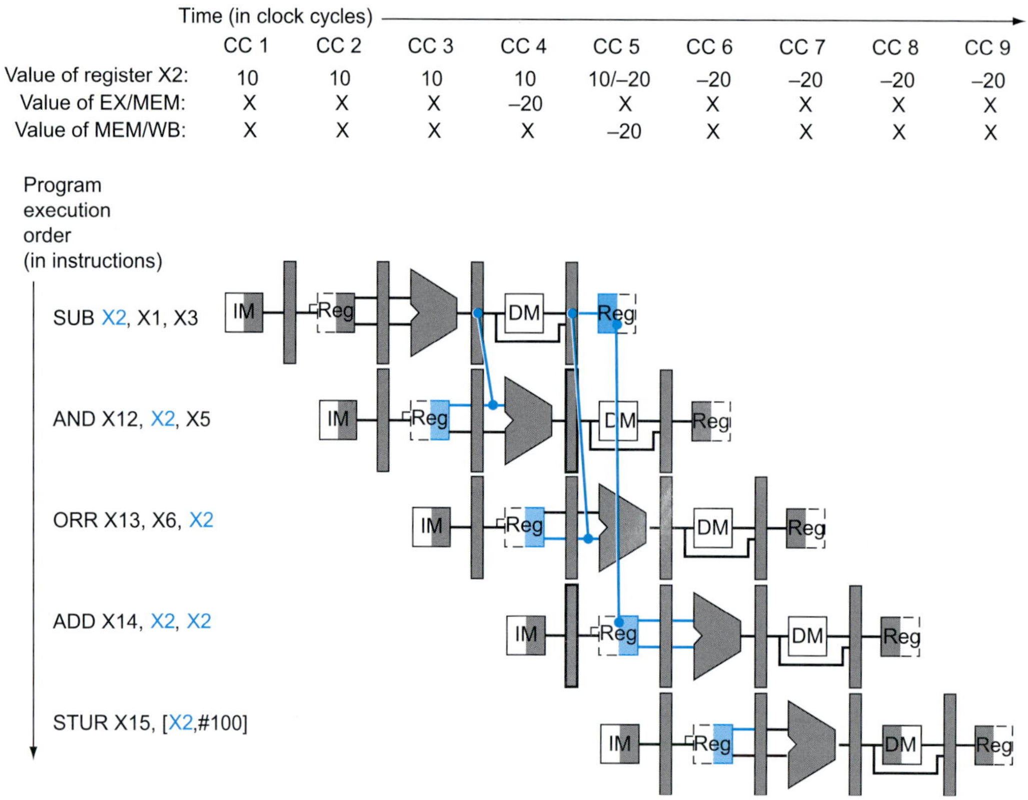

그림 4.52 파이프라인 레지스터 사이의 종속성이 시간상 전방으로 이동했다. 따라서 파이프라인 레지스터에 있는 결과를 전방전달함으로써 AND 명령어와 ORR 명령어가 요구하는 ALU 입력을 줄 수 있다. 파이프라인 레지스터에 있는 값들은 레지스터에 기록되기 전에 원하는 값들을 사용할 수 있음을 보여 준다. 레지스터 파일은 같은 클럭 사이클에 읽기와 쓰기가 행해지는 것을 통해 값을 전방전달할 수 있다고 가정한다. 따라서 ADD 명령어는 지연되지 않지만 그 값은 파이프라인 레지스터 대신에 레지스터 파일에서 나온다. 레지스터 파일 전방전달—같은 클럭 사이클에 쓴 값을 읽는—은 클럭 사이클 5에서 레지스터 X2가 왜 클럭 사이클 초반에는 10이다가 사이클 끝에서는 −20이 되는지를 설명한다.

그림 4.52는 그림 4.51에서와 똑같은 코드에 대하여 파이프라인 레지스터와 ALU 입력 사이의 종속성을 보여 준다. 바뀐 것은 WB 단계가 레지스터 파일에 쓸 때까지 기다리는 대신, 종속성의 시작이 파이프라인 레지스터가 된 것이다. 파이프라인 레지스터가 전방전달할 데이터를 가지고 있기 때문에 후속 명령어들이 필요로 하는 데이터는 시간에 맞추어 도착한다.

ID/EX 레지스터뿐만 아니라 어느 파이프라인 레지스터에서라도 ALU 입력을 가져올 수가 있다면 적절한 데이터를 전방전달할 수 있다. ALU 입력에 멀티플렉서를 추가하고 적절한 제어를 붙이면 이 같은 데이터 종속성이 존재하더라도 파이프라인을 최고 속도로 실행할 수 있다.

당분간 전방전달할 필요가 있는 명령어는 4개의 R-형식 명령어 ADD, SUB, AND, ORR뿐이라고 가정하자. 그림 4.53은 전방전달을 추가하기 전과 후의 ALU와 파이프라인 레지스터를 확대해 보여 준다. 그림 4.54는 ALU 멀티플렉서를 위한 제어선의 값들을 보여 주는데, 이를 통해 레지스터 파일 값과 전방전달된 값들 중 하나를 선택한다.

이 같은 전방전달 제어는 EX 단계에서 이루어지는데 ALU 전방전달 멀티플렉서가 이 단계에 있기 때문이다. 따라서 전방전달 여부를 결정할 수 있도록 피연산자 레지스터 번호를 ID 단계에서부터 ID/EX 파이프라인 레지스터를 거쳐 전달해 주어야 한다. Rm2필드(비트 20:16)는 이미 ID/EX 파이프라인 레지스터에 저장되어 있다. 하지만 전방전달이 추가되기 전까지는 ID/EX 레지스터에 Rn과 Rm 필드를 저장할 필요가 없었다. 이제는 Rn 필드와 Rm 필드가 ID/EX에 추가되어야 한다.

이제 해저드를 검출하기 위한 조건과 이 해저드를 해결하기 위한 제어신호에 대하여 서술해 보자.

1. EX 해저드:

```
if (EX/MEM.RegWrite
and (EX/MEM.RegisterRd ≠ 31)
and (EX/MEM.RegisterRd = ID/EX.RegisterRn1)) ForwardA = 10

if (EX/MEM.RegWrite
and (EX/MEM.RegisterRd ≠ 31)
and (EX/MEM.RegisterRd = ID/EX.RegisterRm2)) ForwardB = 10
```

이 경우에는 바로 앞 명령어의 결과를 ALU 입력 중 하나로 전방전달한다. 바로 앞 명령어가 레지스터 파일에 쓰기를 하는 명령어이고 쓰기 레지스터 번호가 ALU 입력 A나 B의 읽기 레지스터 번호와 같다면(레지스터 31은 아니라고 가정) 파이프라인 레지스터 EX/MEM에서 값을 받도록 멀티플렉서를 제어한다.

2. MEM 해저드:

```
if (MEM/WB.RegWrite
and (MEM/WB.RegisterRd ≠ 31)
and (MEM/WB.RegisterRd = ID/EX.RegisterRn1)) ForwardA = 01

if (MEM/WB.RegWrite
and (MEM/WB.RegisterRd ≠ 31)
and (MEM/WB.RegisterRd = ID/EX.RegisterRm2)) ForwardB = 01
```

위에서 언급한 바와 같이 WB 단계에는 해저드가 없다. 왜냐하면 WB 단계에 있는 명령어가 값을 저장하는 레지스터를 ID 단계에 있는 명령어가 읽는다면 레지스터 파일은 올바른 값을 제공한다고 가정하기 때문이다. 그러한 레지스터 파일은 다른 형태

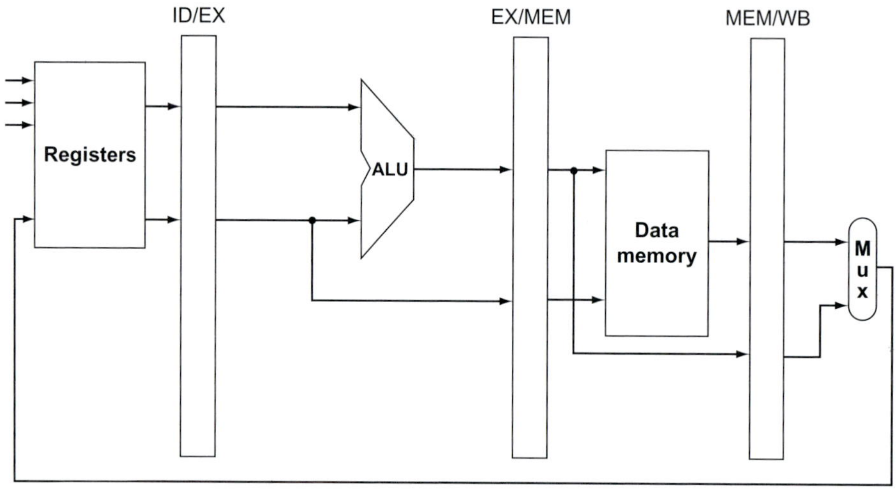

a. No forwarding

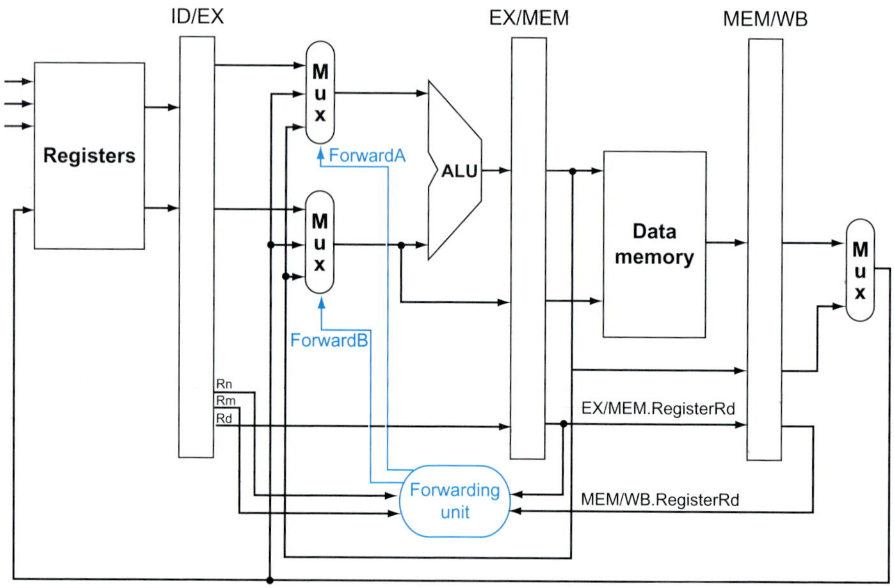

b. With forwarding

그림 4.53 상단에 있는 것은 전방전달이 추가되기 전의 ALU와 파이프라인 레지스터이다. 하단에는 멀티플렉서가 확장되어 전방전달 경로가 추가되었다. 여기에는 전방전달 유닛을 보였다. 새로운 하드웨어는 파란색으로 표시하였다. 이 그림에는 부호확장 하드웨어 같은 세부 사항이 생략되어 있다.

의 전방전달을 하고 있는 셈이지만 이 일은 레지스터 파일 내에서 일어난다.

한 가지 복잡한 것은 WB 단계에 있는 명령어의 결과값과 MEM 단계에 있는 명령

Mux control	Source	Explanation
ForwardA = 00	ID/EX	The first ALU operand comes from the register file.
ForwardA = 10	EX/MEM	The first ALU operand is forwarded from the prior ALU result.
ForwardA = 01	MEM/WB	The first ALU operand is forwarded from data memory or an earlier ALU result.
ForwardB = 00	ID/EX	The second ALU operand comes from the register file.
ForwardB = 10	EX/MEM	The second ALU operand is forwarded from the prior ALU result.
ForwardB = 01	MEM/WB	The second ALU operand is forwarded from data memory or an earlier ALU result.

그림 4.54 그림 4.53의 전방전달 멀티플렉서를 위한 제어값들. ALU의 또 다른 입력인 부호있는 수치값에 대해서는 이 절 끝에 있는 "고난도"에서 설명한다.

어의 결과값 모두와 ALU 단계에 있는 명령어의 근원지 피연산자 사이에 데이터 해저드가 일어날 수 있다는 것이다. 예를 들면 어떤 벡터를 한 레지스터에서 합한다고 할 때 명령어 코드 모두가 같은 레지스터를 읽고 쓰려고 할 것이다.

```
ADD  X1, X1, X2
ADD  X1, X1, X3
ADD  X1, X1, X4
. . .
```

이 경우에 결과값은 MEM 단계로부터 전방전달된다. 왜냐하면 MEM 단계에 있는 결과값이 더 최근의 결과값이기 때문이다. 따라서 MEM 해저드에 대한 제어는 다음과 같다(추가된 부분이 파란색으로 표시되어 있음).

```
if (MEM/WB.RegWrite
and (MEM/WB.RegisterRd ≠ 31)
and not(EX/MEM.RegWrite and (EX/MEM.RegisterRd ≠ 31)
        and (EX/MEM.RegisterRd = ID/EX.RegisterRn1))
and (MEM/WB.RegisterRd = ID/EX.RegisterRn1))  ForwardA = 01

if (MEM/WB.RegWrite
and (MEM/WB.RegisterRd ≠ 31)
and not(EX/MEM.RegWrite and (EX/MEM.RegisterRd ≠ 31)
        and (EX/MEM.RegisterRd = ID/EX.RegisterRm2))
and (MEM/WB.RegisterRd = ID/EX.RegisterRm2))  ForwardB = 01
```

그림 4.55는 EX 단계의 명령어를 위한 전방전달을 지원하기 위해 필요한 하드웨어를 보여 준다. EX/MEM.RegisterRd 필드는 ALU 명령어의 레지스터 목적지(명령어의 Rd 필드)나 적재 명령어의 레지스터 목적지(명령어의 Rt 필드이지만 이 절에서는 Rd라고 표기한다)이다.

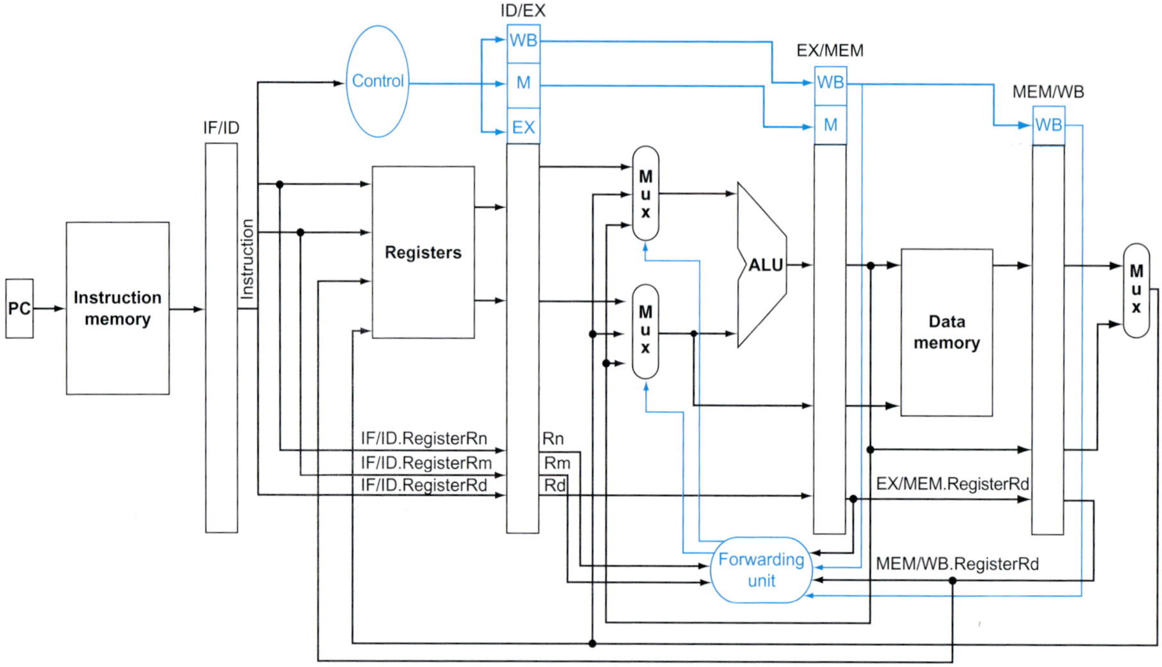

그림 4.55 전방전달을 통하여 해저드를 해결하도록 수정된 데이터패스. 그림 4.50의 데이터패스와 비교해 보면 추가된 것은 ALU 입력에 대한 멀티플렉서이다. 이 그림에는 분기 하드웨어나 부호확장 하드웨어 같은 전체 데이터패스의 세부 사항이 생략되어 있다.

단일 클럭 사이클 파이프라인 다이어그램을 사용하는 예제를 좀 더 보고 싶다면, 4.13절에 전방전달을 일으키는 해저드를 갖고 있는 두 가지의 LEGv8 코드가 있으니 참고하라.

고난도: 저장 명령어가 다른 명령어에 종속적일 때에도 전방전달이 해저드 문제에 도움을 줄 수 있다. 저장 명령어는 MEM 단계에서 데이터값 하나만을 사용하기 때문에 전방전달이 쉬운 편이다. 그러나 저장 명령어가 적재 명령어 바로 다음에 나오는 경우를 생각해 보자. LEGv8 구조에서 이런 코드는 메모리에서 메모리로 복사할 때 유용할 것이다. 복사는 자주 나오므로, 이를 더 빠르게 실행할 수 있게 더 많은 전방전달 하드웨어를 추가할 필요가 있다. `SUB`, `AND` 명령어를 `LDUR`, `STUR` 명령어로 바꾸어 그림 4.52를 다시 그리면 지연을 피하는 게 가능하다는 걸 알 수 있다. 왜냐하면 저장 명령어가 MEM 단계에서 데이터를 사용하는 시점에 이 데이터는 적재 명령어의 MEM/WB 레지스터에 있기 때문이다. 이 같은 경우를 위해 메모리 접근 단계에 전방전달을 추가할 필요가 있다. 이 수정은 독자가 해결할 과제로 남긴다.

적재 명령어와 저장 명령어에서 필요한 부호있는 수치값의 ALU 입력이 그림 4.55의 데이터패스에서는 보이지 않는다. 중앙 제어가 레지스터와 수치값 중에서 결정하고 전방전달 유닛이 ALU의 입력을 선택하기 때문에 가장 쉬운 해결책은 ForwardB 멀티플렉서 출력과 부호있는

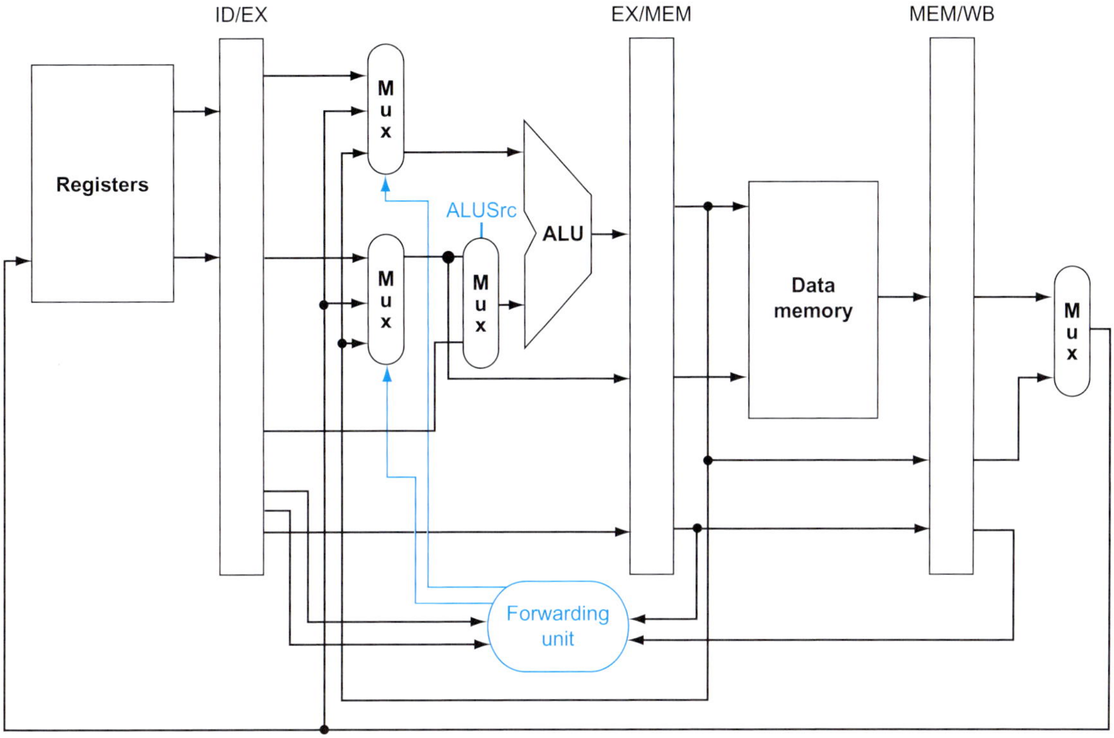

그림 4.56 그림 4.53의 데이터패스를 확대한 것으로 2:1 멀티플렉서를 보여 주고 있다. 이 멀티플렉서는 부호있는 수치값을 ALU 입력으로 선택할 수 있게 하기 위해 추가되었다.

수치값 중 하나를 선택하는 2:1 멀티플렉서를 추가하는 것이다. 그림 4.56은 이같이 추가된 것을 보여 준다.

데이터 해저드와 지연

If at first you don't succeed, redefine success.

Anonymous

4.5절에서 설명한 바와 같이 전방전달이 해결 못하는 경우 중 하나는 적재 명령어를 뒤따르는 명령어가 적재 명령어에서 쓰기를 행하는 레지스터를 읽으려고 시도할 때이다. 그림 4.57이 이 같은 문제를 보여 주고 있다. 클럭 사이클 4에서 적재 명령어가 데이터를 읽고 있는데 ALU는 이미 그 다음 명령어를 위한 연산을 수행하고 있다. 따라서 적재 명령어 뒤에 이 결과값을 읽는 명령어가 뒤따라 나오면 누군가가 파이프라인을 지연시켜야 한다.

따라서 전방전달 유닛 외에 해저드 검출 유닛(hazard detection unit)도 필요하다. 이 유닛은 ID 단계에서 동작하여 적재 명령어와 결과값 사용 명령어 사이에 지연을 추가할 수 있도록 한다. 적재 명령어만 검사하면 되므로 해저드 검출 유닛에 대한 제어

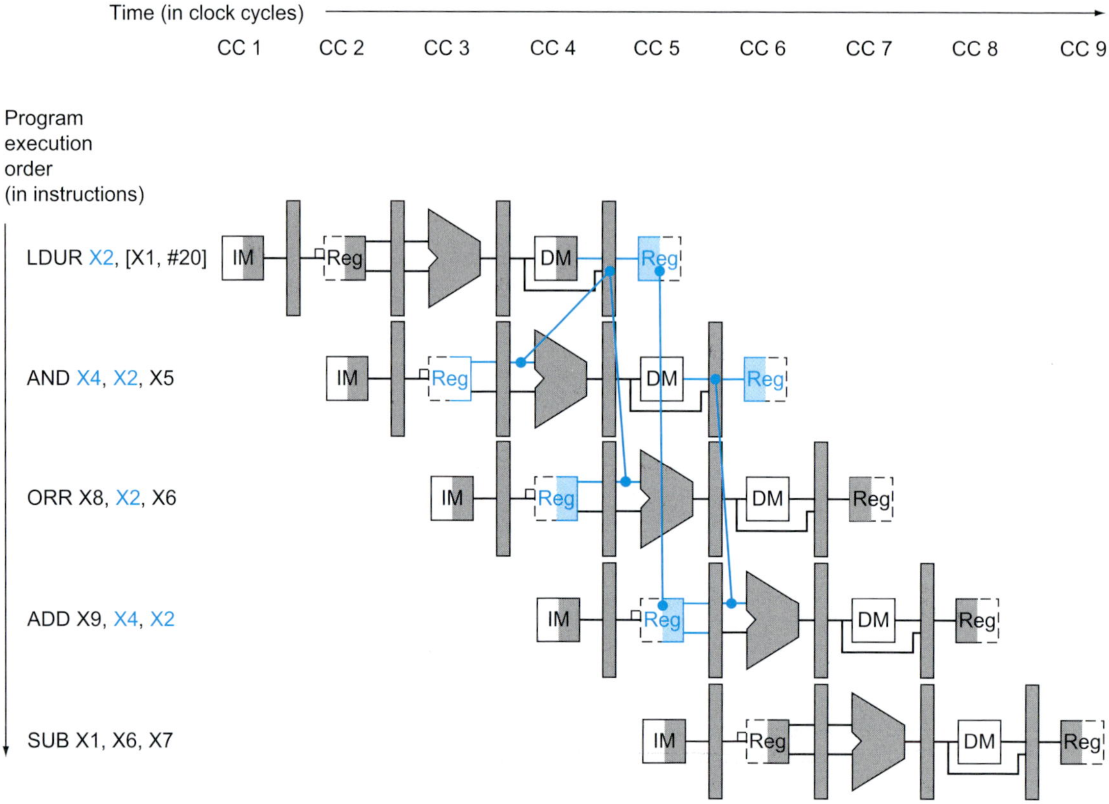

그림 4.57 파이프라인된 프로그램. 적재 명령어와 다음 명령어(AND) 사이의 종속성은 시간상 후방으로 가기 때문에 이 해저드는 전방전달을 통해서는 해결될 수 없다. 따라서 이런 명령어 조합이 나오면 해저드 검출 유닛이 파이프라인을 지연시켜야 한다.

는 아래와 같은 단 한 가지 조건을 갖는다.

```
if (ID/EX.MemRead and
   ((ID/EX.RegisterRd = IF/ID.RegisterRn1) or
    (ID/EX.RegisterRd = IF/ID.RegisterRm2)))
    stall the pipeline
```

R-형식 명령어와 적재 명령어 구별 없이 명령어의 비트 4:0의 레지스터 번호를 RegisterRd로 표시하고 있음을 기억하라. 첫 번째 줄은 명령어가 적재 명령어인지를 테스트한다. 데이터 메모리를 읽는 유일한 명령어가 적재 명령어이기 때문이다. 다음 두 줄은 EX 단계에 있는 적재 명령어의 목적지 레지스터 필드가 ID 단계에 있는 명령어의 근원지 레지스터인지를 체크한다. 조건이 만족되면 명령어는 1 클럭 사이클만큼 지연된다. 1 클럭 사이클 지연 후에는 전방전달 회로가 종속성을 처리할 수 있으므로 실행은 계속 진행된다(만약 전방전달이 없다면 그림 4.57의 명령어들은 1사이클 더 지

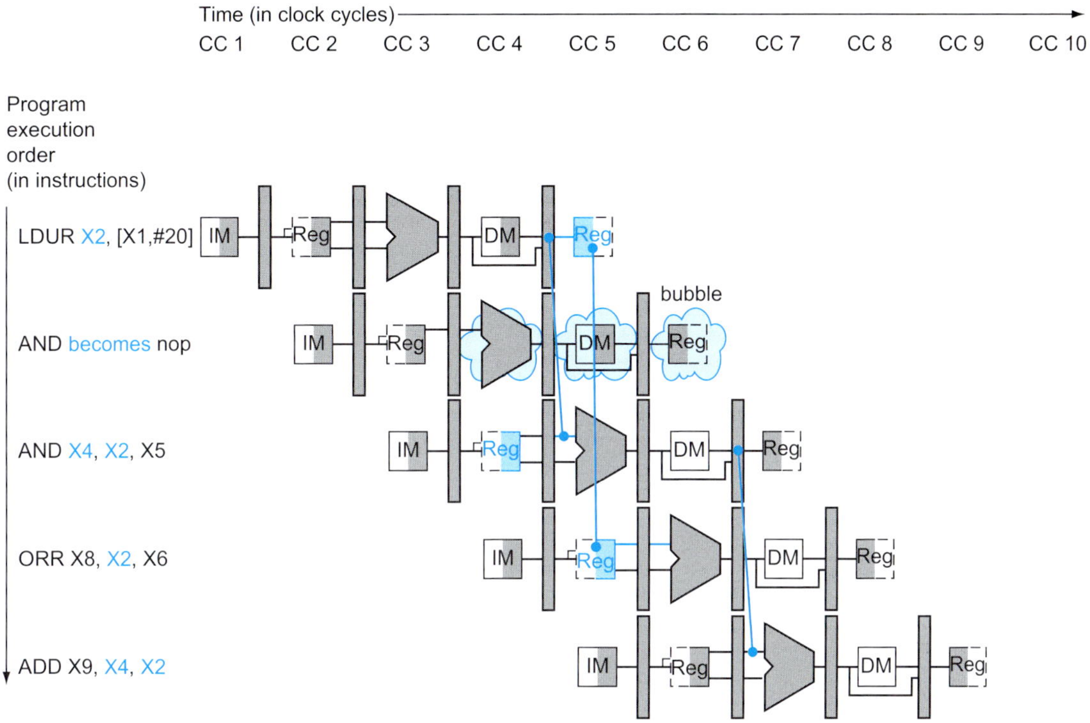

그림 4.58 지연을 실제로 파이프라인에 삽입하는 방법. AND 명령어를 nop으로 바꿈으로써 클럭 사이클 4부터 거품이 삽입되었다. AND 명령어는 클럭 사이클 2와 3에서 실제로 인출되고 해독되지만 이 명령어의 EX 단계는 클럭 사이클 5까지 연기된다(지연이 없었다면 클럭 사이클 4에서 EX 단계에 들어갔을 것이다). 똑같이 ORR 명령어는 클럭 사이클 3에서 인출되지만 ID 단계는 클럭 사이클 5까지 연기된다(지연이 없었다면 클럭 사이클 4에서 ID 단계에 들어갔을 것이다). 거품 삽입 후에는 종속성이 시간상 전방으로 향하기 때문에 더 이상의 해저드는 없다.

연되어야 한다).

ID 단계에 있는 명령어가 지연되면 IF 단계에 있는 명령어 역시 지연된다. 그렇지 않으면 인출된 명령어를 잃게 된다. 이처럼 두 명령어의 진행을 막으려면 PC 레지스터와 IF/ID 파이프라인 레지스터만 변하지 않게 하면 된다. 이 레지스터값들이 그대로 유지되면 IF 단계에서는 PC값을 이용하여 똑같은 명령어를 계속 읽고, ID 단계에서는 IF/ID 파이프라인 레지스터의 같은 명령어 필드를 이용하여 Rn1, Rm2 레지스터를 계속 읽는다. 다시 세탁소 비유로 돌아가면 세탁기는 같은 옷을 계속 빨고 건조기는 빈 채로 계속 돌리는 것과 같다. EX 단계부터 시작되는 파이프라인의 후반부도 뭔가를 해야 하는데, 하는 일은 아무런 효과도 없는 명령어 **nop**을 실행하는 것이다.

nop 상태를 바꾸는 연산을 전혀 하지 않는 명령어.

거품처럼 동작하는 이 같은 nop을 어떻게 파이프라인에 삽입할 수 있을까? 그림 4.48에서 EX, MEM, WB 단계의 9개 제어신호 모두를 인가하지 않으면(즉 0으로 만들면) “아무것도 하지 않는” nop 명령어를 만들 수 있다. ID 단계에서 해저드를 찾아내면 ID/EX 파이프라인 레지스터의 EX, MEM, WB 제어 필드값을 모두 0으로 만들어서 파이프라인에 거품을 집어넣을 수 있다. 이 제어값들은 매 클럭마다 앞으로 전진하면서 나름의 일을 하지만, 모든 제어값이 0이므로 실제로 레지스터나 메모리 내용은 전혀 변하지 않는다.

그림 4.58은 하드웨어에서 실제 무슨 일이 일어나는지를 보여 준다. AND 명령어에 해당하는 파이프라인 실행 자리는 nop으로 바뀌며 AND 명령어 이후의 모든 명령어는 한 사이클씩 지연된다. 수도관에서의 공기거품처럼 지연거품은 그 뒤의 명령어를 모두 지연시키고 한 사이클에 한 단계씩 명령어 파이프를 진행한 후 끝에서 빠져나간다. 이 예제에서 AND 및 ORR 명령어는 해저드 때문에 클럭 사이클 3에서 했던 것을 클럭 사이클 4에서도 그대로 반복한다. 즉 AND 명령어는 또 레지스터를 읽고 다시 해독되며, ORR 명령어는 명령어 메모리에서 다시 인출된다. 겉으로 보이는 지연의 효과는 이렇게 같은 일을 반복하는 것이고, 이 반복의 효과는 AND와 ORR 명령어의 시간을 잡아 늘려서 ADD 명령어의 인출을 지연시키는 것이다.

그림 4.59는 해저드 검출 유닛과 전방전달 유닛이 어떻게 파이프라인에 연결되는지를 강조해서 보여 주고 있다. 전과 같이 전방전달 유닛은 ALU 멀티플렉서를 제어하여 범용 레지스터로부터 값을 받지 않고 해당 파이프라인 레지스터로부터 값을 받도록 한다. 해저드 검출 유닛은 PC와 IF/ID 레지스터에 쓰는 것을 제어할 뿐만 아니라 멀티플렉서가 실제 제어값과 0 중에서 하나를 선택하도록 한다. 적재-사용 해저드(load-use hazard) 검사가 참이면 해저드 검출 유닛은 파이프라인을 지연시키고 제어 필드를 0으로 만든다. 좀 더 구체적인 것을 보고 싶다면 4.13절을 참고하라. 4.13절에서는 지연을 일으키는 해저드가 있는 LEGv8 코드를 단일 클럭 파이프라인 다이어그램을 사용하여 보여 준다.

요점정리

컴파일러는 대개 하드웨어에 의존해서 해저드를 해결하고 그렇게 함으로써 올바른 실행을 보장받지만, 최고 성능을 얻기 위해서는 컴파일러가 파이프라인을 이해해야 한다. 그렇지 않으면 예기치 않았던 지연이 컴파일된 코드의 성능을 저하시킬 것이다.

고난도: 레지스터나 메모리에 쓰는 것을 막기 위하여 제어선들을 0으로 만든다고 한 앞의 설명에서, 사실은 RegWrite와 MemWrite 신호만 0으로 만들면 되고 나머지 제어신호들은 don't care일 수도 있다.

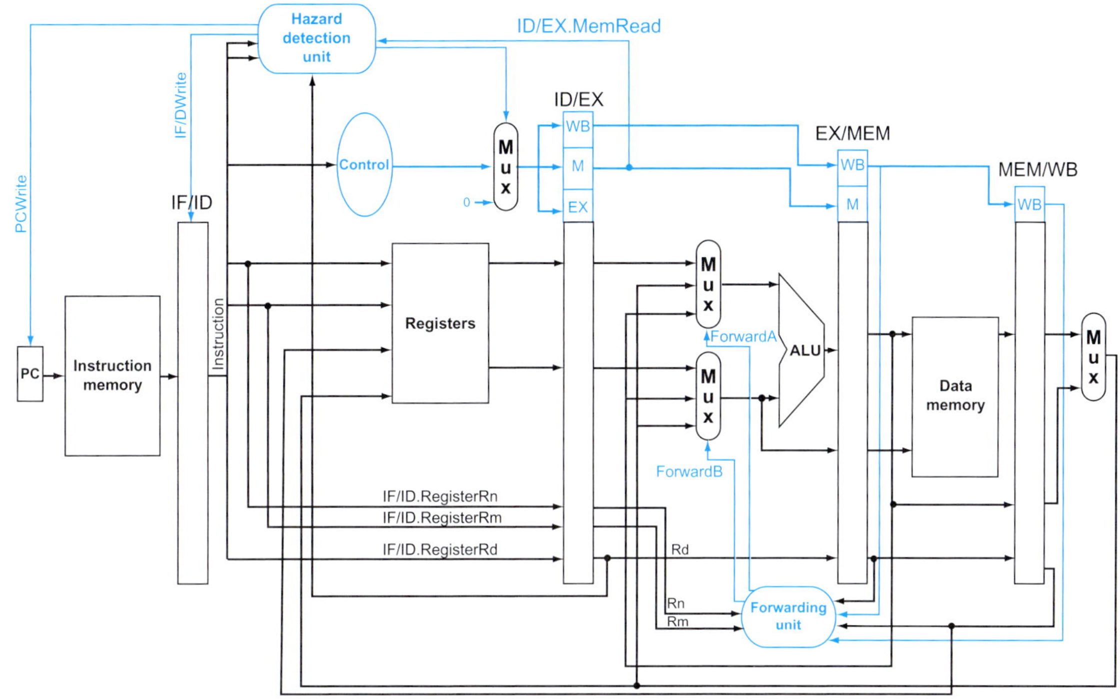

그림 4.59 **파이프라인 제어 개략도. 전방전달을 위한 두 개의 멀티플렉서, 해저드 검출 유닛, 전방전달 유닛을 보여 주고 있다.** ID 단계와 EX 단계가 단순화되었지만—부호확장된 수치와 분기회로를 생략하였다—이 그림은 전방전달 하드웨어 요구사항의 핵심을 보여 주고 있다.

4.8 제어 해저드

There are a thousand hacking at the branches of evil to one who is striking at the root.

Henry David Thoreau, *Walden*, 1854

이제까지는 산술연산과 데이터 전송이 관련된 해저드에만 관심을 두었었다. 그러나 4.5절에서 본 바와 같이 조건부 분기가 연관된 파이프라인 해저드가 있다. 그림 4.60에 일단의 명령어와 이 명령어 시퀀스에서의 분기 시점을 보였다. 파이프라인이 계속되기 위해서는 매 클럭마다 명령어가 인출되어야 하는데, 우리 설계에서 분기 여부에 대한 결정은 MEM 단계에 가서 이루어진다. 4.5절에서 설명한 바와 같이 적절한 명령어를 가져오는 것을 결정하는 데 있어서의 이 같은 지연을 **제어 해저드** 또는 **분기 해저드**라 부른다. 이는 이제까지 다루었던 **데이터 해저드**와는 다르다.

제어 해저드에 대한 이번 절은 앞의 데이터 해저드를 다룬 절보다 짧다. 이유는 제어 해저드는 이해가 비교적 쉽고 데이터 해저드만큼 자주 일어나지 않으며 또 데이터 해저드의 전방전달처럼 제어 해저드에 대해서는 별다른 효과적인 방법이 없기 때문이다. 따라서 좀 더 간단한 방법을 사용한다. 제어 해저드를 해결하기 위한 두 가지 방법

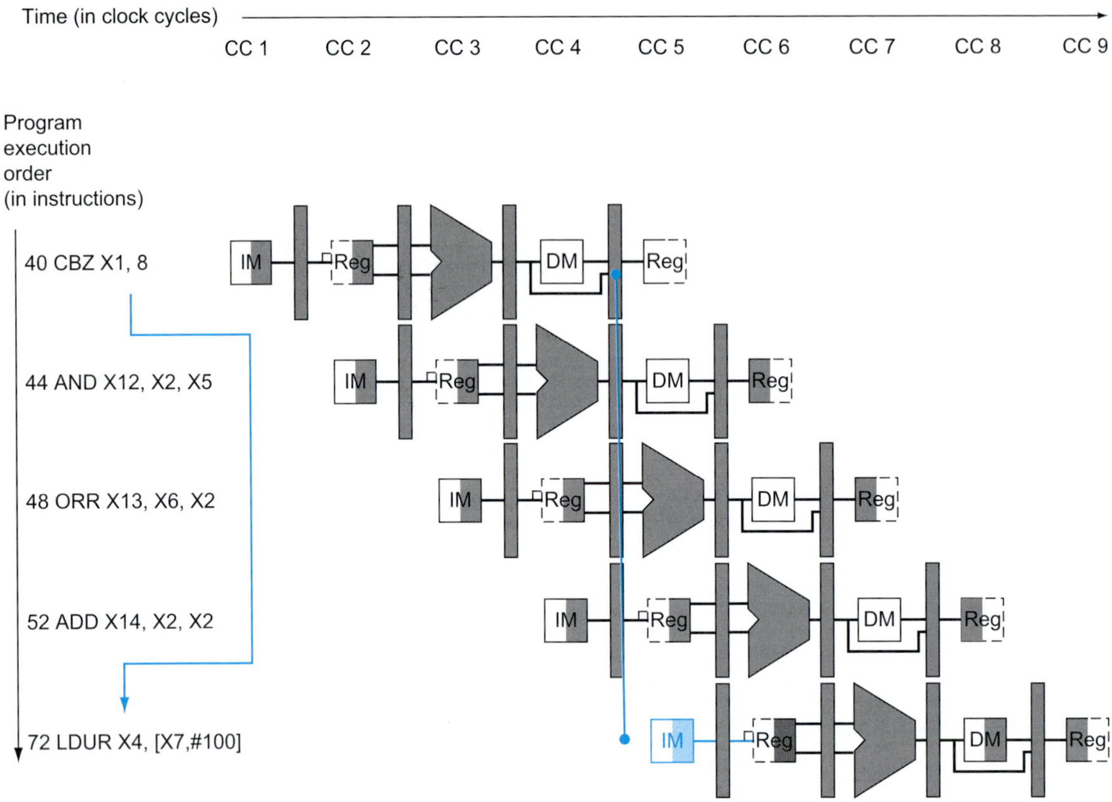

그림 4.60 분기 명령어에 대한 파이프라인의 영향. 명령어의 왼쪽에 있는 숫자들(40, 44, ...)은 명령어 주소이다. 분기 명령어는 분기 여부를 MEM 단계—위 CBZ 명령어의 경우 클럭 사이클 4—에서 결정하기 때문에 분기 명령어를 뒤따르는 세 개의 명령어는 인출되어 실행을 시작한다. 아무 조치도 취하지 않으면 CBZ 명령어가 주소 72에 있는 LDUR로 분기하기 전에 이 세 개의 명령어는 실행을 시작할 것이다(그림 4.30은 제어 해저드를 1 클럭 사이클로 줄이기 위해 별도 하드웨어를 가정하였지만, 이 그림은 최적화가 되지 않은 데이터패스를 사용하고 있다).

을 살펴보고 이 방법들을 향상시키기 위한 최적화 방법을 살펴본다.

분기가 일어나지 않는다고 가정

4.5절에서 본 바와 같이 분기가 끝날 때까지 지연시키는 것은 너무 느리다. 분기 지연(branch stalling)보다 좋은 방법으로 많이 쓰이는 것은 조건부 분기가 일어나지 않는다고 **예측**하고 명령어들을 순서대로 계속 실행하는 것이다. 만약 조건부 분기가 일어난다면 인출되고 해독되었던 명령어들은 버리고 분기 목적지에서 실행을 계속한다. 분기가 일어날 확률이 절반 정도 되고 명령어를 버리는 비용이 거의 없다면 이 최적화 방법은 제어 해저드의 비용을 반으로 줄인다.

명령어를 버리기 위해서는 적재-사용 데이터 해저드의 경우처럼 원래의 제어값을

0으로 바꾸면 된다. 하지만 분기 명령어가 MEM 단계에 도달했을 때 IF, ID, EX 단계에 있던 명령어 세 개를 버려야 한다는 점이 다르다. 적재-사용 지연에서는 ID 단계의 제어값을 0으로 바꾸는 일만 하고 그 후에는 자연스럽게 파이프라인을 통과하도록 하였었다. 명령어를 버린다는 것은 파이프라인의 IF, ID, EX 단계에 있는 명령어를 쓸어내야(flush) 한다는 것을 의미한다.

쓸어내야 파이프라인에 있는 명령어들을 버리는 것. 보통 예상하지 않았던 사건 때문에 시행한다.

분기에 따른 지연을 줄이기

조건부 분기 성능을 향상시키는 한 가지 방법은 분기가 일어났을 때의 비용을 줄이는 것이다. 이제까지는 분기 명령어의 경우 다음 PC값을 MEM 단계에서 선정한다고 가정하였다. 만약 파이프라인에서 조건부 분기 결정을 좀 더 앞당겨 할 수 있다면 더 적은 수의 명령어를 없애 버려도 된다. 분기 결정을 앞으로 끌어올리려면 분기 목적지 주소를 계산하는 것과 분기 여부를 판단하는 것 두 가지 일이 좀 더 일찍 일어나야 한다. 이 중 쉬운 부분은 분기 주소 계산을 끌어올리는 것이다. IF/ID 파이프라인 레지스터에는 이미 PC값과 수치 필드가 들어 있다. 따라서 분기 덧셈기를 EX 단계에서 ID 단계로 옮기기만 하면 된다. 물론 어떤 명령어를 실행하든 상관없이 분기 목적지 주소 계산은 하겠지만 실제 사용은 필요할 때만 한다.

어려운 부분은 분기 여부에 대한 판단이다. CBZ 명령어는 0인지 알아보기 위해 ID 단계에서 읽은 레지스터값을 비교하여야 한다. 64비트를 모두 OR하면 0인지 알아볼 수 있다. 분기 테스트를 ID 단계로 옮기는 것은 추가적인 전방전달 유닛과 해저드 검출 하드웨어를 필요로 한다는 것을 의미한다. 왜냐하면 아직 파이프라인상에 있는 결과값에 종속적인 분기도 이 같은 최적화를 하면 제대로 동작할 수 있기 때문이다. 예를 들면 CBZ(CBNZ도)를 구현하기 위해서는 결과값들을 ID 단계에 있는 0 여부 테스트 회로(zero test logic)로 전방전달할 필요가 있다. 그러나 여기에는 두 가지 복잡한 문제가 있다.

1. 명령어를 해독하고, 0 여부 테스트 유닛으로 전방전달이 필요한지 결정하고, 또 0인지 비교하는 일을 ID 단계 동안에 끝내야 한다. 그래야만 분기 명령어일 경우 PC값을 분기 목적지 주소로 바꿀 수가 있다. 전에는 ALU 전방전달 회로가 분기 명령어의 피연산자들을 전방전달하였지만, ID 단계에 0 여부 테스트 유닛을 도입하면 새로운 전방전달 회로가 필요하다. 분기 명령어를 위해 전방전달되는 근원지 피연산자들은 EX/MEM 파이프라인 레지스터나 MEM/WB 파이프라인 레지스터에서 오기 때문이다.
2. 분기 비교에 사용할 값은 ID 단계에서 필요하지만, 시간적으로 더 나중에 생성될 수 있기 때문에 데이터 해저드가 일어나거나 지연이 필요하게 될 가능성이 있다. 예를 들어 분기 명령어 바로 앞에 있는 ALU 명령어가 조건부 분기의 피연산자를

생성하면 지연이 필요하다. 왜냐하면 ALU 명령어를 위한 EX 단계가 분기 명령어의 ID 사이클보다 뒤에 일어날 것이기 때문이다. 좀 더 확장하면 적재 명령어 바로 뒤에 적재 결과를 사용하는 조건부 분기 명령어가 뒤따라 나오는 경우에는 두 사이클의 지연이 필요하다. 왜냐하면 적재 명령어의 결과는 MEM 사이클의 끝에서 나오지만 분기 명령어는 ID 단계의 시작점에서 이 값이 필요하기 때문이다.

이 같은 어려움에도 불구하고 조건부 분기 실행을 ID 단계로 옮기는 것은 개선이라고 볼 수 있는데, 이는 분기가 발생하였을 때 단 하나의 명령어, 즉 현재 인출되고 있는 명령어만으로 분기의 손실을 줄일 수 있기 때문이다. 전방전달 경로 구현과 해저드 검출의 세부 사항은 이 장의 연습문제에서 다룬다.

IF 단계의 명령어를 버리기 위해서 IF.Flush라는 제어선을 추가하는데 이 제어선은 IF/ID 파이프라인 레지스터의 명령어 필드를 0으로 만든다. 레지스터를 0으로 만드는 것은 인출된 명령어를 nop으로 바꾸는 것인데, 이 명령어는 상태를 바꾸기 위한 어떤 일도 하지 않는다.

예제

파이프라인 분기

이 명령어 코드에서 분기가 일어날 때 무슨 일이 일어나는지를 보여라. 분기가 일어나지 않는다고 예측하고 분기 실행을 ID 단계로 옮겼다고 가정하라.

```
36   SUB    X10, X4, X8
40   CBZ    X1,  X3, 8  // PC-relative branch to 40+8*4=72
44   AND    X12, X2, X5
48   ORR    X13, X2, X6
52   ADD    X14, X4, X2
56   SUB    X15, X6, X7
. . .
72   LDUR   X4,  [X7, #50]
```

답

그림 4.61은 조건부 분기가 일어날 때 무슨 일이 일어나는지를 보여 준다. 그림 4.60과는 달리 분기가 일어났을 때 파이프라인에 거품이 하나만 생긴다.

동적 분기 예측

조건부 분기가 일어나지 않는다고 가정하는 것도 **분기 예측**의 한 가지 방법이다. 이 경

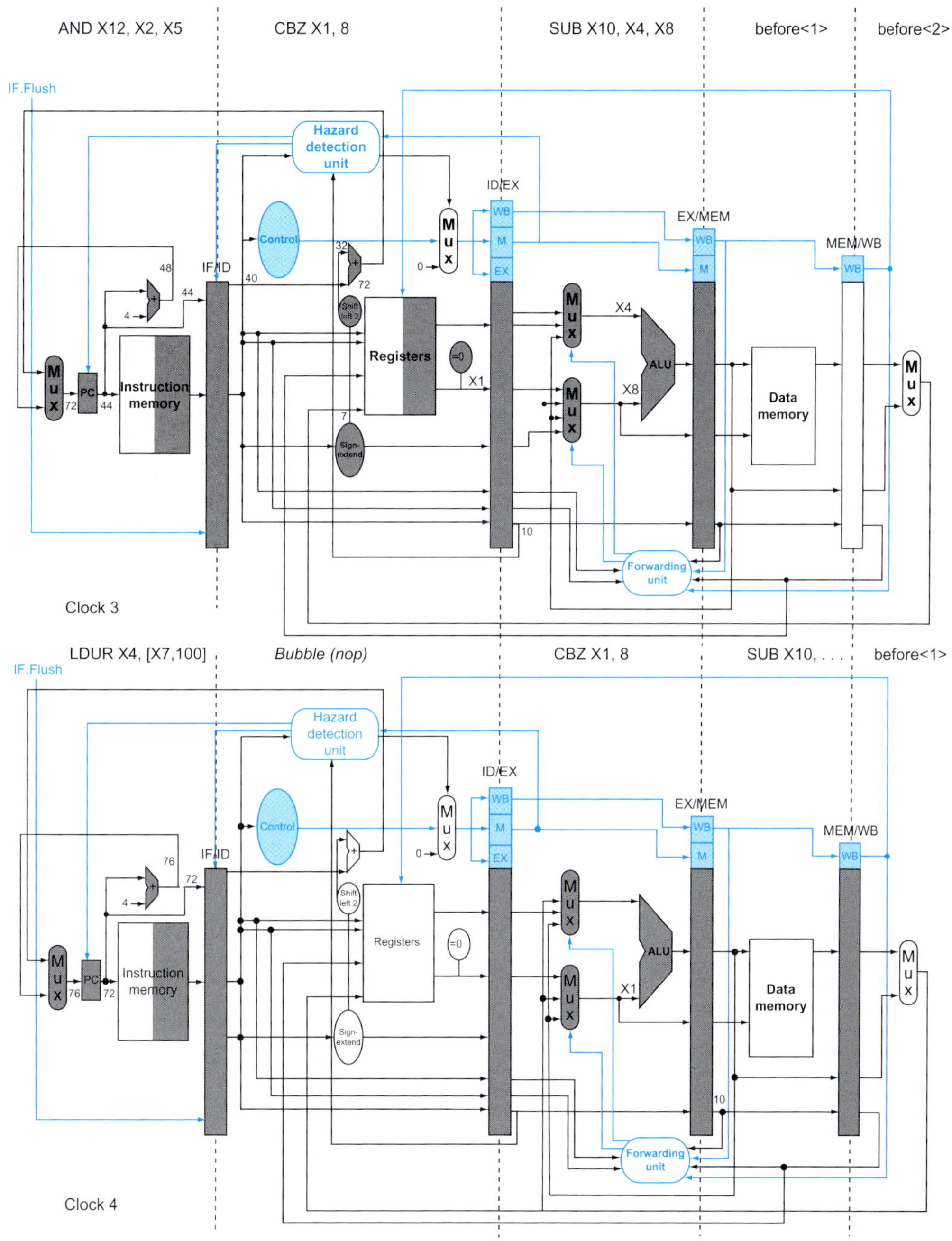

그림 4.61 클럭 사이클 3의 ID 단계는 분기가 일어나야 한다고 판단한다. 따라서 다음 PC 주소로 72가 선택되고 이미 인출된 명령어는 0으로 만든다. 클럭 사이클 4에서는 주소 72에 있는 명령어가 인출되며, 분기가 일어났기 때문에 파이프라인에 거품(또는 nop 명령어) 하나가 삽입됨을 보여 준다.

우에는 조건부 분기가 일어나지 않는다고 예측하는 것이며, 예측이 틀렸을 경우에는 파이프라인에 있는 데이터를 쓸어내는 것이다. 단순한 5단계 파이프라인의 경우에는 이러한 방법이 아마도 적당할 것이며, 컴파일러 기반의 예측방법과 함께 사용할 수 있을 것이다. 손실을 클럭 사이클 단위로 계산하면 파이프라인이 깊어질수록 분기 손실이 증가한다. 다중 내보내기 파이프라인의 경우도 분기 손실이 증가하는데, 이때의 손실은 잃어버린 명령어 수로 계산한다. 이 같은 점들을 고려하면 공격적인 파이프라인에서 단순한 정적 예측 방법은 너무나 많은 성능 손실을 초래할 것이다. 4.5절에서 언급한 바와 같이 좀 더 많은 하드웨어를 사용하여 프로그램 실행 중에 분기 행동을 **예측**하는 방법을 시도해 볼 수 있다.

PREDICTION

한 가지 방법은 이 분기 명령어가 지난번 실행되었을 때 분기했는지를 알아보는 것이다. 만약 분기했다면 지난번과 같은 주소에서 새로운 명령어를 가져오도록 한다. 이 기법을 동적 분기 예측(dynamic branch prediction)이라 한다.

동적 분기 예측 실행 정보를 이용하여 실행 시에 분기를 예측하는 것.

이를 구현하는 방법 하나는 분기 예측 버퍼(branch prediction buffer) 또는 분기 이력표(branch history table)라고 하는 자료구조를 이용하는 것이다. 분기 예측 버퍼는 분기 명령어 주소의 하위 비트에 의해 인덱스되는 작은 메모리이다. 메모리는 분기가 최근에 일어났는지 그렇지 않은지를 나타내는 비트를 가지고 있다.

분기 예측 버퍼 **분기 이력표**라고도 한다. 분기 명령어 주소의 하위 비트로 인덱스되는 조그만 메모리인데, 분기 명령어의 최근 분기 여부를 나타내는 하나 이상의 비트를 가지고 있다.

이 예측은 가장 간단한 종류의 버퍼를 사용하기 때문에 사실상 예측이 옳은지 그른지는 모른다. 심지어 하위 주소 비트만 같은 전혀 다른 조건부 분기 명령어에 의해 분기 예측값이 설정되었을 수도 있다. 그러나 그렇다 하더라도 실행의 정확성에는 영향을 미치지 않는다. 예측은 그저 맞기를 바라고 사용하는 힌트이기 때문에, 예측된 방향에서 명령어를 가져오기는 하지만 예측이 틀렸다고 프로그램 결과 잘못되지는 않는다. 만일 힌트가 잘못된 것으로 판명되면, 잘못 예측된 명령어는 삭제되고 예측 비트를 바꾼 후 올바른 명령어를 인출하여 실행한다.

이 같은 간단한 1비트 예측방법은 성능에서 문제점을 가지고 있다. 거의 항상 분기하는 조건부 분기가 어쩌다 한 번 분기하지 않을 때는 한 번이 아니고 두 번 틀리게 된다. 다음 예는 이런 딜레마를 보여 준다.

순환문과 예측

예제

분기가 아홉 번 연속해서 일어나고 한 번 일어나지 않는 순환문 분기를 생각해 보자. 이 같은 분기에서 예측의 정확도는 얼마인가? 이 분기를 위한 예측 비트가 예측 버퍼에 있다고 가정하라.

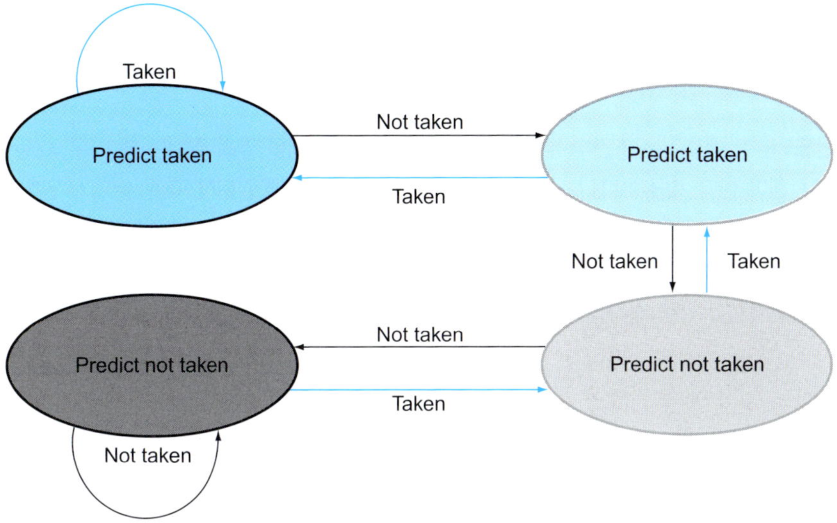

그림 4.62 2비트 예측방법의 상태도. 분기가 일어나는 경우와 안 일어나는 경우 중 한 쪽이 훨씬 많은 분기 명령어는(많은 분기 명령어가 그러하다) 1비트 대신 2비트를 사용하면 예측이 틀리는 경우를 두 번에서 한 번으로 줄일 수 있다. 시스템의 네 가지 상태를 2비트로 인코딩한다. 2비트 방법은 카운터 기반 예측기의 일반적인 예인데 예측이 맞으면 증가하고 틀리면 감소한다. 이 카운터는 카운팅 범위의 중간값을 분기하는 경우와 분기하지 않는 경우의 경계로 삼는다.

답

안정 상태의 예측 행위는 첫 번째와 마지막 순환문 반복에서 예측을 잘못할 것이다. 마지막 반복의 틀린 예측은 예측 비트가 분기가 일어날 것이라고 말해 주기 때문에 피할 수가 없다. 왜냐하면 분기가 이 시점까지 연속해서 아홉 번이 일어났기 때문이다. 하지만 첫 번째 반복의 틀린 예측은 순환문에서 빠져나가는 마지막 반복의 지난번 실행에서 분기가 일어나지 않았다고 예측 비트를 바꾸었기 때문에 생긴 문제이다. 따라서 실제는 90%의 분기가 일어나지만 예측의 정확도는 80%에 그친다(두 번의 예측 잘못과 여덟 번의 정확한 예측).

이상적으로는 이같이 아주 규칙적인 분기에 대한 예측기의 정확도는 실제 분기되는 횟수와 일치해야 한다. 이 같은 약점을 보완하기 위해 흔히 2비트 예측방법을 사용한다. 2비트 예측방법에서는 예측이 두 번 잘못되었을 때만 예측값이 바뀐다. 그림 4.62는 2비트 예측방법을 위한 유한 상태기를 보여 준다.

분기 예측 버퍼는 작은 특수 버퍼로 구현할 수 있는데, 이 버퍼는 IF 파이프라인 단계에서 명령어 주소를 인덱스로 사용하여 접근한다. 분기가 일어난다고 예측되면 PC 값이 알려지자마자 목적지에서 명령어를 가져온다. 이는 앞서 설명한 바와 같이 ID 단계처럼 이른 시기에 일어날 수도 있다. 분기가 일어나지 않는다고 예측되면 순차 주소에서 명령어를 가져와서 실행을 계속한다. 예측이 잘못된 것으로 판명되면 예측 비트 값이 그림 4.62처럼 바뀐다.

고난도: 분기 예측기는 조건부 분기가 일어날 것인지 아닌지를 알려 주지만 분기 목적지는 따로 계산해야 한다. 5단계 파이프라인에서는 이 계산이 1사이클 걸린다. 이는 분기가 일어나는 경우 1사이클 손실이 발생한다는 것을 의미한다. 지연 분기는 이러한 손실을 없애는 한 가지 방법이다. 다른 방법은 **분기 목적지 버퍼**(branch target buffer)를 사용하여 목적지 PC나 목적지 명령어를 가지고 있는 캐시를 사용하는 방법이다.

분기 목적지 버퍼 분기 명령어의 목적지 PC값이나 목적지 명령어를 캐시하고 있는 구조. 보통 태그를 가지고 있는 캐시로 구성되기 때문에 단순 예측 버퍼보다 구현 비용이 더 비싸다.

연관 예측기 특정 분기 명령어의 지역적 행동과 최근에 실행된 분기 명령어 몇 개의 행동에 대한 전역적 정보를 조합하는 분기 예측기.

토너먼트 예측기 각 분기에 대해 여러 개의 예측기와 그 중 어느 예측기를 사용할 것인지 결정하는 선택 메커니즘을 가지고 있는 분기 예측기.

2비트 동적 예측 기법은 특정 분기 명령어에 대한 정보만을 이용한다. 예측하려는 분기 명령어와 최근에 실행된 분기 명령어의 전역적 행동에 대한 정보를 같이 이용하면 같은 예측 비트들을 사용하고서도 매우 정확한 예측을 한다는 것을 연구자들이 알아냈다. 이러한 예측기를 **연관 예측기**(correlating predictor)라 부른다. 전형적인 연관 예측기는 각 분기에 대해 두 개의 2비트 예측기를 사용하는데, 직전에 실행된 분기 명령어가 분기를 했느냐 하지 않았느냐에 따라 두 예측기 중 하나를 선택한다. 이 경우 전역적 분기 행동은 예측값 조회에 사용할 인덱스에 한 비트를 추가하는 것으로 생각할 수 있다.

더 최근에 개발된 기술은 **토너먼트 예측기**(tournament predictor)를 사용하는 것이다. 토너먼트 예측기는 각각의 분기에 대해 다수의 예측기를 사용하여 어떤 예측기가 가장 좋은 결과를 내는지를 추적한다. 전형적인 토너먼트 예측기는 각 분기 인덱스에 대해 두 개의 예측을 한다. 하나는 국소적 정보에 기인한 예측이고 다른 하나는 전역적 분기 행동에 기반한 예측이다. 선택기가 어느 예측기를 사용할 것인지 결정한다. 1비트 예측기든 2비트 예측기든 선택기가 하는 일은 같은데, 두 예측기 중에서 더 정확했던 예측기를 선택한다. 최근에 개발된 마이크로프로세서들은 이런 조합형 예측기를 사용한다.

고난도: 조건부 분기 명령어의 수를 줄이는 한 가지 방법은 **조건부 이동**(conditional move) 명령어를 추가하는 것이다. 조건부 분기 명령어로 PC값을 바꾸는 대신에 이 명령어는 move의 목적지 레지스터를 조건부로 변경한다. 예를 들어 완전한 ARMv8 명령어 집합 구조에는 `CSEL`이라는 조건부 선택 명령어가 있다. 이 명령어에는 목적지 레지스터 한 개, 근원지 레지스터 두 개와 조건 하나가 있다. 조건이 참이면 목적지 레지스터는 첫 번째 피연산자의 값을 받게 되지만 조건이 참이 아니면 두 번째 피연산자 값을 받는다. 따라서 `CSEL X8, X11, X4, NE`라는 명령어는 Z(zero) 컨디션 코드가 0이면 레지스터 8에 레지스터 11의 값을 복사하지만, Z 컨디션 코드가 1이면 레지스터 8에 레지스터 4의 값을 복사한다. 따라서 완전한 ARMv8 명령어 집

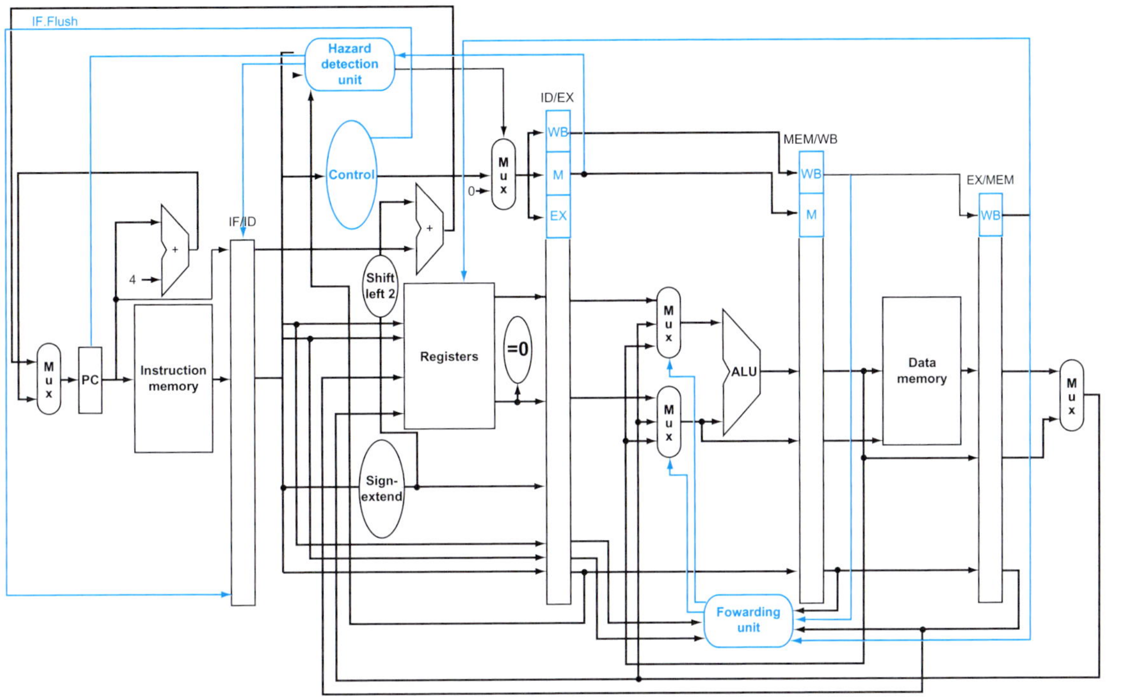

그림 4.63 이 장의 마지막 데이터패스와 제어. 이 그림은 구체적인 데이터패스라기보다는 양식화한 그림이다. 따라서 그림 4.56에 있는 ALUsrc Mux와 그림 4.50의 멀티플렉서 제어는 보이지 않았다.

합을 사용하는 프로그램은 LEGv8 코어만 사용하는 프로그램보다 적은 수의 조건부 분기 명령어를 갖게 된다.

파이프라인 요약

이 장은 일상생활에서 파이프라인의 원리를 보여 주는 세탁소에서 시작하였다. 이 비유를 안내 삼아 명령어 파이프라이닝을 단계별로 설명하였는데 단일 사이클 데이터패스에서 시작하여 파이프라인 레지스터, 전방전달 경로, 데이터 해저드 검출 유닛, 분기 예측, 예측이 틀렸거나 적재-저장 해저드인 경우 명령어 쓸어내기 등을 추가해 왔다. 그림 4.63은 최종적으로 만들어진 데이터패스와 제어를 보여 주고 있다. 이제 다른 제어 해저드의 일종인 예외라는 까다로운 이슈에 대해 알아보자.

스스로 점검하기

분기가 일어나지 않는다고 예측, 분기가 일어난다고 예측, 동적 예측의 세 가지 분기 예측 기법을 생각해 보자. 이들 기법들이 제대로 예측하였을 경우에는 손실이 하나도 없으며 잘못 예측을 한 경우에는 손실이 2사이클이라고 가정한다. 동적 예측기의 평균 예측 정확도가 90%라면, 다음 분기들의 경우 어떤 예측기가 가장 좋은 선택인가?

1. 5%의 비율로 분기가 일어나는 분기 명령어
2. 95%의 비율로 분기가 일어나는 분기 명령어
3. 70%의 비율로 분기가 일어나는 분기 명령어

4.9 예외

To make a computer with automatic program-interruption facilities behave [sequentially] was not an easy matter, because the number of instructions in various stages of processing when an interrupt signal occurs may be large.

Fred Brooks, Jr., *Planning a Computer System*: Project Stretch, 1962

제어는 프로세서 설계에서 가장 다루기 어려운 영역이다. 즉 올바르게 동작하고 빠르게 동작하도록 하기에 가장 어려운 부분이다. 제어의 가장 어려운 부분 중 하나가 **예외**(exception)와 **인터럽트**(interrupt)를 구현하는 것이다. 분기 명령어나 점프 명령어가 아니면서 명령어 실행의 정상적인 흐름을 바꾸는 사건들이다. 이들은 처음에 프로세서 내부로부터의 예상치 못했던 사건을 처리하기 위해 만들어졌다. 산술에서의 실수 오버플로가 한 예이다. 같은 메커니즘이 입출력 장치로 확장되어 프로세서와의 통신에 사용되게 되었다(5장 참조).

예외 인터럽트라고도 불린다. 프로그램 실행을 방해하는 계획되지 않은 사건. 오버플로 검출에 사용된다.

인터럽트 프로세서 외부로부터 오는 예외(어떤 컴퓨터 구조에서는 모든 예외에 대해 **인터럽트**라는 용어를 사용하기도 한다).

많은 컴퓨터 구조에서 또 많은 책의 저자들이 인터럽트와 예외를 구분하지 않고 두 종류의 사건 모두를 예외나 인터럽트라고 부른다. 예를 들면 Intel x86은 둘 다 인터럽트라고 한다. 이 책에서 **예외**라는 용어는 원인이 내부에 있든 외부에 있든 **구별 없이** 제어흐름에서의 예기치 못한 변화를 지칭하는 데 사용하고, 사건이 외부적인 요인으로 일어날 경우에만 **인터럽트**라는 용어를 사용한다. 다음은 프로세서에 의해 내부적으로 발생한 상황과 외부에서 발생한 사건을 ARM에서 사용하는 이름과 함께 보여 주는 예이다.

사건 종류	근원지	ARMv8 용어
시스템 리셋	외부	예외
입출력 장치의 요구	외부	인터럽트
사용자 프로그램의 운영체제 호출	내부	예외
실수형 산술 오버플로나 언더플로	내부	예외
정의 안 된 명령어 사용	내부	예외
하드웨어의 오동작	내 · 외부	예외 또는 인터럽트

예외를 지원하기 위한 요구사항 중 다수는 예외를 발생시키는 특정 상황에서 나온다. 따라서 예외 처리 메커니즘이 추가로 갖추어야 하는 능력이 왜 필요한지를 더 잘 이해할 수 있도록 5장에서 이 문제를 다시 다룰 것이다. 그렇게 함으로써 예외에 대한 방법론에서 추가 기능에 대한 필요를 더 잘 이해하게 된다. 이 절에서는 이미 다루었

던 명령어 집합과 구현에서 일어나는 두 가지 종류의 예외를 검출하기 위한 제어 구현에 대해 다룬다.

예외 조건을 검출하고 적절한 조치를 취하는 것이 컴퓨터의 최장 타이밍 경로상에 있게 되어 클럭 사이클 시간과 성능을 결정하는 경우가 많다. 제어 유닛을 설계할 때는 예외에 상당한 관심을 기울여야 한다. 그렇지 않으면 이미 복잡해진 구현에 예외를 추가하는 일이 올바른 설계를 어렵게 할 뿐 아니라 성능을 현저히 저하시킬 수 있다.

LEGv8 구조의 예외 처리

현재까지의 구현에서 발생할 수 있는 예외 종류는 정의 안 된 명령어의 실행과 실수형 산술 오버플로 및 언더플로 그리고 하드웨어의 오동작이다. 다음 서너 쪽에서 다룰 예외의 예로서 `ADD X1, X2, X1`의 실행 중 하드웨어 오동작이 일어난다고 가정한다. 예외가 일어났을 때 컴퓨터가 해야 되는 기본 동작은 문제를 일으킨 명령어의 주소를 예외 링크 레지스터(exception link register, ELR)에 저장하고 어떤 특정 주소에 있는 운영체제로 제어를 옮기는 것이다.

그러면 운영체제는 알맞은 행동을 취할 수 있는데 이러한 행동에는 사용자 프로그램에 어떤 서비스를 제공한다든지, 하드웨어 오동작에 대하여 미리 정의된 행동을 취한다든지, 아니면 프로그램의 실행을 중지하고 오류를 보고한다든지 하는 것이 포함된다. 예외 처리에 필요한 작업을 한 다음에는 운영체제가 프로그램을 끝내거나 아니면 실행을 계속할 수 있다. 실행을 계속할 경우에는 어느 곳에서 실행을 재개해야 하는지를 판단하기 위해 ELR을 사용한다. 5장에서 실행을 재개하는 문제에 대해 좀 더 자세히 살펴볼 예정이다.

운영체제가 예외를 처리하려면 예외를 일으킨 명령어뿐만 아니라 예외의 원인을 알아야 한다. 예외의 원인을 알기 위해 사용되는 두 가지 주요 방법이 있다. LEGv8 구조에서 사용하는 방법은 ESR 레지스터(exception syndrome register)라 불리는 상태 레지스터를 이용하는 것인데, 이 레지스터는 예외의 원인을 나타내는 필드를 가지고 있다.

두 번째 방법은 **벡터 인터럽트**(vectored interrupt)를 사용하는 것인데, 이 방법에서는 제어가 넘어가야 할 주소가 예외의 원인에 따라 결정된다. 이 주소는 벡터 인터럽트를 위한 메모리 영역을 가리키는 베이스 레지스터에 더해지는 경우가 많다. 예를 들어 예외를 처리하기 위한 예외 벡터 주소들이 다음과 같다고 가정하자.

벡터 인터럽트 제어를 넘길 주소가 예외의 원인에 의해 결정되는 인터럽트.

예외 종류	벡터 테이블 베이스 레지스터에 더해질 예외 벡터 주소
알 수 없는 이유	$00\ 0000_{two}$
실수형 산술 예외	$10\ 1100_{two}$
시스템 에러(하드웨어 오동작)	$10\ 1111_{two}$

운영체제는 실행이 시작되는 주소를 보고 예외의 원인을 알 수 있다. LEGv8처럼 예외가 벡터화되어 있지 않으면 모든 예외가 한 시작점을 사용할 수 있으며 운영체제는 이유를 알아내기 위해 상태 레지스터를 해독해야 한다. 벡터 인터럽트를 사용하는 구조에서는 주소들이 일정한 간격, 가령 32바이트 즉 8개 명령어씩 떨어져 있다. 운영체제는 예외의 원인을 기록하여야 하고, 이 명령어 8개를 이용하여 제한된 처리를 수행할 수 있다.

앞의 기본적인 구현에 몇 개의 레지스터와 제어신호를 추가하고 제어를 약간 확장하여 예외에 필요한 처리를 수행할 수 있다. 주소가 0000 0000 1C09 0000_{hex}인 단일 진입점을 사용하는 LEGv8 구조에서 쓰이는 예외 시스템을 구현하고 있다고 가정하자(벡터 예외를 구현하는 것이 더 어렵지는 않다). 현재의 LEGv8 구현에 레지스터 두 개를 추가해야 한다.

- ELR: 예외가 일어났던 명령어의 주소를 보관하기 위해 사용되는 64비트 레지스터(이 레지스터는 예외가 벡터화되어도 필요하다).
- ESR: 예외의 원인을 기록하는 데 사용되는 레지스터. LEGv8 구조에서 이 레지스터는 32비트이지만 몇 비트는 현재 사용되지 않는다. 위에서 말한 세 가지 예외 원인을 표시하는 필드가 있다고 가정한다. 8은 정의 안 된 명령어, 10은 실수형 산술 오버플로나 언더플로, 12는 하드웨어 오동작을 나타낸다.

파이프라인 구현에서의 예외

파이프라인 구현은 예외를 제어 해저드의 다른 형태로 취급한다. 예를 들어 ADD 명령어를 실행할 때 하드웨어 오동작이 일어났다고 생각하자. 앞 절에서 분기가 일어났을 때 했던 것처럼 ADD 다음 명령어들을 파이프라인에서 쓸어버리고 새로운 주소에서 명령어를 가져와야 한다. 분기가 일어났을 때 사용했던 것과 같은 방법을 사용할 예정이지만, 이번에는 예외가 제어선들을 비인가(0) 상태로 만든다.

잘못된 분기 예측을 다루었을 때 IF 단계의 명령어를 nop으로 바꿈으로써 명령어를 버리는 방법을 보았었다. ID 단계의 명령어를 버리기 위해서는, ID 단계의 멀티플렉서를 사용하여 제어신호들을 0으로 만듦으로써 지연시킨다. ID.Flush라 불리는 새로운 제어신호는 해저드 검출 유닛의 지연신호와 OR하여 ID 단계의 명령어를 버린다. EX 단계의 명령어를 버리기 위해 EX.Flush라는 새로운 신호를 사용한다. 이 신호는 새로운 멀티플렉서가 제어신호들을 0으로 만들게 한다. LEGv8 예외 주소인 주소 0000 0000 1C09 0000_{hex}으로부터 명령어를 인출하기 위해서 PC 멀티플렉서에 입력을 추가하여 0000 0000 1C09 0000_{hex} 값을 PC로 보낼 수 있게 한다. 그림 4.64가 이 같이 수정된 것을 보여 준다.

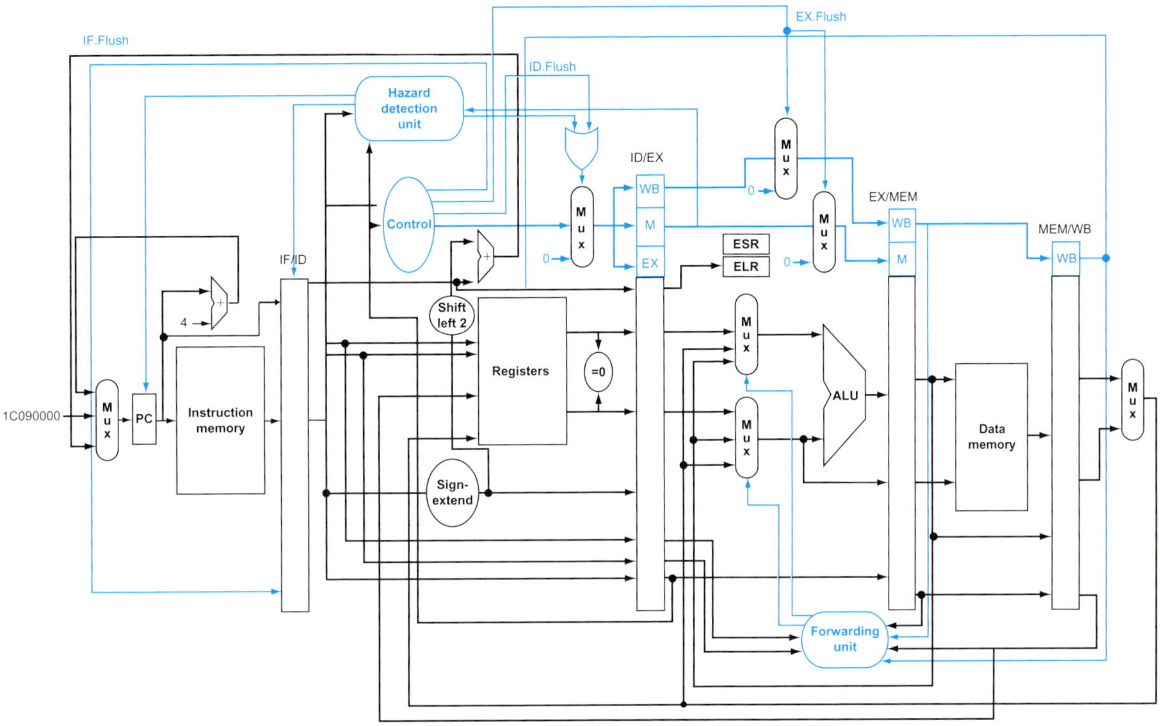

그림 4.64 예외 처리를 위한 제어를 갖고 있는 데이터패스. 중요한 변화는 멀티플렉서에 0000 0000 1C09 0000_{hex}값을 갖는 새 입력을 추가하여 새로운 PC값을 제공하며 예외의 원인을 기록하기 위한 ESR 레지스터, 예외를 일으킨 명령어의 주소를 저장하기 위한 ELR 레지스터가 추가되었다는 점이다. 멀티플렉서의 새 입력 0000 0000 1C09 0000_{hex}은 예외가 발생했을 때 명령어를 인출하기 시작할 초기 주소이다.

이 예는 예외와 관련된 한 가지 문제점을 지적하고 있다. 만약 명령어 실행을 중간에 중지시키지 않으면 프로그래머는 레지스터 X1의 원래 값을 볼 수 없을 것이다. 왜냐하면 X1은 ADD 명령어의 목적지 레지스터로서 잘못된 영향을 받을 것이기 때문이다. 예외가 EX 단계에서 검출된다고 가정하면, EX.Flush 신호를 사용하여 EX 단계의 명령어가 WB 단계에서 결과값을 쓰지 않도록 할 수 있다. 많은 예외의 경우에는 예외를 일으켰던 명령어가 마치 정상적으로 실행되는 것처럼 실행완료하기를 요구하고 있다. 이렇게 하는 가장 간단한 방법은 해당 명령어를 쓸어내 버리고 예외가 처리된 후에 그 명령어를 처음부터 다시 시작하는 것이다.

마지막 단계는 문제를 일으킨 명령어의 주소를 **예외 링크 레지스터**(exception link register, ELR)에 저장하는 것이다. 그림 4.64는 예외를 처리하기 위한 분기 하드웨어와 기타 필요한 것들을 포함하는 데이터패스 그림이다.

예제

파이프라인 컴퓨터에서의 예외

다음과 같은 프로그램이 있다.

```
40hex  SUB  X11, X2, X4
44hex  AND  X12, X2, X5
48hex  ORR  X13, X2, X6
4Chex  ADD  X1,  X2, X1
50hex  SUB  X15, X6, X7
54hex  LDUR X16, [X7, #100]
. . .
```

예외가 일어났을 때 호출되는 명령어들은 다음과 같이 시작된다고 가정한다.

```
1C090000hex  STUR  X26, [X0, #1000]
1C090004hex  STUR  X27, [X0, #1008]
. . .
```

ADD 명령어에서 예외가 발생한다면 파이프라인에서 무슨 일이 일어나는지를 보여라.

답

그림 4.65는 ADD 명령어가 EX 단계에 있을 때부터 시작해서 이 사건을 보여 주고 있다. 하드웨어 오동작이 이 시점에서 검출되어 0000 0000 1C09 0000_{hex}값이 PC에 써진다. 클럭 사이클 7은 ADD 명령어와 그 다음 두 개의 명령어를 버리고 예외 코드의 첫 번째 명령어가 인출됨을 보여 주고 있다. ADD의 주소 $4C_{hex}$가 저장됨에 주목하라.

이 절의 앞부분에서 몇 가지 예외를 언급하였으며, 5장에서는 또 다른 예외를 다룰 예정이다. 항상 5개의 명령어가 활성화되어 있기 때문에 예외를 적절한 명령어와 연결 짓는 것은 어려운 일이다. 게다가 한 클럭 사이클에서 여러 개의 예외가 동시에 일어날 수도 있다. 보통의 해결책은 예외에 우선순위를 주어 어떤 것이 먼저 서비스되어야 하는지 결정하기 쉽도록 한다. 대부분의 LEGv8 구현에서는 가장 앞선 명령어가 인터럽트되도록 하드웨어가 예외를 정렬해 준다.

입출력 장치의 요구와 하드웨어 오동작은 특정 명령어와 연관되어 있지는 않다. 따라서 언제 파이프라인을 인터럽트할 것인가에 대해서 어느 정도 유연성을 가지고 있다. 그러므로 다른 예외에 사용되는 기법을 사용해도 무난하다.

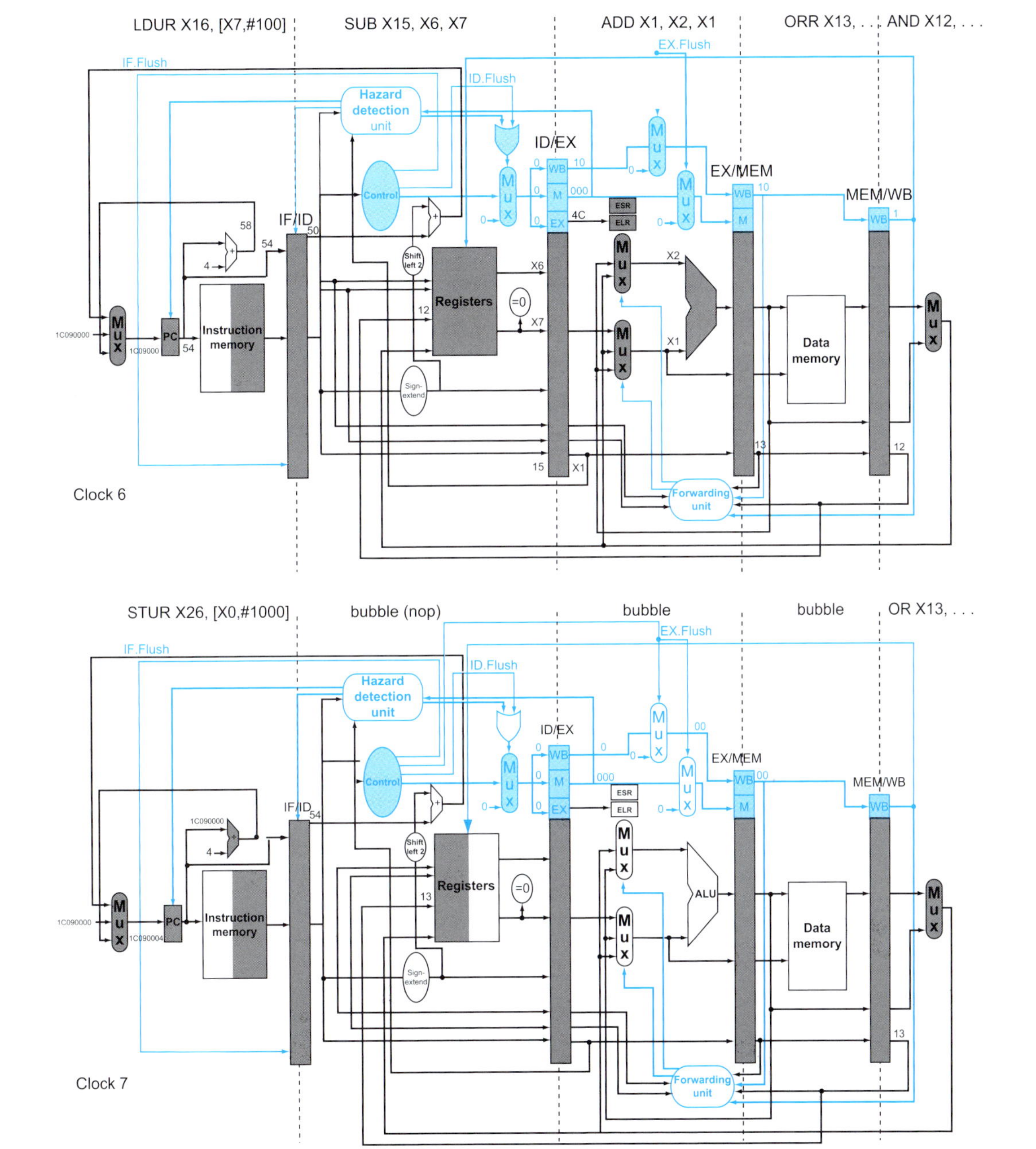

그림 4.65 ADD 명령어의 하드웨어 오동작 때문에 발생한 예외의 결과. 예외는 클럭 6의 EX 단계에서 검출되는데 ELR 레지스터에 ADD 명령어의 주소 $4C_{hex}$를 저장한다. 이 클럭 사이클 끝 가까이에서 모든 Flush 신호들이 인가되도록 하여 ADD 명령어의 모든 제어값을 0으로 만든다. 클럭 사이클 7에서는 거품으로 바뀐 명령어들과 0000 0000 1C09 0000_{hex}에서 시작하는 예외 루틴의 첫 번째 명령어 `STUR X25, [X0, #1000]`이 인출되는 것을 보여 준다. ADD보다 앞에 있는 AND와 ORR 명령어는 정상적으로 실행을 끝내는 것에 주목하라.

ELR은 인터럽트 당한 명령어의 주소를 갖게 되며, 한 클럭 사이클에서 둘 이상의 예외가 동시에 발생할 때 ESR 레지스터는 가장 우선순위가 높은 예외를 기록하고 있다.

하드웨어/소프트웨어 인터페이스

예외가 기대한 대로 처리되도록 하드웨어와 운영체제가 함께 협력하여 동작해야 한다. 일반적으로 하드웨어가 맡은 부분은 예외가 일어난 명령어를 중간에서 중지시키고, 모든 이전 명령어는 실행을 끝내고, 뒤따라 나오는 모든 명령어는 쓸어버리고, 예외의 원인을 레지스터에 기록하고, 예외가 일어난 명령어의 주소를 저장하고, 미리 약속된 주소로 분기하는 일이다. 운영체제가 맡은 부분은 예외 원인을 살펴 적절히 행동하는 것이다. 정의 안 된 명령어, 하드웨어 오동작 예외의 경우에 운영체제는 일반적으로는 프로그램 실행을 취소하고 원인을 나타내는 메시지를 출력한다. 입출력 장치 요구나 운영체제 서비스 호출의 경우에 운영체제는 프로그램의 상태를 저장하고 원하는 일을 수행한 후 원래의 프로그램을 복원하여 실행을 계속한다. 입출력 장치 요구의 경우에는 입출력을 요구하였던 프로그램을 재개하기 전에 다른 프로그램을 실행하도록 할 수 있다. 왜냐하면 그 프로그램은 입출력이 끝날 때까지는 진행시킬 수 없는 경우가 흔하기 때문이다. 프로그램의 상태를 저장하고 복원하는 능력이 매우 중요한 이유 중 하나가 예외이다. 예외들 중에서도 가장 중요하면서도 자주 사용하는 것으로 페이지 부재와 TLB 예외 처리가 있다. 5장에서 이러한 예외와 처리에 대해 더 자세히 다룬다.

고난도: 파이프라인 컴퓨터에서는 예외와 그에 대응하는 명령어를 옳게 연결시키는 것이 어렵다. 이러한 어려움은 어떤 컴퓨터 설계자들에게는 결정적인 경우가 아닌 경우에는 이러한 요구사항을 다소 완화하도록 만들었다. 이런 프로세서는 **부정확한 인터럽트**(imprecise interrupt) 또는 **부정확한 예외**(imprecise exception)를 갖는다고 말한다. 위의 예에서 예외를 일으킨 명령어가 주소 $4C_{hex}$에 있는 명령어이지만 예외가 검출된 직후의 클럭 사이클에서 PC는 58_{hex}인 것이 보통이다. 부정확한 예외를 사용하는 프로세서의 경우에는 58_{hex}을 ELR에 저장하고 어떤 명령어가 문제를 일으켰는지를 결정하는 것은 운영체제에게 맡긴다. 오늘날은 LEGv8을 포함한 많은 컴퓨터가 **정확한 인터럽트**(precise interrupt) 또는 **정확한 예외**(precise exception)를 지원한다. 그 이유 중 하나는 파이프라인 단계가 많은 프로세서 설계자들이 ELR에 다른 값을 저장하도록 유혹받을 수 있기 때문인데, 이렇게 다른 값을 넣으면 운영체제에게 골치 아픈 문제가 생긴다. 이러한 문제를 피하기 위해 단계가 많은 파이프라인이라 하더라도 5단계 파이프라인이 저장하는 PC값과 같은 값을 저장하도록 요구할 가능성이 크다. 예외를 일으킨 명령어의 PC값을 저장하는 것이 모두를 위해 더 간단한 방법이다(다른 이유는 5장에서 설명할 가상 메모리를 지원하기 위해서이다).

부정확한 인터럽트 **부정확한 예외**라고도 한다. 인터럽트 또는 예외의 원인인 명령어와 정확히 연관되지 않는 파이프라인 컴퓨터의 인터럽트 또는 예외.

정확한 인터럽트 **정확한 예외**라고도 한다. 파이프라인 컴퓨터에서 정확한 명령어와 연관짓는 인터럽트 또는 예외.

고난도: LEGv8에서는 모든 예외에 대해 예외 진입 주소 0000 0000 1C09 0000_{hex}을 사용하는데 이는 ARMv8 모델 구조에 기반한 것이다. ARMv8은 플랫폼에 따라 다른 예외 진입 주소를 가질 수 있다.

고난도: LEGv8 구조는 세 계층의 예외를 가지고 있는데, 각각 별도의 ELR, ESR 레지스터들을 가지고 있다(5장에서 설명한다).

스스로 점검하기

이 코드에서 어떤 예외가 먼저 인식되어야만 하는가?

1. `XXX X1, X2, X1` // 정의 안된 명령어
2. `SUB X1, X2, X1` // 하드웨어 오류

4.10 명령어를 통한 병렬성

이 절은 재미있지만 조금 어려운 주제에 대한 짤막한 개괄임을 미리 일러둔다. 좀 더 자세히 배우고 싶으면 상급 책인 *Computer Architecture: A Quantitative Approach*(5판)를 참조하라. 이 책에는 본서에서 13쪽에 걸쳐 설명하는 내용을 거의 200쪽에 걸쳐 자세하게 설명하고 있다(부록 포함).

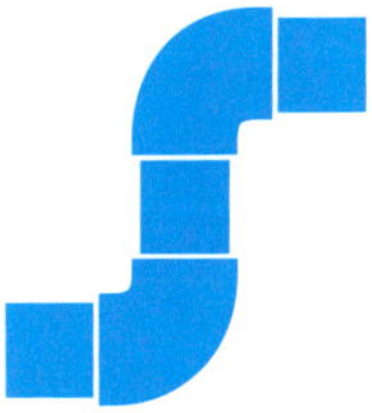

PIPELINING

PARALLELISM

명령어 수준 병렬성 명령어 사이의 병렬성.

다중 내보내기 1 클럭 사이클에 여러 명령어가 시작되는 기법.

파이프라이닝은 명령어들 사이의 **병렬성**을 이용한다. 이 같은 병렬성을 **명령어 수준 병렬성**(instruction-level parallelism, ILP)이라 한다. 명령어 수준 병렬성의 양을 증가시키는 두 가지 기본적인 방법이 있다. 첫 번째 방법은 파이프라인의 깊이를 증가시켜 더 많은 명령어들을 중첩시키는 방법이다. 앞의 세탁소 비유에서 세탁기 사이클이 다른 것들에 비해 길다면, 세탁기를 3개의 기계로 나눌 수 있다. 한 기계가 하던 세탁, 헹굼, 탈수의 3단계를 각각 다른 기계로 나눌 수 있다. 그렇게 하면 4단계 파이프라인에서 6단계 파이프라인으로 바뀐다. 최고 성능을 얻기 위해서는 나머지 단계들을 다시 균형을 잡아서 단계들이 같은 길이를 갖도록 할 필요가 있다. 이는 프로세서나 세탁소나 마찬가지이다. 더 많은 연산들이 중첩되기 때문에 추구되는 병렬성의 양은 늘어난다. 그리고 클럭 사이클이 더 짧아질 것이기 때문에 성능이 더 좋아질 가능성이 있다.

두 번째 방법은 컴퓨터 내부의 구성 요소들을 여러 벌 갖도록 하여 매 파이프라인 단계에서 다수의 명령어를 내보낼 수 있도록 하는 것이다. 이 같은 기법의 일반적인 이름은 **다중 내보내기**(multiple issue)이다. 말하자면 다중 내보내기 세탁소에는 세탁기가 3대, 건조기가 3대 있다. 같은 시간 안에 세탁물을 접어서 다른 곳에 옮겨 놓는

것도 3배 더 해야 하므로 보조원도 더 많이 고용해야 할 것이다. 모든 기계를 계속 바쁘도록 만들고 일거리를 다음 파이프라인 단계로 넘기기 위해서 해야 되는 일이 늘어난다는 것이 단점이다.

매 단계마다 다수의 명령어를 내보내면 명령어 실행 속도가 클럭 속도보다 빨라질 수 있다. 다른 말로 하면 CPI가 1보다 작아질 수 있다. CPI값이 1보다 작아지면 측도를 뒤집어서 IPC, 즉 클럭 사이클당 명령어 수(instructions per clock cycle)를 사용하기도 한다. 따라서 3GHz의 4 명령어 다중 내보내기 마이크로프로세서는 초당 최대 120억 개의 명령어를 실행할 수 있다. 이 경우에는 0.25 CPI 또는 4 IPC를 갖게 된다. 5단계 파이프라인을 가정하면 그러한 프로세서는 한꺼번에 20개의 명령어를 실행할 것이다. 오늘날의 고성능 프로세서들은 매 클럭 사이클에 3~6개의 명령어를 내보내려 노력한다. 그저 그런 컴퓨터도 2 IPC를 갖는 걸 목표로 한다. 그러나 동시에 실행될 수 있는 명령어 종류에도 제약이 있고 종속성 때문에 생기는 제약도 있다.

다중 내보내기 프로세서를 구현하는 데는 두 가지 주요 방법이 있는데 주된 차이는 컴파일러가 할 일과 하드웨어가 할 일을 나누는 방법에 있다. 일을 어떻게 나누느냐는 것 자체가 여러 가지 결정들이 정적으로 이루어질 것이냐(즉 컴파일 시에) 아니면 동적으로 이루어질 것이냐(즉 실행 중에)를 결정하기 때문에 이러한 방법은 때로는 **정적 다중 내보내기**(static multiple issue)와 **동적 다중 내보내기**(dynamic multiple issue)라 불린다. 두 가지 방법 모두 더 많이 사용되는 이름이 있지만 이 이름들은 더 명확하지 않거나 제한적인 점이 많다.

정적 다중 내보내기 많은 결정들이 실행하기 전에 컴파일러에 의해 이루어지는 다중 내보내기 프로세서 구현방법.

동적 다중 내보내기 많은 결정들이 실행 중에 프로세서에 의해 이루어지는 다중 내보내기 프로세서 구현방법.

다중 내보내기 파이프라인은 다음 두 가지 기본적인 문제를 해결해야 한다.

1. 명령어로 **내보내기 슬롯**(issue slot)을 채우기: 주어진 클럭 사이클에 얼마나 많은 명령어를 내보내며 또 어떤 명령어들을 내보낼 것인지 프로세서는 어떻게 결정할까? 대부분의 정적 내보내기 프로세서인 경우 이 같은 절차는 적어도 부분적으로는 컴파일러에 의해 처리된다. 동적 내보내기 설계에서는 컴파일러가 명령어의 순서를 다중 내보내기에 유리하게 미리 바꾸어서 내보내기 속도를 개선할 수 있게 도와주기도 하지만, 보통 이 문제를 프로세서가 실행 중에 처리한다.
2. 데이터 해저드와 제어 해저드의 처리: 정적 내보내기 프로세서에서는 데이터 해저드와 제어 해저드의 전부 또는 일부를 컴파일러가 정적으로 처리한다. 반면에 대부분의 동적 내보내기 프로세서는 실행시간에 동작하는 하드웨어 기법을 이용하여 적어도 일부 종류의 해저드를 없애려고 노력한다.

내보내기 슬롯 주어진 클럭 사이클에서 명령어들이 내보내질 수 있는 위치. 비유를 들자면 단거리 선수를 위한 출발선 블록의 위치와 같다.

이 두 가지가 서로 다른 방법이라고 말하기는 하지만, 실제 기법에서는 한 방법이 다른 방법에 차용되는 경우가 많기 때문에 어느 방법도 완전히 순수하다고 말할 수는 없다.

추정의 개념

더 많은 ILP를 찾아내고 이용하는 중요한 방법 중 하나는 추정(speculation)이다. **예측**이라는 개념을 기반으로 하여 추정은 컴파일러나 프로세서가 명령어의 특성에 대해 추측하도록 허락하여 이 명령어에 종속적일 수 있는 다른 명령어들의 실행을 시작할 수 있게 하는 방법이다. 예를 들어 분기 명령어의 결과를 추정한다면 분기 명령어 뒤의 명령어들이 일찍 실행될 수 있다. 또 다른 예는 적재 명령어 바로 앞의 저장 명령어가 같은 주소를 참조하지 않는다고 추정하여, 적재 명령어가 저장 명령어보다 먼저 실행될 수 있게 하는 것이다. 추정 기법의 어려운 점은 추정이 잘못될 수 있다는 것이다. 따라서 어떠한 추정 기법도 추정이 올바른지를 체크할 방법과 추정해서 실행했던 명령어들을 되돌리거나 아니면 그 효과를 취소하는 방법을 포함하여야 한다. 이 같은 취소 능력에 대한 구현은 추정을 지원하는 프로세서가 더 높은 복잡도를 갖게 한다.

PREDICTION

추정은 컴파일러에서 이루어질 수도 있고 하드웨어가 할 수도 있다. 예를 들면 컴파일러가 추정을 통해 명령어를 재정렬해서 어떤 명령어를 분기 명령어 너머로 또는 적재 명령어를 저장 명령어 너머로 옮길 수 있다. 프로세서 하드웨어는 이 절의 뒤에서 설명할 기법들을 사용하여 실행 시에 이와 같은 변환을 수행할 수 있다.

그러나 잘못된 추정에 대한 회복방법은 다르다. 소프트웨어로 추정하는 경우에는 컴파일러는 추정의 정확성을 체크할 명령어들을 추가하고 추정이 잘못되었을 때 사용할 오류 수정 루틴을 제공한다. 하드웨어 추정인 경우 프로세서는 추정 결과가 더 이상 추정이 아니라는 걸 알 때까지 추정 결과를 버퍼링하는 것이 보통이다. 추정이 옳다면 버퍼의 내용을 레지스터나 메모리에 씀으로써 명령어 실행이 완성된다. 만약 추정이 틀렸으면 하드웨어는 버퍼 내용을 쓸어버리고 올바른 명령어 순서를 다시 실행한다. 잘못된 추정은 일반적으로 파이프라인 내용을 쓸어버리거나 최소한 지연시키기에 성능을 감소시킨다.

추정은 또 다른 문제가 생길 수 있는 가능성을 야기한다. 어떤 명령어에 추정을 하면 전에는 없었던 예외가 발생할 수 있다. 예를 들어 적재 명령어가 추정에 의해 다른 위치로 옮겨졌는데, 추정이 잘못되었을 경우에는 이 명령어가 사용하는 주소가 불법 주소가 된다고 가정하자. 그러면 일어나지 말아야 할 예외가 일어날 수 있다. 이 적재 명령어가 추정된 것이 아니라면 이 예외는 반드시 일어나야 된다는 사실 때문에 문제는 더 복잡해진다. 컴파일러 기반의 추정에서는 이러한 예외가 정말 일어나야 한다는 것이 확실해질 때까지 무시할 수 있게 해 주는 특별 추정 지원을 추가함으로써 이 문제를 피할 수 있다. 하드웨어 기반 추정에서는 예외를 버퍼링해 두었다가, 예외를 일으킨 명령어가 추정 상태에서 벗어나 실행완료할 준비가 되면 이때 예외를 일으키고 정상적인 예외 처리를 진행한다.

추정 컴파일러나 프로세서가 어떤 명령어의 결과를 예측하여 다른 명령어들과의 종속성을 제거하도록 하는 기법.

추정이 올바르게 이루어지면 성능이 향상되고 추정이 잘못되면 성능이 감소하기 때문에 추정을 언제 하는 것이 좋은지 결정하는 데 막대한 노력을 기울여야 한다. 이 절의 뒷부분에서 정적 추정 기법과 동적 추정 기법에 대해 알아본다.

정적 다중 내보내기

내보내기 패킷 1 클럭 사이클에 같이 내보내지는 명령어들의 집합. 패킷은 컴파일러에 의해 정적으로 결정될 수도 있고 프로세서에 의해 동적으로 결정될 수도 있다.

VLIW(very long instruction word) 여러 opcode 필드가 있는 긴 명령어 하나에 독립적인 연산 여러 개를 정의하고 이들을 한꺼번에 내보내는 명령어 구조 집합 종류.

모든 정적 다중 내보내기 프로세서는 컴파일러가 명령어들을 묶고 해저드를 처리하는 일을 도와주도록 한다. 정적 내보내기 프로세서에서 같은 클럭 사이클에 내보내지는 명령어의 묶음—**내보내기 패킷**(issue packet)이라 한다—을 여러 개의 연산자를 갖는 큰 명령어 하나로 생각할 수 있다. 이 같은 관점은 비유 이상의 의미를 갖는다. 정적 다중 내보내기 프로세서는 일반적으로 주어진 클럭 사이클에 같이 나갈 수 있는 명령어 조합에 제한이 있기 때문에, 내보내기 패킷을 미리 정의된 필드에 여러 연산자가 있는 단일 명령어로 보는 것이 유용하다. 이 같은 관점이 이 접근방법에 붙은 원래의 명칭 **VLIW(very long instruction word)**의 유래이다.

대부분의 정적 내보내기 프로세서들은 컴파일러가 데이터 해저드와 제어 해저드를 처리하는 데 어느 정도의 책임을 지도록 한다. 컴파일러의 책임은 모든 해저드를 줄이거나 막기 위한 정적 분기 예측과 코드 스케줄링을 포함한다. 더 공격적으로 이런 기술을 사용하는 프로세서들을 설명하기 전에 LEGv8 프로세서의 단순한 정적 내보내기 버전을 살펴보자.

예제: LEGv8 명령어 집합 구조의 정적 다중 내보내기

정적 다중 내보내기의 맛을 보기 위하여 간단한 2개 명령어 내보내기 LEGv8 프로세서를 살펴본다. 이 프로세서에서 명령어 중 하나는 정수형 ALU 연산이나 분기 명령어가 될 수 있으며 다른 명령어 하나는 적재 명령어나 저장 명령어가 될 수 있다. 이러한 설계는 몇몇 임베디드 프로세서에서 사용되고 있는 것과 같다. 사이클당 2개의 명령어를 내보내려면 명령어들을 64비트 단위로 인출하고 해독할 수 있어야 한다. 많은 정적 다중 내보내기 프로세서와 모든 VLIW 프로세서에서는 명령어 해독과 명령어 내보내기를 단순화하기 위해 동시에 내보내는 명령어의 레이아웃에 제한을 둔다. 이 예제에서는 명령어 2개를 짝지어서 64비트 경계에 정렬되도록 하는데, ALU나 분기 명령어가 먼저 나오도록 한다. 두 명령어 중 하나를 사용할 수 없으면 `nop`으로 대체해야 한다. 따라서 명령어는 항상 쌍으로 내보내기가 행해지며 이 중 하나는 `nop`일 가능성이 있다. 그림 4.66은 명령어가 파이프라인에 쌍으로 들어가면 어떻게 보이는가를 보여 주고 있다.

정적 다중 내보내기 프로세서는 발생 가능성이 있는 데이터 해저드와 제어 해저드를 어떻게 다루느냐에서 달라진다. 어떤 설계에서는 모든 해저드를 제거하고 코드를

Instruction type	Pipe stages							
ALU or branch instruction	IF	ID	EX	MEM	WB			
Load or store instruction	IF	ID	EX	MEM	WB			
ALU or branch instruction		IF	ID	EX	MEM	WB		
Load or store instruction		IF	ID	EX	MEM	WB		
ALU or branch instruction			IF	ID	EX	MEM	WB	
Load or store instruction			IF	ID	EX	MEM	WB	
ALU or branch instruction				IF	ID	EX	MEM	WB
Load or store instruction				IF	ID	EX	MEM	WB

그림 4.66 동작 중인 정적 2개 명령어 내보내기 파이프라인. ALU와 데이터 전송 명령어가 동시에 내보내진다. 여기서는 하나 내보내기 파이프라인에서 사용했던 것과 같은 5단계 구조를 가정하였다. 이러한 가정이 꼭 필요한 것은 아니지만 약간의 이점이 있다. 특히 파이프라인의 끝에서 레지스터 쓰기를 하는 것은 예외의 처리와 정확한 예외 모델의 관리를 단순화시켜 준다. 이러한 예외 처리와 정확한 예외 모델은 다중 내보내기 프로세서에서는 처리하기가 더 어렵다.

스케줄하고 nop을 삽입하여 코드가 해저드 검출이나 하드웨어가 지연 없이도 잘 실행되도록 하는 모든 책임을 컴파일러가 지게 한다. 다른 설계에서는 하드웨어가 2개 내보내기 패킷 사이의 데이터 해저드를 검출하고 지연을 생성하는 반면, 컴파일러는 명령어 쌍 안에서 종속성이 생기지 않게 하는 일만 책임지게 한다. 그렇더라도 해저드는 종속적인 명령어가 들어 있는 내보내기 패킷 전체를 지연시킨다. 소프트웨어가 모든 해저드를 처리하든지 혹은 서로 다른 내보내기 패킷 사이의 해저드 일부만을 감소시키든지 간에, 외형상 커다란 명령어 하나가 복수의 연산을 수행하는 것으로 보는 것이 타당하다. 우리는 이 예제에서 후자의 방법을 택한다.

ALU 명령어와 데이터 전송 명령어를 병렬로 내보내기 위해서는 일반적인 해저드 검출 회로와 지연 회로 외에 추가로 필요한 첫 번째 하드웨어가 레지스터 파일의 추가 포트이다(그림 4.67 참조). 한 클럭 사이클에 ALU 연산을 위해 두 레지스터를 읽어야 되고, 저장 명령어를 위해 두 레지스터를 더 읽어야 되며, ALU 연산을 위해 하나의 쓰기 포트, 또 적재 명령어를 위해 하나의 쓰기 포트가 필요하다. ALU는 ALU 연산에 묶여 있기 때문에 데이터 전송을 위한 유효주소를 계산하기 위해서 독자적인 덧셈기가 필요하다. 이 같은 추가 자원이 없으면 2개 내보내기 파이프라인은 구조적 해저드에 의해 방해를 받는다.

분명히 이 같은 2개 내보내기 프로세서는 2배까지 성능을 높일 수 있다. 그러나 이를 위해서는 2배의 명령어가 실행 중 중첩되어야 하고, 이러한 추가적 중첩은 데이터 해저드나 제어 해저드에 의한 성능 저하를 증가시킨다. 예를 들면 단순한 5단계 파이프라인에서는 적재 명령어는 1 클럭 사이클의 사용 지연(use latency)을 가지고 있는데, 명령어 하나는 지연 없이 결과를 사용할 수 없음을 뜻한다. 2개 내보내기 5단계 파이프라인에서 적재 명령어의 결과는 다음 클럭 사이클에서 사용될 수 없다. 이것은 다

사용 지연 파이프라인을 지연시키지 않기 위해 필요한 적재 명령어와 적재 결과를 사용하는 명령어 사이의 클럭 사이클 수.

음 2개의 명령어가 지연 없이는 적재 결과를 사용할 수 없다는 것을 의미한다. 더구나 단순한 5단계 파이프라인에서는 사용 지연이 없었던 ALU 명령어도 이제는 1개 명령어의 사용 지연을 갖게 된다. 왜냐하면 적재 명령어나 저장 명령어와 쌍으로 묶인 ALU 명령어는 연산 결과를 사용할 수 없기 때문이다. 다중 내보내기 프로세서에서 가능한 병렬성을 효과적으로 추구하기 위해서는 좀 더 의욕적인 컴파일러나 하드웨어 스케줄링 기법이 요구되고 정적 다중 내보내기는 컴파일러가 이러한 역할을 해 주기를 요구한다.

예제

간단한 다중 내보내기 코드 스케줄링

LEGv8용 정적 2개 내보내기 파이프라인에서는 아래와 같은 순환문이 어떻게 스케줄링되는가?

```
Loop:  LDUR X0, [X20, #0] // X0=array element
```

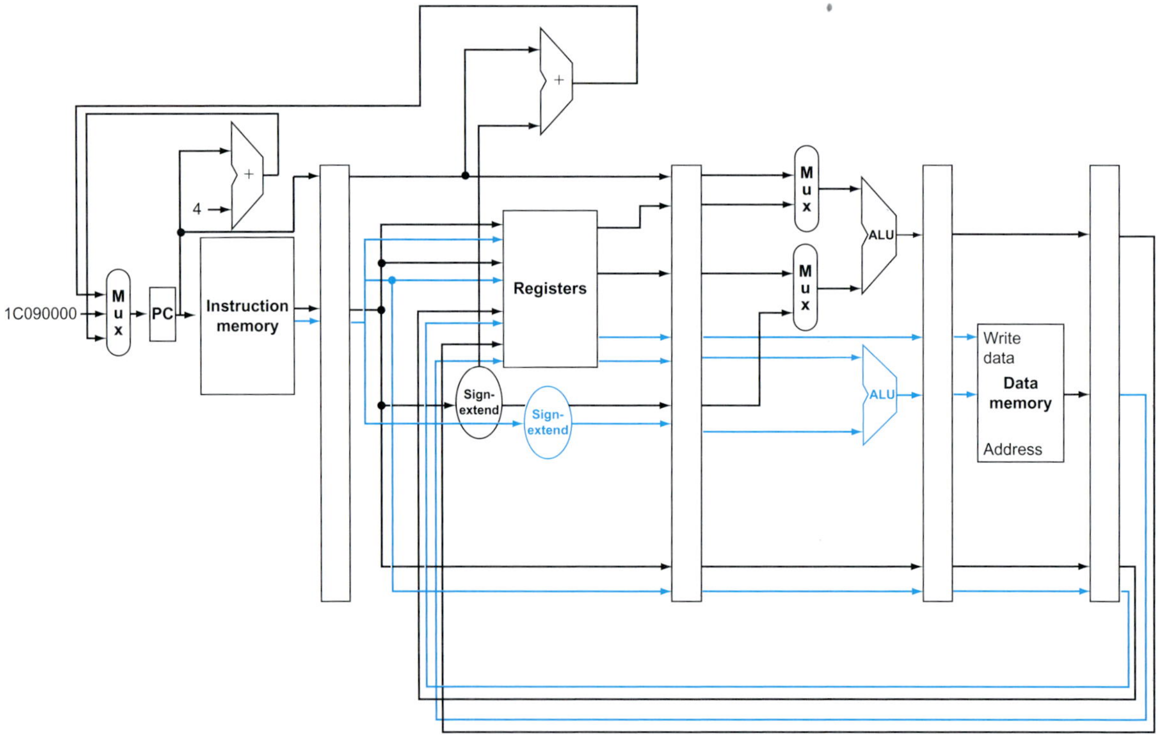

그림 4.67 2개 내보내기 정적 데이터패스. 명령어 2개 내보내기를 위해 필요한 부분이 추가되었는데 이 부분이 강조되어 있다. 명령어 메모리에서 나오는 또 다른 32비트, 레지스터 파일의 읽기 포트 두 개 추가, 쓰기 포트 한 개 추가, 또 다른 ALU가 그것이다. 하단 ALU는 데이터 전송을 위한 주소 계산을, 상단의 ALU는 그 밖의 다른 일을 한다고 가정한다.

```
ADD  X0, X0, X21      // add scalar in X21
STUR X0, [X20, #0]  // store result
SUBI X20, X20, #8   // decrement pointer
CMP  X20, X22       // compare to loop limit
BGT  Loop           // branch if X20 > X22
```

가능한 한 많은 파이프라인 지연을 피하도록 명령어를 재정렬하라. 예측 분기가 사용되고 제어 해저드는 하드웨어에 의해 처리된다고 가정한다.

답

첫 세 개의 명령어에 데이터 종속성이 있고 마지막 두 개의 명령어 사이에 역시 데이터 종속성이 있다. 그림 4.68은 이 명령어들을 위한 가장 좋은 스케줄을 보여 주고 있다. 단 하나의 명령어 쌍만이 내보내기 슬롯 두 개 모두를 사용하는 것을 알 수 있다. 따라서 순환문 반복에 5 클럭이 걸린다. 즉 6개 명령어를 실행하는 데 5 클럭 사이클이 걸린다. 따라서 가장 좋은 경우에는 0.5 CPI를 갖는 데 반해 이 경우는 0.83 CPI라는 실망적인 값을 갖게 된다. IPC로 말하면 가장 좋은 경우가 2.0인 데 반해 이 경우는 1.2의 IPC값을 갖는다. CPI나 IPC를 계산할 때 nop 명령어는 유용한 명령어로 취급하지 않는다. 유용한 명령어로 취급하면 CPI값은 좋아지지만 성능은 좋아지지 않는다.

순환문에서 좀 더 좋은 성능을 얻기 위한 한 가지 중요한 컴파일러 기법은 **순환문 펼치기**(loop unrolling)이다. 이름이 암시하듯이 순환문 몸체를 여러 벌 만드는 기술이다. 펼치기를 한 후 서로 다른 반복에 속하는 명령어들을 중첩시킴으로써 가용한 ILP가 더 많아진다.

순환문 펼치기 배열에 접근하는 순환문에서 더 좋은 성능을 얻기 위한 기술. 순환문 몸체를 여러 벌 복사해서 서로 다른 반복에 속한 명령어들을 같이 스케줄한다.

다중 내보내기 파이프라인을 위한 순환문 펼치기

예제

위 예제에서 순환문 펼치기와 스케줄링이 얼마나 잘 동작하는지 보자. 순환문 인덱스는 4의 배수라고 가정한다.

	ALU or branch instruction	Data transfer instruction	Clock cycle
Loop:		LDUR X0,[X20,#0]	1
	SUBI X20, X20, #8		2
	ADD X0, X0, X21		3
	CMP X20, X22		4
	BGT Loop	STUR X0,[X20,#8]	5

그림 4.68 **2개 내보내기 LEGv8 파이프라인에 맞추어 스케줄링된 코드.** 빈 슬롯은 nop이다.

답

순환문을 지연 없이 스케줄하기 위해서는 순환문 본체를 네 벌 만들 필요가 있다. 순환문 펼치기를 하고 불필요한 순환문 오버헤드 명령어를 없애면 순환문은 4개의 LDUR, ADD, STUR과 한 개씩의 SUBI, CMP, CBZ를 가지고 있다. 순환문 펼치기를 한 후 스케줄한 코드가 그림 4.69에 나와 있다.

레지스터 재명명 반종속성을 없애기 위해 컴파일러나 하드웨어가 레지스터 이름을 다시 붙이는 것.

반종속성 이름 종속성이라고도 한다. 두 명령어 사이에 값이 전달되는 진정한 종속성 때문에 지켜야 되는 순서가 아니라 같은 이름(레지스터)을 재사용하기 때문에 강요되는 순서.

펼치기 과정 도중 컴파일러는 추가적인 레지스터들(X1, X2, X3)을 도입했다. 이런 과정—**레지스터 재명명**(register renaming)이라 함—의 목적은 진정한 데이터 종속성은 아니지만 잠재적 해저드의 원인이 되거나 컴파일러가 코드를 유연하게 스케줄하는 것을 방해하는 종속성을 없애자는 것이다. X0만을 사용하여 펼치기를 한 코드가 어떻게 보일지 생각해 보자. LDUR X0, [X20, #0], ADD X0, X0, X21이 여러 번 나타나고 그 뒤에 STUR X0, [X20, #8]이 나올 것이다. 그런데 이 코드는 X0을 사용하였음에도 불구하고 실제로는 완전히 독립적인 코드이다. 어떤 데이터값도 한 명령어 쌍과 다른 명령어 쌍 사이를 흘러가지 않는다. 이것이 소위 말하는 **반종속성**(antidependence) 또는 **이름 종속성**(name dependence)이다. 이것은 실제 데이터 종속성이라기보다 순전히 하나의 이름을 계속 사용함으로써 강요되는 순서이다.

순환문 펼치기 과정에서 레지스터들을 재명명함으로써 독립적이 된 명령어들을 컴파일러가 쉽게 옮길 수 있게 하여 이 코드를 좀 더 잘 스케줄하도록 해 준다. 재명명 과정은 이름 종속성만 없애고 진정한 종속성은 유지한다.

이제는 순환문의 명령어 15개 중에서 14개가 쌍으로 실행된다는 것을 알 수 있다. 4번의 순환문 반복에 8 클럭, 즉 IPC값은 15/8 = 1.88이 된다. 순환문을 펼치고 스케줄한 후 2개 내보내기를 하면 2배 이상의 성능 향상을(4번의 반복문에 클럭 사이클 8개 대 클럭 사이클 20개) 얻을 수 있는데 일부는 순환문 제어 명령어들을 줄인 데 기인하고 또 일부는 2개 내보내기 실행을 한 결과이다. 이 같은 성능 향상을 위해 지불하는 대가는 임시 레지스터를 하나가 아니고 네 개나 사용하여야 하고 코드 크기가 상당히 증가한다는 것이다.

동적 다중 내보내기 프로세서

수퍼스칼라 프로세서가 실행 중에 명령어를 선택하여 한 클럭 사이클에 두 개 이상의 명령어를 실행할 수 있도록 해 주는 고급 파이프라이닝 기법.

동적 다중 내보내기 프로세서는 **수퍼스칼라**(superscalar) 프로세서 혹은 단순히 수퍼스칼라라고도 한다. 제일 간단한 수퍼스칼라 프로세서는 명령어를 순차대로(in-order) 내보내고 주어진 클럭 사이클에 몇 개의 명령어를 내보낼지를 결정한다. 분명히 이런 프로세서에서 좋은 성능을 얻기 위해서는 컴파일러가 명령어를 스케줄하여 종속성 있는 명령어들의 위치를 멀리 떨어뜨리고 그렇게 해서 명령어 내보내기 속도를 증가시켜야 한다. 그러한 컴파일러 스케줄링을 하더라도 단순한 수퍼스칼라 프로세서는

	ALU or branch instruction	Data transfer instruction	Clock cycle
Loop:	SUBI X20, X20,#32	LDUR X0, [X20,#0]	1
		LDUR X1, [X20,#24]	2
	ADD X0, X0, X21	LDUR X2, [X20,#16]	3
	ADD X1, X1, X21	LDUR X3, [X20,#8]	4
	ADD X2, X2, X21	STUR X0, [X20,#32]	5
	ADD X3, X3, X21	STUR X1, [X20,#24]	6
	CMP X20, X22	STUR X2, [X20,#16]	7
	BGT Loop	STUR X3, [X20,#8]	8

그림 4.69 그림 4.68의 코드를 순환문 펼치기와 스케줄한 후의 코드인데 정적 2개 내보내기 LEGv8 파이프라인에 나타나 보이는 것이다. 빈 공간은 nop 명령어 자리이다. 첫 번째 명령어는 X20을 32만큼 감소시키기 때문에 적재에 사용되는 주소들은 X20의 원래 값, 다음에는 8을 뺀 주소, 16을 뺀 주소, 24를 뺀 주소이다.

VLIW 프로세서와 중요한 차이가 있다. 즉 스케줄을 했든 안 했든 상관없이 코드는 올바르게 실행되도록 하드웨어에 의해 보장된다는 것이다. 더구나 컴파일된 코드는 내보내기 속도나 프로세서의 파이프라인 구조하고는 상관없이 항상 올바르게 동작한다. 하지만 어떤 VLIW 설계는 그렇지 않아서 다른 프로세서 모델로 옮겨갈 때는 재컴파일이 필요하다. 또 다른 정적 내보내기 프로세서의 경우 구현이 달라지면, 올바르게 실행은 되지만 성능이 너무 떨어지기 때문에 실제적으로는 재컴파일이 필요하다.

많은 수퍼스칼라 프로세서는 동적 내보내기를 결정하는 기본 틀을 확장하여 동적 파이프라인 스케줄링(dynamic pipeline scheduling)을 포함하도록 한다. 동적 파이프라인 스케줄링은 해저드와 지연은 피하면서 주어진 클럭 사이클에 어떤 명령어를 실행할 것인지 선택한다. 데이터 해저드를 피하는 간단한 예를 가지고 시작하자. 다음과 같은 명령어 코드를 생각하자.

동적 파이프라인 스케줄링 지연을 피할 수 있도록 명령어 실행 순서를 바꾸는 것에 대한 하드웨어 지원.

```
LDUR  X0,  [X21, #20]
ADD   X1,  X0, X2
SUB   X23, X23, X3
ANDI  X5,  X23, 20
```

여기서 SUB 명령어는 실행될 준비가 되어 있어도 LDUR과 ADD가 끝날 때까지 기다려야 되는데 메모리가 느리다면 많은 클럭 사이클이 걸릴 수도 있다(5장에서 캐시 실패에 대해 설명할 텐데 메모리 접근이 때때로 매우 느린 이유와 관련이 있다). 동적 **파이프라인** 스케줄링은 그러한 해저드를 완전히 혹은 부분적으로 피할 수 있게 해 준다.

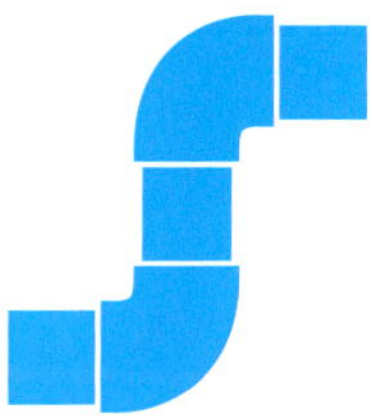

PIPELINING

동적 파이프라인 스케줄링

동적 파이프라인 스케줄링은 다음에 어떤 명령어를 실행할 것인가를 선택하고 지연을 피하기 위해 명령어들을 재정렬할 수도 있다. 그러한 프로세서에서 파이프라인은 세 개의 주요 유닛으로 나누어지는데, 명령어 인출 및 내보내기 유닛, 다수의 기능 유닛(2015년의 고성능 컴퓨터 설계에서는 12개 이상임), **결과 쓰기 유닛**(commit unit)이 그것이다. 그림 4.70은 이 모델을 보여 주고 있다. 첫 번째 유닛은 명령어를 인출하고 해독하고 각각의 명령어를 실행 단계의 해당 기능 유닛에 보낸다. 각 기능 유닛은 **대기영역**(reservation station)이라 불리는 버퍼를 가지고 있는데 이 대기영역은 피연산자와 연산자를 가지고 있다(다음 절에서는 대기영역에 대한 대안으로 많은 최신 프로세서가 사용하는 방법을 논의한다). 필요한 모든 피연산자가 버퍼에 준비되고 실행할 기능 유닛이 준비가 되어 있으면 결과가 계산된다. 결과가 완료되면 이 결과는 결과 쓰기 유닛뿐만 아니라 이 특정한 결과를 기다리고 있는 대기영역에 보내진다. 결과 쓰기 유닛에서는 결과값을 버퍼에 두었다가 안전하다고 생각이 들 때 결과값을 레지스터 파일이나 메모리(저장 명령어의 경우)에 쓴다. 결과 쓰기 유닛에 있는 이 버퍼는 **재정렬 버퍼**(reorder buffer)라고 불리는데 전방전달 회로가 정적 스케줄 파이프라인에서 하였던 것과 같은 방법으로 피연산자들을 제공하는 데 사용된다. 일단 결과값이 레지스터 파일에 써지면 정상적인 파이프라인에서와 같이 레지스터 파일로부터 직접 읽을 수 있다.

결과 쓰기 유닛 연산의 결과를 프로그래머가 볼 수 있는 레지스터나 메모리에 언제 보내는 것이 안전할지를 결정하는 동적 파이프라인 혹은 비순차 실행 파이프라인의 유닛.

대기영역 연산자와 피연산자를 가지고 있는 기능 유닛 내의 버퍼.

재정렬 버퍼 동적 스케줄 프로세서에서 결과값을 메모리나 레지스터에 저장해도 안전할 때까지 보관하고 있는 버퍼.

피연산자를 대기영역에 버퍼링하는 것과 결과값을 재정렬 버퍼에 임시 저장하는 것을 같이 사용하면 이것이 바로 레지스터 재명명의 한 종류이다. 지난번 순환문 펼치기 예제에서 컴파일러가 사용했던 것도 레지스터 재명명의 일종이다. 이것이 개념적으로 어떻게 동작하는지 알기 위해 다음 단계를 생각한다.

1. 명령어가 내보내질 때 명령어는 해당 기능 유닛의 대기영역으로 복사된다. 피연산자 중에 레지스터 파일이나 재정렬 버퍼에 있는 것이 있으면 이 피연산자는 즉시 대기영역으로 복사된다. 명령어는 모든 피연산자와 실행 유닛이 사용 가능할 때까지 버퍼링된다. 내보내지는 명령어의 피연산자는 레지스터값이 더 이상 필요 없으며, 이 레지스터에 쓰기가 일어난다면 그냥 덮어써도 문제가 없다.
2. 만약 피연산자가 레지스터 파일이나 재정렬 버퍼에 없다면 기능 유닛에 의해 생성될 때까지 기다려야 한다. 결과를 만들어 낼 기능 유닛의 이름이 추적된다. 그 기능 유닛이 결국 결과를 만들면 레지스터를 우회하여 기능 유닛에서 기다리고 있는 대기영역으로 직접 복사된다.

이렇게 재정렬 버퍼와 대기영역을 효과적으로 이용하여 레지스터 재명명을 구현한다.

개념적으로는 동적 스케줄 파이프라인이 프로그램의 데이터흐름 구조를 분석하는 것으로 생각할 수 있다. 프로세서는 프로그램의 데이터흐름 순서를 유지하는 어떤 순서에 따라 명령어를 실행한다. 이 같은 실행 형태를 **비순차 실행**(out-of-order execu-

비순차 실행 실행할 수 없는 명령어 때문에 뒤의 명령어들이 기다리지 않게 하는 파이프라인 실행의 상황.

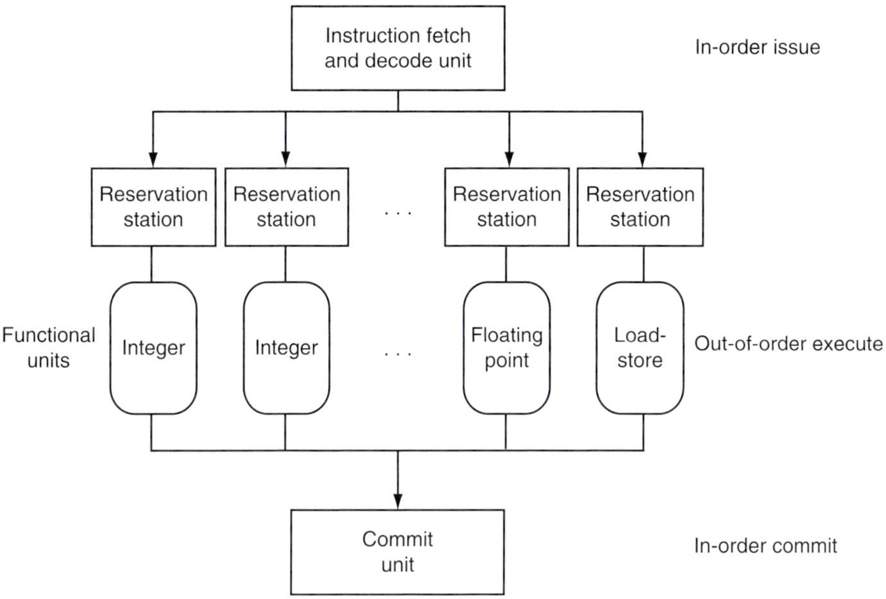

그림 4.70 동적 스케줄 파이프라인의 세 가지 주요 유닛. 상태를 갱신하는 최종 단계는 은퇴(retirement) 혹은 졸업(graduation)이라고도 불린다.

tion)이라 부른다. 왜냐하면 명령어는 인출되어 온 순서와 다르게 실행될 수 있기 때문이다.

프로그램이 단순하게 순차 실행되는 파이프라인에서 실행되는 것처럼 만들려면, 명령어 인출 및 해독 유닛이 명령어들을 순서대로 내보내 주어야 하고(이 경우 종속성 추적이 가능하게 된다) 쓰기 유닛은 프로그램 인출 순서대로 결과를 레지스터나 메모리에 써야 한다. 이 같은 보수적인 방식은 **순차 결과 쓰기**(in-order commit)라고 불린다. 따라서 만약 예외가 일어난다면 컴퓨터는 마지막으로 실행되었던 명령어를 가리키게 되고 예외를 일으킨 명령어 이전 명령어에 의해 쓰기가 되었던 레지스터들만이 갱신이 된다. 파이프라인의 전단부 즉 명령어 인출 및 내보내기 부분과 후단부 즉 결과 쓰기 부분은 순서대로 실행되지만 기능 유닛들은 필요한 데이터가 준비되면 언제나 실행을 자유롭게 시작할 수 있다. 오늘날 모든 동적 스케줄 파이프라인은 순서대로 결과 쓰기를 사용한다.

순차 결과 쓰기 파이프라인 실행의 결과가 명령어 인출 순서와 같은 순서로 프로그래머가 볼 수 있는 상태소자에 써지는 결과 쓰기.

동적 스케줄링은 흔히 하드웨어 기반의 추정을 포함하도록 확장된다. 특히 분기의 결과에 대해서는 더더욱 그러하다. 분기의 방향을 예측함으로써 동적 스케줄 프로세서는 예측한 경로를 따라 명령어 인출과 실행을 계속할 수 있다. 명령어들은 순서대로 결과를 쓰기 때문에, 예측한 경로상의 명령어가 결과를 쓰기 전에 분기 예측의 정확성 여부를 판단할 수 있다. 추정 동적 스케줄 파이프라인은 적재 주소에 대한 추정도 할 수 있는데, 이는 적재-저장 재정렬을 하게 해 주고 결과 쓰기 유닛을 사용하여 올바르지 않은 추정을 피하게 해 준다. 다음 절에서는 Intel Core i7 설계에서 추정 동적 스케줄링을 어떻게 사용하였는지 알아보자.

프로그램 성능의 이해

HIERARCHY

PREDICTION

컴파일러가 데이터 종속성이 있는 명령어들 주변의 코드를 스케줄할 수 있다면 왜 수퍼스칼라 프로세서는 동적 스케줄링을 사용할까? 여기에는 세 가지 주요 이유가 있다. 첫째, 모든 지연이 예측 가능하지는 않다. 특히 **메모리 계층구조**에서 캐시 실패(5장 참조)는 예측 불가능한 지연을 일으킨다. 동적 스케줄링은 프로세서로 하여금 지연이 끝나기를 기다리는 동안에도 명령어를 계속 실행할 수 있도록 하여 이런 지연을 일부 감출 수 있다.

둘째는 만약 프로세서가 동적 분기 **예측**을 사용하여 분기 결과에 대해 추정한다면 컴파일 시에는 명령어의 정확한 순서를 알 수가 없다. 왜냐하면 이 순서는 분기에 대한 예측과 실제 분기 결과에 따라 달라지기 때문이다. 동적 스케줄링을 사용하지 않고 더 많은 ILP를 찾으려고 동적 추정을 하면 추정의 이득이 크게 제한될 것이다.

셋째, 파이프라인 지연과 내보내기 폭이 구현마다 다르기 때문에, 코드를 가장 잘 컴파일하는 방법도 달라진다. 예를 들면 종속적 명령어 시퀀스를 어떻게 스케줄하는가는 내보내기 폭과 지연에 의해 영향 받는다. 파이프라인 구조는 컴파일러 기반의 레지스터 재명명 과정뿐만 아니라 지연을 피하기 위한 순환문 펼치기 횟수에도 영향을 준다. 동적 스케줄링은 하드웨어로 하여금 이런 세부 사항의 대부분을 감추도록 해 준다. 따라서 사용자나 소프트웨어 공급자가 같은 명령어 집합의 여러 가지 구현에 맞추어 한 프로그램이 여러 가지 버전을 가져야 할 것을 염려할 필요가 없다. 같은 이유로 오래된 코드도 재컴파일할 필요 없이 새로운 구현에 의해 얻어지는 대부분의 이득을 취할 수 있다.

요점정리

PIPELINING

파이프라이닝과 다중 내보내기 실행은 모두 최고 명령어 처리량을 증가시키고 명령어 수준 **병렬성**(ILP)을 활용하려고 한다. 그러나 프로그램의 데이터 종속성과 제어 종속성은 지속적으로 얻을 수 있는 성능(sustained performance)의 상한선에 제한을 가한다. 때로는 프로세서가 종속성이 해결될 때까지 기다려야 되기 때문이다. ILP를 활용하기 위한 소프트웨어 중심의 접근방법은 그러한 종속성을 찾아내고 그 영향을 줄이는 컴파일러의 능력에 의존하는 반면, 하드웨어 중심의 접근방법은 파이프라인과 내보내기 메커니즘의 확장에 의존한다. 컴파일러나 하드웨어에 의해 행해지는 추정은 **예측**을 통해 활용할 수 있는 ILP의 양을 증가시킬 수 있다. 그러나 잘못 추정하면 성능을 저하시킬 수 있기 때문에 주의해야 한다.

PARALLELISM

PREDICTION

하드웨어/소프트웨어 인터페이스

최신 고성능 마이크로프로세서들은 매 클럭 여러 개의 명령어를 내보낼 수 있다. 불행히도 그러한 내보내기 속도를 유지하는 것은 매우 어렵다. 예를 들면 매 클럭당 4~6개의 명령어를 내보낼 수 있는 프로세서들이 존재함에도 불구하고 클럭당 세 개 이상의 명령어를 유지하는 응용은 매우 희귀하다. 이것에 대해서는 두 가지 주된 원인이 있다.

첫째, 파이프라인 성능의 주요 병목은 없앨 수 없는 종속성 때문에 생긴다. 이 종속성 때문에 명령어 간의 병렬성은 줄고 지속적 내보내기 속도도 줄게 된다. 진정한 데이터 종속성에 대해서는 할 수 있는 일이 별로 없기는 하지만, 컴파일러나 하드웨어는 종속성의 존재 여부조차 정확히 알지 못해서 종속성이 존재한다고 보수적으로 가정하는 경우가 많다. 예를 들면 포인터를 사용하는 코드, 특히 많은 동의어 문제(aliasing)를 일으키는 식으로 포인터를 사용하는 경우는 더 많은 잠재 종속성을 유발한다. 반면에 아주 규칙적인 배열 접근은 컴파일러가 종속성이 없다고 확신할 수 있게 해 준다. 마찬가지로 실행 시나 컴파일 시에 정확히 예측할 수 없는 분기 명령어도 ILP를 활용하는 능력에 제한을 가하게 된다. 더 많은 ILP가 있음에도 불구하고 멀리 떨어져 있는 ILP(때로는 수천 개의 명령어의 실행만큼 떨어져 있기도 하다)를 찾을 수 없는 컴파일러나 하드웨어 능력의 한계 때문에 활용하지 못하는 경우도 많이 있다.

둘째, **메모리 계층구조**(5장의 주제)에서의 손실이 파이프라인을 가득 채우지 못하게 한다. 어떤 메모리 시스템 지연은 감춰질 수 있지만 제한된 양의 ILP를 가지고는 감출 수 있는 지연의 양에 한계가 있다.

HIERARCHY

Microprocessor	Year	Clock Rate	Pipeline Stages	Issue Width	Out-of-Order/ Speculation	Cores/ Chip	Power
Intel 486	1989	25 MHz	5	1	No	1	5 W
Intel Pentium	1993	66 MHz	5	2	No	1	10 W
Intel Pentium Pro	1997	200 MHz	10	3	Yes	1	29 W
Intel Pentium 4 Willamette	2001	2000 MHz	22	3	Yes	1	75 W
Intel Pentium 4 Prescott	2004	3600 MHz	31	3	Yes	1	103 W
Intel Core	2006	2930 MHz	14	4	Yes	2	75 W
Intel Core i5 Nehalem	2010	3300 MHz	14	4	Yes	2–4	87 W
Intel Core i5 Ivy Bridge	2012	3400 MHz	14	4	Yes	8	77 W

그림 4.71 파이프라인 복잡도, 코어 개수, 소모 전력 등의 관점에서 본 Intel 마이크로프로세서들의 기록. Pentium 4의 파이프라인 단계에 쓰기 단계는 포함되지 않았다. 이를 포함시키면 Pentium 4는 더 많은 단계를 갖게 된다.

에너지 효율성과 고급 파이프라이닝

동적 다중 내보내기와 추정방법을 통해 명령어 수준 병렬성을 더 많이 이용하면서 생기는 부정적 측면은 전력 효율성이다. 매번 등장하는 신기술은 더 많은 트랜지스터를 사용하여 성능을 높일 수 있게 하였으나, 매우 비효율적으로 성능을 높인 경우가 많았다. 전력 장벽에 부딪히게 되자 전처럼 깊은 파이프라인이나 적극적 추정방법을 사용하지 않는 비교적 단순한 프로세서 여러 개를 칩 하나에 넣는 설계가 나타나고 있다.

단순한 프로세서들이 정교한 프로세서들에 비해 빠르지는 않지만 단위 에너지(줄, joule)당 성능이 더 좋으므로, 트랜지스터의 개수보다 소모 전력에 의해 제한을 받는 설계에서는 칩당 성능이 더 좋다는 믿음이 있기 때문이다.

그림 4.71은 과거 및 최신 마이크로프로세서들의 파이프라인 단계 수, 내보내는 명령어 개수, 추정 수준, 클럭 속도, 칩 당 코어 개수, 소모 전력 등을 보여주고 있다. 회사들이 다중코어 설계 쪽으로 감에 따라 파이프라인 단계수와 소모 전력이 감소함을 보여 주고 있다.

고난도: 결과 쓰기 유닛은 레지스터 파일뿐만 아니라 메모리 갱신도 제어한다. 몇몇 동적 스케줄 프로세서는 실행 중에 곧바로 레지스터 파일을 갱신한다. 이 경우 레지스터를 갱신하는 명령어가 더 이상 추정이 아니고 추정 성공 여부가 확실해질 때까지 별도 레지스터를 사용하여 재명명 기능을 구현하고 레지스터의 옛 복사본을 간직하게 된다. 어떤 프로세서는 결과값을 재정렬 버퍼에 버퍼링한다. 레지스터 파일의 실제 갱신은 결과 쓰기의 일부분으로 나중에 일어난다. 메모리 저장은 결과 쓰기 때까지 **저장 버퍼**(store buffer)(5장 참조)나 재정렬 버퍼에 임시 저장되어야 한다. 결과 쓰기 유닛은 버퍼가 합법적 주소(valid address)와 합법적 데이터를 갖고 있

으면서 저장 명령어가 더 이상 예측 분기에 종속적이 아닐 때만 저장 명령어가 버퍼에서 메모리로 쓰는 것을 허용한다.

고난도: **무정지 캐시**(nonblocking cache)를 사용하면 메모리 접근 성능이 좋아진다. 무정지 캐시는 캐시 실패 동안에도 캐시 접근 서비스를 계속한다(5장 참조). 비순차 실행 프로세서는 캐시 실패 동안에도 명령어를 계속 실행하기 위해서 무정지 캐시를 필요로 한다.

스스로 점검하기

다음의 기법이나 구성 요소가 ILP를 활용하려는 소프트웨어 기반 방법과 관련 있는지 아니면 하드웨어 기반 방법과 관련이 있는지 설명하라. 어떤 경우에는 답이 두 가지 모두 될 수도 있다.

1. 분기 예측
2. 다중 내보내기
3. VLIW
4. 수퍼스칼라
5. 동적 스케줄링
6. 비순차 실행
7. 추정
8. 재정렬 버퍼
9. 레지스터 재명명

4.11 실례: ARM Cortex-A53과 Intel Core i7 파이프라인

그림 4.72는 이 절에서 알아볼 두 마이크로프로세서의 사양을 보여 주는데, 이 두 프로세서는 Post-PC 시대의 양극단을 지향하고 있다.

ARM Cortex-A53

ARM Cortex-A53은 1.5GHz의 속도에 8단계 파이프라인을 갖고 있으며 ARMv8 명령어 집합을 실행한다. 동적 다중 내보내기를 사용하는데 클럭 사이클당 두 개의 명령어를 내보낼 수 있다. 명령어 내보내기, 실행, 쓰기를 순서대로 하는 정적 순차 파이프라인 구조를 갖고 있다. 파이프라인은 명령어 인출, 명령어 해독, 명령어 실행 등 세 부분으로 구성되어 있다. 그림 4.73은 전체 파이프라인을 보여 주고 있다.

Processor	ARM A53	Intel Core i7 920
Market	Personal Mobile Device	Server, Cloud
Thermal design power	100 milliWatts (1 core @ 1 GHz)	130 Watts
Clock rate	1.5 GHz	2.66 GHz
Cores/Chip	4 (configurable)	4
Floating point?	Yes	Yes
Multiple Issue?	Dynamic	Dynamic
Peak instructions/clock cycle	2	4
Pipeline Stages	8	14
Pipeline schedule	Static In-order	Dynamic Out-of-order with Speculation
Branch prediction	Hybrid	2-level
1st level caches/core	16-64 KiB I, 16-64 KiB D	32 KiB I, 32 KiB D
2nd level cache/core	128–2048 KiB (shared)	256 KiB (per core)
3rd level cache (shared)	(platform dependent)	2–8 MiB

그림 4.72 **ARM Cortex-A53과 Intel Core i7 920의 사양.**

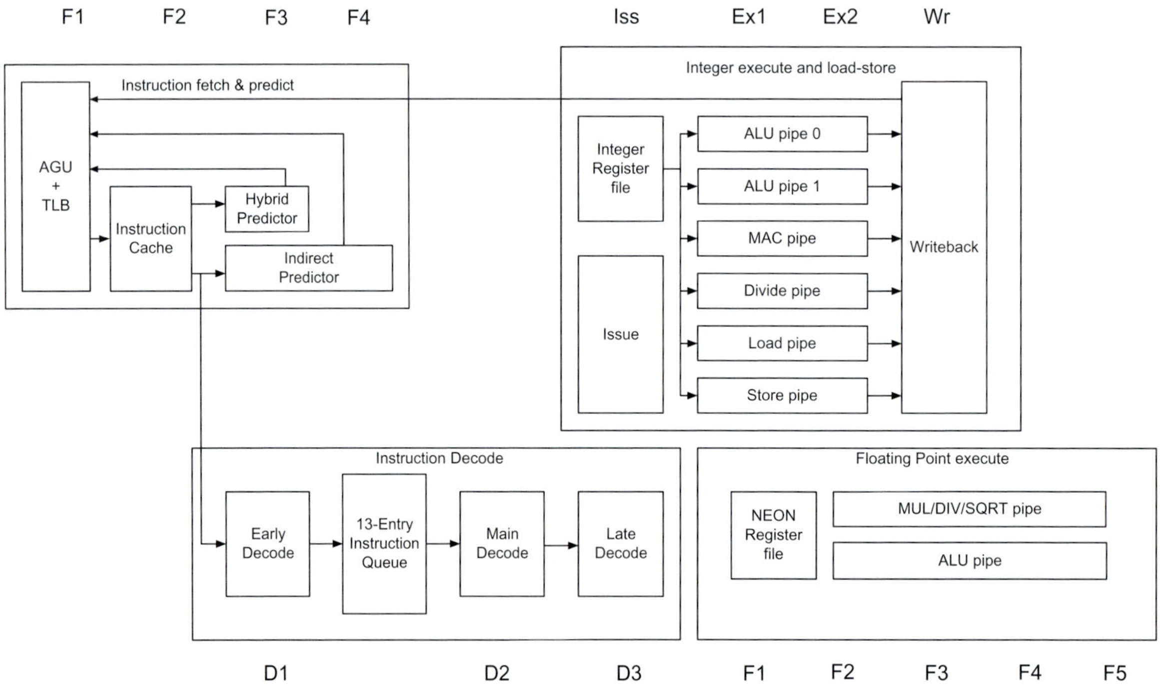

그림 4.73 **Cortex-A53 파이프라인.** 첫 세 단계는 명령어를 13개 용량의 명령어 큐로 인출한다. 주소 생성 유닛(Address Generation Unit, AGU)은 하이브리드 예측기(Hybrid Predictor), 간접 예측기(Indirect Predictor), 복귀 스택(Return Stack)으로 분기 예측을 해서 명령어 큐가 가득 차도록 한다. 명령어 해독은 3단계이고 명령어 실행도 3단계이다. 실수형 연산과 SIMD 연산을 위해서는 두 단계가 추가된다.

첫 세 단계에서는 한 번에 두 명령어를 인출해서 13개 용량의 명령어 큐를 가득 채우려 노력한다. 6k비트의 하이브리드 조건부 분기 예측기, 256개 용량의 간접 분기 예측기, 미래의 복귀 주소를 예측하기 위한 8개 용량의 복귀 주소 스택을 사용한다. 간접 분기 예측은 추가의 파이프라인 단계를 필요로 한다. 이 설계방식은 명령어 큐가 해독과 실행 단계를 인출 단계와 완전히 분리하지 못하면 추가 시간이 필요하게 한다. 이 문제는 주로 분기 예측이 잘못되었거나 명령어 캐시에서 실패가 발생했을 때 생긴다. 분기 예측이 틀리면 파이프라인을 비우게 되어 8 클럭 사이클의 예측 실패 손실을 겪게 된다.

파이프라인의 해독 단계는 명령어 쌍들 사이에 종속성이 있는지 검사하고 명령어를 어느 실행 단계 파이프라인으로 보낼지 결정하는데, 명령어 쌍들 사이에 종속성이 존재하면 순차적인 실행을 할 수밖에 없다.

명령어 실행 부분은 기본적으로 파이프라인 단계 세 개를 차지한다. 적재 명령어에 파이프라인 하나, 저장 명령어에 파이프라인 하나, 정수형 산술연산에 파이프라인 두 개를 제공하며, 정수 곱셈과 나눗셈 연산을 위한 파이프라인을 별도로 가지고 있다. 명령어 쌍의 두 명령어 중 어느 것도 적재 또는 저장 파이프라인으로 보내질 수 있다. 실행 단계 파이프라인은 파이프라인 간에 완벽한 전방전달을 갖고 있다.

실수형 연산과 SIMD 연산은 명령어 실행 부분에 파이프라인 단계 두 개를 추가한다. 곱셈/나눗셈/제곱근 연산용 파이프라인 하나, 다른 산술연산용 파이프라인 하나가 있다.

그림 4.74는 SPEC2006 벤치마크 프로그램에 대한 Cortex-A53의 CPI값을 보여준다. 이상적인 CPI값은 0.5이지만, 여기에서는 최상일 때가 1.0, 중앙값이 1.3, 최악의 경우가 8.6이다. 중앙값의 경우 지연의 60%는 파이프라이닝 해저드 때문이고 40%는 메모리 계층구조상의 지연 때문이다. 파이프라인 지연은 분기 예측 실패, 구조적 해저드, 명령어 쌍 간의 데이터 종속성에 의한 것이다. Cortex-A53은 정적 파이프라인 구조이므로 구조적 해저드와 데이터 종속성을 피하는 것은 컴파일러의 책임이다.

고난도: Cortex A-53은 ARMv8 명령어 집합 구조를 지원하는 구성 가능한(configurable) 코어이다. 이것은 **IP**(intellectual property) **코어** 형태로 보급된다. IP 코어는 임베디드, 개인 모바일 디바이스, 기타 관련 시장에서 지배적인 기술 보급 형태이다. 수십억 개의 ARM 프로세서 및 MIPS 프로세서가 이 같은 IP 코어로부터 생성되었다.

IP 코어는 Intel i7 멀티코어 컴퓨터에서의 코어와는 다르다. IP 코어(그 자신이 멀티코어일 수 있다)는 다른 논리회로들(이러한 논리회로에는 응용 맞춤형 프로세서(비디오용 인코더 또는 디코더 같은), 입출력 인터페이스, 메모리 인터페이스 등이 포함된다)과 합쳐 잘 동작하도록(그래서 칩의 "코어"이다) 설계되었고 특정 응용에 최적화된 프로세서로 제작된다. 프로세서 코어

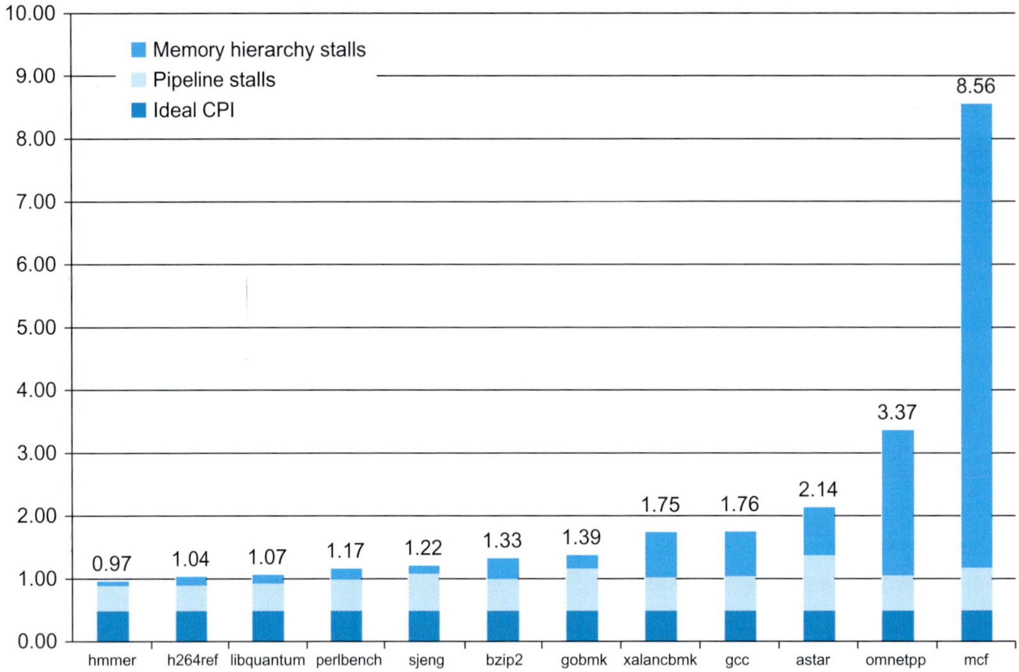

그림 4.74 SPEC2006 정수형 벤치마크 프로그램에 대한 ARM Cortex-A53의 CPI.

가 논리적으로는 거의 비슷하지만 최종 생산되는 칩은 많이 다르다. 주요 파라미터 중 하나가 L2 캐시 크기인데 칩에 따라 16배까지 차이가 날 수 있다.

Intel Core i7 920

x86 마이크로프로세서들은 정교한 파이프라이닝 기법들을 사용하는데 이 기법들로는 동적 다중 내보내기, 비순차 실행과 추정을 사용하는 동적 파이프라인 스케줄링 등이 있다. 그러나 2장에서 설명한 바와 같이 이 프로세서들은 복잡한 x86 명령어 집합을 구현하는 데 어려움이 있다. Intel은 x86 명령어를 인출한 후 이를 내부적으로 사용하는 ARMv8과 비슷한 명령어로 변환을 한다. 이 명령어를 Intel에서는 **마이크로연산**(micro-operation 또는 micro-op)이라 부른다. 이 마이크로연산은 정교한 동적 스케줄링과 추정 파이프라인에 의해 실행되는데 이 파이프라인은 클럭 사이클당 마이크로연산을 6개까지 지속적으로 실행할 수 있다. 이 절에서는 마이크로연산 파이프라인에 집중한다.

우리가 그런 프로세서의 설계를 생각하면 기능 유닛의 설계, 캐시 및 레지스터 파일, 명령어 내보내기 유닛, 전체 파이프라인 제어 등이 뒤섞여서 데이터패스와 파이프

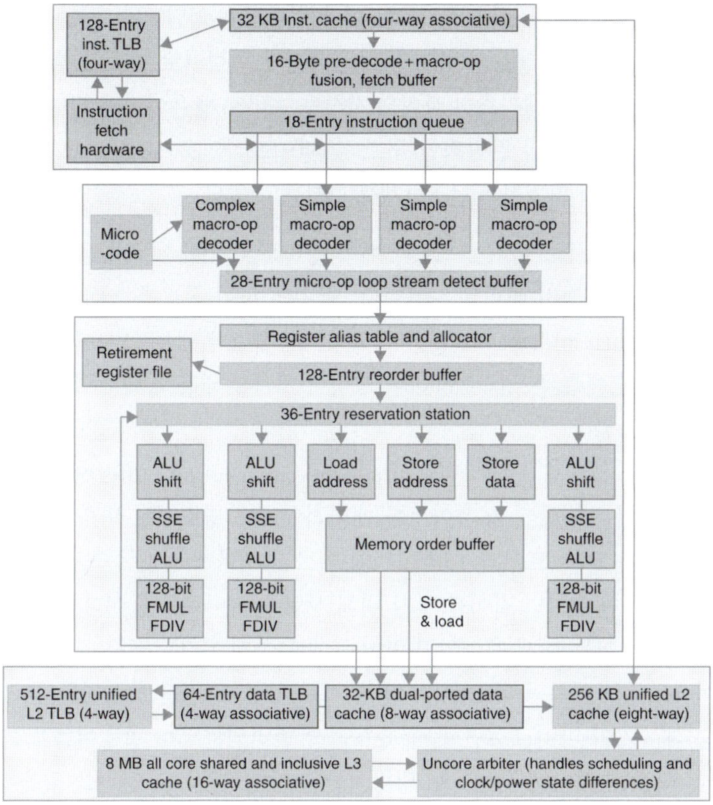

그림 4.75 메모리 원소를 갖고 있는 Core i7 파이프라인. 전체 파이프라인 단계는 14단계이고, 분기 예측 실패는 17 클럭 사이클의 손실을 유발한다. 이 설계에서는 48개의 적재 명령어와 32개의 저장 명령어를 버퍼링할 수 있으며, 6개의 독립된 유닛에서 매 클럭 사이클마다 준비된 마이크로연산을 실행할 수 있다.

라인을 분리하는 게 어려워진다. 이런 이유로 많은 엔지니어와 연구자들은 마이크로구조(microarchitecture)라는 용어를 도입하여 프로세서의 구체적인 내부 구조를 가리킬 때 사용하였다.

마이크로구조 주요 기능 유닛, 상호 연결 및 제어를 포함하는 프로세서 구조.

Intel Core i7은 재정렬 버퍼와 레지스터 재명명을 함께 사용하여 반종속성과 추정 실패 문제를 해결하고 있다. 레지스터 재명명은 프로세서의 구조적 레지스터(architectural register)(x86 구조의 64비트 버전의 경우 16개)를 더 큰 물리적 레지스터 집합으로 명시적으로 재명명한다. Core i7은 레지스터 재명명을 반종속성을 제거하는 데 사용하고 있다. 레지스터 재명명은 프로세서로 하여금 구조적 레지스터와 물리적 레지스터 간의 사상 관계 표를 유지하도록 요구하고 있는데 이 표는 어떤 물리적 레지스터가 구조적 레지스터의 가장 최근 복사본인지를 알려 준다. 일어나는 재명명을 기록해 놓음으로써 레지스터 재명명은 추정 실패 시 원상 복구하는 또 다른 방법을 제공

구조적 레지스터 프로그래머에게 보여지는 레지스터를 갖는 명령어 집합. LEGv8에서는 32개의 정수형 레지스터와 32개의 부동소수점형 레지스터가 있다.

한다. 즉 처음 잘못 추정한 명령어 이후 일어났던 사상을 없던 일로 하면 그만이다. 이렇게 하면 프로세서의 상태를 제대로 실행된 마지막 명령어로 되돌려 주기 때문에 구조적 레지스터와 물리적 레지스터 사이의 사상을 올바르게 유지하게 된다.

그림 4.75는 Core i7의 전반적인 구조 및 파이프라인을 보여 주고 있다. 아래는 x86 명령어가 실행 시 거쳐야 되는 8단계를 나타내고 있다.

1. 명령어 인출—프로세서는 속도와 예측 정확도 사이에서 균형을 유지하기 위해 다단계 분기 목적지 버퍼를 사용한다. 함수의 복귀 속도를 높이기 위해 복귀 주소 스택(return address stack)을 갖고 있다. 예측 실패는 15사이클 정도의 손실을 가져오며 예측 주소를 이용하여 명령어 인출 유닛은 명령어 캐시로부터 16바이트를 인출한다.
2. 16바이트는 선해독 명령어 버퍼(predecode instruction buffer)에 넣는다—선해독 단계에서는 인출된 16바이트를 개별적인 x86 명령어로 변환한다. x86 명령어의 길이가 1바이트부터 15바이트에 이르기 때문에 선해독 과정은 쉽지 않다. 선해독기는 명령어의 길이를 알기 위해 상당수 바이트를 들여다봐야 한다. 각각의 x86 명령어는 18개 용량의 명령어 큐에 놓이게 된다.
3. 마이크로연산 해독—각각의 x86 명령어는 마이크로연산으로 변환된다. 세 개의 단순 해독기가 마이크로연산 하나로 곧장 번역되는 x86 명령어들을 처리한다. 좀 더 복잡한 의미를 갖는 x86 명령어들은 마이크로코드 엔진을 사용하여 마이크로연산 시퀀스로 변환된다. 이 엔진은 매 사이클마다 마이크로연산을 네 개까지 만들어 낼 수 있으며 필요한 마이크로연산 시퀀스를 다 생성할 때까지 계속 번역한다. 이 마이크로연산들은 28개 용량의 마이크로연산 버퍼에 들어가는데 x86 명령어 순서대로 들어간다.
4. 마이크로연산 버퍼는 **순환열 검출**(loop stream detection)을 수행한다—만약 순환문을 형성하는 조그마한 명령어 시퀀스(28개 명령어 미만이거나 256바이트 길이 미만)가 있다면, 순환열 검출기가 순환문을 찾아서 버퍼에서 직접 마이크로연산들을 내보낸다. 이렇게 하면 명령어 인출과 해독 단계를 활성화할 필요가 없어진다.
5. 기본 명령어 내보내기 수행—레지스터 테이블에서 레지스터 주소를 검색하고, 레지스터를 재명명하고, 재정렬 버퍼 항목을 배정한 다음, 레지스터나 재정렬 버퍼에 필요한 결과값이 있으면 이를 인출한 후 마이크로연산을 대기영역에 보낸다.
6. i7은 36개 용량을 갖는 중앙집중식 대기영역을 갖고 있는데 여섯 개의 기능 유닛이 공유하여 사용한다. 매 클럭 사이클마다 최대 6개의 마이크로연산을 기능 유

닛으로 보낸다.

7. 각각의 기능 유닛은 마이크로연산을 실행하고 결과를 대기영역 중 필요로 하는 곳이나 레지스터 은퇴 유닛(register retirement unit)으로 보낸다. 레지스터 은퇴 유닛에서는 일단 명령어가 더 이상 추정이 아니라고 밝혀지면 레지스터 상태를 갱신하게 된다. 재정렬 버퍼에서 해당 명령어 관련 항목은 완료라고 표시된다.
8. 재정렬 버퍼의 맨 앞부분에 하나 이상의 명령어가 완료되었다고 표시되면 레지스터 은퇴 유닛에서 기다리던 대기 중인 쓰기(pending write)가 실행되고 명령어는 재정렬 버퍼에서 삭제된다.

고난도: 두 번째 단계와 네 번째 단계 하드웨어는 실행해야 할 연산의 수를 줄이기 위해 연산을 묶어 결합하거나 **융합**(fuse)할 수 있다. 두 번째 단계에 있는 **매크로연산 융합기**(macro-op fusion)는 가령 비교 명령어와 분기 명령어 등의 명령어 조합을 택한 후 이를 융합하여 하나의 연산으로 만든다. 네 번째 단계에 있는 **마이크로융합**(microfusion)은 적재/ALU 연산 또는 ALU 연산/저장 같은 마이크로연산 쌍을 합쳐 하나의 대기영역으로 내보낸다(이 명령어들은 독립적으로 내보낼 수도 있다). 이렇게 함으로써 버퍼의 사용을 높일 수 있다. Bird(2007)는 마이크로융합과 매크로융합(macrofusion)을 도입한 Intel Core 구조에 대한 연구에서 마이크로융합은 성능에 영향을 별로 미치지 못하지만 매크로융합은 정수형 성능에서는 비교적 상당한 영향을 미치지만 실수형 성능에서는 별다른 영향을 미치지 못하는 것을 발견했다.

Intel Core i7 920 성능

그림 4.76은 SPEC2006 벤치마크 프로그램들에 대한 Intel Core i7의 CPI값을 보여주고 있다. 이상적인 CPI는 0.25이지만, 가장 좋은 경우가 0.44, 중앙값이 0.79, 가장 나쁜 경우가 2.67이다.

동적 비순차 실행 파이프라인에서 파이프라인 지연과 메모리 지연을 구분하는 게 어렵지만 분기 예측과 추정의 효과를 보여 줄 수 있다. 그림 4.77에서는 분기 명령어의 예측 실패율과 최종적으로 명령어의 결과가 무효화된 작업의 비율을 볼 수 있다. 이 작업 비율은 파이프라인 속으로 보내진 마이크로연산의 개수로 측정하였는데, 보내진 전체 마이크로연산에 대한 상대 비율이다. 분기 명령어의 예측 실패율은 최소가 0%, 중앙값이 2%, 최대는 10%이다. 작업 손실은 최소가 1%, 중간이 18%, 최대는 39%이다.

어떤 경우에는 작업 손실률이 분기 명령어의 예측 실패율과 매우 비슷한데 gobmk나 astar가 그런 경우이다. mcf 같은 경우는 작업 손실률이 분기 명령어의 예측 실패율에 비해 상당히 큰 것으로 나타났다. 이와 같이 비율이 상당히 넓게 분산되는 이유는 메모리 동작에 기인하는 것으로 보인다. 메모리 참조 지연이 일어나는 경우 mcf는 데이

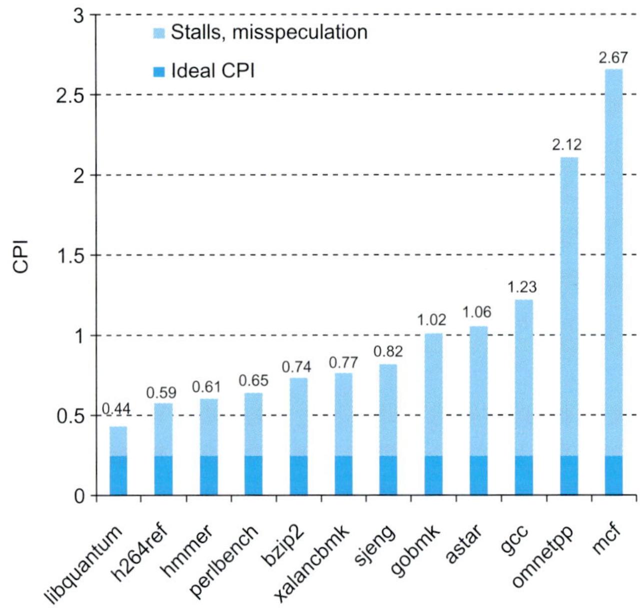

그림 4.76 SPEC2006 정수형 벤치마크 프로그램에 대한 Intel Core i7 920의 CPI.

터 캐시 실패율이 매우 높은 경우에도 대기영역이 충분히 비어 있으면 잘못된 추정 동안에도 많은 명령어를 보내게 된다. 많은 추정 명령어 중에서 분기 명령어가 하나라도 예측이 잘못되었다면 이 모든 명령어에 해당하는 마이크로연산이 다 버려지게 된다.

프로그램 성능의 이해

Intel Core i7은 고성능을 달성하기 위해 14단계 파이프라인과 공격적 다중 내보내기를 함께 사용한다. 연속적 명령어들 사이의 지연을 낮게 유지함으로써 데이터 종속성의 영향을 감소시킨다. 이 같은 프로세서에서 실행되고 있는 프로그램의 경우 무엇이 가장 위험한 잠재적 성능 병목인가? 다음 리스트는 몇 가지 잠재적 성능 문제점들을 포함하고 있는데, 이 중 마지막 세 가지는 어떤 형태로든 모든 고성능 파이프라인 프로세서에 적용된다.

HIERARCHY

- 다수의 단순 마이크로연산으로 사상되지 않는 x86 명령어의 사용.
- 예측하기 어려운 분기 명령어. 예측 실패에 의한 지연을 일으키고 추정이 실패하였을 때 재시작하게 만든다.
- 긴 종속성. 이 경우는 오래 실행되는 명령어에 의해 일어나거나 **메모리 계층구조**에 의해 일어나는데 지연을 가져온다.
- 메모리 접근 때 생기는 성능 지연(5장 참조). 프로세서를 지연시킨다.

그림 4.77 분기 예측 실패율과 추정 실패에 따르는 작업 손실률. SPEC2006 정수형 벤치마크 프로그램을 Intel Core i7 920에서 실행함.

4.12 더 빠르게: 명령어수준 병렬성과 행렬 곱셈

3장의 DGEMM 예제로 되돌아가서 보면 순환문 펼치기를 통해 명령어수준 병렬성의 효과를 볼 수 있다. 순환문을 펼치면 다중 내보내기, 비순차 실행 프로세서가 더 많은 명령어를 처리할 수 있게 만들어 준다. 그림 4.78은 그림 3.24의 코드를 순환문 펼치기 한 후의 결과를 보여 주고 있는데, AVX 명령어를 생성하기 위하여 C intrinsic 함수를 포함하고 있다.

그림 4.69에서 보았던 순환문 펼치기 예제처럼 순환문을 네 번 펼치려 한다. 그림 3.24의 각 intrinsic 함수를 네 벌씩 복사하여 수동으로 순환문 펼치기를 하는 대신, 이번에는 −O3 최적화로 gcc 컴파일러가 순환문을 펼치도록 한다(C 코드에 상수 UNROLL을 사용하여 순환문 펼치기 횟수를 조절할 수 있게 한다). 각각의 intrinsic 함수를 네 번 반복하는 단순 *for* 순환문으로 둘러싸고(줄 9, 15, 20), 그림 3.24의 스칼라 변수 C0을 네 개의 원소를 갖는 배열 c[ ]로 대체한다(줄 8, 10, 16, 21).

그림 4.79는 펼치기를 한 코드의 어셈블리 언어 출력을 보여 주고 있다. 예상했던 대로 그림 4.79에서는 그림 3.25의 AVX 명령어 각각이 네 번씩 나온다. 단 예외가 하

```
//include <x86intrin.h>
//define UNROLL (4)

void dgemm (int n, double* A, double* B, double* C)
{
    for ( int i = 0; i < n; i+=UNROLL*4 )
        for ( int j = 0; j < n; j++ ) {
            __m256d c[4];
            for ( int x = 0; x < UNROLL; x++ )
                c[x] = _mm256_load_pd(C+i+x*4+j*n);

            for( int k = 0; k < n; k++ )
            {
                __m256d b = _mm256_broadcast_sd(B+k+j*n);
                for (int x = 0; x < UNROLL; x++)
                c[x] = _mm256_add_pd(c[x],
                    _mm256_mul_pd(_mm256_load_pd(A+n*k+x*4+i), b));
            }

            for ( int x = 0; x < UNROLL; x++ )
                _mm256_store_pd(C+i+x*4+j*n, c[x]);
            }
    }
```

그림 4.78 DGEMM을 C intrinsic 함수를 사용하여 최적화한 C 버전. C intrinsic을 사용하여 x86용 AVX 서브워드(subword) 병렬 명령어(그림 3.24)를 생성하였고, 더 많은 명령어수준 병렬성을 찾기 위해 순환문 펼치기를 사용하였다. 그림 4.79는 내부 순환문을 위해 컴파일러가 만들어 낸 어셈블리 언어를 보여 주고 있는데, 이 코드는 세 개의 *for* 순환문 본체를 펼쳐서 명령어수준 병렬성을 드러내 보이고 있다.

나 있다. vbroadcastsd 명령어는 하나밖에 없는데, 이는 레지스터 %ymm0에 있는 B 원소 네 벌을 순환문 전체에서 반복적으로 사용할 수 있기 때문이다. 따라서 그림 3.25의 AVX 명령어 5개가 그림 4.79에서는 17개가 되었다. 정수 명령어 7개는 양쪽에 모두 나타나는데, 순환문 펼치기 때문에 상수와 주소는 모두 바뀌었다. 따라서 네 번의 순환문 펼치기에도 불구하고 순환문 본체 부분의 명령어 개수는 12개에서 24개로 두 배 늘어났을 뿐이다.

PARALLELISM

그림 4.80은 최적화하지 않은 경우, AVX 명령어를 사용한 경우, 순환문을 펼치고 AVX 명령어를 사용한 경우 세 가지에 대해 32×32 행렬 DGEMM 프로그램의 성능 향상을 보여 주고 있다. 순환문 펼치기 결과 6.4 GFLOPS에서 14.6 GFLOPS로 성능이 두 배 이상 좋아졌다. **서브워드 병렬성**과 **명령어수준 병렬성** 최적화를 하면 그림 3.22의 최적화하지 않은 DGEMM과 비교했을 때 8.59배 속도가 향상된다.

고난도: 3.8절의 "**고난도**"에서 언급하였듯이 이 결과들은 터보 모드를 끈 상태에서 얻은 것이다. 터보 모드를 켠다면 3장에서처럼 클럭 속도가 일시적으로 3.3/2.6 = 1.27배 증가하기

```
1  vmovapd (%r11),%ymm4             // Load 4 elements of C into %ymm4
2  mov     %rbx,%rax                // register %rax = %rbx
3  xor     %ecx,%ecx                // register %ecx = 0
4  vmovapd 0x20(%r11),%ymm3         // Load 4 elements of C into %ymm3
5  vmovapd 0x40(%r11),%ymm2         // Load 4 elements of C into %ymm2
6  vmovapd 0x60(%r11),%ymm1         // Load 4 elements of C into %ymm1
7  vbroadcastsd (%rcx,%r9,1),%ymm0      // Make 4 copies of B element
8  add     $0x8,%rcx                // register %rcx = %rcx + 8
9  vmulpd (%rax),%ymm0,%ymm5        // Parallel mul %ymm1,4 A
10 vaddpd %ymm5,%ymm4,%ymm4         // Parallel add %ymm5, %ymm4
11 vmulpd 0x20(%rax),%ymm0,%ymm5 // Parallel mul %ymm1,4 A
12 vaddpd %ymm5,%ymm3,%ymm3         // Parallel add %ymm5, %ymm3
13 vmulpd 0x40(%rax),%ymm0,%ymm5 // Parallel mul %ymm1,4 A
14 vmulpd 0x60(%rax),%ymm0,%ymm0 // Parallel mul %ymm1,4 A
15 add     %r8,%rax                 // register %rax = %rax + %r8
16 cmp     %r10,%rcx                // compare %r8 to %rax
17 vaddpd %ymm5,%ymm2,%ymm2         // Parallel add %ymm5, %ymm2
18 vaddpd %ymm0,%ymm1,%ymm1         // Parallel add %ymm0, %ymm1
19 jne     68 <dgemm+0x68>          // branch if %r8 !=  %rax
20 add     $0x1,%esi                // register % esi = % esi + 1
21 vmovapd %ymm4,(%r11)             // Store %ymm4 into 4 C elements
22 vmovapd %ymm3,0x20(%r11)         // Store %ymm3 into 4 C elements
23 vmovapd %ymm2,0x40(%r11)         // Store %ymm2 into 4 C elements
24 vmovapd %ymm1,0x60(%r11)         // Store %ymm1 into 4 C elements
```

그림 4.79 그림 4.78의 C 코드를 순환문 펼치기 한 후 컴파일해서 생성된 중첩 순환문 본체에 대한 x86 어셈블리 언어.

때문에 최적화하기 전 DGEMM의 경우는 2.1 GFLOPS, AVX 명령어를 사용한 경우에는 8.1 GFLOPS, 순환문 펼치기와 AVX를 사용한 경우에는 18.6 GFLOPS로 향상시킬 수 있다. 3.8절에서 언급한 바와 같이 터보 모드는 이런 경우에 특히 효과가 있는데 그 이유는 8코어 칩에서 코어 하나만을 사용하기 때문이다.

고난도: 그림 4.79의 줄 9~17에서 레지스터 %ymm5의 재사용에도 불구하고 파이프라인이 지연되지 않는다. 그 이유는 Intel Core i7 파이프라인이 레지스터 재명명을 하기 때문이다.

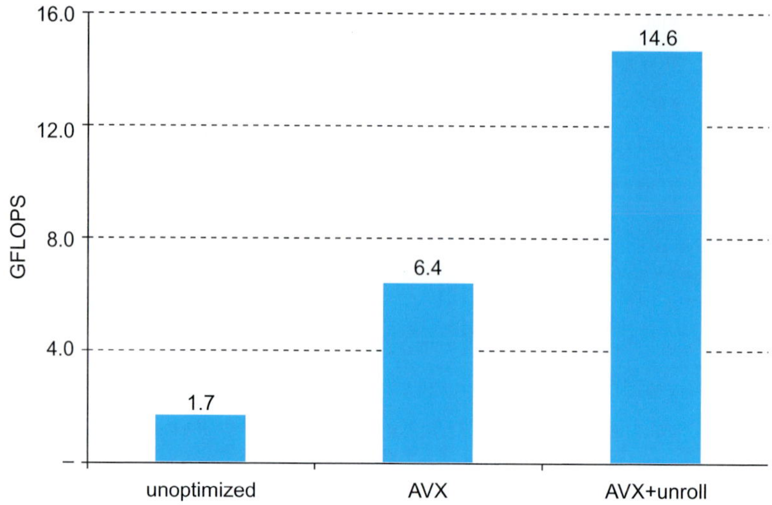

그림 4.80 32×32 행렬에 대한 DGEMM 세 버전의 성능. 서브워드 병렬성과 명령어수준 병렬성이 그림 3.22의 최적화하지 않은 코드에 비해 9배 가까운 속도 향상을 가져왔다.

스스로 점검하기 다음 문장은 참인가 거짓인가?

1. Intel Core i7은 다중 내보내기 파이프라인을 사용하여 x86 명령어를 직접 실행한다.
2. A53과 Core i7 모두 동적 다중 내보내기를 사용한다.
3. Core i7 마이크로구조는 x86이 요구하는 것보다 더 많은 레지스터를 갖고 있다.
4. Intel Core i7은 이전의 Intel Pentium 4 Prescott가 사용하던 파이프라인 단계보다 반 이하의 파이프라인 단계를 사용한다(그림 4.71 참조).

4.13 고급 주제: 파이프라인을 서술하고 모델링하기 위해 하드웨어 설계 언어를 사용하여 논리회로 설계하기에 대한 소개 및 좀 더 다양한 파이프라인 그림들

최신 논리회로 설계는 하드웨어 설계 언어와 최신 컴퓨터 이용 통합 툴을 사용하여 이루어진다. 이러한 것들은 서술된 것으로부터 라이브러리와 논리 통합을 사용하여 구체적인 하드웨어 설계를 가능하게 해 준다. 논리회로 설계 책 전체가 그러한 언어와 사용법에 대해 쓰여지고 있다. 이 절에서는 간단한 소개와 하드웨어 설계 언어(이 경우 Verilog)가 프로세서 제어를 행동 모델로 또 하드웨어 통합을 위한 형태로 서술하는 데 어떻게 사용될 수 있는지 보여 준다. 그 뒤 Verilog를 이용하여 5단계 파이프라인의 행동(behavioral) 모델을 제공한다. 초기 모델은 해저드를 무시하지만 초기 모델에다 전방전달, 데이터 해저드, 분기 해저드를 위해 추가되는 부분을 강조하여 보여 준다.

파이프라인이 LEGv8 코드에 대해 어떻게 작동하는지 좀 더 알고 싶어 하는 독자들을 위해서는 단일 사이클 파이프라인 그래픽 표현을 사용하여 십여 장의 그림을 제공한다.

4.14 오류 및 함정

오류: 파이프라이닝은 쉽다.

저자의 책들이 올바르게 파이프라인을 실행하는 것이 어렵다는 것을 증명하고 있다. 저자의 다른 책은 100명 이상이 검토하였고 18개 대학에서 강의하면서 테스트했음에도 불구하고 초판에서 파이프라인 버그가 있었다. 이 버그는 어떤 사람이 이 책의 컴퓨터를 실제 만들려고 시도했을 때 비로소 발견되었다. Intel Core i7에서와 같은 파이프라인을 Verilog로 서술하는 것은 수천 라인이 필요하다는 사실이 복잡도가 어느 정도인지를 보여 준다. 명심하라.

오류: 파이프라이닝 발상들은 기술과는 상관없이 구현될 수 있다.

칩상의 트랜지스터 수와 트랜지스터의 속도가 5단계 파이프라인을 가장 좋은 해결책으로 만들었던 당시에는 지연분기(4.3절의 "고난도" 참조)가 제어 해저드에 대한 단순 해결책이었다. 그런데 파이프라인이 길어지고 수퍼스칼라 실행에 동적 분기 예측이 도입되면서 지연분기는 없어도 그만인 것이 되었다. 90년대 초에는 동적 파이프라인 스케줄링이 너무나 많은 자원을 차지하여 고성능 컴퓨터에서도 쓰이지 않았다. 그러나 **Moore의 법칙**에 따라 트랜지스터 수가 계속적으로 증가되고 논리회로가 메모리보다 훨씬 더 빨라지면서 다중 기능 유닛과 동적 파이프라이닝이 타당한 것으로 인식되었다. 오늘날에는 전력 소모에 대한 관심이 높아져 덜 공격적이면서도 더 효율적인 설계로 이끌고 있다.

함정: 명령어 집합 설계를 잘못하면 파이프라이닝에 좋지 않은 방향으로 영향을 끼칠 수 있다.

파이프라이닝에서의 많은 어려운 점들은 명령어 집합의 복잡성 때문에 일어난다. 몇 가지 예는 다음과 같다.

- 너무 다양하게 변하는 명령어 길이와 실행시간은 파이프라인 단계 사이의 균형을 깨뜨려 명령어 집합 수준에서의 파이프라인 설계에서 해저드 검출을 매우 어렵게 만든다. 이러한 문제는 1980년대 후반에 DEC VAX 8500에서 처음으로 해결되었다. 이때 마이크로연산과 마이크로파이프라인 방법을 사용하였는데 오늘날 Intel Core i7에서 사용하는 방법도 같은 방법이다. 물론 마이크로연산과 실제 명령어 사이의 변환과 사상 관계를 유지하는 비용이 문제이다.
- 복잡한 주소지정 방식은 다른 종류의 문제를 일으킬 수 있다. 레지스터를 갱신하는 주소지정 방식들은 해저드 검출을 어렵게 한다. 메모리 접근을 여러 번 요구하는 주소지정 방식들은 파이프라인 제어를 복잡하게 하고 파이프라인 흐름을 무리 없이 유지하는 것을 어렵게 한다.
- 아마도 가장 좋은 예는 DEC Alpha와 DEC NVAX일 것이다. Alpha의 새로운 명령어 집합 구조는 NVAX와 비슷한 기술이지만 NVAX보다 두 배 이상 빠른 성능을 갖는 구현이 가능하도록 하였다. 다른 예로서는 Bhandarker와 Clark(1991)이 MIPS M/2000과 DEC VAX 8700을 SPEC 벤치마크 프로그램의 클럭 사이클 수를 계산함으로써 비교한 적이 있는데 MIPS M/2000이 더 많은 명령어를 실행시키지만 VAX가 평균적으로 2.7배만큼 더 많은 클럭 사이클을 실행하므로 MIPS가 더 빠르다고 결론지었다.

4.15 결론

Nine-tenths of wisdom consists of being wise in time.

American proverb

이 장에서 본 바와 같이 프로세서의 데이터패스와 제어는 명령어 집합 구조와 기술의 기본 특성을 이해하는 것에서 시작하여 설계할 수 있다. 4.3절에서는 단일 사이클 구현을 위한 구조와 판단에 기반하여 어떻게 LEGv8 프로세서의 데이터패스를 만들 수 있는지를 보았다. 물론 프로세서를 구현하는 기술도 어떤 구성 요소가 데이터패스에서 사용될 수 있는지, 단일 사이클 구현이 의미가 있는지 등 여러 결정에 영향을 끼친다.

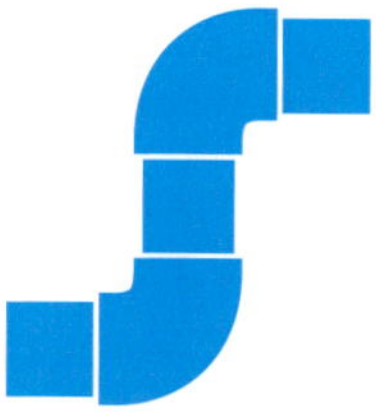

PIPELINING

파이프라이닝은 처리량을 증가시키지만 실행시간 또는 명령어 지연시간(instruction latency)에 영향을 끼치지는 않는다. 몇몇 명령어에서는 지연시간이 단일 사이클 구현에서의 지연과 길이가 비슷하다. 다중 명령어 내보내기는 추가적인 데이터패스 하드웨어를 추가하여 매 클럭 사이클 다수의 명령어가 시작되도록 허용하지만 실제 지연시간은 증가한다. 파이프라이닝은 단순한 단일 사이클 데이터패스의 클럭 사이클 시간을 줄이는 방법으로 소개되었다. 반면에 다중 명령어 내보내기는 CPI값을 줄이는 것에 집중한다.

명령어 지연시간 명령어 고유의 실행시간.

파이프라인과 다중 내보내기는 둘 다 명령어수준의 병렬성을 활용하도록 시도한다. 데이터 종속성과 제어 종속성의 존재는(해저드가 될 수 있음) 얼마나 많은 병렬성을 이용할 수 있는지를 결정하는 주된 제한 요소이다. 하드웨어적으로나 소프트웨어적으로 스케줄링과 **예측**을 통한 추정을 하는 것은 종속성이 성능에 미치는 영향을 줄이기 위해 사용하는 주요 기법이다.

PREDICTION

DGEMM 순환문을 네 번 펼치면 Core i7의 비순차 실행 엔진을 이용할 수 있는 명령어가 더 많이 찾아져서 두 배 이상의 성능을 내는 것을 보았다.

1990년대 중반에 더 긴 파이프라인, 다중 명령어 내보내기, 동적 스케줄링에로의 전환은 1980년대 초반에 시작된 매년 60%의 프로세서 성능 향상이 지속될 수 있게 도와주었다. 1장에서 언급한 바와 같이 이들 마이크로프로세서들은 순차적 프로그래밍 모델을 유지해 왔으나 결국은 전력 장벽에 부딪히게 되었다. 따라서 산업계는 다중 프로세서 쪽으로 옮겨 갔는데, 다중 프로세서는 더 큰 단위의 병렬성(6장의 주제)을 활용한다. 이 같은 추세는 1990년대 중반 이후 개발된 제품의 에너지 소모와 성능을 재평가하게 하였고, 그 결과 최신 버전의 마이크로프로세서는 파이프라인이 단순화되었다.

병렬 프로세서를 통한 처리 성능의 발전을 지속하고자 한다면 시스템의 다른 부분이 병목이 될 것이라는 것을 Amdahl의 법칙은 암시한다. 이 병목이 다음 장의 주제인 **메모리 계층구조**이다.

HIERARCHY

4.16 역사적 고찰 및 참고문헌

이 절은 온라인으로 제공되는데, 최초 파이프라인 프로세서의 역사, 초기의 수퍼스칼라, 비순차 실행 기법 및 추정 기법의 발전과 이에 동반되는 컴파일러 기술의 중요한 발전 등에 대해 설명한다.

4.17 연습문제

4.1 다음 명령어에 대해서 아래 질문에 답하라.

명령어: `AND Rd, Rn, Rm`

뜻: `Reg[Rd] = Reg[Rn] AND Reg[Rm]`

4.1.1 [5] 〈§4.3〉 이 명령어를 실행하기 위해서 그림 4.10의 제어 유닛이 생성하는 제어신호들의 값은?

4.1.2 [5] 〈§4.3〉 이 명령어를 실행할 때 유용한 기능을 수행하는 자원(블록)은?

4.1.3 [10] 〈§4.3〉 출력을 만들기는 하지만 그 출력이 이 명령어 실행에는 사용되지 않는 자원(블록)은? 또 아예 출력이 나오지 않는 자원(블록)은?

4.2 [10] 〈§4.4〉 그림 4.18의 "don't care" 각각에 대하여 설명하라.

4.3 실행 명령어의 분포가 다음과 같다.

R-type	I-Type	LDUR	STUR	CBZ	B
24%	28%	25%	10%	11%	2%

4.3.1 [5] 〈§4.4〉 전체 명령어의 몇 %가 데이터 메모리를 사용하는가?

4.3.2 [5] 〈§4.4〉 전체 명령어의 몇 %가 명령어 메모리를 사용하는가?

4.3.3 [5] 〈§4.4〉 전체 명령어의 몇 %가 부호확장 유닛을 사용하는가?

4.3.4 [5] 〈§4.4〉 부호확장 유닛의 입력이 필요 없는 사이클에서 부호확장 유닛은 무슨 일을 하는가?

4.4 실리콘 칩을 만들 때 원료(예를 들면 실리콘)에 결함이 있거나 공정상 에러가 있으면 불량 회로가 만들어진다. 자주 생기는 불량 중 하나는 특정 신호선이 끊어져서 논리값 0으로 고정되는 경우다. 이런 경우는 보통 0으로 고착된(stuck-at-0) 고장이라 부른다.

4.4.1 [5] 〈§4.4〉 `MemToReg` 신호선이 0으로 고착되면 어떤 명령어들을 제대로 실행할 수 없는가?

4.4.2 [5] 〈§4.4〉 `ALUSrc` 신호선이 0으로 고착되면 어떤 명령어들을 제대로 실행할 수 없는가?

4.4.3 [5] 〈§4.4〉 `Reg2Loc` 신호선이 0으로 고착되면 어떤 명령어들을 제대로 실행할 수 없는가?

4.5 이 연습문제에서는 단일 사이클 데이터패스에서 명령어가 어떻게 실행되는지 좀 더 구체적으로 살펴보려 한다. 프로세서가 명령어 워드 `0xf8014062`를 인출한 클럭 사이클에 대해서 생각한다.

4.5.1 [5] 〈§4.4〉 그림 4.23의 부호확장 유닛과 "Shift left 2" 유닛의 출력은 얼마인가?

4.5.2 [10] 〈§4.4〉 ALU 제어 유닛의 입력값들은 얼마인가?

4.5.3 [5] 〈§4.4〉 이 명령어가 실행된 후의 새로운 PC값은 얼마인가? 이 값이 결정되는 과정에서 거치는 경로를 진하게 표시하라.

4.5.4 [10] 〈§4.4〉 이 명령어가 실행되는 동안 각 Mux의 입력과 출력 값은 얼마인가? 또 각 레지스터의 출력값은 얼마인가?

4.5.5 [10] 〈§4.4〉 ALU와 두 덧셈기의 데이터 입력값들은 얼마인가?

4.5.6 [10] 〈§4.4〉 레지스터 유닛의 입력값들을 모두 보여라.

4.6 4.4절에서는 ADDI나 ANDI 같은 I-형식 명령어를 설명하지 않았지만, 이런 명령어를 추가할 수도 있다.

4.6.1 [5] 〈§4.4〉 그림 4.23의 CPU에 I-형식 명령어를 추가하기 위해 필요한 논리 블록이 있다면 어떤 것일까? 그림 4.23에 필요한 논리 블록을 추가하고, 어떤 목적으로 사용하는지 설명하라.

4.6.2 [10] 〈§4.4〉 ADDI를 실행할 때 제어 유닛이 발생하는 신호값을 보여라. "don't care" 제어신호가 있다면 그 이유를 설명하라.

4.7 이 연습문제에서는 프로세서의 데이터패스 구현에 사용된 논리 블록들이 다음과 같은 지연시간을 갖는다고 가정한다.

I-Mem / D-Mem	Register File	Mux	ALU	Adder	Single gate	Register Read	Register Setup	Sign extend	Control
250ps	150ps	25ps	200ps	150ps	5ps	30ps	20ps	50ps	50ps

"Register read"는 클럭의 상향 에지부터 새로운 레지스터값이 출력에 나타날 때까지의 시간이다. 이 값은 PC에만 적용된다. "Register setup"은 클럭의 상향 에지 이전에 레지스터의 데이터 입력이 안정되게 유지되어야 하는 최소 시간이다. 이 값은 PC와 레지스터 파일 모두에 적용된다.

4.7.1 [20] 〈§4.4〉 제어 유닛 전체는 50 ps가 걸리지만, Reg2Loc 제어선의 값은 명령어에서 바로 뽑아낼 수 있다. 그러므로 이 제어신호 값은 명령어와 동시에 얻어진다. 이 값을 어떻게 명령어에서 직접 구할 수 있는지 설명하라. (힌트: 그림 2.20의 opcode를 자세히 살펴보라. LSR과 LSL은 Rm 필드를 사용하지 않음에 유의하라. 마지막으로, STXR을 무시하라.)

4.7.2 [5] 〈§4.4〉 R-형식 명령어의 지연시간은 얼마인가? (다시 말하면, 이 명령어를 제대로 실행하려면 클럭 주기가 최소 얼마가 되어야 하는가?)

4.7.3 [10] 〈§4.4〉 LDUR의 지연시간은 얼마인가? (임계 경로에 필요 이상의 Mux를 포함시키는 경우가 많으니 신중하게 생각하라.)

4.7.4 [10] 〈§4.4〉 STUR의 지연시간은 얼마인가? (임계 경로에 필요 이상의 Mux를 포함시키는 경우가 많으니 신중하게 생각하라.)

4.7.5 [5] 〈§4.4〉 CBZ 명령어의 지연시간은 얼마인가?

4.7.6 [5] 〈§4.4〉 B 명령어의 지연시간은 얼마인가?

4.7.7 [5] 〈§4.4〉 I-형식 명령어의 지연시간은 얼마인가?

4.7.8 [5] 〈§4.4〉 이 CPU 클럭 주기의 최솟값은?

4.8 [10] 〈§4.4〉 명령어에 따라 클럭 사이클 시간이 달라지는 CPU를 만들 수 있다고 가정하자. 명령어 배합이 다음과 같을 때, 이 CPU는 그림 4.23의 CPU에 비해 얼마나 빠를까?

R-type/I-Type	LDUR	STUR	CBZ	B
52%	25%	10%	11%	2%

4.9 그림 4.23의 CPU에 곱셈기를 추가하는 문제를 생각해 보자. 곱셈기가 추가되면 ALU 지연시간이 300 ps 늘어나지만, 실행 명령어 개수는 5% 줄어드는 효과가 있다(곱하기 명령어를 에뮬레이트할 필요가 없어지기 때문이다).

4.9.1 [5] 〈§4.4〉 곱셈기가 있을 때와 없을 때의 클럭 사이클 시간은 각각 얼마인가?

4.9.2 [10] 〈§4.4〉 이 같은 개선으로 얻어지는 속도 향상은 얼마인가?

4.9.3 [10] 〈§4.4〉 컴퓨터의 성능이 나빠지지 않는 범위에서 새 ALU를 얼마까지 느리게 할 수 있는가? ALU 지연시간 증가분의 최댓값을 보여라.

4.10 프로세서 설계자가 데이터패스의 개선 방향을 정할 때, 최종적으로는 가격 대 성능비를 보고 결정하는 것이 보통이다. 다음 세 문제는 그림 4.23의 데이터패스, 연습문제 4.7의 지연시간, 그리고 다음 표의 비용을 출발점으로 삼는다.

I-Mem	Register File	Mux	ALU	Adder	D-Mem	Single Register	Sign extend	Single gate	Control
1000	200	10	100	30	2000	5	100	1	500

범용 레지스터를 32개에서 64개로 두 배 늘리면, LDUR과 STUR 명령어가 12% 줄어들지만 대신 레지스터의 지연시간이 150 ps에서 160 ps로 늘어나고 비용은 200에서 400으로 두 배가 된다(연습문제 4.8의 명령어 배합을 사용하고, 연습문제 2.18에서 논한 ISA에 미치는 기타 영향은 무시한다).

4.10.1 [5] 〈§4.4〉 이 개선으로 얻을 수 있는 속도 향상은?

4.10.2 [10] 〈§4.4〉 성능의 변화와 비용의 변화를 비교하라.

4.10.3 [10] 〈§4.4〉 가격 대 성능비가 문제 4.10.2와 같다면, 레지스터를 두 배로 늘리는 것이 타당한 경우는 언제이고 늘리면 안 되는 경우는 언제인가?

4.11 LEGv8에 `LWI Rd, Rm(Rn)` "Load With Increment" 명령어를 추가하는 문제를 살펴보자.

뜻: `Reg[Rd]=Mem[Reg[Rm]+Reg[Rn]]`

4.11.1 [5] 〈§4.4〉 이 명령어를 위해서 추가로 필요한 기능 블록이 있는가? 있다면 어떤 것인가?

4.11.2 [5] 〈§4.4〉 기존 기능 블록 중에서 이 명령어 때문에 변형이 필요한 것이 있는가? 있다면 어떤 것인가?

4.11.3 [5] 〈§4.4〉 이 명령어를 위해서 추가로 필요한 데이터 경로가 있는가? 있다면 어떤 것인가?

4.11.4 [5] 〈§4.4〉 제어 유닛이 이 명령어를 지원하려면 새로운 신호가 추가되어야 하는가? 추가되어야 한다면 어떤 신호인가?

4.12 LEGv8에 `swap Rd, Rn` 명령어를 추가하는 문제를 살펴보자.

뜻: `Reg[Rd]=Reg[Rn]; Reg[Rn]=Reg[Rd]`

4.12.1 [5] 〈§4.4〉 이 명령어를 위해서 추가로 필요한 기능 블록이 있는가? 있다면 어떤 것인가?

4.12.2 [10] 〈§4.4〉 기존 기능 블록 중에서 이 명령어 때문에 변형이 필요한 것이 있는가? 있다면 어떤 것인가?

4.12.3 [5] 〈§4.4〉 이 명령어를 위해서 추가로 필요한 데이터 경로가 있는가? 있다면 어떤 것인가?

4.12.4 [5] 〈§4.4〉 제어 유닛이 이 명령어를 지원하려면 새로운 신호가 추가되어야 하는가? 추가되어야 한다면 어떤 신호인가?

4.12.5 [5] 〈§4.4〉 그림 4.23을 수정하여 이 새 명령어의 구현을 보여라.

4.13 LEGv8에 `ss Rd,Rm,Rn` (Store Sum) 명령어를 추가하는 문제를 살펴보자.

뜻: `Mem[Reg[Rd]]=Reg[Rm]+Reg[Rn]`

4.13.1 [10] 〈§4.4〉 이 명령어를 위해서 추가로 필요한 기능 블록이 있는가? 있다면 어떤 것인가?

4.13.2 [10] 〈§4.4〉 기존 기능 블록 중에서 이 명령어 때문에 변형이 필요한 것이 있는가? 있다면 어떤 것인가?

4.13.3 [5] 〈§4.4〉 이 명령어를 위해서 추가로 필요한 데이터 경로가 있는가? 있다면 어떤 것인가?

4.13.4 [5] 〈§4.4〉 제어 유닛이 이 명령어를 지원하려면 새로운 신호가 추가되어야 하는가? 추가되어야 한다면 어떤 신호인가?

4.13.5 [5] 〈§4.4〉 그림 4.23을 수정하여 이 새 명령어의 구현을 보여라.

4.14 [5] 〈§4.4〉 임계 경로에 부호확장 블럭이 포함되는 명령어가 있는가? 있다면 어떤 명령어인가?

4.15 4.4절의 CPU에서 지연시간이 가장 긴 명령어는 LDUR이다. LDUR과 STUR이 변위를 사용하지 않도록 바꾸면(즉, 읽거나 쓸 메모리 주소를 미리 계산해서 Rd에 넣게 하면), ALU와 데이터 메모리를 둘 다 사용하는 명령어는 없어진다. 이렇게 되면 클럭 사이클 시간이 단축된다. 그렇지만 LDUR은 ADD와 LDUR로, STUR은 ADD와 STUR로 바뀌므로 명령어 개수는 늘어나게 된다.

4.15.1 [5] 〈§4.4〉 새로운 클럭 사이클 시간은 얼마인가?

4.15.2 [10] 〈§4.4〉 명령어 배합이 연습문제 4.8과 같은 프로그램은 새 CPU에서 더 빨리 실행되겠는가, 아니면 더 느리게 실행되겠는가? 얼마나 더 빨라지는가, 혹은 느려지는가? (LDUR과 STUR 명령어는 모두 명령어 두 개로 바뀐다고 가정한다.)

4.15.3 [5] 〈§4.4〉 새 CPU에서 프로그램이 더 빠르게 실행될지 느리게 실행될지를 결정하는 가장 큰 요인은 무엇일까?

4.15.4 [5] 〈§4.4〉 당신 생각에는 원 CPU(그림 4.23)가 더 좋은 설계 같은가, 아니면 새 CPU가 더 좋은 설계 같은가?

4.16 이 연습문제에서는 파이프라이닝이 프로세서의 클럭 사이클 시간에 어떤 영향을 미치는지 알아본다. 데이터패스의 각 단계는 다음과 같은 지연시간을 갖는다고 가정한다.

IF	ID	EX	MEM	WB
250ps	350ps	150ps	300ps	200ps

또 이 프로세서의 실행 명령어 분포는 다음과 같다고 가정한다.

ALU/Logic	Jump/Branch	LDUR	STUR
45%	20%	20%	15%

4.16.1 [5] 〈§4.5〉 파이프라인 프로세서와 파이프라인되지 않은 프로세서의 클럭 사이클 시간은 얼마인가?

4.16.2 [10] 〈§4.5〉 파이프라인 프로세서와 파이프라인되지 않은 프로세서에서 LDUR 명령어의 전체 지연시간은 얼마인가?

4.16.3 [10] 〈§4.5〉 파이프라인 데이터패스의 한 단계를 지연시간이 절반인 단계 두 개로 나눌 수 있다면, 어떤 단계를 나누는 것이 좋을 것이며 이때 프로세서의 클럭 사이클 시간은 얼마가 되는가?

4.16.4 [10] 〈§4.5〉 지연이나 해저드가 없다고 가정하면 데이터 메모리의 이용률은 얼마인가?

4.16.5 [10] 〈§4.5〉 지연이나 해저드가 없다고 가정하면 "Registers" 유닛의 Write register 포트의 이용률은 얼마인가?

4.17 [10] 〈§4.5〉 k 단계 파이프라인을 갖는 CPU에서 명령어 n개를 다 실행하려면 최소 몇 사이클이 걸리겠는가? 그 이유는?

4.18 [5] 〈§4.5〉 X1의 초기치는 11, X2의 초기치는 22라고 하자. 데이터 해저드 처리 기능이 없는 4.5절의 파이프라인(프로그래머가 필요한 곳에 NOP 명령어를 넣어 데이터 해저드 문제를 해결하는)에서 아래 코드를 실행한다고 할 때, 레지스터 X3과 X4의 최종값은?

```
ADDI X1, X2, #5
ADD  X3, X1, X2
ADDI X4, X1, #15
```

4.19 [10] 〈§4.5〉 X1의 초기치는 11, X2의 초기치는 22라고 하자. 데이터 해저드 처리 기능이 없는 4.5절의 파이프라인(프로그래머가 필요한 곳에 NOP 명령어를 넣어 데이터 해저드 문제를 해결하는)에서 아래 코드를 실행한다고 할 때, 레지스터 X5의 최종값은? 레지스터 파일에 대한 쓰기는 클럭 사이클의 초반에 일어나고, 읽기는 사이클의 끝에서 일어난다고 가정한다. 그러므로 ID 단계는 같은 사이클에서 WB 단계가 쓴 결과를 읽을 수 있다. 자세한 것은 4.7절과 그림 4.51을 참고하라.

```
ADDI X1, X2, #5
ADD  X3, X1, X2
ADDI X4, X1, #15
ADD  X5, X1, X1
```

4.20 [5] 〈§4.5〉 다음 코드가 데이터 해저드 처리 기능이 없는 파이프라인에서도 잘 실행될 수 있도록 NOP 명령어를 삽입하라.

```
ADDI X1, X2, #5
ADD  X3, X1, X2
ADDI X4, X1, #15
ADD  X5, X3, X2
```

4.21 데이터 해저드 처리 기능이 없는 4.5절의 파이프라인(프로그래머가 필요한 곳에 NOP 명령어를 넣어 데이터 해저드 문제를 해결하는)에서 아래 코드를 실행한다고 하자. (최적화 후에) 명령어가 n개 있는 프로그램은 데이터 해저드 처리를 위해 평균적으로 0.4*n개의 NOP 명령어를 추가해야 한다고 가정한다.

4.21.1 [5] 〈§4.5〉 전방전달이 없는 파이프라인의 사이클 시간이 250 ps라고 하자. 전방전달 하드웨어를 추가하면 필요한 NOP 명령어가 0.4*n에서 0.05*n으로 줄어드는 대신 사이클 시간이 300 ps로 늘어난다고 할 때, 파이프라인에 전방전달을 추가해서 얻어지는 속도 향상은?

4.21.2 [10] 〈§4.5〉 프로그램에 따라 필요한 NOP 명령어 개수가 달라진다. 전방전달이 있는 파이프라인보다 빨리 실행하려면 NOP 명령어가 전체 명령어의 몇 % 이하가 되어야 하는가?

4.21.3 [10] 〈§4.5〉 연습문제 4.21.2를 반복하라. 단, 이번에는 n에 대한 NOP 명령어의 비를 x라 하고(4.21.2에서 x는 0.4) 답을 x의 함수로 표시하라.

4.21.4 [10] 〈§4.5〉 NOP 명령어 0.075*n개밖에 없는 프로그램을 전방전달이 있는 파이프라인보다 빨리 실행할 수 있는가? 그 이유를 설명하라.

4.21.5 [10] 〈§4.5〉 전방전달이 있는 파이프라인에서 더 빨리 실행되려면 최소한 몇 개의 NOP 명령어를(코드 명령어에 대한 %로 표현할 것) 가지고 있어야 하는가?

4.22 다음의 LEGv8 어셈블리 프로그램에 대해 생각해 보자.

```
STUR X16, [X6, #12]
LDUR X16, [X6, #8]
SUB  X7, X5, X4
CBZ  X7, Label
ADD  X5, X1, X4
SUB  X5, X15, X4
```

메모리를 하나로 합쳐서 명령어와 데이터를 모두 저장하도록 파이프라인을 바꾸었다고 가정하자. 이렇게 되면 어떤 명령어가 데이터에 접근하는 사이클에서 명령어 인출을 할 때마다 구조적 해저드가 발생한다.

4.22.1 [5] 〈§4.5〉 위 코드의 어느 부분에서 지연이 발생하는지 볼 수 있도록 파이프라인 다이어그램을 그려라.

4.22.2 [5] 〈§4.5〉 코드의 순서를 바꾸어서 이러한 구조적 해저드 때문에 생기는 지연이나 NOP을 줄이는 것이 일반적으로 가능한가?

4.22.3 [5] 〈§4.5〉 구조적 해저드는 꼭 하드웨어로 처리되어야 할까? 코드에 NOP을 삽입하여 데이터 해저드를 제거할 수 있다는 것은 이미 살펴본 바 있다. 구조적 해저드에 대해서도 같은 방법을 사용할 수 있을까? 가능하다면 어떻게 하면 되는지 설명하고, 불가능하다면 그 이유를 설명하라.

4.22.4 [5] 〈§4.5〉 평균적인 프로그램에서 구조적 해저드는 지연을 얼마나 많이 발생시킬까? (연습문제 4.8의 명령어 배합을 사용하라.)

4.23 load/store 명령어가 (변위 없이) 레지스터값만을 주소로 사용하면 ALU를 사용할 필요가 없어서(연습문제 4.15 참조) MEM과 EX 단계를 합쳐서 4단계 파이프라인으로 만들 수 있다.

4.23.1 [10] 〈§4.5〉 이렇게 파이프라인 단계를 줄이면 사이클 시간에 어떤 영향을 미치나?

4.23.2 [5] 〈§4.5〉 이런 변화가 성능 개선에 미치는 긍정적 영향은?

4.23.3 [5] 〈§4.5〉 이런 변화가 성능 개선에 미치는 부정적 영향은?

4.24 [10] 〈§4.7〉 다음 두 파이프라인 다이어그램 중 어느 것이 해저드 검출 유닛의 동작을 더 잘 설명하는가? 그 이유는?

1번:

```
LDUR X1, [X2, #0]:   IF ID EX ME WB
ADD X3, X1, X4:        IF ID EX..ME WB
ORR X5, X6, X7:           IF ID..EX ME WB
```

2번:

```
LDUR X1, [X2, #0]:   IF ID EX ME WB
ADD X3, X1, X4:        IF ID..EX ME WB
ORR X5, X6, X7:           IF..ID EX ME WB
```

4.25 다음 순환문을 생각해 보자.

```
LOOP: LDUR X10, [X1, #0]
      LDUR X11, [X1, #8]
      ADD  X12, X10, X11
      SUBI X1, X1, #16
      CBNZ X12, LOOP
```

완벽한 분기 예측을 사용하고(제어 해저드로 인한 지연은 없다), 지연 슬롯은 없으며, 완전한 전방전달 기능이 있고, 분기가 EX 단계(ID가 아니고)에서 실행된다고 가정하자.

4.25.1 [10] 〈§4.7〉 처음 두 번의 반복에 대한 파이프라인 실행 다이어그램을 그려라.

4.25.2 [10] 〈§4.7〉 유용한 일을 하지 않는 파이프라인 단계를 표시하라. 파이프라인이 꽉 차 있을 때, 다섯 단계가 모두 유용한 일을 하는 사이클은 얼마나 자주 나타나는가? (SUBI 명령어가 IF 단계에 있는 사이클에서 시작해서, CBNZ 명령어가 IF 단계에 있는 사이클까지 검토하라.)

4.26 이 문제는 파이프라인 프로세서에서 전방전달의 비용/복잡도/성능 간 관계에 대한 이해를 돕기 위한 것이다. 이 문제에서는 그림 4.53의 파이프라인 데이터패스를 사용한다. 프로세서에서 실행되는 명령어 중에서 일부 명령어는 RAW(read after write) 데이터 종속성을 갖는데, 그 종류와 발생 빈도는 다음 표와 같다. (역자 주: RAW 종속성은 앞의 명령어의 처리 결과를 뒤의 명령어가 사용할 때 발생하는 것으로 4.7절에서 설명한 종속성이 여기에 해당된다. RAW 외에도 WAR(write after read)과 WAW(write after write) 종속성이 있는데 이것들은 우리 책의 파이프라인에서 해저드를 발생시키지 않는다.) RAW 데이터 종속성의 종류는 값을 만들어 내는 단계(EX 또는 MEM)와 그 값을 사용하는 명령어의 위치(결과값을 생성하는 명령어 바로 뒤의 명령어(1st) 또는 다음다음 명령어(2nd) 또는 둘 다)로 구분한다. 레지스터 쓰기는 클럭 사이클 전반부에서 이루어지고, 레지스터 읽기는 클럭의 후반부에서 이루어진다고 가정한다. 따라서 "EX to 3rd"나 "MEM to 3rd" 종속성은 데이터 해저드를 발생시키지 않으므로 고려하지 않는다. (ID 단계가 아니라) EX 단계에서 분기를 실행하며, 데이터 해저드가 없을 때 프로세서의 CPI는 1이라고 가정한다.

EX to 1st Only	MEM to 1st Only	EX to 2nd Only	MEM to 2nd Only	EX to 1st and EX to 2nd
5%	20%	5%	10%	10%

각 파이프라인 단계의 지연시간은 다음과 같다. EX 단계는 전방전달이 없는 프로세서의 경우와 전방전달을 하는 프로세서의 여러 가지 경우를 따로따로 표시하였다.

IF	ID	EX (no FW)	EX (full FW)	EX (FW from EX/MEM only)	EX (FW from MEM/WB only)	MEM	WB
120ps	100ps	110ps	130ps	120ps	120ps	120ps	100ps

4.26.1 [5] 〈§4.7〉 위 각 RAW 종속성의 예를 하나씩 보이되, 적어도 어셈블리 명령어를 3개 이상 포함하게 하라.

4.26.2 [5] 〈§4.7〉 4.26.1의 답으로 제시한 각 코드가 전방전달과 해저드 검출 기능이 없는 파이프라인에서 잘 실행되려면 NOP이 몇 개나 삽입되어야 할까? NOP이 들어가야 할 곳을 보여라.

4.26.3 [10] 〈§4.7〉 각 명령어를 따로따로 분석하면 실제 필요한 것보다 NOP을 더 많이 넣게 되는 경우가 있다. 이런 경우의 예를 어셈블리 명령어 3개로 만들어라.

4.26.4 [5] 〈§4.7〉 다른 해저드는 없다고 가정하고, 위의 첫 번째 표와 같은 특성을 갖는 프로그램을 전방전달 기능이 없는 파이프라인에서 실행하면 CPI가 얼마인가? 지연되는 사이클은 전체의 몇 %인가? (위 표에 필요한 모든 경우가 다 주어졌으며 각각을 독립적으로 처리할 수 있다고 가정한다.)

4.26.5 [5] 〈§4.7〉 만약 완전한 전방전달(전방전달할 수 있는 모든 결과값을 전방전달)을 사용한다면 CPI는 얼마이고, 지연되는 사이클은 전체의 몇 %인가?

4.26.6 [10] 〈§4.7〉 완전한 전방전달을 지원하기 위해서 필요한 3-입력 Mux가 없다고 가정하자. 그렇다면 EX/MEM 파이프라인 레지스터로부터만 전방전달(다음 사이클 전방전달)하는 것이 더 좋을지 아니면 MEM/WB 파이프라인 레지스터로부터만 전방전달(2-사이클 전방전달)하는 것이 좋을지 결정해야 한다. 이 경우의 CPI는 얼마인가?

4.26.7 [5] 〈§4.7〉 위 표와 같이 해저드 확률과 지연시간이 주어졌을 때, 전방전달이 없는 경우를 기준으로 각 전방전달 방법(EX/MEM, MEM/WB, 완전 전방전달)의 속도 향상은 얼마인가?

4.26.8 [5] 〈§4.7〉 모든 데이터 해저드를 제거할 수 있는 시간여행 전방전달(time-travel forwarding)을 추가한다면 (문제 4.26.7에서 가장 빠른 프로세서와 비교해서) 얼마나 더 속도가 향상되겠는가? 시간여행 회로는 아직은 존재하지 않는 상상 속의 장치이지만, 이것을 사용하면 완전 전방전달 EX 단계의 지연시간이 100 ps 늘어난다고 가정하라.

4.26.9 [5] 〈§4.7〉 해저드 종류 표에 "EX to 1st"와 "EX to 1st and EX to 2nd"는 있는데, "MEM to 1st and MEM to 2nd"는 없는 이유는?

4.27 다음 명령어 시퀀스가 5단계 파이프라인 데이터패스에서 실행된다고 가정하자.

```
ADD   X5, X2, X1
LDUR  X3, [X5, #4]
LDUR  X2, [X2, #0]
ORR   X3, X5, X3
STUR  X3, [X5, #0]
```

4.27.1 [5] 〈§4.7〉 전방전달 회로와 해저드 검출 회로가 없어도 이 프로그램이 제대로 실행되도록 NOP 명령어를 삽입하라.

4.27.2 [10] 〈§4.7〉 연습문제 4.27.1을 반복하되, 필요한 NOP이 최소가 되도록 코드를 바꾸거나 재정렬하라. 수정된 코드에서 임시값을 저장하는 데 레지스터 X7을 사용할 수 있다고 가정한다.

4.27.3 [10] 〈§4.7〉 전방전달은 있지만 해저드 검출 유닛이 없는 프로세서에서 이 코드를 실행하면 어떤 일이 일어나겠는가?

4.27.4 [20] 〈§4.7〉 전방전달 회로가 있는 경우, 이 코드를 실행하는 첫 일곱 사이클 동안 그림 4.59의 해저드 검출 유닛과 전방전달 유닛에서 나오는 신호들의 값을 매 사이클 단위로 표시하라.

4.27.5 [10] 〈§4.7〉 전방전달 회로가 없다면, 그림 4.59의 해저드 검출 유닛에 어떤 입력과 출력 신호가 추가로 필요한가? 왜 이런 신호들이 필요한지 이 명령어 시퀀스를 예로 들어 설명하라.

4.27.6 [20] 〈§4.7〉 이 코드를 실행하는 첫 다섯 사이클 동안 연습문제 4.27.5의 새 해저드 검출 유닛에서 어떤 신호들이 나오는지 매 사이클 단위로 표시하라.

4.28 좋은 분기 예측기의 중요성은 조건부 분기 명령어의 실행 빈도에 따라 달라진다. 분기 예측기의 정확도뿐 아니라 분기 명령어 빈도도 틀린 예측 때문에 낭비되는 시간을 결정하는 중요한 요소이다. 이 문제에서 동적 명령어 빈도는 아래와 같다고 가정한다.

R-Type	CBZ/CBNZ	B	LDUR	STUR
40%	25%	5%	25%	5%

또한 분기 예측기의 정확도는 다음과 같다고 가정한다.

Always-Taken	Always-Not-Taken	2-Bit
45%	55%	85%

4.28.1 [10] 〈§4.8〉 틀린 예측 때문에 발생하는 지연 사이클은 CPI값을 증가시킨다. 항상 분기한다고 예측하는 예측기에서 틀린 예측 때문에 추가되는 CPI는 얼마인가? 단, 분기 여부는 ID 단계에서 결정되고 EX 단계에서 적용되며, 데이터 해저드도 없고 지연 슬롯도 사용하지 않는다고 가정한다.

4.28.2 [10] 〈§4.8〉 항상 분기하지 않는다고 예측하는 예측기에 대해 연습문제 4.28.1을 반복하라.

4.28.3 [10] 〈§4.8〉 2비트 예측기에 대해 연습문제 4.28.1을 반복하라.

4.28.4 [10] 〈§4.8〉 2비트 예측기를 사용할 때, 분기 명령어의 반을 ALU 명령어로 대체할 수 있다면 얼마나 속도가 향상되는가? 올바르게 예측되는 명령어나 잘못 예측되는 명령어나 대체될 확률은 같다고 가정한다.

4.28.5 [10] 〈§4.8〉 2비트 예측기를 사용하고, 분기 명령어의 반을 ALU 명령어 두 개로 대체할 경우 속도 향상은 얼마인가? 올바르게 예측되는 명령어나 잘못 예측되는 명령어나 대체될 확률은 같다고 가정한다.

4.28.6 [10] 〈§4.8〉 다른 것들에 비해서 좀 더 예측하기 쉬운 분기 명령어들이 있다. 실행되는 분기 명령어의 80%가 예측이 쉬운 순환문 분기 명령어라서 항상 정확하게 예측된다면, 나머지 20% 분기 명령어에 대한 2비트 예측기의 정확도는 얼마인가?

4.29 이 문제에서는 반복되는 분기 패턴(예를 들면 순환문) `T, NT, T, T, NT`에 대한 여러 가지 분기 예측기의 정확도에 대해 알아본다.

4.29.1 [5] 〈§4.8〉 분기 결과가 위와 같은 순서로 나오는 경우에 항상 분기한다고 예측하는 예측기와 항상 분기하지 않는다고 예측하는 예측기의 정확도는 각각 얼마인가?

4.29.2 [5] 〈§4.8〉 이 패턴의 처음 네 분기에 대한 2비트 예측기의 정확도는? 단 예측기는 그림 4.62의 왼쪽 아래 상태(분기하지 않는다고 예측)에서 시작한다고 가정한다.

4.29.3 [10] 〈§4.8〉 이 패턴이 한없이 반복될 때 2비트 예측기의 정확도는?

4.29.4 [30] 〈§4.8〉 이 패턴이 한없이 반복될 때 완벽하게 예측하는 예측기를 설계하라. 이 예측기는 예측 결과(분기하면 1, 분기하지 않으면 0)를 표시하는 출력 하나와 조건부 분기 명령어임을 표시하는 제어신호와 클럭 두 가지 입력을 갖는 순차회로가 될 것이다.

4.29.5 [10] 〈§4.8〉 만약 위와 정반대의 패턴이 한없이 반복된다면 연습문제 4.29.4에서 설계한 예측기의 정확도는 얼마인가?

4.29.6 [20] 〈§4.8〉 연습문제 4.29.4를 반복하되, 주어진 패턴과 반대 패턴 모두에 대해 완벽하게 예측하는 예측기를 설계하라. 단, 처음에는 잘못된 예측을 할 수도 있지만, 준비 기간(warm-up period)이 지나면 100% 정확히 예측하여야 한다. 이 예측기에는 실제 분기 결과를 알려 주는 입력이 있다(힌트: 예측기는 이 입력을 이용하여 두 패턴 중 어떤 패턴인지를 알아낼 수 있다).

4.30 이 문제에서는 예외 처리가 파이프라인 설계에 미치는 영향에 대해 알아본다. 처음 세 문제는 다음 두 명령어에 관한 것이다.

Instruction 1	Instruction 2
CBZ X1, LABEL	LDUR X1, [X2,#0]

4.30.1 [5] 〈§4.9〉 각 명령어는 어떤 예외를 발생시킬 수 있는가? 각 예외가 검출되는 파이프라인 단계도 명시하라.

4.30.2 [10] 〈§4.9〉 예외마다 서로 다른 핸들러 주소를 갖는다고 했을 때, 이 같은 예외를 처리하기 위하여 파이프라인 구조가 어떻게 달라져야 하는지 보여라. 프로세서를 설계할 때 핸들러 주소를 알 수 있다고 가정한다.

4.30.3 [10] 〈§4.9〉 첫 번째 명령어 바로 다음에 두 번째 명령어가 인출된다면, 첫 번째 명령어가 연습문제 4.30.1의 첫 번째 예외를 일으킬 때 파이프라인에서는 무슨 일이 일어나는지 설명하라. 첫 번째 명령어가 인출되는 순간부터 예외 핸들러의 첫 번째 명령어가 완료될 때까지 파이프라인 실행 다이어그램을 보여라.

4.30.4 [20] 〈§4.9〉 벡터 예외 처리에서는 예외 핸들러 주소표가 데이터 메모리의 알려진 고정 주소에 있다. 이러한 예외 핸들링 메커니즘을 구현할 수 있게 파이프라인을 수정하라. 이같이 수정된 파이프라인과 벡터 예외 처리를 사용하여 연습문제 4.30.3을 반복하라.

4.30.5 [15] 〈§4.9〉 고정된 핸들러 주소 하나밖에 없는 컴퓨터에서 벡터 예외 처리(연습문제 4.30.4에서 설명)를 에뮬레이션하려고 한다. 그 고정된 핸들러 주소에 있어야 할 코드를 작성하라(힌트: 이 코드는 예외의 종류를 식별하고, 예외 벡터표에서 해당 핸들러 주소를 읽어서 실행해야 한다).

4.31 이 문제에서는 1개 내보내기 프로세서와 2개 내보내기 프로세서 사이의 성능을 비교하되, 2개 내보내기 실행을 최적화하는 프로그램 변환을 함께 고려한다. 이 문제에서는 C로 작성된 다음 순환문을 사용한다.

```
for(i=0;i!=j;i+=2)
    b[i]=a[i]-a[i+1];
```

최적화를 전혀 하지 않거나 거의 하지 않는 컴파일러라면 다음과 같은 LEGv8 어셈블리 코드를 생성할 것이다.

```
      MOV    X5, XZR
      B      ENT
TOP:  LSL    X10, X5, #3
      ADD    X11, X1, X10
      LDUR   X12, [X11, #0]
      LDUR   X13, [X11, #8]
      SUB    X14, X12, X13
      ADD    X15, X2, X10
      STUR   X14, [X15, #0]
      ADDI   X5,  X5, #2
ENT:  CMP    X5,  X6
      B.NE   TOP
```

이 코드가 사용하는 레지스터는 다음과 같다.

i	j	a	b	Temporary values
X5	X6	X1	X2	X10 – X15

이 문제에서 사용할 2개 내보내기 정적 스케줄링 프로세서는 다음과 같은 특성을 갖는다.

1. 두 명령어 중 하나는 반드시 메모리 접근 명령이어야 하고, 나머지 하나는 산술/논리나 분기 명령어이어야 한다.
2. 이 프로세서는 필요한 전방전달 경로를 모두 가지고 있다(분기 결정을 위해서 ID 단계로 가는 경로도 있다).
3. 완벽한 분기 예측을 한다.
4. 서로 의존성이 있는 명령어들은 한 패킷에서 동시에 내보낼 수 없다(367쪽 참조).
5. 지연이 필요할 때는 패킷 내의 명령어 두 개가 다 지연된다(366쪽 참조).

이 문제들을 모두 풀고 나면 최적에 가까운 코드를 생성하기 위해서 얼마나 많은 노력이 필요한지 알게 될 것이다.

4.31.1 [30] 〈§4.10〉 위 LEGv8 코드가 2개 내보내기 프로세서에서 어떻게 실행되는지를 보이는 파이프라인 다이어그램을 그려라. 두 번 반복 후에 순환문에서 빠져나간다고 가정한다.

4.31.2 [10] 〈§4.10〉 1개 내보내기에서 2개 내보내기 프로세서로 바꾸면 얼마나 빨라지는가? (순환문이 수천 번 반복된다고 가정한다.)

4.31.3 [10] 〈§4.10〉 1개 내보내기 프로세서에서 위 LEGv8 코드의 성능이 더 좋아지도록 재정렬 또는 재작성하라. 힌트: `j = 0`이면 명령어 "`CBZ X6, XZR, DONE`"를 사용하여 순환문 전체를 건너뛰어라.

4.31.4 [20] 〈§4.10〉 2개 내보내기 프로세서에서 위 LEGv8 코드의 성능이 더 좋아지도록 재정렬 또는 재작성하라(하지만 순환문 펼치기는 하지 말 것).

4.31.5 [30] 〈§4.10〉 연습문제 4.31.1을 반복하되, 이번에는 연습문제 4.31.4에서 생성한 최적화 코드를 사용하라.

4.31.6 [10] 〈§4.10〉 연습문제 4.31.4의 최적화 코드를 2개 내보내기 프로세서에서 실행하면 4.31.3의 최적화 코드를 1개 내보내기 프로세서에서 실행하는 것보다 얼마나 빨라지는가?

4.31.7 [10] 〈§4.10〉 연습문제 4.31.3의 LEGv8 코드에 순환문 펼치기를 적용하라. 단 펼쳐진 순환문은 원 순환문의 두 번 반복에 해당하게 한다. 펼친 코드가 1개 내보내기 프로세서에서 더 좋은 성능을 내도록 재정렬 또는 재작성하라. 변수 `j`가 4의 배수라고 가정해도 좋다.

4.31.8 [20] 〈§4.10〉 연습문제 4.31.4의 LEGv8 코드에 순환문 펼치기를 적용하라. 단 펼쳐진 순환문은 원 순환문의 두 번 반복에 해당하게 한다. 펼친 코드가 2개 내보내기 프로세서에서 더 좋은 성능을 내도록 재정렬 또는 재작성하라. 변수 `j`가 4의 배수라고 가정해도 좋다. (힌트: 일부 계산을 순환문의 앞이나 뒤로 옮긴다. 순환문에서 나온 후에는 임시 레지스터의 값이 필요하지 않다고 가정해도 좋다.)

4.31.9 [10] 〈§4.10〉 연습문제 4.31.8의 최적화 코드를 2개 내보내기 프로세서에서 실행하면 4.31.7의 최적화 코드를 1개 내보내기 프로세서에서 실행하는 것보다 얼마나 빨라지는가?

4.31.10 [30] 〈§4.10〉 연습문제 4.31.8과 4.31.9를 반복하되, 이번에는 2개 내보내기 프로세서가 산술/논리 명령어 2개를 같이 실행할 수 있다고 가정하라. (다시 말하면 패킷의 첫 번째 명령어는 어떤 것이라도 좋지만 두 번째 명령어는 반드시 산술 또는 논리 명령어라야 한다. 메모리 명령어 두 개는 동시에 처리될 수 없다.)

4.32 이 문제에서는 에너지 효율 및 에너지 효율과 성능 간의 관계에 대해 알아본다. 주요 데이터패스 구성 요소의 에너지 소비는 다음과 같고, 다른 구성 요소의 에너지 소비는 무시할 수 있다고 가정한다("Register Read"와 "Register Write"는 레지스터 파일에만 적용되는 값이다).

I-Mem	1 Register Read	Register Write	D-Mem Read	D-Mem Write
140pJ	70pJ	60pJ	140pJ	120pJ

주요 데이터패스 구성 요소들의 지연시간은 다음과 같고, 다른 구성 요소의 지연시간은 무시할 수 있다고 가정한다.

I-Mem	Control	Register Read or Write	ALU	D-Mem Read or Write
200ps	150ps	90ps	90ps	250ps

4.32.1 [5] 〈§§4.3, 4.6, 4.14〉 단일 사이클 프로세서가 ADD 명령어를 실행하는 데 얼마나 많은 에너지를 소비하는가? 또 5단계 파이프라인 프로세서는 어떠한가?

4.32.2 [10] 〈§§4.6, 4.14〉 에너지 소비 측면에서 최악의 ARMv8 명령어는 무엇이며, 이 명령어 실행에 소비되는 에너지는 얼마인가?

4.32.3 [10] 〈§§4.6, 4.14〉 에너지 절약이 제일 중요하다면 파이프라인 설계를 어떻게 바꿔야 하는가? 이 수정 이후 LDUR 명령어에 의해 소비되는 에너지는 몇 %나 줄어드는가?

4.32.4 [10] 〈§§4.6, 4.14〉 LDUR 외에 연습문제 4.32.3의 수정으로 좋아지는 명령어들은?

4.23.5 [10] 〈§§4.6, 4.14〉 연습문제 4.32.3의 수정은 파이프라인 프로세서의 성능에 어떤 영향을 미치는가?

4.32.6 [10] 〈§§4.6, 4.14〉 MemRead 제어신호를 없애고 매 사이클 무조건 데이터 메모리를 읽도록 바꿀 수 있다. 즉 항상 MemRead = 1이 되게 하는 것이다. 이렇게 바꾸어도 프로세서가 올바르게 동작하는 이유를 설명하라. 전체 명령어의 25%가 적재 명령어일 때, 이 변화가 클럭 주파수와 에너지 소비에는 어떤 영향을 미치는가?

4.33 실리콘 칩을 만들 때 원료(예를 들면 실리콘)에 결함이 있거나 공정상의 에러가 있으면 불량 회로가 만들어진다. 흔한 결함 중 하나는 어떤 전선이 다른 전선의 신호에 영향을 미치는 것이다. 이것을 크로스톡(cross-talk) 고장이라 한다. 신호가 상수 논리값을 갖는 전선(예를 들면 전원선)에 연결되는 경우는 특수한 종류의 크로스톡 고장으로 볼 수 있다. 이런 경우를 0으로 고착된(stuck-at-0) 또는 1로 고착된(stuck-at-1) 고장이라 부르며 이렇게 된 신호는 항상 논리값 0 또는 1을 갖게 된다. 다음 문제는 그림 4.23에서 레지스터 파일의 Write Register 입력 비트 0에 관한 것이다.

4.33.1 [10] 〈§§4.3, 4.4〉 다음 순서로 프로세서를 테스트한다고 가정하자. (1) PC, 레지스터, 데이터 메모리, 명령어 메모리에 특정값(임의로 선택할 수 있다)을 채운다. (2) 명령어 하나를 실행시킨 후 (3) PC, 메모리, 레지스터 값들을 읽는다. 이 값들을

검사해서 특정 고장이 있는지 알아낸다. 이 신호가 0으로 고착되었는지 알아낼 수 있는 테스트(PC, 메모리, 레지스터 값)를 설계할 수 있는가?

4.33.2 [10] 〈§§4.3, 4.4〉 "1로 고착" 고장에 대해 연습문제 4.33.1을 반복하라. 한 번의 테스트로 "0으로 고착"과 "1로 고착" 고장을 동시에 검사할 수 있는가? 가능하다면 왜 가능한지, 가능하지 않다면 왜 가능하지 않은지 설명하라.

4.33.3 [10] 〈§§4.3, 4.4〉 이 신호에 "1로 고착" 고장이 있다면 이 프로세서는 그래도 사용 가능한가? 사용 가능하게 하려면 정상적인 LEGv8 프로세서에서 실행되는 모든 프로그램을 이 프로세서에 맞게 변환할 수 있어야 한다. 명령어 메모리와 데이터 메모리가 충분히 커서, 프로그램이 더 길어지고 데이터가 더 많아져도 모두 저장할 수 있다고 가정한다.

4.33.4 [10] 〈§§4.3, 4.4〉 연습문제 4.33.1을 반복하되 이번에는 `Branch` 제어신호가 0이면 `MemRead` 제어신호가 0이 되는 고장이 있는지 검사하라. 이 고장이 없으면 정상이라고 판단한다.

4.33.5 [10] 〈§§4.3, 4.4〉 연습문제 4.33.1을 반복하되 이번에는 `Reg2Loc` 제어신호가 1이면 `MemRead` 제어신호가 1이 되는 고장이 있는지 검사하라. 이 고장이 없으면 정상이라고 판단한다. (힌트: 이 문제를 풀려면 운영체제에 관한 지식이 필요하다. 언제 세그멘테이션 오류(segmentation fault)가 생기는지 생각해 보라.)

4.33.6 [10] 〈§§4.3, 4.4〉 연습문제 4.33.1을 반복하되 이번에는 `Reg2Loc` 제어신호가 0이 되면 `Branch` 제어신호가 0이 되는 고장이 있는지 검사하라. 이 고장이 없으면 정상이라고 판단한다.

스스로 점검하기 해답

§4.1(274쪽): 5개 중 3개. 제어 유닛, 데이터패스, 메모리이다. 입력장치와 출력장치는 빠져 있다.

§4.2(277쪽): 거짓. 에지 구동 상태소자는 읽기와 쓰기를 동시에 할 수 있을 뿐만 아니라 값이 모호하지도 않다.

§4.3(285쪽): I. a. II. c.

§4.4(299쪽): 있다. Branch와 ALUOp0은 동일하다. 그뿐 아니라 don't care 비트의 융통성을 이용해서 다른 신호들도 합칠 수 있다. MemtoReg의 don't care 비트 두 개를(그림 4.22) 1과 0으로 하면 ALUSrc와 같아진다. Reg2Loc의 don't care 비트를 0으로 하면 RegWrite의 반대가 된다. Reg2Loc 대신 RegWrite를 사용하고 이 멀티플렉서의 입력 순서를 거꾸로 하면 인버터를 쓸 필요도 없다.

§4.5(313쪽): 1. `LDUR` 결과의 적재-사용 데이터 해저드 때문에 지연해야 한다. 2.

ADD 결과를 전방전달하여 X1에 대한 세 번째 명령어의 RAW 데이터 해저드를 해결하면 지연을 피할 수 있다. 3. 전방전달이 없어도 지연이 필요 없다.

§4.6(328쪽): 문장 2와 4는 옳으나 나머지는 틀리다.

§4.8(355쪽): 1. 분기하지 않는다고 예측. 2. 분기한다고 예측. 3. 동적 예측.

§4.9(363쪽): 첫 번째 명령어. 다른 명령어보다 먼저 실행되므로.

§4.10(377쪽): 1. 둘 다. 2. 둘 다. 3. 소프트웨어. 4. 하드웨어. 5. 하드웨어. 6. 하드웨어. 7. 둘 다. 8. 하드웨어. 9. 둘 다.

§4.12(388쪽): 처음 두 문장은 거짓이고, 나머지 두 문장은 참이다.

5

Ideally one would desire an indefinitely large memory capacity such that any particular … word would be immediately available. … We are … forced to recognize the possibility of constructing a hierarchy of memories, each of which has greater capacity than the preceding but which is less quickly accessible.

A. W. Burks, H. H. Goldstine, and J. von Neumann,
Preliminary Discussion of the Logical Design of an Electronic Computing Instrument, 1946

메모리 계층구조

컴퓨터의 고전적인 다섯 가지 구성 요소

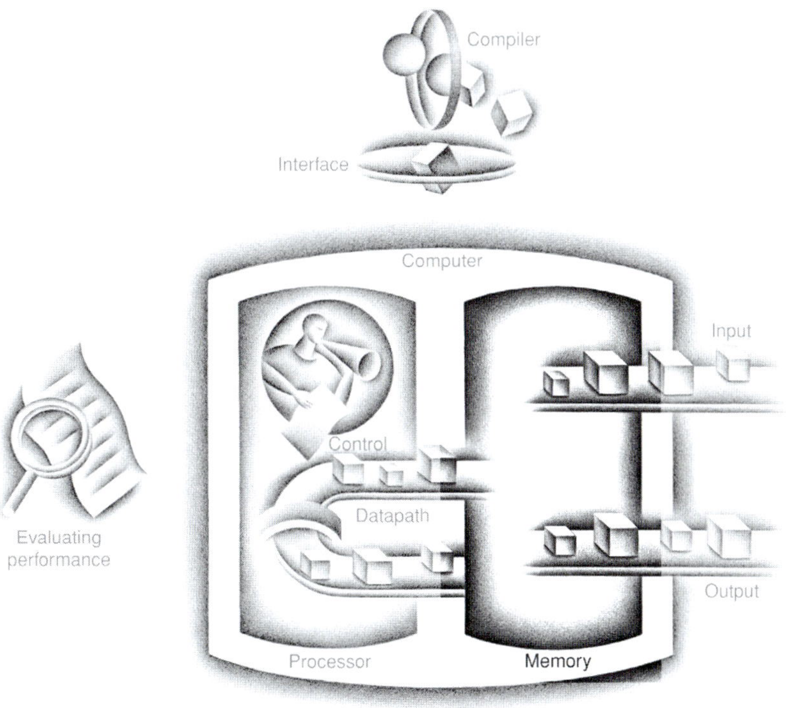

5.1 서론

컴퓨터의 초창기부터 프로그래머들은 무제한의 크기를 갖는 빠른 메모리를 원해 왔다. 우리가 이 장에서 학습할 주제는 무제한의 빠른 메모리를 갖고 있는 듯한 환상을 만들어 프로그래머들을 돕고자 하는 것이다. 이 환상이 실제로 어떻게 만들어지는가를 보기 전에 우리가 사용할 메커니즘과 핵심 원리를 제시할 간단한 비유를 살펴보자.

당신이 컴퓨터 하드웨어의 역사적 발전에 관한 보고서를 작성하고 있는 학생이라고 가정하자. 서가에서 많은 책들을 뽑아 와서 도서관의 책상에 앉아 자료 조사를 하는 중이다. 그 책들에서 당신이 쓰려고 하는 여러 중요한 컴퓨터에 대한 내용을 찾았지만, EDSAC에 대한 내용은 없다는 것을 알았다. 당신은 서가로 다시 가서 다른 책을 더 찾아야 한다. EDSAC에 대한 내용이 담겨 있는 초창기 영국 컴퓨터에 대한 책을 찾게 된다. 일단 책상 위에 관련된 많은 책들을 모아 놓으면, 그 안에서 당신이 필요로 하는 주제를 찾게 될 확률이 매우 높아지게 된다. 이렇게 되면 서가에 다시 갈 필요 없이 단지 책상 위의 책들만을 사용하여 많은 작업을 할 수 있게 될 것이다. 책상 위에 여러 권의 책을 놓아두면, 책상에 책을 한 권만 올려놓고 다른 책을 찾을 때마다 가져다 두고 새 책을 찾아오는 것과 비교할 때 많은 시간을 절약할 수 있게 된다.

아주 작은 메모리만큼 빠르게 접근할 수 있는 큰 메모리를 갖고 있는 듯한 환상을 만드는 데 이와 같은 원리가 이용된다. 도서관에 있는 책을 찾아볼 확률이 모두 똑같지 않듯이, 프로그램이 코드와 데이터를 접근할 확률이 모두 같지는 않다. 반면에 도서관에 있는 모든 책을 책상 위에 올려놓고는 우리가 필요로 하는 것을 빠르게 찾을 수 없듯이, 많은 정보량을 갖는 큰 메모리에서 메모리 접근을 빠르게 하는 것은 불가능하다.

여러분이 도서관에서 책을 찾는 방법과 프로그램이 동작하는 방법에는 이러한 **지역성의 원칙**(principle of locality)이 똑같이 적용된다. 어떤 순간에 사용하는 책은 도서관의 모든 책 중에서 극히 일부이듯이, 프로그램은 어떤 특정 시간에는 주소공간 내의 비교적 작은 부분만을 접근한다는 것이 지역성의 원칙이다. 지역성에는 다음과 같이 두 가지 종류가 있다.

시간적 지역성 어떤 데이터가 참조되면 곧바로 다시 참조될 가능성이 높다는 원칙.

공간적 지역성 하나의 데이터가 참조되면 곧바로 그 주위의 데이터가 참조될 가능성이 높다는 원칙.

- 시간적 지역성(temporal locality): 만약 어떤 항목이 참조되면, 곧바로 다시 참조되기가 쉽다. 즉 여러분이 어떤 정보를 찾기 위해 책을 책상으로 가지고 왔다면, 곧바로 그 책을 다시 찾아보게 될 가능성이 매우 크다.
- 공간적 지역성(spatial locality): 어떤 항목이 참조되면 그 근처에 있는 다른 항목들이 곧바로 참조될 가능성이 높다. 예를 들어, EDSAC에 대한 내용을 찾기

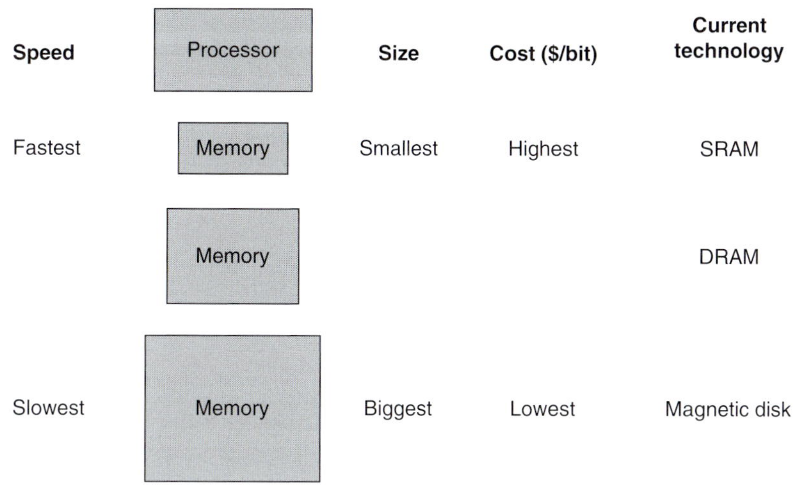

그림 5.1 메모리 계층구조의 기본 구성. 메모리 시스템을 계층적으로 구현함으로써, 사용자는 가장 큰 메모리를 사용하면서도 가장 빠른 메모리를 접근하는 것과 같은 환상을 갖게 해 준다. 플래시 메모리는 많은 임베디드 장치에서 디스크를 대체하고 있으며, 데스크톱이나 서버 컴퓨터의 메모리 계층구조에 새로운 단계로 추가되기도 한다. 5.2절을 참고하라.

위해 초창기 영국 컴퓨터에 대한 책들을 찾아왔다면 서가의 그 책 주위에 초창기 기계식 컴퓨터에 관한 다른 책들이 있음을 알게 될 것이고 그 책으로부터 또한 유용한 정보를 얻게 될 것이다. 같은 주제에 대한 책들은 공간적 지역성을 높이기 위해 서가에 함께 정리되어 있다. 이 장 뒷부분에서 우리는 공간적 지역성이 메모리 계층구조에서 어떻게 이용되는지 보게 될 것이다.

책상 위의 책을 찾는 예가 자연스럽게 지역성을 드러내는 것과 같이, 프로그램에서의 지역성은 단순하고도 자연스러운 프로그램 구조에서 나온다. 예를 들어, 대부분의 프로그램들이 순환문 구문을 갖고 있고 순환문은 명령어와 데이터를 반복적으로 접근하므로, 상당히 큰 시간적 지역성을 보여 준다. 또 명령어들은 대개 순차적으로 접근되기 때문에 큰 공간적 지역성을 보여 준다. 데이터 접근에도 자연스럽게 공간적 지역성이 나타난다. 예를 들어, 배열이나 레코드의 요소들을 접근할 때는 대개 큰 공간적 지역성을 갖는다.

컴퓨터의 메모리를 **메모리 계층구조**(memory hierarchy)로 구현함으로써 지역성의 원칙을 이용할 수 있다. 메모리 계층구조는 서로 다른 속도와 크기를 갖는 여러 계층의 메모리로 구성되어 있다. 가장 빠른 메모리는 더 느린 메모리보다 비트당 가격이 비싸기 때문에 대개 그 크기가 작다.

메모리 계층구조 여러 계층의 메모리를 사용하는 구조. 프로세서로부터 거리가 멀어질수록 메모리의 크기와 접근 시간이 증가한다.

그림 5.1에서 빠른 메모리는 프로세서에 가깝게 두고, 느리고 싼 메모리를 그 아래에 두었다. 메모리 계층구조의 목적은 사용자에게 가장 빠른 메모리가 갖고 있는 접근

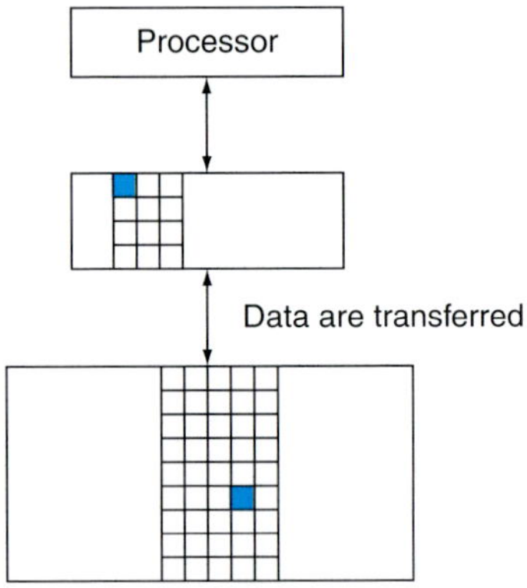

그림 5.2 각 메모리 계층은 상위 계층과 하위 계층을 가지고 있다고 생각할 수 있다. 각각의 계층 안에서 정보가 존재하든 또는 존재하지 않든 그 기본 단위는 **블록**이라고 불린다. 계층 간에 무엇인가를 복사할 때에는 대개 블록 전체가 이동된다.

속도를 제공하면서 동시에 가장 싼 기술로 최대한 큰 메모리 용량을 제공하는 것이다.

데이터도 이와 유사한 계층구조를 갖는다. 프로세서에 가까운 계층은 먼 계층의 부분집합이고, 가장 낮은 계층에는 모든 데이터가 다 저장되어 있다. 책장의 예와 같이 책상 위의 책들은 그 책을 찾아온 단과대학 도서관의 부분집합이며, 또 캠퍼스 내 모든 도서관의 부분집합이다. 게다가 캠퍼스 내 도서관의 계층구조와 같이, 프로세서에서 멀어지면 멀어질수록 그 계층에 접근하는 데 시간이 오래 걸린다.

메모리 계층구조는 여러 계층으로 구성되지만, 데이터는 인접한 두 계층 사이에서만 한 번에 복사가 된다. 따라서 여기에서는 계층을 두 개로 한정해서 설명한다. 상위 계층(즉 프로세서에 가까운 계층)은 더 비싼 기술을 사용하므로 하위 계층보다 작으며 빠르다. 그림 5.2에 보인 바와 같이 이 두 계층 간 정보의 최소 단위를 **블록**(block) 또는 **라인**(line)이라고 부른다. 예로 든 도서관의 경우에서는 블록을 책 한 권에 비유할 수 있다.

블록 또는 **라인**. 캐시에 있을 수도 있고 없을 수도 있는 정보의 최소 단위.

적중률 메모리 계층구조의 특정 계층에서 찾을 수 있는 메모리 접근의 비율.

실패율 메모리 계층구조의 특정 계층에서 찾을 수 없는 메모리 접근의 비율.

프로세서가 요구한 데이터가 상위 계층의 어떤 블록에 있을 때 이를 적중(hit)이라고 부른다(즉, 책상 위의 책 중에서 정보를 찾아낸 것과 같다). 그리고 상위 계층에서 찾을 수 없다면 이를 실패(miss)라고 부른다. 이때는 필요한 데이터를 포함하는 블록을 찾기 위해 하위 계층 메모리를 접근하게 된다(즉, 책상에서 일어나 필요한 정보를 찾기 위해 서가를 찾는 것과 같다). **적중률**(hit rate 또는 hit ratio)은 메모리 접근 중 상위 계층에서 찾을 수 있는 것의 비율로서 메모리 계층의 성능을 평가하는 척도로 이용된다. **실패율**(miss rate, 1−적중률)은 메모리 접근 중 상위 계층에서 찾을 수 없는 것의 비율을 말한다.

메모리 계층구조를 만든 가장 큰 이유는 성능 향상이기 때문에 적중과 실패의 처리

속도가 매우 중요하다. 적중시간(hit time)은 메모리 계층구조의 상위 계층을 접근하는 시간이며 이 시간에는 접근이 적중인지 실패인지를 결정하는 데 필요한 시간이 포함된다(즉, 책상의 책들을 찾아보는 데 걸리는 시간과 유사함). 실패 손실(miss penalty)은 하위 계층에서 해당 블록을 가져와서 상위 계층 블록과 교체하는 시간에다 그 블록을 프로세서에 보내는 데 걸리는 시간을 더한 값이다(즉, 서가에서 다른 책을 찾는 시간과 책상에 가져오는 데 걸리는 시간). 상위 계층은 작고 빠른 메모리를 사용하여 만들어졌기 때문에 적중시간은 실패 손실의 주요한 부분을 차지하는 다음 계층을 접근하는 시간보다 훨씬 적게 걸린다(즉, 책상 위의 책을 찾는 시간이 자리에서 일어나 서가의 다른 책을 찾는 시간보다 적게 걸린다).

적중시간 메모리 계층구조의 한 계층을 접근하는 데 필요한 시간. 접근이 적중인지 실패인지를 결정하는 데 필요한 시간이 포함된다.

실패 손실 낮은 계층에서 상위 계층으로 블록을 인출하는 데 걸리는 시간. 블록에 접근하고, 한 계층에서 다른 계층으로 전달하여, 실패가 발생한 계층에 넣은 뒤 요청한 장치로 블록을 넘겨주는 시간을 포함한다.

이 장에서 설명하겠지만, 메모리 시스템을 구축하는 데 쓰인 개념은 어떻게 운영체제가 메모리와 입출력을 관리하는지, 어떻게 컴파일러가 코드를 생성하는지, 심지어는 응용 프로그램이 어떻게 컴퓨터를 이용하는지 등등, 컴퓨터의 많은 다른 분야에까지 영향을 미친다. 물론 모든 프로그램이 메모리 접근에 많은 시간을 쓰기 때문에 메모리 시스템은 성능을 결정하는 중요한 요소이다. 메모리 계층구조는 성능에 큰 영향을 미치므로 지금까지 단일 계층의 메모리만 생각했던 프로그래머들도 이제는 메모리 계층구조가 어떻게 성능을 향상시키는지에 대하여 이해할 필요가 있다. 그림 5.18과 5.14절의 예에서 이에 대한 이해가 얼마나 중요한지를 보여 주겠다. 이 예에서 행렬 곱셈의 성능을 어떻게 두 배로 향상시키는지를 다룰 것이다.

메모리 시스템은 성능에 결정적 영향을 미치기 때문에, 컴퓨터 설계자들은 많은 노력을 기울여서 메모리 시스템 성능 향상을 위한 정교한 메커니즘을 개발하였다. 이 장에서는 이 방법들의 중심 아이디어를 설명하는데, 너무 장황하고 복잡해지지 않도록 여러 가지 간략화, 추상화 기법을 사용할 것이다(이 장에서 사용하는 하드웨어 모델들은 저자가 만든 것으로 ARM이 승인한 구조를 의미하지는 않는다).

요점정리

프로그램은 최근에 접근했던 데이터들을 다시 사용하려는 경향 즉 시간적 지역성과, 최근에 접근했던 데이터에 인접해 있는 데이터들을 접근하려는 경향 즉 공간적 지역성을 보인다. 메모리 계층구조는 최근에 접근했던 데이터들을 프로세서 가까이에 적재함으로써 시간적 지역성을 이용한다. 또한 메모리의 상위 계층으로 필요한 데이터뿐만 아니라 이와 인접한 다량의 데이터들로 이루어진 블록들을 옮김으로써 공간적 지역성을 이용한다.

메모리 계층은 그림 5.3과 같이 작고 빠른 메모리를 프로세서 가까이에 둔다. 따라서 최상위 계층에서 적중되는 접근은 매우 빠르게 처리할 수 있다. 실

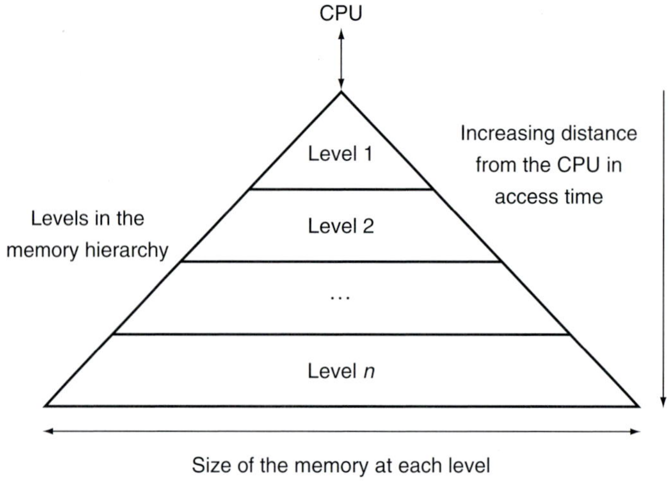

그림 5.3 이 그림은 메모리 계층구조를 보여 준다. 프로세서로부터 멀어짐에 따라 크기가 더욱 커진다. 이 구조를 적절한 운영 방식과 함께 사용하면 프로세서가 첫 번째 계층의 접근 시간으로 *n*번째 계층과 같이 큰 메모리를 접근할 수 있도록 해 준다. 이 장에서는 계속 이러한 환상을 유지하고자 한다. 계층구조의 맨 아래는 일반적으로 로컬 디스크가 사용되지만, 어떤 시스템들은 테이프나 LAN상의 파일 서버를 그 다음 메모리 계층으로 사용하기도 한다.

패된 접근은 느린 하위 계층으로 내려가서 수행된다. 적중률이 충분히 크면, 메모리 계층의 접근속도는 최상위 계층(가장 빠른)과 비슷하고 크기는 최하위 계층(가장 큰) 메모리와 같아진다.

대부분의 컴퓨터에서 메모리는 정말로 계층적이다. 즉 계층 $i + 1$에 존재하지 않는 데이터는 계층 i에 존재할 수 없다.

스스로 점검하기 다음 중 옳은 문장을 모두 골라라.

1. 메모리 계층구조는 시간적 지역성을 이용한다.
2. 읽을 때, 리턴되는 값은 캐시에 어떤 블록이 있느냐에 따라 달라진다.
3. 메모리 계층구조의 비용 대부분은 최상위 계층에 들어간다.
4. 메모리 계층구조에서 대부분의 용량이 최하위 계층에 있다.

5.2 메모리 기술

오늘날 사용되는 메모리 계층구조에서는 네 가지 주요 기술이 사용된다. 메인 메모리(main memory)는 DRAM(dynamic random access memory)으로 구현된다. 프로세서에 더 가까운 계층인 캐시(cache)는 SRAM(static random access memory)이 사용된다. DRAM은 SRAM보다 훨씬 느리지만 비트당 가격이 덜 비싸다. DRAM은 메모리 비트당 면적이 작기 때문에 가격 차이가 생기게 되고, 따라서 같은 양의 실리콘으로 더 큰 용량을 만들 수 있다. 속도 차이는 여러 가지 이유로 생긴다. 세 번째 기술은 플래시 메모리이다. 이 비휘발성 메모리는 개인용 휴대기기에서 2차 메모리로 사용된다. 네 번째 기술은 서버의 가장 크고 가장 느린 계층으로 자기 디스크이다. 비트당 접근 시간과 가격은 기술에 따라 매우 다양하다. 아래 표는 2012년 현재의 전형적인 값들을 보여 준다.

Memory technology	Typical access time	$ per GiB in 2012
SRAM semiconductor memory	0.5–2.5ns	$500–$1000
DRAM semiconductor memory	50–70ns	$10–$20
Flash semiconductor memory	5,000–50,000ns	$0.75–$1.00
Magnetic disk	5,000,000–20,000,000ns	$0.05–$0.10

이 절의 남은 부분에서 각 메모리 기술을 설명한다.

SRAM 기술

SRAM은 단순한 집적회로로서, 읽기나 쓰기를 제공하는 접근 포트가 (일반적으로) 하나 있는 메모리 배열이다. SRAM은 읽기 접근 시간과 쓰기 접근 시간이 다를 수는 있지만, 어떤 데이터든지 접근 시간은 같다.

SRAM은 리프레시가 필요 없으므로 접근 시간은 사이클 시간과 거의 같다. SRAM은 읽을 때 정보가 바뀌지 않게 하기 위하여 비트당 6개에서 8개의 트랜지스터를 사용한다. SRAM은 대기 모드에서 데이터값을 유지하기 위해 최소한의 전력만을 사용한다.

과거에 대부분의 PC와 서버 시스템은 1차, 2차 심지어 3차 캐시에도 별도의 SRAM 칩을 사용하였다. 그러나 오늘날에는 **Moore의 법칙** 덕택에 모든 계층의 캐시가 프로세서 칩에 집적되므로 독자적인 SRAM 칩 시장은 거의 사라졌다.

DRAM 기술

SRAM에서는 전력이 공급되는 한 그 값이 무한히 유지된다. DRAM에서는 셀에 기억되는 값이 전하의 형태로 커패시터에 저장된다. 저장된 값을 읽거나 새로 쓰기 위하여 저장된 전하에 접근하는 데 트랜지스터를 하나 사용한다. DRAM은 저장된 비트 하나당 트랜지스터 하나만 사용하므로 SRAM에 비하여 훨씬 더 집적도가 높고 값도 싸다. DRAM은 커패시터에 전하를 저장하기 때문에 무한히 저장될 수 없으므로 주기적으로 리프레시가 필요하다. 그러므로 SRAM 셀에서 정적 저장이라고 하는 것에 반해, 이런 메모리 구조를 동적이라고 부른다.

셀을 리프레시하기 위해서는 단순히 저장된 값을 읽고 다시 쓰면 된다. 전하는 수 밀리초 동안 유지될 수 있다. 모든 비트를 하나씩 DRAM에서 읽어서 다시 쓴다면, 계속 DRAM을 리프레시해야 하므로 기억된 값에 접근할 시간이 없게 된다. 다행히도 DRAM은 2단계 디코딩 구조를 갖는다. 이 구조는 읽기 사이클에서 전체 행(워드라인을 공유하는)을 한꺼번에 읽은 후 바로 쓰기를 하여, 한 행을 통째로 리프레시할 수 있도록 해 준다.

그림 5.4는 DRAM의 내부 구조를 보여 준다. 그림 5.5는 DRAM의 집적도, 비용, 접근 시간이 수년 동안 어떻게 변화되었는지를 보여 준다.

리프레시에 도움이 되는 행 구조는 성능 향상에도 도움이 된다. 성능을 향상시키기 위하여 DRAM은 행을 버퍼링해서 반복적으로 접근한다. 버퍼는 SRAM처럼 동작한다. 다음 행 접근 때까지는 주소값만 바꾸면 버퍼 내의 아무 비트나 접근할 수 있다. 이 기능은 같은 행 내의 비트 접근 시간을 훨씬 줄여 주므로 접근 시간을 크게 개선한다. 칩을 더 크게 만들면 칩의 메모리 대역폭 또한 커지게 된다. 어떤 행이 버퍼에 있으면, DRAM의 폭(일반적으로 4, 8 또는 16비트)이 얼마든지 간에 연속된 주소를 사용해서 또는 버퍼 내 시작 주소와 블록 전송을 이용해서 전송할 수 있다.

프로세서와의 인터페이스를 더욱 향상시키기 위해 DRAM은 클럭을 추가할 수 있는데 이것을 동기화 DRAM 또는 SDRAM이라 부른다. SDRAM의 장점은 클럭을 사용하므로 메모리와 프로세서를 동기화하는 시간이 필요 없다는 것이다. 동기화 DRAM의 속도가 빠른 이유는 추가 주소지정 대신 클럭이 연속적인 비트들을 버스트 모드로 전송할 수 있게 하기 때문이다. 가장 빠른 버전은 DDR(double data rate) SDRAM이라고 불린다. 이 이름은 클럭의 상승 에지와 하강 에지 각각에서 데이터가 전송되는 것을 의미한다. 클럭과 데이터 전송 폭으로부터 기대할 수 있듯이 2배의 대역폭을 가능하게 한다. 이 중 최신 버전은 DDR4라고 불린다. DDR4-3200 DRAM은 초당 32억(3200×10^6) 번의 전송이 가능하며, 1600MHz 클럭을 사용한다.

이와 같이 큰 대역폭을 유지하기 위해서는 DRAM 내부에 좋은 구조가 필요하다. 단순하게 더 빠른 행 버퍼를 사용하는 대신에, DRAM은 내부적으로 여러 **뱅크**에서 읽기와 쓰기가 가능하도록 구성되었다. 각각의 뱅크는 자신의 행 버퍼를 가지고 있다.

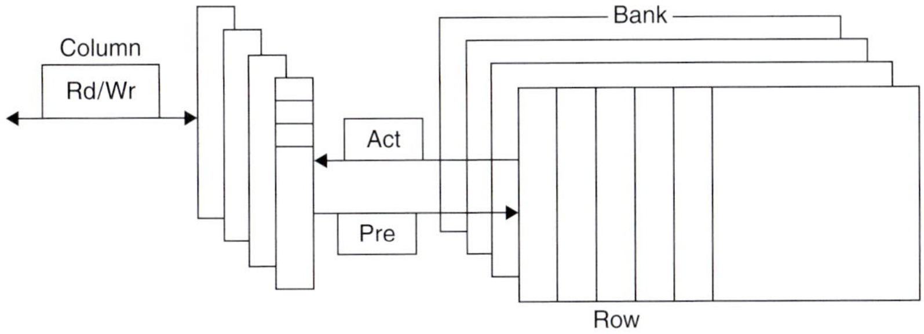

그림 5.4 DRAM의 내부 구조. 최신 DRAM은 뱅크로 구성되어 있는데, DDR3는 뱅크 4개가 일반적이다. 각 뱅크는 일련의 행으로 구성되어 있다. PRE(precharge) 신호는 뱅크를 열거나 닫는 데 사용된다. 행 주소는 Act(activate) 신호와 함께 보내지는데, 이 신호는 행을 버퍼로 보낸다. 어떤 행이 버퍼에 있으면, DRAM의 폭(일반적으로 4, 8 또는 16비트)이 얼마든지 간에 연속된 주소를 사용해서 또는 버퍼 내 시작 주소와 블록 전송을 이용해서 전송할 수 있다. 블록 전송뿐 아니라 각 신호도 클럭과 동기화되어 있다.

Year introduced	Chip size	$ per GiB	Total access time to a new row/column	Average column access time to existing row
1980	64 Kibibit	$1,500,000	250 ns	150 ns
1983	256 Kibibit	$500,000	185 ns	100 ns
1985	1 Mebibit	$200,000	135 ns	40 ns
1989	4 Mebibit	$50,000	110 ns	40 ns
1992	16 Mebibit	$15,000	90 ns	30 ns
1996	64 Mebibit	$10,000	60 ns	12 ns
1998	128 Mebibit	$4,000	60 ns	10 ns
2000	256 Mebibit	$1,000	55 ns	7 ns
2004	512 Mebibit	$250	50 ns	5 ns
2007	1 Gibibit	$50	45 ns	1.25 ns
2010	2 Gibibit	$30	40 ns	1 ns
2012	4 Gibibit	$1	35 ns	0.8 ns

그림 5.5 DRAM의 크기는 1996년까지 3년마다 약 4배씩 증가하였으나, 그 이후에는 많이 느려졌다. 접근 시간의 향상이 지속되기는 하였으나 향상 속도는 점점 느려졌다. 가격은 수요와 공급과 같은 다른 요소에도 영향을 받지만 거의 집적도 향상만큼 좋아졌다. GiB당 가격은 인플레이션을 고려하지 않았다.

여러 뱅크에 주소를 보낼 수 있게 하여 동시에 읽고 쓰기가 가능하게 하였다. 예를 들어 뱅크가 4개일 때, 한 번의 접근 시간으로 4배의 대역폭을 제공하기 위해 4개의 뱅크를 돌아가면서 접근한다. 이 순환 접근 방식을 주소 인터리빙(address interleaving) 방식이라고 한다.

iPad(1장 참조)와 같은 개인용 모바일 장치는 낱개 DRAM을 사용하지만, 서버용 메모리는 DIMM(dual inline memory module)라고 불리는 작은 기판 형태로 판매된다. DIMM에는 보통 4~16개의 DRAM이 있으며, 서버 시스템용으로 8바이트 폭으로 구성되는 경우가 많다. DDR4-3200 SDRAM을 사용하는 DIMM은 초당 8 × 3200 = 25,600 MB를 전송할 수 있다. 이런 DIMM은 대역폭 크기에 따라 이름을 붙여서 PC25600이라 한다. DIMM에는 DRAM이 여러 개 있지만 특정 전송에 사용되는 것은 일부이므로, DIMM 내에서 같은 주소를 공유하여 동시에 활성화되는 칩들을 지칭하는 용어가 필요하다. 행이나 뱅크처럼 DRAM 내부에서 사용하는 용어와 혼동을 피하기 위하여, 이런 DIMM 내 칩들의 부분집합을 **메모리 랭크**(memory rank)라고 부른다.

고난도: 캐시 아래에 위치한 메모리 시스템의 성능을 측정하는 한 방법으로 Stream 벤치마크(McCalpin, 1995)를 사용한다. 이 벤치마크는 긴 벡터 연산의 성능을 측정한다. 측정 대상 컴퓨터의 캐시보다 더 큰 배열을 접근하므로 시간적 지역성이 없다.

플래시 메모리

플래시 메모리는 **전기적으로 지울 수 있고 프로그래밍이 가능한 ROM**(EEPROM)의 한 종류이다.

디스크나 DRAM과는 달리 플래시 메모리의 쓰기는 비트를 마모시킨다. 이 단점을 극복하기 위하여 대부분의 플래시 제품은 여러 번 쓰기가 수행된 블록을 덜 사용된 블록에 재사상(remapping)해서 쓰기를 분산시키는 컨트롤러를 사용한다. 이 기법을 **마모 균등화**(wear leveling)라고 부른다. 마모 균등화를 사용하기 때문에 개인용 이동 단말기의 플래시가 잠재적 쓰기 한계를 넘는 경우는 거의 없다. 마모 균등화가 플래시의 잠재적 성능을 떨어뜨리지만, 상위 계층 소프트웨어가 각 블록의 마모를 관리하지 않는 한 사용할 수밖에 없다. 마모 균등화를 수행하는 플래시 컨트롤러는 제조 과정에서 잘못된 메모리 셀을 사용하지 않게 함으로써 수율을 향상시킬 수도 있다.

디스크 메모리

그림 5.6에서 볼 수 있듯이, 하드디스크는 원판의 집합으로 구성되어 있고 원판은 분당 5,400번에서 15,000번의 속도로 회전한다. 금속 원판의 양측 면은 카세트나 비디오테이프와 같이 자성체로 코팅되어 있다. 하드디스크상의 정보를 읽거나 쓰기 위해서는 **읽기/쓰기 헤드**라고 불리는 작은 전자기 코일을 갖고 있는 움직이는 암(arm)이 필요하다. 전체 드라이브는 드라이브 내부를 보호하기 위하여 일체형으로 포장되어 있으며 따라서 디스크 헤드는 드라이브의 표면에 더욱 가깝게 위치할 수 있다.

트랙 자기 디스크의 표면을 이루고 있는 수십만 개의 동심원 중 하나이다.

섹터 마그네틱 디스크의 트랙을 형성하는 세그먼트의 하나. 섹터는 디스크에서 읽고 쓸 수 있는 최소 정보 단위이다.

각 디스크 표면은 **트랙**(track)이라고 불리는 동심원으로 나누어진다. 일반적으로 표면당 수만 개의 트랙이 존재한다. 각 트랙은 다시 정보를 담는 **섹터**(sector)로 나

그림 5.6 10개의 원판과 읽기/쓰기 헤드를 갖는 디스크. 오늘날 디스크의 직경은 2.5 또는 3.5인치이다. 오늘날 각 드라이브는 한 개나 두 개의 원판을 갖는다.

누어진다. 한 트랙은 수천 개의 섹터로 구성된다. 섹터는 일반적으로 512바이트에서 4096바이트의 크기를 갖는다. 자성 매체에 기록되는 순서는 섹터 번호, 공백, 에러 정정 코드(5.5절 참조)를 포함하는 섹터의 정보, 공백, 다음번 섹터의 번호와 같은 순서로 기록된다.

각 면의 디스크 헤드는 서로 연결되어 있어서 함께 움직인다. 그러므로 모든 헤드는 각 면의 같은 트랙에 위치하게 된다. 모든 면의 한 점에 위치한 헤드 아래에 놓인 모든 트랙은 **실린더**(cylinder)라고 부른다.

데이터에 접근하려면 운영체제가 3단계에 걸친 명령어를 디스크에 내려야 한다. 첫 단계는 적절한 트랙 위에 디스크 암을 갖다 놓는 일이다. 이 작업은 보통 **탐색**(seek)이라고 부르며 디스크 헤드를 원하는 트랙까지 이동시키는 데 걸리는 시간은 **탐색 시간**(seek time)이라고 한다.

탐색 디스크상의 적합한 트랙에 읽기/쓰기 헤드를 위치시키는 동작.

디스크 생산자는 제품 설명서에 최소 탐색 시간, 최대 탐색 시간, 평균 탐색 시간을 표시한다. 처음 두 개는 쉽게 측정되지만 평균값은 탐색 거리에 따라 달라진다. 산업체에서는 평균 탐색 시간을 모든 탐색 시간의 합을 모든 탐색 횟수로 나눈 것으로 정의한다. 평균 탐색 시간을 일반적으로 3ms에서 13ms라고 광고한다. 그러나 디스크 접근에는 지역성이 있기 때문에 응용과 디스크 스케줄링에 따라 실제 시간은 광고하는 값의 25% 내지 33% 정도이다. 이러한 지역성은 같은 파일에 계속 접근하는 경우와 운영체제가 이런 디스크 요청을 묶어서 한 번에 처리하는 경우에 발생하게 된다.

회전 지연 시간 읽기/쓰기 헤드가 원하는 섹터에 도달할 때까지의 시간. 일반적으로 회전 시간의 절반으로 가정한다.

헤드가 원하는 트랙에 도달하면 읽기/쓰기 헤드의 아래에 원하는 섹터가 위치할 때까지 기다려야만 한다. 이 시간을 **회전 지연 시간**(rotational latency 또는 rotational delay)이라고 부른다. 원하는 정보에 도달하는 평균 회전 지연 시간은 디스크가 1/2 회전하는 정도의 시간이다. 디스크는 5,400RPM에서 15,000RPM으로 회전한다. 5,400RPM에서 평균 회전 지연 시간은 다음과 같다.

$$\text{평균 회전 지연 시간} = \frac{0.5\text{회전}}{5400\text{RPM}} = \frac{0.5\text{회전}}{5400\text{RPM}/\left(60\frac{\text{초}}{\text{분}}\right)}$$

$$= 0.0056\text{초} = 5.6\text{ms}$$

디스크 접근의 마지막 요소는 블록 하나를 전송하는 시간, 즉 **전송 시간**(transfer time)이다. 전송 시간은 섹터의 크기, 회전 속도, 트랙의 저장 밀도의 함수이다. 2012년 기준 전송률은 100MB/초에서 200MB/초 사이 값이다.

대부분의 디스크 컨트롤러는 섹터들을 저장하는 내장 캐시를 갖고 있어서, 전송률이 더 높아져서 2012년 기준으로 750MB/초(6Gbit/초) 정도이다.

이제는 블록 번호를 붙이는 방법이 단순하지 않다. 앞에서 설명한 섹터-트랙-실린더 모델에서는 가까운 블록이 같은 트랙에 있는 것으로 가정한다. 같은 실린더에 위치한 블록은 탐색 시간이 필요 없으므로 빨리 접근할 수 있다. 블록 번호를 붙이는 방법이 달라진 것은 디스크 인터페이스의 계층을 더 높였기 때문이다. 순차적 전송을 더 빠르게 하기 위하여 이 상위 계층 인터페이스는 디스크를 무작위 접근 장치보다는 테이프 같은 형태로 구성하여, 논리적 블록들을 디스크 표면에 구불구불한 순서로 배치한다. 최고의 성능을 얻기 위하여 같은 비트 밀도로 저장된 모든 섹터를 사용하기 위함이다. 따라서 연속된 블록도 다른 트랙에 위치할 수 있다.

자기 디스크와 반도체 메모리 기술 사이의 두 가지 큰 차이점은 디스크는 기계 장치이므로 접근 시간이 길고(플래시는 1,000배 정도 빠르고 DRAM은 100,000배 정도 빠르다), 디스크는 적당한 가격에 아주 높은 저장 용량을 갖기 때문에 훨씬 싸다는 점(디스크는 10배에서 100배 정도 싸다)이다. 자기 디스크는 플래시와 같이 비휘발성이지만 플래시와 다르게 마모 문제가 없다. 그러나 플래시는 훨씬 튼튼해서 거친 환경에서 사용되는 개인용 휴대기기에 더 잘 맞는다.

5.3 캐시의 기본

도서관의 예에서, 책상은 캐시—조사를 해야 하는 것(책)들을 저장한 안전한 장소—의 기능을 수행하였다. 캐시(cache)는 이 계층을 갖춘 최초의 상용 컴퓨터에서 메인 메모리와 프로세서 사이에 있는 메모리 계층을 나타내기 위해 선택된 이름이다. 4장 데이터패스의 메모리들은 간단히 캐시로 대체될 수 있다. 오늘날에도 이렇게 많이 사용되고 있는 단어이지만, 접근의 지역성을 이용하는 모든 기억장치를 이렇게 부를 수 있다. 캐시는 1960년대 초반의 연구용 컴퓨터에서 처음 등장하였고 같은 60년대 후반에 실제 시스템에서 사용되기 시작하였다. 오늘날에는 서버 기종에서 저전력 임베디드 프로세서에 이르기까지 사실상 모든 범용 컴퓨터가 캐시를 이용하고 있다.

Cache: a safe place for hiding or storing things.

Webster's New World Dictionary of the American Language, Third College Edition, 1988

이 절에서는 프로세서가 한 순간에 필요로 하는 데이터는 한 워드이고, 블록 또한 한 워드로만 이루어진 아주 단순한 캐시를 먼저 살펴본다(캐시의 기본에 대해 익숙한 독자는 5.4절로 바로 가도 무방하다). 그림 5.7은 캐시에 없는 데이터를 요청하기 전과 후의 캐시 상태를 보여 준다. 요청하기 전의 캐시에는 최근에 접근한 X_1, X_2, …, X_{n-1}이 존재하고, 프로세서는 캐시에 없는 워드 X_n을 요청하였다. 이 요구는 실패를 발생시키고 워드 X_n을 메모리로부터 캐시로 가져오게 된다.

그림 5.7의 시나리오를 살펴보면, 우리가 해결해야 할 두 가지 의문이 생기게 된다. 즉, 데이터가 캐시 내에 있는지 어떻게 알 수 있는가? 그리고 알 수 있다면 어떻게 찾을 수 있는가? 이 질문들에 대한 답은 서로 연관되어 있다. 각 워드가 캐시 내의 딱 한

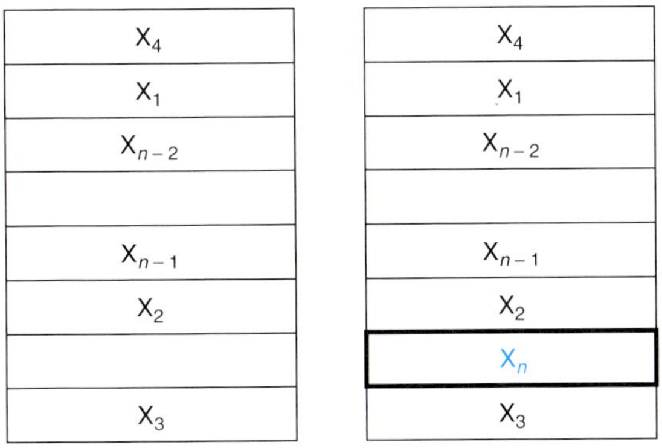

a. Before the reference to X_n b. After the reference to X_n

그림 5.7 초기에 캐시에 없는 워드 X_n을 참조하기 직전과 직후의 캐시 상태. 이 참조는 메모리에서 X_n을 가져와서 캐시 내에 삽입하도록 하는 실패를 유발한다.

직접 사상 각 메모리의 위치가 캐시 내의 정확히 한 곳에만 사상되는 캐시 구조.

태그 특정 계층에서 해당 블록이 요청한 워드와 일치하는지를 알려 주는 주소 정보를 담고 있는 필드.

장소에만 있을 수 있다면 워드가 캐시 내에 있는지 없는지를 바로 알 수 있다. 메모리의 각 워드에 캐시 내의 위치를 할당하는 가장 간단한 방법은 메모리 주소에 기반을 두고 할당하는 것이다. 이 캐시 구조를 **직접 사상**(direct mapped)이라 한다. 왜냐하면, 각 메모리 위치는 캐시 내의 딱 한 장소에 직접 사상되기 때문이다. 직접 사상 캐시가 사용하는 사상 방식은 비교적 단순하다. 예를 들어, 거의 모든 직접 사상 캐시는 블록을 찾기 위하여 다음의 사상 방식을 사용한다.

(블록 주소) modulo (캐시 내에 존재하는 전체 캐시 블록수)

만약 캐시 내부의 전체 블록수가 2의 지수승이면 modulo 연산은 간단히 주소의 하위 $\log_2$(캐시 내의 전체 블록수) 비트만을 취하는 것으로 쉽게 계산할 수 있다. 따라서 8블록 캐시는 블록 주소로 하위 3비트($8 = 2^3$)를 사용한다. 예를 들어 그림 5.8은 8개의 워드로 된 직접 사상 캐시와 캐시 내의 위치 1_{ten} (001_{two})과 5_{ten} (101_{two})로 사상되는 메모리 주소 1_{ten} (00001_{two})과 29_{ten} (11101_{two}) 사이의 메모리 주소들을 보여 준다.

각 캐시 엔트리는 여러 주소의 메모리 내용을 적재할 수 있다. 이때 캐시 내의 워드가 프로세서가 요구하는 것과 일치하는지를 어떻게 알 수 있을까? 즉 요구하는 워드가 캐시 내에 있는지 없는지를 어떻게 알 수 있을까? 캐시에 **태그**(tag)를 추가함으로

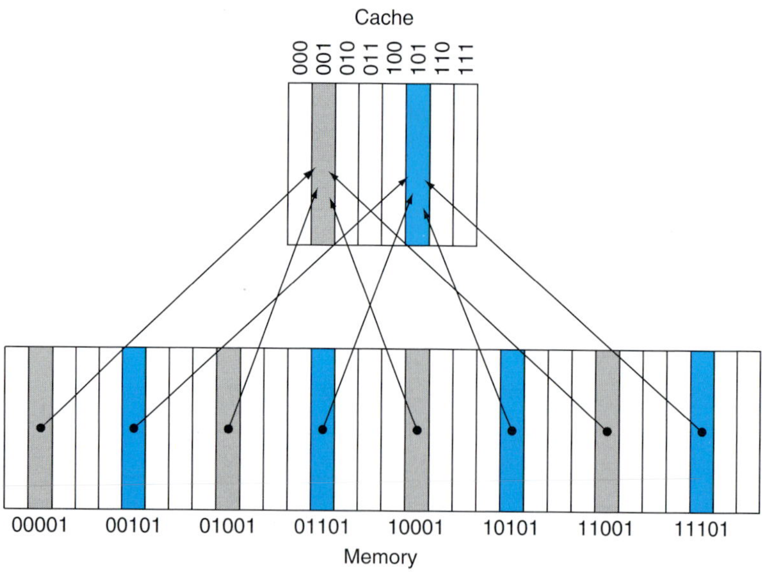

그림 5.8 8개의 엔트리를 갖는 직접 사상 캐시. 캐시 내에 8개의 워드가 있기 때문에 주소 X는 캐시 X modulo 8에 사상된다. 즉 하위 비트들($\log_2 8$ = 3비트)이 캐시의 인덱스로 사용된다. 그러므로 주소 00001_{two}, 01001_{two}, 10001_{two}, 11001_{two}은 모두 캐시 엔트리 001_{two}로 사상되며, 00101_{two}, 01101_{two}, 10101_{two}, 11101_{two}은 모두 캐시 엔트리 101_{two}로 사상된다.

써 이 문제를 해결할 수 있다. 태그는 캐시 내의 워드가 요청한 것인지 아닌지를 식별하는 데 필요한 주소 정보를 포함한다. 태그는 캐시의 인덱스로 사용되지 않은 주소의 윗부분 비트로 구성된다. 예를 들어 그림 5.8에서는 주소 비트의 하위 3비트 인덱스 필드가 블록을 선택하는 데 사용되었으므로, 태그는 5비트의 주소 비트 중 상위 2비트가 된다. 태그 구조는 중복되는 인덱스 비트를 생략한다. 왜냐하면 캐시 블록 주소의 인덱스 필드는 그 블록의 번호이기 때문이다.

또한 캐시 블록이 유효한 정보를 가지고 있는지를 알아내는 방법이 필요하다. 예를 들어, 프로세서가 맨 처음 작업을 시작하면 캐시는 비어 있을 것이며, 태그 필드는 의미가 없을 것이다. 많은 명령어를 수행한 이후에도 캐시 엔트리의 일부는 그림 5.7에서와 같이 비어 있을 수 있다. 따라서 이들 엔트리를 위한 태그들은 무시되어야 한다는 것을 알 수 있다. 가장 많이 쓰이는 방법은 엔트리가 타당한 주소를 포함하는지를 표시하기 위해 유효 비트(valid bit)를 캐시에 첨가하는 것이다. 이 비트가 1로 설정되어 있지 않으면, 이 엔트리에는 유효한 블록이 없는 것으로 간주한다.

유효 비트 특정 계층에서 해당 블록이 유효한 데이터를 포함하는지를 알려 주는 필드.

이 절의 나머지 부분에서는 캐시에서 읽기가 어떻게 수행되는지와 읽기를 수행하기 위해 캐시가 어떻게 동작하는지에 초점을 맞추었다. 일반적으로 읽기 처리는 캐시의 내용을 변화시키지 않기 때문에 쓰기 처리보다 조금 더 간단하다. 읽기가 어떻게 처리되고 캐시 실패가 어떻게 처리되는지에 대하여 살펴본 뒤, 실제 컴퓨터에서 구현된 캐시 구조와 캐시 쓰기 동작에 관해 알아본다.

요점정리

캐시는 **예측기법**을 사용하는 가장 중요한 예라고 할 수 있다. 지역성의 원칙을 이용해서 메모리 상위 계층에서 필요한 데이터를 찾는다. 상위 계층에서 예측이 틀렸을 경우에는 하위 계층에서 적합한 데이터를 찾을 수 있는 기법을 제공한다. 현대 컴퓨터의 캐시 예측 적중률은 95% 이상이다(그림 5.46 참조).

캐시 접근

아래의 표는 캐시가 8개의 블록을 가지고 있고 모두 비어 있을 때, 아홉 번의 메모리 참조에 따른 동작을 보여 주고 있다. 그림 5.9는 캐시의 내용이 각 캐시 실패에 따라 어떻게 변경되는지를 보여 준다. 캐시 내에 8개의 블록이 있기 때문에 주소의 하위 3비트가 블록의 번호를 나타낸다.

Decimal address of reference	Binary address of reference	Hit or miss in cache	Assigned cache block (where found or placed)
22	10110_{two}	miss (5.9b)	$(10110_{two} \bmod 8) = 110_{two}$
26	11010_{two}	miss (5.9c)	$(11010_{two} \bmod 8) = 010_{two}$
22	10110_{two}	hit	$(10110_{two} \bmod 8) = 110_{two}$
26	11010_{two}	hit	$(11010_{two} \bmod 8) = 010_{two}$
16	10000_{two}	miss (5.9d)	$(10000_{two} \bmod 8) = 000_{two}$
3	00011_{two}	miss (5.9e)	$(00011_{two} \bmod 8) = 011_{two}$
16	10000_{two}	hit	$(10000_{two} \bmod 8) = 000_{two}$
18	10010_{two}	miss (5.9f)	$(10010_{two} \bmod 8) = 010_{two}$
16	10000_{two}	hit	$(10000_{two} \bmod 8) = 000_{two}$

캐시가 비어 있기 때문에 몇 개의 첫 번째 참조는 캐시 실패이다(그림 5.9는 각 메모리 참조의 동작을 설명하고 있다). 여덟 번째 참조에서 블록에 대한 충돌이 생긴다. 주소 18(10010_{two})의 워드가 캐시 블록 2(010_{two})로 옮겨져야 한다. 따라서 이미 캐시 블록 2(010_{two})에 있는 주소 26(11010_{two})의 워드는 교체되어야만 한다. 이러한 상황은 캐시가 시간적 지역성을 활용할 수 있도록 해 준다. 즉 최근에 접근된 워드는 더 이전에 접근된 워드를 교체한다.

이는 서가로부터 새로운 책이 필요하고 책상에 더 이상 빈 공간이 없을 때와 동일하다. 이미 책상에 있는 어떤 책을 서가로 되돌려 놓아야만 한다. 직접 사상 캐시에서는 새로 요청된 데이터가 들어갈 장소가 한 곳밖에 없기 때문에 교체시킬 선택안이 오직 하나밖에 없다.

우리는 모든 주소에 대해 캐시 내의 어느 곳을 찾아야 할지 알 수 있다. 주소의 하위 비트들은 주소가 사상되는 유일한 캐시 엔트리를 찾는 데 사용할 수 있다. 그림 5.10은 참조된 주소가 어떻게 나누어지는지를 보여 준다.

- 캐시의 태그 필드 값과 비교하는 데 사용하는 **태그 필드**
- 블록을 고르는 데 쓰이는 **캐시 인덱스**

캐시 블록의 인덱스는 그 블록의 태그값과 함께 캐시 블록에 있는 워드의 실제 메모리 주소를 유일하게 표시할 수 있다. 인덱스 필드가 캐시를 접근하는 주소로 이용되고, n 비트 필드는 2^n개의 값을 갖게 되므로, 직접 사상 캐시 전체 엔트리의 수는 2의 지수승이 되어야 한다. 워드는 4바이트의 배수로 정렬되기 때문에 모든 주소의 맨 오른쪽 2비트는 워드 내부의 바이트를 나타낸다. 따라서 최하위 두 비트는 블록 내의 워드를 선택할 때 이용되지 않는다. 이 장에서는 데이터가 메모리에 정렬되어 있다고 가정하고, 정렬되지 않은 캐시에서의 접근은 "고난도"에서 다룬다.

캐시 구현에 필요한 총 비트수는 캐시의 크기와 주소의 크기에 따라 결정된다. 왜냐하면 캐시는 데이터뿐만 아니라 태그를 위한 장소를 필요로 하기 때문이다. 위에서

Index	V	Tag	Data
000	N		
001	N		
010	N		
011	N		
100	N		
101	N		
110	N		
111	N		

a. The initial state of the cache after power-on

Index	V	Tag	Data
000	N		
001	N		
010	N		
011	N		
100	N		
101	N		
110	Y	10_{two}	Memory (10110_{two})
111	N		

b. After handling a miss of address (10110_{two})

Index	V	Tag	Data
000	N		
001	N		
010	Y	11_{two}	Memory (11010_{two})
011	N		
100	N		
101	N		
110	Y	10_{two}	Memory (10110_{two})
111	N		

c. After handling a miss of address (11010_{two})

Index	V	Tag	Data
000	Y	10_{two}	Memory (10000_{two})
001	N		
010	Y	11_{two}	Memory (11010_{two})
011	N		
100	N		
101	N		
110	Y	10_{two}	Memory (10110_{two})
111	N		

d. After handling a miss of address (10000_{two})

Index	V	Tag	Data
000	Y	10_{two}	Memory (10000_{two})
001	N		
010	Y	11_{two}	Memory (11010_{two})
011	Y	00_{two}	Memory (00011_{two})
100	N		
101	N		
110	Y	10_{two}	Memory (10110_{two})
111	N		

e. After handling a miss of address (00011_{two})

Index	V	Tag	Data
000	Y	10_{two}	Memory (10000_{two})
001	N		
010	Y	10_{two}	Memory (10010_{two})
011	Y	00_{two}	Memory (00011_{two})
100	N		
101	N		
110	Y	10_{two}	Memory (10110_{two})
111	N		

f. After handling a miss of address (10010_{two})

그림 5.9 캐시 실패를 발생시킨 참조 직후의 캐시의 내용을 이진수로 표현된 인덱스 필드 및 태그 필드와 함께 보여 준다. 캐시는 초기에 모든 유효 비트(캐시의 V 엔트리)가 꺼진 상태(N)로 모두 비어 있다. 프로세서는 다음과 같은 주소들(10110_{two}(실패), 11010_{two}(실패), 10110_{two}(적중), 11010_{two}(적중), 10000_{two}(실패), 00011_{two}(실패), 10000_{two}(적중), 10010_{two}(실패) 그리고 10000_{two}(적중))을 순서대로 요청한다. 그림은 순서대로 각 캐시 실패가 처리되고 난 뒤의 캐시 내용을 보여 준다. 주소 10010_{two}(18)을 참조할 때 주소 11010_{two}(26)에 해당하는 데이터는 교체되어야만 하며, 11010_{two}에 대한 참조는 새로운 실패를 일으키게 될 것이다. 태그 필드는 오직 주소의 상위 부분만을 포함한다. 이 캐시의 경우에 있어서, 태그 필드에 j값을 갖고 i번째 캐시 블록에 속해 있는 워드의 메인 메모리 주소는 $j \times 8 + i$가 된다. 즉, 태그 필드 j와 인덱스 필드 i의 연접이다. 예를 들어, 그림 *f*에서 인덱스 필드 010_{two}은 태그 필드에 10_{two}을 갖고 있으므로 상응하는 주소는 10010_{two}이 된다.

블록의 크기는 한 워드(4바이트)였지만 일반적으로는 여러 개의 워드가 된다. 아래와 같은 가정에서

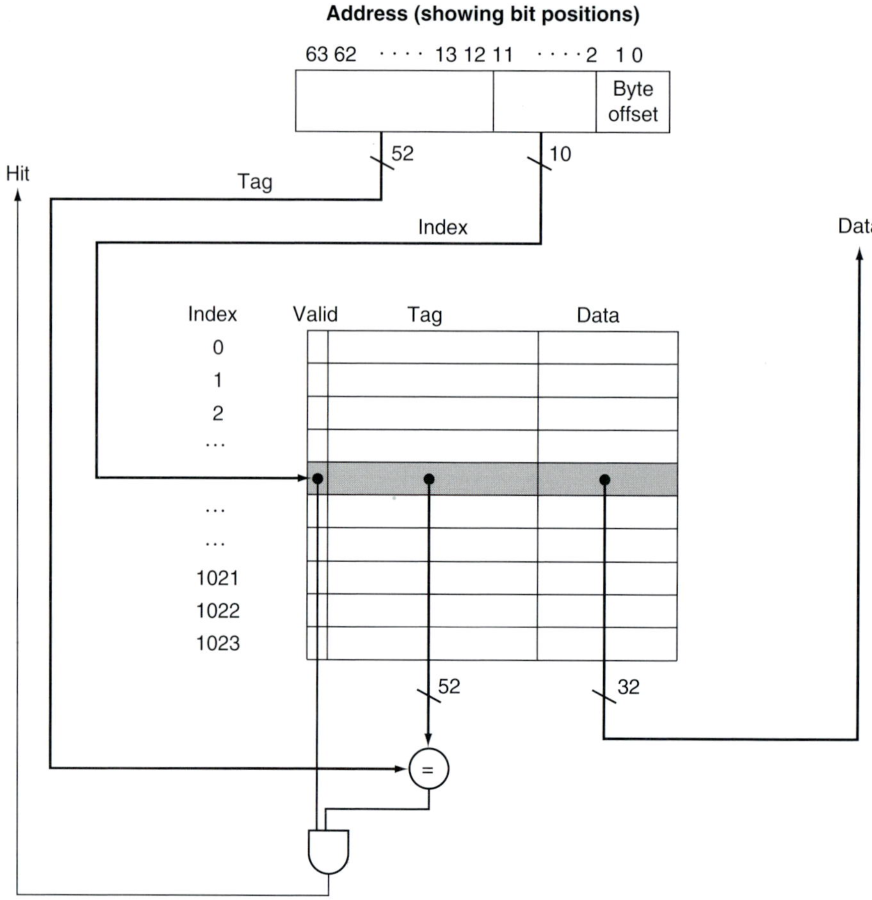

그림 5.10 이 캐시에서는 주소의 하위 비트가 데이터 워드와 태그로 이루어진 캐시 엔트리를 고르는 데 쓰인다. 캐시는 1024워드(4KiB)를 가지고 있다. 이 장에서는 특별히 언급하지 않으면 64비트 주소를 사용한다. 캐시의 태그는 캐시 내의 엔트리가 요청된 주소에 일치하는지를 결정하기 위해 주소의 상위 부분과 비교된다. 캐시는 2^{10}(1024)개의 워드를 갖고 있고, 하나의 블록 크기는 1워드이므로, 10비트가 캐시를 인덱스하는 데 쓰이고, 나머지 (64 − 10 − 2) = 52비트가 태그와 비교하는 데 쓰인다. 만약 태그와 주소의 상위 52비트가 같고 유효 비트가 1이면 캐시는 적중이 되어 읽은 워드를 프로세서에 넘겨준다. 그렇지 않으면 캐시 실패가 발생한다.

- 64비트의 주소
- 직접 사상 캐시
- 캐시는 2^n개 블록을 가지고 있고 n비트는 인덱스를 위하여 사용된다.
- 캐시 블록의 크기는 2^m워드(2^{m+2}바이트)이다. m비트는 블록 내부에서 워드 구별에 쓰이며, 2비트는 바이트 구별 주소로 쓰인다.

태그 필드의 크기는

$$64 - (n + m + 2)$$

이다. 그리고 직접 사상 캐시의 전체 비트수는

$$2^n \times (\text{블록 크기} + \text{태그 크기} + \text{유효 비트 크기})$$

이다. 블록의 크기는 2^m워드(2^{m+5}비트)이고, 유효 필드를 위해 1비트가 필요하므로 이 캐시의 전체 비트수는

$$2^n \times (2^m \times 32 + (64 - n - m - 2) + 1) = 2^n \times (2^m \times 32 + 63 - n - m)$$

이다. 하지만 일반적으로 캐시 크기는 유효 비트와 태그 필드의 크기는 제외하고 데이터 크기만 따진다. 따라서 그림 5.10의 캐시는 4KiB 캐시라고 부른다.

캐시의 비트수

예제

16KiB의 데이터와 4워드 블록을 갖는 직접 사상 캐시의 구현에 필요한 전체 비트수는 얼마인가? 단, 64비트 주소를 가정하라.

답

16KiB는 4096(2^{12})워드이다. 각 블록은 4(2^2)개의 워드로 구성되고 1024(2^{10})개의 블록을 갖는다. 각 블록은 $4 \times 32 = 128$비트의 데이터와 $(64 - 10 - 2 - 2)$비트의 태그, 그리고 한 비트의 유효 비트를 갖는다. 따라서 전체 캐시의 크기는

$$2^{10} \times (4 \times 32 + (64 - 10 - 2 - 2) + 1) = 2^{10} \times 179 = 179 \text{ Kibibits}$$

이다. 즉, 16KiB 데이터를 저장하기 위해 22.4KiB 캐시가 필요하다. 이 캐시에서 캐시의 전체 비트수는 데이터에 필요한 저장 공간에 비해 약 1.4배 더 크다.

다수의 워드를 갖는 캐시 블록에의 주소 사상

예제

16바이트의 블록 크기와 64블록으로 구성된 캐시를 고려하자. 바이트 주소 1200이 사상되는 블록 번호는 무엇인가?

답

블록은 다음과 같이 구할 수 있다.

$$(\text{블록 주소}) \text{ modulo } (\text{캐시 내 블록수})$$

여기에서 블록 주소는 다음과 같이 구할 수 있다.

$$\frac{\text{바이트 주소}}{\text{블록당 바이트수}}$$

이 블록 주소는 다음 두 주소 사이의 모든 주소를 포함하는 블록임을 주목하라.

$$\left\lfloor \frac{\text{바이트 주소}}{\text{블록당 바이트수}} \right\rfloor \times \text{블록당 바이트수}$$

와

$$\left\lfloor \frac{\text{바이트 주소}}{\text{블록당 바이트수}} \right\rfloor \times \text{블록당 바이트수} + (\text{블록당 바이트수} - 1)$$

블록당 바이트수는 16이므로 바이트 주소 1200은 다음의 블록 주소를 갖는다.

$$\left\lfloor \frac{1200}{6} \right\rfloor = 75$$

이는 캐시 블록 번호 (75 modulo 64) = 11에 사상된다. 실제로 이 블록은 1200번지와 1215번지 사이의 모든 바이트를 갖게 된다.

크기가 큰 블록의 공간적 지역성은 실패율을 감소하게 한다. 그림 5.11에 보인 것처럼 블록 크기를 늘리면 대개 실패율은 줄어든다. 블록 하나가 캐시 크기의 상당 부분을 차지하도록 블록을 크게 만들면 실패율이 올라갈 수도 있다. 왜냐하면 캐시 내에 존재할 수 있는 전체 블록의 수가 작아져서 블록들 간에 상호 충돌이 생길 수 있기 때문이다. 결과적으로 블록 내의 많은 워드들이 접근되기도 전에 그 블록이 캐시로부터 방출될 수도 있기 때문이다. 블록 크기가 매우 클 경우에는 블록 내 워드 간의 공간적 지역성이 감소하게 된다. 결과적으로 실패율의 향상은 둔화된다.

블록 크기를 늘리는 것과 연관되어 발생되는 더 심각한 문제는 실패에 따르는 비용이 증가하는 것이다. 실패 손실은 메모리 계층구조의 다음 하위 계층에서 블록을 가져오고, 캐시에 적재하는 데 걸리는 시간에 의해 결정된다. 블록을 가져오는 데 걸리는 시간은 두 부분으로 나누어진다. 첫 번째 워드를 찾는 데 걸리는 접근 지연(latency)과 블록을 이동시키는 데 필요한 전송 시간이다. 메모리 시스템을 변경시키지 않는 한 블록 크기가 늘어나면 늘어날수록 전송시간—따라서 실패 손실—이 증가할 것은 자명하다. 게다가 실패율의 향상도 블록의 크기가 증가함에 따라 감소하기 시작한다. 결과적으로 실패 손실의 증가가 실패율 감소를 압도하게 되고 캐시의 성능 또한 감소하게 된다. 물론 큰 블록을 보다 효율적으로 전송할 수 있게 메모리를 설계한다면, 블록의 크

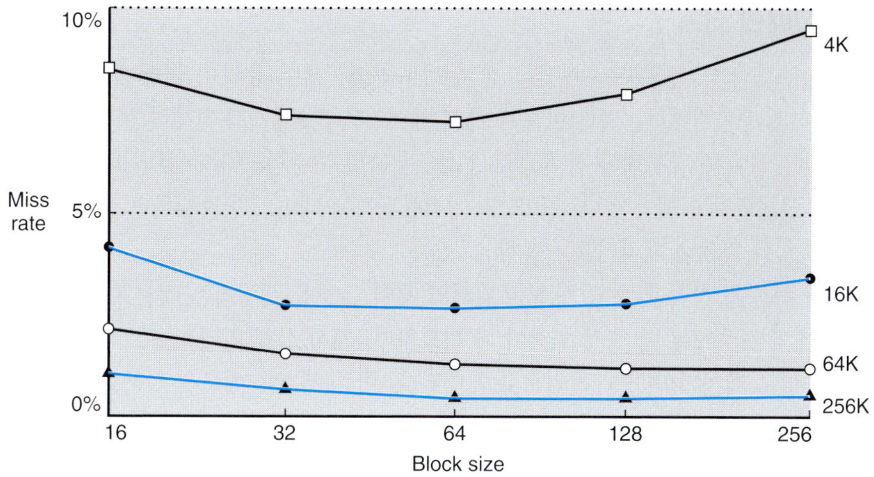

그림 5.11 실패율 대 블록 크기. 캐시 크기에 비해 상대적으로 블록의 크기가 매우 클 때 실패율은 실질적으로 증가한다. 각각의 선은 다양한 크기의 캐시를 나타낸다(이 그림은 곧 살펴보게 될 연관 정도와는 무관하다). 블록 크기가 포함되면 SPEC CPU2000 트레이스는 시간이 너무 오래 걸리기 때문에 이 데이터는 SPEC92를 이용하여 구한 것이다.

기를 크게 할 수 있고 캐시의 성능 또한 더 개선할 수 있다. 이에 관해서는 다음 절에서 논의하도록 하자.

고난도: 비록 실패 손실 중 지연 시간 부분에 대해서는 어떤 조치를 취하기 힘들다 하더라도, 전송 시간의 일부를 감추면 실패 손실을 효과적으로 줄일 수 있다. 이렇게 하는 가장 간단한 방법은 **조기 재시작**(early restart) 방식으로, 블록 전체를 기다리지 않고 블록 내의 요청된 워드가 도달하면 곧바로 실행을 시작하는 것이다. 많은 시스템들이 명령어 접근에 이 기법을 이용하고 있으며 큰 효과를 보고 있다. 명령어 접근은 대개가 순차적이다. 만약 메모리 시스템이 매 클럭 사이클마다 한 워드를 보낼 수 있다면, 프로세서는 요구한 명령어가 도착하자마자 동작을 다시 시작할 수 있게 된다. 이 방법은 데이터 캐시에 대해서는 덜 효과적이다. 왜냐하면 블록 내의 워드 요청이 예측하기 어려운 방식으로 이루어지는 경향이 있고, 데이터 전송이 다 끝나기도 전에 다른 캐시 블록의 다른 워드를 필요로 할 가능성이 높기 때문이다. 전송이 진행 중이라 프로세서가 데이터 캐시에 접근할 수 없으면 프로세서는 지연될 수밖에 없다.

좀 더 정교한 기법은 요청한 워드를 먼저 메모리에서 캐시로 전송할 수 있도록 하는 방식이다. 블록의 나머지 워드들은 요청된 워드의 다음 주소부터 순서대로 전송되고, 다시 블록의 처음 워드부터 남은 워드들을 순차적으로 전송한다. 이 기법은 **요구 워드 우선**(requested word first) 방식 또는 **중요 워드 우선**(critical word first) 방식이라 불리며, 조기 재시작 방식보다는 조금 빠르지만 여전히 조기 재시작 방식과 마찬가지로 한계를 갖고 있다.

캐시 실패의 처리

캐시 실패 데이터가 캐시에 없어서 충족시킬 수 없는 캐시 데이터 요청.

실제 시스템에서 사용되는 캐시를 살펴보기 전에, 제어 유닛이 어떻게 캐시 실패(cache miss)를 처리하는지 알아보자(캐시 제어기는 5.9절에서 자세히 설명한다). 제어 유닛은 실패를 탐지해야 하며, 메모리(또는 하위 수준의 캐시)로부터 데이터를 가져와서 실패를 처리해야 한다. 만약 캐시 내에 원하는 데이터가 존재하면 컴퓨터는 아무 일도 없는 것처럼 데이터를 사용할 수 있다.

캐시 적중을 처리할 수 있게 프로세서의 제어 유닛을 수정하는 것은 쉬운 일이지만, 실패의 경우에는 몇 가지 조작이 더 필요하다. 캐시 실패 처리는 프로세서의 제어 유닛과 별도 제어기의 공동 작업으로 처리된다. 이 제어기는 메모리 접근을 시작하고 캐시를 채우는 일을 한다. 캐시 실패의 처리는 모든 레지스터의 상태를 저장하는 인터럽트와는 다른 파이프라인 지연(4장 참고)을 발생시킨다. 캐시 실패 발생 시에는 임시 레지스터와 프로그래머에게 보이는 레지스터의 내용을 그대로 유지한 채 메모리로부터 데이터가 오기를 기다리면서 전체 시스템을 지연시킨다. 더 정교한 비순서 실행 프로세서는 캐시 실패 처리를 기다리면서 명령어를 실행시킬 수 있지만, 이 장에서는 캐시 실패가 발생하면 지연시키는 순차적 실행 프로세서를 가정한다.

명령어 실패가 어떻게 처리되는지를 조금 더 자세히 살펴보자. 데이터 실패를 처리할 수 있게 이 방법을 확장하는 것은 어렵지 않다. 명령어 접근에 실패하면 명령어 레지스터의 내용이 유효하지 않게 된다. 적합한 명령어를 캐시로 가져오기 위해서는 메모리 계층구조의 낮은 계층에게 읽기 수행을 시켜야만 한다. PC는 맨 처음 클럭 사이클 동안에 증가되기 때문에, 명령어 캐시 실패를 발생시킨 명령어의 주소는 현재의 PC에서 4를 뺀 값과 같다. 주소가 얻어지면, 메인 메모리에 읽기를 수행하도록 요구해야 한다. 메모리가 응답하기를 기다려서(접근에 여러 클럭이 걸리므로), 읽어 온 워드를 캐시에 쓴다.

명령어 캐시 실패의 처리 단계는 다음과 같이 정의할 수 있다.

1. 원래의 PC값을 메모리로 보낸다.
2. 메인 메모리에 읽기 동작을 지시하고 메모리가 접근을 끝낼 때까지 기다린다.
3. 메모리에서 인출한 데이터를 데이터 부분에 쓰고, 태그 필드에 주소(ALU로부터 계산된)의 상위 비트를 쓰고 유효 비트를 1로 만듦으로써 캐시 엔트리에 쓰기를 수행한다.
4. 명령어 수행을 첫 단계부터 다시 시작하여 캐시에서 명령어를 가져온다. 이제는 필요한 명령어를 캐시에서 찾을 수 있다.

데이터 접근을 위한 캐시의 제어는 근본적으로 똑같다. 실패 발생 시에는 메모리가 데이터를 보내 줄 때까지 프로세서를 지연시키기만 하면 된다.

쓰기의 처리

쓰기는 약간 다르게 작동한다. 저장 명령을 가정해 보자. 데이터를 데이터 캐시에만 쓰고 메인 메모리에는 쓰지 않을 경우, 메인 메모리는 캐시와는 다른 값을 갖게 된다. 이 경우에 캐시와 메모리는 **불일치**(inconsistent)한다고 말한다. 메인 메모리와 캐시를 일치시키는 가장 쉬운 방법은 항상 데이터를 메모리와 캐시에 같이 쓰는 것이다. 이 방법을 **즉시 쓰기**(write-through)라고 부른다.

즉시 쓰기 쓰기는 항상 캐시와 다음 하위 계층을 갱신하는 방식. 항상 두 계층의 데이터가 일치함을 보장해 준다.

쓰기의 다른 중요한 측면은 쓰기 실패 시 어떤 일이 발생하는가이다. 먼저 메모리에서 해당 워드가 포함된 블록을 가져와서 캐시에 넣은 뒤 이 워드에 쓰기를 수행한다. 또한 전체 주소를 사용하여 이 워드를 메인 메모리에도 쓴다.

이 방식은 설계를 잘한다고 하더라도 좋은 성능을 제공하기 어렵다. 즉시 쓰기 방식에서는 모든 쓰기가 메인 메모리에 데이터를 써야만 한다. 이 쓰기가 시간이 오래 걸려서 최소한 100개의 프로세서 클럭 사이클이 필요하고 따라서 프로세서의 성능을 심하게 저하시킨다. 예를 들어 명령어의 10%가 저장 명령어라고 가정하자. 캐시 실패가 없는 경우 CPI가 1.0이고, 모든 쓰기에 100개의 추가 사이클이 필요하게 되면, CPI값은 $1.0 + 100 \times 10\% = 11$, 즉 10배 이상의 성능 저하가 생기게 된다.

이 문제를 해결하기 위한 한 가지 방법은 **쓰기 버퍼**(write buffer)를 이용하는 것이다. 쓰기 버퍼는 메모리에 써지기 위해 기다리는 동안 데이터를 저장한다. 데이터를 캐시와 쓰기 버퍼에 쓰고 난 후에, 프로세서는 수행을 계속할 수 있다. 메인 메모리에 쓰기를 완료하고 나면, 쓰기 버퍼에 있는 엔트리는 다시 비게 된다. 프로세서가 쓰기 처리를 하려고 할 때 쓰기 버퍼가 모두 차 있으면 쓰기 버퍼에 빈 공간이 생길 때까지 멈춰 있어야 한다. 물론 메모리가 쓰기를 완료할 수 있는 속도가 프로세서의 쓰기 동작 발생 속도보다 느리면, 아무리 큰 버퍼를 사용해도 도움이 되지 않는다. 왜냐하면 메모리 시스템이 쓰기를 받아들이는 것보다도 쓰기가 더 빨리 발생되기 때문이다.

쓰기 버퍼 메모리에 쓰이기 위해 기다리는 동안 데이터를 저장하는 큐.

쓰기 신호가 발생되는 속도가 메모리가 받아들이는 속도보다 느리다고 하더라도 지연이 발생할 수 있다. 이 같은 현상은 쓰기 신호가 폭주할 때 발생한다. 이러한 지연이 일어나는 것을 줄이기 위해서는 컴퓨터의 쓰기 버퍼 크기를 둘 이상으로 늘려야 한다.

즉시 쓰기 방식의 대안은 **나중 쓰기**(write-back)라고 불리는 방식이다. 이 나중 쓰기 방식에서는 쓰기가 발생했을 때 새로운 값은 캐시 내의 블록에만 쓴다. 그러다가 나중에 캐시에서 쫓겨날 때 쓰기에 의해 내용이 바뀐 블록이면 메모리 계층구조의 더 낮은 계층에 써진다. 나중 쓰기 방식은 특히 메인 메모리가 처리할 수 있는 속도보다 프로세서가 쓰기를 더 빠르게 발생시키는 경우에 성능을 향상시킬 수 있다. 그러나 나중 쓰기 방식은 즉시 쓰기 방식보다 구현하기가 더 힘들다.

나중 쓰기 단지 캐시에 있는 블록의 값만을 갱신하여 쓰기를 수행하고 그 블록이 교체될 때 메모리 계층구조의 하위 계층에 갱신된 블록이 써지는 방식.

다음에는 실제 프로세서가 읽기와 쓰기를 어떻게 처리하는지 살펴본다. 5.8절에서 쓰기 처리를 더 자세히 살펴보기로 하자.

고난도: 쓰기는 읽기에는 없는 여러 가지 복잡한 문제를 갖고 있다. 여기에서 이들 중 쓰기 실패 시의 정책과 나중 쓰기 방식에서 쓰기의 효율적인 구현, 두 가지만 살펴보자.

즉시 쓰기 캐시의 실패를 살펴보자. 가장 일반적인 방법은 캐시에 블록을 할당하는 것이다. 이를 **쓰기 할당**(write allocate)이라고 부른다. 일단 전체 블록을 메모리에서 읽어 온 후, 블록 중에서 쓰기 실패를 발생시킨 워드만 덮어쓴다. 다른 방법은 메모리에 있는 블록의 해당 영역만 갱신하고 캐시에는 쓰지 않는 방식으로 **쓰기 비할당**(no write allocate)이라고 부른다. 이 방식이 쓰이는 이유는 운영체제가 메모리의 한 페이지를 모두 지워 버리는 것과 같이 프로그램이 때때로 데이터의 모든 블록을 쓰기 때문이다. 이 경우 초기 쓰기 실패와 관련된 가져오기는 불필요하다. 어떤 컴퓨터들은 페이지마다 쓰기 할당 정책이 바뀌는 것을 허용한다.

실제로 나중 쓰기 방식 캐시에서 저장 명령어를 효과적으로 구현하는 것은 즉시 쓰기 방식보다 더 복잡하다. 즉시 쓰기 캐시는 데이터를 캐시에 쓰고 태그값을 읽을 수 있다. 만약에 태그가 일치하지 않는다면 실패가 발생한다. 캐시가 즉시 쓰기 방식이므로 캐시에 블록을 바로 덮어써도 메모리가 정확한 값을 갖고 있기 때문에 문제가 되지 않는다. 나중 쓰기 방식에서 캐시에 있는 데이터가 갱신된 값인데 캐시 실패가 발생하면, 그 블록을 먼저 메모리에 써야만 한다. 저장 명령어가 캐시 적중이 확인되기도 전에 캐시 블록에 덮어쓰면(즉시 쓰기 방식처럼), 하위 계층 메모리에 저장하지도 않은 블록을 망가뜨리게 된다.

나중 쓰기 캐시는 블록에 바로 덮어쓸 수 없기 때문에, 두 사이클(적중인지를 확인하는 데 한 사이클과 실제로 쓰기를 수행하는 한 사이클)을 사용하거나 또는 데이터를 보관하기 위해 저장 버퍼(store buffer)를 사용해야 한다. 이 버퍼는 쓰기 과정을 파이프라인해서 저장 명령어가 한 사이클만 걸리게 해 준다. 저장 버퍼를 사용하면 정상적인 캐시 접근 사이클에 프로세서가 캐시를 검색하고 데이터를 저장 버퍼에 넣는다. 검색 결과가 캐시 적중으로 밝혀지면, 사용되지 않는 캐시 접근 사이클이 나올 때까지 기다렸다가 새로운 데이터를 저장 버퍼에서 꺼내 캐시에 쓴다.

반면에 즉시 쓰기 캐시에서는 쓰기가 항상 한 사이클에 수행된다. 태그값을 읽고, 선택된 블록의 데이터 영역에 쓰기만 하면 된다. 만약에 태그값이 써지는 블록의 주소와 일치하면 맞는 블록이 갱신되었기 때문에 프로세서는 정상 동작을 수행한다. 만약 태그가 일치하지 않으면 프로세서는 그 주소에 해당하는 블록의 나머지 부분을 인출하기 위해 쓰기 실패를 발생시킨다.

많은 나중 쓰기 캐시들은 실패 시 이미 갱신된 블록을 교체할 때 생기는 실패 손실을 줄이기 위해 쓰기 버퍼를 사용한다. 이 경우 요청한 블록이 메모리에서 읽히는 동안 캐시에 있던 갱신된 블록은 나중 쓰기 버퍼로 옮겨진 후 나중에 메모리에 써진다. 다른 실패가 즉시 발생하지 않는다면, 이 기법은 갱신된 블록이 교체될 때의 실패 손실을 절반으로 줄일 수 있다.

캐시의 한 예: Intrinsity FastMATH 프로세서

Intrinsity FastMATH는 MIPS 구조와 단순한 캐시 형식을 취한 임베디드 마이크로프로세서이다. 이 장의 뒷부분에서는 ARM과 Intel의 마이크로프로세서에 사용되는 더 복잡한 캐시를 살펴볼 예정이다. 그러나 여기에서는 단순하지만 실제로 구현된 캐시를 살펴보기로 한다. 그림 5.12는 FastMATH의 데이터 캐시 구조를 보여 준다. 이 책의 다른 부분에서는 주소가 64비트이지만 이 컴퓨터의 주소는 32비트이다.

이 프로세서에는 12단계 파이프라인이 있다. 최고 속도로 동작할 때 프로세서는 각 클럭당 명령어 한 개와 데이터 워드 한 개를 요청할 수 있다. 지연 없는 파이프라인 구현을 위해 분리된 명령어 캐시와 데이터 캐시가 사용되었다. 각 캐시의 크기는 16KiB(즉 4096워드)이고, 16워드 크기의 블록을 갖는다.

캐시에 대한 읽기 요청 처리는 뻔하다. 데이터 캐시와 명령어 캐시가 분리되어 있기 때문에 각 캐시에 대한 읽기/쓰기 수행을 위해 분리된 제어신호가 필요하다(명령어 캐시도 실패가 발생하면 갱신해야 함을 기억하라). 명령어 캐시나 데이터 캐시에 대한 읽기 요청에 대한 처리 과정은 다음과 같다.

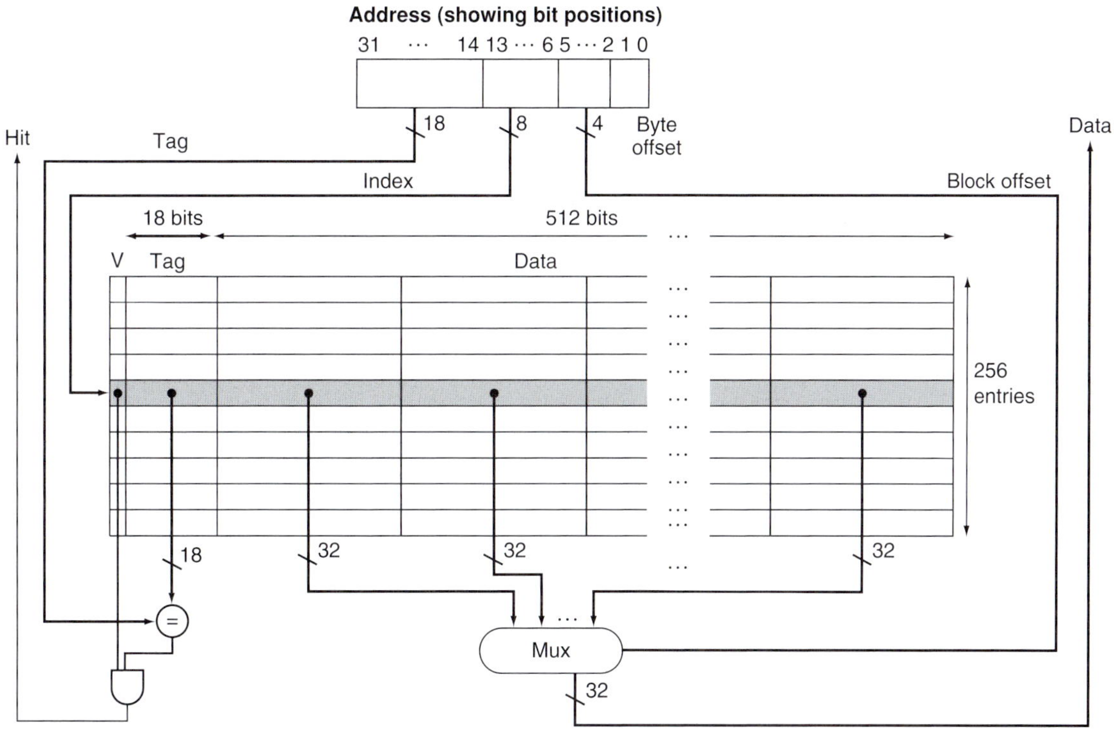

그림 5.12 Intrinsity FastMATH 프로세서에 사용되는 16KiB 캐시는 블록당 16워드를 갖는 256블록으로 구성되어 있다. 태그 필드는 18비트이고 인덱스 필드는 8비트이다. 블록 내부를 인덱스하는 데는 4비트(비트 5:2)가 필요하다. 요구한 워드를 선택하기 위해 16:1 멀티플렉서를 사용한다. 실제로는 태그와 데이터를 각기 별도의 RAM에 저장하고 캐시 인덱스와 블록 변위를 연접하여 데이터 RAM 주소로 사용하면 멀티플렉서를 없앨 수 있다. 이 경우 데이터 RAM의 폭은 32비트이고, 이 RAM에는 캐시 블록보다 16배 많은 워드가 있어야 한다.

Instruction miss rate	Data miss rate	Effective combined miss rate
0.4%	11.4%	3.2%

그림 5.13 SPEC CPU2000 벤치마크에 대한 Intrinsity FastMATH의 명령어와 데이터 캐시의 실패율 근삿값. 조합 실패율은 16KiB 명령어 캐시와 16KiB 데이터 캐시의 조합에 대한 유효 실패율이다. 각 캐시의 실패율에 명령어 참조와 데이터 참조 빈도를 가중치로 적용하여 구하였다.

1. 주소를 해당 캐시에 보낸다. 주소는 PC(명령어의 경우)나 ALU(데이터의 경우)로부터 나온다.
2. 캐시 적중일 경우 요청된 워드가 캐시의 데이터 선에 나온다. 이 블록에는 16개의 워드가 존재하므로 정확한 워드를 선택하여야 한다. 블록 인덱스 필드가 멀티플렉서 제어를 위해 사용된다(그림의 아랫부분). 이 신호는 블록 내 16개 워드 중에서 요청한 워드를 선택한다.
3. 캐시 실패일 경우 메인 메모리로 주소를 보낸다. 메모리가 데이터를 보내 주면, 캐시에 쓰고 난 뒤 해당 워드를 읽어서 요청을 처리한다.

Intrinsity FastMATH는 즉시 쓰기와 나중 쓰기 두 가지 방식을 다 지원한다. 각 응용에 어떤 방식을 사용할지는 운영체제가 선택할 수 있다. 또 한 항목만 넣을 수 있는 쓰기 버퍼를 갖고 있다.

Intrinsity FastMATH에서 사용되는 캐시의 실패율은 어느 정도일까? 그림 5.13은 명령어 캐시와 데이터 캐시의 실패율을 보여 준다. 조합 실패율은 명령어와 데이터 접근 각각의 빈도수를 고려하여 계산한 유효 실패율이다.

실패율이 캐시 설계의 중요한 특성이긴 하지만, 궁극적인 척도는 메모리 시스템이 프로그램 실행시간에 미치는 영향일 것이다. 실패율과 프로그램 실행시간이 어떻게 연관되는지 잠시 살펴보기로 하자.

분할 캐시 메모리 계층구조의 한 계층이 병렬로 동작하는 두 개의 독립적인 캐시로 구성되는 방식이다. 한 캐시는 명령어를 처리하고 다른 캐시는 데이터를 처리한다.

고난도: 분할 캐시(split cache)와 같은 크기를 갖는 통합 캐시(combined cache)는 일반적으로 더 좋은 적중률을 갖는다. 통합 캐시는 데이터가 사용하는 엔트리와 명령어가 사용하는 엔트리의 수를 엄밀하게 나누지 않기 때문에 더 높은 적중률을 얻을 수 있다. 그럼에도 불구하고 많은 컴퓨터들이 캐시 **대역폭**을 늘리기 위해 분리된 명령어와 데이터 캐시를 사용한다. (충돌 실패도 줄어들 수 있다. 5.8절 참조.)

다음은 Intrinsity FastMATH 프로세서의 캐시와 크기가 같은 분할 캐시와 두 캐시를 합친 크기의 통합 캐시 둘에 대한 실패율이다.

- 전체 캐시 크기: 32KiB
- 분할 캐시의 유효 실패율: 3.24%
- 통합 캐시의 실패율: 3.18%

분할 캐시의 실패율이 약간 더 나쁘게 나타났다.

명령어와 데이터 접근을 동시에 지원함으로써 캐시 대역폭을 두 배로 늘려서 얻을 수 있는 장점이 실패율이 증가되는 단점보다 더 크다. 5.4절에서 살펴보겠지만 바로 이러한 점 때문에 실패율만을 캐시의 성능 측정 지수로 사용해서는 안 된다.

요약

이 절에서는 가장 단순한 한 워드 블록의 직접 사상 캐시를 사용하여 설명하였다. 이 캐시에서는 워드마다 별도의 태그를 가지고 있고, 각 워드는 한 위치로만 사상되기 때문에 적중도 실패도 매우 단순하다. 캐시와 메모리를 일치시키기 위해서 즉시 쓰기 방식이 사용되었다. 이 방식에서는 캐시에 쓰기가 발생할 때마다 메인 메모리에도 똑같은 쓰기가 수행된다. 즉시 쓰기 방식의 대안으로는 블록이 캐시에서 쫓겨날 때만 메인 메모리에 쓰는 나중 쓰기 방식이 있다. 이 방식에 대해서는 나중에 더 설명할 예정이다.

공간적 지역성을 활용하기 위해서는 캐시가 한 워드보다 더 큰 크기의 블록을 사용해야 한다. 더 큰 블록의 사용은 실패율을 감소시키며, 캐시의 데이터 저장량에 비해 상대적으로 태그 저장량을 감소시킴으로써 캐시의 효율을 향상시킬 수 있다. 더 큰 블록 크기가 실패율을 감소시키지만 반면에 실패 손실을 증가시키기도 한다. 실패 손실이 블록 크기에 따라 선형적으로 증가한다면 큰 블록은 성능 감소를 가져오게 된다.

성능 저하를 피하기 위해 메인 메모리의 대역폭을 증가시켜 캐시 블록을 더 효과적으로 전송하게 한다. DRAM 외부의 대역폭을 증가시키기 위한 일반적인 방법에는 메모리 폭 확장과 인터리빙(interleaving)이 있다. DRAM 개발자는 더 큰 캐시 블록 크기의 비용을 감소시키기 위해 프로세서와 메모리 사이의 인터페이스를 꾸준히 개선하여 버스트 전송 모드의 대역폭을 증가시켜 왔다.

스스로 점검하기

메모리 시스템의 속도는 캐시 블록 크기를 결정하는 데 영향을 끼친다. 다음 중 일반적으로 옳은 캐시 설계 지침은 어떤 것들인가?

1. 메모리 지연이 짧을수록 캐시 블록을 더 작게 한다.
2. 메모리 지연이 짧을수록 캐시 블록을 더 크게 한다.
3. 메모리 대역폭이 클수록 캐시 블록을 더 작게 한다.
4. 메모리 대역폭이 클수록 캐시 블록을 더 크게 한다.

5.4 캐시 성능의 측정 및 향상

이 절은 캐시의 성능을 측정하고 분석하는 방법을 살펴보는 것으로 시작해서, 그 다음에는 캐시의 성능을 향상시키는 두 가지 방법을 알아본다. 한 방식은 두 개의 다른 메모리 블록이 하나의 캐시 위치를 두고 경쟁하는 확률을 줄임으로써 실패율을 줄이는 것이고, 다른 방식은 메모리 계층구조에 새로운 계층을 추가함으로써 실패 손실을 줄이는 것이다. **다단계 캐싱(multilevel caching)**이라고 불리는 이 방식은 1990년도에 100,000달러 이상에 팔리는 고급 컴퓨터에서 처음 등장하였으나, 나중에는 겨우 수백 달러에 팔리는 개인용 휴대기기에서도 일반화되었다.

CPU 시간은 CPU가 프로그램을 수행하는 데 쓰이는 클럭 사이클과 메모리 시스템을 기다리는 데 쓰이는 클럭 사이클로 나뉜다. 일반적으로 적중된 캐시 접근 시간은 정상적인 CPU 수행 사이클의 일부로 간주한다. 즉,

$$\text{CPU 시간} = (\text{CPU 클럭 사이클} + \text{메모리 지연 클럭 사이클}) \times \text{클럭 사이클 시간}$$

메모리 지연 클럭 사이클은 주로 캐시 실패 때문에 생긴다. 여기서는 일단 그렇게 가정한다. 또한 여기에서는 간략화된 메모리 시스템 모델로만 논의를 제한한다. 실제 프로세서에서 읽기와 쓰기 수행 시 발생되는 지연은 상당히 복잡해질 수 있으며 정확한 성능 예측은 대개 프로세서와 메모리 시스템의 아주 자세한 시뮬레이션이 필요하다.

메모리 지연 클럭 사이클은 읽기와 쓰기 시에 발생되는 지연 사이클의 합으로 정의할 수 있다.

$$\text{메모리 지연 클럭 사이클} = \text{읽기 지연 사이클} + \text{쓰기 지연 사이클}$$

읽기 지연 사이클은 프로그램당 읽기 접근의 수, 읽기 시의 실패 손실 클럭 사이클 수, 읽기 실패율에 의해 정의된다.

$$\text{읽기 지연 사이클} = \frac{\text{읽기 접근 횟수}}{\text{프로그램}} \times \text{읽기 실패율} \times \text{읽기 실패 손실}$$

쓰기의 경우는 더 복잡하다. 즉시 쓰기 방식에서는 지연이 두 가지 요소로 구성된다. 즉, 쓰기를 수행하기 전에 블록을 인출해야 하는 쓰기 실패(쓰기와 관련된 자세한 설명은 5.3절의 "고난도"를 참조)와 쓰기를 수행할 때 쓰기 버퍼가 다 채워져서 발생하는 쓰기 버퍼 지연으로 구성된다. 그래서 쓰기 시에 지연되는 사이클은 이 두 가지의 합과 같다.

$$\text{쓰기 지연 사이클} = \left(\frac{\text{쓰기 접근 횟수}}{\text{프로그램}} \times \text{쓰기 실패율} \times \text{쓰기 실패 손실}\right) + \text{쓰기 버퍼 지연}$$

쓰기 버퍼 지연은 쓰는 횟수가 아닌 쓰기의 집중도에 의존하므로 이러한 지연을 계산할 수 있는 단순한 계산 방법은 존재하지 않는다. 다행스럽게도 적당한 크기의 쓰기 버퍼(4워드 이상)와 프로그램의 평균 쓰기 발생 빈도보다 충분히 빠르게(예를 들면 두 배) 쓰기를 수행할 수 있는 메모리를 갖고 있는 시스템에서는 쓰기 버퍼 지연이 매우 작기 때문에 무시할 수 있다. 시스템이 이를 만족시키지 못한다면 설계가 잘못된 것이므로 더 큰 쓰기 버퍼를 사용하거나 나중 쓰기 방식을 사용해야 한다.

나중 쓰기 방식 또한 블록이 교체될 때 메모리에 써야 하므로 추가적인 지연이 발생하게 된다. 이것은 5.8절에서 다시 설명하기로 한다.

대부분의 즉시 쓰기 캐시 구현 방식에서 읽기 실패 손실과 쓰기 실패 손실은 같다(메모리에서 블록을 가져오는 데 걸리는 시간). 쓰기 버퍼 지연이 무시할 수 있을 정도로 작다고 가정하면, 하나의 실패율과 실패 손실을 써서 읽기와 쓰기를 합칠 수 있다.

$$\text{메모리 지연 클럭 사이클} = \frac{\text{메모리 접근 횟수}}{\text{프로그램}} \times \text{실패율} \times \text{실패 손실}$$

또한 다음과 같이 쓸 수도 있다.

$$\text{메모리 지연 클럭 사이클} = \frac{\text{명령어}}{\text{프로그램}} \times \frac{\text{실패}}{\text{명령어}} \times \text{실패 손실}$$

프로세서의 성능에 캐시의 성능이 어떤 영향을 끼치는지 이해하기 위해 간단한 예를 살펴보자.

캐시 성능의 계산

예제

프로그램 명령어 캐시 실패율이 2%이고, 데이터 캐시 실패율이 4%라고 가정하자. 메모리 지연이 없을 때 CPI가 2이고 매 실패마다 실패 손실이 100사이클이라면, 결코 실패가 발생되지 않는 완벽한 캐시에서는 시스템이 얼마나 빨라지는지 계산하라. 읽기와 쓰기의 빈도는 36%라고 가정하자.

답

명령어 개수(I)를 사용하여 명령어에 대한 메모리 실패 사이클의 수를 계산하면 다음과 같다.

$$\text{명령어 실패 사이클} = \mathrm{I} \times 2\% \times 100 = 2.00 \times \mathrm{I}$$

모든 읽기와 쓰기의 빈도는 36%이다. 따라서 데이터 참조에 대한 메모리 실패 사이클의 수는 다음과 같다.

$$\text{데이터 실패 사이클} = \text{I} \times 36\% \times 4\% \times 100 = 1.44 \times \text{I}$$

즉, 전체 메모리-지연 사이클의 수는 2.00 I + 1.44 I = 3.44 I이다. 이것은 평균적으로 명령어당 3사이클 이상의 메모리 지연을 요구한다는 것을 뜻한다. 따라서 메모리 지연을 고려할 경우의 CPI는 2 + 3.44 = 5.44가 된다. 명령어 개수와 클럭 속도에는 변화가 없기 때문에, 프로세서 수행 시간의 비율은 다음과 같다.

$$\frac{\text{지연이 있는 경우의 CPU 시간}}{\text{완벽한 캐시의 CPU 시간}} = \frac{\text{I} \times \text{CPI}_{\text{stall}} \times \text{클럭사이클}}{\text{I} \times \text{CPI}_{\text{perfect}} \times \text{클럭사이클}}$$

$$= \frac{\text{CPI}_{\text{stall}}}{\text{CPI}_{\text{perfect}}} = \frac{5.44}{2}$$

즉, 완벽한 캐시가 있으면 성능은 $\frac{5.44}{2} = 2.72$배 더 좋아진다.

만약 프로세서가 더 빠르게 동작하고, 메모리 시스템은 전과 같다면 어떤 일이 발생할까? 이 경우에, 메모리 지연에 쓰이는 시간은 전체 수행 시간 중 더 큰 부분을 차지하게 된다. 1장에서 살펴본 Amdahl의 법칙이 이를 상기시켜 준다. 간단한 예 몇 개만 보아도 이 문제가 얼마나 심각한지를 알 수 있다. 앞의 예제에서 클럭 속도는 변화시키지 않고 CPI를 2에서 1로 줄여 시스템의 성능을 증가시켰다고 가정하자. 이는 파이프라인의 개선을 통하여 가능하다. 이때 캐시 실패가 있는 시스템의 CPI는 1 + 3.44 = 4.44가 되므로, 완벽한 캐시를 갖는 시스템이

$$\frac{4.44}{1} = 4.44\text{배 빠르게 된다.}$$

메모리 지연에 쓰이는 수행 시간의 양은

$$\frac{3.44}{5.44} = 63\%$$

에서

$$\frac{3.44}{4.44} = 77\%$$

로 증가한다. 마찬가지로, 메모리 시스템의 변화 없이 클럭 속도를 증가시키는 것 또한 캐시 실패로 인한 손실을 증가시키게 된다.

앞의 예제와 식들은 적중 시간이 캐시의 성능을 결정하는 요인이 아니라고 가정하고 있다. 하지만 적중 시간이 증가한다면 메모리 시스템으로부터 워드를 가져오는 전체 시간은 증가되고, 따라서 프로세서 사이클 시간 또한 증가된다. 곧 무엇이 적중 시간을 증가시키는가에 대한 몇 가지 예를 살펴보겠지만 한 가지 예는 캐시의 크기를 증가시키는 것이다. 더 큰 캐시는 당연히 더 긴 접근 시간을 필요로 한다. 만약 도서관의 책상이 아주 크다면(예를 들어 3제곱미터), 책상에서 책을 찾는 데 걸리는 시간이 더 커지는 것과 마찬가지다. 적중 시간이 증가하면 캐시 적중에 두 사이클 이상이 소요되기 때문에 파이프라인에 새로운 단계가 추가될 수 있다. 캐시가 커져서 파이프라인 단계가 늘어나면 성능 계산이 복잡해지기는 하지만, 캐시를 어느 정도 이상 크게 하면 적중률의 향상보다 적중 시간의 증가가 더 큰 영향을 미쳐 프로세서 성능이 더 나빠지는 것을 알 수 있다.

적중과 실패 시의 데이터 접근 시간이 모두 성능에 영향을 미치므로, 서로 다른 캐시 구조를 평가하는 방법으로 **평균 메모리 접근 시간**(average memory access time, AMAT)을 사용한다. 평균 메모리 접근 시간은 적중과 실패 그리고 여러 가지 접근의 빈도를 모두 고려한 메모리 접근의 평균 시간이다. AMAT는 아래와 같은 수식으로 표현된다.

$$\text{평균 메모리 접근 시간} = \text{캐시 적중 시간} + \text{실패율} \times \text{실패 손실}$$

평균 메모리 접근 시간의 계산

예제

클럭 사이클 시간이 1ns이고, 실패 손실은 20클럭, 명령어당 0.05의 실패율을 가지며, 캐시 적중을 포함한 캐시 접근 시간이 1클럭이라고 할 때 평균 메모리 접근 시간을 구하라. 읽기와 쓰기의 실패 손실은 같고 다른 쓰기 지연은 무시한다.

답

명령어당 평균 메모리 접근 시간은

$$\begin{aligned}\text{평균 메모리 접근 시간} &= \text{캐시 적중 시간} + \text{실패율} \times \text{실패 손실}\\ &= 1 + 0.05 \times 20\\ &= 2 \text{ 클럭 사이클}\end{aligned}$$

또는 2ns이다.

다음에는 실패율을 감소시키지만 때로는 적중 시간을 증가시키기도 하는 다른 캐시 구조를 살펴보자. 추가 예들은 5.16절에서 살펴보기로 한다.

더 유연한 블록 배치를 통한 캐시 실패 줄이기

지금까지는 메모리 블록을 캐시에 넣을 때 각 블록이 캐시의 딱 한 곳에만 들어갈 수 있는 단순한 배치 방법을 사용하였다. 이 방법은 메모리 블록 주소를 상위 계층의 한 곳에 바로 사상시키므로 **직접 사상**(directed mapped)이라 부른다. 하지만 실제로는 블록을 배치하는 다양한 방식이 존재하는데, 그 중 한 극단이 블록을 한 곳에만 넣을 수 있는 직접 사상 방식이다.

완전 연관 블록이 캐시의 어느 곳에나 들어갈 수 있는 캐시 구조.

집합 연관 각 블록이 들어갈 수 있는 장소의 개수가 일정한(둘 이상) 캐시.

반대쪽 극단에는 블록이 캐시 내의 어느 곳에나 위치할 수 있는 방식이 존재한다. 이를 **완전 연관**(fully associative) 방식이라 한다. 블록이 어느 곳에나 위치할 수 있기 때문에 완전 연관 캐시에서 주어진 블록을 찾기 위해서는 캐시 내의 모든 엔트리를 검색하여야만 한다. 검색을 효율적으로 하기 위해 각 캐시 엔트리와 연결된 비교기를 이용하여 병렬로 검색한다. 이러한 비교기는 하드웨어 비용을 크게 증가시키므로 완전 연관 방식은 작은 수의 블록을 갖는 캐시에서만 유용하다.

직접 사상과 완전 연관 사상의 중간 방식으로 **집합 연관**(set associative) 방식이 있다. 집합 연관 사상 캐시에서는 한 블록이 들어갈 수 있는 자리의 개수가 고정되어 있다. 각 블록당 n개의 배치 가능한 위치를 갖는 집합 연관 캐시를 n-way 집합 연관 캐시라고 부른다. n-way 집합 연관 캐시는 각각 n개의 블록으로 이루어진 다수의 집합들로 구성되어 있다. 메모리의 각 블록은 인덱스 필드에 의해 캐시 내의 한 집합(set)으로 사상되고, 선택된 집합 내에서는 아무 위치에나 들어갈 수 있다. 따라서 집합 연관 사상 방식은 직접 사상 방식과 완전 연관 사상 방식의 조합이라고 볼 수 있다. 각 블록

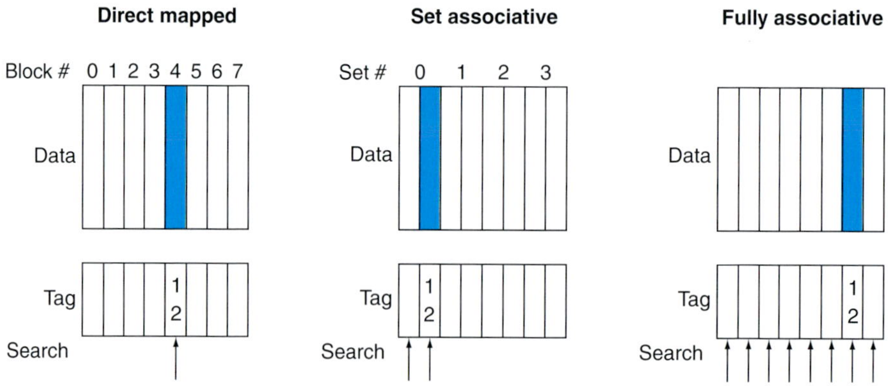

그림 5.14 8개의 블록을 갖는 캐시에서 직접 사상, 집합 연관 및 완전 연관 방식의 경우 주소가 12인 블록의 위치. 직접 사상 배치에서는, 캐시상의 블록번호는 (12 modulo 8) = 4가 되고, 이 위치는 캐시 내에 유일하므로 바로 찾을 수 있다. 2-way 집합 연관 캐시는 4개의 집합으로 구성되며, 메모리 블록 12는 (12 modulo 4) = 0, 즉 0번 집합에서 찾을 수 있다. 12번 블록은 0번 집합의 두 블록 중 어느 곳에나 놓일 수 있다. 완전 연관 방식에서, 블록 주소 12의 블록은 8개 블록 중 어느 곳에나 위치할 수 있다.

은 한 집합에 직접 사상되며, 집합 내의 모든 블록들을 검색하여 일치하는 것을 찾는다. 예를 들어, 그림 5.14는 세 가지 블록 배치 방법에 대하여 전체 8개의 블록으로 구성된 캐시에 블록 12가 어디에 위치하게 되는지를 보여 준다.

직접 사상 캐시 내의 메모리 블록의 위치는 다음과 같이 구할 수 있음을 상기하라.

(블록 번호) modulo (캐시 내 블록의 수)

집합 연관 캐시에서 어떤 메모리 블록을 갖고 있는 집합은 다음과 같이 구할 수 있다.

(블록 번호) modulo (캐시 내 집합의 수)

블록이 집합 내 어느 곳에나 배치될 수 있기 때문에, **집합 내의 모든 태그**를 다 검색해야 한다. 완전 연관 캐시에서는 블록이 어느 곳에나 위치할 수 있으므로, **캐시 내 모든 블록**을 다 검색해야 한다.

모든 블록 배치 방식을 집합 연관 방식의 변형이라고 생각할 수 있다. 그림 5.15는

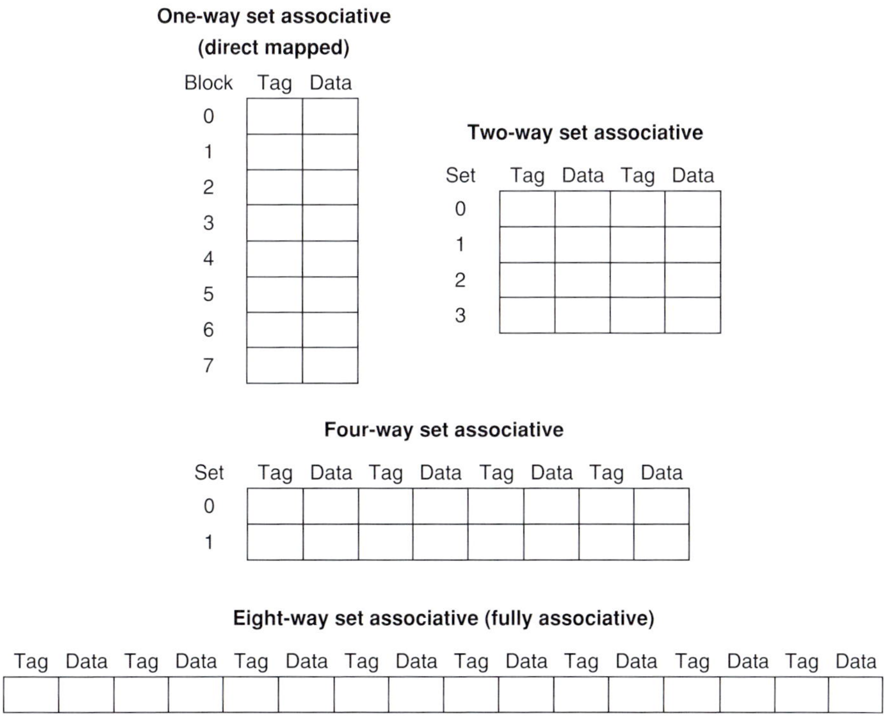

그림 5.15 8개 블록으로 구성된 캐시가 직접 사상, 2-way 집합 연관, 4-way 집합 연관, 완전 연관 방식으로 구성되어 있다. 캐시 내부의 전체 블록의 수는 집합의 수와 연관 정도를 곱한 것과 같다. 따라서 고정된 캐시 크기에서 연관 정도를 늘리는 것은 집합의 수를 줄이고 집합당 원소의 수를 늘리게 된다. 8개 블록으로 된 8-way 집합 연관 캐시는 완전 연관 캐시와 같다.

8개 블록을 갖는 캐시에서 가능한 연관 정도(associativity)에 따라 다양한 구조를 보여준다. 직접 사상 캐시는 단순히 1−way 집합 연관 캐시이다. 각 캐시 엔트리는 한 블록을 원소로 갖는 집합으로 구성된다. m개의 엔트리로 구성된 완전 연관 캐시는 간단히 m-way 집합 연관 캐시라고 볼 수 있다. m개의 블록으로 구성된 한 개의 집합만을 갖고 엔트리는 그 집합 내 어느 블록에도 위치할 수 있다.

연관 정도를 늘리는 것의 장점은 다음 예제가 보여 주는 것처럼 대개 실패율이 줄어든다는 것이다. 가장 큰 단점은, 곧 자세히 살펴보겠지만, 적중 시간의 증가이다.

실패와 캐시의 연관 정도

예제

1워드 크기를 갖는 블록 4개로 구성된 작은 세 종류의 캐시가 있다. 하나는 완전 연관 방식, 다른 하나는 2−way 집합 연관 방식이고, 나머지는 직접 사상 방식이다. 각 캐시 구현에 대해서 다음 순서대로 블록을 참조할 때 발생하는 실패는 각각 몇 번인가? 블록 주소: 0, 8, 0, 6, 8.

답

직접 사상 캐시의 경우가 가장 쉽다. 먼저 각각의 블록 주소가 어느 캐시 블록으로 사상되는지 결정하자.

Block address	Cache block
0	(0 modulo 4) = 0
6	(6 modulo 4) = 2
8	(8 modulo 4) = 0

이제, 각 참조 후 캐시의 내용을 채울 수 있다. 빈칸은 블록이 유효하지 않음을 나타내고, 파란색으로 표시된 것은 캐시에 추가된 새로운 엔트리를 나타낸다. 흑백으로 쓰여 있는 항목은 전부터 캐시에 있던 엔트리를 보여 준다.

Address of memory block accessed	Hit or miss	Contents of cache blocks after reference			
		0	1	2	3
0	miss	Memory[0]			
8	miss	Memory[8]			
0	miss	Memory[0]			
6	miss	Memory[0]		Memory[6]	
8	miss	Memory[8]		Memory[6]	

직접 사상 캐시에서는 5번의 접근 시도에 5번의 실패가 발생되었다.

집합 연관 캐시는 집합당 2개의 원소를 갖는 2개의 집합(인덱스가 0이나 1)으로 구성된다. 각 블록 주소가 어느 집합으로 사상되는지 알아보자.

Block address	Cache set
0	(0 modulo 2) = 0
6	(6 modulo 2) = 0
8	(8 modulo 2) = 0

실패 시 집합 내에서 교체할 엔트리의 선정을 위해서는 교체 방식을 정해야 한다. 집합 연관 캐시는 대개 집합 내에서 가장 오래전에 사용된 블록을 교체시키는 LRU(least recently used) 교체 방식을 사용한다. 즉, 가장 오래전에 사용된 블록이 교체된다(나중에 교체 방식을 더 자세히 살펴보기로 하자). 이 교체 방식을 사용하면, 각 참조 후 집합 연관 캐시의 내용은 다음과 같게 된다.

Address of memory block accessed	Hit or miss	Contents of cache blocks after reference			
		Set 0	Set 0	Set 1	Set 1
0	miss	Memory[0]			
8	miss	Memory[0]	Memory[8]		
0	hit	Memory[0]	Memory[8]		
6	miss	Memory[0]	Memory[6]		
8	miss	Memory[8]	Memory[6]		

블록 6이 참조될 때 블록 8이 교체된다. 블록 8이 블록 0보다 더 오랫동안 참조되지 않았기 때문이다. 2-way 집합 연관 캐시는 전부 4번의 실패를 갖게 되고, 직접 사상 캐시보다 실패 횟수가 1번 적다.

완전 연관 캐시는 4개의 캐시 블록으로 구성된 1개의 집합을 갖는다. 어떠한 메모리 블록도 캐시 내 어느 블록에나 적재될 수 있다. 이 완전 연관 방식 캐시가 단지 3개의 실패를 발생시키며, 최고의 성능을 갖는다.

Address of memory block accessed	Hit or miss	Contents of cache blocks after reference			
		Block 0	Block 1	Block 2	Block 3
0	miss	Memory[0]			
8	miss	Memory[0]	Memory[8]		
0	hit	Memory[0]	Memory[8]		
6	miss	Memory[0]	Memory[8]	Memory[6]	
8	hit	Memory[0]	Memory[8]	Memory[6]	

이런 순서를 갖는 참조에서는 세 가지 블록 주소를 사용하기 때문에 3개의 실패가 우리가 가질 수 있는 최상의 것이다. 만약 캐시에 8개의 블록이 있다면, 2-way 집합 연관 캐시의 경우 교체는 발생되지 않는다(각자 확인해 보기 바람). 따라서 완전 연관 캐시와 실패 횟수가 같다. 마찬가지로 블록이 16개 있다면 이 세 가지 캐시에서 발생하는 실패 횟수는 모두 같다. 이런 단순한 예제도 캐시의 크기와 연관 정도가 캐시의 성능을 결정하는 데 있어서 서로 독립적이지 않음을 보여 준다.

Associativity	Data miss rate
1	10.3%
2	8.6%
4	8.3%
8	8.1%

그림 5.16 Intrinsity FastMATH 프로세서와 같은 구성에서 SPEC2000 벤치마크 프로그램을 수행할 때 1-way부터 8-way까지 연관 정도를 변화시켰을 때 데이터 캐시의 실패율. SPEC CPU2000 프로그램 10개에 대한 결과는 Hennessy와 Patterson(2003)에서 가져왔다.

실패율이 연관 정도에 의해서 얼마나 줄어드는가? 그림 5.16은 16워드의 블록으로 구성된 64KiB 데이터 캐시가 얼마나 개선되는지를 보여 준다. 연관 정도는 직접 사상에서 8-way 집합 연관까지 다양하다. 1-way에서 2-way 집합 연관 방식으로 바뀌었을 때 실패율이 약 15% 향상됨을 알 수 있다. 그러나 더 높은 연관 정도를 갖는 집합 연관 방식으로 바뀌었을 때는 거의 향상이 없음을 알 수 있다.

캐시에서 블록 찾기

집합 연관 방식 캐시에서 블록을 찾는 방법을 살펴보자. 직접 사상 캐시에서와 같이 집합 연관 캐시 내의 블록은 블록 주소를 나타내는 주소 태그를 가지고 있다. 선택된 집합 내 모든 블록의 태그는 프로세서로부터 나온 태그와 일치하는지를 검사하게 된다. 그림 5.17은 주소가 어떻게 나누어졌는지 보여 준다. 인덱스값을 이용하여 필요한 주소를 가지고 있는 집합을 선정하고, 선정된 집합 내 모든 블록의 태그를 비교한다. 빠른 속도가 매우 중요하기 때문에 선정된 집합 내 모든 태그는 병렬로 검색된다. 완전 연관 캐시에서와 마찬가지로 순차적 검색은 집합 연관 캐시의 적중 시간을 너무 느리게 만든다.

전체 크기가 같다면, 연관 정도를 늘리면 집합당 블록의 수가 증가된다. 집합당 블록의 수는 병렬로 검색되어 동시에 비교되어야 하는 횟수와 같다. 연관 정도를 2배 증가시키면 집합당 블록의 수가 2배가 되고 집합의 수는 절반이 된다. 따라서 연관 정도를 2배 늘리는 것은 인덱스의 크기를 1비트 줄게 하고 태그의 크기는 1비트 늘게 한다. 완전 연관 캐시의 경우, 실제 1개의 집합만이 존재하며 모든 블록들은 병렬로 검사되어야 한다. 따라서 인덱스가 필요 없고, 블록 변위를 제외한 전체 주소가 모든 블

Tag	Index	Block offset

그림 5.17 집합 연관이나 직접 사상 캐시 주소의 세 부분. 인덱스는 집합을 고르는 데 사용되고 태그는 고른 집합 내부에서 비교에 의해 블록을 선택할 때 사용된다. 블록 변위는 원하는 데이터의 블록 내 주소이다.

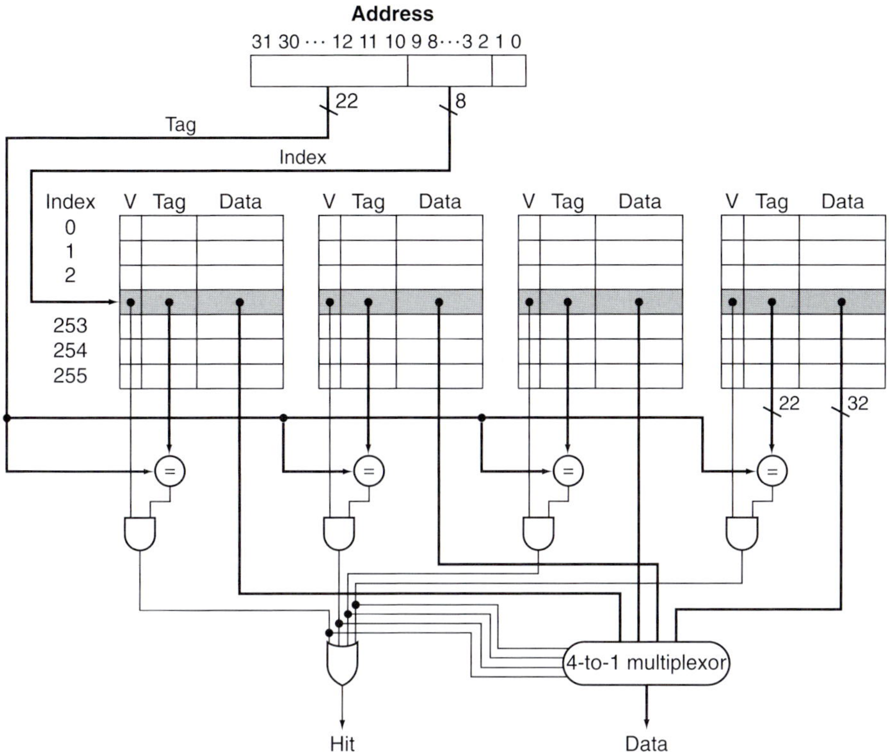

그림 5.18 4-way 집합 연관 캐시의 구현에는 4개의 비교기와 4:1 멀티플렉서가 필요하다. 비교기는 선정된 집합의 어느 원소가 태그와 일치하는지를 결정한다. 비교기의 출력은 멀티플렉서에 인가되어 인덱스된 집합 내 4개의 데이터 중 하나를 선정하는 데 사용된다. 어떤 구현에서는 캐시의 출력을 RAM 외부로 내보내는 출력 구동(output enable) 신호를 이용하여 집합에서 원하는 엔트리를 선택한다. 출력 구동 신호는 비교기로부터 나오고 일치하는 엔트리가 캐시의 출력이 되도록 해 준다. 이 방식을 사용하면 멀티플렉서가 필요 없다.

록의 태그와 비교된다. 다시 말해서 인덱스는 사용하지 않고 대신 전체 캐시를 검색해야 한다.

직접 사상 캐시는 엔트리가 한 캐시 블록에만 존재할 수 있으므로, 비교기가 하나만 있으면 되고 인덱스만을 사용하여 캐시에 접근할 수 있다. 그림 5.18의 4-way 집합 연관 캐시에서는 선정된 집합의 4개 원소 중 하나를 선택하는 데 4:1 멀티플렉서와 4개의 비교기가 필요하다. 캐시 접근 과정은 인덱스로 집합을 찾는 것과 집합 내의 태그를 비교하는 것으로 구성된다. 집합 연관 캐시를 사용하려면 많은 비교기가 필요하고, 집합의 원소들을 비교하고 선택하는 데 걸리는 시간 지연을 감수해야만 한다.

직접 사상, 집합 연관, 완전 연관 사상 중 하나를 선택할 때는 실패 비용 대비 연관 구현 비용을 시간과 하드웨어의 관점에서 비교해야 한다.

고난도: CAM(content addressable memory)은 비교와 저장을 한 장치에서 할 수 있도록 한 회로이다. RAM처럼 주소를 주고 워드를 읽는 것과 달리 데이터를 주면 CAM은 그것과 같은 값을 가지고 있는지 확인한 후 일치하는 행의 인덱스를 찾아 준다. CAM은 캐시 설계자가 SRAM과 비교기를 사용하여 구현하는 것보다 더 높은 집합 연관도의 캐시를 구현할 수 있도록 해 준다. CAM의 크기와 전력 소모 문제로 2013년 현재 2-way나 4-way 집합 연관 캐시는 표준 SRAM과 비교기로 만들고, 8-way 이상은 CAM으로 만든다.

교체시킬 블록의 선택

직접 사상 캐시에서 실패가 발생되면 요구된 블록은 딱 한 곳으로만 갈 수 있으므로 그 자리를 차지하였던 블록을 교체해야 한다. 연관 방식의 캐시에서는 요구된 블록을 어디에 넣을지 선택하여야 하며, 이는 교체해야 할 블록을 선택하는 것과 동일하다. 완전 연관 캐시에서는 모든 블록이 교체의 후보가 된다. 집합 연관 캐시의 경우에는 선정된 집합 내에서 골라야 한다.

LRU 가장 오랫동안 사용되지 않은 블록을 교체하는 방법.

가장 널리 사용되는 교체 방식은 이전 예제에서 사용한 바와 같은 LRU(least recently used)이다. LRU 방식에서 교체되는 블록은 가장 오랫동안 사용되지 않은 것이다. 앞의 예제에서 블록 6 대신에 블록 0이 교체된 이유는 LRU를 사용했기 때문이다.

LRU 방식은 집합 내 원소의 상대적 사용 시기를 추적함으로써 구현 가능하다. 2-way 집합 연관 방식 캐시에서는 각 집합마다 한 비트를 두고 원소가 참조될 때마다 이 원소를 표시하게 하여 최근 사용된 원소를 추적할 수 있다. 연관 정도가 커지게 되면 LRU를 구현하는 것이 더욱 힘들게 된다. 5.8절에서 다른 교체 방법을 살펴보도록 한다.

예제

태그의 크기 대 집합의 연관 정도

연관 정도를 늘리면 비교기도 더 많이 필요하고, 캐시 블록에 더 많은 태그 비트가 있어야 된다. 블록이 4096개, 블록 크기는 4워드, 주소가 64비트인 캐시를 구현하려고 한다. 직접 사상, 2-way 집합 연관, 4-way 집합 연관과 완전 연관 각각의 경우 전체 집합 개수와 캐시 전체의 태그 비트 수를 구하라.

답

한 블록에 16($=2^4$)바이트가 존재하므로 64비트 주소 중 $64 - 4 = 60$비트가 인덱스와 태그로 사용된다. 직접 사상 캐시에서는 블록의 개수와 집합의 개수가 같으므로 인덱스로 12비트($\log_2(4096) = 12$)를 사용한다. 따라서 태그 비트의 총수는 $(60 - 12) \times 4096 = 48 \times 4096 = 197$ K비트이다.

연관 정도를 높일 때마다 집합의 수는 절반씩 줄어들게 되고 따라서 캐시를 인덱스하는 데 필요한 비트수도 하나씩 감소하게 된다. 또한 태그에 필요한 비트는 하나씩 증가하게 된다. 따라서 2-way 집합 연관 캐시는 2048개의 집합을 갖게 되고, 전체 태그 비트 수는 (60 − 11) × 2 × 2048 = 98 × 2048 = 401 K비트가 된다. 4-way 집합 연관 캐시는 전체 집합의 수가 1024이고 전체 태그 비트 수는 (60 − 10) × 4 × 1024 = 100 × 1024 = 205 K비트가 된다.

완전 연관 캐시의 경우 4096 블록 크기의 집합 하나만 존재하므로 태그 하나는 60비트이며 전체 태그 비트는 60 × 4096 × 1 = 246 K비트가 된다.

다단계 캐시를 이용한 실패 손실 줄이기

현대의 모든 컴퓨터는 캐시를 사용한다. 프로세서의 빠른 클럭 속도와 상대적으로 점점 느려지는 DRAM 접근 시간 사이의 차이를 더욱 줄이기 위해, 고성능 마이크로프로세서들은 캐시를 한 계층 더 사용한다. 이 2차 캐시(secondary cache)는 주로 마이크로프로세서에 내장되어 있으며, 1차 캐시(primary cache)에서 실패가 발생할 때 접근된다. 2차 캐시가 원하는 데이터를 갖고 있으면 실패 손실은 2차 캐시의 접근 시간이 되며, 이 값은 메인 메모리의 접근 시간보다 훨씬 작다. 1차 캐시와 2차 캐시 둘 다 데이터를 갖고 있지 않은 경우에는 메인 메모리 접근이 필요하게 되고 더 큰 실패 손실이 발생하게 된다.

2차 캐시를 사용함으로써 얼마나 큰 성능 향상을 얻을 수 있는가? 다음의 예제를 보자.

다단계 캐시의 성능

예제

4GHz 클럭을 사용하고 모든 참조가 1차 캐시에서 적중될 경우 기본 CPI가 1.0인 프로세서를 가정해 보자. 실패 처리까지 포함한 메인 메모리 접근 시간이 100ns이고, 1차 캐시에서 명령어당 실패율이 2%라고 가정하자. 접근 시간이 5ns인 2차 캐시를 충분히 많이 추가하여 메인 메모리까지 가야 하는 실패의 비율을 0.5%까지 낮출 수 있다면 프로세서는 얼마나 빨라지는가?

답

메인 메모리의 실패 손실은 다음과 같다.

$$\frac{100\ \text{ns}}{0.25\dfrac{\text{ns}}{\text{클럭 사이클}}} = 400\ \text{클럭 사이클}$$

한 계층 캐시만을 갖는 경우 유효 CPI는 다음과 같다.

$$\text{전체 CPI} = \text{기본 CPI} + \text{명령어당 메모리 지연 사이클}$$
$$= 1.0 + \text{명령어당 메모리 지연 사이클} = 1.0 + 2\% \times 400 = 9$$

2차 캐시를 가질 경우 1차 캐시에서의 실패는 2차 캐시 또는 메인 메모리에 의해 처리될 수 있다. 2차 캐시 접근 때문에 생기는 실패 손실은 다음과 같다.

$$\frac{5\text{ ns}}{0.25\dfrac{\text{ns}}{\text{클럭 사이클}}} = 20\text{ 클럭 사이클}$$

만약 실패가 2차 캐시에서 처리되면 이 값이 전체 실패 손실이 된다. 하지만 실패를 메인 메모리가 처리하게 될 경우 전체 실패 손실은 2차 캐시 접근 시간과 메인 메모리 접근 시간의 합이 된다.

따라서 2계층 캐시의 전체 CPI는 1, 2차 캐시의 지연 사이클과 기본 CPI의 합이 된다.

$$\text{전체 CPI} = 1 + \text{명령어당 1차 캐시 지연} + \text{명령어당 2차 캐시 지연}$$
$$= 1 + 2\% \times 20 + 0.5\% \times 400 = 1 + 0.4 + 2.0 = 3.4$$

따라서 2차 캐시를 갖는 프로세서는 다음과 같이 빨라지게 된다.

$$\frac{9.0}{3.4} = 2.6$$

다른 방식으로 계산하면 다음과 같다. 2차 캐시에서 적중된 참조의 지연 사이클 ((2% − 0.5%) × 20 = 0.3)을 계산할 수 있다. 메인 메모리까지 내려간 참조의 지연 사이클은 2차 캐시 접근 시간과 메인 메모리 접근 시간을 포함해야 하므로 (0.5% × (20 + 400) = 2.1)이 된다. 그러므로 합은 1.0 + 0.3 + 2.1, 즉 다시 3.4가 된다.

1차 캐시와 2차 캐시의 설계 고려사항은 매우 다르다. 캐시가 혼자가 아니기 때문에 최적의 선택이 단일 계층 캐시와는 달라지게 된다. 1차 캐시는 클럭 사이클의 단축이나 파이프라인 단계의 축소가 가능하도록 적중 시간 최소화에 초점을 맞추고, 2차 캐시는 긴 메모리 접근 시간으로 인한 손실을 줄이도록 실패율에 중점을 둔다.

다단계 캐시 캐시 하나와 메인 메모리로만 구성된 것이 아니라 여러 단계의 캐시를 갖는 메모리 계층구조.

각 캐시를 단일 계층 캐시의 최적 설계와 비교해 보면 이러한 변화가 두 캐시에 미치는 영향을 알 수 있다. 단일 캐시와 비교할 때 **다단계 캐시**(multilevel cache)의 1차 캐시는 대개 1계층 캐시보다 더 작다. 게다가 1차 캐시는 크기를 작게 하고 실패 손실을 줄이기 위해 블록 크기가 작다. 반면에 2차 캐시는 단일 캐시와 비교할 때, 접근 시간이 덜 중요하기 때문에 크기가 더 크다. 따라서 단일 캐시에 적절한 블록 크기보다 더 큰 블록을 사용할 수 있다. 2차 캐시는 실패율을 줄이는 데 집중해야 하므로 1차 캐시보다 더 높은 연관 정도가 많이 사용된다.

프로그램 성능의 이해

정렬 알고리즘은 버블(bubble) 정렬, 퀵(quick) 정렬, 기수(radix) 정렬 등 더 좋은 방법을 찾기 위해 철저히 분석되어 왔다. 그림 5.19a는 기수 정렬과 퀵 정렬에 의해 실행된 항목당 명령어수를 보여 주고 있다. 예측한 대로 큰 배열에서는 기수 정렬이 퀵 정렬에 비해 연산 횟수 측면에서 알고리즘상의 장점을 보인다. 그림 5.19b는 수행된 명령어 대신 수행된 시간을 보여 준다. 이 값은 그림 5.19a와 같은 궤적을 갖고 시작하지만 기수 정렬은 입력 데이터가 많아질수록 발산함을 알 수 있다. 왜 이런 일이 발생하는 것일까? 그림 5.19c는 정렬되는 항목당 캐시 실패 횟수를 보여 줌으로써 이 질문에 답하고 있다. 퀵 정렬이 항상 더 적은 캐시 실패를 발생시킨다.

표준 알고리즘 분석 방법은 메모리 계층구조의 영향을 무시하는 경우가 많다. 더 빠른 클럭과 **Moore의 법칙**이 컴퓨터 성능의 극대화를 가져왔듯이, 오늘날에는 메모리 계층구조를 잘 이용하는 것이 고성능을 얻는 데 있어서 핵심이 된다. 서두에서 이야기하였지만 메모리 계층구조의 동작 원리를 이해하는 것이 오늘날 컴퓨터에서 프로그램의 성능을 이해하는 데 매우 중요하다.

MOORE'S LAW

블로킹을 이용한 소프트웨어 최적화

성능 향상에 메모리 계층구조가 중요하기 때문에 극적인 성능 향상을 이룰 수 있는 소프트웨어 최적화 방법이 많이 제시된 것은 놀랄 일이 아니다. 이 방법들은 캐시 내의 데이터를 재사용하여 시간적 지역성을 개선함으로써 실패율을 낮춘다.

배열을 다룰 때는 배열에 대한 접근이 메모리에서 순차적으로 이루어질 수 있도록 저장할 때 좋은 성능을 얻을 수 있다. 어떤 배열들은 행으로 접근되고 어떤 배열들은 열로 접근되는 경우를 가정해 보자. 배열을 행 단위(**행 우선 순서**)로 저장하거나 열 단위(**열 우선 순서**)로 저장한다고 해서 문제가 해결되지는 않는다. 순환문을 반복할 때마다 행도 사용되고 열도 사용되기 때문이다.

블록화 알고리즘은 배열의 전체 행과 열을 처리하는 대신 부분행렬 또는 블록 단위로 처리한다. 캐시에 적재된 데이터가 교체되기 전에 최대한 사용하는 것이 목표이다. 즉 캐시 실패를 줄이기 위해 시간적 지역성을 향상시키는 것이다.

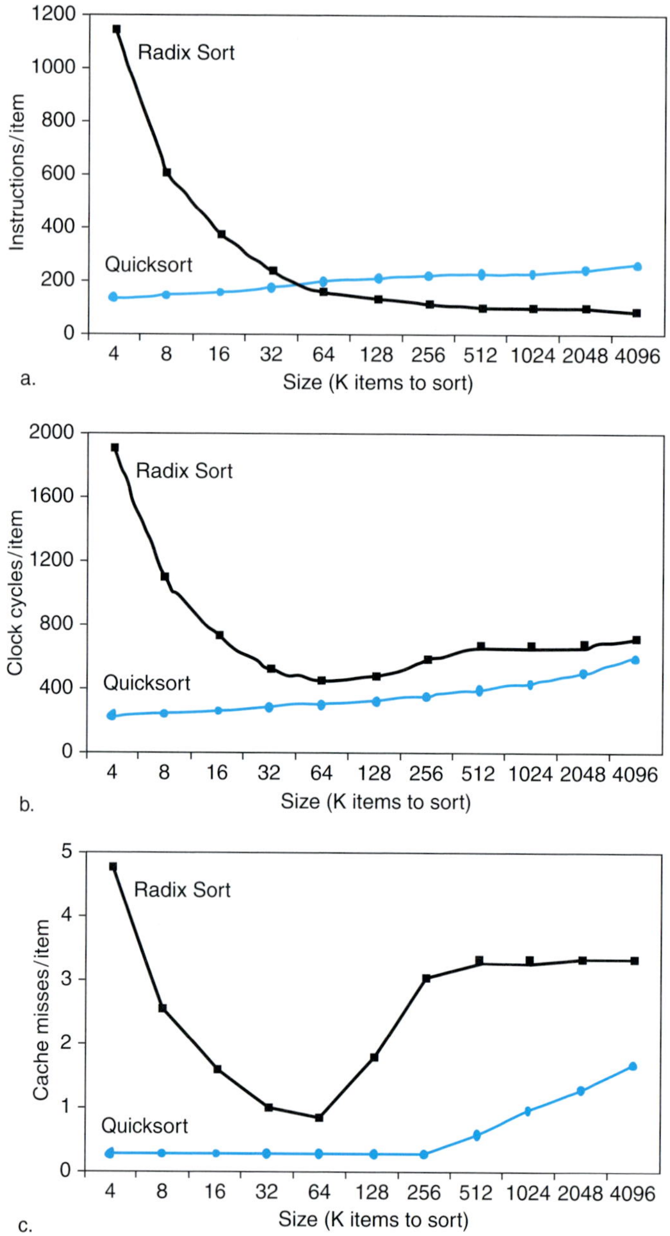

그림 5.19 퀵 정렬과 기수 정렬의 비교. (a) 정렬되는 항목당 수행되는 명령어수. (b) 정렬되는 항목당 걸리는 시간. (c) 정렬되는 항목당 캐시 실패. 이 데이터는 LaMarca와 Ladner의 1996년 논문에서 인용하였다. 메모리 계층구조를 고려하여 알고리즘상의 장점을 살릴 수 있도록 새로운 기수 정렬 알고리즘이 개발되었다(5.15절 참조). 캐시 최적화의 기본 아이디어는 블록이 교체되기 전에 블록 내부의 모든 데이터를 반복해서 사용하는 것이다.

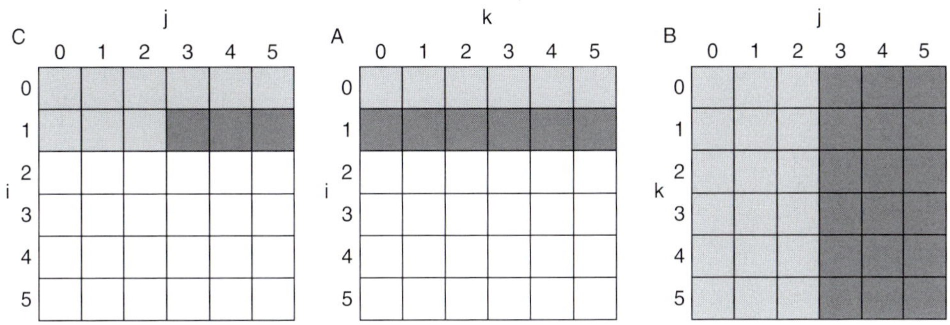

그림 5.20 N=6이고 i=1일 때 세 배열 C, A, B의 접근. 배열을 접근한 시점을 음영으로 표현하였다. 흰색은 아직 접근하지 않은 것, 밝은 음영은 접근한 지 오래된 배열, 짙은 음영은 새로 접근한 것을 보여 준다. 그림 5.22와 비교하면 새로운 원소 C를 계산하기 위해 A와 B의 원소를 반복적으로 읽는다. 변수 i, j, k는 배열 접근에 사용된 행과 열을 보여 준다.

예를 들어 DGEMM의 내부 순환문(그림 3.22의 4번째 줄부터 9번째 줄)은 다음과 같다.

```
for (int j = 0; j < n; ++j)
    {
     double cij = C[i+j*n]; /* cij = C[i][j] */
     for( int k = 0; k < n; k++ )
      cij += A[i+k*n] * B[k+j*n]; /* cij += A[i][k]*B[k][j] */
     C[i+j*n] = cij; /* C[i][j] = cij */
     }
}
```

B의 N × N 원소를 모두 읽고, A의 한 행에 해당하는 원소 N개를 반복적으로 읽고, C의 한 행에 해당하는 원소 N개를 쓴다(주석은 행렬의 행과 열을 쉽게 파악할 수 있도록 해 준다). 그림 5.20은 세 배열에 대한 접근을 보여 준다. 짙은 음영은 최근에 접근한 것들, 밝은 음영은 더 오래 전에 접근한 것들, 흰색은 아직 접근하지 않은 것을 보여 준다.

용량 실패의 횟수가 N과 캐시 크기에 따라 달라지는 것은 분명하다. 캐시 충돌이 없을 때 N × N 행렬 세 개를 다 저장할 수 있으면 아무 문제가 없다. 3장과 4장의 DGEMM은 이것이 가능하도록 행렬 크기를 32 × 32로 선택하였다. 각 행렬은 32 × 32 = 1024원소이고 각 원소는 8바이트이다. 이때 3개의 행렬은 24KiB를 차지하므로, Intel Core i7(Sandy bridge)의 32KiB 데이터 캐시에 들어갈 수 있다.

캐시가 N × N 행렬과 N의 행 하나를 저장할 수 있으면 최소한 A의 i번째 행과 배열 B는 캐시에 들어갈 수 있다. 이것보다 작을 경우 실패는 B와 C 양쪽에서 발생할 수 있다. 최악의 경우 N^3 연산에서 $2N^3 + N^2$ 메모리 워드 접근이 발생할 수 있다.

접근되는 원소가 모두 캐시에 들어갈 수 있는 것을 보장하기 위해, 원래 코드를 부행렬에서 계산되도록 바꾸었다. BLOCKSIZE × BLOCKSIZE 크기의 행렬에 대해 그림 4.78의 DGEMM을 반복해서 호출한다. BLOCKSIZE는 **블로킹 인수**(blocking factor)라 한다.

그림 5.21은 DGEMM의 블록화 버전을 보여 준다. 함수 do_block은 그림 3.22의 DGEMM에 A, B, C의 각 부행렬 시작 위치를 나타내는 si, sj, sk 세 파라미터를 추가한 것이다. do_block의 두 내부 순환문은 B와 C 전체 길이 대신에 BLOCKSIZE의 크기 단위로 계산한다. gcc 최적화 프로그램은 함수를 인라인화(inlining)함으로써 함수 호출에 따른 오버헤드를 제거한다. 즉 함수의 코드를 바로 삽입하여 기존의 파라미터 전달과 복귀 주소 관련 잡다한 명령어들을 제거한다.

그림 5.22는 블로킹을 사용하여 세 배열에 접근하는 것을 보여 준다. 용량 실패만 고려하면 접근되는 메모리 워드 수는 모두 $2N^3/\text{BLOCKSIZE} + N^2$이다. 이 값은 BLOCKSIZE만큼의 성능 향상이다. A는 공간적 지역성에서 이점을 취하고 B는 시간적 지역성에서 이점을 취하므로, 블로킹은 공간과 시간 지역성을 모두 이용한다.

캐시 실패를 줄이는 데 목표를 두었지만, 블로킹은 레지스터 할당을 돕는 데 사용되기도 한다. 블로킹 크기를 작게 해서 블록이 레지스터에 저장될 수 있도록 하면, 프로그램의 적재와 저장의 수를 줄일 수 있고 따라서 성능이 향상될 것이다.

그림 5.23은 행렬의 크기를 점점 증가시켜서 행렬 세 개 모두가 캐시에 들어갈 수 없을 때까지 했을 때, 캐시 블로킹이 최적화되지 않은 DGEMM의 성능에 미치는 영향을 보여 준다. 최적화되지 않은 버전의 성능은 가장 큰 행렬에서 반으로 줄어든다. 캐시 블록화 버전은 3장과 4장의 32 × 32 행렬보다 900배 큰 960 × 960 행렬에서도 성능 저하가 10% 미만이다.

전체 실패율 다단계 캐시의 모든 단계에서 실패된 참조의 비율.

지역 실패율 다단계 캐시의 한 캐시 단계에서 실패된 참조의 비율.

고난도: 다단계 캐시는 많은 복잡한 문제들을 초래한다. 이들 중 하나는 여러 종류의 실패와 실패율이 존재한다는 점이다. 앞의 예제에서 1차 캐시 실패율과 **전체 실패율**(global miss rate)을 살펴보았다. 전체 실패율은 모든 캐시 계층에서 실패가 발생된 참조의 비율이다. 2차 캐시에서 발생한 실패의 수를 2차 캐시 접근 횟수로 나눈 것을 2차 캐시의 실패율로 정의할 수도 있다. 이를 2차 캐시의 **지역 실패율**(local miss rate)이라고 부른다. 1차 캐시가 접근들, 특히 공간적 지역성과 시간적 지역성을 갖는 접근들을 대부분 적중시키기 때문에, 2차 캐시의 지역 실패율은 전체 실패율보다 훨씬 더 높다. 예를 들어 위 예제의 경우 2차 캐시의 지역 실패율은 0.5% / 2% = 25%에 이른다. 다행스럽게도 얼마나 자주 메인 메모리를 접근해야 하는지는 전체 실패율이 결정한다.

```
#define BLOCKSIZE 32
void do_block (int n, int si, int sj, int sk, double *A, double
*B, double *C)
{
   for (int i = si; i < si+BLOCKSIZE; ++i)
      for (int j = sj; j < sj+BLOCKSIZE; ++j)
         {
            double cij = C[i+j*n];/* cij = C[i][j] */
            for( int k = sk; k < sk+BLOCKSIZE; k++ )
               cij += A[i+k*n] * B[k+j*n];/* cij+=A[i][k]*B[k][j] */
            C[i+j*n] = cij;/* C[i][j] = cij */
         }
}
void dgemm (int n, double* A, double* B, double* C)
{
   for ( int sj = 0; sj < n; sj += BLOCKSIZE )
      for ( int si = 0; si < n; si += BLOCKSIZE )
         for ( int sk = 0; sk < n; sk += BLOCKSIZE )
            do_block(n, si, sj, sk, A, B, C);
}
```

그림 5.21 그림 3.22 DGEMM의 캐시 블록화 버전. C는 0으로 초기화되어 있다고 가정한다. do_block 함수는 3장의 DGEMM에 크기가 BLOCKSIZE인 부행렬의 시작점을 표시하는 새로운 파라미터 세 개를 추가한 것이다. gcc 최적화 소프트웨어는 do_block 함수를 인라인화함으로써 함수 오버헤드 명령어를 제거할 수 있다.

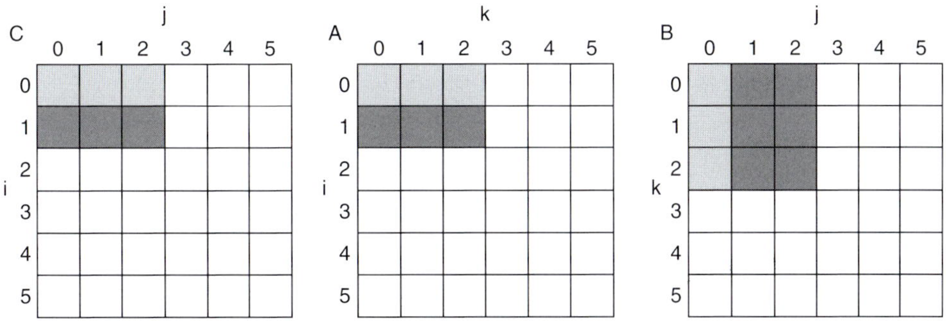

그림 5.22 BLOCKSIZE = 3일 때 배열 C, A, B의 접근 시점. 그림 5.20에 비하여 더 적은 원소에 접근함을 유의하라.

고난도: 명령어를 비순차 실행하는 프로세서(4.10절 참조)의 경우에는 성능 계산이 더욱 복잡하다. 왜냐하면 이들은 실패를 처리하는 도중에도 명령어를 수행하기 때문이다. 명령어 실패율과 데이터 실패율 대신에 명령어당 실패율을 사용하면 다음 공식이 얻어진다.

$$\frac{\text{메모리} - \text{지연 사이클}}{\text{명령어}} = \frac{\text{실패}}{\text{명령어}} \times (\text{전체 실패 지연} - \text{중첩된 실패 지연})$$

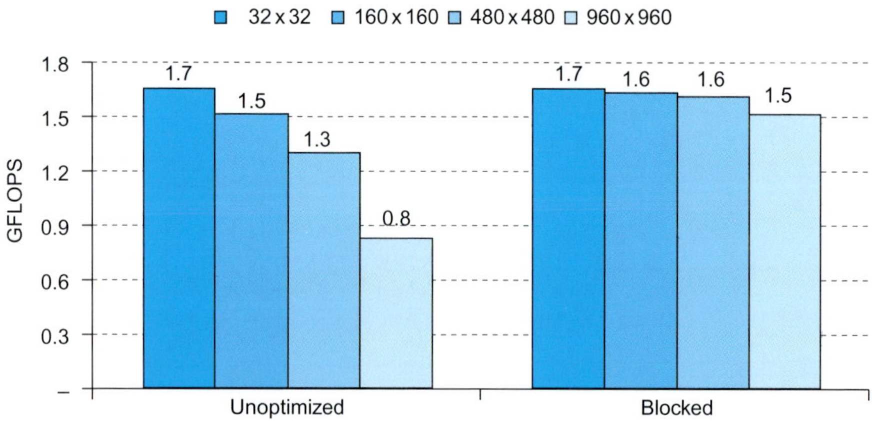

그림 5.23 행렬 크기가 32 × 32(세 개 행렬 모두 캐시에 저장된다)부터 960 × 960까지 변화할 때 최적화되지 않은 DGEMM(그림 3.22)과 캐시 블로킹된 DGEMM(그림 5.21) 간의 성능 비교.

중첩된 실패 손실을 계산하는 일반적인 방법은 없다. 따라서 이와 같은 프로세서의 경우에는 불가피하게 프로세서와 메모리 계층구조에 대한 시뮬레이션이 필요하다. 각각의 실패가 처리되는 동안 프로세서가 하는 일을 관찰해야만 프로세서가 데이터가 오기를 기다리면서 정지해 있는지 아니면 다른 할 일을 찾아서 수행하는지를 알 수 있다. 1차 캐시에서 실패하고 2차 캐시에서 적중하는 경우는 프로세서가 대개 이 실패 손실을 감출 수 있지만 2차 캐시에서도 실패하면 기다릴 수밖에 없다.

고난도: 알고리즘에 대한 성능 분석이 어려운 것은, 같은 구조라도 구현에 따라 캐시 크기, 연관 정도, 블록 크기, 캐시 개수 등 메모리 계층구조가 달라지기 때문이다. 이러한 어려움을 이겨내기 위해서 최근의 수치해석용 라이브러리들은 알고리즘을 파라미터로 정의하고 특정 컴퓨터에서 가장 적합한 파라미터를 수행 중에 찾아서 성능을 평가하기도 한다. 이러한 방법을 **자동조정**(autotuning)이라 한다.

스스로 점검하기 다단계 캐시 설계에 대해서 다음 중 어느 것이 일반적으로 사실인가?

1. 1차 캐시에서는 적중 시간이 중요하고, 2차 캐시는 실패율이 더 중요하다.
2. 1차 캐시는 실패율이 더 중요하고, 2차 캐시는 적중 시간이 더 중요하다.

요약

이 절에서는 1) 캐시의 성능, 2) 실패율을 줄이기 위한 연관 사상의 사용, 3) 실패 손실을 줄이기 위한 다단계 캐시 계층구조의 사용, 4) 캐시의 효율성을 향상시키기 위한 소프트웨어 최적화 사용 등 네 가지 주제에 초점을 맞추었다.

메모리 시스템은 프로그램 수행 시간에 큰 영향을 준다. 메모리 지연 사이클 수는 실패율과 실패 손실에 의해 결정된다. 5.8절에서 살펴보게 되겠지만 문제는 메모리 계층구조상의 다른 중요한 요소들에 영향을 주지 않고 이 요소들 중 하나를 줄이는 것이다.

실패율을 줄이기 위해 연관 배치 방식을 살펴보았다. 이 방식들은 캐시 내부에 보다 유연한 배치 방식을 사용함으로써 실패율을 줄일 수 있었다. 완전 연관 방식에서는 블록이 아무데나 들어갈 수 있다. 그러나 읽기나 쓰기 요청을 처리하려면 캐시 내의 모든 블록을 검색해야 한다. 게다가 값이 비싸서 크기가 큰 완전 연관 캐시는 비실용적이다. 집합 연관 방식이 실용적인 대안이다. 인덱스를 통해 선택된 집합의 원소들만 검색하면 되기 때문이다. 집합 연관 캐시는 실패율이 더 높지만 접근 시간이 더 빠르다. 최고의 성능을 발휘하는 연관 정도는 기술과 자세한 구현 방식에 의해 결정된다.

1차 캐시에서의 실패를 더 큰 2차 캐시가 처리하도록 하여 실패 손실을 줄이는 기술로 다단계 캐시를 소개하였다. 제한된 실리콘의 크기와 고속 클럭 속도 목표를 달성하기 위해서는 크기가 큰 1차 캐시를 사용할 수 없다는 것을 설계자들이 알게 되면서 2차 캐시가 일반화되었다. 1차 캐시보다 10배 또는 그 이상으로 더 큰 2차 캐시는 1차 캐시에서 실패된 많은 접근을 처리할 수 있다. 이러한 경우에 실패 손실은 2차 캐시 접근 시간(일반적으로 10 프로세서 사이클 이내)이 된다. 메모리 접근 시간은 일반적으로 100 프로세서 사이클 이상이다. 연관 사상에서 적정 연관 정도 값이 그랬듯이, 2차 캐시의 크기와 접근 시간 간의 상관관계도 구현상의 여러 가지 기술 요소의 영향을 받는다.

성능 향상에 메모리 계층구조가 중요하므로 캐시 성능을 개선하기 위해 알고리즘을 어떻게 바꿀 수 있는지 알아보았다. 큰 배열을 처리할 때는 블로킹이 중요한 기술임을 알게 되었다.

5.5 신용도 있는 메모리 계층구조

DEPENDABILITY

이전의 모든 논의에서는 메모리 계층구조가 기억된 데이터를 잊어버리지 않는다는 것을 가정하였다. 빨라도 신용할 수 없으면 의미가 없다. 1장에서 배운 대로 **신용도**를 확보하는 핵심은 여분을 사용하는 것이다. 이 장에서는 먼저 장애와 관련된 용어와 척도를 정의한다. 또한 여분을 사용해서 어떻게 신용할 수 있는 메모리를 만들 수 있는지를 보여 준다.

장애의 정의

먼저 적합한 서비스의 명세가 있다고 가정한다. 사용자는 시스템이 서비스 명세를 기준으로 두 가지 상태 사이를 왔다 갔다 하는 것을 볼 수 있다.

1. **서비스 수행**, 서비스가 명세대로 제공되는 경우
2. **서비스 중단**, 제공되는 서비스가 명세와 다른 경우

상태 1에서 상태 2로 전이하는 것은 **장애**(failure) 때문이고, 상태 2에서 상태 1로 전이하는 것은 **복구**(restoration)라고 한다. 장애는 영구적일 수도 있고 일시적일 수도 있다. 일시적인 장애인 경우는 시스템이 두 상태 사이를 왔다 갔다 하기 때문에 진단을 내리기가 더 어렵다. 영구적인 장애가 진단이 더 쉽다.

이와 같은 정의는 신뢰성과 가용성이라는 용어와 연결이 된다.

신뢰성(reliability)이란 어떤 기준 시점에서부터 서비스 수행의 지속성에 대한 측도로 장애가 발생하기까지의 시간과 같다. 그러므로 **평균 무장애시간**(mean time to failure, MTTF)은 신뢰성의 측도이다. 관련 용어로, 주어진 MTTF에 대하여 1년에 장애를 발생시킬 것으로 예상되는 장치의 비율을 퍼센트로 나타낸 **연간장애율**(annual failure rate, AFR)이 있다. MTTF가 클 때는 사람들을 오도할 위험이 있지만, AFR은 직관적으로 잘 이해가 된다.

디스크의 MTTF 대 AFR

예제

오늘날 어떤 디스크들은 MTTF가 1,000,000시간이라고 주장한다. 1,000,000시간은 1,000,000/(365 × 24) = 114년이므로 현실적으로 절대 고장 나지 않을 것처럼 보인다. Search와 같은 인터넷 서비스를 제공하는 창고규모 컴퓨터들의 서버는 50,000대나 된다. 각 서버가 2개의 디스크를 갖는다고 가정한다. AFR을 사용해서 매년 얼마나 많은 디스크가 고장 나는지를 계산하라.

답

1년은 365 × 24 = 8760시간이다. 1,000,000시간 MTTF는 8760/1,000,000 = 0.876%의 AFR을 의미한다. 디스크가 100,000개 있으면 매년 그 중 876개가 고장 난다고 예측할 수 있고, 평균적으로 매일 2개의 디스크가 고장 남을 의미한다!

서비스 중단은 **평균 복구시간**(mean time to repair, MTTR)으로 측정된다. **장애간 평균시간**(mean time between failure, MTBF)은 단순히 평균 무장애시간과 평균 복구시간을 더한 것이다. MTBF가 많이 사용되지만 MTTF가 더 적절한 용어이다. **가용성**

(availability)은 서비스의 수행과 중단, 두 상태를 왔다 갔다 하는 데 관련된 서비스 수행에 대한 측도이다. 가용성은 다음과 같이 통계적으로 정량화할 수 있다.

$$\text{가용성} = \frac{\text{MTTF}}{(\text{MTTF} + \text{MTTR})}$$

신뢰성과 가용성은 그저 신용도와 비슷한 용어가 아니라 정량화할 수 있는 측도임에 유의하자. MTTR을 줄이면 MTTF를 늘린 것처럼 가용성이 개선된다. 예를 들어 결함의 탐지, 진단, 수리에 사용되는 도구는 결함을 수리하는 데 걸리는 시간을 단축시키는 데 도움이 되어서 가용성을 향상시킬 수 있다.

우리는 가용성이 매우 높기를 바란다. 높은 가용성을 나타내는 한 가지 방법은 연간 "가용성의 9(nines of availability)" 개수를 사용하는 것이다. 예를 들어 오늘날 매우 안정적인 인터넷 서비스는 4~5개의 가용성 9를 제공한다. 1년은 365일이므로 365 × 24 × 60 = 526,000분이 되고,

1 nine: 90% ⇒ 1년간 36.5일의 수리기간
2 nines: 99% ⇒ 1년간 3.65일의 수리기간
3 nines: 99.9% ⇒ 1년간 526분의 수리기간
4 nines: 99.99% ⇒ 1년간 52.6분의 수리기간
5 nines: 99.999% ⇒ 1년간 5.26분의 수리기간

이 된다.

MTTF를 증가시키기 위해 부품의 품질을 개선하거나, 일부 장애가 발생한 부품이 있더라도 계속 작동하도록 시스템을 설계할 수 있다. 그렇다면 장애를 다시 정의할 필요가 있다. 부품에 장애가 있더라도 시스템에는 장애가 발생하지 않을 수가 있다. 이러한 상황을 명확하게 구분하기 위해서 부품의 장애에는 결함(fault)이라는 용어를 사용한다. 아래에 MTTF를 개선하는 방법 세 가지를 소개한다.

1. 결함 회피(fault avoidance): 결함 발생을 구조적으로 방지하는 방법.
2. 결함 감내(fault tolerance): 결함이 나타나더라도 서비스 명세대로 서비스가 제공될 수 있도록 여유분을 사용하는 방법.
3. 결함 예상(fault forecasting): 결함의 존재와 발생을 **예측**하는 방법으로, 구성 요소가 실패하기 전에 교체할 수 있도록 한다.

PREDICTION

해밍 단일 에러 정정, 이중 에러 검출(SEC/DED) 코드

Richard Hamming은 메모리에 널리 사용되는 여유분 기법을 발명하였고, 이 업적으로 1968년에 튜링상(Turing Award)을 수상하였다. 여유분 코드를 만들기 위해서

는 비트 패턴들이 얼마나 "가까운지"를 살펴보는 것이 중요하다. 해밍거리(Hamming distance)는 유효한 두 비트 패턴에서 서로 다른 최소한의 비트수를 말한다. 예를 들어 011011과 001111의 거리는 2이다. 만약에 어떤 코드의 원소들 간의 최소한의 거리가 2이고 한 개의 비트 에러가 있다면 어떻게 될까? 이 에러는 코드의 유효한 패턴을 잘못된 패턴으로 바꿀 것이다. 따라서 코드의 원소가 유효한지 아닌지를 검사할 수 있다면, 한 개의 비트 에러를 검출할 수 있고 이 코드를 단일 비트 에러 검출 코드(error detection code)라고 말한다.

에러 검출 코드 데이터의 한 개의 에러를 검출할 수는 있지만, 에러의 정확한 위치는 모르고 따라서 에러를 고칠 수는 없는 코드.

Hamming은 에러 검출을 위해 **패리티 코드**(parity code)를 사용하였다. 패리티 코드에서는 워드에 있는 1의 개수를 세어서, 1의 개수가 홀수이면 홀수 패리티를 갖고 짝수 개이면 짝수 패리티를 갖는다고 말한다. 워드를 메모리에 쓸 때 패리티 비트도 함께 쓴다(홀수이면 1, 짝수이면 0). 즉 N+1비트의 패리티는 항상 짝수이다. 워드를 읽을 때는 패리티 비트도 같이 읽어서 검사한다. 메모리 워드의 패리티가 저장된 패리티 비트와 다르면 에러가 발생한 것이다.

예제

한 바이트로 표현된 숫자 31_{ten}의 패리티를 계산하고 메모리에 저장되는 패턴을 보여라. 패리티 비트는 맨 우측에 있다고 가정한다. 최상위 비트(MSB)가 메모리 내에서 바뀌었는데 그 값을 읽었다고 가정하면, 에러를 검출할 수 있는가? 최상위 두 비트가 바뀌었다면 어떻게 되는가?

답

31_{ten}은 00011111_{two}이고 5개의 1이 있다. 패리티를 짝수로 하려면 패리티 비트에 000111111_{two}과 같이 1을 써야 한다. 만약 MSB가 바뀌었으면 100111111_{two}을 읽게 되어 1이 7개가 된다. 짝수 패리티를 기대하였으나 홀수 패리티가 계산되므로 에러이다. 만약 최상위 두 비트가 바뀌었다면 110111111_{two}이 되어 1이 8개가 된다. 짝수 패리티가 되므로 에러를 검출할 수 없다.

두 비트의 에러가 있으면 한 비트 패리티 방식은 에러를 검출하지 못한다. 패리티가 두 개의 에러가 있는 데이터와 일치하기 때문이다. (실제로 한 비트 패리티 방식은 어떤 홀수 개의 에러가 발생하더라도 검출할 수 있다. 그러나 3개의 에러를 갖는 확률은 2개를 갖는 것보다 훨씬 작기 때문에 실제로는 한 비트 패리티 코드가 한 비트 에러를 검출하는 것으로 제한된다.)

패리티 코드로는 에러를 정정할 수 없지만 Hamming은 검출뿐만 아니라 정정까지도 원하였다. 최소거리가 3인 코드를 사용하면, 단일 비트 에러가 생긴 코드는 다른 어떤 유효한 패턴보다 원래의 옳은 패턴에 더 가까워질 것이다. Hamming은 데이터를 거리

3인 코드로 사상하는 알기 쉬운 방법을 생각해 냈는데, 그의 이름을 기려서 이것을 해밍 ECC(Hamming error correction code)라고 부른다. 단일 에러의 위치를 파악할 수 있도록 패리티 비트를 하나 더 사용한다. 해밍 ECC를 계산하는 방법은 다음과 같다.

1. 일반적으로 사용되는 방법인 가장 오른쪽 비트 번호를 0으로 하는 전통적 방식 대신, 왼쪽부터 1로 번호를 매긴다.
2. 2의 멱승에 위치한 모든 비트를 패리티 비트(위치 1, 2, 4, 8, 16, ...)로 한다.
3. 모든 다른 비트 위치는 데이터 비트(위치 3, 5, 6, 7, 9, 10, 11, 12, 13, 14, 15, ...)로 사용한다.
4. 패리티 비트의 위치에 따라 검사하는 데이터 비트가 결정된다(그림 5.24에 이를 그림으로 보였다).
   - 비트 1(0001_{two})은 비트 (1, 3, 5, 7, 9, 11, ...)을 검사한다. 주소의 맨 오른쪽 값이 1인 것들이다(0001_{two}, 0011_{two}, 0101_{two}, 0111_{two}, 1001_{two}, 1011_{two}, ...).
   - 비트 2(0010_{two})는 비트 (2, 3, 6, 7, 10, 11, 14, 15, ...)를 검사한다. 주소의 오른쪽에서 두 번째 값이 1인 것들이다.
   - 비트 4(0100_{two})는 비트 (4−7, 12−15, 20−23, ...)을 검사한다. 주소의 오른쪽에서 세 번째 값이 1인 것들이다.
   - 비트 8(1000_{two})은 비트 (8−15, 24−31, 40−47, ...)을 검사한다. 주소의 오른쪽에서 네 번째 값이 1인 것들이다.

   각 데이터 비트는 두 개 이상의 패리티 비트 계산에 관여함을 주목하라.
5. 각 그룹에 대해 짝수 패리티가 되도록 패리티 값을 정한다.

약간은 마술처럼 보일 수도 있지만 패리티 비트를 보면 어떤 비트가 잘못되었는지를 알 수 있다. 그림 5.24의 12비트 코드에서 4개의 패리티(p8, p4, p2, p1)를 계산한 결과가 0000이면 에러는 없다. 그러나 패턴이 1010이면 십진수로 10_{ten}이 되고 해밍 ECC는 비트 위치 10(d6)이 에러임을 알려 준다. 이진수이므로 10번 비트값을 뒤집기만 하면 바로잡을 수 있다.

Bit position		1	2	3	4	5	6	7	8	9	10	11	12
Encoded data bits		p1	p2	d1	p4	d2	d3	d4	p8	d5	d6	d7	d8
Parity bit coverage	p1	X		X		X		X		X		X	
	p2		X	X			X	X			X	X	
	p4				X	X	X	X					X
	p8								X	X	X	X	X

그림 5.24 8개의 데이터 비트에 대한 해밍 ECC 코드의 구성.

예제

바이트 데이터값이 10011010_{two}이라고 가정하자. 먼저 해밍 ECC를 보여라. 비트 10을 반대로 한 다음, ECC 코드가 단일 비트 에러를 찾아서 정정하는 과정을 보여라.

패리티 비트를 빈칸으로 표시하면 12비트 패턴은 __ 1_ 0 0 1_ 1 0 1 0이다.

답

비트 1은 비트 1, 3, 5, 7, 9, 11(__ **1**_ **0** 0 **1**_ **1** 0 **1**)을 검사한다. 이 그룹을 짝수 패리티로 만들기 위하여 비트 1은 0이 된다.

비트 2는 비트 2, 3, 6, 7, 10, 11(0_ **1**_ 0 **0 1**_ 1 **0 1** 0)을 검사하고 홀수 패리티이므로 비트 2는 1이 된다.

비트 4는 비트 4, 5, 6, 7, 12(0 1 1_ **0 0 1**_ 1 0 1)를 검사하고 패리티는 1이 된다.

비트 8은 비트 8, 9, 10, 11, 12(0 1 1 1 0 0 1_ **1 0 1 0**)를 검사하고 패리티는 0이 된다.

최종 코드 워드는 011100101010이 되고, 10번째 비트를 뒤집으면 011100101**1**10이 된다.

패리티 비트 1은 0(**0**1**1**1**0**0**1**0**1**1**1**0은 1이 4개라 짝수 패리티이므로 문제없음).

패리티 비트 2는 1(0**11**10**01**01**11**0은 1이 5개라 홀수 패리티이므로 에러가 있음).

패리티 비트 4는 1(011**1001**0111**0**은 1이 2개라 짝수 패리티이므로 문제없음).

패리티 비트 8은 1(0111001**01110**은 1이 3개라 홀수 패리티이므로 에러가 있음).

패리티 비트 2와 8에 문제가 있다. 2 + 8 = 10이므로 비트 10이 잘못된 것이다. 따라서 비트 10을 바꾸면 에러가 정정된 값 011100101**0**10을 얻을 수 있다.

Hamming은 단일 비트 에러 정정 코드에서 멈추지 않았다. 한 비트를 더 사용하면 코드의 최소 해밍거리를 4로 만들 수 있는데, 이를 이용하여 단일 비트 에러를 정정하고 이중 비트 에러를 검출할 수 있다. 이를 위하여 전체 워드에 대한 패리티 한 비트를 추가한다. 4비트 데이터 워드를 예로 들어 보자. 이 경우 7비트만 있으면 단일 비트 에러 검출이 가능하다. 해밍 패리티 비트 H(p1, p2, p3)를 계산하고(늘 그렇듯이 짝수 패리티를 사용함) 전체 워드에 대한 짝수 패리티 p4를 계산한다.

1	2	3	4	5	6	7	8
p_1	p_2	d_1	p_3	d_2	d_3	d_4	p_4

한 개의 에러를 정정하고 두 개를 검출하려면 전과 같이 ECC 그룹(H)에 대해 패리티를 계산하고 전체 그룹에 대한 패리티(p_4)를 하나 더 계산하면 된다. 네 가지 경우가 있다.

1. H가 짝수이고 p_4도 짝수이면 에러 없음.
2. H가 홀수이고 p_4도 홀수이면 정정 가능한 한 개의 에러가 발생하였음(에러가 하나 발생하면 p_4는 홀수 패리티가 된다).
3. H는 짝수이고 p_4가 홀수이면 p_4비트에 단일 에러가 발생한 것이므로 p_4비트를 정정한다.
4. H는 홀수이고 p_4가 짝수이면 에러가 두 개 발생한 것이다(에러가 두 개 발생하면 p_4는 짝수 패리티가 된다).

단일 에러 정정/이중 에러 검출(SEC/DED)은 오늘날 서버용 메모리에 널리 사용된다. 8바이트 크기의 블록은 SEC/DED 때문에 한 바이트가 더 필요하다. 그래서 크기가 72비트인 DIMM이 많다.

고난도: $p + d$ 비트 워드에서 p는 전체 패리티 비트수이고 d는 데이터 비트수라는 가정일 때, SEC를 위해 얼마나 많은 비트가 필요한지 계산해 보자. p개의 에러 정정 비트로, 에러가 발생하지 않은 경우와 에러가 발생한 경우를 구별하고, 에러가 발생했을 경우 에러 발생 위치($p + d$ 비트 중 하나)를 표시하려면 다음 조건을 만족해야 한다.

$$2^p \geq p + d + 1 \text{ 비트, 따라서 } p \geq \log(p + d + 1)$$

예를 들어 8비트 데이터는 $d = 8$이고 $2^p \geq p + 8 + 1$이므로 $p = 4$이다. 마찬가지로 16비트 데이터에서는 $p = 5$이고, 32비트 데이터에서는 $p = 6$, 64비트 데이터에서는 $p = 7$이 된다.

고난도: 아주 큰 시스템에서는 큰 메모리칩 하나가 완전히 동작하지 않는 것뿐 아니라 다수의 에러 발생도 중요한 문제가 되었다. IBM은 이 문제를 해결하기 위하여 **칩킬**(chipkill) 방식을 도입하였고 많은 대형 시스템들이 이 기술을 사용한다(Intel은 SDDC라고 부른다). 디스크에서 사용되는 RAID 방식과 같이(🌐 5.11절 참조), 칩킬은 데이터와 ECC 정보를 분산시켜서 한 칩이 완전히 동작하지 않더라도 남아 있는 메모리칩으로부터 잃어버린 데이터를 복원할 수 있도록 해 준다. 프로세서당 4GiB가 있는 10,000 프로세서 클러스터가 3년 동안 동작할 때, **복구할 수 없는** 메모리 에러 발생률을 IBM은 다음과 같이 계산하였다.

- 패리티만 사용할 경우—매 17분마다 약 90,000개 장애, 또는 1개의 복구할 수 없는(또는 검출할 수 없는) 장애 발생.
- SEC/DED만 사용할 경우—매 7.5시간마다 약 3,500개 장애, 또는 1개의 검출할 수 없거나 복구할 수 없는 장애 발생.
- 칩킬—2개월마다 6개 장애, 또는 1개의 검출할 수 없거나 복구할 수 없는 장애 발생.

그러므로 칩킬은 창고규모 컴퓨터에서는 필수적인 기술이다.

고난도: 메모리 시스템에서는 한 비트 또는 두 비트 에러 발생이 일반적이지만 네트워크에서는 한꺼번에 대량의 비트 에러가 발생할 수 있다. 이의 해결 방법 중 하나로 **CRC**(cyclic redundancy check)라는 방법이 있다. *k* 비트의 블록에 대하여 송신기는 *n-k* 비트 프레임 검사 시퀀스를 만들어서, 미리 정해진 어떤 숫자로 딱 나누어지는 *n* 비트를 전송한다. 수신기는 그 숫자로 프레임을 나눈다. 나머지가 없으면 에러가 없다고 가정한다. 있으면 수신기는 메시지를 버리고 송신기에 다시 보내도록 요청한다. 3장에서 보았듯이 어떤 이진수의 나눗셈은 시프트 레지스터를 이용하여 쉽게 계산할 수 있다. 따라서 하드웨어가 비쌌던 시절에도 CRC 코드는 많이 사용되었다. 더 복잡한 Reed-Solomon 코드는 여러 비트의 전송 에러를 **정정**하기 위해 Galois 필드를 이용한다. 여기서는 데이터가 다항식의 계수로 간주되어 다항식이 가질 수 있는 값들이 코드 공간이 된다. Reed-Solomon 계산은 이진 나눗셈보다 훨씬 더 복잡하다.

5.6 가상 머신

가상 머신(virtual machine, VM)은 1960년대 중반에 처음으로 개발되었는데, 아직도 메인프레임 컴퓨터의 중요한 부분으로 남아 있다. 비록 1980년대에서 1990년대의 단일 사용자 컴퓨터 시대에는 많이 무시되었지만 최근 다음과 같은 이유로 다시 인기를 얻고 있다.

- 현대 시스템에서 격리와 보안의 중요도 증가.
- 표준 운영체제에서의 보안성과 신뢰성의 실패.
- 관련 없는 많은 사용자들의 한 컴퓨터 공유. 특히 클라우드 컴퓨팅 분야.
- 지난 수십 년 동안 프로세서 속도의 획기적인 발전. 이로 인해 VM의 오버헤드가 감당할 수 있는 정도가 되었음.

가장 넓은 의미로서의 VM은 기본적으로 표준 소프트웨어 인터페이스를 제공하는 모든 에뮬레이션(emulation) 방법들을 포함한다. 자바 VM이 여기에 속한다. 이 장에서는 이진 명령어 집합 구조(ISA) 수준에서 완벽한 시스템 수준의 환경을 제공하는 VM에 대하여 다룬다. 어떤 VM들은 실제 하드웨어와는 다른 VM의 ISA를 실행하기도 하지만, 여기서는 항상 하드웨어와 일치하는 ISA를 실행한다고 가정한다. 이와 같은 VM을 운영체제 가상 머신(operating system virtual machine) 또는 시스템 가상 머신(system virtual machine)이라고 부르며, IBM VM/370, VirtualBox, VMware ESX Server, Xen 같은 것들이 있다.

운영체제 가상 머신은 사용자들이 운영체제를 포함한 전체 컴퓨터를 자신만이 쓰고 있다는 환상을 제공한다. 한 컴퓨터가 여러 개의 VM을 실행시킬 수 있으며, 여러 개의 다른 **운영체제**(operating system, OS)를 지원할 수도 있다. 전통적인 플랫폼에서는 하나의 OS가 모든 하드웨어 자원을 차지하지만, VM을 이용하면 여러 개의 OS가 하드웨어 자원을 공유한다.

VM을 지원하는 소프트웨어를 **가상 머신 모니터**(virtual machine monitor, VMM) 또는 **하이퍼바이저**(hypervisor)라고 부르며, 가상 머신 기술의 핵심이다. 기본이 되는 하드웨어 플랫폼을 **호스트**(host)라고 하고, 호스트의 자원은 **손님**(guest) VM들에게 공유된다. VMM은 가상 자원(virtual resource)을 어떻게 물리 자원(physical resource)으로 사상할 것인지를 결정한다. 물리 자원은 시분할(time-shared), 공간분할(partitioned), 또는 소프트웨어 에뮬레이션으로 공유된다. VMM은 전통적인 OS보다 훨씬 작다. VMM의 격리 부분은 아마도 겨우 10,000라인 정도의 코드로 이루어져 있을 것이다.

여기서 우리의 관심은 보호를 강화하기 위한 VM에 있지만, VM은 상업적으로 중요한 두 가지 이점을 더 제공한다.

1. **소프트웨어 관리.** VM은 완벽한 소프트웨어 스택을 실행할 수 있는 추상화(abstraction)를 제공한다. 심지어는 DOS같이 오래된 운영체제도 포용한다. 어떤 VM들은 과거의 OS를 실행하고, 다른 여러 VM들이 안정된 최신 OS를 실행하면서 소수의 VM들은 차세대 OS를 테스트하는 이런 구성이 전형적인 VM의 사용 예라 할 수 있다.
2. **하드웨어 관리.** 여러 대의 서버를 사용하는 이유 중 하나는 각 응용 프로그램이 별도의 컴퓨터에서 각기 적합한 운영체제하에서 돌아가도록 하기 위해서이다. 이렇게 분리하면 신용도를 개선할 수 있다. VM은 다양한 소프트웨어 스택이 하드웨어는 공유하면서 독립적으로 동작하는 것을 가능하게 하여, 여러 서버를 하나로 합칠 수 있게 한다. 부하를 조절하거나 고장 난 하드웨어를 제외시키기 위해, 실행 중인 VM을 다른 컴퓨터로 옮기는 것을 VMM이 지원하기도 한다.

하드웨어/소프트웨어 인터페이스

AWS(Amazon Web Service)는 EC2를 제공하는 클라우드 서비스에서 다섯 가지 이유로 가상 머신을 사용한다.

1. 사용자들이 같은 서버를 공유하는 동안 AWS는 각 사용자를 다른 사용자로부터 보호해 준다.
2. 창고규모 컴퓨터 내의 소프트웨어 배포를 단순화해 준다. 고객이 적합한 소프트웨어로 구성된 가상 머신 이미지를 설치하면, AWS가 사용을 원하는 고객에게 이를 모두 배포한다.

3. 고객이 작업을 끝내면 자원 사용을 조절하기 위하여 고객(그리고 AWS)이 VM을 안전하게 종료시킬 수 있다.
4. 가상 머신은 사용자가 어떤 하드웨어를 사용하는지를 숨길 수 있다. 따라서 AWS는 오래된 서버와 새로운 효율적인 서버를 동시에 유지할 수 있다. 고객은 원하는 성능을 "EC2 Compute Units" 단위로 표시할 수 있다. AWS는 1.0–1.2GHz 2007 AMD Opteron 또는 2007 Intel Xeon 프로세서와 같은 CPU 성능을 제공하는 것이 EC2 Compute Unit이라고 정의한다. **Moore의 법칙**에 따라 새로운 서버는 당연히 더 많은 EC2 Compute Unit을 제공한다. 하지만 AWS는 오래된 서버라도 경제성만 있으면 계속 임대해 줄 수 있다.
5. 가상 머신 모니터는 각 VM이 프로세서, 네트워크, 디스크 공간을 사용하는 비율을 조절할 수 있다. 이렇게 함으로써 AWS는 같은 서버상에서 실행되는 프로그램에 사용 비율에 따라 다양한 가격을 제공할 수 있다. 예를 들어 2012년 현재 AWS는 시간당 $0.08인 작은 표준형부터 시간당 $3.10인 입출력 성능이 높은 4배 초대형까지 14가지 유형을 제공한다.

MOORE'S LAW

일반적으로 프로세서 가상화의 비용은 작업부하에 달려 있다. 사용자 수준에서 프로세서를 집중적으로 사용하는 프로그램은 가상화 오버헤드가 거의 없다. 왜냐하면 OS가 거의 호출되지 않고 따라서 모든 것들이 원래 속도대로 실행되기 때문이다. 입출력 집약적 작업부하는 일반적으로 OS 집약적이라, 시스템 호출과 특권(privileged) 명령어를 많이 실행하기 때문에 가상화 오버헤드가 커질 수 있다. 그러나 입출력 집약적 작업부하가 **입출력 제한적**(I/O-bound)이기도 하면, 프로세서가 입출력을 기다리면서 일하지 않는 시간이 많아지므로 프로세서 가상화 비용을 완전히 감출 수 있다.

오버헤드는 VMM이 에뮬레이션해야 하는 명령어의 개수와 각 명령어의 에뮬레이션 시간에 의해 결정된다. 따라서 우리가 가정한 것처럼 손님 VM들이 호스트와 같은 ISA를 수행할 때, VMM과 컴퓨터 구조의 공통 목적은 거의 모든 명령어들을 실제 하드웨어에서 직접 수행하는 것이다.

가상 머신 모니터의 요구사항

가상 머신 모니터(virtual machine monitor, VMM)는 무슨 일을 해야 하는가? 손님 소프트웨어에게 소프트웨어 인터페이스를 제공하고, 모든 손님 소프트웨어의 상태를 다른 손님들로부터 격리해야 하며, 손님 OS를 포함한 손님 소프트웨어로부터 자기 자신을 보호해야 한다. VMM의 정성적 요구사항은 다음과 같다.

- 성능에 관련된 동작이나 여러 개의 VM들이 공유하고 있는 고정된 자원의 한계

를 제외하고는 손님 소프트웨어가 마치 실제 하드웨어상에서 동작하는 것과 같이 VM 위에서 동작해야 한다.

- 손님 소프트웨어는 실제 시스템 자원 할당을 직접 변경할 수 없다.

프로세서를 가상화하기 위하여 VMM은 현재 실행 중인 손님 VM과 손님 OS가 일시적으로 사용하고 있더라도, 특권 상태 접근, 주소 변환, 입출력, 예외, 인터럽트와 같은 모든 것을 직접 제어하여야 한다.

예를 들어 타이머 인터럽트의 경우, VMM은 현재 동작하고 있는 손님 VM을 일시적으로 중지시키고 현재 상태를 저장한다. 그리고 인터럽트를 처리하고 이어서 어떤 손님 VM을 수행할지 결정하고 그 상태를 적재한다. 타이머 인터럽트를 사용하는 손님 VM에게는 VMM이 가상 타이머와 에뮬레이션된 타이머 인터럽트를 제공한다.

이러한 역할을 수행하기 위해 VMM은 일반적으로 사용자 모드에서 실행되는 손님 VM보다 높은 권한을 가져야 한다. 또한 이것은 모든 특권 명령어를 VMM이 처리하는 것을 보장한다. VMM을 지원하기 위한 기본적인 시스템 요구사항은 다음과 같다.

- 시스템 모드와 사용자 모드, 최소한 두 개의 프로세서 모드.
- 시스템 모드에서만 사용할 수 있는 특권 명령어. 사용자 모드에서 실행하면 트랩을 발생시킨다. 모든 시스템 자원은 오직 이 명령어를 통해서만 제어해야 한다.

가상 머신을 지원하는 명령어 집합 구조(의 결핍)

만약 VM이 ISA를 설계하는 동안 계획되었다면, VMM이 실행해야 하는 명령어 개수를 줄이고 에뮬레이션 속도를 개선하기가 상대적으로 쉬웠을 것이다. VM이 하드웨어에서 직접 실행할 수 있는 구조는 **가상화 가능**(virtualizable)이라고 하며, IBM 370과 ARMv8 구조는 자랑스럽게도 그 타이틀을 지니고 있다.

그러나 비교적 최근에 와서야 PC와 서버 응용에 고려되기 시작하였으므로, 대부분의 명령어 집합들은 가상화를 염두에 두지 않고 만들어져 있다. 이에는 x86이나 ARMv7과 MIPS를 포함하는 대부분의 RISC 구조가 포함된다.

VMM은 손님 시스템이 오직 가상 자원과 상호 작용하는 것만을 보장해야 하기 때문에, 기존의 손님 OS는 VMM 위에서 사용자 모드 프로그램으로 동작하게 된다. 만약 손님 OS가 특권 명령어를 이용하여 하드웨어 자원과 연관된 정보를 접근하거나 조작하려는 시도를 한다면—예를 들어 인터럽트 허용 상태 비트의 읽기와 쓰기—VMM으로 트랩이 발생한다. 그러면 VMM이 해당 실제 자원에 적절한 변경을 할 수 있다.

따라서 이처럼 민감한 정보를 읽거나 쓰려고 시도하는 명령어가 사용자 모드에서 실행되어 트랩이 발생하면, 손님 OS가 기대하는 바대로 VMM이 이를 가로채서 민감한 정보의 가상 버전을 지원한다.

위와 같은 지원 기능이 없을 때는 다른 방법을 사용해야 한다. VMM은 손님 OS에 의해 실행될 때 문제의 소지가 있는 명령어를 모두 찾아서 정상적 동작을 보장할 수 있도록 특별히 주의를 기울여야 한다. 이로 인해서 VMM의 복잡도가 증가하게 되고 VM을 실행하는 성능이 떨어지게 된다.

보호와 명령어 집합 구조

보호는 컴퓨터 구조와 운영체제가 협력해서 구현된다. 하지만 시스템 설계자들은 가상 메모리가 널리 사용되자 현재의 명령어 집합 구조의 어색한 세부 사항들을 수정하여야 했다.

예를 들어, x86의 POPF 명령어는 메모리에 있는 스택의 맨 위에 있는 값을 플래그 레지스터로 읽어 들인다. 플래그 중에 **인터럽트 허용**(interrupt enable, IE) 플래그가 있다. 트랩을 하지 않고 사용자 모드에서 POPF 명령어를 실행시키면, 단순히 IE를 제외한 모든 플래그를 변경한다. 시스템 모드에서는 POPF가 IE 플래그를 변경한다. 손님 OS는 VM 내에서 사용자 모드로 실행되므로 문제가 생긴다.

역사적으로 IBM 메인프레임 하드웨어와 VMM은 가상 머신의 성능을 향상시키기 위해 세 단계를 밟아 왔다.

1. 프로세서 가상화의 비용을 줄인다.
2. 가상화로 인한 인터럽트 오버헤드 비용을 줄인다.
3. VMM을 호출하지 않고 인터럽트를 적절한 VM에게 보내서 인터럽트 비용을 줄인다.

프로세서의 가상화 비용을 줄이는 첫 번째 단계는 2006년 AMD와 Intel에 의해 제안되었다. 세 단계를 수용하기 위해 몇 세대에 걸쳐 구조와 VMM이 수정되어 왔는지 살펴보면 매우 흥미롭다. 또한 x86을 위한 21세기의 VM이 1970년대의 IBM 메인프레임과 VMM만큼 효율적이 되려면 얼마나 시간이 필요할지 알아보는 것도 흥미롭다.

고난도: ARMv8은 VMM이 손님 OS보다 더 큰 권한을 갖게 하기 위해 제3의 상태(EL2)를 제공한다.

… a system has been devised to make the core drum combination appear to the programmer as a single level store, the requisite transfers taking place automatically.

Kilburn et al., One-level storage system, 1962

5.7 가상 메모리

앞 절들에서는 최근에 사용한 프로그램의 코드와 데이터 부분을 캐시가 어떻게 빨리 보낼 수 있는지 알아보았다. 같은 방법으로 메인 메모리를 보통 자기 디스크로 구현되는 2차 저장장치(secondary memory)를 위한 "캐시"로 이용할 수 있다. 이런 기술을 가상 메모리(virtual memory)라고 부른다. 가상 메모리를 사용하는 두 가지 중요한 이유는 다수의 프로그램을 동시에 수행할 때 메모리를 효과적으로 공유할 수 있게 하고, 작고 제한된 크기의 메인 메모리에서 프로그래밍해야 하는 제약을 제거하기 위해서이다. 이 기법이 탄생한 지 50년이 지난 지금은 첫 번째 이유로 널리 사용되고 있다.

가상 메모리 메인 메모리를 2차 저장장치를 위한 캐시로 사용하는 기술.

다수의 가상 머신이 같은 메모리를 사용하는 경우를 살펴보자. 가상 머신이 각자 보호될 수 있도록 보장하고, 각 프로그램은 자신에게 할당된 메인 메모리의 부분에만 읽고 쓸 수 있도록 보장하여야 한다. 캐시가 한 프로그램의 활성화된 부분만을 담고 있는 것과 마찬가지로 메인 메모리도 많은 가상 머신의 활성화된 부분만을 담고 있어야 한다. 따라서 지역성의 원칙은 캐시뿐만 아니라 가상 메모리에도 적용된다. 가상 메모리는 메인 메모리뿐만 아니라 프로세서까지도 효율적으로 공유하게 해 준다.

프로그램을 컴파일할 때는 가상 머신이 다른 어떤 가상 머신과 메모리를 공유할지는 알 수 없다. 실제로 메모리를 공유하는 가상 머신은 가상 머신들이 수행되는 동안 동적으로 변하게 된다. 이러한 동적 상호작용 때문에 각 프로그램들이 자신만의 **주소 공간**(address space), 즉 이 프로그램에 의해서만 접근 가능한 분리된 메모리 영역에서 컴파일되어야 한다. 가상 메모리는 프로그램의 주소공간을 실제 주소(physical address)로 변환하여 준다. 이러한 변환 과정이 한 프로그램의 주소공간을 다른 가상 머신으로부터 보호(protection)하여 준다.

실제 주소 메인 메모리의 주소.

보호 프로세서를 공유하는 여러 프로그램들이 프로세서, 메모리, 입출력 장치를 공유하면서 의도적이든 비의도적이든 서로 간섭하지 않도록, 즉 다른 프로그램의 데이터를 읽거나 쓰지 않도록 하는 일련의 메커니즘. 이 메커니즘은 운영체제를 사용자 프로세스로부터 격리시킨다.

가상 메모리가 생겨나게 된 두 번째 동기는 사용자 프로그램이 메인 메모리보다 더 커질 수 있도록 해 주는 것이다. 과거에는 프로그램이 메인 메모리보다 더 클 경우에는 프로그래머가 프로그램을 알맞게 조정해야만 했다. 즉 프로그래머는 프로그램들을 작은 조각으로 나누고, 이들을 상호배제 조각들로 구분해야 했다. 이와 같은 **오버레이**(overlay)는 실행 도중 사용자 프로그램 제어하에 적재되거나 제거되어야 했다. 프로그래머는 프로그램이 적재되지 않은 오버레이를 접근하지 않고, 적재된 오버레이는 전체 메모리 크기보다 더 커지지 않도록 보장하여야 한다. 오버레이는 전통적으로 모듈로 구성되었으며 각 모듈은 코드와 데이터를 갖고 있다. 다른 모듈에 속한 프로시저 사이의 호출이 발생하면 한 모듈 위에 다른 모듈이 겹쳐 써질 수 있다.

상상할 수 있겠지만 이와 같은 제약은 프로그래머에게는 매우 큰 부담이다. 이런 어려움으로부터 프로그래머를 해방시킨 가상 메모리는 자동으로 메인 메모리—때로는 가상 메모리와 구별하기 위해 **실제 메모리**(physical memory)라고도 부른다—와 2차 기억장치로 구성되는 2단계의 메모리 계층을 관리한다.

가상 메모리와 캐시에 사용되는 개념이 같을지라도 역사적 배경이 다르기 때문에 다른 용어를 사용하게 되었다. 가상 메모리 블록은 **페이지**(page)라 불리고, 가상 메모

페이지 부재 접근하는 페이지가 메인 메모리 안에 존재하지 않을 때 발생하는 이벤트.

가상 주소 가상 메모리에서의 위치를 나타내는 주소이며 메모리에 접근할 때 주소 사상에 의하여 실제 주소로 변환된다.

주소 변환 주소 사상이라고도 한다. 가상 주소를 메모리 접근에 사용되는 주소로 사상시키는 과정이다.

리 실패는 **페이지 부재**(page fault)라고 불린다. 가상 메모리를 갖는 프로세서는 **가상 주소**(virtual address)를 만들어 내고, 가상 주소는 하드웨어와 소프트웨어의 조합에 의해 메인 메모리 접근에 사용되는 **실제 주소**(physical address)로 변환된다. 그림 5.25는 가상 주소로 접근되는 메모리를 메인 메모리에 사상된 페이지와 함께 보여 주고 있다. 이런 작업을 **주소 사상**(address mapping) 혹은 **주소 변환**(address translation)이라고 한다. 오늘날 가상 메모리에 의해 제어되는 2개의 메모리 계층은 일반적으로 개인용 휴대기기에서는 DRAM과 플래시 메모리이고 서버에서는 DRAM과 자기 디스크(5.2절 참조)이다. 도서관의 예로 되돌아가면, 가상 주소를 책의 제목으로 생각할 수 있고, 실제 주소를 의회 도서관의 청구 기호와 같이 도서관 내 그 책의 위치로 비유할 수 있다.

가상 메모리는 **재배치**(relocation) 기능을 제공하여 수행될 프로그램의 적재를 단순화한다. 재배치는 프로그램에 의해 사용되는 가상 주소를 메모리에 접근하는 데 사용되기 이전에 다른 실제 주소로 사상시켜 준다. 이 재배치는 메인 메모리 내의 어떤 위치에도 프로그램을 적재할 수 있게 한다. 게다가 오늘날 쓰이는 모든 가상 메모리 시스템은 프로그램을 고정 크기 블록(페이지)의 집합으로 재배치시킨다. 따라서 프로그램을 할당하기 위해 메모리에서 연속적인 블록을 찾아낼 필요가 없게 되었다. 대신에 운영체제는 메인 메모리 내에 충분한 페이지가 있는지만 확인하면 된다.

가상 메모리 시스템의 주소는 **가상 페이지 번호**(virtual page number)와 **페이지 변위**

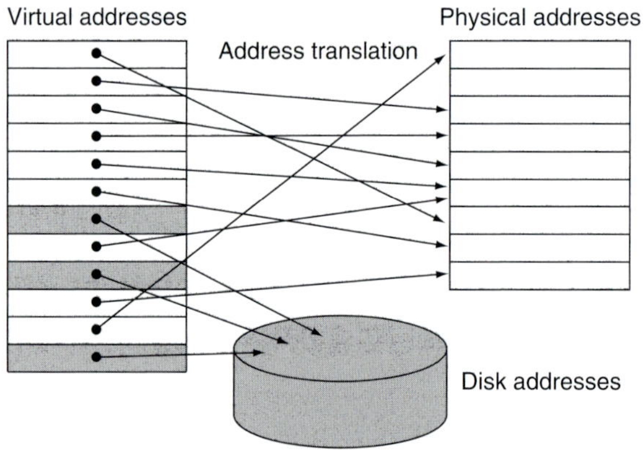

그림 5.25 가상 메모리에서 메모리 블록(*페이지*)들은 어떤 주소들의 집합(*가상 주소*)에서 다른 집합(*실제 주소*)으로 사상된다. 프로세서는 가상 주소를 만들어 내는 반면에, 메모리는 실제 주소를 사용하여 접근된다. 가상 메모리와 메인 메모리는 페이지로 나누어져서, 가상 페이지가 실제 페이지로 사상된다. 물론 가상 페이지가 메인 메모리에 없을 수도 있고 따라서 실제 주소로 사상되지 않을 수도 있다. 즉 이 페이지는 디스크에 있다는 것이다. 두 개의 가상 주소가 같은 실제 주소를 가리키도록 함으로써 실제 페이지가 공유될 수 있다. 이러한 기능은 두 개의 다른 프로그램이 데이터와 코드를 공유할 수 있도록 해 준다.

(page offset)로 나누어진다. 그림 5.26은 가상 페이지 번호가 실제 페이지 번호(physical page number)로 변환되는 과정을 보여 준다. ARMv8은 64비트 주소를 갖지만, 상위 16비트는 사용되지 않는다. 따라서 사상되는 주소는 48비트이다 이 그림은 실제 메모리가 1TiB 즉 2^{40}바이트이고 주소가 40비트인 것을 가정한다. 실제 페이지 번호는 실제 주소의 상위 부분으로 이루어지는 반면에, 변하지 않는 페이지 변위는 하위 부분으로 구성된다. 페이지 변위 필드의 비트수는 페이지의 크기를 결정한다. 가상 주소로 참조 가능한 페이지수는 실제 주소로 참조 가능한 페이지수와 같지 않아도 된다. 실제 페이지보다 더 많은 가상 페이지 수를 갖는 것은 무제한의 큰 가상 메모리를 갖는 것과 같은 환상의 기초가 된다.

페이지 부재(page fault) 처리에 소요되는 높은 비용을 줄이기 위해 많은 설계 방법들이 제시되었다. 페이지 부재는 처리하는 데 수백만 사이클이 소요된다(417쪽의 표는 메인 메모리가 디스크보다 약 100,000배 빠르다는 것을 보여 준다). 보통 크기의 페이지의 경우 첫 번째 워드를 꺼내는 데 걸리는 시간이 거의 대부분인 이러한 어마어마한 실패 손실 때문에, 가상 메모리 설계에 있어서 다음과 같은 몇 가지 중요한 결정이 내려졌다.

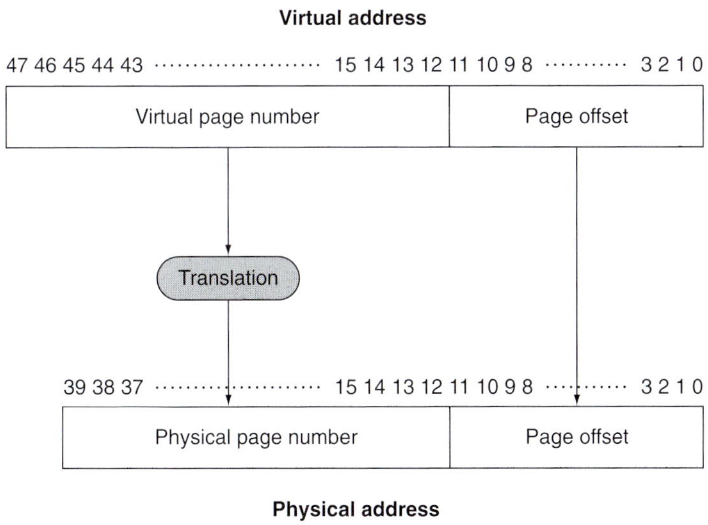

그림 5.26 가상 주소를 실제 주소로 사상. 페이지 크기는 2^{12} = 4KiB이다. 메인 메모리에 채워질 수 있는 실제 페이지의 수는 2^{28}이다. 왜냐하면 실제 페이지 번호가 28비트로 구성되어 있기 때문이다. 이는 메인 메모리가 최대 1TiB까지 가능하고, 가상 주소공간은 256TiB라는 것을 말한다. ARMv8은 실제 메모리를 256TiB까지 허용하지만 1TiB를 택했다. 2015년 현재 일부 ARMv8 컴퓨터의 최대치가 1TiB이기 때문에 이에 맞춘 것이다.

- 페이지는 큰 접근 시간을 보상할 만큼 충분히 커야 한다. 4KiB에서 64KiB 크기가 오늘날 일반적이다. 새로운 데스크톱과 서버 시스템이 32KiB와 64KiB를 지원하도록 개발되고 있다. 그러나 새로운 임베디드 시스템들은 반대 방향으로 발전하고 있어 페이지 크기가 1KiB 정도이다.
- 페이지 부재 발생률을 줄이는 구현이 바람직하다. 이를 위해 사용되는 주된 기법은 페이지를 완전 연관 방식으로 배치하는 것이다.
- 페이지 부재는 소프트웨어로 처리할 수 있다. 디스크 접근 시간에 비하면 오버헤드가 크지 않기 때문이다. 게다가 소프트웨어는 페이지를 어떻게 배치할 것인가를 위해 효율적인 알고리즘을 사용할 수 있게 한다. 실패율이 조금만 감소해도 그러한 알고리즘의 비용을 충분히 보상할 수 있다.
- 가상 메모리에서 쓰기를 수행할 때 즉시 쓰기 방식을 사용하는 것은 시간이 오래 걸리기 때문에 실용적이지 못하다. 대신에 가상 메모리 시스템은 나중 쓰기 방식을 사용한다.

앞으로 이런 가상 메모리의 설계 요소들을 살펴보도록 한다.

고난도: 많은 가상 머신들이 같은 메모리를 공유하는 것이 가상 메모리 개발의 동기라고 설명하였지만, 사실 가상 메모리는 여러 프로그램이 컴퓨터를 공유하기 위해 시분할 시스템의 일부로 개발되었다. 하지만 오늘날에는 많은 독자들이 시분할 시스템에 대한 경험이 없는 사람이 많으므로 가상 머신을 동기로 사용하였다.

고난도: ARMv8은 페이지 대신에 **그래뉼**(granule)이란 용어를 사용한다. 그리고 페이지 부재 대신에 **MMU**(memory management unit) **예외**라고 부른다. 최대 가상 주소는 48비트이지만 ARMv8은 더 작은 가상 주소를 사용해서 구현하는 것도 허용한다. 실제 주소는 48비트까지 지원한다. 최소 페이지(또는 그래뉼)의 크기는 4, 16, 64Kibibyte 중에서 선택할 수 있다.

고난도: 서버는 물론 PC에서도 32비트 주소를 사용하는 프로세서들은 문제가 되기도 한다. 일반적으로 가상 주소의 크기가 실제 주소의 크기보다 훨씬 크다고 생각하지만 그 반대도 가능하다. 프로세서가 내보내는 주소의 크기가 메모리 기술에 비해 작을 때 이러한 현상이 발생한다. 프로그램 하나 가상 머신 하나를 실행할 때는 이득을 볼 수 없지만 다수의 프로그램이나 가상 머신이 동시에 실행될 때는 메모리 밖으로 스와핑되지 않음으로써 또는 병렬 프로세서상에서 수행됨으로써 이득을 볼 수 있다.

세그먼테이션 가변 크기 주소 매핑 기법. 실제 주소로 사상되는 세그먼트 번호와 세그먼트 변위로 구성된 주소를 사용한다.

고난도: 이 책의 가상 메모리에 관한 설명은 고정된 크기의 블록을 사용하는 페이징에 초점을 맞추고 있다. 이 방법 외에도 가변 크기의 블록을 사용하는 **세그먼테이션**(segmentation)기법

이 있다. 세그먼테이션 기법에서 주소는 세그먼트 번호와 세그먼트 변위의 두 부분으로 이루어진다. 세그먼트 번호를 실제 주소로 사상하고 여기에 변위를 더하여 실제 주소를 구한다. 세그먼트는 그 크기가 다양하기 때문에 변위가 세그먼트 내에 있는가를 확인하는 것이 필요하다. 세그먼테이션의 주 용도는 보다 강력한 보호 방법과 주소공간의 공유 방법을 제공하는 것이다. 대부분의 운영체제 교과서에서는 페이징보다 세그먼테이션에 대해 훨씬 더 많은 설명을 하고 있다. 또한 주소공간을 논리적으로 공유하기 위한 세그먼트의 사용에 대해서도 많은 설명을 하고 있다. 세그먼테이션 기법의 가장 큰 단점은 주소공간이 논리적으로 분리된 조각들로 분할되어, 세그먼트 번호와 변위 두 부분으로 된 주소를 사용해야 한다는 것이다. 반면에 페이징은 페이지 번호와 변위 사이의 경계가 프로그래머나 컴파일러에게는 보이지 않게 한다.

세그먼트는 컴퓨터 워드 크기를 변화시키지 않고 주소공간을 확장하는 방법으로도 사용되어 왔다. 하지만 이러한 시도는 프로그래머와 컴파일러가 꼭 알아야만 하는 두 개로 분리된 주소 때문에 생기는 성능 저하와 불편함 때문에 성공적이지 못했다.

많은 시스템들은 주소공간을 고정 크기의 큰 블록들로 나누는데, 이렇게 하면 운영체제와 사용자 프로그램 사이의 보호 기능이 단순화되고 페이징 구현의 효율성이 증대된다. 이런 분할도 세그먼트라고 부르는 경우가 있지만, 이 방식은 가변 크기를 갖는 세그먼테이션 방식보다 훨씬 간단하고 사용자 프로그램에는 보이지 않는다. 이에 관해 곧 더 자세하게 다루겠다.

페이지 배치와 다시 찾기

페이지 부재의 손실이 엄청나게 크기 때문에 시스템 설계자는 페이지 배치를 최적화함으로써 페이지 부재 발생수를 줄이고자 한다. 가상 페이지가 어떤 실제 페이지로도 사상될 수 있게 하면, 운영체제는 페이지 부재 발생 시에 어떤 페이지든 마음대로 선택할 수 있다. 예를 들어 운영체제는 페이지 사용을 추적하는 정교한 알고리즘과 복잡한 자료구조를 사용하여 앞으로 오랫동안 필요하지 않을 것 같은 페이지를 선택할 수 있다. 유연하고 효과적인 교체 방식을 사용함으로써 페이지 부재 발생률을 낮출 수 있고 완전 연관 페이지 배치 방식의 사용을 단순화시킬 수 있다.

5.4절에서 언급한 바와 같이 완전 연관 방식의 가장 큰 어려움은 엔트리의 위치를 알아내는 것이다. 왜냐하면 상위 계층의 어디에도 있을 수 있기 때문이다. 완전 검색은 비실용적이라 가상 메모리 시스템에서는 메모리를 인덱스하는 표를 사용한다. 이 구조는 **페이지 테이블**(page table)이라고 불리고 메모리 내부에 존재한다. 페이지 테이블은 가상 주소의 페이지 번호로 인덱스되며, 대응되는 실제 페이지 번호를 갖고 있다. 각 프로그램은 각자 자신의 페이지 테이블을 갖고 있으며, 페이지 테이블은 그 프로그램의 가상 주소공간을 메인 메모리로 사상한다. 도서관의 비유에서 페이지 테이블은 책 이름과 도서관의 실제 위치 사이의 사상에 해당된다. 도서관의 도서카드가 이 도서관이 아닌 캠퍼스 내 다른 도서관에 있는 책에 대한 정보를 가질 수 있는 것과 같

페이지 테이블 가상 메모리 시스템에서 가상 주소를 실제 주소로 변환해 주는 테이블. 테이블은 메모리에 저장되고 가상 페이지 번호로 인덱스된다. 페이지가 메모리에 있을 때 테이블 엔트리에는 가상 페이지를 담고 있는 실제 페이지 번호가 있다.

이 페이지 테이블은 메모리에 적재되지 않은 페이지의 엔트리를 포함할 수 있다. 메모리 내 페이지 테이블의 위치를 나타내기 위해 페이지 테이블의 시작 주소를 나타내는 레지스터가 하드웨어에 포함되어 있다. 이 레지스터를 **페이지 테이블 레지스터**(page table register)라고 부른다. 당분간은 페이지 테이블이 메모리 내부의 고정된 연속 영역을 차지하고 있다고 가정하자.

하드웨어/소프트웨어 인터페이스

프로그램 카운터 및 레지스터들과 함께 페이지 테이블은 가상 머신의 **상태**(state)를 규정한다. 다른 가상 머신이 프로세서를 사용하게 하려면, 이 상태를 보존해야만 한다. 나중에 이 상태를 완벽하게 복구한 다음, 이 가상 머신의 수행을 계속할 수 있다. 이런 상태를 **프로세스**(process)라고 한다. 프로세스가 프로세서를 점유하고 있을 때를 **활성화 상태**(active state)라 하고, 그 반대의 경우를 **비활성화 상태**(inactive state)라고 한다. 운영체제는 프로그램 카운터를 포함하는 프로세서의 상태를 다시 적재함으로써 프로세스를 활성화 상태로 만들고, 저장된 프로그램 카운터 값을 이용하여 실행을 다시 시작한다.

프로세스의 주소공간, 따라서 메모리 내의 접근 가능한 모든 데이터들은 메모리 내부에 존재하는 페이지 테이블에 의해 정의된다. 운영체제는 전체 페이지 테이블을 저장하는 대신, 활성화시키려는 프로세스의 페이지 테이블 주소를 페이지 테이블 레지스터에 적재한다. 다른 프로세스들이 똑같은 가상 주소를 사용하고 있기 때문에 프로세스는 각각 자신의 페이지 테이블을 갖고 있다. 운영체제가 실제 메모리를 할당하고 페이지 테이블을 갱신시킬 책임을 지고 있다. 이렇게 함으로써 다른 프로세스들의 가상 주소공간들이 충돌하지 않게 된다. 곧 살펴보겠지만, 분리된 페이지 테이블을 사용함으로써 여러 프로세스들 사이에 보호 기능도 제공할 수 있다.

그림 5.27은 페이지 테이블 레지스터, 가상 주소, 페이지 테이블을 이용하여 어떻게 하드웨어가 실제 주소를 만들어 내는지를 보여 준다. 유효(valid) 비트는 캐시에서처럼 페이지 테이블 엔트리마다 하나씩 있다. 이 비트가 0이면 그 페이지는 메인 메모리에 존재하지 않고, 따라서 페이지 부재가 발생된다. 이 비트가 1이면 그 페이지는 메모리 내부에 있으며, 그 엔트리는 실제 페이지 번호를 갖고 있다.

페이지 테이블은 가능한 가상 페이지에 대한 사상을 다 갖고 있기 때문에, 태그가 필요치 않다. 캐시 용어로 설명하자면, 페이지 테이블 접근에 사용되는 인덱스는 완전한 블록 주소인데, 이 경우는 가상 페이지 번호이다.

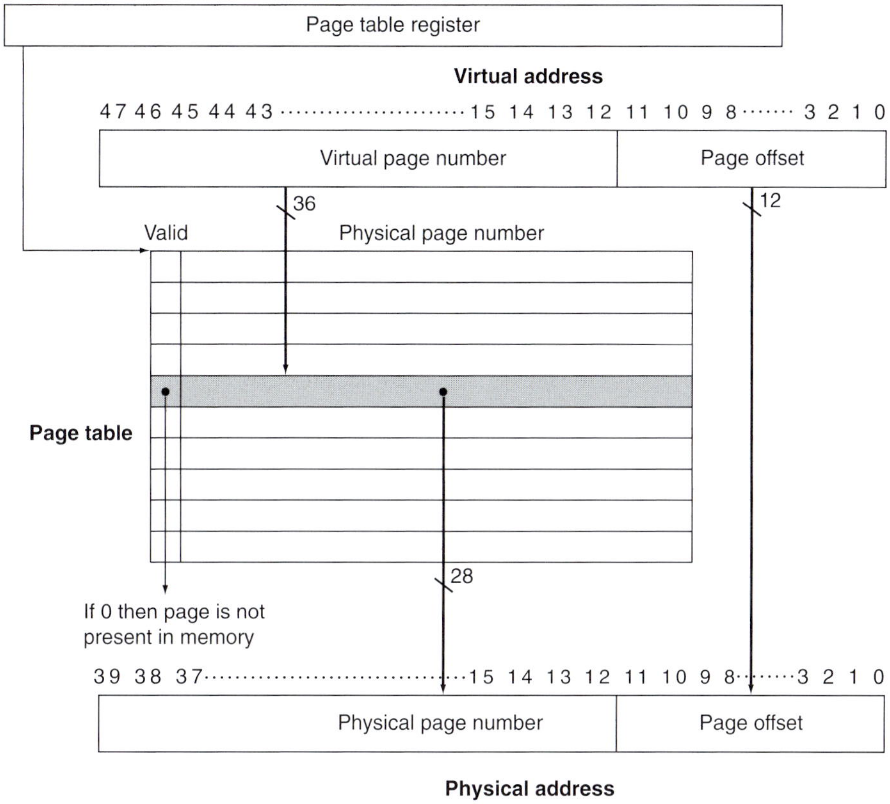

그림 5.27 페이지 테이블은 실제 주소를 얻기 위해 가상 페이지 번호로 인덱스되어 있다. 48비트 주소를 가정한다. 페이지 테이블의 시작 주소는 페이지 테이블 포인터에 있다. 이 그림에서 페이지 크기는 2^{12}바이트 또는 4KiB이다. 가상 주소공간은 2^{48}바이트 또는 256TiB이고, 실제 주소공간은 2^{40}바이트이므로 최대 1TiB의 주기억공간을 갖는다. ARMv8이 그림에서와 같이 하나의 페이지 테이블을 사용하면, 페이지 테이블의 엔트리 수는 2^{36}개 즉 약 640억 개가 된다(ARMv8이 어떻게 엔트리 수를 줄이는지 곧 보게 될 것이다). 각 엔트리의 유효 비트는 사상이 유효한지 아닌지를 나타낸다. 만약 이 비트가 0이면 그 페이지는 메모리 내부에 존재하지 않는다. 여기에 보인 페이지 테이블 엔트리는 29비트면 되지만 보통 인덱스를 쉽게 하기 위해 2의 멱수로 반올림한다. ARMv8에서 페이지 테이블 엔트리는 64비트이다. 여분의 비트들은 보호 관련 정보처럼 페이지마다 저장되어야 하는 추가 정보를 담기 위해 사용된다.

페이지 부재

가상 페이지의 유효 비트가 0이면 페이지 부재가 발생하며, 운영체제가 제어를 넘겨받게 된다. 이는 4장에서 설명했고 이 절의 뒷부분에서 다시 자세히 다루게 될 예외(exception) 메커니즘에 의해 행해진다. 운영체제가 제어를 갖게 되면 계층의 다음 수준(대개 자기 디스크)에서 그 페이지를 찾아야 하며, 요구된 페이지를 메인 메모리의 어디에 배치시킬 것인지 결정해야 한다.

가상 주소만으로는 디스크 내에 그 페이지가 어디에 있는지를 바로 알 수 없다. 도서관 비유로 되돌아가서 책의 이름만으로는 도서관 내 책의 위치를 알 수 없다. 대신 카탈로그를 뒤져 책을 찾아야만 서가 내의 책 위치를 찾아낼 수 있다. 이와 같이 가상 메모리 시스템에서는 가상 주소공간 내 각 페이지의 디스크상 위치를 알고 있어야 한다.

스왑 스페이스 한 프로세스의 전체 가상 메모리 공간을 위해 예약된 디스크 공간.

메모리 내의 페이지가 언제 쫓겨날지를 미리 알 수 없기 때문에, 운영체제는 대개 프로세스를 생성시킬 때 프로세스의 모든 페이지를 위한 공간을 플래시 메모리나 디스크상에 마련한다. 이 디스크상의 공간을 **스왑 스페이스**(swap space)라고 부른다. 이때 각 가상 페이지가 디스크의 어느 곳에 저장되는지를 기록하기 위한 자료구조를 만든다. 이 자료구조는 페이지 테이블의 일부분일 수도 있고, 페이지 테이블과 같은 방법으로 인덱스되는 다른 자료구조일 수도 있다. 그림 5.28은 단일 테이블이 실제 페이지 번호나 디스크 주소를 담고 있을 때의 구조를 보여 준다.

운영체제는 또한 어떤 프로세스와 어떤 가상 주소가 각 실제 페이지를 사용하는지를 추적하는 자료구조를 만든다. 페이지 부재가 발생했을 때, 메인 메모리 내의 모든 페이지가 사용 중이면, 운영체제는 교체할 페이지를 선택해야 한다. 페이지 부재의 수를 최소화해야 하기 때문에, 대부분의 운영체제는 가까운 시간 내에 사용되지 않을 페이지를 선정하려고 한다. 운영체제는 과거를 사용하여 미래를 예측하는 방법으로 이미 5.4절에서 살펴본 바 있는 LRU(least recently used) 교체 방식을 사용한다. 사용한 지 오래된 페이지가 최근에 사용된 페이지보다 앞으로 이용될 가능성이 적다는 가정하에 가장 오랫동안 사용하지 않은 페이지를 찾는다. 교체된 페이지는 디스크상의 스왑 스페이스에 쓰여진다. 프로세스를 관리하는 운영체제 자신도 또 하나의 프로세스이며, 메모리를 제어하는 테이블들이 제어 대상인 메모리 안에 저장된다. 얼핏 모순같이 보이는 이 현상에 대해서는 곧 다시 살펴보기로 한다.

하드웨어/소프트웨어 인터페이스

완벽하게 LRU 방식을 구현하는 것은 메모리를 참조할 때마다 자료구조를 갱신해야 하기 때문에 비용이 매우 많이 든다. 대신에 많은 운영체제는 최근에 어떤 페이지가 참조되고 참조되지 않았는지를 추적하는 유사 LRU 방식을 사용한다. 운영체제가 LRU 페이지를 찾는 것을 돕기 위해 어떤 시스템에서는 페이지가 접근될 때마다 1이 되는 **참조 비트**(reference bit) 또는 **사용 비트**(use bit)를 제공한다. 운영체제는 주기적으로 참조 비트를 0으로 만들고 후에 페이지를 접근하면 다시 1로 한다. 이렇게 함으로써 특정 시간 동안 어떤 페이지들이 접근되었는지를 알 수 있다. 이 사용 정보를 이용하여 운영체제는 최근에 사용되지 않은 것들(참조 비트가 0인 것들) 중 하나를 선택할 수 있다. 만약 이러한 비트들이 하드웨어적으로 제공되지 않는다면, 운영체제는 어떤 페이지가 접근되었었는지를 알아내기 위한 다른 방법을 찾아야만 한다.

참조 비트 **사용 비트** 또는 **접근 비트**(access bit)라고도 부른다. 페이지가 접근될 때마다 1이 되는 필드로서 LRU나 다른 교체 방식의 구현에 사용된다.

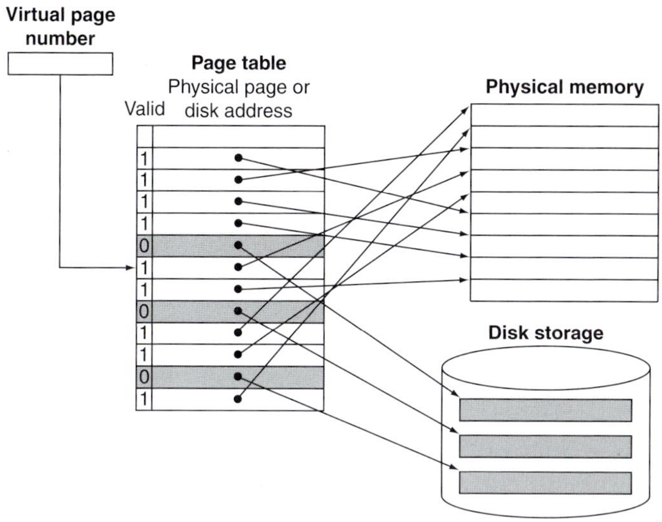

그림 5.28 페이지 테이블은 가상 메모리의 각 페이지를 메인 메모리의 페이지나 디스크에 저장된 페이지로 사상한다. 가상 페이지 번호는 페이지 테이블의 인덱스로 이용된다. 유효 비트가 1이면 페이지 테이블은 가상 페이지에 대응되는 실제 페이지 번호(즉, 메모리상의 그 페이지 시작 주소)를 제공한다. 유효 비트가 0이면 페이지는 디스크상의 지정된 디스크 주소에 존재한다. 실제 페이지 주소를 위한 표와 디스크 페이지 주소를 위한 표는 논리적으로 한 개의 표이지만, 두 개의 분리된 자료구조에 저장하는 시스템이 많다. 현재 메인 메모리에 있는 페이지를 포함해서 모든 페이지의 디스크 주소를 가지고 있어야 하기 때문에 두 종류의 표를 사용하는 것이 좋다. 메인 메모리의 페이지와 디스크의 페이지는 크기가 같다는 것을 기억하라.

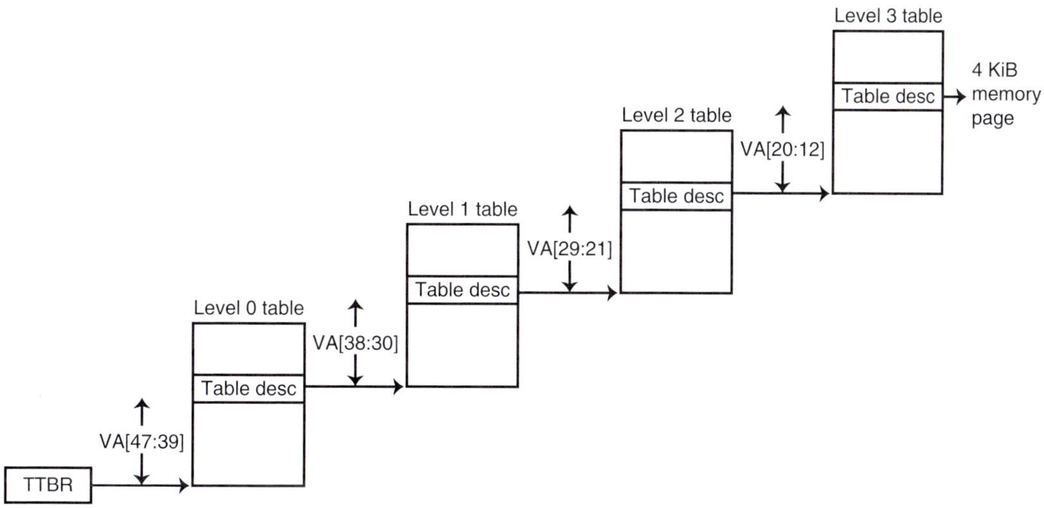

그림 5.29 ARMv8은 48비트 가상 주소를 40비트 실제 주소로 변환하기 위하여 4단계 표를 사용한다. 그림 5.27의 단일 페이지 테이블은 640억 개의 페이지 테이블 엔트리가 필요하지만, 이 계층적 접근 방식은 엔트리가 많이 필요하지 않다. 각 변환 단계에서 가상 주소 9비트를 사용하여 다음 단계의 테이블을 찾는다. 가상 주소의 상위 36비트가 4KiB 크기의 페이지로 사상될 때까지 이 과정을 반복한다. 각 ARMv8 페이지 테이블 엔트리는 8바이트이므로 테이블의 512개 엔트리는 4KiB 페이지 하나에 들어간다. TTBR(translation table base register)는 첫 번째 페이지 테이블의 시작 주소를 갖고 있다.

큰 가상 주소를 위한 가상 메모리

그림 5.27의 설명은 4KiB 페이지, 48비트 주소를 위한 단일 계층의 페이지 테이블에는 640억 개의 테이블 엔트리가 필요함을 보여 주고 있다. ARMv8에서 각 페이지 테이블 엔트리는 8바이트이므로 가상 주소를 실제 주소로 사상하는 데에만 0.5TiB가 필요하다! 더구나 각각 자신의 페이지 테이블을 갖는 수백 개의 프로세스가 실행된다. 이렇게 큰 변환 메모리는 대형 시스템도 감당하기가 쉽지 않다.

페이지 테이블에 필요한 저장 용량을 줄이기 위해 다양한 기법들이 사용된다. 아래의 다섯 가지 방법들이 페이지 테이블에 할당되는 메인 메모리를 최소화할 뿐 아니라 필요한 최대 저장 용량을 줄일 수 있다.

1. 가장 간단한 기법은 주어진 프로세스에 대한 페이지 테이블의 크기를 제한하는 한계(limit) 레지스터를 사용하는 것이다. 가상 페이지 번호가 한계 레지스터 값보다 더 커지면, 페이지 테이블에 새로운 엔트리를 추가한다. 이 기법은 프로세스가 더 많은 공간을 소비할수록 페이지 테이블이 더 커지는 것을 허용한다. 이렇게 하면 프로세스가 가상 주소공간의 많은 페이지를 사용할 때만 페이지 테이블이 커지게 된다. 이 기법에서는 주소공간이 한 방향으로만 확장된다.
2. 대부분의 언어들은 스택(stack)과 힙(heap) 두 개의 확장 가능한 영역을 필요로 하기 때문에 한 방향으로 커지는 것만으로는 충분하지 않다. 이 점 때문에 페이지 테이블을 둘로 나누어서 테이블이 가장 높은 주소에서는 아래로 커지고 가장 낮은 주소에서는 위로 늘어나게 하는 것이 편리하다. 이렇게 하려면 페이지 테이블 두 개와 한계 레지스터 두 개가 필요하다. 두 개의 페이지 테이블을 사용하게 됨으로써 주소공간은 두 개의 세그먼트로 나누어지게 된다. 보통 주소의 최상위 비트가 세그먼트를 결정하고 따라서 어떤 페이지 테이블을 사용할지를 결정한다. 주소의 최상위 비트에 의해 세그먼트가 정해지기 때문에, 각 세그먼트의 최대 크기는 주소공간의 절반이다. 각 세그먼트의 한계 레지스터는 페이지 단위로 커지는 세그먼트의 현재 크기를 나타낸다. 이런 유형의 세그멘테이션은 ARMv8과 MIPS를 포함한 많은 컴퓨터 구조에서 사용된다. 이 절의 네 번째 "고난도"에서 다룬 세그멘테이션과 달리, 이런 세그멘테이션은 응용 프로그램에게는 보이지 않고 운영체제에게만 보인다. 이 방법의 최대 단점은 가상 주소공간이 연속적으로 사용되지 않고 뜨문뜨문 나누어져서 사용될 때는 잘 동작하지 않는다는 점이다.
3. 페이지 테이블의 크기를 줄이는 또 다른 방법은 가상 주소에 해시 함수(hashing function)를 적용하여 페이지 테이블의 크기를 가상 페이지 수만큼이 아니라 메인 메모리 내의 실제 페이지 개수만큼으로 하는 것이다. 이런 구조를 **역페이지 테**

이블(inverted page table)이라 한다. 페이지 테이블을 직접 인덱스할 수 없기 때문에 역페이지 테이블에서 엔트리를 찾는 과정은 약간 더 복잡하다.

4. 페이지 테이블에 사용되는 실제 메인 메모리를 줄이기 위해, 대부분의 최신 컴퓨터들은 페이지 테이블을 페이지화시킨다. 약간 묘하게 들릴지 모르지만, 가상 메모리와 같은 기본 아이디어를 이용하여 가상 주소공간 내에 페이지 테이블을 저장시키는 것이다. 이 경우에는 페이지 부재가 끊임없이 발생하는 것 같은 작지만 치명적인 문제가 있기 때문에 이를 꼭 피해야 한다. 이런 문제를 극복하는 방법은 아주 세부적이고 프로세서에 따라 많이 달라진다. 간략히 설명하면 모든 페이지 테이블을 운영체제의 주소공간에 배치하고, 운영체제를 위한 최소한의 페이지 테이블은 항상 메인 메모리에 있게 하면 이 문제를 피할 수 있다.
5. 페이지 테이블 저장 용량을 줄이기 위해 다단계 페이지 테이블을 쓸 수도 있다. ARMv8은 주소 변환에 사용되는 메모리를 줄이기 위하여 이 방식을 사용한다. 그림 5.29는 48비트 가상 주소를 4KiB 페이지의 40비트 실제 주소로 주소를 변환하는 4단계를 보여 준다. 주소의 상위 비트로 사용하여 0단계 테이블을 참조하면서 주소 변환이 시작된다. 테이블의 주소값이 유효하면 다음 상위 비트를 이용해서 세그먼트 테이블 엔트리에 의해 지정된 페이지 테이블을 인덱스하는 과정을 반복한다. 따라서 0단계 테이블은 가상 주소를 512GB(2^{39}바이트) 영역에 사상시키고, 1단계 테이블은 가상 주소를 1GB(2^{30}바이트) 영역으로 사상시킨다. 다음 단계는 이 값을 2MB(2^{21}) 영역으로 사상시키고, 최종 테이블은 이 가상 주소를 4KiB(2^{12}) 메모리 페이지로 사상시킨다. 이 방식은 전체 페이지 테이블을 할당하지 않고도 주소공간이 드문드문 떨어진 방식(다수의 불연속 세그먼트가 활성화될 수도 있음)으로 사용될 수 있게 한다. 이러한 방식은 특히 매우 큰 주소공간을 사용할 때나 불연속적인 할당을 요구하는 소프트웨어 시스템에서 유용하다. 이 다단계 사상의 가장 큰 단점은 주소 변환 과정이 더 복잡해진다는 점이다.

고난도: 이 절의 두 번째 "**고난도**"에서 ARMv8은 최소 페이지 크기로 4, 16, 64KiB 중 하나를 선택할 수 있다고 한 바 있다. 그림 5.29의 설명에서 각 단계의 페이지 테이블이 정확히 한 페이지 크기이며, 각 단계마다 가상 주소를 9비트씩 변환한다고 설명하였다. 시스템이 더 큰 최소 페이지 크기를 사용하면, 페이지 자신이 더 커질 뿐 아니라 한 페이지 내에서 가상 주소의 더 많은 비트를 사상할 수 있다. 그러므로 64KiB 페이지를 사용하는 시스템은 3단계의 페이지 테이블만 있으면 된다.

쓰기는 어떻게 처리되는가?

캐시 접근 시간과 메인 메모리 접근 시간의 차이는 수십에서 수백 사이클 정도이므로, 프로세서의 쓰기 지연 시간을 감추기 위해 쓰기 버퍼가 필요하기는 했지만 캐시에서는 즉시 쓰기 기법을 이용할 수 있었다. 가상 메모리의 경우, 계층구조의 다음 계층(디스크)에 쓰기를 하려면 수백만 사이클이 소요된다. 그러므로 디스크에 즉시 쓰기를 하고 쓰기 버퍼를 추가하는 것은 매우 비실용적이다. 따라서 가상 메모리 시스템에서는 나중 쓰기 방식을 사용해야 한다. 나중 쓰기 방식에서 각각의 쓰기 동작은 메인 메모리 내의 페이지에만 수행되고, 나중에 페이지가 메모리에서 교체될 때 디스크로 복사된다.

하드웨어/소프트웨어 인터페이스

나중 쓰기 방식은 가상 메모리 시스템의 또 하나의 큰 장점 중 하나이다. 디스크의 전송 시간이 디스크 접근 시간보다 짧기 때문에 전체 페이지를 저장하는 것이 각각의 워드를 디스크로 저장하는 것보다 훨씬 더 능률적이다. 나중 쓰기 방식은 각각의 워드를 전송하는 것보다 능률적이지만 역시 추가되는 비용이 있다. 즉, 교체할 페이지가 결정되면 이 페이지가 디스크로 저장되어야 하는지를 알 필요가 있다. 메모리에 적재된 이후 페이지가 변화되었는지를 추적하기 위해, 페이지 테이블에 갱신 비트(dirty bit)를 추가한다. 페이지 내의 어떤 워드에 쓰기를 하면 이 갱신 비트가 1이 된다. 운영체제가 어떤 페이지를 교체 대상으로 선택하면, 새로운 페이지에게 공간을 내주기 전에 그 페이지를 디스크에 써야 할지 여부를 갱신 비트가 알려 준다. 그래서 수정된 페이지를 종종 갱신 페이지(dirty page)라고 부른다.

주소 변환을 빠르게 하기: TLB

페이지 테이블은 메인 메모리에 저장되기 때문에, 프로그램에 의한 모든 메모리 접근 시간은 최소한 두 배가 된다. 실제 주소를 얻기 위한 메모리 접근 한 번과 데이터를 얻기 위한 또 한 번의 접근이 필요하다. 접근 성능을 높이기 위한 핵심은 페이지 테이블에 대한 참조의 지역성에 달려 있다. 어떤 가상 페이지 번호의 변환이 사용되면, 이 페이지 내의 워드 참조는 시간적 지역성과 공간적 지역성을 갖기 때문에 그 페이지는 또 다시 참조될 가능성이 높다.

따라서 현대 컴퓨터들은 최근에 사용된 변환을 추적하는 특별한 캐시를 갖고 있다. 이 특별한 주소 변환 전용 캐시는 전통적으로 **변환 참조용 버퍼**(translation-lookaside buffer, TLB)라고 불린다. 이 버퍼는 변환 캐시라고 부르는 게 더 정확한 표현일 수도

변환 참조용 버퍼(TLB) 페이지 테이블 접근을 피하기 위해 최근에 사용된 사상을 보관하고 있는 캐시.

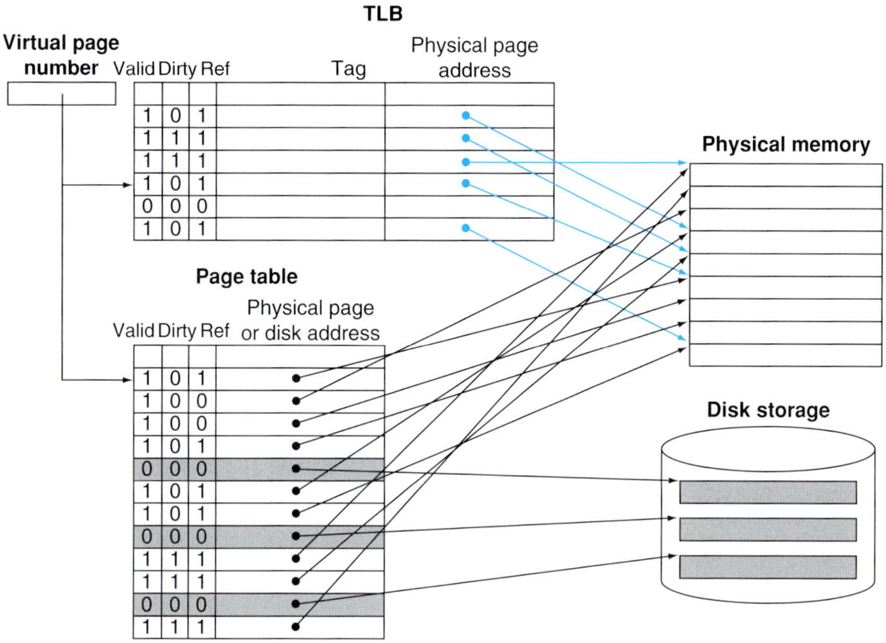

그림 5.30 TLB는 실제 페이지로만 사상되는 엔트리를 위한 페이지 테이블의 캐시로 동작한다. TLB는 페이지 테이블에 있는 가상 주소-실제 주소 사상의 부분집합만을 포함한다. TLB 사상은 파란색으로 표시하였다. TLB는 캐시이기 때문에 태그 필드가 있어야 한다. 접근하려는 페이지와 일치하는 엔트리가 TLB 내에 없을 경우, 페이지 테이블을 조사해야 한다. 페이지 테이블은 페이지의 실제 페이지 번호를 제공하거나(이 번호는 TLB의 엔트리로 저장됨), 페이지가 디스크상에 존재함(페이지 부재가 발생됨)을 표시한다. 페이지 테이블은 모든 가상 페이지의 항목을 가지고 있기 때문에(다른 말로 표현하면 TLB와는 달리 페이지 테이블은 캐시가 아니기 때문에) 태그 필드가 필요치 않다.

있다. TLB는 도서 카드에서 찾아본 일련의 책들의 위치를 기록하는 데 쓰이는 작은 종이라고 생각할 수 있다. 전체 도서 카드를 계속해서 찾는 것이 아니라, 여러 책들의 위치를 종이에 기록하고 이 종이를 마치 캐시처럼 사용하는 것과 같다.

그림 5.30은 TLB의 각 태그 항목이 가상 페이지 번호의 일정 부분을 갖고 있고 TLB의 데이터 항목이 실제 페이지 번호를 갖고 있음을 보여 준다. 이제는 매 참조마다 페이지 테이블을 접근하지 않고 TLB를 접근하기 때문에, TLB는 갱신 비트와 참조 비트 같은 여타 상태 비트들을 포함해야 한다. 그림 5.30에는 페이지 테이블이 하나밖에 없지만, TLB는 다단계 페이지 테이블에서도 정상적으로 동작한다. TLB는 단순히 최종 단계 페이지 테이블에서 실제 주소와 보호 태그를 가져온다.

참조 시마다 TLB의 가상 페이지 번호를 검사한다. 적중되면 실제 페이지 번호는 주소를 형성하는 데 쓰이고, 대응되는 참조 비트는 1이 된다. 프로세서가 쓰기를 수행하면 갱신 비트도 1이 된다. TLB 내에서 실패가 발생되면, 이 실패가 페이지 부재인지 단순한 TLB 실패인지를 알아야 한다. 그 페이지가 메모리에 있으면, 그 변환이 TLB에 없을 뿐 페이지 부재는 아님을 의미한다. 이 경우에는 프로세서가 그 변환을 (최종 단계) 페이지 테이블에서 TLB로 가져온 후 참조를 다시 시도함으로써 TLB 실패를 처리할 수 있다. 그 페이지가 메모리에 존재하지 않으면, TLB 실패는 실제 페이지 부재가 된다. 이 경우에는 예외를 사용하여 운영체제로 하여금 처리하게 한다. TLB는 메인 메모리 내의 페이지 개수보다 훨씬 더 적은 수의 엔트리를 가지고 있기 때문에, TLB 실패는 실제 페이지 부재보다 더 빈번히 발생한다.

TLB 실패는 하드웨어로 처리할 수도 있고 소프트웨어로 처리할 수도 있다. 실제로, 이 두 방법 모두 수행해야 할 기본적인 동작이 같기 때문에, 두 가지 방법의 성능 차이는 거의 없다.

TLB 실패가 발생하고 실패한 변환이 페이지 테이블에서 인출되면, 교체할 TLB 엔트리를 선정해야 한다. TLB 엔트리에는 참조 비트와 갱신 비트가 포함되어 있기 때문에, 엔트리를 교체할 때 이 비트들 또한 페이지 테이블 엔트리에 저장해야 한다. TLB 엔트리 중에서 변할 수 있는 부분은 이 비트들뿐이다. TLB 실패율이 낮기 때문에 나중 쓰기(즉 쓰여질 때가 아니고 실패 발생 시에 이 엔트리를 저장하는 방법)를 사용하는 것이 효율적이다. 어떤 시스템들은 참조 비트와 갱신 비트들을 근사화하는 다른 방법들을 사용한다. 이 방식들을 사용하면 실패 발생 시에 새로운 테이블 엔트리를 적재하기만 하면 되고 TLB에 쓰기는 하지 않아도 된다.

TLB의 일반적인 값들은 다음과 같다.

- TLB 크기: 16~512 엔트리
- 블록 크기: 1~2 페이지 테이블 엔트리(일반적으로 각각 4~8바이트)
- 적중 시간: 0.5~1 클럭 사이클
- 실패 손실: 10~100 클럭 사이클
- 실패율: 0.01~1%

설계자들은 TLB 내에서 매우 다양한 연관 정도를 사용하였다. 어떤 시스템들은 완전 연관 사상 방식을 사용하는 작은 TLB를 사용한다. 왜냐하면 이 방법이 실패율이 작기 때문이다. 게다가 TLB의 크기가 작기 때문에 구현하는 비용도 많이 들지 않는다. 다른 시스템들은 때때로 작은 연관 정도를 갖는 큰 TLB를 사용한다. 완전 연관 사상 방식에서는 LRU 하드웨어를 구현하는 것이 비용이 많이 들기 때문에 교체할 엔트리의 선정이 쉽지 않다. 게다가 TLB 실패는 페이지 부재보다 더 빈번히 발생되고 더 값싸게 처리되어야 하기 때문에, 페이지 부재 시 사용했던 것과 같은 비싼 소프트웨어 알고리즘을 사용할 수 없다. 그 결과 많은 시스템들은 교체할 엔트리를 임의로 선정하는 기능을 제공한다. 5.8절에서 교체 방법을 조금 더 자세히 살펴보도록 한다.

Intrinsity FastMATH TLB

이러한 아이디어들이 실제로 어떻게 동작하는지를 살펴보기 위해, Intrinsity FastMATH의 TLB를 자세히 살펴보자. 이 메모리 시스템은 4KiB의 페이지를 사용하고 32비트 주소공간을 갖는다. 따라서 가상 페이지 번호는 20비트이다. 실제 주소는 가상 주소와 같은 크기를 갖는다. 16개의 엔트리를 갖는 TLB는 완전 연관 사상 방식을 사용하고, 명령어와 데이터 참조에 공유된다. 각 엔트리는 64비트이며, 20비트 태그(이 TLB 엔트리의 가상 페이지 번호), 대응되는 실제 페이지 번호(20비트), 유효 비트, 갱신 비트 및 다른 보조(book-keeping) 비트들을 갖는다. 대부분의 MIPS 시스템과 같이 TLB 실패를 처리하기 위해 소프트웨어를 사용한다.

그림 5.31은 TLB와 캐시 한 개를 보여 주고, 그림 5.32는 읽기와 쓰기 요청을 처리하는 단계를 보여 준다. TLB 실패가 발생하면 하드웨어는 그 참조의 페이지 번호를 특수 레지스터에 저장하고 예외를 발생시킨다. 예외는 운영체제를 호출하고, 운영체제는 실패를 소프트웨어로 처리한다. 실패된 페이지의 실제 주소를 찾기 위하여, TLB 실패 루틴은 가상 주소의 페이지 번호와 활성화된 프로세스 페이지 테이블의 시작 주소를 갖고 있는 페이지 테이블 레지스터를 사용하여 페이지 테이블을 인덱스한다. TLB를 갱신할 수 있는 특수한 시스템 명령어들을 사용하여 운영체제는 실제 주소를 페이지 테이블에서 TLB로 적재한다. 코드는 명령어 캐시에, 페이지 테이블 엔트리는 데이터 캐시에 각각 들어 있다고 가정할 때, TLB 실패는 약 13사이클 정도 소요된다. 진짜 페이지 부재는 페이지 테이블 엔트리가 유효한 실제 주소를 갖고 있지 않을 때 발생한다. 하드웨어는 교체 대상으로 추천된 엔트리를 가리키는 인덱스를 저장한다. 이때 교체 대상은 임의로 선택된다.

쓰기 요청 시에는 TLB의 쓰기 접근 비트를 검사하는 복잡함이 추가된다. 이 비트는 프로그램이 읽기 접근만 허용하는 페이지에 쓰는 것을 막는다. 쓰기 접근 비트가 0일 때 프로그램이 쓰기를 시도하면 예외가 발생한다. 쓰기 접근 비트는 곧 살펴보게 될 보호 기능의 일부분이다.

가상 메모리, TLB, 캐시의 통합

가상 메모리와 캐시 시스템은 계층구조를 이루며 같이 동작한다. 따라서 데이터가 메인 메모리에 없다면 그 데이터는 캐시에 있을 수가 없다. 페이지를 디스크로 옮기기로 결정하면 운영체제는 캐시에서 해당 페이지를 제거함으로써 이 계층구조를 유지하는 역할을 수행한다. 동시에 운영체제는 페이지 테이블과 TLB를 수정하여 디스크로 옮긴 페이지의 데이터에 접근하려고 시도하면 페이지 부재가 발생하게 된다.

가장 좋은 경우는 가상 주소가 TLB에서 변환되고 캐시로 보내져서 원하는 데이터

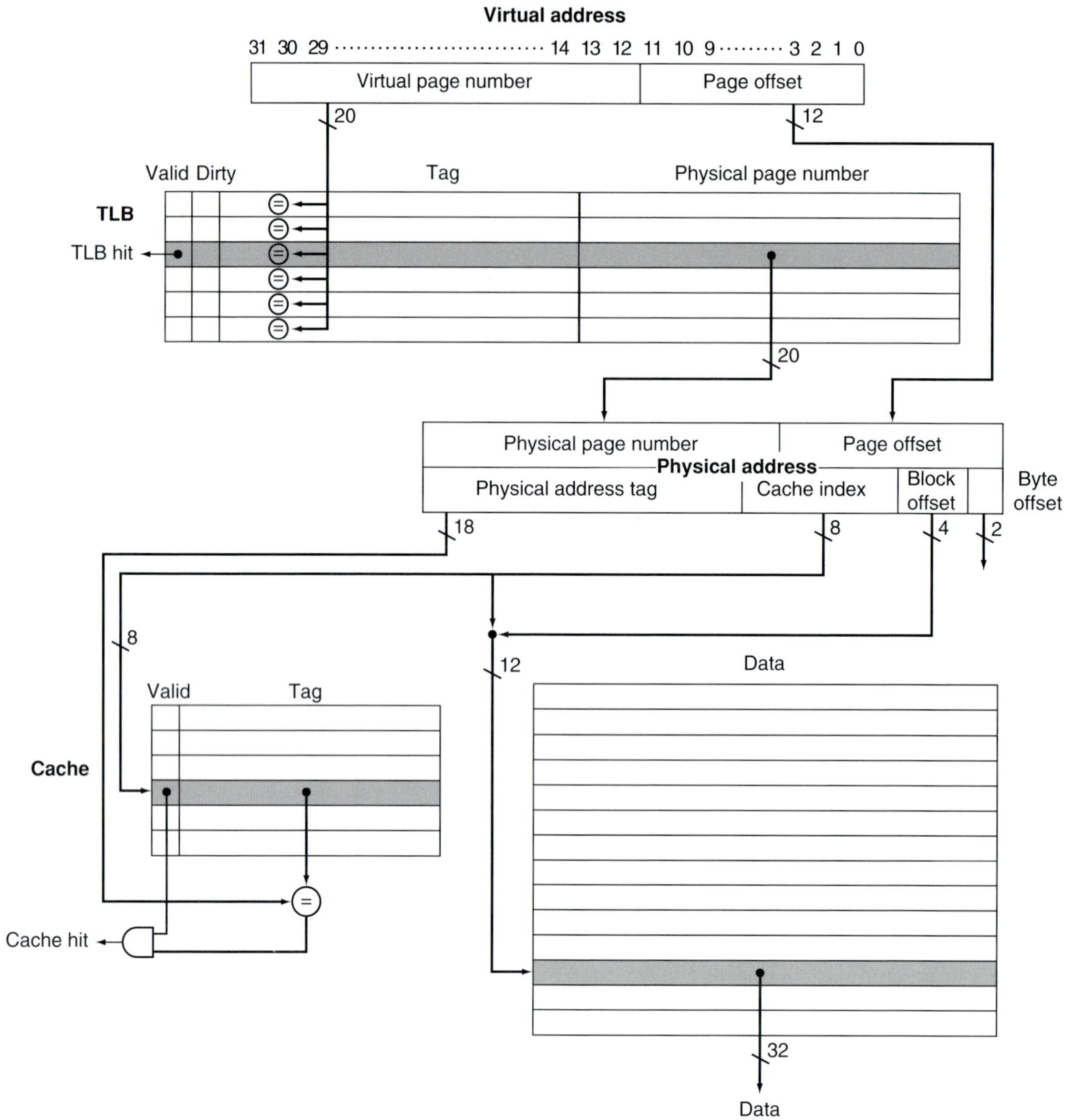

그림 5.31 Intrinsity FastMATH의 TLB와 캐시가 가상 주소를 가지고 데이터를 인출하는 과정을 보여 준다. 이 그림은 4KiB 페이지 크기를 가정하였을 때 TLB와 데이터 캐시의 구성을 보여 준다. 이 그림은 읽기 과정이고, 쓰기 처리 과정은 그림 5.32에서 보여 준다. 그림 5.12와는 달리 태그와 데이터 RAM이 분리되어 있음을 주목하라. 캐시 인덱스와 블록 변위를 연접한 값으로 길고 좁은 데이터 RAM에 접근함으로써 16:1 멀티플렉서를 사용하지 않고도 원하는 워드를 선택할 수 있다. 캐시는 직접 사상 방식이지만 TLB는 완전 연관 방식이다. 완전 연관 TLB이므로 모든 TLB 태그가 가상 페이지 번호와 비교되어야만 한다. 관심 있는 엔트리가 TLB 내 어디에든 위치할 수 있기 때문이다(5.4절의 "고난도"에 있는 CAM을 참조). 일치된 엔트리의 유효 비트가 1이면 접근은 TLB 적중이다. 이때 실제 페이지 번호와 페이지 변위 비트가 캐시 접근에 사용할 인덱스를 형성한다.

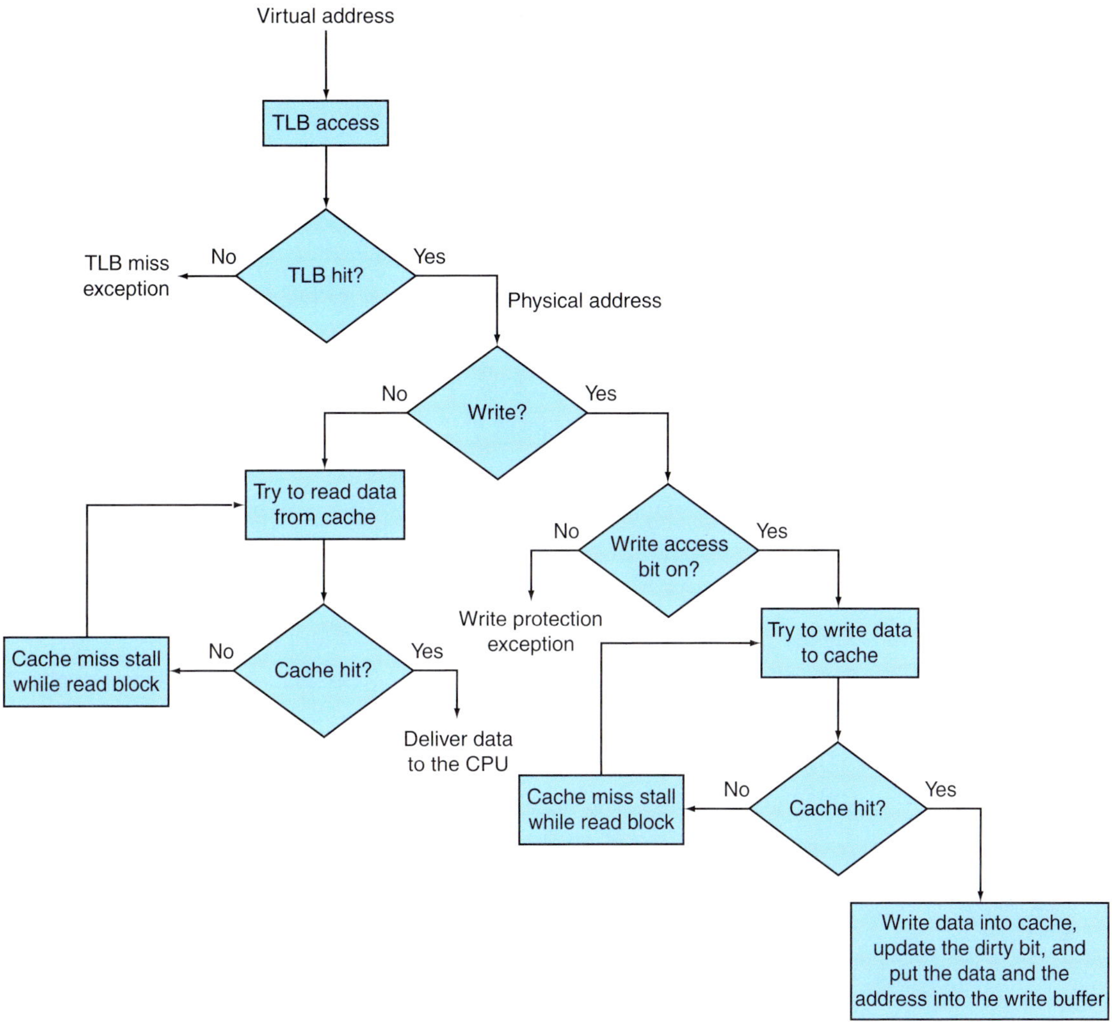

그림 5.32 Intrinsity FastMATH의 TLB와 캐시를 통한 읽기와 즉시 쓰기의 처리. TLB가 적중되면 캐시는 바로 실제 주소로 접근될 수 있다. 읽기 동작일 때 캐시가 적중되면 데이터를 공급하고, 실패이면 메모리에서 읽어 오는 동안 지연된다. 즉시 쓰기 방식을 가정할 때 그 작업이 쓰기라면 캐시 엔트리에 덮어쓰고, 데이터는 쓰기 버퍼로 보내진다. 쓰기 실패는 메모리로부터 읽혀진 후에 블록이 수정된다는 것만 제외하면 읽기 실패와 동일하다. 나중 쓰기 방식은 쓰기 발생 시 캐시 블록의 갱신 비트를 1로 만든다. 그리고 교체되어야 할 블록이 변경되었을 경우만 읽기 실패나 쓰기 실패가 발생할 때 쓰기 버퍼에 전체 블록을 저장한다. TLB 적중과 캐시 적중은 독립적인 사건임에 주목하라. 그러나 캐시 적중은 TLB 적중 이후에만 발생할 수 있다. 즉, 데이터가 메모리에 있을 때만 가능하다. TLB 실패와 캐시 실패의 관계는 다음 예제들과 이 장 마지막에 있는 연습문제에서 더 살펴보기로 한다. 이 컴퓨터의 주소 크기는 32비트이다.

를 읽어서 프로세서로 보내는 것이다. 가장 안 좋은 경우는 참조가 메모리 계층구조의 모든 세 가지 요소, 즉 TLB, 페이지 테이블, 캐시에서 실패를 발생시키는 경우이다. 다음의 예제는 이 관계를 더 자세히 설명한다.

메모리 계층구조의 전체적인 동작

예제

TLB와 캐시로 이루어진 그림 5.31과 같은 메모리 계층구조에서는 메모리 참조 시 TLB 실패, 페이지 부재, 캐시 실패 세 가지 다른 유형의 실패가 생길 수 있다. 이 세 가지 종류의 조합을 살펴보자(7가지 가능성). 각 가능성에 대해 이 사건이 실제로 발생하는지 또 어떤 환경에서 발생하는지를 답하라.

답

그림 5.33은 가능한 모든 조합들과 이들이 실제로 발생할 수 있는지 여부를 보여준다.

고난도: 그림 5.33에서는 캐시에 접근하기 전에 모든 메모리 주소가 실제 주소로 변환되는 것을 가정하였다. 이 구조에서는 캐시가 **실제 주소로 인덱스되고**(physically indexed) **실제 주소로 태그된다**(physically tagged). (캐시 인덱스와 태그는 가상 주소가 아니고 실제 주소이다.) 이러한 시스템에서 캐시 적중 시 메모리에 접근하는 시간은 TLB 접근 시간과 캐시 접근 시간을 포함하여야 한다. 물론 이러한 접근은 **파이프라인화**될 수 있다.

PIPELINING

다른 방법으로는 프로세서가 완전히 또는 부분적으로 가상 주소를 이용하여 캐시를 인덱스하는 방법이 있다. 이를 **가상 주소 캐시**(virtually addressed cache)라고 부르며 가상 주소인 태그를 사용한다. 따라서 이 캐시는 **가상 주소로 인덱스되고**(virtually indexed) **가상 주소로 태그된다**(virtually tagged). 이러한 캐시에서는 주소 변환 하드웨어(TLB)가 정상 캐시 접근 시에는 사용되지 않는다. 캐시는 실제 주소로 변환되지 않은 가상 주소로 접근되기 때문이다. 이 방법은 TLB가 접근 경로에서 제외되기 때문에 캐시 지연을 줄여 준다. 그러나 캐시 실패가 발생하면 프로세서는 주소를 실제 주소로 변환하여 메인 메모리로부터 캐시 블록을 가져오도록 해야 한다.

가상 주소 캐시 실제 주소가 아닌 가상 주소로 접근되는 캐시.

동의어 문제 같은 객체가 두 개의 주소에 의해 접근되는 상황. 같은 실제 페이지에 두 개의 가상 주소가 사상되는 가상 메모리에서 발생할 수 있다.

캐시가 가상 주소로 접근되고, 페이지가 프로그램들 사이에 공유될 때(프로그램들은 같은 페이지를 다른 가상 주소로 접근할 수도 있음), **동의어 문제**(aliasing)가 발생할 가능성이 있다. 동의어 문제는 같은 객체가 두 가지 이름을 갖는 경우에 발생한다. 이 경우 동일 페이지에 두 개의 가상 주소가 존재한다. 이 페이지 내의 한 워드가 다른 가상 주소로 대응되는 두 캐시 블록에 들어갈 수 있기 때문에 이러한 모호함은 문제를 발생시킨다. 이런 경우에는 한 프로그램이 데이터 값을 바꾸어도 다른 프로그램은 이를 모를 수 있다. 완전히 가상 주소를 사용하는 캐시는 동의어 문제를 줄이기 위해 캐시나 TLB를 정교하게 설계하거나, 운영체제 또는 사용자가 동의어 문

TLB	Page table	Cache	Possible? If so, under what circumstance?
Hit	Hit	Miss	Possible, although the page table is never really checked if TLB hits.
Miss	Hit	Hit	TLB misses, but entry found in page table; after retry, data is found in cache.
Miss	Hit	Miss	TLB misses, but entry found in page table; after retry, data misses in cache.
Miss	Miss	Miss	TLB misses and is followed by a page fault; after retry, data must miss in cache.
Hit	Miss	Miss	Impossible: cannot have a translation in TLB if page is not present in memory.
Hit	Miss	Hit	Impossible: cannot have a translation in TLB if page is not present in memory.
Miss	Miss	Hit	Impossible: data cannot be allowed in cache if the page is not in memory.

그림 5.33 TLB, 가상 메모리 시스템, 캐시에서 발생 가능한 사건의 조합. 이 조합들 중에서 세 가지는 발생되지 않는다. 한 가지는 가능하지만(TLB 적중, 페이지 테이블 적중, 캐시 실패) 실제 탐지되지는 않는다.

제가 발생하지 않도록 조치를 취하게끔 해야 한다.

위 두 가지 설계 요소들 사이의 타협점으로 다음과 같은 방법을 사용할 수 있다. 캐시는 가상 주소로 인덱스되고—대개 주소의 페이지 변위 부분을 사용한다. 이는 번역되지 않으므로 실제 주소와 같다—실제 주소의 태그를 사용하는 방식이다. **가상 주소로 인덱스되고 실제 주소로 태그되는**(virtually indexed, physically tagged) 이 설계 방식은 가상 주소 캐시의 좋은 성능과 **실제 주소 캐시**(physically addressed cache)의 단순한 구조 양쪽의 장점을 모두 얻을 수 있다. 예를 들면, 동의어 문제가 발생하지 않는다. 그림 5.31은 4KiB 페이지 크기를 가정했지만 실제로는 16KiB이다. 그래서 Intrinsity FastMATH는 이 방법을 사용할 수 있다. 이를 성공하기 위해서는 최소 페이지 크기, 캐시 크기, 연관 정도 사이에 조심스런 조정이 필요하다. ARMv8의 명령어 캐시는 실제 주소 인덱싱과 가상 주소 인덱싱을 모두 허용하지만, 태그는 실제 주소를 사용해야 한다. 데이터 캐시는 실제 주소로 태그되고 실제 주소로 인덱스되지만 이 구현을 강요하지는 않는다. 예를 들면, 회로를 추가해서 가상 주소 인덱스와 실제 주소 데이터 캐시를 사용할 수도 있다. 추가된 회로는 이 캐시의 동작이 ARMv8에서 정의한 바와 일치하도록 보장해야 한다.

실제 주소 캐시 실제 주소로 접근되는 캐시.

가상 메모리의 보호 구현

가상 메모리의 가장 중요한 기능 중 하나는 여러 프로세스가 하나의 메인 메모리를 공유하도록 허용하는 것이다. 그러나 이 프로세스들과 운영체제 사이에 메모리 보호 기능을 제공하여야 한다. 이 보호 기능은 다수의 프로세스가 같은 메모리를 공유한다 할지라도 어떤 프로세스가 고의이든 실수이든 다른 사용자 프로세스나 운영체제의 주소공간에 쓰기를 수행할 수 없도록 보장해야 한다. TLB의 쓰기 접근 비트가 페이지를 보호할 수 있다. 이 정도 수준의 보호조차 없다면 컴퓨터 바이러스가 더 빨리 퍼져 나가게 될 것이다.

하드웨어/소프트웨어 인터페이스

관리자 모드(supervisor mode) **커널 모드(kernel mode)**라고도 불린다. 실행 중인 프로세스가 운영체제 프로세스임을 알려주는 모드.

시스템 호출 사용자 모드에서 관리자 프로그램 공간의 특정 위치로 제어를 넘겨주는 특수 명령어로서 프로세스에서 예외 메커니즘을 호출한다.

가상 메모리 시스템에서 운영체제가 보호를 구현할 수 있게 하기 위해서는, 하드웨어가 최소한 다음 세 가지 기본적인 능력을 제공해야만 한다. 처음 2개는 가상 머신에서 필요한 것과 같은 요구사항이다(5.6절 참조).

1. 실행 중인 프로세스가 사용자 프로세스인지 아니면 **관리자** 프로세스, **커널** 프로세스, 실행 감독 프로세스 등으로 불리는 운영체제 프로세스인지를 구별하는 최소한 두 가지 모드를 지원한다.
2. 사용자 프로세스가 읽을 수 있지만 쓸 수는 없는 프로세서 상태의 일부를 제공한다. 상태는 프로세서가 사용자 모드인지 관리자 모드인지를 알려 주는 사용자/관리자 모드 비트, 페이지 테이블 포인터, TLB를 포함한다. 이것들에 쓰기 위해서는 운영체제가 관리자 모드에서만 사용 가능한 특수 명령어를 사용해야 한다.
3. 프로세서가 사용자 모드에서 관리자 모드로, 또 반대로 바꿀 수 있는 메커니즘을 제공한다. 첫 번째 방향으로의 전환은 **시스템 호출**(system call) 예외 처리 방식으로 실현된다. 이 방법은 관리자 코드 공간의 정해진 위치로 제어를 넘기는 명령어(ARMv8 명령어 집합의 SVC 명령어)로 구현된다. 다른 예외 처리와 똑같이, 시스템 호출을 할 당시의 PC값은 ELR(exception link register)에 저장되고, 프로세서는 관리자 모드로 넘어가게 된다. 예외 처리를 끝내고 사용자 모드로 되돌아가는 것은 ERET(exception return) 명령어를 사용하는데, 이 명령어는 프로세서를 사용자 모드로 바꾸고 ELR에 저장된 주소로 점프한다.

이런 방법을 사용하고 운영체제의 주소공간에 페이지 테이블을 저장함으로써, 사용자 프로세스는 페이지 테이블을 바꾸지 못하고 운영체제만 페이지 테이블을 바꿀 수 있게 된다. 또한 사용자 프로세스는 운영체제에 의해 제공되는 저장 공간만을 접근할 수 있게 된다.

또한 어떤 프로세스가 다른 프로세스의 데이터를 읽어 오는 것도 막아야 한다. 예를 들어, 성적이 프로세서의 메모리에 있는 동안 학생 프로그램이 그 성적을 읽어 올 수 없게 만들어야 한다. 일단 메인 메모리 공유가 허용되면, 프로세스의 데이터를 다른 프로세스가 읽거나 쓰지 못하게 하는 기능이 제공되어야 한다. 그렇지 않으면 메인 메모리 공유는 뒤죽박죽을 초래할 것이다.

각 프로세스는 각각의 가상 주소공간을 가지고 있음을 기억하라. 각 프로세스의 가상 페이지가 서로 다른 실제 페이지로 사상되게끔 운영체제가 페이지 테이블을 구성하면, 어떤 프로세스도 다른 프로세스의 데이터를 접근할 수 없게 된다. 물론 이렇게 되기 위해서는 사용자 프로세스가 페이지 테이블 사상을 변화시키지 못하게 해야 한다. 운영체제가 사용자 프로세스 스스로 자신의 페이지 테이블을 수정할 수 없게 하면 이런 것은 보장할 수 있다. 그러나 운영체제는 페이지 테이블을 수정할 수 있어야 한다. 페이지 테이블을 운영체제의 보호된 주소공간에 배치함으로써 두 가지 요구를 모두 만족시킬 수 있다.

프로세스들이 제한된 방법으로 정보를 공유해야 할 때, 운영체제가 이를 지원해 주어야 한다. 다른 프로세스의 정보를 접근하는 것은 접근하는 프로세스의 페이지 테이블의 변경을 요구하기 때문이다. 쓰기 접근 비트는 읽기 공유만을 하도록 제한하는 데 사용되고, 나머지 페이지 테이블처럼 이 비트도 운영체제에 의해서만 변경될 수 있다. 예를 들어 프로세스 P1이 프로세스 P2 소유의 페이지를 읽을 수 있게 하기 위해서, P2는 공유하기를 원하는 실제 페이지를 가리키는 가상 페이지를 P1의 주소공간에 할당하고 이를 페이지 테이블에 넣어 달라고 운영체제에게 요청한다. P2가 보호받기를 원하면 운영체제는 쓰기 보호 비트로 P1이 데이터를 쓸 수 없게 할 수 있다. 페이지 테이블이 TLB 실패 시에만 접근되기 때문에, 페이지에 대한 접근 권한을 결정하는 모든 비트들은 페이지 테이블과 TLB 양쪽에 포함되어야만 한다.

고난도: 운영체제가 실행 프로세스 P1을 P2로 바꾸고자 할 때—**문맥 전환**(context switch) 혹은 **프로세스 전환**(process switch)이라고 부른다—보호를 위해서는 P2가 P1의 페이지 테이블을 접근할 수 없도록 보장해야 한다. TLB가 없다면, 페이지 테이블 레지스터가 P2의 페이지 테이블을 가리키도록 바꾸기만 하면 된다(P1의 페이지 테이블 대신에). 만약 TLB가 있다면, P1의 데이터를 보호하고 TLB에 P2의 엔트리를 적재시키기 위해 P1에 속한 TLB 엔트리를 모두 제거해야만 한다. 만약 프로세스 전환율이 높다면 이 방식은 아주 비능률적이다. 예를 들어 P2가 겨우 두어 개의 TLB 엔트리를 적재하고 나서 바로 P1으로 복귀한다면, P1은 자신의 TLB 엔트리가 모두 없어져 버렸기 때문에 TLB 실패 처리 과정을 통해 이들을 다시 읽어 와야 한다. 이 같은 문제는 P1과 P2가 사용하는 가상 주소가 같기 때문에 생기므로, 이 주소들 간의 혼동을 피하기 위해 TLB를 지워야만 한다.

> **문맥 전환** 다른 프로세스가 프로세서를 사용할 수 있도록 내부 상태를 변환시키는 것으로 현재 수행 중인 프로세스로 돌아갈 수 있는데 필요한 상태도 함께 저장해야 한다.

일반적인 대안은 가상 주소공간을 **프로세스 식별자**(process identifier)나 **태스크 식별자**(task identifier)를 붙여 확장하는 것이다. Intrinsity FastMATH 프로세서는 8비트 크기의 **주소공간 ID**(address space ID, ASID) 필드를 이 용도로 사용한다. 이 작은 필드는 현재 수행 중인 프로세스를 나타낸다. 이 값은 프로세스를 전환할 때 운영체제에 의해 레지스터에 저장된다. 이 프로세스 식별자는 TLB의 태그 부분에 더해져서, 페이지 번호와 프로세스 식별자 둘 다 일치할 때에만 TLB 적중이 발생한다. 이렇게 하면 아주 예외적인 경우를 제외하고는 TLB를 지울 필요가 없어진다.

비슷한 문제가 캐시에서도 발생할 수 있다. 프로세스 전환이 발생할 때 캐시는 실행 중인 프로세스의 데이터를 갖고 있기 때문이다. 이러한 문제는 실제 주소를 사용하는 캐시와 가상 주소를 사용하는 캐시에서 서로 다른 방식으로 발생되며, 프로세스가 자신의 데이터만 소유할 수 있도록 보장해 주기 위해 프로세스 식별자와 같은 다양한 해결책이 사용된다.

TLB 실패와 페이지 부재의 처리

TLB 적중 시에는 TLB에서 가상 주소에서 실제 주소로의 변환이 곧바로 일어나지만, TLB 실패와 페이지 부재 시의 처리는 훨씬 복잡하다. TLB 실패는 TLB 내 엔트리가 가상 주소와 일치하는 것이 없을 때 발생한다. TLB 실패는 다음 두 가지 중의 하나이다.

1. 페이지가 메모리에 있는 경우 실패된 TLB 엔트리만 만들면 된다.
2. 페이지가 메모리에 없는 경우 페이지 부재를 처리하기 위해 제어를 운영체제로 넘겨야 한다.

TLB 실패 혹은 페이지 부재 처리는 실행 중인 프로세스를 인터럽트하여, 운영체제로 제어를 넘기고, 중단된 프로세스를 나중에 계속 실행하는 예외 처리 방식을 이용한다. 페이지 부재는 메모리를 접근하는 클럭 사이클 도중에 인식된다. 페이지 부재를 처리하고 난 후 명령어를 다시 시작하기 위해서는 페이지 부재를 일으킨 명령어의 주소를 갖고 있는 프로그램 카운터 값을 저장해야 한다. **예외 링크 레지스터**(exception link register, ELR)가 이 값을 저장하기 위해 사용된다.

또, TLB 실패 혹은 페이지 부재 예외는 메모리 접근이 발생하는 사이클의 끝부분에서 처리되어야 한다. 다음 클럭 사이클이 정상적인 명령어 수행을 하는 대신에 예외 처리를 시작할 수 있도록 하기 위함이다. 페이지 부재가 이 클럭 사이클에서 인식되지 못하면, 적재 명령어는 레지스터의 내용을 바꿔 버릴 수 있고, 그 명령어를 다시 시작할 때 큰 혼란을 야기할 수 있다. 예를 들어, 명령어 `LDUR X1, [X1,#0]`이 수행될 때 시스템은 쓰기 파이프라인 단계가 동작하지 않도록 해야만 한다. 그렇지 않으면 `X1`의 내용이 지워져 버리기 때문에 그 명령어를 적절히 재수행시킬 수 없다. 저장 명령어의 경우도 마찬가지다. 페이지 부재가 발생될 때는 메모리로 기록하는 것을 막아야 한다. 이런 것은 쓰기 제어신호를 메모리에 인가하지 않음으로써 가능하다.

하드웨어/소프트웨어 인터페이스

운영체제에서 예외 처리기를 수행할 때부터 운영체제가 프로세서의 모든 상태를 저장하는 시간 사이는 프로세서가 매우 취약한 상태이다. 예를 들어 페이지 부재 예외를 처리하고 있을 때 다른 예외가 발생하면 제어 유닛은 ELR 값을 바꾸게 되어 페이지 부재를 발생시킨 명령어로 돌아가는 것이 불가능하게 된다. 우리는 예외를 **활성화**(exception enable)시키거나 비활성화(exception disable)시킴으로써 이 재난을 피할 수 있다. 일단 예외가 발생하면 프로세서는 모든 다른 예외를 비활성화시키는 비트를 1로 만든다. 이 비트는 프로세서가 관리자 모드 비트를 1로 하는 것과 같은 시간에 1이 된다. 이제는 운영체제가 다른 예외가 발생하더라도 복구할 수 있도록 상태를 저장할 수 있다. 즉, 4장에서 살펴본 **예외 링크 레지스터**(exception link register, ELR)와

예외 활성화 인터럽트 활성화라고도 부른다. 프로세스가 예외에 응답하도록 하거나 하지 않도록 하는 것을 제어하는 신호나 동작. 프로세서가 다시 시작하는 데 필요한 상태를 안전하게 저장하기 전에 다른 예외가 생기지 않도록 하기 위해 필요하다.

예외 신드롬 레지스터(exception syndrome register, ESR)가 예외가 발생한 원인을 기록한다. ARMv8에서 ELR과 ESR은 예외와 TLB 실패 그리고 페이지 부재 처리를 도와주는 두 개의 특수 제어 레지스터이다. 이제 운영체제는 다시 예외를 활성화시킬 수 있다. 이러한 과정은 예외가 프로세서의 상태를 잃어버리지 않고 인터럽트를 유발한 명령어를 다시 수행하지 않도록 하여 준다.

운영체제가 페이지 부재를 일으킨 가상 주소를 알게 되면, 다음 3단계를 수행하게 된다.

1. 가상 주소를 사용해서 페이지 테이블 엔트리를 찾고 디스크 내에서 참조된 페이지의 위치를 찾는다.
2. 교체시킬 실제 페이지를 선정한다. 만약 선정된 페이지의 갱신 비트가 1이면 새로운 가상 페이지를 이 실제 페이지로 가져오기 전에 먼저 디스크에 기록해야 한다.
3. 참조된 페이지를 선정된 실제 페이지로 가져오기 위해 디스크 읽기를 시작한다.

물론, 이 마지막 단계는 수백만 프로세서 사이클이 걸린다(교체될 페이지의 갱신 비트가 1이 되어 있으면 단계 2도 마찬가지이다). 따라서 운영체제는 디스크 접근이 끝날 때까지 프로세서에서 수행될 다른 프로세스를 선택하는 것이 보통이다. 운영체제가 프로세스의 모든 상태를 저장했기 때문에 프로세서의 제어를 다른 프로세스로 넘길 수 있다.

디스크에서 페이지 읽기가 끝나면 페이지 부재를 일으킨 프로세스의 상태를 복구하고 예외에서 복귀하는 명령어를 수행한다. 이 명령어는 프로그램 카운터를 복구할 뿐만 아니라, 프로세서를 커널 모드에서 사용자 모드로 바꾼다. 사용자 프로세스는 부재를 일으킨 명령어를 재실행하고 요구된 페이지를 접근하여 수행을 계속한다.

데이터 접근 시 발생하는 페이지 부재 예외 처리는 다음 세 가지 특성의 조합 때문에 구현하기가 힘들다.

1. 명령어 페이지 부재와는 달리 명령어의 중간에 발생될 수 있다.
2. 예외를 처리하기 전에 그 명령어를 완결할 수 없다.
3. 예외 처리 이후에는 아무 일도 없었던 것처럼 그 명령어 실행을 재개해야 한다.

예외를 처리한 후 중단되었던 명령어 실행을 계속할 수 있게 **다시 시작할 수 있는 명령어**(restartable instruction)를 만드는 것은 ARMv8 같은 구조에서는 비교적 쉽다. 각 명령어는 오직 하나의 데이터만을 쓸 수 있고, 이 쓰기는 명령어 사이클의 맨 마지막 단계에서 수행되기 때문에, 명령어 실행이 완료되는 것을 막고(즉 쓰기를 못하게 하고), 명령어를 처음부터 다시 수행시키기만 하면 된다.

다시 시작할 수 있는 명령어 예외가 처리된 뒤에 수행을 다시 시작할 수 있는 명령어. 예외는 명령어 실행 결과에 어떤 영향도 끼치지 않는다.

고난도: 많은 메모리 위치를 접근할 수 있고 많은 데이터를 쓸 수 있는 좀 더 복잡한 명령어들을 가지고 있는 프로세서의 경우 재시작할 수 있도록 명령어를 만드는 것은 매우 어렵다. 한 명령어 실행 중에 다수의 페이지 실패가 발생할 수도 있다. 예를 들어 x86 프로세서는 수천 개의 데이터 워드에 접근하는 블록 이동(block move) 명령어를 가지고 있다. 이런 프로세서에서는 ARMv8 명령어처럼 재시작하는 것이 불가능한 명령어들이 있다. 대신에 명령어는 중간에서 중단되고 이후에 중단된 부분부터 이어서 실행된다. 명령어 실행 중간에서 명령어를 다시 시작하기 위해서는 어떤 특별한 상태를 저장한 뒤에 예외를 처리하고 다시 상태를 복원하는 것이 필요하다. 이와 같은 일이 잘 이루어지기 위해서는 운영체제의 예외 처리 코드와 하드웨어 간의 조심스럽고 긴밀한 협조가 필요하다.

고난도: 메모리 접근 때마다 한 계층을 더 거치는 대신 VMM(5.6절 참조)이 손님 가상 주소공간에서 직접 하드웨어의 실제 주소공간으로 사상하는 **그림자 페이지 테이블**(shadow page table)을 유지할 수 있다. VMM이 손님 OS의 페이지 테이블에 대한 모든 수정을 탐지함으로써, 하드웨어가 변환을 위해 사용하는 그림자 페이지 테이블의 엔트리가 손님 OS 환경과 일치하게 할 수 있다. 단, 손님 테이블의 리얼 페이지를 대체하는 정확한 실제 페이지의 경우는 제외된다. 따라서 VMM은 손님 OS가 자신의 페이지 테이블을 바꾸려고 하거나 페이지 테이블 포인터에 접근하려는 어떠한 시도도 모두 트랩시켜야 한다. 이는 일반적으로 손님 페이지 테이블에 쓰기를 막고 손님 OS가 페이지 테이블 포인터에 접근하는 것을 트랩함으로써 이루어진다. 위에서 언급했듯이, 만약 페이지 테이블 포인터에 접근하는 것이 특권 동작이라면 후자는 자연스럽게 이루어진다.

고난도: 컴퓨터 구조에서 가상화하기 마지막 부분이 입출력이다. 입출력 가상화는 컴퓨터에 부착되는 입출력 장치 수가 증가하고 입출력 장치 종류가 다양해짐에 따라 시스템 가상화 중에서 가장 어려운 부분이다. 또 다른 어려움은 여러 개의 VM들이 하나의 실제 장치를 공유함으로써 생긴다. 특히 여러 개의 손님 OS가 동일한 VM에서 지원될 때, 요구되는 수많은 디바이스 드라이버를 지원해야 하는 어려움이 생긴다. 각각의 VM에 입출력 디바이스 드라이버의 일반적인 버전을 제공하고, 실제 입출력의 처리는 VMM에 넘겨줌으로써 해결할 수 있다.

고난도: 명령어 집합을 가상화하는 것 외에 가상 메모리의 가상화가 또 다른 문제가 된다. 모든 VM에 있는 손님 OS가 각자 자신의 페이지 테이블들을 관리하기 때문에 이 문제가 더 어려워진다. 이를 위하여 VMM이 **리얼 메모리**(real memory)와 **실제 메모리**(physical memory)의 개념(이 둘은 종종 같은 것으로 취급된다)을 분리시키고, 리얼 메모리를 가상 메모리와 실제 메모리의 중간 계층으로 독립시키기도 한다(이 3계층을 **가상 메모리**, **실제 메모리**, **머신 메모리**라고 부르기도 한다). 손님 OS는 자신의 페이지 테이블을 이용하여 가상 메모리를 리얼 메모리에 사상한다. 그리고 VMM 페이지 테이블은 손님의 리얼 메모리를 실제 메모리에 사상한다. 가상 메

모리 구조는 IBM VM/370이나 x86, ARMv8처럼 페이지 테이블을 통해서 지정되는 것이 보통이다.

요약

가상 메모리는 메인 메모리와 디스크 사이의 캐싱(caching)을 처리해 주는 메모리 계층을 나타내는 이름이다. 가상 메모리는 한 프로그램이 메인 메모리의 한계를 넘어서까지 주소공간을 확장시킬 수 있도록 해 준다. 더 중요한 것은, 가상 메모리가 동시에 활성화된 다수의 프로세스들이 서로 보호된 상태에서 메인 메모리를 공유할 수 있도록 해 준다는 것이다.

메인 메모리와 디스크 사이의 메모리 계층구조를 관리하는 것은 페이지 부재의 높은 비용 때문에 쉽지 않다. 실패율을 줄이기 위해 여러 기법들이 사용된다.

1. 페이지들은 공간적 지역성을 이용하고 실패율을 줄이기 위해 크게 만들어진다.
2. 페이지 테이블로 구현된 가상 주소와 실제 주소의 사상을 완전 연관 방식으로 구현하여 가상 페이지를 메인 메모리 내 어느 곳에나 적재시킬 수 있게 한다.
3. 운영체제는 교체될 페이지를 선정하기 위해 LRU와 참조 비트와 같은 기법을 사용한다.

디스크로 쓰는 데는 시간이 많이 걸린다. 그래서 가상 메모리는 나중 쓰기 기법을 사용하며, 변화되지 않은 페이지를 디스크에 저장하는 것을 피하기 위해 페이지의 변화 여부(갱신 비트를 사용)를 조사한다.

가상 메모리 시스템은 프로그램에 의해 사용되는 가상 주소를 메모리 접근에 사용되는 실제 주소공간으로 주소 변환을 한다. 이 주소 변환은 메인 메모리의 보호된 공유를 허락하고 메모리 할당을 단순화시키는 것과 같은 추가적인 기능을 제공한다. 프로세스들이 서로 보호되는 것을 보장하기 위해서는 운영체제만이 주소 변환을 변경할 수 있어야 한다. 이는 사용자 프로그램이 페이지 테이블을 변경하지 못하게 함으로써 구현될 수 있다. 프로세스들 사이의 통제된 페이지 공유는 운영체제와 사용자 프로그램이 페이지에 읽기와 쓰기 접근 권한을 갖고 있는지 여부를 말해 주는 페이지 테이블의 접근 비트의 도움으로 가능하다.

만약 프로세서가 모든 주소 변환을 위해 메모리 내에 있는 페이지 테이블을 접근해야만 한다면 가상 메모리는 너무나 큰 부담을 갖게 된다. 대신 TLB가 페이지 테이블 변환을 위한 캐시 기능을 한다. 그래서 각 주소는 TLB 내의 변환을 가지고 가상 주소에서 실제 주소로 변환된다.

캐시, 가상 메모리, TLB 모두 공통되는 원칙과 정책을 사용한다. 다음 절에서 이 공통 프레임워크(framework)에 대해 설명한다.

프로그램 성능의 이해

가상 메모리가 작은 메모리를 큰 것처럼 활용할 수 있도록 개발되었음에도 불구하고 어떤 프로그램이 실제 메모리보다 더 많이 가상 메모리를 접근하게 되면 디스크와 메모리의 성능 차이 때문에 매우 느려지게 된다. 이와 같은 프로그램에서는 메모리와 디스크 사이에서 끊임없이 페이지를 교체하게 되는 **스래싱**(thrashing)이 발생하게 된다. 스래싱이 자주 발생하지는 않지만 일단 발생하게 되면 손실이 매우 크다. 이를 해결하는 가장 쉬운 방법은 더 큰 메모리를 갖는 컴퓨터를 이용하든지 아니면 컴퓨터에 메모리를 더 추가하는 것이다. 더 복잡한 방법은 알고리즘과 자료구조를 다시 점검하여 지역성을 바꿈으로써 프로그램이 동시에 사용하는 페이지의 수를 줄이는 것이다. 이와 같은 페이지의 집합들을 비공식적으로 **워킹셋**(working set)이라고 부른다.

성능에 관련된 더 흔한 문제는 TLB 실패이다. TLB는 한 번에 겨우 32~64페이지만 처리하기 때문에, 프로세서가 직접 접근할 수 있는 크기는 64 × 4 KiB = 0.25 MiB밖에 되지 않아서 프로그램이 높은 TLB 실패율을 겪는 경우가 흔하다. 예를 들어 기수 정렬에서 TLB 실패는 골치 아픈 문제이다. 이 어려움을 경감시키기 위해 대부분의 컴퓨터 구조는 더 큰 페이지 크기를 지원한다. 예를 들어 ARMv8 하드웨어는 최소 4KiB 페이지 외에 2MiB와 1GiB 페이지를 지원한다. 프로그램이 더 큰 페이지를 사용하면 TLB 실패 없이 직접 접근할 수 있는 메모리가 더 커진다.

실제적인 어려움은 프로그램이 이와 같이 더 큰 페이지 크기를 선택할 수 있도록 운영체제가 도와주는 문제이다. TLB 실패를 줄이는 더 복잡한 해결책은 페이지의 워킹셋을 줄이기 위해 알고리즘과 자료구조를 다시 점검하는 것이다. 메모리 접근 빈도수가 성능과 TLB 실패율에 끼치는 영향의 중요성을 고려해서, 큰 워킹셋을 가지는 프로그램 중에는 이런 목적으로 재설계된 것들도 있다.

고난도: ARMv8은 그림 5.29의 다단계 페이지를 이용하여 더 큰 페이지를 지원한다. 1단계와 2단계 다음 단계 페이지 테이블을 가리키는 것 외에, 가상 주소를 1GiB 실제 주소(블록 변환이 1단계인 경우) 또는 2MiB 실제 주소(블록 변환이 2단계인 경우)로 사상하는 **블록 변환**을 허용한다. 최소 페이지 크기가 4KiB보다 더 큰 경우는 블록 변환도 더 커져서, 16KiB 페이지일 때는 64GiB와 32MiB, 그리고 64KiB 페이지일 때는 4096GiB와 512MiB가 된다.

고난도: ARMv8은 여기에서 다 다룰 수 없을 정도로 많은 선택과 최적화를 제공한다. ARMv8 구조 매뉴얼은 가상 주소에 관한 기술만 200여 페이지나 된다. 예를 들어 최소한의 시스템에는 예외 단계가 두 개(**EL0**와 **EL1**)밖에 없지만, 선택 사양으로 가상 머신 모니터를 지원하는 보안 모니터용 3번째 예외(**EL2**)와 4번째 예외(**EL3**)가 있다. 각 단계별로 여러 버전의 특수한 ELR과

ESR 레지스터가 있다. TLB로부터 더 좋은 성능을 얻기 위하여, ARMv8은 한 엔트리를 허가(permission)와 속성(attribute)이 같은 **인접** 영역 16개에 대응시키는 힌트를 제공한다. 이렇게 함으로써 이 엔트리의 범위를 16배로 확장한다. 한 칩 내부에 존재하는 코어들과 여러 칩으로 된 클러스터에 다른 형태의 공유 주소를 제공하기 위해 ARMv8은 **내부 공유**(inner sharability)와 **외부 공유**(outer sharability)를 구별한다. 전자는 항상 후자와 같은 도메인을 공유한다.

오른쪽의 정의를 왼쪽의 용어와 짝지어라.

스스로 점검하기

1. 1차 캐시	a. 캐시를 위한 캐시
2. 2차 캐시	b. 디스크를 위한 캐시
3. 메인 메모리	c. 메인 메모리를 위한 캐시
4. TLB	d. 페이지 테이블 엔트리를 위한 캐시

5.8 메모리 계층을 위한 공통 구조

이제까지, 다른 종류의 메모리 계층이 상당 부분 공통점을 갖는다는 것을 알았다. 메모리 계층의 많은 부분들이 정량적으로는 다를지라도 어떻게 계층이 동작하는지를 결정하는 정책과 특징들은 정성적으로 유사하다. 그림 5.34는 메모리 계층의 정량적 특징이 어떻게 다른가를 보여 준다. 이 절의 나머지 부분에서는, 메모리 계층의 공통적인 동작의 대안과 어떻게 이들이 행동을 결정하는지를 설명한다. 간단히 하기 위해 캐시에 사용되는 용어를 쓰긴 하지만, 메모리 계층의 어떤 두 계층 간에도 적용될 수 있는 일련의 네 가지 질문으로 이런 원칙들을 조사해 보자.

Feature	Typical values for L1 caches	Typical values for L2 caches	Typical values for paged memory	Typical values for a TLB
Total size in blocks	250–2000	2500–25,000	16,000–250,000	40–1024
Total size in kilobytes	16–64	125–2000	1,000,000–1,000,000,000	0.25–16
Block size in bytes	16–64	64–128	4000–64,000	4–32
Miss penalty in clocks	10–25	100–1000	10,000,000–100,000,000	10–1000
Miss rates (global for L2)	2%–5%	0.1%–2%	0.00001%–0.0001%	0.01%–2%

그림 5.34 컴퓨터 내 메모리 계층의 주요 구성요소를 특징짓는 정량적 핵심 설계 파라미터. 이 데이터는 2012년도를 기준으로 작성되었다. 값들의 변화폭이 크지만, 이는 많은 값들이 시간에 따라 변화한 것에 일부 기인한다. 예를 들어, 실패 손실을 극복하기 위해 캐시가 커짐에 따라 블록 또한 커진다. 여기에 나타내지는 않았지만 오늘날 서버용 마이크로프로세서는 L3 캐시를 갖는다. 크기는 2~8MiB이고 L2 캐시보다 더 많은 블록을 갖는다. L3 캐시는 L2의 실패 손실을 30~40 클럭 사이클로 줄여 준다.

질문 1: 블록을 어디에 넣을 수 있을까?

메모리 계층구조의 상위 수준에 블록을 넣기 위해서는 직접 사상, 집합 연관, 완전 연관 등과 같은 방식을 사용할 수 있음을 살펴보았다. 위에서 언급한 바와 같이 이런 다양한 방법들은 집합의 수와 집합당 블록수의 변화에 따른 집합 연관 방식의 변형으로 생각할 수 있다.

방식	집합의 수	집합당 블록수
직접 사상	캐시의 블록수	1
집합 연관	$\frac{\text{캐시 내의 블록수}}{\text{연관 정도}}$	연관 정도(일반적으로 2~16)
완전 연관	1	캐시 내 블록의 수

연관 정도를 증가시키는 것의 장점은 일반적으로 실패율을 감소시킨다는 것이다. 실패율의 향상은 같은 위치에 대한 충돌을 줄임으로써 가능하다. 곧 이들 둘에 대해 자세히 살펴보도록 하겠다. 먼저 얼마나 큰 향상을 얻을 수 있는지 살펴보자. 그림 5.35는 직접 사상으로부터 8-way 집합 연관 방식까지 다양한 연관 정도에 따라 다양한 캐시 크기에서의 실패율을 보여 주고 있다. 가장 큰 이득은 직접 사상을 2-way 집합 연관 방식으로 바꾸면서 가능하였고, 실패율을 20% 내지 30% 줄일 수 있었다. 캐시가 커짐에 따라 연관 정도에 의한 상대적인 성능 향상은 줄어든다. 큰 캐시에서는 전체 실패율이 낮으므로, 실패율을 향상시킬 수 있는 기회는 줄어들게 되고, 연관에 의한 실패율의 절대적인 향상이 크게 위축된다. 이미 언급하였지만 연관의 잠재적인 단점은 증가된 비용과 느려진 접근 시간이다.

질문 2: 블록을 어떻게 찾을까?

블록을 어떻게 찾느냐는 블록 배치 방식에 따라 달라진다. 블록 배치 방식이 가능한 위치의 수를 말해 주기 때문이다. 다음과 같이 배치 방식을 요약할 수 있다.

연관 정도	위치 파악 방법	비교 횟수
직접 사상	인덱스	1
집합 연관	집합 인덱스, 집합 내 모든 원소 비교	연관 정도
완전 연관	모든 엔트리 검색	캐시의 크기
	별도의 참조 테이블 사용	0

모든 메모리 계층에서 직접 사상 방식, 집합 연관 방식, 완전 연관 방식 중 하나를 선택하는 것은 연관 정도의 구현 비용과 실패 비용에 의해 결정된다. 비용은 시간과 추가 하드웨어로 계산한다. 칩 상의 L2 캐시는 적중 시간이 크게 중요하지 않고 설계자가 빌딩 블록으로 표준 SRAM을 사용하지 않으므로 더 높은 연관 정도를 구현할 수

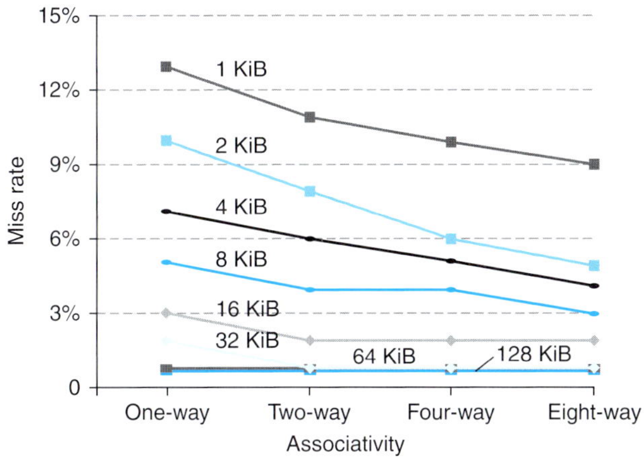

그림 5.35 8개 각각의 캐시 크기에 대한 실패율은 연관 정도가 증가함에 따라 향상된다. 1-way(직접 사상)에서 2-way 집합 연관으로 감에 따른 이익은 상당히 크지만, 그 이상의 연관 정도에서는 작아진다(즉, 2-way에서 4-way로 바뀔 때는 1%~10%이고 1-way에서 2-way로 바뀔 때는 20%~30%의 성능 향상을 보인다). 4-way에서 8-way로 변할 경우의 이득은 훨씬 작아지고 완전 연관 방식의 실패율과 거의 비슷해진다. 작은 캐시는 연관에 의해 훨씬 더 큰 절대 이득을 얻게 된다. 이는 작은 캐시의 기본 실패율이 크기 때문이다. 그림 5.16은 이 데이터가 어떻게 얻어졌는지를 설명해 준다.

있게 해 준다. 완전 연관 방식은 작은 크기를 제외하고는 사용하지 않아야 한다. 작은 캐시에서는 비교기 비용이 크지 않으면서 절대적 실패율의 향상은 크기 때문에 써 볼 만하다.

가상 메모리 시스템에서는 메모리를 인덱스하기 위해 별도의 사상 테이블(페이지 테이블)을 사용한다. 인덱스 테이블을 사용하면 테이블을 저장할 공간이 필요할 뿐 아니라 추가 메모리 접근이 필요하다. 다음 사실 때문에 가상 메모리는 페이지 배치에 완전 연관 방식을 사용하고 별도의 인덱스 테이블을 갖는 완전 연관 방식을 사용한다.

1. 실패에 따르는 손실이 크기 때문에 완전 연관 방식이 이롭다.
2. 완전 연관 방식은 실패율을 줄이기 위해 설계된 정교한 교체 방식을 소프트웨어가 사용할 수 있도록 한다.
3. 완전한 사상 테이블이 있기 때문에 추가 하드웨어와 검색 과정 없이 쉽게 인덱스된다.

그래서 가상 메모리 시스템은 항상 완전 연관 배치 방식을 사용한다.

집합 연관 배치는 캐시와 TLB에 종종 쓰이며, 접근은 인덱스와 선택된 작은 집합 내의 검색을 포함한다. 몇몇 시스템들은 간단함과 접근 시간의 이점 때문에 직접 사상 캐시를 사용한다. 접근 시간의 이점은 요청된 블록을 찾는 데 비교가 필요 없기 때문에 생긴다. 이와 같은 설계에서의 선택은 캐시의 온칩 여부, 캐시를 구현하는 사용한 기술, 그리고 프로세서 사이클 시간을 결정하는 데 있어서 캐시 접근 시간의 핵심적인 역할 등과 같은 구현상의 많은 요소들에 의존한다.

질문 3: 캐시 실패 시 어느 블록을 교체시킬까?

연관 방식 캐시에서 실패 발생 시, 어느 블록을 교체시킬 것인가를 결정해야 한다. 완전 연관 캐시에서는 모든 블록이 교체의 후보가 된다. 만약 캐시가 집합 연관 방식이라면 선정된 집합 내의 블록 중에서 선정해야 한다. 물론 직접 사상 방식에서는 후보가 하나밖에 없으므로 선정이 쉽다.

이미 집합 연관과 완전 연관 캐시에서 교체를 위한 두 가지 전략을 살펴보았다.

- 임의 교체: 후보 블록이 임의로 선정된다. 블록 선정에 하드웨어의 도움을 받을 수 있다.
- LRU 교체: 가장 오랜 시간 동안 사용되지 않은 블록을 선정한다.

실제로 약간의 연관 정도(일반적으로 2~4) 이상을 갖는 계층구조에서 LRU를 구현하는 것은 각 블록의 사용 정보를 추적하는 비용이 많이 들기 때문에 어렵다. 심지어 4-way 집합 연관 방식에서도 LRU는 가끔 근사 방식을 사용한다. 예를 들어 블록을 두 개씩 묶어 어느 쌍이 LRU인지를 추적하고(1비트가 요구됨), 그 이후에 쌍 내의 어느 블록이 LRU인지를(1비트가 요구됨) 기록한다.

큰 연관 방식에서는 LRU의 근사 방식을 이용하거나, 임의 교체 방식을 이용한다. 캐시에서는 교체가 하드웨어로 이루어지므로 구현하기 쉬워야 한다. 임의 교체 방식은 하드웨어로 간단히 구현될 수 있고, 2-way 집합 연관 캐시에서 LRU 교체보다 실패율이 약 1.1배 정도 높다. 캐시의 크기가 점점 커지면 이 두 교체 방식의 실패율은 줄어들고 두 값의 절대적인 차이도 작아진다. 실제로 임의 교체 방식은 하드웨어로 쉽게 구현할 수 있는 단순한 LRU 근사 방식보다도 때로는 더 좋다.

가상 메모리에서는 실패 비용이 매우 커서 실패율의 작은 감소조차도 중요하기 때문에 항상 LRU 근사 방식이 사용된다. 운영체제가 가장 오래전에 사용된 페이지를 쉽게 추적할 수 있도록 하기 위해, 참조 비트 또는 이와 유사한 기능이 종종 제공된다. 실패는 비용이 많이 들고 상대적으로 드물게 발생하기 때문에 주로 소프트웨어를 사용하여 이 정보를 근사시키는 것이 가능하다.

질문 4: 쓰기 시에 어떤 일이 발생하는가?

모든 메모리 계층의 중요한 특징은 쓰기를 어떻게 수행하는가에 있다. 다음 두 가지 방식에 관해서는 이미 살펴보았다.

- **즉시 쓰기:** 정보가 캐시 내의 블록과 계층의 하위 계층(캐시의 경우 메인 메모리) 블록 양쪽에 저장된다. 5.3절에서 보인 캐시가 이 기법을 사용하였다.
- **나중 쓰기:** 정보가 캐시 내의 블록에만 저장된다. 수정된 블록은 교체될 때만 하위 계층에 저장된다. 가상 메모리는 항상 이 방법을 이용한다. 5.7절에서 그 이유를 설명하였다.

이 두 가지 방법 모두 장점이 있지만, 나중 쓰기의 주요 장점은 아래와 같다.

- 각각의 워드는 프로세서에 의해 메인 메모리가 아닌 캐시가 받아들일 수 있는 속도로 써진다.
- 다수의 쓰기가 행해진 블록을 계층의 하위 계층에 한 번만 쓰면 된다.
- 블록들이 하위 수준에 쓰여질 때, 전체 블록을 한꺼번에 쓰기 때문에 높은 대역폭을 효과적으로 사용할 수 있다.

즉시 쓰기의 장점은 다음과 같다.

- 실패가 발생해도 하위 수준에 블록을 쓸 필요가 없으므로 간단하고 비용이 적게 든다.
- 즉시 쓰기는 나중 쓰기보다 구현이 간단하다. 하지만 실제적으로는 쓰기 버퍼가 필요하다.

가상 메모리 시스템에서는 계층의 하위 수준(디스크)에 쓰기를 수행할 때 매우 큰 지연시간이 발생하기 때문에 나중 쓰기 방식이 유일한 실용적인 대안이다. 프로세서에서 쓰기가 발생하는 속도는 논리적으로나 물리적으로 폭이 넓은 메인 메모리를 사용하고 DRAM의 버스트(burst) 모드를 사용하더라도 메모리 시스템이 처리할 수 있는 속도보다 빠르다. 결과적으로 오늘날 하위 계층의 캐시들이 나중 쓰기 방식을 사용하고 있다.

캐시, TLB, 가상 메모리가 처음에는 다르게 보였지만, 이들은 공통적으로 두 가지 지역성의 원리에 기반을 두고 있으며, 다음 네 가지 질문에 어떻게 대처하는지를 살펴봄으로써 이를 이해할 수 있다.

질문 1: 블록을 어디에 넣을 수 있을까?

답: 한 곳(직접 사상), 몇 곳의 장소(집합 연관), 어디나(완전 연관).

질문 2: 블록을 어떻게 찾을까?

답: 네 가지 방법이 있다: 인덱스(직접 사상 캐시), 제한적인 검색(집합 연관 캐시), 완전 검색(완전 연관 캐시), 별도의 참조 테이블(페이지 테이블).

요점정리

질문 3: 캐시 실패 시 어느 블록을 교체시킬까?
답: 일반적으로 LRU나 임의로 선정된 블록.
질문 4: 쓰기는 어떻게 처리될까?
답: 각 계층은 즉시 쓰기나 나중 쓰기를 이용할 수 있다.

3C: 메모리 계층의 행동을 이해하기 위한 직관적 모델

이 절에서는 메모리 계층구조 내에서 발생하는 실패의 원인을 쉽게 설명해 주는 모델을 살펴보고, 계층 내의 변화에 의해 이 실패가 어떻게 영향을 받는지에 대해 설명한다. 이러한 원인과 영향은 계층구조 내 모든 수준에 적용되지만 캐시를 사용하여 설명하고자 한다. 이 모델에서는 모든 실패가 다음 세 가지 중 하나로 분류될 수 있다(3C 모델).

3C 모델 모든 캐시 실패가 세 가지 중의 하나로 분류되는 캐시 모델. 즉 필수 실패, 용량 실패, 대립 실패.

필수 실패 최초 시작 실패라고도 한다. 캐시에 없는 블록을 처음으로 접근할 때 생기는 캐시 실패.

용량 실패 완전 연관 방식을 채택한 캐시에서도 요청을 만족시키는 데 필요한 모든 블록을 갖고 있을 수 없기 때문에 발생하는 캐시 실패.

대립 실패 충돌 실패라고도 한다. 집합 연관과 직접 사상 캐시에서 다수의 블록이 같은 집합에 대해 경쟁할 때 생기는 캐시 실패이다. 같은 크기를 갖는 완전 연관 캐시에서는 발생하지 않는다.

- 필수 실패(compulsory miss): 이것은 캐시에 존재하지 않았던 블록에 대한 첫 번째 접근에 의해 발생한다. 이를 최초 시작 실패(cold-start miss)라고도 한다.
- 용량 실패(capacity miss): 캐시가 프로그램 수행 중 필요한 모든 블록을 포함할 수 없을 때 발생한다. 용량 실패는 블록이 교체되고 나중에 다시 그 블록을 가져올 때 발생한다.
- 대립 실패(conflict miss): 이것은 집합 연관이나 직접 사상 캐시에서 다수의 블록들이 하나의 집합에 대해 경쟁을 벌일 때 발생하는 캐시 실패이다. 대립 실패는 직접 사상이나 집합 연관 캐시에서 발생하게 되며, 같은 크기를 갖는 완전 연관 캐시에서는 발생하지 않는다. 또한 이를 충돌 실패(collision miss)라고도 부른다.

그림 5.36은 어떻게 실패율이 세 가지 요인으로 나누어지는지를 보여 준다. 이 실패의 원인은 캐시 설계의 몇 가지 요인을 변경함으로써 개선될 수 있다. 대립 실패는 같은 캐시 블록으로의 사상 경쟁에서 발생되기 때문에, 연관 정도를 높임으로써 줄일 수 있다. 그러나 연관 정도의 증가는 접근 시간을 느리게 해서 전체 성능을 저하시키게 된다.

용량 실패는 캐시의 크기를 크게 해서 줄일 수 있다. 실제로 최근 수년 동안 2차 캐시 크기는 꾸준히 커지고 있다. 물론 캐시를 크게 함으로써 접근 시간이 늘어나고 전체 성능이 저하될 수 있다는 것에 주의해야 한다. 따라서 1차 캐시의 크기는 느리게 증가되어 왔다.

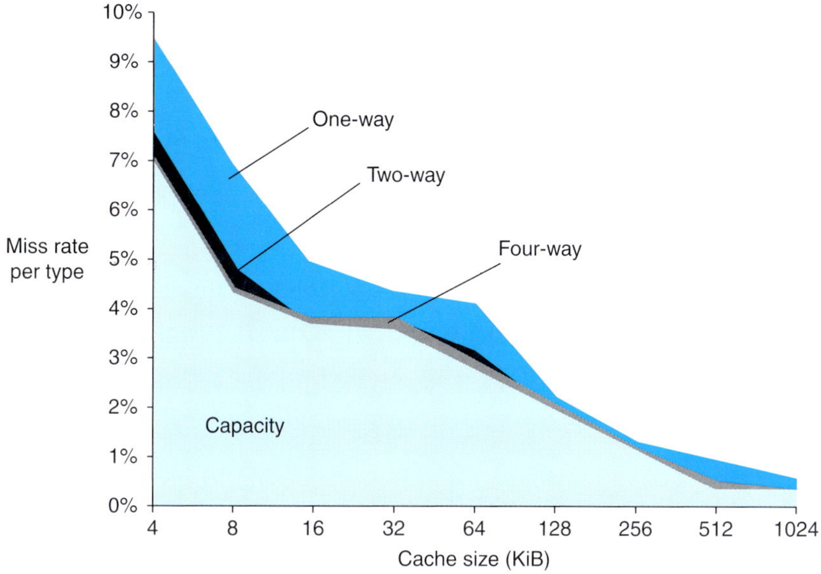

그림 5.36 실패율은 세 가지 실패 요인으로 나눌 수 있다. 이 그래프는 캐시 크기에 따른 전체 실패율과 그 요소들을 보여 준다. 이 데이터는 SPEC CPU2000 정수와 부동소수점 벤치마크를 이용하여 구해졌으며, 그림 5.35의 데이터도 마찬가지이다. 필수 실패 요소는 0.006%이나 이 그림에는 표시하지 않았다. 다음 요소는 캐시의 크기에 의존하는 용량 실패율이다. 연관 정도와 캐시의 크기에 의존하는 대립 실패는 1-way부터 8-way에 이르는 다양한 연관 정도에 따라 보여진다. 각각의 경우에 있어 명명된 영역은 연관 정도가 높은 곳으로부터 그 영역의 연관 정도로 바뀔 때 실패율의 증가를 나타낸다. 예를 들어 2-way라고 명명된 영역은 캐시가 연관 정도를 4가 아닌 2를 가질 때 추가되는 실패를 나타낸다. 따라서 같은 크기를 갖는 완전 연관 캐시에 비해 직접 사상에 의해 발생하는 실패율의 차이는 4-way, 2-way, 1-way로 표시된 영역의 합으로 구할 수 있다. 8-way 와 4-way 사이의 차이는 너무 작아서 그래프상에서는 구별하기 어렵다.

필수 실패는 블록의 맨 처음 참조에 의해서 발생되기 때문에 필수 실패의 수를 줄이기 위한 주요 방법은 블록의 크기를 늘리는 것이다. 이는 프로그램의 모든 블록을 한 번씩 참조하는 데 필요한 접근 횟수를 줄일 수 있다. 왜냐하면 프로그램은 훨씬 더 작은 수의 캐시 블록들로 이루어질 수 있기 때문이다. 이미 언급한 바와 같이 블록 크기를 너무 크게 하면 실패 손실의 증가 때문에 성능에 나쁜 영향을 줄 수 있다.

설계 변경	실패율이 미치는 영향	성능에 미칠 수 있는 부정적 영향
캐시 크기의 증가	용량 실패의 감소	접근 시간이 증가할 수 있다.
연관도의 증가	대립 실패에 의한 실패율의 감소	접근 시간이 증가할 수 있다.
블록 크기의 증가	공간적 지역성이 커져서 광범위한 블록 크기에 대한 실패율 감소	실패 손실이 증가한다. 매우 큰 블록은 실패율을 증가시킬 수 있다.

그림 5.37 메모리 계층구조 설계 시의 어려움.

요점정리

메모리 계층 설계에 있어서 가장 큰 어려움은 실패율을 개선시킬 수 있는 모든 변화들이 또한 그림 5.37과 같이 전체 성능을 저하시키는 나쁜 요인이 되기도 한다는 사실이다. 이 긍정적인 요인과 부정적인 요인이 섞여 있는 것이 메모리 계층구조 설계에서 가장 흥미로운 점이라 할 수 있다.

3C로 실패를 분류하는 것은 유용한 정량적 모델이다. 하지만 실제 캐시 설계에서는 많은 설계 대안들이 서로 상호작용을 하며, 한 가지 캐시 특성의 변화는 때때로 실패율의 여러 요소에 영향을 끼치기도 한다. 이러한 단점에도 불구하고 이 모델은 캐시 설계 시 성능을 높이는 데 필요한 통찰력을 제공해 준다.

스스로 점검하기 다음의 문장 중에서 일반적으로 참인 문장은 무엇인가?

1. 필수 실패를 줄이는 방법은 없다.
2. 완전 연관 캐시는 대립 실패가 없다.
3. 실패를 줄이는 데는 연관 정도가 용량보다 더 중요하다.

5.9 간단한 캐시를 제어하기 위한 유한상태기

4장에서 단일 사이클과 파이프라인 데이터패스를 위한 제어기를 구현한 것처럼 이제 캐시를 위한 제어기를 구현할 수 있다. 이 장에서는 간단한 캐시를 정의하고 **유한상태기**(finite-state machine, FSM)에 대해 설명한다. 그리고 간단한 캐시를 위한 제어기의 FSM을 소개한다. 5.12절에서는 캐시와 제어기를 새로운 하드웨어 기술 언어로 깊이 있게 다룬다.

간단한 캐시

간단한 캐시를 위한 제어기를 설계할 예정이다. 캐시의 핵심적인 특징은 아래와 같다.

- 직접 사상 캐시
- 쓰기 할당을 하는 나중 쓰기
- 블록 크기는 4워드(16바이트 또는 128비트)
- 캐시 크기는 16KiB이며, 1024 블록을 가지고 있다.
- 32비트 주소

- 캐시 블록마다 유효 비트와 갱신 비트를 가지고 있다.

5.3절로부터 캐시 주소의 각 필드를 계산할 수 있다.

- 캐시 인덱스는 10비트이다.
- 블록 변위(block offset)는 4비트이다.
- 태그 크기는 18비트이다(32 − (10 + 4)).

프로세서와 캐시 사이의 신호는 아래와 같다.

- 1비트의 읽기 또는 쓰기 신호
- 캐시 동작이 있는지 없는지를 표시하는 1비트의 유효 신호(valid signal)
- 32비트 주소
- 프로세서에서 캐시로 가는 32비트 데이터
- 캐시에서 프로세서로 가는 32비트 데이터
- 캐시 동작이 완료되었음을 표시하는 1비트의 준비 신호(ready signal)

메모리와 캐시 사이의 인터페이스는 데이터 필드가 128비트인 것만 제외하면 프로세서와 캐시 사이의 인터페이스와 같다. 더 큰 메모리 폭이 오늘날 마이크로프로세서에서 일반적으로 사용된다. 프로세서는 32비트 또는 64비트 워드를 다루는 반면에 DRAM 제어기는 128비트인 경우가 많이 있다. 캐시 블록을 DRAM의 폭에 맞추는 것은 설계를 쉽게 해 준다. 신호는 아래와 같다.

- 1비트의 읽기 또는 쓰기 신호
- 메모리 동작이 있는지 없는지를 표시하는 1비트의 유효 신호
- 32비트 주소
- 캐시에서 메모리로 가는 128비트 데이터
- 메모리에서 캐시로 가는 128비트 데이터
- 메모리 동작이 완료되었음을 표시하는 1비트의 준비 신호

메모리 인터페이스는 고정된 수의 클럭을 사용하지 않는다. 즉 동작 시간이 일정하지 않다는 것을 기억하라. 메모리 읽기 또는 쓰기가 끝났을 때 메모리 컨트롤러가 준비 신호를 통해서 캐시에게 알려 줄 것이라고 가정한다.

캐시 제어기를 설명하기 전에 유한상태기를 복습할 필요가 있다. 유한상태기는 여러 클럭 사이클에 걸쳐 일어나는 동작을 제어하는 방법을 제공한다.

유한상태기

단일 사이클 데이터패스를 위한 제어 유닛을 설계하기 위해서는 각 명령어 종류에 대

하여 제어신호를 지정한 진리표를 사용하였다. 캐시의 경우는 동작이 여러 단계로 이루어질 수 있기 때문에 제어가 좀 더 복잡하다. 캐시를 제어하기 위해서는 각 단계와 그 다음 단계에서 설정해야 하는 신호를 지정하여야 한다.

가장 널리 쓰이는 다단계 제어 방법은 주로 시각적으로 표현되는 유한상태기(finite-state machine)에 기반을 두고 있다. 유한상태기는 상태 집합과 상태를 어떻게 변화시킬 것인가에 대한 지침으로 구성된다. 지침은 다음 상태 함수(next-state function)에 의해 정의되는데 이는 현재 상태와 입력을 다음 상태로 사상시킨다. 제어를 위한 유한상태기를 사용할 때 각 상태는 제어기가 그 상태에 있을 때 인가되어야 하는 출력도 명시한다. 유한상태기의 구현에서 일반적으로 인가된다고 명시하지 않은 출력은 모두 비인가된다고 가정한다. 마찬가지로 데이터패스가 올바르게 동작하려면 인가된다고 명시하지 않은 신호는 don't care가 아니고 비인가로 취급해야 한다.

유한상태기 입력과 출력의 집합, 다음 상태 함수, 출력 함수로 구성된 순차 논리 함수이다. 다음 상태 함수는 현재 상태와 입력들을 다음 상태로 사상시키며, 출력 함수는 현재 상태와 가능한 입력들을 출력에 사상시킨다.

다음 상태 함수 주어진 입력값들과 현재 상태를 이용하여 유한상태기의 다음 상태를 결정하는 조합 논리 함수.

멀티플렉서 제어는 약간 다르다. 왜냐하면 멀티플렉서 제어가 0이냐 또는 1이냐에 따라 입력 중 하나를 선택하기 때문이다. 따라서 유한상태기에서는 관심 있는 멀티플렉서 제어의 설정을 모두 명시하여야 한다. 유한상태기를 논리회로로 구현할 때 제어를 0으로 설정하는 것이 기본이며 이때 게이트는 필요하지 않다.

유한상태기는 임시 레지스터와 조합 논리회로 블록으로 구현할 수 있다. 임시 레지스터는 현재 상태를 기억하고, 조합 논리회로는 인가될 데이터패스 신호와 다음 상태를 결정한다. 그림 5.38은 이러한 구현을 보여 준다. 부록 C는 이러한 구조를 이용하여 유한상태기가 어떻게 구현되는지 구체적으로 보여 준다. A.3절에서는 유한상태기를 위한 조합 제어 논리가 ROM(read-only memory)과 PLA(programmable logic array)로 구현되어 있다(이 논리회로에 대한 설명은 부록 A를 참고하라).

고난도: 이 단순한 설계는 **블로킹 캐시**(blocking cache)라고 불리는 것으로, 프로세서는 캐시가 요청을 다 처리할 때까지 기다려야 한다. 5.12절에서 **비블로킹 캐시**(nonblocking cache)를 대안으로 제시한다.

고난도: 이 책에서 사용되는 유한상태기 유형은 Edward Moore의 이름을 따서 Moore 기계라 불린다. 이것의 특징은 출력이 현재 상태에만 의존한다는 것이다. Moore 기계의 경우 조합 제어회로라고 쓰여 있는 상자는 두 부분으로 나눌 수 있다. 한 쪽은 제어 출력과 상태 입력만을 가지고 있으며, 다른 쪽은 다음 상태 출력만을 가지고 있다.

다른 유형의 유한상태기는 Mealy 기계인데 George Mealy의 이름을 따서 붙인 것이다. Mealy 기계는 입력과 현재 상태를 사용하여 출력이 결정된다. Moore 기계는 제어 유닛의 속도와 크기에서 잠재적인 장점이 있다. 속도의 이점은 클럭 사이클 초기에 필요한 제어 출력이 입력에 의존하지 않고 현재 상태에만 의존하기 때문에 생긴다. 이 같은 유한상태기를 논리 게이트

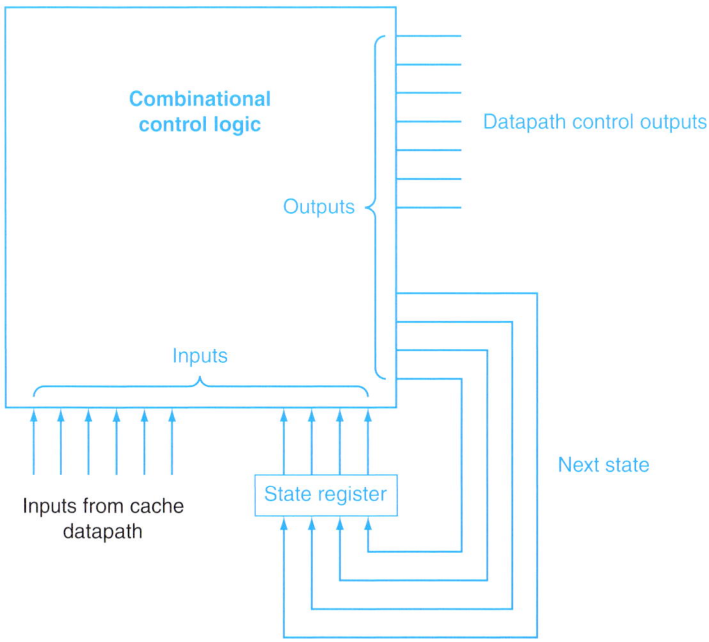

그림 5.38 유한상태기 제어기는 일반적으로 조합회로와 현 상태를 저장하는 레지스터를 사용하여 구현된다. 조합회로의 출력은 다음 상태 번호와 현재 상태에서 인가되는 제어신호들이다. 조합회로의 입력은 현재 상태와 다음 상태를 결정하기 위해 쓰이는 입력값이다. 이때 입력값은 명령어 레지스터의 opcode 비트이다. 이 장에서 사용되는 유한상태기에서 출력은 현재 상태에만 의존하지 입력에는 의존하지 않는다는 것을 주목하라. 좀 더 자세한 것은 "고난도"에서 설명한다.

로 구현하면 크기에 대한 이점이 분명하게 보인다. Moore 기계의 잠재적인 단점은 상태를 추가로 필요로 할 수도 있다는 점이다. 예를 들면 두 개의 상태 열(sequence of states) 사이에 한 상태만큼 차이가 있을 때 Mealy 기계는 출력을 입력에 의존하게 만듦으로써 두 상태를 합칠 수 있다.

간단한 캐시 제어기를 위한 FSM

그림 5.39는 간단한 캐시 제어기의 네 가지 상태를 보여 준다.

- 대기(Idle) 상태: 프로세서에서 유효한 읽기 또는 쓰기 요청이 오기를 기다린다. 이 신호가 오면 태그 비교 상태로 이동한다.
- 태그 비교(Compare Tag) 상태: 이름에서 알 수 있듯이, 이 상태는 읽기 또는 쓰기 요청이 적중인지 실패인지를 확인한다. 주소의 인덱스 부분은 비교할 태그를 선택한다. 데이터가 유효하고 주소의 태그 부분이 해당 태그와 일치하면 적중이다. 적재이면 선택된 워드에서 데이터를 읽고, 저장이면 쓴다. 캐시 준비(Cache

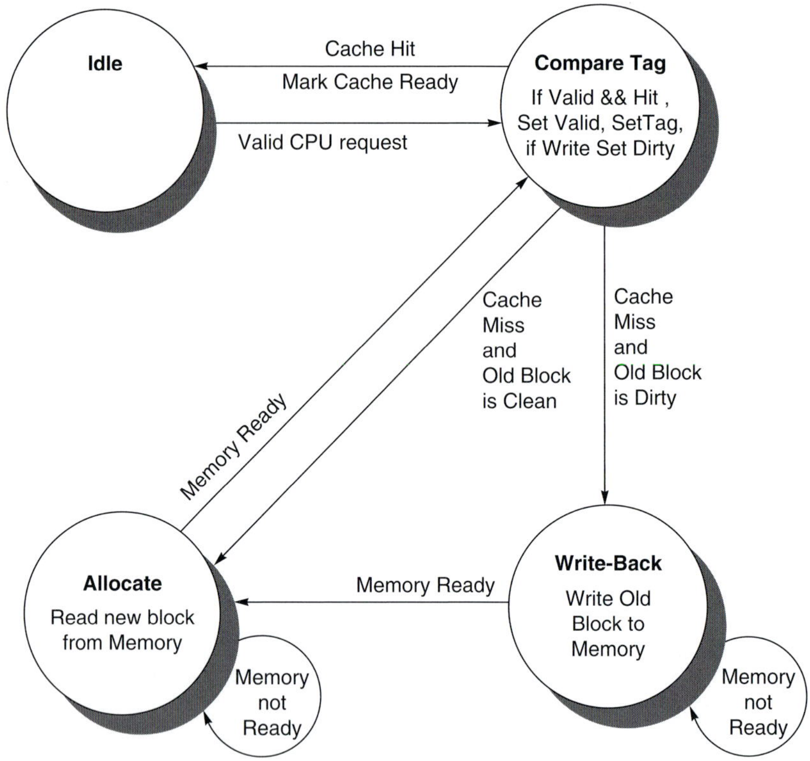

그림 5.39 간단한 제어기의 네 상태.

Ready) 신호가 인가된다. 쓰기 요청이면 갱신 비트가 1이 된다. 쓰기 적중도 유효 비트와 태그 필드를 설정한다. 이것은 불필요한 것처럼 보이지만 태그가 단일 메모리이기 때문에 포함되며, 갱신 비트를 바꾸기 위해서는 유효 비트와 태그 필드를 바꿀 필요가 있다. 만일 적중이고 블록이 유효하다면, FSM은 대기 상태로 돌아간다. 실패이면 우선 캐시 태그를 갱신하고 해당 블록의 갱신 비트가 1이면 나중쓰기(Write-Back) 상태로, 0이면 할당(Allocate) 상태로 이동한다.

- 나중 쓰기(Write-Back) 상태: 이 상태는 태그와 캐시 인덱스로 이루어진 주소를 사용하여 메모리에 128비트의 블록을 쓴다. 이 상태에서 메모리로부터 준비(Ready) 신호가 올 때까지 기다린다. 메모리 쓰기가 완료되면 FSM은 할당(Allocate) 상태로 이동한다.
- 할당(Allocate) 상태: 메모리에서 새로운 블록을 읽는다. 메모리에서 준비 신호가 올 때까지 이 상태에서 기다려야 한다. 메모리 읽기가 완료되면 FSM은 태그 비교 상태로 이동한다. 동작을 완료하기 위해 태그 비교 상태를 재사용하는 대신에 새로운 상태로 갈 수도 있지만, 쓰기 접근의 경우 블록의 해당 워드 갱신을

비롯해서 많은 부분이 중복되기 때문에 태그 비교 상태로 가는 것이 좋다.

이러한 간단한 모델은 성능을 향상시키기 위하여 더 많은 상태를 추가할 수 있다. 예를 들어, 태그 비교 상태는 한 클럭 사이클에 비교와 캐시 데이터의 읽기 또는 쓰기를 한다. 때때로 비교와 캐시 접근은 클럭 사이클 시간을 향상시키기 위하여 분리된 상태에서 처리된다. 또 다른 최적화는 갱신 블록을 저장할 수 있는 쓰기 버퍼를 추가하는 것이다. 이렇게 함으로써 갱신 블록에 대한 실패가 발생했을 때 프로세서는 두 번의 메모리 접근이 끝날 때까지 기다리지 않고 바로 새로운 블록을 읽어 올 수 있다. 읽어 온 데이터를 프로세서가 사용하는 동안, 캐시는 갱신 블록을 쓰기 버퍼에서 메모리에 쓸 수 있다.

5.12절은 FSM에 대하여 더 자세히 들어가서, 이 간단한 캐시의 완전한 컨트롤러를 하드웨어 기술 언어(hardware description language)와 블록 다이어그램을 이용하여 보여 준다.

5.10 병렬성과 메모리 계층구조: 캐시 일관성

다중코어 다중프로세서는 여러 개의 프로세서가 한 칩 안에 들어 있는 것을 말한다. 이 프로세서들은 공통의 실제 주소공간을 공유하는데, 공유 데이터를 캐시하면 새로운 문제가 생긴다. 왜냐하면 두 개의 서로 다른 프로세서가 각자 자신의 캐시를 통하여 메모리를 접근하게 되므로, 주의하지 않으면 두 개의 다른 값을 갖게 된다. 그림 5.40은 이 문제를 보여 주고 있다. 두 개의 다른 프로세서가 같은 위치에 대해 어떻게 두 개의 다른 값을 갖게 되는지 보여 준다. 이러한 문제를 일반적으로 **캐시 일관성 문제**(cache coherence problem)라고 한다.

비공식적으로, 만약 어떤 데이터를 읽을 경우 가장 최근에 쓰인 값을 반환한다면 메모리 시스템이 일관된다(coherent)고 말할 수 있다. 이러한 정의는 비록 직관적으로 동의할 수는 있지만, 모호하며 극히 단순하다. 현실은 훨씬 더 복잡하다. 단순한 정의는 메모리 시스템 동작의 서로 다른 두 가지 관점을 포함한다. 두 가지 모두 올바른 공유 메모리 프로그램을 작성할 때 매우 중요하다. 일관성(coherence)이라고 불리는 첫 번째 관점은 읽기에 의해 반환되는 값이 **어떤** 값들인지 정의한다. 정합성(consistency)이라고 불리는 두 번째 관점은 쓰여진 값이 읽기에 의해 **언제** 반환되는지를 결정한다.

첫 번째로 일관성을 보자. 아래 조건이 만족된다면 메모리 시스템은 일관적이다.

1. 프로세서 P가 X에 쓰기를 하고 P가 읽기를 한 경우 P의 쓰기와 읽기 사이에 어

Time step	Event	Cache contents for CPU A	Cache contents for CPU B	Memory contents for location X
0				0
1	CPU A reads X	0		0
2	CPU B reads X	0	0	0
3	CPU A stores 1 into X	1	0	1

그림 5.40 한 메모리 위치(X)에 대해 두 프로세서 A와 B가 읽고 쓸 경우에 발생하는 캐시 일관성 문제. 처음에는 두 개의 캐시가 변수를 가지고 있지 않고, 변수 X가 0을 가지고 있다고 가정한다. 또한 즉시 쓰기 캐시라고 가정한다. 나중 쓰기 캐시는 약간의 부수적인 일이 추가되지만 비슷한 복잡성을 가지고 있다. X 값이 A에 의해 쓰인 이후에, A의 캐시와 메모리는 모두 새로운 값을 갖지만, B의 캐시는 그렇지 않다. 그리고 B가 X를 읽는다면 0 값이 읽힐 것이다.

떠한 다른 프로세서도 X에 쓰기를 하지 않았다면, 항상 P가 쓴 값을 읽어 온다. 그러므로 그림 5.40에서 만약 CPU A가 시간 3 이후에 X값을 읽으려 한다면 값 1을 보게 될 것이다.

2. 한 프로세서가 X에 쓰기를 한 다음에 다른 프로세서가 X를 읽을 때, X에 대한 쓰기와 읽기 동작이 시간적으로 충분히 분리가 되어 있으며 두 동작 사이에 X에 대한 다른 쓰기 작업이 없었다면 쓰인 값이 반환된다. 따라서 그림 5.40에서 CPU A가 단위시간 3에서 X에 1을 저장한 이후에, CPU B의 캐시의 값 0을 1로 바꾸는 절차가 필요하다.
3. 동일한 위치의 쓰기 동작은 **순서화한다**(serialized). 동일한 위치에 두 개의 프로세서가 쓰기를 수행한 경우 모든 프로세서에 동일한 순서로 보이게 한다. 예를 들어, CPU B가 시간 3 이후에 X에 2를 저장한다면 프로세서가 X의 값을 2로 읽고 나중에 1로 읽을 수는 없다.

위의 첫 번째 특성은 단순히 프로그램의 순서를 유지한다—이 특성은 단일프로세서에서는 항상 성립한다. 두 번째 특성은 메모리 관점에서 일관성을 갖는다는 것이 무엇을 의미하는지에 대한 개념을 정의한다. 만약 프로세서가 계속해서 예전 값을 읽어 들인다면, 확실히 메모리는 비일관적(incoherent)이라고 말할 수 있다.

쓰기 순서화(write serialization)의 필요성은 더 미묘하지만 똑같이 중요하다. 쓰기를 순서화하지 않은 상태에서, P1이 X에 쓰기 작업을 한 후 P2가 X에 쓰기 작업을 했다고 가정하자. 쓰기 순서화는 모든 프로세서가 일정 시간이 지난 뒤 P2가 쓴 값을 보게 될 것이라는 것을 보장해 준다. 만약 우리가 쓰기를 순서화하지 않는다면, 어떤 프로세서는 P2가 쓴 값을 먼저 보고 그 후에 P1이 쓴 값을 보게 될 수도 있고 이는 P1이 쓴 값을 불명확하게 만들게 된다. 이러한 문제점을 피하는 가장 단순한 방법은 동일한 위치에서 일어나는 모든 쓰기 작업들은 동일한 순서로 보여지도록 하는 것이다. 이러한 특성을 **쓰기 순서화**라고 한다.

일관성을 유지하기 위한 기본 기법

캐시 일관성을 가진 다중프로세서에서, 캐시는 공유된 데이터의 **이동**(migration)과 **복사**(replication) 기능을 제공해 준다.

- **이동**: 데이터는 지역 캐시로 이동하여 투명한 방식으로 사용될 수 있다. 이동은 먼 곳에 위치한 공유 데이터를 접근할 때 발생하는 지연과 공유 메모리 요청에 따른 대역폭을 줄여 준다.
- **복사**: 공유 데이터가 동시에 읽혀질 때, 캐시는 지역 캐시 안에 복사본을 만든다. 복사는 공유 데이터 접근 시 대기 시간과 읽기 경쟁을 감소시킨다.

이 같은 이동과 복사를 지원하는 것은 공유 데이터를 접근하는 성능에 있어서 매우 중요하기 때문에, 많은 다중프로세서들이 캐시 일관성을 유지하기 위해 하드웨어 프로토콜을 도입하고 있다. 다중프로세서에서 일관성을 유지하기 위한 프로토콜은 **캐시 일관성 유지 프로토콜**(cache coherence protocol)이라고 부른다. 캐시 일관성 유지 프로토콜을 구현하기 위한 핵심은 데이터 블록의 모든 공유 상태를 추적하는 것이다.

가장 널리 사용되는 캐시 일관성 유지 프로토콜은 **스누핑**(snooping)이다. 모든 캐시는 실제 메모리 블록으로부터 데이터의 복사본을 가지고 있고, 블록의 공유 상태에 대한 복사본도 가지고 있다. 그러나 중앙에서 관리되는 상태는 유지하지 않는다. 캐시들은 전송 매체(버스 또는 네트워크)를 통하여 모두 접근 가능하다. 그리고 모든 캐시 제어기들은 버스 또는 스위치 접근에 의해 요청된 블록의 복사본을 가지고 있는지 없는지를 확인하기 위하여 매체를 **감시**(snoop)한다.

이제 공유 버스로 구현된 스누핑 기반 캐시 일관성을 설명할 것이다. 그러나 캐시 실패를 모든 프로세서에 전파하는 어떠한 통신 매체도 스누핑 기반 일관성 기법을 구현하는 데 사용할 수 있다. 이와 같이 모든 캐시에 전파하는 방식은 스누핑 프로토콜을 쉽게 구현할 수 있게 만들어 주지만 확장성을 제한하게 된다.

스누핑 프로토콜

일관성을 유지하는 한 가지 방법은 프로세서가 데이터를 쓰기 전에 그 데이터에 배타적인 접근을 하는 것이다. 이러한 형태의 프로토콜은 쓰기 작업 시 다른 캐시에 있는 복사본들을 무효화시키기 때문에 **쓰기 무효화 프로토콜**(write invalidate protocol)이라고 부른다. 배타적 접근은 쓰기 작업이 일어날 때 읽기 또는 쓰기가 가능한 데이터의

Processor activity	Bus activity	Contents of CPU A's cache	Contents of CPU B's cache	Contents of memory location X
				0
CPU A reads X	Cache miss for X	0		0
CPU B reads X	Cache miss for X	0	0	0
CPU A writes a 1 to X	Invalidation for X	1		0
CPU B reads X	Cache miss for X	1	1	1

그림 5.41 나중 쓰기 캐시 사용 시 단일 캐시 블록(X)을 위해 스누핑 버스에서 동작하는 무효화 프로토콜의 예. 초기에 두 캐시 모두 다 X를 갖고 있지 않고 메모리의 X 값이 0이라고 가정한다. CPU와 메모리의 내용은 프로세서와 버스의 활동이 모두 끝난 이후의 값을 보여 준다. 빈칸은 아무 활동이 없거나 캐시에 복사본이 없다는 것을 나타낸다. CPU B에 의한 두 번째 실패가 발생했을 때, CPU A는 메모리로부터의 응답을 취소시키고 자신이 가지고 있는 값으로 응답한다. 이때 B 캐시의 내용과 X의 메모리 내용은 모두 갱신된다. 이렇게 블록이 공유될 때 메모리를 갱신시키면 프로토콜이 단순해진다. 하지만 데이터의 소유권을 추적해서 블록이 교체될 때 나중 쓰기를 수행하는 방법도 있다. 이렇게 하려면 소유(owner)라는 새로운 상태가 필요하다. 소유 상태에서는 다른 프로세서가 블록을 공유하고 있을 수도 있다. 그러나 소유 프로세서(owning processor)는 블록을 바꾸거나 교체할 때 모든 다른 프로세서와 메모리를 갱신할 책임을 지니고 있다.

복사본들이 없다는 것을 보장해 준다. 다른 캐시의 모든 복사본들은 무효화된다.

그림 5.41은 나중 쓰기 캐시에서 스누핑 버스(snooping bus)의 무효화 프로토콜의 한 예를 보여 준다. 이 프로토콜이 어떻게 일관성을 보장해 주는지 보기 위해서, 한 프로세서가 쓰기 작업을 한 후에 다른 프로세서가 읽기 작업을 하는 상황을 고려해 보자. 쓰기 작업은 배타적 접근을 요구하기 때문에 읽기 작업을 하는 프로세서에 의해 잡혀 있는 모든 복사본들은 반드시 무효화되어야 한다(프로토콜 이름에서 알 수 있듯이). 그러므로 읽기 작업이 일어날 때, 그것은 캐시에서 실패가 되고, 캐시는 데이터의 새로운 복사본을 가져와야만 한다. 쓰기 작업에서는 쓰기 작업 프로세서가 배타적 접근을 하게 된다. 즉 다른 프로세서가 동시에 쓰는 것을 방지해야 한다. 만약 두 개의 프로세서가 동시에 같은 데이터를 쓰려고 시도한다면, 그 둘 중 하나가 경쟁에서 이기게 되고, 경쟁에서 진 다른 프로세서의 복사본은 무효화된다. 다른 프로세서가 쓰기 작업을 완료하기 위해서는 현재 갱신된 값을 갖고 있는 데이터의 새로운 복사본을 가져와야만 한다. 그러므로 이 프로토콜은 쓰기 순서화를 실행한다.

하드웨어/소프트웨어 인터페이스

블록 크기는 캐시 일관성 유지에 큰 역할을 한다. 예를 들어 8개 워드가 하나의 블록으로 사용되는 캐시에 대한 스누핑에서 두 개의 프로세서가 한 개의 워드를 교대로 읽고 쓴다고 가정하자. 대부분의 프로토콜은 프로세서 사이에 전체 블록을 교환하게 되고 일관성 유지에 필요한 대역폭이 증가하게 된다.

큰 블록은 또한 거짓 공유(false sharing)라고 하는 문제를 야기할 수 있다. 두 개의 연관되지 않은 공유 변수가 같은 캐시 블록에 위치하고 있을 때, 비록 프로세서들이 다른 변수를 접근하고 있다 할지라도 전체 블록이 프로세서 사이에서 교환된다. 프로그래머와 컴파일러는 거짓 공유를 피하기 위하여 데이터를 신중하게 배치하여야 한다.

거짓 공유 연관되지 않은 두 공유 변수가 같은 캐시 블록에 있어서, 프로세서들이 다른 변수들을 접근하고 있는데도 전체 블록이 프로세서 사이에서 왔다 갔다 하는 경우.

고난도: 앞에서 살펴본 세 가지 특성들이 일관성을 보장하기에 충분하다고 할지라도, 쓰여진 값이 언제 보여질 것인가 하는 것 또한 중요하다. 이유를 알아보기 위해 그림 5.40에서 X의 읽기 작업이 다른 프로세서가 X에 쓴 값을 즉시 읽어야 한다고 요구할 수는 없다는 점에 주목하자. 예를 들어, 만일 한 프로세서가 X에 쓰는 작업이 다른 프로세서의 X 읽기 작업보다 조금 먼저 일어났다면, 읽기 작업이 갱신된 값을 읽는다는 것을 보장하기는 아마도 불가능할 것이다. 왜냐하면 갱신된 데이터가 그 시점에는 프로세서에서 출발도 하지 않았을 수가 있기 때문이다. 쓰기 과정에서 쓰여진 데이터가 정확히 언제 읽혀지는지는 **메모리 정합성 모델**(memory consistency model)에 의해 정의된다.

다음 두 가지를 가정하자. 첫째, 모든 프로세서가 쓰기 작업의 결과를 보기 전까지는 쓰기 작업이 완료되지도 않고 다음 쓰기 작업의 발생도 허용하지 않는다. 둘째, 프로세서가 어떤 다른 메모리 접근에 대해서 어떤 쓰기 작업 순서도 변경하지 않는다. 이 두 가지 조건들은 만약 프로세서가 주소 X에 쓰기 작업을 하고 다음에 Y에 쓰기 작업을 한다면, Y의 새로운 값을 보는 모든 프로세서는 반드시 X의 새로운 값을 본다는 것을 의미한다. 이러한 제한들은 프로세서가 읽기 작업의 순서는 재조정할 수 있지만, 쓰기 작업은 프로그램의 순서대로 하게 만든다.

고난도: 입력이 캐시 아래에 있는 메모리를 바꿀 수 있고, 출력 또한 나중 쓰기 캐시의 최신 값을 필요로 할 수 있기 때문에, 멀티프로세서뿐만 아니라 단일프로세서의 캐시들 사이에서도 입출력에 대한 캐시 일관성 문제가 발생한다. 멀티프로세서와 입출력(6장 참조)에 있어서 캐시 일관성 문제는 비록 원인은 비슷할지라도 적절한 해결책에 영향을 미치는 다른 특성을 가지고 있다. 다중 데이터 복사본이 매우 드물게 발생하는 입출력과는 달리—가능한 한 피해야겠지만—다중프로세서에서 실행되는 프로그램은 일반적으로 다수의 캐시에 같은 데이터의 복사본들을 가지고 있다.

고난도: 공유된 블록의 상태가 분산되어 있는 스누핑 캐시 일관성 유지 프로토콜 외에, **디렉터리 기반 캐시 일관성 유지 프로토콜**(directory-based cache coherence protocol)이 있다. 이 방법은 **디렉터리**라고 불리는 한 장소에 실제 메모리 블록의 공유 상태를 유지한다. 디렉터리 기반 일관성 유지는 스누핑에 비해 구현하는 데 조금 더 큰 오버헤드를 가진다. 그러나 이 방식은 캐시들 간의 트래픽을 줄일 수 있어 프로세서 수가 더 많을 때 적합하다.

5.11 병렬성과 메모리 계층: RAID

DEPENDABILITY

이 온라인 절에서는 어떻게 많은 디스크를 결합하여 훨씬 더 높은 처리량을 제공할 수 있는지 설명하는데, RAID(Redundant Arrays of Inexpensive Disks)의 최초 착상은 여기에서 나왔다. 그러나 실제로 RAID가 유행하게 된 것은 여분의 디스크를 이용하여 얻을 수 있는 더 큰 안정성 때문이었다. 이 절에서는 여러 수준의 RAID에서 얻을 수 있는 성능, 비용, **신용도**의 차이를 설명한다.

5.12 고급 자료: 캐시 제어기 구현

4장에서 단일 사이클과 파이프라인 데이터패스를 위한 제어기를 구현했듯이, 온라인으로 제공되는 이 절에서는 어떻게 캐시를 위한 제어기를 구현하는지 설명한다. 이 절은 유한상태기의 설명과 간단한 데이터 캐시를 위한 캐시 제어기의 구현으로 시작되는데, 캐시 제어기의 하드웨어 기술 언어(hardware description language, HDL) 표현을 포함한다. 그 후 캐시 일관성 프로토콜의 예를 자세히 살펴보고, 이 프로토콜 구현상의 어려움에 대하여 설명한다.

5.13 실례: ARM Cortex-A53과 Intel Core i7 메모리 계층구조

이 절에서는 4장에서 살펴본 두 마이크로프로세서 ARM Cortex-A53과 Intel Core i7의 메모리 계층구조를 살펴보도록 한다. 이 절은 *Computer Architecture: A Quantitative Approach* 5판의 2.6절에 기반을 두고 있다.

그림 5.42는 두 프로세서의 주소 크기와 TLB를 요약하여 보여 준다. Cortex-A53 프로세서는 48비트 가상 주소공간, 40비트 실제 주소공간, 512개의 엔트리를 갖는 4-way 집합 연관 방식의 공유 주 TLB와 10개의 엔트리를 갖는 완전 연관 방식의 마이크로 TLB 2개를 갖고 있다. Core i7 프로세서는 48비트 가상 주소공간, 44비트의 실제 주소공간, 3개의 TLB를 갖고 있다. Core i7의 레지스터는 64비트 크기라서 더 큰 가상 주소를 기억할 수도 있으나, 아직은 그렇게 큰 공간을 요구하는 소프트웨어가

Characteristic	ARM Cortex-A53	Intel Core i7
Virtual address	48 bits	48 bits
Physical address	40 bits	44 bits
Page size	Variable: 4, 16, 64 KiB, 1, 2 MiB, 1 GiB	Variable: 4 KiB, 2/4 MiB
TLB organization	1 TLB for instructions and 1 TLB for data per core Both micro TLBs are fully associative, with 10 entries, round robin replacement 64-entry, four-way set-associative TLBs TLB misses handled in hardware	1 TLB for instructions and 1 TLB for data per core Both L1 TLBs are four-way set associative, LRU replacement L1 I-TLB has 128 entries for small pages, seven per thread for large pages L1 D-TLB has 64 entries for small pages, 32 for large pages The L2 TLB is four-way set associative, LRU replacement The L2 TLB has 512 entries TLB misses handled in hardware

그림 5.42 ARM Cortex-A53과 Intel Core i7 920의 주소 변환과 TLB 하드웨어. 두 프로세서 모두 큰 페이지를 지원하는데, 큰 페이지는 운영체제나 프레임 버퍼 사상 같은 일에 사용된다. 큰 페이지 기법을 사용하면 항상 메모리에 존재하는 단일 객체를 사상하는 데 많은 엔트리를 사용하지 않아도 된다.

없어서 48비트 가상 주소를 사용하여 페이지 테이블 메모리와 TLB 하드웨어를 절약한다.

그림 5.43은 두 프로세서의 캐시를 보여 준다. Cortex-A53은 1개부터 4개까지의 코어를 갖고 있으며, Core i7은 4개의 코어를 갖고 있고, Cortex-A53은 코어 하나당 16KiB부터 64KiB 크기의 2-way L1 명령어 캐시를 갖고 있다. Core i7은 코어 하나당 32KiB 크기의 4-way 집합 연관 L1 명령어 캐시를 갖고 있다. 둘 다 64바이트 크기의 블록을 사용한다. Cortex-A53의 데이터 캐시는 연관 정도를 4-way로 늘린 것을 제외하면 명령어 캐시와 같다. Core i7의 데이터 캐시도 연관 정도를 8-way로 늘린 것 외에는 명령어 캐시와 다른 점이 없다. Core i7은 64바이트 크기의 블록을 갖는 256KiB 8-way 집합 연관 통합 L2 캐시를 코어당 1개씩 사용한다. Cortex-A53은 1개와 4개 사이의 코어가 공유하는 L2 캐시를 제공한다. 이 캐시는 64바이트 블록을 갖는 16-way 집합 연관 캐시로서 크기는 128KiB에서 2MiB까지이다. Core i7은 서버용 프로세서이므로 L3 캐시도 제공한다. L3 캐시는 칩 상의 모든 코어가 공유하며, 그 크기는 사용되는 코어의 수에 따라 달라진다. 이 경우처럼 코어가 4개일 때는 8MiB이다.

한 클럭 사이클에 두 개 이상의 메모리 명령어를 실행할 수 있는 Cortex-A53과

Characteristic	ARM Cortex-A53	Intel Core i7
L1 cache organization	Split instruction and data caches	Split instruction and data caches
L1 cache size	Configurable 16 to 64 KiB each for instructions/data	32 KiB each for instructions/data per core
L1 cache associativity	Two-way (I), four-way (D) set associative	Four-way (I), eight-way (D) set associative
L1 replacement	Random	Approximated LRU
L1 block size	64 bytes	64 bytes
L1 write policy	Write-back, variable allocation policies (default is Write-allocate)	Write-back, No-write-allocate
L1 hit time (load-use)	Two clock cycles	Four clock cycles, pipelined
L2 cache organization	Unified (instruction and data)	Unified (instruction and data) per core
L2 cache size	128 KiB to 2 MiB	256 KiB (0.25 MiB)
L2 cache associativity	16-way set associative	8-way set associative
L2 replacement	Approximated LRU	Approximated LRU
L2 block size	64 bytes	64 bytes
L2 write policy	Write-back, Write-allocate	Write-back, Write-allocate
L2 hit time	12 clock cycles	10 clock cycles
L3 cache organization	–	Unified (instruction and data)
L3 cache size	–	8 MiB, shared
L3 cache associativity	–	16-way set associative
L3 replacement	–	Approximated LRU
L3 block size	–	64 bytes
L3 write policy	–	Write-back, Write-allocate
L3 hit time	–	35 clock cycles

그림 5.43 ARM Cortex-A53과 Intel Core i7 920의 캐시.

PARALLELISM

Core i7 같은 프로세서를 지원하는 것은 캐시 설계자를 힘들게 하는 문제이다. 널리 사용되는 기법은 캐시를 뱅크로 분리하여 각 접근이 다른 뱅크에 대한 것이면 다수의 독립적인 **병렬** 접근을 허용하는 것이다. 이 기법은 5.2절의 DRAM 뱅크 인터리빙과 유사하다.

Cortex-A53과 Core i7은 실패 손실을 줄이기 위해 추가적인 최적화를 몇 가지 더 사용한다. 첫째는 실패 발생 시 요청된 워드를 먼저 전달하는 것이다. 캐시 실패 중에도 데이터 캐시에 접근하는 명령어를 계속해서 실행하는 최적화도 사용한다. **비블로킹 캐시**(nonblocking cache)라고 불리는 이 기법은 캐시 실패 지연을 숨기려는 설계자들이 사용한다. 비블로킹은 두 가지 구현이 있다. 실패 하 적중(hit under miss)은 실패를 처리하는 동안 추가적인 캐시 적중을 허용하고, 실패 하 실패(miss under miss)는 서로 다른 여러 개의 캐시 실패를 허용한다. 실패 하 적중의 목적은 다른 작업으로 약간의 실패 손실을 숨기고자 하는 것이고, 실패 하 실패의 목적은 서로 다른 두 실패의 지연을 중첩시키는 것이다.

비블로킹 캐시 캐시가 이전의 실패를 처리하고 있는 동안에 프로세서가 캐시에 접근할 수 있도록 해 주는 캐시.

여러 개의 실패에 대한 실패 시간의 대부분을 중첩시키려면 다수의 실패를 병렬로 처리할 수 있는 대역폭이 큰 메모리 시스템이 필요하다. 개인용 이동 단말기에서는 메모리 때문에 이 기법을 제한적으로밖에 사용할 수 없다. 그러나 큰 서버나 멀티프로세서 시스템은 두 개 이상의 실패를 병렬로 처리할 수 있는 메모리 시스템을 갖고 있는 경우가 많다.

Cortex-A53과 Core i7은 데이터 접근에 선인출 기법을 사용한다. 데이터 실패의 패턴을 관찰하고, 여기서 얻은 정보를 이용하여 실패가 발생하기 전에 데이터 인출 시작 주소를 예측한다. 일반적으로 이 기법은 순환문에서 배열에 접근할 때 가장 좋은 성능을 보인다.

이 칩들의 메모리 계층구조가 얼마나 복잡한지 그리고 프로세서 다이에서 얼마나 많은 부분이 캐시와 TLB에 사용되는지를 보면, 프로세서 사이클 시간과 메모리 지연 간의 차이를 극복하기 위해서 얼마나 많은 설계 노력이 투입되는지 알 수 있을 것이다.

Cortex-A53과 Core i7 메모리 계층구조의 성능

32KiB 2-way 집합 연관 L1 명령어 캐시, 32KiB 4-way 집합 연관 L1 데이터 캐시, 1MiB 16-way 집합 연관 L2 캐시에서 SPEC2006 벤치마크를 실행하여 Cortex-A53 메모리 계층구조의 성능을 측정하였다.

이 벤치마크에서 Cortex-A53 명령어 캐시 실패율은 매우 작다. 그림 5.44는 데이터 캐시의 실패율을 보여주는데, L1이나 L2나 실패율이 상당히 크다. L1 데이터 캐시 실패율은 0.5%에서 37.3%이며 평균값은 6.4%이고 중앙값은 2.4%이다. L2 캐시의 전체 실패율은 0.1%에서 9.0%이며 평균값은 1.3%이고 중앙값은 0.3%이다. 1GHz Cortex-A53의 L1 실패 손실은 12 클럭 사이클이고 L2 실패 손실은 124 클럭 사이클이다. 그림 5.45는 이 실패율을 사용하여 매 데이터 접근당 평균 실패 손실을 구한 것이다. 이 낮은 실패율에 높은 실패 손실이 곱해지므로 SPEC2006 프로그램 12개 중 5

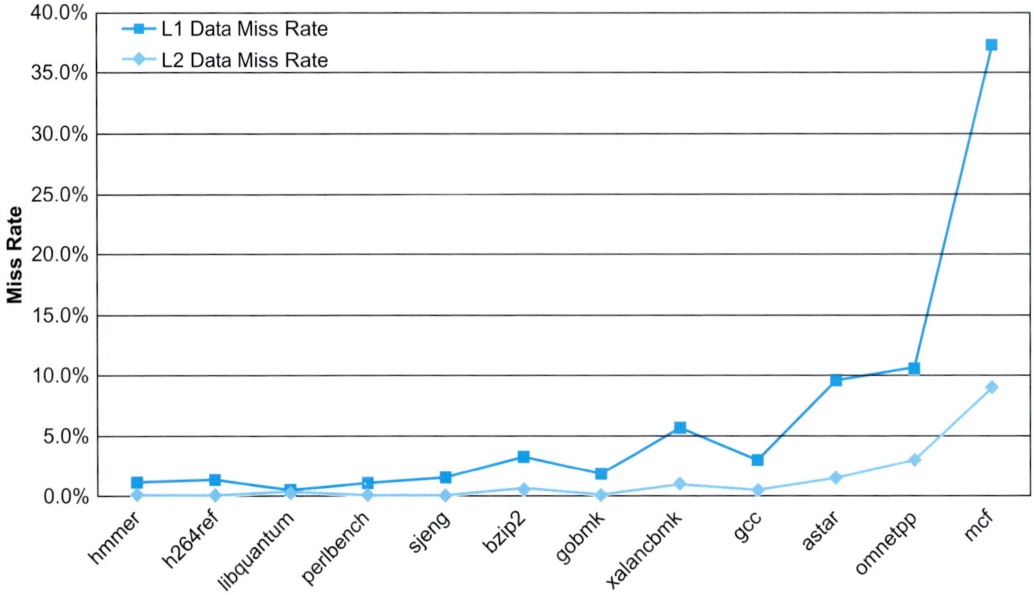

그림 5.44 SPEC2006int 벤치마크 수행 시 ARM Cortex-A53의 데이터 캐시 실패율. 메모리를 많이 사용하는 응용에서는 L1과 L2에서 모두 실패율이 높은 경향이 있다. L2 실패율은 전체 실패율임을 주목하라. 즉, L1 캐시에서 성공한 참조도 모두 포함해서 계산한 값이다(5.4절의 "고난도" 참조). mcf는 캐시를 집중적으로 사용하는 것으로 알려져 있다. 이 그림은 4장의 그림 4.74와 같은 시스템과 벤치마크를 사용하여 얻은 것이다.

개에서 CPI에 상당히 큰 영향을 미치는 것을 알 수 있다.

그림 5.46은 SPEC2006 벤치마크 사용 시 Core i7 캐시의 실패율을 보여 준다. L1 명령어 캐시의 실패율은 0.1%에서 1.8%이며 평균은 0.4%를 약간 상회한다. 이 실패율은 낮은 명령어 캐시 실패율을 보여 주는 SPECCPU2006 벤치마크의 다른 명령어 캐시의 연구 결과와 일치한다. 데이터 캐시 실패율이 5%에서 10% 정도 또는 그 이상인 경우에는 L2와 L3 캐시가 더욱 중요하게 된다. 실패 시 메모리 접근 비용이 100사이클 이상이고 L2 평균 데이터 실패율이 4% 정도이기 때문에 L3는 매우 중요하다. 명령어의 절반이 적재나 저장일 경우 L3가 없다면 L2 캐시 실패는 CPI를 2 증가시킨다. 평균 L3 실패율이 1%이면 여전히 심각하지만, L2 실패율보다 4배 낮고, L1 실패율보다는 6배 낮은 값이다.

고난도: 추정이 틀릴 수도 있기 때문에(4장 참조), L1 데이터 캐시에 대한 참조 중에는 끝까지 실행되지 않는 적재나 저장 명령어에서 나온 것들이 포함되어 있다. 그림 5.44의 데이터는 중간에 취소되는 것도 포함해서 모든 데이터 요청에 대하여 측정되었다. 완료된 데이터 접근에 대하여만 측정한 실패율은 1.6배 더 높았다(L1 데이터 캐시 실패의 경우 평균 9.5% 대 5.9%).

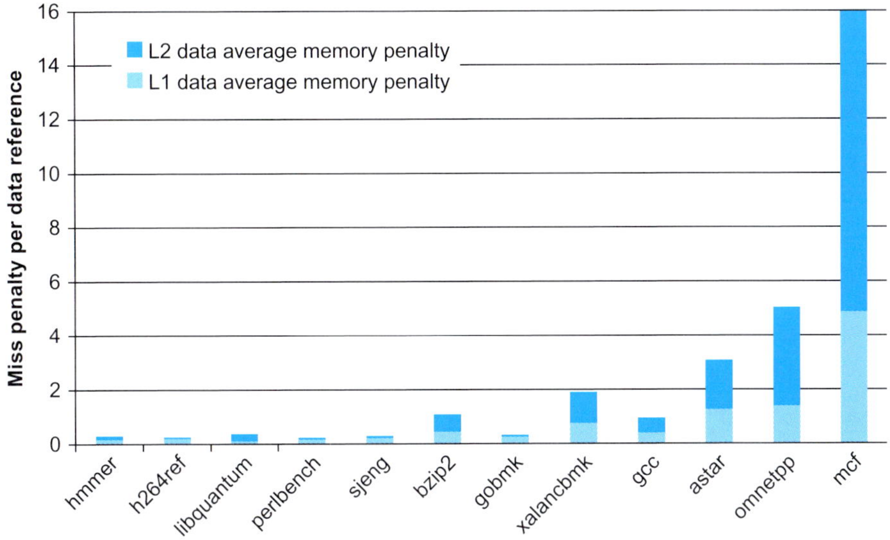

그림 5.45 ARM 프로세서가 SPEC2006int 벤치마크를 실행할 때 L1과 L2의 데이터 메모리 참조 하나당 평균 메모리 접근 손실을 클럭 사이클 단위로 나타낸 것. L1의 실패율이 훨씬 크지만 L2가 5배 정도 더 큰 실패 손실을 갖고 있으므로 L2 실패가 훨씬 큰 영향을 끼치게 된다.

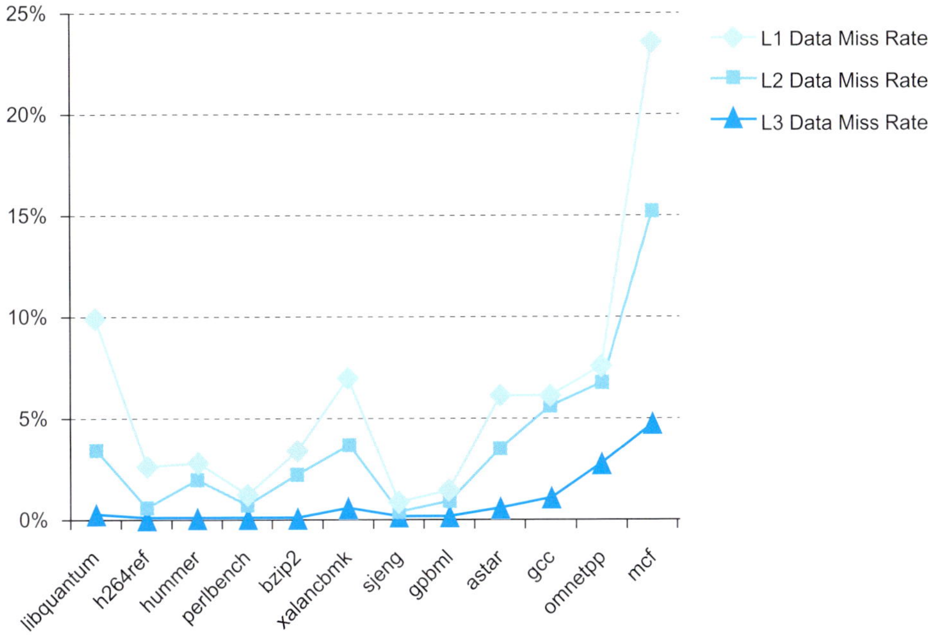

그림 5.46 완전한 정수 SPECCPU2006 벤치마크를 수행하는 Intel Core i7 920의 L1, L2, L3 데이터 캐시 실패율.

5.14 실례: ARMv8의 시스템 및 특수 명령어

그림 5.48은 특별한 목적과 시스템에 사용되는 ARMv8의 나머지 명령어 63개이다. 이 명령어들을 위에서 아래 그리고 왼쪽에서 오른쪽 순서로 설명한다.

두 개의 "non-cache" 또는 "no allocate" 적재 명령어(LDNP)와 저장 명령어(STNP)는 대용량 데이터의 스트리밍을 위해 도입되었는데, 이 경우 미래에 다시 사용될 가능성이 없으므로 시간적 지역성이 없다. 이 명령어는 메모리에서 읽거나 쓴 데이터를 캐시에 **넣지 말고** 메인 메모리에서 바로 프로세서 레지스터로 보내라는 힌트를 메모리 계층구조에 준다. 레지스터 한 쌍을 지정함으로써 대용량 데이터 전송을 더 빠르게 할 수 있다.

장벽(barrier) 명령어는 명령어(ISB)와 데이터(DSB와 DMB)에 대해 동기화 장벽 기능을 제공한다. 뒤의 두 명령어는 모두 데이터 메모리 접근 순서에 영향을 끼치는 장벽이지만 강도에서 차이가 있다. CLREX(clear exclusive) 명령어는 프로세서가 이전에 요구된 메모리 위치에서의 배타적 접근을 포기하도록 한다.

CRC 명령어 8개는 바이트, 하프워드, 더블워드에 대해 에러를 잡아낼 수 있는 CRC−32 또는 CRC−32C를 계산하는 데 사용된다(5.5절의 "고난도" 참조). 마찬가지로 14개의 암호화 명령어는 AES(advanced encryption standard) 암호화, GCM(Galois/counter mode) 암호화, SHA(secure hash algorithm) 암호화를 더 빠르게 처리할 수 있도록 SIMD 레지스터를 사용한다.

시스템 레지스터 move 명령어 두 개는 범용 레지스터 데이터나 수치값을 프로세서 상태 레지스터로 옮기거나(MSR), 프로세서 상태 레지스터에서 범용 레지스터로 옮기는(MRS) 일을 수행한다. 위에서 설명한 31개의 명령어가 ARMv8의 특수 명령어와 시스템 명령어의 절반 정도에 해당된다.

그림 5.48의 오른쪽 위 명령어 9개는 데이터 폭이 다른 "비특권(unprivileged)" 적재 및 저장 명령어이다. 이 명령어들은 EL1 인터럽트 수준에 있는 프로세서가 EL0 수준에서 동작하는 것처럼 적재와 저장을 할 수 있게 해 준다. 이는 보호 오류가 발생할 수 있음을 의미한다. 이 명령어들은 EL0 또는 EL1보다 더 높은 수준에서 실행될 때 정상적인 적재와 저장 명령어처럼 동작한다.

예외 생성 명령어에는 BRK(software breakpoint), HLT(halting software breakpoint), SVC(supervisor call), HVC, SMC 명령어가 있다. HVC와 SMC는 SVC와 유사하지만 더 높은 예외 수준으로 가게 한다. HVC는 EL2(hypervisor level)로 가게 하고 SMC는 EL3(secure monitor level)로 가게 한다. ERET(exception return) 명령어는 프

로그램이 예외로부터 되돌아오도록 해 준다.

4개의 디버깅 명령어는 더 높은 예외 수준으로 스위치하는 명령어 3개(DCPS1, DCPS2, DCPS3)와 프로세서를 전 상태로 복원하는 DRPS 명령어로 구성된다.

6개의 시스템 관리 명령어에는 2개의 범용 명령어(SYS와 SYSL)와 메모리 계층구조를 관리하는 명령어 4개(명령어 캐시, 데이터 캐시, 주소 변환, TLB 무효화 명령어)가 있다.

마지막으로 7개의 힌트 명령어는 여러 가지 컴퓨터 구조상의 힌트를 제공한다. 인터럽트 기다리기, 이벤트 기다리기, 이벤트 보내기, 양보, NOP 등이 포함된다. 그림 5.48 우측 열의 명령어 32개를 더하면 전체 ARMv8 명령어 집합의 특수 및 시스템 명령어 63개가 완성된다.

5.15 더 빠르게: 캐시 블로킹과 행렬 곱셈

실행할 하드웨어에 맞게 고쳐 가면서 DGEMM의 성능을 향상시키는 긴 여정의 다음 단계는 3장과 4장의 서브워드 병렬성과 명령어 수준 병렬성 최적화에 캐시 블로킹을 추가하는 것이다. 그림 5.47은 그림 4.78 DGEMM의 블로킹 버전이다. 변경된 내용은 그림 3.22의 최적화되지 않은 DGEMM을 그림 5.21의 블로킹된 DGEMM으로 바꿀 때와 같다. 이번에는 4장의 순환문 펼치기 DGEMM을 사용하는데, A, B, C의 부행렬에 대해 이 함수를 여러 번 호출한다. 7번째 줄의 순환문에서 i를 UNROLL*4만큼 증가시키는 것만 제외하면 그림 5.47의 줄 28–34, 7–8은 그림 5.21의 줄 14–20, 5–6과 똑같다.

이전 장들과는 달리 내부 순환문 코드가 그림 4.79와 거의 같기 때문에 x86 코드는 보이지 않는다. 블로킹 코드가 계산에는 영향을 미치지 않고 메모리 데이터에 접근하는 순서에만 영향을 끼치기 때문에 바뀐 것은 *for* 순환문 구현을 위한 장부정리(bookkeeping) 정수 명령어이다. 그림 4.78의 내부 순환문 전 14개 명령어, 순환문 다음 8개 명령어가 그림 5.47의 어셈블리 코드에서는 각각 40개와 28개 명령어로 늘어난다. 그럼에도 불구하고 명령어 추가의 영향은 캐시 실패가 줄어서 생긴 성능 향상에 비하면 미미하다. 그림 5.49는 서브워드 병렬성, 명령어 수준 병렬성과 캐시에 대해 최적화한 것과 최적화하지 않은 것의 성능을 비교하여 보여 준다. 큰 행렬의 경우 블로킹을 하면 순환문을 펼친 AVX 코드보다 성능이 2~2.5배 정도 좋아진다. 세 가지 최적화를 모두 사용하면 최적화하지 않은 코드에 비해 약 8~15배 성능이 좋아지며, 행렬이 크면 성능은 더 많이 향상된다.

```
#include <x86intrin.h>
#define UNROLL (4)
#define BLOCKSIZE 32
void do_block (int n, int si, int sj, int sk,
               double *A, double *B, double *C)
{
  for ( int i = si; i < si+BLOCKSIZE; i+=UNROLL*4 )
    for ( int j = sj; j < sj+BLOCKSIZE; j++ ) {
      __m256d c[4];
      for ( int x = 0; x < UNROLL; x++ )
        c[x] = _mm256_load_pd(C+i+x*4+j*n);
     /* c[x] = C[i][j] */
      for( int k = sk; k < sk+BLOCKSIZE; k++ )
      {
        __m256d b = _mm256_broadcast_sd(B+k+j*n);
     /* b = B[k][j] */
        for (int x = 0; x < UNROLL; x++)
          c[x] = _mm256_add_pd(c[x], /* c[x]+=A[i][k]*b */
                 _mm256_mul_pd(_mm256_load_pd(A+n*k+x*4+i), b));
      }


      for ( int x = 0; x < UNROLL; x++ )
        _mm256_store_pd(C+i+x*4+j*n, c[x]);
        /* C[i][j] = c[x] */
    }
}

void dgemm (int n, double* A, double* B, double* C)
{
  for ( int sj = 0; sj < n; sj += BLOCKSIZE )
    for ( int si = 0; si < n; si += BLOCKSIZE )
      for ( int sk = 0; sk < n; sk += BLOCKSIZE )
        do_block(n, si, sj, sk, A, B, C);
}
```

그림 5.47 캐시 블로킹을 사용하여 그림 4.78을 최적화한 DGEMM의 C 버전. 이 같은 변화는 그림 5.21에서 본 것과 같은 것이다. do_block 함수에 대해 컴파일러가 생성한 어셈블리 언어 프로그램은 그림 4.79와 거의 동일하다. 다시 한번 언급하건대 컴파일러가 함수 호출을 인라이닝하기 때문에 do_block 호출로 인한 오버헤드는 없다.

고난도: 3.9절의 **"고난도"**에서 언급하였듯이 터보 모드는 사용하지 않았다. 3장과 4장에서와 같이 터보 모드를 사용하면 클럭 속도가 빨라진 만큼인 3.3/2.6 = 1.27배의 일시적인 성능 향상을 기대할 수 있다. 이 경우 8개의 코어 중 1개만 사용하므로 터보 모드의 효과가 특히 좋다. 그러나 빠른 실행을 원한다면 모든 코어를 다 사용해야 한다. 6장에서 이 문제를 살펴볼 것이다.

Type	Mnemonic	Instruction
Non-cache	LDNP	Load Non-temporal Pair
	STNP	Store Non-temporal Pair
Barrier	CLREX	Clear exclusive monitor
	DSB	Data synchronization barrier
	DMB	Data memory barrier
	ISB	Instruction synchronization barrier
CRC	CRC32B	CRC-32 sum from byte
	CRC32H	CRC-32 sum from halfword
	CRC32W	CRC-32 sum from word
	CRC32X	CRC-32 sum from doubleword
	CRC32CB	CRC-32C sum from byte
	CRC32CH	CRC-32C sum from halfword
	CRC32CW	CRC-32C sum from word
	CRC32CX	CRC-32C sum from doubleword
Crypto	AESD	AES single round decryption
	AESE	AES single round encryption
	AESIMC	AES inverse mix columns
	AESMC	AES mix columns
	PMULL	Polynomial multiply long
	SHA1C	SHA1 hash update (choose)
	SHA1H	SHA1 fixed rotate
	SHA1M	SHA1 hash update (majority)
	SHA1P	SHA1 hash update (parity)
	SHA1SU0	SHA1 schedule update 0
	SHA1SU1	SHA1 schedule update 1
	SHA256H	SHA256 hash update (part 1)
	SHA256H2	SHA256 hash update (part 2)
	SHA256SU0	SHA256 schedule update 0
	SHA256SU1	SHA256 schedule update 1
Sys Reg	MRS	Move system register to general-purpose register
	MSR	Move general-purpose register or immediate to system register

Type	Mnemonic	Instruction
Unprivileged	LDTR	Load Unprivileged register
	LDTRB	Load Unprivileged byte
	LDTRSB	Load Unprivileged signed byte
	LDTRH	Load Unprivileged halfword
	LDTRSH	Load Unprivileged signed halfword
	LDTRSW	Load Unprivileged signed word
	STTR	Store Unprivileged register
	STTRB	Store Unprivileged byte
	STTRH	Store Unprivileged halfword
Exception	BRK	Software breakpoint instruction
	HLT	Halting software breakpoint instruction
	HVC	Generate exception targeting Exception level 2
	SMC	Generate exception targeting Exception level 3
	SVC	Generate exception targeting Exception level 1
	ERET	Exception return using current ELR and SPSR
Debug	DCPS1	Debug switch to Exception level 1
	DCPS2	Debug switch to Exception level 2
	DCPS3	Debug switch to Exception level 3
	DRPS	Debug restore PE state
System	SYS	System instruction
	SYSL	System instruction with result
	IC	Instruction cache maintenance
	DC	Data cache maintenance
	AT	Address translation
	TLBI	TLB Invalidate
Hint	NOP	No operation
	YIELD	Yield hint
	WFE	Wait for event
	WFI	Wait for interrupt
	SEV	Send event
	SEVL	Send event local
	HINT	Unallocated hint

그림 5.48 전체 ARMv8 명령어 집합에서 시스템 및 특수 작업을 위한 어셈블리 언어 명령어. 굵은 글씨체는 LEGv8에도 있는 명령어이다.

5.16 오류 및 함정

메모리 계층구조는 컴퓨터 구조에서 가장 자연스럽게 정량적인 성격을 갖는 분야 중 하나이므로 오류 및 함정에 덜 취약한 것처럼 보인다. 그러나 마주치게 되는 많은 함정과 떠돌아다니는 많은 오류들이 존재할 뿐만 아니라, 어떤 경우에는 부정적인 결론을 갖게도 한다. 학생들이 종종 시험과 연습문제에서 걸려드는 함정에서부터 시작해 보자.

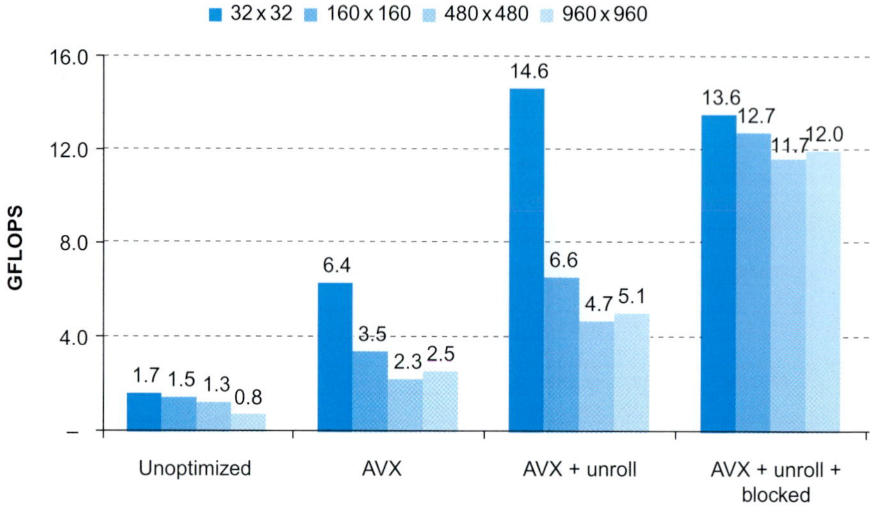

그림 5.49 캐시 32 × 32에서 960 × 960까지 네 가지 크기의 행렬에 대한 DGEMM의 성능. 가장 큰 행렬의 경우 모든 최적화를 적용한 코드는 그림 3.22의 최적화하지 않은 코드보다 거의 15배 빠르다.

함정: 프로그램을 작성할 때 또는 컴파일러가 코드를 생성할 때 메모리 시스템의 동작을 무시하는 것.

이는 "프로그래머가 코드를 작성할 때 메모리 계층구조를 무시할 수 있다"는 오류와 같다. 그림 5.19의 정렬 알고리즘과 5.14절의 캐시 블로킹에 대한 성능 평가는 프로그래머가 메모리 시스템의 동작 방식을 고려하여 알고리즘을 설계한다면 성능을 쉽게 배가할 수 있다는 걸 보여 주고 있다.

함정: 캐시를 시뮬레이션할 때, 바이트 주소지정이나 캐시의 블록 크기를 고려하지 않는 것.

캐시를 시뮬레이션할 때(손으로 또는 컴퓨터로) 주어진 주소로 어느 캐시 블록이 사상되는지를 결정함에 있어, 바이트 주소지정이나 다중-워드(multi-word) 블록의 영향을 정확히 고려해야 한다. 예를 들어 블록당 4바이트로 구성되고 전체 크기가 32바이트인 직접 사상 캐시에서 바이트 주소 36은 캐시의 1번 블록으로 사상된다. 바이트 주소 36은 블록 주소 9가 되고 (9 modulo 8)은 1이 되기 때문이다. 또 주소 36이 워드 주소이면 블록 4(36 mod 8)로 사상된다. 문제가 명확히 주소의 기준을 밝혀야 한다는 점을 명심해야 한다.

마찬가지로 블록 크기도 고려해야 한다. 블록당 32바이트로 구성된 전체 크기 256바이트의 캐시에서, 바이트 주소 300은 어느 블록으로 사상되는가? 주소 300을 필드로 구분하면 다음과 같이 된다.

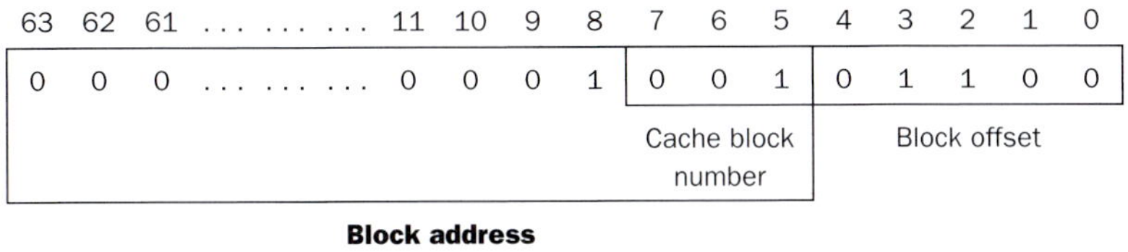

바이트 주소 300의 블록 주소는

$$\left\lfloor \frac{300}{32} \right\rfloor = 9$$

이고, 캐시 내부의 전체 블록의 수는 다음과 같다.

$$\left\lfloor \frac{256}{32} \right\rfloor = 8$$

블록 번호 9는 캐시 블록 번호 (9 mod 8) = 1로 사상된다.

저자를 포함(초기 버전에서)한 많은 교수들조차 주소가 워드 단위인지 바이트 단위인지 블록 번호인지를 신중하게 생각하지 않음에 따라 실수를 하게 된다. 연습문제를 풀 때 이 점을 기억하라.

함정: 캐시를 공유하는 코어나 스레드의 수보다 연관 정도가 작은 공유 캐시를 사용하는 것.

특별히 신경 쓰지 않으면 2^n개의 프로세서나 스레드에서 동작하는 **병렬** 프로그램은 공유 L2 캐시의 동일한 집합으로 사상되는 주소에 자료구조를 할당하기 쉽다. 캐시가 적어도 2^n-way 집합 연관 방식으로 되어 있다면, 이와 같이 우연히 발생할 수 있는 충돌은 하드웨어가 프로그램에게 보이지 않게 할 수 있다. 그렇지 않을 경우 프로그래머는 L2 캐시의 충돌 실패에 의해 예기치 않은 성능 하락을 경험하게 될 것이다. 예를 들면, 16-코어 설계에서 32-코어 설계로 변환할 때 두 구조 모두 16-way 집합 연관 방식의 L2 캐시를 사용할 경우 이런 문제가 발생할 수 있다.

PARALLELISM

함정: 비순서 프로세서에서 메모리 계층구조의 성능을 평가할 때 평균 메모리 접근 시간을 사용하는 것.

캐시 실패 동안 프로세서가 지연되면 메모리 지연 시간과 프로세서 실행 시간을 따로 계산할 수 있고, 평균 메모리 접근 시간을 사용하여 메모리 계층구조의 성능을 독립적으로 평가할 수 있다(5.4절 참조).

그러나 캐시 실패 동안 프로세서가 명령어를 계속 실행하면서 더 많은 캐시 실패를 계속 만들어 내는 경우, 메모리 계층구조를 정확히 평가하려면 메모리 계층구조와 함께 비순서 프로세서를 시뮬레이션하는 수밖에 없다.

함정: 세그먼트되지 않은 주소공간 위에 세그먼트를 더해서 주소공간을 확장하는 것.

1970년대에 많은 프로그램들이 너무 커져서 16비트 주소로는 모든 데이터와 코드를 접근할 수 없게 되었다. 이에 따라 많은 시스템들이 세그먼트되지 않은 32비트 주소공간[**단층 주소공간**(flat address space)이라고도 부름]을 사용하거나, 기존의 16비트 주소에 16비트 세그먼트를 더하는 방식을 사용하여 32비트 주소를 사용할 수 있도록 개선되었다. 마케팅 관점에서는 프로그래머가 볼 수 있는 세그먼트를 추가해서 프로그래머와 컴파일러가 프로그램을 세그먼트로 나누게 하면 주소지정 문제가 해결되는 것처럼 보였다. 그러나 불행히도 큰 배열의 인덱스, 비제한(unrestricted) 포인터, 참조 파라미터 등과 같이 한 세그먼트보다 더 큰 주소를 프로그래밍 언어가 사용하려고 하면 꼭 문제가 발생했다. 게다가 세그먼트를 추가하니 모든 주소가 2워드(세그먼트 번호 한 워드와 세그먼트 변위 한 워드)가 되어서 레지스터에서 주소를 사용할 때 문제가 생겼다.

오류: 실제 디스크의 실패율은 명세서와 일치한다.

최근 두 연구에서 명세서와 실제 현장에서의 결과값의 관계를 확인하기 위하여 수많은 디스크를 평가하였다. 한 연구는 MTTF가 1,000,000에서 1,500,000시간 사이이거나 AFR이 0.6%에서 0.8%인 경우라 주장하는 디스크에 100,000개를 검사하였다. 실제 AFR은 2%에서 4%가 일반적이어서 명시된 비율보다 3배에서 5배 정도 더 높았다[Schroeder, Gibson, 2007]. 두 번째 연구는 AFR이 대략 1.5%라 말하는 Google의 디스크 100,000개 이상을 검사하였는데, 첫해에는 1.7%이다가 세 번째 해에 8.6%로 높아져 회사의 주장보다 5~6배 정도 커졌다[Pinheiro, Weber, Barroso, 2007].

오류: 운영체제는 디스크 접근을 스케줄링하기에 가장 좋다.

5.2절에서 언급했듯이 상위 수준의 디스크 인터페이스는 주 운영체제에 논리적 블록 주소를 제공한다. 이렇게 상위 수준의 추상화에서 OS가 성능 향상을 위해 할 수 있는 최선은 논리 블록 주소를 오름차순으로 정렬하는 것이다. 하지만 디스크는 논리 주소와 물리적 섹터, 트랙, 표면의 사상 관계를 알고 있기 때문에 스케줄링을 다시 함으로써 회전 지연과 탐색 지연을 줄일 수 있다.

예를 들어 아래의 4개의 읽기를 살펴보자[Anderson, 2003].

Operation	Starting LBA	Length
Read	724	8
Read	100	16
Read	9987	1
Read	26	128

운영체제는 아래와 같이 논리 블록 순서대로 재정렬할 것이다.

Operation	Starting LBA	Length
Read	26	128
Read	100	16
Read	724	8
Read	9987	1

디스크상 데이터의 상대적인 위치에 따라 그림 5.50처럼 재정렬이 더 나쁜 결과를 가져올 수도 있다. 디스크가 스케줄링하면 3/4회전 만에 마칠 수 있는 일을 OS가 스케줄하면 3회전이 걸린다.

함정: 가상화를 고려하지 않은 명령어 집합 구조에서의 VMM 구현.

1970년대와 1980년대의 많은 설계자들은 하드웨어 자원에 관련되어 있는 정보를 읽고 쓰는 모든 명령어들이 특권 명령어라고 확실하게 못 박지 않았다. 이러한 방임주의적인 접근 방식은 x86을 비롯한 이런 구조에서 VMM에 문제를 일으킨다. x86을 예로 들어 설명하겠다.

그림 5.51은 가상화 문제를 일으키는 18개의 명령어를 보여 준다[Robin, Irvine, 2000]. 이 명령어들은 다음과 같이 두 가지로 구분된다.

- 제어 레지스터를 사용자 모드에서 읽어서 손님 운영체제가 가상 머신에서 동작 중임을 나타내는 것(이전에 언급된 POPF와 같음).

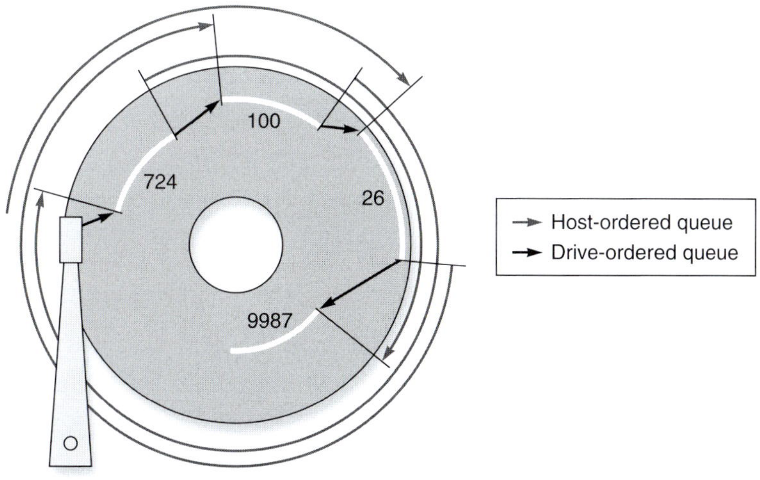

그림 5.50 **OS 스케줄링과 디스크 스케줄링의 디스크 접근 예.** OS 스케줄링은 3번 회전하여 4번의 읽기를 마치는 데 반해 디스크 스케줄링은 3/4회전 만에 읽기를 마친다[Anderson, 2003].

Problem category	Problem x86 instructions
Access sensitive registers without trapping when running in user mode	Store global descriptor table register (SGDT) Store local descriptor table register (SLDT) Store interrupt descriptor table register (SIDT) Store machine status word (SMSW) Push flags (PUSHF, PUSHFD) Pop flags (POPF, POPFD)
When accessing virtual memory mechanisms in user mode, instructions fail the x86 protection checks	Load access rights from segment descriptor (LAR) Load segment limit from segment descriptor (LSL) Verify if segment descriptor is readable (VERR) Verify if segment descriptor is writable (VERW) Pop to segment register (POP CS, POP SS, . . .) Push segment register (PUSH CS, PUSH SS, . . .) Far call to different privilege level (CALL) Far return to different privilege level (RET) Far jump to different privilege level (JMP) Software interrupt (INT) Store segment selector register (STR) Move to/from segment registers (MOVE)

그림 5.51 가상화 문제를 야기하는 x86 명령어 18개[Robin, Irvine, 2000]. 첫 번째 유형의 처음 다섯 가지 명령어들은 프로그램이 사용자 모드에서 디스크립터(descriptor) 테이블 레지스터와 같은 제어 레지스터를 트랩 없이 읽을 수 있도록 허용한다. `POPF/POPFD` 명령어는 민감한 정보를 갖고 있는 제어 레지스터를 수정하지만, 사용자 모드에서 실행하면 그냥 조용히 실패한다. x86 세그먼트 구조의 보호 검사는 두 번째 유형 명령어들을 실패하게 만든다. 이 명령어들은 제어 레지스터를 읽을 때 명령어 실행의 한 부분으로 특권 레벨을 검사하기 때문이다. 이러한 검사는 운영체제가 항상 최상위 특권 레벨에서 동작한다고 가정하지만 손님 VM은 그렇지 않다. `Move to Segment Registers` 명령어만이 제어 상태를 수정하려고 시도하지만 보호 검사 때문에 이것 역시 좌절된다.

- 보호 검사를 세그먼트 구조에서 요구한 대로 하긴 하지만 운영체제가 최상위 특권 레벨에서 동작한다고 가정하는 것.

x86에서 VMM을 손쉽게 구현하기 위해 AMD와 Intel은 새로운 모드를 사용하는 구조의 확장을 제안하였다. Intel의 VT-x는 VM을 위한 새로운 실행 모드, VM 상태의 구조적 정의, VM을 빠르게 교체하는 명령어, VMM이 반드시 실행되어야 하는 환경을 선택하는 더 큰 파라미터 집합 등을 제공한다. 이와 함께 VT-x는 x86에 11개의 새로운 명령어를 추가하였다. AMD의 Pacifica 또한 비슷한 제안을 하였다.

하드웨어를 수정하는 것의 대안으로 컴퓨터 구조에서 문제 있는 부분을 사용하지 않도록 운영체제를 약간 변경하는 방법이 있다. 이러한 기술을 **반가상화**(paravirtualization)라고 하는데, 오픈 소스 Xen VMM이 좋은 예이다. Xen VMM은 VMM이 실행되는 실제 x86 하드웨어에서 가상화하기 쉬운 부분만 사용하는 가상 머신 추상화를 손님 운영체제에게 제공한다.

5.17 결론

빠른 프로세서와 보조를 맞출 수 있는 메모리 시스템을 만드는 데 있어서 어려움은 가장 빠른 컴퓨터의 메인 메모리 재료, 즉 DRAM이 가장 느리고 싼 컴퓨터나 다를 바 없다는 것이다.

메모리 접근이 유발하는 긴 시간 지연을 극복할 기회를 주는 것은 지역성의 원칙이다. 이 원칙이 맞다는 것은 **메모리 계층구조**의 모든 계층에서 볼 수 있다. 여러 수준의 메모리 계층구조가 정량적인 측면에서는 다르게 보일지라도, 같은 전략을 사용하며 같은 지역성의 원칙을 활용하고 있다.

다단계 캐시는 두 가지 이유 때문에 다른 최적화 기법을 쉽게 쓸 수 있도록 해 준다. 첫째, 하위 계층 캐시의 설계 파라미터는 1차 캐시와는 다르다. 하위 계층 캐시는 훨씬 크기 때문에 더 큰 블록을 사용할 수 있다. 둘째, 하위 계층 캐시는 1차 캐시와는 달리 프로세서가 계속해서 사용하지 않는다. 따라서 하위 계층 캐시가 쉬고 있을 때 앞으로 발생할 실패를 막기 위해서 하위 계층 캐시가 무언가 할 수 있도록 고려할 수 있다.

다른 가능한 시도는 소프트웨어의 도움을 받는 것이다. 다양한 프로그램 변형과 하드웨어 장치를 이용하여 메모리 계층구조를 효과적으로 관리하는 것이 컴파일러 분야의 주요 연구 쟁점이다. 이에 관해 두 개의 서로 다른 아이디어가 연구되고 있다. 하나는 공간적 및 시간적 지역성을 높이기 위해 프로그램을 재구성하는 것이다. 이 방식은 큰 배열을 이용하는 순환문 중심 프로그램에 중점을 두고 있다. DGEMM과 같이 큰 선형대수 문제가 전형적인 예이다. 배열을 접근하는 순환문을 재구성함으로써 지역성을 상당히 개선시킬 수 있으며 결과적으로 캐시 성능도 높일 수 있다.

선인출 장래에 사용될 데이터 블록을 블록 주소를 가리키는 특별한 명령어를 사용하여 캐시로 미리 가져오는 기법.

다른 아이디어는 선인출(prefetching)을 하는 것이다. 선인출에서는 데이터 블록이 실제로 참조되기 전에 캐시로 옮겨진다. 많은 마이크로프로세서가 소프트웨어로는 알기 어려운 접근을 **예측**하기 위하여 하드웨어 선인출을 사용한다.

세 번째 방법은 메모리 전송을 최적화하는 특수한 캐시 인지(cache-aware) 명령어이다. 예를 들어 6.10절의 마이크로프로세서는 쓰기 실패 시 메모리에서 블록을 가져오지 않는 최적화를 사용한다. 왜냐하면 프로그램이 전체 블록 쓰기를 할 것이기 때문이다. 이 최적화는 한 커널의 메모리 전송량을 크게 줄여 준다.

6장에서 보게 되겠지만, 메모리 시스템은 병렬 프로세서 설계의 중요한 설계 쟁점이다. 시스템 성능에 미치는 메모리 계층구조의 중요성이 점점 더 커지기 때문에 앞으로도 이 분야가 설계자와 연구자들의 주요 관심사가 될 것이다.

5.18 역사적 고찰 및 참고문헌

이 절은 수은 지연선(mercury delay line)부터 DRAM에 이르는 메모리 기술, 메모리 계층구조의 발명, 보호 기법, 가상 머신을 개괄적으로 둘러보고, CTSS, MULTICS, UNIX, BSD UNIX, MS-DOS, Windows, Linux 등 운영체제의 간략한 역사로 끝맺는다.

5.19 연습문제

별도의 표기가 없으면, 메모리는 바이트 단위로 접근할 수 있고, 워드는 64비트인 것으로 가정한다.

5.1 이 문제에서는 행렬 연산의 메모리 지역성을 살펴볼 것이다. 아래 코드는 C로 작성되어서 같은 행의 원소들이 연속해서 저장된다. 각 워드는 64비트 정수라고 가정한다.

```
for (I=0; I<8; I++)
  for (J=0; J<8000; J++)
    A[I][J]=B[I][0]+A[J][I];
```

5.1.1 [5] 〈§5.1〉 16바이트 캐시 블록에는 64비트 정수를 몇 개나 저장할 수 있는가?

5.1.2 [5] 〈§5.1〉 어떤 변수 참조가 시간적 지역성을 보이는가?

5.1.3 [5] 〈§5.1〉 어떤 변수 참조가 공간적 지역성을 보이는가?

지역성은 참조 순서와 데이터 배치 방법에 영향을 받는다. 같은 계산을 MATLAB으로는 아래와 같이 쓸 수 있다. MATLAB은 C와 달리 같은 열의 원소들을 연속해서 저장한다.

```
for I=1:8
  for J=1:8000
    A(I,J)=B(I,0)+A(J,I);
  end
end
```

5.1.4 [5] 〈§5.1〉 어떤 변수 참조가 시간적 지역성을 보이는가?

5.1.5 [5] 〈§5.1〉 어떤 변수 참조가 공간적 지역성을 보이는가?

5.1.6 [15] 〈§5.1〉 MATLAB 방식으로 행렬을 저장할 때, 참조되는 64비트 행렬 원소를 모두 저장하려면 16바이트 캐시 블록이 몇 개나 필요한가? C 방식으로 행렬을 저장하면 몇 개나 필요한가? (각 행에는 두 개 이상의 원소가 있다고 가정한다.)

5.2 프로세서에게 고성능 메모리 계층을 제공하기 위해서는 캐시가 중요하다. 아래의 리스트는 64비트 메모리 주소의 참조 순서를 워드 주소로 나타낸 것이다.

```
0x03, 0xb4, 0x2b, 0x02, 0xbf, 0x58, 0xbe, 0x0e, 0xb5,
0x2c, 0xba, 0xfd
```

5.2.1 [10] 〈§5.3〉 1워드 블록 16개로 구성된 직접 사상 캐시에 대해서, 각 참조의 이진 워드 주소, 태그, 인덱스를 보여라. 또 캐시가 처음에 비어 있다고 가정하고, 각 참조가 적중인지 실패인지를 표시하라.

5.2.2 [10] 〈§5.3〉 2워드 블록 8개로 구성된 직접 사상 캐시에 대해서, 각 참조의 이진 워드 주소, 태그, 인덱스를 보여라. 또 캐시가 처음에 비어 있다고 가정하고, 각 참조가 적중인지 실패인지를 표시하라.

5.2.3 [20] 〈§§5.3, 5.4〉 주어진 참조에 맞추어 캐시 설계를 최적화하려고 한다. 캐시 데이터의 크기는 8워드로 고정하고, 다음 세 가지 직접 사상 캐시 설계가 가능하고 하자.

- C1은 1워드 블록
- C2는 2워드 블록
- C3는 3워드 블록

실패 지연 시간이 25사이클이고, C1의 접근 시간이 2사이클, C2는 3사이클, C3는 5사이클이라면, 어떤 캐시의 성능이 가장 좋은가?

5.3 관례적으로 캐시가 저장할 수 있는 데이터 크기를 캐시의 명칭으로 사용한다(예를 들어 4KiB 캐시는 4KiB의 데이터를 저장할 수 있다). 그러나 캐시에는 태그나 유효 비트 같은 메타데이터를 저장할 SRAM도 필요하다. 이 문제에서는 캐시 구성이 성능뿐 아니라 구현에 필요한 SRAM의 전체 크기에도 영향을 미침을 확인한다. 캐시는 바이트 주소를 사용하고, 주소와 워드는 64비트라고 가정한다.

5.3.1 [10] 〈§5.3〉 블록 크기가 2워드인 32KiB 캐시를 구현하기 위해 필요한 SRAM의 전체 비트수는?

5.3.2 [10] 〈§5.3〉 블록 크기가 16워드인 64KiB 캐시를 구현하기 위해 필요한 전체 비트수를 계산하라. 이 캐시는 연습문제 5.3.1의 캐시보다 얼마나 더 큰가? (블록 크기를 바꾸면 전체 캐시 크기를 두 배로 키우지 않아도 데이터 용량을 두 배로 늘릴 수 있음에 주목하라.)

5.3.3 [5] 〈§5.3〉 이 64KiB 캐시가 처음 연습문제 5.3.1의 캐시보다 데이터 크기는 더 크지만 왜 더 느린지 그 이유를 설명하라.

5.3.4 [10] 〈§§5.3, 5.4〉 연습문제 5.3.1의 캐시보다 32KiB 2-way 집합 연관 캐시에서 실패율이 더 낮아지는 일련의 읽기 요청을 만들어라.

5.4 [15] 〈§5.3〉 5.3절의 공식—(블록 주소) modulo (캐시의 블록 개수)—은 직접 사상 캐시를 인덱스하는 전형적인 방법이다. 64비트 주소와 1024 블록을 가지는 캐시에서, (블록 주소[63:54] XOR 블록 주소[53:44])를 사용하는 새로운 인덱스 방법을 생각해 보자. 직접 사상 캐시를 인덱스하는 데 이 방법을 사용할 수 있을까? 만약 그렇다면 그 이유를 설명하고, 이 방법을 적용하려면 캐시에 어떤 변형이 필요한지 설명하라. 불가능하다면 그 이유를 설명하라.

5.5 64비트 주소가 다음과 같이 구분되어 직접 사상 캐시 접근에 사용된다.

Tag	Index	Offset
63–10	9–5	4–0

5.5.1 [5] 〈§5.3〉 캐시 블록의 크기는 몇 워드인가?

5.5.2 [5] 〈§5.3〉 캐시 블록은 몇 개 있는가?

5.5.3 [5] 〈§5.3〉 캐시 구현에 필요한 총 비트수와 데이터 저장 비트수의 비율은?

전원이 켜진 후, 다음과 같은 순서로 캐시가 참조된다. 표의 주소는 바이트 주소이다.

Address												
Hex	00	04	10	84	E8	A0	400	1E	8C	C1C	B4	884
Dec	0	4	16	132	232	160	1024	30	140	3100	180	2180

5.5.4 [20] 〈§5.3〉 각 참조에 대해 (1) 태그, 인덱스, 변위 (2) 적중/실패 (3) (만일 있으면) 교체되는 바이트를 표시하라.

5.5.5 [5] 〈§5.3〉 적중률은 얼마인가?

5.5.6 [5] 〈§5.3〉 캐시의 마지막 상태를 표시하되, 유효한 엔트리는 〈§인덱스, 태그, 데이터〉 형태로 보여라. 예를 들면

```
<0, 3, Mem[0xC00]-Mem[0xC1F]>
```

5.6 두 가지 쓰기 정책과 두 가지 쓰기 할당 정책이 있었다. 이들의 조합이 L1이나 L2 캐시 구현에 사용될 수 있다. 다음과 같이 구현된 L1과 L2 캐시가 있다고 하자.

L1	L2
즉시 쓰기, 쓰기 비할당	나중 쓰기, 쓰기 할당

5.6.1 [5] 〈§§5.3, 5.8〉 메모리 계층구조에서 접근 지연을 줄이기 위하여 서로 다른 계층들 사이에 버퍼가 사용된다. 주어진 구성에서 L1과 L2 사이, 또 L2와 메모리 사이에 넣을 수 있는 버퍼를 열거하라.

5.6.2 [20] 〈§§5.3, 5.8〉 L1의 쓰기 실패를 처리하는 과정을 설명하라. 관련된 구성 요소와 갱신(dirty) 블록의 교체 가능성을 고려하라.

5.6.3 [20] 〈§§5.3, 5.8〉 다단계 배타적 캐시(어떤 블록이든 L1이나 L2 한 계층에만 있을 수 있음)에서 L1 쓰기 실패와 L1 읽기 실패를 처리하는 과정을 설명하라. 관련된 구성 요소와 갱신 블록의 교체 가능성을 고려하라.

5.7 어떤 프로그램과 캐시의 특성이 다음과 같다.

1000 명령어당 데이터 읽기	1000 명령어당 데이터 쓰기	명령어 캐시 실패율	데이터 캐시 실패율	블록 크기 (바이트)
250	100	0.30%	2%	64

5.7.1 [10] 〈§§5.3, 5.8〉 즉시 쓰기 및 쓰기 할당 캐시에서 CPI = 2를 만족시키려면 RAM과 캐시 사이의 읽기와 쓰기 대역폭(바이트/사이클 단위로 측정)이 최소 얼마는 되어야 하는가? (실패가 발생하면 블록 1개를 요청한다고 가정하라.)

5.7.2 [10] 〈§§5.3, 5.8〉 나중 쓰기 및 쓰기 할당 캐시에서 교체되는 데이터 캐시 블록의 30%가 갱신 블록일 때, CPI = 2를 만족시키려면 읽기와 쓰기 대역폭이 최소 얼마는 되어야 하는가?

5.8 오디오나 비디오 파일을 재생하는 미디어 응용은 스트리밍(streaming)이라는 작업 부하의 일종으로, 많은 양의 데이터를 가져오지만 거의 다시 사용하지 않는다는 특징이 있다. 512KiB의 워킹셋을 다음 워드 주소 스트림처럼 순차적으로 접근하는 비디오 스트리밍 작업 부하를 생각해 보자.

```
0, 1, 2, 3, 4, 5, 6, 7, 8, 9 ...
```

5.8.1 [10] 〈§§5.4, 5.8〉 블록 크기가 32바이트인 64KiB 직접 사상 캐시를 가정하자. 위 주소 스트림에 대한 실패율은 얼마인가? 이 실패율은 캐시 크기나 워킹셋 크기에 따라 어떻게 바뀌는가? 여기서 발생하는 실패는 3C 모델의 세 가지 실패 중 어느 것에 해당하는가?

5.8.2 [5] 〈§§5.1, 5.8〉 캐시 블록의 크기가 16바이트일 경우, 64바이트일 경우, 128바이트일 경우 각각에 대하여 실패율을 다시 계산하라. 이 작업 부하는 어떤 지역성을 이용하는가?

5.8.3 [10] ⟨§5.13⟩ "선인출"이란 어떤 캐시 블록에 접근할 때, 예측 가능한 주소 패턴을 기반으로 추정하여 캐시 블록 몇 개를 더 가져오는 기법이다. 캐시 블록을 가져올 때 순차적으로 인접한 캐시 블록들을 미리 가져와서 별도의 버퍼에 저장하는 스트림 버퍼가 선인출의 한 예이다. 선인출 버퍼에서 데이터를 찾게 되면 적중으로 간주하고 캐시로 옮긴 후, 다음 캐시 블록을 선인출한다. 두 엔트리를 저장할 수 있는 스트림 버퍼가 있고, 직전 캐시 블록에 대한 계산이 끝나기 전에 다음 캐시 블록을 채울 수 있을 정도로 캐시 속도가 빠르다고 가정하자. 위 주소 스트림에 대한 실패율은 얼마인가?

5.9 캐시 블록의 크기(B)는 실패율과 실패 지연 모두에 영향을 미친다. 실패율이 다음 표와 같고 평균적으로 명령어당 1.35번 메모리를 참조(명령어와 데이터를 합쳐서)하는 1-CPI 컴퓨터가 있다고 가정하고, 전체 실패 지연을 최소화하는 블록 크기를 구해 보자.

블록 크기	8	16	32	64	128
실패율	4%	3%	2%	1.5%	1%

5.9.1 [10] ⟨§5.3⟩ 실패 지연이 20 × B 사이클인 경우 최적의 블록 크기는 얼마인가?

5.9.2 [10] ⟨§5.3⟩ 실패 지연이 24 + B 사이클인 경우 최적의 블록 크기는 얼마인가?

5.9.3 [10] ⟨§5.3⟩ 실패 지연이 일정한 경우, 어떤 블록 크기가 최적인가?

5.10 이 문제에서는 캐시 용량이 전체 성능에 영향을 미치는 여러 가지 양상을 관찰한다. 일반적으로 캐시 접근 시간은 용량에 비례한다. 메인 메모리에 접근하는 데 걸리는 시간이 70ns이고, 전체 명령어의 36%가 메모리 접근 명령어라고 가정하자. 다음 표는 두 프로세서 P1과 P2에 부착된 L1 캐시에 대한 값이다.

	L1 크기	L1 실패율	L1 적중시간
P1	2 KiB	8.0%	0.66ns
P2	4 KiB	6.0%	0.90ns

5.10.1 [5] ⟨§5.4⟩ L1의 적중 시간이 P1과 P2의 사이클 시간을 결정한다고 하면, 각각의 클럭 속도는 얼마인가?

5.10.2 [10] ⟨§5.4⟩ P1, P2 각각의 평균 메모리 접근 시간(AMAT)은 몇 사이클인가?

5.10.3 [5] ⟨§5.4⟩ 메모리 지연이 전혀 없을 때의 기본 CPI가 1.0이라 하면, P1과 P2의 전체 CPI는 얼마인가? 어떤 프로세서가 더 빠른가? ("기본 CPI가 1.0"이라는 말은 명령어 캐시 실패나 데이터 캐시 실패가 없으면 명령어 실행이 한 사이클에 끝난다는 뜻이다.)

다음 세 문제에서는 L1 캐시 용량이 부족한 점을 보완하기 위해 P1에 L2 캐시를 추가하는 문제를 검토한다. 다음 문제를 풀 때 L1의 값은 앞의 표를 사용하고, L2의 값은 다음 표와 같다. L2 캐시의 실패율은 지역 실패율이다.

L2 크기	L2 실패율	L2 적중 시간
1 MiB	95%	5.62ns

5.10.4 [10] 〈§5.4〉 L2 캐시가 추가된 P1의 AMAT는 얼마인가? L2 캐시의 추가로 AMAT는 더 좋아졌는가 아니면 나빠졌는가?

5.10.5 [5] 〈§5.4〉 메모리 지연이 전혀 없을 때의 기본 CPI가 1.0이라 할 때, L2 캐시가 추가된 P1의 전체 CPI는 얼마인가?

5.10.6 [10] 〈§5.4〉 L2 캐시가 없는 P1보다 L2가 있는 P1이 더 빠르려면 L2 실패율이 얼마 이하가 되어야 하는가?

5.10.7 [15] 〈§5.4〉 L2 캐시가 없는 P2보다 L2가 있는 P1이 더 빠르려면 L2 실패율이 얼마 이하가 되어야 하는가?

5.11 이 문제는 여러 가지 캐시 설계가 성능에 미치는 영향을 검토한다. 특히 5.4절에서 비교한 직접 사상 캐시와 집합 연관 캐시의 성능을 비교한다. 이 문제에서는 다음 일련의 워드 주소를 사용한다.

```
0x03, 0xb4, 0x2b, 0x02, 0xbe, 0x58, 0xbf, 0x0e, 0x1f,
0xb5, 0xbf, 0xba, 0x2e, 0xce
```

5.11.1 [10] 〈§5.4〉 블록 크기 2워드, 전체 크기 48워드인 3-way 집합 연관 캐시의 구조를 그려라. 그림 5.18과 같은 모양으로 하되, 태그와 데이터 필드의 길이를 명확히 표시하라.

5.11.2 [10] 〈§5.4〉 연습문제 5.11.1 캐시의 동작을 추적하라. LRU 교체 알고리즘을 가정한다. 각 참조에 대해 다음을 보여라.

- 이진 워드 주소
- 태그
- 인덱스
- 변위
- 적중/실패
- 각 참조가 처리된 후 way-0, way-1, way-2의 태그

5.11.3 [5] 〈§5.4〉 블록 크기 1워드, 전체 크기 8워드인 완전 연관 캐시의 구조를 그려라. 그림 5.18과 같은 모양으로 하되, 태그와 데이터 필드의 길이를 명확히 표시하라.

5.11.4 [10] 〈§5.4〉 연습문제 5.11.3 캐시의 동작을 추적하라. LRU 교체 알고리즘을 가정한다. 각 참조에 대해 다음을 보여라.

- 이진 워드 주소
- 태그
- 인덱스
- 변위
- 적중/실패
- 각 참조가 처리된 후 캐시 내용

5.11.5 [5] 〈§5.4〉 블록 크기 2워드, 전체 크기 8워드인 완전 연관 캐시의 구조를 그려라. 그림 5.18과 같은 모양으로 하되, 태그와 데이터 필드의 길이를 명확히 표시하라.

5.11.6 [10] 〈§5.4〉 연습문제 5.11.5 캐시의 동작을 추적하라. LRU 교체 알고리즘을 가정한다. 각 참조에 대해 다음을 보여라.

- 이진 워드 주소
- 태그
- 인덱스
- 변위
- 적중/실패
- 각 참조가 처리된 후 캐시 내용

5.11.7 [10] 〈§5.4〉 MRU(most recently used) 교체 알고리즘을 사용하여 연습문제 5.11.6을 반복하라.

5.11.8 [15] 〈§5.4〉 최적 교체 알고리즘(실패율을 가장 낮게 하는 알고리즘)을 사용하여 연습문제 5.11.6을 반복하라.

5.12 다단계 캐시는 1차 캐시의 속도를 나쁘게 하지 않으면서 용량의 제약을 극복할 수 있는 중요한 기술이다. 다음과 같은 특성을 갖는 프로세서를 대상으로 다단계 캐시의 효용성을 살펴보자.

메모리 지연이 없을 때의 기본 CPI	프로세서 클럭	메인 메모리 접근 시간	1차 캐시의 명령어당 실패율**	직접 사상 2차 캐시의 접근 시간	직접 사상 2차 캐시의 전체 실패율	8-way 집합 연관 2차 캐시의 접근 시간	8-way 집합 연관 2차 캐시의 전체 실패율
1.5	2GHz	100ns	7%	12사이클	3.5%	28사이클	1.5%

**1차 캐시의 명령어당 실패율. L1 캐시의 전체 실패 횟수(명령어와 데이터를 합쳐서)가 명령어 개수의 7%라고 가정.

5.12.1 [10] 〈§5.4〉 다음 각 프로세서의 CPI를 계산하라. 1) 1차 캐시만 있는 프로세서, 2) 직접 사상 2차 캐시가 있는 프로세서, 3) 8-way 집합 연관 2차 캐시가 있는 프로세서. 메인 메모리의 접근 시간이 2배로 느려지면 CPI는 어떻게 되는가? (각 경우의 CPI 절댓값과 함께 변화량을 %로 제시하라.) 느린 메모리 때문에 생기는 성능 저하를 L2 캐시가 어느 정도까지 감출 수 있는지 관찰하라.

5.12.2 [10] 〈§5.4〉 3단계 이상의 계층구조도 가능하다. 앞의 직접 사상 2차 캐시에 접근 시간 50사이클, 전체 실패율 1.3%인 3차 캐시를 추가한다고 하자. 이렇게 하면 성능이 더 좋아지는가? 일반적으로 3차 캐시를 추가하였을 때의 장점과 단점은 무엇인가?

5.12.3 [20] 〈§5.4〉 Intel Pentium이나 Alpha 21264와 같은 과거의 프로세서들은 프로세서와 1차 캐시 외부에 2차 캐시가 존재(다른 칩에 위치함)하였다. 이 방식은 2차 캐시의 용량을 크게 할 수 있었지만, 2차 캐시는 더 낮은 주파수로 동작해야 하므로 속도가 느리고 대역폭이 작아지는 문제가 있었다. 512KiB 외부 2차 캐시의 전체 실패율이 4%이고, 이 캐시의 크기를 512KiB 늘릴 때마다 전체 실패율이 0.7% 낮아진다고 하자. 2차 캐시의 총 접근 시간이 50사이클이라면, 표의 직접 사상 2차 캐시 성능과 같아지기 위해서는 얼마나 큰 외부 캐시를 사용하여야 하는가?

5.13 장애간 평균시간(MTBF), 평균 복구시간(MTTR), 평균 무장애시간(MTTF) 들은 저장장치의 안정성과 가용성을 가늠하는 유용한 기준이다. 아래와 같은 값을 갖는 장치를 대상으로 이 개념들을 검토해 보자.

MTTF	MTTR
3년	1일

5.13.1 [5] 〈§5.5〉 이 장치의 MTBF를 계산하라.

5.13.2 [5] 〈§5.5〉 이 장치의 가용성을 계산하라.

5.13.3 [5] 〈§5.5〉 MTTR이 0에 근접하면 가용성은 어떻게 되는가? 실제로 있을 수 있는 상황인가?

5.13.4 [5] 〈§5.5〉 MTTR 값이 매우 높다면, 다시 말해서 수리하기가 매우 어렵다면, 가용성은 어떻게 되는가? 수리가 어렵다는 것이 장치의 가용성이 낮다는 것을 의미하는가?

5.14 이 문제는 SEC/DED 해밍 코드에 관한 것이다.

5.14.1 [5] 〈§5.5〉 SEC/DED 코드를 사용해서 128비트 데이터를 보호하기 위해서는 최소 몇 개의 패리티 비트가 필요한가?

5.14.2 [5] 〈§5.5〉 5.5절에서 현대의 서버 메모리 모듈(DIMM)은 매 64비트마다 8개의 패리티 비트를 두는 SEC/DED ECC를 사용한다고 설명하였다. 이 코드의 비용 대 성능비를 연습문제 5.14.1의 방법과 비교하라. 여기서 비용은 필요한 패리티 비트의 상대적 개수, 성능은 정정할 수 있는 에러의 상대적 개수이다. 어느 쪽이 더 좋은가?

5.14.3 [5] 〈§5.5〉 패리티 비트 4개로 8비트 데이터를 보호하는 SEC 코드를 생각하자. 읽은 값이 0x375라면 여기에 에러가 있는 것인가? 만일 그렇다면, 옳게 고쳐라.

5.15 데이터베이스의 B−트리 인덱스 같은 고성능 시스템에서, 페이지 크기는 데이터 크기와 디스크 성능에 의해 결정된다. 고정 크기 엔트리의 경우 B−트리 인덱스 페이지가 평균적으로 70% 정도 채워진다고 가정하자. 페이지 활용도는 B−트리의 깊이로서, $\log_2$(엔트리 개수)에 해당한다. 다음 표는 엔트리 크기가 16바이트일 때, 지연시간 10ms, 전송률 10MiB/s인 10년 된 디스크를 사용하는 경우 최적의 페이지 크기가 16KiB임을 보여 준다.

페이지 크기(KiB)	페이지 활용도 또는 B−트리 깊이 (저장된 디스크 접근 횟수)	인덱스 페이지 접근 비용(ms)	활용도/비용
2	6.49 (또는 $\log_2(2048/16 \times 0.7)$)	10.2	0.64
4	7.49	10.4	0.72
8	8.49	10.8	0.79
16	9.49	11.6	0.82
32	10.49	13.2	0.79
64	11.49	16.4	0.70
128	12.49	22.8	0.55
256	13.49	35.6	0.38

5.15.1 [10] 〈§5.7〉 엔트리 크기가 128바이트라면 가장 좋은 페이지 크기는 얼마인가?

5.15.2 [10] 〈§5.7〉 연습문제 5.15.1을 이용하여, 페이지의 반이 찼을 경우 최적의 페이지 크기를 구하라.

5.15.3 [20] 〈§5.7〉 연습문제 5.15.2를 이용하여, 지연 시간 3ms, 전송률 100MiB/s인 최신 디스크를 사용할 경우 최적의 페이지 크기를 구하라. 앞으로는 서버의 페이지 크기가 더 커질 것 같은데, 그 이유는 무엇일까?

"자주 사용되는(hot)" 페이지를 DRAM에 저장하면 디스크 접근 시간을 줄일 수 있다. 하지만 주어진 시스템에서 "자주 사용되는"의 정확한 의미를 어떻게 정의할 수 있을까? 데이터 엔지니어들은 자주 사용되는 페이지의 재사용 시간 임계값(reuse time threshold)을 정량화하기 위하여 DRAM 접근 비용과 디스크 접근 비용의 비를 사용한다. 디스크 접근 비용은 $Disk/accesses_per_sec이고, DRAM에 페이지를 유지하는 데 필요한 비용은 $DRAM_MiB/page_size이다. 일반적인 DRAM과 디스크의 비용, 데이터베이스 페이지 크기는 다음과 같이 변화해 왔다.

연도	DRAM 비용($/MiB)	페이지 크기(KiB)	디스크 비용($/디스크)	디스크 접근 속도(접근/초)
1987	5000	1	15,000	15
1997	15	8	2,000	64
2007	0.05	64	80	83

5.15.4 [20] 〈§5.7〉 페이지 크기를 변경하지 않고 같게 유지하기 위하여(이렇게 하면 소프트웨어를 다시 만들 필요가 없다) 어떤 인자가 변할 수 있을까? 현재 기술과 비용의 추세를 고려하여 각 경우의 가능성을 검토하라.

5.16 5.7절에서 언급한 바와 같이 가상 메모리는 가상 주소를 실제 주소에 사상하기 위해 페이지 테이블을 사용한다. 이번 문제는 메모리 접근에 따라 이 테이블이 어떻게 갱신되는지를 보여 주는 것이다. 다음 표는 가상 주소 참조 스트림이다. 페이지 크기는 4KiB이고, LRU 교체 알고리즘을 사용하는 4-엔트리 완전 연관 TLB가 있다. 페이지 부재가 발생하여 디스크에서 새 페이지를 가져오면, 사용 중인 실제 페이지 중 번호가 가장 큰 것보다 하나 더 큰 번호의 실제 페이지에 넣는다.

십진수	4669	2227	13916	34587	48870	12608	49225
16진수	0x123d	0x08b3	0x365c	0x871b	0xbee6	0x3140	0xc049

TLB

유효 비트	태그	실제 페이지 번호	마지막 접근 후 경과 시간
1	0xb	12	4
1	0x7	4	1
1	0x3	6	3
0	0x4	9	7

페이지 테이블

인덱스	유효 비트	실제 페이지 또는 디스크
0	1	5
1	0	디스크
2	0	디스크
3	1	6
4	1	9
5	1	11
6	0	디스크
7	1	4
8	0	디스크
9	0	디스크
a	1	3
b	1	12

5.16.1 [10] 〈§5.7〉 앞 표의 각 주소에 대해 다음을 보여라.

- TLB 적중 여부
- 페이지 테이블 적중 여부
- 페이지 부재 여부
- 갱신된 TLB 상태

5.16.2 [15] 〈§5.7〉 연습문제 5.16.1을 다시 풀되, 페이지 크기를 4KiB 대신 16KiB로 한다. 더 큰 페이지를 사용할 때 얻을 수 있는 장점은 무엇인가? 또 단점은 무엇인가?

5.16.3 [15] 〈§5.7〉 4KiB 페이지와 2-way 집합 연관 TLB를 사용해서 연습문제 5.16.1을 다시 풀어라.

5.16.4 [15] 〈§5.7〉 4KiB 페이지와 직접 사상 TLB를 사용해서 연습문제 5.16.1을 다시 풀어라.

5.16.5 [10] 〈§§5.4, 5.7〉 고성능 CPU에는 왜 TLB가 있어야 하는가? 만일 TLB가 없다면 가상 메모리 접근을 어떻게 처리해야 하는가?

5.17 페이지 테이블의 전체 크기에 영향을 미치는 몇 가지 파라미터들이 있다. 다음은 중요한 페이지 테이블 파라미터들이다.

가상 주소 크기	페이지 크기	페이지 테이블 엔트리 크기
32비트	8KiB	4바이트

5.17.1 [5] 〈§5.7〉 5개의 프로세스가 실행되는 시스템의 페이지 테이블 최대 크기를 구하라.

5.17.2 [10] 〈§5.7〉 사용 가능한 가상 메모리의 절반을 사용하는 응용 프로그램 5개가 실행되는 시스템의 페이지 테이블 전체 크기를 구하라. 1단계 엔트리가 최대 256개인 2단계 페이지 테이블을 사용하며, 메인 페이지 테이블의 각 엔트리가 6바이트라고 가정한다. 이 페이지 테이블 구현에 필요한 메모리의 최대 및 최소 크기를 구하라.

5.17.3 [10] 〈§5.7〉 가상 주소로 인덱스되고 실제 주소로 태그되는 4KiB 캐시가 있는데 이 캐시의 크기를 늘리고 싶다. 페이지 크기가 8KiB이고, 캐시 블록 크기가 64비트 워드 2개라고 하면, 16KiB 직접 사상 캐시를 만들 수 있는가? 캐시의 데이터 크기를 더 크게 하려면 어떻게 해야 하는가?

5.18 이 문제에서는 페이지 테이블의 공간/시간 최적화 문제를 살펴본다. 가상 메모리 시스템의 파라미터들이 다음 표와 같다.

가상 주소	실제 장착된 DRAM	페이지 크기	PTE 크기
43비트	16GiB	4KiB	4바이트

5.18.1 [10] 〈§5.7〉 1단계 페이지 테이블이라면 몇 개의 페이지 테이블 엔트리(PTE)가 필요한가? 페이지 테이블을 저장하기 위해 필요한 실제 메모리 크기는 얼마인가?

5.18.2 [10] 〈§5.7〉 다단계 페이지 테이블을 사용하면 활성화된 PTE만을 실제 메모리에 둠으로써 페이지 테이블이 점유하는 실제 메모리의 크기를 줄일 수 있다. 세그먼트 테이블(상위 계층 페이지 테이블)의 크기에 제한이 없다면 몇 단계의 페이지 테이블이 필요한가? 그리고 TLB 실패가 발생하면 주소 변환을 위하여 메모리 참조가 몇 번 필요한가?

5.18.3 [10] 〈§5.7〉 세그먼트가 페이지 크기와 같은 4KiB로 제한된다면, 모든 페이지 테이블 엔트리(세그먼트 테이블 엔트리도 포함해서)가 4바이트면 충분한가?

5.18.4 [10] 〈§5.7〉 세그먼트가 페이지 크기와 같은 4KiB로 제한된다면, 페이지 테이블은 몇 단계가 필요한가?

5.18.5 [15] 〈§5.7〉 공간과 시간을 더 최적화하기 위해 역(inverted) 페이지 테이블을 사용할 수 있다. 페이지 테이블을 저장하기 위해 필요한 PTE는 몇 개인가? 해시 테이블을 사용한다면, TLB 실패를 처리하기 위하여 필요한 메모리 참조 횟수는 일반적인 경우와 최악의 경우 각각 얼마인가?

5.19 다음 표는 4-엔트리 TLB의 내용을 보여 준다.

엔트리 번호	유효 비트	가상 페이지 번호	갱신 비트	보호 비트	실제 페이지 번호
1	1	140	1	RW	30
2	0	40	0	RX	34
3	1	200	1	RO	32
4	1	280	0	RW	31

5.19.1 [5] 〈§5.7〉 어떠한 경우에 엔트리 3의 유효 비트가 0이 되는가?

5.19.2 [5] 〈§5.7〉 명령어가 가상 페이지 30에 쓰기를 하면 어떤 일이 발생하는가? 소프트웨어로 관리되는 TLB가 하드웨어로 관리되는 TLB보다 빠른 것은 언제인가?

5.19.3 [5] 〈§5.7〉 명령어가 200번 가상 페이지에 쓰기를 하면 어떤 일이 발생하는가?

5.20 이 문제에서는 교체 정책이 실패율에 미치는 영향에 대해 살펴본다. 1-워드 블록이 4개 있는 2-way 집합 연관 캐시를 가정하자. 워드 주소 시퀀스가 다음과 같다.

0, 1, 2, 3, 4, 5, 6, 7, 0, 1, 2, 3, 4, 5, 6, 7, 0

5.20.1 [5] 〈§§5.4, 5.8〉 LRU 교체 정책이라면 어떤 접근이 적중인가?

5.20.2 [5] 〈§§5.4, 5.8〉 MRU(most recently used) 교체 정책이라면 어떤 접근이 적중인가?

5.20.3 [5] 〈§§5.4, 5.8〉 동전 던지기를 이용하여 무작위 교체 정책을 시뮬레이션한다. 예를 들어 동전의 앞면이 나오면 집합의 첫 번째 블록을 교체하고, 뒷면이면 두 번째 블록을 교체한다. 위 주소 시퀀스에 이 교체 정책을 사용하면 몇 번이 적중인가?

5.20.4 [10] 〈§§5.4, 5.8〉 이 주소 시퀀스에 대한 최적의 교체 정책을 서술하라. 이 경우 어떤 접근이 적중인가?

5.20.5 [10] 〈§§5.4, 5.8〉 모든 주소 시퀀스에 최적인 교체 방식을 구현하기가 어려운 이유를 설명하라.

5.20.6 [10] 〈§§5.4, 5.8〉 메모리를 참조할 때마다 이 주소를 캐시에 넣을지 말지 결정할 수 있다면, 실패율에 어떤 영향을 미치겠는가?

5.21 가상 머신의 확산을 가로막는 가장 큰 장애 중 하나는 가상 머신 실행 때문에 생기는 오버헤드이다. 몇 가지 성능 파라미터와 응용 프로그램 특성이 다음과 같다고 가정하자.

기본 CPI	10,000 명령어 당 특권 OS 접근 횟수	손님 OS 트랩 오버헤드	VMM 트랩 오버헤드	10,000 명령어 당 입출력 접근 횟수	입출력 접근 시간 (손님 OS 트랩 시간 포함)
1.5	120	15사이클	175사이클	30	1100사이클

5.21.1 [10] 〈§5.6〉 입출력 접근이 없다고 가정하고 위 시스템의 CPI를 계산하라. VMM 오버헤드가 두 배로 늘어나면 CPI는 얼마가 되는가? 절반으로 줄어든다면 어떻게 되는가? VMM 트랩으로 인한 성능 저하가 10% 이하가 되게 하려면, VMM 트랩으로 인한 손실은 몇 사이클 이내라야 되는가?

5.21.2 [15] 〈§5.6〉 입출력 접근이 전체 시스템 성능에 큰 영향을 끼치는 경우가 있다. 가상화를 하지 않는 시스템이라고 가정하고, 위와 같은 특성을 갖는 기계의 CPI를 계산하라. 가상화를 사용하는 시스템이라면 CPI는 어떻게 되는가? 입출력 접근이 절반으로 줄어든다면 가상화를 하지 않는 경우와 하는 경우 CPI값은 각각 어떻게 달라지는가?

5.22 [15] 〈§§5.6, 5.7〉 가상 메모리와 가상 머신의 아이디어를 비교하라. 각각의 목적은 어떻게 다른가? 각각의 장점과 단점은 무엇인가? 가상 메모리가 적합한 경우 몇 가지와 가상 머신이 적합한 경우 몇 가지의 예를 들어라.

5.23 [10] 〈§5.6〉 5.6절에서는 가상화된 시스템이 기저 하드웨어와 같은 ISA를 실행한다는 가정하에 가상화 문제를 논의하였다. 그러나 가상화는 다른 ISA를 에뮬레이션하는 데도 사용할 수 있다. 이러한 예로 QEMU가 있다. QEMU는 MIPS, SPARC, PowerPC 등 다양한 ISA를 에뮬레이션한다. 이러한 종류의 가상화를 구현하는 데 어려운 점은 무엇인가? 에뮬레이션 시스템이 고유 ISA보다 더 빠르게 실행하는 것이 가능한가?

5.24 이 문제에서는 쓰기 버퍼를 사용하는 프로세서의 캐시 제어기를 위한 제어 유닛에 대해 알아본다. 그림 5.39의 유한상태기를 시작점으로 해서 새로운 유한상태기를 설계한다. 5.9절의 단순한 직접 사상 캐시를 위한 캐시 제어기를 설계하되, 블록 한 개를 저장할 수 있는 쓰기 버퍼가 추가된다고 가정한다.

쓰기 버퍼의 목적은 갱신된 블록에 실패가 발생했을 때 프로세서가 메모리 접근을 두 번 할 동안 기다리지 않아도 되게 임시 저장 공간으로 사용하자는 것임을 상기하라. 새로운 데이터를 읽기 전에 갱신된 블록을 메모리에 쓰는 것이 아니라, 갱신 블록을 버퍼에 넣고 즉시 새로운 블록을 읽어 오는 것이다. 갱신 블록은 프로세서가 일하는 동안 메인 메모리에 써지게 된다.

5.24.1 [10] 〈§§5.8, 5.9〉 어떤 블록이 쓰기 버퍼에서 메인 메모리로 써지는 동안, 프로세서가 캐시에서 적중하는 요청을 발생시킨다면 어떠한 일이 발생하는가?

5.24.2 [10] 〈§§5.8, 5.9〉 블록이 쓰기 버퍼에서 메인 메모리로 써지는 동안, 프로세서가 캐시 실패를 일으키는 요청을 발생시킨다면 어떠한 일이 발생하는가?

5.24.3 [30] 〈§§5.8, 5.9〉 쓰기 버퍼를 사용할 수 있게 하는 유한상태기를 설계하라.

5.25 캐시 일관성은 캐시 블록 하나에 대한 여러 프로세서의 관점을 생각하는 것이다. 다음 표는 캐시 블록 X의 두 워드(초깃값 X[0] = X[1] = 0)에 대한 두 프로세서의 읽기/쓰기 동작을 보여 준다.

P1	P2
`X[0] ++; X[1] = 3;`	`X[0] = 5; X[1] +=2;`

5.25.1 [15] 〈§5.10〉 올바른 캐시 일관성 프로토콜이 구현되었을 때, 이 캐시 블록이 가질 수 있는 값들을 모두 보여라. 또 프로토콜이 캐시 일관성을 보장하지 못할 때, 블록이 가질 수 있는 값을 하나 이상 더 보여라.

5.25.2 [15] 〈§5.10〉 스누핑 프로토콜이 앞의 읽기/쓰기 작업을 처리하기 위해 각 프로세서/캐시가 수행해야 하는 올바른 동작 순서를 나열하라.

5.25.3 [10] 〈§5.10〉 앞의 읽기/쓰기 명령을 수행하는 과정에서 발생하는 캐시 실패는 최대 몇 번이고 최소 몇 번인가?

메모리 정합성은 여러 데이터 아이템의 관점을 생각하는 것이다. 아래 표는 서로 다른 캐시 블록에 대한 두 프로세서의 읽기/쓰기 동작을 보여 준다(A와 B의 초깃값은 0이다).

P1	P2
`A = 1; B = 2; A+=2; B++;`	`C = B; D = A;`

5.25.4 [15] 〈§5.10〉 5.10절 첫 번째 "고난도"에서 정의한 두 가지 정합성 가정을 만족하는 구현에서 C와 D의 가능한 값을 나열하라.

5.25.5 [15] 〈§5.10〉 그런 가정이 만족되지 않을 경우 C와 D의 가능한 값들을 하나 더 보여라.

5.25.6 [15] 〈§§5.3, 5.10〉 다양한 쓰기 방식과 쓰기 할당 방식의 조합 중에서, 어떤 조합이 프로토콜 구현을 간단하게 하는가?

5.26 칩 멀티프로세서(CMP)는 한 칩에 여러 개의 코어와 캐시를 넣은 것이다. CMP의 온칩 L2 캐시 설계에는 흥미로운 상호 보완 관계가 있다. 아래 표는 두 개의 벤치마크 프로그램에 대한 전용 L2 캐시와 공유 L2 캐시의 실패율과 적중 지연을 보여 준다. L1 캐시의 실패율은 3%이고 접근 시간은 1사이클이다.

	전용	공유
벤치마크 A에 대한 실패율	10%	4%
벤치마크 B에 대한 실패율	2%	1%

적중 지연은 다음과 같다고 가정하자.

전용 캐시	공유 캐시	메모리
5	20	180

5.26.1 [15] 〈§5.13〉 각 벤치마크에 대해 어떤 캐시가 더 나은 성능을 보이는가? 데이터를 이용하여 답의 당위성을 보여라.

5.26.2 [15] 〈§5.13〉 CMP 코어가 많아지면 칩 외부 대역폭이 병목이 된다. 이 병목이 전용 캐시 시스템과 공유 캐시 시스템에 어떻게 다르게 작용하는가? 첫 번째 칩 외부 링크 지연이 두 배로 늘어나면 어떤 설계가 더 좋은가?

5.26.3 [10] 〈§5.13〉 단일스레드, 멀티스레드, 멀티프로그램 부하 각각에 대한 전용 L2 캐시와 공유 L2 캐시의 장단점을 비교하라. 온칩 L3 캐시가 있을 때는 어떠한가?

5.26.4 [10] 〈§5.13〉 L2 캐시가 비블로킹이 되면, 전용 L2 캐시 CMP와 공유 L2 캐시 CMP 중 어느 쪽에서 성능이 더 많이 좋아지는가?

5.26.5 [10] 〈§5.13〉 프로세서의 코어가 매 18개월마다 두 배로 많아진다고 가정하자. 코어 하나의 성능을 같은 수준으로 유지하려면, 3년 후 출시되는 프로세서의 칩 외부 메모리 대역폭은 몇 배나 커져야 하는가?

5.26.6 [15] 〈§5.13〉 전체 메모리 계층구조를 고려할 때, 더 많은 실패를 동시에 처리할 수 있게 하는 최적화에는 어떤 것들이 있는가?

5.27 이 문제에서는 웹 서버 로그를 정의하고, 로그 처리 속도를 향상시키기 위한 코드 최적화에 대해 살펴본다. 로그의 자료구조는 다음과 같다.

```
struct entry {
  int srcIP; // remote IP address
  char URL[128]; // request URL (e.g., “GET index.html”)
  long long refTime; // reference time
  int status; // connection status
  char browser[64]; // client browser name
} log [NUM_ENTRIES];
```

다음 로그 처리 함수를 생각하자.

```
topK_sourceIP (int hour);
```

이 함수는 주어진 시간(hour) 동안 가장 많이 나타난 source IP들을 찾아 준다.

5.27.1 [5] 〈§5.15〉 위 로그 처리 함수는 로그 엔트리의 어떤 필드를 접근하는가? 선인출을 하지 않고 캐시 블록이 64바이트라고 가정하면, 이 함수가 동작할 때 평균적으로 엔트리당 몇 번의 캐시 실패가 발생하는가?

5.27.2 [5] 〈§5.15〉 캐시 이용률과 접근 지역성을 개선하려면 자료구조를 어떻게 재구성해야 하겠는가?

5.27.3 [10] 〈§5.15〉 자료구조 레이아웃을 바꾸면 더 성능이 좋아지는 로그 처리 함수의 예를 하나 보여라. 만일 두 함수가 모두 중요하다면, 전체 성능 향상을 위하여 프로그램을 어떻게 고칠 수 있는가? 데이터와 코드를 함께 제시하라.

5.28 다음 문제들은 아래 표의 벤치마크 프로그램과 “Cache Performance for SPEC CPU2000 Benchmarks”(http://www.cs.wisc.edu/multifacet/misc/spec2000cache-data/)의 데이터를 사용한다.

a.	Mesa/gcc
b.	mcf/swim

5.28.1 [10] 〈§5.15〉 64KiB 데이터 캐시의 연관 정도를 바꿔 가면서, 각 벤치마크 프로그램의 실패율을 실패 유형(필수, 용량, 대립)별로 분류하라.

5.28.2 [10] 〈§5.15〉 64KiB L1 데이터 캐시를 두 벤치마크 프로그램이 같이 사용한다면 어떤 구성이(직접 사상, 2-way, 3-way, 4-way, ...) 가장 좋겠는가? 만약 L1 캐시가 직접 사상이라면 1MiB L2 캐시는 어떤 구성이 좋겠는가?

5.28.3 [20] 〈§5.15〉 연관 정도를 높였을 때 실제 실패율이 증가되는 예를 보여라. 이런 경우에 해당하는 캐시 구성과 참조 스트림을 제시하라.

5.29 여러 가지 가상 머신을 지원하려면 두 단계의 메모리 가상화가 필요하다. **가상 주소**(virtual address, VA)를 **실제 주소**(physical address, PA)로 사상하는 것은 각 가상 머신이 제어하고, 각 가상 머신의 **실제 주소**를 **기계 주소**(machine address, MA)로 사상하는 것은 하이퍼바이저가 담당한다. 이러한 사상을 빨리 하기 위하여 그림자 페이징(shadow paging)이라고 불리는 소프트웨어 방식을 사용할 수 있다. 그림자 페이징에서는 각 가상 머신의 페이지 테이블 복사본을 하이퍼바이저 내에 두고, VA에서 PA로의 사상이 변경되면 이를 가로채서 복사본과 원본의 일관성을 유지시킨다. 그림자 페이지 테이블의 복잡함을 피하기 위하여, **중첩 페이지 테이블**(nested page table, NPT)이라고 불리는 하드웨어 방식을 사용할 수도 있다. 이 방법은 두 종류의 페이지 테이블(VA⇒PA, PA⇒MA)을 지원하며, 이 테이블들은 순전히 하드웨어로 처리할 수 있다.

다음과 같은 순서로 동작이 일어난다고 하자: (1) 프로세스 생성, (2) TLB 실패, (3) 페이지 부재, (4) 문맥 전환.

5.29.1 [10] 〈§§5.6, 5.7〉 그림자 페이지 테이블의 경우 주어진 동작 순서에 따라 어떤 일이 일어나는가? 중첩 페이지 테이블의 경우는 어떠한가?

5.29.2 [10] 〈§§5.6, 5.7〉 손님 페이지 테이블과 중첩 페이지 테이블이 x86 기반의 4단계 페이지 테이블이라고 가정하자. 기본 페이지 테이블과 중첩 페이지 테이블의 경우, TLB 실패를 처리하기 위하여 메모리를 각각 몇 번씩 참조하는가?

5.29.3 [15] 〈§§5.6, 5.7〉 TLB 실패율, TLB 실패 지연, 페이지 부재율, 페이지 부재 처리 지연 중에서 어떤 값이 그림자 페이지 테이블에서 더 중요한가? 중첩 페이지 테이블에서는 어떤 것이 더 중요한가?

그림자 페이지 테이블의 파라미터를 다음과 같이 가정한다.

1000 명령어당 TLB 실패	NPT TLB 실패 지연	1000 명령어당 페이지 부재	그림자 페이지 부재 오버헤드
0.2	200사이클	0.001	30,000사이클

5.29.4 [10] 〈§5.6〉 그림자 페이지 테이블을 사용하지 않는 경우 벤치마크 프로그램의 CPI가 1이라면, 그림자 페이지 테이블을 사용할 경우 CPI는 얼마인가? NPT의 경우는 얼마인가? (페이지 테이블 가상화 오버헤드만 가정하라.)

5.29.5 [10] 〈§5.6〉 그림자 페이지 테이블 때문에 생기는 오버헤드를 줄이기 위하여 어떠한 기술을 사용할 수 있는가?

5.29.6 [10] 〈§5.6〉 NPT 때문에 생기는 오버헤드를 줄이기 위하여 어떠한 기술을 사용할 수 있는가?

스스로 점검하기 해답

§5.1(416쪽): 1과 4. (메모리 계층구조의 비용은 컴퓨터마다 다르기 때문에 3은 거짓이다. 하지만 2016년 현재 가장 비싼 것은 보통 DRAM이다.)

§5.3(437쪽): 1과 4. (실패 손실이 작아지면 보상해야 할 지연 시간이 길지 않기 때문에 작은 블록을 사용할 수 있다. 그러나 메모리 대역폭이 커지면 보통 큰 블록을 쓰게 된다. 대역폭이 크면 블록이 커져도 실패 손실이 크게 늘어나지 않기 때문이다.)

§5.4(456쪽): 1.

§5.7(495쪽): 1−a, 2−c, 3−b, 4−d.

§5.8(502쪽): 2. (큰 블록과 선인출은 필수 실패를 줄일 수 있다. 따라서 1번은 거짓이다.)

6

병렬 프로세서: 클라이언트에서 클라우드까지

"I swing big, with everything I've got. I hit big or I miss big. I like to live as big as I can."

Babe Ruth
American baseball player

멀티프로세서 및 클러스터의 구조

6.1 서론

Over the Mountains Of the Moon, Down the Valley of the Shadow, Ride, boldly ride the shade replied—If you seek for El Dorado!

Edgar Allan Poe, "El Dorado," stanza 4, 1849

멀티프로세서 최소한 2개 이상의 프로세서로 구성된 컴퓨터 시스템. 한 개의 프로세서로 구성된 컴퓨터 시스템을 일컫는 단일프로세서에 대비되는 용어인데 단일프로세서는 오늘날 점차 찾기 어려워지고 있다.

PARALLELISM

컴퓨터 설계자들은 오랫동안 컴퓨터 설계의 엘도라도(역자 주: 16세기 스페인 사람들이 남아메리카 아마존 강가에 있다고 생각한 황금의 나라)를 찾으려고 애써 왔는바, 그 꿈은 기존의 작은 컴퓨터 여러 개를 연결만 하면 강력한 성능의 컴퓨터가 되는 것이었다. 이러한 금빛 환상이 **멀티프로세서**(multiprocessor)의 근원이다. 예산이 허용하는 만큼 프로세서를 사면 그에 비례하는 성능이 얻어지는 세상을 꿈꾸는 것이다. 이렇게 되려면 멀티프로세서 소프트웨어는 프로세서 개수가 몇 개든 상관없이 동작하도록 설계되어야 할 것이다. 1장에서 언급한 바와 같이 에너지 문제는 데이터센터와 마이크로프로세서 모두에게 가장 중요한 이슈가 되었다. 만약 소프트웨어가 프로세서들을 효율적으로 활용할 수 있다면, 크고 비효율적인 프로세서를 작으면서 효율적인 프로세서 여러 개로 대치함으로써 단위 에너지당 성능을 개선할 수 있다. 이처럼 멀티프로세서는 확장 가능한(scalable) 성능을 제공할 뿐 아니라 전력 효율도 개선할 수 있다.

멀티프로세서 소프트웨어에 확장성이 있으면 하드웨어가 일부 고장 나더라도 동작이 중지되지 않도록 설계할 수 있다. 즉 프로세서 n개 중에서 한 개가 고장이 나면 남은 $n-1$개가 작업을 계속할 수 있게 하는 것이다. 이와 같이 멀티프로세서는 가용성(5장 참조)을 개선시킬 수도 있다.

태스크 수준 병렬성 프로세스 수준 병렬성이라고도 한다. 다수의 프로세서를 이용하여 독립적인 프로그램 여러 개를 동시에 수행하는 것.

병렬처리 프로그램 여러 개의 프로세서를 동시에 사용하는 프로그램.

클러스터 근거리 네트워크(local area network, LAN)를 통하여 연결된 컴퓨터들이 하나의 대형 멀티프로세서로 동작을 하는 시스템.

고성능이 여러 독립적인 작업들에 대한 더 높은 처리량을 의미하는 경우도 있다. 이를 **태스크 수준 병렬성**(task-level parallelism) 혹은 **프로세스 수준 병렬성**(process-level parallelism)이라고 한다. 이때 병렬로 수행되는 작업 하나 하나는 독립적인 응용 프로그램으로, 이런 방식은 흔하면서도 중요한 병렬 컴퓨터 사용 방법 중 하나이다. 이는 여러 개의 프로세서가 한 작업을 나누어서 수행하는 것과는 대조된다. 이를 구별하기 위해 한 개의 프로그램이 여러 프로세서에서 동시에 수행될 때 **병렬처리 프로그램**(parallel processing program)이라는 용어를 사용한다.

항상 더 빠른 컴퓨터를 필요로 하는 과학 계산 문제들이 있었다. 이런 문제들 때문에 지난 수십 년 동안 여러 독창적인 병렬 컴퓨터들이 등장했다. 어떤 문제들은 독립적으로 동작하는 다수의 서버들로 구성된 클러스터를 사용하여 간단히 해결될 수도 있다(6.7절 참조). **클러스터**는 과학 분야뿐 아니라 검색 엔진, 웹 서버, 전자우편 서버, 데이터베이스같이 부하가 많은 응용에도 사용될 수 있다.

1장에서 이미 설명한 바와 같이 멀티프로세서가 다시 큰 주목을 받게 된 것은 명시적으로 하드웨어 병렬성을 이용하여 성능을 올리는 것이 클럭 주파수를 올리거나 CPI

를 올리는 것보다 에너지 측면에서 더 유리하기 때문이다. 1장에서 언급한 바와 같이 이름에서 중복을 피하기 위하여 이러한 프로세서를 "멀티프로세서 마이크로프로세서" 대신 "멀티코어 마이크로프로세서"라고 부른다. 멀티코어 칩에서는 프로세서를 코어(core)라고 부른다. 코어의 수는 **Moore의 법칙**에 따라 배가될 것으로 예측되고 있다. 멀티코어는 대부분 실제 주소공간을 공유하는 공유 메모리 프로세서(shared memory processor, SMP)이다. 6.5절에서 SMP에 대하여 자세히 살펴보도록 하자.

멀티코어 마이크로프로세서 한 칩 안에 다수 개의 프로세서(코어)를 집적시킨 마이크로프로세서. 오늘날 데스크톱과 서버의 거의 모든 프로세서들은 멀티코어이다.

공유 메모리 프로세서(SMP) 단일 실제 주소공간을 갖는 병렬 프로세서.

그러므로 오늘날 성능을 중시하는 프로그래머는 병렬 프로그래머가 될 수밖에 없다. 왜냐하면 이제 순차 프로그램은 느린 프로그램을 의미하기 때문이다.

산업체가 직면한 큰 문제는 칩 안에 집적되는 코어의 수가 늘어남에 따라 성능과 에너지를 효율적으로 활용하는 병렬 프로그램을 정확하고 쉽게 작성하도록 하는 하드웨어와 소프트웨어를 발명하는 것이다.

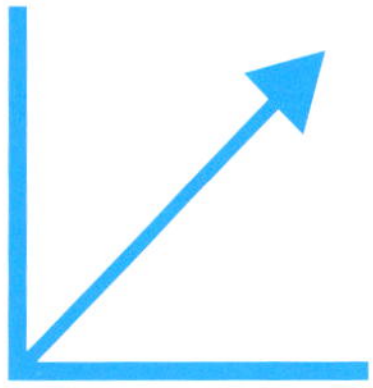
MOORE'S LAW

마이크로프로세서 설계에서 변화가 급격하게 이루어지다 보니 신중하게 대처할 여유가 없었고, 이 때문에 용어의 사용과 그 의미에 심각한 혼란이 일어나고 있다. 그림 6.1에서 직렬적(serial), 병렬적(parallel), 순차적(sequential), 병행적(concurrent)이라는 용어들을 구별하려고 시도해 보았다. 이 그림에서 열은 소프트웨어를 나타내는데, 소프트웨어는 근본적으로 순차적이든지 병행적이다. 행은 하드웨어를 나타내는데, 하드웨어는 직렬적이거나 병렬적이다. 예를 들어 컴파일러를 만드는 프로그래머는 컴파일러를 파싱, 코드 생성, 최적화 등이 단계적으로 진행되는 순차적인 프로그램으로 생각한다. 반면에 운영체제를 만드는 프로그래머는 운영체제를 컴퓨터에서 실행 중인 독립적 작업들의 입출력 이벤트를 처리하는 프로세스들로 구성된 병행적인 프로그램으로 생각한다.

그림 6.1에서 하드웨어와 소프트웨어를 다른 축으로 표시한 이유는 병행 소프트웨어가 직렬 하드웨어에서 수행될 수도 있고(예를 들어, Intel Pentium 4 단일프로세서에서 실행되는 운영체제의 경우), 병렬 하드웨어에서 수행될 수도 있음을(예를 들어, Intel Core i7에서 실행되는 운영체제의 경우) 보여 주기 위해서이다. 순차 소프트웨어

		Software	
		Sequential	**Concurrent**
Hardware	Serial	Matrix Multiply written in MATLAB running on an Intel Pentium 4	Windows Vista Operating System running on an Intel Pentium 4
	Parallel	Matrix Multiply written in MATLAB running on an Intel Core i7	Windows Vista Operating System running on an Intel Core i7

그림 6.1 하드웨어/소프트웨어의 분류 및 예. 응용의 병행성 특성과 하드웨어의 병렬성 특성을 대비시켰다.

어에 대하여도 마찬가지이다. 예를 들어 MATLAB 프로그래머가 행렬 곱셈 프로그램을 순차적으로 생각하고 작성하였더라도 그 프로그램은 Pentium 4 프로세서에서 직렬적으로 수행될 수도 있고 Intel Core i7 하드웨어에서 병렬적으로 수행될 수도 있다.

자연스럽게 순차적으로 작성된 프로그램을 어떻게 병렬 하드웨어에서 빠르게 실행할 수 있느냐가 병렬 혁명에서 해결해야 할 유일한 문제라고 생각할 수도 있겠다. 그러나 프로세서 수가 증가함에 따라 병행 소프트웨어의 성능이 계속해서 좋아지게 하는 것도 쉽지 않으며, 이 또한 해결해야 할 문제 중 하나이다. 앞으로는 순차적이거나 병행적이거나 병렬 하드웨어에서 수행되는 소프트웨어는 **병렬처리 프로그램 혹은 병렬 소프트웨어**라고 부르도록 한다. 다음 절에서는 왜 효율적인 병렬처리 프로그램을 개발하는 것이 어려운지를 설명한다.

병렬처리에 대하여 더 깊이 나아가기 전에 이전 장들에서 다룬 병렬성과 관계된 내용들을 되짚어 보자.

- 2장 11절: 병렬성과 명령어: 동기화
- 3장 6절: 병렬성과 컴퓨터 연산: 서브워드 병렬성
- 4장 10절: 명령어를 통한 병렬성
- 5장 10절: 병렬성과 메모리 계층구조: 캐시 일관성

스스로 점검하기 참 또는 거짓: 멀티프로세서를 사용하여 이득을 얻기 위해서는 응용이 반드시 병행적이어야 한다.

6.2 병렬처리 프로그램 개발의 어려움

병렬처리의 어려움은 하드웨어에 있지 않다. 문제는 멀티프로세서에서 더 빨리 수행하도록 재작성된 응용 프로그램들의 수가 너무 적다는 것이다. 멀티프로세서를 사용하여 한 개의 태스크를 더 빨리 수행하는 소프트웨어를 작성하는 것은 어려운 일이다. 프로세서의 개수가 증가하면 문제는 더 심각해진다.

왜 그런가? 왜 순차적인 프로그램을 개발하는 것보다 병렬처리 프로그램을 개발하는 것이 훨씬 힘든가?

첫 번째 이유는 기왕 병렬 프로그램을 사용할 바에는 더 높은 성능과 에너지 효율을 얻을 수 있어야 하기 때문이다. 그렇지 못하다면 단일프로세서에서 프로그램하기 쉬운 순차 프로그램을 사용하는 편이 낫다. 실제로 프로그래머의 개입이 전혀 없이도

명령어 수준의 병렬성(instruction-level parallelism, ILP)을 활용하는 수퍼스칼라나 비순차 실행 같은 단일프로세서 설계 기술이 이미 개발되어 사용되고 있다(4장 참조). 이러한 혁신적인 기법 때문에 멀티프로세서를 위해 프로그램을 다시 작성하는 것에 대한 요구가 크지 않았다. 왜냐하면 프로그래머가 아무 일도 하지 않아도 순차적인 프로그램이 새로운 컴퓨터에서 더 빠르게 돌아갈 수 있었기 때문이다.

빠르게 수행되는 병렬처리 프로그램을 작성하기 힘든 이유가 무엇인가? 특히 프로세서 개수가 증가할수록 어려워지는 이유는 무엇일까? 1장에서 일을 8배 빠르게 할 목적으로 8명의 기자가 동시에 하나의 기사를 쓰는 비유를 사용한 바 있다. 이 방법이 성공하려면 한 작업이 동일한 크기의 8개 부분으로 나누어져야 한다. 크기가 동일하지 않다면 큰 부분을 담당하는 사람이 일을 끝낼 때까지 나머지 사람들이 기다려야 할 것이기 때문이다. 성능을 저하시킬 수 있는 또 다른 위험은 기자들이 자기가 맡은 기사 작성보다 다른 사람들과 의견 교환하는 데 더 많은 시간을 보낼 수 있다는 것이다. 이 비유와 같이 병렬 프로그래밍에서 우리가 부닥치는 문제에는 작업의 스케줄링, 작업을 병렬 조각으로 나누는 일, 부하를 균등하게 하는 일, 동기화 시간을 줄이는 일, 그리고 서로 통신하는 오버헤드를 줄이는 일 등이 있다. 기사 하나를 만들기 위해서 더 많은 기자가 참여할수록, 마찬가지로 병렬 프로그래밍을 위해서 더 많은 프로세서를 사용할수록, 이런 문제는 더욱 어려워진다.

1장에서 우리는 또 하나의 장애 요인인 Amdahl의 법칙에 대하여 살펴보았다. 이 법칙은 프로그램이 여러 프로세서를 효율적으로 사용하기 위해서는 프로그램의 작은 부분까지도 모두 병렬화되어야 한다는 사실을 환기시킨다.

속도 개선의 어려움

예제

100개의 프로세서를 가지고 90배의 속도 개선을 얻기를 원한다고 하자. 원 프로그램에서 최대 몇 %까지는 순차적으로 실행되도 좋을까?

답

1장의 Amdahl의 법칙은 다음과 같다.

개선 후 수행시간 =

$$\frac{\text{개선에 의해 영향을 받는 수행시간}}{\text{개선의 크기}} + \text{영향을 받지 않는 수행시간}$$

이 Amdahl의 법칙을 속도 개선과 원 수행시간 간의 관계식으로 다시 쓰면 다음과 같다.

$$\text{속도 개선} = \frac{\text{원 수행시간}}{(\text{원 수행시간} - \text{개선될 부분의 시간}) + \dfrac{\text{개선될 부분의 시간}}{\text{개선의 크기}}}$$

원 수행시간이 1이라고 가정을 하고 이 식을 다시 정리하면 개선될 부분의 시간이 원 수행시간에 대한 비율로 바뀐다.

$$\text{속도 개선} = \frac{1}{(1 - \text{개선될 부분의 비율}) + \dfrac{\text{개선될 부분의 비율}}{\text{개선의 크기}}}$$

기대하는 속도 개선 90을 식에 대입하고 개선의 크기에 100을 대입하면

$$90 = \frac{1}{(1 - \text{개선될 부분의 비율}) + \dfrac{\text{개선될 부분의 비율}}{100}}$$

이다. 이 식을 풀어서 개선될 부분의 비율을 구하면 다음과 같다.

$$90 \times (1 - 0.99 \times \text{개선될 부분의 비율}) = 1$$
$$90 - (90 \times 0.99 \times \text{개선될 부분의 비율}) = 1$$
$$90 - 1 = 90 \times 0.99 \times \text{개선될 부분의 비율}$$
$$\text{개선될 부분의 비율} = \frac{89}{89.1} = 0.999$$

따라서 100개의 프로세서를 이용하여 90배의 속도 개선을 얻기 위해서는 전체 프로그램에서 순차적인 부분의 비율이 0.1% 이하가 되어야 한다.

그러나 다음 예제와 같이 병렬성이 충분히 많은 응용들도 있다.

예제

속도 개선의 어려움: 큰 문제

다음 두 가지 덧셈을 수행한다고 하자. 하나는 10개의 스칼라 변수의 합을 구하는 것이고 다른 하나는 10 × 10 이차원 행렬의 합을 구하는 것이다. 지금은 행렬의 합만이 병렬화될 수 있다고 가정하자. 스칼라 합을 어떻게 병렬화하는지는 곧 보게 될 것이다. 10개의 프로세서를 사용하는 경우와 40개의 프로세서를 사용하는 경우 속도 개선을 얼마나 얻을 수 있을까? 또 행렬의 크기를 20 × 20으로 늘렸을 때의 속도 개선도 구하라.

답

덧셈 연산을 수행하는 시간을 t라고 하고 성능을 t의 함수로 가정하자. 이때 스칼라 변수 10개의 덧셈은 병렬 프로세서를 사용해도 이득을 얻지 못하지만, 100번의 덧셈은 병렬 프로세서를 사용해서 이득을 얻을 수 있다. 단일프로세서에서의 수행시간은 $110t$이고 10개의 프로세서를 사용하는 경우의 수행시간은 다음과 같다.

$$\text{개선 후 수행시간} = \frac{\text{개선에 의해 영향을 받는 수행시간}}{\text{개선의 크기}} + \text{영향을 받지 않는 수행시간}$$

$$\text{개선 후 수행시간} = \frac{100t}{10} + 10t = 20t$$

따라서 10개의 프로세서를 사용하는 경우의 속도 개선은 $110t/20t = 5.5$이다. 40개의 프로세서를 사용하는 경우의 수행시간은 다음과 같이 구할 수 있다.

$$\text{개선 후 수행시간} = \frac{100t}{40} + 10t = 12.5t$$

그러므로 40개의 프로세서를 사용하는 경우의 속도 개선은 $110t/12.5t = 8.8$이다. 이 크기의 문제에 프로세서 10개를 사용하면 이상적인 경우의 55%에 해당되는 만큼의 속도 개선을 얻는 반면, 40개를 사용하면 이상적인 경우의 22%에 해당되는 만큼만 속도 개선을 얻을 뿐이다.

행렬의 크기를 키우면 어떻게 되는지 알아보자. 순차적으로 수행하는 경우의 수행시간은 $10t + 400t = 410t$이다. 프로세서 10개를 사용하는 경우의 수행시간은 다음과 같다.

$$\text{개선 후 수행시간} = \frac{400t}{40} + 10t = 50t$$

따라서 속도 개선은 $410t/50t = 8.2$이다. 프로세서 40개를 사용하는 경우에는

$$\text{개선 후 수행시간} = \frac{400t}{40} + 10t = 20t$$

이고 속도 개선은 $410t/20t = 20.5$이다. 이렇게 큰 프로그램의 경우 프로세서 10개를 사용할 때에는 이상적인 경우의 82%, 40개를 사용할 때에는 이상적인 경우의 51%의 속도 개선을 얻을 수 있다.

이 예제를 통하여 알 수 있는 바는 문제의 크기를 고정시킨 상태에서 속도 개선을 얻는 것이 문제의 크기를 증가시켜서 속도 개선을 얻는 것보다 어렵다는 것이다. 그

차이를 구별하기 위해 스케일링 방법을 표시하는 데 두 가지 용어를 사용한다.

경성 스케일링 문제의 크기를 고정시킬 때 멀티프로세서에서 얻을 수 있는 속도 개선.

연성 스케일링 프로세서의 개수에 비례하여 문제의 크기를 크게 할 때 멀티프로세서에서 얻을 수 있는 속도 개선.

경성 스케일링(strong scaling)은 문제의 크기를 고정시킨 상태에서 얻어지는 속도 개선이고, **연성 스케일링**(weak scaling)은 프로세서의 수에 비례하여 문제 크기를 증가시키는 경우의 속도 개선이다. 문제의 크기 M이 메인 메모리 내의 워킹셋(working set)과 같고 프로세서는 P개가 있다고 가정하자. 경성 스케일링의 경우 프로세서당 메모리는 대략 M/P이고 연성 스케일링의 경우는 대략 M이다.

경성 스케일링보다 연성 스케일링이 더 쉽다는 것이 일반적인 통념이지만 **메모리 계층구조** 때문에 반대 현상이 생길 수도 있다. 예를 들어 연성 스케일링의 문제가 너무 커져서 멀티코어 멀티프로세서의 마지막 단계 캐시에 다 들어가지 않으면, 경성 스케일링을 사용하는 경우보다 성능이 훨씬 더 나빠질 수 있다.

HIERARCHY

응용에 따라서 둘 중의 한 가지 스케일링 방식을 선택할 수 있다. TPC-C 차변-대변(debit-credit) 데이터베이스 벤치마크에서 분당 트랜잭션의 성능이 높아지면 고객의 계좌수를 늘린다. 이는 은행이 빠른 컴퓨터를 장만했다고 해서 한 고객이 갑자기 하루에 100배 이상의 ATM 작업을 수행하기 시작했다고 생각하는 것은 사리에 맞지 않기 때문이다. 그것보다는 고객수를 100배로 늘려서 실험해서 시스템이 100배 더 많은 트랜잭션을 처리할 수 있다는 것을 보이는 것이 타당할 것이다. 큰 문제는 종종 많은 양의 데이터를 필요로 하며 이것이 연성 스케일링이 타당한 근거가 된다.

다음의 마지막 예제는 부하균형(load balancing)의 중요성을 보여 준다.

속도 개선의 어려움: 부하균형

예제

앞의 예제에서 40개의 프로세서를 사용하여 20.5배의 속도 개선을 얻기 위해서 우리는 부하가 완전히 균형을 이룬 것으로 가정하였다. 즉 각 프로세서가 2.5%씩 부하를 나누어 가졌다고 생각하였다. 이 예제에서는 어떤 프로세서의 부하가 나머지 프로세서들보다 더 크면 속도 개선에 어떤 영향을 미치는지를 살펴보고자 한다. 이를 위해 한 프로세서의 부하가 두 배 더 증가하는 경우(5%)와 다섯 배 더 증가하는 경우(12.5%)의 속도 개선을 계산하라. 나머지 프로세서들은 얼마나 잘 활용되고 있는가?

답

한 프로세서가 병렬로 수행될 부분의 5%를 담당하면 5% × 400 즉 20개의 덧셈을 수행하고 나머지 39개의 프로세서가 380개의 덧셈을 나누어 수행하게 된다. 이 연산들이 모두 동시에 수행되므로 수행시간이 가장 많이 걸리는 경우만 계산하면 된다.

$$\text{개선 후 수행시간} = \text{Max}\left(\frac{380t}{39}, \frac{20t}{1}\right) + 10t = 30t$$

속도 개선이 20.5에서 $410t/30t$ = 14배로 감소하였다. 한 프로세서가 $20t$ 동안 쉬지 않고 일을 수행하는 동안 나머지 39개의 프로세서는 $380t/39 = 9.7t$만 일하고 나머지 반 이상의 시간을 놀게 된다.

만약 한 프로세서가 12.5%의 부하를 갖는다면 이 프로세서는 50개의 덧셈을 수행하여야 한다.

$$\text{개선 후 수행시간} = \text{Max}\left(\frac{350t}{39}, \frac{50t}{1}\right) + 10t = 60t$$

속도 개선은 더 떨어져서 $410t/6t$ = 7이 된다. 나머지 프로세서는 20% 이하($9t/50t$)만 활용된다. 이 예제는 부하균형의 가치를 증명한다. 한 프로세서의 부하가 다른 프로세서들보다 2배 커지면 성능은 1/3만큼 떨어지고, 5배 커지면 성능은 3배 가까이 떨어진다.

병렬처리의 목표와 어려움에 대하여 더 잘 이해하게 되었으니, 이제 이 장의 나머지 부분을 개략적으로 살펴보자. 6.3절에서는 그림 6.1보다 훨씬 오래된 분류법을 설명한다. 또한 병렬 하드웨어상에서 순차 프로그램의 수행을 지원하는 두 종류의 명령어 집합 구조, **SIMD**와 **벡터**에 대하여도 설명한다. 6.4절에서는 **멀티스레딩**(multi-threading)을 설명한다. 멀티스레딩도 프로그램의 병행성을 활용하는 것이므로 종종 멀티프로세싱과 혼동된다. 6.5절에서는 기본적인 병렬 하드웨어 두 가지 중 하나를 설명한다. 병렬 하드웨어는 시스템 내의 모든 프로세서가 단일 실제 주소(physical address)를 공유하는가 그렇지 않은가에 따라 두 가지로 구분된다. 앞에서 언급한 바와 같이 널리 알려진 예는 **공유 메모리 멀티프로세서**(shared memory multiprocessor, SMP)와 **클러스터**인데, 이 절에서는 전자에 대하여 설명한다. 6.6절에서는 비교적 최근에 그래픽 하드웨어 커뮤니티로부터 제안된 컴퓨터 구조인 **그래픽 처리 유닛**(graphic processing unit, GPU)을 설명하는데, 이 또한 단일 실제 주소를 가정한다(더 자세한 것은 부록 B에서 설명한다). 6.7절에서는 실제 주소공간을 여러 개 갖는 컴퓨터 중에서 비교적 널리 알려진 클러스터를 설명한다. 6.8절에서는 여러 프로세서를 연결하는 전형적인 연결망 위상을 소개한다. 이 연결망은 클러스터의 서버 노드나 마이크로프로세서 내의 코어들을 연결하는 데 사용된다. 온라인 사이트에 있는 6.9절에서는 이더넷을 이용하여 클러스터의 노드 간 통신을 지원하는 하드웨어와 소프트웨어에 대하여 설명한다. 상용 소프트웨어와 하드웨어를 사용하여 어떻게 성능을 최적화할 수 있는지를 보여 줄 것이다. 그 다음 6.10절에서는 병렬 벤치마크를 찾기 어려운 이유를 설명하고, 컴퓨터 구조뿐 아니라 응용 프로그램 설계에도 도움이 되는 단순하지만 통찰력 있는 새 성능 모델을 설명한다. 6.11절에서는 벤치마크와 성능 모델을 이용하여 멀티코어 컴퓨터와 GPU를 비교한다. 6.12절에서는 행렬 곱셈의 성능을 개선하는 긴 여정의 마지막 단계를 제시한다. 여기에서 가장 큰 성능 개선이 이루어지는데, 캐시에 다 적재할 수 없는 큰 행렬을 16개의 코어로 병렬처리하여 14배의 성능 개선을 얻을 수 있다. 그 후 오류와 함정을 설명하고 결론을 맺도록 한다.

다음 절에서는 여러 형태의 병렬 컴퓨터를 구별하기 위해서 이미 접한 적이 있을 수도 있는 약어들을 소개할 것이다.

스스로 점검하기 참 또는 거짓: 경성 스케일링에는 Amdahl의 법칙이 적용되지 않는다.

6.3 SISD, MIMD, SIMD, SPMD와 벡터

1960년대에 제안된 병렬 하드웨어 분류 방법이 있는데 이것은 오늘날에도 여전히 사용되고 있다. 이 분류는 명령어 스트림의 개수와 데이터 스트림의 개수에 기반을 두고 있다. 그림 6.2는 이 분류법을 보여 준다. 전통적인 단일프로세서는 한 개의 명령어 스트림과 한 개의 데이터 스트림을 가지며, 전통적인 멀티프로세서는 여러 개의 명령어 스트림과 여러 개의 데이터 스트림을 갖는다. 이 두 가지를 각각 SISD와 MIMD라 부른다.

SISD 단일 명령어(single instruction), 단일 데이터(single data) 스트림. 단일프로세서.

MIMD 복수 명령어(multiple instruction), 복수 데이터(multiple data) 스트림. 멀티프로세서.

MIMD 컴퓨터에서는 각 프로세서가 서로 다른 프로그램을 수행하면서도 모든 프로그램이 협력하여 큰, 통합된 목적을 달성하도록 프로그램하는 것이 가능하다. 하지만 보통은 모든 프로세서가 같은 프로그램을 수행하되, 조건문을 사용하여 각 프로세서가 코드의 서로 다른 부분을 수행하도록 하는 방법을 사용한다. 이런 방식을 SPMD라고 하는데, 새로운 범주는 아니고 MIMD 컴퓨터를 프로그램하는 보통 방법일 뿐이다.

SPMD 단일 프로그램(single program), 복수 데이터(multiple data) 스트림. 모든 프로세서가 같은 프로그램을 수행하는 MIMD의 전통적 프로그래밍 모델.

		Data Streams	
		Single	**Multiple**
Instruction Streams	Single	SISD: Intel Pentium 4	SIMD: SSE instructions of x86
	Multiple	MISD: No examples today	MIMD: Intel Core i7

그림 6.2 명령어 스트림과 데이터 스트림을 기반으로 한 하드웨어 분류법: SISD, SIMD, MISD, MIMD.

여러 개의 명령어 스트림을 가지면서 단일 데이터 스트림을 갖는 MISD로 분류될 수 있는 컴퓨터와 가장 유사한 것은 단일 데이터 스트림에 대하여 파이프라인 방식으로 일련의 계산을 수행하는 "스트림 프로세서(stream processor)"일 것이다. 예를 들어 네트워크로 받은 입력을 구문 분석 하고, 암호를 풀고, 압축을 푼 다음, 매칭 연산을 수행하는 등의 일련의 작업을 파이프라인 방식으로 수행하는 것이다. MISD의 반대인 SIMD의 예는 많이 있다. SIMD 컴퓨터는 벡터 데이터에 대한 연산에 유용하게 사용된다. 예를 들어, SIMD 명령어 하나는 64개의 데이터 스트림을 64개의 ALU로 보내서 한 클럭 사이클에 64개의 합을 계산할 수 있다. 3.6절과 3.7절에서 살펴본 서브워드 병렬 명령어는 SIMD의 한 예이다. 실제로 Intel SSE 약어의 두 번째 글자가 SIMD를 의미한다.

SIMD 단일 명령어(single instruction), 복수 데이터(multiple data) 스트림. 벡터 프로세서처럼 동일한 명령어를 여러 데이터 스트림에 적용하는 방식.

SIMD의 장점은 병렬 실행 유닛들이 모두 동기화되어 있어서 한 **프로그램 카운터**(PC)로 인출한 명령어 하나를 일제히 수행한다는 것이다. 프로그래머의 관점에서 보면 이것은 이미 익숙한 SISD와 거의 비슷하다. 모든 유닛들이 동일한 명령어를 수행하는 것은 같은데, 실행 유닛마다 별도의 주소 레지스터를 가지고 있어서 다른 데이터 주소를 사용할 수 있다는 점이 다를 뿐이다. 6.1절에서 소개한 용어를 사용하여 설명한다면, 순차적인 프로그램을 직렬 하드웨어인 SISD에서 실행되도록 컴파일할 수도 있고, 병렬 하드웨어인 SIMD에서 실행되도록 컴파일할 수도 있다.

원래 SIMD를 개발하게 된 동기는 여러 실행 유닛들을 제어하는 제어 유닛을 하나로 통합해서 비용을 절약하자는 것이었다. 그 외에 프로그램 메모리의 크기가 작아도 된다는 장점이 있다. 메시지 전달 MIMD는 프로세서마다 별도의 프로그램을 가지고 있어야 하고, 공유 메모리 MIMD는 여러 개의 명령어 캐시를 가지고 있어야 하지만, SIMD는 동시에 수행할 프로그램 하나만 있으면 된다.

SIMD는 `for` 순환문에서 배열을 처리할 때에 가장 효율적이다. 그러므로 SIMD의 병렬성을 잘 활용하려면 동일한 구조를 갖는 데이터가 매우 많이 있어야 하는데, 이를 데이터 수준 병렬성(data-level parallelism)이라고 부른다. SIMD는 `case`나 `switch` 문장을 실행할 때 약점을 보인다. 이 때는 각 실행 유닛이 자신이 가진 데이터가 무엇인가에 따라 다른 동작을 수행하여야 하기 때문이다. 부적합한 데이터를 가진 실행 유닛들은 동작을 억제시키고 적합한 데이터를 가진 유닛들만 동작하도록 해야 한다. 이 때 `case`나 `switch` 경우의 수가 n이라면, 성능은 $1/n$로 떨어진다.

데이터 수준 병렬성 독립적인 데이터에 연산을 수행함으로써 얻어지는 병렬성.

SIMD의 효시라고 할 수 있는 소위 어레이 프로세서들은 이미 역사 속으로 사라져 갔다(온라인 사이트에 있는 6.15절 참조). 그러나 두 종류의 SIMD는 여전히 널리 사용되고 있다.

x86의 SIMD: 멀티미디어 확장 명령어

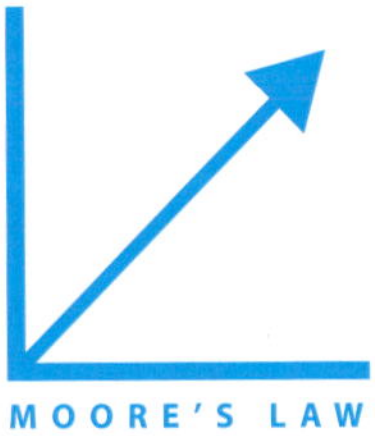

3장에서 설명한 바와 같이 크기가 작은 정수형 데이터에 대한 서브워드 병렬성은 1996년에 소개된 x86 마이크로프로세서의 멀티미디어 확장(multimedia extension, MMX) 명령어가 나온 동기가 되었다. **Moore의 법칙**대로 더 많은 명령어들이 추가되어 **스트리밍 SIMD 확장**(streaming SIMD extension, SSE)으로, 최근에는 **개선된 벡터 확장**(advanced vector extension, AVX)으로 발전되었다. AVX는 64비트 부동소수점 연산 4개를 동시에 처리할 수 있다. 연산과 레지스터의 데이터 크기는 멀티미디어 명령어의 opcode에 표시된다. 레지스터와 연산의 데이터 크기가 커지면서 멀티미디어 명령어 개수도 폭발적으로 증가하여 현재는 수백 개의 SSE 명령어와 AVX 명령어들이 제공되고 있다(3장 참조).

벡터

더 오래되었지만 더 우아한 SIMD로 **벡터 구조**(vector architecture)가 있는데, 사람들은 이것을 1970년도에 Seymour Cray가 설계한 컴퓨터와 동일시해 왔다. 이 구조는 데이터 수준 병렬성을 많이 갖고 있는 문제에 딱 맞는다. 예전의 어레이 프로세서가 64개의 ALU로 동시에 64개의 덧셈을 수행했던 것과는 달리, 벡터 구조는 ALU를 파이프라인으로 구성하여서 낮은 비용으로 좋은 성능을 얻는다. 벡터 구조의 기본 원리는 메모리에서 데이터 원소들을 꺼내서 큰 레지스터 집합에 넣은 다음, 레지스터에 있는 데이터에 대하여 **파이프라인 실행 유닛**을 사용하여 순차적으로 연산하고 그 결과를 다시 메모리에 저장하는 것이다. 따라서 벡터 구조의 핵심적인 특징은 벡터 레지스터 집합이다. 예를 들면 64비트 원소 64개를 저장할 수 있는 벡터 레지스터 32개를 갖는 것이다.

예제

벡터 코드와 일반 코드와의 비교

LEGv8 명령어 집합 구조에 벡터 명령어와 벡터 레지스터를 추가한다고 가정하자. 벡터 연산은 LEGv8 연산과 같은 이름을 사용하되 끝에 "V"자를 붙인다. 예를 들어 `FADDDV`는 2배 정밀도 벡터 두 개를 더하는 명령이다. SIMD 명령어를 위해서 32V 레지스터를 64비트 원소 두 개로부터 64비트 원소 64개로 확장한다. 벡터 명령어의 입력은 벡터(V) 레지스터 두 개가 될 수도 있고(`FADDDV`), 벡터 레지스터 하나와 스칼라 레지스터 하나가 될 수도 있다(`FADDDVS`). 후자의 경우 스칼라 레지스터의 값은 모든 연산에 다 사용된다. 예를 들어 `FADDDVS`는 벡터 레지스터의 모든 원소에 스칼라 레지스터의 값을 더한다. `LDURDV`와 `STURDV`는 벡터 적재와 벡터 저장을 의미하며 2배 정밀도 벡터 데이터 전체를 적재하거나 저장하는 명령어이다. 한 피연산자는 적재될 혹은 저장할 벡터 레지스터이고, 다른 피연산자는 LEGv8의 범용 레지스터로서 벡터가 저장된(또는 저장될) 메모리의 시작 주소를 가지고 있다.

이상의 짧은 설명을 바탕으로 다음 연산에 해당하는 일반적인 LEGv8 코드와 벡터 LEGv8 코드를 보여라.

$$Y = a \times X + Y$$

여기에서 *a*는 2배 정밀도의 스칼라 변수이고, *X*와 *Y*는 64개의 2배 정밀도 부동소수점 숫자의 벡터로서 메모리에 있다. (이 예제는 DAXPY 순환문이라고 불리는 Linpack 벤치마크의 내부 순환문이다. DAXPY는 "double precision *a* × X plus Y"에서 따온 말이다.) *X*와 *Y*의 시작 주소가 X19와 X20에 있다고 가정한다.

답

DAXPY의 일반 LEGv8 코드는 다음과 같다.

```
        LDURD  D0,[X28,a]      //load scalar a
        ADDI   X0,X19,512      //upper bound of what to load
loop:   LDURD  D2,[X19,#0]     //load x(i)
        FMULD  D2,D2,D0        //a x x(i)
        LDURD  D4,[X20,#0]     //load y(i)
        FADDD  D4,D4,D2        //a x x(i) + y(i)
        STURD  D4,[X20,#0]     //store into y(i)
        ADDI   X19,X19,#8      //increment index to x
        ADDI   X20,X20,#8      //increment index to y
        CMPB   X0,X19          //compute bound
        B.NE   loop            //check if done
```

DAXPY의 벡터 LEGv8 코드는 다음과 같다.

```
LDURD      D0,[X28,a]      //load scalar a
LDURDV     V1,[X19,#0]     //load vector x
FMULDVS    V2,V1,D0        //vector-scalar multiply
LDURDV     V3,[X20,#0]     //load vector y
FADDDV     V4,V2,V3        //add y to product
STURDV     V4,[X20,#0]     //store the result
```

이 예제의 두 코드 사이에 재미있는 비교할 거리가 있다. 가장 극적인 것은 벡터 프로세서가 동적 명령어 대역폭을 획기적으로 줄였다는 것이다. LEGv8에서 거의 600개에 달하던 명령어를 6개로 크게 줄였다. 이렇게 줄일 수 있었던 것은 벡터 연산 하나가 64개의 원소를 처리하기 때문이고, LEGv8에서 거의 반 정도를 차지하던 오버헤드 명령어들이 벡터 코드에는 하나도 없기 때문이다. 예상할 수 있듯이 인출되는 명령어가 적어지면 에너지 소모도 줄어든다.

PIPELINING

또 다른 중요한 차이는 **파이프라인** 해저드의 빈도에 관한 것이다(4장 참조). 일반 LEGv8 코드에서 FADDD 명령어는 FMULD 명령어가 끝날 때까지 매번 기다려야 하고, STURD는 FADDD 명령어가 끝날 때까지 매번 기다려야 하며, FADDD 명령어와 FMULD 명령어는 LDURD 명령어를 기다려야 한다. 벡터 프로세서에서 벡터 명령어들은 각 벡터의 첫 번째 원소에 대하여만 지연되고 나머지 원소들은 파이프라인을 따라서 거침없이 흘러갈 수 있다. 따라서 매 **원소** 연산마다 파이프라인이 지연되는 대신에 벡터 **연산** 하나당 한 번씩만 지연된다. 이 예제에서 LEGv8의 파이프라인 지연 발생 빈도는 벡터 버전의 LEGv8보다 64배 높다. LEGv8의 파이프라인 지연은 순환문 펼치기를 사용하여 줄일 수 있다(4장 참조). 그러나 명령어 대역폭의 차이는 줄일 수 없다.

Intel x86 AVX 명령어에서 서브워드 병렬성과 같이 벡터의 각 원소는 서로 독립적이기 때문에 병렬로 연산을 수행할 수 있다. 오늘날의 모든 벡터 컴퓨터는 여러 줄의 벡터 파이프라인(**벡터 레인**이라고 함, 그림 6.2와 6.3 참조)을 갖는 벡터 기능 유닛을 갖고 있어서 클럭 사이클당 2개 이상의 연산 결과를 생성한다.

고난도: 앞의 예제는 벡터 길이가 순환문의 반복 횟수와 정확하게 일치하였다. 순환문의 반복 횟수가 벡터 길이보다 짧을 때 벡터 구조는 벡터 연산의 크기를 축소시키는 레지스터를 사용한다. 반대로 반복 횟수가 더 크면, 벡터 연산을 반복시키고 반복으로 처리하고 남은 나머지를 계산하기 위한 관리 코드를 추가해야 한다. 이 과정을 **스트립 마이닝**(strip mining)이라고 한다.

벡터와 스칼라의 비교

벡터 명령어는 일반적인 명령어 집합 구조(**스칼라 구조**라고 불리는)와 비교할 때 몇 가지 중요한 특징이 있다.

- 벡터 명령어는 많은 양의 작업을 지정하므로, 벡터 명령어 하나가 순환문 전체 수행과 같다. 그러므로 명령어 인출과 해독의 대역폭이 획기적으로 줄어든다.
- 벡터 명령어를 사용하면 벡터를 구성하는 각 원소들의 계산이 벡터 내의 다른 원소들의 계산과 독립적임을 프로그래머나 컴파일러가 명시하는 것과 같다. 따라서 한 벡터 명령어 내에서 데이터 해저드를 점검하는 하드웨어가 필요 없다.
- 데이터 수준 병렬성을 가지고 있는 응용에 대하여는 벡터 구조와 벡터 컴파일러를 이용하는 것이 MIMD 멀티프로세서에서 프로그래밍하는 것보다 훨씬 쉽다고 알려져 있다.

- 하드웨어에서 모든 벡터 원소 하나 하나에 대해 데이터 해저드를 점검하는 대신, 벡터 피연산자 하나당 한 번씩만 점검하면 된다. 전력 소모도 그만큼 줄어든다.
- 메모리를 접근하는 벡터 명령어의 경우 메모리 접근 패턴을 미리 알 수 있다. 벡터의 원소들이 모두 인접해 있다면 인터리빙의 정도가 큰 인터리브 메모리에서 벡터를 인출하는 것이 매우 효율적이다. 메인 메모리에서 매 워드를 인출할 때마다 메모리 지연을 겪는 것이 아니라 전체 벡터에 대하여 단 한 번만 지연을 겪기 때문이다.
- 순환문 전체를 행태가 이미 정해진 벡터 명령어 하나로 치환하기 때문에 순환문의 분기로 인한 제어 해저드가 발생하지 않는다.
- 이와 같이 명령어 대역폭과 해저드 점검 빈도수가 줄고 메모리 대역폭이 효율적으로 사용되기 때문에, 벡터 구조가 스칼라 구조보다 전력과 에너지 면에서 유리하다.

동일한 개수의 데이터에 대하여 스칼라 연산을 수행하는 것보다 벡터 연산을 이용하면 더 빠르게 수행할 수 있다. 따라서 컴퓨터 설계자들은 벡터 연산을 자주 사용할 수 있는 응용이 있다면 벡터 유닛을 포함시키는 방향으로 가게 된다.

벡터와 멀티미디어 확장의 비교

x86 AVX 명령어와 같이 벡터 명령어도 여러 연산을 지정한다. 그러나 멀티미디어 확장이 서너 개의 연산을 지정한다면 벡터는 수십 개의 연산을 지정하는 것이 다르다. 또 멀티미디어 확장과 달리 벡터 연산에 사용되는 원소의 수는 opcode에 표시하지 않고 별도의 레지스터로 지정한다. 따라서 벡터 구조의 버전이 바뀌면서 원소의 수를 바꾸어야 할 경우, 벡터 구조에서는 해당 레지스터의 값만 바꾸면 되므로 기계어 수준의 호환성을 유지할 수 있다. 하지만 MMX, SSE, SSE2, AVX, AVX2 등과 같은 x86 멀티미디어 확장에서는 "벡터"의 크기가 바뀔 때마다 많은 opcode를 새로 추가해야 한다.

또한 멀티미디어 확장과 달리, 꼭 인접한 데이터를 사용해야 한다는 제약이 없다. 벡터는 하드웨어적으로 매 n번째의 데이터를 적재하도록 하는 일정한 간격의 접근(strided access)과 아울러 벡터 레지스터에 적재할 원소의 주소를 하드웨어적으로 계산하는 인덱스 접근(indexed access)을 지원한다. 인덱스를 이용하여 메모리에 산재된 데이터를 인접한 벡터 원소에 적재하고, 인덱스를 이용하여 벡터 원소를 메모리에 분산시키기 때문에 인덱스 접근을 "수집-분산(gather-scatter)"이라고 부르기도 한다.

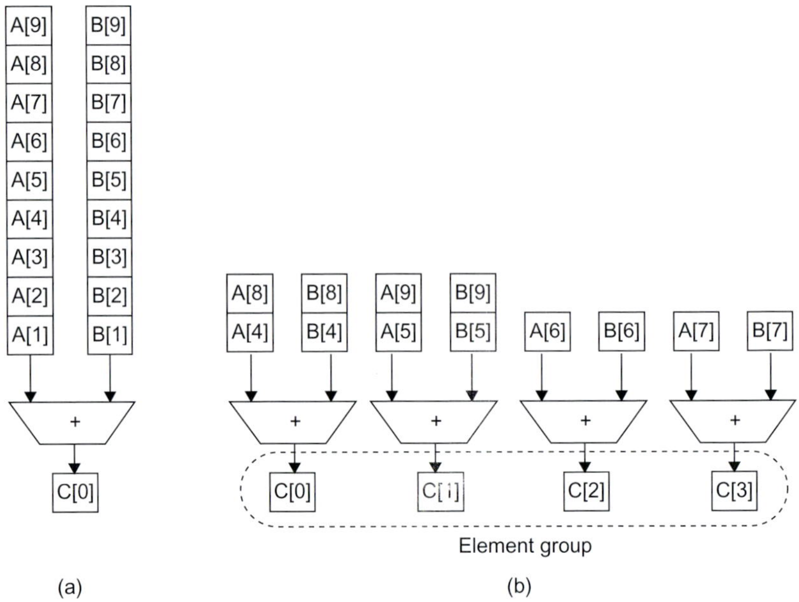

그림 6.3 C = A + B를 수행하는 벡터 연산 하나의 성능을 높이기 위해서 기능 유닛을 여러 개 사용하는 예. 왼쪽 (a)의 벡터 프로세서는 덧셈 파이프라인 하나를 사용하여 사이클당 덧셈 1개를 완료할 수 있다. 오른쪽 (b)의 벡터 프로세서는 4개의 덧셈 파이프라인 즉 레인을 사용하여 사이클당 4개의 덧셈을 완료할 수 있다. 단일 벡터의 원소들은 4개의 레인에 인터리빙 방식으로 배분된다.

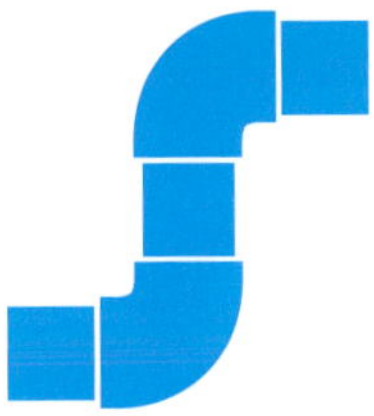

멀티미디어 확장처럼 벡터도 데이터의 폭을 쉽게 바꿀 수 있다. 즉 64비트 데이터 32개, 32비트 데이터 64개, 16비트 데이터 128개, 8비트 데이터 256개를 동일한 벡터 연산으로 처리할 수 있다. 벡터 명령어의 병렬성은 깊이가 깊은 **파이프라인** 기능 유닛을 사용하든지, 어레이 구조의 병렬 기능 유닛을 사용하든지, 혹은 파이프라인 기능 유닛과 병렬 기능 유닛을 조합해서 사용함으로써 구현할 수 있다. 그림 6.3은 벡터-덧셈 명령어를 수행함에 있어 병렬 파이프파인을 이용하면 어떻게 벡터 성능을 높일 수 있는지를 보여 준다.

벡터 레인 하나 또는 그 이상의 기능 유닛과 벡터 레지스터 파일의 일부. 고속도로에서 레인을 증가시켜 교통 속도를 개선하는 것처럼 다수의 레인이 벡터 연산을 동시에 실행한다.

벡터 연산 명령어는 일반적으로 벡터 레지스터의 N번째 원소와 다른 벡터 레지스터의 N번째 원소끼리의 연산만 허용한다. 이 때문에 병렬로 수행되는 벡터 유닛의 수를 늘리는 일이 매우 간단해지는데, 단순히 병렬 **벡터 레인**(vector lane)을 여러 개 두면 된다. 고속도로에서와 같이 레인을 더 추가하면 벡터 유닛의 최대 처리량을 증가시킬 수 있다. 그림 6.4는 4개의 레인을 갖는 벡터 유닛의 구조를 보여 준다. 한 레인에서 네 레인으로 바꾸면 벡터 명령어 하나당 클럭 사이클 수가 대략 4배로 줄어든다. 레인이 많은 것이 유리하려면 응용과 컴퓨터 구조 모두가 긴 벡터를 지원해야 한다. 그렇지 않다면 명령어가 너무 빨리 끝나서 더 이상 수행할 명령어가 없게 될 것이므로, 4장의

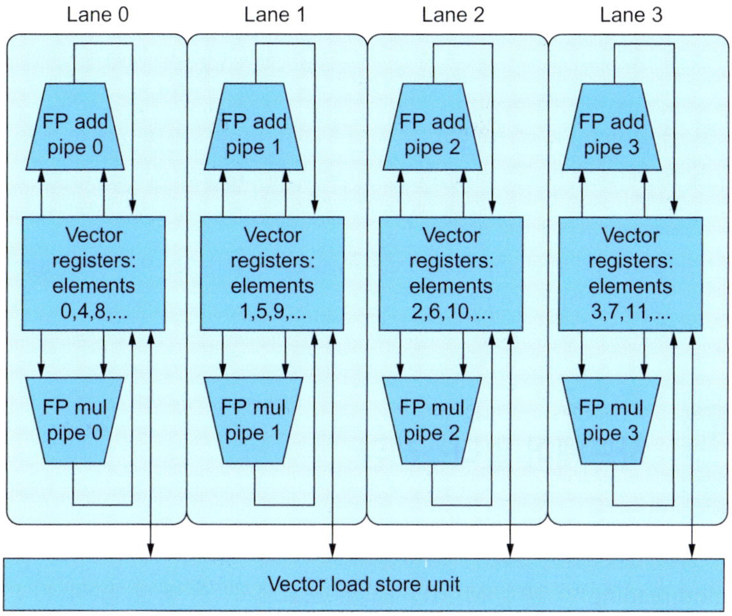

그림 6.4 4개의 레인을 갖는 벡터 유닛의 구조. 벡터 레지스터는 네 레인에 나뉘어 배치되는데, 각 레인은 각 벡터 레지스터의 매 4번째 원소를 저장한다. 그림은 FP 덧셈과 FP 곱셈, 그리고 적재-저장을 위한 3개의 벡터 기능 유닛을 보여 주고 있다. 각각의 벡터 산술 연산 유닛은 레인당 하나씩 4개의 실행 파이프라인을 가지고 있으며, 4개가 협력하여 하나의 벡터 명령어를 실행한다. 벡터 레지스터 파일의 각 섹션은 레인에 속한 기능 유닛에 필요한 입력과 출력 포트만 제공하면 된다는 점에 유의하자(4장 참조).

명령어 수준 **병렬** 기술을 사용해서 충분한 수의 벡터 명령어를 공급해야 할 것이다.

PARALLELISM

일반적으로 벡터 구조는 데이터 병렬처리 프로그램의 수행에 매우 효율적이며, 멀티미디어 확장보다 컴파일러 기술과 더 잘 맞는다. 또한 x86 구조의 멀티미디어 확장보다 점진적으로 발전시키기가 더 쉽다.

다음에는 명령어의 병렬 스트림을 단일프로세서의 성능 향상에 어떻게 이용할 것인가에 대하여 알아볼 것인데, 이 기술은 복수의 프로세서에서도 사용될 것이다.

스스로 점검하기

참 또는 거짓: x86의 예에서 볼 수 있는 바와 같이 멀티미디어 확장은 벡터 길이가 짧은 벡터 구조의 일종으로 연속적인 벡터 데이터 전송만을 지원하는 것으로 볼 수 있다.

고난도: 이렇게 벡터의 장점이 많은데 고성능 컴퓨터 외에는 그다지 많이 쓰이지 않는 이유가 무엇인가? 벡터 레지스터가 커서 상태 저장 시간이 오래 걸리기 때문에 문맥 전환 시간이 길어지며, 벡터 적재와 저장 시 발생하는 페이지 부재가 처리하기 어렵다는 우려가 있었고, 벡터 명령어의 장점 중 일부는 SIMD 명령어로도 얻을 수 있었기 때문이다. 게다가 명령어 수준 병렬성

MOORE'S LAW

의 발전만으로도 Moore의 법칙대로 성능을 개선할 수 있었기 때문에, 다른 형태의 구조로 바꿀 이유가 충분치 않았다.

고난도: 벡터와 멀티미디어 확장의 또 다른 장점은 데이터 병렬 연산의 성능을 개선하기 위하여 스칼라 명령어 집합 구조에 이 명령어들을 추가하는 것이 비교적 쉽다는 것이다.

고난도: Haswell 세대의 Intel x86 프로세서는 AVX2를 지원하는데, 여기에 수집(gather) 연산은 있지만 분산(scatter) 연산은 없다.

6.4 하드웨어 멀티스레딩

하드웨어 멀티스레딩 한 스레드가 실행할 수 없게 되면 다른 스레드로 전환하도록 하여 프로세서의 이용률을 높이는 기법.

프로세스 프로세스는 한 개 이상의 스레드와 주소공간, 운영체제 상태를 갖는다. 그러므로 프로세스 전환은 보통 운영체제를 호출하지만, 스레드 전환은 운영체제를 부르지 않는다.

스레드 스레드는 프로그램 카운터와 레지스터 상태, 스택을 갖는다. 경량 프로세스이므로 주소공간을 공유하지만, 프로세스는 그렇지 않다.

작은 단위 멀티스레딩 한 명령어를 실행하고 난 후에는 다른 스레드로 전환하는 하드웨어 멀티스레딩의 한 방식.

프로그래머의 관점에서 MIMD와 관련이 깊은 개념으로 **하드웨어 멀티스레딩**(hardware multithreading)이 있다. MIMD가 많은 프로세서들을 바쁘게 만들기 위해서 여러 개의 **프로세스**(process) 또는 **스레드**(thread)를 사용하는 반면, 하드웨어 멀티스레딩은 여러 스레드가 단일프로세서의 기능 유닛들을 겹쳐서 사용함으로써 하드웨어 자원의 효율성을 높인다. 이와 같은 방식의 공유를 위해서 프로세서는 각 스레드의 독립적인 상태를 복제해야 한다. 예를 들어 모든 스레드는 레지스터 파일과 프로그램 카운터의 복사본을 따로 가지고 있다. 메모리는 가상 메모리 메커니즘을 통하여 공유되는데 이것은 이미 멀티프로그래밍 지원을 위해 쓰이고 있는 기능이다. 이 외에도 하드웨어는 스레드를 빨리 전환하는 기능을 지원해야 한다. 특히 스레드 전환은 수백, 수천 사이클이 소모되는 프로세스 전환보다 훨씬 효율적으로 수행되어 순식간에 이루어져야 한다.

하드웨어 멀티스레딩에는 크게 두 가지 방식이 있다. **작은 단위 멀티스레딩**(fine-grained multithreading)은 매 명령어마다 스레드를 전환하여 여러 개의 스레드를 인터리빙하는 방식이다. 지연 상태에 있는 스레드는 건너뛰면서 라운드로빈(round-robin) 방식으로 인터리빙하는 것이 일반적이다. 작은 단위 멀티스레딩이 실용성을 가지려면 매 클럭 사이클마다 스레드를 전환할 수 있어야 한다. 작은 단위 멀티스레딩의 핵심적인 장점은 어떤 스레드가 지연되면 다른 스레드의 명령어를 수행함으로써 짧은 지연, 혹은 긴 지연으로 말미암는 처리량의 손실을 감출 수 있다는 점이다. 반면에 가장 큰 단점은 개별 스레드의 수행이 느려진다는 점이다. 지연 없이 바로 수행될 수 있는 스레드라 할지라도 다른 스레드의 명령어 수행 때문에 지체되기 때문이다.

큰 단위 멀티스레딩(coarse-grained multithreading)은 작은 단위 멀티스레딩의 대안으로 고안되었다. 큰 단위 멀티스레딩에서는 최하위 단계 캐시의 실패와 같이 긴 지연이 생길 때만 스레드 전환을 수행한다. 이렇게 하면 스레드 전환 비용이 매우 작아야 할 필요가 없으며, 긴 지연이 발생하는 경우에만 다른 스레드의 명령어를 실행하기 때문에 개별 스레드의 수행이 느려지는 문제도 크게 완화된다. 그러나 큰 단위 멀티스레딩은 작은 지연들로 인한 처리량의 손실을 극복하는 데 한계가 있다는 단점이 있다. 이 문제는 큰 단위 멀티스레딩의 **파이프라인** 초기화 비용 때문에 생긴다. 큰 단위 멀티스레딩은 단일스레드에서 명령어를 가져오기 때문에, 지연이 발생하면 파이프라인을 비우거나 멈추어야 한다. 지연 이후에 수행되는 새로운 스레드는 파이프라인을 새로 채워야 한다. 이와 같은 초기화 비용 때문에 파이프라인을 채우는 시간을 무시할 수 있을 만큼 지연시간이 긴 경우에 더 유용하다.

PIPELINING

큰 단위 멀티스레딩 마지막 단계 캐시 실패와 같은 심각한 사건이 일어날 때에만 스레드를 전환하는 하드웨어 멀티스레딩의 한 방식.

동시 멀티스레딩(SMT) 다중 내보내기와 동적 스케줄링을 지원하는 마이크로 아키텍처의 자원을 활용하여 멀티스레딩 비용을 줄이는 멀티스레딩의 한 방식.

동시 멀티스레딩(simultaneous multithreading, SMT)은 하드웨어 멀티스레딩의 변형으로, 다중 내보내기(multiple-issue)와 동적 스케줄링을 지원하는 **파이프라인** 프로세서의 자원을 이용하여 명령어 수준의 병렬성뿐 아니라 스레드 수준 병렬성도 함께 이용한다(4장 참조). 다중 내보내기 프로세서들은 일반적으로 단일스레드가 효과적으로 사용할 수 있는 것보다 더 많은 기능 유닛 병렬성을 가지고 있다는 점에 착안하여 SMT가 등장하게 되었다. 더욱이 레지스터 재명명과 동적 스케줄링(4장 참조)을 사용하면 서로 다른 스레드에서 가져온 명령어 여러 개를 서로의 의존 관계에 신경 쓰지 않고 내보낼 수 있다. 명령어 간의 의존 관계는 동적 스케줄링 기능이 해결할 수 있기 때문이다.

PIPELINING

SMT는 기존의 동적 메커니즘을 사용하기 때문에 매 사이클마다 자원을 바꾸지 않는다. 대신 항상 여러 스레드의 명령어들을 동시에 실행하고, 명령어 슬롯이나 재명명된 레지스터를 적절한 스레드에 할당하는 일은 하드웨어에게 맡긴다.

그림 6.5는 프로세서 구성에 따라 수퍼스칼라 자원을 활용하는 능력이 어떻게 다른지를 개념적으로 보여 준다. 그림의 상단부는 멀티스레딩을 지원하지 않는 수퍼스칼라 프로세서에서 4개의 스레드가 따로따로 수행되는 것을 보여 준다. 하단부는 다음 세 가지 멀티스레딩 옵션에 따라 4개의 스레드가 어떻게 더 효율적으로 실행될 수 있는지를 보여 준다.

- 큰 단위 멀티스레딩을 지원하는 수퍼스칼라
- 작은 단위 멀티스레딩을 지원하는 수퍼스칼라
- 동시 멀티스레딩을 지원하는 수퍼스칼라

PARALLELISM

하드웨어 멀티스레딩을 지원하지 않는 수퍼스칼라에서는 **명령어 수준 병렬성**이 부족하기 때문에 내보내기 슬롯의 사용이 제한받는다. 게다가 명령어 캐시 실패같이 큰 지연이 발생하면 전체 프로세서가 아무 일도 하지 않고 놀게 된다.

큰 단위 멀티스레딩 수퍼스칼라에서 긴 지연이 발생하면 다른 스레드로 전환하여 이를 일부 감출 수 있다. 이렇게 하면 아무 일도 하지 않는 클럭 사이클 수를 줄일 수는 있지만, 파이프라인의 초기화 오버헤드 때문에 여전히 아무 일도 하지 않는 사이클이 생기며, 명령어 수준 병렬성이 부족하므로 모든 내보내기 슬롯을 사용하는 것이 불가능하게 된다. 작은 단위 멀티스레딩의 경우는 스레드의 인터리빙을 통하여 아무 일도 하지 않는 사이클을 대부분 없앨 수 있다. 그러나 한 클럭 사이클에서는 한 스레드만 명령어를 내보내기 때문에 명령어 수준의 병렬성이 없어서 여전히 일부 클럭 사이클에서는 노는 슬롯이 생기게 된다.

SMT의 경우에는 스레드 수준 병렬성과 명령어 수준 병렬성이 모두 활용되어, 한

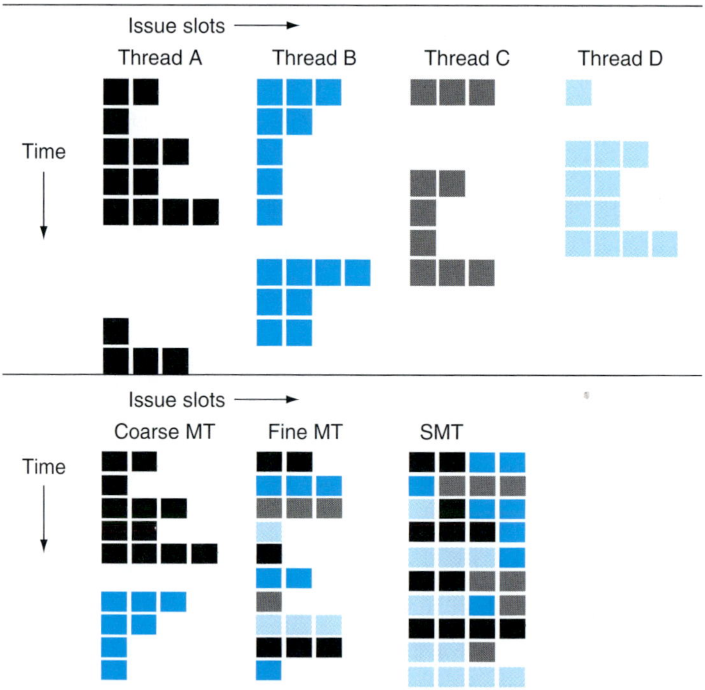

그림 6.5 서로 다른 방식에서 4개의 스레드가 어떻게 수퍼스칼라 프로세서의 내보내기 슬롯을 사용하는지를 보여 준다. 그림 상단은 멀티스레딩을 지원하지 않는 일반 수퍼스칼라 프로세서에서 4개의 스레드가 한 번에 하나씩 수행되는 경우를 보여 준다. 하단의 세 가지 예는 세 종류의 멀티스레딩 옵션에서 4개의 스레드가 어떻게 동시에 수행되는지를 보여 준다. 수평축은 매 클럭 사이클마다 명령어를 몇 개나 내보낼 수 있는지를 나타낸다. 수직축은 클럭 사이클의 진행을 표현한다. 빈(흰색) 상자는 해당되는 내보내기 슬롯이 해당 클럭 사이클에 사용되지 않고 있음을 나타낸다. 회색과 컬러 색상의 상자는 다른 스레드 4개를 표시한다. 큰 단위 멀티스레딩의 경우, 그림에는 나타나지 않았지만 파이프라인 초기화의 영향이 있으므로 처리량 손실이 더 커질 것이다.

클럭 사이클에서 여러 스레드가 내보내기 슬롯을 같이 사용한다. 이상적인 경우라면 여러 스레드가 필요로 하는 자원과 실제 가용 자원 간의 불균형이 내보내기 슬롯의 활용도를 제한하게 된다. 그러나 실제로는 다른 요인들이 슬롯 사용을 제약할 수 있다. 그림 6.5가 프로세서들의 실제 동작을 아주 단순화시키기는 했지만, 멀티스레딩이 갖는 잠재적 성능상의 이점, 특히 SMT의 장점을 잘 보여 주고 있다.

그림 6.6은 두 개의 스레드를 하드웨어적으로 지원하는 Intel Core i7 960의 한 프로세서에서 멀티스레딩을 이용하는 경우의 성능과 에너지 측면에서의 이득을 도시하고 있다. 평균 1.31배의 속도 개선을 얻었는데 하드웨어 멀티스레딩을 위한 추가 자원의 규모가 크지 않음을 고려하면 나쁘지 않은 결과이다. 평균 에너지 효율은 1.07배 개선되었는데 이는 아주 뛰어난 결과이다. 일반적으로 에너지 소모를 늘리지 않으면서 성능을 높일 수 있으면 만족스럽다고 생각한다.

지금까지 여러 개의 스레드를 사용하여 단일프로세서의 자원을 더 효율적으로 사용할 수 있는 방법에 대해 알아보았다. 다음에는 여러 개의 스레드로 어떻게 여러 프로세서를 잘 활용할 수 있는지 알아보도록 하자.

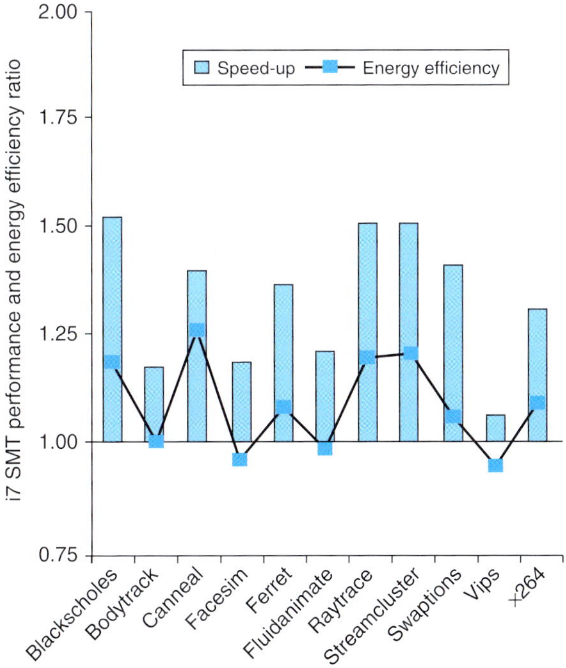

그림 6.6 i7 프로세서의 한 코어에서 멀티스레딩을 사용하는 경우에 PARSEC 벤치마크(6.9절 참조)에 대하여 평균 1.31배의 속도 개선과 1.07배의 에너지 효율 개선을 얻을 수 있다. 이 데이터는 Esmaeilzadeh 등[2011]이 수집하고 분석하였다.)

스스로 점검하기

1. 참 또는 거짓: 멀티스레딩과 멀티코어는 둘 다 병렬성을 이용하여 한 칩으로부터 효율성을 더 많이 얻고자 하는 것이다.
2. 참 또는 거짓: **동시 멀티스레딩(SMT)**은 동적 스케줄링과 비순차 실행을 지원하는 프로세서의 자원 활용도를 개선하기 위해서 스레드를 사용한다.

6.5 멀티코어와 기타 공유 메모리 멀티프로세서

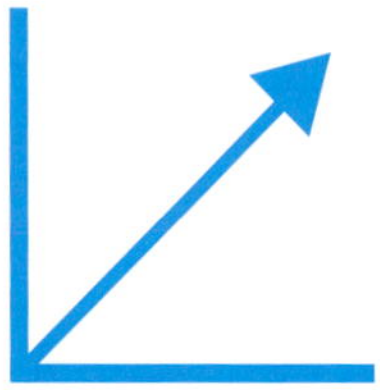

MOORE'S LAW

하드웨어 멀티스레딩이 추가 비용을 크게 들이지 않고 프로세서의 효율을 높이기는 했지만, 칩에 집적되는 프로세서의 수가 많아지면서 어떻게 효율적으로 프로그래밍을 해서 **Moore의 법칙**대로 성능 개선을 이룰 수 있을까 하는 문제는 지난 10년간의 큰 과제였다.

기존 프로그램이 병렬 하드웨어에서 잘 수행되게 고치는 것이 어렵기 때문에, 자연스럽게 "컴퓨터 설계자들이 이 작업을 쉽게 만들기 위해 할 수 있는 일이 없을까?"라는 생각을 하게 되었다. 한 가지 답은 모든 프로세서들이 공유하는 단일 실제 주소공간을 제공하는 것이었다. 이렇게 되면 프로그램들은 자신들이 사용할 데이터가 어디에 있는지 신경 쓸 필요가 없이 병렬적으로 수행될 수 있다. 이 방식에서는 언제나 또 어느 프로세서나 프로그램의 모든 변수를 접근할 수 있다. 다른 방식은 프로세서마다 별도의 주소공간을 갖고 공유할 것이 있으면 명시적으로 표시하는 방식인데, 이에 대하여는 6.7절에서 살펴볼 것이다. 실제 주소공간이 공유될 때는 하드웨어가 캐시 일관성을 보장하여 모든 프로세서가 공유 메모리에 대해 일치된 관점(consistent view)을 가지도록 하는 것이 일반적이다(5.8절 참조).

앞서 말한 바와 같이 **공유 메모리 멀티프로세서**(shared memory multiprocessor, SMP)에서는 모든 프로세서가 **단일 실제주소공간**을 가지며 멀티코어 칩은 거의 다 이런 방식으로 구현된다. 어쩌면 공유 **주소** 멀티프로세서라고 부르는 것이 더 정확한 표현일지도 모르겠다. 프로세서들은 어느 메모리 주소든지 적재와 저장 명령어를 사용하여 접근할 수 있으며 프로세서 간의 통신은 메모리에 있는 공유 변수를 통하여 이루어진다. 그림 6.7은 SMP의 전형적인 구조를 보여 준다. 프로세서들이 실제 주소공간을 공유하더라도 작업들은 각각 별개의 가상 주소공간에서 독립적으로 수행될 수 있음에 유의하자.

균일 메모리 접근(UMA) 어떤 프로세서가 메모리에 있는 어떤 워드를 접근하든지 균일한 시간이 걸리는 멀티프로세서.

단일 주소공간 멀티프로세서에는 두 가지 스타일이 있다. 한 가지는 어느 프로세서가 어느 워드를 접근하든지 간에 동일한 시간이 걸리는 스타일인데 이와 같은 것을 **균일 메모리 접근**(uniform memory access, UMA)멀티프로세서라고 한다. 두 번째 스타일에서는 어떤 프로세서가 어떤 워드를 접근하는지에 따라 메모리 접근 시간이 달라진다. 이것은 메인 메모리가 여러 조각으로 분할되어서 각각이 다른 마이크로프로세서 또는 동일 칩 내의 다른 메모리 제어기에 붙어 있기 때문이다. 이러한 기계를 비균일 메모리 접근(nonuniform memory access, NUMA)멀티프로세서라고 한다. NUMA 멀티프로세서가 UMA 멀티프로세서보다 프로그램하기 어렵다는 것은 예상할 수 있을 것이다. 그러나 NUMA 멀티프로세서는 가까운 메모리를 빨리 접근할 수 있고 규모를 크게 만들 수 있다는 장점이 있다.

동시에 동작하는 프로세서들끼리는 데이터를 공유하는 것이 일반적이므로 공유 데이터에 대한 작업을 할 때는 조정이 필요하다. 조정이 이루어지지 않으면 한 프로세서가 공유 데이터에 대한 작업을 끝내기 전에 다른 프로세서가 같은 데이터에 대한 작업을 시작할 수 있을 것이다. 이 조정 작업을 동기화(synchronization)(2장 참조)라고 하며 단일 주소공간에서 공유가 허용되는 경우에는 동기화를 위한 별도의 메커니즘이 필요하다. 한 가지 방법은 공유 변수에 대한 잠금 변수(lock)를 이용하는 것이다. 한 번에 한 프로세서만 잠금 변수를 얻을 수 있고, 공유 변수를 사용하고자 하는 다른 프로세서들은 그 프로세서가 잠금을 풀 때까지 기다려야만 한다. 2.11절에서 잠금에 사용할 수 있는 ARMv8 명령어를 소개한 바 있다.

비균일 메모리 접근(NUMA) 단일 주소공간 멀티프로세서의 일종으로, 어떤 프로세서가 어떤 워드를 접근하는지에 따라 일부 메모리 접근이 다른 경우보다 훨씬 빠른 멀티프로세서.

동기화 둘 이상의 프로세스들의 동작을 조정하는 작업. 이 프로세스들은 서로 다른 프로세서에서 실행되고 있을 수도 있다.

잠금 변수 한 번에 한 프로세서만 데이터에 접근할 수 있게 하는 동기화 장치.

공유 주소공간에서의 단순한 병렬처리 프로그램

예제

UMA 구조의 공유 메모리 멀티프로세서 컴퓨터에서 64,000개의 숫자를 더하는 프로그램을 작성하라. 프로세서의 수는 64개라고 가정한다.

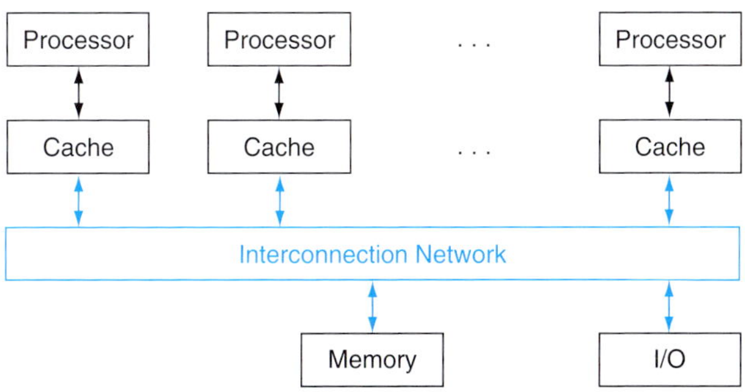

그림 6.7 공유 메모리 멀티프로세서의 고전적 구성.

답

첫 번째 단계는 숫자들을 동일한 크기의 묶음으로 나누어서 프로세서 간의 부하를 균등하게 만드는 것이다. 이 컴퓨터는 단일 주소공간을 갖고 있으므로 나눈 묶음들을 다른 메모리 공간에 할당할 필요는 없다. 각 프로세서마다 서로 다른 시작 주소를 지정해 주기만 하면 된다. Pn이 0부터 63까지의 프로세서 번호라고 하자. 모든 프로세서는 자기에게 할당된 숫자들을 더하는 순환문으로 프로그램 수행을 시작한다.

```
sum[Pn] = 0;
for (i = 1000*Pn; i < 1000*(Pn+1); i += 1)
  sum[Pn] = sum[Pn] + A[i]; /*sum the assigned areas*/
```

(C 코드에서 `i += 1`은 `i = i + 1`을 줄여서 쓰는 것임에 유의하자.)

리덕션 자료구조에 연산을 수행하여 한 숫자로 결과를 얻는 함수.

그 다음 단계는 64개의 부분합들을 더하는 것이다. 이 단계를 **리덕션**(reduction)이라고 한다. 여기서는 분할정복(divide-and-conquer) 방법을 사용한다. 프로세서들의 절반이 부분합 두 개씩을 더하고, 다시 프로세서의 1/4이 새롭게 얻은 부분합 두 개씩을 더한다. 합이 하나가 될 때까지 이 과정을 반복한다. 그림 6.8이 이러한 리덕션 과정을 보여 준다.

이 예제에서, "생산자" 프로세서가 메모리 위치에 값을 쓴 이후에 "소비자" 프로세서가 그 값을 읽어 가도록 두 프로세서 간에 동기화가 이루어져야 한다. 그렇지 않으면 소비자가 데이터의 이전 값을 읽을 수도 있기 때문이다. 그리고 각 프로세서가 자신만의 반복제어 변수를 사용하도록 해야 하므로, `i`를 "전용(private)" 변수로 지정하여야 한다. 프로그램은 다음과 같다(`half`도 전용 변수이다).

```
half = 64; /*64 processors in multiprocessor */
do
   synch(); /*wait for partial sum completion */
   if (half%2 != 0 && Pn == 0)
      sum[0] += sum[half - 1];
```

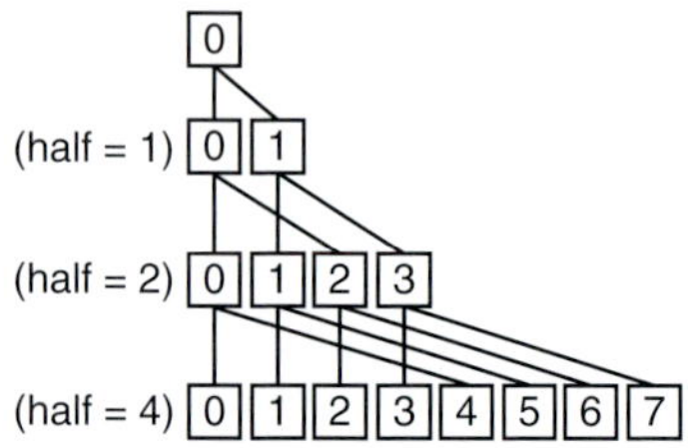

그림 6.8 각 프로세서에서 계산한 결과를 합하는 리덕션 과정의 최종 4단계. 아래에서 위쪽 방향으로 진행. 프로세서 번호 i가 half보다 작은 프로세서는 프로세서 (i+half)가 구한 합과 자신의 합을 더한다.

```
        /*Conditional sum needed when half is
        odd; Processor0 gets missing element */
        half = half/2; /*dividing line on two sums */
        if (Pn < half) sum[Pn] += sum[Pn+half];
    while (half > 1); /*exit with final sum in Sum[0] */
```

하드웨어/소프트웨어 인터페이스

병렬 프로그래밍에 대한 관심이 오래된 만큼, 병렬 프로그래밍 시스템을 만들기 위한 시도가 수백 번이나 있었다. 용도가 제한적이기는 하지만 널리 알려진 예로 OpenMP가 있다. OpenMP는 그냥 API(application programmer interface)이지만 표준 프로그래밍 언어를 확장할 수 있는 컴파일러 지시어, 환경 변수, 런타임 라이브러리 루틴들을 갖고 있어서, 공유 메모리 멀티프로세서를 위한 이식성 있고, 확장성 있는 단순한 프로그래밍 모델을 제공한다. 주된 목적은 순환문을 병렬화하고 리덕션을 수행하는 것이다.

OpenMP UNIX나 MS 플랫폼에서 수행되는 공유 메모리 멀티프로세싱을 위한 API로 C, C++, Fortran을 지원한다. 이는 컴파일러 지시어와 라이브러리, 런타임 지시어를 포함한다.

대부분의 C 컴파일러는 이미 OpenMP를 지원하고 있다. UNIX C 컴파일러에서 OpenMP API를 사용하기 위한 명령어는 다음과 같다.

```
cc -fopenmp foo.c
```

OpenMP는 `pragma`를 이용하여 C 언어를 확장하는데, 이것은 `#define`이나 `#include`처럼 C 매크로 전처리기를 위한 명령이다. 위 예제와 같이 프로세서 개수를 64개로 정해 주려면 다음 명령을 사용하면 된다.

```
# define P 64 /* define a constant that we'll use a few times */
# pragma omp parallel num_threads(P)
```

이것은 런타임 라이브러리가 64개의 병렬 스레드를 사용해야 한다는 뜻이다.

순차적인 `for` 순환문을 병렬 `for` 순환문으로 바꾸기 위해서 우리가 지정한 개수의 스레드 수만큼 작업을 나누어야 하며, 이는 다음과 같이 작성하면 된다(`sum`은 0으로 초기화되어 있다고 가정한다).

```
#pragma omp parallel for
for (Pn = 0; Pn < P; Pn += 1)
  for (i = 0; 1000*Pn; i < 1000*(Pn + 1); i += 1)
    sum[Pn] += A[i];  /*sum the assigned areas */
```

리덕션을 수행하기 위해서 리덕션 연산의 종류와 리덕션 결과를 넣을 변수를 OpenMP에게 알려 주는 명령을 사용할 수 있다.

```
#pragma omp parallel for reduction(+ : FinalSum)
```

```
for (i = 0; i < P; i += 1)
      FinalSum += sum[i]; /* Reduce to a single number */
```

64개의 프로세서를 이용하여 64개의 숫자를 더하는 효율적인 코드를 찾는 것은 OpenMP 라이브러리가 할 일이다.

OpenMP가 간단한 병렬 코드 작성을 쉽게 해 주기는 하지만, 디버깅에는 큰 도움이 되지 않는다. 그래서 오늘날 많은 프로그래머들이 C보다 생산성이 더 좋은 다른 언어를 사용하는 것과 마찬가지로 OpenMP보다 더 정교한 병렬 프로그래밍 시스템을 사용하는 병렬 프로그래머들이 많아지고 있다.

고전적인 MIMD 하드웨어와 소프트웨어를 살펴보는 우리의 여정에서, 다음 목적지는 좀 더 이국적인 구조이다. 이 구조는 다른 MIMD들과는 혈통이 전혀 달라서, 병렬 프로그래밍의 어려운 문제들을 아주 다른 시각에서 바라보고 있다.

스스로 점검하기 참 또는 거짓: 공유 메모리 멀티프로세서는 태스크 수준 병렬성을 활용할 수 없다.

고난도: SMP를 **대칭적 멀티프로세서**(symmetric multiprocessor)의 약어라고 하는 사람들도 있다. 그 의미는 모든 프로세서로부터 메모리까지의 지연시간이 거의 같다는 것이다. 이렇게 바꾼 이유는 단일 주소공간을 사용하는 대규모 NUMA 멀티프로세서와 구별하기 위함이었다. 하지만 대규모 NUMA 멀티프로세서보다 클러스터가 훨씬 널리 퍼져 있으므로, 이 책에서는 SMP를 원래의 뜻대로 사용해서 클러스터처럼 여러 개의 주소공간을 사용하는 것들과 대비하고자 한다.

고난도: 실제 주소공간을 공유하는 대신 각각 별도의 실제 주소공간을 갖되 가상 주소공간을 공유하게 할 수도 있다. 이때 통신 문제는 운영체제가 담당하게 된다. 실제로 이런 방법을 시도해 보았으나, 성능에 민감한 프로그래머에게 실질적인 공유 메모리 추상화를 제공하려면 오버헤드가 너무 커서 실패했다.

6.6 그래픽 처리 유닛의 기초

기존 구조에 SIMD 명령어를 추가하는 것이 타당하다고 생각하게 된 초창기의 이유는 PC와 워크스테이션에 있는 많은 마이크로프로세서들이 그래픽 디스플레이와 연결되어 있어서 그래픽을 처리하는 시간의 비중이 점점 늘어난다는 것이었다. **Moore의 법**

칙대로 마이크로프로세서에 사용 가능한 트랜지스터의 수가 늘어나면서, 그래픽 처리 성능을 개선하는 것이 타당한 일이 되었다.

그래픽 처리 성능을 끌어올리는 주 동력은 컴퓨터 게임 산업이었다. 여기에는 PC와 Sony PlayStation과 같은 전용 게임기가 모두 포함된다. 게임 시장이 빠르게 성장하면서 더 빠른 그래픽 하드웨어 개발에 투자를 늘려 가는 회사가 많아졌다. 이와 같은 선순환 구조는 그래픽 처리 성능이 주류 마이크로프로세서의 범용 처리 성능보다 더 빠른 속도로 개선되도록 하였다.

그래픽과 게임 커뮤니티는 마이크로프로세서를 개발하는 커뮤니티와 다른 목표를 가지고 있기 때문에 독특한 스타일의 처리 기술과 용어들을 발전시켰다. 그래픽 프로세서가 점점 더 큰 세력을 얻게 됨에 따라 CPU와 구별하기 위해서 **그래픽 처리 유닛**(graphics processing unit, GPU)이라는 이름을 사용하게 되었다.

오늘날 200~300달러만 있으면 수백 개의 병렬 부동소수점 유닛을 장착한 GPU를 구매할 수 있는데, 그 덕분에 고성능 컴퓨팅을 쉽게 접할 수 있게 되었다. 이런 잠재적인 성능이 GPU를 쉽게 프로그램하도록 하는 프로그래밍 언어와 접목되면서 GPU에 대한 관심이 커지게 되었다. 그래서 오늘날 과학 계산이나 멀티미디어 응용 프로그램을 작성하는 사람 중에는 GPU를 사용할지 CPU를 사용할지 고민하는 사람이 많다.

(이 절은 계산을 위해 GPU를 사용하는 면에 초점을 맞추고 있다. GPU 컴퓨팅이 전통적인 그래픽 가속 기능과 어떻게 접목되는지를 보려면 부록 B를 참조하라.)

GPU와 CPU의 주요 차이점은 다음과 같다.

- GPU는 CPU를 돕는 가속기이다. 따라서 CPU가 수행하는 모든 작업을 다 수행할 필요가 없다. 그렇기 때문에 모든 자원을 그래픽만을 위해 사용할 수 있다. GPU가 어떤 작업을 전혀 수행할 수 없거나 느리게 수행한다고 해도 그 시스템이 CPU와 GPU를 모두 가지고 있다면 문제되지 않는다. CPU가 그 일을 담당하면 되기 때문이다.
- GPU 문제의 크기는 보통 수백 MB에서 GB 수준이다. 수백 GB나 TB 단위까지 가지는 않는다.

이러한 차이점 때문에 다른 스타일의 구조를 갖게 되었다.

- 아마 가장 큰 차이점은 GPU의 경우 메모리의 큰 지연시간을 극복하기 위해서 CPU처럼 다단계 캐시를 사용하지 않는다는 점일 것이다. 그 대신 GPU는 메모리 지연을 감추기 위해서 하드웨어 멀티스레딩(6.4절 참조)을 사용한다. 즉, 메모리 접근을 요청한 후 그 데이터가 도착할 때까지 GPU는 그 요청과 무관한 스레드를 수백, 수천 개 수행한다.
- GPU의 메인 메모리는 지연시간보다는 처리율을 높이는 데 초점을 맞춘다.

CPU를 위한 DRAM 칩보다 폭이 더 넓고 처리량이 큰 DRAM 칩을 GPU 전용으로 두기도 한다. GPU 메모리는 통상 마이크로프로세서의 메인 메모리보다 더 작다. 2013년 기준으로 CPU가 32GiB에서 256GiB 메모리를 사용하는 반면, GPU는 통상 4GiB에서 6GiB나 그 이하의 메모리를 갖는다. 끝으로 GPU는 코프로세서(coprocessor)이므로, 범용 연산을 할 때는 CPU 메모리와 GPU 메모리 간의 전송 시간이 추가된다는 것을 명심해야 한다.

- 큰 메모리 대역폭을 얻기 위해서 많은 수의 스레드를 활용하기 때문에 GPU는 많은 스레드와 많은 병렬 프로세서(MIMD)를 수용할 수 있다. 따라서 전형적인 CPU와 비교할 때 GPU는 훨씬 고도로 멀티스레딩되어 있고 프로세서도 더 많다.

하드웨어/소프트웨어 인터페이스

GPU는 좁은 응용 범위를 대상으로 설계되었지만, 일부 프로그래머들은 GPU의 높은 잠재 성능을 이용할 수 있도록 응용 프로그램을 작성할 수 있는지가 궁금하였다. 처음에는 그래픽 API와 언어를 사용하여 문제를 서술하려고 해 보다가, 여기에 지친 사람들이 직접 GPU 프로그램을 작성할 수 있도록 C 언어에 근간을 둔 프로그램 언어를 개발하였다. NVIDIA사의 CUDA(compute unified device architecture)가 한 예인데, 일부 제약이 있기는 하지만 프로그래머가 GPU에서 수행될 C 프로그램을 직접 작성할 수 있게 해 준다. 부록 B에는 CUDA 코드의 예제가 수록되어 있다(OpenCL은 CUDA가 갖는 많은 장점을 제공하면서도 이식성 있는 프로그래밍 언어를 개발하기 위해 여러 기업이 함께 추진하고 있는 사업이다).

NVIDIA는 이런 모든 형태의 병렬성을 통합하는 주제를 CUDA 스레드로 정의하였다. 이 가장 낮은 수준의 병렬성을 프로그래밍 프리미티브로 사용하여, 컴파일러와 하드웨어가 수천 개의 CUDA 스레드를 함께 묶어서 멀티스레딩, MIMD, SIMD, 명령어 수준의 병렬성 등 GPU 내의 다양한 병렬성을 활용할 수 있다. 이 스레드들은 32개씩 묶여서 블록을 이루고 한꺼번에 수행된다. GPU 안에 있는 멀티스레드 프로세서는 이 스레드 블록들을 실행하는데, GPU는 8개에서 32개의 멀티스레드 프로세서로 구성된다.

NVIDIA GPU 구조의 기초

GPU 구조를 대표하는 예로 NVIDIA 시스템을 사용하려고 한다. 특히 CUDA 병렬 프로그래밍 언어의 용어를 그대로 사용하고 Fermi 구조를 예로 들어 살펴본다.

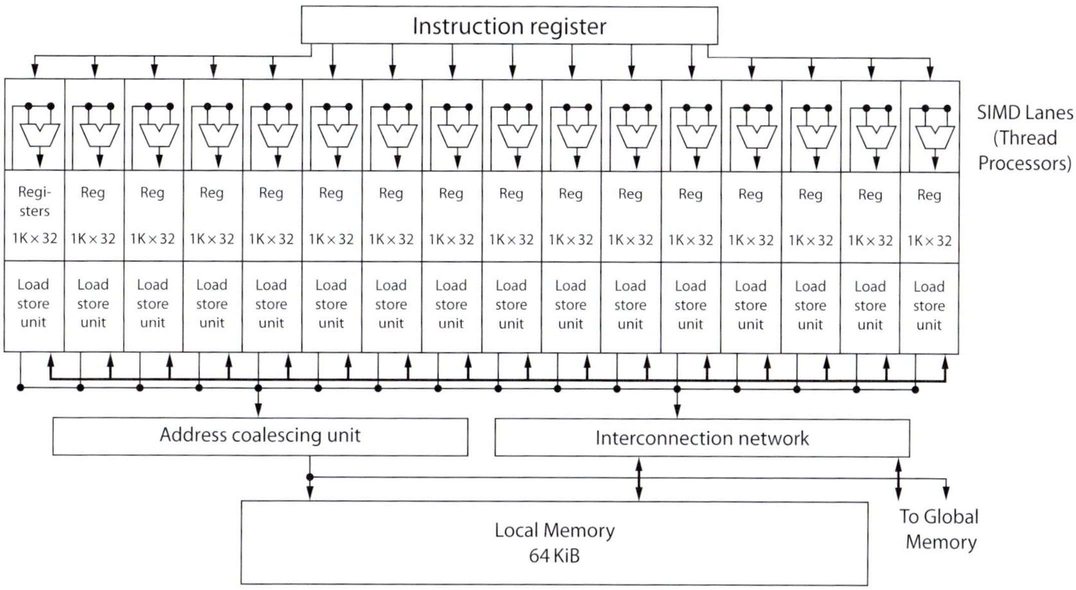

그림 6.9 멀티스레드 SIMD 프로세서의 데이터패스를 보여 주는 간략화된 블록 다이어그램. 16개의 SIMD 레인을 가지고 있다. SIMD 스레드 스케줄러는 프로세서에서 수행할 수 있는 많은 수의 독립적인 SIMD 스레드를 가지고 있다.

벡터 구조처럼 GPU는 데이터 수준 병렬 문제를 잘 처리한다. 두 방식 모두 수집-분산 방식의 데이터 이동을 지원하는데, GPU 프로세서가 벡터 프로세서보다 더 많은 레지스터를 갖고 있다. 대부분의 벡터 프로세서와 달리 GPU는 한 멀티스레드 SIMD 프로세서 내의 하드웨어 멀티스레딩을 사용하여 메모리 지연을 감춘다(6.4절 참조).

멀티스레딩 SIMD 프로세서는 벡터 프로세서와 비슷하다. 그러나 깊게 파이프라인되어 있는 기능 유닛을 몇 개 가지고 있는 벡터 프로세서와 달리 GPU는 많은 수의 병렬 기능 유닛을 갖고 있다.

앞서 언급한 바와 같이 GPU는 멀티스레드 SIMD 프로세서들을 가지고 있다. 즉, GPU는 멀티스레드 SIMD들로 구성된 MIMD이다. NVIDIA는 Fermi 구조의 GPU를 가격대별로 각각 7, 11, 14, 15개의 멀티스레드 SIMD를 갖도록 구현하고 있다. 멀티스레드 SIMD 프로세서의 수가 다른 여러 모델의 GPU에 투명한 확장성을 제공하기 위해서 스레드 블록 스케줄러 하드웨어가 스레드 블록을 멀티스레드 SIMD 프로세서에 할당한다. 그림 6.9는 멀티스레드 SIMD 프로세서의 간략화된 블록 다이어그램을 보여 준다.

한 단계 더 상세히 설명하자면, 하드웨어가 생성하고 관리하며 스케줄하고 실행하는 객체는 SIMD 명령어들의 스레드이다. 이를 SIMD 스레드라고 부른다. 이들 SIMD

스레드들은 독자적인 프로그램 카운터를 가지고 있으며 멀티스레드 SIMD 프로세서에서 수행된다. **SIMD 스레드 스케줄러**는 어떤 SIMD 스레드가 수행할 준비가 되어 있는지를 알려 주는 제어기를 포함하고 있고, 수행할 SIMD 스레드를 디스패치 유닛에 전달하여 멀티스레드 SIMD 프로세서에서 수행되도록 한다. 이것은 SIMD 명령어로 구성된 스레드를 스케줄한다는 점을 제외하고는 전통적인 멀티스레드 프로세서에서의 하드웨어 스레드 스케줄러와 동일하다(6.4절 참조). 그러므로 GPU 하드웨어는 2단계의 하드웨어 스케줄러를 갖는다.

1. 스레드 블록을 멀티스레드 SIMD 프로세서에 할당하는 **스레드 블록 스케줄러**
2. SIMD 프로세서 내에서 SIMD 스레드를 스케줄하는 SIMD 스레드 스케줄러

이 스레드의 SIMD 명령어는 폭이 32이어서 SIMD 명령어의 각 스레드는 32개의 원소에 대하여 계산을 수행한다. 스레드가 SIMD 명령어로 구성되어 있으므로 SIMD 프로세서는 연산을 수행하기 위해서 병렬 기능 유닛을 가져야 한다. 이것을 **SIMD 레인**이라고 하는데 6.3절에서 살펴본 벡터 레인과 매우 유사하다.

고난도: SIMD 프로세서당 레인의 수는 GPU 세대별로 다양하다. Fermi의 경우 SIMD 명령어의 스레드 32개가 16개의 SIMD 레인에 할당된다. 따라서 SIMD 명령어의 각 SIMD 스레드 실행에는 2 클럭 사이클이 걸린다. SIMD 명령어의 각 스레드는 락-스텝(lock-step) 방식으로 진행된다. SIMD 프로세서를 벡터 프로세서에 비유하면, 레인이 16개 있고 벡터 길이가 32인 벡터 프로세서로 볼 수 있다. 레인은 많고 벡터의 길이는 짧은 특성 때문에 벡터 프로세서 대신 SIMD라는 용어를 사용하고 있는데 이것이 더 직관적이라 생각한다.

정의상 SIMD 명령어들의 스레드는 독립적이기 때문에 SIMD 스레드 스케줄러는 실행 가능한 SIMD 명령어의 스레드는 아무것이나 선택할 수 있으며, 꼭 같은 스레드 내의 다음 SIMD 명령어를 순차적으로 실행해야 되는 것은 아니다. 6.4절의 용어를 사용한다면 작은 단위 멀티스레딩에 해당된다.

이런 메모리 원소들을 저장하기 위해서 Fermi SIMD 프로세서는 무려 32,768개의 32비트 레지스터를 갖고 있다. 벡터 프로세서에서 레지스터들이 논리적으로 벡터 레인에 나누어지듯이 여기서는 SIMD 레인에 나누어진다. 각 SIMD 스레드가 사용할 수 있는 레지스터는 64개 이내로 제한되어 있으므로, SIMD 스레드 하나가 최대 64개의 벡터 레지스터를 갖고, 각 벡터 레지스터는 32개의 원소를 가지며, 각 원소는 32비트의 폭을 갖는 것으로 생각할 수 있다.

Fermi는 16개의 SIMD 레인을 가지고 있으므로 각 레인에는 2048개의 레지스터가 있다. CUDA 스레드는 각 벡터 레지스터에서 한 원소씩 꺼낸다. CUDA 스레드는 SIMD 명령어의 스레드를 수직으로 자른 것과 같아서, 한 SIMD 레인이 수행하는 원소 하나에 해당한다. CUDA 스레드는 POSIX 스레드와 전혀 다름에 주의하자. CUDA 스레드 내에서는 마음대로 시스템 호출이나 동기화를 할 수 없다.

NVIDIA GPU 메모리 구조

그림 6.10은 NVIDIA GPU의 메모리 구조를 보여 준다. 멀티스레드 SIMD 프로세서 내에 존재하는 온칩 메모리를 **지역 메모리**(local memory)라고 부른다. 멀티스레드 SIMD 프로세서 내에 있는 SIMD 레인은 지역 메모리를 서로 공유하지만 다른 멀티스레드 SIMD 프로세서와는 공유하지 않는다. 전체 GPU와 모든 스레드 블록이 공유하는 DRAM은 칩 외부에 존재하며 **GPU 메모리**(GPU memory)라고 부른다.

응용 프로그램의 모든 워킹셋(working set)을 담을 수 있는 큰 캐시 대신에 GPU는 전통적으로 작은 크기의 스트리밍 캐시를 사용하고, SIMD 명령어 스레드들의 멀티스레딩을 대대적으로 사용하여 DRAM의 긴 지연시간을 감춘다. 그 이유는 워킹셋의 크기가 수백 MB나 되어서, 멀티코어 마이크로프로세서의 최하위 단계 캐시에 들어가지 않기 때문이다. DRAM의 지연시간을 감추기 위해서 하드웨어 멀티스레딩을 사용하므로, 시스템 프로세서에서 캐시에 사용되는 칩 영역을 컴퓨팅 자원과 많은 레지스터 구현에 사용하였다. SIMD 명령어의 많은 스레드의 상태를 저장하기 위해서 레지스터가 많이 필요하기 때문이다.

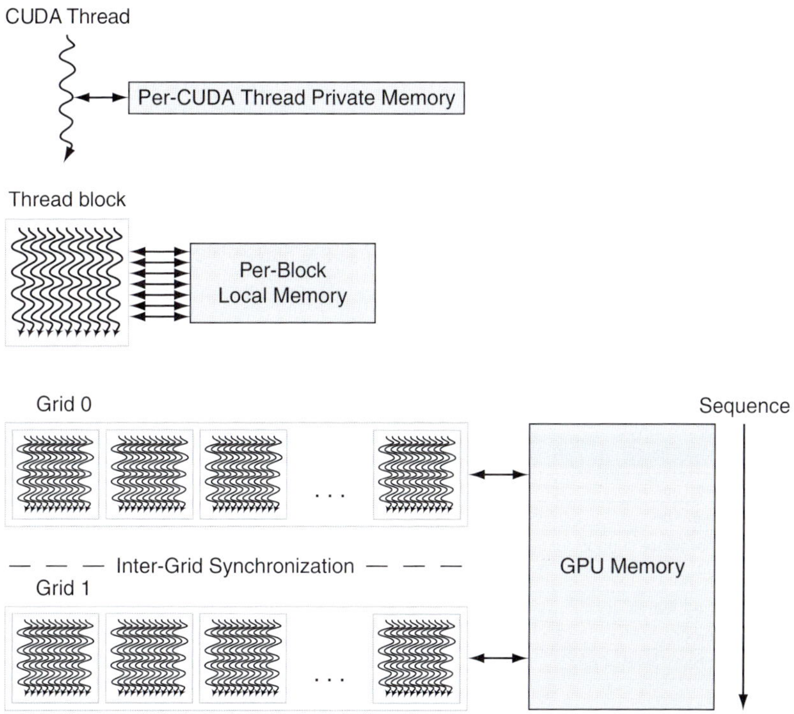

그림 6.10 GPU 메모리 구조. GPU 메모리는 벡터화된 순환문들이 공유한다. 한 스레드 블록 내 SIMD 명령어의 모든 스레드는 지역 메모리를 공유한다.

고난도: 메모리 지연시간을 감추자는 것이 GPU의 기본 철학이지만, 최신 GPU와 벡터 프로세서는 캐시를 추가하고 있다. 예를 들어 최근의 Fermi 구조에는 캐시가 추가되었다. 하지만 전통적인 캐시라기보다는 GPU 메모리에 대한 접근 요구를 줄여 주는 대역폭 필터(bandwidth filter)나 멀티스레딩으로 지연을 감출 수 없는 소수의 변수를 위한 가속기로 볼 수 있다. 함수를 호출할 때는 지연이 중요하기 때문에 스택 프레임이나 함수 호출, 레지스터 스필(register spill)을 위한 지역 메모리가 캐시와 잘 어울린다. 온칩 캐시를 접근하면 칩 외부의 DRAM을 여러 번 접근하는 것보다 훨씬 에너지 소비가 작기 때문에, 캐시는 에너지도 절약한다.

한 발짝 떨어져서 본 GPU

상위 수준에서 볼 때 GPU는 SIMD 명령어를 확장한 멀티코어 컴퓨터와 유사한 면이 많다. 그림 6.11에 유사점과 차이점이 정리되어 있다. GPU가 더 많은 프로세서와 훨씬 더 많은 수의 SIMD 레인을 가지고 있지만, 두 개 모두 여러 개의 SIMD 레인을 갖는 프로세서로 구성된 MIMD이다. GPU가 훨씬 더 많은 스레드를 지원하지만 두 개 모두 프로세서의 효율을 높이기 위해서 하드웨어 멀티스레딩을 사용한다. 두 개 모두 캐시를 사용하는데, GPU는 작은 크기의 스트리밍 캐시를 사용하는 반면, 멀티코어 컴퓨터는 되도록 워킹셋 전체를 담을 수 있을 만큼 큰 다단계 캐시를 사용한다. GPU의 실제 메인 메모리는 크기가 훨씬 작지만, 두 개 모두 64비트 주소공간을 사용한다. GPU는 페이지 단위에서 메모리를 보호하는 기능을 지원하지만 아직은 요구 페이징(demand paging)을 지원하지 않는다.

SIMD 프로세서는 벡터 프로세서와도 비슷하다. GPU의 SIMD 프로세서들은 독립적인 MIMD 코어처럼 동작하는데 이것은 벡터 컴퓨터들이 벡터 프로세서를 여러 개 가지고 있는 것과 같다. 이 관점에서 보면 Fermi GTX 580은 하드웨어 멀티스레딩을 지원하는 16-코어 기계로 볼 수 있다. 각 코어에는 16개의 레인이 있다. 가장 큰 차이점은 멀티스레딩으로, GPU에서는 기본적인 기능이지만 대부분의 벡터 프로세서에는 없다.

Feature	Multicore with SIMD	GPU
SIMD processors	4 to 8	8 to 16
SIMD lanes/processor	2 to 4	8 to 16
Multithreading hardware support for SIMD threads	2 to 4	16 to 32
Largest cache size	8 MiB	0.75 MiB
Size of memory address	64-bit	64-bit
Size of main memory	8 GiB to 256 GiB	4 GiB to 6 GiB
Memory protection at level of page	Yes	Yes
Demand paging	Yes	No
Cache coherent	Yes	No

그림 6.11 멀티미디어 SIMD 확장이 있는 멀티코어와 최신 GPU의 유사점과 차이점.

컴퓨터 구조의 계보를 따라 올라가도 CPU와 GPU의 공통 조상은 찾을 수 없다. 다시 말하면 이 둘 간의 잃어버린 고리(missing link)가 존재하지 않는 것이다. 이렇게 혈통이 다르기 때문에 GPU는 컴퓨터 구조 커뮤니티에서 쓰는 용어를 사용하지 않는데, 이로 인해 GPU가 어떤 것이고 어떻게 동작을 하는지를 이해하는 데 혼란이 생겼다. 이런 혼란을 줄이기 위해 이 절에서 사용한 서술적 용어, 주류 컴퓨팅 용어에 가장 근접한 용어, NVIDIA GPU에서 공식적으로 사용하는 용어를 그림 6.12에 왼쪽에서 오른쪽 순으로 보였다. 이 "GPU 로제타스톤"은 이 절의 내용과 아이디어를 부록 B에 기술되어 있는 GPU에 대한 보다 전통적인 설명과 연관시키는 데 도움을 줄 수 있을 것이다.

Type	More descriptive name	Closest old term outside of GPUs	Official CUDA/ NVIDIA GPU term	Book definition
Program abstractions	Vectorizable Loop	Vectorizable Loop	Grid	A vectorizable loop, executed on the GPU, made up of one or more Thread Blocks (bodies of vectorized loop) that can execute in parallel.
	Body of Vectorized Loop	Body of a (Strip-Mined) Vectorized Loop	Thread Block	A vectorized loop executed on a multithreaded SIMD Processor, made up of one or more threads of SIMD instructions. They can communicate via Local Memory.
	Sequence of SIMD Lane Operations	One iteration of a Scalar Loop	CUDA Thread	A vertical cut of a thread of SIMD instructions corresponding to one element executed by one SIMD Lane. Result is stored depending on mask and predicate register.
Machine object	A Thread of SIMD Instructions	Thread of Vector Instructions	Warp	A traditional thread, but it contains just SIMD instructions that are executed on a multithreaded SIMD Processor. Results stored depending on a per-element mask.
	SIMD Instruction	Vector Instruction	PTX Instruction	A single SIMD instruction executed across SIMD Lanes.
Processing hardware	Multithreaded SIMD Processor	(Multithreaded) Vector Processor	Streaming Multiprocessor	A multithreaded SIMD Processor executes threads of SIMD instructions, independent of other SIMD Processors.
	Thread Block Scheduler	Scalar Processor	Giga Thread Engine	Assigns multiple Thread Blocks (bodies of vectorized loop) to multithreaded SIMD Processors.
	SIMD Thread Scheduler	Thread scheduler in a Multithreaded CPU	Warp Scheduler	Hardware unit that schedules and issues threads of SIMD instructions when they are ready to execute; includes a scoreboard to track SIMD Thread execution.
	SIMD Lane	Vector lane	Thread Processor	A SIMD Lane executes the operations in a thread of SIMD instructions on a single element. Results stored depending on mask.
Memory hardware	GPU Memory	Main Memory	Global Memory	DRAM memory accessible by all multithreaded SIMD Processors in a GPU.
	Local Memory	Local Memory	Shared Memory	Fast local SRAM for one multithreaded SIMD Processor, unavailable to other SIMD Processors.
	SIMD Lane Registers	Vector Lane Registers	Thread Processor Registers	Registers in a single SIMD Lane allocated across a full thread block (body of vectorized loop).

그림 6.12 GPU 용어들의 빠른 설명서. 첫째 열에서는 하드웨어 용어를 사용하였다. 12개의 용어를 위로부터 프로그램 추상화(program abstraction), 기계와 관련된 객체(machine object), 프로세싱 하드웨어(processing hardware), 메모리 하드웨어(memory hardware) 4개의 그룹으로 나누었다.

GPU가 주류 컴퓨팅으로 이동을 하고 있지만, 그래픽 처리에 뛰어난 성능을 보여야 한다는 책임을 포기할 수는 없다. 그러므로 "그래픽을 잘 처리하기 위해서 하드웨어에 투자했다. 그러면 어떻게 보완을 하면 더 넓은 분야의 응용에서도 성능이 개선될 수 있을까?"라는 관점에서 GPU를 설계해야 사리에 맞을 것이다.

지금까지 공유 주소공간을 갖는 두 가지 MIMD 스타일을 살펴보았다. 다음에는 각 프로세서가 자신만의 주소공간을 갖는 병렬 프로세서를 소개할 것이다. 이렇게 하면 더 큰 규모의 시스템을 만들기가 훨씬 쉽다. 당신이 매일 사용하는 인터넷 서비스는 이런 방식의 대규모 시스템에 의존하고 있다.

고난도: GPU가 처음 나왔을 때는 CPU와 별도의 메모리를 갖는 것으로 소개되었으나, AMD와 Intel 모두 CPU와 GPU가 하나의 메모리를 공유하는 "통합" 제품을 발표하였다. 이 통합 구조는 GPU 성능의 기반인 높은 대역폭 메모리를 어떻게 실현할 것인가가 관건이 될 것이다.

스스로 점검하기

참 또는 거짓: GPU는 그래픽 DRAM 칩을 이용하여 메모리 지연시간을 줄이고 그래픽 응용의 성능을 증가시킨다.

6.7 클러스터, 창고규모 컴퓨터와 기타 메시지 전달 멀티프로세서

주소공간을 공유하는 대신 프로세서들이 자신만의 실제 주소공간을 갖도록 하는 방법이 있다. 그림 6.13은 다수의 전용 주소공간(private address space)을 사용하는 멀티프로세서의 전형적인 구성을 보여 준다. 이 방식의 멀티프로세서는 메시지 전달 컴퓨터라고 부르는데 명시적인 메시지 전달(message passing) 방식으로 프로세서 간 통신이 이루어진다. 시스템이 메시지 전송 루틴(send message routine)과 메시지 수신 루틴(receive message routine)을 가지고 있는 경우, 송신 프로세서는 메시지 전송 시점을 알고 수신 프로세서는 메시지 도착 시점을 알기 때문에 프로세서 간의 조정이 메시지 전달 자체로 이루어진다. 송신 측이 메시지 도착 여부를 확인할 필요가 있을 때는 수신 프로세서가 송신 프로세서에게 확인 메시지를 보낼 수 있다.

메시지 전달 명시적으로 정보를 보내고 받음으로써 프로세서 간의 통신을 수행하는 방식.

메시지 전송 루틴 전용 메모리 컴퓨터에서 한 프로세서가 다른 프로세서로 메시지를 전송하는 루틴.

메시지 수신 루틴 전용 메모리 컴퓨터에서 한 프로세서가 다른 프로세서로부터 메시지를 수신하는 루틴.

고성능의 메시지 전달 연결망을 기반으로 고성능 컴퓨터를 구성하려는 여러 시도가 있었다. 이들은 근거리 네트워크(LAN)를 사용하여 구성한 클러스터보다 통신 성능의 절대치 측면에서 우수하다. 실제로 오늘날의 많은 수퍼컴퓨터가 특화된 연결망을 사용한다. 그러나 문제는 이런 특화된 연결망이 이더넷과 같은 LAN보다 훨씬 비

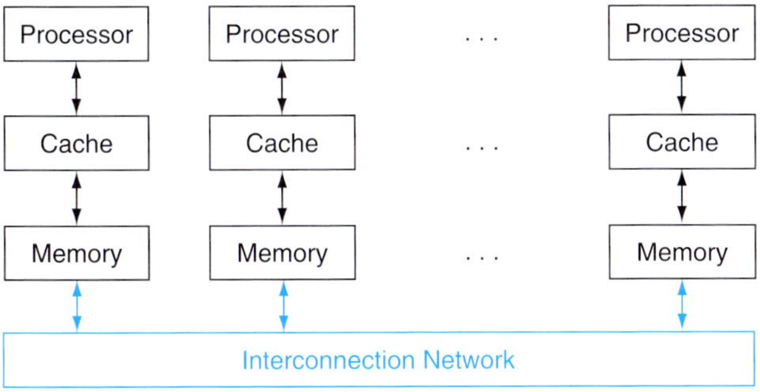

그림 6.13 전통적으로 메시지 전달 멀티프로세서라고 알려진, 다수의 전용 주소공간을 갖고 있는 멀티프로세서의 고전적 구성. 그림 6.7의 SMP와 달리, 상호연결망이 캐시와 메모리 사이에 존재하지 않고 프로세서-메모리 노드들 사이에 존재하는 것에 유의하라.

싸다는 것이다. 실제로 그렇게 많은 돈을 들여서 통신 성능을 좋게 하는 것을 정당화할 만한 응용은 고성능 컴퓨팅 분야 외에는 거의 없다.

하드웨어/소프트웨어 인터페이스

하드웨어 설계자에게는 캐시 일관적 공유 메모리(cache-coherent shared memory) 컴퓨터보다 메시지 전달을 이용하여 통신하는 컴퓨터를 만드는 것이 훨씬 쉽다(5.8절 참조). 또한 프로그래머의 입장에서는 통신이 명시적으로 표현되기 때문에 공유 메모리 컴퓨터의 암묵적 통신과 달리 성능을 어느 정도 예측할 수 있다는 장점이 있다. 반면에 단점은 순차적인 프로그램을 메시지 전달 컴퓨터에 이식시키는 것이 힘들다는 것이다. 통신이 일어나야 할 부분을 사전에 모두 표시하지 않으면 프로그램이 동작을 하지 않을 것이기 때문이다. 캐시 일관적 공유 메모리에서는 하드웨어가 통신이 필요한 데이터를 파악하기 때문에 이식이 쉽다. 암묵적 통신이 장점도 있고 단점도 있기 때문에, 고성능을 얻기 위한 가장 빠른 길이 무엇인지에 대하여는 이견이 많다. 하지만 시장에서는 그러한 혼란이 없다. 멀티코어 마이크로프로세서는 공유 메모리를 사용하는 반면 클러스터의 노드들은 메시지 전달을 이용하여 서로 통신한다.

어떤 병행 응용은 공유 메모리 구조이든 메시지 전달 구조이든 관계없이 병렬 하드웨어에서 잘 수행된다. 특히 태스크 수준 병렬성을 이용하거나 웹 검색, 파일 서버처럼 통신이 거의 없는 응용은 꼭 공유 주소를 사용해야만 잘 수행되는 것은 아니다. 그래서 메시지 전달 병렬 컴퓨터 중에서 **클러스터**(cluster)가 오늘날 가장 널리 쓰이고 있다. 클러스터의 각 노드는 독자적인 메모리와 운영체제를 가지고 있다. 반면에 마이크로프로세서 내의 코어들은 칩 내의 고성능 연결망으로 연결되어 있으며, 멀티칩 공

클러스터 메시지 전달 멀티프로세서를 구성하기 위하여 표준화된 네트워크 스위치와의 입출력 장치를 통하여 연결된 컴퓨터들의 집합.

유 메모리 시스템은 메모리 연결망으로 연결되어 있다. 메모리 연결망은 대역폭이 더 크고 지연시간은 작기 때문에, 공유 메모리 멀티프로세서의 통신 성능이 훨씬 좋다.

병렬 프로그래밍의 관점에서는 사용자 메모리를 따로따로 갖고 있다는 것이 약점이기도 하지만 시스템 신용도 측면에서는 오히려 강점이 된다(5.5절 참조). 클러스터는 근거리 네트워크로 연결된 독립적인 컴퓨터로 구성되므로, 시스템 전체를 중단시키지 않고 컴퓨터 하나를 대체하는 것이 공유 메모리 멀티프로세서의 경우에 비해 훨씬 쉽다. 본래 공유 주소를 사용하는 경우, 프로세서 하나를 분리하고 대체하는 것은 운영체제가 엄청난 일을 하고 서버의 물리적 설계가 기가 막히게 잘 되어 있지 않는 한 아주 어려운 일이다. 클러스터의 경우 서버가 하나 고장 나면 부드럽게 성능을 떨어뜨릴 수 있으므로 **신용도**가 좋아진다. 클러스터 소프트웨어는 각 컴퓨터에서 돌아가는 운영체제 위에서 수행되기 때문에 고장 난 컴퓨터를 분리하고 대체하는 것이 훨씬 쉽다.

DEPENDABILITY

클러스터는 완전한 컴퓨터와 독립적이면서도 확장 가능한 네트워크로 구성되기 때문에 클러스터 위에서 돌아가는 응용들을 중단시키지 않고 시스템을 확장하는 것도 쉽다.

대규모 공유 메모리 멀티프로세서와 비교했을 때 통신 성능이 떨어짐에도 불구하고 낮은 비용, 높은 가용성, 빠르면서도 점진적으로 확장할 수 있는 장점 때문에 클러스터는 인터넷 서비스 사업자에게 매력적이다. 매일 수억 명이 사용하는 검색 엔진들이 이 기술을 사용하고 있다. Amazon, Facebook, Google, Microsoft 등 많은 회사들이 수만 개의 서버로 구성된 클러스터들을 가지고 있는 데이터센터 여러 개를 운영하고 있다. 분명한 것은 인터넷 서비스 기업들이 여러 개의 프로세서를 사용하여 큰 성공을 거두고 있다는 점이다.

창고규모 컴퓨터

Anyone can build a fast CPU. The trick is to build a fast system.

Seymour Cray, considered the father of the supercomputer.

앞에서 언급한 것과 같은 인터넷 서비스를 하려면 100,000대의 서버를 설치하여 전력을 공급하고 냉각시킬 수 있는 건물이 필요하다. 이들을 단순히 큰 규모의 클러스터로 분류할 수도 있겠지만, 그 구조와 동작은 훨씬 복잡하다. 건물 자체가 하나의 거대한 컴퓨터처럼 동작하며, 건물, 전력, 냉각 시설, 서버, 50,000대에서 100,000대의 서버를 연결하는 네트워크 장비의 비용은 1억 5천만 달러를 상회한다. 우리는 이것을 새로운 종류의 컴퓨터로 간주하고 **창고규모 컴퓨터**(warehouse-scale computers, WSC)라고 명명한다

하드웨어/소프트웨어 인터페이스

WSC에서 일괄처리(batch processing)를 위해 널리 알려진 프레임워크로 MapReduce [Dean, 2008]와 공개 소프트웨어인 Hadoop이 있다. 같은 이름을 가진 Lisp 함수에 착안해서 만든 Map은 프로그래머가 작성한 함수를 각각의 논리적인 입력 레코드에 적용한다. Map은 수천 개의 서버를 사용하여 키-값(key-value) 쌍 형태의 중간 결과를 생성한다. Reduce는 이렇게 분산 수행된 태스크의 결과값을 모아 프로그래머가 정의한 또 다른 함수를 사용하여 통합된 결과를 산출한다. 적절한 소프트웨어의 지원을 받으면, Map과 Reduce 동작은 이해하기 쉽고, 사용하기 쉬운 방법을 이용하여 대규모로 병렬화하는 것이 가능하다. 초보 프로그래머도 30분 안에 MapReduce 태스크를 수천 개 서버를 이용해서 수행할 수 있다.

한 예로 많은 문서 모음에서 각 영어 단어가 등장하는 빈도수를 계산하는 MapReduce 프로그램을 생각해 보자. 아래의 간단한 프로그램은 어떤 한 문서에서 모든 영어 단어가 딱 한 번씩 등장한다는 것을 가정하고 작성한 프로그램의 내부 순환문만을 보여 준다.

```
map(String key, String value):
        // key: document name
        // value: document contents
        for each word w in value:
        EmitIntermediate(w, “1”); // Produce list of all words
reduce(String key, Iterator values):
// key: a word
// values: a list of counts
        int result = 0;
        for each v in values:
        result += ParseInt(v); // get integer from key-value pair
        Emit(AsString(result));
```

Map 함수에서 사용하는 `EmitIntermediate` 함수는 문서에 등장하는 각 단어와 1을 출력한다. 그리고 Reduce 함수는 `ParseInt` 함수를 이용하여 문서 내 각 단어의 값을 모두 더해서 모든 단어의 출현 빈도수를 구한다. MapReduce 런타임 환경이 map 태스크와 reduce 태스크를 WSC의 서버에 스케줄한다.

WSC는 1970년대의 수퍼컴퓨터를 극단적으로 크게 만들어서 전력 공급과 냉각, 모니터링, 운영 면에서 혁신을 불러온 현대판 후손이라고 볼 수 있다. 그런 면에서

Seymour Cray는 오늘날 WSC 설계자의 대부라 할 수 있다. 그가 만든 엄청난 컴퓨터들은 다른 어디서도 할 수 없는 어마어마한 계산을 처리할 수 있었으나, 가격이 너무 비싸서 소수의 회사만 구입할 수 있었다. 지금은 목표가 과학자와 공학자에게 고성능 컴퓨팅 능력을 제공하는 것보다는 세상 모든 사람에게 정보 기술을 제공하는 것이다. 그러므로 Cray의 수퍼컴퓨터가 과거에 사회에 끼친 영향보다 WSC가 사회에 끼치는 영향이 더 막중함에 틀림없다.

서버와 공통적인 목표가 몇 개 있지만, WSC는 다음 세 가지 면에서 차이가 있다.

서비스로서의 소프트웨어(SaaS) 고객의 컴퓨터에 장착되어 수행되는 소프트웨어를 판매하는 것이 아니라, 소프트웨어는 원격지에서 실행되고 고객은 웹 인터페이스를 통해 인터넷으로 사용한다. SaaS 고객은 소유가 아닌 사용에 근거해서 비용을 지불한다.

PARALLELISM

1. **대규모이면서 쉬운 병렬성**: 서버 설계자의 고민은 대상으로 하는 실제 응용이 병렬 하드웨어의 규모를 정당화할 정도로 충분한 병렬성을 가지고 있는지, 그리고 병렬성 활용에 충분한 성능을 갖춘 통신 하드웨어가 너무 비싼 것은 아닌지에 관한 것이다. 하지만 WSC 설계자는 그런 고민을 하지 않는다. 첫째 MapReduce 같은 일괄처리 응용은 웹 크롤(Web crawl)로 수집한 수십억 개의 페이지처럼 독립적으로 처리해야 하는 대규모의 독립적 데이터를 다룰 때 이점이 있다. 둘째로 **서비스로서의 소프트웨어** 즉 **SaaS**(Software as a Service)로 알려진 쌍방향 인터넷 서비스 응용은 수백만 명의 독립적인 사용자가 쌍방향 인터넷 서비스를 사용할 때 유리하다. SaaS에서는 읽기와 쓰기가 종속적인 경우가 거의 없으므로 동기화가 필요 없다. 예를 들어 검색은 읽기 전용 인덱스를 사용하며, 이메일은 서로 독립적인 정보를 읽고 쓰는 것이 보통이다. 이렇게 쉬운 병렬성의 형태를 **요구-수준 병렬성**(request-level parallelism)이라고 하는데, 통신과 동기화의 필요가 거의 없이 다수의 독립적인 작업들이 자연스럽게 병렬적으로 처리되는 것을 의미한다.
2. **운영비용의 중요성**: 전통적으로 서버 설계자는 시스템을 설계할 때 예산 한도 내에서 최고 성능을 얻도록 설계하고, 에너지에 대하여는 주어진 범위의 냉각 용량을 초과하지 않는 것을 보장하는 수준까지만 신경을 썼다. 그래서 서버의 구매비용에 비해서 운영비용은 미미한 것으로 가정하고, 운영비용은 무시했다. 그러나 WSC는 수명이 길어서 건물과 전력 및 냉각 설비가 보통 10년 이상 감가상각된다. 그래서 10년의 기간을 따져 보면 에너지, 배전, 냉각 등의 운영비용이 전체 WSC 비용의 30% 이상이 된다.
3. **확장성과 확장에 따른 기회/문제들**: WSC 하나를 구축하기 위해서 100,000대 이상의 서버와 아울러 이를 지원하는 기반 설비를 구매해야 하므로, 대량 구매에 따르는 할인을 받을 수 있다. 그러므로 WSC가 몇 개 안 되더라도, WSC 자체의 규모가 상당하므로 "규모의 경제"를 누릴 수 있다. 규모의 경제 덕택에 **클라우드 컴퓨팅**이 탄생하였다. WSC의 유닛당 단가가 낮기 때문에, 클라우드 업체들

이 적절한 이윤이 날 만큼 서버 임대료를 책정해도 사용자들이 직접 서버를 구매하는 것보다는 저렴하게 할 수 있다. 규모의 경제 이면에는 규모에 따라 고장 확률이 높아지는 문제가 있다. 서버 1대의 MTTF(mean time to failure)가 25년(200,000시간)이나 되더라도, WSC 설계자는 매일 5대 정도의 서버가 고장 나는 상황을 가정해야 한다. 5.15절에서 Google의 측정 결과 1년 동안 발생하는 디스크의 오류율(annualized failure rate, AFR)이 2% 내지 4%라고 하였다. 서버당 4개의 디스크가 장착된다고 하고 AFR이 2%라고 가정할 때, WSC 설계자는 디스크가 매 시간 한 개씩 고장 난다고 예상해야 한다. 따라서 고장 감내는 서버 설계자보다 WSC 설계자에게 더 중요한 이슈이다.

WSC로 촉발된 규모의 경제는 사람들이 오랫동안 꿈꾸어 왔던 컴퓨팅의 유틸리티화를 실현하였다. 클라우드 컴퓨팅은 좋은 아이디어와 비즈니스 모델, 그리고 신용카드만 있으면 누구든지 어디서든지 수천 개의 서버를 이용해서 자신의 비전을 거의 순식간에 전 세계로 전달하는 것을 가능하게 한다. 물론 클라우드 컴퓨팅의 성장을 제한할 수 있는 장애 요인들이 없는 것은 아니다. 보안과 사생활 보호, 표준화, 인터넷 대역폭의 증가 속도 등이 그것이다. 하지만 이러한 장애들은 결국 극복되어 WSC와 클라우드 컴퓨팅이 활짝 꽃을 피울 것으로 예상된다.

다음 예를 보면 클라우드 컴퓨팅의 성장 속도를 짐작할 수 있다. 2012년에 Amazon Web Services는 Amazon이 2003년에 가지고 있던 전 세계 기반 시설을 다 지원할 만한 용량의 서버를 **매일** 추가하고 있다고 발표하였다. 2003년 당시 Amazon의 연 매출은 52억 달러, 직원은 6,000명이었다.

메시지 전달 멀티프로세서의 중요성, 특히 클라우드 컴퓨팅에서의 중요성을 알아보았으니, 다음에는 WSC의 각 노드를 연결하는 방법에 대하여 살펴보도록 한다. **Moore의 법칙**과 칩에 집적되는 코어수 증가 때문에 칩 안에서도 네트워크가 필요하게 되어서, 이제는 규모가 크든 작든 간에 네트워크의 위상이 중요하게 되었다.

고난도: MapReduce 프레임워크는 Map 단계의 끝부분에서 키-값 쌍의 순서를 바꾸고 정렬해서 같은 키를 갖는 것들을 모아 그룹을 만들고 이 그룹들을 Reduce 단계로 전달한다.

고난도: 대규모 컴퓨팅의 또 다른 형태는 **그리드 컴퓨팅**(grid computing)이다. 그리드 컴퓨팅에서는 지리적으로 멀리 떨어진 컴퓨터들이 장거리 통신망을 이용하여 서로 통신하며 프로그램을 수행한다. 가장 널리 알려지고 독창적인 형태의 그리드 컴퓨팅은 SETI@home 프로젝트에서 시작되었다. 수백만 대의 PC들이 아무 일도 하지 않고 놀고 있을 때, 누군가가 이들 PC 상에서 돌아가는 소프트웨어를 만들어서 각각의 PC에게 독립적으로 수행할 수 있는 작은 일들을 나누어 준다면, 놀고 있는 PC들을 잘 활용할 수 있겠다는 점에 착안을 한 것이다. 첫 번째 예가

1999년에 UC Berkeley에서 시작한 **SETI**(Search for ExtraTerrestrial Intelligence)이다. 200개 이상의 나라에서 500만 개 이상의 컴퓨터가 SETI@home에 등록하였는데 50% 이상이 미국 밖에 있는 컴퓨터였다. 2011년 말까지 SETI@home 그리드의 평균 성능은 3.5 PetaFLOPS였다.

스스로 점검하기

1. 참 또는 거짓: SMP와 같이 메시지 전달 컴퓨터도 동기화를 위하여 잠금을 사용한다.
2. 참 또는 거짓: 클러스터는 독자적인 메모리를 가지고 있으며 따라서 운영체제가 여러 벌 있어야 한다.

6.8 멀티프로세서 네트워크 위상의 기초

멀티코어 칩은 코어들을 연결하기 위해 칩 내에 네트워크가 필요하고 클러스터는 서버를 연결하기 위해 근거리 네트워크가 필요하다. 이 절에서는 여러 연결망 네트워크 위상의 장단점을 살펴본다.

네트워크 가격은 스위치 개수, 스위치 하나당 필요한 링크의 수, 링크의 폭(즉 비트 수), 실제 칩에 적용했을 때 링크의 길이 등에 의해 결정된다. 예를 들어 어떤 코어나 서버들은 인접해 있는 반면 어떤 코어들은 칩의 반대편, 혹은 데이터센터의 반대편에 위치할 수도 있다. 마찬가지로 네트워크 성능도 여러 측면이 있어서, 부하가 없는 네트워크에서 메시지 하나를 보내고 받는 데 걸리는 시간, 주어진 시간 동안 전송할 수 있는 최대 메시지 개수로 표현되는 처리량, 네트워크 내에서 생기는 충돌에 의한 지연, 통신 패턴에 따라 달라지는 성능 등 다양한 요소를 포함한다. 또 어떤 시스템은 일부 요소가 고장 나더라도 계속 작동할 수 있어야 하기 때문에 네트워크에 고장 감내 기능이 있어야 한다. 끝으로 요즈음에는 칩에 에너지 제한이 있기 때문에 네트워크 구조의 에너지 효율이 다른 요소보다 더 중요할 수도 있다.

네트워크는 보통 그래프로 표현한다. 그래프의 간선은 통신 네트워크의 링크를 나타낸다. 그림에서 검은 사각형은 프로세서-메모리 노드를, 파란색 원은 스위치를 나타낸다. 본 절의 링크는 모두 **양방향성**(bidirectional)이다. 모든 네트워크는 **스위치들**로 구성되며, 스위치에는 프로세서-메모리 노드로 가는 링크와 다른 스위치로 가는 링크가 있다. 첫 번째 네트워크는 모든 노드를 순서대로 연결하는 네트워크이다.

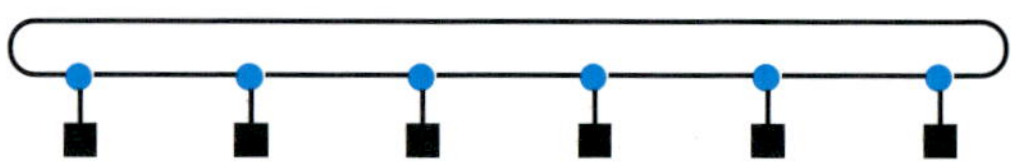

이러한 연결 구조를 링(ring)이라 한다. 직접 연결되지 않는 노드들도 있으므로 어떤 메시지들은 중간 노드들을 거쳐서 최종 목적지에 도달하게 된다.

버스(연결된 모든 장치들에게 정보를 브로드캐스팅할 수 있는 한 무리의 공유 신호선)와는 달리 링은 여러 개의 전송을 동시에 수행할 수 있다.

위상의 종류가 다양하기 때문에 구별하기 위한 성능 측도가 필요한데, 보통 많이 쓰이는 것은 두 가지이다. 첫째는 총 **네트워크 대역폭**(network bandwidth)으로서 각 링크의 대역폭에 링크수를 곱한 값이다. 이 측도는 최선의 경우에 얻을 수 있는 성능에 해당한다. 앞에서 본 링 네트워크의 경우, 프로세서가 P개라면 한 링크의 대역폭에 P를 곱한 값이 된다. 반면에 버스의 경우는 버스 대역폭이 전체 대역폭이 된다.

네트워크 대역폭 비공식적으로 네트워크의 최대 전송률을 나타냄. 한 링크의 속도를 나타낼 때도 있고 네트워크 전체 링크의 전송 속도의 합을 나타낼 때도 있다.

이 최선의 경우의 대역폭과 균형을 맞추기 위해서 최악의 경우의 성능에 근사하는 또 다른 측도를 사용하는데 그것은 **양분 대역폭**(bisection bandwidth)이다. 양분 대역폭은 전체 네트워크를 같은 크기로 양분할 때 그 경계선을 통과하는 링크의 대역폭을 모두 합한 값이다. 링의 양분 대역폭은 링크 대역폭의 두 배이고, 버스의 양분 대역폭은 버스 대역폭과 같다. 링의 링크 속도와 버스의 속도가 같다면 최선의 경우 링이 P배 빠르지만 최악의 경우에는 두 배밖에 빠르지 않다.

양분 대역폭 멀티프로세서에서 균등하게 분할된 두 부분 간의 대역폭. 최악의 양분에 대한 값을 사용한다.

완전 연결 네트워크 모든 노드들을 전용 통신 링크로 연결하는 네트워크.

비대칭형인 네트워크도 있으므로 어떻게 두 개로 가르느냐 하는 것이 문제가 된다. 양분 대역폭은 최악의 성능을 표시하는 것이므로 가장 성능이 나쁜 분할을 택해야 한다. 즉 모든 가능한 경우를 계산해서 그 중에 가장 나쁜 값을 취해야 한다. 가장 나쁜 값을 취하는 이유는 통신 경로에서 가장 취약한 링크에 의해 병렬 프로그램의 성능이 제한되는 경우가 많기 때문이다.

링과 반대쪽 극단에 **완전 연결 네트워크**(fully connected network)가 있다. 완전 연결 네트워크는 모든 프로세서를 양방향 링크로 직접 연결하므로, 네트워크 전체 대역폭은 $P \times (P-1)/2$이고 양분 대역폭은 $(P/2)^2$이다.

완전 연결 네트워크의 엄청난 성능은 그만큼 비싼 가격을 지불하고 얻어지는 것이다. 그러므로 링의 가격과 완전 연결 네트워크의 성능을 절충한 여러 가지 네트워크가 제안되었다. 그 중에서 어떤 네트워크를 사용하는 것이 좋은가는 그 컴퓨터에서 수행될 병렬 프로그램의 통신 특성에 따라 달라진다.

이제까지 발표된 네트워크 위상은 그 수를 헤아리기 어려울 정도로 많지만, 그 중 상용 병렬 컴퓨터에서 실제로 사용된 것은 몇 가지 안 된다. 가장 많이 사용하는 것 두 가지를 그림 6.14에 보였다.

네트워크 노드마다 프로세서를 하나씩 두는 대신에 일부 노드에는 스위치만 두는 방법도 있다. 이 경우 스위치들은 프로세서-메모리-스위치 노드보다 훨씬 작기 때문에 더 촘촘하게 설치할 수 있어서 연결 거리를 단축하고 따라서 성능을 개선시킬 수

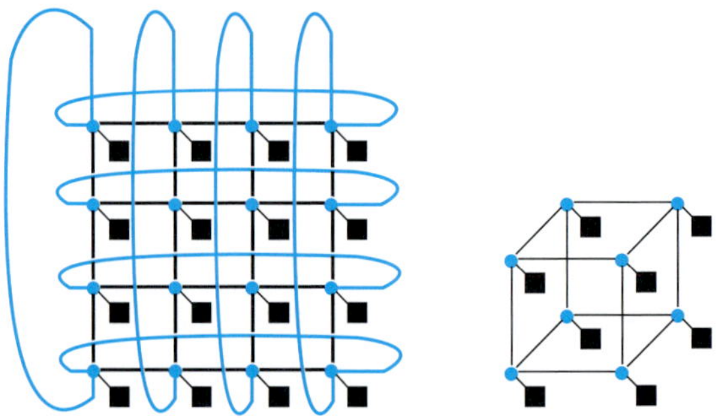

a. 2-D grid or mesh of 16 nodes

b. *n*-cube tree of 8 nodes (8 = 2^3 so *n* = 3)

그림 6.14 상용 병렬 컴퓨터에서 사용된 네트워크 위상. 파란색 원은 스위치를 나타내고 검은 사각형은 프로세서-메모리 노드를 나타낸다. 각 스위치는 여러 개의 링크를 가지고 있으나 보통 그 중 하나만이 프로세서에 연결된다. 불린(Boolean) n-큐브 위상은 2^n개의 노드를 n차원으로 연결하므로 스위치당 n개(프로세서와 연결하는 링크까지 생각하면 $n+1$개)의 링크가 필요하고 따라서 이웃 노드가 n개 있다. 성능과 신뢰도를 개선하기 위해 이러한 기본 위상에 링크를 추가하기도 한다.

다단계 네트워크 각 노드에 스위치를 둔 네트워크.

크로스바 네트워크 임의의 노드가 다른 어떤 노드와 통신을 하든지 네트워크를 한 번만 통과하면 가능한 네트워크.

있다. 이런 네트워크에서는 보통 메시지가 여러 단계를 거쳐서 전달되기 때문에 **다단계 네트워크**(multistage network)라 부른다. 다단계 네트워크의 종류 또한 매우 다양한데 그림 6.15에 가장 많이 쓰이는 것 두 가지를 보였다. **완전 연결** 또는 **크로스바 네트워크**(crossbar network)라고 불리는 것은 어떤 노드 간의 통신도 한 번에 이루어 준다. 오메가 네트워크(Omega network)는 크로스바 네트워크보다 더 적은 하드웨어를 사용하는 대신($2n\log_2 n$ 대 n^2 스위치) 통신 패턴에 따라 메시지들 간의 충돌이 발생할 수 있다. 예를 들어 그림 6.15의 오메가 네트워크에서 P_0에서 P_6로 가는 메시지와 P_1에서 P_4로 가는 메시지는 동시에 전송할 수 없다.

네트워크의 구현

네트워크를 실제로 구현하려면 지금까지 설명한 기본적인 사항 외에도 고려해야 할 점이 많이 있다. 링크 길이는 통신 속도를 빠르게 하는 데 드는 비용에 영향을 미친다. 일반적으로 길이가 길수록 고속 통신에 더 많은 비용이 든다. 선이 짧아지면 필요한 구동 전력이 작아도 되므로 길이가 짧을수록 한 링크에 더 많은 전선을 할당할 수 있다. 선의 길이가 짧으면 당연히 가격도 싸진다. 또 다른 현실적인 제약은 칩이 이차원 구조이기 때문에 삼차원 위상을 이차원으로 변환해야 한다는 점이다. 마지막으로 에너지도 고려를 해야 한다. 예를 들어 멀티코어 칩이 단순한 격자 위상을 갖는 이유가 에너지를 고려한 결과일 수 있다. 그냥 그림으로 그려 놓았을 때는 좋아 보이던 구조가 칩으로 구현해 놓으면 실용적이지 않을 수 있다는 점에 주의를 기울여야 한다.

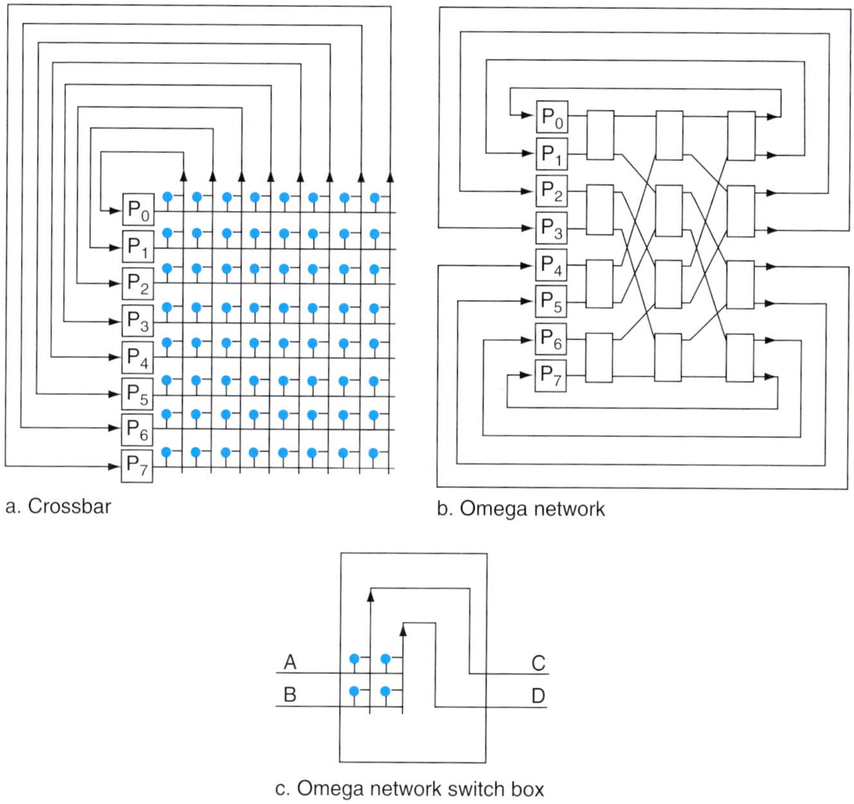

그림 6.15 많이 쓰이는 다단계 네트워크 위상(8노드의 경우). 이 그림의 링크는 단방향성이므로 스위치 구조가 앞의 그림에서 사용한 것들보다 단순하다. 데이터는 왼쪽에서 들어와서 오른쪽으로 나간다. (c)의 스위치 박스는 A→C, B→D로 연결하거나 A→D, B→C로 연결할 수 있다. 프로세서가 n개일 때 크로스바는 스위치가 n^2개 필요하고 오메가 네트워크는 큰 스위치 박스 $\frac{n}{2}\log_2 n$개가 필요하다. 큰 스위치 박스 하나는 작은 스위치 4개로 구성되므로, 작은 스위치는 $2n\log_2 n$개가 필요하다. n=8일 때 크로스바는 스위치 64개가 필요하고, 오메가 네트워크는 스위치 박스 12개, 즉 스위치 48개가 필요하다. 대신 크로스바는 모든 조합의 메시지 전송을 지원할 수 있지만 오메가 네트워크는 그렇지 못하다.

클러스터의 중요성과 노드들을 연결하는 위상을 살펴보았으므로 다음에는 네트워크와 프로세서 간 인터페이스를 위한 하드웨어와 소프트웨어를 살펴보도록 한다.

스스로 점검하기

참 또는 거짓: P개의 노드를 가지는 링 구조에서 총 네트워크 대역폭과 양분 대역폭의 비는 P/2이다.

6.9 외부세계와의 통신: 클러스터 네트워킹

온라인 사이트에 있는 이 절은 클러스터의 노드들을 연결하는 데 사용되는 네트워킹 하드웨어와 소프트웨어를 설명한다. PCIe(Peripheral Component Interconnect Express)를 이용하여 10Gbps 이더넷을 컴퓨터에 연결하는 것이 한 예이다. 이 절에서는 소프트웨어와 하드웨어 최적화를 통해서 어떻게 네트워크의 성능을 개선할 수 있는가를 살펴본다. 무복사 메시징(zero copy messaging), 사용자 영역(user space) 통신, 입출력 인터럽트 대신 폴링(polling)을 사용하기, 하드웨어를 이용한 체크섬(checksum) 계산 등이 최적화 기법에 포함된다. 네트워크를 예로 들어 설명하기는 하지만 이런 기법들은 저장장치 제어기와 다른 입출력 기기들에도 적용된다.

이 절에서 네트워크의 성능을 하위 수준에서 상세하게 살펴보았으니, 다음 절에서는 모든 종류의 멀티프로세서를 훨씬 상위 수준의 프로그램으로 비교 평가하는 방법을 살펴보기로 한다.

6.10 멀티프로세서 벤치마크와 성능 모델

1장에서 살펴본 바와 같이 시스템을 벤치마킹하는 것은 늘 민감한 이슈이다. 이는 어느 시스템이 더 좋은가를 명확히 드러내는 방법이기 때문이다. 그 결과는 상용 시스템의 판매량뿐 아니라 그 시스템을 만든 설계자의 명성에도 영향을 끼친다. 따라서 이에 참여하는 사람들은 경쟁에서 이기길 원한다. 그리고 만약 다른 사람이 이긴다면 그들이 기술적으로 이길 만한 이유가 있었음을 확인하고 싶어 한다. 따라서 벤치마크 결과가 단순히 벤치마크만을 위한 어떤 잔꾀를 써서 얻을 수 있는 것이 아니고 실제 응용의 성능을 높이는 진보의 산물이 될 수 있도록 규칙을 만들어야 한다.

잔꾀를 부리지 못하도록 하는 전형적인 규칙은 벤치마크를 변경하지 못하도록 하는 것이다. 소스 코드와 데이터 집합을 고정시키고 맞는 답은 하나로 정한다. 이 규정을 어기면 그 결과는 무효가 된다.

멀티프로세서 벤치마크도 이러한 전통을 따르되, 문제의 크기를 키울 수 있도록 하여서 동일한 벤치마크 프로그램을 프로세서 개수가 다른 시스템에 적용할 수 있도록 한 것이 많다. 즉, 많은 벤치마크가 경성 스케일링만 고집하지 않고 연성 스케일링도 허용한다. 하지만 문제 크기가 다른 프로그램의 결과를 비교할 때는 매우 주의해야 한다.

Benchmark	Scaling?	Reprogram?	Description
Linpack	Weak	Yes	Dense matrix linear algebra [Dongarra, 1979]
SPECrate	Weak	No	Independent job parallelism [Henning, 2007]
Stanford Parallel Applications for Shared Memory SPLASH 2 [Woo et al., 1995]	Strong (although offers two problem sizes)	No	Complex 1D FFT Blocked LU Decomposition Blocked Sparse Cholesky Factorization Integer Radix Sort Barnes-Hut Adaptive Fast Multipole Ocean Simulation Hierarchical Radiosity Ray Tracer Volume Renderer Water Simulation with Spatial Data Structure Water Simulation without Spatial Data Structure
NAS Parallel Benchmarks [Bailey et al., 1991]	Weak	Yes (C or Fortran only)	EP: embarrassingly parallel MG: simplified multigrid CG: unstructured grid for a conjugate gradient method FT: 3-D partial differential equation solution using FFTs IS: large integer sort
PARSEC Benchmark Suite [Bienia et al., 2008]	Weak	No	Blackscholes—Option pricing with Black-Scholes PDE Bodytrack—Body tracking of a person Canneal—Simulated cache-aware annealing to optimize routing Dedup—Next-generation compression with data deduplication Facesim—Simulates the motions of a human face Ferret—Content similarity search server Fluidanimate—Fluid dynamics for animation with SPH method Freqmine—Frequent itemset mining Streamcluster—Online clustering of an input stream Swaptions—Pricing of a portfolio of swaptions Vips—Image processing x264—H.264 video encoding
Berkeley Design Patterns [Asanovic et al., 2006]	Strong or Weak	Yes	Finite-State Machine Combinational Logic Graph Traversal Structured Grid Dense Matrix Sparse Matrix Spectral Methods (FFT) Dynamic Programming N-Body MapReduce Backtrack/Branch and Bound Graphical Model Inference Unstructured Grid

그림 6.16 병렬 벤치마크의 예.

그림 6.16은 여러 병렬 벤치마크를 요약한 것이다. 이들을 간략히 설명하면 다음과 같다.

- Linpack은 선형대수 루틴의 집합인데, Linpack 벤치마크는 그 중에서 가우스 소거법을 수행하는 루틴들로 구성된다. 3.5절 예제의 DGEMM 루틴은 Linpack 벤치마크 소스 코드의 아주 작은 부분을 발췌한 것이지만, 벤치마크 실행시간의 대부분을 차지한다. Linpack은 연성 스케일링을 허용하여 사용자가 문제 크기를 임의로 선택할 수 있게 한다. 뿐만 아니라 옳은 결과와 동일한 부동소수점 연산 횟수만 보장되면 사용자가 프로그램의 형태나 프로그래밍 언어를 바꾸는 것

도 허용한다. Linpack 성능이 가장 좋은 컴퓨터 500개가 1년에 두 번씩 www.top500.org 사이트에 발표된다. 언론 매체는 이 리스트의 첫 번째에 오른 컴퓨터를 전 세계에서 가장 빠른 컴퓨터로 간주한다.

- SPECrate는 SPEC CPU2006(1장 참조)과 같은 SPEC CPU 벤치마크를 기반으로 하는 처리량의 척도이다. SPECrate는 한 프로그램 실행에 대한 성능이 아니고, 같은 프로그램 여러 개를 동시에 실행시켰을 때의 성능을 측정한다. 프로그램 사이에 통신이 없기 때문에 태스크 수준 병렬성을 측정하는 것으로 볼 수 있다. 동시에 실행되는 프로그램 개수를 사용자가 정할 수 있으므로 이것도 연성 스케일링의 하나이다.
- SPLASH와 SPLASH2(Stanford Parallel Applications for Shared Memory)는 1990년대에 SPEC CPU 벤치마크 모음과 같은 목적의 병렬 벤치마크 모음을 만들려는 Stanford 대학 연구진들의 노력의 결과로 개발되었다. 이것은 커널 벤치마크와 응용 벤치마크를 다 포함하고 있으며, 고성능 컴퓨팅 분야에서 가져온 것이 많다. 이 벤치마크에는 두 가지 데이터 집합이 있지만 기본적으로 경성 스케일링을 요구한다.
- NAS(NASA Advanced Supercomputing) **병렬 벤치마크**는 1990년대에 멀티프로세서를 벤치마킹하려는 노력의 또 다른 산물이다. 이것은 계산유체역학에서 가져온 5개의 커널로 구성되어 있다. NAS는 몇 가지 데이터 집합을 정의함으로써 연성 스케일링을 허용한다. Linpack과 마찬가지로 벤치마크 프로그램을 고치는 것을 허용하지만 프로그래밍 언어는 C와 Fortran으로 제한한다.
- 최근에 개발된 PARSEC(Princeton Application Repository for Shared Memory Computers) 벤치마크 모음은 **Pthreads**(POSIX threads)와 OpenMP(Open MultiProcessing, 6.5절 참조)를 사용하는 멀티스레드 프로그램들로 구성되어 있다. 이것은 새로 떠오르는 계산 분야에 초점을 맞추고 있으며, 9개의 응용 프로그램과 3개의 커널로 되어 있다. 그 중 8개는 데이터 병렬성, 3개는 파이프라인 병렬성, 그리고 나머지 하나는 비구조화 병렬성을 이용하고 있다.

Pthreads 스레드를 생성하고 조작하는 UNIX API. 라이브러리 형태로 되어 있다.

- 클라우드 영역에는 클라우드 데이터 서비스의 성능을 비교하기 위한 YCSB(Yahoo! Cloud Serving Benchmark)가 있다. YCSB는 클라이언트가 새로운 데이터 서비스—대표적인 예로 Cassandra나 HBase를 사용하는—를 쉽게 벤치마크할 수 있는 프레임워크를 제공한다[Cooper, 2010].

벤치마크에 제약을 가하는 이러한 전통의 나쁜 점은 기술 혁신이 주로 컴퓨터 구조와 컴파일러에만 제한되게 한다는 것이다. 더 나은 자료구조, 알고리즘, 프로그래밍 언어 등은 사용할 수 없다. 왜냐하면 이러한 것들이 결과를 왜곡할 수 있기 때문이다.

예를 들어 하드웨어와 컴파일러는 나쁜 시스템이 좋은 알고리즘을 사용하면 성능이 더 좋은 것 같이 보일 수도 있다.

컴퓨팅의 기초가 비교적 안정적인 시기에는 이러한 지침들이 의미가 있었다. 1990년대와 2000년대 전반 5년은 이런 시기로 볼 수 있다. 그러나 프로그래밍의 혁명적인 변화가 시작되는 시기에는 바람직하지 않다. 혁명이 성공하기 위해서는 모든 계층의 기술 혁신을 독려해야 하기 때문이다.

최근에 UC Berkeley 대학의 연구진들이 새로운 방법을 주창하였다. 그들은 미래 응용의 일부가 될 것이라고 주장하는 13개의 설계 패턴(design pattern)을 제시하였다. 이 설계 패턴들은 프레임워크나 커널로 구현한다. 예를 들면 희소 행렬(sparse matrix), 구조화된 격자(structured grid), 유한상태기(finite-state machine), map reduce, 그래프 순회(graph traversal) 등이 있다. 높은 수준에서 문제를 정의하여, 시스템 전 계층의 기술 혁신을 기대하는 것이다. 예를 들어 희소 행렬 문제를 가장 빨리 해결하는 시스템은 독창적인 컴퓨터 구조와 컴파일러뿐 아니라 어떤 자료구조, 알고리즘, 프로그래밍 언어를 사용하여도 괜찮다.

성능 모델

벤치마크와 관련된 주제로 성능 모델이 있다. 멀티스레딩, SIMD, GPU 등 구조의 다양성이 계속 증가하고 있는 현실에서, 서로 다른 설계들의 성능을 간파할 수 있는 모델이 있다면 큰 도움이 될 것이다. 모델이 완전할 필요는 없고 단지 어느 정도의 직관력을 줄 수 있으면 족하다.

5장의 캐시 성능을 위한 3C는 성능 모델의 한 예이다. 이것은 블록의 크기, 블록 할당 정책, 블록 교체 정책 등과 같이 중요할 수도 있는 요소들을 무시하였다는 점에서 완전한 모델로는 볼 수 없다. 게다가 어떤 설계에서는 용량 때문에 캐시 실패가 발생하지만 동일한 크기의 다른 캐시에서는 대립 실패가 발생하는 일관성 없는 경우도 존재한다. 그럼에도 3C 모델은 지난 25년 동안 널리 사용되어 왔다. 이것은 이 모델이 프로그램 행태를 파악할 수 있게 도와줌으로써 컴퓨터 구조 설계자들이나 프로그래머들이 자신이 만든 것을 개선할 수 있도록 했기 때문이다.

병렬 컴퓨터를 위한 이러한 모델을 찾기 위하여 그림 6.16의 버클리(Berkeley) 설계 패턴 13개 같은 작은 커널을 먼저 살펴보자. 이 커널들은 다른 데이터 타입을 사용하는 여러 가지 버전이 있지만, 그 중에서도 부동소수점이 널리 사용되고 있다. 따라서 그 컴퓨터의 최고 부동소수점 성능이 이 컴퓨터에서 수행되는 커널 속도의 한계가 된다. 멀티코어 칩의 최고 부동소수점 성능은 칩 안의 코어들이 갖고 있는 최고 성능을 모두 합한 값이다. 시스템에 여러 개의 마이크로프로세서가 있다면 칩의 최고 성능

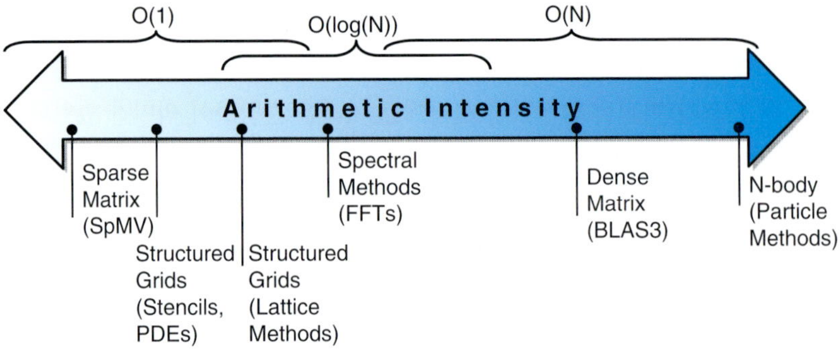

그림 6.17 연산 강도, 프로그램이 실행하는 부동소수점 연산 횟수를 메인 메모리를 접근하는 바이트수로 나눈 값이다[Williams, Waterman, Patterson, 2009]. 밀집 행렬(dense matrix)과 같은 일부 커널은 문제 크기에 비례하는 연산 강도를 가지고 있으나, 많은 커널들은 문제 크기와 무관한 연산 강도를 가진다. 전자의 경우는 메모리 시스템에 대한 요구가 훨씬 적기 때문에 연성 스케일링을 하면 다른 결과가 나올 수 있다.

을 칩의 개수와 곱한 것이 전체 성능이다.

이 최고 부동소수점 성능을 메모리 한 바이트 접근할 때마다 수행하는 평균 부동소수점 연산 개수로 나눈 값을 사용하여 메모리 시스템에 대한 요구를 예측할 수 있다.

$$\frac{\text{부동소수점 연산/초}}{\text{부동소수점 연산/바이트}} = \text{바이트/초}$$

연산 강도 프로그램에서 메모리를 접근하는 바이트당 부동소수점 연산의 비.

부동소수점 연산 횟수를 메모리에서 읽거나 쓴 바이트수로 나눈 값을 연산 강도(arithmetic intensity)라고 한다. 이것은 프로그램의 부동소수점 연산 총수를 프로그램 실행 중에 메인 메모리로 전송된 데이터의 총 바이트수로 나누어서 구할 수 있다. 그림 6.17은 그림 6.16의 버클리 설계 패턴 중 몇 개의 연산 강도를 보여 준다.

루프라인 모델

여기서 제안하는 간단한 모델은 부동소수점 성능, 연산 강도, 메모리 성능을 이차원 그래프로 엮은 것이다[Williams, Waterman, Patterson, 2009]. 최고 부동소수점 성능은 앞에서 언급한 하드웨어 명세로부터 얻을 수 있다. 여기서 고려하는 커널의 워킹셋은 온칩 캐시보다 크기 때문에 최고 메모리 성능은 캐시 뒤편의 메모리 시스템에 대하여 정의된다. 최대 메모리 성능을 구하는 방법의 하나는 Stream 벤치마크를 사용하는 것이다(5.2절의 "고난도" 참조).

그림 6.18이 이 모델을 보여 주는데, 커널마다 모델이 달라지는 것이 아니라 컴퓨터 한 개에 모델 하나씩이다. 수직 Y축은 0.5부터 64.0GFLOPs/초까지 표시한 부동소수점 성능이다. 수평 X축은 1/8FLOPs/DRAM 접근 바이트부터 16FLOPs/DRAM

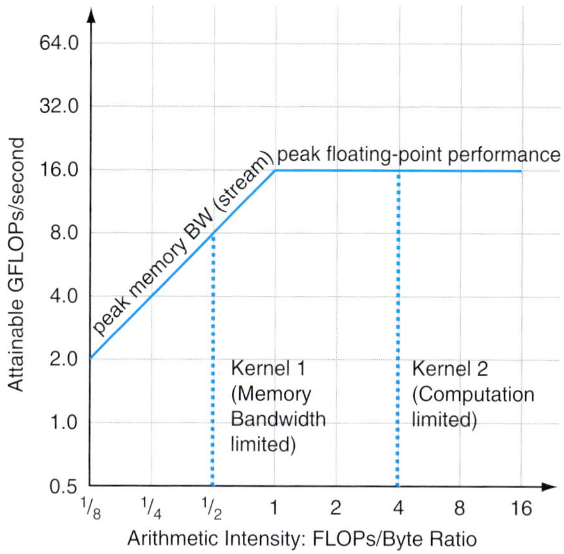

그림 6.18 루프라인 모델[Williams, Waterman, Patterson, 2009]. 이 예는 최고 부동소수점 성능이 16GFLOPs/초이고, Stream 벤치마크로부터 얻은 최대 메모리 대역폭이 16GB/초인 경우이다(Stream은 실제로는 네 번 측정하는데, 그림의 선은 네 번의 값을 평균한 것이다). 점선으로 표시된 수선 중에서 왼쪽의 것은 커널 1을 나타내며 연산 강도가 0.5FLOPs/바이트이다. 이 경우의 성능은 메모리 대역폭의 제한 때문에 Opteron X2에서 8GFLOPs/초 이하의 성능을 보인다. 오른편의 수선은 커널 2를 나타내며 연산 강도가 4FLOPs/바이트이다. 이것은 계산 성능에 의해서만 제한을 받으므로 16GFLOPs/초의 성능을 보인다(이 데이터는 2개의 코어를 갖는 듀얼 소켓 AMD Opteron X2(Revision F) 2GHz에서 얻은 값이다).

접근 바이트까지의 구간을 표시한 연산 강도이다. 그래프가 로그-로그 눈금인 것에 유의하라.

어떤 커널이 주어지면 연산 강도를 보고 X축의 한 점을 정할 수 있다. 그 점에서 수직선을 그으면 그 선 어딘가에 커널의 성능에 해당되는 점이 있을 것이다. 또 컴퓨터의 최고 부동소수점 성능에 해당하는 수평선을 그릴 수 있다. 이 선은 하드웨어의 한계를 표시하므로 실제 부동소수점 성능이 그보다 더 높을 수는 없다.

최대 메모리 성능은 어떻게 그리는가? X축이 FLOPs/바이트이고 Y축이 FLOPs/초이기 때문에, 바이트/초는 그림에서 45도 각을 갖는 대각선이 된다. 따라서 주어진 연산 강도에서 컴퓨터의 메모리 시스템이 지원할 수 있는 최고 부동소수점 성능을 표시하는 세 번째 선을 그릴 수 있다. 그림 6.18의 그래프에 이 선을 그리기 위한 식을 다음과 같이 표현할 수 있다.

얻을 수 있는 GFLOPs/초 = Min(최대 메모리 대역폭 × 연산 강도,
최고 부동소수점 성능)

그림의 수평선과 대각선 모양 때문에 이 모델의 이름이 루프라인(roofline)이 되었다. 루프라인은 연산 강도에 따라 정해지는 커널 성능의 상한치를 결정한다. 컴퓨터의 루프라인은 커널에 따라 변하는 것이 아니기 때문에 한번 그리면 반복해서 사용할 수 있다.

연산 강도를 지붕까지 다다른 장대로 생각을 한다면, 장대가 지붕의 평평한 부분에 닿는 경우는 성능이 계산에 의하여 제한을 받는 것을 의미하며, 장대가 지붕의 경사진 부분에 닿는다면 메모리 대역폭에 의하여 성능이 제한된다는 것을 의미한다. 그림 6.18에서 커널 2는 전자의 예이며, 커널 1은 후자의 예이다.

수평 지붕선과 대각선이 만나는 마룻점(ridge point)은 컴퓨터에 대한 흥미로운 점을 시사한다. 이 점이 오른쪽으로 치우친다면 연산 강도가 매우 큰 커널만 컴퓨터의 최고 성능을 향유할 수 있을 것이다. 반면에 이 점이 왼쪽에 있다면 거의 모든 커널이 최고 성능을 누릴 것이다. 이 두 가지 경우의 예를 곧 살펴보게 될 것이다.

두 세대 Opteron의 비교

4개의 코어를 가지는 AMD사의 Opteron X4(Barcelona)는 2개의 코어를 가지는 Opteron X2의 후속 제품이다. 보드 설계를 간단하게 하기 위해서 같은 소켓을 사용하였다. 따라서 이 둘은 동일한 DRAM 채널을 가지고 동일한 최대 메모리 대역폭을 갖는다. Opteron X4는 코어의 수를 2배로 증가시켰을 뿐 아니라 코어당 부동소수점 성능을 2배로 개선하였다. Opteron X4는 매 클럭 두 개의 부동소수점 SSE2 명령어를 내보낼 수 있다. 반면에 Opteron X2는 기껏해야 한 개를 내보낼 수 있을 뿐이다. Opteron X2는 2.2GHz, Opteron X4는 2.3GHz로 비슷한 클럭 속도를 갖기 때문에, DRAM 대역폭이 같다면 최고 부동소수점 성능은 Opteron X4가 Opteron X2보다 4배 더 높다. 또 Opteron X4는 Opteron X2에는 없는 2MiB의 L3 캐시가 있다.

그림 6.19는 두 시스템의 루프라인 모델을 비교한 것이다. 예상할 수 있듯이 Opteron X2의 마룻점은 1인데 Opteron X4는 5로 이동하였다. 따라서 Opteron X4가 X2보다 더 좋은 성능을 내기 위해서는, 프로그램의 연산 강도가 1보다 크거나 Opteron X4의 캐시보다 워킹셋이 작아야 한다.

루프라인 모델은 성능의 상한치를 제시한다. 만약 당신의 프로그램이 이 상한치보다 매우 낮은 성능을 보인다면, 어떤 최적화를 어떤 순서로 진행해야 할까?

다음 두 가지 최적화는 거의 모든 커널의 계산 병목을 줄이는 데 도움이 된다.

1. 부동소수점 연산의 혼합. 컴퓨터의 최고 부동소수점 성능을 얻기 위해서는 일반적으로 동일한 수의 덧셈과 곱셈을 거의 동시에 수행하는 것이 필요하다. 이러한 균형이 필요한 이유는 컴퓨터가 곱셈-덧셈 융합 명령어(fused multiply-add

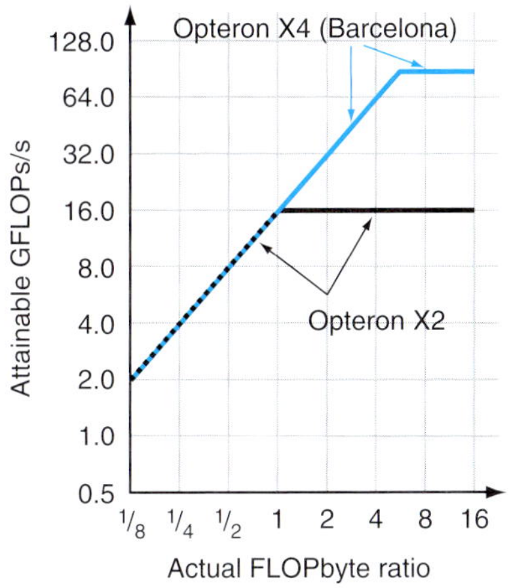

그림 6.19 Opteron 두 세대의 루프라인 모델. 그림 6.18과 같은 Opteron X2의 루프라인은 검은 색으로 도시하였고 Opteron X4의 루프라인은 파란 선으로 도시하였다. Opteron X4의 마룻점이 더 크다는 것은 Opteron X2에서는 계산 성능에 제약을 받았던 커널이 Opteron X4에서는 메모리 성능에 의해 제약받을 수 있음을 의미한다.

instruction)(3.5절의 "고난도" 참조)를 지원하거나, 부동소수점 유닛이 같은 수의 부동소수점 덧셈기와 부동소수점 곱셈기를 가지고 있기 때문이다. 또한 최고 성능을 얻기 위해서는 명령어의 상당 부분이 부동소수점 연산과 비정수 명령어가 되도록 해야 한다.

2. **명령어 수준 병렬성**의 개선 및 SIMD의 적용. 최신 컴퓨터 구조에서는 매 클럭 사이클당 3개 또는 4개의 명령어를 인출, 실행, 완료할 때 최고 성능을 얻게 된다(4.10절 참조). 이를 위해서는 컴파일러가 생성하는 코드의 ILP가 증가하도록 코드를 개선하는 것이 중요하다. 한 가지 방법은 4.12절에서 살펴본 바와 같이 순환문 펼치기를 하는 것이다. x86 구조에서 AVX 명령어 하나는 2배 정밀도 피연산자 네 개를 연산할 수 있으므로 가능한 한 이런 명령어를 많이 사용하도록 한다(3.7절과 3.8절 참조).

PARALLELISM

메모리 병목을 줄이는 데는 다음 두 가지 최적화가 도움이 된다.

1. 소프트웨어 선인출(software prefetching). 성능이 최고 수준이 되려면 많은 메모리 작업들이 계속 진행될 필요가 있다. 이렇게 하려면 데이터가 필요할 때까지 기다리지 말고, 소프트웨어 선인출 명령을 이용한 **예측** 접근을 수행하는 것이 좋다.

PREDICTION

2. 메모리 친화도(memory affinity). 오늘날 대부분의 마이크로프로세서는 마이크로프로세서와 같은 칩에 메모리 제어기를 포함하고 있으며 이를 통해 **메모리 계**

HIERARCHY

층구조의 성능이 개선된다. 시스템이 여러 칩으로 구성되어 있는 경우, 어떤 주소들은 같은 칩에 있는 DRAM으로 가겠지만 나머지 다른 주소들은 칩 간 연결선을 통해서 다른 칩의 DRAM으로 보내진다. 이렇게 나누어지기 때문에 6.5절에서 설명한 비균일 메모리 접근이 생긴다. 다른 칩에 있는 메모리를 접근할 때는 성능이 떨어지기 때문이다. 이 두 번째 최적화 기법은 프로세서가 다른 칩의 메모리를 접근하는 일이 거의 없도록 데이터와 그 데이터를 사용하는 스레드를 같은 메모리-프로세서 쌍에 할당하도록 하는 것이다.

루프라인 모델은 이러한 최적화들 중에서 어떤 것들을 어떤 순서로 적용할 것인지를 결정하는 데 도움을 준다. 앞의 각 최적화 기법들은 루프라인 아래에 있는 어떤 "상한선(ceiling)"과 연관 지어 생각할 수 있는데, 해당 최적화를 실행하지 않고는 이 상한선을 뚫고 나갈 수 없다.

계산 루프라인은 설명서로부터 얻을 수 있고, 메모리 루프라인은 Stream 벤치마크를 돌려서 얻을 수 있다. 부동소수점 연산의 균형 같은 계산 상한선도 컴퓨터 설명서로부터 얻을 수 있다. 메모리 친화도 같은 메모리 상한선을 알기 위해서는 각 컴퓨터에서 실험하여 그 차이를 측정해야 한다. 다행히도 이와 같은 과정은 컴퓨터마다 한 번씩만 수행하면 된다. 그러므로 일단 누군가가 어떤 컴퓨터의 상한선 특성을 파악하면, 다른 모든 사람들은 이를 이용하여 그 컴퓨터에서 수행할 최적화의 우선순위를 결정할 수 있다.

그림 6.20은 그림 6.18의 루프라인 모델에 상한선을 추가한 것이다. 위의 그래프는 계산 상한선을 보여 주고 아래 그래프는 메모리 대역폭 상한선을 보여 주고 있다. 위쪽 상한선에 두 최적화의 이름을 다 쓰지는 않았지만, 위쪽 상한선을 돌파하려면 당연히 그 아래의 상한선을 통과해야 한다.

상한선과 그 다음 상한선 간의 간격은 이 최적화를 수행함으로써 얻는 이득을 의미한다. 그림 6.20을 보면 이 컴퓨터에서는 ILP를 개선하는 2번 최적화가 계산 성능을 더 크게 개선하며 메모리 친화도를 개선하는 4번 최적화가 메모리 대역폭을 더 크게 개선함을 알 수 있다.

그림 6.21은 그림 6.20의 상한선들을 모아서 하나의 그래프로 만든 것이다. 커널의 연산 강도가 최적화 영역을 결정하고 어떤 최적화를 수행하는 것이 좋을지를 알려 준다. 계산 최적화와 메모리 대역폭 최적화가 중첩되는 연산 강도가 많음에 유의하라. 그림 6.21에서 다른 최적화 전략이 필요한 세 영역을 구별하여 음영 처리하였다. 예를 들어 커널 2는 오른쪽의 파란 사다리꼴 영역에 해당되기 때문에 계산 최적화만을 수행하면 된다. 하지만 커널 1은 가운데의 파란색과 회색이 겹쳐진 평행사변형 영역에 위치하므로 두 가지 최적화를 다 수행하여야 한다. 뿐만 아니라 최적화 2번과 4번을 먼

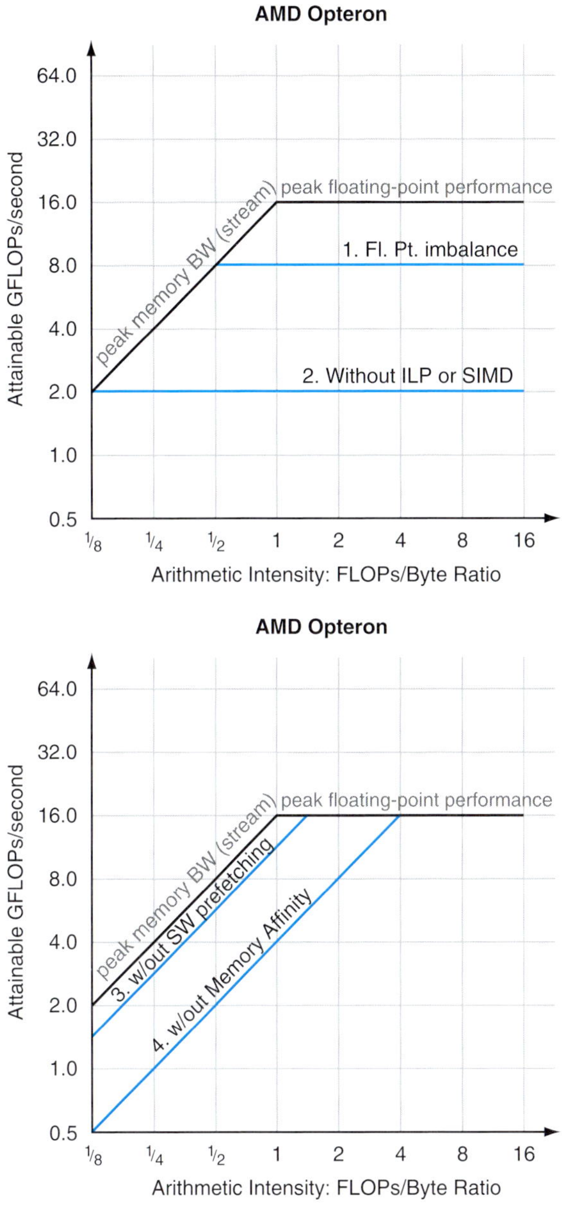

그림 6.20 루프라인 모델과 상한선. 위의 그래프는 부동소수점 연산의 균형이 맞지 않아서 계산 상한선이 8GFLOPs/초로 제한되는 경우와 ILP 증가 및 SIMD 최적화를 사용하지 않아서 상한선이 2GFLOPs/초로 제한되는 경우를 보여 준다. 아래쪽의 그래프는 소프트웨어 선인출을 사용하지 않는 경우 메모리 대역폭의 상한선이 11GB/초로 제한되는 것과 메모리 친화도 최적화를 적용하지 않는 경우 4.8GB/초로 제한되는 것을 보여 준다.

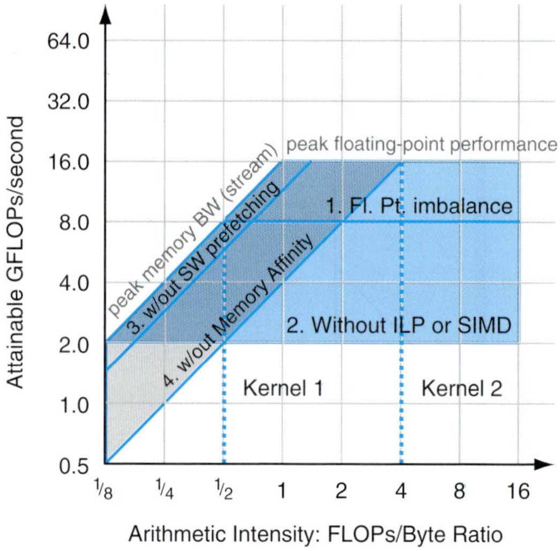

그림 6.21 그림 6.18의 두 커널에 대하여 상한선을 표시한 루프라인 모델. 중첩된 부분을 음영으로 구별하였다. 연산 강도가 오른쪽의 파란 사다리꼴 영역에 위치하는 커널의 경우는 계산 최적화에 초점을 맞추어야 하고, 왼편 아래쪽의 회색 삼각형 영역에 해당하는 커널의 경우는 메모리 대역폭 최적화에 초점을 맞추어야 한다. 가운데 파란색과 회색이 겹치는 평행사변형에 위치하는 커널의 경우에는 두 최적화를 다 고려하여야 한다. 커널 1은 가운데 평행사변형에 위치하기 때문에 ILP 및 SIMD 최적화, 메모리 친화도 최적화, 소프트웨어 선인출 최적화를 수행하여야 한다. 커널 2는 오른쪽 사다리꼴 영역에 놓여 있으므로 ILP 및 SIMD 최적화와 부동소수점 연산의 균형을 맞추는 최적화를 수행하여야 한다.

저 하는 것이 좋음을 알 수 있다. 커널 1의 수직선이 부동소수점 불균형 최적화의 아래에 위치하기 때문에 1번 최적화는 필요 없는 것으로 판단된다. 만약 커널이 왼편 아래쪽에 있는 회색 삼각형 영역에 들어 있다면 메모리 최적화만 필요한 것으로 판단할 수 있다.

HIERARCHY

지금까지는 연산 강도가 고정되어 있는 것을 가정하였으나 실제는 그렇지 않을 수도 있다. 첫째, 밀집 행렬이나 N-body 문제(그림 6.17 참조)와 같이 문제 크기가 커짐에 따라 연산 강도가 커지는 커널들도 있다. 실제로 이 때문에 경성 스케일링보다 연성 스케일링을 통해서 더 큰 성과를 거둘 수 있었다. 둘째, **메모리 계층구조**의 효율성이 메모리를 접근하는 빈도수에 영향을 끼치기 때문에 캐시 성능을 높임으로 해서 연산 강도를 개선할 수 있다. 순환문 펼치기를 수행한 후에 비슷한 주소의 문장들을 묶어서 시간적 지역성을 높이는 것이 한 예이다. 캐시에 데이터가 들어갈 자리는 할당하지만 곧 덮어써질 것이기 때문에 메모리에서 데이터의 초깃값을 읽어 오지는 않도록 하는 특별한 캐시 명령어를 가지고 있는 컴퓨터들이 많이 있다. 이 두 가지 최적화는 메모리 통신량을 줄여서 연산 강도 장대를 오른쪽으로 일정 비율(예를 들면 1.5)만큼 이동시킨다. 이렇게 오른쪽으로 이동시키면 커널이 다른 최적화 영역에 들어갈 수도 있다.

앞에서는 루프라인 모델이 어떻게 프로그래머의 성능 개선을 도와줄 수 있는지를 살펴보았지만, 루프라인 모델은 하드웨어 설계자가 중요하게 생각하는 커널의 성능을 높이기 위해 하드웨어의 어떤 부분을 최적화하는 것이 좋은지를 결정하는 데도 사용할 수 있다.

다음 절에서는 루프라인 모델을 이용하여 멀티코어 마이크로프로세서와 GPU의 성능 차이를 보이고 실제 응용의 성능에 어떻게 반영되는지를 살펴볼 것이다.

고난도: 최적화하기 쉬운 상한이 먼저 나오도록 상한의 순서를 정한다. 물론 프로그래머가 최적화의 순서를 자기 마음대로 정할 수도 있다. 그러나 이 순서를 따르는 것이 다른 제약들 때문에 결국 아무 이득도 얻지 못할 최적화를 하느라고 애쓰는 낭비를 줄일 수 있다. 3C 모델처럼 루프라인 모델도 제대로 된 관점만 제공한다면 다소 낙관적인 가정을 하는 것도 용인된다. 예를 들어 루프라인 모델은 모든 프로세서 간에 부하균형이 잘 이루어진 것을 가정하고 있다.

고난도: Stream 벤치마크를 사용하는 대신 DRAM의 대역폭 자체를 가공하지 않고 루프라인으로 사용하는 방법을 생각할 수도 있다. 이것이 DRAM이 넘어설 수 없는 한계를 결정하는 것은 분명하지만, 실제 메모리 성능은 이 한계에 훨씬 못 미치는 경우가 많으므로 이것을 루프라인으로 사용하는 것은 적절치 못하다. 그 어떤 프로그램도 그 한계에 근접할 수 없기 때문이다. 반면에 Stream을 사용하는 것의 부정적인 측면은, 프로그래밍을 아주 잘하면 Stream보다 더 좋은 결과를 얻을 수 있다는 점이다. 그러므로 메모리 루프라인은 계산 루프라인만큼 넘어서기가 어렵지는 않다. 이런 약점에도 불구하고 Stream의 사용을 견지하는 이유는 Stream보다 더 좋은 메모리 대역폭을 얻도록 프로그램할 수 있는 사람이 매우 드물기 때문이다.

고난도: 앞에서 살펴본 루프라인 모델은 멀티코어 프로세서를 위한 것이지만, 단일프로세서에도 적용할 수 있다.

참 또는 거짓: 병렬 컴퓨터에 대한 전통적인 벤치마크 방법의 주된 단점은 공정성을 기하기 위한 규칙들이 소프트웨어 기술 혁신을 막는다는 점이다.

스스로 점검하기

6.11 실례: Intel Core i7 960과 NVIDIA Tesla GPU의 벤치마킹과 루프라인

Intel사 연구진들이 최근에 멀티미디어 SIMD 확장을 장착한 쿼드코어 Intel Core i7 960과 한 세대 전 GPU인 NVIDIA Tesla GTX 280의 성능을 비교한 논문을 발표하였다[Lee et al., 2010]. 두 시스템의 특성을 그림 6.22에 나열하였다. 두 제품 모두 2009

년 가을에 구매한 것이다. Core i7은 Intel의 45nm 공정을 사용하였고 GPU는 TSMC의 65nm 공정을 사용하였다. 중립적인 기관이나 양측 모두와 관련이 있는 기관에 의하여 평가가 이루어지는 것이 공정하겠지만, 이 절의 목적은 어느 시스템이 더 빠른가를 결정하기 위한 것이 아니고 두 대조적인 구조의 특징이 갖는 상대적 가치를 이해하는 것이다.

그림 6.23의 루프라인은 Core i7 960과 GTX 280의 차이점을 보여 준다. GTX가 훨씬 큰 메모리 대역폭과 2배 정밀도 부동소수점 성능을 가지고 있을 뿐 아니라 2배 정밀도 마룻점이 훨씬 왼쪽에 위치한다. 2배 정밀도 마룻점이 GTX 280의 경우에는 0.6이지만, Core i7의 경우는 3.1이다. 앞에서 설명한 바와 같이 마룻점이 왼쪽으로 갈수록 최고 계산 성능에 도달하는 것이 쉽다. 단일 정밀도 성능의 경우 두 컴퓨터 모두 마룻점이 우측으로 옮겨져서 단일 정밀도 성능의 상한치에 도달하는 것이 훨씬 어렵다. 커널의 연산 강도는 캐시 메모리로 가는 바이트가 아니라 메인 메모리로 가는 바이트에 의해 결정되는 것에 유의하라. 앞서 설명한 바와 같이 대부분의 메모리 참조

	Core i7-960	GTX 280	GTX 480	Ratio 280/i7	Ratio 480/i7
Number of processing elements (cores or SMs)	4	30	15	7.5	3.8
Clock frequency (GHz)	3.2	1.3	1.4	0.41	0.44
Die size	263	576	520	2.2	2.0
Technology	Intel 45 nm	TSMC 65 nm	TSMC 40 nm	1.6	1.0
Power (chip, not module)	130	130	167	1.0	1.3
Transistors	700 M	1400 M	3030 M	2.0	4.4
Memory brandwith (GBytes/sec)	32	141	177	4.4	5.5
Single-precision SIMD width	4	8	32	2.0	8.0
Double-precision SIMD width	2	1	16	0.5	8.0
Peak single-precision scalar FLOPS (GFLOPs/sec)	26	117	63	4.6	2.5
Peak single-precision SIMD FLOPS (GFLOPs/sec)	102	311 to 933	515 or 1344	3.0–9.1	6.6–13.1
(SP 1 add or multiply)	N.A.	(311)	(515)	(3.0)	(6.6)
(SP 1 instruction fused multiply-adds)	N.A.	(622)	(1344)	(6.1)	(13.1)
(Rare SP dual issue fused multiply-add and multiply)	N.A.	(933)	N.A.	(9.1)	–
Peak double-precision SIMD FLOPS (GFLOPs/sec)	51	78	515	1.5	10.1

그림 6.22 Intel Core i7 960, NVIDIA GTX 280, GTX 480의 규격. 가장 오른쪽 두 열은 Core i7을 기준으로 한 Tesla GTX와 Fermi GTX 480의 상대적인 값을 보여 준다. 이 절의 사례 연구는 Tesla 280과 i7을 비교하는 것이지만 Fermi 480은 Tesla 280과의 관계를 보여 주기 위해서 추가한 것이다. 이 표의 메모리 대역폭이 그림 6.23에서보다 큰 것에 유의하라. 이 표의 값은 DRAM 핀의 대역폭이지만, 그림 6.23은 벤치마크 프로그램을 수행하면서 프로세서에서 측정한 메모리 대역폭을 표시한 것이기 때문이다(Lee et al.,[2010]의 Table 2에서 발췌).

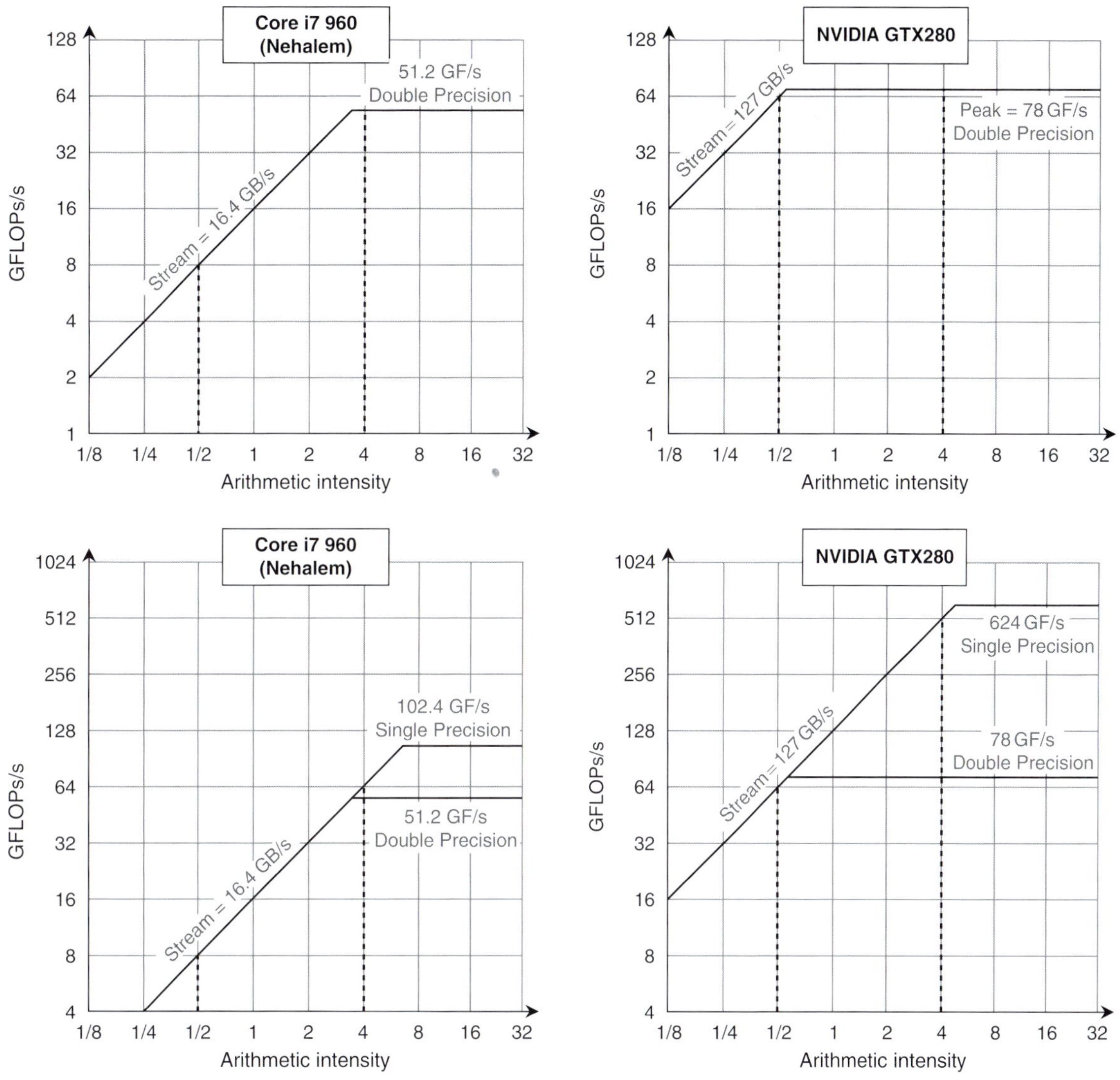

그림 6.23 **루프라인 모델[Williams, Waterman, Patterson, 2009].** 상단의 루프라인은 2배 정밀도 부동소수점 성능을 나타내고, 하단의 루프라인은 단일 정밀도 성능을 나타낸다(하단에는 DP FP 성능의 상한을 아울러 표시하여 비교할 수 있도록 하였다). 왼쪽의 Core i7 960은 DP FP 최고 성능이 51.2GFLOP/초이고 SP FP 최고 성능이 102.4GFLOP/초이며 최고 메모리 대역폭은 16.4GBytes/초이다. NVIDIA GTX 280은 DP FP 최고 성능이 78GFLOP/초이고 SP FP 최고 성능이 624GFLOP/초이며 최고 메모리 대역폭은 127GBytes/초이다. 왼편 점선으로 표시된 수선들은 0.5FLOP/바이트가 연산 강도를 나타낸다. 이는 메모리 대역폭에 의하여 Core i7의 경우 8 DP GFLOP/초와 8 SP GFLOP/초로 성능이 제한됨을 의미한다. 오른편 점선으로 표시된 수선들은 4FLOP/바이트의 연산 강도를 나타낸다. 이것은 계산에 의해 성능이 제한되는 것을 의미하며 Core i7의 경우 51.2 DP GFLOP/초와 102.4 SP GFLOP/초, GTX 280의 경우 78 DP GFLOP/초와 624 SP GFLOP/초이다. Core i7에서 최고 계산 성능을 얻기 위해서는 4개의 코어를 다 사용하고 동일한 개수의 곱셈과 덧셈을 수행하는 SSE 명령어들을 사용할 필요가 있다. GTX 280의 경우 모든 멀티스레드 SIMD 프로세서에서 곱셈-덧셈 융합 명령어(fused multiply-add instruction)를 사용해야 최고 계산 성능을 얻을 수 있다.

가 캐시에서 이루어진다면 캐싱(caching)은 특정 컴퓨터에 대한 커널의 연산 강도를 변화시킨다. 또한 두 컴퓨터 모두 메모리 접근이 순차적으로 이루어지는 경우의 대역폭을 가정하고 있음에 유의할 필요가 있다. 곧 살펴보겠지만, 수집-분산 방식의 주소 접근은 GTX 280과 Core i7에서 실제로 느리게 수행된다.

연구진들은 최근에 제안된 벤치마크 모음 네 가지의 계산 특성과 메모리 특성을 분석하여 벤치마크 프로그램을 선정하고, "이들 특성을 담아내는 **처리량 계산 커널**(throughput computing kernel) 집합을 구성"하였다. 그림 6.24는 성능 측정 결과를 보여 주는데, 큰 숫자가 빠른 것을 의미한다. 루프라인은 이 사례 연구의 상대적 성능을 설명하는 데 도움이 된다.

성능 자료를 바탕으로 GTX 280의 성능을 Core i7과 비교하면 2.5배 느리거나(클럭 속도의 경우), 7.5배 빠를(칩당 코어수의 경우) 수 있는 것처럼 보이지만, 실제 성능은 2.0배 느리거나(Solv) 15.2배 빠른(GJK) 범위에 있는 것으로 측정되었다. Intel의 연구진들은 그렇게 차이가 나는 이유를 다음과 같이 분석하였다.

- **메모리 대역폭**: GPU의 메모리 대역폭이 4.4배 더 큰데, 이것이 LBM과 SAXPY가 5.0배와 5.3배 빠른 이유이다. 이 프로그램들의 워킹셋은 수억 바이트에 이르므로 Core i7의 캐시에 들어가지 않는다(메모리를 집중적으로 접근하도록 5장에서 설명한 캐시 블로킹은 의도적으로 사용하지 않았다). 따라서 루프라인의 기울기로 이 프로그램들의 성능을 설명할 수 있다. SpMV 또한 큰 워킹셋을 가지지만 1.9배밖에 빠르게 수행되지 않는데, 그 이유는 GTX 280의 2배 정밀도 부동소수점 연산이 Core i7보다 1.5배밖에 빠르지 않기 때문이다.
- **계산 대역폭**: 다른 5개 벤치마크 커널(SGEMM, Conv, FFT, MC, Bilat)은 계산에 의하여 제한받는다. 이들 벤치마크에 대하여 GTX는 각각 3.9배, 2.8배, 3.0배, 1.8배, 5.7배 빠른 성능을 보인다. 처음 3개는 단일 정밀도 부동소수점 연산을 사용하는데 GTX 280은 3배에서 6배 빠른 단일 정밀도 성능을 갖는다. 2배 정밀도 부동소수점 연산은 1.5배밖에 빠르지 않기 때문에 2배 정밀도를 사용하는 MC의 경우 겨우 1.8배 빠른 성능을 보인다. Bilat은 초월 함수를 사용하는데 GTX 280은 초월 함수를 직접 지원한다. Core i7은 전체 계산 시간의 2/3를 초월 함수를 계산하는 데 사용하기 때문에 GTX 280이 5.7배 빠른 성능을 보인다. 이러한 관찰을 통해서 작업부하에 포함되는 연산(2배 정밀도 부동소수점 연산이나 초월 함수 연산)을 하드웨어로 지원하는 것이 얼마나 가치 있는 일인지를 알 수 있다.
- **캐시 이득**: RC(Ray Casting)는 GTX에서 1.6배밖에 빠르지 않은데 그 이유는 Core i7 캐시가 캐시 블로킹을 사용하여 GPU처럼 메모리 대역폭 때문에 성능

Kernel	Units	Core i7-960	GTX 280	GTX 280/ i7-960
SGEMM	GFLOPs/sec	94	364	3.9
MC	Billion paths/sec	0.8	1.4	1.8
Conv	Million pixels/sec	1250	3500	2.8
FFT	GFLOPs/sec	71.4	213	3.0
SAXPY	GBytes/sec	16.8	88.8	5.3
LBM	Million lookups/sec	85	426	5.0
Solv	Frames/sec	103	52	0.5
SpMV	GFLOPs/sec	4.9	9.1	1.9
GJK	Frames/sec	67	1020	15.2
Sort	Million elements/sec	250	198	0.8
RC	Frames/sec	5	8.1	1.6
Search	Million queries/sec	50	90	1.8
Hist	Million pixels/sec	1517	2583	1.7
Bilat	Million pixels/sec	83	475	5.7

그림 6.24 두 플랫폼에서 측정한 원래 성능과 상대 성능. 이 연구에서 SAXPY는 메모리 대역폭을 측정하기 위한 용도로만 사용하였다. 그래서 단위는 GFLOP/초가 아닌 GBytes/초이다(Lee et al.,[2010]의 Table 2에 근거함).

이 제한되는 것을 방지하였기 때문이다(5.4절과 5.14절 참조). 캐시 블로킹은 Search 커널에도 도움이 된다. 인덱스 트리의 크기가 작아서 캐시에 다 들어갈 수 있으면, Core i7은 2배 빨라진다. 인덱스 트리가 커지면 메모리 대역폭에 의해 제한을 받게 된다. 결국 GTX 280이 탐색을 1.8배 빠르게 수행한다. 또한 캐시 블로킹은 Sort 커널에도 도움이 된다. SIMD 프로세서로 정렬을 수행하려는 프로그래머는 많지 않겠지만, split이라고 부르는 1비트 정렬 프리미티브를 사용하면 프로그래밍할 수는 있다. 그러나 split 알고리즘은 스칼라 정렬보다 훨씬 많은 수의 명령어를 수행해야 한다. 따라서 Core i7이 GTX 280보다 1.25배 빠르게 수행한다. 캐시 블로킹을 이용하면 SGEMM, FFT, SpMV가 계산 성능에 의해 제한받게 되므로 Core i7에서 캐시는 다른 커널의 수행에도 도움을 줌에 유의하라. 5장에서 살펴본 캐시 블로킹 최적화의 중요성이 이런 관찰을 통해 다시 강조된다.

- **수집-분산:** 멀티미디어 SIMD 확장은 데이터가 메인 메모리에 분산되어 있는 경우에는 별로 도움이 되지 않는다. 최적의 성능은 데이터 접근이 16바이트를 경계로 정렬되어 있을 때에만 얻을 수 있다. 그래서 GJK는 Core i7의 SIMD로부

터 별 이득을 얻지 못한다. 위에서 언급한 바와 같이 GPU는 벡터 구조에서 볼 수 있는 수집-분산 방식의 주소지정을 지원하는데 이 기능은 대부분의 SIMD 확장에서는 제외된다. 메모리 제어기는 동일한 DRAM 페이지에 대한 접근을 일괄 처리하기도 한다(5.2절 참조). 이러한 요인들이 복합되어 GTX 280의 GJK 성능은 Core i7보다 15.2배나 빠르다. 이 경이로운 속도 개선은 그림 6.22에 있는 어느 한 물리적인 변수보다 더 크다. 이러한 관찰을 통하여 우리는 SIMD 확장에서는 찾아볼 수 없는 수집-분산 기능이 벡터 구조나 GPU 구조에서 얼마나 중요한지를 확인할 수 있다.

- 동기화: 동기화의 성능은 원자적 갱신에 의하여 제한받는다. Core i7이 하드웨어로 fetch-and-increment 명령을 지원함에도 불구하고 동기화는 전체 실행시간의 28%를 차지한다. 그래서 Hist는 GTX 280에서 겨우 1.7배 빠르다. Solv는 계산량이 작은 서로 독립적인 제약 조건을 일괄적으로 처리한 다음 배리어(barrier) 동기화를 수행한다. Core i7은 원자적 연산과 메모리 일관성 모델로 성능을 개선한다. 메모리 일관성 모델을 사용하면 먼저 발생한 메모리 계층 접근들이 모두 끝나기 전에도 옳은 값을 얻을 수 있다. GTX 280은 이러한 메모리 일관성 모델을 사용하지 않기 때문에 시스템 프로세서의 메모리 접근을 일괄 처리하는데 이것이 GTX 280이 Core i7보다 0.5배 느려지는 이유이다. 이러한 예는 어떤 데이터 병렬성 문제에 있어서는 동기화가 매우 중요함을 보여 준다.

Intel 연구진이 선택한 커널에 의하여 드러나는 Tesla GTX 280의 단점들이 Tesla 후속 구조에서 바로 해결되는 경우가 얼마나 많은지를 보면 깜짝 놀라게 된다. 예를 들어 Fermi의 2배 정밀도 부동소수점 성능은 더 좋아졌고 원자적 동작도 빨리 수행하고 캐시도 추가되었다. 또한 흥미로운 것은 SIMD 명령어보다 수십 년 앞선 벡터 구조에서 지원했던 수집-분산 기능이 SIMD 확장을 더 효율적으로 만드는 데 있어 매우 중요하다는 것인데, 이 비교가 있기도 전에 벌써 이것을 예측한 사람들이 있었다는 것이다. Intel의 연구진들은 Core i7이 수집-분산 기능을 더 효율적으로 지원한다면 14개의 커널 중에서 6개가 SIMD를 더 효율적으로 사용하게 될 것이라는 점에 주목하였다. 이 연구는 또한 캐시 블로킹의 중요성도 확인하였다.

앞에서 광범위한 멀티프로세서를 벤치마킹한 결과를 보았다. 이제 다시 DGEMM 예제로 돌아가서 멀티프로세서를 잘 활용하기 위해서 C 코드를 어떻게 변환해야 하는지를 자세히 살펴보도록 하자.

6.12 더 빠르게: 복수의 프로세서와 행렬 곱셈

이 절에서는 Intel Core i7(Sandy Bridge) 하드웨어에 적합하도록 DGEMM를 변환하여 점진적으로 성능을 개선시키는 여정의 마지막 단계이면서 가장 효과가 큰 단계를 설명한다. 우리가 사용하는 컴퓨터는 2개의 Core i7을 가지고 있는데, 각 Core i7은 8개의 코어를 가지고 있다. 따라서 우리는 16개의 코어를 사용하여 DGEMM을 수행한다.

그림 6.25는 이러한 멀티코어를 활용해서 DGEMM을 실행하는 OpenMP 버전의 코드이다. 이 코드가 복수의 프로세서에서 실행될 수 있게 하기 위하여 그림 5.47에 단 한 줄(30번째 줄)을 추가하였다. 이 줄로 인하여 이 문장은 최외곽 순환문에서 다수의 스레드를 이용하라고 컴파일러에게 지시하는 OpenMP pragma이다. 이 pragma는 최외곽 순환문의 일을 모든 스레드가 나누어 맡게 한다.

그림 6.26은 스레드의 숫자가 증가함에 따라 단일 스레드에 비해서 성능이 어떻게 개선되는지를 보여 주는 전통적인 멀티프로세서 속도 개선 그래프이다. 이 그래프는 연성 스케일링에 비해 경성 스케일링이 더 어려움을 겪는다는 것을 알기 쉽게 보여준다. 32×32 행렬의 경우와 같이 모든 것이 1차 데이터 캐시에 다 적재된다면 스레드 개수를 늘리는 것이 실제로는 성능을 저하시킨다. 이 경우 16개의 스레드를 이용한 DGEMM 버전이 단일 스레드 버전에 비하여 반 정도의 성능을 보인다. 이와 반대로 2개의 큰 행렬에 대하여는 16개의 스레드를 사용한 버전이 14배의 성능 개선을 보여 그림 6.26의 고전적 "우상향" 증가선을 형성한다.

그림 6.27은 스레드의 개수가 1에서 16으로 증가될 때 성능의 절대치가 어떻게 변하는지를 보여 준다. DGEMM은 960 × 960 행렬의 경우 174GFLOPS의 성능으로 동작한다. 그림 3.22의 최적화되지 않은 DGEMM C 코드의 성능은 겨우 0.8GFLOPS이었으므로 3장에서 6장까지 하드웨어에 맞추어 최적화한 결과 200배 이상의 속도 개선을 얻게 된 것이다!

다음 절은 멀티프로세싱의 오류와 함정에 대한 경고이다. 이러한 경고를 무시해서 폐기된 병렬처리 프로젝트가 컴퓨터 구조의 무덤에 가득하다.

고난도: 지금까지의 결과는 터보 모드를 끄고 얻은 것이다. 우리는 두 개의 칩이 장착된 시스템을 사용하였는데, 한 스레드(두 칩 중 한 개만 사용하고 그 칩에서 한 코어만 사용)나 두 스레드(칩당 한 코어씩만 사용)만 사용하고 터보 모드를 최대로 활용하면 3.3/2.6 = 1.27배의 성능 개

```
 1 #include <x86intrin.h>
 2 #define UNROLL (4)
 3 #define BLOCKSIZE 32
 4 void do_block (int n, int si, int sj, int sk,
 5                double *A, double *B, double *C)
 6 {
 7   for ( int i = si; i < si+BLOCKSIZE; i+=UNROLL*4 )
 8     for ( int j = sj; j < sj+BLOCKSIZE; j++ ) {
 9       __m256d c[4];
10       for ( int x = 0; x < UNROLL; x++ )
11         c[x] = _mm256_load_pd(C+i+x*4+j*n);
12      /* c[x] = C[i][j] */
13       for( int k = sk; k < sk+BLOCKSIZE; k++ )
14       {
15         __m256d b = _mm256_broadcast_sd(B+k+j*n);
16      /* b = B[k][j] */
17         for (int x = 0; x < UNROLL; x++)
18           c[x] = _mm256_add_pd(c[x], /* c[x]+=A[i][k]*b */
19                  _mm256_mul_pd(_mm256_load_pd(A+n*k+x*4+i), b));
20       }
21 
22       for ( int x = 0; x < UNROLL; x++ )
23         _mm256_store_pd(C+i+x*4+j*n, c[x]);
24         /* C[i][j] = c[x] */
25     }
26 }
27 
28 void dgemm (int n, double* A, double* B, double* C)
29 {
30 #pragma omp parallel for
31   for ( int sj = 0; sj < n; sj += BLOCKSIZE )
32     for ( int si = 0; si < n; si += BLOCKSIZE )
33       for ( int sk = 0; sk < n; sk += BLOCKSIZE )
34         do_block(n, si, sj, sk, A, B, C);
35 }
```

그림 6.25 그림 5.47 DGEMM의 OpenMP 버전. 30행이 유일한 OpenMP 코드인데 최외곽의 순환문을 병렬로 수행하도록 한다. 이 행이 그림 5.47과 유일하게 다른 부분이다.

선을 얻을 수 있음은 놀라운 일이 아니다. 스레드 개수가 증가하고 그래서 동작하는 코어의 수가 많아질수록 터보 모드의 이득은 줄어든다. 이는 동작하는 코어가 소비할 수 있는 전력 예산이 줄어들기 때문이다. 4개의 스레드를 사용하는 경우 터보로 얻을 수 있는 평균 성능 개선은 1.23이 되고, 8개의 경우 1.13, 그리고 16개 스레드의 경우 1.11이 된다.

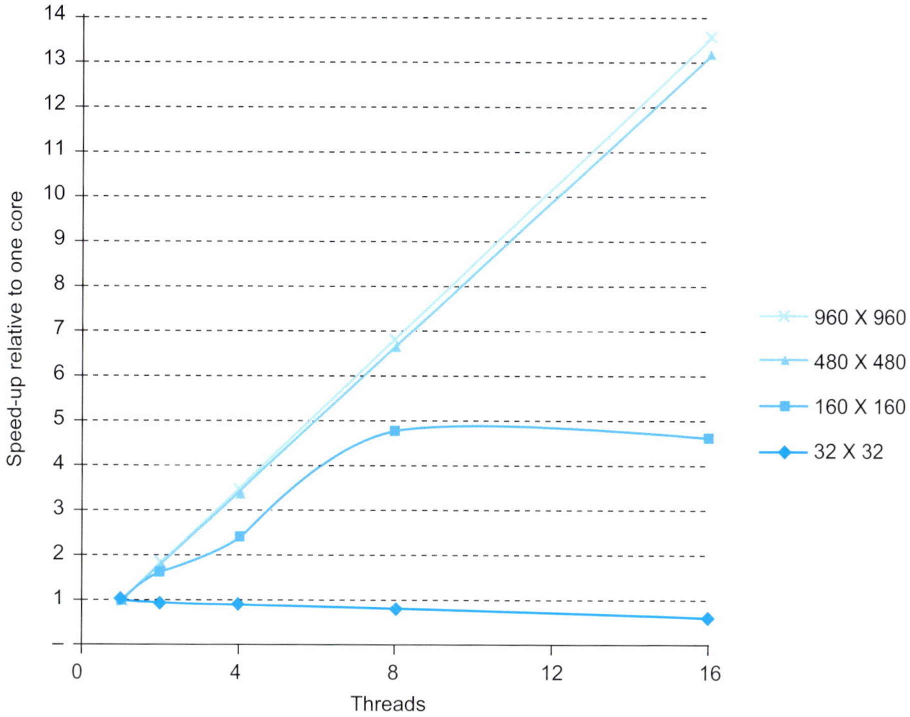

그림 6.26 스레드의 수가 증가함에 따른 단일 스레드 대비 성능의 개선 비율. 이러한 그래프를 그리는 가장 정직한 방법은 단일프로세서 프로그램의 가장 좋은 버전과 성능을 비교하는 것인데, 실제로 우리는 그렇게 하였다. 이 그래프는 OpenMP pragma를 포함하지 않는 그림 5.47의 코드의 성능을 기준으로 도시한 것이다.

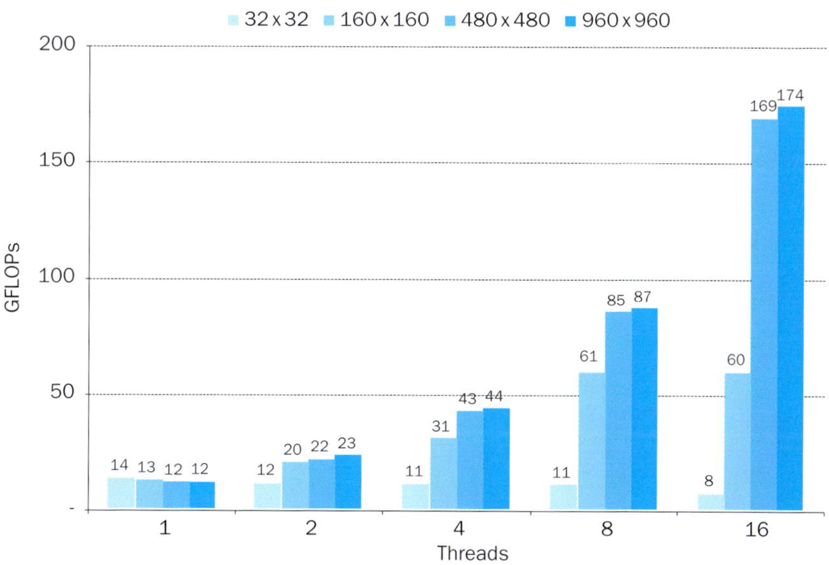

그림 6.27 4개의 다른 행렬 크기에 대한 스레드 개수별 DGEMM의 성능. 960×960 행렬의 경우 16개의 스레드를 사용한 코드는 그림 3.22의 최적화하지 않은 코드에 비해 무려 212배의 성능 개선을 얻을 수 있었다.

고난도: Sandy Bridge는 코어당 2개의 스레드를 지원할 수 있지만 32개의 스레드를 사용한다고 성능이 더 좋아지지는 않는다. 코어 안에 1개밖에 없는 AVX 하드웨어를 2개의 스레드가 공유해야 하므로, 한 코어에 두 스레드를 할당하면 다중화 오버헤드로 인하여 실제 성능이 더 떨어지기 때문이다.

6.13 오류 및 함정

For over a decade prophets have voiced the contention that the organization of a single computer has reached its limits and that truly significant advances can be made only by interconnection of a multiplicity of computers in such a manner as to permit cooperative solution. … Demonstration is made of the continued validity of the single processor approach …

Gene Amdahl, "Validity of the single processor approach to achieving large scale computing capabilities," Spring Joint Computer Conference, 1967

병렬처리에 대한 수많은 공격은 여러 가지 오류와 함정을 밝혀냈다. 여기서는 그 중 네 가지만 소개한다.

오류: 병렬 컴퓨터에 Amdahl의 법칙은 적용되지 않는다.

1987년에 한 연구소 소장이 어떤 멀티프로세서로 Amdahl의 법칙을 깨뜨렸다고 주장하였다. 이 언론 기사가 어떤 기반 위에 이루어진 것인지에 대한 이해를 돕기 위해 Amdahl의 법칙 원전을 인용한다[1967, p.483].

> 이 시점에서 명백한 결론은 높은 병렬처리율을 얻기 위한 노력은 같은 정도의 순차 처리 성능 개선이 동반되지 않는 한 무위에 그칠 것이라는 사실이다.

이 진술은 아직도 유효하다. 즉 무시된 프로그램 부분이 궁극적인 성능을 제한한다. 이 법칙에서 다음과 같은 보조정리를 도출할 수 있다. 어떤 프로그램이든지 순차적인 부분이 있기 마련이고, 따라서 경제적인 측면에서 볼 때 프로세서 개수의 상한선(일단 100개라고 가정하자)이 존재한다. 이에 반해 프로세서 1,000개까지 선형으로 속도가 개선됨을 보여서, 이 보조정리가 틀렸음을 증명하고 Amdahl의 법칙이 깨졌다고 주장한 것이다.

이 사람은 단지 연성 스케일링 방법을 사용하였을 뿐이다. 즉 같은 데이터 집합에 대해 1,000배 빨라진 것이 아니라, 같은 시간에 1,000배 많은 일을 처리한 것이다. 여기서 사용된 알고리즘에서 순차적 부분은 입력의 크기에 관계없이 일정한 비율이었으며 나머지 부분은 완전히 병렬로 처리되었다. 따라서 프로세서가 1,000개라도 선형적인 속도 개선이 가능하였던 것이다.

Amdahl의 법칙은 병렬 프로세서에 분명히 적용된다. 이 연구가 지적한 사실은 빠른 컴퓨터를 사용하는 주된 용도의 하나가 더 큰 크기의 문제를 수행하는 것이라는 점이다. 사용자는 많은 수의 프로세서를 바쁘게 만드는 문제 하나를 발견해서 비싼 컴퓨터를 구입하는 것을 정당화하려는 노력을 하는 대신에 더 큰 문제들에 관심을 기울여야 함을 명심하자.

오류: 최고 성능은 실제 성능을 반영한다.

수퍼컴퓨터 업계에서는 최고 성능을 마케팅에 사용하고 있으며, 병렬 컴퓨터의 경우에는 그 정도가 더욱 심하다. 단일프로세서 노드의 최고 성능을 사용하는 선에서 그치지 않고, 완벽한 성능 개선을 가정하고 그것을 전체 프로세서 개수와 곱해서 최고 성능이라고 주장한다. Amdahl의 법칙은 둘 중 하나의 최고치에 도달하는 것만도 얼마나 어려운 일인가를 말해 주고 있는데, 이 둘을 곱하다니 이것은 그들이 저지르는 죄의 크기를 곱하는 일이다. 루프라인 모델은 최고 성능을 이해하는 데 도움이 된다.

함정: 멀티프로세서 구조를 활용하는 혹은 멀티프로세서에 최적화된 소프트웨어를 개발하지 않는 것.

병렬 소프트웨어가 병렬 프로세서보다 뒤처진다는 것은 오래된 이야기인데 소프트웨어 문제가 훨씬 어렵다는 것이 이유가 될 수 있다. 한 예를 가지고 이 문제가 얼마나 미묘한지를 보이려고 한다. 이런 예는 이 외에 수도 없이 많다.

종종 직면하는 문제는 단일프로세서를 위해 개발된 소프트웨어를 멀티프로세서용으로 변경할 때에 발생한다. 예를 들어 SGI 운영체제는 페이지 할당이 드물게 일어난다는 것을 가정하고 한 개의 잠금 변수를 사용하여 페이지 테이블을 보호하도록 처음에 설계되었다. 단일프로세서에서는 이로 인한 성능상의 문제가 없었다. 하지만 멀티프로세서에서는 이것이 어떤 프로그램에 대해 심각한 성능 병목이 되었다. 시동할 때에 초기화되는 페이지의 숫자가 많은 프로그램이 있다고 하자. UNIX는 정적으로 할당되는 페이지를 이런 방식으로 초기화한다. 이 프로그램이 병렬화되어 여러 프로세스가 페이지를 할당한다고 가정하자. 페이지를 할당하려면 페이지 테이블을 사용해야 하는데, 페이지 테이블은 사용 중일 때마다 잠겨 있게 될 것이다. 그러므로 모든 프로세스가 페이지들을 동시에 할당하려고 하면 운영체제 커널은 멀티스레드를 지원한다고 하여도 어쩔 수 없이 직렬적으로 수행할 수밖에 없다. 우리가 예상할 수 있는 바와 같이 프로그램을 시동할 때에 이 문제가 바로 발생할 것이다.

이와 같은 페이지 테이블 직렬화는 초기화 과정의 병렬성을 없애서 전체 병렬 성능에 큰 영향을 미치게 된다. 이와 같은 성능의 병목은 태스크 수준 병렬성에도 존재한다. 예를 들어 병렬처리 프로그램을 작업들 사이에 공유되는 것이 하나도 없는 개별적인 작업으로 분할하고 각 프로세서가 한 작업씩 수행하도록 한다고 하자. (실제로 어떤 사용자가 이렇게 했었는데, 그는 응용 프로그램에서 의도하지 않은 공유나 간섭이 발생하여 성능에 문제가 일어난 것으로 추측하였다.) 불행히도 잠금 변수는 여전히 모든 작업들을 직렬화시킨다. 따라서 독립적인 작업의 성능도 좋지 않다.

이 함정은 멀티프로세서에서 소프트웨어를 실행할 때 발생할 수 있는 미묘하면서도 중대한 성능상의 결함을 보여 준다. 다른 많은 주요 소프트웨어 구성 요소들처럼 운영체제의 알고리즘과 자료구조도 멀티프로세서 환경에서 재검토되어야 한다. 페이지 테이블을 작은 부분으로 나누고 각 부분마다 잠금 변수를 두도록 하면 앞의 문제가 효과적으로 해결된다.

오류: 메모리 대역폭을 제공하지 않고도 좋은 벡터 성능을 얻을 수 있다.

루프라인 모델에서 살펴본 바와 같이 메모리 대역폭은 모든 구조에서 상당히 중요하다. DAXPY는 부동소수점 연산 하나당 1.5번의 메모리 참조를 요구하는데, 이 수치는 많은 과학 계산용 코드에 일반적으로 해당된다. 부동소수점 연산을 수행하는 데 시간이 전혀 걸리지 않는다고 하여도 Cray-1은 벡터열의 DAXPY 성능을 증가시킬 수 없는데 그 이유는 성능이 메모리에 의하여 제한되기 때문이다. Cray-1은 컴파일러가 블로킹을 이용하여 계산값이 모두 벡터 레지스터에 저장될 수 있게 함으로써 Linpack의 성능을 한 단계 도약시켰다. 이 방법은 FLOP당 메모리 접근 빈도수를 줄여서 거의 2배의 성능 개선을 실현하였다. 이 방법을 사용하여 원래 더 큰 대역폭이 필요했던 순환문을 Cray-1의 메모리 대역폭으로 충분하게 바꾼 것이며 이것이 바로 루프라인 모델이 예상한 바이다.

6.14 결론

We are dedicating all of our future product development to multicore designs. We believe this is a key inflection point for the industry. …This is not a race. This is a sea change in computing…"

Paul Otellini, Intel President, Intel Developers Forum, 2004

단순히 프로세서 여러 개를 모아서 컴퓨터를 구성하려는 꿈은 컴퓨터의 초창기부터 항상 있어 왔다. 그러나 효과적이면서 효율적으로 병렬 프로세서를 구성하고 사용하는 것은 느리게 진척되었다. 유용성과 효율성을 개선하기 위해서 멀티프로세서 구조가 오랜 시간 진화한 것과 더불어, 어려운 소프트웨어 문제가 발전의 속도를 제한한 것이다. 이 장에서 우리는 Amdahl의 법칙 때문에 좋은 속도 개선을 얻는 프로그램을 작성하기 어렵다는 점을 비롯하여 많은 소프트웨어의 어려움들을 살펴보았다. 아주 다양한 방식의 구조가 존재한다는 점과 과거의 많은 병렬 구조들이 오래지 않아 사라졌다는 사실이 소프트웨어의 어려움을 가중시켜 왔다. 온라인 사이트에 있는 6.15절에서 이런 멀티프로세서의 역사에 대하여 설명한다. GPU에 대하여 더 알아보고 싶거나 GPU와 CPU에 대한 비교를 더 알고 싶으면 *Computer Architecture: A Quantitative Approach* 5판의 4장을, WSC에 대하여 더 알고 싶으면 6장을 보기 바란다.

1장에서 살펴본 바와 같이, 이렇게 길고 파란만장한 역사에도 불구하고 IT 업계는 그 미래가 병렬 컴퓨팅에 달려 있다고 생각하고 있다. 과거의 많은 경우처럼 이러한 노력들이 쉽게 실패로 돌아갈 수 있음에도 불구하고 우리가 희망을 가질 수 있는 이유들이 있다.

- 서비스로서의 소프트웨어(Software as a Service, SaaS)의 중요성이 커지고 있으며 이러한 서비스를 제공해 주는 데 클러스터가 매우 성공적인 방법이라는 것이 증명되었다. 지리적으로 분산된 데이터센터들을 사용하는 것을 포함하여 상위 계층에서 여유분을 사용하여 이러한 서비스가 일 년 365일 하루 24시간 전 세계에 있는 고객에게 제공되도록 한다.
- 우리는 창고규모 컴퓨터가 서버를 설계하는 목표와 원칙들을 바꾸고 있다고 믿는데 이것은 휴대용 클라이언트가 마이크로프로세서를 설계하는 목표와 원칙을 바꾸고 있는 것과 마찬가지이다. 또한 이 둘은 소프트웨어 산업에 혁명을 일으키고 있다. 달러당 성능과 단위 에너지당 성능이 휴대용 클라이언트 하드웨어와 WSC 하드웨어를 주도하고 있으며 이들 목표를 달성하는 데 있어서 병렬성이 핵심 요소이다.
- SIMD와 벡터 연산은 Post-PC 시대에 큰 역할을 담당하고 있는 멀티미디어 응용과 잘 어울린다. 이들은 전통적인 병렬 MIMD 프로그래밍보다 프로그램하기가 더 쉽다는 이점이 있고 에너지 측면에서도 MIMD보다 더 효율적이다. 그림 6.28은 시간에 따라 MIMD의 코어의 개수와 x86 컴퓨터의 SIMD 모드에서 클럭 사이클당 32비트와 64비트 연산이 수행되는 횟수가 어떻게 변화되고 있는지를 도시하고 있다. x86 컴퓨터의 경우 칩당 코어 개수가 2년마다 2개씩 증가하고, SIMD 폭은 4년마다 2배씩 증가할 것으로 예상된다. 이러한 가정을 한다면 앞으로 10년 동안 SIMD 병렬성으로부터 얻는 잠재적인 성능 개선은 MIMD의 성능 개선보다 2배 더 클 것이다. 멀티미디어에 SIMD가 효율적이고 Post-PC 시대에 멀티미디어의 중요성이 더 증가할 것이므로 이렇게 강조하는 것이 타당하다. 따라서 지금까지는 MIMD가 훨씬 더 많은 주목을 받아 왔지만, 앞으로 SIMD 병렬성을 이해하는 것은 MIMD 병렬성을 이해하는 것 못지않게 중요해질 것이다.
- 과학이나 공학 계산 분야에서 병렬처리를 사용하는 것이 점차 흔해지고 있다. 이러한 응용 분야에서 계산량에 대한 요구는 한이 없다. 또한 자연스럽게 병행성을 가지는 응용이 많이 있다. 이 응용 분야에서도 클러스터가 가장 널리 쓰인다. 예를 들어 2012년 Top 500 보고서에 의하면 Linpack 결과로 측정된 세계에서 가장 빠른 500개 컴퓨터 중에서 80% 이상이 클러스터였다.
- 모든 데스크톱이나 서버 마이크로프로세서 제작사들은 고성능을 얻기 위해 멀티프로세서를 만들고 있다. 과거와 달리 순차 응용들로부터 고성능을 얻는 쉬운

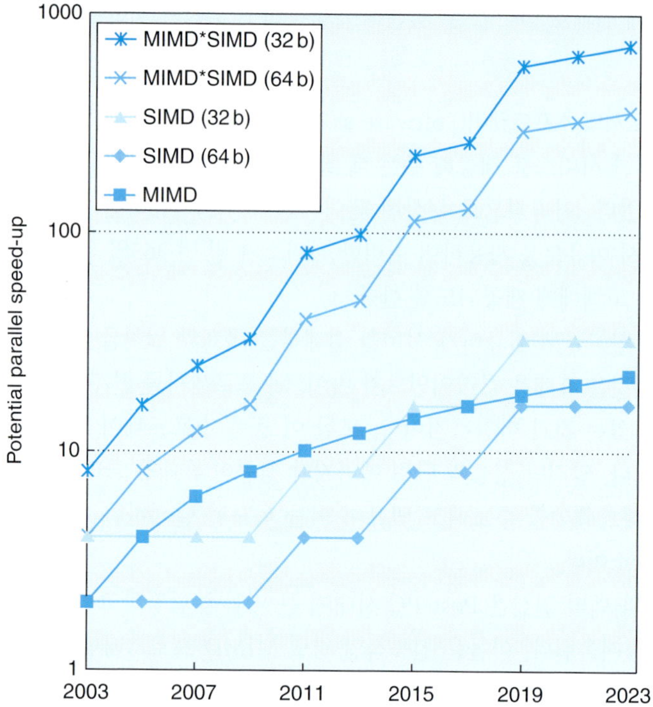

그림 6.28 x86 컴퓨터에서 MIMD와 SIMD, 그리고 두 방식의 병렬성을 모두 사용하였을 때 각각의 잠재적 성능 개선을 시간에 따라 도시한 그래프. 이 그림은 MIMD의 경우 칩 안에 집적되는 코어의 수가 2년마다 2개씩 증가하는 것을 가정하였고, SIMD 연산은 4년마다 2배가 증가하는 것을 가정하였다.

길이 없다. 앞서 말한 바와 같이 순차적인 프로그램은 오늘날 느린 프로그램이다. 그러므로 고성능을 얻고자 하는 프로그래머들은 코드를 병렬화하든지, 아니면 병렬처리 프로그램을 새로 작성해야 한다.

- 과거에 마이크로프로세서와 멀티프로세서는 성공을 서로 다르게 정의하였다. 마이크로프로세서 설계자들이 단일프로세서 성능의 확장성을 평가할 때 단일 스레드의 성능 향상이 실리콘 면적 증가의 제곱근에 비례하면 충분하다고 생각하였다. 그래서 그들은 사용하는 자원에 대한 준선형적(sublinear)인 성능 개선에 만족하였다. 멀티프로세서의 경우는 프로세서 개수에 선형적으로 비례하는 속도 개선을 성공이라고 정의하였다. 이는 *n*개의 프로세서를 구매하거나 유지하는 비용이 프로세서 하나의 *n*배라고 가정한 것이다. 이제 멀티코어를 통해 칩 안에서 병렬성이 구현되기 시작하였으므로, 전통적인 마이크로프로세서의 성공에 대한 정의를 따라 준선형적인 성능 개선을 성공으로 정의할 수 있다.
- JIT(just-in-time) 실시간 컴파일 기술과 오토튜닝(autotuning) 기술이 성공적으

로 개발되고 있으므로 향후 소프트웨어가 칩 내 코어의 수가 증가하는 것을 적응적으로 이용하는 것이 가능해질 것으로 생각된다. 이 기술은 정적 컴파일러를 사용할 때에는 얻을 수 없는 유연성을 제공한다.

- 과거와 달리, 공개 소프트웨어 운동은 소프트웨어 산업계에 중요한 부분을 차지하고 있다. 이 운동은 능력 중심의 문화를 만들어서 더 뛰어난 공학적인 해법들이 과거의 전통보다 개발자들의 마음을 사로잡을 것이다. 이것은 과거의 소프트웨어를 버리고 새로운 언어와 소프트웨어 제품을 수용하는 혁신을 받아들이게 한다. 이와 같은 열린 문화는 급격한 변화의 시대에 큰 도움이 된다.

독자들이 이러한 혁명을 반갑게 맞이할 동기를 부여하기 위해서, 3장부터 6장까지 "더 빠르게"라는 절을 두었다. 이 절들에서는 Intel Core i7(Sandy Bridge)에서 행렬 곱셈이 실행될 때 가질 수 있는 병렬성을 구체적으로 보여 주었다.

- 3장의 데이터 수준 병렬성은 3.85배의 성능 개선을 이루었다. 256비트의 피연산자를 갖는 AVX 명령어를 사용하여 4개의 64비트 부동소수점 연산을 병렬로 수행함으로써 얻은 결과인데, 이것은 SIMD의 가치를 보여 주는 예이다.
- 4장의 명령어 수준 병렬성은 추가로 2.3배의 성능 개선을 가져왔다. 순환문 펼치기를 네 번 해서 비순차 실행 하드웨어가 더 많은 명령어를 스케줄을 할 수 있도록 한 결과이다.
- 5장의 캐시 최적화는 추가로 2.5배의 성능 개선을 가져왔다. L1 데이터 캐시에 다 적재할 수 없는 행렬에 캐시 블로킹(cache blocking)을 적용하여 캐시 미스를 줄였기 때문이다.
- 이 장의 스레드 수준 병렬성은 추가로 4배에서 14배의 성능 개선을 가져왔다. L1 데이터 캐시에 다 적재할 수 없는 행렬을 멀티코어 칩에 있는 16개의 코어를 사용하여 실행하였는데, 이 결과는 MIMD의 가치를 보여 주는 것이다. 코드상으로는 OpenMP pragma 단 한 줄을 추가했을 뿐이다.

이 책에서 소개한 아이디어를 사용하고 이 컴퓨터에 맞도록 소프트웨어를 특화시키기 위해서 24줄의 코드가 DGEMM에 추가되었다. 32×32, 160×160, 480×480, 960×960 크기의 행렬에 대하여 24줄의 코드를 가지고 아이디어를 실현함으로써 얻은 성능 개선이 8, 39, 129, 212배가 되었다!

하드웨어/소프트웨어 인터페이스의 이러한 병렬 혁명은 지난 60년간 이 분야가 직면했던 가장 큰 도전일 것이다. "더 빠르게" 절에서 보인 바와 같이 이것이 가장 큰 기회가 될 수도 있다. 이 혁명은 IT 분야의 안팎에서 많은 새로운 연구와 사업의 기회를 제공할 것이다. 멀티코어 시대를 지배할 회사는 단일프로세서 시대를 석권했던 그 회사들이 아닐 수도 있다. 하드웨어의 추세를 잘 이해하고 하드웨어에 적합하도록 소프트웨어를 전환하는 법을 익힌다면 언젠가는 꼭 나타날 기회를 붙잡는 혁신가 중의 한 사람이 바로 당신이 될 수도 있다. 당신의 발명이 인류를 편리하게 해 줄 그 날을 기대한다!

6.15 역사적 고찰 및 참고문헌

온라인 사이트에 있는 이 절은 풍성하면서도 때로는 끔찍했던 지난 50년간의 멀티프로세서의 역사를 담고 있다.

참고문헌

B. F. Cooper, A. Silberstein, E. Tam, R. Ramakrishnan, R. Sears. Benchmarking cloud serving systems with YCSB, In: Proceedings of the 1st ACM Symposium on Cloud computing, June 10–11, 2010, Indianapolis, Indiana, USA, doi:10.1145/1807128.1807152.

G. Regnier, S. Makineni, R. Illikkal, R. Iyer, D. Minturn, R. Huggahalli, D. Newell, L. Cline, and A. Foong. TCP onloading for data center servers. IEEE Computer, 37(11):48–58, 2004.

6.16 연습문제

6.1 먼저 평일에 당신이 일상적으로 수행하는 하루 일과들의 리스트를 써라. 예를 들어, 침대에서 일어나고, 샤워를 하고, 옷을 입고, 아침을 먹고, 머리를 말리고, 이를 닦고 등등. 최소한 10개의 활동을 갖는 리스트를 만들도록 한다.

6.1.1 [5] 〈§6.2〉 이 활동 중에서 이미 어떤 형태로든 병렬성을 활용하고 있는 것을 찾아라(예를 들어, 이를 한 개씩 닦는 것이 아니라 여러 개를 동시에 닦는 것, 책을 하나씩 학교로 가지고 가는 것이 아니라 가방에 여러 책을 한꺼번에 가지고 가는 것 등). 각 활동에 대하여 그것이 병렬적으로 일어나고 있는지 여부를 논하고, 만약 그렇지 않다면 왜 그렇지 않은지를 설명하라.

6.1.2 [5] 〈§6.2〉 어떤 활동들을 병행적으로 수행할 수 있는지 생각해 보라(예를 들어, 아침을 먹으면서 뉴스를 청취하는 것). 각 활동들에 대하여 이 활동과 동시에 수행할 수 있는 다른 활동들을 열거하라.

6.1.3 [5] 〈§6.2〉 연습문제 6.1.2에서, 지금의 시스템(예를 들면 샤워, 옷, TV, 차 등)을 어떻게 바꾸면 더 많은 일을 병렬로 수행할 수 있을 것인가?

6.1.4 [5] 〈§6.2〉 가능한 한 많은 일들을 병렬로 수행한다고 하면, 그 일들을 다 수행하는 데 걸리는 시간이 얼마나 단축될지 어림잡아 보라.

6.2 블루베리 파운드케이크 세 개를 구우려고 한다. 케이크의 재료는 다음과 같다.

버터 1컵(부드럽게 한)
설탕 1컵
큰 달걀 4개
바닐라향 1티스푼
소금 1/2티스푼
육두구 1/4티스푼
밀가루 1 1/2컵
블루베리 1컵

케이크 하나를 만드는 조리법은 다음과 같다.

1단계: 오븐을 325°F(160℃)로 예열하고, 빵 굽는 팬에 기름을 칠한 뒤에 밀가루를 뿌린다.
2단계: 큰 볼에 버터와 설탕을 넣고 중간 속도의 믹서로 섞어서 솜털같이 보풀보풀하게 되도록 한다. 달걀, 바닐라, 소금, 육두구를 넣는다. 완전히 섞일 때까지 반죽한다. 믹서의 속도를 낮추고 밀가루를 한 번에 1/2컵씩 넣는다. 섞일 만큼만 반죽한다.
3단계: 블루베리를 천천히 섞는다. 준비된 팬에 골고루 펼친다. 그리고 60분간 굽는다.

6.2.1 [5] 〈§6.2〉 당신이 할 일은 케이크 세 개를 최대한 효율적으로 만드는 것이다. 케이크 하나를 구울 수 있는 오븐 하나, 큰 볼 하나, 빵 굽는 팬 하나, 믹서 하나가 있다고 가정하자. 케이크 세 개를 가장 빨리 구울 수 있는 스케줄을 만들어라. 이 작업의 병목은 어디인지 찾아라.

6.2.2 [5] 〈§6.2〉 볼도 3개, 빵 굽는 팬도 3개, 믹서도 3개가 있다고 가정한다. 이렇게 추가된 자원이 있으면 작업을 얼마나 빨리 수행할 수 있는가?

6.2.3 [5] 〈§6.2〉 당신을 도울 친구가 2명 생겼고 케이크 3개를 다 넣을 수 있는 큰 오븐도 있다면, 연습문제 6.2.1에서 만든 스케줄을 어떻게 바꾸어야 하는가?

6.2.4 [5] 〈§6.2〉 케이크를 만드는 작업을 병렬 컴퓨터에서 순환문을 3번 반복하는 작업에 비유하자. 케이크 만드는 순환문에서 데이터 수준 병렬성과 태스크 수준 병렬성을 찾아라.

6.3 데이터를 탐색하고 정렬하는 작업을 포함하는 컴퓨터 응용이 많이 있다. 이런 지루한 작업의 수행시간을 줄이기 위해서 탐색과 정렬을 효율적으로 하는 알고리즘들이 많이 개발되었다. 이 문제에서는 이 작업들의 병렬화 효과를 검토한다.

6.3.1 [10] 〈§6.2〉 다음의 이진 탐색 알고리즘(고전적인 분할정복 알고리즘)은 원소 N개인 정렬된 배열 A에서 X값을 찾아서 그 인덱스를 출력한다.

```
BinarySearch(A[0..N-1], X) {
    low = 0
    high = N -1
    while (low <= high) {
        mid = (low + high) / 2
        if (A[mid] >X)
            high = mid -1
        else if (A[mid] <X)
            low = mid + 1
        else
            return mid // found
    }
    return -1 // not found
}
```

Y개의 코어를 가진 멀티코어 프로세서를 사용하여 BinarySearch를 수행한다고 가정한다. Y가 N보다 훨씬 작다고 할 때에 기대할 수 있는 속도 개선을 Y와 N의 함수로 표현하고 그래프로 그려라.

6.3.2 [5] 〈§6.2〉 이제 Y와 N이 같다고 가정하자. 이런 가정이 앞의 문제의 답에 어떤 영향을 주는가? 최대로 속도를 개선하려면(즉, 경성 스케일링) 이 코드를 어떻게 변환해야 하는지 설명하라.

6.4 다음 C 코드를 살펴보자.

```
for (j=2;j<=1000;j++)
    D[j] = D[j-1]+D[j-2];
```

이에 해당하는 ARMv8 코드는 다음과 같다.

```
       MOV    X10 #8000
       ADD    X2, X0, X10
       ADDI   X1, X0, #16
LOOP:  LDUR   D0, [X1, #-16]
       LDUR   D2, [X1, #-8]
       FADDD  D4, D0, D2
       STUR   D4, [X1, #0]
       ADDI   X1, X1, #8
       CMP    X1, X2
       B.LE   LOOP
```

명령어의 지연시간은 명령어와 이 명령어의 결과를 사용하는 명령어 사이에 있어야 하는 최소 사이클 수로 정의된다. 부동소수점 명령어들이 다음 표와 같은 지연시간(단위: 사이클)을 갖는다고 하자.

FADD	LDUR	STUR
4	6	1

6.4.1 [10] 〈§6.2〉 이 코드 실행에 필요한 사이클 수는?

6.4.2 [10] 〈§6.2〉 지연이 최소가 되도록 코드의 순서를 바꾸어라. 이 코드 실행에는 몇 사이클이 걸리겠는가? (STUR 명령어의 변위를 바꾸면 지연을 더 많이 제거할 수 있다.)

6.4.3 [10] 〈§6.2〉 순환문의 한 명령어가 같은 순환문의 이전 반복에서 생성된 데이터를 필요로 하는 경우, 순환문의 반복 간에 **순환문간 의존성**(loop-carried dependency)이 존재한다고 말한다. 위의 코드에서 순환문간 의존성을 찾아라. 의존 관계가 있는 프로그램 변수와 어셈블리 수준의 레지스터를 보여라. 순환문 유도 변수(induction variable)인 j는 무시할 수 있다.

6.4.4 [15] 〈§6.2〉 순환문의 다른 반복에서도 데이터를 계속 유지해 주는 레지스터를 사용하여(매번 메인 메모리에 데이터를 저장하고 다시 가져오는 대신에) 코드를 다시 작성하라. 이 코드에서 지연이 발생하는 지점을 보이고, 실행에 필요한 사이클 수를 계산하라.

6.4.5 [10] 〈§6.2〉 4장에서 순환문 펼치기를 설명하였다. 원 순환문의 세 번 반복이 한 반복이 되게 순환문을 펼친 후 최적화하라. 이 코드에서 지연이 발생하는 지점을 보이고, 실행에 필요한 사이클 수를 계산하라.

6.4.6 [10] 〈§6.2〉 연습문제 6.4.5에서는 마침 반복 횟수가 3의 배수였기 때문에 순환문 펼치기가 잘 되었다. 하지만 컴파일 시에 반복 횟수를 알 수 없는 경우도 있다. 이럴 때는 어떻게 되겠는가? 반복 횟수가 펼치기 횟수의 배수가 아닌 순환문은 어떻게 해야 효율적으로 처리할 수 있는가?

6.4.7 [15] 〈§6.2〉 이 코드를 노드가 두 개인 분산 메모리 메시지 전달 시스템에서 실행한다고 하자. 6.7절에서 노드 x로 값 y를 전송하는 연산 `send(x, y)`와 전송되는 값을 기다리는 연산 `receive( )`를 소개하였다. 이를 이용한 메시지 전달을 사용한다고 가정한다. send 연산을 내보내는 데는 1사이클이면 되지만(즉 같은 노드의 다음 명령어를 다음 사이클에 수행할 수 있다) 수신 노드에서 수신하는 데는 몇 사이클이 걸린다고 가정한다. receive 명령어는 메시지를 수신할 때까지 이 노드의 실행을 정지시킨다. 이런 시스템으로 이 연습문제 코드의 실행시간을 단축시킬 수 있는가? 만일 그렇다면 receive 지연이 최대 몇 사이클까지 되어도 괜찮은가? 단축시킬 수 없다면 그 이유는 무엇인가?

6.5 재귀적 mergesort 알고리즘(또 하나의 대표적인 분할정복 알고리즘이다)을 생각해 보자. mergesort는 1945년에 John von Neumann이 처음 기술하였다. 기본 아이디어는 *m*개의 원소로 되어 있는 리스트 *x*를 원 리스트의 반 정도 길이인 서브리스트 두 개로 나누는 것이다. 각 서브리스트에 대하여 이 작업을 반복하여 길이가 1인 리스트들을 만든 다음, 서브리스트를 두 개씩 묶어서 정렬된 리스트 하나로 "병합(merge)"하는 과정을 반복한다.

```
Mergesort(m)
    var list left, right, result
    if length(m) ≤ 1
        return m
    else
        var middle = length(m) / 2
        for each x in m up to middle
            add x to left
        for each x in m after middle
            add x to right
        left = Mergesort(left)
        right = Mergesort(right)
        result = Merge(left, right)
        return result
```

merge 단계는 다음 코드와 같이 수행된다.

```
Merge(left,right)
   var list result
   while length(left) >0 and length(right) > 0
      if first(left) ≤ first(right)
         append first(left) to result
         left = rest(left)
      else
         append first(right) to result
         right = rest(right)
   if length(left) >0
      append rest(left) to result
   if length(right) >0
      append rest(right) to result
   return result
```

6.5.1 [10] 〈§6.2〉 Y개의 코어를 가진 멀티코어 프로세서에서 mergesort를 수행한다고 가정한다. Y가 length(m)보다 훨씬 작을 때, 기대할 수 있는 속도 개선을 Y와 length(m)으로 나타내고, 이를 그래프로 그려라.

6.5.2 [10] 〈§6.2〉 이제 Y와 length(m)이 같다고 가정하자. 이런 가정이 앞 문제의 답에 어떤 영향을 주는가? 얻을 수 있는 최대의 속도 개선을 얻으려 한다면(경성 스케일링), 이 코드를 어떻게 변환하여야 하는지 설명하라.

6.6 행렬 곱셈은 많은 응용에서 중요한 역할을 한다. 첫째 행렬의 열의 수와 둘째 행렬의 행의 수가 같을 때만 두 행렬을 곱할 수 있다.

$m \times n$ 행렬 A를 $n \times p$ 행렬 B와 곱한다고 가정하자. 이들의 곱인 $m \times p$ 행렬을 AB(또는 $A \cdot B$)로 표시한다. $C = AB$라고 하고 $c_{i,j}$가 C의 (i, j)번째 원소를 가리킨다고 하면 $1 \le i \le m$, $1 \le j \le p$인 i, j에 대하여

$$c_{i,j} = \sum_{k=1}^{n} a_{i,k} \times b_{k,j}$$

가 된다. C의 계산을 병렬화할 수 있는지 알아보자. 행렬은 메모리에 $a_{1,1}$, $a_{2,1}$, $a_{3,1}$, $a_{4,1}$, …과 같은 순서로 저장된다고 가정한다.

6.6.1 [10] 〈§6.5〉 단일 코어 공유 메모리 기계와 4-코어 공유 메모리 기계에서 C를 계산한다고 가정한다. 4-코어 기계를 이용하여 얻을 수 있는 속도 개선이 얼마인지 계산하라. 단, 메모리와 관련된 문제는 무시한다.

6.6.2 [10] 〈§6.5〉 *C*의 같은 행(즉 인덱스 *i*)의 연속되는 원소를 갱신할 때에 거짓 공유(false sharing) 문제로 인하여 캐시 실패가 발생한다고 가정하고, 연습문제 6.6.1을 다시 풀어라.

6.6.3 [10] 〈§6.5〉 거짓 공유 문제를 어떻게 해결할 수 있을까?

6.7 SMP의 네 프로세서에서 다른 두 프로그램의 다음 부분이 동시에 수행되는 경우를 생각해 보자. 이 코드가 수행되기 전에 x와 y 값은 모두 0이었다고 가정한다.

코어 1: `x = 2;`

코어 2: `y = 2;`

코어 3: `w = x + y + 1;`

코어 4: `z = x + y;`

6.7.1 [10] 〈§6.5〉 `w`, `x`, `y`, `z`가 가질 수 있는 모든 가능한 값을 구하라. 각 경우에 대하여 그 값을 어떻게 얻게 되었는지 설명하라. 명령어들의 모든 가능한 인터리빙을 조사해야 될 것이다.

6.7.2 [5] 〈§6.5〉 실행을 더 결정적으로 만들어서 결과값이 하나만 나올 수 있게 하려면 어떻게 해야 되는가?

6.8 식사하는 철학자 문제는 동기화와 병행성에 관한 고전적인 문제이다. 이 문제는 대체로 다음과 같이 기술된다. 원탁에 둘러앉은 철학자들은 먹는 일과 생각하는 일, 둘 중의 하나만 한다. 먹을 때에는 생각을 하지 않고, 생각할 때는 먹지를 않는다. 식탁 가운데에는 파스타가 한 접시 있다. 철학자들 사이에는 포크가 하나씩 놓여 있어서, 결과적으로 각 철학자의 왼쪽과 오른쪽에 포크가 하나 있게 된다. 파스타를 먹기 위해서는 양손에 포크를 하나씩 들어야 하는데 자신의 바로 옆에 놓인 포크만 사용할 수 있다. 철학자들은 서로 이야기를 하지 않는다.

6.8.1 [10] 〈§6.7〉 모든 철학자가 아무도 먹지 못하는(기아 상태(starvation)) 시나리오를 제시하라. 사건들이 어떤 순서로 일어날 때 이런 문제가 생기는가?

6.8.2 [10] 〈§6.7〉 우선순위 개념을 도입하여 이 문제를 해결하는 방법을 설명하라. 모든 철학자를 공평하게 대접한다고 보장할 수 있는가? 이에 대하여 설명하라.

철학자에게 포크를 할당하는 일을 하는 종업원을 고용한다고 가정한다. 종업원이 허용하기 전에는 아무도 포크를 집어들 수 없다. 종업원은 모든 포크에 대한 정보를 가지고 있다. 또한 오른쪽 포크를 요청하기 전에 왼쪽 포크를 늘 먼저 요청하도록 하는 정책을 사용하면 교착 상태를 피하는 것을 보장할 수 있다.

6.8.3 [10] 〈§6.7〉 종업원에게 요청하는 것은 요청 큐를 사용하든지 아니면 주기적으로 요청하는 방식으로 구현할 수 있다. 큐를 사용하는 경우, 요청은 접수된 순서대로 처리된다. 큐를 사용하는 경우의 문제는 큐의 맨 앞에 있는 요청일지라도 요청하는 자원(포크)이 없기 때문에 처리하지 못하는 경우가 생긴다는 점이다. 철학자가 다섯 명이고 큐를 사용할 때, 큐의 뒤쪽에 있는 요청은 처리할 수 있지만 맨 앞에 있는 요청을 처리하지 못하는 시나리오를 제시하라.

6.8.4 [10] 〈§6.7〉 요청하는 자원을 받을 때까지 주기적으로 종업원에게 요청을 반복하는 방식으로 구현하면 연습문제 6.8.3의 문제가 해결되는가? 설명하라.

6.9 다음 세 가지 CPU 구성을 생각해 보자.

CPU SS: 2코어 수퍼스칼라 마이크로프로세서로 비순차 내보내기를 지원하고 2개의 함수 유닛을 갖는다. 각 코어는 한 번에 스레드 한 개만 실행할 수 있다.

CPU MT: 작은 단위 멀티스레드 프로세서로 함수 유닛이 2개 있어서 두 스레드의 명령어를 병행적으로 실행할 수 있다. 그러나 한 사이클에서는 한 스레드에 속한 명령어만 내보낼 수 있다.

CPU SMT: 함수 유닛이 2개 있어서 두 스레드의 명령어를 병행적으로 실행할 수 있는 SMT 프로세서이고, 매 사이클 한 스레드 혹은 두 스레드에 속한 명령어를 내보낼 수 있다.

이 CPU에서 수행할 X, Y 두 개의 스레드가 다음과 같은 연산을 수행한다고 가정하자.

스레드 X	스레드 Y
A1 – 실행에 3사이클 소요	B1 – 실행에 2사이클 소요
A2 – 종속성이 없음	B2 – B1과 함수 유닛 충돌 발생
A3 – A1과 함수 유닛 충돌 발생	B3 – B2 결과에 의존
A4 – A3 결과에 의존	B4 – 종속성은 없고 실행에 2사이클 소요

해저드가 발생하거나 따로 명시된 경우가 아니면 각 명령어는 한 사이클에 실행된다고 가정한다.

6.9.1 [10] 〈§6.4〉 SS CPU 하나로 두 스레드를 실행하려면 얼마나 많은 사이클이 소요되는가? 해저드 때문에 낭비되는 내보내기 슬롯의 개수는 몇 개인가?

6.9.2 [10] 〈§6.4〉 SS CPU 두 개로 두 스레드를 실행하려면 얼마나 많은 사이클이 소요되는가? 해저드 때문에 낭비되는 내보내기 슬롯의 개수는 몇 개인가?

6.9.3 [10] 〈§6.4〉 MT CPU 하나로 두 스레드를 실행하려면 얼마나 많은 사이클이 소요되는가? 해저드 때문에 낭비되는 내보내기 슬롯의 개수는 몇 개인가?

6.9.4 [10] ⟨§6.4⟩ SMT CPU 하나로 두 스레드를 실행하려면 얼마나 많은 사이클이 소요되는가? 해저드 때문에 낭비되는 내보내기 슬롯의 개수는 몇 개인가?

6.10 고성능 서버의 관리비용을 절감하기 위해서 가상화 소프트웨어가 적극적으로 활용되고 있다. VMWare, Microsoft, IBM 같은 회사들은 여러 가상화 제품들을 개발하였다. 5장에서 기술한 바와 같이 개략적인 개념은 하드웨어와 운영체제 사이에 하이퍼바이저(hypervisor) 계층을 두어서 한 하드웨어를 여러 운영체제가 공유할 수 있게 하는 것이다. 하이퍼바이저 계층은 운영체제가 담당하는 서비스(예를 들면 입출력)를 처리하는 것 외에 CPU와 메모리 자원을 할당하는 일을 책임진다.

가상화는 운영체제와 응용 소프트웨어에게 아래 계층에 있는 하드웨어에 대한 추상적 관점을 제공한다. 이 점은 여러 운영체제가 CPU와 메모리를 동시에 공유할 수 있게 지원하려면 장차 멀티코어와 멀티프로세서 시스템을 어떻게 설계해야 할 것인가를 다시 생각하게 한다.

6.10.1 [30] ⟨§6.4⟩ 오늘날 시장에 나와 있는 하이퍼바이저 중에서 두 가지를 선택해서, 이들이 CPU와 메모리와 같은 하드웨어를 어떻게 가상화하고 관리하는지 비교, 대조하라.

6.10.2 [15] ⟨§6.4⟩ 자원 요구에 적절히 대응하기 위해서 미래의 멀티코어 CPU 플랫폼에 어떤 변화가 필요할지에 대하여 논하라. 예를 들어, 멀티스레딩이 컴퓨팅 자원에 대한 경쟁 문제를 완화하는 데 효율적인 역할을 할 수 있을 것인가?

6.11 아래의 순환문을 가능한 한 효율적으로 수행하려고 한다. MIMD 기계와 SIMD 기계가 있다고 가정하자.

```
for (i=0; i<2000; i++)
  for (j=0; j<3000; j++)
     X_array[i][j] = Y_array[j][i] + 200;
```

6.11.1 [10] ⟨§6.3⟩ 4개의 CPU를 갖는 MIMD 기계에서 각 CPU가 실행할 LEGv8 명령어 스트림을 보여라. 이 MIMD 기계에서의 속도 개선은 얼마인가?

6.11.2 [20] ⟨§6.3⟩ 폭이 8인 SIMD 기계(즉, 8개의 병렬 SIMD 함수 유닛이 있는 기계)에서 순환문을 수행하기 위해 필요한 SIMD 확장을 정의하고 이를 사용한 LEGv8 어셈블리 프로그램을 작성하라. MIMD 기계와 SIMD 기계에서 실행될 명령어의 수를 비교하라.

6.12 시스톨릭 어레이(systolic array)는 MISD의 한 예로 볼 수 있다. 시스톨릭 어레이는 데이터 처리 소자들의 파이프라인 네트워크로 "파면(wavefront)"이 밀려오는 것

처럼 동작한다. 각 데이터 처리 소자들은 데이터가 도착하면 바로 실행을 시작하므로 프로그램 카운터가 필요 없다. 클럭으로 동기화되는 시스톨릭 어레이는 연산과 통신 단계를 반복하면서 "락–스텝(lock-step)" 방식으로 계산을 수행한다.

6.12.1 [10] 〈§6.3〉 제안되어 있는 시스톨릭 어레이의 구현을 고려하자(인터넷이나 학술 논문에서 찾을 수 있다). 이 MISD 모델을 이용하여 연습문제 6.11에서 제시된 순환문을 프로그래밍하라. 이 과정에서 직면한 어려움에 대하여 논하라.

6.12.2 [10] 〈§6.3〉 MISD와 SIMD 기계의 유사점과 차이점에 대하여 논하라. 데이터 수준 병렬성의 관점에서 이 질문에 답하라.

6.13 6.3절에서 ARMv8 어셈블리로 작성한 DAXPY순환문을 NIVIDIA 8800 GTX GPU에서 수행하려고 한다. 이 문제에서 모든 산술연산은 단일 정밀도 실수를 사용한다고 가정한다(그래서 순환문의 이름을 SAXPY로 바꾼다). 각 명령어 실행에 필요한 사이클 수는 다음과 같다.

Loads	Stores	Add.S	Mult.S
5	2	3	4

6.13.1 [20] 〈§6.6〉 단일 멀티프로세서에 있는 8개의 코어를 활용하기 위하여 SAX-PY 순환문을 위한 워프(warp)를 어떻게 구성할지 설명하라.

6.14 https://developer.nvidia.com/cuda-toolkit에서 CUDA 툴킷과 SDK를 다운로드하라. 실제 NVIDIA 하드웨어를 사용하는 대신 "emurelease"(에뮬레이션 모드)를 사용하도록 한다(이 과제를 수행하기 위해서 실제 NVIDIA 하드웨어를 사용할 필요는 없다). SDK가 제공하는 예제 프로그램을 만들어서 에뮬레이터 위에서 실행되는지 확인하라.

6.14.1 [90] 〈§6.6〉 "template" SDK 샘플을 시작점으로 하여 다음 벡터 연산을 하는 CUDA 프로그램을 작성하라.

1) $a - b$ (벡터–벡터 뺄셈)

2) $a \cdot b$ (벡터 내적)

두 벡터 $a = [a_1, a_2, \ldots, a_n]$과 $b = [b_1, b_2, \ldots, b_n]$의 내적은 다음과 같이 정의된다.

$$a \cdot b = \sum_{i=1}^{n} a_i b_i = a_1 b_1 + a_2 b_2 + \cdots + a_n b_n$$

각 연산을 수행하는 코드를 작성하고 실행 결과가 정확한지 확인하라.

6.14.2 [90] 〈§6.6〉 가용한 GPU 하드웨어가 있는 경우, CPU 버전 프로그램과

GPU 버전 프로그램의 수행시간을 벡터의 크기를 변화시키면서 조사하여 프로그램의 성능을 분석하고, 그 결과를 설명하라.

6.15 AMD는 서로 다른 클럭을 사용하는 x86 코어와 GPU를 한 패키지에 집적할 것이라고 최근에 발표하였다. 이것은 가까운 미래에 상용화될 것으로 예상되는 이종 멀티프로세서 시스템의 한 예이다. 핵심 설계 요소 중 하나는 CPU와 GPU 간에 빠른 데이터 통신을 가능케 하는 것이다. 현재는 별개의 CPU 칩과 GPU 칩 사이에서 통신이 이루어져야 하지만, AMD의 Fusion 구조에서는 상황이 달라진다. 현재의 계획은 다수개(최소한 16개)의 PCI Express 채널을 사용하여 상호통신을 용이하게 하는 것이다.

6.15.1 [25] 〈§6.6〉 이 두 가지 연결망 기술의 대역폭과 지연시간을 비교하라.

6.16 그림 6.14b에 8개의 노드를 연결하는 삼차원 n-큐브 상호연결망을 보였다. n-큐브 상호연결망 위상의 매력적인 특성 한 가지는 링크가 고장 나더라도 접속 가능성이 유지된다는 점이다.

6.16.1 [10] 〈§6.8〉 n-큐브에서 링크가 최대 몇 개까지 고장 나더라도, 모든 노드 간의 연결이 보장되는가?

6.16.2 [10] 〈§6.8〉 같은 수의 노드를 갖는 완전연결망과 n-큐브의 고장에 대한 감내성(resiliency)을 비교하라. 두 위상의 신뢰성을 추가된 링크수의 함수로 도시하여 비교하라.

6.17 벤치마킹은 객관적으로 시스템의 성능을 비교하기 위하여 특정 컴퓨팅 플랫폼에서 실행될 대표적인 작업부하를 찾아내는 것과 관련된 연구 분야이다. 이 문제에서는 Whetstone CPU 벤치마크와 PARSEC 벤치마크 모음을 비교하려고 한다. PARSEC에서 프로그램 하나를 선택하라. 모든 프로그램은 인터넷에서 구할 수 있다. 6.11절에서 설명한 시스템 중 하나를 선정하여, 여러 벌의 Whetstone을 실행하는 경우와 PARSEC 벤치마크를 실행하는 경우를 비교한다.

6.17.1 [60] 〈§6.10〉 멀티코어 시스템에서 위의 두 종류 작업부하를 실행할 때, 어떤 근본적인 차이점이 있는가?

6.17.2 [60] 〈§6.10〉 이 벤치마크를 실행할 때 얻을 수 있는 결과가 작업부하가 가지고 있는 공유와 동기화의 양에 따라 어떻게 달라지는지, 루프라인 모델의 관점에서 설명하라.

6.18 희소행렬에 대한 연산을 수행할 때 메모리 계층구조에서의 지연시간이 매우 중요한 요소가 된다. 희소행렬은 행렬 연산에서 흔히 발견되는 데이터 스트림의 공간 지

역성이 없다. 따라서 새로운 행렬 표현법이 제안되었다.

초창기 희소행렬 표현법의 하나는 Yale 희소행렬 포맷이다. $m \times n$ 희소행렬 M을 3개의 일차원 배열을 사용하여 행의 형태로 저장한다. M에 있는 0 아닌 원소들의 개수를 R이라고 하자. 크기가 R인 배열 A는 M에 있는 0 아닌 원소들을 왼쪽에서 오른쪽, 그리고 위에서 아래의 순서로 저장한다. 두 번째 배열 IA는 크기가 $m + 1$이다. $IA(i)$는 i행에서 0 아닌 첫 번째 원소의 인덱스를 저장한다. 원 행렬의 i행은 $A(IA(i))$부터 $A(IA(i+1)-1)$까지에 해당된다. 세 번째 배열 JA는 A의 각 원소의 열 인덱스를 저장하고 있으며 크기는 R이다.

6.18.1 [15] 〈§6.10〉 아래의 희소행렬 X를 Yale 희소행렬 포맷으로 저장하는 C 코드를 작성하라.

```
Row 1 [1, 2, 0, 0, 0, 0]
Row 2 [0, 0, 1, 1, 0, 0]
Row 3 [0, 0, 0, 0, 9, 0]
Row 4 [2, 0, 0, 0, 0, 2]
Row 5 [0, 0, 3, 3, 0, 7]
Row 6 [1, 3, 0, 0, 0, 1]
```

6.18.2 [10] 〈§6.10〉 행렬 X의 각 원소가 단일 정밀도 부동소수점 숫자라고 가정할 때, Yale 희소행렬 포맷으로 위의 행렬을 저장하기 위해 필요한 저장 공간의 크기를 계산하라.

6.18.3 [15] 〈§6.10〉 행렬 X와 아래의 행렬 Y의 곱하기를 수행하라.

```
[2, 4, 1, 99, 7, 2]
```

이 연산을 순환문 안에 넣어서 실행시간을 측정하라. 순환문의 반복 실행 횟수를 크게 하여, 실행시간 측정이 충분히 정확하도록 하라. 행렬을 그대로 표현했을 때의 실행시간과 Yale 희소행렬 포맷을 사용했을 때의 실행시간을 비교하여라.

6.18.4 [15] 〈§6.10〉 저장 공간과 계산 오버헤드의 측면에서 더 효율적인 희소행렬 표현법을 발견할 수 있겠는가?

6.19 장차 우리는 이종의 CPU들로 구성된 이종 컴퓨팅 플랫폼을 만나게 될 것이다. 임베디드 컴퓨팅 시장에는 이미 부동소수점 DSP와 마이크로컨트롤러 CPU를 멀티칩 모듈 패키지에 통합한 시스템이 나오기 시작하였다.

다음과 같은 세 종류의 CPU가 있다고 가정한다.
CPU A – 한 사이클에 여러 명령어를 실행할 수 있는 중간 속도의 멀티코어 CPU(부동소수점 유닛이 있다)

CPU B – 한 사이클에 한 개의 명령어를 실행하는 고속의 단일코어 정수형 CPU(부동소수점 유닛이 없다)

CPU C – 한 사이클에 동일한 명령어 여러 개를 실행할 수 있는 저속의 벡터 CPU(부동소수점 기능이 있다)

클럭 속도는 다음과 같다고 가정한다.

CPU A	CPU B	CPU C
1GHz	3GHz	250MHz

CPU A는 사이클당 2개의 명령어를 수행할 수 있고, CPU B는 1개, CPU C는 8개(같은 명령어)를 수행할 수 있다. 해저드가 없다면 모든 연산이 한 사이클에 수행된다고 가정한다.

3개의 CPU는 모두 정수형 연산을 수행할 수 있으나, CPU B는 부동소수점 연산을 직접 수행할 수 없다. CPU A와 B는 LEGv8과 비슷한 명령어 집합을 가지고 있다. CPU C는 메모리 적재와 저장, 부동소수점 덧셈과 뺄셈만 수행할 수 있다. 모든 CPU들은 공유 메모리에 접근할 수 있으며 동기화 비용은 0이라고 가정한다.

수행할 작업은 1024 × 1024 부동소수점 원소를 갖는 두 행렬 X와 Y를 비교하여, 같은 위치의 X 원소 값이 Y 원소보다 크거나 같은 경우가 몇 번인지 계산하는 것이다.

6.19.1 [10] 〈§6.11〉 각 CPU에서 최고의 성능을 얻으려면 이 문제를 어떻게 분할하여야 하는가?

6.19.2 [10] 〈§6.11〉 벡터 CPU C의 성능을 더 좋게 하려면 어떤 종류의 명령어를 추가하면 좋을까?

6.20 이 문제는 트랜잭션을 처리하는 최대 속도와 평균 트랜잭션 지연시간이 주어진 시스템에서 큐에서의 대기시간이 얼마나 되는지에 관한 문제이다. 지연시간은 큐에서 대기하는 시간과 트랜잭션이 최대속도로 서비스되는 시간을 포함한다.

일정한 속도로 데이터베이스 트랜잭션을 처리하는 4코어 컴퓨터 시스템을 가정하자. 모든 트랜잭션은 평균적으로 같은 처리시간이 필요하다고 가정한다. 다음 표는 트랜잭션의 지연시간과 처리속도의 쌍을 보여 주고 있다.

트랜잭션의 평균 지연시간	트랜잭션의 최대 처리속도
1 ms	5,000/초
2 ms	5,000/초
1 ms	10,000/초
2 ms	10,000/초

표의 각 쌍에 대하여 다음 물음에 답하라.

6.20.1 [10] 〈§6.11〉 임의의 시점에서 관찰했을 때 평균적으로 몇 개의 요청이 처리되고 있는가?

6.20.2 [10] 〈§6.11〉 8코어 시스템으로 바꾼다면, 이상적으로 생각해서 시스템의 처리량이 어떻게 되는가? (즉 초당 몇 개의 트랜잭션을 처리할 수 있는가?)

6.20.3 [10] 〈§6.11〉 단순히 코어 개수를 늘리는 것만으로는 이런 속도 개선을 얻기가 힘든데 그 이유가 무엇인지 설명하라.

스스로 점검하기 해답

§6.1(550쪽): 거짓. 태스크 수준 병렬성은 순차적인 응용에 도움을 주며, 쉬운 일은 아니지만 순차적인 응용들이 병렬 하드웨어에서 수행되도록 할 수 있다.

§6.2(556쪽): 거짓. 연성 스케일링은 경성 스케일링에서 확장성에 제약을 주는 프로그램의 직렬적인 부분을 보상할 수 있다.

§6.3(563쪽): 참. 그러나 벡터 구조의 효용성을 증가시키는 벡터 길이의 레지스터와 수집-분산과 같이 유용한 벡터의 특징을 가지고 있지 않다. (이 절의 "고난도"에서 설명했듯이 AVX2 SIMD 확장은 수집 연산을 통해 인덱스를 이용한 적재를 지원하지만 인덱스를 이용한 저장을 위한 분산은 지원하지 않는다. Haswell 세대의 x86 마이크로프로세서가 AVX2를 지원하는 첫 번째 마이크로프로세서이다.)

§6.4(568쪽): 1. 참. 2. 참.

§6.5(572쪽): 거짓. 공유 주소는 실제 주소이기 때문에 자신의 가상 주소공간에서 수행되는 여러 작업들은 공유 메모리 멀티프로세서에서 잘 수행될 수 있다.

§6.6(580쪽): 거짓. 그래픽 DRAM 칩은 대역폭이 더 높기 때문에 좋은 것이다.

§6.7(586쪽): 1. 거짓. 메시지를 송신하고 수신하는 것은 데이터를 공유하는 것 외에 묵시적으로 동기화를 수행하는 것이다. 2. 참.

§6.8(589쪽): 참.

§6.10(601쪽): 참. 병렬 컴퓨팅에서 성공하기 위해서는 하드웨어부터 소프트웨어 스택에 이르는 모든 단계에서의 혁신을 필요로 한다.

찾아보기

번호

영문

ㄱ

ㄴ

ㅂ

ㅅ

ㅇ

ㅈ

ㅊ

ㅋ

ㅎ